Peter Hoffmann

Claus Schenk
Graf von Stauffenberg

Die Biographie

Pantheon

Für die vorliegende Ausgabe wurde das Buch vom Autor vollständig überarbeitet und erweitert. Die Schreibweise folgt den Gepflogenheiten des Autors. Der hochgestellte Punkt in einigen Zitaten ist ein spezielles Satzzeichen des George-Kreises und markiert eine Sprechpause, vergleichbar mit einem Kolon bzw. Semikolon.

FSC

Mix

Produktgruppe aus vorbildlich
bewirtschafteten Wäldern und
anderen kontrollierten Herkünften

Zert.-Nr. SGS-COC-1940
www.fsc.org
© 1996 Forest Stewardship Council

Verlagsgruppe Random House FSC-DEU-0100
Das für dieses Buch verwendete FSC-zertifizierte Papier *EOS*
liefert Salzer, St. Pölten.

Der Pantheon Verlag ist ein Unternehmen der Verlagsgruppe
Random House GmbH.

Zweite Auflage

Copyright © der Originalausgabe 1992 by Deutsche Verlags-Anstalt, München,
in der Verlagsgruppe Random House GmbH

Umschlaggestaltung: Jorge Schmidt, München
Satz: Boer Verlagsservice, München
Druck und Bindung: GGP Media GmbH, Pößneck
Printed in Germany 2008
ISBN: 978-3-570-55046-5

www.pantheon-verlag.de

Inhaltsverzeichnis

Vorwort zur vierten,
überarbeiteten und erweiterten Auflage

Seit diese Biographie zum ersten Mal erschienen ist, hat sich die Forschung weiter kritisch mit der Geschichte des Widerstandes gegen Hitler und das nationalsozialistische System befaßt. Neue Biographien über zwei Persönlichkeiten der Heeresführung, die sich den Verschwörern in jeweils entscheidenden Augenblicken versagten, sowie biographische und editorische Arbeiten über Schlüsselfiguren der Staatsstreichversuche erweiterten die Kenntnisse von den Vorgängen. Vor allem aber erfordern neu zugänglich gewordene Dokumente aus Moskauer Archiven und zahlreiche andere in den vergangenen Jahren verfügbar gewordene Quellen diese Neuausgabe.

Im Mittelpunkt dieses Buches steht der Offizier Claus Graf Stauffenberg. Das Buch zeichnet die Entwicklung eines Soldaten in den Denkweisen und Befangenheiten seiner Zeit zum Rebellen gegen Hitlers Verbrecherregierung. Seine Geschichte wird erzählt, nachdem ihre Zusammenhänge und ihr Ausgang bekannt geworden sind. Deshalb ist ihre Bedeutung erkennbar, die aber vor allem und zuerst in dieser Entwicklung in der damaligen Zeit liegt.

Zugleich reicht die Geschichte Stauffenbergs weit über ihre eigene Zeit hinaus in die Gegenwart und Zukunft des heutigen Lesers. Vorrangig sollen jedoch die vor 1945 bestehenden Bedingungen, d. h. Kenntnisse, Denkweisen und Sprachstrukturen, einschließlich der humanistischen Wertvorstellungen, den Bericht leiten; die erst aus nachträglich erworbenen Kenntnissen entstandenen Denkweisen und Urteile über die betreffende Zeit sollen möglichst gemieden werden.

»Postmoderne« Philosophen und Geschichtschreiber lehnen die moderne, der Aufklärung und der humanistischen Denkweise verpflichtete Geschichtschreibung als »traditionell« ab. Sie verkünden theoretisierend verklausuliert als neue Erkenntnisse, was »traditionellen« Historikern seit dem 19. Jahrhundert selbstverständlich ist: daß die Zeugnisse der Vergangenheit lückenhaft sind; daß Geschichtschreibung keine vergangene Wirklichkeit wiederherstellen kann; daß allenfalls eine Annäherung an die vergangene objektive Wirklichkeit möglich ist. Im Extrem leugnet der postmoderne Historiker die Möglichkeit des gültigen Erfassens des Vergangenen.

Ein solcher Standpunkt führt jede Bemühung um die von anderen und auch von denselben Kritikern zu Recht angemahnte Einsicht in die Vergangenheit der eigenen Nation ad absurdum. Für den konsequent postmodernen Geschichtschreiber ist Geschichte fiktiv, »Narrativität«, »Text«, Beliebigkeit des Literaten; er sieht keinen »objektiven«, triftigen Grund, eine der vielen möglichen Versionen der »Erzählung« den möglichen anderen vorzuziehen. Damit wird alle Kenntnis und Erkenntnis der Vergangenheit beliebig und bedeutungslos. Jede auf Werte gegründete Gesellschaft wird dadurch unbegrenzt relativ.[1] Ethische Motivation, der Wertstandpunkt des Humanisten, die Bedingungen und Forderungen des Lebens, Menschseins und gesellschaftlichen Zusammenlebens stellt der postmoderne Geschichtschreiber schon in der Theorie ebenso in Frage wie Motivationen aus Eigeninteresse, Opportunität oder Menschenverachtung. Weniger konsequente Postmoderne stellen tendenziell Eigeninteresse und Opportunität der ethischen Motivation entgegen.[2] Werden die postmodernen Denker mit der Frage in die Enge getrieben, ob jede »Erzählung« des Genozids an den europäischen Juden auch nur ein möglicher »Text« unter zahlreichen möglichen anderen sei, erklären sie sinngemäß das Erlebnis des Massenmordes für so unmittelbar, daß es nicht in Frage zu stellen sei.[3]

Wie der Mord an den Juden ist die Erhebung dagegen kein fiktiver »Text«, sondern Geschichte. Die Koexistenz dieses Motivs mit denen der Beendigung des Tötens überhaupt und der Zerstörungen, der Wiederherstellung des Rechts, der Bewahrung der nationalen Existenz, der Hoffnung auf einen erträglichen Frieden beeinträchtigt nicht seine Ernsthaftigkeit.

Die Kritiker der deutschen Kämpfer gegen Hitler schreiben analog zum Anspruch der Postmodernen auf die Neuigkeit ihrer Sicht, als hätte man in Deutschland das Grauen der zwölf Jahre der Diktatur wohl erlebt, aber schon damals geleugnet, verdrängt und bis zum Auftreten der Kritiker nicht anerkannt. Es ist, als wüßten die Kritiker nicht oder als hätten sie vergessen, wie führende Geister noch während und nach der Schreckenszeit sich um Erkenntnis und Einsicht bemüht haben. 1945 erschienen von Karl Barth die Schrift *Zur Genesung des deutschen Wesens*, in der er seine Gedanken vom Januar und April 1945 darlegte, 1946 Friedrich Meineckes *Die deutsche Katastrophe* und Wilhelm Hoffmanns im Mai 1945 niedergeschriebene Gedanken *Nach der Katastrophe*. Nach der Kapitulation des Deutschen Reiches am 8. Mai gingen Berichte und Bilder von den befreiten Konzentrationslagern durch die Presse, im selben Jahr begann der

Nürnberger Prozeß gegen die überlebenden Mitglieder der Regierung Hitler, die Hauptkriegsverbrecher, von denen elf erhängt wurden. Weitere Prozesse folgten, und die Reihe ist bis vor kurzem nie ganz abgerissen. Die Kritiker der deutschen Befassung mit der Vergangenheit leisten Nützliches, indem sie auf Versäumnisse hinweisen und überhaupt zur Erinnerung beitragen. Die pauschale und unbelegbare Ausdehnung der Vorwürfe auf alle Militärs und auch auf Gegner Hitlers, sie seien für Verbrechen verantwortlich bzw. mitverantwortlich, entbehrt der Grundlage.

Die große Verstrickung und in vielen Fällen bereitwillige Beteiligung an den von Hitler gewollten Verbrechen ist keine neue Erkenntnis, doch bedarf sie immer wieder neuen Bedenkens. Dazu haben Verfasser einschlägiger Werke, dazu hat auch die durch Fehler und Fälschungen diskreditierte »Wehrmachtausstellung« in der Mitte der 1990er Jahre beigetragen.[4] Sie enthüllte prinzipiell nichts Neues, wohl aber viele Details zu den von Wehrmachtangehörigen zu verantwortenden Verbrechen. Sie leisteten Beiträge zum Bewußtsein der Öffentlichkeit am Anfang des 21. Jahrhunderts, mehr als sechzig Jahre nach den Ereignissen. Sie taten es jedoch meist in einseitiger und dadurch auch kontraproduktiver Weise. Sie lassen das Verständnis für die Lebensbedingungen vermissen, in denen die Hitler-Gegner handelten, und versuchen, zusammen mit den Verantwortlichen diejenigen Wehrmachtoffiziere zu diffamieren, die *wegen* der Verbrechen gegen Kriegsgefangene, gegen Zivilbevölkerungen, darunter vor allen Juden, die Hitler-Bande beseitigen wollten.[5] Dabei tritt die postmoderne absolute Relativität zutage, Subtext dieser Werke ist die Formel »wo alle schuldig sind, ist keiner schuldig«.

Auch für die Stauffenbergs wird aus der Erwähnung einer Wahrnehmung z. B. von Juden als sichtbare Minderheit in Polen eine Denkweise postuliert oder suggeriert, ohne dieser Konstruktion entgegenstehende Äußerungen und Zeugnisse zu berücksichtigen und ohne der damals herrschenden Sprache Rechnung zu tragen. Filmemacher haben aus der Wahrnehmung eine Mentalität abgeleitet und die Verdikte Stauffenbergs gegen die Judenmorde unterschlagen.[6]

Andererseits sind gründliche wissenschaftliche Werke erschienen wie die Bände der Reihe *Das Deutsche Reich und der Zweite Weltkrieg*; Biographien über Adolf Heusinger, Friedrich Fromm, Hans-Ulrich von Oertzen, Helmuth James von Moltke. Die Fromm- und auch die Heusinger-Biographie sind zugleich substantielle Beiträge zur Militär- und Sozialgeschichte von der Mitte des 19. bis in die zweite Hälfte des 20. Jahrhunderts.

Die unwiderlegbarste Quelle für Stauffenbergs Beweggründe kam in den Jahren nach dem Zusammenbruch der Sowjetunion ans Licht. Sie besteht in den in sowjetischer Gefangenschaft gemachten Aussagen des Majors i.G. Joachim Kuhn, der in den Jahren 1943 und 1944 in der Verschwörung einer der engsten Vertrauten von Oberst i.G. Graf Stauffenberg und Generalmajor Henning von Tresckow war. Sie fand sich in Moskau im Zentralarchiv des Föderalen Sicherheitsdienstes der Russischen Föderation, dem Archiv des ehemaligen Komitees für Staatssicherheit der UdSSR (KGB). Dieser und ein weiterer unschätzbarer Dokumentenfund in demselben Archiv, nämlich die Pläne Tresckows und Stauffenbergs vom September 1943 zur Besetzung der Hauptquartiere Hitlers, Görings, Himmlers und Ribbentrops in Ostpreußen, die Kuhn im November 1943 im Lager »Mauerwald«, dem Hauptquartier des Oberkommandos des Heeres bei Angerburg in Ostpreußen, versteckt hatte, haben die Kenntnis der Umsturzversuche entscheidend erweitert.

Die Geschichte dieser Funde begann, nachdem 1993 eine in Deutschland nicht bemerkte russische Übersetzung der Aussagen erschienen war, im Juni 1997 beim G 8-Gipfel in Denver, als Bundeskanzler Helmut Kohl Präsident Boris Jelzin nach Dokumenten zum deutschen Widerstand fragte, die in Moskau liegen könnten. Am 30. November 1997 übergab Jelzin ihm in Sawidowo ein Konvolut Kopien aus dem Archiv des ehemaligen KGB, das er dem Verfasser mit der Bitte um ein Gutachten schicken ließ. In dem Konvolut fand sich eine Niederschrift von Aussagen Kuhns, datiert vom 2. September 1944, die Kuhn abfassen mußte, damit der Chef der Hauptverwaltung Gegenaufklärung SMERSCH, Generaloberst Viktor Semjonowitsch Abakumow ihn Stalin und dem Staatlichen Verteidigungskomitee der UdSSR vorlegen konnte. Ein russischer Forscher hatte entdeckt, daß Kuhn am 17. Februar 1945, knapp drei Wochen nach der Besetzung von »Mauerwald«, seinen Bewachern von der sowjetischen Hauptverwaltung Gegenaufklärung SMERSCH zeigen mußte, wo er Ende November 1943 die Pläne für die Besetzung der ostpreußischen Hauptquartiere Hitlers, Görings, Himmlers und Ribbentrops und vorbereitete Rundfunkaufrufe und Tagesbefehle vergraben hatte. So kamen diese nach Moskau, und Anfang 2006 bekam der Verfasser aus dem ehemaligen KGB-Archiv Kopien der Dokumente.[7]

Aus den genannten neuen Dokumenten ergaben sich Erkenntnisse erstens über die Motive Stauffenbergs, die er Kuhn im Sommer 1942 im Hauptquartier bei Winniza in der Ukraine eröffnete; zweitens über die genaue Planung des Umsturzes durch Tresckow und Stauffenberg im September 1943; und weiter über das Ausmaß an Übereinstimmung im Oberkommando des Heeres mit Tresckows und Stauffenbergs Absichten.

1942 in Winniza erklärte Stauffenberg Kuhn seine Auffassung über den Krieg, in dem sie sich befanden. Beide waren Berufssoldaten und stellten das Kriegführen als solches nicht in Frage. Stauffenberg wußte noch nicht, ob Kuhn seine Beurteilung teilen würde und sprach von dem damals erreichten Punkt in seiner Entwicklung aus. Er hatte sich den Sommer über bemüht, Heerführer der Ostfront zu einer Fronde gegen Hitlers Führung zu bewegen, aber er hatte sich noch nicht der bestehenden Umsturzbewegung angeschlossen. So sind seine Äußerungen als Erklärung seines unabhängigen Standpunktes zu verstehen und zugleich als Erklärung gegenüber einem anderen Berufssoldaten, von dem Stauffenberg noch nicht wußte, ob er ebenso wie er selbst den Krieg und den gegenwärtigen Feldzug in Frage stellte. Stauffenberg war, wie aus seinen Äußerungen hervorgeht, nach Überlegungen und Zweifeln zu der Erkenntnis gelangt, daß Hitler beseitigt werden müsse, und entwickelte diese Erkenntnis aus seiner Überzeugung von der Berufung des Offiziers. Kuhn kommentierte Stauffenbergs Mitteilungen: »Ich war von dem Gespräch tief beeindruckt, zumal es im Sommer 1942, d. h. vor Stalingrad und den nachfolgenden Katastrophen stattfand. So hatte ich bis dahin nicht gesehen und vor allem hatte mich bis dahin niemand vor die Konsequenz gestellt.« Stauffenberg sprach nicht nur über den Krieg; er deutete auch die Konsequenzen an, die sich aus seiner Überzeugung von der Gesamtverantwortung der Offiziere für Volk und Staat ergaben. Kuhn zitierte:

»Wenn man überhaupt einem Angriffskriege einen Sinn geben kann, so ist es der, daß er einer Politik den Weg bahnen soll, die fruchttragend für einen möglichst großen Teil der Menschen ist.

Die täglichen Berichte von Stäben über die Behandlung der Bevölkerung durch die deutsche Zivilverwaltung, der Mangel an politischer Zielgebung für die besetzten Länder, die Judenbehandlung beweisen, daß die Behauptungen Hitlers den Krieg für eine Umordnung Europas zu führen, falsch sind.

Damit ist dieser Krieg ungeheuerlich, wenn er nun noch so geführt wird, daß er aus operativen und organisatorischen Gründen nicht einmal gewonnen werden kann, so ist er als sinnloses Verbrechen zu bezeichnen, ganz abgesehen davon, daß dieser Krieg vom Augenblick, wo wir den Fehler machten Rußland anzugreifen, personell und materiell für Deutschland auch bei bester Führung gar nicht durchzustehen ist. Solche Feststellung allein genügt aber nicht. Man hat erstens nach der letzten Ursache und zweitens nach der Konsequenz zu fragen. Letzte Ursache liegt, darüber bin ich mir nun vollkommen im Klaren, in der Person des Führers und im Nationalsozialismus. Konsequenz ist, zu fragen, was hat der deutsche Generalstab infolge dieser Lage für eine Aufgabe. Als Generalstabsoffizier und Soldat, der sich schon einen gewissen Namen gemacht hat (Stauffenberg galt im OKH als der ›kommende Mann‹) glaube ich das Recht und die Pflicht zu haben, gerade hiernach zu suchen. Der Generalstab ist nicht eine Congregation geschulter Handwerker, sondern er ist an der Führung maßgeblich beteiligt. ›Führen‹ heißt auch Verantwortung tragen und seinen tätigen Einfluß geltend machen.«[8]

Die Stauffenbergs durchliefen parallel zu der stetigen Verschärfung der Judenverfolgung eine *entgegengesetzte* Entwicklung. So sagte Berthold gegenüber der Geheimen Staatspolizei, sein Bruder Claus und er (also nicht Alexander) hätten die Innenpolitik der nationalsozialistischen Regierung »zum größten Teil durchaus bejaht«, sie seien einverstanden gewesen mit einer gesunden Rangordnung und der Volksgemeinschaft, mit der Förderung der Bauern, mit der Ablehnung des Geistes der Großstädte, mit dem Rassegedanken und einer deutsch bestimmten Rechtsordnung. Diese Aussage schloß Berthold jedoch mit dem vernichtenden Verdikt: »*Die Grundideen des Nationalsozialismus sind aber in der Durchführung durch das Regime* fast alle *in ihr Gegenteil verkehrt worden.*«[9]

Die Stauffenbergs sprachen wie die Zeitgenossen gelegentlich von Juden auch in Wendungen, die sie heute, über sechzig Jahre nach Auschwitz, nicht gebrauchen würden. Noch nach dem gescheiterten Erhebungsversuch, im Angesicht des Todes, benützte Berthold Stauffenberg mit Ausdrücken wie »Rassegedanke« die Sprache seiner Umgebung. Selbst Alexander Stauffenberg, der früher als seine Brüder ein konsequenter Gegner der Nationalsozialisten war und übrigens 1937 eine Frau jüdischer Herkunft heiratete, sprach mit der Zustimmung seiner Brüder in einem 1944 abgeschlossenen Dichtwerk zum zehnten Jahrestag des Todes Stefan Georges von den jüdischen Freunden des Dichterkreises in einer Weise, die Betroffene wie Karl Wolfskehl empörte, obwohl die Verse Ausdruck des Mitgefühls waren:

> Was uns nie trennen durft ob echt ob unecht
> Des öffentlichen umtriebs spiegelung
> Anders in dir und mir – wir streiten nicht . .
> Mit den versprengten was auch missetat
> Verbrach an ihnen – wo sie sich verstrickt

In ihres blutes fluch der tausendjahre
Der sie von frucht und trank der scholle schied
Des Tantalos ihr los – sei nicht gerechtet.
Wir lauschen achtsam was der sinn gebeut
Der uns enthüllte – jeder muss ihn finden –
Und bieten freien blickes traum und handeln
Vereinend uns dem höchsten richterspruch.[10]

Die Sprache entwickelt sich mit den Ereignissen, doch oft mit Verzögerung. Gegenüber dem grauenhaftesten Verbrechen des 20. Jahrhunderts, dem Massenmord an den Juden, hat sie noch keinen angemessenen Ausdruck gefunden und kann auch keinen finden.

Die Analyse der Quellen gab immer wieder Anlaß, über die Sprache als Ausdruck und Bestimmung des Denkens Klarheit zu suchen. Für Gespräche darüber, für hilfreiche Kritik und für Anregungen danke ich besonders Robert Bernheim, Valentin Boss, Mario Bunge, Joachim Fest, Günther Gillessen, Barbora Jarešova, Bernhard Kroener, Michael Marrus, Georg Meyer, Frank Nicosia, Nikita Wassilewitsch Petrov, Yulia Tyunina. Für die Vermittlung des Zugangs zu den im Zentralarchiv des Föderalen Sicherheitsdienstes der Russischen Föderation, dem Archiv des ehemaligen Komitees der Staatssicherheit der UdSSR (KGB) liegenden Gefängnisakten über Major i.G. Joachim Kuhn und den von ihm 1943 im Hauptquartier des Oberkommandos des Heeres vergrabenen Umsturzplänen danke ich Bundeskanzler a.D. Helmut Kohl, dem deutschen Botschafter in Moskau Walter Jürgen Schmidt, dem russischen Botschafter in Berlin Vladimir V. Kotenev, Generalkonsul Hartmut Scheer und Generalkonsul Igor Golubovskiy sowie nicht zuletzt der Regierung der Russischen Föderation. Ich danke nun auch meinem Lektor Tobias Winstel für seine sachkundige und geduldige Begleitung dieser neuen Ausgabe.

McGill University, Montreal im Juni 2007　　　　　*Peter Hoffmann*

Vorwort zur ersten Auflage

Die Brüder Stauffenberg, im ersten Jahrzehnt dieses Jahrhunderts geboren, lebten als Kinder und Jugendliche in drei prägenden Bereichen: in der Familie mit ihren überlieferten Formen und Sinninhalten, mit Besitztümern in schwäbischer und fränkischer Landschaft, mit ihrer Verflechtung im württembergischen Hofleben in Stuttgart, im selbstverständlichen Dienst des Staates; sodann in der dem klassischen Altertum zugewandten Schule; und endlich in der Dichtung. Über allem stand der Dienst am Vaterland, gebunden an die Familie, so, wie Bismarck das einmal andeutete mit der Kürze, die unter seinesgleichen genügte: Er sehe nicht ein, warum Preußen für Ziele, die nicht die seinen seien, die Söhne seiner Bauern totschießen lassen solle – »vom Edelmann rede ich nicht, er ist dazu da«.[1] Die Berufe der Brüder und die äußeren politischen Umstände zwangen sie, weit darüber hinaus Stellung zu beziehen zur eigenen Geschichte, zur Lage der Nation und des Reiches unter der nationalsozialistischen Diktatur zwischen 1933 und 1945 und zu Verbrechen ohnegleichen in der Geschichte der Menschheit.

Welcher Weg führte zu dem Sandhaufen im Innenhof des Kriegsministeriums in Berlin, wo Claus Graf Stauffenberg erschossen wurde, und zu dem Haken im Hinrichtungsschuppen der Strafanstalt Plötzensee, an dem sein Bruder Berthold das Leben lassen mußte? Welchen Sinn hatten diese Opfer, welchen Sinn der Schmerz des überlebenden Bruders, der Mutter, der Witwen und Kinder?

Wer die Stauffenberg-Brüder kennenlernen will, stößt auf die Schwierigkeit, daß sie anders waren als die meisten ihrer Zeitgenossen – anders als ihre Zeitgenossen in der eigenen Familie, im Adel, in der Konfession, in der Schule, im Beruf. Die Zeugnisse über die Stauffenbergs sind davon geprägt. Je näher ein Zeuge die Stauffenbergs kannte, desto zurückhaltender beschrieb er sie, desto bedachter äußerte er Urteile, die hinausgingen über Hochschätzung, Bewunderung, Ehrfurcht vor dem Außerordentlichen und, besonders im Fall von Claus, vor der in sich vollkommenen, ungebrochen ganzen Persönlichkeit. Je fremder ein Zeuge dem Wesen der Stauffenbergs war, desto mehr spiegelte sein Zeugnis seine eigenen Kategorien.

Das Wesen der Stauffenbergs war nicht durch Bekenntnisse, Programme oder eine »Weltanschauung« bestimmt, eher durch Ablehnung fester Systeme. Claus Graf Stauffenberg neigte nie zu einer Partei. Wenn er mit politischen Parteien überhaupt etwas im Sinn gehabt hätte, so hätte er selbst eine gebildet, formulierte ein naher Freund.[2] Am Ende seines Lebens aber bestand Claus Graf Stauffenberg darauf, daß ein Bekenntnisdokument mit den Grund-Sätzen eines Deutschen, wie er sie verstand, niedergeschrieben wurde.[3]

Claus Graf Stauffenbergs Witwe Nina Gräfin Stauffenberg schrieb an Joachim Kramarz, den frühen Biographen Stauffenbergs, gegen Arbeiten über Gestalten des Widerstandes werde immer wieder der Vorwurf erhoben, daß sie alles Negative unterschlügen. Der Vorwurf sei sicherlich berechtigt, und so habe sie Kramarz' Buch besonders kritisch gelesen. Sie sei aber zu dem Schluß gekommen, »daß zwar das Negative fehlt, aber nur, weil es einfach nicht vorhanden war«.[4] Das beinahe völlige Fehlen nachteiliger Zeugnisse über Claus Graf Stauffenberg ist aber nicht vor allem durch Pietät zu erklären, wie der skeptische Forscher vermuten mochte. Das Außergewöhnliche der geistigen wie der äußeren Erscheinung der Brüder Stauffenberg wurde von vielen ihrer Zeitgenossen als erste und hauptsächliche Feststellung hervorgehoben.

Das Wissen vom Besonderssein, das auch vom Festhalten an der Familien- und Adelstradition nicht zu trennen ist, obwohl es nicht dasselbe war, wird viele Heutige vor den Kopf stoßen oder in Vorurteilen bestärken. Die Tabuisierung natürlicher oder institutionalisierter Ungleichheiten, die Voraussetzung der Gleichheit als geltende Übereinkunft der gegenwärtigen politischen Kultur erschweren den Zugang zu Vorstellungen, die pauschale Gleichmacherei ablehnen. Die viel berufene Gleichheit ist aber eine Sprachregelung ohne Entsprechung in der Wirklichkeit. Wie eh und je unterscheiden sich die einzelnen durch Herkommen, Erbanlagen, Ausbildung, Stellung, Leistung. Privilegien gibt es entgegen geltender Sprachregelung heute ebenso wie vor hundert oder zweihundert Jahren, wenn auch in anderer Form und weniger festgeschrieben.

In einem größeren Zusammenhang gab es wohl »Negatives«. Claus Graf Stauffenberg sprach es selbst aus: »Wir sind als Generalstäbler alle mitverantwortlich.«[5] Stauffenbergs Vetter und Freund, Peter Graf Yorck von Wartenburg, schrieb zwei Tage vor seiner Hinrichtung über seine Beteiligung an der Erhebung, er habe sich dazu getrieben geglaubt »durch das Gefühl der alle niederbeugenden Schuld«. Beide litten schwer darunter, daß so viele Verbrechen im deutschen Namen geschahen.[6] Insbesondere verurteilte Yorck gegenüber Beamten der Geheimen Staatspolizei die »Ausrottungsmaßnahmen« gegen Juden, und in der Verhandlung vor dem »Volksgerichtshof«, in der er zum Tode durch Erhängen verurteilt wurde, bestätigte er seinen und seines Vetters Abscheu über die Verfolgung, die der Präsident des »Volksgerichtshofes«, Roland Freisler, »die Judenausrottung« nannte.[7] Die Schuld bestand darin, den Anfängen nicht gewehrt zu haben und seit der Erkenntnis zu lange in hilfloser Empörung verharrt zu sein. Das Verlangen, ein Mensch müsse immer schon gewesen sein, was er am Ende seines Lebens war, wäre jedoch unhistorisch.

Das Bekenntnis zur Schuld kam aus einer ethischen Haltung, die die Stauffenbergs und ihre Freunde über die Masse der Mitläufer in *allen* Schichten der Gesellschaft weit hinaushob. Empört stellte einer der die Untersuchung gegen die Erhebung führenden Beamten der Geheimen Staatspolizei nach Monaten eingehender Verhöre fest: »Die ganze innere Fremdheit, die die Männer des reaktionären Verschwörerkreises gegenüber den Ideen des Nationalsozialismus kennzeichnete, kommt vor allem in der *Stellung zur Judenfrage* zum Ausdruck. Die Erlebnisse der Jahre [vor] 1933 und die auf ein breites Tatsachenmaterial gestützte unermüdliche Aufklärungsarbeit der NSDAP über die Judenfrage ist an diesem Kreis von Personen spurlos vorübergegangen. Trotz aller bitteren Erfahrungen, die das deutsche Volk und wahrscheinlich auch sie selbst bis 1933 haben machen müssen, stehen sie stur auf dem *Standpunkt des liberalen Denkens, das den Juden grundsätzlich die gleiche Stellung zuerkennen will wie jedem Deutschen.*«[8] Die Aussagen von Berthold und Alexander Graf Stauffenberg gegenüber ihren Vernehmern belegen diese allgemeine Feststellung auch im Einzelfall.[9]

Schließlich sprach Claus Graf Stauffenberg selbst das Unbegreifliche im Kreis seiner Mitarbeiter im April 1944 aus: Es sei einmalig in der Geschichte eines Volkes, daß sein Führer immer die Anordnungen erteile, die es ständig dem Ruin näher brächten.[10]

Die Hauptantriebe des Handelns der Brüder Stauffenberg wurzelten in dem Bewußtsein einer Familie des Dienstadels sowie in der geistigen und der politischen Geschichte Deutschlands. Die Hauptantriebe waren die Ehre der Familie, die Treue zu den Idealen Stefan Georges, das Soldatentum. Alle drei führten zur Einsicht in die verbrecherische Natur Hitlers und seines Krieges. Alle drei Entwicklungen begannen in der frühen Jugend und sind seitdem immer wieder erkennbar. Seit etwa Anfang 1942 traten sie ganz hervor und überlagerten alles. Deshalb beherrschen sie von dem Zeitpunkt an die Darstellung.

Große Schwierigkeiten bereitete die Sprödigkeit der Quellen. Die Verhaltensweisen im Umkreis der von Haus aus »sonderbewußten«

Stauffenbergs beförderten das Verbergen innerer Vorgänge vor den rüden »Außenstehenden«. Dies steigerte sich zum Geheimbundverhalten durch die Verbindung mit dem Dichter Stefan George und seinem Kreis. Seit dieser Verbindung stand für immer zwischen den Stauffenbergs und der übrigen Welt eine unsichtbare Wand, durchdringbar nur für den, der den Gedanken Georges zugewandt war. Der Effekt ist die Verschlüsselung wesentlicher Lebensgebiete der Brüder Stauffenberg. Die Stärke der Gedanken des George-Kreises bis in die letzten Lebenstage der Brüder Stauffenberg überrascht den, der sich die Mühe der Durchdringung macht.

Ein weiterer Verschlüsselungsvorgang ist die Entscheidung Claus Graf Stauffenbergs für den Soldatenberuf. Die besondere Gemeinschaft der Soldaten, stets zum Einsatz des Lebens bereit, ist für Außenstehende schwer erfaßbar. Vom Augenblick seiner Entscheidung zum Soldatenberuf widmete Claus Graf Stauffenberg dem deutschen Soldatentum seine Lebensarbeit,[11] ging als Soldat einen Opfergang. Nina Gräfin Stauffenberg äußerte über ihren Mann: »So pathetisch es klingt, er ging bewußt den Weg eines Heldenlebens.«[12] Diese Nachricht über das Wesen des Soldatentums ist unabsichtlich verschlüsselt.

Eine dritte Stufe der Verschlüsselung ist – in den Worten des Chefs des Generalstabes des Heeres (1938–1942), Generaloberst Franz Halder – die »Abdichtung der Generalstabsarbeit gegenüber der Öffentlichkeit«; eine Geschichte des Generalstabes könne deswegen eigentlich nicht geschrieben werden.[13]

Die Arbeit des Historikers ist die Sammlung und Zusammenfassung der Vorgänge, die die Zeitgenossen mit den begrenzten Kenntnissen ihrer jeweiligen Standorte und Einblicke sahen. Der Nachteil der Beeinflussung des Geschichtschreibers durch seine Umgebung seit den zu beschreibenden Ereignissen wird durch Eindringen in das Denken der damals Handelnden vielleicht teilweise, aber gewiß unvollkommen aufgewogen. Der Geschichtschreiber wird sich möglichst der Urteile aus nachträglich entstandener Denkweise enthalten oder solche Urteile kennzeichnen. Im wesentlichen ist seine Aufgabe die Darstellung. Er bemüht sich, wie der Leser, die vorgefundenen Gedanken und Taten zunächst weder mit Zustimmung noch Ablehnung aufzunehmen, sondern sie vor allem in ihrem geschichtlichen Zusammenhang zu begreifen und zu verstehen.

Der Leser wird gebeten, die Ausbreitung mancher Einzelheiten und Aufzählungen mit Geduld aufzunehmen, womöglich auch dem Gedanken zuzustimmen, daß durch Abstraktionen kein lebendiges Bild entstehe. Widersprüche und diffuse Linien bleiben sichtbar, weil Menschen nicht nur in logischen Zusammenhängen leben und weil der Versuchung möglichst widerstanden wird, die Bruchstücke in einen in sich folgerichtigen Zusammenhang zu zwingen. Die zwiespältige Lage, in der sich die Stauffenbergs während des Zweiten Weltkrieges mit allen national gesinnten Deutschen befanden, vermehrte und verschärfte die Widersprüche weit über das in jedem Charakter zu erwartende Maß hinaus.

Joachim Kramarz schrieb im Vorwort seiner 1965 erschienenen Biographie, sofort nach dem 20. Juli 1944 habe in Stauffenbergs Berliner Wohnung und bei seiner Familie in Bamberg die Geheime Staatspolizei »auch das kleinste Stück beschriebenen Papiers beschlagnahmt«; so hätten sich nur ganz wenige Stücke erhalten, einige Briefe, eine Postkarte, wenige militärische Akten aus der Kriegszeit. 1968 stellte Robert Boehringer, der Erbe Stefan Georges, aus dessen Nachlaß fünf Briefe und sechs Gedichte von Claus Graf Stauffenberg zur Verfügung. Christian Müller, der 1970 eine umfangreiche Dissertation über Claus Graf Stauffenberg schrieb, fand noch einige Briefe und eine Anzahl schriftlicher Übungen aus den Jahren der Ausbildung Claus Graf Stauffenbergs.

Als der Verfasser an die Arbeit ging, schien jeder Winkel ausgeräumt. Doch bald zeigte sich, daß noch weit mehr an Schriftlichem erhalten geblieben war, als Kramarz oder Müller gefunden hatten. Der Verfasser verfügt nun über mehr als sechzig Briefe von Claus Graf Stauffenberg im Original oder in Kopien, über eine Anzahl weiterer privater und dienstlicher Schriftstücke, über Kopien und Originale von Hunderten von Briefen der Brüder Alexander und Berthold, über weitere Schriften der Brüder, Aufzeichnungen, Mitteilungen und Korrespondenzen Dritter, Gästebücher, bisher unbeachtete Archivalien.

Die Erweiterung der Forschung auf die beiden Brüder erwies sich als ergiebig, ebenso die Einbeziehung des Kreises der Freunde Stefan Georges, wodurch immer wieder Korrespondenzen der Brüder und Nachrichten über sie zutage kamen. Selbst von der Geheimen Staatspolizei im Lautlinger Herrenhaus der Familie Ende November 1944 beschlagnahmte Papiere sind zum Teil wieder aufgetaucht; sie waren nach Markkleeberg bei Leipzig gebracht worden, wohin die Dienststelle Zentrallektorat des Reichssicherheitshauptamts III C 4 seit Herbst 1943 ausgelagert war. Von hier kamen sie Anfang 1945 in die Bibliothek der Universität Leipzig, 1961 nach Genf zu Robert Boehringer, der sie als Erbe Georges beanspruchte, und Mitte der siebziger Jahre wurden sie im Stefan George Archiv in Stuttgart zugänglich. Stauffenbergs Fronteinsatz in Tunesien Anfang 1943 konnte deutlicher in den Blick gebracht werden. Einige Schlüsseldokumente für Stauffenbergs Umsturzbemühungen im Frühjahr 1944 wurden neuerdings in den Bundesarchiv-Abteilungen Potsdam zugänglich. Überlebende Zeitgenossen aus allen Bereichen konnten persönliche Auskünfte geben. Auch gedruckte Quellen erwiesen sich als ergiebig. Allerdings sind auch viele Schriftstücke, vor allem Briefe, nach dem 20. Juli 1944 vernichtet worden in der Befürchtung polizeilicher Nachforschungen; anderes ist durch Kriegsereignisse verlorengegangen.

Für Hilfeleistungen und Auskünfte habe ich mehr Menschen zu danken, als ich hier nennen kann. Viele ihrer Namen ergeben sich aus den Listen der brieflichen und mündlichen Mitteilungen im Quellenverzeichnis. Vor allen danke ich meinem Vater Wilhelm Hoffmann für seine beständige Bereitschaft zu Gesprächen und gedankenreichem Rat. Ferner danke ich Karen Bingel, Valentin Boss, Rudolf Fahrner, Lore Frank, Manfred Kehrig, Klemens von Klemperer, Joachim Kramarz, Richard Lamb, H. O. Malone, Rüdiger von Manstein, Frank Nicosia, Theodor Pfizer, Katherine Sams, Peter Sauerbruch, Albert Schick zugleich stellvertretend für viele ehemalige Angehörige der 10. Panzer-Division, ferner Bradley Smith, der großen Familie Stauffenberg und besonders Nina Gräfin Stauffenberg, Marlene Gräfin Stauffenberg, Alfred Graf Stauffenberg, Berthold Graf Stauffenberg, Hans Christoph Freiherr von Stauffenberg, Marie-Sophie Gräfin Stauffenberg, Franz Freiherr von Stauffenberg, Markwart Graf Stauffenberg, den weiteren Verwandten und den Freunden der Brüder Stauffenberg, Robert Vogel, meinem Lektor Ulrich Volz, Gemma Wolters-Thiersch, Eberhard Zeller, den Damen und Herren des Stefan George Archivs, des Deutschen Literaturarchivs in Marbach a. N., des Bundesarchivs, der Bundesarchiv-Abteilungen Potsdam, des Bundesarchiv-Militärarchivs, der Bundesarchiv-Zentralnachweisstelle, des Instituts für Zeitgeschichte, des Krankenbuchlagers Berlin, der Deutschen Dienststelle (Wehrmacht-Auskunft-Stelle) Berlin, der Gedenkstätte Deutscher Widerstand in Berlin, des Rilke-Archivs, der National Archives in Washington, der McLennan Library der McGill University.

Für großzügige Unterstützung meiner Forschungen danke ich der Faculty of Graduate Studies and Research der McGill University, dem Social Sciences and Humanities Research Council of Canada, der Stiftung Volkswagenwerk und der Killam Foundation.

McGill University, Montreal 1992   *Peter Hoffmann*

Kindheit, Weltkrieg, Neue Zeit

Die Vorfahren der Brüder Stauffenberg sind südlich des Neckars und beiderseits der oberen Donau in Schwaben in die Geschichte getreten. Als die Grafen von Zollern wie andere Fürsten im 13. Jahrhundert zur Hebung ihres Ansehens das Schenken- und das Truchsessenamt bei sich einrichteten, wurden Ahnen der Familie als Ministeriale im Ritterstand Schenken bei den Grafen von Zollern.[1] Schenk wurde Hauptname, zugefügte Ortsnamen wechselten mit dem Sitz, bis am Ende des 15. Jahrhunderts als fester Namensbestandteil Stauffenberg blieb, eine Bezeichnung der in Süddeutschland häufigen umgekehrt becherförmigen Burgberge. In der Familie lebt die Vorstellung einer Verbindung zu den Staufer-Kaisern. Ein Zweig der Familie wurde 1698 von Kaiser Leopold I. in den Freiherrnstand, ein anderer 1791 von Kaiser Leopold II. in den Reichsgrafenstand erhoben.[2]

Aus der Freiherrn-Linie stammte der Ahn der Brüder Stauffenberg, der bayerische erbliche Reichsrat Franz Ludwig Freiherr Schenk von Stauffenberg. Seinem Zweig gehörte seit 1566 durch Heirat das Rittergut Amerdingen bei Nördlingen.[3] Die Familie erwarb im 17. und 18. Jahrhundert weitere Güter, so Greifenstein in der Fränkischen Schweiz bei Bamberg und Jettingen bei Günzburg.[4] Lautlingen bei Ebingen am Südfuß der Schwäbischen Alb kam Anfang des 17. Jahrhunderts durch Erbschaft in die Familie. Das Dorf im tief eingeschnittenen Eyachtal, mit mittelmäßigen bis kargen Böden und ausgedehnten Waldstücken, seit 793 urkundlich nachgewiesen, von drei Höhenburgen umgeben, war Sitz der Herren von Tierberg, deren Herrenhaus wahrscheinlich schon im 14. Jahrhundert im Dorf lag.[5] Die bayerischen Güter Amerdingen, Greifenstein mit Burggrub und Heiligenstadt, Jettingen mit Eberstall und die württembergischen Güter Lautlingen mit Ochsenberg und Wildenthierberg sowie Baisingen und Eutingerthal, ferner Rißtissen bei Ulm waren bis 1920 Fideikommiß und sind seit 1922 Familiengesellschaft.[6] In der Linie gab es im 17. und 18. Jahrhundert Domherren von Bamberg, Würzburg und Augsburg, Mitglieder der Bamberger fürstbischöflichen Regierung und einen Fürstbischof von Bamberg.[7] Franz Ludwig Schenk Freiherr von Stauffenberg wurde 1874 von Ludwig II. in den erblichen Grafenstand des Königreichs Bayern erhoben. Sein Neffe setzte sich als bayerischer Landtagsabgeordneter 1867 und 1870 für die

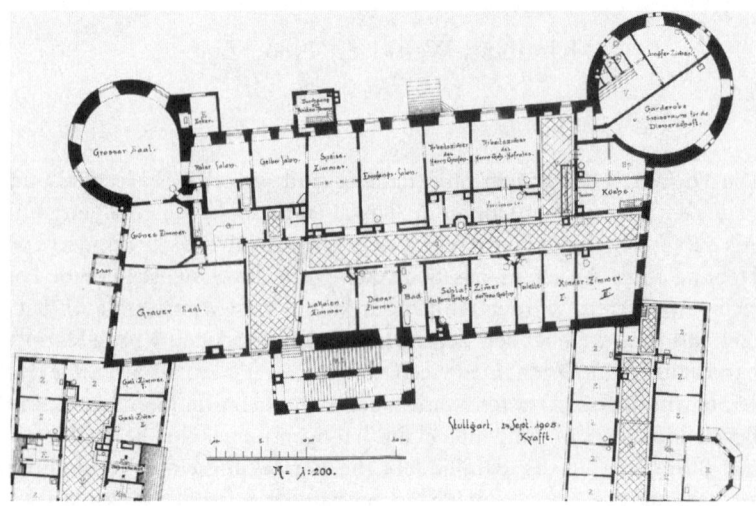

Wohn- und Diensträume des Königlichen Hofmarschallamtes,
Altes Schloß, Stuttgart

Abschaffung der Todesstrafe ein als »eine reine Frage der Menschlichkeit«.[8]

Der Vater der Brüder Stauffenberg wurde als Enkel des ersten Grafen der Linie in Amerdingen geboren. Sein älterer Bruder Berthold saß
auf Greifenstein.[9] Alfred Graf Stauffenberg, Besitzer von Lautlingen,
wurde 1880 Fahnenjunker im württembergischen Ulanenregiment,
1897 Rittmeister, 1899 württembergischer Kammerherr und Stallmeister, 1908 Oberhofmarschall und Major.[10]

Am württembergischen Hof war man sich der begrenzten Bedeutung des Königreichs bewußt, empfand auch die Monarchie nicht als
unwandelbar. Landtag, Regierung, Gesetze, politische und militärische Verpflichtungen beschränkten sie, die Beliebtheit des beschei-
den-würdevollen König Wilhelm II. beim Volk, der fast täglich mit
seinen Hunden in den Anlagen und Straßen Stuttgarts spazierenging
und jedermanns Gruß erwiderte, war sprichwörtlich.[11] Zum fünf-
undzwanzigjährigen Regierungsjubiläum des Königs am 6. Oktober
1916 schrieb das »Organ der Sozialdemokraten Württembergs«, die
Schwäbische Tagwacht: »Das Verhältnis zwischen König und Volk
ist in Württemberg ein ungetrübtes. [...] Nehmen wir alles in allem,
so will es uns scheinen, daß unter den gegebenen Verhältnissen gar
nichts geändert würde, wenn morgen in Württemberg an die Stelle der

Caroline Gräfin Stauffenberg

Monarchie die Republik treten würde. Kein zweiter Anwärter würde, wenn alle Bürger und Bürgerinnen des Staates zu entscheiden hätten, mehr Aussicht haben, an die Spitze des Staates gestellt zu werden, als der jetzige König.«[12]

Als der König am 2. Oktober 1921 starb, zog tagelang ein nicht abreißender Strom Trauernder aus dem ganzen Land am Sarg im Jagdschloß Bebenhausen bei Tübingen vorbei, bei der Beerdigung in Ludwigsburg wurde der Wagen mit dem Sarg an hunderttausend Menschen vorübergezogen; zur Stunde der Beerdigung läuteten im Land die Kirchenglocken, und am folgenden Sonntag hielt man in ganz Württemberg Trauergottesdienste für den König.[13]

Nach dem Umsturz von 1918 und dem Thronverzicht Ende November 1918 diente Graf Stauffenberg dem König und nach dessen Tod dem herzoglichen Haus als Präsident der herzoglich-württembergischen Rentkammer bis zu seiner eigenen Pensionierung 1928.

Im Mai 1904 heiratete der katholische Graf Alfred Stauffenberg Gräfin Caroline von Üxküll-Gyllenband, die 1875 in Wien geborene

und evangelisch erzogene Tochter des kaiserlichen und königlichen
österreichischen Oberstleutnants Graf Alfred von Üxküll-Gyllenband
und seiner Gemahlin Valerie, geborener Gräfin von Hohenthal. Die
Familie Üxküll-Gyllenband ist seit dem 13. Jahrhundert im Balten-
land nachgewiesen; sie wurde in Schweden 1648 in den Freiherrnstand und im Heiligen Römischen Reich 1790 in den Reichsgrafenstand erhoben. Über die Mutter der Gräfin von Hohenthal, Gräfin
Emilie Neidhardt von Gneisenau, führt die Linie zu August Neidhardt
von Gneisenau, Generalstabschef von Feldmarschall Fürst Blücher
von Wahlstatt, später Generalquartiermeister und in den Grafenstand
erhobener Generalfeldmarschall.[14]

Die Mutter, von den Kindern »Duli« (Du Liebe), sonst in der Familie »Doess« genannt, eine starke Persönlichkeit, war träumerisch-
unpraktisch, der Dichtung, Philosophie und Kunst zugewandt, mit
hohem, doch dilettantischem Anspruch; sie erkannte untrüglich den
Wesensgrund der Menschen, die ihr begegneten, blieb unbekümmert
gegenüber den Dingen des Tages und durchschaute kaum die Geheimnisse der Küche.[15] Sie notierte die Erzählung des zehnjährigen Alexander, »daß T[ante] Aja eine Zeitung gekauft hätte, aber vergessen, dieselbe mitzunehmen; Clausi sagt hierauf: ›das ist echt Üxküllisch – die
Mama u. die [Tante] Lasli sind ebenso zerstreut.‹«[16] Erziehung bedeutete ihr Liebe und Güte: »Wenn ich eines der Kinder zanke u. er dann
traurig ist, dann sind die andern so verzweifelt u. bitten immer so fle-
hentlich: ›Duli, tröst' ihn, tröst' ihn‹ u. Clausi wirft sich schluchzend
mir um den Hals um für seinen Bruder zu bitten, daß die ganze Pädagogik flöten geht u. ich nur sehen muß wie ich sie alle wieder beru-
hige.«[17] Sie war die eifersüchtig behütete Freundin der in unglückli-
cher Ehe lebenden Königin; weil die Königin begeisterte Reiterin war,
mußte der königliche Kammerherr und Stallmeister Graf Stauffenberg Gräfin Üxküll das Reiten lehren. Mit neunundzwanzig Jahren
heiratete sie den Grafen, weil sie Kinder wollte und er ihr den gesellschaftlichen Rahmen gewährleistete. Bewußt erzog sie ihre Söhne
zu geistiger Höhe, doch fanden diese, erwachsen, selbst den festen
Boden der Wirklichkeit. Der Vater der Brüder Stauffenberg war praktisch, von nüchternem Geist, ohne Sinn für Beziehungen zu Dichtern,
ebenfalls eine starke Persönlichkeit, ein integrer Edelmann von ethischen Grundsätzen und Lebensweisheit.[18] Er wurde in der Familie
»Schlaggi« genannt, konnte elektrische Leitungen legen, tapezieren,
Möbel reparieren, Rosen züchten, Obstbäume pfropfen, am Fuß der
Alb Artischocken ziehen; die Kinder beteiligte er an seinen handwerk-
lichen Arbeiten.[19]

*Schloß Lautlingen bei Ebingen am Südfuß der Schwäbischen Alb
auf einem alten Linolschnitt und heute.*

Unter den Stauffenbergschen Verwandten wurde vor allen der Bruder des Vaters, Onkel Berthold, verehrt. Er war erblicher Reichsrat des Königreichs Bayern, Kämmerer, Majoratsherr der Familiengüter; er rückte 1914 als Major ein, wurde 1916 Oberstleutnant und 1917 in Rußland Kommandeur des bayerischen 1. Schweren Reiterregiments. Die Großtante Gräfin Olga Üxküll, voll Lebensweisheit, Palastdame der württembergischen Königin Charlotte, in der Familie »Osch« genannt, hatte die Mutter und deren Bruder und Schwestern nach dem frühen Tod der Eltern 1877 und 1878 aufgenommen und ausgebildet. Eine Schwester der Mutter, Alexandrine, genannt »Ullas«, »Lasli« oder »Las«, war Oberin vom Deutschen Roten Kreuz.[20] Den Bruder der Mutter, Nikolaus, genannt »Nux«, der österreichischer Generalstabsoffizier war, und seine kluge, lebensfrohe und ernste Frau Ida-Huberta (»Hupa«) geborene Freiin von Pfaffenhofen-Chledowski, liebten und verehrten die Kinder innig.

Berthold und Alexander wurden am 15. März 1905 in Stuttgart geboren. Drei Monate danach begann die Mutter mit Aufzeichnungen, die bis 1922 reichen.[21] Die wesentlichen Eigenschaften der Kinder gehen daraus hervor: aufrechtes und liebevolles Wesen, Überzeugungstreue, Klugheit, geistige Wachheit und Selbständigkeit.

Alexander, fröhlich, gesellig, musisch, hilfsbereit, körperlich etwas kleiner und langsamer als sein Bruder, sah »immer lustig in der Welt herum« mit hellen Augen, »während Berthold mit seinem verträumten, in sich gekehrten Blick, sich nicht so schnell gewinnen läßt [...] Er hat einen so tiefen sprechenden Ausdruck oft in seinen wunderschönen Augen, etwas was so weit über ihn hinausgeht, daß es mich mit schrecklicher Angst erfüllt.«[22]

Eines Abends im Oktober 1907 wollten die zweieinhalbjährigen Zwillinge in Lautlingen in die Kirche; die Mutter führte sie zum Marienbild und soufflierte: »Wie macht man denn zur Himmelsmama?« Alexander faltete die Händchen, aber Berthold wandte sich ernst vom Marienbild ab, streckte sein Händchen nach der Mutter aus und sagte: »Hier Himmelsmama.«[23]

In Stuttgart oder sommers in Lautlingen kam häufig Königin Charlotte, von den Kindern »Ke« genannt, zu Besuch.[24] Der eineinhalbjährige Berthold biß die Königin beim Handkuß fest in die Hand, und als sie erschreckt auffuhr, war er selig über seinen guten Witz. Mit kindlicher Selbstverständlichkeit bewegten sich die Brüder in der württembergischen Hofgesellschaft, lernten Sprachen, mit zweieinhalb Jahren verstanden Berthold und Alexander, was man ihnen deutsch oder französisch sagte, das Englische kam bald dazu.

Die Zwillingsbrüder Berthold und Alexander in Lautlingen, um 1910.
Alexander, Berthold und Claus beim Skilaufen auf der Schwäbischen
Alb, um 1914.

Am 15. November 1907 wurden in Jettingen die Zwillinge Claus Philipp und Konrad Maria geboren. Die Mutter war zu Besuch bei ihrer Schwiegermutter, die Geburt kam überraschend im achten Monat, Konrad starb am Tag danach.[25] Später, als Claus alt genug war, um es zu begreifen, trauerte er sehnsüchtig um seinen Zwillingsbruder. Im Januar 1914 fiel er gefährlich hin und verletzte sich; als man ihm sagte, sein Schutzengel habe ihn vor Schlimmerem bewahrt, antwortete er, er wisse gut, wer das sei, das sei sein kleiner Zwillingsbruder. Bei der ersten Kommunion vermißte er seinen Zwillingsbruder noch ebenso stark.[26] Berthold wandte sich ganz dem jüngeren Bruder zu, spielte viel mit ihm, sprach ihm vor; Alexander stellte eher Betrachtungen an ohne unmittelbare Anteilnahme.[27]

Claus war zarter als seine Brüder, wurde Anfang 1909 schwer krank, trug aber die Schmerzen auffallend furchtlos.[28] Viereinhalbjährig, auf steilen glatten Albfelsen kletternd, erklärte er, er wolle nämlich ein Held sein. Beim Spielen mit Brüdern und Dorfbuben nahm er es mit den Verwegensten auf, ohne Scheu vor Pferden oder hochbeladenen Heuwagen. Im Juli 1912 in Amerdingen brachte Claus seiner Mutter jeden Tag frische Blumen für das Grab seines Brüderchens; wo er ein Kreuz sah, kniete er nieder, betete still und sagte: »Ich habe an mein kleines Brüderchen gedacht.« Fünfeinhalbjährig, im Februar 1913, suchte er sich im graubündischen Silvaplana zum Skifahren die steilsten Hänge.[29] Nach einer kleinen Halsoperation im Juli 1914 waren Arzt und barmherzige Schwestern »ganz verblüfft« über Claus' Tapferkeit. Hinterher erklärte er: »Nun war ich doch sehr heldisch u. nun kann ich wenn ich groß bin als Soldat in jeden Krieg ziehen.«[30] Alles wurde ihm leicht, sei es das Lernen, seien es Beziehungen zu Menschen. Der Zauber seiner blonden Locken und großen Augen war unwiderstehlich.[31]

Im Gegensatz zu Berthold war Claus von Herzen gläubig. Anfang 1911, als Dreijähriger, träumte er viel vom Sterben und erklärte, in den Himmel wolle er nicht, er wolle »immer hier bleiben«, oder doch in den Himmel, aber nicht ins Fegfeuer und die Hölle; ins Fegfeuer brauche er nicht, denn er sei nicht unartig.[32]

Für Berthold standen weltliche Interessen im Vordergrund. Als er Anfang 1913 Diphtherie hatte, befaßte er sich mit den Verhandlungen zur Beilegung des Zweiten Balkankrieges und sagte seiner Mutter: »Du wirst sehen, sie werden sich nicht einigen, die Türken können nicht auf die Vorschläge von Bulgarien eingehen u. die Balkanstaaten nicht auf die der Türken, u. so wird der Krieg eben weitergehen.« Die Mutter kommentierte, es sei gut, daß er durch seine Brüder noch kindlich bleibe; wenn er viel allein wäre, würde sich sein Geist zu schnell entwickeln.[33]

Claus neigte zu klaren, einfachen Lösungen. Als Neunjähriger meinte er, die Glaubensspaltung zwischen der alten Kirche und den Protestanten hätte vermieden werden können, wenn Luther mehr Geduld gehabt und die Päpste und Mönche zu besserem Verhalten überredet hätte; dann gäbe es nur einen Glauben, und das wäre viel schöner. 1917 meinte er, es sollte kein Geld geben, dann gäbe es weder reich noch arm; vom Geld komme alles Unglück in der Welt, das sehe man bei den Nibelungen.[34]

Alexander hatte im Januar 1917 Diphtherie, und die anderen Brüder mußten ein paar Wochen bei Tante Osch in deren Dienstwohnung in der »Akademie« (frühere Hohe Karlsschule) wohnen. Im Juli und August 1918 bekam Alexander Lungenentzündung, dann eine Brustfelleiterung, und am 12. Juli mußte er operiert werden. Da nahm er die Kommunion und sagte, die Brüder sollten auch zur Kommunion gehen und für seine Genesung beten.[35]

Stuttgart, Lautlingen, Jettingen, Amerdingen, Greifenstein waren die vertrauten Stätten der Kinderjahre; Reisen führten zur Nordsee, nach Berchtesgaden. Kinderzimmer, Gärten, Salonsäle, Tees, die Dienstwohnung der Eltern im Alten Schloß in Stuttgart, der Wilhelma-Park in Cannstatt, Spazierfahrten gehörten zum gewöhnlichen Tageslauf.

Bis 1913 erhielten die Zwillinge privaten Elementarunterricht. Ab Herbst 1913, achteinhalbjährig, besuchten sie die Vorklasse des Eberhard-Ludwigs-Gymnasiums in Stuttgart.[36] Vom folgenden Jahr an lernten sie Latein und später Griechisch, neben den Fächern Deutsch, Aufsatz, Literatur, Französisch, Geschichte, Erdkunde, Mathematik, Naturgeschichte. Claus ging seit 1913 in einer privaten Elementarschule in Stuttgart in eine Klasse mit vier anderen Kindern, war selig und aufgeregt und wetteiferte im Lernen mit den Brüdern. Im Herbst 1916 kam er in die Vorklasse des Eberhard-Ludwigs-Gymnasiums.[37]

Zugleich fingen alle drei an, Klavier und Violine zu spielen. Ein »Programm« für Weihnachten 1915 führt Gedichtvorträge auf von Claus, von Alexander und Berthold vorgetragene Klavierstücke, eine von den Zwillingen gespielte Sonate für Violine und Klavier.[38] Claus begann im Januar 1917 mit großem Eifer Cello zu spielen.[39]

Berthold und Claus waren 1917 wieder die ersten in ihren Klassen, Alexander war Vierzehnter, er lernte nicht so leicht, war aber sehr musikalisch. Später, bei den Reifeprüfungen, waren Bertholds Zeugnisse im Durchschnitt »gut«, die Alexanders »befriedigend«, Claus'

Abschlußnoten lagen zwischen denen der Brüder.[40] Unter den drei Brüdern, die alle zu Gelegenheiten dichteten, hatte Alexander wirkliche dichterische Begabung, auch in seiner späteren wissenschaftlichen Arbeit blieb das Künstlerische ein Wesenszug.[41] Berthold war schneidend-klar, in der Tendenz illusionslos, geistig überlegen und hatte es deshalb und wegen seiner äußeren Gehemmtheit und Neigung zur Schweigsamkeit nicht immer leicht.[42]

In den Ferien in Lautlingen erfuhr die Familie telephonisch am 31. Juli 1914, der König habe seinen Sommeraufenthalt in Friedrichshafen abgebrochen und sei nach Stuttgart gefahren, so mußte am selben Tag auch der Oberhofmarschall in die Residenz zurück.[43] Gruppen erregter Männer und Burschen standen in Lautlingen auf der Straße, vor den Türen weinende Frauen, von Begeisterung war nichts zu bemerken. Am 1. August beschloß die Mutter, mit den Kindern ebenfalls nach Stuttgart zu fahren: »Diese ungeheure Aufregung in der ganzen Welt u. ich gehe am strahlenden Sommertag spazieren mit den Kindern – das geht nicht – das hält man nicht aus. […] Heute abend wieder Telephon – Alles mobil u. ich dränge fort – Alfred will nicht aber erlaubt es schliesslich doch.« Am 2. August reisten Mutter, Kinder, das irische Fräulein Barry und ein Teil der Dienerschaft in vollen Zügen nach Stuttgart, inmitten von Gerüchten »von gesprengten Donaubrücken u. erschossenen Spionen«.[44]

Im Alten Schloß wurden Lazaretträume eingerichtet. Onkel Berthold rückte ein, sein Bruder Alfred wollte auch ins Feld, der Bruder der Mutter, Onkel Nux, war als Hauptmann im k. u. k. Generalstabs-Korps dem Generalkavallerieinspektor Carl Graf Huyn zugeteilt. Am 13. August erfuhr man, daß Clemens Graf Stauffenberg, einem Sohn von Onkel Berthold, durch die Lunge geschossen worden sei.[45]

Am 28. August gab es in Stuttgart Fliegeralarm und »eine tolle Knallerei in der Luft herum«, doch war anscheinend »alles unnötig«.[46] Verwundete zogen durch die Straßen und erregten das Publikum, Siegesnachrichten wühlten es auf, Miss Barry konnte nicht mehr mit den Kindern auf die Straße, weil sie nur englisch sprach; übrigens mußte sie sich zweimal täglich bei der Polizei melden, bis sie im Januar 1915 abreiste, als ihre Schwester starb.[47]

Die Aufzeichnungen der Gräfin Stauffenberg halten die erstarrte Teilnahmlosigkeit der Verwundeten fest, schreckliche Kämpfe und Verluste, Sorgen um den Bruder, den Wunsch nach Frieden, aber kein Wort eigener Begeisterung.[48]

Die drei Buben reagierten natürlich anders. Bei Kriegsausbruch »ergriff die Kinder ein solcher Enthusiasmus«, daß Claus eines Mor-

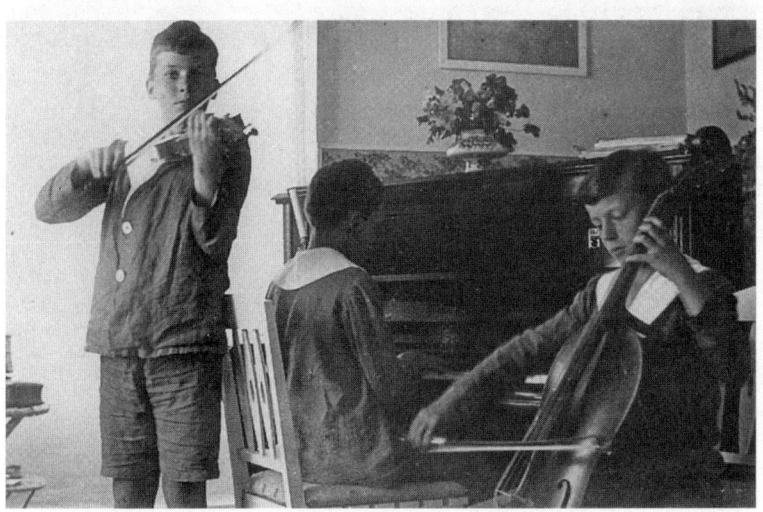

*Alexander, Claus und Berthold (von links) im Stuttgarter Alten Schloß, 1913,
wo die Familie bis 1919 wohnte (oben).
Alexander (Violine), Berthold (Klavier) und Claus (Cello) in Lautlingen 1917
(unten).*

*Claus (auf dem Esel), Alexander (mit Hut) und Berthold im Schloßhof von
Lautlingen, 1917.
Alexander, Claus (sitzend) und Berthold mit ihren Eltern in Lautlingen, 1917
(unten).*

gens schluchzend klagte, die Brüder sagten, in zehn Jahren dürften sie in den Krieg und er dürfe nicht mit. Die Mutter mußte ihn lange beruhigen und versprechen, daß sie »heldisch« sein und alle ihre Buben ziehen lassen werde. Claus betete jeden Abend: »Gib daß alle Soldaten wiederkommen, daß jeder verwundete Soldat wieder ganz gut wird u. jeder tote Soldat in den Himmel kommt.«[49] Alexander schrieb im August 1914 ein Gedicht auf den Sieger von Lüttich, General Otto von Emmich, 1915 eines auf den untergegangenen Minenleger »Königin Luise« und eines auf »Deutschland«.[50] Berthold und Claus dichteten mit dem vaterländischen Pathos von Kindern über »Unsere Feinde« beziehungsweise »U 9«.

Am 22. Juni 1915 gingen alle im Alten Schloß tätigen Lazaretthelfer in Urlaub, das Schuljahr war zu Ende, Berthold hatte bei der Abschlußfeier des Gymnasiums »wie alljährlich ein Prämium« bekommen, die Mutter Stauffenberg und ihre Söhne gingen nach Lautlingen.[51] Die drei Brüder holten ihren Hund Harro vom Tierberg zurück, holten mit Esel und Wagen Kisten vom Bahnhof, warfen vier oder fünf Meter vom Bahnhof entfernt um, weil sich ein Rad gelockert hatte und erlebten sonst noch Abenteuer. Sie bekamen wie die Kinder im Dorf die Masern, Alex hustete, Berthold fiel im Wald durch ein Brückengeländer »in den Abgrund«.[52] Nach der Eroberung von Warschau am 7. August und Kowno und Brest-Litowsk am 18. und 25. August 1915 veranlaßte Gräfin Stauffenberg in Lautlingen, daß die Fahne herausgehängt wurde und der Pfarrer die Kirchenglocken läuten ließ.[53]

Mitte September ging in Stuttgart die Schule weiter, von gelegentlichen Fliegerangriffen kaum gestört. Höhepunkt des Herbstes war ein Konzert im Runden Saal des Alten Schlosses.[54] An Weihnachten 1915 wurden, wie im vorigen Jahr, nach einer Ansprache des Oberhofpredigers Dr. Konrad Hoffmann zweihundert Kinder beschenkt, indem König Wilhelm und Königin Charlotte, von entgegengesetzten Enden eines langen Tisches beginnend, jedem Kind eine der bunten Gaben überreichten. Die englische Seeblockade verursachte Lebensmittelknappheit, so daß Gräfin Stauffenberg darauf verzichten mußte, wie bisher abends am Bahnhof durchreisende Soldaten zu bewirten, da sie »nicht mehr so gut jeden Tag den Thee geben könnte seitdem alles so viel knapper« war.[55]

Im Frühjahr 1916 notierte sie: »Immer große Angriffe bei Verdun – aber die Leute haben gar keine Stimmung dafür – sie sagen immer: ›An Verdun verbluten wir uns.‹«[56] Ein Lichtblick in dieser ernsten Zeit war ein Konzert, das die Kinder zusammen mit anderen gaben, es gelang so gut, daß es »für die Uboote« wiederholt wurde und 1200 Mark einbrachte. »Clausi hat schnell sein auswendiges Clavierstück heruntergehauen u. lief dann beseligt weg, was allgemeine Heiterkeit hervorrief.«[57] Berthold interessierte sich so für die Marine, daß er im November 1916 einen Aufsatz über die Entwicklung der deutschen Flotte bis zum Weltkrieg schrieb und in der Schule vortrug.[58] Am Weihnachttag 1916 reiste die Mutter mit ihren und den jüngeren der Kinder ihrer Schwester Albertine (Aja) von Hofacker sowie Tante Osch für einige Tage nach Berchtesgaden zu Tante Äddli (Gräfin Adelheid von Bassewitz, geborene Üxküll, Schwester der Tante Osch und des Vaters der Gräfin Stauffenberg).[59]

Am 10. März 1917 fiel in Verdun Alfred von Hofacker, ein Sohn der Schwester der Mutter, Albertine, und des königlich württembergischen Generalleutnants Eberhard von Hofacker.[60] Alfreds Bruder Cäsar kam aus Mazedonien auf Urlaub nach Lautlingen, wo die Familien Stauffenberg und Hofacker Ostern verbrachten; seiner Mutter zuliebe versprach Cäsar, auf das Fliegen zu verzichten, das seine Leidenschaft war; er wurde »auf Allerhöchsten Wunsch S.M.d.Königs« zur Ersatz-Eskadron des Ulanen-Regiments 20 versetzt und schließlich im Juni 1918 zur Deutschen Militär-Mission in der Türkei kommandiert; Ende Oktober geriet er in französische Gefangenschaft, aus der er Mitte März 1920 zurückkehrte.[61] Im April 1917 fuhr die Mutter nach Wien, um ihren Bruder Nux zu treffen; »zurück im Balkanzug«.[62] Im Oktober 1917 wurde Nux für ein halbes Jahr als Vertreter des österreichischen Militärattachés nach Konstantinopel versetzt.[63]

Von Ende Juli bis 22. August 1917 war die Familie wieder in Lautlingen, dann noch einmal von Ende September bis Mitte Oktober.[64] Im August 1917 waren die Zwillinge stark genug, den Bäuerinnen bei der Ernte zu helfen, von halb sieben Uhr morgens an waren sie beim Mähen. Claus zog das Vieh aus dem Stall und spannte an, die großen Buben luden allein auf und wieder ab.[65]

1917 wurde das Eberhard-Ludwigs-Gymnasium als Gefangenenlager für französische Offiziere eingerichtet, die Kinder in anderen Schulen untergebracht. Der Krieg wirkte sich weiter aus in Fliegerangriffen im November und Dezember, Zugverspätungen und Kohlenferien im Januar 1918 im tiefverschneiten Jettingen.[66]

Als Alexander im Juli 1918 mit Brustfelleiterung ins Stuttgarter Karl-Olga-Krankenhaus mußte, kamen Berthold und Claus nach Heutingsheim bei Ludwigsburg zu Herta Freifrau von Brusselle, der Witwe eines Amtskollegen des Vaters im Oberkammerherrenamt. Die

Claus bei der Heuernte.

gesunden Brüder berichteten nach Hause von Besuchen in Hoheneck, Ludwigsburg, Monrepos, von Kahnfahr- und Badeplänen. Im frischen Heu bauten sie »5–10 m lange unterirdische Gänge«, jäteten aus Wegen und Beeten Unkraut und säten ein, »nur gestern regnete es da konnten u. brauchten wir nicht«.[67]

Claus beschrieb einen faulen Donnerstagvormittag mit Sonnenbad und Abschneiden von verblühten Nelken »und solche Sachen«, und einen aufregenden Nachmittag: »Dann kam der 5 mal verwundete junge Held Herr von Plüskow mit seinen Eltern aus Ludwigsburg zum Tee hier an. Er ist sehr stark am Fuß verwundet und trägt ihn in der Schiene. Man mußte ihn vom Wagen aus zu dritt in den Garten tragen. Der schneidige Kerl will aber trotz seiner 5 Verwundungen wieder ins Feld. Sein Vater ist 2 m 8 cm groß, und ist also der größte Soldat der deutschen Armee. Der Kaiser nahm ihn als Flügeladjutanten immer mit sich auf seine Reisen in das Ausland. Dann gingen wir ins Heu und haben uns einen feinen Fuchsbau gemacht, unter dem Heu mit 3 Ausgängen.«[68]

Alexander, Berthold und Claus im Lautlinger Garten, um 1917.

Am 18. Juli 1918 konnten Berthold und Claus mit ihrem Vater nach Lautlingen fahren, wo sie mit den einige Jahre jüngeren Kindern des Onkels Nux in der schönsten Harmonie lebten.[69] Berthold schrieb Alexander am 29. Juli: »Hoffentlich geht es recht schnell, bis Du hier bist, dann werden wir wieder Räuber sein oder Wölfe wie Du lieber hast [...] Lesen können wir hier nicht viel, da die Üxkülls es nicht tun und immer beschäftigt sein wollen.«[70] Am 2. August berichtete Berthold vom Umzug aus der Räuberburg, einem Zelt, in eine Hütte, die mit Tisch und Korbsessel möbliert wurde: »Claus führte den Esel, Alex [Üxküll] saß vorne ich stand auf den Möbeln droben. So begann die Fahrt. Weippert kam mit dem Tablett vorbei – und lachte, Frau Schairer kam aus dem Garten herab – und lachte, Frau Müller stand vor ihrem Haus – und lachte, unten im Garten saß Tante Ida – und lachte. Kurzum – jeder, der uns begegnete, lachte. Langsam näherten wir uns der Hütte. Wunder, daß wir nicht umgekippt sind mit unserem ganzen Hausrat. In Windeseile wurde abgeladen und eingerichtet. Wir konnten schon den Tee drin trinken. Das ist die Geschichte unseres Umzuges.«[71]

In den nächsten Tagen folgten Nachrichten über schlechteres Wetter und ersehnte Lesegelegenheit, über die Fesselung von Tante Ida, gegorenen Erdbeersaft und Tapezierarbeiten mit dem Vater.[72] Am 23. August kam Alexander nach Lautlingen, rekonvaleszent und etwas überwältigt von den Unternehmungen der lebhaften Altersgenossen, still und glücklich lächelnd.[73] Von Ende August bis gegen Ende September wurden alle Kinder von einer Hauslehrerin, der Philologie-Studentin Thilde Wendel, in den wichtigsten Schulfächern unterrichtet.[74]

Ende August kam Onkel Nux auf Urlaub nach Lautlingen. Tante Ullas (Lasli), die Oberin vom Deutschen Roten Kreuz, kam aus Moskau, noch unter dem Eindruck der Ermordung des deutschen Gesandten Graf von Mirbach-Harff am 6. Juli inmitten der Bürgerkriegszustände. Sie hatte während neun Monaten mit der Bahn und mit Schlitten als Schwester die Gefangenenlager bereist, war in Petersburg und hatte Ostsibirien durchkreuzt. Sie konnte nur etwas Geld, Pelze und Stiefel verteilen unter die vielen halb erfrorenen und fast verhungerten Landsleute, die Zustände in den Lagern waren erschütternd.[75]

Im November 1914 hatte der Chef des Großen Generalstabes, General Erich von Falkenhayn, dem Reichskanzler von Bethmann Hollweg gesagt, der Krieg könne nicht mehr gewonnen werden[76]; seitdem hatten dennoch deutsche und verbündete Heere Jahr für Jahr in verlustreichen Offensiven die Entscheidung gesucht, die deutschen tief im feindlichen Gebiet. Der am 3. März 1918 mit dem revolutionären Rußland geschlossene Friede von Brest-Litowsk brachte nicht die von Falkenhayns Nachfolger General Ludendorff erwartete Entlastung, die der am 21. März begonnenen deutschen Offensive an der Westfront den Erfolg sichern sollte; die wachsende Stärke der 1917 in den Krieg eingetretenen Amerikaner glich die Verluste der Franzosen und Engländer aus.[77] Am 8. August gelang englischen, australischen und französischen Truppen ein entscheidender Einbruch in die deutsche Front, am 13. August erklärte General Ludendorff dem Reichskanzler Graf Hertling, daß es nicht mehr möglich sei, »den Feind durch Angriff friedenswillig zu machen«, durch Verteidigung allein wäre es kaum möglich, und demnach sei die Beendigung des Krieges auf diplomatischem Wege herbeizuführen – ein Euphemismus für die Bitte um Waffenstillstand.[78] Das deutsche Waffenstillstandsgesuch vom 3. Oktober und der deutsch-alliierte Notenwechsel danach machten die Lage für alle deutlich.[79]

Am 5. Oktober fuhren die Üxküll-Kinder mit ihrer Mutter (Tante Hupa) nach Stuttgart; Gräfin Stauffenberg fuhr mit ihren Buben über Sigmaringen nach Jettingen.[80] Unterwegs erfuhren sie vom deutschen Waffenstillstandsgesuch. Gräfin Stauffenberg notierte, nach all den Heldentaten und all dem Blutvergießen stehe man plötzlich vor dem schimpflichsten und demütigendsten Frieden, der jemals einem Volk geboten worden sei. Sie ging mit den Kindern am späten Abend zur Kirche. Claus brach in Tränen aus und sagte: »Mein Deutschland kann nicht untergehen – u. wenn es jetzt auch sinkt – es muß sich wieder stark u. groß erheben – es gibt ja noch einen Gott.« Auch Alex war erschüttert und verzweifelt; Berthold äußerte sich nicht.[81] Alexander schrieb ein Jahr danach an einen Schulfreund: »Auf [g]rauen wolken-schneeschweren Fittichen schwebt der hl. Christ über unsere Heimat u. sieht alles Elend. Mag er danach handeln. U. unser Stuttgart, unser vom Proletariervolk entehrtes, entwürdigtes Stuttgart sieht er vielleicht anders als wir, die wir's (ich wenigstens) als unsere Heimat sehn. Das sagt Dir vielleicht genug.«[82]

Am 24. Oktober 1918 stand im *Schwäbischen Merkur* auf der ersten Seite der deutsche Text der Note des amerikanischen Außenministers Lansing vom 23. Oktober. Die Alliierten behielten sich freie Hand vor für die Festlegung der Friedensbedingungen und weigerten sich, mit Vertretern des bisherigen Regierungssystems zu verhandeln. Nur die Beseitigung der Monarchie konnte die Besetzung Deutschlands verhindern. Am 10. November meldeten alle Zeitungen die Abdankung des Kaisers, der sich nach Holland begeben hatte. Ab 11. November war Waffenstillstand.

König Wilhelm II. von Württemberg hatte schon 1913 gemeint, er werde wohl der letzte Regierende seines Hauses sein. Nun wollte er nicht das Blut der Landeskinder vergießen, um eine aussichtslose Position zu verteidigen. Am 2. November lehnte er den Vorschlag seines Generaladjutanten Generalleutnant von Graevenitz ab, Maschinengewehre in die Stuttgarter Residenz, den Wilhelmspalast, zu legen. Eine Republik konnte nicht aus Monarchien bestehen; mit dem Kaiser fielen auch die übrigen Fürsten.[83]

Am selben Tag notierte Gräfin Stauffenberg, vom Schloß und vom Marktplatz her höre man »großes Holloh [...] wie die brausenden Ovationen von 1914 – aber es hat jetzt solch ganz andern Grund – ich lasse es Alfred sagen u. er geht auf die Straße u. in den Wilhelmspalast, vor dem sich auch johlendes Volk gesammelt hat. – Einige häßliche Redensarten fallen, aber gutmütige Redensarten werden dazwischen geworfen u. die Sache geht ziemlich harmlos auseinander.«[84]

Vier Tage später trat der württembergische Ministerpräsident Freiherr von Weizsäcker zurück, der König erwog die Abdankung. Aber Gräfin Stauffenberg notierte: »6. Nov. Am Vormittag Umzüge am Schloßplatz [...] Am Nachmittag ist das Ministerium noch dicht umlagert – ich gehe mit den Kindern aus u. wir sehen den König der ganz allein mit seinem Hund in den Straßen spazieren geht – vom Publikum ehrerbietig gegrüßt.«[85] Am 8. November wurden die Schüler des Eberhard-Ludwigs-Gymnasiums nach Hause geschickt.[86] Am Abend teilte der Stellvertretende Kommandierende General und Gouverneur Generalleutnant Scharpff den Führern der Stadtverwaltung und der Regierung im Rathaus mit, er habe keine Truppe, mit der Unruhen verhindert werden könnten.[87] Für den 9. November wurden Volksversammlungen und Märsche der SPD und der Freien Gewerkschaften erwartet, durch die der König zur Abdankung bewegt werden sollte. Der Kabinettchef Freiherr von Neurath hatte dem König berichtet und teilte nun der Rathausversammlung mit, der König wünsche um seinetwillen kein Blutvergießen.[88] Am 9. November schlug einer der Minister dem König die Berufung einer Landesversammlung zur Bildung einer Republik vor. Der König hatte sich schon damit abgefunden und sagte, das beabsichtige er seit Tagen und Wochen.[89]

Am selben Tag proklamierte Wilhelm II. die Wahl einer konstituierenden Landesversammlung zur Entscheidung über die künftige Regierungsform, weil nur so »unser Volk vor dem tiefsten Elend, vor den Gefahren der Hungersnot und dem Einbruch der Feinde in unser Land bewahrt werden« könne.[90] Gegen 11 Uhr vormittags, als die Minister beim König im Wilhelmspalast waren, drängte eine Menge herein, die Posten ließen sich entwaffnen.[91] Der Leibarzt Dr. Gußmann, Kabinettchef Freiherr von Neurath, Oberhofmarschall Graf Stauffenberg und die Dienerschaft hinderten die Menge daran, zum König vorzudringen. Aber die königliche Standarte mit den drei schwarzen Hirschhörnern auf gelbem Grund wurde eingeholt, die rote Fahne gehißt, mit Gewalt, wie der König am nächsten Tag dem Thronfolger Herzog Albrecht schrieb.[92] Nach der Aufstellung von »Revolutionsposten« am Palast war das revolutionäre Ziel zunächst erreicht; die führerlose Menge zerstreute sich. Der König dankte zwar nicht ab, konnte aber auch nicht unter der roten Fahne bleiben und beschloß, Stuttgart zu verlassen.[93]

Die Familie Stauffenberg erlebte den 9. November aus der Nähe: Um 10 Uhr standen die Straßenbahnen still, die Menge wogte um das Alte Schloß hin und her, am Kaiser-Wilhelm-Denkmal neben dem Alten Schloß wurden rote Fahnen gehißt und wilde Reden gehalten, dann drang die Menge in das zwischen Wilhelmspalast und Altem Schloß gelegene Waisenhaus ein, wo sich die hier in Bereitschaft liegenden Soldaten entwaffnen ließen, und zog weiter zum Wilhelmspalast. Man sah die Königsstandarte sinken, eine rote Fahne wurde aufgezogen. Am Nachmittag ging Gräfin Stauffenberg zur Königin, ein »kleiner Kerl« vom Soldatenrat ließ sie mit devoter Verbeugung zur Königin hinein. Der König kam dazu und sagte, er wollte, man könnte endlich wegfahren, und »mit einer erschütternden Handbewegung«, er habe ja hier nichts mehr zu schaffen. Und dann wieder: »›Sie müssen doch wirklich sagen, ich klebe doch nicht an diesem Posten, aber so wegzukommen, das ganze Militär hat mich ja verlassen‹ u. dabei rollen ihm die grossen Thränen in den weißen Bart.« Die Königin war ganz ruhig und nur darauf bedacht, es ihm zu erleichtern.[94] Er empfand bis zu seinem Tod die Würdelosigkeit der den Organisatoren aus der Hand geglittenen Vorgänge als unverdiente Kränkung und Undankbarkeit eines Volkes, das sich unter seiner Regierung einer freiheitlichen Entwicklung erfreute.[95]

Am Abend um halb sieben Uhr fuhren der König, die Königin und ihre Begleitung in zwei Autos vom vorderen Portal des Wilhelmspalasts nach Bebenhausen ab. Mit ihnen fuhren der Oberhofmarschall Graf Stauffenberg, der Flügeladjutant von Rom, der Generaladjutant General der Infanterie von Graevenitz, die Kammerherren Freiherr Cotta von Cottendorf und Freiherr von Gültlingen und die Hofdame Freiin von Falkenstein. Voraus und hinterher fuhren rote Garden, es sah nach Internierung aus. Graf Stauffenberg war nach dem Urteil Herzog Philipps, des Sohnes des Thronprätendenten, der treueste Diener des Königs und »der einzige, der in den traurigen Novembertagen 1918 den Kopf nicht verlor, wie alle anderen«. Dank der Umsicht Stauffenbergs verlief die Übersiedlung ohne Zwischenfälle. Um neun Uhr abends waren alle sicher in Bebenhausen.[96]

Die Kinder erlebten alles mit, »den ganzen wüsten Tumult«, die Entwaffnung im Waisenhaus, das Aufziehen der roten Fahne, die wilden Reden unter den Fenstern der Dienstwohnung im Alten Schloß.[97] Am 10. November sprach man von Gegenrevolution, eine weiße Garde sollte von Ulm und Ludwigsburg kommen. Aber alles blieb ruhig am 11. November, dem Tag, an dem der Waffenstillstand unterzeichnet wurde.[98] Claus schluchzte am 15. November: »Einen so traurigen Geburtstag habe ich noch nie gehabt.« Er wollte keine Feier, den ganzen Tag war er still und kämpfte mit den Tränen.[99] Er war auch enttäuscht, daß der König kampflos gegangen war. Im Februar 1933 meinte er zum Thema bayerischer Restaurationsgedanken und angesichts der neuen nationalsozialistischen Herrschaft, die Monarchen hätten 1918 versagt, hätten ihre Aufgabe nicht begriffen, und zitiert dafür des Königs Wort, um seine Person solle kein Blut fließen. Ein König müsse für das Prinzip der Monarchie notfalls auch Blut fließen lassen, König sei kein Beruf, den man einfach an den Nagel hängen könne.[100]

Graf Stauffenberg verhandelte als Bevollmächtigter des Königs mit der württembergischen Landesregierung und vereinbarte die Jahresrenten für König und Königin sowie die Besitzverhältnisse der königlichen Familie. Am 30. November 1918 legte der König freiwillig die Krone nieder, nachdem die Verhältnisse seiner Familie am 29. November durch Staatsvertrag mit dem Volksstaat Württemberg geregelt worden waren.[101] Die Witwenrente der Königin wurde auf 100 000 Mark festgesetzt, 1924 nach der Inflation auf 70 000 Reichsmark. Die königlichen Domänen, Wälder und sonstiges Krongut wie die Schlösser in Stuttgart und Ludwigsburg gingen in den Besitz des Staates über. Das Grundeigentum des Adels wurde nicht enteignet, sondern den Bestimmungen des Bürgerlichen Gesetzbuches unterworfen.[102]

Mit dem 30. November 1918 ging für die Familie Stauffenberg eine Lebenstradition zu Ende. Die Stauffenbergs hatten jahrhundertelang regierenden Monarchen gedient, den Grafen von Zollern, den Fürstbischöfen von Bamberg, dem König von Bayern und dem König von Württemberg, empfanden ihre persönliche Stellung als die von Lehens- und Edelleuten, waren selbst Herren gewesen über untertane Bauern und Diener. Nun regierte das Volk, der Gedanke, man sei dessen Diener, war fremd, der Bruch war tief. Sechs Kinder im Haus ließen die Mutter die Wehmut der letzten Weihnacht im Alten Schloß vorübergehend vergessen.[103]

Während des Spartakistenaufstandes Anfang Januar 1919 wurde auch in Stuttgart geschossen, so bei der *Württemberger Zeitung* in der Hospitalstraße. An einem besonders wilden Tag ging die Gräfin Stauffenberg ins Eberhard-Ludwigs-Gymnasium in der Holzgartenstraße und holte ihre Söhne nach Hause, eine in der Klasse der Älteren im Gang befindliche griechische Klassenarbeit hinderte sie nicht.[104] Die Unruhen dauerten im Februar an und spiegelten sich in den Aufzeichnungen der Mutter. »Eisner in München von Gf Arco erschossen [...] Plünderungen u. nächtliche Schießereien dauern noch an – 25 Aristokraten sind eingesperrt.«[105]

Die »Auflösung« ging weiter. Die Dienstwohnungen in der Akademie mußten geräumt werden,[106] Onkel Berthold und Vetter Clemens kamen zum Familienrat über die Zukunft der Güter nach Stuttgart. Angesichts der Unruhen waren Städte gefährlich für den Adel, die Mutter Stauffenberg sollte mit den Kindern nach Greifenstein gehen.[107] Am 1. April 1919, einige Tage nach dem Familienrat, war »großer Krawall bei der Poststraße«, in der Stadt wurde geschossen, Telephon und elektrische Bahnen funktionierten nicht mehr, Generalstreik und Gegenstreik der Bürger wurden verkündet, alle Läden waren geschlossen. Onkel Nux ging in Spartakistenversammlungen, »die Wut des Proletariats scheint groß«. Dann wurde der Belagerungszustand erklärt und am Abend war Ruhe. An ausgedehnten Spaziergängen mit den Kindern ließ sich die Gräfin Stauffenberg durch das alles nicht hindern, auf der Gerokstraße trafen sie eine »tadellose«, singend marschierende Sicherheitskompanie, aber am 2. April mußten sie vom Herdweg auf Umwegen ins Alte Schloß zurück, weil in der Kanzleistraße wieder geschossen wurde.[108]

Am 7. April 1919 fuhren wieder Züge, am Tag darauf reisten Mutter und Kinder über Nürnberg, wo Belagerungszustand war, nach Greifenstein. Dort erreichten sie Nachrichten von der in München ausgerufenen Räterepublik und von in der Stadt tobenden Straßenkämpfen, vom Umzug der bayerischen Regierung nach Bamberg, von der Beinahe-Verhaftung des Vetters Clemens: »Noch immer die reine Treibjagd auf Aristokraten.«[109] Onkel Nux mußte nach München einrücken und stand mit zu kurzem Rock und zu kleiner Kappe Posten am »Europäischen Hof«. Am 3. Mai war München befreit, nach heftigen Kämpfen und nachdem die Spartakisten noch Geiseln erschossen hatten.[110]

Ende Mai war die Familie wieder in Lautlingen, während in der künftigen Dienstwohnung des Vaters in der Stuttgarter Jägerstraße 18 Umbauarbeiten im Gange waren, immer noch in unsicherer politischer Lage. Würde man den Versailler Vertrag unterzeichnen, oder würden die Franzosen mit ihren Kolonialtruppen (Spahis) weiter nach Deutschland einmarschieren? Der König wollte nicht, wie man ihm riet, das Land verlassen, aber die Königin kam am 31. Mai im Auto nach Lautlingen und übergab ihren Schmuck Gräfin Stauffenberg, die ihn erst hinter ihrem Bett verbarg und dann in einem Beutel unter ihren Kleidern vorübergehend in die Schweiz brachte.[111]

Am 20. Juni kamen die Kinder von Onkel Nux nach Lautlingen. Claus hatte seiner achtjährigen Kusine Elisabeth im Winter hinter einem Paravent im Toilettezimmer der Mutter im Alten Schloß, an einem improvisierten Altar, Religion beigebracht; nun nahm er die Andachten mit »Baby« an einem »Altar« auf dem Dachboden in Lautlingen wieder auf, weil sie noch so wenig von der Heiligen Messe wisse.[112] Der vierzehnjährige Berthold las während des Sommers »Technisches«, Astronomie und Philosophie. Im September bat er die Mutter, Bölsches Buch über die Eiszeit zu lesen; er meinte, die Darstellung in der Bibel sei »mehr bildlich zu nehmen«.[113] Alexander las über Goethes Weimarer Zeit, über Musik und schrieb Gedichte.

Von Mitte Juni bis gegen Mitte September wurden die Brüder von Elisabeth Dipper unterrichtet, die, übrigens evangelisch, zwischen Abitur und Studium von der Direktorin ihres Stuttgarter Gymnasiums dazu abgeordnet wurde.

Die Buben spannten den Esel an und holten Fräulein Dipper am Bahnhof ab, fuhren so schnell es ging über die steinige Dorfstraße, und die Lehrerin wußte, daß sie geprüft wurde und daß ihre künftige Autorität von ihrem Gleichmut gegenüber den drei wilden Knaben abhing.[114]

Das Frühstück wurde ihr und den Buben im Türmle an der Gartenmauer serviert: Wie zu Hause »Malzkaffee, dasselbe feuchte Brot, nur daß es hier gebäht wurde, Margarine, Marmelade«. Dann kamen die Schulstunden am selben Ort, zuerst für die Zwillinge, dann für Claus. Bei Tisch nahmen sich die Kinder selbst, mußten nicht von allem essen, aber alles, was sie sich nahmen, zwischendurch wurde englisch oder französisch gesprochen, beim Mokka in der Bibliothek sprachen die Erwachsenen oft über geschichtliche und besonders zeitgeschichtliche Fragen, die Buben paßten genau auf. Die Mahlzeiten waren eher einfacher als daheim, nur »vielleicht etwas feiner«. Der Hausherr machte den Salat in einer riesigen Glasschüssel selbst an, das Essen wurde von Dienern gereicht, für jede Speise gab es frische Teller und Besteck. Aber »etwas verflixtes sind die ewigen Mahlzeiten; ich brauche täglich allein zum Essen u. nachfolgendem gemeinsamem Verdauen mindestens 5½ Stden! Dann schlafe ich noch nach Tisch, dann ist der Tag rum.«[115] Am Nachmittag trieben die Buben sportliche Spiele im Garten, lasen oder übten auf ihren Instrumenten.[116]

In der Woche nach Fräulein Dippers Ankunft wurde Vater Stauffenberg erwartet; Fräulein Dipper war angst vor den für die Buben zu erwartenden Donnerwettern. Bisher sei es meistens so lustig, weil die Buben so komische Sachen schwätzen. Ein Glück sei, daß Tante Osch ein paar Wochen bleiben werde; denn mit ihr unterhalte sie sich ausgezeichnet, obwohl sie sich dauernd blamiere, denn Tante Osch sei »mordsmäßig gescheit«. Vierundsechzig Jahre später schrieb die ehemalige Hauslehrerin: »Graf Stauffenberg war handwerklich außergewöhnlich geschickt; war er da, so wurde viel gewerkt und ausgebessert, wobei die Buben helfen mußten. Er überzog Polstermöbel und z. B. einen großen Lampenschirm fürs Speisezimmer tadellos, reparierte Möbel und so weiter. [...] Sicher war er ein sehr tüchtiger Oberhofmarschall und Familienhausherr, auch zweifellos stolz auf seine Söhne. Seines cholerischen Temperaments wegen war das ganze Haus ein wenig auf der Hut vor ihm.« Und über Tante Osch: »Sie fand es höchst verständlich, daß das Volk die Adelsprivilegien abgeschafft hatte, und beobachtete die politische Entwicklung mit positivem Interesse. Als ich studierte, hat sie mich – wie auch andere Studenten – in ihre Tübinger Wohnung eingeladen. Sie war sozusagen die Großmutter in der Familie, hatte die vier Üxküll-Geschwister, ihre Bruderkinder, wie eigene Kinder aufgezogen, nachdem deren Eltern gestorben waren.«[117]

Der Graf erwies Fräulein Dipper jede Höflichkeit, sie fand ihn aber – damals –»als Mensch unausstehlich, maßlos herrschsüchtig u. rücksichtslos«. Vor ihr oder der Dienerschaft werfe er seiner Frau ihre Vergeßlichkeit oder ihre teuren Kleider vor, rede die Buben bloß an, wenn er sie schimpfe. Alex ging es zu Herzen, wenn er ohne Grund gezankt wurde. Claus erklärte dann,»da hab ich eine ganz andre Theorie; austoben lassen«, dann höre es von selber auf. Die jetzige Regierung erklärte der Graf für ein Lumpenpack, kein anständiger Mensch bleibe im Staatsdienst. Tante Osch nannte den Grafen Stauffenberg einen Anachronismus.[118]

Claus stecke immer voll »Theorien«. Fräulein Dipper führte mit ihm oft die längsten Gespräche über Dinge, die mit Latein oder Rechnen nichts zu tun hatten, bei ihm könne man es sich leisten, er könne das Nötige auch so. Einmal sagte er:»Wenn ich an Ewigkeit denke, werde ich immer traurig, bei der, die vor einem liegt, noch viel mehr als bei der verflossenen, weil die einen selbst angeht. Ewigkeit kann man eben nicht denken.« Er sei »schon ein besonderes Büble«.[119]

Die drei Brüder seien übrigens ausgezeichnet erzogen.»Zu bestimmten Zeiten dürfen sie alles tun, sich balgen u. schreien u. toben, wie ich's noch selten gehört habe; sie sind nämlich alle drei Kraftmenschen, man muß nur erst ihre Stimmen hören, sie können fabelhaft schreien. Aber daß sie beim Essen nicht tadellos ruhig u. gerade sitzen oder sonst einmal nicht sofort folgen, das gibts einfach nicht. Der einzige, der manchmal geschwind eine Ohrfeige fängt, ist Berthold.«[120] Die Zwillinge hatten viele Bücher schon gelesen, die sie jetzt selbst lesen wolle, schrieb Fräulein Dipper ihren Eltern; sie habe sich mit den Kindern über die »Lebenserinnerungen« von Carl Schurz und über Spenglers »Untergang des Abendlandes« unterhalten. Auch in der Musik seien sie merkwürdig weit; Alexander komponiere selbständig auf dem Klavier.[121]

»Alex ist ganz rührend gutmütig und in seinem ganzen Wesen wirklich vornehm u. dabei ganz kindlich. Er fühlt sich immer ganz gedrückt, weil Berthold leichter lernt, und hält sich glaub ich für ziemlich dumm, was er aber gar nicht ist. Er ist nur langsam.«[122] Berthold schien Fräulein Dipper zuerst verschlossen, dunkel, hochmütig. Für Bertholds Fragen brauchte sie alle ihre Griechisch-Kenntnisse und war froh, etwas vorgearbeitet zu haben.

Im nächsten Brief schrieb sie, es sei nur gut, daß sie nicht dem Rat Thilde Wendels gefolgt sei, den Standpunkt des überlegenen Lehrers einzunehmen, sondern daß sie immer offen bekenne, wenn sie etwas nicht wisse oder sich täusche. Sie glaube, daß sie mit ihrer Methode besser fahre, besonders bei Berthold: »Für die Großen bin ich eben ganz ungenügend beschlagen auf allen Gebieten. [... Berthold] ist wirklich kein sehr angenehmer Schüler, aber bloß weil er so gescheit ist; im Grund ist er sehr mögig. Er merkt es eben sofort, wenn man irgendwie unsicher ist, und hat eine Stärke im Fragen, er und Klaus; aber ich habe gar nicht den Eindruck, daß er's tut, um einen zu schikanieren. Man täuscht sich anfangs leicht über ihn; er ist auch nicht so offen wie die andern, spricht sich nicht leicht aus. [...] Mathematik ist sein stärkstes u. Alex's schwächstes Fach.«[123] Berthold wollte schon damals in den Auswärtigen Dienst.[124]

Claus verphilosophierte alles und zog aus allem die Konsequenzen, beanstandete schlechtes Deutsch mit unfehlbarer Sicherheit, merkte sofort, wo eine Sprache reicher war als andere, hatte eine Vorliebe für alte geschriebene Meßbücher, altdeutsche Stickereien und Schlösser, zeichnete Pläne, wie das Schloß in Lautlingen umgebaut werden sollte, wollte Landwirt werden und hatte ein Gärtchen, wo er vieles kunstgerecht pflanzte und zog. »Dabei weiß er bis jetzt noch nicht, daß er jedermann um den Finger wickeln kann, wie's bei seinen Lehrern scheints ist, nach dem, was die Gräfin mir erzählte.«[125]

Im September sollten die Kinder »vormittags Sonnenbäder nehmen etc., etc. und die Gräfin schlug jeden 2. Tag Vakanztag vor«, die letzten Tage sollten überhaupt Ferien sein, und die Hauslehrerin war besorgt um das Pensum und das Fortkommen ihrer Zöglinge in der Schule. Aber Claus wollte nicht auf die Stunden verzichten, weil er sonst in der Schule zurückbleiben werde (wovon keine Rede sein konnte), und Fräulein Dipper kenne er schon, die Nachfolgerin nicht. Man einigte sich auf Unterricht ohne Hausaufgaben.[126] Jeder sollte auch ein Gedicht auswendig lernen. Claus wählte Heinrich Heines »Belsazer«, die Romanze vom König von Babylon, der Jehovah lästerte und Gottes Tempel beraubte. Leidenschaftlich deklamierte Claus:

Belsazer ward aber in selbiger Nacht
Von seinen Knechten umgebracht.[127]

Vom Sommer 1919 bis zur Pensionierung des Vaters 1928 wohnte die Familie in der Dienstwohnung der Herzoglichen Rentkammer in der Jägerstraße 18 beim Hauptbahnhof, dem damals modernen Bau von Paul Bonatz. Hinter dem Haus stiegen Weinberge auf. Onkel Nux wohnte bis 1921 im selben Haus und von 1922 bis 1928 auch Tante Ullas, die Generaloberin des Württembergischen Landesvereins vom Roten Kreuz.[128] Lautlingen blieb Feriensitz für Weihnachten, Ostern, Sommer und Herbst.

Berthold und Alexander gingen in Stuttgart in die Schule, Claus blieb im September 1919 noch mit den Üxküll-Kindern in Lautlingen und erhielt mit ihnen zusammen Unterricht von deren Hauslehrerin Elsbet Miller.[129] Am Sonntag nach dem Schulanfang kam Alexander blaß und erregt nach Lautlingen zurück, ein Bub hatte ihm Zweifel über Religion und die Gottheit Christi eingeredet; wenn er aber nicht an die Gottheit Christi glaube, könne er auch nicht zur Kommunion gehen. Die evangelische Mutter war etwas hilflos und suchte abzuwiegeln.[130] Berthold war eigentlich Agnostiker, interessierte sich gleichwohl für Meister Eckehart und Franz von Assisi,[131] und als der katholische Religionslehrer Luther so derb verunglimpfte, daß die Schüler Einspruch erhoben, blieb Berthold während des Unterrichts still, kündigte aber dem Lehrer in der Pause unter vier Augen an, wenn er seine niedrigen Angriffe fortsetze, würden er und die anderen katholischen Schüler seinen Unterricht nicht mehr besuchen.[132]

Die großen Dichter der Zeit zogen die Brüder besonders an, Rilkes »Cornet« und die Verse Hofmannsthals waren ihnen die liebsten.[133] Daran mögen die geistigen Ansprüche der Mutter ihren Anteil gehabt haben; sie stand damals in Korrespondenz mit Rilke, seit ein Verwandter, der Münchner Arzt Dr. Wilhelm Freiherr Schenk von Stauffenberg, von Rilke seit August 1914 konsultiert, im Februar 1918 gestorben war.

Gräfin Stauffenberg schrieb Rilke nach der Beerdigung, sie habe den Arzt im September 1917 zum letzten Mal gesehen, damals habe er ihr lange von »dem Köstlichsten das [Rilke] je geschrieben« erzählt, sie wolle nun fragen, ob es im Handel erschienen sei. Anläßlich der Beerdigung sei sie einen Augenblick allein in Dr. von Stauffenbergs Wohnung gewesen; nun lese sie ein Buch, das neben seinem Bett lag, um sich in seine Welt zurückzuversetzen.[134]

Rilke antwortete mit ausgesuchten Wendungen, noch dringender als sein Schmerz um den Freund sei ihm, »das Vermächtnis dieses Hingangs anzutreten [...] Das Urteil Stauffenbergs über eine gewisse Arbeit, das Sie mir mitteilen, dieses großmütige Zustimmen, in dem,

genau wie in seiner Hülfe, erfahrendstes Gefühl zu rein geistigem Ausdruck kommt, läßt mir keinen Zweifel darüber, in welcher Richtung
er mich weiterstrebend wissen wollte; und es bereitet mir die größte
Genugtuung, daß meine Natur mir die gleiche Anforderung stellt. Was
aber jene Arbeiten selbst angeht, für die Sie, gnädigste Gräfin, ein so
aufmerksames Interesse zeigen, so liegen bis jetzt nur Stücke aus weiteren Zusammenhängen vor, die nur dem unterrichteten Freunde, dem
ich sie, auf Grund mancher Gespräche, anvertraute, verständlich werden konnten.« Ihre Veröffentlichung liege in vielleicht weiter Zukunft,
doch werde er der Gräfin Stauffenberg eine Abschrift der Arbeit,
deren Drucklegung ihm in keiner Weise dringend sei, zueignen, wenn
die Arbeit abgeschlossen sein sollte. Welches aber das erwähnte Buch
gewesen sei, das neben Dr. von Stauffenbergs Bett gelegen sei?[135]

Gräfin Stauffenberg dankte Rilke am 8. März. Offenbar hatte er
ihr mit seinen höflichen Formulierungen von dem Vermächtnis, das
er anzutreten wünsche, gewisse Hoffnungen erweckt. Wenn sie sein
»Requiem auf den Tod eines Knaben« wieder lese, schrieb sie, so
komme ihr »unwillkürlich der Gedanke dass Sie für [Dr. von Stauf-
fenberg] auch mal Worte finden könnten die Ihnen u. uns zum Trost
gereichen. Das ist wohl das grösste Vorrecht des Dichters, dass ihm
›ein Gott gab zu sagen was er leidet‹.« Dann folgte die Antwort auf
Rilkes Frage nach dem Buch: »Unter einem Stoss von Büchern neben
seinem Bett lag De Costers Ulenspiegel – allein lag Old wives tale von
Bennett – ich las es jetzt u. glaube aber nicht dass er eine besondere
Stellung dazu hatte. – Glänzend fand er das Kriegsbuch Dead Yesterday von Mary Hamilton. Dieser hohe Standard von Gerechtigkeit u.
Objektivität hat wohl ganz seinem Denken entsprochen.«[136]

Rilke hatte Gräfin Stauffenberg am Tag vor dem Datum ihres
Briefes geschrieben und ihr eine eigene Abschrift zugeeignet von
einer »Arbeit, die dem verewigten, an mir so tiefen Antheil nehmen-
den Freunde, wie ich immer mehr erinnere, besonders lieb war; das
›Requiem‹ auf den Tod eines ihm (und übrigens auch mir) persönlich unbekannten achtjährigen Knaben«.[137] Gräfin Stauffenbergs Brief
vom 8. März enttäuschte nun die Hoffnung Rilkes, Dr. von Stauffenberg habe in seinen letzten Stunden in *seinen* Werken gelesen. Gräfin Stauffenberg dankte dem Dichter unter dem 12. Mai, sie werde
das köstliche Geschenk in Rilkes und Dr. von Stauffenbergs Namen
heilig halten; sie »möchte ja so manches drüber sagen, aber es führt
wohl alles zu weit u. vielleicht ist das Schicksal so freundlich mich mal
mit Ihnen zusammen zu führen«.[138] Als Rilke diesen Brief der Gräfin
bekam, antwortete er nicht mehr, bis er im Januar 1919 den »Insel

Almanach« schickte, in dem die Auswahl seiner Beiträge »wesentlich bestimmt« sei durch den Tod des befreundeten Arztes, durch den er sich Gräfin Stauffenberg verbunden fühlen dürfe.[139]

Gräfin Stauffenberg dankte am 28. Januar für Rilkes Dichtung, durch die sie gewappneter werde für künftige Schicksalsschläge, für die sie als Mutter von drei Söhnen in der kommenden schweren Zeit bereit sein müsse.[140]

Als Rilke darauf Emile Verhaerens Gedichte, »Les Flammes Hautes«, sandte, dankte Gräfin Stauffenberg und legte ihrem Brief eine Photographie ihrer Kinder bei, die sie auf einem Balkon des Alten Schlosses zeigt.[141] Rilke schrieb darauf, das Bild der Brüder habe dem Brief der Mutter »viel Mitteilung hinzugegeben, die ich auf das dankbarste empfange; ich verstehe jetzt die Sorge, die Sie in Ihrem vorletzten Briefe ›als Mutter von drei Söhnen‹ aussprachen, aber ich erkenne in der liebevollen Gruppe doch auch wieder das große überwiegende Glück, das Ihnen mit drei schönen und schon im jetzigen Ausdruck so vielfach künftigen Knaben geschenkt worden ist«.[142]

Zwischen den beiden Perioden des Briefwechsels mit Rilke berührte ein anderer lebender Dichter die Familie Stauffenberg, als Bernhard Graf von Üxküll-Gyllenband, ein 1899 geborener Sohn eines Halbbruders des Vaters der Gräfin Stauffenberg, aus dem Leben schied.[143] Der Vetter der Brüder Stauffenberg war Fahnenjunker in der Ersatz-Abteilung des (preußischen) 1. Garde-Feldartillerie-Regiments, seit 1907 durch den am Berliner Kammergericht tätigen Richter Ernst Morwitz mit Stefan George befreundet und selbst begabter Dichter. Stefan George suchte die deutsche Dichtung nach den Vorbildern Pindar und Hölderlin zu erneuern und bildete der Kunst gewidmete Kreise Gleichaltriger und Jüngerer im Geiste des platonischen »Staat«. Ende Juli 1918 wollte Bernhard Graf Üxküll einem Freund, Adalbert Cohrs, die Treue bis in den Tod bewahren, als dieser, ebenfalls im Heer dienend, den Urlaub überschritt; Üxküll hatte in seinem letzten Gedicht von Ende Juli schwere Zweifel an seinem Freunde anklingen lassen; denn Cohrs, »an der Zukunft Deutschlands und am eigenen Schicksal« verzweifelt, hatte, wie Morwitz schrieb, keinen Ausweg mehr aus dem »Gebrauch der zerstörenden Medikamente« gesehen, dem er sich ergeben hatte.[144] Die Gräfin Stauffenberg konnte Stefan Georges Auftauchen im Dunstkreis der Familie nicht anders als mit gemischten Gefühlen ansehen. Für die nächsten vier Jahre jedoch rückte seine Gestalt nicht näher.

In der Schule luden einzelne Lehrer zu Studiengruppen ein, zum Beispiel über Conrad Ferdinand Meyer, Schüler veranstalteten Klassenabende.[145] Im Herbst 1919 gründeten Berthold, Alexander und

ihre Freunde Theodor Pfizer und Hans-Ulrich von Marchtaler einen
»Faust-Abend«, an dem sie in den Wohnungen der Mitglieder Goethes »Faust« mit verteilten Rollen lasen.[146] Nach drei oder vier Aben-
den »Faust« las man auch Werke von Hebbel und Kleist, Rilkes »Cornet« und die Verse Hofmannsthals.

Ein junger Rektoratsassistent namens Rahn und ein Schüler namens
Bach aus der der Klasse der Zwillinge nächsthöheren versahen einen
Schaukasten im Schulzimmer mit monatlich wechselnden Drucken der
Malerei der Expressionisten, der Gruppe der »Brücke« und des »Blauen
Reiter«, von Nolde, Macke, Jawlensky. Die Ausstellung führte in den
Pausen zu Diskussionen darüber, was Kunst sei. Im Unterricht selbst
kam man über die Renaissance, den Humanismus und seine antiken
Vorbilder nicht hinaus.[147]

Die Ferien um Weihnachten 1919 verbrachte die Familie wieder in
Lautlingen. Berthold las Spenglers soeben erschienenes Buch »Preußentum und Sozialismus« sowie philosophische Lehrbücher.[148] Er
bereitete ein Referat vor über germanische und christliche Schöpfungs-
mythen, über die Wahrscheinlichkeit mehrerer großer Überschwemmungen in der Geschichte der Menschheit, über Vorstellungen von
Gott als Weltgeist, Weltwille oder Weltseele, die jeweils der Art der
Völker und den Bildern vom eigenen Wesen entsprächen. Das Referat schloß mit dem Höhepunkt des germanischen Schöpfungsmythos:
Die letzten Helden von Walhall waren im Götterstreit gefallen, auf der
Erde verließ ein junges Menschenpaar einen hohlen Baum. Berthold
fügte daran die Mahnung an die deutsche Jugend, dem unvermeidbar
kommenden Kampf tapfer ins Gesicht zu sehen wie die Götter, die sich
opferten für die junge Menschheit.[149]

Claus begeisterte sich für Architektur und zeichnete Häuser, eignete
sich beachtliche Kenntnisse an. Paul Klopfers »Das Wesen der Bau-
kunst« bekam er von der Königin geschenkt.[150]

1920 spielten die Zwillinge und ihr Freund Theodor Pfizer kleine
Rollen in Szenen aus Hölderlins »Empedokles« und in Hofmannsthals
»Tod des Tizian« mit Berthold als Tizianello. In der Jägerstraße spielte
Berthold aus dem vierten Akt von Shakespeares »Julius Caesar« den
am Vorabend der Schlacht von Philippi erscheinenden Geist Caesars,
Alexander den Brutus und Claus dessen jungen Diener Lucius.[151]

1920 stellten die drei Brüder auch eine handgeschriebene und vervielfältigte »Zeitschrift« zusammen, die sie *Hermes* nannten, von der
wohl nur die Nummer 1 des ersten Jahrgangs erschien. Bertholds Beitrag verglich den Weltkrieg mit dem Siebenjährigen Krieg und führte
beide auf Koalitionen zurück, die durch begründetes Mißtrauen veran-

laßt gewesen seien; schade sei nur, daß sich das Ende der beiden Kriege nicht so günstig vergleichen lasse. Alexander lieferte Gedichte und ein Märchenfragment. Claus ließ sich mit Ansichten über Arbeitslosenunterstützung vernehmen, die wahrscheinlich von seinem Vater stammten: Die Zahlung der Arbeitslosenunterstützung werde Deutschland schlimmer zerstören, als irgendein Feind es gekonnt hätte, Sozialismus, Spartakismus und Streiks würden dadurch nur zunehmen, vollends, wenn die Regierung, was vorauszusehen sei, nicht weiterzahlen könne.[152]

Unterdessen war der Zusammenhalt des Reiches auch nach schmerzhaften Gebietsverlusten nicht gesichert, Frankreich schürte Separatismus in Deutschland, das neugebildete Polen arrondierte sich mit schlesischem und westpreußischem Gebiet, mit britischer Unterstützung auch gegen zu Deutschlands Gunsten ausgegangene Plebiszite. Die Bekanntgabe der alles Dagewesene sprengenden alliierten Reparationsforderungen, die Deutschland auf Jahrzehnte verschulden und den Vorwand zur Besetzung deutschen Industrielandes schaffen sollten, erzeugten verzweifelte Hoffnungslosigkeit, aber auch Kampfbereitschaft.[153]

Alexander schrieb Anfang 1921 an Theodor Pfizer: »Noch einmal so ein Jahr u. wir stehen vielleicht am Grabe unserer Heimat, wahrscheinlicher aber vor den tagenden Vorboten eines neuen Morgenrotes, wenn auch am fernen Horizont. Ich freue mich trotz allem wieder nach Stuttgart [sic]. Auf unsre tiefen Gespräche. Wobei dann mitten drin wie eine Heinesche Dissonanz ein seelenruhiges ›Quatsch‹ brüderlich von Bertholds Seite dreingegeben wird.«[154] Er arbeitete im Frühjahr 1921 über die Schlacht von Salamis und erklärte, Geschichte sei ihm Stoffquelle für Balladen oder Dramen.[155] In der Oberstufe wurde er ertappt, als er während des Unterrichts Thomas Manns »Tonio Kröger« las. Der Lehrer rümpfte über Thomas Mann die Nase und meinte, in seiner Jugend habe man auch moderne Literatur gelesen, er empfehle »Jörn Uhl« von Frenssen.[156]

Alexander fragte auf dem Schulhof Theodor, ob er wisse, daß es noch einen größeren gebe als Rilke: Stefan George. 1921 lasen Berthold, Alexander und Theodor Pfizer Georges »Der Stern des Bundes«.[157]

Unter den Jugendfreundschaften nahm Theodor Pfizer, der Sohn eines Landrichters in Stuttgart, einen wichtigen Platz ein; ferner Hans-Ulrich von Marchtaler, der Sohn eines aktiven Oberstleutnants; Rudolf Obermüller, Sohn eines Finanzamtmanns, wohnte im Haus Jägerstraße 12; Georg Federers Vater war Konsul von Österreich-Ungarn; Frank Mehnert war der 1909 in Moskau geborene Sohn eines deutsch-russi schen Druckereibesitzers, der im Weltkrieg im deutschen Heer diente und fiel.[158]

In den zwischen Berthold und Theodor damals gewechselten Briefen ist von Freundschaft, Liebe und Verehrung die Rede, und auch von der Eifersucht Theodors wegen Bertholds Freundschaft mit Hans-Ulrich von Marchtaler.[159] Berthold schrieb Theodor, Freundschaft sei ihm ein hoher Traum, er glaube auch Liebesbedürfnis gewesen. »Dieser Traum ist mir erfüllt worden – mehr als ich dachte. Du weißt es ja. Ich weiß nicht, ob er sich auch unter Freunden gleichen Geschlechts erfüllen könnte.«[160]

Zunächst freundete Berthold sich, entgegen seiner Voraussage, mit so einem Philister könne es doch nichts werden, mit Obermüller an; am Hang des Feuerbachtals und beim Bismarckturm am Kriegsberg vertrauten sie sich ihre Gefühle an. Manchmal las Berthold dem Freund vor aus Georges Maximin-Gedichten. George war für Berthold »eine letzte Offenbarung über den Menschen in der Zeit und gegen die Zeit«.[161]

Berthold gab Rudolf eine Photographie von sich und schrieb ihm ein Albumblatt: »Liebe ist der Sinn der Welt. In der Natur, die allein in Reinheit sich uns noch gibt, da kann ich nur Schönheit, Freude, Liebe finden. Und ist das nicht im Tiefsten das gleiche? In Liebe sich hingeben, und so Vollendung erstreben – das sei der Weg! Dein Berthold Stauffenberg. Juni 1921.«[162] Es war die Sprache Hölderlins und Georges. Bei Hölderlin hieß es: »Die Liebe gebahr Jahrtausende voll lebendiger Menschen; die Freundschaft wird sie wiedergebähren. [...] Die Liebe gebahr die Welt, die Freundschaft wird sie wiedergebähren.«[163] In Georges »Hyperion«[164]:

Liebe

Gebar die Welt · Liebe gebiert sie neu.

1922 in der Abiturklasse, bei der Arbeit an einem Vortrag über Hölderlins »Empedokles«, schrieb Berthold der Tante Osch: »Ich arbeite jetzt wieder an meinem Empedoklesvortrag· und wenn ich es sagen darf· so sind Hölderlin und George die helden die ich verehre. Des sehers Hölderlin werk ist eine pyramide die steil nach oben steigt und höher ist als die Goethes wenn des letzteren grundfläche auch ziemlich grösser ist.«[165] Je mehr Hölderlin griechisches Wesen umfaßt habe, schrieb Berthold in seinen Vortrag, desto vaterländischer sei er geworden.

Berthold erklärte Empedokles' Stellung im Staat, seine Verwicklung in die Kämpfe seiner Vaterstadt, mit einem Gesetz Solons, wonach bei

Claus, Berthold und Alexander mit ihren Eltern
vor dem Lautlinger Schloß, 1924.

inneren Kämpfen kein einzelner sich abseits halten dürfe; Empedokles habe die Herrschaft seiner Standesgenossen gestürzt, dem Volke
zur Macht verholfen, auf eigene Macht verzichtet, mußte allerdings in
die Verbannung. Berthold bewunderte Empedokles' Einheit von Liebe
und Kampf, die Harmonie von Polytheismus und Pantheismus; er war
fasziniert von Empedokles' Heil- und Sehergabe, von der Notwendigkeit des Opfers des eigenen Lebens für das erlangte Sehen und Wissen,
für das Überschreiten der Grenze zwischen Mensch und Gott; dies sei
auch Hölderlins Schicksal gewesen.

Berthold erwartete von seinen Freunden, daß sie den Speer aus dem
Flug fingen. Rudolf Obermüller empfand den Freund als hart und
brutal, als männlich-überlegen; Bertholds Bruder Alexander fand er
weicher, und »Claus war in meiner Zeit ein sich selbst disziplinieren-
der Junge«.[166]

Im Sommersemester 1922 begann Rudolf in Tübingen mit dem Studium der evangelischen Theologie. In verschlüsselten Gedichtentwür-
fen an Berthold schrieb er vom Schmerz der Trennung und von Sehnsucht, widmete Berthold Anfang April 1922 seine Abiturientenrede,
schrieb intime »Nekrologe auf Lebende« und widmete Berthold einen,

wanderte ihm im Mai 1923 nach Heidelberg nach, um ihn zu sehen; um Neujahr 1923 war er mit Theodor Pfizer und Frank Mehnert zusammen in Lautlingen, im April des Jahres übertrug er die sokratische Ideenlehre in Platons Phaidros »In honorem B.S.« in deutsche Verse und widmete Berthold im Februar 1924 Gedichte mit Shakespeares Widmung »TO THE ONLIE BEGETTER«. Berthold sagte ihm – bei einem Abschiedsgespräch am 24. April 1922 und wieder im Mai 1923 in Heidelberg – sanft das Nötige: Zwischen Hellas und Christentum gebe es für ihn nicht wie für Rudolf den Kompromiß.[167]

Damals hatte Berthold schon Stefan George selbst kennengelernt. Max Kommerell, der aus Cannstatt stammte, schon länger zu den jungen Freunden Georges gehörte und sich als Entdecker neuer Kandidaten hervortat, schrieb damals Liebesgedichte an Berthold. Berthold schrieb Liebesgedichte an George und an den vierzehnjährigen Frank Mehnert.[168] Alexander und Theodor Pfizer korrespondierten 1922 über Alexanders Vortragsthema, eine Gestalt der Dramen Shakespeares.[169]

In diesen Jahren bis zum Beginn des Studiums gehörten die Zwillinge und Claus den Neupfadfindern an, einer von mehreren im Gymnasium vertretenen Gruppen der »Jugendbewegung«. Sie wanderten, lasen am Feuer vor dem Zelt aus Georges »Der Stern des Bundes«, sangen Landsknechtlieder,[170] sprachen vom Schicksal des Reiches und von der Volksgemeinschaft.[171] Claus nahm in allem teil am Leben der älteren Brüder, gesellte sich in den Schulpausen zu ihnen, spielte, redete, las mit ihnen, begeisterte sich wie sie für Stefan George. Aber von Clausschen Korrespondenzen oder Beziehungen, wie sie die älteren Brüder pflegten, ist nichts bekannt.

Claus war oft krank und von der Schule abwesend.[172] Deshalb werden sich die Freundesbeziehungen weniger intensiv entwickelt haben. Allerdings fehlen Nachrichten. Ein Freund, Hermann Denk, kam bald nach dem Abitur durch Autounfall um, ein anderer, Alfred Gastpar, fiel im Zweiten Weltkrieg, und Hans Denk, der mit Claus Violine spielte, konnte sich 1971 kaum noch an ihn erinnern.[173]

Die älteren Brüder bestanden die Reifeprüfung in den ersten Märztagen 1923.[174] Im Mai 1923 immatrikulierten sich Berthold und Alexander in der Universität Heidelberg.[175] In Briefen gaben sich Alexander und Berthold im April und Juni 1923 Rechenschaft darüber, was sie für ihre Pflicht angesichts der Lage der Nation hielten. Drei Jahre später schrieb auch Claus, wie die Brüder am Anfang ihrer Ausbildung, einen Brief, in dem er seine Berufsentscheidung erklärte. Vorbehalte gegenüber dem neuen Staat hinderten alle drei nicht daran, den Dienst an Vaterland und Volk zu ihrem Lebenszweck zu machen.[176]

Als Alternative zum öffentlichen Dienst wäre die Landwirtschaft nicht in Frage gekommen. Zu Lautlingen gehörten zwei Pachthöfe von je etwa 150 Hektaren, deren Einkünfte allenfalls für ein verhältnismäßig bescheidenes Landleben gereicht hätten. Claus äußerte dazu in den dreißiger Jahren, so ein Landbesitz habe nur die Aufgabe, der Familie die Ausbildung der Kinder für den Staatsdienst als Offiziere, Beamte oder in freien Berufen zu ermöglichen; denn die vornehmste Aufgabe sei der Dienst an der Allgemeinheit.[177] Alle drei wollten auch in Berufe, die ihren bedeutenden geistigen Anlagen gemäß waren, wozu die Mutter sie erzogen hatte.[178] Alle drei beanspruchten mit Selbstverständlichkeit ihren Platz an hervorragenden Stellen im Dienst am deutschen Volk.[179]

Angesichts der französisch-belgischen Besetzung des Ruhrgebiets am 11. Januar 1923 unter dem Vorwand nicht gelieferter Hölzer und Telegraphenmasten in geringfügiger Menge ging durch Deutschland eine Welle nationaler Dienstbereitschaft, in der sich auch die Stauffenbergs fanden.[180] Sogleich nach der Ruhrbesetzung veranstaltete der Abiturjahrgang des Eberhard-Ludwigs-Gymnasiums eine zusätzliche Aufführung der »Braut von Messina« zugunsten der Opfer der Besetzung.[181] Überall entstanden Wehrverbände in Verbindung mit der Reichswehr, zumal an den Universitäten. Theodor Pfizer erhielt seine Ausbildung im Jägerbataillon des Infanterie-Regiments 13 in Ulm.[182]

Der Versailler Vertrag beschränkte die Reichswehr auf 100 000 Mann und machte die Ausbildung von Reservisten praktisch unmöglich, da Offiziere zwanzig und Mannschaften zwölf Jahre dienen mußten und jährlich nicht mehr als fünf Prozent der Gesamtstärke entlassen werden durften.[183] Nun sah sich die Reichsregierung von der Einhaltung dieser Bestimmungen politisch befreit. Der Chef der Heeresleitung, Generaloberst von Seeckt, stellte fest, der französisch-belgische Vertragsbruch versetzte Deutschland in den Stand der Notwehr; Seeckt erlaubte die Ausbildung von Reservisten der »Schwarzen Reichswehr«. Da die Interalliierten Militärkontrollkommissionen, zu denen französische und belgische Offiziere gehörten, nicht mehr in die Kasernen gelassen wurden und Versuche, sie zu inspizieren, im März mißlangen und im Juni 1923 bis Anfang 1924 ganz aufhörten, ließ sich die Reservistenausbildung abschirmen.[184]

Alexander hatte seine Beschäftigung mit Shakespeare nach dem Abitur fortsetzen wollen.[185] Anfang April 1923 schrieb er Theodor Pfizer von Verwandtenbesuchen in Greifenstein bei Onkel Berthold, bei den Faber-Castell bei Nürnberg und in Amerdingen, die »recht melancholisch« waren: »Du weißt ja, ich habe meinen abenteuerlichen Shakespearegedanken innerlich schon längst, wenn auch mit schwerem Herzen, wie Du mir glauben kannst, aufgegeben. Es waren verführerische Absichten, aber heute, da es überall zu mächtigen Entladungen und schicksalschweren Entscheidungen in jedem Augenblick kommen kann und kommt, sind andere Dinge wichtiger. Und wir haben kein Recht mehr dazu Zeit zu verlieren, wie und wo es auch sei. So kam ich denn stattdessen zu einem andern Plan [...] Wenn irgend möglich möchte ich in den großen Ferien mich beim Bamberger Reiterregiment ausbilden lassen. [...] Noch in dieser Woche bekomme ich Nachricht, ob es möglich ist.« Die Militärzeit werde hart sein, aber gerade deshalb sei sie für ihn das richtige: »Und wie die dinge heute liegen müssen wir alle auf dem posten stehn. Das muss ja zu einem furchtbaren ende führen.«[186]

Mit täglichem Dauerlaufen bereitete er sich auf eine Ausbildung in Ludwigsburg vor, als es mit Bamberg nichts wurde.[187] In Alexanders Gedichten vom Mai und Juni 1923 ist die Rede von Kampf, Blut und Opfer und von dem Weg »über trümmergründe«, der nur mit der Waffe in der Hand zu gehen sei.[188] Zugleich tauchte ein Bild der Zukunft und der Hoffnung auf, in einem Brief an die Mutter aus Heidelberg: »›daß alles persönliche schweigen wird wenn es gilt‹ weiß ich wie Du und unser leben wird ein reichstes werden durch die ungegrenzten aufgaben die das Wunschbild (heute durch den »Stern des Bundes« vielleicht schon vorbild) des REICHES stellt.«[189]

Berthold war vaterländischer Dienst so selbstverständlich wie Alexander: »An die Zukunft zu denken hat keinen sinn: es wird bald alles im wilden chaos enden. Ich sehe nichts anderes mehr. Und wenn das nicht kommt so enden wir im ärgstmöglichen amerikanismus. Es ist jedenfalls gut dass wir jezt nach Ludwigsburg gehen: wer weiss wie lang es noch dauert bis wir es brauchen.«[190]

Für die belegten Vorlesungen zahlte Berthold in dieser Inflationszeit 8425 Reichsmark Gebühren, Alexander zahlte 7225 Reichsmark. Berthold berichtete Anfang Juni, er sei bisher nur in einem einzigen juristischen Kolleg gewesen und »einmal ausserdem bei Gundolf. Du siehst meinen fleiss. Im übrigen streife ich in den wäldern oder liege in der sonne am flussufer· oder ich sitze im boot und geniesse die sonne.«[191] Alexander fand die Freiheit herrlich, zumal der ältere Vetter Woldemar Graf Üxküll (der Bruder von Bernhard) da war, der seit 1907 zum Kreis der Freunde Georges gehörte, 1922 beim Althistoriker Wilhelm Weber in Heidelberg promoviert wurde und nun mit Alexander Spaziergänge machte und Abende bei Aischylos-Lesungen verbrachte.[192] Alexander hoffte auf einen baldigen Besuch der

Eltern, und wenn Tante Osch und die Königin durch Heidelberg reisten, wolle er auf den Bahnsteig kommen. Allerdings müsse er, weil seine Barschaft von 20 Reichsmark keinen halben Pfennig mehr wert sei, die Bahnsteigkarte mit Briefmarken bezahlen: »Wir werden Osch gewaltig anpumpen.«[193]

Berthold ging schließlich nicht nach Ludwigsburg, sondern nach Schwäbisch Gmünd zum Ausbildungs-Bataillon des Infanterie-Regiments 13. Wegen einer Gelenkerkrankung mußte er nach einigen Wochen ausscheiden.[194] Später stand er in der Kandidatenliste für die erste höhere Justizdienstprüfung als »nicht gedient«, anscheinend wegen der Geheimhaltung der »schwarzen« Ausbildung.[195]

Alexander diente in der 4. (Badischen) Eskadron unter Rittmeister Leo Freiherr Geyr von Schweppenburg im 18. Reiter-Regiment in Ludwigsburg. Er fand die dreimonatige Ausbildung hart, aber nötig. Zum Soldaten sei er nicht geboren, meinte er, fand aber die Reiterei wundervoll.[196]

Dann verbrachten Berthold, Alexander, Claus und ihre Mutter einige sehr schöne Wochen in Lautlingen, bis gegen Ende Oktober, mit Besuchen von Onkel Berthold und anderen Verwandten, Theodor Pfizer, Frank Mehnert und den George-Freunden Albrecht von Blumenthal und Maria Fehling.[197]

Berthold schrieb sich im Wintersemester in Jena für die Fächer Jura und Philologie ein.[198] Die Gegend fand er schön und die Stadt »scheusslich· nichts mehr von irgend einer luft wie sie sie doch einst gehabt haben muss· zur zeit von Goethe und der Romantik. Genau so abscheulich ist der menschenschlag· und alles was hier an Studenten herumläuft: nicht Ein gesicht das man gerne kennen lernen würde.«[199] Die äußeren Verhältnisse, selbst die Versorgung mit dem Nötigsten, waren in der ersten Hälfte des November 1923 »schwierig«, an Reisen war angesichts des Währungsverfalls nicht zu denken.

Alexander ging zum Wintersemester nach Tübingen, wo Theodor Pfizer Jura studierte. Er wohnte bei Tante Osch in der Kaiserstraße 6 und schrieb sich als Studierender der Rechts- und Wirtschaftswissenschaften ein, belegte Vorlesungen über Grundzüge des deutschen Privatrechts, Bürgerliches Recht, Sozialpolitik (bei Robert Wilbrandt), aber auch bei Joseph Vogt Geschichte Alexanders des Großen und der Ptolemäer, ferner Lucilius und die Zeitgeschichte, und bei Wilhelm Weber Römische Verfassungsgeschichte.[200] Mit dem Schulfreund Karl Schefold las Alexander im Homer. Er hatte sich aus Pflicht dem Studium der Rechte verschrieben: »Das Stauffenbergsche Erbe, das die Wichtigkeit der Menelausse u. Ciceros für ein Emporkommen

Deutschlands nicht einsehen will, ist halt sehr stark in mir.«[201] Dann aber bekam die Geschichte ihn doch »in ihre klauen« und er hoffte, daß sie ihn nicht wieder loslasse.[202]

Vom Frühjahr 1923 an wurde die Begegnung mit dem Dichter Stefan George bestimmend für das Leben der drei Brüder. Maria Fehling, Tochter eines Lübecker Bürgermeisters und Senators, Enkelin Emanuel Geibels, Schwester des Regisseurs Jürgen Fehling, wurde 1922 in Tübingen für eine Dissertation über »Bismarcks Geschichtskenntnis« promoviert.[203] Durch Fürsprache von Ida Boy-Ed in Lübeck, einer Autorin des Stuttgarter Cotta-Verlages, bekam sie in dessen Archiv Anfang November 1921 eine Stelle als »überzählige Hilfskraft (Volontärin)«.[204] Paula Kröner, die Frau des Verlegers Robert Kröner, war mit Gräfin Stauffenberg befreundet. 1922, 1923 und 1924 war Maria Fehling zu Besuch in Lautlingen, im März 1924 wohnte sie eine Zeitlang bei den Stauffenbergs in Stuttgart.[205] Blumenthal, mit dem preußischen Generalfeldmarschall durch Verschwägerung seiner Mutter verwandt und seit 1911 mit George befreundet, war seit seiner Habilitation 1922 Privatdozent in Jena und seit Winter 1922/23 mit Maria Fehling verbunden; zu dieser Zeit führte sie ihn bei den Stauffenbergs ein.[206] Sie machte ihn darauf aufmerksam, »daß mindestens zwei der Brüder für den Kreis geeignet sein könnten«.[207] Sie meinte Claus und Berthold, die Blumenthal bald darauf beim »Meister« einführte; Alexander, den Dichter unter den drei Brüdern, verkannte sie.

Berthold ist George zum ersten Mal Ende Mai 1923 in Marburg an der Lahn begegnet.[208] Claus wurde George zur selben Zeit oder kurz danach vorgestellt, vielleicht zusammen mit Berthold.[209] Alexander wurde kurz nach Berthold, im Mai 1923, ebenfalls in Marburg vom Vetter Woldi bei George eingeführt.[210]

Berthold erhielt von George den Namen Adjib, der Wunderbare, nach dem Sohn eines Herrschers aus Tausendundeinenacht, der wie Berthold klug, früh weise und reif war und der sich als Erwachsener voll Herrscherdrang an des Vaters Stelle setzte.[211] In München soll das Volk auf der Straße Berthold für einen Wittelsbacher gehalten haben. In einem Gedicht Georges auf Berthold preist er dessen »hoheit«, »herrenrecht« und »anmut«, die nicht sterben dürften zugunsten der Gleichheit aller und deren breitestem Glück.[212]

Alexander erhielt den Zunamen Offa, nach einem Königssohn der Angeln, der, als Feinde das väterliche Reich wegnehmen wollten, aus der Untätigkeit sich zu wuchtigem Kampf erhob, dann wieder in Trägheit zurücksank.[213] Bei der zweiten Begegnung im März 1924 sagte George: »Gott, Offa, wie sind Sie hölzern!«[214] Alexander war aber der

Besuch in Lautlingen 1924 (v. l. n. r.): Frank Mehnert, Berthold und Alexander, Albrecht von Blumenthal, Claus; sitzend Maria Fehling.

einzige der drei mit ursprünglicher dichterischer Begabung.[215] Man würde erwarten, daß George sich ihm nahe gefühlt hätte, aber George zog Bertholds intellektuelle Überlegenheit und seine Schönheit, Claus' strahlendes Wesen ohne dichterische Begabung vor. Claus erhielt keinen Zunamen. George fand an ihm nur Geschlossenheit und schnelle Unmittelbarkeit des Verhaltens und Handelns, die kritische Reflexion gar nicht aufkommen ließen, so erklärt es ein mit George vertrauter älterer Freund.[216]

Wohl hatte George vor dem Ersten Weltkrieg für sich ein »reich des Geistes« in Anspruch genommen, gegen »sippe stand und namen« seine erwählte »sohnschaft« gesetzt, aus der er seine »herrn der welt« küre, hatte Adel der Persönlichkeit gerühmt gegenüber dem der bloßen Abstammung.[217] Aber seit der Revolution, fand der Dichter, komme man mehr an die dem Namen nach Adligen heran. Auch früher sei zwar »in den Kadettenhäusern [...] ein ganz guter Typus« gewesen, doch sei »der ganze Bezirk« ungeistig gewesen.[218]

George muß den Stauffenberg-Brüdern den Mythos bestärkt haben, sie seien Nachkommen der Staufer und königlichen Blutes; Claus hätte sich sonst kaum so unbefangen in seinen George vorgelegten Gedichten als Erben der Staufer und Ottonen, zum Herrschen bestimmt, dargestellt.[219]

Frank Mehnert in Lautlingen, 1924.

Die drei Brüder waren seit ihrer Begegnung mit dem Dichter in ihrem Wesen und weiteren Leben in einer Weise bestimmt, die zwischen sie und die übrige Welt eine unsichtbar-undurchdringliche Wand stellte.

Alexander schrieb wenige Wochen nach seiner Einführung bei George, weil er »dinge gesehen und gelebt« habe, die ihn »ungeheuer reich gemacht haben· ja die entscheidend sind für mein ganzes leben so weiss ich dass ich einmal einen ganz starken halt haben werde«. Im September 1923 erzählte er dem Freund Theodor Pfizer »vom größten Erlebnis seines Lebens«: »Ich war beim Meister.« Der »Meister« war ihm Lenker seines Geschickes, Herrscher, Priester, König, Vater, Richter, Weiser, glühende Mitte, »Schöpfer neuer welt aus lieb' und glut«, »Fürst in Reiches später herrlichkeit«, und über allem walte der Gott Eros, der Einende.[220] 1959 noch bekannte Professor Alexander Graf Stauffenberg in einem Vortrag seine »vorbehaltlose Verehrung und Bewunderung« des Werkes Georges und pries dessen »Menschenbildnertum«.[221] Claus sprach sich ähnlich aus: er habe »den größten Dichter seiner Zeit zum Lehrmeister gehabt«.[222]

Berthold gelobte 1923 in seinen an George gerichteten Gedichten Hingabe und Unterordnung unter den Herrn und »Meister«, auf den er fest vertraue, bekannte sich »bezwungen und gebannt«, nannte George Retter: »Du bist als heiland dieser welt gesandt.«[223] Er bekannte »heisse Sehnsucht«, mit der er hinschreite »frei von sünden«. Die Bindung der Jünglinge an Stefan George war vorbehaltlos, tief und umfassend. Sie war Heiland-Nachfolge, Liebe und Gehorsam. In Bertholds Gedichten herrschen Bekenntnisse zu George als Erlöser vor, zu Georges Reich, zum Neuen Leben, zu »Deinem dienst«, zu des Dichters Oberherrschaft über Herrschende, über »reich und länder«, und auch das Bekenntnis zu »Eros der gott dessen dienst wir geweiht«, sowie Bilder der liebevollen Berührung und der Todessehnsucht aus Verlassenheit, dann wieder der Sehnsucht nach Vereinigung, der wilden erotischen Leidenschaft; dazu kommen in den Brüdern und Freunden gewidmeten Strophen Themen wie Kampf und Tod, Reich und Herrschertum, dunkles Schicksal und Wille zur Lebensformung, Ringen um ein Leitbild, das »denkbild«, das von den Sternen herabzuzwingen sei. Alles hat die Form geistiger Unterordnung unter die Führung des »Meisters«, dazu der Vorausschau des eigenen Lebens und des Schicksals der Brüder. Alexanders Gedichte an George und an andere Freunde sind kaum weniger leidenschaftlich. Claus besang den Eros nur in einem von erträumter Weiblichkeit erfüllten Gedicht.[224]

Die Aufnahme in den Kreis wurde durch den Kuß besiegelt, wie Alexander festhielt:

> [...] meine lippen fragen
> Dein auge schwieg und sieh des kreises rund
> Ist erst geschrieben wenn von mund zu mund
> Die lippen ihre stumme antwort sagen.[225]

Die Niederschriften der Gedichte Bertholds, Alexanders und Claus' in Georges Nachlaß weisen Faltungen auf und Verschmutzungen an den Knicken; George muß sie lange bei sich getragen haben.

Im *Jahrbuch für die geistige Bewegung* legte George 1912 durch die Federn Friedrich Gundolfs und Karl Wolfskehls seine »Position« fest: Er frage nicht danach, ob des Schillerschen Don Carlos Hingabe an Posa, des Goetheschen Ferdinand an Egmont etwas zu tun habe »mit einem hexenhammerischen gesetzesabschnitt« im Strafgesetzbuch; dieser Eros gehöre zur deutschen Kultur und zur Erziehung. Wegen der möglichen Ausschreitungen sei dieser Eros so wenig abzulehnen wie das geheiligte Institut der Ehe, in der alle scheußlichen und widernatürlichen Formen der Unzucht vorkommen können. Es gehe auch nicht eigentlich um moralisches Vorurteil. Im Grunde sei den Menschen die Liebe Dantes zu Beatrice ebenso unverständlich wie die Shakespeares zu seinem Freund: »es ist die abneigung des amerikanischen, pathoslos gewordenen menschen gegen jede form der heroisierten liebe.« Mit »jenen keineswegs erfreulichen leuten die um die aufhebung gewisser Strafbestimmungen wimmern« habe man nichts zu tun, gerade aus solchen Kreisen seien die widerlichsten Angriffe »gegen uns« erfolgt.[226]

Am 16. und 17. Juni besuchten die Eltern Stauffenberg mit Claus Verwandte in Neckarhausen und benützten die Gelegenheit, die Söhne in Heidelberg zu sehen.[227] Gräfin Stauffenberg ging auch zu Stefan George, der sich damals regelmäßig einige Monate in Heidelberg aufhielt, im Schloß-Wolfsbrunnenweg 12, wo ein jüngerer Freund, der Historiker Ernst Kantorowicz, im Parterre seit 1921 seine Wohnung hatte, die er mit Woldi teilte.[228] Gräfin Stauffenberg kam nach Heidelberg aus Sorge, in was für einen Kreis die Söhne da gelangt seien, der sie so mächtig einnahm. Gleich, nachdem sie davon erfahren habe, sei sie hingegangen, wegen der Buben, erzählte sie später.[229] Der berühmte Dichter interessierte sie natürlich auch, aber es kam zu keiner Beziehung, die der mit Rilke vergleichbar gewesen wäre.

Die Mutter empfand tief den »Verlust« ihrer Kinder, wie sie Theodor Pfizer schrieb: »Ich – ich glaube an die Jugend u. ihren steilen Aufstieg, bei dem sie nicht gehemmt werden darf. Was diese Einsicht kostet an stillem Verzicht, an Abfinden mit der grossen inneren u. äusseren Einsamkeit, das steht ja wieder auf einem andern Blatt. [...] Aber wenn Ihr es nur ahnen könntet dann wäre vielleicht auch manche Brücke halb geschlagen.«[230] Die Mutter beklagte auch überhaupt der Kinder Weggang in die große Welt des Erwachsenseins.[231]

Noch vor der Ruhrbesetzung, und noch ehe die Brüder nach Heidelberg und dann zur militärischen Ausbildung gingen, äußerte auch Claus sich schon zu seiner Lebensaufgabe: »In seinem Berufe dem Staatswohl nützen«, erklärte er in einem Schulaufsatz im Juli 1922, das sei die selbstverständliche Bestimmung der Bürger.[232] Er sprach sich gegen aufreibenden inneren Kampf aus, für Festigung des Staatsbürgertums, für Schillers Ideale der »Freiheit, Ordnung, Einigkeit« als Lebensziel.[233] Im September 1922 nannte er in einem Aufsatz über »Nutzen und Gefahren der Wettspiele« als deren Ziel geistige Einigkeit zum Wohl des Vaterlands.[234]

Schulkameraden erinnern sich an ihren Mitschüler als zarten, musizierenden, kunstliebenden Jüngling, der Musiker werden wollte. Er

wollte aber in seinem Beruf Überragendes leisten, und als er merkte,
daß er es in der Musik dazu nicht bringen würde, ließ er von dem
Gedanken ab.[235] Sein Nebensitzer in der Schule, Alfons Bopp, der
Theologe werden wollte, meinte auf Claus' Frage, der Wert eines Menschen sei seine unsterbliche Seele, aber Claus widersprach, er meinte,
es sei »die Leistung«.[236]

In Claus' Aufsätzen des Schuljahres 1922/23 herrscht das Interesse am Staat vor, auch in einem Aufsatz über Architektur. Er dachte
daran, Architekt zu werden, und sprach für sich selbst: Der Bauge-
danke solle »das Erlebnis des Künstlers von Volksgemeinschaft und
sein Zeitbewußtsein in erster Linie klar machen«. Es werde der Größe
eines Sehers bedürfen, um wieder für eine Stadtgemeinschaft zu bauen
und den Individualismus zu besiegen. Der Gedanke heiße kurz: »Volk,
neue Zeit und die daraus entstandene Form.«[237]

Für den Aufsatz »Was willst Du werden?« vom 24. Januar 1923
erhielt er die Note 7 (sehr gut).[238] Für den, der »das Vaterland und
das neue Reich erkannt« habe, schrieb er, gebe es nur einen Beruf:
»Des Vaterlandes und des Kampfes fürs Vaterland würdig zu werden und dann sich dem erhabenen Kampf für das Volk zu opfern; ein
Wirklichkeits- und Kampfbewußtes Leben führen.« In jeder Tätigkeit
könne man für das Vaterland wirken. Er selbst wolle es als Baumeister tun, er wolle jeden Bau zu einem Tempel machen, der dem deutschen Volk geweiht sei. Um das eigene Volk und andere vorbildliche
Völker und deren Kultur näher kennenzulernen und klarer zu sehen,
wolle er auch noch Geschichte studieren. So habe er es jetzt vor, ob
es anders komme, lasse sich nicht voraussehen, die Hauptsache sei,
den schließlich eingeschlagenen Weg klar und mannhaft zu gehen.
Das Wort Kampf kommt in diesem Aufsatz über den Entschluß zum
Architektenberuf in den ersten beiden Sätzen dreimal vor. Das ist der
grundsätzliche Beruf: »Dieser Beruf muß dann ausgeführt werden mit
dem tatsächlichen vereint, muß als Leitgedanke vorangehen [...].«

Claus neigte schon zehnjährig zur Architektur. Wenn er auch fünf-
zehnjährig einschränkte, es könne auch anders kommen, gibt es doch
Anzeichen, daß er wenigstens 1923 an seinem Plan festhielt. Eines seiner Gedichte von November 1923 beginnt mit der Strophe:

> Oft ist es mir als müsst ich pläne zeichnen
> Von hohen unermesslichen palästen
> Mit rotem marmor weissen treppenhäusern
> Und märchenlangen lichtbesäten gängen.[239]

In der letzten Gymnasiumklasse zeichnete er oft Bühnenbilder, und noch in den Kriegsjahren sprach er von seinem früheren Berufsziel und von Bauplänen.[240]

1923 gingen Ruhrbesetzung, passiver Widerstand, »schwarze« Reservistenausbildung in der Reichswehr, Kommunistenaufstände in Sachsen und Thüringen, das Rumoren der »nationalen Kampfverbände« in Bayern, der Hitler-Putsch in München am Schulbetrieb nicht spurlos vorbei. Um die Zeit des Hitler-Putsches sah man in den Stuttgarter Schulen manches schwarzweißrote Band oder Hakenkreuz an Rockaufschlägen, hie und da kam es zu Äußerungen und Anrempelungen, auch im Eberhard-Ludwigs-Gymnasium, obwohl der Direktor Hermann Binder streng für Burgfrieden sorgte. Schüler des Karls-Gymnasiums mit schwarzweißroten Bändern provozierten auf der Hauptstätter Straße schwarzrotgolden orientierte Volks- und »Bürger«-Schüler. Ein Pfarrersohn bekam von einem anderen Pfarrersohn ein Hakenkreuz zum Anstecken und zeigte es zu Hause nicht gern. Desselben Pfarrersohnes Mutter brauchte einen Knopf, fand in keinem Geschäft auf der Königstraße einen passenden und ging schließlich in das »jüdische« Kaufhaus Tietz; ein paar Tage darauf hatte sie einen anonymen Brief mit der Mahnung, ein solches Geschäft betrete man nicht. Wiederum derselbe Schüler erhielt 1927 zwei Stunden Karzer, weil er beim Warten auf den Klassenlehrer die »Internationale« angestimmt hatte.[241]

Diese Bruchstücke geben Tendenzen wieder und bedeuten zugleich, daß daraus keine allgemeinen Schlüsse gezogen werden können. Natürlich lasen die Schüler Zeitungen, hörten im Elternhaus oder auf den Straßen und Plätzen Politisches, wobei jedenfalls in der Gesellschaftschicht der Schüler der Gymnasien ein »nationaler« oder »vaterländischer« Standpunkt in liberalem Rahmen vorherrschte, während die im Sinne der rechtsradikalen Verbände »völkische« Haltung so selten war wie sozialistische oder kommunistische Neigungen.[242] Immerhin ließ sich über Claus' persönlichen Erfahrungsbereich in der Schule trotz seinen häufigen und langen Abwesenheiten einiges feststellen.

In Claus' vorwiegend katholischer Klasse[243] betrachteten sich die Katholiken in erster Linie als »religiös orientiert«. Doch feierte man in der Schule jährlich am 18. Januar die Reichsgründung und bis 1933 wurde schwarzweißrot geflaggt; die daneben wehende schwarzrotgoldene Fahne der Republik wurde sozusagen nicht anerkannt. Rudolf Griesinger, der in der 9. Klasse Deutsch und Französisch lehrte, erklärte 1923 am ersten Tag seiner Französischklasse, er bedauere, daß die französische Literatur des 19. Jahrhunderts im Lehrplan stehe, denn es handle sich um eine Zeitverschwendung.[244] Andererseits berichten nur zwei Mitschüler, die Republik sei in der Schule atmosphärisch skeptisch oder gar negativ beurteilt worden, eher war die Tendenz indifferent.[245] Dagegen herrschte Einigkeit in der Verurteilung des Deutschland ohne Verhandlungen aufgezwungenen Vertrages von Versailles. Einer der Lehrer, Albert Ströhle, hatte eine Broschüre über den Vertrag veröffentlicht, die 1923 in Hunderttausenden von Exemplaren verbreitet war und deren Erwerb von den Schülern erwartet wurde.[246]

Der katholische Religionslehrer Professor Arthur Gutmann bezeichnete damals das Hakenkreuz als antisemitisches Symbol; Claus wandte sogleich ein, es komme im alten Ägypten vor und habe damals mit Antisemitismus nichts zu tun gehabt. Er kannte natürlich das Signet der Swastika auf Büchern des George-Kreises, von denen überdies viele von Juden stammten.[247]

In den meisten Klassen waren jüdische Mitschüler. In der Abiturliste der älteren Brüder stand neben zwei Namen unter Bekenntnis »israelitisch«, beide gehörten der vorwiegend katholischen Klasse B an. In Claus' Abiturjahrgang gab es drei Schüler mit dieser Bezeichnung in der Klasse B und in der Klasse A einen Schüler ohne Konfession, dessen Name durch Entscheid des württembergischen Justizministeriums im März 1926 von Rudolf Levi in Rudolf Lerse geändert wurde.[248] Nach Berichten ehemaliger Schüler waren noch zwei weitere jüdische Schüler zeitweise in der Klasse.[249] Von den dreien, die mit Claus 1926 das Abitur bestanden, wurde Alfred Bach Chemiker, beschloß 1932, weil er Hitler kommen sah, Deutschland zu verlassen, und starb 1960 in Israel.[250] Eduard Lowinsky wurde der berühmte Musikwissenschafter, zuletzt an der Universität Chicago, er starb 1985. Von Erich Marx fand sich keine Spur mehr.

Die Schüler und Lehrer des Eberhard-Ludwigs-Gymnasiums verhielten sich sicher nicht tadelnswürdiger als die anderer Schulen. Zwischenfälle im Eberhard-Ludwigs-Gymnasium waren, soweit zu sehen ist, allgemein verbreitete »Zeiterscheinungen«.[251] Ein nichtjüdischer Mitschüler von Claus meinte 1984 auf die Frage nach antijüdischen Haltungen, Stuttgart sei »eine ziemlich intolerante Stadt«, und »gefühlsmäßig« habe er damals »doch immer einen leichten Bogen« um seinen Klassenkameraden Eduard Lowinsky gemacht.[252]

Dieser erinnerte sich an manche Diskriminierung, die ihm widerfuhr. Seine Eltern waren aus der Ukraine gekommen; weil er Ostjude war, wurde er im Alter von acht oder neun Jahren nicht in den deutschjüdischen Jugendbund »Kameraden« aufgenommen und schloß sich

Berthold, Claus und Alexander mit ihrem Vater, um 1925.

der zionistischen Jugendgruppe »Blau-Weiß« an.[253] Im Eberhard-Ludwigs-Gymnasium fand er keine antijüdische Atmosphäre vor, aber doch Äußerungen der Vorurteile von Mitschülern und Lehrern. Ein Mitschüler zeigte sich erstaunt, daß Lowinsky als Jude über starke Willenskraft verfüge. Lowinsky, den der Beethoven-Enthusiast Griesinger als den besten Musiker der Klasse bezeichnete, trug in zwei vom Musiklehrer Pfohl veranstalteten Konzerten Bachs Englische Suite in d-Moll und Mozarts Fantasie in c-Moll vor; Pfohl wollte von ihm wissen, wie er sich als Jude so für den Protestanten Bach begeistern könne.[254] Als Lowinsky sich etwa 1923 gegen das von einigen Schülern getragene Hakenkreuz äußerte, gab der Mitschüler Eberhard Buck ihm in der Klasse ein antisemitisches Hetzblatt.[255]

Die Stauffenbergs waren an Vorgängen auf dieser Ebene unbeteiligt. Es gibt auch keine Nachrichten von damaligen Zeitgenossen, die auf derartige antisemitische Vorurteile bei den Stauffenbergs schließen ließen. Beziehungen zu jüdischen Mitschülern an sich beweisen auch nicht unbedingt das Gegenteil, ihre Umstände deuten jedoch stark in diese Richtung. Der jüdische Mitschüler Lothar Bauer war oft bei

Stauffenbergs zum Tee.[256] Alfred Bach, aus einer alten württembergischen jüdischen Familie, war mit Claus befreundet und ebenfalls oft in der Jägerstraße. Er sprach später noch davon, wie es ihn beeindruckt hatte, als Jude zu den Geburtstagsfeiern eingeladen zu sein, während die christlichen Mitschüler nicht eingeladen wurden.[257]

Eduard Lowinsky kam einmal nach der Schule mit Claus in die Jägerstraße, die Mutter begrüßte ihn aber nur kurz im Flur und bat ihn nicht ins Wohnzimmer. Um diese Unhöflichkeit gutzumachen, begleitete ihn Claus eine halbe Stunde weit bis zu seiner Wohnung, wobei er mit großer Begeisterung über gotische Kathedralen sprach. Rückblickend vermutete Lowinsky, Claus habe ihn als hervorragenden Pianisten mit literarischen Interessen zu Hause erwähnt, mit dem Gedanken, er könnte im Trio statt Alfons Bopp den Klavierpart spielen. Daß er vor der Mutter keine Gnade gefunden habe, fand er rückblickend verletzend, hob aber Claus' warmes Gefühl für Mitmenschen und seinen Takt hervor.[258] Weder Lowinsky noch andere ehemalige Mitschüler erinnern sich an Äußerungen von Claus, die auch nur entfernt eine parteipolitische oder antisemitische Einstellung hätten erkennen lassen.

Bach hing an seiner Schule, auch nach dem Beginn der nationalsozialistischen Herrschaft. 1936 besuchte er seinen früheren Banknachbarn. Der war aber 1934 in die SS eingetreten, was ihn nach eigenem Bericht schon viele Freundschaften gekostet hatte; bei Bachs Besuch trug er die Uniform. Den Eintritt in die SS hat Bach ihm nie vergessen.[259] Im April 1936, beim Ausbruch der damaligen Unruhen, kam Bach nach Palästina und ging gleich in die Hagana, die jüdische militärische Organisation zur Zeit des britischen Palästina-Mandats. Erst nach dem Attentat des 20. Juli 1944 sprach er wieder einmal von seiner Schule: er sei mit Stauffenberg befreundet gewesen. Zur selben Zeit und im selben Zusammenhang sagte er, Claus sei nie Antisemit gewesen.[260]

Seit Mai 1923 zog es Claus zu den Brüdern und zu George.[261] Die Schule und Stuttgart ohne die Brüder müssen Claus schwer erträglich gewesen sein, dazu in so unruhiger und aufregender Zeit voll Kriegs- und Putschgerüchten, in der sich zu erfüllen schien, womit die älteren Zwillinge Claus im Krieg aufgezogen hatten: Sie würden in den Krieg ziehen, er sei zu jung. Mitte Juni 1923 besuchte Claus Alexander, der froh war, ihn als heimatlichen Gruß bei sich zu haben.[262] Claus' Spur führte im Sommer 1923, die Zeit ist nicht genauer zu bestimmen, nach Kopenhagen zu einem Verwandten, dem an der dortigen Gesandtschaft tätigen Gesandtschaftsrat Rudolf Graf von Bassewitz.

Ein paar Öre erwiesen sich bei der Rückkehr in die Inflation als kleines Vermögen.[263] Nach dem Militärdienst der älteren Brüder traf die Familie in Lautlingen zusammen. Albrecht von Blumenthal und Maria Fehling kamen im September zu Besuch, im Oktober Stauffenbergsche Verwandte, Woldi und Theodor Pfizer.[264] Claus wurde wieder krank und lag mit Angina im Bett, als ihn Karl Schefold, ein Jahrgangskamerad der älteren Brüder, aufsuchte, um ihm die Idee des Neuen Lebens der Jugendbewegung und die in der Schule vertretenen Jugendbünde ans Herz zu legen. »Er antwortete: ich folge nicht Ideen, sondern Menschen; er meinte: ich folge dem Mann, der als Gestalt mehr ist denn alle Lehren«, nämlich Stefan George.[265]

Zu der Zeit waren Claus und Frank Mehnert viel zusammen; im Januar 1924 lasen sie zusammen Hölderlins »Hyperion«. Beide sehnten sich nach Berthold; Frank hatte sich 1922 dreizehnjährig in glühender Freundschaft und Liebe an ihn angeschlossen und war ebenfalls noch in Stuttgart in der Schule.[266] Die Wege der älteren Brüder führten zunächst nach Italien.

Das geheime Deutschland

Der Zuzug der Stauffenbergs löste im Freundeskreis Stefan Georges eine kaum vorstellbare Aufregung aus. Der beziehungsreiche Name, die gleichzeitigen Staufer-Studien des Historikers Ernst Kantorowicz und Georges heimlicher Anspruch auf die geistige Führung Deutschlands tauchten alles in einen mythischen hellen Nebel. Die darin Befangenen hielten ihn für »schau« von großer Klarheit.[1]

Die Verehrung, mit der die Stauffenbergs begrüßt wurden, äußerte sich in einem Gedicht Georges an Berthold, in dem er ihn mit den Worten »hoheit«, »anmut«, »dein herrenrecht« bedachte. Die Verehrung äußerte sich in Gedichten Albrecht von Blumenthals an Berthold, die er »principi iuventutis« widmete. Blumenthal nannte Berthold »königssohn«, »gekrönt mit unsichtbarer krone«, und ließ ihn »durch seiner künftigen hauptstadt strassen schreiten«, »den weg zum neuen trone«. Der junge Literaturhistoriker Max Kommerell, ebenfalls eng mit George befreundet, noch eifriger, dichtete nicht nur Berthold, sondern auch Alexander als »königlich« und »königspross« an, nannte Claus Anfang 1925 »haupt der sage« und beschrieb den »wunderknab« als Erben des Kaisers »im Staufenberg«, sprach von heimlicher Krönung nach wahrem Rang, verglich den jungen Freund mit dem Kriegsgott. Weitere »Lieder an C.« tragen Überschriften wie »Kyffhäuser« und »Heldenweihe«.[2]

Da Kommerell bedingungslos mit Georges Denken übereinstimmte, war die Beschreibung der Stauffenbergs als Staufersprossen keine private Meinung; sie war aus Gesprächen hervorgegangen, wie vielleicht schon Claus' eigene Gedichte, die George kannte.[3] Claus bezeichnete sich und seine Brüder darin als »des Staufers und Ottonen blonde erbe« und berief sich auf Georges Wort in einem Berthold gewidmeten Gedicht von 1923:

> Ich habe herrschaft dir und mir geschworen:
> Das wissen das der Meister gab zu kund.

Fünf Jahre später schrieb Claus einem Freund, aus den Gedichten seien keine zu weit gehenden Schlüsse zu ziehen, »die leicht schief werden«, sie seien Ausdruck eines Fünfzehnjährigen, »›der in andres alter trat‹«. Aber sie waren ihm doch immer noch bedeutend genug, um einige davon dem Freund zu schicken, und ihre wichtigsten Gedanken finden sich wieder in den Bekenntnissätzen vom Juli 1944, dem »Schwur«.[4]

Im Februar 1924 teilte Alexander Stauffenberg George mit, sein Professor für Alte Geschichte, Wilhelm Weber, gehe Ende März nach Italien und fordere ihn sehr entschieden auf, mitzugehen. Wilhelm Weber galt als George nahestehend.[5] Weil er, Alexander, nicht nur »natürlich mit macht hinunter getrieben werde sondern auch alle äusseren hemmungen diesesmal wegfallen so möchte ich jetzt den Meister fragen ob Er es mir erlaubt«. Zwei Schüler Webers, die Privatdozenten Fritz Taeger und Joseph Vogt, seien mit dabei.[6] George riet Alexander zu der Reise, weil es »die letzte möglichkeit« sei.[7]

Am 24. März 1924 fuhren Alexander, Wilhelm Weber, Taeger und Vogt von Tübingen ab und erreichten über Mailand, Verona, Padua, Venedig und Ravenna am 2. April Rom. Man wohnte in dem kleinen Hotel »Minerva«, in dem einst Theodor Mommsen abgestiegen war; an der Piazza della Minerva stand seit dem 13. Jahrhundert die Kirche Santa Maria sopra Minerva auf den Resten eines von Kaiser Domitian erbauten Minerva-Tempels.[8] Berthold Stauffenberg und Blumenthal waren seit 7. März unterwegs und seit 18. März in Rom; hier trafen sie Alexander.[9] Maria Fehling kam am 4. April in Rom an. Gelegentlich schlossen sich Berthold, Blumenthal und Maria Fehling den von Wilhelm Weber geführten jungen Gelehrten und Alexander zum Besuch eines Museums an; vor manchen der Skulpturen warfen sich Blumenthal und Maria Fehling begeistert auf die Knie.[10] Am 7. April fuhren Alexander, Berthold, Blumenthal und Maria Fehling nach Neapel, Paestum und Capri.[11] Die Tübinger Gruppe reiste gegen Ende April zurück, Alexander blieb zwei Tage länger in Florenz und war am 27. April wieder in Tübingen.[12]

Berthold, Blumenthal und Maria Fehling besuchten am 14. April in Palermo den Palazzo Reale, wo Kaiser Friedrich II. seine Kindheit verbracht hatte, und seinen Sarkophag im Dom. Drei Tage später traf Blumenthal in einem Museum den zu Georges Freunden gehörenden Archäologen Erich Boehringer, dann fuhren er und Berthold nach Girgenti und Syrakus. Am 10. Mai gelangten sie von Venedig über den Brenner nach München.[13]

Ungefähr zur gleichen Zeit waren die George-Freunde Ernst Kantorowicz und Erika Wolters mit dem Staats- und Sozialwissenschafter Kurt Singer in Palermo; Erika Wolters war die Frau des nun in Kiel lehrenden Literaturhistorikers, in dessen Marburger Wohnung George 1923 Alexander Graf Stauffenberg kennengelernt hatte.[14] Erika Wolters schrieb an George: »Ich suchte Friedrich II. und fand den Meister.« Man habe zwar in Deutschland alles »in den Gedichten [Georges]«, sie habe aber das festliche Land einmal mit Augen sehen müssen, »um ganz zu verstehen, dass dieser zauber wieder gebannt ist: im wort [Georges]«.[15]

Was hier vorging, war also nicht nur die Bildungsreise der älteren Stauffenberg-Zwillinge. Ein anderer Freund Georges, Ernst Morwitz, schrieb an Wolters, es ströme ja alles nach Sizilien; Berthold und Diana Vallentin (ebenfalls Freunde des Dichters, Vallentin war in Berlin Rechtsanwalt, Freund von Wolters, dichtete und schrieb über Napoleon) seien auch dort.[16]

Kantorowicz arbeitete an der Biographie Friedrichs II. und blieb noch in Neapel, wo am 3. Mai 1924 die 700-Jahr-Feier der von dem Kaiser gegründeten Universität Neapel stattfinden sollte. Die Zeitungen verglichen Mussolini mit Friedrich II. und machten ihn zum Träger des Faschistentraumes eines »Italia imperiale«, und »man schwelgt ›nell' ombre del Suevo gloriosissimo‹«.[17]

Schon in Rom war die Rede von einem Kranz für den Sarkophag Friedrichs II.[18] Kantorowicz berichtet in der Vorbemerkung zur Biographie Friedrichs II.: »Als im Mai 1924 das Königreich Italien die Siebenhundertjahrfeier der Universität Neapel beging, einer Stiftung des Hohenstaufen Friedrich II., lag an des Kaisers Sarkophag im Dom zu Palermo ein Kranz mit der Inschrift:

SEINEN KAISERN UND HELDEN
DAS GEHEIME DEUTSCHLAND

Nicht daß die vorliegende Lebensgeschichte Friedrichs II. durch diesen Vorfall angeregt wäre.. wohl aber durfte er aufgenommen werden als Zeichen, daß auch in andern als gelehrten Kreisen eine Teilnahme für die großen deutschen Herrschergestalten sich zu regen beginne – gerade in unkaiserlicher Zeit.«[19]

Schon lange habe die Sage aus dem im geheimen weiterlebenden Kaiser Friedrich II. Friedrich I. Barbarossa werden lassen, der bis heute nicht erlöst sei, schloß Kantorowicz das Werk ab. Aber: »›Er lebt und lebt nicht‹.. nicht mehr den Kaiser: des Kaisers Volk meint der Spruch der Sibylle.«[20]

In »andern als gelehrten Kreisen« hieß: im Kreis Georges, und daher stammte auch das Zeichen. Wer von Georges Freunden den Kranz niedergelegt hat, ist ungeklärt.[21]

Kantorowicz folgte mit seiner Arbeit über den Kaiser der Anregung Georges und der seines Freundes Woldemar Graf Üxküll, dem das Werk gewidmet ist.[22] George kümmerte sich um den Fortgang des

Manuskripts, wirkte intensiv auf den Stil der Darstellung ein, beteiligte sich zusammen mit Berthold Graf Stauffenberg, Johann Anton und Max Kommerell an der Schlußredaktion des Textes und trat als Mittelsmann zwischen Verfasser und Verleger auf, so daß dieser bis zur Korrektur der Druckbogen nicht wußte, wer der Verfasser war.[23]

Der Begriff eines »geheimen Deutschland« hat eine lange Geschichte, deren neuere Epoche mit der nationalstaatlichen Bewegung um 1800 begann. Hölderlin faßte den Gedanken vom geheimen schöpferischen Genius Deutschlands in den Oden »Gesang des Deutschen« und »An die Deutschen« sowie in dem Hymnus »Germanien«: Ungesprochen, doch nicht länger Geheimnis dürfe es bleiben. Die Sendung Germanias sei, als Priesterin Rat zu geben ringsum den Königen und Völkern.[24] Wie Hölderlin sprach Schiller von einem geistigen Deutschland.[25] Mit einem Epigramm Friedrich Hebbels, um 1845 entstanden, begann eine politische Mystifikation. Die Völker hätten ihre Könige, die sie kennen, schrieb Hebbel:

> Aber sie haben zugleich auch einen verborgenen Kaiser,
> Welcher am Brunnen vielleicht selber das Wasser sich schöpft,
> Und, sei dieser ein Künstler, ein Denker oder ein Weiser,
> Eh’ das Jahrhundert vergeht, trägt er die Krone allein.[26]

Heinrich Heine schrieb 1852 »von dem wirklichen Deutschland, dem großen, geheimnißvollen, so zu sagen anonymen Deutschland des deutschen Volkes, des schlafenden Souverainen, mit dessen Szepter und Krone die Meerkatzen spielen«.[27] Paul de Lagarde, unglücklich über den Zustand der Nation, schrieb zwischen 1875 und 1878, »gäbe es wenigstens verschworene unter uns, einen heimlich offenen bund, der für das große morgen sänne und schaffte«; »das Deutschland, welches wir lieben und zu sehen begehren, hat nie existiert, und wird vielleicht nie existieren, das ideal ist eben etwas, welches zugleich ist und nicht ist«.[28] Schließlich berief sich Julius Langbehn 1890 auf Hebbel und hielt sich selbst für den heimlichen Kaiser.[29]

George kannte Heines, Lagardes und Langbehns Schriften, beschäftigte sich mit Hölderlin.[30] 1904 verkündeten George und der ihm seit langem befreundete und vertraute Karl Wolfskehl, »dass jeder befruchtende· jeder befreiende gedanke aus geheimkreisen (zenakeln) hervorkam«. Der heutige geistige und künstlerische Mensch dürfe sich nicht beirren lassen durch die heuchlerische Klage, so ginge jede Berührung mit dem Volk verloren; denn die heutigen ungeheuren Menschenmassen enthielten keine Spur mehr von den »Spannkräften eines ›volkes‹«. Daß der heutige geistige Mensch die Millionen, die er in einigen Mustern zur Genüge kennenlerne, »als ein nichtbestehendes übergeht«, sei für Wissende so wenig ein Anstoß wie die Behandlung »der sklaven und haustiere (pecus et mancipium)« in der Antike.[31]

Der Ausdruck »das geheime Deutschland« kommt zum erstenmal in einem Aufsatz von Karl Wolfskehl aus dem Jahr 1910 vor.[32] Wolfskehl bezog ihn im Namen Georges auf die Beitragenden und den »geschlossenen von den mitgliedern geladenen leserkreis« der *Blätter für die Kunst* und auf die Träger der schlummernden Kräfte, aus denen in der Zukunft das Bild (Ideal) der Nation heraufsteigen werde: »Denn was heute unter dem wüsten oberflächenschorf noch halb im traume sich zu regen beginnt, das *geheime Deutschland,* das einzig lebendige in dieser zeit, das ist hier, nur hier zu wort gekommen.«

Mit Georges Beteiligung und Zustimmung sprach Wolfskehl die Furcht und Hoffnung aus, »dass eine bewegung aus der tiefe, wenn in Europa dergleichen noch möglich ist, nur von Deutschland ausgehen kann, dem geheimen Deutschland, für das jedes unserer worte gesprochen ist, aus dem jeder unserer verse sein leben und seinen rhythmus zieht, dem unablässig zu dienen glück, not und heiligung unseres lebens bedeutet«.

Von da an war den Freunden Georges der Ausdruck für den »Kreis« und ihre Überzeugung geläufig, sie benützten ihn allerdings eher sparsam; viel häufiger, mit sokratischer Ironie, verwendeten sie für Georges Kreis den Ausdruck »der Staat«.[33] Im Gespräch mit Sokrates sagte Glaukon von dem »Staat« Platons, er bestehe in beider Worte, doch noch nirgends auf Erden; darauf Sokrates: »Indessen im Himmel ist er vielleicht als Vorbild errichtet für den, der sehen, und für den Sehenden, der sich danach richten will. Es ist kein Unterschied, ob es ihn irgendwo gibt oder geben wird; denn nur um dieses Staates willen wird er handeln, um eines andern willen aber niemals.«[34] Die Freunde Georges waren überzeugt, daß das einzig lebendige, das geheime Deutschland damals durch des »Meisters« neue Dichtung erweckt worden und allein in seinem Kreis zu Wort gekommen sei.[35]

George sah sich als unmittelbaren Fortsetzer von Hölderlins Dichtung.[36] Max Kommerells im Oktober 1928 im »Kreis der Blätter für die Kunst« erschienenes Buch »Der Dichter als Führer in der deutschen Klassik« feiert Hölderlin als den Seher des geheimen Deutschland, des in der Zukunft erwachten Volkes. Denn die Deutschen seien noch kein Volk, »weder im staatlichen noch im geistigen Sinne«, noch nicht einmal auf dem Weg, eines zu werden.[37] Die Geheimkunde von deutscher Zukunft sei die Vergöttlichung eines ganzen Volkes im Krieg, den der zu Unrecht lebensscheu gescholtene Dichter »unerschrocken als oberste völkische Wirklichkeit gepriesen .. freilich nur *den* Krieg den ein erwachtes Volk führt. Denn ist einmal Volk wie Hölderlin es denkt: Volk unter dem die Götter wandeln und ihre Helden zeugen, Volk dessen Leben bis ins unscheinbarste Tun ihnen gleicht, so hat es einen unbedingten Vorrang. Volk in diesem Sinn kann in einem Zeitalter nur *eines* sein.. alle andern Völker sind dann Völker zweiten Grades, unter denen *es* steht wie der Held unter Menschen gemeinen Ausmaßes [...] Keiner der Dichter und Wortführer seiner Zeit hat dem Deutschen ein so ungeheures Anrecht auf Macht, ein solches Gefühl ausschließenden Wertes und Ranges verleihen können [...] Das Land auf das der Adler Gottes sich herabließ, kennt kein Recht neben dem seinen, und wer seine Weihe leugnet, ist nicht nur sein, sondern des Gottes Widersacher.«[38] Zum Schluß beschwor Kommerell den Weg vom Sternbild der deutschen Klassik zur zweiten (gegenwärtigen) »Hohzeit«, dem »Heute meisterlicher Herrschaft«, da der Dichter George der Führer sei, und von da weiter in »ein innig ernstes Morgen, wo die Jugend die Geburt des neuen Vaterlandes fühlt in glühender Einung und im Klirren der vordem allzu tief vergrabenen Waffen«.[39] Kommerell beging, gewiß im Zug seiner Zeit,[40] aber auch unter Georges Siegel und Zustimmung, mit diesem Gemisch drohender Bilder eine extreme Vulgarisierung der Gedanken, die Fichte in den »Reden an die deutsche Nation« ausgesprochen hatte. Fichte hatte unter dem Trommelwirbel der französischen Besetzungstruppen, die Unter den Linden während seiner Akademievorträge vorbeimarschierten, zur Befreiung von Napoleons Herrschaft aufgerufen, hatte philosophisch begründet, daß Sprache und Erziehung, als einzige vom Besetzungsregime nicht regulierte Bereiche, den Deutschen gegen die Fremden einen einzigartigen Vorteil verschaffen können. Aber er hatte die Deutschen niemals zu bloßer Machtausweitung und Herrschaft um der Herrschaft willen aufgerufen, wie Kommerell es hier tat.[41]

Kommerells Sätze unter dem mit George vereinbarten Buchtitel, in jener Zeit verwandt, ließen nach außen wenig Abstand zum Nationalsozialismus erkennen. Dem politischen Agitator von ungewöhnlichen Gaben, der die nationalsozialistische Partei führte, mußte es leichtfallen, Kommerells Mystik für seine Bewegung zu reklamieren.[42]

Kommerell selbst stand dem Nationalsozialismus bis ins Jahr 1933 wohlwollend gegenüber und hielt sich selbst für unpolitisch.[43] Aber seine Führer und Erlöser waren von lebenden Menschen gedacht und ersehnt, sie konnten nicht bloß »geistig« sein, geistiges und politisches Führertum verschwammen in Kommerells Schriften.

Kommerells Buchtitel wollte den geistigen Parallel- und Gegenanspruch erheben angesichts des politischen Anspruchs der Nationalsozialisten. Ein Freund Georges hatte Bedenken gegen den Titel, die der »Meister« Kommerell mitteilte, ohne sie sich zu eigen zu machen: »es sei nur· den heutigen und vieldeutigen begriff ›Führer‹ ohne weiters auf geschehnisse der Goethe-Zeit anzuwenden misslich«.[44] Der Titel konnte, da George selbst die Verlagsverträge abschloß für die Werke aus dem »Kreis der Blätter für die Kunst«, nur mit Georges Zustimmung verwendet werden, und es blieb bei dem Titel.[45]

George hielt auch an der Swastika-Vignette fest, die 1908 und 1910 in Vorformen und seit 1916 in der von dem George befreundeten Münsteraner Maler Melchior Lechter endgültig gestalteten Form auf Einbänden und Titelblättern in Werken aus dem Verlag der *Blätter für die Kunst* erschien. Im Frühjahr 1928 hieß es im Prospekt des Verlages, das Zeichen werde »vielfach fälschlich als ›Hakenkreuz‹ gedeutet«: »Als dieses uralte (indische) Zeichen im Oktober 1918 ›Hakenkreuz‹ benannt wurde und seinen heutigen Sinn bekam, konnte der Kreis der Blätter für die Kunst sein seit vielen Jahren eingeführtes Signum nicht abschaffen. Wer die unter diesem Zeichen veröffentlichten Bücher auch nur flüchtig kennt, dürfte wissen, dass sie mit Politik nichts zu tun haben.«[46] George und seine Freunde behielten vielmehr sich, dem geheimen Deutschland, die wahre Politik vor.

Zwei Jahre nach Kommerell erhob Friedrich Wolters erneut für George und dessen »Staat« den geistigen Herrschaftsanspruch in dem 1930 erschienenen Werk *Stefan George und die Blätter für die Kunst. Deutsche Geistesgeschichte seit 1890.* George redigierte es Zeile für Zeile und autorisierte es. Wolters und George reklamierten darin »das gelebte Reich«, das Hölderlin verkündete und George gründete.[47] Schritt für Schritt habe sich George durch Abscheidung alles Untergehenden und Aufzucht alles geistig Gesunden »zum Herrn der Gegenwart gemacht, und ›das heimliche Kaisertum‹ seines vierzigjährigen Wirkens unter den Deutschen« sei jetzt sichtbar geworden. Wie eine offene und dennoch unbetretbare Insel liege sein verborgenes Deutschland mitten im öffentlichen Deutschland, ja mitten in einer Menschheit, deren Gefüge erschüttert sei, deren Führer in Wirklichkeit von den entfesselten Zeitgewalten getrieben werden »und nur wissen, daß ihnen keine Wahl bleibt als ödester Friede oder wildester Kampf«.[48]

Die Bücher von Kommerell und Wolters dokumentierten, was Kantorowicz die Ausweitung des geheimen Deutschland auf Tagesziele, Sonderbelange, Grüppchen und Bündchen nannte, »bis schließlich der Dichter selbst der Gefahr einer Verwässerung entgegentrat«, in seinem Gedicht »Geheimes Deutschland« ein mythisches Bild gab, »das Mysterium des andern Reiches« schuf und so der Zersetzung und Zerredung entrückte.[49] Zum Schluß des Mysteriums mahnte George, was heute wert und wichtig scheine, sei nur faules Laub im Herbstwind; nur was noch im schützenden Schlaf, »in tiefinnerstem Schacht« heiliger Erde ruhe,

> Wunder undeutbar für heut
> Geschick wird des kommenden tages.

Die Erwartungen der Freunde Georges gingen weit hinaus über den Bezirk der dichterischen Träume. Die Zeugnisse dafür in Briefen an George sind so zahlreich, daß auch deshalb des Dichters Wohlwollen unzweifelhaft ist. Im Juli 1918, angesichts der bevorstehenden Niederlage Deutschlands im Weltkrieg, schrieb Ernst Morwitz dem Dichter zum Geburtstag am 12. Juli: Der Dichter und die Freunde möchten sich durch die äußeren Ereignisse nicht beirren lassen. Selbst wenn man durch sie dem Untergang nahe komme, erfülle sich hier Platons Satz, daß wichtige Ereignisse in der Kunst nie ohne wichtige politische Ereignisse vor sich gehen: »Dieser Krieg hat nur Sinn, wenn er solange dauert dass auch im inneren der Völker das morsche vernichtet, die Klassen verwechselt werden und die Kraft des einzelnen über die maschinelle Organisation triumphiert. Das wird immer klarer. Dich wird man brauchen in Deutschland – Geliebter! Dir wünsch ich für das neue schwere Jahr die rechte Kraft.«[50]

Wolters schrieb zwar vom außerpolitischen geheimen Deutschland, aber auch von der seltsamen Verkennung, daß George sich nur um ästhetische, nicht um staatliche Dinge kümmere: »Wir sehen es als ein hohes Glück unseres Geschickes an, daß heute der Dichter unseres Volkes auch zutiefst ein staatlicher Mensch ist, der irdische Herrschaft will und formt und zugleich mit dem ersten Wachwerden seiner dichterischen Kräfte den Keim seines Reiches zu bilden begann.«[51]

Solche Erwartungen gründeten sich auf Verkündungen des »Meisters«. Am 16. April 1911 sagte er dem Romanisten Ernst Robert Curtius, der ihn aufsuchte: »Manche meinen, in meinen ersten Büchern sei nur Künstlerisches enthalten, nicht der Wille zum neuen Menschlichen. Ganz falsch! *Algabal* ist ein revolutionäres Buch. Hören Sie diesen Satz von Plato: Die musischen Ordnungen ändern sich nur mit den staatlichen.«[52] 1919, auf die Frage nach der Verheißung für Deutschland in dem Gedicht »Der Krieg«, antwortete er Curtius: »Merken Sie sich: Alles, was in den heiligen Büchern steht, ist immer eingetroffen und wird immer eintreffen. So geht es immer mit den heiligen Büchern. [...] die geistigen Lösungen sind alle schon gefunden. Die Ereignisse hinken immer schwerfällig nach.«[53]

In einem Gespräch mit Berthold Vallentin am 4. Januar 1920 sagte George, in der Einleitung zu einem neuen Jahrbuch sei diesmal politisch Stellung zu nehmen. Er meinte, »dass früher die Politik das Geistige habe unangetastet gelassen, jetzt drücke sie uns so auf dem Leben, dass wir uns einer Stellungnahme nicht entziehen könnten. Im übrigen wäre früher auch die politische Macht der Regierenden so gross gewesen, daß man nichts gegen sie hätte ausrichten können. Heute sei dies nicht der Fall. Es könnte sein, dass unsere Kräfte ausreichten, um irgendwie aktiv zu werden, und dass in einem neu gegebenen Augenblick dies nötig und sehr aussichtsreich werde.«[54] Zur selben Zeit wollte er, daß sich das nächste Jahrbuch mit den großen politischen Bewegungen der Gegenwart auseinandersetze.[55]

Im Februar 1928 sagte George Vallentin über Wolters' Buch, es könnte das schlimme deutsche Schicksal sein, daß die Gedanken seiner, Georges, Bewegung »nicht in Deutschland zur tathaften Wirkung gebracht würden«, daß das Ausland die Bewegungsgedanken aufgreife und sie zur Tat mache. In der französischen und englischen Romantik sei eine typische Geist- und Menschenhaltung hervorgetreten, während bei uns die Romantik literarisch geblieben sei und sich erschöpft habe. Es käme eben darauf an, »dass eine grosse Täterperson solche Gedanken aufgreife und sie in die politische Wirksamkeit überführe. In der Richtung sei vielleicht etwas von Mussolini zu besorgen.«

Dann wieder zog George sich in die Esoterik zurück, bezeichnete seine Wirkung als »eine unterirdische«; wie sie sich auf das große Publikum später äußere, das berühre ihn gar nicht. Er müsse es seinen jungen Menschen überlassen, wie sich die Sache weiter entwickle; die Wirkung nach außen könne »nur durch einen politischen Menschen, einen Täter zustande gebracht werden [...], der eines Tages die Gedanken der Bewegung politisch zu einem Körper zusammenstelle und damit die Nation bewege«. Er selbst habe die Versuchung überwunden, daß er sich zu früh zu einer tathaften Auswirkung verlokken lasse. Er könnte leicht aus der geistigen Bewegung eine Gemeinschaft bilden, einen jungdeutschen Orden oder dergleichen. Aber das habe mit seiner unterirdischen Wirkung nichts zu tun, würde diese nur auf halbem Wege zunichte machen.[56] Auch das Schwankend-Unentschiedene des Dichters mit dem Tatwillen gehörte zu George. Er war nun sechzig Jahre alt, litt an einer Nierenkrankheit; aber auch früher schwankte er zwischen Kunst und Leben.

George wollte die »zeitliche Wirkung«, das Werk habe eine »Augenblicksaufgabe«, sagte er 1929 bei anderer Gelegenheit,[57] aber seine politische Zurückhaltung blieb bis 1930 für die Freunde verbindlich. So schrieb Kantorowicz 1926 an Ernst Morwitz, es heiße, daß Wolters nationalistische und völkische Aufrufe mitunterzeichnet habe; Kantorowicz' Gefühl nach sei ein politisches Heraustreten unmöglich, wenn man sich gleichzeitig mit George identifiziere. Die private Anschauung *in politicis* bleibe jedem unbenommen – »aber aktiv kann man nicht zwei Staaten dienen u. vor allem: es werden damit die gewiss über allen Parteien stehenden Dinge *von offizieller Seite* in den Dreck einer Partei gezogen«.[58] George hatte Wolters seit 1917 mehrfach ermahnt, an politischen Vorgängen nicht teilzunehmen.[59]

Mit dem Näherrücken einer Regierungsbeteiligung der Nationalsozialisten verlagerte sich aber das Gewicht zum Wohlwollen gegenüber den Völkischen, teils durch Duldung der leidenschaftlichen Teilnahme junger Freunde, teils durch das Gleichlauten der Parolen, die nun in der Aussicht auf politische Macht das Abseitsstehen schwieriger machten. Nach dem großen Erfolg der Nationalsozialisten in der Reichstagswahl vom 14. September 1930 wurde in der Umgebung Georges viel über Politik gesprochen.[60]

Die äußeren Formen seien da, um »gekannt und beherrscht zu werden von denen die sie verachten«, schrieb Claus Graf Stauffenberg 1928 an Max Kommerell. Das Wesentliche fand aber anderswo statt, nicht in der »Umwelt«.[61] Von dieser hielten auch die Stauffenbergs innerlich Abstand. Sie lebten in einem Spannungsverhältnis zwischen der Umwelt, der sie sich im Dienst widmeten, und ihrem esoterischen geistigen Kreis.

Berthold war nach dem Wintersemester 1923/24 in Jena für den Sommer nach Tübingen gegangen, hörte dort Sachenrecht, altrömische und frühbyzantinische, französische, englische und Orientgeschichte. Im Wintersemester 1924/25 studierte er in Berlin; Theodor Pfizer war auch da.[62] Hier lehrten die Juristen Viktor Bruns und Rudolf Smend, die Historiker Friedrich Meinecke, Fritz Hartung und Kurt Breysig (ein Freund Georges seit 1899), der Philologe und Archäologe Werner Jaeger, der Literaturhistoriker Julius Petersen, der Volkswirtschafter Werner Sombart, der Philosoph Eduard Spranger.[63] Im Winter 1924/25 gab es häufig Dichterlesungen bei George in der Werkstatt des Bildhauers Alexander Zschokke in der Fasanenstraße 13 in Berlin oder in einem von Max Kommerell gemieteten Pförtnerhäuschen einer Villa im Grunewald in der Königsallee, wo George von Oktober bis Dezember 1924 mit Johann Anton und Kommerell wohnte.[64]

Berthold Graf Stauffenberg ...

Das Sommersemester 1925 verbrachten Berthold und Alexander Graf Stauffenberg, ihr Vetter Woldi und Theodor Pfizer in München.[65] Im April und Mai trafen die Brüder mehrfach mit George und anderen Freunden zusammen. Am 7. April wurde Frank Mehnert in München durch Vermittlung Bertholds dem Dichter vorgestellt. Pfizer traf sich mit Berthold morgens um sieben Uhr in der Rechtsphilosophie-Vorlesung von Geheimrat Ernst Beling, gelegentlich zu Gängen im Englischen Garten oder Fahrten zum Starnberger See.

Im folgenden Wintersemester war Berthold noch einmal in Berlin, im Sommer und Winter 1926/27 wieder mit Pfizer in Tübingen, wo sich beide auf die erste Prüfung für den höheren Justizdienst im Frühjahr 1927 vorbereiteten. Daneben arbeitete Berthold im Januar 1927 mit George und dessen Freunden Johann Anton und Max Kommerell in München an der Redaktion und an den Korrekturen der Biographie Friedrichs II. von Ernst Kantorowicz. Die Prüfung bestand Berthold Stauffenberg mit der Note II_{au} (»ausgezeichnet«). Dann begann er Russisch zu lernen, seiner späteren Frau, Maria (Mika) Classen, die

... und sein Bruder Claus (am »Türmchen« in Lautlingen), 1926.

aus Rußland stammte, schrieb er oft zur Übung russisch. Er hoffte auf Aufnahme ins Auswärtige Amt und bereitete sich auf eine Reise nach England vor.

Gegen Ende Juni 1927 fuhr er nach London. Er besuchte die Museen, las viel, ging auf Gesellschaften, zu Cricket- und Tennisspielen, fuhr Ende Juli für einige Tage nach Oxford, dann nach Bratton-Fleming und Anfang August nach Youghal in Südirland. Er schrieb, er sei »den ganzen tag unterwegs· und sehe viel menschen die alle das gleiche reden nett zu mir sind sentimental und kindlich· und auf die dauer ermüdend«.[66] Selten sprach er seinen Anspruch an das Leben, auf hervorragende Tätigkeit, so klar aus: »Du musst an mich glauben· und Du weisst ich bin stolz und habe heisses blut – und königliche taten stehen vor meiner seele – und ich muss warten und geduldig sein bis die zeit kommt – das macht mich unruhig und manchmal düster – und treibt mich umher.«[67]

Am 19. August kam Berthold in Frankfurt am Main an, um in Königstein George zu besuchen, ging für etwa vier Wochen nach Lautlingen, wo er zeitweise Frank Mehnert, Blumenthal und Woldi antraf, dann Ende September zur Arbeit an seiner Dissertation nach Berlin; doch hing dieser Reiseplan davon ab, »was Claus macht«.[68]

Gegen Ende Oktober ging Berthold nach Paris, nahm französische und russische Sprachstunden, ging dreimal in der Woche zum Reiten.[69] Er schrieb Maria Classen: »Ich habe in der lezten zeit mehr literarische und liberale kreise gesehen die aber nicht sehr sympathisch sind. Meine russischen stunden habe ich erst gestern wieder aufgenommen da die Baronin Uxkull krank war. Meine französ. lehrerin ist sehr nationalistisch . nach der 1. stunde schrieb sie der Comtesse de Ch.: ›er ist reizend, Ihr junger barbare ..‹.«[70] Bis Ende Januar 1928 blieb seine Meinung über die Franzosen in Paris ungünstig: »Über die Franzosen kann ich Dir jetzt nichts Neues sagen, die sind so dumm, so dumm.«[71]

Seit Anfang Dezember war auch Johann Anton (»der Prinz«), der 1928 ins Auswärtige Amt eintrat, zu Sprachstudien in Paris. Berthold und er reisten zusammen durch Südfrankreich zwischen Biarritz und Marseille, nachdem es der »Meister« erlaubt hatte.[72] Berthold schrieb seiner Mutter begeistert von der blühenden Schönheit des Landes; von der Provinz hatte er einen viel günstigeren und kräftigeren Eindruck als von Paris.[73] Über Avignon fuhren sie nach Florenz.[74] Nach zehn Tagen in Locarno, vermutlich durch Georges Anwesenheit in Minusio veranlaßt,[75] fuhr Berthold nach Lautlingen. Er war im Auswärtigen Amt nicht angenommen worden.[76]

Nach Ostern begann er als Referendar beim Amtsgericht Stuttgart I den Vorbereitungsdienst für die zweite höhere Justizprüfung.[77] Im Juni 1928 schrieb Berthold Mika, er wolle eine Doktorarbeit über ein russisches Thema schreiben, dann könne er im Winter eine Zeitlang in Berlin sein.[78] Ende Juli war er mit Frank in Korsika.[79] Vom 1. September bis 1. November war er dem Oberamt Reutlingen zugeteilt.[80] Vom 1. November 1928 bis 1. Januar 1929 bekam er wissenschaftlichen Urlaub, den er in Berlin verbrachte, wo Frank ein Zimmer beschafft hatte; Onkel Nux, nun in Zehlendorf, hatte keinen Platz.[81] Am 29. Januar 1929 wurde Berthold auf Grund seiner Dissertation über die Rechtsstellung der russischen Handelsvertretungen und nach »gut« bestandener Prüfung in Tübingen zum *doctor iuris* promoviert.[82]

Anfang Januar 1929, wieder beim Amtsgericht in Stuttgart zur Fortsetzung des Vorbereitungsdienstes, hoffte er doch noch auf Annahme im Auswärtigen Amt und wünschte, daß Onkel Nux bald hingehe; Mika möge dafür sorgen, daß er bald die Entscheidung erfahre.[83] Eine gewöhnliche Juristenlaufbahn wollte er nicht: »dieses herumsitzen hier ist sinnlos – wie ich es aushalten sollte bis zum Assessor hier zu sein d. h. noch volle zwei Jahre, ohne weg zu können· kann ich mir nicht denken. Und doch ist es unmöglich sich jetzt zu irgend etwas zu entschliessen. Die beste Zeit vergeht – und ist vollkommen nutz- und wertlos.«[84] Ein paar Jahre später sagte er einem Mitarbeiter, er habe kein einziges juristisches Buch zu Hause, die Rechtswissenschaft als solche interessierte ihn kaum. Die Mitte seiner Existenz war bei dem großen Dichter, und er wollte selbst etwas wirklich Bedeutendes leisten.[85] Wie andere seiner Generation, die durch Herkunft und Begabung darauf hingelenkt wurden – wie etwa Helmuth James von Moltke, Dietrich Bonhoeffer, Fritz-Dietlof Graf von der Schulenburg oder Adam von Trott zu Solz, die alle später im Kampf gegen Hitler umkamen –, strebten die Brüder Berthold und Claus Stauffenberg mit Selbstverständlichkeit nach dem ersten Rang im öffentlichen Dienst.[86]

Berthold schrieb, er habe ein »hohes Ziel«, er lebe »für ein hohes Ideal«, fühle sich voll Unruhe und getrieben.[87] George ließ damals die Grenzen zwischen seinem geheimen Deutschland, seinem platonischen »Staat«, immer wieder fließend werden, schloß für sich selbst die profane politische Führung nicht aus und begleitete mit Wohlwollen die Bestrebungen seiner Freunde.[88] Die nahe Beziehung zwischen Adjib/Berthold Stauffenberg und dem schon im Auswärtigen Amt tätigen Prinzen/Johann Anton war nicht zufällig. Auch nach Georges Tod hielt Berthold fest am Vorrang der »staatlichen« Aufgaben in der Nachfolge des »Meisters«.[89] Alexander anerkannte Bertholds überlegene Intelligenz und beneidete ihn, obwohl es ihm weh tat, daß Berthold immer wieder über seine nächsten liebsten Menschen hinwegschreite, aber er habe eine Lebenshaltung. Und wenn Claus »ohne Zweifel der strahlendste und heldischste von uns ist, Berthold ist sicher der König unter uns dreien«.[90] Sein Verstand war rasch, scharf und durchdringend, er konnte scheinbar Kompliziertes mit Leichtigkeit und zur Beschämung kluger, aber wirrer Leute auf einfache Grundlinien bringen.

Der Eintritt in die große Welt gelang dann doch. Ab 1. März 1929 bekam Berthold Graf Stauffenberg Urlaub vom Justizdienst zur Übernahme einer Assistentenstelle am Kaiser-Wilhelm-Institut für ausländisches öffentliches Recht und Völkerrecht in Berlin.[91] Das Institut im Berliner Schloß, eine halbamtliche Einrichtung, die mit der Regierung, zumal dem Auswärtigen Amt, eng zusammenarbeitete, war verbunden mit den entsprechenden ausländischen Rechtseinrichtungen sowie mit dem Ständigen Internationalen Gerichtshof im Haag (Cour permanente de justice internationale). Sie hob Stauffenberg auf die höchste Ebene des Staatswesens und eröffnete ihm wenigstens Aussicht, auch auf die große Politik einwirken zu können.

Im Juli 1929 reiste er wieder mit Frank in Südfrankreich, George hatte es befürwortet.[92] Im Institut arbeitete er mit an dem Werk »Fontes Juris Gentium«, veröffentlichte gelehrte Artikel über den Haager Gerichtshof, nahm teil an den Arbeiten für das deutsch-polnische Gemischte Schiedsgericht, reiste in Dienstaufträgen nach Holland und Frankreich, im Juni 1931 einmal nach Danzig und an die deutsch-polnische Grenze an der Weichsel, besuchte zwischen Weihnachten und Jahresende 1929 Stefan George.[93]

1931 empfahl ihn sein Institut an den Ständigen Internationalen Gerichtshof, wo er ab 1. Juli im Büro des Gerichtshofes beim Kanzler, Åke Hammarskjöld, als *secrétaire-rédacteur au greffe* tätig war.[94] Der Kanzler hatte sich stark für die Ernennung eingesetzt.

Anfangs war die Tätigkeit zwar nicht fesselnd, aber auch nicht uninteressant und schien »notwendig und nützlich«.[95] Trotzdem fühlte Stauffenberg sich »voll von Unruhe die hier keinen Ausweg findet«.[96] Er hatte aber viel zu tun. Neben seinen täglichen Aufgaben arbeitete er als Herausgeber des Kommentars zum Statut des Gerichtshofes, »Statut et réglement de la Cour permanente de Justice internationale. Éléments d'interpretation«. Im Frühjahr und Sommer 1931 war er beansprucht durch die Frage der von Deutschland und Österreich am 19. März 1931 vereinbarten Zollunion, die durch ein mit 8 zu 7 Stimmen gefälltes Urteil des Gerichtshofes für mit dem Frieden von St. Germain und dem Genfer Protokoll vom 4. Oktober 1922 unvereinbar erklärt wurde.[97]

Anfang November 1931 erhielt Stauffenberg die ehrenvolle Ernennung als *secrétaire-rédacteur* zunächst auf ein Jahr mit einem Gehalt von 10 000 Gulden, über die er sich (wie auch sein Vater) freute; er glaubte, daß er sich am Gerichtshof »eine sehr gute Stellung gemacht« habe.[98] Die Unruhe stellte sich aber wieder ein. Die politische Entwicklung in Deutschland hatte daran zweifellos Anteil. Aber George hatte einmal zu Stauffenberg gesagt, er habe ja noch keine Leistungen vorzuweisen, was ihm die Tränen in die Augen trieb.[99] Der »Meister« hatte keine hohe Meinung vom Haager Gerichtshof; dieser habe den einen Sinn, daß er Berthold ein Einkommen gewähre. Das nagte an ihm. Hier würde er seinem hohen Ziel nach Georges Urteil nicht näher kommen. Im Januar 1932 schrieb er seiner Mutter, es sei gut, sich nie irgendwelchen Illusionen hingegeben zu haben; demnächst seien die Richter wieder zurück, und der Schwindel internationaler Gerichtsbarkeit könne fortgesetzt werden.[100] In Deutschland und Österreich

Maria Classen und Berthold in Scheveningen, 1932.

glaubte kaum jemand, die Zollunion sei aus Rechtsgründen verboten worden. Im Januar 1933 war Stauffenberg noch ebenso kritisch und fand, »das was man hier tut hat alles recht wenig sinn· und man wünscht sich man könnte seine kräfte zu besserem verwenden. Und abgesehen von der arbeit ist der aufenthalt hier zu nichts gut vor allem wenn man die dinge einmal kennt. Ich könnte wirklich manchmal denken dass es mehr sinn hat den Jolly [sein Pferd] gut auszubilden als dieses zeugs für den Gerichtshof zu machen.«[101]

Alexander studierte im Winter 1925/26 in Jena und schloß dann in Halle ab.[102] Vom dortigen Ambiente hatte auch er keine gute Meinung, fühlte sich isoliert vom übrigen Freundeskreis, wie er George mit Selbstironie schrieb: »Andere Süsse· nebenbei bücher schreibend· examina machend· kreiren dauernd Süsse oder raten u. taten für den Staat. Meine taten· wobei vom Staate kaum die rede sein kann· erstrecken sich neben wenigen leidlichen versen auf ein paar periodische arbeitsanfälle.«[103] Er zweifelte, ob er sich der Wissenschaft als Beruf widmen wollte, die doch unbefriedigend sei.[104] Ein Jahr später hatte er sich darauf eingestellt, offenbar auch auf Zureden Georges, auf dessen Zustimmung er in wesentlichen Entscheidungen nicht verzichten wollte.[105]

Bis Ende 1928 wollte Alexander seine Dissertation, »Untersuchungen zur Chronik des Johannes Malalas (Die Kaiserzeit von Cäsar bis Trajan)«, fertig haben, reichte sie am 9. November 1928 ein und bekam sie vom Doktorvater Wilhelm Weber und dem Koreferenten Otto Kern als »erfreulich fleißige, gelehrte und kluge Arbeit« beurteilt. Die mündliche Prüfung (Rigorosum) bestand er am 17. Dezember 1928 »sehr gut«.[106] Er hatte einen »grossen Plan«, für den er mehrere Jahre ansetzte, wollte sich nebenher mit einer kleinen Schrift habilitieren und bis spätestens Mitte des nächsten Jahres ein sehr umfangreiches wissenschaftliches Werk veröffentlichen, doch zog sich das etwas hin.[107] Das aus der Dissertation hervorgegangene erste Buch, »Die römische Kaisergeschichte bei Malalas. Griechischer Text der Bücher IX–XII und Untersuchungen«, erschien 1931.[108] Das zweite Buch, mit dem Alexander sich 1931 bei Joseph Vogt, der ihn hochschätzte, in Würzburg habilitierte, erschien 1933 unter dem Titel »König Hieron der Zweite von Syrakus«.[109]

Zweifel, ob er einerseits für die Wissenschaft überhaupt geeignet sei und ob andererseits gerade die Altertumswissenschaft das hohe Ziel, »ein Emporkommen Deutschlands« und die Annäherung an das Wunschbild und Vorbild des Reiches im »Stern des Bundes« fördern könne, blieben immer wach. Den ersten Zweifel tat er damit ab, daß er nach dem Urteil Blumenthals zum praktischen Leben überhaupt nicht geeignet sei; dem zweiten suchte er durch die Richtung seiner Lehrtätigkeit zu begegnen.[110] Als seine wissenschaftlichen Pläne nur langsam Gestalt annahmen, schrieb Alexander dem »Meister«: »[...] der schmerzliche Vorwurf ich hätte noch kein einziges staatliches verdienst bleibt einstweilen bestehen«.[111]

Der »Meister« hatte ihn wissen lassen, daß Erwartungen in ihn gesetzt seien. Inzwischen bot man ihm die Habilitation in Würzburg an, und er schrieb: »[...] ich habe Dir· mein Meister· die frage vorzulegen· ob dagegen von Staatswegen irgend etwas einzuwenden ist. [...] Ich will nun keine weiteren schritte in dieser angelegenheit unternehmen· ehe ich Deiner einwilligung oder abmahnung sicher bin· umsomehr· da ich mich derselben früher hätte versichern müssen.«[112] Aber George war ganz einverstanden. Die Habilitation gelang rasch, das Kolloquium war glänzend, im Juli 1931 hielt Alexander in Würzburg seine Antrittsvorlesung.[113] Er war jetzt Privatdozent, konnte Lehrveranstaltungen halten, bezog jedoch Gehalt erst 1936, als er in Würzburg zum ordentlichen Professor ernannt wurde.[114]

Wie wenig die Unterordnung unter des »Meisters« »staatliche« Lenkung Formsache war, zeigen die Vorgänge um die Errichtung der Stiftung »Das Werk Stefan Georges«. Sie beleuchten Georges Sorge um die Fortsetzung seines Werkes, seiner »Bewegung«, seiner Wirkung, des geheimen Deutschland. Sie erhellen ferner die Schlüsselstellung, die den Stauffenbergs im geheimen Deutschland zufiel. Dabei waren sachliche Gesichtspunkte und persönliche Gefühle vermengt.

Zunächst hatte George den Juristen Ernst Morwitz als Universalerben und literarischen Verwalter ausersehen.[115] Als aber seit 1923 Max Kommerell (»Maxim«, »Kleinstes«, »Puck«) und Johann Anton (»der Prinz«) viel in Georges Nähe waren, als besonders Kommerell dem Dichter als Sekretär unentbehrlich wurde, gab es Spannungen, zumal Morwitz von Kommerells erstem Auftreten an im Kreis 1923 eine starke Aversion gegen den jungen Liebling hatte.[116] Er hielt Kommerell für einen Opportunisten, der mit Hilfe von Georges Geist Karriere machte.[117] Sicher verletzten Morwitz Kommerells und Antons Antisemitismus und Kommerells »völkischer« Anspruch.[118] So bildeten damals die »völkisch« gesinnten Jüngeren, unter denen keine Juden waren (Karl Josef Partsch, Cajo, hatte einen jüdischen Großvater, war noch jünger und kam etwas später zu George),[119] vor allen die Umgebung Georges, der zugleich an den jüdischen Freunden, die ihm früher nahe waren, im Alter das Interesse verlor.[120] Allerdings versuchte George – aber nie ganz eindeutig –, zwischen Morwitz und Kommerell zu vermitteln.[121] Seit 1929 blieb Kommerell dem Dichter fern.[122]

Als George, um das Weiterwirken seines Werkes zu sichern, 1930 einen Rat für die Stiftung »Das Werk Stefan Georges« berief, wollte er Robert Boehringer, der sich ihm 1905 als Zwanzigjähriger angeschlossen hatte, und ferner Max Kommerell und Johann Anton dabeihaben. Kommerell schrieb, die erwartete unbedingte Zuwendung, Einfügung und Loyalität seien ihm nicht mehr möglich; die Aufgabe der Eigenständigkeit, die sich beim Leben mit dem »Meister« herausgebildet habe, sei für den Jüngling erträglich gewesen, nicht mehr für den Mann.

George nannte Kommerell fortan »die Kröte«. Die Trennung geschah nicht im Unguten, führte aber zu weiteren Trennungen. Claus Graf Stauffenberg wollte Kommerell kurz vor dessen Lossagung »einmal wieder sehen«, George ließ durch Johann Anton Claus' Wunsch an Kommerell übermitteln, Kommerell antwortete auf demselben Wege, er wolle Ende Oktober nach Bamberg fahren, aber Johann Anton wollte den Brief nicht an Claus weiterleiten, wenn Kommerell nicht vorher den »Meister« besuche, und schrieb dem Freund, auch George habe sich gewundert, daß Kommerell glaube, »eines meiden, das andere beibehalten zu können«. So kam es nicht zu der Begegnung. Kommerell schrieb noch einmal, im November 1931, an Alexander, mit der Ankündigung einer dichterischen Arbeit, mit Grüßen an Claus und Berthold, das Abreißen der Verbindung bedauernd und ihre Fortsetzung anbietend. Aber die Brüder beantworteten Kommerells Nachrichten nicht mehr. Alexander schickte, trotz seinen Bedenken, dadurch dem »Meister«, Frank und anderen Freunden ihre »Deutschlandferne ruhe an einem südlichen see« zu verleiden, den Brief Kommerells an George, von eigenen Ausdrücken des Abscheus begleitet.[123]

Die Abwendung von dem innig geschätzten Freunde ohne persönliches Zerwürfnis geschah aus dem Zwang, zwischen George und Kommerell zu wählen. Claus Graf Stauffenberg vor allen war enttäuscht und deprimiert; er verglich Kommerell mit einem abtrünnigen Vertrauten Friedrichs II. und schloß, man werde eben oft von denen verlassen, denen man am meisten vertraut habe.[124] Johann Anton, Kommerells naher Freund, machte zahlreiche Versuche, ihn wieder für den »Staat« zu gewinnen, schließlich nahm er sich, in der Spannung zwischen dem »Meister« und dem Freund verzweifelnd, im Februar 1931 in Freiburg das Leben.[125]

Kommerell schickte George und anderen Freunden wie bisher seine Veröffentlichungen. Als George wenige Wochen vor seinem Tod, auf dem Krankenbett, das von ihm mit Ungeduld erwartete Buch Kommerells über Jean Paul erhielt, begann er sofort es zu lesen.[126]

Berthold Graf Stauffenberg wurde von den Vorgängen um die Gründung der Stiftung auch persönlich betroffen. Er hätte nach dem November 1931, als er eine feste Stellung mit gutem Gehalt erreicht hatte, heiraten können, wie er und Mika es vorhatten. In den freien Tagen zwischen Weihnachten 1931 und Neujahr 1932 fuhr er zu George nach Minusio, Mika fühlte sich zurückgesetzt und verletzt. Im Januar 1933 schrieb Berthold ihr, er habe damals gedacht, er werde nie mehr etwas von ihr hören.[127]

George hatte starke Vorbehalte gegen Heiraten seiner Freunde, obwohl er sie nicht immer ablehnte; aber in diesem Fall ließ er an seiner Ablehnung gar keinen Zweifel. Der »Meister« sprach sich 1932 ausdrücklich »gegen diese ehe« aus, schickte Frank Mehnert zu Berthold nach Scheveningen und veranlaßte, daß er im April 1932 mit Berthold zu ihm nach Minusio reiste.[128]

Der Ausgang solcher Konflikte konnte für die Stauffenbergs nie im Zweifel stehen. Der Dichter war ihr Führer. Die Freundschaft zu Kommerell, die Liebe zu Mika waren echt, aber die Beziehung zum Dichter-Führer George hatte damals den höchsten Rang. Die Stauffenberg-Brüder hatten sich einem geheimen Bund verschrieben, dessen Ziele ihnen höher standen als persönliche Beziehungen, der die Ergebenheit und Kraft des ganzen Menschen forderte und erhielt. Schließlich ging es um eine Idee. Der Freundeskreis um George hatte, zumal für die Jüngeren, den Charakter der Verschwörung zur Schaffung des geheimen Deutschland.[129]

Die Treuhandschaft für Georges Nachlaß ging nun durch letztwillige Verfügung des Dichters auf Robert Boehringer und Berthold Graf Stauffenberg über.[130] Berthold bestimmte nach Georges Tod Frank Mehnert zu seinem Nacherben mit der Verpflichtung, im Fall von Bertholds Tod seinerseits sofort einen weiteren Nacherben zu ernennen. Nach Franks Soldatentod im Februar 1943 bestimmte Berthold seinen Bruder Claus zum Nacherben mit derselben Verpflichtung. Sie waren die ernannten Erben des platonischen »Staates« des »Meisters«, verpflichtet auf die Verwirklichung des geheimen Deutschland: »das zugeschworene« nannte es ein Freund in einem Brief an George.[131]

Reichswehr

Claus Graf Stauffenberg ging, nachdem seine Brüder die Universität bezogen hatten, weiter zur Schule, unterbrochen – wie schon seit 1919 – von langen Krankheitzeiten. Er litt an Kopfschmerzen, mußte nicht das Bett hüten, konnte aber auch nicht in die Schule. Klassenkameraden erinnern sich, er sei zart und still gewesen, kränklich, beim Handballspiel und bei Streichen unbeteiligt, sei viel und in den beiden letzten Jahren ganz der Schule ferngeblieben.[1]

Im Sommer 1924 beantragte Claus in Stuttgart vorzeitige Zulassung zum Abitur; das Gesuch wurde abgelehnt. Für die Zulassung zum Abitur war in Württemberg der Besuch der obersten Gymnasiumklasse gesetzliche Voraussetzung. Im September 1924 erhielt Claus ein Abgangszeugnis seines Gymnasiums. Ein Jahr später schrieb er in einem Gesuch um Zulassung zur Reifeprüfung an die württembergische Schulbehörde, er habe 1924 auf ärztliche Vorschrift um seine Entlassung und ein Abgangszeugnis gebeten. Dieses bescheinigte ihm lobenswerten Fleiß, vorzügliche Aufmerksamkeit und befriedigende Kenntnisse.[2]

Im Oktober 1924 schrieb Claus aus Lautlingen an Stefan George in einem Brief, von dem nur ein Teil erhalten ist:

»Geliebter Meister· Koblenz hat mein gesuch abgelehnt· und ich glaube dass es wertlos ist weitere schritte in diesem sinn zu unternehmen. Alles diese dinge sind ja verhältnismässig so belanglos· und werden es immer mehr· eines ist auf alle fälle erreicht: die schule ist erledigt. Und was sollte ich mehr wollen als ein geziemendes leben? Auf die einladung vom Phes hin werde ich im November nach B. kommen bei ihm zu wohnen· wahrscheinlich kann ich 8–14 tage mindestens dort bleiben.«[3]

Nach der Absage der württembergischen Schulbehörde bat Claus also offensichtlich auch das Provinzial-Schulkollegium beim Oberpräsidium der preußischen Rheinprovinz in Koblenz um Zulassung zum vorzeitigen Abitur; vielleicht hatte George, der aus Bingen stammte, es ihm empfohlen.[4] Blumenthal schrieb George im Oktober 1924 die »nachricht vom Claus dass seine eingabe zum verfrühten abitur missglückt sei· er aber trotzdem nicht auf die schule zurückkehren sondern das nächste jahr bei mir in Jena verbringen wolle um dann sich 1926 prüfen zu lassen«.[5]

Claus hatte also die Schule und das Abitur nicht aufgegeben, er wollte nur die achte Klasse nicht besuchen und vielleicht auch nicht die neunte. Da für die Architektenausbildung das Abitur nicht erforderlich war, mag er schon an die Reichswehr gedacht haben. »Phes« (Claus' Kindername für Berthold) studierte im Wintersemester 1924/25 in Berlin, wo auch George die Monate Oktober bis Dezember 1924 verbrachte. Zu dem großen Jenaer Plan kam es nicht, nur Anfang November zu einem Besuch in Jena bei Alexander Stauffenberg und Blumenthal.[6] Danach besuchte Claus mit beiden Brüdern den »Meister« im Grunewalder Pförtnerhäuschen, wo an Lesungen auch Blumenthal, Kommerell, Johann Anton und dessen Bruder Walter Anton, der Mediziner war, teilnahmen. Woche für Woche las Johann Anton eigene Gedichte vor, auch von Max Kommerell und Alexander gab es neue Verse.[7]

Der Bildhauer Ludwig Thormaehlen, ein Freund Georges, kam auf des »Meisters« Aufforderung und machte Lichtbildaufnahmen der Anwesenden. Ein Bild der Versammlung gibt dem Betrachter die Atmosphäre wieder. Es entstand auch eine Photographie von George, vor einer gerahmten Photographie seiner selbst sitzend.[8] Das Bild von Claus und Berthold, die auf dem Bett Georges sitzen, hält die Begeisterung fest, mit der Claus zum »Meister« blickte; leicht begreift der Betrachter, wie sehr der Dichter und seine Umgebung den Siebzehnjährigen fesselten.[10] Dieselbe Begeisterung spricht aus Claus' Brief an George vom Oktober 1924:

»Ich habe viel im Jahr der Seele gelesen· stellen die mir ferne und nicht greifbar deuchten haben sich zuerst dem klange nach und dann mit ihrer ganzen seele meinen sinnen eingeschmiegt und in diesem Buche lernte ich den sinn der wachen nächte· den rythmus [sic] betenden lebens und den klang lauten flehens. Und je klarer das Lebendige vor mir steht· je höher das Menschliche sich offenbart und je eindringlicher die tat sich zeigt· umso dunkler wird das eigene blut· umso ferner wird der klang eigener worte und umso seltener der sinn des eigenen lebens· wol bis eine stunde in der härte ihres Schlages und in der grösse ihrer erscheinung das zeichen gebe. Meister· ich habe zu viel gelernt aus jenem gedicht:

IHR SEID DIE GRÜNDUNG WIE ICH JETZT EUCH PREISE.

Nicht dass meine träume falsch· im gegenteil· ich bin gewachsen· [...]«[10]

Den Besuchen in Jena und Berlin folgten Erholungen in Lautlingen, wo über die Weihnachtferien auch Blumenthal wieder erschien, dann eine Kur im Schweizer Hochgebirge. Es sei »wunder voll«, daß

Berthold mit in die Schweiz komme, schrieb Claus im April 1925 an
George, sonst hätte er dem Zwang zur Kur nur sehr ungern nachge-
geben, er habe lange genug »einsam gelebt«. Er, der mit Berthold brüderlich so verbunden sei, sei wohl einer der wenigen, »die seine königliche art nicht zu fürchten oder durch seine höhere gegenwart nicht
bedrückt« zu sein brauchen.[11]

Claus hielt Verbindung zu seinen Lehrern am Gymnasium und
blieb auf der Höhe des Lehrplans. Zum Eintritt in die neunte Klasse
war es bei der Rückkehr aus der Kur zu spät.[12] Claus nahm Stunden
und bereitete sich in der von den Lehrern angeratenen Weise für die
Prüfung vor. Dazwischen machte er kleine Reisen, wie im Juli wieder nach Jena zu Blumenthal und anschließend zum »Meister« nach
Königstein, vermutlich zugleich mit Frank Mehnert.[13]

Im Spätsommer 1925, auf dem Frühgang zu einem der Albfelsen
bei Lautlingen, sprach Claus dem Freund Theodor Pfizer von der
Zukunft: »von dem schmerzensreichen Werden eines neuen Deutschland, von Aufgaben des Staates, den Möglichkeiten, in ihm zu wirken,
von Berufswünschen und -hoffnungen«. Claus äußerte sich nur im
allgemeinen, Architektur oder Reichswehr erwähnte er nicht.[14] Doch
ist Georges Anteilnahme an Claus' Berufsentscheidung deutlich, seine
Mitwirkung wahrscheinlich.

Im August 1924 widmete Alexander dem »Meister« Gedichte, darunter eines »An C«, in dem er über Claus' Hang zum Kriegertum,
Träume voll Schwerterklirren und Schlachtenklang sann.[15] Anfang
Oktober 1925 schrieb Albrecht von Blumenthal, der fast den ganzen September in Lautlingen verbracht hatte, an George aus Berlin,
er habe Berthold, Alexander und Claus in Lautlingen zurückgelassen,
»C. in einem zustande der unrast der (wie oft) bedenklich stimmte: die
soldatenfrage war hauptsache«.[16] Im März 1926 schrieb Kommerell
an George aus Florenz, »viel hab ich auch meines Cl. gedacht – ich
fühle seine kämpfe durch die ferne. Möchte aus seinen erdbeben eine
schöne heroische landschaft entspringen«.[17]

Blumenthals Ausdruck »soldatenfrage« bedeutete, daß jedenfalls er
die Antwort nicht wußte, und wahrscheinlich, daß Claus sich, wenigstens nach außen, noch nicht endgültig entschlossen hatte.

Am 21. Oktober 1925 schrieb Claus ein Gesuch an die Ministeri-
alabteilung für die höheren Schulen Württembergs um Zulassung zur
Reifeprüfung im Februar 1926 als außerordentlicher Teilnehmer. Am
23. Oktober wurde dem Gesuch stattgegeben. In der Anmeldungs-
und Zeugnisliste für die Reifeprüfung ließ Claus als Berufsziel »Offizier« eintragen.[18]

Claus und Berthold (oben rechts) mit Stefan George im November 1924 im Pförtnerhäuschen in Berlin-Grunewald.
Unten (von links) Max Kommerell, Claus, Johann Anton, Albrecht von Blumenthal (sitzend), Alexander, Walter Anton und Berthold.

Am 5. März 1926 beurkundete derselbe Ministerialbeamte, der Claus' Zulassung zur Reifeprüfung verfügt hatte, daß die beiden neunten Gymnasiumklassen des Jahres und der außerordentliche Teilnehmer die Prüfung bestanden hatten. Claus' Abiturzeugnisse lagen über dem Klassendurchschnitt: »gut« in Französisch, Geschichte, Erdkunde, Mathematik, »befriedigend« im deutschen Aufsatz, in Geschichte der deutschen Literatur, Philosophie, Griechisch, Naturgeschichte, »genügend« in Latein.[19]

Stauffenberg hat sich die Entscheidung zum Eintritt in die Reichswehr nicht leichtgemacht. Seine zarte Gesundheit ließ den Offizierberuf nicht geraten erscheinen, sie wird der Hauptgrund gewesen sein für Zweifel, die er nach der Entscheidung bewußt unterdrückte.[20] In der Ausbildung hatte er bei körperlichen Anstrengungen Zustände der Erschöpfung, noch 1931 mußte er wegen Gastritis zur Kur in die pommersche Ostsee- und Garnisonstadt Bad Kolberg (wo sein Vorfahr Gneisenau zuerst berühmt geworden war).[21] Mit eisernem Willen überwand er alle Anfälligkeiten.[22]

Schwerwiegender war die skeptische Haltung der Familie gegenüber der Republik. Der Vater hatte 1919 die jetzige Regierung für ein Lumpenpack erklärt, der kein anständiger Mensch dienen könne; bei wichtigen Entscheidungen handelten die Söhne nicht gegen den Wunsch des Vaters.[23] Acht Jahre nach dem Ende der Monarchie diente er immer noch dem königlichen Haus, der Gedanke einer Restauration war ihm nicht fremd.[24] Die Söhne andererseits, aufgeschlossen und modern, wuchsen hinein in die neuen Verhältnisse. Claus Graf Stauffenbergs Charakter entsprach es eher, dem Reich in seiner Not und Schwäche mit der Tat zu helfen, als beiseite zu stehen. Die Eltern stimmten schließlich seiner Wahl zu, zumindest aus Achtung vor seiner Entscheidung.[25]

Das Militärwesen hatte in der Familie Tradition. Stauffenberg war stolz auf seinen Ahnen Gneisenau;[26] der Onkel Nikolaus Graf Üxküll war Oberstleutnant im österreichischen Generalstab gewesen, der Vater Major, dessen Bruder Berthold war als Oberstleutnant Kommandeur der bayerischen Schweren Reiter;[27] die älteren Brüder hatten 1923 gedient. Claus wollte schon als Kind zu den Soldaten, seinen Plan von 1922 und 1923, Architekt zu werden, hatte er gleich eingeschränkt: »ob es anders kommt weiß ich nicht«.[28]

Für die Wahl des Regiments entscheidend waren Liebe zum Pferd und die begründete Aussicht, angenommen zu werden, wo ein Angehöriger Offizier gewesen war. Wegen seiner keineswegs robusten Gesundheit hätte Stauffenberg beim 18. Reiter-Regiment in Stuttgart-

Cannstatt oder Ludwigsburg mit Zurückweisung rechnen müssen.[29] Das Bamberger Reiter-Regiment, im Zug der Verminderung des Heeres auf 100 000 Mann nach 1918 aus den bayerischen Kavallerieverbänden zusammengezogen, trug unter anderen die Tradition des Bayerischen 1. Schweren Reiter-Regiments, so daß durch Onkel Berthold Verbindung zum Bamberger Regiment bestand.

Die Gründe für den Eintritt in die Reichswehr lagen aber tiefer. Stauffenberg wollte mit Menschen zu tun haben, erzieherisch bilden und formen, war sich auch seiner Begabung zum Führen bewußt.[30] An George schrieb er, »die tat« zeige sich eindringlich.[31] Jahre später noch sagte er, er habe einen solchen Tatendrang gehabt, daß er zur Reichswehr gegangen sei.[32]

In einem undatierten Gedicht sprach Berthold von Claus' Drang zu großen Taten:

> Vor meinem auge wandelst du – bald kind
> Mit dem wir uns in kampf und spiel begegnen
> Bald zieht dein blick in rätselvolle weiten
> Die von den seltnen nur begangen sind
>
> Es zieht mein blick dir nach und deinen träumen
> Von herrn und königen purpurumwallt
> [...]
>
> Im auge wird das dunkle schicksal wach
>
> So weisst du dass gefahr dein weg dir birgt
> [...]
>
> Indes das licht in lezter glut versinkt
> Senkt sich in stiller sorge meine stirn:
> Du gehst den weg der dir beschieden ist
> Doch tadle nicht wenn mein herz mit dir klingt.

Und im Mai 1926 beschrieb Alexander, wie der Soldatenberuf Claus' Natur entsprach, »der Seele Sehnen« schon in der Knabenzeit, als er »ganz Sturm« und voll »wilder Regung« war, wie er Bambergs Dom betrachtete:

> Dein Bild ist Sturm wie einst und Glut und brennt
> Und fließt in eins mit dem gekrönten Reiter
> Den unsre fernste Hoffnung König nennt.

Alexander sprach in demselben Gedicht (mit unheimlicher Ahnung)
von dem Claus eigenen

> unstillbaren Drang
> Nach Tat so fern – bis Du an Deinem Herzen
> Den Bruder findest noch im Untergang.[33]

Am 1. April 1926 trat Stauffenberg in das 17. (Bayerische) Reiter-
Regiment in Bamberg ein.[34] In Bamberg lagen der Regimentstab mit
Trompeterkorps, die 1. Eskadron und die 5. Eskadron (Ausbildungs-
eskadron) mit dem Maschinengewehrzug, in Ansbach die 2. und 3.
und in Straubing die 4. und 6. Eskadron.[35] Das Regiment gehörte zur
7. (Bayerischen) Division; am 5. März 1928 wurde es der 3. Kavallerie-Division unterstellt.[36]

Kaum vier Wochen nach seinem Eintritt als »Reiter« in das Regiment setzte Stauffenberg dem Vater seine Beweggründe schriftlich
auseinander, nachdem er von ihm Anerkennung seiner Wahl und
Zuspruch erfahren hatte.[37] Er schrieb wie jemand, der sich als historische Persönlichkeit fühlte. Ihm sei immer klar gewesen, daß die ersten
Jahre »nicht sehr schön« sein würden, es sei ja »für unsereinen nicht
leicht längere zeit hindurch den gemeinen zu spielen« und auf das Geistige weitgehend zu verzichten. Aber er sei von der Richtigkeit seines
Entschlusses überzeugt und für das Opfer einiger Jugendjahre reich
entschädigt, wenn er dem Vaterland im Geringsten dienen könne,
obwohl er freilich im Blick auf die Zukunft eher zum Pessimismus
neige. Auf väterliche Ratschläge antwortete er, er sei ohnehin vorsichtig und zurückhaltend »mit menschen die nicht mein volles vertrauen
besitzen«, und »meine eigentliche person geht ja niemand etwas an«.[38]
Ähnlich schrieb Stauffenberg Anfang 1934 einem Vetter seiner Frau,
Rudolf Freiherrn von Lerchenfeld: »Die wahrhaft aristokratische Auffassung – für uns doch wohl das Primäre – erfordert eben den staatlichen Dienst, gleichgültig in welchem engeren Beruf.«[39] Unter seinesgleichen verwendete er den Begriff auch später im Krieg; er sprach das
Wort immer »Aristocracie« aus.[40]

In einem Kommentar zur Unentschiedenheit des Freundes Johann
Anton über die Zukunft schrieb Stauffenberg im Juli 1928, die Beja-
hung der Wahl gegenüber Bruder oder Freund sei selbstverständlich,
das Eingeständnis oder auch nur Merkenlassen eines Zweifels verbieten der Stolz und die Klugheit; denn »es wäre eine niederlage von der
man sich nicht erholen könnte«; ein anderes und Sache des einzelnen
sei »der eng verschlossene zweifel an einer sache«; Härte liege nicht,

Claus in Lautlingen, 1927.

wie man leicht meine, in den Umständen und Widerständen der Lauf-
bahnen, sondern »die härte liegt im gleichmässigen vorwärtsschreiten
trotz des eignen zweifels· im unbedingten gehorsam sich selbst gegen-
über· in der disziplin nur auf *eines* zu achten«. Man habe lediglich zu
entscheiden, was man tun werde.[41]

Härte brauchte Claus auch zum Festhalten an seinem Ideal. Wie
die meisten seiner Kameraden liebte er die Weimarer Republik nicht,
stand ihren sozialistisch-bürgerlichen Regierungen innerlich kritisch
gegenüber. In der Reichswehr war das Gefühl der Vernachlässigung
verbreitet. Man diente aber mit unwandelbarer Loyalität dem von der
Regierung und vom Staat nur unvollkommen repräsentierten Vaterland, bei einem Angriff gegen die Regierung dieses Staates würde die
Reichswehr ihren Fahneneid erfüllen, man übte für den Fall »innere
Unruhen«. Immerhin war all das Gesprächsgegenstand und also auch

Frage.[42] Grundlage für die Berufswahl war und blieb der Gedanke des Dienstes für das Vaterland.

Zur Grundausbildung in Bamberg gehörten Manöver mit dem Reiter-Regiment 18 und anderen Truppen auf dem Übungsplatz bei Grafenwöhr vom 9. Juni bis 7. Juli 1926, wo vor allem Zusammenarbeit mit Kraftfahrkampftruppen geübt wurde.[43] Am 16. August begannen Manöver auf dem Truppenübungsplatz Sennelager, im Verband der 3. Kavallerie-Division, am 1. Oktober kam das Regiment zurück. Zwei Tage später wurden die Lanzen aus der Bewaffnung der Kavallerie ausgeschieden.[44]

Von Mitte Oktober 1927 bis Anfang August 1928 war Stauffenberg zehn Monate auf der Infanterie-Schule in Dresden,[45] deren Kommandeur damals Oberst Alexander von Falkenhausen war.[46] Vier Offizieranwärter wohnten auf einer aus Schlafzimmer und Wohnraum bestehenden »Stube«.[47] Der Tag verlief von sechs Uhr an mit Frühsport, Duschen, Frühstück, Arbeitsstunde »auf Stube«, Hörsaalkursen, Waffendienst (Maschinengewehr, Minenwerfer, Pionierdienst), nachmittags war Infanteriedienst, Reitunterricht (für Kavalleristen getrennt), Motorradausbildung, Sport. Stauffenberg trug auch beim Sport in Turnhose und Turnhemd ein goldenes Kettchen mit einem kleinen goldenen Kreuz; ein Kamerad suchte es ihm auf dem Rücken zu verbergen, als der Ausbilder in die Sporthalle eintrat; dieser hielt es jedoch nicht für unerlaubten Schmuck, sondern für das Bekenntnis eines gläubigen Katholiken zu seiner Kirche.[48] Um sechs Uhr abends war frei zum Ausgang (nur in Uniform), um zehn, auf Antrag oder samstags auch später, mußte man wieder in der Kaserne sein. Das Wochenende begann am Samstagnachmittag um drei Uhr und endete am Sonntag um Mitternacht.[49]

Im Fach Taktik überragte Stauffenberg damals seine Kameraden, zu denen im Hörsaal Manfred von Brauchitsch (Neffe des späteren Oberbefehlshabers des Heeres) und Bogislaw von Bonin gehörten. Wenn der Taktiklehrer Hauptmann Dietl, der spätere General der Gebirgstruppen, im Hörsaal »Lagebeurteilung, Entschluß und Begründung« verlangte und wenn »Stauff« dann formulierte, war Stille im Hörsaal, und Dietl hatte nichts hinzuzufügen.[50] Stauffenberg hatte solche Erfolge auch seinem Charme, seiner Schulbildung, seiner literarischen Beschäftigung und seiner kühnen Brillanz zu verdanken. Durch Fleiß und Fragen eignete er sich alles Weitere an.[51]

Die Zensuren für Stauffenbergs Arbeiten waren anfangs jedoch nicht immer gut, der Kommentar lautete öfter »dürftig« oder »nicht fertig geworden«, »Zeit besser einteilen«, und »leserlicher schrei-

Infanterieschule Dresden, 1928. Von links: Fahnenjunker
Heinz Huffmann, Stauffenberg, Rudolf Morgenstern,
Henning Wilcke.

ben«.[52] Stauffenbergs Haltung und Kleidung waren eher lässig, er wirkte nicht »stramm«. Dafür war er berühmt für sein unwiderstehliches Lachen, von dem man sich aber nicht täuschen lassen durfte über seine Kompromißlosigkeit in allem, was er für grundsätzlich hielt.[53]

Nebenher begann er Russisch zu lernen. Abends spielte er oft auf der Stube sein Cello, las im griechischen Text der Ilias und der Odyssee, in einer kriegsgeschichtlichen Sammlung von Beispielen der Vernichtungsschlacht, »einiges den letzten krieg betreffendes«, und »erneut memoiren von Napol. und Segur«.[54]

Stauffenberg war mit allen Regimentsangehörigen gleich kameradschaftlich, befreundete sich aber nur mit wenigen. Zu diesen gehörte Leutnant Jürgen Schmidt, der mit Johann Anton verbunden und wie dieser Protegé des mit George befreundeten Militärhistorikers Walter Elze war.[55] Im Kasino in Bamberg waren Stauffenberg und Schmidt fast immer zusammen, man nannte sie die »Dioskuren«.[56]

Schmidt schickte Stauffenberg nach Dresden eigene Gedichte und anscheinend Friedrich Wolters' »Vier Reden über das Vaterland«. Über die »Reden« urteilte Stauffenberg in seiner zurückhaltenden Ausdrucksweise schonungslos scharf; »unangenehm berührt war ich von der philologischwissenschaftlichen abhandlung über den Heldentod« (»Vom Sinn des Opfertodes für das Vaterland«). Wolters pries darin den germanischen kriegerischen Opfertod, ja Mord und Selbstmord der Überlebenden, die sonst nicht in Odins Gemeinschaft der

Claus und Berthold mit ihrer Mutter in Lautlingen, 1928.

Heldensöhne aufgenommen würden. Wolters erklärte, in den christlichen Jahrhunderten habe der kriegerische Opfertod »keine unbedingte letzte sittliche Wertung erhalten«, er sei aber durch die Humanisten aus dem Erbe der Antike wieder aufgerichtet. Mit Ernst Moritz Arndt stimme er, Wolters, überein, Liebe zum Vaterland mit Sieg oder Tod sei die Religion unserer Zeit. Wolters' laute Begeisterung zum Tod für die zur Gottheit erklärte Volk-, Boden-, Blut- und Geistesgemeinschaft, die das Vaterland sei, seine Verachtung für den kirchlichen »Hinweis auf jenseitige Seligkeiten« und für die Bemühung um Frieden, die wiederholte Befürwortung der Selbsttötung für »solche Tapferen, denen das Schicksal den Tod nicht gönnte« (zu denen Wolters als Veteran des Weltkrieges selbst gehörte), die an Nihilismus grenzende Gleichsetzung des Todes und des Lebens:[57] das mußte peinlich wirken. Es hatte nach Stauffenbergs Ansicht mit dem Wesen des Soldatentums nichts zu tun.[58] Der Historiker Wolters hatte die Neigung

Berthold Graf Stauffenberg und Frank Mehnert, um 1931.

zu bombastischem Schwulst, ließ aber die Einsicht in die zeitgebundene Bedingtheit vieler Äußerungen aus der verzweifelten Zeit vor der Befreiung von Napoleon vermissen.[59]

Zu den Gedichten Schmidts, die seit seinem Besuch in Lautlingen im Juli 1927 entstanden waren, äußerte Stauffenberg kryptisch: er könne und dürfe »heute nicht andeutungen und anmerkungen« zum Inhalt machen, freue sich aber sehr über die Verse, besonders »Widmung« und »Besuch«, in denen Schmidt den Freund als Krieger und Helden mit glühender Liebe sehnsüchtig verehrte. Stauffenberg schickte dem Freund immerhin, unter dem Siegel der Verschwiegenheit, eine Probe seiner 1923 entstandenen Gedichte. Zugleich bat er ihn, ihm Schlieffens »Cannae« und Groeners »Das Testament des Grafen Schlieffen« zu schicken, die er für seine Arbeit brauche.

Im Januar 1928 schrieb er Jürgen Schmidt, er eigne sich vieles an aus dem in der Infanterie-Schule und sonst wissenschaftlich Gebote-

nen, schränkte aber mit der im George-Kreis üblichen Skepsis gegenüber der Wissenschaft und für seine eigene Unabhängigkeit charakte-
ristisch ein: Sonst sei über seine Tätigkeit zu berichten, daß er seine
»bilder« in seiner Weise mit dem zu Lernenden vervollständige und so
allmählich doch »einen gewissen tatsächlichen überblick und positive
grundlagen« gewinne, »ohne welche eine arbeit in meinem sinne· die
keineswegs irgendwie retrospektiv oder spekulativ ist sondern nur in
möglichkeiten· anwendungen erweiterung der bilder präcisierung der
Zeichnung und feststellung des allzeit Gültigen [sic] ihr ziel sieht also
kurz persönliche und aktive tendenz hat· unmöglich und unfruchtbar
wäre«. Es gelte, die Dinge auf das Maß ihrer Gültigkeit zurückzuführen und sie sich unterzuordnen, dann seien sie »ihrer gefährlichkeit
beraubt und werden willig und dienstbereit nutzen bringen. Das kann
man gar nicht weit genug fassen.«[60]

Wenigstens einmal im Monat ging Stauffenberg in die katholische
Hofkirche am Schloßplatz in Dresden. Gelegentlich war er in Thürin-
gen beim Herzog und der Herzogin von Sachsen-Meiningen auf deren
Burg eingeladen; sie kannten Walter Elze und Jürgen Schmidt gut.[61]
Mit Brauchitsch besuchte er Museen, interessierte sich für die Architektur. Aber Brauchitsch, der ein Motorrad hatte, mit dem er abends
manchmal im Hof der Schule herumfuhr, während Stauffenberg sein
Cello spielen wollte, konnte sich nicht erklären, warum ein so den
Musen zuneigender Mensch eigentlich Offizier werden wollte, da er
so gar nicht in die rauhe Gesellschaft passe.[62] Stauffenberg hatte ihm
seine Beweggründe nicht anvertraut.

Im Winter 1927/28 fuhr Stauffenberg häufig nach Berlin zu Lesungen bei George. Oft fanden sich zugleich die Brüder Alexander und
Berthold sowie Blumenthal und Thormaehlen ein; bei wenigstens
einer Lesung im Winter kamen fast alle Freunde zusammen.[63]

Im November 1928 nahm Stauffenberg mit seinen Brüdern und
Freunden an der Lesung des eben erschienenen letzten Gedichtbandes
Georges, »Das Neue Reich«, teil,[64] und im Februar 1929 im »Achilleion« in Berlin (Thormaehlens Atelier in der Albrecht-Achilles-
Straße) an der Lesung neuer Dichtungen Kommerells; Anfang März
1929 schrieb er an Kommerell, er denke besonders seit den jüngsten
Wochen viel an ihn: »Im Staat hörte ich neulich den grössten teil der
neuen gespräche: sie haben mich mehr bewegt als ich Dir mit gründen
erklären und am stoff nachweisen kann.«

Kommerells »Gespräche aus der Zeit der deutschen Wiedergeburt«, noch ohne das Stück »Hölderlin auf der Heimkehr von Bordeaux«, erschienen im November 1929 im Druck. Sie waren in Verse

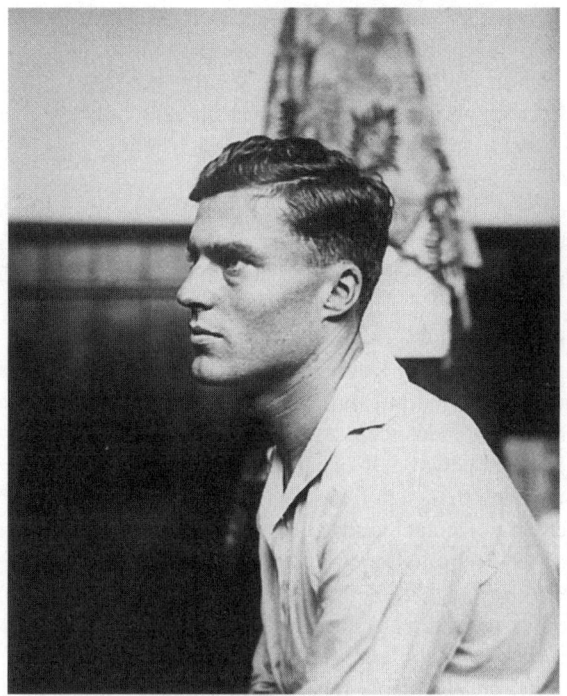

Claus Graf Stauffenberg im Atelier von Ludwig Thormaehlen
und Frank Mehnert in Berlin, um 1929.

gefaßte Gespräche auf Grund belegter Begegnungen zwischen Herder
und Goethe, Goethe und Herzog Carl August, Goethe und Napoleon.
Stauffenberg schrieb, sie hätten ihn durch ihr erhaben Dichterisches
erschüttert. »Und dazu: man sagt häufig dass die sich auf ein leben des
öffentlichen staatlichen handelns vorbereiten inmitten der dinge· tatsachen stünden. Was ist dies wenn ich sie doch nur sehen kann wenn
der Dichter mir sein auge geliehen· wenn er mir die sinne geschärf[t]
hat?«[65]

Es war, wie George sagte, die nachgelieferte Dichtung zum Buch
Kommerells, *Der Dichter als Führer in der deutschen Klassik*, eine
Kurzfassung der Kerngedanken, der führenden Rolle der geistigen
Erneuerung, damals ohne den Durchbruch zur politischen Erneuerung, nach der 1929 die nationale Sehnsucht drängte. Goethe habe
diese Kerngedanken vorausgedacht; Kommerell ließ ihn zu Napoleon
sagen:

Ob je dies volk erwacht – ich weiss es nicht..
Ich hindre dass sein dasein es verwirkt. [...]
Schaff ich im geiste was Ihr schafft im Staat·
Verschieb ich so vielleicht wie Ihr verschobt
Um ein jahrhundert das erbärmlichste.

Verschoben war, ließ Kommerell Goethe und Napoleon übereinstimmend sagen, die Herrschaft der Massen, die nun wieder drohte, ferner
die Herrschaft der Amerikaner, »stammlos verrasster feilscher überm
Weltmeer«, und der Russen, »hunnischer horden: aller hoheit end«.
Das sei den Anstrengungen beider, Goethes und Napoleons, zu danken. Napoleon meinte in Kommerells Dichtung, Goethe könne schaffen, daß die Deutschen mit ihm, dem Kaiser, gehn; Goethe habe aber
nur hoffend verehren können, was Napoleon tat. »Vom herrn der welt
zum gott im geist gewandelt« seien die Deutschen; sie seien gewandelt
zum Geist, »nach dem sich formt der nächste herr der welt«.[66]
  Das geheime Deutschland ging so in den Vorstellungen Georges und seiner Freunde der äußeren Erneuerung und Größe voraus.
George bewunderte Napoleon als Helden antiker Dimension.[67] Zu
Elze sagte George 1929: »Die Preußen wären auch gescheiter gewesen, wenn sie mit Napoleon gegangen wären – dann hätten sie das
Ganze geerbt!«[68] Von den Menschenopfern, die Napoleon forderte,
sprach George nicht.
  Stauffenberg hatte dem ihn verehrenden älteren Freund Max Kommerell 1928 frühere eigene Gedichte geschickt, für die Kommerell sich
im Sommer 1928 bedankte.[69] Stauffenberg berichtete ihm nun von
seinem inneren und äußeren Leben, von der intensiven Beschäftigung
mit »von den Preussen schon vergessenen« Feldzügen der Antike, von
einem anstrengenden Manöver auf dem Truppenübungsplatz Alten-
grabow mit dem Reiter-Regiment 14, nachdem das ganze Regiment
beim Anmarsch einen Elbübergang ausgeführt hatte, und einem darauffolgenden Krankenlager von vier Wochen Dauer mit Mandelent-
zündung und Stirnhöhleneiterung.[70] Der Dienst sei trotzdem leicht zu
bewältigen, die Abschlußprüfung werde bald beendet sein. Aber als
Folge seiner krankheithalber herabgeminderten Leistungsfähigkeit sei
eine zumindest vierwöchige Kur im August nötig, wodurch ein erhoff-
ter längerer Urlaub verhindert werde, in dem er endlich den »Meister«
habe wiedersehen und einige Zeit mit Berthold verbringen wollen.[71]
Er müsse sich eben begnügen »mit dem bewusstsein allein von dem
dasein einiger weniger erhabener menschen«, die wie Kommerell und
andere Staatsstützen ihm »verse und zeilen«, Zeugnisse ihrer Liebe

zukommen ließen. Dennoch quäle ihn Sehnsucht nach einer »nur im dasein volle[n] Stunde«. »Wie wünschte ich Geliebter Dich umarmen zu können und für minuten nur Deinen küssen und dem hören Deiner worte da zu sein! Kennst Du das dasein dessen der sich seit jahren in keinem verse ganz geben der kaum mehr eine stunde irgend einer erfüllung eine nicht fordernde eine nur im dasein volle stunde haben durfte sondern nur treibende und solche voller fragen?«[72]

Die Kameraden der Infanterie-Schule erfuhren von den Exkursionen in das geheime Deutschland nichts, es hieß dann, »Stauff« besuche Verwandte. Selten oder nie beteiligte er sich an Tanzausflügen, lehnte grobe Kasinovergnügungen und Trinkgelage ab, begeisterte sich nicht für die Jagd. Trotz einiger Verwunderung nahm niemand wirklich Anstoß. Einer nannte »Stauff« ein heiliges loderndes Feuer, man respektierte ihn als »anders als wir«; »das war eben der Stauff«.[73]

In einem Brief an Kommerell äußerte sich Stauffenberg über den natürlichen Abstand zwischen ihm und den anderen: »mit untergebnen· bauern und Soldaten· ist ein schönes auskommen und eine gleichmässige gegenseitigkeit der bitten und erfüllungen der befehle und des gehorchens möglich. Anders mit kameraden ›der gleichen bildungsstufe‹ deren stolz dummer hochmut und deren kameradschaft dürftiger egoismus ist. von denen Du nichts fordern magst weil Du es nicht befehlen kannst und deren menschlicher takt vor allem darin besteht abstände möglichst zu verkleinern und ihnen unverständliches zu belachen.«[74]

Stauffenberg war sich seiner natürlichen und auch der aus seiner Herkunft und der Zugehörigkeit zu Georges geheimem Deutschland sich ergebenden Überlegenheit wohl bewußt. Durch seine Klarheit, Direktheit und Brillanz dominierte Stauffenberg leicht in Gesprächen, dozierte auch und neigte außerdem dazu, nichts ungeprüft zu übernehmen, den Standpunkten der Gesprächspartner entgegengesetzte Meinungen zu vertreten, mitunter zu provozieren, um den Gegenständen auf den Grund zu gehen, ihre anderen Seiten zu beachten.[75]

Ähnliches geht aus einer Beurteilung seines Eskadronchefs, des Rittmeisters Walzer, von 1933 hervor: Dieser notierte Zuverlässigkeit, Selbständigkeit, unabhängiges Urteil, geistige Anlagen, »überdurchschnittliches taktisches und technisches Können«, vorbildliche Behandlung Untergebener, gesellschaftlich und kameradschaftlich einwandfreies Verhalten, »viel Interesse für soziale, geschichtliche und religiöse Zusammenhänge«, »viel Liebe und Verständnis für das Pferd«. Daneben dürften »kleine Mängel und Schwächen« nicht unerwähnt bleiben: »Seines militärischen Könnens und seiner geistigen Überlegenheit bewußt, neigt er gelegentlich gegenüber Kameraden zur Überheblichkeit, die sich leicht spöttisch äußert, aber nie verletzend wirkt.«[76] Aber die Überlegenheit war eben da und rief bei manchen Kameraden nicht nur Bewunderung, sondern auch Neid, nicht nur Beliebtheit, sondern auch Distanz hervor.[77] Seine Witwe faßte das so zusammen: »Er war sich in aller Bescheidenheit nüchtern darüber klar, außergewöhnlich, ja bedeutend zu sein.«[78]

Wenn Stauffenberg auf Illoyalität und Pflichtvergessenheit zu stoßen glaubte, wurde er allerdings scharf und verletzend.[79] »Überheblich« war also eigentlich ein unglücklich gewähltes Wort des Vorgesetzten, der vor der besonderen Erscheinung ratlos war und ohnehin sein Urteil durch die Nachbemerkung außer Kraft setzte, Stauffenberg sei »vorbildlich in der Behandlung von Unteroffizieren und Mannschaften«.[80]

Seit 18. August 1927 war Stauffenberg Gefreiter und Fahnenjunker. Am 15. Oktober 1927 wurde er zum Unteroffizier und am 1. August 1928 zum Fähnrich befördert.[81]

Die Offizieranwärter der Kavallerie-Regimenter wurden auf die Kavallerie-Schule nach Hannover geschickt, so im Herbst 1928 auch Stauffenberg; er vervollkommnete hier seine reiterlichen Fähigkeiten.[82] Zu den Unterrichtsgegenständen gehörten Waffenlehre, Pionierlehre, Kampfdienst, Kampfgruppenübungen.[83]

Stauffenbergs späterer Divisionskommandeur, der damalige Major von Loeper, war einer der Ausbilder an der Kavallerie-Schule. Er lernte Stauffenberg kennen als schon durch seine Dresdner Zeugnisse über den Durchschnitt herausragenden, temperamentvollen Fähnrich, militärisch und künstlerisch vielseitig interessiert, mit außerordentlichem Einfluß auf Kameraden, besonders auf jüngere, bei Meinungsverschiedenheiten immer schlichtend und gern und viel redend.[84] Die Bewertungen der schriftlichen Arbeiten Stauffenbergs waren in Hannover besser als in Dresden, aber streng. Eine Arbeit vom Frühjahr 1929 über die ziemlich komplizierte Schlacht von Tannenberg wurde kommentiert: »Daten? Sonst gut u. klar. Skizze einige Fehler.«[85]

Gegen Ende der Ausbildung, zum 1. August 1929, wurde Stauffenberg zum Oberfähnrich befördert.[86] Als Sechstbester des Kriegsschuljahrgangs und Bester der Kavallerie bekam Stauffenberg nach der Offizierprüfung in Hannover am 17. August den Ehrensäbel »für hervorragende Leistungen« sowie die drei ersten Bände der vom Reichsarchiv veröffentlichten Geschichte des Weltkrieges. Die teuren Folgebände, die fast jährlich erschienen, bekam er jeweils zu Weihnachten von seinen Eltern.[87] In der ersten Augusthälfte kehrte er von Hannover nach Bamberg zum Regiment zurück.[88] Zum 1. Januar 1930 wurde er Leutnant in der in Bamberg liegenden Ausbildungs-Eskadron seines Regiments.[89]

Hier ging auch Stauffenbergs eigene Ausbildung weiter. Mit bohrender Gründlichkeit fragte er immer wieder seinen damaligen Eskadron-Chef, Rittmeister Luz: »Warum tun Sie das, Herr Rittmeister?«[90] Mit gleicher Gründlichkeit befaßte er sich mit grundsätzlichen Fragen der Strategie.

Im Januar 1929 schrieb er Jürgen Schmidt von dem »thema das uns beide so beschäftigte« und kündigte in seiner ironisch-umständlichen Sprache eine längst versprochene schriftliche Ausarbeitung an, verwies aber auf das Hemmnis, daß neben dem sachlichen ein persönliches Verhältnis stehe, das verletzend anzutasten er den Anschein nicht erwecken wolle. Es ging um die Schriften von Walter Elze; Jürgen Schmidt war dessen Schützling im Sinne des Kreises um Stefan George, Schmidt verehrte Elze, und er hatte Stauffenberg nach seiner Ansicht über Elzes Buch »Tannenberg« gefragt. Als Vorläufiges solle dem Freund genügen, schrieb Stauffenberg, »dass ich in allen principiellen dingen, also insoweit seine Schriften nicht nur rein descriptiv sind, durchaus andrer meinung bin. Ich kämpfe, und muss gegen die tendenz der betreffenden Schriften kämpfen. [...] verharren muss ich weil ich ein ziel habe· weil ich etwas will. Wozu die lebendigkeit eines tuns und willens mich berechtigen wirst Du selbst am besten wissen und mich hierin verstehen.«[91]

Zu seinen Zielen erklärte Stauffenberg sich im Brief an den Vater vom April 1926 grundsätzlich.[92] Stauffenberg wollte auch Generalstabsoffizier werden[93], dachte selbständig und wehrte sich gegen die verbreitete Überbewertung der Strategie der Umfassung.

Elze lastete Schlieffen schwere Denkfehler an. Schlieffen habe die Umfassungs- und Vernichtungsschlacht nach dem Vorbild von Hannibals Sieg bei Cannae 216 v.Chr. für den einzig möglichen Ausweg aus der Gefahr eines Zweifrontenkrieges gehalten, zudem die Rolle der Politik (Bismarcks) mißachtet und schließlich den günstigsten Augenblick zum Präventivkrieg gegen Frankreich, nämlich nach Rußlands Niederlage gegen Japan 1905, versäumt.[94] Elze befürwortete die Strategie der Umfassung, kritisierte aber Schlieffen, weil er sie nicht konsequent angewandt und weil er die militärpolitischen Erwägungen vernachlässigt habe.

In dem Jahr, als Stauffenberg ins Heer eintrat, las sein Bruder Berthold Schlieffens Schriften und war von dessen Gedanken eingenommen.[95] Bei späteren Begegnungen mit Elze in Berlin, als Onkel

Nux 1934 bei Elze studierte, hatte Claus Graf Stauffenberg Auseinandersetzungen mit dem Militärhistoriker, wobei nun Stauffenberg Schlieffen, den er hochschätzte, in Schutz nahm gegen ihm ungerecht scheinende Anschuldigungen.[96] Stauffenberg hatte die Neigung – besonders wenn sein Gesprächspartner einen bestimmten Standpunkt unwandelbar einzunehmen schien oder ihn nicht in Frage zu stellen bereit war –, ohne Rücksicht auf seine eigene Meinung den gegenteiligen Standpunkt zu vertreten.[97] Der Gedanke, daß ein Krieg wie der Weltkrieg für die Mittelmächte von vornherein verloren gewesen sei, war ohnehin für Stauffenberg unerträglich. Die Kriegsgeschichte zeigte, daß der Gang der Kriege nicht vorhersehbar war.

Claus Graf Stauffenberg begriff die Rolle des aus dem Augenblick schaffenden und handelnden Geistes in der Kriegskunst. 1934 schrieb er, man übe nicht um schöner Formen willen, die größte Vollendung der Form sei als Selbstzweck sinnlos:»Mit jeder Napoleonischen schlacht ist trotz offensichtlicher militärischer kunstfehler mehr für uns getan· sie hat grössere bedeutung als die schönste strategie von 66 oder vom kartoffelkrieg nur eben weil die ersten menschlich gefüllter sind.«[98]

Im Oktober 1930 schrieb Stauffenberg eine Studie über die Durchbruchschlacht bei Issos, in der Alexander 333 v.Chr. Dareios III. besiegte.[99] Die Einteilung folgte dem üblichen Plan: Umfang, Herkunft, Ausbildung, Kampfkraft, Taktik der beiden Heere; politische und strategische Grundlagen; Geländeverhältnisse; Verlauf der Schlacht. Offenbar stützte sich Stauffenberg auf die antike Hauptquelle, Flavius Arrianos. Er bewunderte in Alexander die Einheit von Feldherr und Staatsmann, das Genie, das nicht auf einzelne Vorgänge reagiert, sondern einem umfassenden Zwang zum Handeln folgt, und er bewunderte den ungeheuren Drang zu Eroberung und Herrschaft.

Dem Anschein einer sich wiederholenden Schlachtmethode Alexanders, den man, wie er schrieb, entdecken könnte, begegnete er mit der jedem angeblichen Erfolgsrezept gegenüber angebrachten Skepsis. Gerade in jüngster Zeit erlebe er die Fragwürdigkeit festgelegter Erfolgsmethoden durch den Streit der Jünger der Umfassung mit denen des Durchbruchs. Im Falle von Issos jedenfalls sei der Durchbruch die einzige operative Option gewesen, weil Dareios mit seinem Massenheer von 600000 Mann das kleine Heer Alexanders von höchstens 35000 Mann immer überflügeln konnte und weil Alexander wegen der Anlehnung der rechten Flanke Dareios' an das Meer und seiner linken an die amanischen Berge gar keine Möglichkeit der Umfassung hatte. Allerdings wäre die Umfassung bei Gaugamela wenigstens theo retisch möglich gewesen, freilich mit gefährlicher Zeit- und Kräfteverzettelung. Aber Alexander sei eben gerade nicht einem Schema gefolgt, sondern seiner Beurteilung, an welchem Ort die Entscheidung zu erringen sei, nämlich im Zentrum des persischen Heeres, wo Dareios mit seinen Elitetruppen kämpfte. Angesichts der Massen suchte er den Kampf mit deren Gehirn, dem Großkönig und seinen Garden. Das sei im Grunde dasselbe, wie wenn Napoleon geradeswegs auf die Hauptstadt des Feindes marschiert wäre, auf Wien, Berlin oder Moskau, und wenn Schlieffen im Mehrfrontenkrieg zuerst den gefährlichsten Gegner anzugreifen rate. Nicht Zahlen allein, sondern die inneren Zusammenhänge und Wirkungen der beiderseitigen Heereskräfte hätten zum Durchbruchentschluß geführt. Zu den immer gültigen Grundgesetzen des Krieges gehörten aber auch die Reibungen (ein von Clausewitz viel verwendeter Begriff[100]) zwischen dem unbeengten kriegerischen Willen und den zu Gebote stehenden Mitteln.[101]

Stauffenberg lehnte also die Denkweise ab, die sich für die eine oder andere strategische Schule entschied. Seine Ablehnung der Doktrin und des Schematismus tritt, durch die Wiederholung verdeutlicht, als tiefer Charakterzug hervor. So ist die Äußerung im Brief an Jürgen Schmidt vom Januar 1929 zu verstehen; Elzes Verachtung für die gallische Rasse, dazu seine mystisch-obskure Diktion mögen ein übriges getan haben.[102]

Im Mai 1930 waren Manöver in Munsterlager, Mitte September am Main und an der Saale, mit abschließendem Paradegalopp in Linie vor dem Reichspräsidenten Generalfeldmarschall von Hindenburg. Das Reiter-Regiment 17 hatte sich hervorgetan, indem es ohne Hilfsmittel die tiefe Saale überquerte und der Infanterie und der weit rückwärts stehenden Artillerie der roten Seite erfolgreich in den Rücken fiel.[103]

Am 15. November 1930, seinem Geburtstag, verlobte sich Leutnant Graf Stauffenberg mit Nina Freiin von Lerchenfeld, Tochter eines mit dem Regiment verbundenen früheren königlich bayerischen Kämmerers und kaiserlichen Generalkonsuls, der in Bamberg ein Stadthaus hatte und gelegentlich Offiziere des Regiments einlud.[104] Auf die Frage der Siebzehnjährigen, warum er gerade sie erwählt habe, erklärte Stauffenberg ebenso direkt, er habe gleich gemerkt, daß sie die richtige Mutter für seine Kinder sein werde. Seiner künftigen Schwiegermutter zitierte er Friedrich den Großen, der gesagt habe, für einen Offizier sei eine Frau ein notwendiges Übel.[105] Krieger sollten nicht heiraten, doch müsse wenigstens im Frieden dem Bedürfnis nach Familie und Nachwuchs genügt werden.

Stauffenberg, links im Bild, um 1930.

Die Verlobung wurde zunächst nicht bekanntgemacht, weil Stauffenberg die in der Reichswehr für die Heiratserlaubnis geltenden Voraussetzungen – 27 Lebens- oder 8 Dienstjahre – erst Anfang 1934 erfüllt hätte; für das letzte halbe Jahr wurde schließlich Dispens gewährt und die Heirat konnte im September 1933 stattfinden.[106]

Drei Tage nach seiner Verlobung trat Stauffenberg in Potsdam einen Minenwerfer-Lehrgang an. Er erwarb sich gründliche Kenntnisse insbesondere über den Minenwerfer 18 mit leichter Sprengmine 18, eine damals moderne Waffe, sowie in der Pionierausbildung über Sprengmittel.[107]

Nach der Rückkehr in die Bamberger Garnison im Februar 1931 ging Stauffenberg völlig auf in der Führung des Minenwerferzuges in der 1. (schweren) Eskadron; im Herbst arbeitete er einen »Vorschlag für die Winterausbildung des Minen-Werfer-Zuges« aus.[108] Seit Juli wohnte er mit Jürgen Schmidt am Kunigundendamm 35 mit eigenen Möbeln.[109]

Stefan George sah er an Ostern in Berlin mit Alexander und Frank, dann wieder im August in des Dichters Sommeraufenthalt in Wasserburg am Bodensee.[110] Zum Geburtstag am 12. Juli schrieb er ihm aus

Hochzeit von Elisabeth Gräfin Üxküll mit Paul Freiherr von Handel am 9. April 1931 in Berlin-Zehlendorf. Links vorn Alexander und Berthold Stauffenberg, siebter von links Nikolaus Graf Üxküll (»Onkel Nux«) in Uniform; rechts vom Bräutigam Claus Stauffenberg in Uniform, an seiner rechten Seite Melitta Schiller, die spätere Frau Alexander Graf Stauffenbergs.

dem Kurlazarett Bad Kolberg, wo er wegen allgemeiner Schwäche, Erkältungen und Magenleiden (kein Wunder, schrieb er, daß der handelsübliche Misttabak für einen empfindlichen Magen schädlich sei) einen Monat verbringen mußte. Die Kur sei aber »unbeschreiblich langweilig«, die Unruhe brach sich Bahn in dunklen Prognosen: Ständig kämen wilde Gerüchte über Berlin an, die bisher immer Unsinn gewesen seien, aber er könne sich des Gefühls schwer erwehren, »dass es dies jahr im herbst oder winter doch noch ernst« werde. Freilich sei es zwecklos, vorauszudenken, das Unvermeidliche werde doch kommen, »und dass es auf einige Jahre und einige menschenleben und schicksale mehr oder minder nicht ankommt glaube ich inzwischen gelernt zu haben«.[111]

Die Gerüchte betrafen die akute, durch eine fällige Reparationszahlung im Rahmen des Young-Plans verschärfte Finanzkrise, die zum Zusammenbruch der Darmstädter und Nationalbank am 11. Juli 1931 führte, worauf ein allgemeiner Bankkrach mit Sturm auf Guthaben und mit staatlich verordneten Bankfeiertagen folgte. Zugleich wollte Frankreich gegen Deutschland und Österreich intervenieren, um die von den beiden Staaten im März in Wien vereinbarte Zollunion zu vereiteln, und ließ sich nur mit Mühe bewegen, die Sache vor den Ständigen Gerichtshof im Haag zu bringen.[112] George meinte im September, man müsse mit einem Einmarsch der Franzosen rechnen, die immer noch Rheinbund-Pläne verfolgten.[113]

Dreizehn Jahre nach dem Weltkrieg stand das Deutsche Reich noch unter der Aufsicht ehemaliger Ententemächte. Nicht nur in der Reichswehr empfand man die Beschränkung einer Landmacht wie Deutschland auf ein Hunderttausend-Mann-Heer ohne Panzer, ohne Luftwaffe als demütigend angesichts der viel größeren Heere kleinerer Nachbarstaaten wie Polens und der Tschechoslowakei und angesichts des mit diesen gegen Deutschland verbündeten Frankreich mit seinem stehenden Heer von mehr als sechshunderttausend Mann, das durch Einberufung der Reservisten auf über eine Million verstärkt werden konnte, während Deutschland überhaupt keine Reservisten ausbilden durfte. Die Bestimmungen des Versailler Vertrages über die Begrenzung der deutschen Streitkräfte umging man zwar hier und da, indem man Soldaten unter Vorwänden nach drei oder vier Jahren entließ. In den Jahren 1930 bis 1932 bildeten Stauffenberg und sein Regimentskamerad Bernd von Pezold in vorwiegend nächtlichen Felddienstübungen SA-Leute aus, die darum baten, zumal Angehörige des ehemaligen Freikorps »Bund Oberland«.[114] Im Regiment wurde darüber nicht gesprochen.

Aber 1931 und 1932 wurden militärpolitische Einflüsse in der deutschen Regierung stärker. Ein äußeres Anzeichen war das Präsidialregime Generalfeldmarschall von Hindenburgs, dessen Verhältnis zu Reichskanzler Brüning, dem Führer einer Maschinengewehr-Kompanie im Weltkrieg, auf militärischen Treuebegriffen beruhte, ein weiteres die Betrauung des Reichswehrministers, des Generals Groener, mit der Führung der Geschäfte des Innenministeriums.[115]

Am 26. Juli 1932, kurz vor den Reichstagwahlen, erklärte der neue Reichswehrminister Generalleutnant a.D. von Schleicher im Rundfunk über alle deutschen Sender, Deutschland könne Sicherheit auf zwei Wegen bekommen: durch Abrüstung der anderen Mächte auf den Stand Deutschlands, was ein Wunder wäre, oder durch qualitativen Umbau der deutschen Wehrmacht. Den zweiten Weg werde die deutsche Regierung gehen, wenn ihr bei den Abrüstungsverhandlungen in Genf weiterhin »volle Sicherheit und Gleichberechtigung« vorenthalten werde. Schleicher erklärte auch seine Zustimmung zu Ausführungen Hitlers über die Stellung der Wehrmacht im Staat.[116] Die Ansprache Schleichers wurde an alle Reichswehrstellen zur Verteilung bis hinunter zu den Kompanien übersandt.[117]

Am 8. August 1932 erklärte der Reichswehrminister in einem Interview für die *New York Times,* Deutschland habe dreizehn Jahre auf seine Gleichberechtigung gewartet und könne nicht länger warten.[118] Dem Außenminister von Neurath erklärte Schleicher am 15. Oktober, es handle sich um neun Einheiten schwerer Artillerie, zweiundzwanzig Fliegergeschwader, ein Entwicklungs-Panzer-Bataillon, Erhöhung des stehenden Heeres auf 145 000 Mann, Schaffung von Reservisten durch Herabsetzung der Dienstzeit auf zwei oder drei Jahre, so daß in fünf Jahren 300 000 oder 200 000 Reservisten zur Verfügung stünden.[119]

Das alles war längst vorbereitet und in der öffentlichen Diskussion. Kürzere Dienstzeiten waren auch im Gespräch.[120] Das Reichswehrministerium unternahm alles Denkbare, um die Soldaten auf die kommenden Änderungen, den »Umbau« der Reichswehr, vorzubereiten. Anfang Oktober wurde eine farbige Postkarte in Tausenden von Exemplaren an die Truppe verteilt, auf der Deutschland als wehrloses Land in der Mitte Europas, umgeben von den riesigen Heeren und Flotten der Nachbarstaaten, dargestellt war; das Reiter-Regiment 17 erhielt 300 der Karten.[121]

Der Zusammenbruch der Weltwirtschaft 1929 hatte in Deutschland schwere wirtschaftliche, soziale und politische Folgen. 1932 setzte die Arbeitslosigkeit Millionen der Verelendung aus. Es gab Arbeiterfamilien mit zwei Kindern, die wöchentlich neun Reichsmark Unterstützung erhielten, davon die Hälfte pro Woche für Miete zahlten und so pro Tag und Person von sechzehn Pfennigen leben mußten.[122]

Politische Polarisierung und Radikalisierung schlugen sich in den Wahlergebnissen nieder. Der verbreitete Wunsch nach Autorität und Ordnung, nach Eindämmung der – als Fortsetzung der russischen – seit Jahren schwelenden kommunistischen Revolution, die durch Arbeitslosigkeit und soziale Erschütterungen nähergerückt schien, trieb Wähler zu radikalen Parteien. Die politische Linke war seit Kriegsende gespalten in Kommunisten und Sozialdemokraten; die Kommunisten konnten ihren Stimmenanteil in Reichstagswahlen von 12,6 Prozent im Jahr 1924 auf 16,9 Prozent im November 1932 erhöhen, bei Wahlbeteiligungen über achtzig Prozent; in derselben Zeit nahmen die für die Sozialdemokraten abgegebenen Stimmen von 20,5 Prozent bis 1928 auf 29,8 Prozent zu und gingen bis November 1932 wieder auf 20,4 Prozent zurück, so daß die Linksparteien zeitweise nur wenig unter 50 Prozent der Stimmen auf sich vereinigten, vom konservativen Standpunkt aus also ihre Gefährlichkeit mit oder ohne Zusammenarbeit eindeutig war, obwohl die SPD im Gegensatz zur KPD die Republik erhalten wollte und die KPD die SPD noch schärfer bekämpfte als die Nationalsozialisten. Diese profitierten davon; nachdem sie von 6,5 Prozent der abgegebenen Stimmen 1924 (32 Reichstagssitze) mit 2,6 Prozent der Stimmen im Jahr 1928 (12 Sitze) in die Bedeutungslosigkeit zurückgefallen schienen, erreichten sie im September 1930 18,3 Prozent (107 Sitze).[123] Bald war die Frage nicht mehr, ob demokratische oder radikale, sondern ob linke oder rechte radikale Kräfte Deutschland regieren würden.

Leutnant Graf Stauffenberg neigte zur Betrachtung der politischen Ereignisse von hoher Warte und war doch zugleich leidenschaftlich beteiligt, eher mehr als seine Brüder. Er sprach gern und viel von Politik, zumal seit dem großen Erfolg der Nationalsozialisten, denen man den Willen glaubte, Deutschland den anderen Großmächten wieder gleichzustellen.[124] Stauffenberg und die meisten seiner Offizierkameraden sahen nicht nur im Vertrag von Versailles, sondern auch in der eigenen Regierung ernste Behinderungen der Erfüllung ihres Verteidigungsauftrages. Sie waren sich 1932 einig, daß die Republik nicht mehr lange bestehen werde.[125]

Zugleich waren sie sich in vielen darüber geführten Gesprächen stets einig, daß der Fahneneid unantastbar sei, daß man auch die Regierung der ungeliebten Republik gegen einen Angriff zu verteidigen hätte. Aber am 11. August, dem Tag des Inkrafttretens der Verfassung von 1919, gedachte man im Bamberger Regiment anstelle der Verfassung der Attacke des 11. August 1914 bei Lagarde, des Ehrentages der Bayerischen Ulanenbrigade; der Besuch des Revolutionsfilms »Panzerkreuzer Potemkin« wurde 1927 den Angehörigen des Regiments verboten.[126] Übrigens pflegte Stauffenberg mit seinem Sinn für Recht und Anstand die Republik und ihre schwarzrotgoldene Fahne, auf die er einen Eid geschworen habe, gegen Verunglimpfungen in Schutz zu nehmen.[127]

Kameraden berichteten, über Politik sei weder dienstlich noch außerdienstlich gesprochen worden, und konnten doch fast im selben Atemzug hinzusetzen, vom Artikel 22 des Parteiprogramms der NSDAP, der die Bildung eines Volksheeres forderte, sei ein großer Teil des Offizierkorps fasziniert gewesen. Man habe geglaubt, das Ziel sei nur in der Zusammenarbeit mit den Nationalsozialisten zu erreichen.[128] Auch für Stauffenberg war dies ein wesentlicher Grund für seine Zustimmung zum Aufstieg der Nationalsozialisten.[129]

Die Bereitschaft zur Unterstützung, der »nationalen« und »sozialistischen« Bewegung war unter jüngeren Offizieren stark, auch bei vielen, die später angesichts der Verbrechen der Nationalsozialisten deren Gegner wurden. Stauffenberg galt bei Kameraden schon vor 1933 als Anhänger der Hitler-Bewegung.[130] Ebenso traten damals Oberleutnant Stieff, Major Oster (damals nicht aktiv), Hauptmann von Tresckow, Oberleutnant Mertz von Quirnheim und Stauffenbergs Vetter Oberleutnant d.R. von Hofacker, die alle später in der Verschwörung gegen Hitler ihr Leben ließen, für die »nationale Bewegung« ein.[131] Hofacker, von Dezember 1918 bis März 1920 – fast ein Jahr nach dem Abschluß des »Friedensvertrages« – in französischer Kriegsgefangenschaft, studierte die Rechte, war in der studentischen Selbstverwaltung tätig und 1922/23 an der Gründung der ersten Göttinger SA beteiligt; zwei Wochen vor der Reichstagswahl vom September 1930 erklärte er, er sei »parteipolitisch der schärfste Gegner der ›Demokratie‹«, und befürwortete die Beherrschung der Länder östlich der Reichsgrenzen »nur mit offensiven Mitteln«.[132] Wenige Tage vor der Reichstagswahl vom 5. März 1933 forderte er als Wahlredner, das Volk solle die Regierung ermächtigen, »in Zukunft mit dem ewigen Wählen endgültig Schluß zu machen, den Reichstag durch die Diktatur, das Wort durch die Tat zu ersetzen«.[133]

Nach der Ernennung Hitlers zum Reichskanzler galt »die innere Verbundenheit der Reichswehr mit der nationalen Bewegung« als selbstverständlich.[134] Der Reichswehrminister selbst gab das Beispiel und unterstützte Hitler offen, ja begeistert.[135]

In der Reichswehr fand also seit 1930 eine Klimaveränderung statt. Ein Jahr nach dem großen Wahlerfolg der NSDAP und im Hinblick auf das nahe Ende seiner Amtszeit empfing Reichspräsident Generalfeldmarschall von Hindenburg am 10. Oktober 1931 zum ersten Mal Hitler zu einem Gespräch. Im Zusammenhang damit sprach Hitler auch mit dem damaligen Chef des Ministeramts im Reichswehrministerium, Generalleutnant a.D. von Schleicher.[136]

Im Oktober 1931 verband sich Hitler in Bad Harzburg mit der Deutschnationalen Volkspartei, der Veteranenorganisation Stahlhelm, dem Alldeutschen Verband, dem Landbund, den Vaterländischen Verbänden, Vertretern der Wirtschaft, den pensionierten Generalen von Lüttwitz und von Seeckt. Diese »Nationale Front« wollte die Regierung Brüning verdrängen und die Republik aus den Angeln heben, doch hielt das Bündnis nicht lange.[137]

Nach blutigen Zusammenstößen zwischen SA und linken Organisationen traf Hitler am 22. Oktober wieder mit Schleicher zusammen.

Er erkannte die überparteiliche und unpolitische Stellung der Reichswehr als unantastbar an und vermochte es, Schleicher und Groener über die Kampfmethoden seiner Partei zu beruhigen.[138] Auf der Linken formierten sich auch die Truppen des beginnenden Bürgerkrieges. Sozialdemokratische und gewerkschaftliche Organisationen bildeten mit dem Reichsbanner Schwarz-Rot-Gold die Eiserne Front, die aber sonst isoliert blieb, so daß ihr die Basis fehlte, um wirksam für die Republik einzutreten.[139]

Im Reichswehr- und im Reichsinnenministerium sah man die Gefahr der Zersetzung der Reichswehr und der Polizei nur von links drohen.[140] Die NSDAP versuchte man in den Staat zu integrieren.[141] Dazu gehörte der Versuch, im Hinblick auf das bevorstehende Ende der Amtszeit des Reichspräsidenten, der Ende September 1931 einen völligen geistigen Zusammenbruch erlitten hatte und nicht mehr kandidieren wollte, anstelle einer Wiederwahl des Vierundachtzigjährigen auf sieben Jahre dessen Amtszeit um eines oder zwei Jahre zu verlängern, wozu eine verfassungsändernde Zweidrittelmehrheit im Reichstag und damit die Unterstützung der NSDAP nötig war. Am 11. Januar 1932 scheiterten die Verhandlungen darüber an der Starrheit Alfred Hugenbergs, des Führers der Deutschnationalen, und dann auch an Einwänden Hitlers. Dieser hatte seine Kandidatur noch nicht erklärt, es gab noch die Hoffnung einer Alleinkandidatur Hindenburgs; diese Hoffnung mußte am 23. Januar aufgegeben werden.[142]

In dieser Situation gab Reichswehrminister Groener am 29. Januar zur Frage der außerhalb der Reichswehr bestehenden sogenannten Wehrverbände einen Erlaß heraus, der in der ganzen Reichswehr bis zur Kompanie, Batterie und Eskadron hinunter zu verteilen war. Er erklärte, »nur solche Wehrverbände haben Lebensberechtigung, die die nationalen und staatspolitischen Ideale pflegen«. Sie hätten sich aber keine polizeilichen oder anderen staatlichen Befugnisse anzumaßen; Reichswehr und Polizei seien die gesetzlichen staatlichen Machtmittel, die dem Reichspräsidenten zur Aufrechterhaltung von Ruhe und Ordnung notfalls zur Verfügung stünden. Aus politischen Gründen vom Wehrdienst auszuschließen sei, wer im Kriegsfall den Wehrdienst verweigern wolle, wer den Reichspräsidenten beleidige, wer Verbrechen begangen habe und wer an Bestrebungen zur Änderung der verfassungsmäßigen Zustände mit unerlaubten Mitteln teilgenommen habe, also alle Kommunisten, die dies im Parteiprogramm hatten. Nationalsozialisten wurden damit zum Reichswehrdienst zugelassen, nur durften sie laut Reichswehrgesetz während ihres Militärdienstes nicht politisch tätig sein.[143]

Erst im Februar entschied sich Hindenburg zur erneuten Kandidatur, um zu verhindern, daß ein »Parteimann, Vertreter einseitiger und extremer Anschauungen«, gewählt würde. Hindenburg meinte Hitler; denn Ernst Thälmann, der Führer der Kommunisten, der auch kandidierte, konnte nicht gewinnen. Im ersten Wahlgang fehlten Hindenburg 0,5 Prozent zur erforderlichen Mehrheit; Hitler und Thälmann erhielten 30,1 bzw. 13 Prozent der abgegebenen Stimmen. Im zweiten Wahlgang siegte Hindenburg mit 53 Prozent gegen Hitler, der seinen Stimmenanteil auf 36,8 Prozent gebracht hatte.[144] Die Stimmenverhältnisse änderten sich wenig in den zwei Reichstagswahlen des Jahres 1932. Fast zwei Drittel der Wähler lehnten Hitlers NSDAP ab; aber fast die Hälfte der Wähler stimmte für eine der beiden extremen Parteien.

Hindenburg ersetzte plötzlich im Mai 1932 Reichskanzler Brüning durch den Major a.D. Franz von Papen. Deutschland gewöhnte sich daran, von Präsidialregierungen mit Notverordnungen regiert zu werden. Im Juli gelang Papen der Streich, Preußen unter seine Kontrolle zu bringen, indem er die sozialdemokratische Regierung unter Rechtsbruch absetzte. Zugleich verschärfte er die Strafen für politische Verbrechen. Da die Zentrumspartei nicht ganz eindeutig Stellung bezog und die Kommunisten ohnehin die freiheitliche Verfassung stürzen wollten, waren die Sozialdemokraten als Verteidiger der Republik und der Demokratie isoliert.

Papen veranlaßte Hindenburg zu Notverordnungen, um die zwischen Gewerkschaften und Unternehmern vereinbarten Tariflöhne herabzusetzen mit dem vorgeblichen Ziel, die Arbeitslosenzahlen zu drücken. Doch wurde er nicht Herr der Lage. Hitler begann den totalen Kampf gegen die Regierung Papen, tat sich mit dem Zentrum zusammen und spiegelte die Existenz einer regierungsfähigen Mehrheit vor. Hindenburg löste den Reichstag zu Beginn von dessen zweiter Sitzung am 12. September 1932 auf mit der Begründung, es bestehe die Gefahr, daß der Reichstag die Notverordnungen aufhebe, wozu der Reichstag verfassungsmäßig berechtigt war.

Neuwahlen im November brachten NSDAP und SPD Rückschläge, aber Papen keine breitere Basis. Er hatte nur etwa zehn Prozent der Wählerstimmen (DNVP) auf seiner Seite. Das an Anarchie grenzende Chaos nahm zu, Hindenburg mußte Papens Rücktritt annehmen. Er ernannte den Reichswehrminister Generalleutnant a.D. von Schleicher zum Kanzler, obwohl dieser ihm und Papen die Unterstützung der Reichswehr für eine Präsidialdiktatur verweigert hatte. Schleicher versuchte immer noch, die Nationalsozialisten in die Verantwortung zu ziehen.

Inzwischen intrigierte Papen mit Erfolg, um eine Koalition der Deutschnationalen mit den Nationalsozialisten zustande zu bringen, zu der auch Hindenburg überredet werden konnte. Das am 30. Januar 1933 ernannte Kabinett Hitler bestand zum größten Teil aus Politikern der DNVP, aber die NSDAP besetzte Schlüsselstellungen im Staat mit dem Reichstagspräsidenten und preußischen Minister des Innern (Göring), dem Kanzler, dem Reichsminister des Innern (Dr. Frick), ferner durch den mit der NSDAP sympathisierenden Reichswehrminister (Blomberg). Die Nationalsozialisten verfügten also über den Polizeiapparat und das Heer.

Umbruch

Die Ernennung des Kabinetts Hitler durch Reichspräsident von Hindenburg war kein gewöhnlicher Regierungswechsel. Vielen galt sie als Anbruch der Neuen Zeit, vielen als Sturz in die Gewaltherrschaft. Jedermann sah die Entschlossenheit der neuen Herren, die Macht nie wieder abzugeben, jeder erfuhr im täglichen Leben die wachsende Bevormundung – oder die »Ordnung«. Die wenigsten erkannten, daß skrupellose Verbrecher die Regierung an sich gebracht hatten.

Hitler versuchte, durch die auf den 5. März 1933 angesetzten Reichstagwahlen, denen Hindenburg nach den vier Wahlen des Jahres 1932 nur widerwillig zustimmte, für seine Regierung eine Reichstagsmehrheit zu erreichen. Diese Wahl sollte, so erklärte Hitler am 20. Februar 1933 einer kleinen Versammlung von Führern aus Industrie und Handel, die letzte sein; wenn sie nicht das gewünschte Ergebnis brächte, würde es eben mit anderen Mitteln erzielt werden.[1]

In der ersten Ministerbesprechung des neuen Kabinetts am 30. Januar 1933 um 17 Uhr sagte Hitler, es sei ein Generalstreik als Protest gegen die neue Regierung zu befürchten. Zu seiner Unterdrückung dürfe die Reichswehr nach Möglichkeit nicht eingesetzt werden, Reichswehrminister von Blomberg antwortete, der Soldat sei gewohnt, äußere Feinde als einzig mögliche Gegner anzusehen.[2] Bei einem Mittagessen am 3. Februar in den privaten Räumen des Chefs der Heeresleitung, General Kurt von Hammerstein, erklärte Hitler, nun werde gerüstet und zwar zuerst gegen Frankreich; das weitere Ziel sei die Eroberung von Lebensraum; innenpolitisch werde gesäubert, worum sich die Reichswehr nicht zu kümmern brauche.[3]

Einen Tag später unterschrieb Hindenburg die erste Notverordnung, die der neuen Regierung erlaubte, ihre politischen Konkurrenten zu verdrängen: Der Reichsminister des Innern konnte Versammlungen und Veröffentlichungen verbieten und die von Länderregierungen gegen die nationalsozialistischen und »nationalen« Organisationen getroffenen Maßnahmen aufheben.[4] Am 17. Februar befahl Göring als preußischer Minister des Innern der preußischen Polizei, den »nationalen Verbänden« SA, SS, Stahlhelm und den nationalen Parteien gegenüber jeden Anschein von Feindseligkeit zu meiden und gegenüber »staatsfeindlichen« Organisationen die Schußwaffen zu gebrauchen. Er werde das »ohne Rücksicht auf die Folgen« decken; »wer hingegen in falscher Rücksichtnahme versagt, hat dienststrafrechtliche Folgen zu gewärtigen«.[5] Fünf Tage später ernannte Göring durch Verordnung des preußischen Innenministeriums rund 40 000 SA- und SS-Männer sowie etwa 10 000 Angehörige des Stahlhelm und der Deutschnationalen Kampfgruppen zu Hilfspolizisten.[6] Mißhandlungen und Morde an politischen Gegnern waren nun an der Tagesordnung, die SA richtete »wilde« Konzentrationslager ein, Hunderte von Menschen verloren während des Wahlkampfes ihr Leben.

Der Brand des Reichstagsgebäudes am 27. Februar bot den Nationalsozialisten einige Tage vor der Wahl Gelegenheit zur Machterweiterung. Die »Verordnung des Reichspräsidenten zum Schutz von Volk und Staat« und »zur Abwehr kommunistischer staatsgefährdender Gewaltakte« vom 28. Februar setzte »bis auf weiteres« die wichtigsten Freiheitsgarantien der Verfassung – wie Schutz vor Haft ohne richterliche Verfügung, Unverletzlichkeit der Wohnung, Recht auf freie Meinungsäußerung, Versammlungs- und Vereinsfreiheit – außer Kraft. Für bestimmte Verbrechen, die im Strafgesetzbuch mit lebenslanger Zuchthausstrafe bedroht waren, wurde durch bloße Verordnung die Todesstrafe verfügt.[7] Für Zuwiderhandlungen gegen Maßnahmen der Reichsregierung und der Länderregierungen »zur Wiederherstellung der öffentlichen Sicherheit und Ordnung« konnte, wenn die Zuwiderhandlung »den Tod eines Menschen verursacht«, ebenfalls die Todesstrafe verhängt werden. Die Länderregierungen konnten der Reichsregierung unterworfen werden, wenn sie nach Meinung der Reichsregierung die nötigen Maßnahmen nicht ergriffen.

Die Wahlen brachten der NSDAP nicht die erhoffte absolute Mehrheit. Die NSDAP erhielt trotz allem Terror der vergangenen Wochen nur 43,9 Prozent der Stimmen.[8] Die Koalition der NSDAP mit der DNVP hatte aber die Mehrheit im Reichstag, die erweitert wurde durch Nichtzulassung der gewählten kommunistischen Abgeordneten.[9]

Ein von der Regierung Hitler eingebrachtes, vom neuen Reichstag am 23. März verabschiedetes und am 24. März verkündetes Ermächtigungsgesetz bestätigte im wesentlichen die schon durch Verordnungen geschaffenen, fast unbegrenzten Vollmachten und erweiterte sie noch.[10] Die Reichsregierung konnte nun Gesetze ohne parlamentarisches Verfahren erlassen, auch wenn sie von der Reichsverfassung abwichen, und Verträge mit fremden Staaten schließen. Gesetze wurden erlassen gegen fast jede denkbare Art der Kritik an der Regierung, die Zeitungen unterlagen der Zensur, mächtige »Sondergerichte« konnten ungemessene Urteile fällen, gegen die es keinen Einspruch, keine Revision und keine Anrufung höherer Instanzen gab.[11] Die Willkür war legalisiert. Die bisher noch bestehenden Parteien lösten sich, bis auf die Sozialdemokratische und die Kommunistische Partei, selbst auf; die SPD wurde am 22. Juni verboten, die KPD verlor wie die anderen Parteien ihre Existenzgrundlage, als die Reichsregierung das »Gesetz gegen die Neubildung von politischen Parteien« vom 14. Juli 1933 erließ. Der erste der zwei Paragraphen des Gesetzes lautete: »In Deutschland besteht als einzige politische Partei die Nationalsozialistische Deutsche Arbeiterpartei.« Der zweite Paragraph enthielt Strafandrohungen.[12]

Hitler erklärte die Revolution für abgeschlossen und ließ am 12. November durch Plebiszit seine innere und äußere Politik gutheißen. Die Abstimmung hatte man nun im Griff: 96,3 Prozent aller Stimmberechtigten nahmen teil, 95 Prozent aller Stimmberechtigten stimmten mit Ja. Im Dezember erklärte ein Gesetz die Einheit von Partei und Staat.[13] Durch die Ermordung der Führer der SA vom 30. Juni bis 2. Juli 1934 befreite sich Hitler von weiteren Konkurrenten im Innern. Nach Hindenburgs Tod im August 1934 übernahm der Reichskanzler auch das Amt des Reichspräsidenten.[14]

In wenigen Monaten gelang es Hitler, sein Regime auch außenpolitisch zu konsolidieren. Das im Juli 1933 zwischen dem Deutschen Reich und dem Heiligen Stuhl geschlossene Konkordat war für Hitler, wie er im Kabinett sagte, ein »unbeschreiblicher Erfolg«, schon weil der Vatikan überhaupt mit dem nationalsozialistischen Staat verhandelt und weil er dazu noch der katholischen Kirche in Deutschland jede politische und gewerkschaftliche Tätigkeit untersagt habe.[15] Anfang Oktober 1933 suchten die französische und die britische Regierung bei der Abrüstungskonferenz in Genf einen Plan zu lancieren, der Deutschlands militärische Gleichberechtigung, die vor Hitlers Ernennung zum Reichskanzler in Aussicht stand, um vier Jahre hinausschieben sollte. Der britische Außenminister Sir John Simon legte diese Vorstellungen, die seinen öffentlichen Erklärungen vom November 1932 und einem Plan des britischen Premierministers MacDonald vom März 1933 widersprachen, in einer Rede am 11. Oktober in Genf dar. Frankreich verlangte für Deutschland eine Bewährungsfrist, ehe es wieder zu Verhandlungen über Rüstungen bereit wäre. Die Abrüstung der schwerbewaffneten Nachbarn Deutschlands wurde auf unbestimmte Zeit verschoben.

Hitler vermied die öffentliche Demütigung, indem er nach tagelangem Zögern, zwei Stunden nach dem Eingang des nach Berlin telegraphierten Textes der Rede Simons, Deutschlands Austritt aus der Genfer Abrüstungskonferenz und zugleich aus dem Völkerbund bekanntgeben ließ. Am 14. Oktober verwies Hitler im Rundfunk auf die fortgesetzte Behandlung Deutschlands als Staat minderen Rechts, betonte den deutschen Friedenswillen und erklärte Verhandlungsbereitschaft, ohne das Recht zur Aufrüstung zu reklamieren. Aus dem diplomatischen Coup machte Hitler am 12. November durch das erfolgreiche Plebiszit über seine Außenpolitik mit gleichzeitiger Neuwahl des Reichstages, das heißt der Abwahl der noch verbliebenen Nicht-Nationalsozialisten, einen Propagandatriumph.[16]

Die Nationalsozialisten nannten ihren Staat das »Dritte Reich«, um ihn historisch zu legitimieren durch Bezug auf das römisch-deutsche Reich des Mittelalters, auf den Staat Bismarcks und auf Sendungsgedanken, wie sie Moeller van den Brück in seinem Buch »Das dritte Reich« vertreten hatte. In Wirklichkeit war für Hitler das »Dritte Reich« ebenso Zwischenstufe wie seit 1939 das »Großdeutsche Reich«.[17] Georges Neues Reich war es jedenfalls nicht.

Das geheime Deutschland verfolgte die Entwicklung gleichwohl mit Interesse, wenn auch mit Skepsis. Man sprach im Kreis um George seit dem Wahlerfolg der Nationalsozialisten im September 1930 viel mehr als früher über Politik.[18] Hatte die Politik dem »Meister« und seinen Freunden vor dem Krieg als kunstfremd gegolten, so schien sie in der Republik unnational, korrupt und sinnlos. Im George-Kreis lehnte man »Weimar« ebenso ab wie in weiten Schichten Deutschlands, wenn auch vielleicht mit der Hoffnung, eine nie näher bezeichnete heroische »Tat«, inspiriert vom Geist der Dichtung Georges, möge aus der Jugend des Kreises kommen.[19]

Allerdings war die Politik für George immer interessanter gewesen, als er die Öffentlichkeit merken ließ.[20] Im März 1932 verfolgte er von Minusio im Tessin aus die Reichspräsidentenwahl – immerhin ging es um den vom »Meister« selbst zum Helden erhobenen Hindenburg, aber auch um den faszinierenden Hitler. George registrierte robustkompromißlose Aussprüche Robert Boehringers, versagte es sich aber damals, seine eigene Meinung dem Papier anzuvertrauen.[21] Im Herbst 1933 nahm er wenige Wochen vor seinem Tod auf dem Krankenbett in Minusio noch am Geschehen in Deutschland teil. Frank Mehnert wollte wissen, was der »Meister« wohl zu dem deutschen Schritt vom 14. Oktober sage? Die Stimmung in Berlin sei merkwürdig gelassen, obwohl man doch auf alles gefaßt sein müsse. Seine eigene Meinung legte Frank Mehnert bestimmt dar: Eine Reichsregierung könne sich unmöglich sagen lassen, einer früheren habe man wohl die Gleichberechtigung versprochen, halte sich aber der jetzigen gegenüber nicht für gebunden; da habe die Regierung tun müssen, was sie tat, was immer das Risiko sein mochte. Was Deutschland zugedacht gewesen sei, fügte er fünf Tage später hinzu, wäre einer weiteren Entwaffnung über Versailles hinaus gleichgekommen.[22]

Einige Freunde gingen zu den Nationalsozialisten über, so Ernst Bertram, Walter Elze, Kurt Hildebrandt, Ludwig Thormaehlen, Woldemar Graf Üxküll, Blumenthal. Rudolf Fahrner trat am 5. Februar in einen SA-Sturm als SA-Anwärter ein und wurde am 6. Juli »SA-Mann«.[23] Diese Freunde versäumten auch nicht, ihre Auffassung von der Verwirklichung des Neuen Reiches in Gesprächen, Briefen, Vorträgen und Veröffentlichungen niederzulegen. Der Literaturhistoriker Bertram erklärte, Georges Vision vom neuen Deutschland sei in der Gegenwart von 1933 verwirklicht.[24] Der Psychologe Hildebrandt erhob Leben und Opfer für die Gemeinschaft zum »Fest«, fand das Opfer eher im Herrschen als im Dienen, verlangte Einfügung des einzelnen in den angemessenen Rang und erklärte den Führergedanken zum Prinzip, das Plato im Gegensatz zum demokratischen ausgebildet habe. George hatte keine Einwände gegen Hildebrandts Beitritt zur NSDAP und riet ihm zugleich, nichts für und nichts gegen die Partei zu sagen und das Positive im Nationalsozialismus nicht zu übersehen; Hildebrandt wußte sich auch in seiner antijüdischen Haltung mit George einig.[25] Thormaehlen empfahl den Freunden den Eintritt in die NSDAP.[26]

Thormaehlens Protegé Frank Mehnert schuf eine Hitler-Büste, übrigens mit Erlaubnis des »Meisters«, die über eine Münchner Kunsthandlung guten Absatz fand; noch 1936 stellte er neue Fassungen her. 1937 arbeitete er an einer Hitler-Plakette. 1934 beteiligte er sich an einem Wettbewerb für den Entwurf eines SA-Denkmals, das in Magdeburg aufgestellt werden sollte.[27] Er war selbst »national« gesinnt schon von Kind an,[28] erklärte auch jetzt dem »Meister« seine »äusserst ausgeprägte abneigung ausser Reiches zu gehen«; aber seine Bindung an den »Meister« und die nahen Freunde, seine hohen geistigen und moralischen Ansprüche hielten ihn in kritischer Distanz zu der neuen »nationalen« Regierung. Das Reich, das jetzt immer noch dem Zweiten gleiche, wollte er nach seiner heroischen Vorstellung vom Ersten gebildet sehen.[29] Ferner wollte er, im Sinne des »Meisters«, eine führende Rolle »für die unseren«, das geheime Deutschland, im neuen Reich. Er blieb skeptisch abwartend, sah noch keine Möglichkeit: Die opuntischen Lokrer hätten im Mitteltreffen der Schlachtreihe immer für ihren Stammesgenius Aias einen Platz leer gelassen: »für die unseren« sei, so glaube er, vorläufig noch kein Platz frei, und zunächst erinnere das Dritte noch allzusehr an das Zweite und zu wenig an das Erste Reich.[30] Doch von dem »Meister« kam keine Weisung, die Nationalsozialisten zu meiden.

Woldemar Graf Üxküll hielt zum 65. Geburtstag Georges im Juli 1933 vor der Studentenschaft der Universität Tübingen einen Vortrag über »Das revolutionäre Ethos bei Stefan George«.[31] Er erklärte Gefolgschaft zum höchsten Ausdruck des Gemeinschaftswillens, nur in ihr könne die heroische Weltauffassung wiederhergestellt, nur von ihr aus »die Zersetzung des Individualistischen« erfolgreich bekämpft werden, weil in ihr das Führerprinzip herrsche. Aus Deutschland werde, wie schon mehrfach in der Geschichte (Völkerwanderung, Imperium Sacrum, Reformation und Klassik), wieder eine erneuernde Erschütterung kommen, des Erdteils Herz solle die Welt erretten.[32] Diese Wirkung gehe von Stefan George aus: Er als Dichter und Seher habe schon längst »den einzigen der hilft den Mann« gesichtet, der Zucht und Ordnung wiederherstelle, der »das wahre Sinnbild auf das völkische banner« hefte, »durch sturm und grausige signale/Des frührots« seine treue Schar führe und das Neue Reich pflanze.[33] Schließlich setzte Üxküll Georges Vision dem »neuen deutschen Staat« der Gegenwart gleich.[34] Unter den Freunden hielt man allerdings davon nicht viel. Im Januar 1934 kommentierte Berthold Graf Stauffenberg, Woldi scheine wieder »reichlich viel geschwätzt zu haben· zum glück wird [er]· und was [er] sagt· äusserst gering eingeschätzt«.[35]

Auch der Germanist Rudolf Fahrner war noch bereit, eine Übereinstimmung der Lehre Georges mit den Ideen der Partei anzuerkennen. Er schrieb dem »Meister« zum 65. Geburtstag, die inneren und äußeren Vorgänge würden immer bedenklicher, und die »innere *not* der ganzen bewegung die die masse für ein aristokratisches princip mobil gemacht« habe und jetzt »die unverwandelten menschen vorfindet«, zeige sich vor allem in dem fordernden, suchenden, ja bittenden »greifen nach dem Dichterischen bezirk«, wobei die plumpsten Aneignungsversuche hart neben dem verzweifelten Gefühl von der unübersteigbaren Schranke hergingen. Wie lange er, Fahrner, sich noch mit Anstand in der Universität (Marburg) halten könne, angesichts all dessen, wofür der »Meister« ihm die Augen geöffnet habe, könne er noch nicht absehen. Er sei aber durchaus von allem betroffen, weil seine Tätigkeit »zugleich ein kampf um die wirkungsmöglichkeit für das zugeschworene scheint und weil ich nicht geringen anteil nehme an den braunen knechten von denen ich noch glauben muss dass sie in einem gewissen belange des Meisters willen tun«.[36] Es ging gewiß um die Schaffung des neuen Menschen und die Verwirklichung des geheimen Deutschland, aber auch um eine profanere Wirkungsmöglichkeit: Fahrner war seit 1928 Privatdozent, hatte keine Professur und war sechs Tage nach Hitlers Regierungsantritt selbst brauner Knecht geworden.

Für jüdische Freunde des »Meisters« war das Emporkommen der Nationalsozialisten und die Übereinstimmung der von diesen benützten Worte mit vielen in Georges Gedichten gestalteten Denkbildern zerreißend. Karl Wolfskehl schrieb im Herbst 1932 dem befreundeten holländischen Dichter Albert Verwey, den Haß der Nationalsozialisten gegen den Geist könnte er noch ertragen, sich dagegen abschließen, aber der »Haß, wahllos, zügellos gegen den ›Juden‹, gegen diesen chimärischen, doch so blutgetränkten Begriff«, der jede Form des Menschentums vergifte, der bedränge und ersticke sein Wesen, obwohl er sich – er schrieb aus der Schweiz – physisch gar nicht bedroht fühlte. Diese deutsche Unmenschlichkeit, »die nur wild ist, nur gierig, nur bös«, gebe »der jungen Bewegung ihren Geschmack ja ihre Stoßgewalt«.[37] Keiner der anderen Juden aus Georges Umgebung spüre, worum es gehe, sie wendeten sich ab vom Unbequemen, bedauerten, »daß ein abscheulicher Zufall sie zurückhält mitzuthun, der ›großen nationalen Bewegung sich voll und ganz anzuschließen‹!«[38] Aber nach dem Machtantritt der Nationalsozialisten konnten sie sich nicht mehr abwenden, auch wenn sie noch weniger als Wolfskehl das Ausmaß der kommenden Verfolgungen ahnten.

Ernst Kantorowicz legte George vor Ostern 1933 den Entwurf seines Gesuches an den preußischen und Reichsminister für Wissenschaft, Kunst und Volksbildung um Beurlaubung vom Sommersemester der Universität Frankfurt vor.[39] George hatte keine Einwände. Dann fuhr George mit Berthold Graf Stauffenberg von Berlin nach München. Leutnant Claus Graf Stauffenberg stieg in Bamberg in den Zug – er hatte am Ostermorgen die katholischen Soldaten seines Regiments zur Messe und zur Kommunion geführt[40] – und blieb bis Ostermontag in München.

Ein »Gesetz zur Wiederherstellung des Berufsbeamtentums« vom 7. April bestimmte, daß »Beamte, die nicht arischer Abstammung sind«, in den Ruhestand zu versetzen seien, mit Ausnahme derjenigen, die seit 1. August 1914 Beamte waren oder die im Weltkrieg an der Front für das Deutsche Reich oder seine Verbündeten gekämpft haben oder deren Väter oder Söhne im Weltkrieg gefallen waren.[41] Kantorowicz kam als Kriegsfreiwilliger von 1914, Frontsoldat und Freikorpskämpfer nicht unter das Gesetz, und er erklärte seine »grundsätzlich positive Einstellung gegenüber einem national regierten Reich«, die auch durch die jüngsten Ereignisse nicht ins Wanken gekommen sei;

er begründete aber sein Urlaubsgesuch mit der öffentlichen Entwürdi-
gung der Juden.[42]

Anfang Juni 1933 schrieb Kantorowicz an George, er sei dankbar,
daß die gegenseitige Beziehung nicht dadurch beeinträchtigt sei, daß
»dieses Verhängnis« den einen auf diesen, den andern auf jenen Berg
absetze.[43] Er bedaure, daß er als Jude von dem »Zugang zum ›reich‹«,
»von dem allein rassisch fundierten Staat notwendig ausgeschlossen«
sei; doch wachse seine Überzeugung, daß der Dichter und die meisten
seiner Freunde mit den Nationalsozialisten keine Gemeinschaft haben.[44]
Er sei sich immer bewußt gewesen, daß er sein »Blut« nicht verleug-
nen werde, wenn es angegriffen würde; das Gewitter der Errichtung
der nationalsozialistischen Diktatur habe die Lage geklärt; er verstehe,
daß der »Meister« nicht durch das Los einzelner Freunde in Frage stellen lassen könne, »was seines amtes ist«.[45] Aber nichts verführe so wie
der Anblick und die Stimme dessen, dem man durch ein Leben gefolgt
sei, dem man sein Leben verdanke; er werde dem »Meister« zur Verfügung stehen, »wann immer wieder diese stimme lockt und – in Gottes namen: ›verführt‹«. Übrigens bemerke er bisher »sehr· sehr wenig«
an wirklich Aufbauendem im neuen Staat; in der Universität habe nun
»gesinnung und mystisches ›fühlen‹ – aufsteigend aus dem sog. volks-
bewusstsein – fortan können· wissen und lernen zu ersetzen«.

Zum Geburtstag wünschte er dem »Meister« vier Wochen später,
»es möge Deutschland so werden· wie es sich der Meister erträumt
hat!« Gern wolle er Kaiser Friedrichs II. Wort »imperium transcendat
hominem« folgen und beiseite stehen, wenn das gegenwärtige Geschehen nicht die Grimasse, sondern der wahre Weg zur Erfüllung des
Wunschbildes sei.[46] Noch im November 1933 meinte Kantorowicz,
der neue Aufbruch sei eigentlich schon wieder verbürgerlicht, und so
sei »endlich wieder die alte kampffront hergestellt· die wahre bewegung wieder in *unsere* hand gegeben· so man sich nicht vorzeitig preis-
gegeben hat.. und achtung hat eigentlich nur der zu erwarten· der sein
profil zu wahren wusste. Das geht durch vom ministerium zum hör-
saal· da alles märz- und maigefallene kommandiert werden kann.. und
nur unsereins nicht.«[47]

Kantorowicz hielt im Sommer 1933 ein Seminar in seiner Wohnung.
Trotz einer Einladung des New College in Oxford, das ihn zum Ehren-
mitglied erwählte, nahm er im Wintersemester seine Lehrtätigkeit in
Frankfurt wieder auf, die ihm Freude machte, wie er George am 26.
November schrieb. Zudem seien gegenwärtig all seine »blutsmässigen
Zersetzungsinstinkte« endlich einmal am Platze: »Da ein aufbauen-
des thema heute nur zu Verwechslungen anlass geben könnte· so lese

ich über die ›destruktion des mittelalters‹· eben über das ›interregnum‹
[…] Dieses thema schien mir auch deswegen ganz geeignet· weil aus
ihm die notwendige geburt eines ›geheimen Deutschland‹ nach dem
Zusammenbruch des stauferreichs deutlich hervorgehen dürfte. Denn
die staufer hatten ja – zum einzigen mal in der deutschen geschichte –
das ›geheime Dtschld‹ von damals i. e. das ›RÖMISCHE‹ zum offiziellen
Dtschld erhoben.. und seit dieses im berge schlummert und auch kein
trommeln den berg zum aufspringen bringt· hat jenseits des knilch-
nürnberg-reformatoren-usw.-deutschen eben notwendig das ›andere‹
entstehen und geheim bleiben müssen· sollte nicht alles verholzen oder
verfliessen. Diesen gedanken gemäss – und um den fatalen mist· welchen freunde (voran der Woldi) fabrizierten· doch mit einer erdschicht
zu überdecken· damit diese häufchen wenigstens zu stinken aufhören
und allmählich zu humus werden – habe ich einen eröffnungsvortrag
gehalten· betitelt: ›Das Geheime Deutschland‹.«

Die Dreieinheit des geheimen Deutschland, erklärte Kantorowicz
in der Vorlesung, sei Schönheit, Adel, Größe; das gegenwärtige entspreche dem geheimen Deutschland nicht. Das wahre, das geheime
Deutschland sei ein Reich zugleich von dieser und nicht von dieser
Welt, nah wie ein Jüngstes Gericht, gelenkt von seinen Kaisern und
einem geistigen Adel. Vorfahren des geheimen Deutschland seien die
Götter der Hellenen, die Heiligen der christlichen *civitas dei*, die Ottonen, Salier und Staufer, und nach dem zweiten Göttersterben unserer
Geschichte, am Beginn der Renaissance, Dantes *humana civilitas*, eine
menschliche Götterwelt. Nicht mehr christliche Kultur der universalen Menschheit gelte im geheimen Deutschland; das »geheime Reich«,
das George sehen lehrte, beschränke sich auf den deutschen Raum,
»in dem es wurzelt und den es zu formen hat«. George glaube, das
geheime Deutschland werde wie Hellas auf dem engsten Raum »das
Gesamt aller urmenschlichen Gestaltungen und Kräfte erstehen lassen«. Die größten Genien, allesamt Heroen des geheimen Deutschland, Holbein, Friedrich der Große, Herder, Goethe, Hölderlin, Nietzsche und George seien die Vorbilder, ein Abgrund trenne sie von der
gegenwärtigen Grimasse Deutschlands. Die Besten der Nation sollten sich dem geheimen Deutschland verpflichten, damit dieses einst
eins werde mit dem sichtbaren Reich. Zum Schluß zitierte er aus dem
»Stern des Bundes«:

Hemmt uns! untilgbar ist das wort das blüht.
Hört uns! nehmt an! trotz eurer gunst: es blüht –
Übt an uns mord und reicher blüht was blüht![48]

Das Auditorium sei erst »braun« gewesen, dann rot angelaufen und habe bei den Schlußworten selig getrampelt. Kurz darauf zwangen Boykottmaßnahmen der Nationalsozialisten Kantorowicz, am 11. Dezember seine Vorlesungen abzubrechen und sich für das Wintersemester beurlauben zu lassen. Er nahm die Einladung nach Oxford an und konnte wenigstens erhobenen Hauptes dem feindseligen Vaterland den Rücken kehren.[49]

Niemand sah damals das dunkle Verhängnis deutlicher voraus als Karl Wolfskehl. Stolz auf die tausendjährige Geschichte seiner Familie in Mainz, die sich von einem mit Otto II. aus Italien gekommenen Rabbiner herleitete, bekannte er sich ganz zum jüdischen Glauben und zum jüdischen Volk. Obwohl die Nationalsozialisten ihm absurderweise sein Deutschtum absprächen, schrieb er, sei, wo er sei, deutscher Geist. 1934 veröffentlichte er im Schocken-Verlag in Berlin Gedichte unter dem Titel »Die Stimme spricht«, worin er mahnte und warnte und sich zu seinem Glauben bekannte. Freunde meinten, solche Äußerungen könnten die in Deutschland gebliebenen Freunde und Juden – Georges »Blond oder schwarz demselben schooss entsprungne/Verkannte brüder« – schrecken oder gefährden, manche glaubten auch, das geheime Deutschland gegen jede Religion, jeden Nationalismus und auch gegen den Zionismus abgrenzen zu können.[50]

George selbst blieb gegenüber der durch den 30. Januar 1933 bewirkten grundsätzlichen Veränderung des Antisemitismus unempfindlich. Er berief sich auf seine jüdischen Freunde, als er sich im September 1933 zum Schicksal der Juden in Deutschland äußerte: Nach allem, was er gelebt habe, müsse er dazu nichts sagen.[51] Katholik, Protestant, Jude galten ihm bei seinen Freunden gleich.[52] Unbeschadet interner Toleranz war Antisemitismus aber so deutlich Teil des geistigen Mobiliars des Kreises um George und des Dichters selbst, daß später die Verwalter des geistigen Erbes in Genf, wo Robert Boehringer wohnte, und in Amsterdam, wo eine Freundesgruppe ein Archiv und einen dem Erbe gewidmeten Verlag aufgebaut hatten, die Spuren zu unterdrücken suchten.[53]

Im Februar 1933 begannen die Nationalsozialisten, aus der Sektion für Dichtkunst der Preußischen Akademie der Künste die politisch Andersdenkenden und Juden zu verdrängen, unter ihnen Thomas Mann, René Schickele, Fritz von Unruh, Georg Kaiser, Franz Werfel, zugleich ernannten sie neue Mitglieder, die »völkisch« schrieben, wie Hans Grimm, Paul Ernst, Börries von Münchhausen, Hans Friedrich Blunck, Hans Carossa, Hanns Johst.[54]

In einer Presseerklärung vom 5. Mai aber sagte der preußische Minister für Wissenschaft, Kunst und Volksbildung, Bernhard Rust, wegen der Gefahr, daß der patriotische Kitsch sich in den Vordergrund schiebe, behalte er sich vor, Dichter zu berufen; diese hätten »ganz große Aufgaben« zu erfüllen. Auf den Eintritt von Stefan George als äußeren Ausdruck der Verbundenheit des neuen Deutschlands mit dem Dichter lege er, lege das neue Deutschland den größten Wert.[55] Ebenfalls am 5. Mai 1933 schrieb Ernst Morwitz an George: »Lieber Meister: Eine eilige Sache!« Bei einem Freunde, Wolfgang Frommel, sei angefragt worden, an wen sich das preußische Kultusministerium mit einer den »Meister« betreffenden Frage wenden könnte.[56] Frommel habe Morwitz genannt, und darauf habe sich der Adjutant Rusts, Oberregierungsrat Dr. Zierold, angemeldet und sei bei ihm in der Wohnung erschienen. Er sollte sondieren, ob der »Meister« »irgendwie an der – umzugruppierenden oder gleichzuschaltenden – Dichterakademie teilnehmen« würde: »Der Minister wolle vor der Presse Dich als Ahnherr der jetzigen Regierung bezeichnen«; man würde George in der Akademie die Mitgliedschaft oder eine Ehrenstellung mit Ehrensold ohne jede Verpflichtung einräumen, der Reichspräsident oder der Reichskanzler würden persönlich an den »Meister« schreiben. Man wolle sich aber auf keinen Fall eine Absage holen.

George antwortete am 10. Mai; seine Stellungnahme wollte er »wortgetreu der betreffenden stelle« mitgeteilt haben, sprach sich aber auf die Rückfrage Morwitz' gegen deren teilweise oder vollständige Veröffentlichung aus.[57] Am Tag nach Georges Tod im Dezember 1933 veröffentlichte Rust ein an die Schwester des Dichters gerichtetes Beileidstelegramm, in dem es hieß, der Dichter habe sich noch kürzlich in einem Briefe »ausdrücklich zur geistigen ›Ahnherrschaft‹ der neuen nationalen Bewegung‹« bekannt.[58]

Georges ausführliche Antwort an Morwitz vom 10. Mai, die Morwitz dem Ministerium im Auszug weiterreichte, war differenzierter. Der Dichter bestätigte die von Morwitz vorausgesetzte Ablehnung irgendeines Postens in »der sogenannten akademie« oder eines Soldes. Er fügte hinzu: »dass diese akademie jezt unter nationalem zeichen steht ist nur zu begrüssen und kann vielleicht später zu günstigen ergebnissen führen – ich habe seit fast einem halben Jahrhundert deutsche dichtung und deutschen geist verwaltet ohne akademie· ja hätte es eine gegeben wahrscheinlich gegen sie«.

Anders verhalte es sich mit dem Positiven: »die ahnherrnschaft der neuen nationalen bewegung leugne ich durchaus nicht ab und schiebe auch meine geistige mitwirkung[59] nicht beiseite. Was ich dafür tun konnte habe ich getan· die Jugend die sich heut um mich schart ist mit mir gleicher meinung.. das märchen vom abseitstehn hat mich das ganze leben begleitet – es gilt nur fürs unbewaffnete auge. Die gesetze des geistigen und des politischen sind gewiss sehr verschieden – wo sie sich treffen und wo geist herabsteigt zum allgemeingut das ist ein äusserst verwickelter Vorgang. Ich kann den herrn der regierung nicht in den mund legen was sie über mein werk denken und wie sie seine bedeutung für sie einschätzen. Es läge mir daran· lieber Ernst· dass dies wortgetreu der betreffenden stelle mitgeteilt werde· es ist durchaus überlegt«.

Morwitz überreichte Zierold eine wortgetreue Abschrift der Stellungnahme Georges.[60] George konnte nicht annehmen, die Regierung werde sein ihr nach reiflicher Überlegung mitgeteiltes Bekenntnis zur »ahnherrnschaft der neuen nationalen bewegung« vertraulich behandeln, da er es nicht verlangt hatte. Georges Ablehnung des Ansinnens der Regierung galt nur für den öffentlichen Einsatz seiner Person.[61]

George sah viel Positives in der neuen nationalen Bewegung.[62] Im März 1933 äußerte er, es sei das erste Mal, daß Auffassungen, die er vertreten habe, ihm von außen widerklängen.[63] Er dichtete von Deutschlands Weltsendung, von falscher Gleichheit, vom Führerprinzip, von Ordnung, vom völkischen Banner mit dem wahren Sinnbild und vom Neuen Reich.[64] Morwitz meinte, es sei eben furchtbar schwer für die Jungen, die Texte Georges zu lesen und nicht zu glauben, was in Deutschland jetzt geschehe, sei das, was George gewollt habe; sie könnten nicht erkennen, daß Georges Dichtung mit dem Nationalsozialismus nichts gemein habe.[65] Auch Morwitz ahnte nicht, mit *welchem* Inhalt Hitler schließlich diese Worte erfüllen würde. Georges Stellung zum Nationalsozialismus gab aber unter seinen Freunden zu Kontroversen Anlaß.

An Hitler fand George zwar nichts Großes wie an Caesar oder Napoleon.[66] Über die Nationalsozialisten äußerte er sich wiederholt abschätzig. 1931 oder 1932 sagte er, wenn die Nationalsozialisten an die Macht kämen, müsse in Deutschland jeder mit einer Schlinge um den Hals herumlaufen, damit man ihn jederzeit aufhängen könne; wer das nicht wolle, werde gleich aufgehängt.[67] Und auf die Bemerkung, die Nazis seien so scheußliche Leute: »Henkersknechte sind mal keine sehr angenehmen Leute.«[68] Er wollte auch nicht, daß Frank Mehnert in eine Organisation der NSDAP eintrat und spornte im April 1933 den jungen Freund Karl Josef (Cajo) Partsch an, es ihm auszureden, offenbar mit Erfolg.[69] Boehringer, der als kompromißloser Gegner der Nationalsozialisten viel mit Frank Mehnert stritt, berichtete, George habe in Wirklichkeit viel pessimistischer und unzufriedener über die Entwicklung der kulturell-nationalen Dinge gedacht, als er es den jüngeren Freunden zu erkennen geben wollte.[70] Gegenüber den Älteren nahm er die Jüngeren in Schutz.[71] Aber er wollte in Boehringers Gegenwart Auseinandersetzungen vermeiden, die er sonst duldete.[72]

Boehringer verschwieg in seinen Erinnerungen Georges Bekenntnis zur Ahnherrnschaft der neuen nationalen Bewegung, gab aber seine Weigerung wieder, eine Ehrenstellung anzunehmen.[73] Gleichwohl schrieb er, er habe vom Dichter »kein Wort vernommen, das den Verfolgern oder den Verfolgten erlauben würde, ihn für sich in Anspruch zu nehmen«; *ob* George nach 1933 sich mit Abscheu über die Nationalsozialisten geäußert *hätte*, »verschweigt der Tote«.[74] Boehringer mißt also auch den von ihm berichteten abschätzigen Äußerungen kein Gewicht bei, konstatiert das Fehlen einer gewichtigen Äußerung der Ablehnung und postuliert eine neutrale Haltung Georges zur Verfolgung der Juden und der politischen Gegner. Dieser Umstand wiegt um so mehr, als der »Meister« sich bemühte, auf Boehringers politische Haltung Rücksicht zu nehmen.

Thormaehlen berichtet vieldeutig, George habe den Älteren gegenüber »seine tiefe Sorge« ausgesprochen, aber »den Jungen, die Erwartungen hegten, hielt er manches zugute«; er versuchte nicht, sie zu belehren.[75] Hildebrandt schrieb im Januar 1935 einem norwegischen Freund, George sei mit der Haltung der Juden in zunehmendem Maße unzufrieden gewesen: »Im Jahre 32 hat er mir gesagt, die Juden sollen sich nicht wundern, wenn ich mich zu den N. S. halte. […] *Mindestens* steht fest, daß der M. alles gemieden wissen wollte, was ihn in Gegensatz zum NS bringen konnte – mit Ausnahme des Festhaltens an den besten jüdischen Anhängern.«[76] Von Edith Landmann, die jüdischer Herkunft war, auf die Brutalität der Formen hingewiesen, in denen dem »Meister« vermeintlich eigene Auffassungen »von außen widerklängen«, sagte der Dichter, »im Politischen gingen halt die Dinge anders«.[77] Aus den Berichten der Freunde spricht Verlegenheit über das Fehlen einer an die Regierung gerichteten oder öffentlichen Stellungnahme Georges zum Terror im nationalsozialistischen Reich. Der Ausweg eines Hinweises auf Georges Krankheit bot sich nicht an, weil man damit den »Meister« als urteilsunfähig hingestellt hätte.

Thormaehlen berichtet weiter, George habe seinen fünfundsechzigsten Geburtstag erst bei seiner Schwester in Bingen verbringen wollen.[78] George entzog sich aber durch seine Abreise aus Bingen am 8. Juli offiziellen Ehrungen anläßlich seines Geburtstages am 12. Juli, wie auch der Unruhe eines Jahrmarkts auf dem Platz am Kai.[79] Er reiste von Bingen nach Berlin, wo seine Wohnung in Dahlem nur den allernächsten Freunden bekannt war. Aber zu denen gehörte Morwitz, zu dem die Regierung, wenn sie es wünschte, Verbindung aufnehmen konnte. Am Geburtstag Georges hatte Thormaehlen den Eindruck, der »Meister« »erwarte· dass eine Delegation oder ein Abgesandter irgendeiner mehr oder weniger offiziellen Stelle ihn aufzusuchen versuchen würde«; außer einem (in den Tageszeitungen gedruckten) persönlichen Telegramm von Propagandaminister Goebbels sei aber nichts erfolgt.[80] Hätte George sich wirklich allen Ehrungen entziehen wollen, so wäre er also nicht nach Berlin gekommen, ohne seinen Freunden jede Mittlertätigkeit zwischen der Regierung und ihm zu untersagen, was er jedenfalls gegenüber Thormaehlen und Morwitz nicht tat. Es gab übrigens innerhalb der nationalsozialistischen Organisationen Widerstände gegen Ehrungen des Dichters, der auch als jüdisch versippt oder von Juden umgeben bezeichnet wurde.[81]

George ging etwa am 25. Juli nach Wasserburg am Bodensee, wo er von Frank Mehnert, Berthold Stauffenberg, zeitweise auch Claus Stauffenberg und anderen jüngeren Freunden umgeben war. Am 24. August fuhr er über den Bodensee nach Heiden in die Schweiz.[82] Dort sagte er Boehringer – scherzend –, in der Mitte des Bodensees habe er freier geatmet.[83] Der Grund für die Überfahrt war aber, daß George unter dem schwülen Wetter am Bodensee litt.[84] In der höheren Lage Heidens erholte er sich gut.[85] Als der von George in Berlin konsultierte jüdische Arzt und Assistent Professor Ferdinand Sauerbruchs, Dr. Walter Kempner, Kritisches zu Georges politischer Haltung vorbrachte, führte Berthold Stauffenberg Georges Ausspruch zu dessen Verteidigung an, ohne auf den Scherz und den wirklichen Anlaß der Fahrt über den See hinzuweisen.[86] Frank Mehnert lehnte aber alle Deutungen der Reise Georges als Emigration ab.[87] George verbrachte 1931 bis 1933 die letzten Monate des Jahres und die ersten des folgenden in Minusio im Tessin und richtete sich für Herbst und Winter 1933 ebenso ein. Da er nicht von Emigration sprach und im Dezember starb, kann niemand wissen, ob er nach Deutschland zurückgekehrt wäre.

Den Stauffenberg-Brüdern klang wie ihrem »Meister« vieles in den Äußerungen der Nationalsozialisten, als sei es vom Dichter selbst inspiriert. 1944 sprach Berthold Graf Stauffenberg im Gestapo-Verhör für sich und Claus, als er erklärte, die Innenpolitik des Nationalsozialismus hätten sie »zum größten Teil durchaus bejaht«, so den Gedanken des »Führerprinzips«, »der selbstverantwortlichen und sachverständigen Führung« verbunden mit einer gesunden Rangordnung und der Volksgemeinschaft, dem Grundsatz, daß Gemeinnutz vor Eigen-

nutz gehe. Sie seien für den Kampf gegen Korruption gewesen, für
die Betonung des Bäuerlichen, gegen den Geist der Großstädte, für
den Rassegedanken und eine neue, deutsch bestimmte Rechtsordnung.[88] Vorstellungen von einer reinen oder reineren Volksrasse waren
damals nicht so diskreditiert, wie sie es durch die Verfolgungen und
Morde im nationalsozialistischen Staat geworden sind. Die »Volksgemeinschaft« war die nationale, völkische Alternative zum universalen,
internationalen, von den Nationalsozialisten als jüdisch angepranger-
ten Sozialismus und zur pluralistischen parlamentarischen Demokratie. Erst später wurde klar, daß Hitlers »Volksgemeinschaft« die pervertierte Gegenutopie einer Verbrecherbande war.[89] Die Zustimmung,
zu der sich Berthold im Verhör durch die Geheime Staatspolizei 1944
bekannte, schränkte er aber ein durch den vernichtenden Satz: »*Die
Grundideen des Nationalsozialismus sind aber in der Durchführung
durch das Regime* fast alle *in ihr Gegenteil verkehrt worden.*«[90]

Die Brüder Stauffenberg, jedenfalls Berthold und Claus, hielten die
»Volksgemeinschaft« für erstrebenswert. Die Stauffenbergs dachten
nicht daran, daß Mitbürgern Gewalt angetan werden sollte, stimmten aber dem Gedanken der Trennung von Volksfremden und anscheinend auch der Ausweisung in manchen Fällen (etwa bei Nichteinge-
sessenen) zu.[91] Der schlüssigste Beleg für die Zustimmung zu solchen
Gedanken liegt in der Bekräftigung noch nach dem Zusammenbruch
aller Hoffnungen im Sommer 1944, als Berthold Graf Stauffenberg,
sein Bruder Alexander und ihr Onkel Graf Üxküll wegen Hochver-
rats verhaftet waren und im Verhör erklärten, daß sie mit den wahren
Grundsätzen des Nationalsozialismus und auch mit einer gewaltlosen
Lösung der Judenfrage einverstanden gewesen seien.[92]

Im Lauf des Jahres 1933 kamen sie gleichwohl mehr als bisher mit
Politik in Berührung. Aber sie blieben unabhängig; sie hatten längst
ihren »Führer«. Sie konnten Hitler nicht verfallen, solange sie sich
dem Dichter und dessen Utopie des geheimen Deutschland verpflichtet fühlten.[93]

Alexander Graf Stauffenberg registrierte die Erregungen der politischen Zeitereignisse als »störend« für jede Tätigkeit.[94] Berthold erwähnte in den Briefen an seine Braut vor dem 30. Januar 1933 nie
politische Vorgänge, nun tat er es immer öfter, so vor der Reichstagswahl vom 5. März: »Ich bin aufgefordert am sonntag eine autofahrt
an die deutsche grenze zu machen um da zu wählen.«[95]

Im Oktober bahnte sich im Zusammenhang mit den Abrüstungsverhandlungen und mit der fortgesetzten Behandlung Deutschlands als
Staat minderen Rechts eine Krise an, die zum Austritt Deutschlands

aus dem Völkerbund und zum Weggang der meisten der am Ständigen Gerichtshof im Haag tätigen Deutschen führte. Berthold Graf Stauffenberg war unmittelbar berührt. Sein eben aus Genf zurückgekehrter Vorgesetzter, Hammarskjöld, war der Meinung, daß Deutschland auf das Verhalten der anderen Mächte mit einem entsprechenden Schritt antworten mußte.[96] Stauffenberg wollte nun auch nicht mehr bleiben, es sei denn, das Auswärtige Amt wünschte es, da er eigentlich nicht weiter vom Völkerbund sein Gehalt beziehen mochte und die Arbeit immer sinnloser erschien.[97] Der deutsche Gesandte im Haag, Graf von Zech, gab zu bedenken, daß die Sekretärstelle bei Hammarskjöld für Deutschland Wert habe, da Hammarskjöld viel auf Stauffenberg halte und somit ein gewisser Einfluß auf den Präsidenten des Gerichtshofs, Adachi, ausgeübt werden konnte und Stauffenberg in den letzten zweieinhalb Jahren Deutschland »manchen wertvollen Dienst« geleistet habe and »eine wichtige Informationsquelle« gewesen sei.[98] »Der ganze Gerichtshof wird immer idiotischer«, schrieb Stauffenberg gleichwohl an Mika, und an den »Meister«, die Richter schienen »in einen zustand immer grösserer vertrottelung zu geraten«, es wäre das beste, »man würde den ganzen haufen nach hause schikken«.[99] Sinnlos erschien die Arbeit freilich, weil Deutschland sich an Beschlüsse nicht binden lassen wollte, die von anderen Staaten zu seinem Nachteil gefaßt wurden, und weil Deutschland den Gerichtshof künftig kaum in Anspruch nehmen würde.

Angesichts der Behandlung Deutschlands durch die Mächte hielt Stauffenberg den Rückzug aus den internationalen Organisationen für richtig.[100] Stauffenbergs Zustimmung zum Austritt teilte auch Adam von Trott, schon damals erklärter Gegner der Nationalsozialisten.[101] Hammarskjöld erwog im November 1933 eine Reise nach Berlin, um Stauffenbergs Weggang zu verhindern; im April 1935 erklärte er Helmuth James von Moltke, sein nächster Mitarbeiter, Graf Stauffenberg, habe seine Stellung am Ständigen Gerichtshof unter Druck aufgegeben.[102] Stauffenberg hatte aber auch an seine Karriere zu denken und hoffte immer noch, in das Auswärtige Amt eintreten zu können, sprach mit verschiedenen Stellen in Berlin und schrieb dem »Meister«, es müsse sich erst noch zeigen, ob die Widerstände zu überwinden seien: »Ausserdem scheint man mit änderungen in der Personalabteilung zu rechnen die wol abzuwarten wären. Sonstige möglichkeiten sehe ich im augenblick keine: sie könnten sich aber noch ergeben.« Zunächst werde er wieder im Institut in Berlin arbeiten.[103]

In der Verwandtschaft der Brüder Stauffenberg gab es damals Anhänger und Gegner des neuen Regimes. Nikolaus Graf Üxküll trat zum 1. Mai in die NSDAP ein, um, wie er hoffte, von innen das Positive – nationale Einheit, Wiedererstarken, Volksgemeinschaft – zu fördern und gegen die negativen Erscheinungen zu wirken.[104] Seine Schwester Alexandrine, die Oberin vom Roten Kreuz, trat zur selben Zeit in die Partei ein, Franz Schenk Freiherr von Stauffenberg wurde 1937 Parteigenosse.[105] Andererseits äußerte Onkel Berthold Drohungen gegen Hitler. Als man ihn zwingen wollte, auf seinem Schloß Greifenstein statt seiner Familienfahne die Hakenkreuzfahne zu hissen, ließ er eine hohe Tanne fällen und mit einer winzigen Hakenkreuzfahne in den Schweineauslauf stellen.[106] Am 20. Februar 1933 war er mit den Brüdern Enoch und Karl-Ludwig Freiherr von und zu Guttenberg in München an einem monarchistischen Putschversuch beteiligt.[107]

Auch in der Familie Lerchenfeld, aus der Claus Stauffenbergs Frau kam, gab es Zustimmung zum Nationalsozialismus, besonders unter den Kindern des Vetters der Frau Stauffenbergs. Diese wurden 1938 in Bayreuth von Verwandten, die ein Haus gegenüber dem Wagnerschen »Haus Wahnfried« hatten, das Hitler in Bayreuth meistens besuchte, vor dem Gartenzaun aufgestellt, um von Hitler die Hand gereicht zu bekommen. Auf seine Frage, wer sie seien, mußten sie antworten, »wir sind die sechs Kinder Lerchenfeld«. Die Kinder wuschen sich danach tagelang nicht die Hände, und eines der Mädchen schrieb sich Hitlers Autonummer in den Rocksaum.[108]

Leutnant Claus Graf Stauffenberg, der als Soldat nicht wählen durfte, trat schon bei der Reichspräsidentenwahl im April 1932 für Hitler ein, weil Hindenburg zu alt sei. Hindenburg sei reaktionär, die Spießbürger klammerten sich an ihn.[109] Stauffenberg vertrat seine Ansicht auch in Georges Umgebung, bei einem Besuch in Wasserburg Ende Juli oder im August 1932, wo es heftige Auseinandersetzungen gab. Stauffenberg meinte, es sei richtig gewesen, für Hitler zu stimmen, um den bürgerlichen Parteien klarzumachen, daß sie nicht auf die Dauer die Herrschaft behalten könnten.[110]

Dem Nationalsozialismus überhaupt stand Stauffenberg zustimmend gegenüber, die Ernennung Hitlers zum Reichskanzler begrüßte er,[111] manchen Berichten zufolge war er davon begeistert.[112] Er verfolgte leidenschaftlich die politischen Ereignisse und setzte Hoffnungen in einen nationalen Umbruch.[113]

Am Tag nach der Ernennung Hitlers sagte der Regimentskommandeur, Oberst Freiherr von Perfall, in der Offizierbesprechung, es sei nicht anzunehmen, daß der Reichspräsident Hitler zum Kanzler ernenne. Stauffenberg zog daraufhin aus seiner Tasche ein zerknittertes Zeitungsblatt und reichte es dem Kommandeur mit dem Vorschlag, es sich vor seinen weiteren Ausführungen anzusehen. Die Zeitung berichtete Hitlers Ernennung zum Reichskanzler.[114]

Am 30. Januar 1933 geriet Stauffenberg, unterwegs zu einer Abendeinladung, zu der er dann zu spät kam, in Uniform in eine begeisterte Menschenmenge und zog an der Spitze mit. Er meinte, als er sein Erlebnis den Gastgebern und anderen Gästen erzählte, die begeisterten Bürger hätten es nicht verstanden, wenn ein Offizier sich in solcher Lage beiseite gedrückt hätte. Als Ältere unter den Zuhörern ihn scharf kritisierten, sagte er, die großen Soldaten der Befreiungskriege hätten wohl mehr Gefühl für eine echte Volkserhebung bewiesen.[115]

Etwas später führte Oberleutnant Hasso von Manteuffel die Ausbildungs-Eskadron des Regiments und die Kapelle nach einer Übung westlich Bamberg durch die Stadt zur im Osten gelegenen Kaserne. Stauffenberg war zu Pferd unterwegs gewesen, hatte sich der Eskadron angeschlossen und ritt an der Spitze mit den anderen Offizieren neben dem Kommandeur. In der Stadtmitte vor dem Rathaus fand sich eine große Menschenmenge, weil, wie Manteuffel hier erfuhr, gerade die Flagge der NSDAP, die zur Staatsflagge erklärt worden sei, auf dem Rathaus gehißt worden war. Also befahl er, als die Eskadron am Rathaus vorbeiritt, die Ehrenbezeugung. Da die Hakenkreuzfahne aber noch Parteifahne war – ein Erlaß des Reichspräsidenten vom 12. März 1933 bestimmte nur, daß »vom morgigen Tage bis zur endgültigen Regelung der Reichsfarben die schwarz-weiß-rote Fahne und die Hakenkreuzfahne gemeinsam zu hissen sind« –, wurde Manteuffel von Oberst von Perfall hart gerügt. Manteuffel datiert den Vorgang »in den Tagen nach der sog. ›Machtergreifung‹«, was in der Erinnerung nach fast vierzig Jahren den März nicht ausschließt, wobei die Umstände – erstmaliges Hissen der Hakenkreuzflagge auf dem Rathaus – den 13. März als wahrscheinlichen Termin erscheinen lassen.[116]

Die beiden Vorgänge sind zwar beziehungsreich, aber nicht entscheidend für die Frage der Einstellung Stauffenbergs zum neuen Regime, die von den Vorgängen unabhängig bezeugt ist.[117] Ein Kamerad nannte Stauffenberg national, rechts wie alle Offiziere, keineswegs Mitläufer, vielmehr begeistert aus sich selbst heraus, eine »nationale Flamme«, ein »heiliges loderndes Feuer«.[118] Stauffenberg bejahte nicht nur die Wehrpolitik der Nationalsozialisten und die Heeresvermehrung, beklagte den Mangel an schweren Waffen, »das war automatisch bei den Angehörigen der Reichswehr«, sondern befürwortete auch nichtmilitärische Bestrebungen wie die Volkstums- oder Irredentapolitik.[119]

Zahlreiche Belege für Stauffenbergs Eintreten für die Nationalsozialisten und für Hitler bis in das Jahr 1942 lassen sich nicht abtun mit dem Hinweis auf Stauffenbergs Vorliebe, gegenteilige Standpunkte einzunehmen, den *advocatus diaboli* zu spielen, selbständig zu denken. Er war aber doch unabhängig von Programmen, wollte sich nicht links oder rechts einordnen lassen und fand Leute pedantisch und unfrei, die sich »zu einer Weltanschauung durchrangen«. Er war bewegt von Kräften, die zur Auswirkung drängten, von einem Tatendrang, dessen Bahn die Projektion der Linie Gneisenau-Schlieffen war. Er war aber auch fähig, sich in einer gegebenen Lage zurechtzufinden und, wenn nötig, seine wirklichen Gedanken für sich zu behalten.[120] Ein Verwandter aus der Familie, in die Stauffenberg heiratete, erinnerte sich, wie überrascht man in der Familie über Stauffenbergs Umsturzversuch gewesen sei, weil man ihn geradezu für den einzigen »Braunen« in der Familie gehalten habe.[121]

Stauffenbergs Lehrer in der praktischen Ausbildung an der Kavallerieschule und sein Divisionskommandeur im Polenfeldzug, Freiherr von Loeper, berichtete, Stauffenberg sei »ein unkompliziert fröhlicher, für sich einnehmender Mensch von hoher Intelligenz u. angeborenen Führereigenschaften, ein in jeder Hinsicht lauterer Charakter« gewesen; bei seinem ausgeprägten Nationalbewußtsein habe er, »wie die Masse unseres Offiziernachwuchses […] den Schalmeien des Rattenfängers aus Braunau in Österreich zum Opfer fallen« müssen; denn in der Republik sei nationale Einstellung in der Regierung, in den Parlamenten und den Zeitungen sehr wenig zum Ausdruck gekommen. Man müsse unterscheiden zwischen dem überall propagierten »reinen Nationalsozialismus« einerseits, der im Interesse der Nation das Nationale mit dem Sozialen verbinden und damit den Klassenkampf im Volk ausschalten sollte, und dem Hitlerismus andererseits, »der ganz andere, diktatorische, machthungrige, verbrecherische Wege ging«; diesen habe Stauffenberg damals nicht erkannt.[122]

Zum 1. Mai 1933 wurde Stauffenberg Oberleutnant, ein paar Monate früher als die meisten in seiner Laufbahn.[123] Die lange vor 1933 geplante Erweiterung der Reichswehr war mit Hitlers Kanzlerschaft in Angriff genommen worden, allerdings bis Ende 1933 in bescheidenem Umfang, teils weil Hitler erst die Interventionsbereitschaft der früheren Ententemächte ausloten wollte, teils auch wegen der offenen Konkurrenz zwischen der Reichswehr und der SA, deren Führer, Hauptmann i.G. Röhm, aus der SA ein revolutionäres Volksheer machen wollte.[124] Erst Ende des Jahres kam es zu klaren Weisungen für die Aufstellung des 300 000-Mann-Heeres, bis dahin und auch noch danach arbeitete die Reichswehr mit ihrer gefährlichen Konkurrenz zusammen, zumal in der vormilitärischen Ausbildung. Wie die meisten Truppenoffiziere des

Reichsheeres[125] hatte Stauffenberg mit der Ausbildung von SA-Mannschaften viel zu tun. Zugleich organisierte er die Rückführung »schwarzer« Waffendepots an die Reichswehr; es galt zu verhindern, daß die SA die Lager zuerst »fand«.[126] Auch die 1932 in Angriff genommene Neugliederung der Ersatzorganisation, die Aufstellung der Wehrgauleitungen und Divisionskommandos, die Aufstellung eines »Offizierkorps z.D.«, die der Rationalisierung und Erweiterung der Reichswehr dienten, beschäftigten die Garnisonen.[127]

Inzwischen hatte Stauffenberg sehr viel zu tun als Führer und Ausbilder einer selbständigen Waffe (Minenwerferzug) mit zahlreichen Nebenaufgaben, führte jahrelang die Geschäfte des Kasinos und verfolgte dabei noch die ihm zugängliche militärische Zeitschriftenliteratur.[128] Im Juni schrieb er dem »Meister« von über das Normale hinausgehender Arbeit.[129]

Stauffenbergs innere Distanz zur Wirklichkeit der Herrschaft der Nationalsozialisten ist in seinem Brief vom 21. Juni 1933 an den »Meister« belegt: Es habe sich wieder einmal gezeigt, daß sich der Bürger bei Revolutionen nicht mehr verstellen könne; bei aller Gleichschaltung und dem totalen Machtanspruch, »für uns ist das alles nicht allzu neu«, und schon jetzt sei zu sehen: Herren machen Umwälzungen, nicht Parteien; wer aber seine Herrschaft sicher untermauere, sei ob seiner Klugheit zu loben; das sollten die beachten, die, als Fürsprecher oder als Gegner, »sich schon wieder allzu sehr in die definition geistiger grundlagen etc. verlieren«.[130] Für Stauffenberg galt es, das Positive anzuerkennen und von angemessen hoher Warte zu beobachten.

Am 26. September 1933 heiratete Stauffenberg in der katholischen Sankt-Jakobs-Kirche in Bamberg die evangelische Nina Freiin von Lerchenfeld. Er trug die Uniform mit dem Stahlhelm – Hochzeit sei Dienst, hatte er seiner Braut erklärt.[131] Der Vater der Braut stammte aus bayrischem Adel, die Mutter war eine baltische Freiin von Stackelberg. Nach dem Essen im »Bamberger Hof« begab sich das Paar auf die Hochzeitsreise, über München nach Rom, »um die bewussten billigen preise auszunützen«.[132] Das Paar hatte zwischen einer eher kirchlichen Reiseroute mit Kathedralen und einer weltlichen nach Rom zur Ausstellung anläßlich des zehnjährigen Regierungsjubiläums Mussolinis zu wählen gehabt und sich für diese zweite entschieden, besuchte aber auch Kirchen und Museen in Verona, Ostia und Florenz.[133] Berthold fuhr mit bis Bellinzona, um den »Meister« aufzusuchen.

Am 23. September 1933 war Stefan George »glücklich« im hochsommerlichen Minusio bei Locarno angekommen, wo für ihn ein Haus gemietet war.[134] Als Berthold ihn am 27. September dort auf-

*Nina und Claus von Stauffenberg nach der Trauung am 26. September 1933
in der Bamberger Sankt-Jakobs-Kirche.*

suchte, fand er ihn jedoch »nicht besonders wohl«, in allgemeiner
Schwäche und Appetitlosigkeit.[135] Am 30. November und 1. Dezem-
ber benachrichtigte Frank Mehnert einige Freunde, der Zustand des
»Meisters« sei besorgniserregend.[136] Robert Boehringer, Frank Mehnert, der Arzt Walter Kempner und Clotilde Schlayer waren ständig und abwechselnd bei ihm im Krankenhaus in Minusio. Von den
Freunden kamen nach und nach Karl Josef Partsch, Berthold und
Alexander Graf Stauffenberg, Albrecht von Blumenthal, Claus Graf
Stauffenberg, Walter Anton, Ludwig Thormaehlen. Sie durften kurz
in das verdunkelte Krankenzimmer eintreten, ohne daß der »Meister« sie wahrnahm.[137] Boehringer und die, mit denen er sich beriet,

also Frank, Berthold, Walter Kempner, hielten Ernst Kantorowicz und Wilhelm Stein noch vom Kommen zurück; auch Morwitz und Wolfskehl wurden, soweit aus Boehringers Bericht zu entnehmen ist, noch nicht über den Zustand Georges benachrichtigt.

Am 4. Dezember 1933 starb der »Meister«.[138] Boehringer als Universalerbe leitete die Vorbereitungen für die Beisetzung. Berthold und Frank waren vor allen beteiligt: Der Dichter hatte Berthold zu Boehringers Nacherben eingesetzt, und Berthold bestimmte nun Frank zu seinem Nachfolger.[139] Zunächst wollten Thormaehlen, Blumenthal, Berthold, Walter Anton und andere die Leiche nach Deutschland überführen; aber Boehringer konnte den Ausspruch Georges zitieren, daß einer da zu begraben sei, wo er gestorben sei, und so stimmten schließlich alle der Beerdigung in Minusio zu.[140] Claus Graf Stauffenberg ordnete die im Tessin übliche, unter den Freunden abwechselnde Totenwache in der Friedhofkapelle vom Abend des Todestages bis zur Beerdigung.[141]

Frank Mehnert und Berthold Graf Stauffenberg rieten zur Benachrichtigung des Reichspräsidenten. Am 5. Dezember fragte der deutsche Konsul in Lugano beim Bürgermeisteramt in Minusio nach dem Zeitpunkt der Beerdigung.[142] Die Freunde gaben drei Uhr nachmittags am 6. Dezember an mit dem widersprüchlichen Zusatz, Teilnehmer seien nicht erwünscht, und legten insgeheim die Beerdigung auf 8 Uhr 15 vormittags fest.[143] Frank Mehnert und Berthold Graf Stauffenberg meinten nun, es wäre zu unhöflich, den deutschen Gesandten in Bern, Freiherrn von Weizsäcker, der einen Kranz der Reichsregierung niederzulegen beauftragt war, zu täuschen. Boehringer benachrichtigte Weizsäcker, mit dem er befreundet war, von der Änderung und erhob keine Einwände gegen die Kranzniederlegung am Tag nach der Beisetzung.[144]

Fünfundzwanzig Freunde waren bei der Beerdigung, darunter auch Morwitz und Wolfskehl, die noch benachrichtigt worden waren.[145] Der große Lorbeerkranz der Reichsregierung hatte ein schwarzweißrotes Band und ein rotes mit schwarzem Hakenkreuz auf weißem Grund; Clotilde Schlayer legte Rosen darauf, die Frank Mehnert wieder wegräumte. Kurz danach wurde das weiße Rund mit dem Hakenkreuz von Unbekannten entfernt; Frank Mehnert und Karl Josef Partsch kauften weißes Leinen und schwarzes Band und wollten von der Köchin Georges Ersatz schneidern lassen, die weigerte sich, sie nähten selbst und brachten das Ergebnis an dem roten Kranzband an.[146] Am 6. Dezember bei der Abreise von Locarno grüßten einige der jüngsten Freunde einander mit dem Hitler-Gruß.[147]

Im Dritten Reich

Der Tod des »Meisters« überschattete die nationale Aufbruchstimmung. Robert Boehringer als Erbe, Berthold Graf Stauffenberg und Frank Mehnert als Nacherben – dieser auch als fast ständiger Begleiter Georges in den letzten Jahren – taten, was in ihrer Einsicht Anordnung des »Meisters« war oder gewesen wäre. Sie setzten die Distanzierung des »inneren Staates« von der äußeren Welt fort; zugleich blieb die untergründige Spannung um formale und inhaltliche Gemeinsamkeiten zwischen George-Kreis und Nationalsozialisten.[1] Das von Frank Mehnert geschaffene Soldatenstandbild an der zur Magdeburger Pionierkaserne führenden Elbbrücke illustriert Anziehung und Ablehnung zugleich.

Nach dem Tod Georges, so erinnerte sich Ludwig Thormaehlen, mußte Erwerb gefunden werden für Frank Mehnert, der 1929 vom juristischen Studium zur Bildhauerei gewechselt war.[2] 1933 wurde aus der Vorhalle des Magdeburger Doms ein vier Jahre vorher aufgestelltes Kriegerdenkmal von Ernst Barlach entfernt, weil es nach Meinung seiner Gegner Sinnbild der Niederlage und weil es ein Geschenk der damals sozialdemokratisch geführten preußischen Regierung war.[3] Die »SA-Gruppenführung Mitte« in Magdeburg, unter der Schirmherrschaft des preußischen Ministers für Wissenschaft, Kunst und Volksbildung, wollte nun vor dem Dom ein SA-Denkmal aufstellen lassen, das »den Gedanken der nationalen Erhebung zum Ausdruck bringen und zugleich der Ehrung der im Kampfe für sie gebliebenen SA-Kameraden dienen« sollte.[4] Schon vor Georges Tod sorgte Thormaehlen durch Verbindungen in seiner Magdeburger Heimat, daß Frank Mehnert einen Entwurf einreichen konnte.[5] Frank hatte sich schon vor Ostern 1933 mit der Frage beschäftigt, ob eine SA-Uniform plastisch dargestellt werden könne.[6] George hatte keine Einwände.[7] Für Kosten und Mühe sollten Wettbewerbsteilnehmer tausend Mark erhalten. Nach den Erschießungen vieler SA-Führer am 30. Juni und 1. Juli 1934 glaubte Frank die Veranstalter nicht mehr am Leben und gab die Hoffnung auf sein Geld auf, doch es war vor dem 30. Juni abgeschickt worden, und auch das Denkmalvorhaben lief weiter.[8]

Claus Graf Stauffenberg stand Frank Mehnert im März 1934 für seinen SA-Entwurf Modell, auf dem leeren Hopfenboden einer verlassenen Bamberger Brauerei, wegen der Lichtverhältnisse nur in den

Claus Graf Stauffenberg als Modell. Links Frank Mehnerts Pionierstandbild an der Elbbrücke in Magdeburg (1939).

Mittagspausen. Er lehnte es ab, dazu eine SA-Uniform anzuziehen.[9] Seinem Bruder Berthold schrieb er: »Ich habe mich zwar mit meiner Verewigung ausgerechnet als S.A. Mann noch nicht ganz abgefunden, tröste mich aber damit, dass es für die Nazi weit härter ist als für mich.«[10] Wenn Frank Mehnert gelegentlich in die Wohnung kam, ließ Stauffenberg seine Frau nicht in Erscheinung treten, sondern verbannte sie ins ungeheizte Schlafzimmer, auf ihren Protest hin dann ins Wohnzimmer, von dem das Arbeitszimmer durch das Eßzimmer abgeschirmt war. Stauffenberg begründete die Maßnahme mit Georges Interdikt gegen Familienkontakte; Franks Scheu gegenüber Frauen verschwieg er.[11] Nina Gräfin Stauffenberg hat so den Freund ihres Mannes nie kennengelernt. Nach knapp zwei Wochen Arbeit urteilte das Vorbild, der Entwurf sehe »recht unnazistisch aus«, was wohl die Absicht gewesen sei.[12]

Aber eine rechteckige schlanke Säule erhielt den Preis. Sie hatte sechzehn Meter Höhe mit einer vier Meter hohen Bildgruppe, in der unter den Schwingen eines riesigen Adlers je ein SA-Mann waagrecht schwebend festgemacht war, weitere SA-Männer strebten zu Fuß

Kopf des Pionierstandbilds (Magdeburg 1982).

unter dem Adler vorwärts. Das Bildwerk wurde im Februar 1936 aufgestellt.[13]

Durch Bemühungen seiner Freunde bekam Frank Mehnert nun Gelegenheit, ein Pionierstandbild zu schaffen, das an der 1934 so benannten »Brücke der Magdeburger Pioniere« stehen sollte und für das Stauffenberg wieder Modell stand. Das Standbild wurde in Muschelkalk gehauen und am 2. Dezember 1939 an der Brücke feierlich aufgestellt.[14] In der Nacht vom 26. zum 27. März 1942 stürzten Unbekannte es um und wälzten die Bruchstücke in die Elbe. Die Brückenwache fehlte in dieser Nacht, die Wache vor der Pionierkaserne konnte das Standbild sehen, hatte aber nichts bemerkt, obwohl die vierzig Zentner schwere Figur nur mit einem Fahrzeug mit Kette oder Stahlseil vom Sockel gerissen werden konnte.

Frank Mehnert, bis dahin in Rußland zweimal verwundet, schwor Rache. Während er sich an der Front die Knochen zerschießen lasse, zerschlage man ihm in der Heimat sein Werk: »eine hydra soll ihnen in uns erwachsen· für ein umgestürztes bild sollen sich zwölf neue grössere und schönere erheben die ihnen tagtäglich und wo sie gehn ihre

hündische niedrigkeit in ihr hündisches gewissen rufen.« Als Mehnert am 26. Februar 1943 bei Staraja Russa fiel, suchten Berthold und
Claus Graf Stauffenberg mit den Freunden nach Wegen, das Standbild
durch Abguß aus den geborgenen Teilen, von denen nur die rechte
Hand fehlte, zu erneuern, der befreundete Bildhauer Urban Thiersch
sollte die Arbeit übernehmen, doch kam es nicht mehr dazu.[15]

Trotz Stauffenbergs äußerer Nähe zum Regime, die in der SA-
und Pionier-Episode lag, fehlten auch 1934 nicht die Zeichen seiner
inneren Distanz gegenüber der nationalsozialistischen Diktatur. Ein
Kamerad berichtete, im Februar 1934 habe er sich am Jubel anderer
nicht beteiligt, als Hindenburg auf Vorschlag des Reichswehrministers
anordnete, den Reichsadler mit Hakenkreuz, das »Hoheitsabzeichen
der NSDAP«, auf der Militärdienstmütze, an der linken Stahlhelm-
seite und über der rechten Brusttasche der Uniformjacke anzubringen. Er habe das Verächtlichmachen der alten Kokarde als unwürdig
bezeichnet und die Möglichkeit ernster Folgen für das Heer zu bedenken gegeben.[16]

Im März 1934 entwarf Stauffenberg einen Brief an das Propagandaministerium, um »als Deutscher und Soldat« Einspruch zu erheben
gegen die Behauptung in *Der Stürmer,* dem antisemitischen Hetzblatt
des Nürnberger Gauleiters Julius Streicher, Georges Dichtung sei dem
jüdischen Dadaismus ähnlich, und George solle in Wirklichkeit Heinrich Abeles geheißen haben.[17] »Da so leicht Irrtümer u. Disziplinwid-
rigkeiten untergründiger Nazi zum Staatsgesetz erhoben oder doch als
solches angesehen werden«, sei es einmal an der Zeit, »sie selbst auf
sich zu hetzen«, schrieb Stauffenberg seinem Bruder Berthold, um dessen Zustimmung er bat.[18] Der Regimentskommandeur müsse übrigens
so einem Brief an eine höhere Behörde zustimmen, doch sei ja dem
Kommandeur, Oberst von Perfall, seine »Staatszugehörigkeit« nicht
fremd. Ein Angriff auf das Regime selbst war damit nicht beabsichtigt,
allerdings wurde *Der Stürmer* weithin abgelehnt, noch 1938 schloß
ihn das Oberkommando des Heeres von den für die Truppe geeigneten Zeitschriften aus.[19]

Streicher wurde 1934 noch einmal zum Ärgernis, als Stauffenberg
mit Bernd von Pezold auf Befehl in Uniform an einer Parallelveran-
staltung zum Nürnberger Parteitag 1934 im Kaisersaal der Neuen
Hofhaltung in Bamberg teilzunehmen hatte: Als Streicher abstoßende
Äußerungen tat, standen beide Offiziere auf und verließen den Saal
durch den Mittelgang.[20]

Distanz und Skepsis Stauffenbergs richteten sich gegen die so unangenehm in Erscheinung tretenden Parteiorgane, nicht gegen die

Reichsregierung. So hat man Stauffenbergs Äußerung zu verstehen, die Beseitigung der SA-Führung am 30. Juni 1934 sei das Platzen einer Eiterbeule, das endlich klare Verhältnisse geschaffen habe.[21] In dieselbe Richtung scheint Stauffenbergs Gespräch mit seinem Eskadronchef Hans Walzer in den Tagen nach den Erschießungen zu weisen, in dem sie »die Möglichkeit einer gewaltsamen Beseitigung des NS-Systems« und den vermutlichen Einfluß der katholischen Kirche erörterten.[22] Stauffenbergs Haltung in den folgenden Jahren legt die Annahme nahe, daß er und Walzer von der von extremen Parteiorganen ausgehenden Gefahr für die Staatsregierung sprachen. Der Hinweis auf die Kirchen mag mit Vizekanzler von Papens Marburger Rede gegen die staatlichen Eingriffe in kirchliche Dinge zusammenhängen.[23] Andererseits entsprach es Stauffenbergs Unabhängigkeit, daß er 1935 im Gegensatz zu vielen seiner Kameraden, die seit 1934 Kontakte mit der SA mieden, an einem von der SA veranstalteten Reitturnier in Heiligenhaus bei Essen teilnahm.[24]

Der Dienst war in der beginnenden Aufrüstung intensiver geworden. Wie jedes Jahr seit 1930 befaßte sich Stauffenberg eingehend mit Fragen des Minenwerfers. Von Mitte November 1933 bis Ende Februar 1934 war er Lehrer für die Unterführerstufe des Minenwerferzuges. Er nahm die Arbeit ernst und ließ sich von einem Hauptmann im Ausbildungstab des Truppenübungsplatzes Döberitz Fragen beantworten über die Berücksichtigung des Windeinflusses beim »Planschießen« (Schießübung nach Koordinaten, die auf Geländekarten eingetragen waren).[25] Seit April 1934 mußte Stauffenberg um sechs Uhr und manchmal früher mit dem Dienst beginnen.[26]

Die Kavallerie wurde Schritt für Schritt zur motorisierten und gepanzerten Truppe umgebaut, so auch das Bamberger Reiter-Regiment. Bis zum Juli 1934 wurde es großenteils motorisiert, die 4. Eskadron wurde Panzerabwehr-Abteilung, die 3. und 5. Eskadron mußten ihre Pferde abgeben und kamen nach Eisenach zu einem Kradschützen-Bataillon.[27]

Stauffenberg konnte seinem Dienstalter entsprechend die Wehrkreisprüfung, Voraussetzung für die Zulassung zur Kriegsakademie, erst 1936 ablegen. Für die Zulassung zur Wehrkreisprüfung wurde die Kenntnis der bis dahin erschienenen Bände der vom Reichsarchiv veröffentlichten Geschichte des Weltkriegs verlangt. Weiter war die Lektüre von Hitlers *Mein Kampf* Bedingung. Nina Gräfin Stauffenberg kaufte 1935, wie sie sich erinnerte zähneknirschend, die billigste Ausgabe.[28] Bis zur Prüfung befaßte er sich viel mit Fragen der Modernisierung der Kavallerie und des Aufbaus der Panzerwaffe.[29] Sicher

Claus Graf Stauffenberg (links) mit seinem Burschen Hans Kreller im Mai 1935 bei einem Turnier (Gruppenspringen) in Heiligenhaus.

ist auch, daß der Kommandeur des Reiter-Regiments 17 Stauffenberg als unbequemen Untergebenen empfand.[30] So kam er zum 1. Oktober 1934 als Bereiteroffizier und – im zweiten Jahr – als Adjutant an die Kavallerieschule in Hannover. Die Familie wohnte am Lister Kirchweg 21.[31]

Stauffenberg hatte täglich vier Pferde zu trainieren, mußte in Wettbewerben sein eigenes Pferd reiten und tat sich als Dressurreiter bei Turnieren hervor, insbesondere in Stuttgart und anderswo in Süddeutschland.[32] 1934 gewann er die obligatorische Military seines Lehrgangs und schlug mehrere der späteren Sieger der Olympischen Spiele von 1936.[33] Er nahm englischen Sprachunterricht und las außer einer Ortszeitung den *Daily Telegraph*.[34] An der Technischen Hochschule besuchte er Vorlesungen über Karl Haushofers Lehre der Geopolitik.[35]

Im Februar 1936 stürzte Stauffenberg schwer mit einem zum Steigen neigenden Pferd, das sich überschlug. Vom 10. bis 27. März lag er mit einem Abszeß im Standortlazarett, unterbrach aber nicht seine

Vorbereitung auf die Wehrkreisprüfung; er hatte seine frühere schwache Konstitution jahrelang mit Härte und Disziplin gefestigt.[36] Nach der Militärdolmetscherprüfung für englische Sprache konzentrierte er sich auf Taktik.[37] Seine Ausarbeitungen erhielten Prädikate wie »sehr klare Beurteilung der Lage« oder »durchdachte und klare Arbeit mit guten Befehlen«.[38] Er bestand die Prüfung Anfang Juni 1936.[39]

Daneben arbeitete er damals und auch noch nach dem Eintritt in die Kriegsakademie intensiv mit an der Verlegung der Kavallerieschule nach Krampnitz bei Berlin und somit zugleich am Aufbau der Panzerwaffe.[40] General der Panzertruppen Cramer, der spätere Nachfolger Rommels als Kommandierender General des Deutschen Afrika-Korps, berichtete: »1937 war er [Stauffenberg] – zur Kriegsakademie kommandiert – mein stiller Helfer bei der Umorganisation der Kavallerieschule und der Verlegung von Hannover nach Krampnitz.«[41]

In der letzten Juniwoche 1936 war Stauffenberg auf einer Taktik-Übungsreise und Abschlußreise des Bereiterlehrgangs, deren erste Etappe auf seine Veranlassung an den Bodensee führte, nicht wie sonst an den Rhein.[42] Auf dem Hohentwiel entwarf er seinen Kameraden ein Bild des Stauferreiches, in dessen Mitte man hier stehe. Im November schrieb er in einem Brief: »Die höchste Erfüllung des Deutschen ist das REICH, sagen wir ruhig das Universalreich. Höchste kulturelle Gestaltung war für ihn stets verbunden mit universeller Wirkung: Das Heilige Reich, der Humanismus, die Klassik.«[43] Das Thema fesselte ihn so, daß er im April 1940, mitten in den Vorbereitungen zum Angriff im Westen, an einem vor seinem Divisionsstab zu haltenden Vortrag über den mittelalterlichen Reichsgedanken arbeitete, zu dem er die Staatsbriefe Kaiser Friedrichs II. verwenden wollte.[44] Am Morgen nach dem Abschiedsabend in der Kavallerieschule ging er als einziger des Jahrgangs zu seinem Ausbildungsleiter, Oberst von Loeper, um sich zu bedanken.[45]

Für seine Leistungen in der Dolmetscherprüfung erhielt Stauffenberg einen Preis von 500 Mark in Devisen zu einer zweiwöchigen Reise nach England. Am 31. August 1936 kam er in London an, besichtigte den Tower, St. Paul's Cathedral, Westminster Abbey, Westminster Hall, Buckingham Palace, das British Museum, Windsor und Eton; Oxford stand noch auf dem Plan. Am 7. September besuchte er das Royal Military College in Sandhurst, um mit Kadetten zu sprechen, die Deutsch lernten.[46] Er traf sich auch mit dem Militärattaché der deutschen Botschaft, Generalmajor Freiherr Geyr von Schweppenburg, der mit der Familie Stauffenberg befreundet war und vermutlich den Besuch in Sandhurst vermittelt hatte.

Durch Verbindungen von Jürgen Schmidt, der schon vorher in England gewesen war, und durch einen englisch-deutschen Austauschdienst mit Unterstützung eines Offiziers der Operationsabteilung der britischen Admiralität erhielt Stauffenberg noch eine Einladung zu einem Jagdreiten.[47] So reiste er Mitte September zum zweiten Mal nach England.[48] Vor der Jagd, anscheinend einer Fuchsjagd am Wochenende, mußte die Frage des Anzuges geklärt werden: Statt des roten Rocks war für ausländische Gäste ein schwarzer Rock mit Melone und weißer Hose richtig. Stauffenberg wurde von einem Leutnant Loewe abgeholt, der ihm sofort sagte, er sei Jude, worauf Stauffenberg entgegnete, ihm genüge zu wissen, daß Loewe britischer und er selbst deutscher Offizier sei.[49] Bei einer weiteren Jagd am 19. Oktober in Luthe brach er sich ein Schlüsselbeingelenk.[50]

Von Hannover aus hatte Stauffenberg öfter Gelegenheit, nach Berlin zu kommen und seine Brüder und die Freunde zu sehen, womöglich an den Geburtstagen des »Meisters«; gelegentlich kam er nach Magdeburg.[51] Frank schuf in dieser Zeit in Hannover die zweite Portraitbüste von Stauffenberg und arbeitete in Berlin und Magdeburg am Standbild des Pioniers.

Am 6. Oktober 1936 begann Stauffenberg das Studium an der Kriegsakademie in der Kruppstraße 3–4 im Berliner Industrieviertel Moabit.[52] Er wohnte mit seiner Frau und seinen 1934 und 1936 geborenen Söhnen Berthold und Heimeran in der Waltharistraße 20 in Wannsee. In der Nähe wohnten Berthold und seine Frau in Wilmersdorf in der Konstanzer Straße 14, der Vetter Cäsar von Hofacker in Steglitz in der Kaiser-Wilhelm-Straße 8, der stellvertretende Berliner Polizeipräsident Fritz-Dietlof Graf von der Schulenburg, der mit Hofacker befreundet war und durch diesen mit Nikolaus Graf Üxküll (Onkel Nux) in freundschaftlicher Verbindung stand, in Zehlendorf im Ithweg 15 und Graf Üxküll bis 1934 in Zehlendorf in der Bismarckstraße 10, dann im selben Vorort am Hoffbauerpfad 25. Im Haus von Graf Üxküll diskutierte Stauffenberg mit Schulenburg leidenschaftlich über Wehrpolitik.[53]

Auch bei Peter Graf Yorck von Wartenburg, einem Vetter der Stauffenbergs, der in Dahlem in der Hortensienstraße 50 wohnte, kamen die Stauffenberg-Brüder, Onkel Nux, Cäsar von Hofacker mit Schulenburgs, Albrecht von Kessel und Ulrich Graf Schwerin, Adam von Trott zu Solz und Otto Ehrensberger zusammen.[54] Ein Teil des späteren Kreisauer Kreises bestand hier schon. Schulenburg stammte aus einer berühmten Familie. Sein Vater, General Friedrich Graf von der Schulenburg, war 1916 bis 1918 Chef des Generalstabes der Heeresgruppe Deutscher Kronprinz, von 1924 bis 1928 Reichstagsabgeordneter der Deutschnationalen Volkspartei und von 1933 bis zu seinem Tod 1939 der NSDAP sowie ehrenhalber SS-Obergruppenführer; er wurde 1939 mit großen militärischen Ehren in Anwesenheit Hitlers bestattet. Fritz-Dietlof Graf von der Schulenburg und die Brüder Stauffenberg sahen sich 1937–1939 öfter, aber zum engeren Freundeskreis Schulenburgs gehörte Stauffenberg damals nicht.[55]

Die Stauffenbergs, Nachkommen Gneisenaus und durch diesen mit Scharnhorst verwandt,[55a] Söhne des Oberhofmarschalls König Wilhelms II. von Württemberg, mit Reichsaußenminister Freiherr von Neurath von dessen Zeit als Kabinettchef des Königs von Württemberg her gut bekannt, beanspruchten mit Selbstverständlichkeit ihre Plätze in den ersten Rängen des Staates. Sie verstanden sich nicht als Untertanen einer Diktatur, sondern als Teilhaber am Staat und als freiwillige Staatsdiener, woraus sich für sie schließlich auch die Verpflichtung zur Verteidigung des Staates gegen seine Führer ergab.

Von tausend jährlich zur Wehrkreisprüfung Angetretenen wurden in der Zeit des Hunderttausend-Mann-Heeres hundert zur Truppenamtausbildung (Generalstabsausbildung, seit 1935 in der wiedereröffneten Kriegsakademie) zugelassen und in Hörsälen zu je zwanzig bis fünfundzwanzig Offizieren aufgeteilt, von denen insgesamt etwa zwanzig schließlich zum Generalstab kommandiert und nach einer Probezeit in den Generalstab versetzt wurden. 1933 wurde die Dauer der Ausbildung von drei auf zwei Jahre verkürzt. Nach der Einführung der allgemeinen Wehrpflicht 1935 und der Beschleunigung des Heeresaufbaus kam die Mehrheit der Absolventen in den Generalstab.[56] Bis 1938 waren so viele Offiziere ausgebildet, daß der Kurs wieder auf drei Jahre festgesetzt werden konnte. Im Krieg wurde er wegen der hohen Verluste auf wenige Monate zusammengedrängt.

Nach dem Krieg äußerten Veteranen der Generalstabsausbildung hie und da Kritik an der einseitigen Betonung der taktischen Ausbildung zu Lasten der Wehrwirtschaft und Wehrtechnik durch Taktiklehrer, die im Ersten Weltkrieg Leutnants, folglich ohne Erfahrung für den Unterricht in der Stabsarbeit gewesen seien. Es habe sich deshalb im Kriege unter den Generalstabsoffizieren die Tendenz gezeigt, die kriegswirtschaftlichen und politischen Kräfte auf der Seite der Gegner zu unterschätzen oder nicht zur Kenntnis zu nehmen.[57] Ein amerikanischer Teilnehmer in Stauffenbergs Kursus im Nachbarhörsaal, Hauptmann Albert Wedemeyer, der die amerikanische Stabsschule in Fort Leavenworth absolviert hatte, fand die Betonung der Taktik dagegen erfreulich. Während in Berlin täglich taktische Übungen ausgeführt worden seien mit Verteilung der Hörsaalangehörigen auf die verschiedenen Stellen eines Divisionsstabes, habe man in Fort Leavenworth Taktik fast nur theoretisch gelehrt.

In Berlin übte man vor allem Umfassung, kaum Durchbruch und Verteidigung. Man befaßte sich mit den Feldzügen Philipps von Mazedonien, Alexanders, Caesars, Friedrichs des Großen und Napoleons, nicht mit dem amerikanischen Bürgerkrieg, doch wurde die industrielle Übermacht Amerikas als der den Weltkrieg entscheidende Faktor besprochen. Wedemeyer war auch beeindruckt vom Unterricht in der Verwendung neuer Waffen wie Luftlande-Divisionen, Panzer-Divisionen und Panzerabwehr-Abteilungen, die es damals im amerikanischen Heer nicht gab. Im zweiten Jahr wurde Führung größerer Verbände wie Armee und Armee-Korps gelehrt, ferner Strategie, die Bedeutung der Geographie, Demographie, des Klimas und des Temperaments der Völker, ihrer politischen Struktur und ihrer Wirtschaft. Eine Niederschrift aus Vorlesungen über Wehrwirtschaft im Nachlaß Stauffenbergs umfaßt siebzehn Seiten und drei Seiten Literaturangaben.[58]

Stauffenberg jedenfalls zeigte sich in der Generalstabsausbildung nicht behindert, er dachte über weltwirtschaftliche Fragen nach, las englische Zeitungen, interessierte sich nach dem Urteil eines seiner Lehrer fast mehr für Politik als für Militärisches.[59] Wenn ihn das Thema eines Hörsaalvortrages nicht interessierte, las er die *Deutsche Allgemeine Zeitung*.[60] Er hatte aber die Zeitschrift der Deutschen Gesellschaft für Wehrkunde, *Wissen und Wehr*, die von General von Cochenhausen herausgegeben wurde, abonniert.[61] Die Taktikarbeiten Stauffenbergs wurden von seinem Lehrer, Major i.G. Reuss, und dem hochgeschätzten Hörsaalleiter, Oberstleutnant i.G. Metz, mit »gut«, »einverstanden«, »klare Übersicht«, »erfreuliche Kürze«, aber gelegentlich auch mit »Lösung zu optimistisch und zu wenig energisch«, »nicht immer klar genug«, »nicht brauchbar«, »Flüchtigkeit«, »unzweckmäßig« beurteilt.[62]

Stauffenberg interessierte sich sehr für Weltwirtschaftspolitik, war stark beeindruckt, als die amerikanische Stahlproduktion 1938 zur Sprache kam, die fast viermal so groß wie die deutsche war.[63] In Gesprächen mit Wedemeyer – Stauffenberg sprach gut englisch –, zeigte er sich vertraut mit John Maynard Keynes' *The Economic Consequences of the Peace* und dessen Ansicht, Deutschland sei 1919 ungerecht und unvernünftig behandelt worden.[64] Der künftige Generalstabsoffizier – seit 1. Januar 1937 Rittmeister – erwies sich auch gut unterrichtet über die englische und amerikanische Politik des 18. und des 19. Jahrhunderts, wußte Bescheid über die Gründer der Vereinigten Staaten, Benjamin Franklin, James Madison, George Washington, Alexander Hamilton.[65]

Eigentlich politische Gespräche vermieden Stauffenberg und Wedemeyer, aber Wedemeyer merkte deutlich die prinzipielle Skepsis des Berufssoldaten gegenüber dem Regime, ja Stauffenbergs Ablehnung der nationalsozialistischen Regierung, ohne daß sie ausgesprochen wurde.[66] Schon damals gab es Anzeichen, daß Deutschland und Amerika sich bald im Krieg gegenüberstehen könnten. Nach Wedemeyers Rückkehr nach Amerika schrieb er Stauffenberg, er werde seine Freundschaft immer schätzen, was sich auch zwischen ihren beiden Ländern ergeben möge, doch würde er im Krieg sich ganz für den Sieg seines Landes einsetzen. Stauffenberg antwortete mit der Bekräftigung der Freundschaft und der Hoffnung, Amerika werde nicht sofort in einen eventuellen Krieg eintreten, sondern seinen starken Einfluß für dauerhafte Verständigung und Frieden einsetzen.[67] Noch 1941, als Amerika sich dem Eintritt in den Krieg näherte, erhielt Stauffenberg über den amerikanischen Militärattaché in Berlin einen kurzen Brief Wedemeyers, in dem dieser noch einmal die persönliche Freundschaft bekräftigte.[68]

Wie Wedemeyers Erinnerungen, so wird auch der taktvoll formulierte Bericht eines anderen Hörsaalkameraden einzuordnen sein: Stauffenberg und der ihm befreundete Albrecht Ritter Mertz von Quirnheim hätten ein kühles Verhältnis zum vulgären Nationalsozialismus gehabt, seien aber nicht offen gegnerisch eingestellt gewesen.[69] Weder Stauffenberg noch Mertz standen anfangs dem Nationalsozialismus kühl gegenüber, bis 1938 überwog die positive Einschätzung ihre Vorbehalte, dazu kamen politische Zurückhaltung in Gesellschaft und Vorsicht gegenüber als »gefährlich« bekannten Nationalsozialisten und Denunzianten.[70] Beide beurteilten allerdings die Verfolgung der Juden immer negativ; Stauffenberg und Mertz hätten aber – allerdings nur nach dem Bericht des Kameraden Teske – Entfernungen von Juden aus Beamtenstellen akzeptiert, aber Mertz hatte schon anläßlich der Boykottkampagne vom 1. April 1933 gemeint, die Ausschreitungen seien unwürdig, außerdem bringe man damit die ganze Welt gegen Deutschland auf.[71]

Mertz, der zu Spott und Sarkasmus neigende, scharfsinnige und unorthodoxe Sohn eines Generals und Präsidenten des Reichsarchivs, war in das 19. (Bayerische) Infanterie-Regiment eingetreten, dort 1928 Leutnant geworden, kam 1929 in das von Oberst Erwin von Witzleben geführte 8. (Preußische) Infanterie-Regiment, wurde 1931

Oberleutnant und diente in Liegnitz beim Ausbildungs-Bataillon des Regiments. 1933 wollte er in die SA eintreten, die er für das Heer der Zukunft hielt. Er ließ sich zum Grenzschutz nach Schlesien versetzen und hielt Verbindung mit den dortigen SA-Führern, zumal Obergruppenführer Heines. Auf Betreiben seines Vaters wurde er zum 25. Januar 1934 in das 5. (Preußische) Infanterie-Regiment nach Stettin versetzt, dessen Kommandeur Oberst von Viebahn ihm die Grundlagen des Soldatentums wieder nahebrachte, ferner die Leutnants des Regiments versammelte und ihnen den Grund von Mertz' Versetzung erklärte.[72] Mertz war immer noch unbändig, begann aber, der Ausbildung einiges abzugewinnen, und bereitete sich auf die Wehrkreisprüfung vor.[73]

Unter dem Einfluß seines Vaters wurde Mertz dem Regime gegenüber skeptischer: er bemühe sich manchmal wirklich, die rosarote Farbe von seiner Brille abzukratzen, schrieb er seiner Frau.[74] Anläßlich des französisch-russischen Bündnisses von 1935, das er mit der französisch-türkischen Allianz der Zeit des Prinzen Eugen und der französisch-russischen vor 1914 verglich, nahm er von der Kriegsgefahr, von der nun gesprochen wurde, ohne Begeisterung Kenntnis, schließlich habe er seinen Kopf hinzuhalten. Er bewunderte aber die Einfachheit der Beweisführung und die Überzeugungskraft der drohenden Friedensrede Hitlers vom 21. Mai zur Verkündung des neuen Wehrgesetzes und die verhüllte Ankündigung der Wiederbesetzung des entmilitarisierten Rheinlandes. Ein Ziel sei sicher erreicht: »den besonders im Sommer immer recht kriegsfreudigen Hetzern in Ost und West ist viel Wasser von ihrer Propagandamühle genommen«; geschickt werbe Hitler um England, während gegen die französisch-russische Sturheit ja ohnehin nichts auszurichten sei.[75]

Im Winter war auf der Kriegsakademie an einem Tag jeder Woche Geländeübung und einmal jeden Monat fand eine mehrtägige Reise statt – die ersten im Oktober und November 1936 in die Gegend von Jena und Weimar. Weitere Übungsreisen führten im Februar nach Hampelbaude, im März nach Angermünde, im Juni nach Halle. Es gab auch Lehrreisen zur Industrie und zu den Erprobungsplätzen für neue Waffen.[76]

Zum Abschluß des ersten Akademiejahres machte Stauffenbergs Jahrgang eine Generalstabsreise auf die ostpreußischen Schlachtfelder von 1914/15.[77] Gegen Ende Juni 1937 schrieb Stauffenberg dem Freund Frank Mehnert zwei Postkarten von der Fahrt über Königsberg, Insterburg, Rominter Heide, Masurenland, Allenstein und die Schlachtfelder von Tannenberg nach Gumbinnen und zählte auf, was

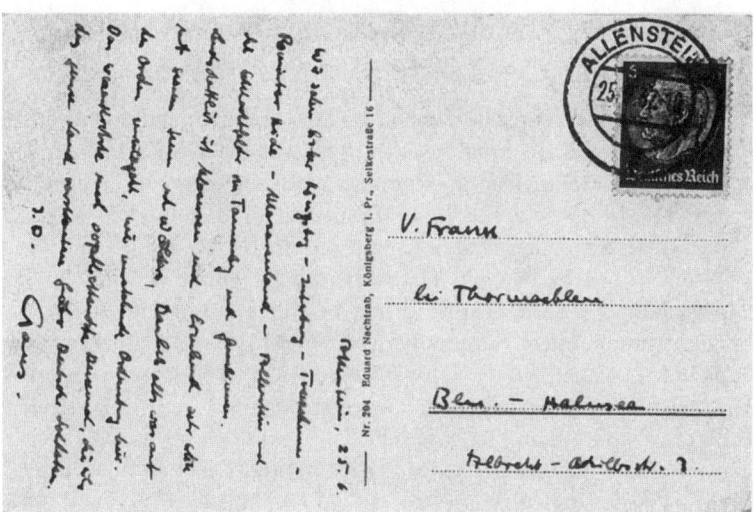

Von einer Generalstabsreise auf die ostpreußischen Schlachtfelder von 1914,
Tannenberg und Gumbinnen, schrieb Stauffenberg an Frank Mehnert.

Kriegsakademie auf Übungsreise, Ostpreußen 1937.
Von links: Stauffenberg, Hauptmann Wolf von Zawadsky, Hauptmann Georg
Gartmayr, Hauptmann Mertz von Quirnheim. Zwischen Gartmayr und Mertz
Hauptmann Heinrich Worgitzky.

er gesehen hatte: sehr schön seien Masuren und Ermland mit Wäldern
und Seen, an Baudenkmälern alles, was auf die Ordenszeit zurück-
gehe. »Das wesentlichste und verpflichtendste Denkmal, die über das
ganze Land verstreuten Gräber Deutscher Soldaten.« Die Marien-
burg: »Ein spätes aber echtes Zeugnis des REICHS.«[78]

Vom 1. Juli bis zu den Herbstmanövern waren die Schüler der
Kriegsakademie zum Truppendienst bei für sie fremden Waffengattungen kommandiert. Stauffenberg tat Dienst in einer Artillerie-Abteilung in Münsingen auf der Schwäbischen Alb und berichtete, Truppendienst sei Erholung nach einem anstrengenden Manöver in Westfalen.
Allerdings spüre man hier, wie sehr das Heer noch im Aufbau begriffen sei; das Offizierkorps sei in Erziehung und Leistung noch keineswegs zufriedenstellend.[79]

Von Ende Juli bis Ende August verbrachte Stauffenberg den Urlaub
mit seiner Frau und den beiden Kindern in Lautlingen, fuhr zwischendurch an den Bodensee und nach Konstanz,[80] beriet sich mit seinem
Bruder Berthold über das Binger Haus Georges, das Robert Boehringer der Stadt schenken wollte.[81] Anfang November wurde Berthold
Stauffenbergs Sohn Alfred geboren; am 30. Dezember war in Lautlin-

gen die Taufe, bei der Claus Stauffenberg als Pate eine Tischrede auf den ersten Sohn des ältesten Bruders hielt. Er sprach von den Überzeugungen des namengebenden Großvaters, von der Treue zur Familie, zum Staat und zum Souverän, zu Gott und damit zu sich selbst. Der Großvater des Täuflings hatte gesagt: »Es kommt nicht darauf an, *was* Ihr treibt, sondern dass Ihr es anständig treibt und Eurem Namen Ehre macht.«[82]

Vom 22. August bis 3. September 1937 war Stauffenberg der III. Abteilung des Artillerie-Regiments 35 in Karlsruhe als Batterieführer zugeteilt; die Manöver führten ihn durch das obere Kochertal, das Jagsttal und die Gegend um Heidenheim, Ellwangen, Aalen und Schwäbisch Gmünd; vom 4. bis 10. September war er bei der II. Abteilung des Artillerie-Regiments 25 in Münsingen. Während der Manöverpause vom 11. bis 15. September wollte er nach Bamberg, anschließend mußte er nach Mecklenburg.[83] Bei den Herbstmanövern fungierten die Kriegsakademiker in Leitungs- und Schiedsrichterstäben.[84]

Ende 1937 hielt der deutsche Botschafter in Moskau, Friedrich Werner Graf von der Schulenburg, vor der Kriegsakademie einen Vortrag über »Politische Beziehungen Deutschlands zur Sowjetunion«, in dem er die Stärken und Schwächen des Riesenreiches deutlich machte.[85] Er sprach von den imperialen Ausdehnungstendenzen der Sowjetunion und von ihrem gewaltigen Potential an Rohstoffen, Menschen, Industrie. Er warnte davor, die gegenwärtige, durch Schauprozesse und die Erschießung einiger Generale illustrierte innere Schwäche zu überschätzen; Rußland dürfe nicht mit europäischen Maßstäben gemessen werden. Zwar sei die Sowjetunion auf Jahre hinaus zu einem Angriffskrieg nicht fähig, sie werde eher abwarten, bis sich die Westmächte gegenseitig erschöpft hätten. Aber in einem Verteidigungskrieg kämen Rußland wie schon oft in seiner Geschichte die großen Entfernungen, die Zahl, Zähigkeit und Anspruchslosigkeit seiner Bevölkerung zu Hilfe.

In manchen der fünf Hörsäle herrschte eine durch herausragende Persönlichkeiten geprägte Atmosphäre, so unter den dreiundzwanzig Kriegsschülern in Stauffenbergs Hörsaal b, in dem auch die später an der Verschwörung Beteiligten Eberhard Finckh und Mertz saßen.[86] Stauffenberg wirkte in seiner ganzen Haltung als Graf und Herr, doch mit natürlicher Volksverbundenheit, als bekennender Katholik und Humanist zugleich, er übertraf alle Hörsaalkameraden an Geist, Temperament und Redegewandtheit.[87] Da er gewissenhaft alle möglichen Argumente erwog, so berichtete sein Hörsaalkamerad Hermann Teske, sei er bedächtig gewesen in seinen Entschlüssen, in der Ausführung aber kühn und entschlossen und auch fähig zu blitzschnellem Erfassen von Situationen und zu schnellen Entscheidungen. Auch Pezold und später der Nachschubführer der 6. Panzer-Division Major Topf meinten, Stauffenberg redete viel, mußte aber mit dem Wort kämpfen.[88] Ein anderer bezeichnete Stauffenberg als auf allen Gebieten – Taktik, Kriegsgeschichte, Transportwesen, Organisation und Versorgung – gleichmäßig unterrichtet; darin sei er eine Ausnahme gewesen, die meisten Generalstabsoffiziere hätten sich durch ihre Verwendung spezialisiert.[89] Stauffenberg genoß schon damals als junger Offizier großes Ansehen, man sprach von ihm »mit einer gewissen Hochachtung«.[90]

Stauffenberg beteiligte sich an einem Preisausschreiben der Deutschen Gesellschaft für Wehrpolitik und Wehrwissenschaften mit einer Studie über die Abwehr feindlicher Fallschirmtruppen, die bis 1. Februar 1937 abzuliefern war; im Sommer erhielt er dafür den 1. Preis. Das Reichsluftfahrtministerium ließ die Studie in der Oktober-Nummer seiner internen Zeitschrift abdrucken, und am 28. April 1938 trug Stauffenberg seine Gedanken vor der Lilienthalgesellschaft für Luftfahrtforschung auf deren Einladung hin vor. Im Juli 1938 erschien eine geringfügig abgeänderte Fassung in *Wissen und Wehr*.[91]

Stauffenberg durchdachte einen Komplex nach allen Richtungen, zu dem es bisher keine praktischen Erfahrungen gab. Er stellte den Einsatz von Soldaten mit Fallschirmen in den Zusammenhang des Einsatzes von Kriegsmitteln im feindlichen Hinterland und untersuchte ihn nach erreichbaren Zielen, aufzuwendenden Mitteln und Einsatzmethoden. Er wies auf die großen Ähnlichkeiten der Einsatzmöglichkeiten von Fallschirmsoldaten und Kavallerie hin – begrenzte Einsatzziele, Schnelligkeit des Einsatzes, Beweglichkeit (die allerdings den Fallschirmsoldaten nach dem Absprung fehlte). Er stellte zwei Kategorien von Fallschirmeinsätzen fest: Fallschirmsoldaten in kleiner Zahl oder als einzelne Agenten und Saboteure einerseits, Fallschirmkampftruppen andererseits.

Die ersten mußten stets und überall erwartet werden, ihre Wirksamkeit war durch zahlreiche Einzelmaßnahmen wie Luftschutz, Bewachung kriegswichtiger Objekte, Personenüberprüfungen zu verhindern. Die Abwehr der Kampftruppen war schwieriger, weil man nicht überall genügend starke eigene Truppen stationieren konnte. Dafür war der Einsatz von Fallschirmkampftruppen gegen kriegswichtige Objekte von großer Bedeutung, für die der Feind eine wertvolle, hochausgebildete Truppe zu opfern bereit war, ebenso im Zusammenhang mit den Hauptoperationen der Front, also in nicht sehr großer Entfernung hinter der Front. Fallschirmkampftruppen, denen die Durchdringung des gegnerischen Luftraums und die Landung gelangen, hatten zunächst den Vorteil der Überraschung, zogen aber die Aufmerksamkeit auf sich, so daß ihre Verstärkung und Versorgung durch Maßnahmen der Luftwaffe und ihr Rückzug durch Truppen am Boden verhindert werden konnten.

Stauffenbergs Studie war wertvoll als Beitrag zur Kunst der Verteidigung durch Berücksichtigung sämtlicher Möglichkeiten und durch nüchterne Einschätzung von Gefahren und Abwehrmöglichkeiten. Sie fand große Anerkennung.[92]

Wie der Aufsatz über Fallschirmtruppen ging auch Stauffenbergs Studie »Heeres-Kavallerie« aus Arbeiten und Gesprächen auf der Kriegsakademie hervor. Nach mehreren Überarbeitungen – auch Frank Mehnert machte Verbesserungsvorschläge – schickte Stauffenberg die endgültige Fassung im März 1938 an den Chef des Stabes der Inspektion der Kavallerie im Allgemeinen Heeresamt, Oberst von Witzleben, der sie der kriegswissenschaftlichen (7.) Abteilung des Generalstabes des Heeres zur Veröffentlichung in der Zeitschrift *Militärwissenschaftliche Rundschau* weiterreichte.[93] Die Veröffentlichung wurde abgelehnt. Später wurde vermutet, Stauffenberg sei mißverstanden worden, als habe er einer eigentlich durch die technische Entwicklung überholten Kampfmethode zu neuer Bedeutung verhelfen wollen.[94]

Tatsächlich gab Stauffenberg zum Mißverständnis Anlaß. In einer Fassung vom Dezember 1937, die er Kameraden in der Kriegsakademie zeigte und die auch in der Kavallerie-Schule zirkulierte, kündigte er im Vorwort eine Untersuchung an über die historischen Grundlagen der Kavallerie und über die Frage, warum die Heereskavallerie im Weltkrieg die Erwartungen nicht erfüllt habe. Diese Frage suchte er durch Darstellung mehrerer Beispiele zu beantworten mit dem Ergebnis, der richtige Einsatz der Kavallerie in der Marne-Schlacht hätte nicht nur schlachtentscheidend, sondern kriegsentscheidend und von weltpolitischer Bedeutung sein können. Ferner bekannte er sein eigentliches Anliegen: Er sei als Reiter »vom heißen Wunsch erfüllt, daß die Kavallerie, wie so oft in vergangenen Jahrhunderten, auch heute wieder in neuer Form eine der entscheidenden Waffen im Ringen um den Sieg werden möge«. Die Worte »in neuer Form« waren wesentlich, aber leicht zu übersehen.

In der endgültigen Fassung des Vorworts ließ Stauffenberg sein mißverständliches Bekenntnis zum Reitertum weg. Er stellte fest, die Kavallerie sei in neuester Zeit »keineswegs mehr an die ausschließliche oder teilweise Verwendung von Pferden als Mittel zur Beweglichkeit gebunden«, das Kraftfahrzeug vermöge vielmehr die operative Beweglichkeit der Kavallerie noch zu steigern. Zur kavalleristischen Aufklärung zum Beispiel sollten gepanzerte Spähwagen und zum Kampf auf dem Schlachtfeld konzentrierte Panzertruppen eingesetzt werden; ein taktischer und operativer Durchbruch sei ohne Masseneinsatz von Panzern kaum mehr denkbar. Das Wesen der Waffe bleibe durch alle technischen Neuerungen unverändert. Er ließ aber die Fallschirmtruppen und Flugzeuge als kavallerieartige Einsatzmittel in seinen Darlegungen weg, eine seltsame Fehlleistung des Verfassers der Studie über Fallschirmtruppen.

Der Versuch, eine moderne Kavallerie-Doktrin zu formulieren, ist nicht geglückt. Die dem Umfang nach überwiegenden, langen historischen Ausführungen über berittene Kavallerie überschatteten das erklärte Ziel der Anwendung der Erfahrungen »auf eine neuzeitliche, ganz oder teilweise motorisierte Kavallerie«. Einige widersprüchliche Erwähnungen von Heereskavallerie und Panzerverbänden beeinträchtigten die Argumentation. Dazu kam der psychologisch unglückliche Eindruck, als doziere ein Rittmeister ohne Fronterfahrung den Generalen des Weltkrieges, wie sie bei Vermeidung ihrer Fehler den Krieg für Deutschland hätten entscheiden können. Zugleich könnte die Veröffentlichung der bald anzuwendenden Panzertaktik damals für unklug gehalten worden sein.

Stauffenbergs politische Gedankenwelt war bestimmt von dem, was er in dem Wort REICH zusammenfaßte. Die Politik der Wiedererstarkung hielt er mit großer Selbstverständlichkeit für richtig, bis zum Herbst 1938 ohne Vorbehalte. Er hörte nicht auf, von Politik und von der nationalsozialistischen Ideologie zu reden, so daß Kriegsakademie-Kameraden ihm auf einer Reise beim Mittagessen bedeuteten, er werde an ihrem Tisch nur gelitten, wenn er das Thema meide.[95]

Im August 1937 wurde Nikolaus Graf Üxküll die Stelle eines Verbindungsmannes vom Reichskommissar für die Preisbildung zum Reichskriegsministerium angeboten. Reichskommissar war der vormalige Oberpräsident in Breslau und Gauleiter von Nieder- und Oberschlesien, Josef Wagner; Peter Graf Yorck war seit 1936 bei dessen Berliner Behörde tätig.[96] Graf Üxküll trat die Stelle probeweise an, und Stauffenberg war ganz dafür, Onkel Nux sei als unabhängige Persönlichkeit und mit militärischen und wirtschaftlichen Grundlagen ideal geeignet für die Aufgabe, »mitten im Nabel des 4Jahresplanes«.[97]

Zwei Wochen danach schrieb Stauffenberg seinem Kriegsakademie-Kameraden Teske, dessen Vater kurz vorher gestorben war, über seine Auffassung vom Sinn seines Lebens und seiner Lebensaufgabe.

Mit den bestehenden »Zuständen und Tendenzen« (Ausbildungs-mängel wegen zu rascher Heeresvermehrung, Politisierung der Sol-daten durch die NSDAP[98]) war er nicht zufrieden, aber hinter den zynischen Äußerungen darüber stehe, wie Teske zur Freude Stauffen-bergs erkannt habe, »die brennende Sorge und Liebe zur Sache«, die sich für ihn im großen schließlich doch mit einem starken Optimismus verbinde, möge dieser auch »erst in Generationen nach abermaligen Erschütterungen und Wandlungen seine Bestätigung finden«.

Die »Sache« nennt er im nachfolgenden Satz: Es liebe »nur der sein Vaterland, nur der seine Armee«, der sich mit seinem ganzen Dasein mitverantwortlich fühle und der auch sein privates Leben, Familie und Kinder in diese Verantwortlichkeit einbeziehe. Die Schwere der unmit-telbaren Aufgabe könne, gerade nach Stauffenbergs Erfahrungen der letzten Wochen, gar nicht übertrieben werden, die Sorge um die Lös-barkeit der Aufgabe sei nicht übler Defätismus, sondern vielleicht eher die Voraussetzung für jeden Optimismus. Die grundsätzliche Gemein-samkeit der Gedankengänge Teskes und Stauffenbergs sei »ein Bei-spiel für unsere Aufgabe« in der Armee, nämlich das Ziel einer neuen Einheitlichkeit jenseits von Herkunft und individuellen Interessen in gemeinsamem Verantwortungsbewußtsein.[99]

Als der Kriegsminister Generalfeldmarschall von Blomberg und der Oberbefehlshaber des Heeres, Generaloberst von Fritsch, nachdem sie im November 1937 gegen Hitlers Kriegsankündigung Einspruch erho-ben hatten, im Januar 1938 durch üble Machenschaften der Machtha-ber diskreditiert und gestürzt wurden, erfuhr Stauffenberg von Pezold davon, der die Einzelheiten vom Berliner Polizeivizepräsidenten Fritz-Dietlof Graf von der Schulenburg wußte. Schulenburg selbst erzählte Stauffenberg ebenfalls davon. Im Hörsaal in der Kriegsakademie erhob Stauffenberg sich und forderte Unterrichtung über die Gründe der Ent-lassung des Oberbefehlshabers des Heeres.[100] Seinem Vetter in Wilflin-gen und gegenüber Generalmajor von Loeper, seinem späteren Divi-sionskommandeur, sprach er sich empört aus über die Fritsch zuteil gewordene Behandlung.[101] Privat äußerte er sich kritisch über die Generale, die nicht gegen die Behandlung Blombergs und Fritschs Stel-lung genommen hatten.[102] Seine Kritik war aber immer noch Kritik an Erscheinungen, das Verbrechertum Hitlers erkannte er nicht, sonst hätte er kaum mit seinem Urteil darüber zurückgehalten. Die Vereini-gung Österreichs mit dem Deutschen Reich im März 1938 begrüßte Stauffenberg wie die meisten seiner deutschen Zeitgenossen, schließ-lich hatten nur die Sieger des Weltkrieges 1919 die von den Parlamen-ten beider Staaten geforderte Vereinigung verhindert.[103]

Auf der Schlußreise des Kriegsakademielehrgangs fand im Rhein-Gebiet eine einwöchige Übung im Armee-Korps-Rahmen statt, wobei sich die Kriegsschüler als Regiments- und Divisionskommandeure, als Adjutanten, Versorgungs- (Quartiermeister-) oder Führungsoffiziere abwechselten. Die Übungslage setzte die Verfolgung eines geschlagenen Gegners im Osten voraus, wobei die Kriegsakademiker die Verteidigung westlich des Rheins zu bewältigen hatten. Es war die von Generaloberst Beck für die Generalstabsübung des Sommers 1938 vorgesehene Lage: Angriff gegen die Tschechoslowakei mit den verfügbaren Hauptkräften, Verteidigung westlich des Rheins gegen französische Intervention, mit geordnetem Ausweichen auf den Rhein und die Neckarstellung.[104] Stauffenberg erreichte, daß der Lehrgang anschließend gemeinsam die Kaiserdome besichtigte, wobei er führte und Architektur und Geschichte des Reiches erläuterte.[105]

Noch während der Abschlußreise, am 22. Juni, fand er Zeit, wegen Stefan Georges Haus in Bingen mit einem dortigen Stadtrat zu verhandeln, zu vereinbaren, daß zu des Dichters siebzigstem Geburtstag am 12. Juli nichts mehr unternommen werden könne, da die Zeit zu weit fortgeschritten sei, zu beruhigen wegen Nachfragen der Gestapo, warum George nicht in Deutschland begraben sein wollte; er sei damals schon Offizier gewesen, schrieb er Frank Mehnert dazu, er könne jederzeit auf seine Uniform verweisen und unbezweifelbare Auskunft geben.[106] Weiter vereinbarte er mit dem Stadtrat, die feierliche Namengebung für eine Stefan-George-Schule in Bingen und die Übergabe eines George-Bildes an die Stadt mitzugestalten, auch einen Redner (Fahrner oder Blumenthal) zu benennen.[107] Stauffenbergs Beteiligung an allem, was die Erben Georges »staatsdinge« nannten, entsprach eher dem Status eines Miterben, jedenfalls betrachtete Stauffenberg sich ausdrücklich als »staatszugehörig«.[108]

Bei der Abschlußfeier in Bingen am 23. Juni 1938 gaben Stauffenberg, Mertz und Teske eine mild-satirische Zeitung heraus, *Die Schule des Sieges*, mit Charakteristiken und Erinnerungen an Ereignisse der zusammen verbrachten zwei Jahre.[109] Mertz kommt darin vor als Mischung von Edel- und Schalksinn, Stauffenberg zog das freundlich-ironische Zitat aus Goethes »Torquato Tasso« auf sich: »Es bildet ein Talent sich in der Stille.«[110] Seine Vorliebe für die operative Bedeutung der »Kavallerie« wurde auch nicht vergessen.

Den ernsten Teil des Abschlusses – im Freien oberhalb Bacharach bei der Burg Stahleck gegenüber Kaub – nützte Stauffenberg, wie er es gerne tat, zu einer wohlformulierten Rede über die Bedeutung des Rheins als Mittelpunkt des jahrhundertelangen Ringens um die Herrschaft in Europa. Sie war in der aus dem George-Kreis bekannten Diktion gehalten und entsprach, wie auch andere literarische Äußerungen Stauffenbergs, dem Gedanken des geistig schaffenden Täters wie dem natürlichen Anspruch auf einen Platz im ersten Rang. Er sprach nicht flüssig, manchmal stockend, nach dem treffenden Ausdruck suchend, fesselte die Zuhörer eher durch die Kraft seiner Schilderung und seiner Gedanken. Er sprach auch vom zeitlosen Soldatentum, dem er sich verpflichtet hatte.

Zum Abschluß des historischen Überblicks, den er bei den Feldzügen Napoleons abbrach, gab er ein Bekenntnis ab zur völkischen Eigenständigkeit und Einheit, ohne weitere Ansprüche: »Den weitern siegeszug des zeit- und heimatlosen Eroberrkaisers – längst besitz und vorbild deutschen soldatentums – brauche ich nicht zu nennen. Vielleicht sollte heut statt fluch und schmähung unser dank ihm gelten dass Er· für dessen weite *sein* volk zu klein war· die leergewordnen formen zerbrach und seinen kaiserlichen wandel einer kleingewordnen welt als Mass[s]tab setzte· dass durch ihn das deutsche volk zu sich fand und zur befreinden tat!«[111] Reform und Befreiung habe man schließlich Napoleon zu danken; doch klang das Motiv der Größe des Reiches in seiner neuen, völkischen statt der monarchischen Form an.

Stauffenberg sprach auch von der Sorge, die andauernden Kämpfe in Europa hätten das ethische und religiöse Ermatten der europäischen Völker zur Folge. 1918 sei dies nur verhindert worden, weil die Schlacht am Rhein vermieden worden sei. Er stellte die Frage, was geschehen würde, wenn neue Verwicklungen die uneuropäische Gewalt aus dem Osten in einen Kampf der europäischen Völker eingreifen ließen.[112]

Am 25. Juni fand in Berlin der Abschluß des Kriegsakademie-Lehrgangs statt. Stauffenberg meinte, innerhalb seines Hörsaals das Rennen gewonnen zu haben.[113]

Stauffenbergs früherer Regimentskommandeur, Oberst Koch-Erpach, hatte gemeint, Stauffenberg sei außerordentlich befähigt, müsse aber in gute Hände, die ihm auch seine Grenzen zeigten.[114] Auf der Kriegsakademie ist dies offenbar geschehen. Die Berichte überlebender Kameraden zeugen von Achtung und Rücksicht, aber auch von dem ungewöhnlichen Ansehen, das Stauffenberg schon in den frühen dreißiger Jahren genoß, von seinem Besonderssein.[115]

Die Beurteilung Stauffenbergs in der Handliste der Generalstabsoffiziere des Heerespersonalamts zieht die Summe seiner Ausbildung und Entwicklung; sie ist etwa zum Zeitpunkt der endgültigen Versetzung Stauffenbergs in den Generalstab des Heeres zum 1. November

1939 abgefaßt: »Gute takt. Veranlagung, unermüdlich fleißig, großes Organisationstalent. Über Durchschnitt.«[116] Gemeint war: Über dem Durchschnitt der Generalstabsoffiziere. Umsicht, zusammenhängendes Erfassen der wesentlichen Dinge und darauf aufgebautes Handeln, also Organisation, waren Stauffenbergs Stärke von Kindheit an.[117] Mitarbeiter bescheinigten ihm auch im Krieg die besondere Begabung für Organisation.[118] 1943 hielten ihn der Chef des Generalstabes des Heeres, Generaloberst Zeitzler, und der für Generalstabsoffiziere zuständige Abteilungsleiter, Oberst i.G. Helmut Kleikamp, für Generalstabschefstellen in Armee-Korps- und Armee-Kommandos für geeignet sowie für befähigt, die »höchsten militärischen Stellen zu erreichen«.[119] Die »höchsten militärischen Stellen« für einen Offizier des Heeres waren die des Chefs des Generalstabes des Heeres, des Oberbefehlshabers des Heeres und des Oberbefehlshabers der Wehrmacht.

Die Schlußübung und die Rheinreise lagen zeitlich mitten in der Krise um die Tschechoslowakei. Der Chef des Generalstabes des Heeres, General Beck, bemühte sich in denselben Julitagen – vergebens –, den neuen Oberbefehlshaber des Heeres, Generaloberst von Brauchitsch (der allerdings Hitler wegen einer privaten Geldangelegenheit zu Dank verpflichtet war), und die Kommandierenden Generale für einen Staatsstreich zur Verhinderung der Kriegspolitik zu gewinnen.[120]

Zum 1. August 1938 wurde Stauffenberg auf die zweite Stabsstelle in der 1. Leichten Division in Wuppertal kommandiert.[121] Es dauerte nur Tage, bis er seine Kenntnisse in einer kriegsnahen Lage anwenden mußte. Den Krieg allerdings hielt er nicht für wahrscheinlich. Er sagte damals einem älteren Kameraden aus dem Reiter-Regiment 17, der als Major d.G. die Untergruppe Ia/Propaganda im OKW/Abteilung Landesverteidigung leitete und auf Grund seiner Kenntnisse anderer Meinung war, Hitler habe bisher alles ohne Krieg erreicht, er kenne die Schrecken des Krieges und könne nicht absichtlich einen Krieg herbeiführen, der voraussichtlich gegen die ganze Welt geführt werden müßte und auch deshalb ein Irrsinn wäre.[122]

Berthold Graf Stauffenberg war 1934 nicht bereit, seine Tage als Referent im Kaiser-Wilhelm-Institut für ausländisches öffentliches Recht und Völkerrecht im Berliner Schloß zu beschließen. Dieses diente als Hilfsinstitut der Staatspolitik wie entsprechende Einrichtungen anderer Staaten der rechtswissenschaftlichen Untermauerung der Standpunkte der Regierung oder der Widerlegung jener anderer Staaten; die Auseinandersetzungen darüber wurden in den jeweiligen Zeitschriften auch öffentlich ausgetragen. Die Arbeit war wichtig, aber im zweiten

Rang, sie war kein Ersatz für das gestaltende Mitwirken an den Ereignissen. Adam von Trott sah unter demselben Gesichtspunkt nichts Anziehendes an einer Tätigkeit am Institut.[123]

Berthold Graf Stauffenbergs Unzufriedenheit über unerfüllte Berufshoffnungen reichte in die Referendarzeit zurück; nach dem 30. Januar 1933 brachte er sie mit der internationalen Diskriminierung Deutschlands in Verbindung, seit dem 4. Dezember 1933 mit der durch den Tod des »Meisters« entstandenen Leere. Er schrieb seiner späteren Frau Mika, seit Dezember 1933 liege das Schönste hinter ihm. Seine Arbeit im Institut tue er wie nebenher, als ginge sie ihn nicht viel an, auf die Dauer dürfe es nicht so bleiben. Es sei gut, daß er »die andere aufgabe« habe, das Erbe des »Meisters«, doch nur wenn ihm gegeben wäre, »wirklich etwas zu schaffen«, könnte er der trüben Gedanken Herr werden.[124] Es zog ihn ins Auswärtige Amt, wie seinen Bruder in den Generalstab.

An Abwechslung fehlte es allerdings nicht. Im September 1934 war Berthold Stauffenberg zur militärischen Ausbildung in Bamberg.[125] Im Oktober 1934 und 1935 hatte er dienstlich jeweils einige Wochen im Friedenspalast im Haag zu tun.[126] Vom 19. November bis 10. Dezember 1934 nahm er auf dem Truppenübungsplatz Grafenwöhr im Verband des 17. Kavallerie-Regiments an einer Reserveausbildung teil und lag mit schweren Maschinengewehren »im dreck«.[127]

Über Weihnachten besuchte er die Eltern in Lautlingen und anschließend die Schwester Stefan Georges in Bingen, traf sich in den letzten Tagen des Jahres in Berlin mit seinem Bruder Claus, Walter Anton, Blumenthal und Frank Mehnert.[128] Am 28. Februar mußte er zu einem weiteren dreiwöchigen Übungskurs nach Bamberg.[129] Vom 16. September bis 12. Oktober 1935 und vom 27. April bis 23. Mai 1936 machte er Reserveoffizierübungen in Bamberg, stürzte bei der zweiten am 8. Mai mit dem Pferd und zog sich einen Beinbruch zu, den er nach kurzem Aufenthalt in einem Bamberger Krankenhaus bei seinen Verwandten in Greifenstein bis Anfang Juni ausheilte.[130] Nach dem Familientag Ende November in Jettingen, zu dem auch der Bruder Claus kam, traf er mit Robert Boehringer und Frank Mehnert in Minusio zusammen, um des »Meisters« zu gedenken.[131]

Neben der Hoffnung auf eine Laufbahn im Auswärtigen Amt, die sich zerschlug,[132] bot sich Berthold Graf Stauffenberg die akademische Laufbahn an. Am 16. Februar 1934 hielt er an der Universität München eine Probevorlesung über den Haager Gerichtshof und rechnete für das Sommersemester mit der Berufung in eine Professur für Völkerrecht. Claus Graf Stauffenberg schrieb seinem älteren Bruder zum Geburtstag, er hoffe für ihn »auf günstige Lösung der beruflichen Möglichkeiten wie auch immer«.[133] Berthold wäre gern von Berlin weggegangen, wo »eben alles so anders« aussehe als früher; »in München würde man das vielleicht doch nicht so stark empfinden«.[134] Schließlich entschied er sich gegen den Professorenberuf, offenbar im Zusammenhang mit seiner ehrenvollen Ernennung Anfang 1935 zum Wissenschaftlichen Mitglied der Kaiser-Wilhelm-Gesellschaft und zum Mitherausgeber der *Zeitschrift für ausländisches öffentliches Recht und Völkerrecht,* aber auch, weil er fürchtete, als Professor viel über Dinge reden zu müssen, die er nicht gründlich selbst erforscht hatte.[135] So blieb er doch in Berlin, ritt morgens von sieben bis halb neun im Tattersall Beermann, arbeitete von elf bis sechs im Institut, schrieb Gutachten und Artikel über internationale Rechtsfragen und befaßte sich mit der Herausgabe der vom Institut veröffentlichten wissenschaftlichen Zeitschrift, einer Arbeit, die er für »im grunde vollkommen überflüssig« hielt, obwohl er selbst eine Anzahl seiner Aufsätze darin veröffentlichte.[136] »Vollkommen überflüssig« war seine Arbeit, weil sie juristisch begründen mußte, was die Regierung mit oder ohne Rechtsgrund tat.

In einem Aufsatz über den Widerruf von Einbürgerungen und die Entziehung der Staatsangehörigkeit hatte er den Rechtsstandpunkt des Gesetzes vom 14. Juli 1933 zu vertreten, das den Landesregierungen und unter Umständen der Reichsregierung die Möglichkeit gab, zwischen 9. November 1918 und 30. Januar 1933 erfolgte Einbürgerungen rückgängig zu machen, »falls die Einbürgerung nicht als erwünscht anzusehen ist«.[137] Nach der Durchführungsverordnung vom 26. Juli 1933 »beurteilt sich nach völkischnationalen Grundsätzen«, ob eine Einbürgerung als »nicht erwünscht« anzusehen sei: »Im Vordergrunde stehen die rassischen, staatsbürgerlichen und kulturellen Gesichtspunkte«; für den Widerruf der Einbürgerung kamen »insbesondere in Betracht: a) Ostjuden, es sei denn, daß sie auf deutscher Seite im Weltkriege an der Front gekämpft oder sich um die deutschen Belange besonders verdient gemacht haben; b) Personen, die sich eines schweren Vergehens oder eines Verbrechens schuldig gemacht oder sich sonstwie in einer dem Wohle von Staat und Volk abträglichen Weise verhalten haben.« Ferner konnte die Reichsregierung im Ausland sich aufhaltenden Reichsangehörigen die deutsche Staatsangehörigkeit entziehen.

Berthold Graf Stauffenberg bezog sich auf einen Aufsatz in der *Revue critique de droit international.* Auf die moralische Bewertung des Gesetzes durch seine Kritiker einzugehen erübrige sich, da sie jedenfalls nicht geeignet sei, eine juristische Begründung zu ersetzen. Vor dem 14. Juli 1933 sei in Deutschland der Widerruf von Einbürgerungen nicht bekannt gewesen, dagegen hätten während des Weltkrieges zuerst Frankreich und dann andere alliierte Mächte Gesetze zum Widerruf von Einbürgerungen eingeführt, in erster Linie, um die Beschlagnahme des Vermögens von Naturalisierten zu ermöglichen. Am weitesten gingen die englischen Gesetze, worin für den Widerruf einer Einbürgerung neben Handel mit dem Feind, schlechtem Leumund oder Verurteilung für Straftaten auch das Kriterium des öffentlichen Wohls (»conducive to the public good«) in das Ermessen der Regierung gestellt werde.

Dagegen stellte Stauffenberg das deutsche Gesetz: »Die Entziehung der Staatsangehörigkeit um der Reinheit der Nation willen läßt sich ohne weiteres begreifen.« Zwar finde sich in keinem der entsprechenden Gesetze anderer Staaten die Bestimmung des Widerrufs von Einbürgerungen aus rassischen Gründen, aber diese Bestimmung beruhe auch auf nichts anderem als die Bestimmungen der englischen, französischen oder ägyptischen Gesetze: auf dem Wunsch nach Entfernung unerwünschter Eindringlinge. Das rassische Kriterium finde sich auch im amerikanischen Staatsangehörigkeitsrecht, das »Angehörige der gelben Rasse« und Hindus von der Naturalisierung ausschließe. Daß der nationalsozialistische Staat auf »rassischen« Grundsätzen aufgebaut sei, ändere nichts an seiner Freiheit in der Widerruf-Gesetzgebung und also an ihrer völkerrechtlichen Zulässigkeit. Gegen das Bestehen einer diese Bestimmungen verbietenden gewohnheitsrechtlichen Regel spreche, daß andere Staaten gegen staatliche Bestimmungen zur Aberkennung der Staatsangehörigkeit nie »aus völkerrechtlichen Gründen Widerspruch erhoben« haben. Übrigens veranlaßten die späteren Verfolgungen der Juden durch die deutsche Regierung die anderen Mächte nicht zu wesentlichen Revisionen ihrer eigenen Politik gegenüber Juden.[138]

Das Beispiel aus Stauffenbergs Arbeit gehört zum zeitgenössischen Rahmen des Lebens der Brüder. Es bezeichnet zugleich die Grenzen der Erkenntnis, die aus damaligen Veröffentlichungen zu gewinnen ist. Stauffenberg hatte von vornherein erklärt, seine Meinung über die moralische Bewertung des Gesetzes durch seine Kritiker sei hier irrelevant, sie ist also aus dem Aufsatz nicht zu ersehen. Der Aufsatz deutet den Konflikt zwischen Mitgefühl und Rechtsstandpunkt an, in dem sich Stauffenberg fand; er kennzeichnet jedoch die Lage, in die Berthold Graf Stauffenberg ebenso wie sein Bruder Claus geriet, weil sie sich dem Dienst an der Nation verschrieben hatten.

Im folgenden Beispiel vertrat Berthold Graf Stauffenberg ebenfalls in seiner als offizielles Organ angesehenen Zeitschrift den Regierungs-standpunkt mit rechtlichen Argumenten. Die politische Einschätzung der Hitler-Regierung durch die außerdeutschen Mächte war dabei irrelevant. Stauffenbergs eigene Meinung dazu kann aus diesen Aus-führungen ebensowenig entnommen werden wie aus denen über die Aberkennung der Staatsangehörigkeit.

Im Mai 1935 schlossen Frankreich und die Sowjetunion einen Beistandsvertrag gegen das Deutsche Reich; der Vertrag wurde am 28. Februar 1936 von der französischen Deputiertenkammer ratifi-ziert.[139] Am 7. März 1936 kündigte Hitler in einer Rede im Reichstag den Locarno-Vertrag von 1925 über die deutsche Westgrenze und das entmilitarisierte Rheinland auf, ließ Truppen in das Rheinland einrü-ken und erklärte, der französisch-russische Beistandsvertrag habe den Locarno-Vertrag außer Kraft gesetzt. Das Institut mußte sich sogleich mit der Frage befassen, und Stauffenberg bekam viel zu tun.[140] Schon im zweiten Heft des Jahrgangs 1936 der Zeitschrift des Instituts ver-öffentlichte er eine Abhandlung über die Vorgeschichte des Locarno-Vertrages und das russisch-französische Bündnis.[141]

Stauffenberg erklärte, der französisch-russische Beistandsvertrag sei mit dem Vertragswerk von Locarno unvereinbar. Die Völkerbundsat-zung enthalte kein allgemeines Kriegsverbot, verpflichte kein Mitglied zu militärischen Maßnahmen gegen Paktbrecher, lasse den Staaten freie Hand in der Bestimmung etwaiger Angreifer, gegen die sie militä-risch vorgehen wollten, ehe ein entsprechender Beschluß des Völker-bundrates zustande kommen könne. Das von der Völkerbundsatzung vorgesehene Verfahren zur Streitschlichtung könne in solchen Fällen nicht funktionieren; Verträge, die zu derartigen Konsequenzen führ-ten, könnten mit der Satzung nicht vereinbar sein. Da der Rheinpakt (Locarno-Vertrag) in Artikel 7 erkläre, er sei »conforme au Pacte de la Société des Nations«, könne es der französisch-russische Beistands-vertrag dem Geiste nach nicht sein, da er gegen einen Staat gerichtet sei, zum Krieg führen könne und damit dem Sinn der Völkerbundsat-zung widerspreche.

Ferner sei der französisch-russische Beistandsvertrag Teil einer fran-zösischen Politik, die seit 1919 das Ziel verfolge, Europa mit Militär-bündnissen zu überziehen. England habe seit 1922 Beistandsverträge, wie Frankreich sie abgeschlossen habe, als mit dem Geist des Völ-kerbundes in Widerspruch stehend abgelehnt, weil sie die Tendenz hätten, Europa in feindliche Lager zu teilen. Auch Italien, die andere Garantiemacht des Rheinpaktes, habe gegen dritte Staaten gerichtete Beistandspakte 1923 und 1924 abgelehnt. Die Sowjetunion habe 1923 und 1924 die selbständige Definition des Angreifers durch einzelne Staaten für unmöglich erklärt und nicht einmal einen Einfall in fremdes Gebiet für ein genügendes Kriterium gehalten. Die Auffassung, die die deutsche Reichsregierung heute vertrete, sei also in früheren Jahren von den Garantiemächten des Rheinpaktes und von vielen anderen Staaten vertreten worden. Im Gegensatz zu gegen Dritte gerichteten Bündnissen könnten allerdings Regionalpakte, wie es auch die Auffassung der britischen Regierung gewesen sei, der Friedenssicherung dienen, wenn bei gleichen Rechten und Pflichten auch der Kriegsverzicht so allgemein formuliert würde, daß als einzige Ausnahme das Recht der Selbstverteidigung bliebe.

Das sei beim Rheinpakt nicht möglich gewesen, weil Frankreich ihn nicht habe abschließen wollen ohne die Garantie der Entmilitarisierungsbestimmungen des Versailler Vertrages und die Möglichkeit für Frankreich, seinen östlichen Verbündeten Polen und Tschechoslowakei zu Hilfe zu kommen. Deutschland habe die Abweichungen vom Grundgedanken in Kauf nehmen müssen, wenn es den Vertrag wollte. Es habe ihn wollen müssen, weil es sich vor der Wiederholung eines Vorganges wie des Ruhreinbruchs habe schützen müssen und weil noch das ganze Rheinland besetzt gewesen sei: Es habe den Vertrag unter direktem militärischem Druck annehmen müssen.

Die Ausnahmen Polen und Tschechoslowakei seien im Vertrag speziell genannt, andere Ausnahmen seien im Zusammenhang mit dem gesamten Vertragswerk von Locarno nicht vorgesehen gewesen, die nachträgliche Ausdehnung der für Polen und die Tschechoslowakei gemeinten Ausnahmebestimmungen auf spätere Bündnisverträge entziehe dem Vertragswerk seine rechtliche und politische Grundlage. Frankreich habe sich 1926 das Recht, gegen Deutschland zum Krieg zu schreiten, abgesehen vom Fall der Selbstverteidigung, nur insoweit erhalten wollen, daß es Polen und der Tschechoslowakei zu Hilfe kommen könnte. Die Ausnahmen des Artikel 2 des Locarno-Vertrages beträfen Selbstverteidigung, Verletzung der Entmilitarisierungsbestimmungen des Versailler Vertrags für das Rheinland in Form einer nichtprovozierten Angriffshandlung, vom Völkerbundrat als rechtmäßig anerkannte souveräne Entscheidungen von Staaten und vom Völkerbund beschlossene militärische Sanktionen. Gegen zwei so mächtige Staaten wie Frankreich und Rußland vermöchten vom Völkerbundrat etwa verhängte Sanktionen nichts. Jede der beiden Mächte, Frankreich oder Rußland, könnte der anderen die Voraussetzungen des Artikels 15 Absatz 7 der Völkerbundsatzung (vom

Rat als berechtigt anerkannte eigene Entscheidungshoheit) jederzeit schaffen.

Seit 1935 gehörte Stauffenberg auch einem Ausschuß für Kriegsrecht an, dem »Studienausschuß KR«, der dem Kriegsministerium, nach Januar 1938 dem Oberkommando der Wehrmacht angegliedert war und seit 1940 »Vorausschuß K.R.« hieß. Im Hinblick auf den kommenden Krieg intensivierte sich die Tätigkeit des Ausschusses und hielt Stauffenberg seit Herbst 1936 oft bis in den Abend im Büro fest. Der Ausschuß unter dem Vorsitz des Reichskommissars bei dem Oberprisenhof, Admiral Gladisch, tagte im Zeppelinzimmer des Reichstagsgebäudes und bestand aus Vertretern des Reichskriegsministeriums, nach Januar 1938 des Oberkommandos der Wehrmacht, des Auswärtigen Amts, der Marine, der Luftwaffe, des Reichsjustizministeriums, der Deutschen Gesellschaft für Wehrpolitik und Wehrwissenschaften, des Kaiser-Wilhelm-Instituts für ausländisches öffentliches Recht und Völkerrecht. Er erarbeitete unter anderem die Prisenordnung vom 28. August 1939, die während des Krieges galt. Seitdem war Stauffenbergs eigentliches Fachgebiet das Seekriegsrecht. Bei Kriegsausbruch wurde Stauffenberg Intendanturrat in der Völkerrechtsabteilung in der 1. Abteilung der Seekriegsleitung im Oberkommando der Marine; seine Dienststelle lag am Tirpitzufer 76–78. Nach dem Sieg über Frankreich im Juni 1940 hatte der »Vorausschuß K.R.« die Aufgabe, das Land-, See- und Luftkriegsrecht auf deutsche Interessen einzustellen, da das geltende Kriegsrecht, insbesondere das Seekriegsrecht, bisher zu sehr nach englischen Interessen orientiert war. Berthold Graf Stauffenberg lieferte unter dem 3. Oktober den Beitrag der Seekriegsleitung: »Die Hauptfragen des Seekriegsrechts«.[142] Seit Oktober 1936 war Stauffenberg auch Mitglied des Ausschusses für Völkerrecht der Akademie für Deutsches Recht, dessen Vorsitzender der Leiter des Instituts für ausländisches öffentliches Recht und Völkerrecht, Bruns, war.[143]

Durch diese Aufgaben stand Stauffenberg seit Mitte der dreißiger Jahre in Verbindung mit gegen die nationalsozialistische Regierung eingestellten Juristen, so mit Helmuth James Graf von Moltke durch den »Studienausschuß KR«, zu dem Moltke bei Beginn des Krieges kam.[144] Bei Kriegsausbruch fanden sich beide in ähnlichen Stellen: Moltke war seit Mitte September 1939 als Kriegsverwaltungsrat in Vizeadmiral Bürkners Amtsgruppe Ausland in dem von Admiral Canaris geleiteten Amt Ausland/Abwehr im Oberkommando der Wehrmacht tätig. Er gehörte wie Stauffenberg dem »Vorausschuß K.R.« an.[145]

Während des Krieges nahmen Stauffenberg, Moltke und Yorck zusammen an Sitzungen des Prisengerichts in Hamburg teil.[146] Sie bemühten sich immer um die Wahrung oder Herstellung einer völkerrechtlich vertretbaren Situation.[147] Ein Mitarbeiter schrieb, Stauffenberg habe unendlich viel Unrecht verhindert »durch die einfache Existenz seiner Person, und weil er die oberste Seekriegsleitung immer wieder durch seine ruhige Art zu einer verhältnismäßig anständigen Kriegführung überzeugen konnte«.

1943 vertrat Stauffenberg die Auffassung, daß Deutschland selbst die im Krieg begangenen Verbrechen wie die Ermordung der Juden ahnden müsse, ehe nach der unvermeidlichen Niederlage die Feinde es täten; das seien die Deutschen sich und der Welt schuldig, kein Opfer wäre hierfür zu groß.[148]

Spätestens seit 1939 kannte Stauffenberg auch Adam von Trott, der Ende 1936 und Anfang 1937 zur Vorbereitung einer China-Reise in der Bibliothek des Kaiser-Wilhelm-Instituts arbeitete und 1939 hier einen Vortrag über die Lage in Asien hielt.[149]

Als der Leiter des Instituts für ausländisches öffentliches Recht und Völkerrecht im September 1943 starb, bemühten sich Canaris, Moltke und dessen Mitarbeiter Oxé, Berthold Graf Stauffenberg zum kommissarischen Leiter ernennen zu lassen, aber der nationalsozialistische Geschäftsführer der Kaiser-Wilhelm-Gesellschaft, Telschow, verhinderte es.[150]

Für Berthold Graf Stauffenberg stand neben der Wissenschaft weiterhin die Sorge um den Nachlaß und das Werk Stefan Georges im Vordergrund. Es galt für die Erben und Nacherben, die bei Freunden verstreuten Manuskripte zu verzeichnen und zusammenzuholen, über die Aufnahme einzelner Stücke in den letzten Band der Gesamtausgabe der Werke Stefan Georges zu entscheiden.[151] Der Haupterbe Boehringer konnte sich um vieles nicht persönlich bemühen, weil er seit den Judenverfolgungen im April 1933 Deutschland nicht mehr betreten wollte.[152] So entfalteten Berthold Graf Stauffenberg, Frank Mehnert, Blumenthal und Thormaehlen rege Tätigkeit, suchten nach dem Archiv der *Blätter für die Kunst*.[153]

Berthold Graf Stauffenberg schien die Aufgabe der Nachfolge Stefan Georges so bedeutend und verpflichtend, daß er deshalb jahrelang glaubte, seine spätere Frau, Maria (Mika) Classen, nicht heiraten zu sollen, zumal sich der »Meister« 1932 »gegen diese ehe« ausgesprochen und, um sie zu verhindern, Frank Mehnert zu Stauffenberg nach Scheveningen geschickt hatte.[154] Als die Verbindung zehn Jahre überwiegender Trennung überdauert hatte und weder ständiges Zusammenleben noch gesellschaftliche Normalisierung in Aussicht standen, erkrankte der Vater Stauffenberg schwer. Ehe er am 20. Januar 1936 starb, verpflichtete er die Söhne auf den Glanz und die Größe des Hauses Stauffenberg.[155] Da der Vater die Ehe Bertholds mit Mika nicht gewollt hatte, schien es keine Hoffnung mehr für Mika zu geben, sie wollte nach Rußland zurückkehren. Onkel Nux konnte sie sozusagen an der Grenze noch umstimmen, aber Berthold Stauffenberg mußte sich nun entscheiden.

Mitte Februar entschied er sich für die Heirat, und die Familie erkannte schließlich seine Gründe an.[156] Am 25. Februar sprach er mit Frank und mit Blumenthal darüber.[157] Dem Bruder Claus schrieb er, wegen seiner Verantwortung »dem Staat gegenüber«, als auf den »Meister« verpflichteter Erbe, könne er die Heirat nicht als private Angelegenheit ansehen, aber er sei überzeugt, daß die Entscheidung richtig sei, und es stehe noch Wichtigeres auf dem Spiel als die Rücksicht auf das Trauerjahr und auf die Einwände der Freunde.[158] Am 29. März sprach er in Hannover mit Claus.[159]

Die Hochzeit war am 20. Juni 1936 in Berlin-Zehlendorf, Onkel Nux und Tante Ida hatten sie ausgerichtet, die Mutter Stauffenberg und der Bruder Claus waren dabei. Die Hochzeitreise im August führte nach Venedig und Dalmatien.[160] Das Ehepaar bezog Anfang September eine Wohnung in der Konstanzer Straße 14 in Berlin-Wilmersdorf.[161]

Frank Mehnert in seiner leidenschaftlich-unbedingten Loyalität verstand nicht, wie Berthold etwas gegen den Willen des »Meisters« tun konnte und erklärte, nach der Trauung werde er nicht mehr mit dem Freund zusammenkommen; dabei hatten sie vor zwei Jahren noch geplant, gemeinsam eine Wohnung zu nehmen.[162] Während mehr als zwei Jahren ließ Frank in seinen Briefen an Berthold jede Herzlichkeit vermissen und unterließ die Anrede, erst 1939 schrieb er wieder »Lieber Berthold«. Robert Boehringer sandte Berthold seine guten Wünsche und meinte, für Frank sei es natürlich schmerzlicher, weil nicht er das Ende des Zusammenlebens herbeigeführt habe und er nun allein sein werde; er werde dann wohl jemanden zu sich nehmen.[163] Es wolle ihm aber nicht in den Kopf, daß nun am 4. Dezember in Minusio immer einer fehlen werde.

Alexander Graf Stauffenberg war seit 1931 Privatdozent in Würzburg und in Berlin, im Wintersemester 1935/36 zur Vertretung auf dem Lehrstuhl für Alte Geschichte in Gießen, seit Sommersemester 1936 in derselben Stellung in Würzburg und seit Ende 1936 außerordentlicher Professor in Würzburg.[164] Bis 1933 war er Mitglied des »Wehr-stahlhelm« und tat dann bis März 1934 Dienst im 2. Sturm der Bri-gade 79 der SA; 1936 hatte er im Heer den Rang eines Gefreiten der Reserve.[165] Im Sommer 1938 machte er militärische Übungen mit.[166] An der Ordnung des Nachlasses Georges war er kaum beteiligt; des-wegen und auch wegen seiner offenen und oft unvorsichtigen Ableh-nung des nationalsozialistischen Regimes stand er in weniger häufiger Verbindung mit den Freunden. Zugleich war er durch wissenschaft-liche Arbeiten in Anspruch genommen.[167]

Stauffenberg bearbeitete in den dreißiger Jahren, nach seiner Habi-litation über König Hieron II. von Syrakus, hauptsächlich Themen der Begegnung der Germanen mit dem Römerreich; in den vierziger Jahren wandte er sich wieder der Geschichte Griechenlands der klas-sischen Zeit zu.

Am 5. Juli 1937 hielt er auf dem 19. Deutschen Historikertag in Erfurt einen Vortrag über »Theoderich der Große und seine römische Sendung«. Er nahm keine Rücksicht auf nationalsozialistische Postu-late der Verherrlichung der Germanen und des Dietrich von Bern der volkstümlichen Heldensage. Er sprach von Theoderich als dem treuen Teilhaber, Bewahrer und Erneuerer des römischen Reiches und sei-ner Kultur, der keinen Augenblick an ein unabhängiges germanisches Reich gedacht habe, dem vielmehr die übergeordnete Einheit des römi-schen Imperiums als ewig galt. Das Germanentum habe nur durch die fruchtbare Begegnung mit dem römischen Weltreich und im Zusam-menhang mit der christlichen Religion so früh in seiner Geschichte zum Träger einer weltgeschichtlichen Sendung, der mittelalterlichen Idee des Imperium Christianum, reifen können.

Die *Deutsche Allgemeine Zeitung* berichtete am 8. Juli, zwei Dis-kussionsredner hätten Stauffenbergs These bestritten, daß Theoderich sich als Statthalter Roms gefühlt habe; diese beruhe nur auf Cassiodors unzuverlässigem Zeugnis. Stauffenberg habe in seiner abschließen-den Stellungnahme darauf hingewiesen, daß es außer Cassiodor gar keine anderen Zeugen gebe und daß Cassiodor Theoderichs Kanzler gewesen sei und nicht andere als seines Herrschers Gedanken habe vertreten können.[168] Die *Frankfurter Zeitung* berichtete, den mei-sten Vorträgen seien anregende Aussprachen gefolgt, diese seien aber gewöhnlich im unmittelbaren Anschluß an den Vortrag beendet gewe-sen. Eine dagegen habe sich über alle drei Tage des 19. Deutschen Historikertags hingezogen, nämlich die im Anschluß an die Vorträge über Theoderich und das germanische Kontinuitätsproblem. Es sei um die Frage des Anteils des Christentums an der deutschen mittelalterlichen Kultur gegangen. Der junge Leipziger Historiker Heimpel habe davor gewarnt, das Mittelalter gleichsam zerlegen zu wollen.[169]

Rittmeister Claus Graf Stauffenberg las des Bruders Referat und eine Anzahl Zeitungsausschnitte, darunter den Bericht der *Frankfurter Zeitung*, auf einem Sonntagsurlaub am 11. Juli in Lautlingen; Alexander hatte sie seiner Mutter geschickt. Vier Tage später schrieb Claus an Frank Mehnert vom Truppenübungsplatz Münsingen aus, Offa scheine »ziemlich staub aufgewirbelt zu haben· wovon allein die tatsache einer 3tägigen diskussion zeugnis ablegt. Ich war erstaunt darüber wieviel civilcourage er aufgebracht hat. Der vortrag ist recht gut. Stilistisch im klang gut von geringfügigen lapsus abgesehen. Sachlich ist die ganze sache für meinen geschmack zu sehr auf das juristische moment abgestellt wodurch das wesentliche eigentlich nur gestreift wird. Staats- und verfassungsrechtliche tatsachen sind schliesslich bestenfalls ausdruck einer allgemeinen grundhaltung, häufig haben sie auch nur tagespolitische bedeutung. Dadurch verliert die arbeit etwas an nachdruck. Jedenfalls ist es seit langem das beste was ich von ihm las.«[170]

Alexander Graf Stauffenberg war seit einigen Jahren mit Melitta Schiller verbunden, mit der er sich am 11. August 1937 in Berlin-Wilmersdorf verheiratete. Ihr Vater stammte aus einer angesehenen jüdischen Familie in Odessa, war in die preußische Provinz Posen gezogen, hatte sich als Achtzehnjähriger evangelisch taufen lassen, Militärdienst geleistet, war schließlich als Baurat preußischer Beamter in Krotoschin. Da er hier ein Haus hatte, optierte er nach der Wiederherstellung Polens nicht für Deutschland. Er und seine Frau wurden Polen und konnten nach der Pensionierung des Vaters nicht nach Deutschland umziehen, aber in Danzig konnten sie die Pension beziehen und setzten sich dort zur Ruhe.

Melitta war schon vor dem Ende des Weltkrieges nach Deutschland gegangen und von der späteren polnischen Staatsbürgerschaft der Eltern nicht betroffen, studierte Mathematik und Physik und schloß 1927 in München mit der Diplomprüfung und mit mehreren Flugprüfungen ab. Ihre jüngere Schwester Klara studierte als polnische Bürgerin in Danzig Chemie und wurde danach auf Antrag Deutsche. Seit 1927 arbeitete Melitta bis Ende des Krieges an aerodynamischen Fragen und erprobte in Testflügen vor allem Sturzfluggeräte, erst in der Deutschen Versuchsanstalt für Luftfahrt in Berlin-Adlershof, dann bei den Askania-Werken in Berlin-Friedenau und seit Oktober 1939 auch bei der Luftkriegsakademie in Berlin-Gatow. Vor und während des Krieges führte sie mit den Sturzkampf-Flugzeugen »Ju 87« und »Ju 88« weit über zweitausend Sturzflüge aus, eine nur von einem einzigen deutschen Piloten übertroffene Leistung. Als überragend kompetente, auch physisch überlegene und furchtlose Fliegerin und Ingenieurin wurde sie 1937 Flugkapitän, erhielt 1943 das Eiserne Kreuz II. Klasse und wurde für das Eiserne Kreuz I. Klasse vorgeschlagen.[171]

Ins Haus von Onkel Nux in Berlin-Zehlendorf war sie durch einen Kollegen der Versuchsanstalt gekommen, der Schwiegersohn der Üxkülls war; hier lernte sie Alexander Graf Stauffenberg kennen. Zur Mutter Alexanders und zu Tante Osch hatte sie spätestens 1927 schon eine nahe Beziehung, wie ein Gedicht von »Lita« zum fünfundsiebzigsten Geburtstag von Tante Osch im Album der Mutter Stauffenberg bezeugt.[172] Alexander Graf Stauffenberg und Melitta Schiller hielten ihre Beziehung, die nach damaligen Auffassungen auch ohne die seit 1933 verfolgte deutsche Politik belastet war, lange geheim, die Familie Schiller erfuhr sogar erst nachträglich von der Eheschließung. Während des Krieges gelang es, unmittelbare Gefahr abzuwenden, weil Melittas Arbeit militärisch wichtig war und die Schwestern und ihr Bruder Otto, der Landwirtschaftsachverständiger im Auswärtigen Dienst war, geltend machen konnten, daß außer dem elterlichen Trauschein keine Abstammungspapiere vorhanden, aus Odessa keine zu erhalten seien. Ein befreundeter Nachbar in Danzig, der »an der entscheidenden Stelle arbeitete«, schützte die Eltern Schiller. Die Schwestern und ihr Bruder wurden auf ihren Antrag 1944 »arischen« Personen »gleichgestellt«, mit der Auflage für Melittas Schwester Klara, sie dürfe keinen SS-Mann heiraten.[173]

Die »staatlichen« Taten der nach Stefan Georges Tod und Wolfskehls, Morwitz' und Kantorowicz' Weggang verbliebenen Freundesgruppe gingen über die Nachlaßverwaltung hinaus, sie galten dem gesamten geistigen Vermächtnis. Frank Mehnert und Rudolf Fahrner waren die Rührigsten, suchten neue Jünger heranzuziehen. Dies führte zu Verschiebungen der inneren Verhältnisse.[174] Mit der Überprüfung der Werke Georges, wenn Neuauflagen einzelner Bände anstanden, waren die Erben und einige andere Freunde beschäftigt, die den Dichter selbst gekannt und die deshalb oft unmittelbare Kenntnisse und Aussprüche des »Meisters« beizutragen hatten. Claus Graf Stauffenberg beteiligte sich eingehend an der Redaktion der zweiten Auflage des Bandes *Das Neue Reich*, ebenso Blumenthal.[175]

Blumenthal, der wissenschaftlich nicht bedeutend war und dessen Status im George-Kreis zum großen Teil auf der Einführung der Brüder Stauffenberg beruhte, wirkte jahrelang als Mentor von Alexander und Claus. Er hatte sich dem Nationalsozialismus zugewandt und wollte unter Berufung auf den »Meister« andere dazu bewegen.[176] Er bemühte sich, selbst in die Partei einzutreten, blieb wegen der Aufnahmesperre vom 1. Mai 1933 bis 1. Mai 1937 erfolglos, wurde dann wegen mangelnder positiver Tätigkeit im nationalsozialistischen Sinn abgelehnt, legte Dienstbeschwerde ein und wurde zwei Jahre später aufgenommen.[177] Von 1922 bis 1928 war Blumenthal Privatdozent, dann nichtbeamteter außerordentlicher Professor in Jena, in Gießen seit 1938 »persönlicher Ordinarius« und seit 1940 ordentlicher Professor.[178]

1938 waren die Beziehungen noch eng und herzlich zwischen Blumenthal, Claus Graf Stauffenberg und Frank, sie wollten Blumenthal damals mit der Redaktion des Anhangs des Bandes *Das Neue Reich* betraut wissen, Berthold Graf Stauffenberg ging aber nicht darauf ein.[179] Alexander distanzierte sich offen von »Albos« Bekenntnis zum Nationalsozialismus und sah eine »bedenklich zeitgemässe Krampfatmosphäre«, die Albo »mit seinen volksigen adlati« zusammenbraue.[180] Blumenthal bedachte ihn mit übelwollender Kritik und verbreitete Nachteiliges über seine Lehrtätigkeit. Schließlich trat seit 1940 die Gestalt Albos im Freundeskreis in den Schatten.

Rudolf Fahrner stammte aus Österreich, war Wolters-Schüler und hatte im Zusammenhang mit Wolters' Krankheit und Tod Stefan George kennengelernt.[181] Nach seiner Habilitation und sechs Jahren als Privatdozent in Marburg erhielt er im April 1934 einen Lehrauftrag und im November eine beamtete außerordentliche Professur in Heidelberg, mußte sich aber wegen schwacher Gesundheit im März 1936 vom Dienst entbinden lassen.[182] Er hatte auch einen mächtigen Gegner in Heidelberg, der ihm 1935 vorwarf – mißverstehend, wie Fahrner später schrieb –, sich nicht in die nationalsozialistische Richtung der Universität einzufügen, inmitten nationalsozialistischer Erziehung eine Zelle georgeanischer Sonderzucht zu schaffen.[183]

Fahrner hatte sich an Frank Mehnert angeschlossen, seit er ihn am 28. Mai 1933 in München anläßlich eines Besuchs bei Stefan George kennengelernt hatte.[184] 1935 lernte Fahrner durch Frank Mehnert Berthold und 1936 Claus Graf Stauffenberg kennen, 1941 auch Alexander.[185] Dieser berichtete ihm von Blumenthals unfreundschaftlichem Verhalten, von seiner zerstörerischen Kritik an Alexanders Arbeit und Dichtung, von seinem Hohn auf eine Arbeit Fahrners.[186] Fahrner hatte zu Alexander besonders im Krieg enge Beziehungen, Berthold und Claus Graf Stauffenberg war er trotz seiner Beteiligung an späteren Umsturzvorbereitungen weniger eng verbunden. Als ihn Mika Gräfin Stauffenberg 1946 bat, für ihre Kinder eine Schilderung Bertholds zu schreiben, antwortete er zwei Jahre später auf die wiederholte Bitte, es bedürfe ja dazu vor allem noch eines größeren Wissens um die innere und äußere Bahn des großen Schweigsamen, das nur Mika gewähren könne.[187] Er bekannte sich zu seiner »bis zur Leidenschaft gehende[n] Freundschaft und [...] *tätigen* Verehrung«.[188] Diese erkannte auch Thormaehlen an, obwohl er Frank Mehnert vor Fahrners Zugehör-leidenschaft und betriebsamer Rührigkeit zu warnen suchte. Stefan George habe diese Art Anhänger »Pfaffen« genannt, die unselbstän-dig, aber ehrgeizig eine Lehre vertreten, und habe Fahrner zu ihnen gezählt. Fahrner biete viele wertvolle Anregungen, als bildhauerischer Mitarbeiter sei er für Frank unschätzbar; aber es scheine nun, daß Fahrner sich bemühe, den Nachlaß Georges teilweise in die Hand zu bekommen.[189] Frank Mehnert setzte gleichwohl in seinem Testament 1941 Fahrner an die Stelle Blumenthals als seinen Ersatzerben nach Berthold und Claus Stauffenberg.[190]

Neben mehreren anderen Arbeiten, darunter eine Kaiser-Otto-Pla-kette und eine Hindenburg-Büste, schuf Frank Mehnert mit Fahrners Hilfe seit 1935 eine dreifach lebensgroße Hindenburg-Statue. Hinden-burg galt George als Heros, als einzige »sinnbildliche gestalt«, die aus den Weltwirren der Zeit hervorrage, wie der Dichter dem Reichsprä-sidenten 1928 schrieb. Wolters vor allem förderte die Hindenburg-Verehrung und brachte auch seinen erst widerstrebenden Schüler, den Österreicher Fahrner, dazu.[191] Kriegsminister von Blomberg gab die Genehmigung, für das Standbild eine Ehrenhalle auf dem Gelände der Magdeburger Garnison zu errichten und die damals im Magdeburger Dom bewahrten Feldzeichen der alten Armee dorthin zu überführen. Der Sohn Hindenburgs stellte Kleidungsstücke des Generalfeldmar-schalls zur Verfügung. Architekt der Halle war Albert Speers Lehrer Heinrich Tessenow. Ende August 1939 standen Halle und Standbild zur Begutachtung durch die Stifter fertig.[192] Der Bronzeguß wurde noch Anfang des Krieges hergestellt, aber alsbald beschlagnahmt und als Kriegsmaterial verbraucht.[193]

Im geheimen Deutschland war das Soldatische ein hoher Wert. Stauffenbergs Generalstabsausbildung, die Übungskurse der Brü-der mit dem Ziel des Reserveoffizierranges, der Pionier, Hindenburg, Übertragungen aus Homer und Plutarch – dies waren äußere Zeichen. Fahrner schickte Frank Mehnert 1937 aus Griechenland eine General-stabskarte von Attika, damit er sich das Schlachtfeld von Marathon und den Schlachtverlauf deutlich vorstellen könne.[194]

Und immer wieder fanden sich Anlässe für die Stauffenbergs und ihre Freunde, um sich von den Nationalsozialisten zu distanzieren.

Als Blumenthal ein Buch über Sophokles' Tragödien geschrieben und Berthold Graf Stauffenberg gewidmet hatte, hielten ihm Frank und Berthold vor, er sehe zuviel heroische Unbedingtheit und kriegerische Tüchtigkeit als wesentlichen Inhalt der Tragödien, das sei »zu nazihaft handgreiflich«; das Wichtige sei das Aufrichten menschlicher Urbilder.[195]

1925 hatte Fahrner mit seinem Buch über Ernst Moritz Arndt begonnen, 1937 erschien es im Druck. Ein Entwurf in Gestalt einer 1928 und 1931 in Marburg gehaltenen Vorlesung wurde Stefan George von Partsch in Gegenwart Berthold Graf Stauffenbergs und Franks vorgetragen und negativ beurteilt wegen sprachlicher und sachlicher Verstiegenheiten, auch wegen Fahrners von George pfäffisch genannter Dienstbarkeit gegenüber dem Gegenstand seiner Verehrung.[196] Aber George selbst fühlte sich Arndts Sprache und Denken verwandt: 1917 beim Lesen seiner Schriften fand er sich an das *Jahrbuch für die geistige Bewegung* erinnert, also an den Stil Wolfskehls und Wolters', die bei Arndt ebenso Anleihen machten wie Fahrner in ihrem Gefolge.[197]

Die Gedanken Steins, Scharnhorsts, Gneisenaus und Arndts waren für Fahrner nicht bloß geschichtliche Grundlagen früherer Reformen, sondern wiesen »heute noch« in ein künftiges Deutschland.[198] In Fahrners Darstellung sollte das künftige Deutschland der Reformer Stein und Arndt bäuerliches Dasein fördern. So kühn habe Stein sich den staatzerstörenden Gewalten Industrie und Proletariat entgegengeworfen, daß »wir Heutigen«, 1935, »darin noch erst die Keime künftiger Erneuerung zu finden meinen«.[199] Die zwei Grundelemente »staatlichen Wesens«, durch Napoleons Auftreten damals wieder sichtbar gemacht, seien »Helden und Völker, Führer und Gefolgschaften«.[200]

Später schrieb Fahrner, Frank Mehnert habe Berthold und Claus Graf Stauffenberg sowie Walter Anton in die Arndt-Arbeit hineingezogen. So sei er selbst in die engere Freundesgruppe gekommen. Von der Beteiligung der Brüder an der Arndt-Arbeit gibt es sonst keine Spur. Frank Mehnert und Berthold Graf Stauffenberg lasen das Manuskript und konnten es zur Veröffentlichung im Bondi-Verlag nicht empfehlen. Frank Mehnert war jedoch von der Darstellung Gneisenaus im Arndt-Buch ergriffen und drängte Fahrner dessen Bericht zufolge, die Gneisenau-Abschnitte gesondert auszuführen, und zog Claus Graf Stauffenberg dazu bei.[201]

Stauffenberg las den Gneisenau-Entwurf sorgfältig, las ihn im Frühsommer 1937 Partsch vor, regte einige Begriffsklärungen und stilistische Änderungen an, war mit Inhalt und Tendenz einverstanden und fand die Darstellung »plutarchisch«. Vor allem die Schilderung der Schlacht von La Belle-Alliance sei »den besten Vorbildern mindestens ebenbürtig«. Fahrner berichtete, Stauffenbergs Teilnahme an der Gneisenau-Arbeit sei stetig und »tiefgreifend« gewesen.[202] Partsch fand den »Gneisenau« so vorzüglich, als sei einer hinter dem Autor gestanden und habe ihm alle abseitigen Kombinationen untersagt.

Die Gneisenau-Studie machte also die Runde im »Staat« und wurde zum halb geheimen Manifest. Zum Druck und Verlag dieser und anderer Arbeiten des »Staats« gründete Fahrner mit Frank Mehnert den Delfinverlag, dessen Name seine Bestimmung enthielt, die Lehren des »Staats« festzuhalten und weiterzugeben an die Jüngeren, denen Mehnert und Fahrner, auch Claus Graf Stauffenberg, ihre Aufmerksamkeit widmeten.[203] Eine Vorausgabe des *Gneisenau* von hundert Exemplaren auf Bütten »erschien« im Mai 1942 als Privatdruck ohne Verfassernamen; die Arbeit sollte als aus gemeinsamem Geist hervorgegangen verstanden werden.[204]

Fahrner formulierte 1939 und 1940 in einem von Frank Mehnert mitbestimmten Vorwort zur Gneisenau-Studie, die Siege über den großen Gegner Napoleon hätten den erweckenden Kräften Deutschlands weder damals noch bis heute zum Durchbruch verholfen.[205] »Der große Dichter« sei damals – Goethe – wie heute – George – erschienen, der Anstoß von außen sei dagewesen, die Volkskraft erwacht; doch seien die Höheren stumpf und untätig geblieben, »Altgesonnene« und »Rückgewandte«, Nützlichkeitsdenken und Utilitätssystem, platte Selbstsucht und Materialismus hätten die Oberhand gewonnen.[206] Wenn eine neue abendländische Welt entstehen solle, dann könne sie sich nicht auf die französische Aufklärung oder auf eine aus dieser hervorgegangene Geistesverfassung gründen, sondern nur auf die Kräfte, die einst das Abendland schufen: Antike, Christentum und germanische Völker. Gneisenaus »Staatsplan« sei gewesen, durch eine gerechte Ordnung »Hochherzige und Tüchtige überall an die Spitze stellen« zu wollen, im Militär künftig nicht vor allen bezahlte Berufskriegsknechte zu bilden, sondern die Blüte des Volkes als Heer, das Heer als Staat, das Heer als Kern des Volkes.[207] Zur Ausführung des Staatsplans sollte ein Ehrengerichtshof unter Vorsitz des Königs den Staat von den »abgesunkenen Mitgliedern« befreien und durch »Wohlgeschaffene aus den anderen Ständen« ergänzen.

Auch Gneisenau habe das Befreiende der Französischen Revolution darin gesehen, daß sie einigen kühnen und tätigen Männern die Möglichkeit zu handeln gegeben habe.[208] »Den Altgesonnenen, die alle Erneuerungspläne in unendlichen Vorarbeiten für eine neue Verfassung zu ersticken suchten«, habe Gneisenau entgegengehalten, er könne ihnen in einer Nacht zehn Verfassungen ausarbeiten.[209] Bestand und Glück einer Staatsgründung hängen davon ab, ob es gelänge, einen »staatstragenden Stand« zu schaffen und so stark zu machen, daß er eine weise und feste Führung auszuüben fähig sei.

Gneisenaus Wort von den unendlichen Kräften, die im Schoße einer Nation unentwickelt und ungenutzt schlafen, läßt Stefan Georges Gedanken vom geheimen Deutschland anklingen.[210] Umstürzend und zeitlos, also noch gültig, sei Gneisenaus Staatsplan.[211] Übrigens hätten die Reformer die schädlichen Folgen der Industrialisierung und Proletarisierung vorausgesehen – die ungesunde Anhäufung Besitzloser, die Zerstörung des Volksgefüges und die schrankenlose Herrschaft des Geldes; für alle Grundbedürfnisse des Menschen wie Wohnung, Kleidung, Nahrung sollte deshalb allein das Handwerk sorgen.

Gneisenau schlug im August 1808 und im August 1811 in drängenden Denkschriften an den König einen Aufruf zum Volksaufstand vor. Die Hauptpunkte waren die konspirative Methode, das Ingangsetzen des Aufstandes und die Bezeichnung der politisch-militärischen Beauftragten in den Provinzen. Claus Graf Stauffenberg bestand darauf, die Einzelheiten von Gneisenaus »Organisation einer Anstalt, um das Volk zur Insurrektion vorzubereiten«, aus der Schrift zu streichen; denn damals in der patriotischen Bewegung um Gneisenau seien zwar genug sittliche Kräfte in der Gesellschaft vorhanden gewesen, um Zügellosigkeit oder Ausbeutung des Aufstandes durch konkurrierende Kräfte zu verhindern. In der Gegenwart gebe es in der deutschen Gesellschaft diese sittlichen Gegenkräfte nicht, und es bestehe die Gefahr, daß das von Gneisenau vorgeschlagene Vorgehen von künftigen Gegnern Deutschlands und durch die Förderer anarchischer Bestrebungen in Deutschland und im Ausland – gemeint waren anscheinend die Kommunisten – ausgebeutet würde.[212]

Im Sommer 1808 drängte Gneisenau den König in zwei Denkschriften, dem Land eine freie Verfassung nach dem Repräsentativsystem zu geben, mit Wahlrecht und Verpflichtung der Verwaltung und Regierung zur Rechenschaft gegenüber den Volksvertretern. Er wollte »Gleichstellung der verschiedenen Stände und die gleiche Besteuerung des Vermögens«. Die freie Verfassung mit gewählten Abgeordneten zur Gewinnung des Volkes für die Erhebung war sein Grundgedanke. 1808 wirkte er auf Stein und gewann ihn, wie er in einer Denkschrift vom August 1809 schrieb, für den Gedanken, der Stein allerdings nicht fremd war.[213]

Fahrner unterschlug Gneisenaus Forderung einer freien Verfassung nach dem Repräsentativsystem. Da Stauffenberg sich seinem Vorfahr

bewundernd und stolz verpflichtet fühlte und da Fahrner dazu beitrug, wiegt die verzerrende Wiedergabe der Gedanken Gneisenaus
schwer.[214] Fahrner wiederholte in seiner Gneisenau-Studie unter dem
Beifall Stauffenbergs, Partschs und Frank Mehnerts seine Grundauffassungen aus dem Arndt-Buch. Das Gneisenau-Manifest sollte den
bisher mißverstandenen oder verzerrten Gedanken des Befreiungs-
kampfes der Zeit Gneisenaus in der Gegenwart zum Durchbruch verhelfen.[215]

Damals begann Partsch, von Frank Mehnert gedrängt, mit der
Nacherzählung des Lebens der spartanischen Könige Agis und Kle-
omenes nach Plutarch. Sie sollte sein Beitrag sein zu den Taten des
»Staats«, zur Aneignung sinnträchtiger Stoffe und Vorbilder. Frank
Mehnert förderte die Arbeit und half mit, Claus Graf Stauffenberg
wurde beigezogen, besonders zur Beschreibung der entscheidenden
Schlacht. Partsch und Frank Mehnert waren einig, daß Partschs Name
auf dem Titelblatt erscheinen solle, wenn die sich aus seinem jüdischen
Großvater ergebenden Schwierigkeiten überwunden wären, also vor
allem die Frage, ob Partsch der Reichsschrifttumskammer angehören
müsse. Die Frage wurde gelöst, Partsch erhielt die nötige Befreiungs-
erklärung zur Veröffentlichung unter seinem Namen. Nachdem Frank
Mehnert 1943 gefallen war, ließ Fahrner das Bändchen unter dessen
Namen erscheinen.

Die Anregung zu der Nacherzählung kam offenbar aus Hölderlin,
der eine Agis-Tragödie plante und der Hyperion von Agis und Kleomenes als großen Seelen, Heroen, größer als die der glänzenden Mythen sprechen läßt: »Der Genius dieser Menschen sei das Abendroth
des griechischen Tages, wie Theseus und Homer die Aurore desselben.«[216] Im Oktober 1944 ging ein Exemplar der Vorausgabe auf Bütten von München aus, wo der Verlagssitz war, an Robert Boehringer
nach Genf.[217]

Agis, einer der jeweils zwei herrschenden spartanischen Könige, versuchte das in Wohlleben und Korruption versinkende Sparta zurück-
zubringen zur alten Staatsgesinnung, Härte und Opferbereitschaft. Er
wollte die Gleichheit der Bürger wiederherstellen, die Zahl der freien
und wirtschaftlich unabhängigen Bürger mehren, teils durch Förderung der verarmten Spartaner Bürger, teils durch Einbürgerung von
Perioiken. Agis' Großmut erwies sich als Fehler, der ihm den Untergang brachte. Seine Mitregenten bereicherten sich schamlos und
begingen Willkürakte. Schließlich fielen er, seine Mutter und deren
Mutter den Verbrechern zum Opfer, die an ihnen Justizmorde begingen. Kleomenes folgte nach dem Tod des Mörders von Agis als König

und stellte die Gleichheit der Bürger und spartanische Tugenden wieder her, geriet in ägyptische Hand, versuchte einen Aufstand und gab sich selbst den Tod, während die Ägypter seine Mutter und seine Kinder hinrichteten.

Der Sinn der grausamen Geschichte ist das opfervolle Leben und Sterben für die Macht und Herrlichkeit des Staates, für das als schön empfundene spartanische Heldenleben, also eine romantische Idee, eine Spätzeitvorstellung, ein sehnsüchtiges Zurückblicken, entsprechend der Grundstimmung im George-Kreis.

Das geheime Deutschland zeigte in den fünf Jahren seit des »Meisters« Tod, daß es lebte. Berthold Graf Stauffenberg war in die vorderste Reihe der Juristen gerückt, Professor Alexander Graf Stauffenberg war seit dem Historikertag 1937 einer der bekanntesten und unerschrockensten deutschen Historiker, Rittmeister Claus Graf Stauffenberg hatte sich mit militärischen Studien einen Namen gemacht und war sogar, für einen jungen Soldaten ganz ungewöhnlich, mit einer programmatischen Rheinrede nahezu an die Öffentlichkeit getreten. Rudolf Fahrner, Frank Mehnert und Karl Josef Partsch waren im Sinne des Dichters tätig.

Krise und Krieg

Wegen der Kriegsgefahr in der Sudetenkrise dauerten die üblichen Kommandierungen zu verschiedenen Truppen für die Absolventen der Kriegsakademie nur bis Ende Juli. Rittmeister Graf Stauffenberg war zehn Tage in Göppingen, dann eine Woche bei der Fliegergruppe in Gießen.[1]

Zum 1. August 1938 wurde er zum Generalstab kommandiert als 2. Generalstabsoffizier (Ib) der 1. Leichten Division, die in Wuppertal als eine von insgesamt vier leichten Divisionen in der Entwicklung zu einer Panzer-Division begriffen war.[2] Kommandeur der Division war Generalleutnant Erich Hoepner.[3] Zu Stauffenbergs Aufgaben gehörten im Frieden Versorgung, Mobilmachung, Räumung, Presse, innenpolitische Angelegenheiten, Spionageabwehr, Aufbau, Gliederung, Ausrüstung, Unterkunft, Friedensstandorte. Im Kriege war er vorwiegend für die Versorgung der Division verantwortlich.[4] Die Kommandierung auf die neben der Stelle für operative und taktische Führung im Gefecht (Ia) wichtigste Stabstelle einer modernen Division war eine Auszeichnung.[5] Stauffenbergs Logistiklehrer auf der Kriegsakademie pflegte zu sagen, einen künftigen Krieg werden die Quartiermeister entscheiden.[6]

Der 1. Ordonnanzoffizier (O 1), Oberleutnant Werner Reerink, berichtete aus den Wochen des August und September 1938, Stauffenberg habe »als Offizier sich weit mehr für die Stärkung unserer militärischen Schlagkraft eingesetzt als jeder andere von uns«.[7]

Vor Stauffenbergs Ernennung hatte die Division keinen Ib-Offizier, Stauffenberg mußte seine Dienststelle und die Nachschubstaffel erst aufbauen.[8] Neubestallte pflegten sich in ihrem Zimmer zu verschanzen und an ihrer Tür ein Schild mit den Worten »Anmeldung Zimmer X« anzubringen, um sich in Ruhe einzuarbeiten. Stauffenbergs Tür stand aber immer offen, jeder konnte unangemeldet hereinkommen, eine Unterschrift holen, etwas besprechen. Man sah ihn fast nur mit lachendem Gesicht, oft eine schwarze Brasilzigarre rauchend. In leicht vornübergebeugter, lässiger Haltung, äußerlich »alles andere als der Typ eines Offiziers«, war er in der Einstellung zu seinem Beruf »vorbildlich«, seiner Befähigung nach »eine der großen Hoffnungen des Generalstabes«.[9]

Stauffenberg fand Wuppertal »unvorstellbar proletarisch· fast unmöglich da zu existieren«.[10] Er hatte aber reichlich zu tun, fand die Arbeit wichtig und interessant. Am 9. September begannen die Herbstübungen, Stauffenberg schrieb Frank Mehnert, er erwarte, daß sie lang dauern werden.[11] Frank verstand richtig[12]: Stauffenberg rechnete mit Krieg.

Im Dezember, als die Krise vorüber war und die Kommandierung nach Wuppertal sich als Dauerstellung erwies, kam die Familie nach. Stauffenbergs wohnten in der Lönsstraße 25 in Wuppertal-Barmen bis zum Umzug nach Bamberg im Juli 1943.[13]

Die Familie des Divisionsadjutanten (IIa) Hauptmann von Blomberg, eines Sohnes des früheren Kriegsministers, wohnte im selben Haus; zwischen den Familien entwickelte sich Freundschaft, Stauffenbergs Kinder nannten Frau von Blomberg Tante. Frau von Blomberg erinnert sich an Stauffenberg als gebildet, intelligent, lebensklug, warmherzig, verantwortungsbewußt, hilfsbereit, kameradschaftlich und selbstlos habe er auf den Vortritt beim Urlaub zu Weihnachten verzichtet. Vor allem müsse das Leben unter so vielen rohen und geistig uninteressierten Soldaten für Stauffenberg schwer gewesen sein.[14]

Der 1. Generalstabsoffizier, Hauptmann i.G. Schöne, wohnte in der Nähe, und so fuhren die drei Offiziere jeden Morgen zusammen zwanzig Minuten im Auto zum Dienst, aßen in einer viertelstündigen Mittagspause auf Veranlassung Stauffenbergs gemeinsam Truppenverpflegung (meistens Eintopf), wobei Stauffenberg lebhaft über alle militärischen und politischen Neuigkeiten sprach, und fuhren abends zusammen nach Hause.[15]

Gegenüber Kameraden sprach Stauffenberg sich freimütig aus, an der Partei übte er oft »arge Kritik«, doch nicht als Gegner der Partei oder gar des »Führers«.[16] Ernste Kritik äußerte er an Verletzungen der Grundsätze des Soldatentums, am Eindringen sachfremder Auffassungen im Heer.[17]

Die Maßnahmen der Division für den Einsatz gegen die Tschechoslowakei liefen anfangs als Übung und dann als Feldzugvorbereitung. Nach dem Münchner Abkommen vom 29. September 1938 über die Abtretung des Sudetenlandes hätten eigentlich Militärkommissionen zur Übernahme militärischer Anlagen, Verwaltungs- und Polizeikommissionen für die Inbesitznahme des Landes genügt, aber Hitler ließ die Annexion weiterhin als militärische Operation vollziehen.

Da Stauffenbergs Frau sich beklagte, er schreibe ihr zu wenig, führte er ein Tagebuch über die Zeit vom Ausrücken bis zur Rückkehr in die Garnison. Darin war die Rede von der Hybris des deutschen Vorgehens.[18] Gegen die Annexion des Sudetenlandes hatte Stauffenberg nichts einzuwenden, hielt aber die Methode für bedenklich, er war beunruhigt über die mutwillig herbeigeführte Kriegsgefahr und den Zustand des im Aufbau begriffenen Heeres.[19]

Am 9. September rückte die Division in das »Übungsgelände« in der Gegend von Kassel-Hannoversch Münden-Brakel-Warburg; der Divisionsstab bezog Quartier im Hotel Schirmer in Kassel. Zur Division gehörten ein Kavallerie-Schützen-Regiment, eine Kradschützen-Abteilung, eine Panzer-Abteilung, eine Aufklärungs-Abteilung, ein Artillerie-Regiment, eine Panzerabwehr-Abteilung, eine Nachrichten-Abteilung, ein Pionier-Bataillon, Nachschub- und Sanitätsdienste.[20] Die im Stab geführte »Darstellung der Ereignisse« verzeichnet als Marschleistung des Tages 255 Kilometer, die mit Motorfahrzeugen auf der Straße und mit Bahntransport der Panzer zurückgelegt wurden. Nach weiteren 207 Kilometern am folgenden Tag und der Ankunft in der Gegend von Rudolstadt-Jena-Erfurt-Arnstadt hatte die Division einen Ruhetag. Mit der Marschleistung von 220 Kilometern erreichte sie am 12. September die Gegend von Borna-Meuselwitz-Gera-Zeulenroda-Plauen-Kirchberg-Lugau-Chemnitz in Sachsen und Thüringen; der Stab wohnte im Vereinshaus »Bürgererholung« in Greiz.

Die »Herbstübungen« waren angesetzt zunächst für 12. bis 25. September unter Leitung der Division, vom 26. September bis 24. Oktober unter Leitung des Heeres-Gruppenkommandos 4, wofür die Division dem Korps-Kommando XVI unterstellt werden sollte. Es folgten zunächst dreimal zwei Übungstage mit je einem anschließenden Ruhetag.

Aus den Übungsdaten geht hervor, daß der Angriff für die letzten sieben Tage des Monats geplant war.[21] Stauffenberg konnte am Sonntag, dem 18. September, einem Ruhetag, in Berlin Frank Mehnert und die Familie besuchen. Frank hielt die Gefahr eines allgemeinen Krieges für gebannt, während Stauffenberg den Krieg gegen die Tschechoslowakei noch für möglich hielt, wie Frank an Robert Boehringer schrieb: »er gab zu dass die möglichkeit eines *allgemeinen* krieges seit 2 tagen etwas geringer geworden wäre«.[22]

Unter dem 23. September nennt die »Darstellung« den Zweck der Übungen: »Merkblatt zur Bekanntgabe an die gegen die C.S.R. eingesetzten Truppen wird verteilt.« Die Division mußte ab 27. September stets innerhalb einer Stunde marschbereit sein. Sie gehörte zur ersten Angriffswelle unter dem Korps-Kommando XIII, das beiderseits Haselbach über die Reichsgrenze in Bayern und weiter über die Uhlava beiderseits Schwibau vorstoßen sollte. Die Division wurde verstärkt durch das Panzer-Regiment 11, das Infanterie-Regiment 25, eine Abteilung des Artillerie-Regiments 2, eine Batterie des Artillerie-

Regiments 38, das Pionier-Bataillon 32 und einige Grenzschutz-Einheiten.[23] Am 29. September war die Division in Bereitstellung für den Angriff an der Grenze, der Stab lag in der Mädchenschule in Neunburg vorm Wald.

Helmuth James Graf von Moltke schrieb am 26. September aus London, im Hyde Park und im St. James' Park seien Schützengräben ausgehoben, Luftschutzunterstände würden vorbereitet, Gasmasken verteilt, Fliegerabwehrmunition herangebracht.[24] Am 27. September ließ Hitler Teile der motorisierten 2. Infanterie-Division aus Stettin durch Berlin marschieren.[25] Am 30. September um 7 Uhr morgens erfuhr der Stab der 1. Leichten Division durch Rundfunkmeldung vom Münchner Abkommen. Die Darstellung verzeichnet: »Rundfunkmeldung. Das Münchener Abkommen wird bekanntgegeben. Eindruck beim Stabe: Die Kriegsgefahr ist endgültig behoben. Die Spannung der letzten Tage löst sich. Einmarsch in Böhmen wird erwartet.« Der Zweck der Aufstellung, das Schlagen der tschechischen Armee, sei hinfällig.

Am 4. Oktober überschritt die Division die Grenze und besetzte ohne Zwischenfälle das ihr zugewiesene, teils ländliche, meist gebirgige und waldige, karge Gebiet, in dem wegen Requirierungen der tschechischen Armee Pferde und Fahrzeuge zur Ernte fehlten.[26] Der Divisionsstab quartierte sich in Haid ein. Stauffenberg mußte für Unterbringung, Verpflegung, Feldpost, Werkstatt-Kompanien, Sanitätswesen, Ordnungsdienste, Nachschublager, Treibstoffversorgung sorgen, in den Faßlagern mußte das Benzin und Dieselöl in Kanister umgepumpt werden. Nach der Rückkehr in die Garnison trug Stauffenberg auf einer Quartiermeisterfahrt einen hypothetischen Fall vor: Er und zwei Kameraden trieben einen Panzerkeil zum Ural, dem in der Ukraine das Benzin ausging, so daß nebenher rasch Baku erobert und eine Überlandröhre durch die Ukraine gelegt werden mußte.[27]

Zudem hatte sich die Abteilung Ib mit den Tausenden aus der tschechischen Armee entlassenen Sudetendeutschen zu befassen, die als Flüchtlinge in das besetzte Gebiet strömten. Die Abtrennung des Sudetenlandes zerriß dessen wirtschaftliche Verbindungen. Für Haid und Umgebung ließ Stauffenberg Brothefe aus dem »Altreich« besorgen, ein Zug seiner Nachschub-Kompanie half bei der Kartoffelernte der fürst-löwensteinischen Domänenverwaltung. Er beauftragte die Domänenverwaltung mit dem Betrieb verlassener Güter aus früher deutschem Besitz, die die Tschechen enteignet hatten, vermittelte zwei Lastwagen aus dem »Altreich« an örtliche Brauereien zum Bierfahren, setzte sich mit den Kreisverwaltungen von Plan und Tachau wegen Maßnahmen gegen die Klauenseuche in Verbindung.

Am 9. und 10. Oktober besetzte die Division weiteres Gebiet und zog unter »unbeschreiblichem Jubel« und Blumensegen in Mies ein. Am Abend veranstaltete Mies vor dem Divisionskommandeur und dem Bürgermeister einen Fackelzug. Am 10. Oktober hielt Stauffenberg eine Sitzung mit den städtischen und Partei-Behörden. Den Direktor der Glaswerke in Herrmannshütte schickte er zur Heeresgruppe nach Karlsbad, damit er sich dort um Braunkohle bemühe, um das Ausblasen der Öfen und die Entlassung von drei- bis viertausend Arbeitern zu vermeiden. Stauffenberg ließ drei Fuhren Braunkohle der tschechischen Postverwaltung in Mies beschlagnahmen und der Stadt für die Bäckereien übergeben. Da es überall an Fahrzeugen und Pferden fehlte, wurden einige »Pferde, die geflohenen, bzw. verhafteten Juden gehören«, der Stadt für die dringendsten Arbeiten zur Verfügung gestellt. Die Truppen wurden angewiesen, Milch und Butter zu kaufen.

Einkäufe von Stoffen und Kleidungsstücken unterband Stauffenberg als unwürdig – die Soldaten verfügten über verhältnismäßig viel von dem im abgetretenen Gebiet begehrten deutschen Geld und stempelten durch ihre Einkäufe die Einwohner zu Menschen minderen Ansehens. Wenn Stauffenberg jemand ertappte, veranlaßte er ihn, die Waren zurückzugeben. Jedenfalls versuchte Stauffenberg in allen Dingen nach Recht und Billigkeit zu walten. Am 12. Oktober veranlaßte eine Anweisung die Division, bei ihren Unterkünften »nach eigenem Ermessen Erntehilfe« zu leisten; Benzin gab die Division zu lebenswichtigen Zwecken für die Einwohner oder die Wirtschaft zum Gestehungspreis ab. Seit Mitte Oktober gaben tschechische Behörden die requirierten Pferde zurück. Da die Braunkohle knapp war, veranlaßte Stauffenberg die Versorgung der Einwohner mit Steinkohle aus den Gruben östlich Mies.

Die Truppe überwachte die Grenze, die Feldgendarmerie des Korps den kleinen Grenzverkehr und die Flüchtlinge, die Ordnungspolizei der Heeresgruppe sammelte die Flüchtlinge, die Geheime Staatspolizei überwachte sie von da an.

Am 13. Oktober besuchte der Oberbefehlshaber des Heeres, Generaloberst von Brauchitsch, die Division in Mies und besichtigte die tschechischen Befestigungen. Am 16. Oktober begann der Rückmarsch in die Garnisonen, das Panzer-Regiment 11 wurde auf die Bahn verladen.

Am 17. Oktober um 19 Uhr traf der Stab in Wuppertal ein, am 18. kamen die meisten Truppen der Division und am 19. die rückwärtigen Dienste wieder in ihren Aufstellungsorten an, die Reservisten wurden entlassen. Der Divisionskommandeur zollte den Stauffenberg unterstehenden rückwärtigen Diensten der Division in einem besonderen Tagesbefehl Anerkennung für ihre Leistungen.

Auch ohne Krieg hatte es Verluste gegeben: Sieben Angehörige der Division waren bei Verkehrsunfällen umgekommen, einer war von einem Offizier des Ortsdienstes in der Nacht erschossen worden, einer hatte Selbstmord begangen, ein Kind war von einem Fahrzeug der Division überfahren und getötet worden.

Während des ganzen Jahres 1938 hatten die Judenverfolgungen zugenommen durch Vertreibungen aus Österreich sowie durch den Versuch der deutschen wie der polnischen Regierung, sich der aus polnischen Gebieten stammenden, außerhalb Polens lebenden Juden zu entledigen. Die Geheime Staatspolizei ließ Karteien der wohlhabenden Juden anlegen.[28] Im Zusammenhang mit den radikalisierten Maßnahmen gegen Juden und als angebliche Antwort der Volkswut auf die Ermordung eines deutschen Diplomaten in Paris durch einen Juden kam es am 9. November zu den von den Nationalsozialisten in Szene gesetzten Brandstiftungen an fast allen Synagogen, Zerstörungen der Juden gehörenden Geschäfte, Massenverhaftungen und Beraubungen. Die organisierten Ausschreitungen dauerten noch den ganzen 10. November über, »und zwar in verstärktem Maße«. Die Wuppertaler Zeitungen nannten sie »Kundgebungen«. Den vielen jüdischen Geschäften Wuppertals wurden die Scheiben eingeschlagen, die beiden Synagogen abgebrannt.[29]

Nachdem die Berliner am 27. September auf dem Höhepunkt der Krise den Durchmarsch der Stettiner 2. motorisierten Division mit eisigem Schweigen begleitet hatten und als SA-Meuten nun in ganz Deutschland die Synagogen abbrannten, erklärte Hitler am Abend des 10. November vor über vierhundert ausgesuchten deutschen Journalisten und Verlegern, es sei an der Zeit, das Volk auf Krieg vorzubereiten, »dem deutschen Volk bestimmte außenpolitische Vorgänge so zu beleuchten, daß die innere Stimme des Volkes selbst langsam nach der Gewalt zu schreien« begänne.[30]

Nach der Sudetenkrise sagte Stauffenberg seiner Frau mit Mißbilligung, es sei ein merkwürdiges Gefühl, ein gezogenes Schwert wieder in die Scheide stecken zu müssen. Er bedauerte die »weiche« Lösung. Zu seiner Mutter meinte er, man könne sich über den Erfolg nicht freuen, der ja nur auf Bluff beruhe.[31] Manche der Kameraden Stauffenbergs berichten auch, er habe die Beschränkung des Einflusses der Juden in den Theatern, in der Musik und Publizistik für richtig gehalten, doch habe er aus ganzem Herzen die Verletzungen von Recht, Anstand und

Sitte verurteilt. Über den November-Pogrom war er ebenso empört wie über das Spiel mit dem Krieg.[32]

Die Schicksale von Karl Wolfskehl, Ernst Morwitz und Ernst Kantorowicz konfrontierten die Freunde mit der Verfolgung der Juden. Berthold Graf Stauffenberg war persönlich berührt durch den Druck der Reichsregierung auf den deutschen Richter am Ständigen Internationalen Gerichtshof, Professor Walther Schücking, zurückzutreten. Alexander Graf Stauffenberg lebte durch seine Ehe mit Melitta Schiller mit der Drohung der Entrechtung und später der Ermordung seiner Frau. Im Kriege war Karl Josef Partsch in Gefahr, in die Mordmaschine zu geraten. Robert Boehringer hatte eine jüdische Frau und nahm auch deswegen gegenüber den Nationalsozialisten eine kompromißlose Haltung ein.[33] Die »Nürnberger Gesetze« von 1935 nahmen allen Bürgern jüdischer Herkunft die deutsche Staatsbürgerschaft und bedrohten Juden und Nichtjuden mit Strafe für persönliche Beziehungen. Schließlich durften Juden an öffentlichen Einrichtungen und Schulen nicht mehr teilhaben.

1937 schickte Karl Wolfskehl vertraulich an einige Freunde sein Gedicht »›Das Lebenslied‹. An die Deutschen«. Robert Boehringer las es im Dezember 1937 Frank Mehnert vor bei ihrer jährlichen Zusammenkunft in Minusio zum Todestag des »Meisters«. Es ist Wolfskehls Anrufung der tausendjährigen Verbundenheit seiner Familie mit der deutschen Geschichte, Sprache und Mythenwelt, seit sein Ahn zu Otto II. nach Mainz gekommen war, seine Berufung auf die Heimat am Rhein, auf das Leben und Wirken der Vorfahren seither in kaiserlicher Nähe, seine Berufung auch auf die Gemeinsamkeit in der Freundschaft mit dem »Meister« und seinen Jüngern, schließlich der Fluch auf das Banausentum und den Rassenwahn der selbsternannten nordischen Herrenmenschen, der Zorn über Entrechtung und Ausstoßung aus tausendjähriger Heimat, der Anspruch, deutschen Geist zu vertreten und zu bewahren.[34]

Das Gedicht beeindruckte Frank Mehnert so, daß er im Mai 1938 um eine Abschrift bat, die Boehringer nicht sofort geben konnte. Frank bat ihn am 7. November 1938, es nach Minusio wieder mitzubringen, und nun, nach dem Pogrom des 9. November, durfte er Boehringers Abschrift ein paar Tage behalten. Mit Frank Mehnerts Zustimmung zum Nationalsozialismus war es vorbei.[35] Boehringer sagte später: »Frank hat noch umgelernt.«[36] Nach dem Bericht Fahrners zertrümmerten er und Frank am 10. November im Achilleion als symbolische Gegentat mit Äxten eines der Frankschen Hitler-Porträts aus Gips.[37] Auch der Gedanke, Hitler umzubringen, wenn er der

Einladung von Wilhelm Farenholtz zur Enthüllung des Hindenburg-Standbilds in Magdeburg folge, wurde besprochen, doch kam es nicht mehr zu der Veranstaltung.[38] Übrigens hielt Mehnert mit souveräner Selbstverständlichkeit allen durch jüdische Vorfahren in Gefahr oder Benachteiligung geratenen Freunden die Treue, bemühte sich, ihnen womöglich zu helfen, und lehnte noch im Juli 1942 die Anerkennung des amtlichen Gesichtspunktes der Abstammung ab.[39]

Im Frühjahr 1938 hatten Berthold Graf Stauffenberg und Robert Boehringer Meinungsverschiedenheiten über den Umfang des zu veröffentlichenden Briefwechsels zwischen George und Hofmannsthal, über das selbständige Vorgehen Boehringers als Erbe und Herausgeber. Stauffenberg und Mehnert wollten Georges drängendes Werben um Hofmannsthals Freundschaft nicht bloßlegen, Stauffenberg beschwor die gemeinsame Verantwortung für den Nachlaß Georges. Boehringer litt damals an Gallensteinen, hatte mit dem Verleger seine Not, der nahe siebzigste Geburtstag Georges am 12. Juli 1938 drängte als Termin der Veröffentlichung.[40] Als Boehringer zu verstehen gab, er habe sich bei der Redaktion des Schlußbandes der Werke Georges und der Gedichte Johann Antons zurückgehalten, entwarf Claus Graf Stauffenberg für seinen Bruder einen Brief: Bisher seien alle »Staatsdinge« in gegenseitiger Offenheit besprochen und beschlossen worden, und er hoffe, daß er Boehringer bloß mißverstanden habe.[41] Gegenüber Frank äußerte Claus Zweifel, ob Boehringer sie verstehen wolle;[42] die Konsequenz von Roberts Einstellung sei, wahllos in die Menge zu werfen, was der »Meister« hinterlassen habe.

Die Verstimmung war von der Zuspitzung der politischen Vorgänge beeinflußt. Berthold Graf Stauffenberg und Frank Mehnert hießen die Politik ihrer Regierung bis dahin im ganzen gut, und Boehringer muß sich gefragt haben, ob sein Verdikt nicht auch für Berthold und Frank gelten müsse: »Wer das braune Zeug bejaht, mit dem habe ich nichts zu schaffen.«[43]

Aber Frank Mehnert überzeugte Boehringer von der bleibenden Gemeinsamkeit. *Nach* dem November-Pogrom und nach der Begegnung in Minusio im Dezember 1938 schrieb Boehringer Frank ungewohnt herzlich und schloß mit »Ich umarme Sie!« *Nach* dem Pogrom ist auch in der Korrespondenz der Brüder mit Mehnert, Boehringer und Partsch ein neuer Ton der Zusammengehörigkeit und der Distanz von der Tagespolitik zu bemerken. In den Monaten bis zum Krieg, auch in den Wochen nach dem 15. März 1939, als die Kriegsgefahr vor aller Augen stand, blieb es so; in Boehringers Briefen kamen Andeutungen der gemeinsamen Ablehnung des deutschen Regimes vor.[44]

Claus Graf Stauffenberg erfuhr erst nachträglich durch Schulenburg von Staatsstreichplänen im Zusammenhang mit der Krise des September 1938. Hitler sollte vom Heer gestürzt werden, wenn er den Krieg gegen die Tschechoslowakei befahl, der nach Auffassung der Heerführer den Krieg auch mit Frankreich bedeutet hätte. Weit davon entfernt, sich anzuschließen, mied Stauffenberg in den folgenden Monaten die Gesellschaft Schulenburgs. Denn die politische Verantwortung, die Stauffenberg für das Offizierkorps beanspruchte, mußte in der Institution von den berufenen Führern ausgeübt werden, nicht von privaten Verschwörerzirkeln.[45]

Stauffenberg wußte während der Krise nichts von dem Plan, den der Chef des Generalstabes des Heeres, Halder, nach dem Krieg berichtete: Er habe im September 1938 der 1. Leichten Division die Aufgabe zugedacht, im Thüringer Wald gegebenenfalls der SS-Leibstandarte »Adolf Hitler« den Weg von München nach Berlin zu verlegen.[46] Generalleutnant Hoepner war von General von Witzleben, dem Kommandierenden General des in und um Berlin in Garnison liegenden III. Armee-Korps eingeweiht.[47] Das Oberkommando des Heeres behielt sich bis in die letzten Septembertage die Unterstellung der Division vor. Diese Unterstellung unter das Oberkommando des Heeres ließe sich gut erklären durch die der Division zugedachten Aufgaben der weiträumigen Aufklärung, Verschleierung und Flankendeckung.[48] Die SS-Leibstandarte lag seit 17. September in der Gegend Grafenwöhr-Pegnitz-Pottenstein-Velden.[49] Nachträgliche Vermutungen, Stauffenberg sei von Hoepner in diesen Staatsstreichplan eingeweiht gewesen, entbehren der Grundlage.[50]

Am 20. November 1938 hielt Stauffenberg im Wuppertaler Industriellen-Klub »Concordia« ein Referat »Aus dem Arbeitsgebiet eines zweiten Generalstabsoffiziers anläßlich des Einmarsches der deutschen Truppen in das Sudetenland«. Obwohl inzwischen im ganzen Reich SA-Banden Synagogen angezündet und jüdische Geschäfte zerstört hatten, erinnern sich die Zuhörer nicht, einen kritischen Unterton in Stauffenbergs Ausführungen bemerkt zu haben.[51] Trotz mancher privaten Kritik an Führern der Partei konnten auch Kameraden keine Gegnerschaft Stauffenbergs zum Regime feststellen.[52]

Im Januar 1939 hielt Rudolf Fahrner auf Einladung Stauffenbergs in dessen Wuppertaler Wohnung einen Vortrag über Gneisenau.[53] Die zehn bis zwanzig eingeladenen Offiziere der Division, unter ihnen der 1. Generalstabsoffizier Major i.G. Schöne, der Adjutant Hauptmann von Blomberg und der 1. Ordonnanzoffizier Oberleutnant Reerink, wußten, daß Gneisenau zu Stauffenbergs Ahnen zählte und daß er darauf stolz war. Stauffenberg führte den Vortrag als auf die eigenen Tage bezogen ein.[54]

Fahrner schilderte Gneisenaus Herkunft und lange Wartezeit »in den niederen Graden«, seine erfolgreiche Verteidigung Kolbergs 1807 bis zum Frieden von Tilsit, die ihn berühmt gemacht hatte: Gneisenau ließ das Dach einer Kirche abtragen, das Gebäude mit Schutt füllen und zwei Geschütze in dieses neue Fort legen, er ließ die Schulkinder Papiergeld schreiben, beschaffte aus Schweden Munition, veranlaßte Überschwemmungen gegen die Belagerer, griff sie außerhalb der Festung an, sooft er konnte, baute nachts Vorwerke und zwang den Feind, sie wie neue Festungen zu berennen, ließ sich auf dem Wall auch durch auf ihn gezielte Kanonenschüsse beim Parole-Diktieren nicht stören, ließ innerhalb seiner Vorpostenkette Erholungs- und Vergnügungsplätze anlegen. Fahrner schilderte Gneisenaus Denkschriften zur Organisation des Aufstandes gegen die Franzosen, seine Reise nach England, um dort die Gegenkräfte zu stärken, seinen Entwurf des russischen Kriegsplanes von 1812 gegen Napoleon und weiter, wie Gneisenau verlangte, die Offiziere des Generalstabes müßten viel reisen, alles sehen und kennenlernen, wie Gneisenau auf Ausdauer beharrte, die unzählige Hilfsquellen eröffnen werde, wie er verlangte, dem Feind einen langen harten Kampf in Aussicht zu stellen, nach der fünften verlorenen Schlacht die sechste zu wagen, wie er den bedingungslosen Krieg und Volksaufstand forderte, den Zermürbungskrieg durch ständige nächtliche Überfälle. Fahrner beschrieb Gneisenaus »Staatsplan«, das Volk aus dem Heer neu zu schaffen durch den Aufstand des Volkes. So sollte ein Staatsbewußtsein entstehen von mündigen, aufs Wohl des Ganzen bedachten Bürgern.

Gneisenau erschien als der heimlich lenkende Mittelpunkt der vaterländischen Erhebung gegen Frankreich und die heimischen Konservativen zugleich (in Fahrners Sprache die Altgesinnten), als der eigentliche Besieger Napoleons, als Täter. Die große Reform (Fahrner nannte sie »Erneuung«) wurde jedoch erstickt, Gneisenau durch Geheimpolizei belauert, sein Briefwechsel überwacht, wie der von Jahn, Arndt, Schleiermacher, die Veröffentlichung der Reden Fichtes unterdrückt. Gneisenau verlangte den Abschied, die letzten fünfzehn Jahre seines Lebens verbrachte er im ständigen Umgang mit Clausewitz, was sich in dessen Werk »Vom Kriege« niedergeschlagen habe. Als Fahrner geendet hatte, sagte Stauffenberg: »Ja, sehen Sie, das haben wir nun gelernt: so hat es Der gemacht.«[55]

Ein Bekenntnis zum Regime lag darin nicht, auch kein Bekenntnis zur Gegnerschaft. Vor allem scheinen Stauffenbergs Worte Verlegenheit auszudrücken. Er konnte ja nicht gut in das Lied auf seinen Ahn einstimmen; alles andere hätte nur die rhetorische Brillanz von Fahrners Vortrag geschmälert. Fahrner sagte später, er habe in seinem Vortrag getarnt ausgesprochen, daß er und Frank Mehnert von Stauffenberg irgendein »Handeln« oder einen Anstoß zum Handeln gegen die falsche Richtung des Regimes erwarteten.[56] Die Zuhörer gewannen keinen derartigen Eindruck. Doch erinnerte sich der Kommandeur Generalmajor von Loeper an häufige Gespräche mit Stauffenberg über die von den Revolutionären begangenen Fehler.[57]

Fahrner berichtete weiter, er habe Stauffenberg damals im Januar 1939 beim Spaziergang im winterlichen Wald gefragt, ob sich denn die Wehrmacht die Vorgänge der Kristallnacht bieten lasse. In diesem Zusammenhang habe Stauffenberg zum erstenmal offen von Umsturzmöglichkeiten gesprochen und geäußert, Beck sei die zentrale Gestalt der Opposition gegen Hitler in der Wehrmacht, auf Hoepner könne man rechnen, aber vor irgendwelchem Vertrauen zu weiteren Kreisen höherer Offiziere oder gar dem inzwischen ins Massenhafte aufgeblähten Heer habe er gewarnt. Von Leuten, die schon ein- oder zweimal kein Rückgrat gezeigt hätten, könne man nicht erwarten, daß sie in Zukunft geradestünden.[58] Stauffenberg ließ nicht erkennen, ob er mit Hoepner darüber gesprochen habe.

Von den Umsturzmöglichkeiten hatte Stauffenberg durch Schulenburg erfahren. Ob er die Pläne guthieß, ob er daran dachte, sich zu beteiligen, sagte er Fahrner nicht, er erwähnte sie nur. Bis August 1943 gab es zwischen Stauffenberg und Fahrner keine weiteren Gespräche über Umsturzmöglichkeiten. Die Kontinuität in Stauffenbergs Gegnerschaft zum Regime, die Fahrner suggeriert, ist nicht einmal von ihm selbst, eher noch aus anderen Quellen belegt.[59]

Was Stauffenberg damals vordringlich erschien, steht in einem Briefwechsel Stauffenbergs aus den Wochen nach Fahrners Vortrag. Generalmajor Georg von Sodenstern, Chef des Generalstabes der Heeresgruppe 2 in Frankfurt am Main, schrieb Ende 1937 und Anfang 1938 einen Aufsatz »Vom Wesen des Soldatentums« aus Sorge um die Trivialisierung des soldatischen Ethos durch die nationalsozialistische Militärpolitik, nämlich die kurzfristige Erstellung eines Massenheeres, allgemeine »Wehertüchtigung« für Millionen Jugendliche, oberflächliche Wehrpropaganda. Er konnte den Aufsatz nach vielen Zugeständnissen an die Zensur erst im Januarheft 1939 der Zeitschrift *Militärwissenschaftliche Rundschau* drucken lassen, weil 1938 General Beck, obwohl er Sodenstern zustimmte, seine Auseinandersetzung mit Hitler um dessen Kriegspolitik und um die Führungsstruktur der Wehrmacht nicht erschweren wollte.[60] In Paris kommentierte die satirische Zeitschrift *Cyrano* Sodensterns Aufsatz als offene Stellungnahme gegen das Eindringen des Nationalsozialismus in die Armee; in Deutschland gab es in der Presse, die von Goebbels' Propagandaministerium gelenkt war, kein Echo.[61]

Sodenstern befürwortete die Einheit von Nationalsozialismus, Wehrgedanke und Volk, die Verschmelzung von Volkstum und Soldatentum durch den Soldaten Adolf Hitler. Es ging ihm nicht um einen Gegensatz zur Partei oder eine Sonderstellung der Wehrmacht, sondern um das tiefste Wesen des Soldatentums, um die Hingabe des Soldaten an die Gemeinschaft der Kampf- und Todbereiten. Die zum Sterben nötige seelisch-geistige Haltung trenne das Soldatentum von jeder anderen menschlichen Gemeinschaft. Der soldatische Führer habe sein sittlich-geistiges Wollen, seine Berufsauffassung seiner Mannschaft vorzuleben und in der entscheidenden Stunde vorzusterben, habe auf alle eigenen Ziele zu verzichten. Die bedingungslose Hingabe an den Obersten Befehlshaber ohne jedes Pathos, der Tod auf dem Schlachtfeld sei Erfüllung soldatischen Lebens.

Sodenstern gab dann die Schlußbetrachtung des Kriegsspiels eines Infanterie-Regiments bei Kiel wieder: Auf dem vier Kilometer breiten und tiefen Schlachtfeld vor Rendsburg war jeder einzelne Schritt vorwärts oder rückwärts jedes einzelnen Mannes Ausdruck des Willens des Generals auf dem Armee-Korps-Gefechtstand. Ein junger Leutnant der blauen Seite wurde am Eingang des bestürmten Dorfes Westensee todwund geschossen, die Führung ging aus seinen erschlaffenden Händen in die Fäuste eines gelernten Schmiedes und Reserveunteroffiziers über; dieser schrie plötzlich: »Gas!«, seine Leute rannten, gehetzt vom roten Maschinengewehrfeuer, über die Wiesen zurück: »sehen wir mit unserem geistigen Auge, wie dort am Bauerngehöft in Westensee der Gefreite Meier III in verzerrter Wut den fliehenden l.M.G.-Schützen packt, ihm das M.G. entreißt und seine Feuerstöße dem roten Verfolger entgegenschleudert, dann erkennen wir, wie in dieser Affekthandlung des Gefreiten Meier III ein Funke des weit hinten [vom Gefechtstand des Generals] her wirkenden Führerwillens zur Entzündung kommt«. Der Führer des Reservezuges führte seine Mannschaft zum Gegenstoß, der tapfere Meier III war längst tot, als die Blauen die Front gegen die Roten stabilisierten. Nur wer den unmittelbaren Zusammenhang zwischen dem grausam unerbittlichen Willen des Generals und der Affekthandlung des Gefreiten Meier III am Bauerngehöft in Westensee erkenne, nur der sei aus seinem innersten Wesen heraus Soldat. Während unter dem Schutz der Dunkel-

heit die Verbände für den Kampf am nächsten Tag gegliedert werden,
»sammelt der einsame Mensch dort hinten an seinem Kartentisch alle
in ihm lebendigen Energien, schüttelt das Grauen ab, das angesichts
der furchtbaren Zahlen der Toten und Verstümmelten nach seinem
Herzen greifen will, und strafft sich zu neuem Willen«, um ihn noch
in dieser Nacht den Tausenden zu übermitteln, von denen viele »am
kommenden Tag in gleicher Weise sterben sollen, wie andere es am
vergangenen Tag getan haben«.[62]

Dieser Geist soldatischer Pflichterfüllung sei des Volkes edelster
Besitz und dürfe nicht Gegenstand täglichen, trivialisierenden Gespräches sein; er sei als Geheimnis zu bewahren. Der Krieg sei keiner anderen
Handlung völkischen und staatlichen Wollens vergleichbar. Der Krieg
trage ein ernstes Gesicht, das Grauen der Schlacht mache schweigsam.
Vom Offizier werde Führen im Sinne der Befehle der höheren Führung
verlangt. Um auch gegen vermeintlich bessere Einsicht den Willen des
Vorgesetzten zum eigenen zu machen, brauche der Offizier ungeheure
seelische Kraft, nicht Gehorsam nur aus Disziplin, nicht »Kadaverge-
horsam«. Das Gehorchen des Offiziers im Zwiespalt zwischen eigener
Meinung und Befehl bleibe der Truppe selten verborgen; die unaus-
weichliche Folge sei erschreckend schnelles Absinken der Kampfmoral.
Nur wer den Willen des Vorgesetzten zum eigenen mache, überzeuge
die Mannschaft und zwinge sie zum bedingungslosen Kampf. Grundlage dafür sei das Vertrauen von Mann und Offizier in die Führung in
der Verantwortung für das Schicksal der Untergebenen.

Stauffenberg las den Aufsatz und schrieb am 6. Februar an Sodenstern.[63] Er betonte den Ernst des Krieges und die Gefahr für die
Grundlagen des Soldatentums durch die rasche Heeresvermehrung.
Er dankte Sodenstern und bekräftigte für sich, er wolle »von Männern
geführt werden, deren Haltung ihm Achtung abzwingt«.

Sodenstern antwortete am 6. März, es gelte, sich der Entwicklung
entgegenzustemmen, die dem deutschen Volk das vermeintlich Soldatische zur alltäglichen Lebensweise machen wolle; sie führe nicht zur
Hebung der Kampfmoral, sondern zur Verkennung des Opfers, das
der Krieg fordere. Sodenstern sei bekannt geworden, daß meist die
jungen Offiziere bei Casinogesprächen die in dem Aufsatz vertretenen
Auffassungen als veraltet scharf abgelehnt haben. Die Schichtung des
Offizierkorps gerate in eine Krise. An der Verkennung oder Erken-
nung des Opfers, das der Krieg fordere, hänge aber das Schicksal
des deutschen Volkes und damit »auch dasjenige des tausendjährigen
3. Reiches«. Die Einsichtigen müßten sich zusammenschließen, »um
sich schützend vor jene inneren Werte des Soldatentums zu stellen«.

Stauffenberg schrieb wieder am 13. März und beschwor Sodenstern, keine Distanzierung der im Weltkrieg über alle konventionellen
Formen und Schlacken hinausgewachsenen Soldaten entstehen zu lassen gegenüber den Jüngeren, die zu den Älteren als Vorbildern aufsehen. Die Distanzierung der Älteren gegenüber dem Götzen »Masse« sei
begreiflich, die von Sodenstern genannte Krise werde aber zur schweren Gefahr, wenn das Vertrauen in die alle Zeitläufte überspannende
Gültigkeit »des aristokratischen Grundgesetzes soldatischer Staats-
und Lebensauffassung« den Berufensten verlorengehe. Gewiß sei der
Offiziernachwuchs zum Teil schon selbst Masse mit ihren erstickenden Gefahren. Gelinge es auch nur verschwindend wenigen Offizieren,
»den unbestechlichen Blick für das Echte und Entscheidende zu wek-
ken und die unvergängliche Haltung des Offiziers, des Herrn, zu festigen, dann haben wir die Schlacht schon halb gewonnen«.

Es gehe ihm, Stauffenberg, nicht um diese oder jene Richtung,
»nicht um Opposition aus Herkommen oder Erziehung oder Beruf,
nur um das Reich«. Viele meinten, allein die gewaltigen, »ausserhalb unsrer Reihen« stehenden Kräfte hätten das Reich gemehrt und
die Wehrmacht ohne ihr Zutun »in den Sattel gehoben«, so daß man
sich ruhig in seinen fachlich-beruflichen Bereich zurückziehen könne.
Das sei aber falsch: »Soldat sein, und insbesondere soldatischer Führer, Offizier sein heisst, Diener des Staats, Teil des Staats sein mit
all der darin inbegriffenen Gesamtverantwortung.« Nicht nur um
den Ernst der Berufsauffassung des Offizierkorps gelte es zu kämpfen, sondern um Volk und Staat; das Offizierkorps sei die eigentliche
Verkörperung der Nation und der wesentlichste Träger des Staates.
Stauffenbergs bedeutungsvoller Satz lautet: »Wir müssen nicht nur
um die Armee im engeren Sinn zu kämpfen wissen, nein, wir müssen um unser Volk, um den Staat selbst kämpfen, im Bewusstsein,
dass das Soldatentum und damit sein Träger, das Offizierkorps, den
wesentlichsten Träger des Staates und die eigentliche Verkörperung
der Nation darstellt.« Im großen »völkischen Entscheidungskampf
um Sein oder Nichtsein der Nation« werde dem Soldatentum die Verantwortung zufallen. Die könne dem Offizierkorps keine politische
Organisation abnehmen, davon könne es sich nicht auf seinen engen
Bereich zurückziehen.

Die Zurückhaltung des Offizierkorps vor dem Münchner Abkommen sei »politisch sicherlich wenig zweckmässig« gewesen, doch liege
die hier aufgetretene Disharmonie zwischen politischer und militärischer Führung weniger an der falschen soldatischen Einstellung des
Offizierkorps als daran, daß die politische Führung dem Offizierkorps

nicht das Vertrauen und die Mitverantwortung einräume, die »für die Führung der bewaffneten Nation, die ihm im Krieg nach wie vor zufällt«, nötig seien. Trotz allen bedenklichen Erscheinungen, trotz der fast erdrückenden Übermacht einer andersläufigen Entwicklung habe Stauffenberg den Willen, »für das Ganze und nicht für einen Teil zu kämpfen«. Er wiederholte zum Schluß sein »Vertrauen auf eine Generation von Führern und Lehrmeistern, die für uns mehr als nur die Verkörperung einer ehrwürdigen Tradition darstellen«.

Stauffenbergs Überzeugung von der schließlich politischen Verantwortung des Offizierkorps und von seiner persönlichen Verantwortung erklärt seine weitere Entwicklung. Stark vereinfacht sagte er in jener Zeit vor dem Krieg seinem Wuppertaler Buchhändler, Hitler sei ein Kleinbürger, dessen Untertan er nicht sein könne. Man solle es ihm nicht als Arroganz auslegen, aber solches lasse die Tradition seiner Familie einfach nicht zu.[64] In Wirklichkeit dachte Stauffenberg an selbständige Führung der Nation durch das Heer, ohne Hitler und die Nationalsozialisten, die er im Krieg »die braune Pest« nannte, im Sinne von Gneisenaus Ideal vom Heer als Staat und als Kern des Volkes.[65] Im Winter 1942/43 sagte er einem Kameraden, der von der Verantwortung der militärischen Führung sprach: »Ja, wir sind auch die Führung des Heeres und auch des Volkes und wir werden diese Führung in die Hand nehmen.«[66] Mit dem Verhältnis des Soldatentums zur Politik setzte er sich unaufhörlich auseinander, an seinem Grundstandpunkt änderte sich nichts. Dabei fällt die Verwandtschaft dieser Gedanken mit Becks Forderung der Beteiligung der Heerführung an den großen politischen Entscheidungen in die Augen.[67]

Fahrners Bericht über sein Waldgespräch mit Stauffenberg im Januar 1939 bedarf also der Interpretation: Stauffenberg sprach von der selbständigen Verantwortung des Offizierkorps, von dessen Verkörperung der Nation und seinem Tragen des Staates. In diesem Sinne ist der Begriff »Umsturz« zu verstehen.[68]

Hitler bediente sich seit Februar 1939 der slowakischen Nationalisten, um den tschechoslowakischen Staat auseinanderzubrechen. Nachdem der Präsident der Tschechoslowakei, Emil Hácha, über die Slowakei das Kriegsrecht verhängt und die slowakische Landesregierung am 9. März entlassen hatte, erklärte diese unter ultimativem Druck Deutschlands am 14. März ihre Unabhängigkeit. Dazwischen erging sich die nationalsozialistische Presse in Deutschland tagelang in Meldungen von tschechischen Übergriffen gegen Slowaken und Deutsche, berichtete von der Aufstellung einer britischen Expeditionsarmee für den Kontinent und schürte im Sinne von Hitlers Rede vom

10. November 1938 die Kriegsstimmung. Am 15. März 1939 ließ Hitler Böhmen und Mähren von Truppen unter den Generalen Blaskowitz (Heeresgruppe 3) und List (Gruppenkommando 5) besetzen. Am 22. März marschierten deutsche Truppen in das litauische Memelgebiet ein.

Am 31. März gab Premierminister Neville Chamberlain im Unterhaus eine englische Garantieerklärung für Polen. Der *Völkische Beobachter* reagierte am 1. April mit einem wütenden Leitartikel Goebbels', der »Cliquen« in London und Paris, noch mehr die Amerikaner und hinter ihnen agierend »die Juden« der Kriegstreiberei beschuldigte. Die folgenden Ausgaben des Blattes bemühten sich um Beschwichtigung, hatte man es doch nicht gerade jetzt auf einen Krieg gegen die Westmächte abgesehen.[69]

Am 26. September 1938 hatte Hitler in öffentlicher Rede feierlich erklärt, daß es nach der Lösung der Sudetenfrage »für Deutschland in Europa kein territoriales Problem mehr gibt«.[70] Stauffenberg bezeichnete nun Hitlers Vorgehen als Wortbruch und Verletzung des Volkstumsprinzips.[71] Frank Mehnert verurteilte Hitlers Vorgehen aus denselben Gründen.[72]

Berthold Graf Stauffenberg hatte an aufeinanderfolgenden Militärübungen teilzunehmen. An Frank Mehnert schrieb er, die Ereignisse veranlaßten »immerhin auch zu einer gewissen historischen rekapitulation«: England und Frankreich verhandelten mit Rußland über die Erneuerung der Koalition gegen Deutschland, Deutschland trat wie 1914 zunehmend kriegerisch auf.

In jenen Tagen im April oder in der ersten Maihälfte 1939 erzählte Claus Graf Stauffenberg Fahrner im «Achilleion» in Berlin, er komme eben von einer Übung, bei der er einen ganzen Tag über in einem Panzer des kleinsten Typs mitgefahren sei, und sagte beiläufig, aber ernst: »Der Narr macht Krieg.«[73] Er sprach von den Verlusten des Weltkrieges und von der Gefahr für ein Volk, das in derselben Generation zweimal solche Verluste erlitte.[74]

Im Juni traf Stauffenberg in Wuppertal mit Partsch zusammen.[75] Partsch fragte ihn, ob es nicht an der Zeit sei, im Heer Zellen für den Widerstand gegen das Regime zu bilden. Stauffenberg antwortete, das wäre wohl in der Arbeiterschaft möglich, in deren altem Stamm die Ablehnung des Regimes verwurzelt sei. Aber den Offizieren seien vor lauter Aussicht auf Beförderung die Augen noch nicht aufgegangen. Man könne keine Zellen bilden, solange keine Übereinstimmung über das Ziel erkennbar sei; zur Zeit seien derartige Versuche gefährlich und aussichtslos.[76]

Dann holte Stauffenberg seine Familie in Bamberg ab und verbrachte mit ihr vom 27. Juni bis 13. Juli in Lautlingen den Urlaub, während dem er für einige Tage ein kleines Auto mietete und mit seiner Frau durch die Gegend um den Bodensee und den Schwarzwald fuhr, Hirsau, das Nagoldtal, Maulbronn, Wimpfen, Freiburg besuchte. Aus Lautlingen schrieb er an Frank Mehnert, »Cajo« habe ihm aus seinem Themistokles vorgelesen; Franks und Fahrners Übertragung aus Homer klinge ihm oft im Ohr, und er freue sich auf die nächste Lieferung: »Ab 14.7. bin ich wieder in Wu um die Vorbereitungen für einen ungewissen Herbst nach bestem gewissen fortzusetzen.«[77]

Das Panzer-Regiment 11 und die Panzer-Abteilung 65 hatten seit April 1939 zusammen über zweihundertfünfzig neue Skoda-Panzer, die im März in den tschechischen Werken konfisziert worden waren, so daß die 1. Leichte Division damals über größere Feuerkraft verfügte als die Panzer-Divisionen. Im Mai wurden der Division Herbstmanöver in der Mobilmachungsstellenbesetzung mit einberufenen Reserveoffizieren und -unteroffizieren angekündigt, die in Schlesien stattfinden sollten.[78] Am 18. August wurde die Division mit dem Stichwort »Aushilfe« alarmiert, marschierte am 19. nach Neuhammer in Schlesien ab und wurde dort zunächst dem XV. motorisierten Armee-Korps unter General der Infanterie Hermann von Hoth zugeteilt.[79]

Am Tag vor dem Ausmarsch meldete sich Stauffenberg ab mit einem Brief an Onkel Berthold, den Chef der Familie, im Hinblick auf den bevorstehenden möglicherweise tödlichen Einsatz. Er sprach dem Onkel seine Verehrung aus als »Vorbild des wahren Edelmanns, Herrn und Soldaten«, das nie aufhören werde, ihm gerade in ernsten Zeiten »eine Genugtuung und ein Ansporn« zu sein.[80] Am selben Tag verabschiedete er sich persönlich bei seinem Wuppertaler Buchhändler, kaufte eine Anzahl philosophischer Werke und entschuldigte sich dafür, daß er bar bezahle; es sei ihm so peinlich, einem Arzt drücke er ja auch nicht nach der Konsultation das bare Geld in die Hand. Er meinte, »trotz allem« empfinde er das Ausrücken als Erlösung. Der Krieg sei schließlich »sein Handwerk von Jahrhunderten her«.[81] »Er war Soldat mit Leib und Seele«: so umschrieb ein naher Verwandter die Haltung.[82]

Am 20. August unterrichtete der Divisions-Kommandeur Generalmajor von Loeper die ihm unterstellten Kommandeure »über Absichten des Führers«, über den Angriffstag (26. August) und über die Bereitstellung zum Angriff.[83] Am 23. August wurde der Pakt mit Rußland geschlossen, Polen war damit strategisch isoliert. Mika Gräfin Stauffenberg schrieb ihrem Mann, da käme nun wohl kein Krieg;

Claus sei übrigens in Schlesien an der Grenze.[84] Frank Mehnerts Mutter schrieb dem Sohn am 22. August 1939: »Eben höre ich die Nachricht vom Nichtangriffspakt mit S.R. – also doch! – Nun ist der Frieden gesichert u. Polen erhält bald seine Strafe.«[85] Alexander Graf Stauffenberg rückte als Unteroffizier zur Ersatzbatterie in Ansbach ein und hoffte, bald an die Front zu kommen,[86] Berthold wurde zur 1. Abteilung der Seekriegsleitung im Oberkommando der Kriegsmarine eingezogen.[87] Alexander Graf Üxküll, der Sohn von Onkel Nux, kam aus Schweden zurück und meldete sich bei seinem Regiment. Sein ganzer Jahrgang wurde aber zurückgestellt, und so wartete er und arbeitete zunächst im Propagandaministerium.[88]

Die 1. Leichte Division bestand zu diesem Zeitpunkt außer dem Stab, Nachrichtentruppen, Nachschub-, Sanitäts-, Feldgendarmerie-, Feldpost- und Verwaltungsdiensten im wesentlichen aus einem motorisierten Kavallerie-Schützen-Regiment, einer Krad-(Motorrad-)Schützen-Abteilung mit Maschinengewehren und Panzerabwehrkanonen, einer Panzer-Aufklärungs-Abteilung mit zwanzig Panzerspähwagen und Artillerie- und Pionierabteilungen, einem motorisierten Artillerie-Regiment, einer Panzer-Abteilung auf Bahnwagen, dem aus Heerestruppen zugeteilten Panzer-Regiment 11, einer motorisierten Panzer-Abwehr-Abteilung, einem motorisierten Pionier-Bataillon.[89] Der gesamte Personalbestand der Division betrug nach Plan 9935 Personen, darunter 302 Offiziere und 101 Beamte, der Soll-Bestand an Waffen (einschließlich Bewaffnung des Panzer-Regiments) 3669 Pistolen, 7342 Gewehre, 328 Maschinenpistolen, 719 leichte und 60 schwere Maschinengewehre, 12 2-cm-Fliegerabwehrkanonen, 51 3,7-cm-Panzerabwehrkanonen, 39 leichte Granatwerfer, 24 mittlere Granatwerfer, 10 leichte Infanteriegeschütze, 24 leichte Feldhaubitzen 18, 127 2-cm-Kampfwagenkanonen, 11 3,7-cm-Kampfwagenkanonen, 12 7,5-cm-Kampfwagenkanonen.[90] Der Chef des Generalstabs des Heeres plante die Verwendung der leichten Divisionen für Aufgaben, die früher der Heereskavallerie gestellt waren, wie Aufklärung über große Räume, Verschleierung, Decken von Flanken und breiten Frontlücken.[91]

Am 24. August um 13.30 Uhr erhielt die Division das Stichwort für den Angriff am 26. August, bezog nachmittags die Aufmarschstellungen, der Stab quartierte sich im Hotel »Reichsadler« in Konstadt [sic] ein. Um Mittag am 25. August wurde der Angriffbefehl zunächst aufgehoben, nachmittags wieder in Kraft gesetzt, worauf der Divisionsgefechtstab auf ein großes Gut in Ammern zog; das Panzer-Regiment 11 und die 6. Schwadron des 4. Kavallerie-Schützen-Regiments marschierten auf die Grenze zu. Am Abend, drei Stunden nach der Unter-

Beginn des Zweiten Weltkrieges. Von links: Fliegerverbindungsoffizier, Divisions-Kommandeur Generalmajor Freiherr von Loeper, Stauffenberg, Major Lehnert (Kommandeur des Pionier-Bataillons der 1. Leichten Division) und Oberleutnant Reerink am 1. September 1939 auf dem Gefechtstand der Division in Neudorf an der polnischen Grenze.

zeichnung des britisch-polnischen Beistandsvertrages, ließ Hitler alle Bewegungen anhalten. Am 26. August zog sich die Division in die Bereitstellung zurück. Spähtrupps, die schon über die Grenze gegangen waren, konnten zurückgeholt werden.[92]

Da die Division als Eingreiftruppe verwendet wurde, wechselte ihre Unterstellung unter verschiedene Armee-Korps und Panzer-Armee-Korps häufig; während des ganzen Feldzuges blieb sie jedoch mittelbar dem 10. Armee-Oberkommando unter General von Reichenau unterstellt, das zum Heeresgruppenkommando Süd unter Generaloberst von Rundstedt gehörte.[93] Der ursprüngliche Feldzugplan sah vor, die Infanterie zuerst angreifen und die polnischen Stellungen durchbrechen, dann Panzer-Divisionen durch die Lücke vorstoßen zu lassen; in den letzten Tagen vor Beginn des Feldzuges wurde der Plan geändert auf Vormarsch von Panzer-Divisionen innerhalb der ersten Angriffswelle der 10. Armee mit je einem unterstellten verstärkten Infanterie-Regiment.[94]

Als am 1. September der Angriff begann, überschritten von der 1. Leichten Division zunächst nur die Artillerie-Abteilung 6 und die

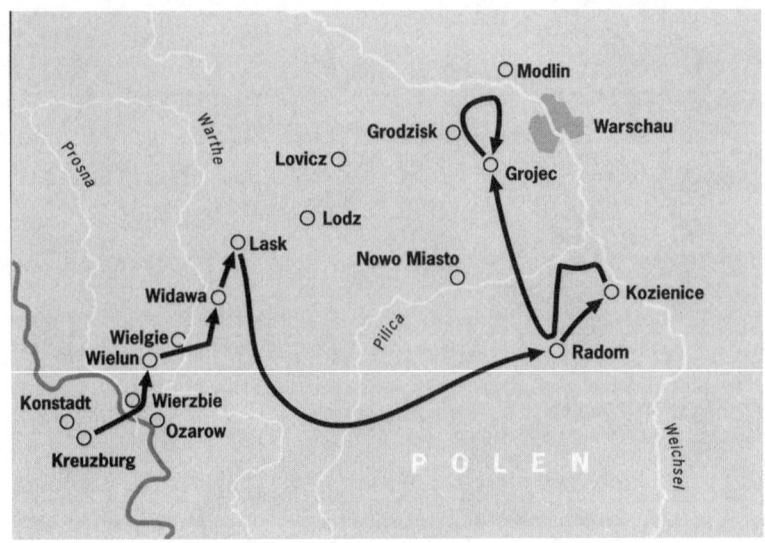

*Weg Stauffenbergs im Polenfeldzug mit der 1. Leichten Division
vom 1. September bis 12. Oktober 1939.*

Schützen-Brigade die Grenze, der Rest blieb als Armee-Reserve der 10. Armee noch auf deutschem Boden, der Gefechtsstand war in Neudorf. Am Nachmittag erhielt die Division den Befehl, den Grenzfluß Prosna zu überschreiten und zum Angriff anzutreten. Der Übergang war aber durch die Sprengung aller Brücken und sumpfiges Ufergebiet so erschwert, daß nur die Kradschützen-Abteilung 6, das III. Bataillon des Kavallerie-Schützen-Regiments 4 und eine Artillerie-Abteilung um 17.40 Uhr zum Angriff antreten konnten.[95] Darauf kam es zu Gefechten bei Wierzbie und Ozarow; beide Orte wurden eingenommen und brannten. Der größere Teil der Division überquerte die Prosna. Die verfügbaren Pioniertruppen erwiesen sich als zu schwach für die Herstellung von Zufahrten durch das sumpfige Ufer zu den improvisierten Brücken. Damit war auch die Versorgung der Division beeinträchtigt.[96]

Am 2. September um 5 Uhr früh trat die Division nach einem vorbereitenden Angriff durch Sturzkampfflugzeuge gegen Wielun an. General von Reichenau, der Oberkommandierende der 10. Armee, rügte zu langsames und zu methodisches Vorgehen gegen den nur schwachen Widerstand. Darauf ging die Division schneller und manchmal unbesonnener vor, erlitt unnötige Verluste, als der Kommandeur einer der Kampfgruppen der Division, Oberstleutnant von Ravenstein, ohne Befehl der Division den Übergang über die Warthe erzwingen wollte und von gut schießenden polnischen Verteidigern abgewiesen wurde.[97] Am frühen Morgen des 3. September griff die Division von Wielun aus in Richtung Wielgie-Widawa-Lodz an und erkämpfte am Abend den Übergang über die Warthe.

Bei Widawa verliefen die Operationen nicht planmäßig. Der Divisionsstab stellte östlich der Warthe polnische Bunkerstellungen und Artillerie fest, das Korps-Kommando behauptete, die Stellungen seien nicht besetzt, Flieger meldeten dasselbe. Als die Division am 5. September angriff, fand sie die Bunkerstellungen besetzt, die Polen schlugen den Angriff zurück, die Division war nur die 35 Kilometer von Widawa bis Lask vorgedrungen.[98]

Oberleutnant Reerink berichtet einen Zwischenfall, der im Kriegstagebuch nicht festgehalten ist. Zwei schwachsinnige Frauen, Mutter und Tochter, hatten sich mit Taschenlampen auf dem Speicher eines Hauses in Wielun versteckt. Ein Feldwebel meinte, sie gäben der polnischen Artillerie Zeichen, meldete es einem Offizier, und dieser befahl ohne Untersuchung, die Frauen zu erschießen. Stauffenberg ruhte nicht, bis der Offizier, mit dem er sich bis dahin geduzt hatte, vor ein Kriegsgericht kam, das ihn degradierte.[99]

Am 6. September verfolgte die Division polnische Truppen, die sich auf die Weichsel zurückziehen wollten, im Eilmarsch bis Radom, wo der Widerstand plötzlich stärker wurde, so daß der Durchgang durch Radom in den Morgenstunden des 8. September erzwungen werden mußte. Durch ihr rasches Vorrücken verlegte die Division, ohne es gleich zu merken, den zurückgehenden, noch ungeschlagenen Hauptkräften des Feindes die Rückzugstraße. Das Kriegstagebuch hielt fest: »Hätte der Gegner die tatsächliche Lage übersehen, so hätte er die Div. mit großer Überlegenheit angreifen und vernichten können. Der Gegner verhielt sich aber vollkommen passiv. Er versteckte sich in den Wäldern und versuchte, in kleinen Trupps zu entkommen. Nur wenn er angegriffen wurde, wehrte er sich mit verzweifeltem Mut.« Stauffenbergs Ordonnanzoffizier, Rittmeister d.R. Colsman, wurde am 8. September in Radom verwundet, als er in eine abgeschnittene polnische Kolonne geriet. Stauffenberg war vorausgefahren, sein Wagen kam vorübergehend in polnische Hand und wurde geplündert; er verlor seinen Gummimantel und sein kleines Gepäck.[100]

Die Division erhielt dann den Auftrag, »den noch im Gefechtstreifen des XIV. Korps westl. der Weichsel befindlichen Feind zu vernichten«. Kampfgruppen der Division drangen nach Norden und nach Süden vor, um den polnischen Truppen den Rückzug nach Osten zu verwehren. Am 11. September versuchte der Gegner noch nach Osten auszubrechen, wurde am 12. September nördlich und südlich der Vormarschstraße der Division ganz eingeschlossen, am 13. September gingen die Kämpfe in dieser Gegend zu Ende. Am 14. September bezog die Division Unterkunfträume bei Kozienice. Die Panzer und anderen Motorfahrzeuge hatten im tiefen Sand gelitten und brauchten Wartung, viele waren liegengeblieben, Maschinengewehre hatten Ladehemmungen.[101]

Stauffenberg berichtete am 10. September: »Es macht den Eindruck, als hätten wir eine große Schlacht gewonnen. Wir sind auf einer Straße so tief vorgestoßen, daß wir seit 2 Tagen rechts und links Massen von Polen haben. Es handelt sich wohl um mehrere Divisionen. Die Situation ist recht eigentümlich. Zur Zeit versuchen die Polen noch durchzubrechen, was wohl bei uns noch einige Verluste bringen wird, aber es wird seiner Masse nichts mehr helfen. Es kann ein Tannenberg werden.«

Am 13. und 14. September schrieb er aus Kozienice, wo ihn Briefe seiner Frau vom 4. und 6. September erreichten, die Kämpfe mit den eingeschlossenen polnischen Divisionen gingen allmählich zu Ende, seien aber »leider verlustreicher als diese Sache erfordern würde«.[102] Unerfahrenheit mancher Offiziere, Unkenntnis des polnischen Straßennetzes und die verzweifelte Tapferkeit der polnischen Offiziere waren die Hauptgründe.[103] Der unglaublich schnelle Vormarsch mache ihm die Versorgung der Truppe schwierig, schrieb Stauffenberg weiter; er lebe von der Hand in den Mund. In der Hauptsache scheine der Krieg in Polen entschieden. Das Land sei trostlos, lauter Sand und Staub, erstaunlich, daß da etwas wachse. »Die Bevölkerung ist ein unglaublicher Pöbel, sehr viele Juden und sehr viel Mischvolk. Ein Volk welches sich sicher nur unter der Knute wohlfühlt. Die Tausenden von Gefangenen werden unserer Landwirtschaft recht gut tun. In Deutschland sind sie sicher gut zu brauchen, arbeitsam, willig und genügsam.«

Hatte sich bei Wielun am 3. September beim Bekanntwerden der englischen und französischen Kriegserklärungen Niedergeschlagenheit der Offiziere bemächtigt, worauf Stauffenberg gemeint hatte, wenn sie den Krieg gewinnen wollten, sei es eine Frage des Aushaltens, der Krieg werde dann mit Sicherheit seine zehn Jahre dauern, so meinte er nun: »Den englisch-französischen ›Krieg‹ halte ich zunächst für die Schaffung von Verhandlungsgrundlagen. Was soll das sonst?«[104] Er nahm den von Hitler und Molotow etwas später vertretenen Standpunkt vorweg, wonach die Wiederherstellung Polens nicht mehr Kriegsziel der Westmächte sein könne.[105]

Am 16. September schrieb Stauffenberg: »Aus der Ruhe ist natürlich nichts geworden. In aller Eile wurden wir herausgezogen, um nördlich [der] Pilica gegen einige eingeschlossene Divisionen angesetzt zu werden, die durchzubrechen versuchen.« Eben sei er in einem prächtigen Schloß mit herrlichen Empiremöbeln eingetroffen, der Herbstregen habe schon begonnen, die Versorgung mache bei dem dauernden Hin und Her unglaubliche Schwierigkeiten.[106]

Die Division marschierte am 15. September nach Westen bis Radom, dann nach Nordwesten, um in Nowo Miasto die Pilica, einen Nebenfluß der Weichsel, zu überschreiten, von da am 16. September nach Nordosten in die Gegend von Grodzisk, etwa 30 Kilometer südwestlich von Warschau, und am 17. September bis Ozarow, etwa zehn Kilometer westlich Warschau. Die Division bildete einen Teil des Einschließungsringes um die Hauptstadt. Da durch den schnellen Vormarsch überall überflügelte polnische Divisionen zurückgeblieben waren, hatte man eigentlich auf allen Seiten Feind. Seit 16. September kämpfte die Division verlustreich auf drei Seiten und kam durch die »mit dem Mut der Verzweiflung kämpfenden, uns zahlenmäßig stark überlegenen Polen mehrfach in üble Bedrängnis«[107], mußte aber die Vereinigung der nordwestlich bei Lovicz eingeschlossenen polnischen Verbände mit denen in und um Warschau verhindern. Inzwischen wurde der Angriff entlang der Straße Warschau-Modlin vorgetragen. Leider fehlte ein Element der modernen »Kavallerie«: »Frühzeitig gestellten Anträgen, zur Ausnutzung des Erfolges einen *Artillerieflieger* und eine 10-cm-Batterie zu bekommen, um auf Modlin mit Artillerie zu schießen, konnte vom XV. A.K. nicht stattgegeben werden.« Die Division war auf einer Front von 25 Kilometern auseinandergezogen und sah sich nun auf allen Seiten dem Feind gegenüber.

Stauffenberg fand auch in der Nähe von Warschau heruntergekommene Schlösser und Landhäuser mit »unwahrscheinlich schöne[n]« Empiremöbeln, sonst »unendliche Armut und Verschlamptheit«.[108]

Dann kam die Nachricht von der Kriegseröffnung Rußlands am 17. September: »Ich muß jetzt schon lachen beim Gedanken an die Verbrüderung der deutschen und Roten Armee, wenn wir uns die Hände reichen.«[109] Zehn Tage später, nachdem die Rote Armee schon weit in das dem Hitler-Stalin-Pakt zufolge Rußland zufallende Gebiet vorgerückt war, schrieb Stauffenberg: »Ich habe nicht den Eindruck, daß unsere Freunde die Bolschewiki sehr [zimperlich] verfahren. Für die ganze polnische Oberschicht ist dieser Krieg eine wahre Geißel Gottes. Vor uns sind sie nach Osten geflohen. Wir lassen außer Volksdeutschen nichts mehr über die Weichsel herüber. Die Russen werden

aber wohl kurzen Prozeß machen, da die eigentliche Gefahr wie man
ja allmählich weiß nur in der nationalistischen Oberschicht der Polen
steckt, die sich natürlich den Russen überlegen fühlt. Da werden wohl
viele nach Sibirien wandern müssen.«[110]

Der Divisionskommandeur wurde in diesen Tagen vom Oberkommando des Heeres benachrichtigt, im Bereich seiner Division seien
in einem Keller siebenunddreißig Juden erschossen worden. Loeper
stellte fest, daß das im benachbarten Abschnitt der SS-Leibstandarte
geschehen war. Stauffenberg erfuhr anscheinend nichts davon.[111]

Vom 17. bis 21. September kämpfte die Division schwer zwischen
Warschau und Modlin.[112] Im Kriegstagebuch der Division herrscht ein
überlegener Ton, Mißerfolge klingen kaum an, aber die Gefallenen-
und Verwundetenzahlen lassen keinen Zweifel zu über die Art der
Kämpfe. 800 polnischen Gefangenen und 20 erbeuteten Geschützen
standen am 19. und 20. September 600 Mann eigene Gefallene, Verwundete und Vermißte gegenüber. Am 21. September wurde die Division von der 24. und der 18. Infanterie-Division abgelöst und bezog
südlich von Grojec Ruhequartiere, der Stab ging nach Rykaly.[113]

Am 22. September begannen die bis Bialystok und Brest vorgedrungenen deutschen Truppen sich auf die mit Rußland vereinbarte
Teilungslinie zurückzuziehen, durchkämmten aber das den Russen zu
überlassende Gebiet erst nach Feinden und Beute.[114] Es galt, »unerhörte Beutevorräte« an Kriegsmaterial abzutransportieren, »die zum
Teil von unschätzbarem Wert für unsere Kriegswirtschaft sind«, wozu
Stauffenberg die rückwärtigen Dienste der Division einsetzte: »Wir
müssen nun so rasch und soviel wie möglich über die Weichsel transportieren bis wir den Russen übergeben. Das Schönste dran ist, daß
das meiste englisch und natürlich noch unbezahlt ist.«[115]

Am 29. September wurde der mit Rußland abgeschlossene Grenzvertrag bekannt, wonach die Weichsel und ein hundert und mehr
Kilometer breiter Streifen polnischen Landes auf dem Ostufer in deutschen Händen blieb, was Stauffenberg begrüßte; Ströme als Grenze
seien immer schlecht, außerdem seien der Zuwachs an bäuerlich nutzbarem Land und die Verbesserung der Rohstofflage durch die Verträge vom größten Wert. »Wesentlich ist, daß wir dort in Polen nunmehr eine planmäßige Kolonisation anfangen. Aber daß die kommt
habe ich keine Sorge.«[116] Für die »Westfeinde« sei das natürlich »ein
harter Nackenschlag«, sofern diese, wie Stauffenberg vermutete, ihren
Kriegsplan auf wirtschaftliche Abschnürung Deutschlands aufgebaut
hatten. Nun seien sie offenbar ratlos. Der französische Soldat werde
im Angriff auf deutschem Boden kaum Großes leisten. »Und sollen

wir angreifen…??«[117] Stauffenbergs älterer Kriegsakademiekamerad Hauptmann i.G. Mertz von Quirnheim, seit 1. September Quartiermeister im Generalkommando des V. Armee-Korps, meinte, mit dem Abschluß des deutsch-russischen Vertrages hätten die Engländer den Krieg verloren, weil sie Deutschland wirtschaftlich nun nicht treffen könnten, allerdings würden sie es wohl nicht einsehen.[118]

Am 12. Oktober begann der Abmarsch in die Heimatgarnisonen, am 16. war fast die ganze Division mit Ausnahme der Gleiskettenfahrzeuge, die erst am 20. Oktober in der Gegend von Radom auf Eisenbahnwagen verladen werden konnten, wieder in den Friedensstandorten.[119] Die Division hatte fast dreihundert Gefallene verloren.[120] Mit Wirkung vom 18. Oktober wurde sie in 6. Panzer-Division umbenannt, unter Eingliederung des Panzer-Regiments 11.[121]

Generalmajor von Loeper hatte Stauffenberg als Nachfolger Schönes an die Ia-Stelle versetzen wollen; jedoch wurde Loeper zum 25. Oktober Kommandeur der 81. Infanterie-Division, sein Nachfolger war seit 1. Oktober Generalmajor Werner Kempf. Nun wurde zum 25. Oktober Major i.G. Bürker, ein Schwiegersohn Generalfeldmarschall von Blombergs, Ia-Offizier der 6. Panzer-Division.[122]

Stauffenberg war wie fast alle seine Kameraden in den Krieg gezogen im Bewußtsein der Erfüllung seines Soldatentums. Aus seinen Briefen sprach Bewunderung für den modernen Bewegungskrieg einer gut funktionierenden Militärmaschine.

Als Stauffenberg aus dem Polenfeldzug zurückkam, war er ebenso vom Sieg berauscht wie die anderen jungen Offiziere und hielt Charlotte Gräfin von der Schulenburg und ihrem Mann (Fritz-Dietlof) einen begeisterten Vortrag über den Feldzug. Von Einsicht in die Wirklichkeit war er weit entfernt.[123] Als Peter Sauerbruch Stauffenberg, mit dem er zusammen im Reiter-Regiment 17 gewesen war, damals in Wuppertal besuchte, bemerkte er an seinem Freunde nichts von Ablehnung des Nationalsozialismus, fand ihn ganz mit den Vorbereitungen für den Feldzug gegen Frankreich beschäftigt.[124]

Seit Anfang November lebte Stauffenberg, inzwischen Hauptmann i.G., seit 1. November in den Generalstab versetzt und seitdem mit den roten Streifen der Generalstabsoffiziere an den Uniformhosen, täglich in der Erwartung des Abmarsches an die Westfront; mehrere Vorbefehle wurden seit 5. November ausgegeben und immer wieder kurzfristig aufgehoben, einmal nur ein paar Stunden vor dem Abmarsch.[125]

Nikolaus Graf Üxküll und Schulenburg sahen im Fortgang des Krieges eine tödliche Gefahr für Deutschland. Zu Theodor Pfizer sagte

Üxküll damals, Hitler müsse verhaftet und vor Gericht gestellt werden.[126] Da die deutschen Verbrechen in Polen Peter Graf Yorck und Ulrich Graf Schwerin bekannt waren und anzunehmen ist, daß Schulenburg und Üxküll davon erfahren hatten, liegt die Annahme nahe, daß sie mit Stauffenberg darüber sprachen, als sie an ihn herantraten mit dem Ansinnen, sich zum Adjutanten Brauchitschs ernennen zu lassen und an einem Umsturz teilzunehmen. Stauffenberg lehnte ab.[127] Nach einem unbestätigten Bericht soll Stauffenberg auf das Ansinnen Uxkülls und Schulenburgs entgegnet haben, er sei noch nicht soweit.[128] Die Adjutantur, das heißt die Personalabteilung des Oberbefehlshabers des Heeres, leiteten damals ein Oberstleutnant und ein Major des Generalstabes, die eventuelle Ernennung eines Hauptmanns war unwahrscheinlich.[130] Stauffenbergs Witwe erinnerte sich an seine Begründung, bei den Erfolgen Hitlers sei ein Vorgehen gegen ihn unmöglich. Er sagte auch, er habe von hochverräterischen Umtrieben Kenntnis bekommen und hätte die Pflicht, das anzuzeigen, tue es aber nicht.[125]

Beide Versionen der Begründung Stauffenbergs für seine Ablehnung enthalten die Tendenz, daß er den Gedanken eines Regimewechsels durch Staatsstreich nicht abgelehnt, aber den Zeitpunkt für unpassend gehalten habe. In allem, was sich über Stauffenbergs Charakter und Denken ermitteln ließ, findet sich jedoch kein Anhaltspunkt für die Annahme, er hätte *damals* den Sturz des Regimes für *nötig* gehalten und dann fast drei Jahre lang keinen Versuch gemacht, dazu beizutragen. Er konnte die Politik, die zum Krieg geführt hatte, verurteilen und doch begeistert in seinem Soldatenberuf aufgehen. Ende Mai 1940 fiel es ihm schwer, seine Division mitten aus den ruhmvollsten Operationen heraus zu verlassen und zu einer Abteilung des Generalstabes zu treten.[131] Erst 1942 erklärte er sich bereit, für die Entmachtung Hitlers zu wirken.[132]

Am 8. November versuchte ein schwäbischer Schreiner, Georg Elser, ein Attentat auf Hitler bei der Feier zum Jahrestag des Putschs von 1923 im Bürgerbräukeller am Rosenheimer Platz in München. Eine Reaktion Stauffenbergs scheint nicht überliefert zu sein. Frank Mehnert bedauerte, daß das Attentat mißglückte.[133] Mertz gab eher die Stimmung der Offiziere wieder: »Was sagst Du zu dem hundsgemeinen Münchner Verbrechen? Hoffentlich erwischt man die Kerle, um sie der schwersten Bestrafung zuzuführen, die sich die menschliche Phantasie überhaupt ausmalen kann. Die Folgen dieses Attentats wären unübersehbar gewesen. Anscheinend hält aber doch das Schicksal seine schützende Hand über so großen Männern, bis sie ihre Mission erfüllt haben.«[134]

In einem Erfahrungsbericht faßte Stauffenberg die Lehren des Polenfeldzuges zusammen. Sie deckten sich weitgehend mit denen der Besetzung des Sudetenlandes: Das immer noch gültige Befehls- und Meldewesen sei den bewegungsarmen Verhältnissen eines Stellungskrieges angepaßt und setze geringe Entfernungen zwischen Stäben und entsprechend günstige Nachrichtenverbindungen voraus.[135] Motorisierte Divisionen seien nicht wie bei Manövern im Frieden auf zwei oder mehr Straßen verteilt, sondern im Gegenteil oft mit einer weiteren Division und Korpstruppen auf eine einzige Straße angewiesen gewesen.

Verbrauchs- und Bedarfsmeldungen für Munition und Betriebsstoff an den Oberquartiermeister des Armee-Oberkommandos seien bei ihrem Eintreffen durch die inzwischen fortgeschrittenen Kriegshandlungen jeweils völlig überholt gewesen. Kein einziges Mal habe die Division während der Kämpfe die benötigten Mengen an Munition, Verpflegung und Betriebsstoff erhalten, vielmehr habe sie sich während der gespanntesten Lagen aus Armee-Parks versorgen müssen, und zwar über Entfernungen, die beim Vormarsch kaum überbrückt werden konnten. Zudem habe niemand Übersicht über die Depotbestände gehabt. »Eine geregelte Ausgabe konnte nicht erfolgen. Es spielten sich daher die bedauerlichsten Szenen an den Betriebsstoff-Ausgabestellen der Armee ab. Um zu Betriebsstoff zu kommen, kam es sogar vor, daß sich die Kolonnenführer und Fachbearbeiter der verschiedenen Divisionen mit der Waffe bedrohten. Diesem unmöglichen Zustand kann nur dadurch abgeholfen werden, daß Betriebsstoff-Ausgabestellen, auf welche mehrere Div. angewiesen sind, durch erfahrene Offiziere oder technische Beamte geleitet werden, die auf Grund der vom [Armee-]Oberquartiermeister gegebenen Weisung die Ausgabe organisieren und den Betriebsstoff den einzelnen Div. mengenmäßig zuteilen.« Fast kein Nachschubfahrzeug der Division sei geländegängig,[136] die Sprengung kleiner Brücken habe den Nachschub behindert, Notbrücken seien für beladene Nachschubfahrzeuge oft unpassierbar gewesen, nachdem Panzer sie benützt hätten. Es sollte also der technische Zug der Nachschub-Kompanie, der immer noch für schnelle Truppen unbrauchbare Dienste wie »Bierbrauer, Gärtner, usw.« vorsehe, in einen Pionier-Zug umgewandelt werden, der Wasserüberquerungen herstellen, einfache Sperren räumen, bei der Anlage von Depots helfen könnte.

Im einzelnen verlangte Stauffenberg bessere Ausstattung mit Transportmitteln für Verpflegung, bessere Bekleidung, Decken und die vor dem Feldzug angekündigte Versorgung mit Seife. Die Versorgung der

Verwundeten innerhalb der Division sei gut, im rückwärtigen Armee-gebiet aber unzureichend gewesen, die Verwundeten »lagen zum Teil tagelang herum, ehe sie erstmalig nach ihrer Verwundung gewaschen wurden«; man brauche mehr geländegängige Krankenwagen. Die Betriebsstoffsätze hätten auf schlechten Straßen und im Gelände oft verdoppelt werden müssen, ohne erbeuteten Betriebsstoff wäre die schnelle Division während der Verfolgung an der Weichsel zeitweise festgelegen.

Die Motorfahrzeugherstellung für die Wehrmacht müsse vereinheit-licht, die Lastwagenstärke erhöht werden. Sämtliche Panzerfahrzeuge seien zu empfindlich, und die Ausfälle ohne Feindeinwirkung zeigten, daß der Bau der Panzerfahrzeuge auf Einfachheit und Härte einzustel-len sei. Während des ganzen Feldzuges habe es weder Ersatzteil- noch Waffen- oder Gerätenachschub gegeben. Weil die Truppe während der Operationen einsatzbereit bleiben mußte, habe sie in einem Umfang noch brauchbare Fahrzeuge ausgeschlachtet, der mit der deutschen Wirtschaftslage nicht zu vereinbaren sei; es sei zu Übergriffen auf die Fahrzeuge anderer Verbände gekommen. Stauffenberg verlangte ver-schiedene Verbesserungen an Kanonen und Maschinengewehren, bes-sere Bewaffnung der rückwärtigen Dienste, da die Versorgungswege der Division im Bewegungskrieg lang und ungeschützt seien.

Ein einzelner Erfahrungsbericht erwartete im Westen weniger schnelle Kampfhandlungen und langsameres Vorgehen, aber ein Leser aus der 6. Panzer-Division schrieb mit Rotstift darunter: »Ein Angriff kann nie schnell genug durchgeführt werden. Diese Ansicht muß bekämpft werden.«[137] Im Gegenteil: Die Division habe immer bereit zu sein für den »Sofortfall«, um innerhalb vierundzwanzig Stunden zum Angriff anzutreten.[138]

Anfang Januar 1940 sprach Stauffenberg vor den Offizieren der rückwärtigen Dienste über die Pflichten des Einheitführers im Kriege.[139] Stauffenbergs Vertreter in der Ib-Stelle, der 2. Ordonnanz-offizier Rittmeister d.R. Erwin Colsman, sprach am 6. Januar über »Erhaltung der Manneszucht im Kriege (Zersetzung)«.[140] Er zitierte Clausewitz, Moltke und Ludendorff, beschwor den Kampfwillen und ließ dunkel die kommende Niederlage anklingen: Es genüge, wenn sich nach vier Jahren Krieg die Truppe wieder so schlage wie 1918 bei den großen Offensiven, die Kampfdivisionen seien im Novem-ber 1918 mit wehenden schwarzweißroten Fahnen über den Rhein zurückgegangen, nicht mit roten Fetzen. Auch Stauffenberg sah den Zweck des Krieges in der Erhaltung des Status quo; Großbritannien und Frankreich hatten Deutschland den Krieg erklärt. Er dachte, »daß

nur in einem guten u. langen Kampf das hohe Ziel der Selbstbehauptung erreicht werden kann«.[141]

Die Offiziere sprachen so oft davon, wieviel schwerer der kommende Feldzug würde, daß der Kommandeur ihnen in einem geheimen, »Das Wesen des Angriffs« überschriebenen Schreiben vom
25. Januar entgegentrat: Solche Gedankengänge seien gefährlich und
widersprächen dem Wesen des Angriffs. Wesen und Ziel des entschei-
dungsuchenden Angriffs sei Durchbruch oder Umfassung, fortgesetzt durch Verfolgung bis zur Vernichtung des Gegners. Im Westen
sei genau derselbe Erfolg anzustreben wie der in Polen erreichte. Da
im Westen auch der Gegner über Beweglichkeit verfüge, müsse der
Angriff »mit *größter Schnelligkeit* und Wucht unaufhörlich *weit in die
Tiefe*« vorgetragen werden.[142] Auch Stauffenberg bedauerte nun, daß
über den Ereignissen der letzten Jahre die Stimme Schlieffens, »dieses unermüdlichen und unbestechlichen suchers nach dem sieg für ein
umschlossnes Deutschland«, fast vergessen sei.[143]

Am 12. Januar erhielten das Panzer-Regiment 11, die Panzer-Abteilung 65 und die Brücken-Kolonne des Pionier-Bataillons 57 Befehl,
am 13. in die Gegend von Euskirchen vorzurücken und am 17. Januar
um 8.16 Uhr zum Angriff die Grenze zu überschreiten. Der Kommandeur und der 1. Generalstabsoffizier der Division wurden in Köln vom
Oberbefehlshaber der Heeresgruppe B in ihre Aufgaben eingewiesen.
Am Nachmittag des 13. Januar wurden alle Marsch- und Angriffbe-
fehle außer Kraft gesetzt, doch die Bereitschaft zum Abmarsch innerhalb vierundzwanzig Stunden aufrechterhalten.[144]

Trotzdem fand Stauffenberg die Zeit, am 24. Januar mit Partsch
Stefan Georges Haus mit Inventar an die Stadt Bingen zu übergeben.[145] Im ungeheizten Haus, bei Temperaturgraden unter Null, las
Stauffenberg zwei Bingener Stadtvätern, obwohl die Stadtväter frie-
rend stampften, das Inventar »bis zum lezten besen unerschüttert«
vor, überreichte die Schlüssel und sagte noch einige Worte. Einer der
Stadtväter erklärte, die Stadt sei sich bewußt, welch großes Geschenk
sie erhalten habe, und werde sich dessen würdig erweisen. Partsch
berichtete: »Einen gemeinsamen trunk wusste Cl. geschickt zu vermeiden.« Statt dessen besuchte er mit ihm die Gräber der Schwester
und der Vorfahren des Dichters in Büdesheim, das in tiefem Schnee
lag.

Major i.G. Bürker wurde am 1. Februar als 1. Generalstabsoffizier zum XVI. Armee-Korps kommandiert und durch den bisherigen
2. Generalstabsoffizier der 4. Panzer-Division, Hauptmann i.G. Helmut Staedke, abgelöst.[146] Da viele Offiziere der Division Stauffenbergs

Ernennung erwartet hatten, waren die ersten Tage für Staedke nicht ganz leicht, aber Stauffenberg stand über der Situation und trug vom ersten Augenblick an dazu bei, daß Staedke sich durchsetzte.[147] Sie verstanden sich gut und sprachen sich auf Spaziergängen offen aus. Stauffenberg äußerte dabei einmal seine Empörung über Goebbels, der in einer Rede sagte, der deutsche Soldat werde in diesem Krieg viel tapferer kämpfen als einst die Kreuzritter, weil es heute nicht um eine Fiktion, sondern um Brot und Lebensraum gehe.[148]

Stauffenbergs Stärke war Organisation. Schon 1938 wurde er von der Organisationsabteilung des Generalstabes des Heeres angefordert, obwohl das Durchlaufen einer Ib- oder Ic(Feindnachrichten)-Stelle als Laufbahnbedingung galt. Bei der Versetzung in den Generalstab wurde er als »großes Organisationstalent« und »unermüdlich fleißig« beurteilt, seine taktische Veranlagung lediglich als gut bezeichnet.[149] Im Rahmen einer Panzer-Division war die Ib-Stelle so wichtig wie die Ia-Stelle; denn die Verfügbarkeit vor allem von Treibstoff und Munition bestimmte die Schnelligkeit der Operationen und damit ihren Erfolg. Am 5. Januar 1940 hatte der Kommandeur in einer Ansprache betont, die Division habe einen Ib, von dem alle hoffen, »daß er uns nie verlassen möchte«.[150] Der Kommandeur berichtete wie sein Vorgänger Loeper, er habe sich um den Nachschub während des Feldzuges nicht kümmern müssen, »da er unter Stauffenberg hervorragend funktionierte«.[151]

In den ersten Märztagen wurde die Division nach Limburg an der Lahn verlegt.[152] Vom 9. März bis 9. Mai wurde sie im Westerwald weiter ausgebildet; der Stab lag in Hachenburg.

Der ursprüngliche Feldzugplan im Westen war ein »erweiterter Schlieffenplan«: Durchmarsch durch Belgien und Holland und Umgehung der Heere der Westmächte. Das Oberkommando des Heeres (Halder und Brauchitsch) hielt die Westoffensive überhaupt für bedenklich, suchte durch Aufschub Zeit zu gewinnen und hoffte auf eine politische Lösung. Generalleutnant von Manstein, bis 1. Februar Chef des Generalstabes der Heeresgruppe A, hielt Hitlers Plan für falsch, weil man damit habe rechnen müssen, in Nordbelgien die Hauptkräfte der Alliierten vorzufinden; Manstein bemühte sich, einen eigenen Entwurf zur Geltung zu bringen, der den Durchbruch durch die Maginotlinie an der mittleren Maas an der französisch-luxemburgischen Grenze vorsah. Generaloberst von Rundstedt, der Oberkommandierende der Heeresgruppe A, versuchte lange, Mansteins Operationsgedanken Hitler vorzutragen, kam aber gegen den Widerstand des Oberkommandos des Heeres nicht an.

Nun spielte Major i.G. Henning von Tresckow eine Schlüsselrolle. Manstein kannte Tresckow aus seiner Zeit in der Operationsabteilung des Generalstabes des Heeres und holte ihn Ende Oktober 1939 in die Führungsabteilung der Heeresgruppe A, wo er schließlich ab 1. März 1940 als Oberstleutnant i.G. 1. Generalstabsoffizier war. Manstein selbst war seit dem 1. Februar 1940 Kommandierender General des XXXVIII. Armee-Korps. 1947 im englischen Kriegsgefangenenlager Bridgend zeichnete Manstein auf: »Jetzt vermittelte Tresckow durch seinen Freund [Oberst d.G. und Adjutant der Wehrmacht beim Führer] Schmundt, daß Hitler mich gelegentlich meiner Meldung als Kommandierender General über meine Ansicht zur Westoffensive befragte. Sie ist dann im wesentlichen nach dem Vorschlag der H. Gr. [A] geführt worden.«[153] Manstein trug Hitler am 17. Februar vor; am 24. Februar wurde der Feldzugplan (»Sichelschnitt«) endgültig festgelegt.[154]

Die Heeresgruppe B mußte demnach nach Holland und Belgien hinein angreifen und möglichst große Kräfte des Gegners dorthin ziehen; im Süden hatte die Heeresgruppe C dasselbe zu leisten durch Vortäuschen eines Angriffsplanes gegen die Schweiz und Südfrankreich. Dazwischen sollten schnelle Truppen über die mittlere Maas zur Kanalküste durchstoßen. Die französischen, englischen, belgischen und holländischen Heere, die in Nordfrankreich und Belgien den scheinbaren Hauptstoß auffingen, würden eingeschlossen und vernichtet. Die Heeresgrupppe A würde an mehreren Stellen gleichzeitig über die Maas hinweg angreifen.[155]

In Planspielen übte das XXXXI. Armee-Korps unter Generalleutnant Georg-Hans Reinhardt, dem die 6. Panzer-Division zugeteilt war, den Angriff bis zur Maas. Die Division probte an den Steilhängen der Lahn Flußübergänge und den Durchbruch durch die Bunkerstellungen, die sie an der Maas bei Monthermé überwinden mußte.[156] Fragen nach dem Durchmarsch durch die wegarmen Ardennen, Panzersperren, Stärke der Maasstellungen wurden mit dem Verweis auf Generalmajor Kempfs Denkschrift »Das Wesen des Angriffs« beantwortet.[157]

Stauffenberg erhielt einen ausführlichen Brief von Frank Mehnert aus Athen und einige Tage später, über seinen Bruder Berthold, in einer ziegenledernen Mappe durch Kurier des Auswärtigen Amts, drei Gesänge der Odyssee, die Mehnert in ein ihm gemäß dünkendes Deutsch neu übertragen hatte, »damit er nicht *der* lektüre ermangle die wie die geschichte lehrt jungen kriegsheroen besonders adäquat ist«.[158] Frank Mehnert vermutete Stauffenberg bei der am 9. April begonnenen Besetzung von Dänemark und Norwegen. Der Beteuerung Stauffenbergs, er sei nicht im Norden, entnahm er Ungeduld.

Am 8. Mai gab Stauffenberg Vorbefehle heraus für die Versorgung mit Betriebsstoff auf der Marschstrecke zum Rhein. Fünfzig Minuten nach dem Abmarsch aus den Unterkünften mußten die Betriebsstoff-Kolonnen unmittelbar nach dem Divisionsstab Dierdorf östlich Neuwied erreichen.[159] Vom 11. Panzer-Regiment erfuhr man unter der Hand im Stab der Division am 9. Mai, daß am 10. angegriffen werde, aber das Stichwort für die Division kam erst fünf Minuten vor 2 Uhr früh am 10. Mai.

Am 10. Mai 1940, dem Tag des deutschen Angriffs gegen die Westmächte, stand die 6. Panzer-Division hinter der 2. Panzer-Division und zwei Infanterie-Divisionen östlich Koblenz und nördlich der Lahn. Sie unterstand vom 10. bis 30. Mai dem XXXXI. Armee-Korps, das zur Panzergruppe von Kleist gehörte, die ihrerseits mit der 4., 12. und 16. Armee zur Heeresgruppe A unter Generaloberst von Rundstedt zählte.[160]

Bei Neuwied überschritt die Division den Rhein. Ihre Angrifftruppen waren in drei Kampfgruppen gegliedert (Kriegsgliederung), deren Zusammensetzung nach Bedarf verändert wurde. Zwei Kampfgruppen bestanden in der Hauptsache aus je einem Schützen- und einem Panzer-Bataillon, einer Artillerie-Abteilung sowie aus je einer Kompanie Panzer-Abwehr-Truppen und Pioniertruppen; die dritte Gruppe bestand anfangs im wesentlichen aus der Krad-Schützen-Abteilung und einem Schützen-Bataillon, nach den ersten Tagen aus je einem Bataillon eines Panzer-, Schützen- und Artillerie-Regiments.[161] Es gab sofort Reibungen durch Fehler bei der 2. Panzer-Division, die an diesem Tag auf der Vormarschstraße der 6. die Angriffspitze bildete; die 2. Panzer-Division lag noch in dem für den ersten Marschtag der 6. bestimmten Rastraum um Daun, so daß diese auflief und auf ihrer ganzen Marschlänge von etwa 120 Kilometern auseinandergezogen in den engen Straßen der Eifel liegenblieb. Teile von Infanterie-Divisionen schoben sich zwischen die Kampfgruppen der 6. Panzer-Division, Kolonnen überholten sich planwidrig, Fahrzeuge standen in Massen ungetarnt zusammen, zahlreiche Führer und Unterführer verhielten sich passiv. In einem Befehl von 0.13 Uhr am 11. Mai rügte General von Kleist scharf die Verstöße gegen die Marschdisziplin.[162] Die 6. Panzer-Division konnte nun erst am 12. statt am 11. Mai über die luxemburgische und einige Stunden später über die belgische Grenze hinweg angreifen.[163] Sie wurde noch immer von sich zwischen sie schiebenden Teilen anderer Divisionen auseinandergerissen.

In den ersten Tagen des Westfeldzugs: Stauffenberg, Hauptmann i. G. Staedke,
Hauptmann von Blomberg und Generalmajor Kempf am 13. Mai 1940 auf dem
Gefechtstand der 6. Panzer-Division vor Monthermé an der Maas.

Am Abend des 12. Mai erreichten die Vorausabteilung und Teile
der Kampfgruppe von Esebeck mit dem Kommandeur der Division
die französische Grenze nordöstlich von Monthermé an der Maas.[164]
Die Maasbrücke war, wie erwartet, gesprengt. Unterstützung aus
der Luft zur Vorbereitung des Übergangs zeitigte keine Wirkung; deutsche Sturzkampfbomber zerstörten dagegen zwei eigene Geschütze
und Panzerspähwagen und töteten zwanzig eigene Soldaten. Am 13.
Mai erzwang die Kampfgruppe von Esebeck mit ihren Panzern IV und
III den Übergang. Fünf Kilometer vor Erreichen des Flusses pumpten
die Pioniere Brückenfloßsäcke auf, fuhren sie mit gepanzerten Mann-
schaftstransportwagen im letzten Moment vor dem Übersetzen der
Panzer an den Fluß und stellten unter feindlichem Beschuß eine Not-
brücke her. Um 16 Uhr begann die Division mit dem Übergang über
die Maas.[165] Auf den Höhen östlich und nördlich Monthermé aufgestellte Panzer hielten mit ihrem Feuer den Gegner auf der anderen
Seite des Flusses nieder.

Einen Schrecken verursachte die Meldung, gegnerische Panzer griffen von Nordosten über Willerzie im Rücken an. Die Führungsabteilung forderte Fliegerabwehrkanonen an, die bei freiem Schußfeld
gegen Panzer am wirksamsten waren, aber die gegnerischen Panzer

erwiesen sich als eigene Panzerspähwagen. Am späten Abend war ein kleiner, einen Teil von Monthermé umfassender Brückenkopf auf der Südwestseite der Maas gebildet.[166]

Am frühen Morgen des 14. Mai, von 3.30 Uhr an, zerstörte gegnerische Artillerie den südlich der gesprengten Maasbrücke hergestellten Übergang aus Floßsäcken und Schlauchbooten. Weitere Panzer wurden nun auf Floßfähren übergesetzt, bis am Nachmittag eine Pionierbrücke (Kriegsbrücke) gebaut werden konnte. Das Eintreffen der eigenen schweren Artillerie war durch Straßenverstopfungen verzögert, die noch durch den Gegenverkehr eigener Sanitätswagen verstärkt wurden. Die beiden auf dem Südufer liegenden Bataillone der Division litten am Vormittag stark unter dem zähen Abwehrkampf, den die in den Bunkern der Maginotlinie gegenüberliegenden drei Maschinengewehr-Bataillone des (schwarzen) 42. Kolonial-Regiments lieferten.[167] Die von Major Erwin Topf geführten Troß-Abteilungen mit Nachschub waren auch noch nicht da; Stauffenberg setzte sich in das leichte Beobachtungsflugzeug des Divisionskommandeurs, einen Fieseler »Storch«, um sie zu suchen, verhinderte, daß sie von nachrückenden Infanterie-Divisionen abgedrängt wurden, und führte sie nach vorn.[168]

Am 15. Mai um 4.30 Uhr begann der Angriff mit Artilleriefeuer, Schützen, Panzern mit ihren Kanonen und Pionieren mit Flammenwerfern. Nach einer Stunde waren fünf Bunker gestürmt, die Maginotlinie durchbrochen. Die Verteidiger hatten weder genug Truppen noch Munition oder panzerbrechende Kanonen und Verpflegung; sie hatten in der Nacht weder Verstärkungen noch Munition erhalten. Die Lage des 42. Kolonial-Regiments war aussichtslos, der Kommandeur entließ seine Offiziere und ging selbst in Gefangenschaft. Um 11 Uhr vormittags lag der Gefechtstand der Division schon einige Kilometer südlich und westlich der Maas. Der Durchbruch des einen Tages erreichte 50 Kilometer Tiefe. Die Franzosen hatten die Sperrmaßnahmen in den dafür besonders geeigneten Ardennen »so kümmerlich durchgeführt, daß sie keine operativ wirksame Verlangsamung unseres Vorgehens verursachten«.[169]

Nach vier Tagen Offensive kam Hitler zu dem Schluß, daß die französischen Generale die deutschen Absichten nicht erkannten. Sie vernachlässigten nämlich, obwohl sechs deutsche Panzer-Divisionen den Übergang über die Maas erzwungen hatten, das Gebiet vor der Heeresgruppe A, verstärkten ständig die Linie Namur-Antwerpen und füllten das vorgesehene Einkreisungsgebiet mit ihren Truppen auf. Hitler befahl also am 14. Mai, alle verfügbaren motorisierten

Verbände der Heeresgruppe A zuzuführen, um hier die Entscheidung zu suchen. Die schon eingesetzten Verbände mußten ohne Aufenthalt weiter angreifen.[170]

Der vom Kommandeur der 6. Panzer-Division am 15. Mai erlassene »Divisionsbefehl für die Verfolgung« stellte fest: »Die Division hat mit dem Durchbruch durch die Maasstellung einen entscheidenden Erfolg errungen. Ich spreche allen beteiligten Gruppen meine höchste Anerkennung für die hervorragenden Leistungen und die gezeigte Tapferkeit aus [...] Die Division tritt zur Verfolgung des zerschlagenen Feindes an auf der Straße Monthermé, Arreux, Renwez, Chron, Sormont, Rouvroy, Liart, Le Frety, Mambressy, Rozoy, Montcornet.«[171] Schon am selben Abend wurde gegen geringen Widerstand Rozoy erreicht und gegen stärkeren Widerstand Montcornet besetzt. Die 6. Panzer-Division lag an der Spitze der sechs über die Maas vorgestoßenen Panzer-Divisionen. Kurz nach Mitternacht traf der Funkbefehl des XXXXI. Panzer-Korps ein, das Tagesziel des 15. Mai sei Liart. Da war man schon um 18 Uhr durchgefahren. Der Gefechtstand der Division lag an diesem Abend in Raillimont.[172] Meist stieß man nur auf einzelne auf Seitenstraßen heranmarschierende, kaum organisierte französische Trupps, die durch wenige energische Soldaten gefangengenommen wurden. Man konnte sie dann nur stehenlassen; für die Division galt, was Oberst von Ravenstein auf eine entsprechende Frage antwortete: »Zur Küste!«

Am 16. Mai griffen französische Bomber Montcornet, Rozoy und Raillimont an; der Gedanke, der Gegner habe eine riesige Falle gelegt, erwies sich aber angesichts der deutlichen Zeichen der gelungenen Überraschung und des regellosen Zusammenbruchs als abwegig.

Am Nachmittag stießen die Kampfgruppen Esebeck und Ravenstein zur Oise vor. Bei Guise versuchten französische Panzer, unter dem Druck der etwas zurückgebliebenen, nördlich der 6. angreifenden 8. Panzer-Division, nach Süden durchzubrechen. Zum erstenmal traten französische 32-Tonnen-Panzer auf, die von den deutschen Panzerabwehrkanonen nicht durchschossen werden konnten; man mußte Tellerminen und leichte Feldhaubitzen einsetzen. Am 17. Mai traf Oberleutnant Neckenauer einen französischen Panzer mit seiner Kanone fünfundzwanzigmal und konnte ihn mit dem sechsundzwanzigsten Schuß nur durch einen Treffer an der Kette zum Stehen bringen. Doch wußten die Franzosen die Überlegenheit ihrer Panzer nicht auszunützen. Der Kommandierende General des Korps sagte die Zuführung von 8,8-Zentimeter-Fliegerabwehrkanonen zu, die gegen die schweren Panzer eingesetzt werden sollten. In der Nacht verschwanden die

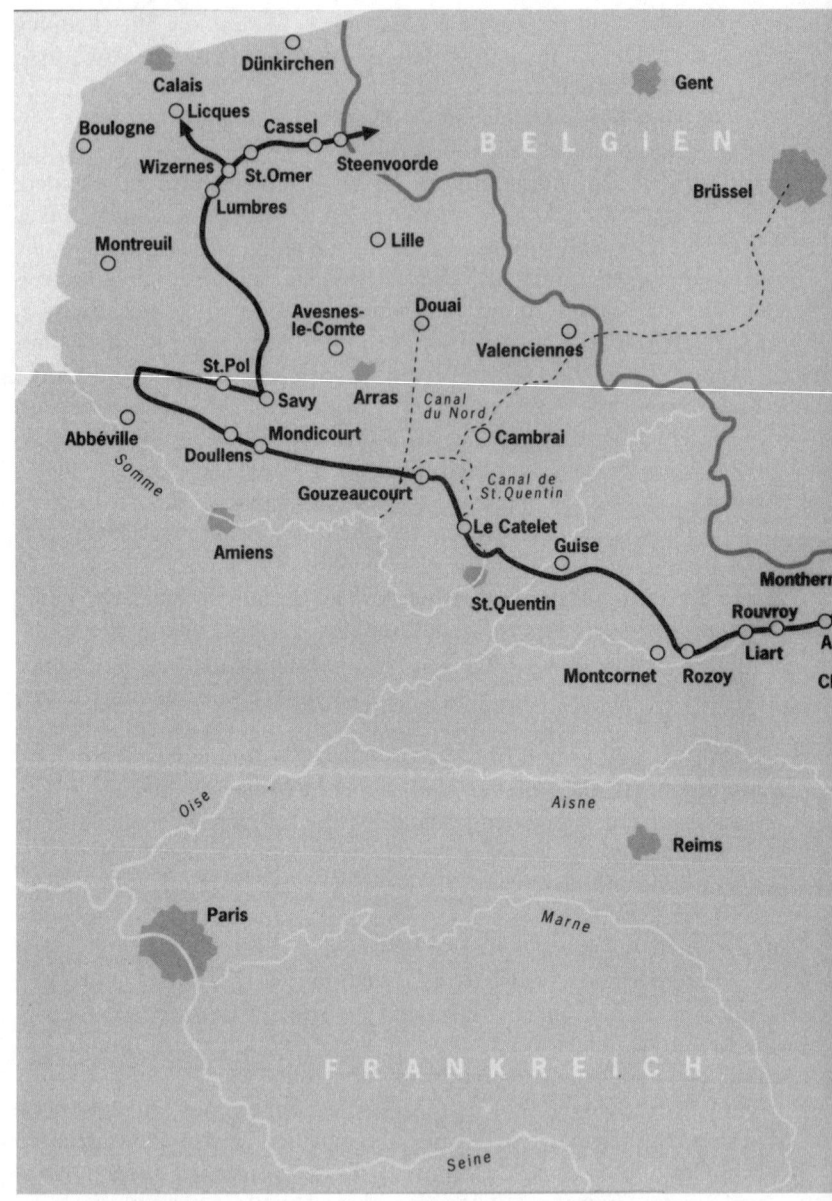

Weg Stauffenbergs im Frankreichfeldzug mit der 6. Panzer-Division vom 10. bis 31. Mai 1940.

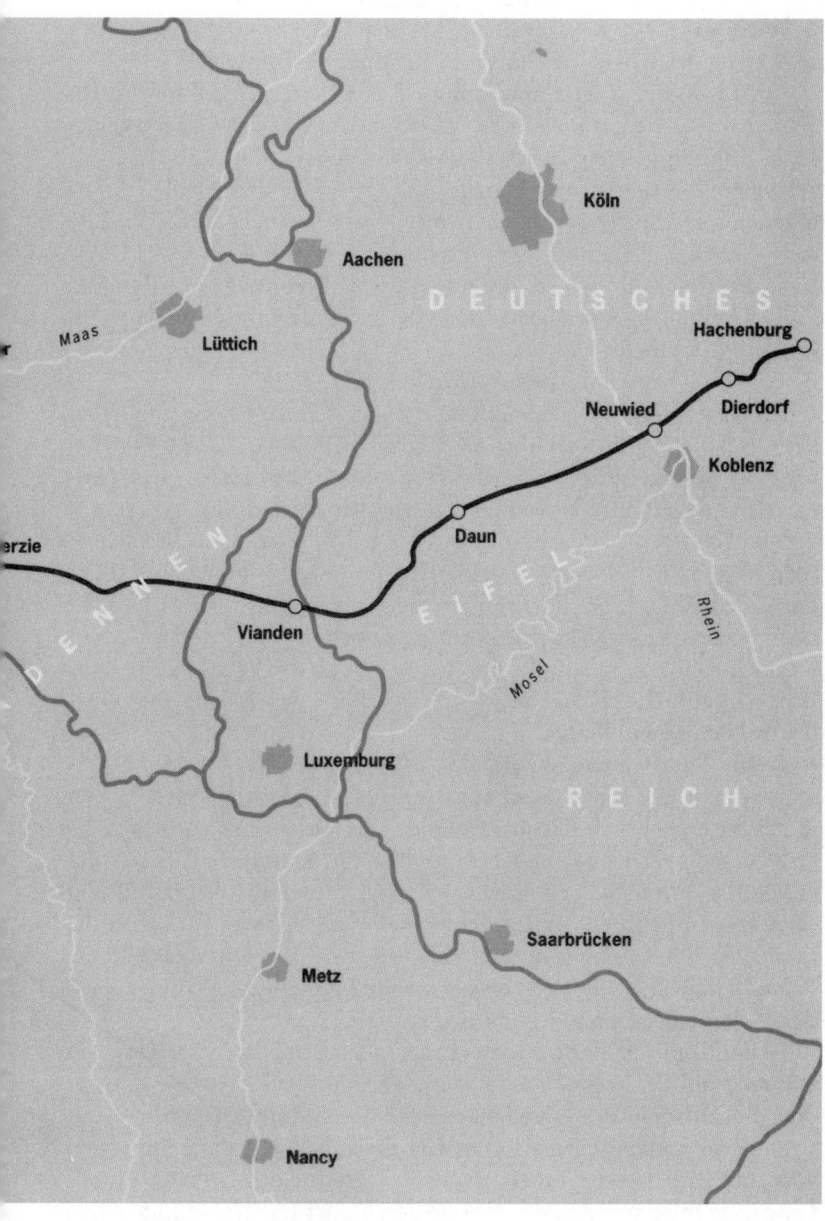

westlich der Oise-Brückenköpfe festgestellten Ansammlungen der schwersten französischen Panzer in Richtung Südwesten.[173]

Am 18. Mai traf die Kampfgruppe Ravenstein bei Le Catelet noch einmal auf schwere französische Panzer und konnte den Ort erst gegen 19.30 Uhr einnehmen, nahm aber dabei den gesamten Stab der französischen 9. Armee, rund fünfzig Offiziere sowie den Artilleriekommandeur des französischen XI. Armee-Korps gefangen und erbeutete viele Akten. Die Kampfgruppe Esebeck erkämpfte noch vor 22 Uhr einen Brückenkopf jenseits des Canal de St. Quentin zehn Kilometer südlich Cambrai. Am Abend trafen bei beiden Kampfgruppen je ein Zug 8,8-Zentimeter-Flak ein, mit denen auch die schwersten französischen Panzer durchschossen werden konnten.[174]

An diesem Tag schrieb Stauffenberg seiner Frau von einem Ort an der Oise, die Division sei über Eifel, Ardennen, Maas, Oise und heute über die Somme gekommen, die Franzosen hätten bisher nicht einmal den guten Willen zu kämpfen gezeigt, sie ergäben sich zu Tausenden und fluteten unbewacht nach Osten, wollte man sie bewachen, so müßte man aufhören zu kämpfen. Er erlebe »in erschütternder Form den Anfang des Zusammenbruchs einer großen Nation, nicht nur militärisch, sondern vor allem psychisch«. Von den Engländern sei noch nichts zu sehen, die müßten ja nun an die Verteidigung ihres Brückenkopfes am Kanal denken. Man schlafe wenig, lebe aber köstlich bei den guten Weinen.

Gräfin Stauffenberg sandte eine Abschrift des Briefes an die Verwandtschaft und setzte dazu, aus den Briefen, die die anderen Frauen erhielten, ergebe sich das gleiche Bild. Die Division sei mehrfach als erste vorgestoßen und ihr Kommandeur im Armeebefehl besonders erwähnt worden. Sie versorgten sich größtenteils aus dem Land und schwämmen in Eiern, Butter, Schokolade und Weinen, hätten an die zwanzigtausend Gefangene gemacht. Allgemein werde festgestellt, die Polen hätten sich zäher geschlagen als die Franzosen, allerdings seien deren Kerntruppen im Norden eingekesselt.[175]

Major Topf schilderte Stauffenbergs Quartiermeisterbesprechungen während des Feldzuges: Stauffenberg, groß, schlank, beweglich, empfing die Offiziere der Abteilungen und die Verbindungsoffiziere mit strahlender Liebenswürdigkeit als Gastgeber, versorgte alle mit einem Glas, mit Zigarre oder Tabak, fragte und forschte regellos nach Einzelheiten, erzählte zwischendurch Anekdoten oder unterbrach, um einen zur Besprechung Dazugekommenen auszufragen, bis er dann plötzlich und ebenso zwanglos, die Linke in der Hosentasche, in der Rechten das Weinglas, im Zimmer auf und ab gehend den Befehl entwarf.[176]

Am 19. Mai ging der Vormarsch der Kampfgruppen Esebeck und Ravenstein ohne Aufenthalt weiter. Die Franzosen griffen nun immer stärker an mit vielen ihrer schwersten Panzer und mit Infanterie; ein Panzereinbruch drohte die Kampfgruppen von der Division abzuschneiden. So setzte die Division im Lauf des Vormittags die Kampfgruppe Koll nach Westen gegen die Ostflanke des französischen Flankenangriffs an und eine Schützen-Kompanie der Kampfgruppe Ravenstein ostwärts gegen die andere Flanke der Franzosen. Zwanzig Minuten später, um 11.34 Uhr, funkte Kempf an seinen Ia: »Feindangriff zerbrochen, Hunderte laufen über.« Viele französische Panzer und große Mengen Beute fielen in deutsche Hand.[177] Die Kampfgruppen Esebeck und Ravenstein bildeten Brückenköpfe jenseits des seit Jahren abgelassenen Canal du Nord, der Gefechtstand der Division kam nach Gouzeaucourt. Der Vormarsch war an diesem Tag nur etwa fünfzehn Kilometer weitergekommen.[178]

Die 6. Panzer-Division war trotz den schweren Kämpfen noch ganz einsatzfähig. In der Abendmeldung der Division für den 19. Mai hieß es, die Anstrengungen der letzten Tage und der Verlust an Kämpfern würden ausgeglichen durch das Bewußtsein der Überlegenheit über den Gegner und durch die errungenen Erfolge.[179]

Am Morgen des 20. Mai konnte weder die Boden- noch die Luftaufklärung irgendwelche Feinde vor der Division feststellen. Beim weiteren Vormarsch traf diese bis 13 Uhr nur auf schwachen Widerstand, bis die Kampfgruppe Ravenstein um 14 Uhr nach etwa fünfzig Kilometern Fahrt nach Nordwesten in Mondicourt, an der Grenze zwischen dem ursprünglich nach Norden gegen Belgien gerichteten Abschnitt der französischen 1. Armee und dem westlich davon liegenden Abschnitt der Britischen Expeditions-Armee, zum erstenmal auf Engländer traf, »die im Gegensatz zu den Franzosen durch ihre zähe Kampfesweise überraschen und erst nach 1-stündigem Kampf geschlagen werden«. Fünfzig englische Kriegsgefangene wurden eingebracht.

Nach kurzer Rast zum Auftanken traf die Kampfgruppe gegen 16 Uhr in Doullens, etwa fünfzehn Kilometer südwestlich Arras, wieder auf tapfer kämpfende Engländer, feindliche Bomber griffen die rückwärtigen Teile der Kampfgruppe an. Die Kampfgruppe brachte Doullens im Häuserkampf erst gegen 20 Uhr in ihre Gewalt. Am selben Abend erreichte die Panzer-Aufklärungs-Abteilung 57 zwischen Abbéville und Montreuil schon fast das Meer.[180] Die Division war mehr als fünfzig Kilometer vorgerückt, der Durchbruch im großen erreicht. Der 21. Mai wurde zum Rasttag erklärt.

Die Gegner formierten sich inzwischen zu einem doppelten Angriff in die nördliche und südliche Flanke des Vormarsches der Heeresgruppe A und drohten östlich von Arras, zwischen Arras und Valenciennes, die bis ans Meer vorgestoßenen deutschen Divisionen abzuschneiden. Aus der Richtung Arras-Avesnes, an der rückwärtigen Nordflanke der Division, wurden am 21. Mai anrückende Panzer gemeldet. Um 13.40 Uhr kam vom Generalkommando des XXXXI. Korps der Funkbefehl:»Bewegung nach Westen einstellen. Starke Reserven schaffen. Aufklärung nach Norden.« Um 14.35 Uhr kam vom Korps der Funkspruch:»Alarm, Alarm, Alarm, Marschbereitschaft Richtung Ost.«[181] Zwei englische Bataillone brachen in die nördliche Flanke ein und drohten die deutsche Spitze aus 2., 6. und 8. Panzer-Division abzuschneiden und von der 7. Panzer-Division unter Generalmajor Rommel, die östlich Arras stand, zu trennen.

Stauffenberg fuhr mit dem Ia zum Korps, wurde sofort zur Kampfgruppe Koll geschickt; sie setzten diese mit dem I. Bataillon des 4. Schützen-Regiments, dem II. Bataillon des 11. Panzer-Regiments und einer schweren Flak-Batterie auf Avesnes an zur rechtzeitigen Sicherstellung des nördlichen Flankenschutzes. Die Front der Division mußte nach Norden gedreht werden zur Verteidigung der Linie St. Pol-Savy, ein Teil mußte nach Osten zurück. Dem Alarm folgten jedoch keine bedeutenden Kämpfe.

Dem alliierten Versuch eines Zangengriffs fehlten Entschlossenheit und Kräfte; die nördlich der Panzergruppe Kleist operierenden feindlichen Truppen waren von ihren Versorgungslinien abgeschnitten. Die Engländer bereiteten seit 17. Mai den Abzug vom Kontinent vor und beschränkten sich auf die Sicherung ihres Rückzuges.[182]

Am 22. Mai um 12 Uhr erhielt die 6. Panzer-Division den Befehl zum Angriff auf Calais.[183] Die Luftaufklärung war trotz Regen gut und meldete den Vormarschweg feindfrei, ebenso die Nord- und die Südflanke, so daß die Vorausabteilung und die Kampfgruppe Esebeck ohne Aufenthalt durchfahren konnten. Am Spätnachmittag war Lumbres südwestlich St.-Omer und nur 40 Kilometer vor Calais erreicht, die Division legte den noch im Gang befindlichen Zugverkehr zwischen Lumbres und St.-Omer still. Um 20.30 Uhr stand die Panzer-Aufklärungs-Abteilung 57 auf den Höhen nördlich Licques, 20 Kilometer vor Calais, eine Stunde später traf auch die Kampfgruppe Esebeck hier ein. »Da sieht sich der auf dem Div. Gef. Stand anwesende Komm. General [Reinhardt] auf Grund eines von der Gruppe v. Kleist eingehenden Funkbefehls gezwungen, die Vorwärtsbewegung der Division anzuhalten, in dem Augenblick, in dem das große Ziel Calais, das als Parole des Tages die Division bis zum letzten Mann beherrschte, zum Greifen nahe vor uns steht.«[184] So steht es im Kriegstagebuch der Division.

Der Chef des Generalstabes des Heeres, Halder, wollte den Angriff der Heeresgruppe A auch am 23. Mai weiterlaufen lassen, die Krisis von Arras werde in achtundvierzig Stunden überwunden sein.[185] Der Vorstoß der Panzer-Divisionen an der Kanalküste entlang nach Norden und Osten hätte den Abzug der englischen und einiger französischer Verbände aus Dünkirchen verhindert. Der Kommandierende General des XIX. Armee-Korps, General der Panzertruppen Heinz Guderian, verlangte am 23. Mai, sofort auf Dünkirchen durchzustoßen, um den Gegner vollends einzukesseln und zu vernichten.[186] Auch auf englischer Seite urteilte man, die Divisionen der deutschen Speerspitze seien am 21. Mai weit hinter die Front der British Expeditionary Force vorgestoßen und damit in der Lage, die Kanalhäfen anzugreifen.[187] Rundstedt aber sah seine vordersten Verbände bedroht, abgeschnitten zu werden.[188] Er hielt mit Zustimmung Hitlers den Vormarsch der Panzergruppe Kleist auf Boulogne und Calais zunächst am 22. und endgültig am 23. Mai an. Halder erfuhr es offenbar erst um 20.20 Uhr am 24. Mai; empört notierte er, der schnelle linke Flügel, der keinen Feind vor sich habe, werde »auf ausdrücklichen Wunsch des Führers« angehalten.[189]

Am 25. Mai ließ sich Brauchitsch von Hitler eine glatte Umkehrung des Feldzugplanes diktieren. Halder schrieb in sein Kriegstagebuch, Hitler wolle aus politischen Erwägungen die letzte entscheidende Schlacht in Nordfrankreich statt im Gebiet der Flamen schlagen lassen und erkläre zur Bemäntelung dieses politischen Zieles, das flandrische Gelände mit seinem vielen Wasser sei für Panzer ungeeignet, die Panzer und die anderen schnellen Truppen müßten also nach Erreichen der Linie St.-Omer-Bethune angehalten werden. Die Heeresgruppe A müsse stillhalten, Flankenschutz nach Süden geben und nun Amboß statt Hammer sein.[190]

Am 23. Mai mittags mußten die 8. und 6. Panzer-Division nach Osten eindrehen, der 6. wurde St.-Omer als Ziel gegeben. In dieser Gegend stieß man immer wieder auf vereinzelten Widerstand – hier war eine Brücke vor der Sprengung zu bewahren, dort mußten die Panzer eine Batterie Artillerie niederkämpfen, Brückenköpfe über den durch St.-Omer führenden Kanal bilden. Die Kampfgruppe Esebeck nahm St.-Omer, der Stab der Division zog nach Wizernes. Am Abend stand die Division zehn Kilometer jenseits St.-Omer vor Cassel.[191]

Ebenfalls am 23. Mai strömten »Massen junger männlicher Zivilisten mit Fahrrädern usw. nach Norden« auf die 6. Panzer-Division zu; die Wanderung erweckte den Eindruck der Planmäßigkeit und den Verdacht eines Versuchs, den eingeschlossenen Truppen Ersatz zuzuführen. Da keine fechtenden Truppen abgezweigt werden konnten, erhielt Stauffenberg den Auftrag, durch Major Topf alle Straßen mit Posten sperren, die Fahrräder und Autos beschlagnahmen und unbrauchbar machen zu lassen.[192]

Am 24. Mai gegen 11 Uhr erhielt die Division den laut Kriegstagebuch »große Freude« auslösenden Befehl, um 15 Uhr gegen Cassel anzugreifen; zum Flankenschutz nach Norden wurde ihr die SS-Standarte (Regiment) »Deutschland« der SS-Division »Totenkopf« unterstellt. Alles war zum Angriff vorbereitet, die Kampfgruppe Ravenstein legte Artilleriefeuer auf Cassel: »Da kommt zum allgemeinen Bedauern 13.25 Uhr fernmündlicher Befehl des Korps, wonach auf Befehl des Führers und Obersten Befehlshabers der Angriff über den Kanal nach Osten zu unterbleiben hat und die gewonnenen Brückenköpfe zu halten sind.« Das war der allgemeine Haltebefehl für die Heeresgruppe A. Die Division sollte rasten und ihre Fahrzeuge und Waffen instand setzen.

Am selben Nachmittag erschien zum Besuch bei der Division der Reichsminister des Äußeren, Ribbentrop, in Begleitung des Kommandeurs der SS-Division und des Oberst von Geldern, Ribbentrops Verbindungsoffizier zum Wehrmachtführungsstab. Ribbentrop verweilte längere Zeit »im Kreise des Offizierkorps«, und Stauffenberg schrieb nach Hause, er habe mit Ribbentrop Kaffee getrunken; der Außenminister habe »einen ganz passablen Eindruck« gemacht, »großer Löwe ist er allerdings bestimmt nicht«. Ribbentrop besuchte bei der Gelegenheit die SS-Standarte »Deutschland«, in der sein Sohn Rudolf diente.[193]

Für den 25. Mai notierte das Kriegstagebuch mürrisch, die nun befohlenen Verteidigungsmaßnahmen ließen die Truppe nicht zu der von der Führung beabsichtigten Ruhe kommen. Am 26. Mai um 12 Uhr fuhr die Division in die Unterkünfte bei Lumbres zurück, was bis 20 Uhr dauerte, mußte aber sofort wieder kehrtmachen, weil etwa um 14 Uhr Hitler das Vorgehen auf Dünkirchen freigab und die Division nun am 27. Mai aus den eben verlassenen Brückenköpfen östlich St.-Omer gegen die belgische Grenze angreifen und das Höhengelände um Cassel besetzen sollte. Das Kriegstagebuch schimpfte: »Durch das Herausziehen nach Westen ist die Division nun endgültig um die für Schlaf und Instandsetzung so sehr benötigte Ruhe gekommen, welche ihr bei einem Verbleiben in der Kanalstellung hätte gegeben werden können.«[194]

Am frühen Morgen des 27. Mai griffen die Panzer-Aufklärungs-Abteilung 57 und die Kampfgruppen Esebeck und Ravenstein über die Brückenkopflinie hinweg an. Erst nach etwa zwanzig Kilometern Fahrt kurz vor 11 Uhr stießen die Kampfgruppen auf den Feind. Das Korps befahl als nächstes Angriffziel sogleich Steenvoorde, 8 Kilometer östlich Cassel. Aber die Engländer verteidigten sich verbissen mit großer Feuerkraft aus zahllosen befestigten Geschütz- und Maschinengewehrstellungen rund um die Stadt, schossen mehrere Panzer ab und ließen die »mit großer Tapferkeit« (d. h. blutigen Verlusten) vorgetragenen Angriffe Esebecks und Kolls nicht vorankommen; die Engländer in Cassel hatten die Aufgabe, den Abzug des Expeditionsheeres aus Dünkirchen zu decken. Die Division erhielt nun den Befehl, sich in der Nacht vom Feind zu lösen, ein paar Kompanien zur Verminung und Sicherung der Zufahrten zurückzulassen, Cassel zu umgehen und am nächsten Tag weiter gegen Osten hin anzugreifen.[195]

Auch am 28. Mai kämpfte sich die Division nur langsam vorwärts. General von Kleist sprach aber »insbesondere der 6. Panzer-Division« seine Anerkennung aus für die Überwindung der 36 auf ihrem Vormarschweg liegenden, von Engländern und Franzosen hartnäckig verteidigten Bunkerstellungen an der französisch-belgischen Grenze.[196] Am 29. drang sie weiter nach Belgien hinein vor. Am 30. Mai mußten die Kampfgruppen Koll und Esebeck gegen eine englische motorisierte Brigade von drei Regimentern antreten, die aus Cassel auszubrechen und abzuziehen versuchten und im Nebel in die Sicherungen der Gruppe Koll gerieten, hart um ihren Abzug kämpften und von der Kampfgruppe Koll vernichtet wurden; nur wenige der Casseler Garnison kamen nach Dünkirchen durch.

Generalmajor Kempf berichtete dem Generalkommando des XXXXI. Korps: »Selbst in Situationen, die für ihn hoffnungslos waren, wehrte sich der Feind bis zum Letzten. Die blutigen Verluste der englischen Brigade sind ungewöhnlich hoch. Etwa 50 zusammengeschossene feindliche Panzer bedecken das Schlachtfeld.«[197] Der Gegner verlor hier 700 Tote und 3500 Gefangene.[198] Aber auch die 6. Panzer-Division war ziemlich mitgenommen. Am Nachmittag wurde sie aus der Front gezogen und in die Gegend um St.-Omer zurückverlegt, um ihre Bestände zu ergänzen. Die kämpfende Truppe erhielt den 31. Mai als Ruhetag, alle anderen hatten die Zeit zur Instandsetzung zu nützen.[199]

Stauffenberg schrieb in seinem zweiten Brief aus diesem Feldzug am 27. Mai die »traurige Nachricht« seiner Versetzung in die 2. Abteilung (Organisationsabteilung) des Generalstabes des Heeres, wo er das Referat II »Organisation im Frieden und Kriegsspitzengliederung« zu übernehmen hatte. Es falle ihm schwer, mitten aus seiner Division, für die er so lange verantwortlich gewesen war, »mitten aus dem Krieg und den ruhmvollsten Operationen« herausgerissen zu werden, um in einer »Behörde« unterzutauchen.

Die Versetzung war eine hohe Anerkennung für Stauffenbergs Leistung und Fähigkeiten. Stauffenbergs Division hatte feldzugentscheidenden Anteil an den Erfolgen der Operationen im Westen, seine eigene Tätigkeit als Ib-Offizier war »von großem Glück« begleitet, die Division »trotz der unvorstellbaren Geschwindigkeiten immer aufs beste versorgt«.[200] Dabei waren die rückwärtigen Dienste der Division wegen der bei dem schnellen Vormarsch ungeschützten Flanken immer wieder in Kämpfe verwickelt, so bei einem Überfall stärkerer Feindkräfte am 16. Mai bei Rouvroy und L'Echelle, wobei zahlreiche Gefangene gemacht wurden, bei einem Gefecht am 19. Mai bei Honnecourt und bei einem Überfall zweier englischer Panzerspähwagen am 21. Mai, von denen einer mit Besatzung in die Hände der Nachschubtruppen geriet. Außerdem waren die Nachschubtruppen immer wieder Luftangriffen ausgesetzt, so am 16., 17., 18., 21., 23., 27. und 30. Mai. Trotzdem – so hält der Feldzugbericht der rückwärtigen Dienste fest – war die Kampfführung nie durch Rücksichtnahme auf die Versorgung gehemmt. Betriebsstoff- und Munitionsversorgung waren immer sichergestellt, Betriebsstoff wurde teilweise mit Flugzeugen herangeschafft, zur Verpflegung wurden die Vorräte des Landes und erbeutete Lager der feindlichen Streitkräfte genutzt, die Verwundeten- und Krankenversorgung war gut. Bei Namur und Charleville wurden Werkstätten aufgebaut, zweitausend Facharbeiter mit Flugzeugen hingebracht.[201]

Der Erfahrungsbericht der Abteilung Ia der Division stellte fest, der in den Richtlinien für die Führung einer Panzer-Division vorgesehene geschlossene Einsatz der Panzer-Brigade zu 2 Panzer-Regimentern sei während des Feldzuges nie angewandt worden. Vielmehr seien die Erfolge dem Einsatz in gemischten Kampfgruppen und dem engen Zusammenwirken von Panzern, Schützen, Artillerie, Pionieren und Panzerabwehr zu verdanken. Bei den raschen Gefechtabläufen seien diese enge Zusammenarbeit und die nötige Schnelligkeit der Befehle in der Mehrzahl der Fälle von der Division nicht zu bewältigen, sondern nur von den Kampfgruppenführern. Freilich könnte einem anders kämpfenden Feind gegenüber der geschlossene Einsatz der Schützen- und Panzer-Brigaden angemessen sein; die Division müsse deshalb auf beide taktischen Kampfweisen vorbereitet sein. Gepanzerte Schützenfahrzeuge müßten für alle Schützen zur Verfügung stehen, die mit den Panzern kämpfen sollten, sonst verlören sie zu oft den Anschluß oder hielten den Angriff auf; Selbstfahrlafetten für die den Kampfgruppen zugeteilte Artillerie und schnellere Schießverfahren seien nötig, ferner eine wirksame Waffe (8,8-cm-Panzerabwehrkanonen) gegen schwere Panzerwagen.

Der Bericht fand die Funkverbindungen zwischen Führungsabteilung und Kampfgruppen zu schwerfällig, zwischen Schützen und Panzern fehlten sie ganz, es fehlte an gepanzerten Funkwagen, die Reichweite des 100-Watt-Geräts von 60 Kilometern genügte nicht bei der Marschlänge einer Division von 120 bis 140 Kilometern.[202]

Die Versorgung mit Munition auf dem Gefechtsfeld bereitete wegen des schnellen Vormarsches und dadurch geringen Verbrauchs – ein Viertel der 1. Ausstattung für den ganzen Feldzug – keine Schwierigkeiten. Grundsätzlich stellte der Erfahrungsbericht der Abteilung Ib fest, der Einsatz in Frankreich habe bewiesen, daß die Versorgung einer Division nicht allein eine Frage des Transports (verfügbare Fahrzeuge) sei, sondern vielmehr eine Frage des soldatischen Geistes der Truppe, der Organisation, der wendigen Führung und der Verkehrslage. Allerdings müsse die Armee die Versorgungsgüter beweglicher nach vorn zu den Divisionen bringen. Der auf Befehl des XXXXI. Korps gebildete Gefechtstroß II von 280 bis 300, ja 500 Lastwagen für Munition, Gerät und anderes Gepäck sei völlig unübersichtlich und im Verhältnis zu den Gefechtsfahrzeugen viel zu groß, sei »aus organisatorischen und militärischen Gründen eine Unmöglichkeit« und sollte gestrichen werden; statt dessen sollten beim Nachschubführer 5 kleine Kraftwagenkolonnen eingegliedert werden.[203] Die Anforderungs-, Zuteilungs- und Beschaffungsverfahren waren gegenüber dem Polenfeldzug verbessert, die Versorgung reibungslos.

Die Division verlor im Frankreichfeldzug 446 Tote, 1191 Verwundete, 20 Vermißte und 438 Kranke.[204]

Stauffenberg äußerte in seinem Brief vom 27. Mai Mitgefühl angesichts »der großen englischen Tragödie«. Die »Vernichtung der flandrischen Armeen« setzte er am 27. Mai als sicher voraus, hielt aber die Engländer dadurch nicht für geschlagen. Die »weittragendsten, das Gesicht der alten Welt verändernden Entscheidungen« bereiteten sich in diesem Feldzug vor; nach dem Sieg in Flandern werde wohl »zunächst wieder die Politik sprechen«. Für die Engländer gelte es dann, eine große innere Entscheidung zu treffen: »Geben sie nicht nach, wird es noch harte Kämpfe geben, denn dann müssen wir zum Vernichtungskampf gegen England antreten.«[205]

Am 31. Mai unterzeichnete Generalmajor Kempf die Urkunde der Verleihung des Eisernen Kreuzes 1. Klasse an Stauffenberg. Am Abend wurde Stauffenberg in der Division verabschiedet. Das Kriegstagebuch verzeichnete: »Der zweite Generalstabsoffizier der Division, Hptm. i.G. Graf v. Stauffenberg, welcher der Division seit ihrer Aufstellung angehört hat und in unermüdlicher Arbeit eng mit ihr verwachsen ist, wird zur 2. Abt. des Gen.St.d.Heeres versetzt. Zu seinem Nachfolger wird der bisherige Ordonnanzoffizier 2, Hptm. Colsman, bestimmt.«[206]

Im Generalstab des Heeres

Stauffenbergs Feldzugelan und Siegesgewißheit trafen auf die Nüchternheit des Generalstabes. Sein Freund aus Bamberger Tagen und Vorgänger als Leiter der Gruppe II der Organisationsabteilung, Hauptmann i.G. von Pezold, hielt es für unmöglich, daß Deutschland den Krieg gewinne. Die gegensätzlichen Auffassungen drohten, einen Schatten auf die Freundschaft zu werfen, und Pezold übergab das Referat rascher als vorgesehen.[1]

Nichts Schöneres gebe es als einen siegreichen Feldzug mit dem Freunde, sagte Stauffenberg einem Kameraden aus der 6. Panzer-Division.[2] Noch nach zwei Wochen bedauerte er, »aus den beweglichsten und durchschlagendsten Operationen die je denkbar waren«, herausgerissen zu sein. Doch mit frischem Sinn nahm er seine neuen Aufgaben in Angriff. Nach jedem Krieg müsse man »die ganze bisherige Organisation« überprüfen, schrieb er seiner Frau, sein Arbeitsgebiet werde zentrale Bedeutung erlangen. Seine Erfahrungen beim Aufbau, bei der Führung und Versorgung einer neuzeitlichen Panzer-Division werden ihm hier nützen; das sei auch ein Grund für seine Versetzung auf diesen Stuhl. Manches hoffe er durchzusetzen, wofür er von der Truppe aus vergeblich gekämpft habe. Mit dem Chef der Organisationsabteilung, Oberst i.G. Buhle, arbeitete er bald vertrauensvoll zusammen.[3]

Allerdings müsse sich die große Behörde mit vielen gleichgestellten Behörden abstimmen und sei »von einem absoluten Führer mit höchst eigenen Gedanken abhängig«. So seien die verschiedenartigsten Erwägungen »politischer, personeller und taktischer Art« zu berücksichtigen. Er werde sich damit abfinden müssen, daß in großen Fragen alle Arbeit »durch einen unvorhergesehenen Führerentscheid« immer wieder umsonst sein und in anderen meistens ein Kompromiß, oft ein schlechter, zustande kommen werde. Dazu gab es Zwiste zwischen Hitler und der Heeresführung. Stauffenberg hatte schon in den ersten zwei Wochen die chaotische Struktur der Wehrmachtführung, das Hauptübel der Generalstabsarbeit, vor Augen.[4]

Außer dem Chef der Organisationsabteilung, Buhle – »ein energischer, nicht übertrieben feiner Schwab« –, stammte auch dessen Vertreter Major i.G. Hellmuth Reinhardt aus Württemberg. Stauffenberg und Reinhardt kannten sich seit Jahren: Reinhardt hatte das

Stuttgarter Eberhard-Ludwigs-Gymnasium einige Jahre vor Stauffenberg besucht, ein jüngerer Bruder Reinhardts war mit Stauffenberg
auf der Kriegsakademie. Stauffenbergs Kollege als Leiter der Gruppe
I für das Kriegsheer war Hauptmann i.g. Walter Schmidt, auch er
Schwabe. Stauffenberg erklärte das Unternehmen für »reinrassig«.[5]
Er und Major i.G. Eberhard Finckh, die sich von der Kriegsakademie
her kannten, sahen sich oft. Finckh war beim Generalquartiermeister
Generalmajor Eugen Müller gelandet, einem Scheusal, der Stauffenberg für seine Abteilung haben wollte und dem entronnen zu sein dieser sich glücklich pries.[6]

Mitte Juli 1940 wurde Albrecht Ritter Mertz von Quirnheim, der
im Frankreichfeldzug 1. Generalstabsoffizier der 290. Infanterie-Division gewesen war und für Tapferkeit das Eiserne Kreuz 1. Klasse
erhalten hatte, in der Organisationsabteilung Leiter der Gruppe IV
für das Referat »Erfahrungen«; im November wurde er Major und im
Dezember Leiter der Gruppe I, Referat »Organisation im Kriege und
Demobilmachung«, wo er bis November 1942 blieb.

Auch Mertz hatte gehofft, an der Front zu bleiben und am Feldzug
gegen England teilzunehmen. Er hielt England für strategisch besiegt
und verstand nicht, warum es so zäh an dem Ziel festhielt, das es
unter anderen Voraussetzungen gewählt hatte.[8] Die Politik des konti-
nentalen Gleichgewichts nahm er offenbar nicht zur Kenntnis. Zwei
Monate später schrieb er aber, der Aufenthalt in Fontainebleau, wohin
der Generalstab am 2. Juli verlegt worden war, könne noch lange dauern: »Die englische Zähigkeit und die Möglichkeit des Ausweichens
der englischen Regierung nach Kanada mit der Masse der zu rettenden
Machtmittel bietet die verschiedensten Möglichkeiten.«[9]

Stauffenberg reflektierte am 19. Juni in einem Brief an seine Frau
über die Niederlage Frankreichs, das am 16. Juni um Waffenstillstand gebeten hatte: »Sie sind völlig geschlagen, ihr Heer vernichtet,
ein Schlag von dem sich dieses Volk nicht so leicht wird wieder erholen können.«[10] Zwei Tage später gedachte er der Unterzeichnung des
Vertrages von Versailles vor einundzwanzig Jahren und der Umwälzungen, die er miterlebt hatte. Unvermeidbar sei neben Triumph und
Freude darüber die Einsicht, »wie wenig endgültiges es gibt und daß
die schroffste Umwandlung, ja Umkehr wahrscheinlicher ist als ein
Beharren auch nur für wenige Jahre. Wenn wir das unseren Kindern
beibringen, daß nur der dauernde Kampf und das dauernde Streben
nach Erneuung vor dem Untergang rettet – dies umsomehr, je größer
das schon Erreichte ist – und daß Beharren, Erhalten und Tod identisch sind, dann haben wir den größten Teil unsrer nationalen Erzie-

*Von links: Alfred Stauffenberg, »Duli«, Alexander Stauffenberg, Berthold
Stauffenberg, Nina Stauffenberg, Heimeran Stauffenberg, Claus Stauffenberg,
Olga Üxküll, Lautlingen 1940.*

hungspflicht geleistet.«[11] Das Wort Kampf gebrauchte er meist im Sinn
von Bemühung, aber er erwartete für die nächste Zeit auch die Fortsetzung des Krieges gegen England, er glaubte nicht, daß das Hauptquartier bald nach Berlin zurückkehren werde.[12]

In Stauffenbergs dialektisch-pessimistischen Gedanken klingt Stefan Georges Gedicht »Der Krieg« an:[13]

> Zu jubeln ziemt nicht: kein triumf wird sein·
> Nur viele untergänge ohne würde..

Nur Schelmen und Narren lögen sich vor, diesmal winke sicher das
Friedensreich. Bald genug müßten die Kämpfer wieder

> waten bis zum knöchel bis zum knie
> Im most des grossen Keltrers.

In den folgenden Wochen sprach Stauffenberg oft von Hitlers fataler
Entscheidung, die der geschlagenen englischen Armee bei Dünkirchen
ermöglicht hatte, zu entkommen. Dem Vetter seiner Frau, Freiherrn
von Lerchenfeld, sagte er, Hitlers Leistung sei bedeutend, aber durch
den schweren Fehler von Dünkirchen eingeschränkt.[14] Die Kämpfe
gegen England würden nun mehr deutsche Opfer kosten. Er erkannte

Claus Graf Stauffenberg mit seinen Söhnen Franz Ludwig und Heimeran in Wuppertal, 1940.

Hitlers Verantwortung für den Sieg an, weil er die Durchbruchstrategie gegen die Heerführung durchgesetzt habe.[15] Gegenüber Reinhardt schrieb er den Entwurf des Feldzuges Manstein zu und verurteilte Hitlers Eingreifen bei Dünkirchen.[16] In der nicht aufgenommenen Verfolgung über den Kanal sah er ein entscheidendes Versagen der Kriegführung und sprach davon mit Verachtung.[17]

Stauffenberg war ausgebildeter Fachmann, und es fiel ihm nicht ein, Hitler für einen solchen zu halten. Er erkannte jedoch Hitlers Begabung, sein »Gespür für Militärisches«. Der Streich gegen Norwegen sei militärisch richtig gewesen, und Hitler habe gewußt, anders als die Generale, daß die Maginotlinie zu durchbrechen sei. »Er hat bei der Einkesselung von Dünkirchen einen Fehler gemacht – er wird ihn nicht wiederholen.«[18] Seinem Wuppertaler Buchhändler Kurt Nettesheim sagte er 1940 oder 1941, seit er im Hauptquartier sei, habe er seine frühere negative Ansicht von Hitler geändert. Hitler sehe alles in großen Zusammenhängen und ringe um Deutschlands Zukunft, auch

Berthold Graf Stauffenberg in Marineuniform,
um 1940.

das geistige Deutschland sei bei Hitler in guten Händen; die Nähe des »Führers« rege zu schöpferischem Denken an, man müsse ihm zum Siege helfen. Was er auch früher gesagt habe: »Der Vater dieses Mannes war kein Kleinbürger. Der Vater dieses Mannes ist der Krieg.«[19]

Stauffenberg gab natürlich nicht jedem Gesprächspartner Einblick in sein Inneres, auch reizte ihn immer der dialektische Widerspruch. Er erkannte in Hitler den Dämon des Krieges und zugleich den Dilettanten, der die Verfolgung des geschlagenen Feindes unterlassen hatte. Offenbar war er aber damals weit entfernt von der Auffassung, Hitler müsse beseitigt werden. Es hätte nicht Stauffenbergs Wesen entsprochen, jahrelang das Gegenteil seiner Überzeugung zu vertreten.[20]

Auch sein Bruder Berthold schwankte zwischen klarsichtiger Skepsis und widerwilliger Anerkennung. 1939 pflegte er zu sagen, die dummen Admirale sagen immer, der »Führer« werde es schon machen; nach dem Sieg über Frankreich meinte er, die dummen Admirale hätten auch noch recht.[21]

In der höheren Führung war die Kenntnis der Ausrottungsbefehle für Polen und später für Rußland verbreitet.[22] Sichere Anzeichen, daß Stauffenberg von *systematischen Vernichtungsmaßnahmen* gegen

Juden und andere erfuhr, gibt es jedoch erst für Anfang 1942.[23] Ein Mitarbeiter in der Organisationsabteilung im Jahr 1942 berichtete, Stauffenberg sei erschüttert gewesen über die Ausschreitungen der SS an der polnischen und russischen Front, die 1942 bekannt geworden seien.[24] Für die Zeit davor, seit Juni 1940, berichten Kameraden von Stauffenbergs wachsender Empörung über die Brutalität des Nationalsozialismus auf allen Gebieten, so angesichts der Behandlung Frankreichs.[25]

Stauffenbergs älterer Vetter Cäsar von Hofacker, der in der Militärverwaltung in Frankreich für die Eisenindustrie zuständig war, erklärte dienstlich und privat immer wieder, man verkenne an höchster Stelle »den kriegsentscheidenden Beitrag, den Frankreich leisten könnte«, zum Beispiel die Abwehr einer englisch-amerikanischen Landung in Nordafrika. Statt das zuerst bestehende Vertrauen der Franzosen zu pflegen, habe man es durch Hinterhältigkeit zerstört. Nach Attentaten auf deutsche Offiziere wurden französische Geiseln im Verhältnis 1:100 erschossen.[26]

Hofacker stand damals wie Stauffenberg auf dem Standpunkt, der Krieg müsse, wenn nicht zum Sieg, zu einem günstigen Ende geführt werden, *nolens volens* mit Hitler und besser mit einem kollaborierenden als einem feindseligen Frankreich. Die Politik der brutalen Unterdrückung gegenüber Frankreich führte Hofacker auf den fanatischen Willen der Hitler-Regierung zur totalen Diktatur auch in der Außenpolitik zurück, auf den totalitären Fanatismus, »den wir innenpolitisch in den letzten 8 Jahren durchexerziert haben«. Realpolitik sei das nicht, der moderne Alexander oder Napoleon habe so wenig Aussicht auf dauernden Erfolg wie seine Vorgänger, zumal bei Fortsetzung der Unterdrückung: »Morgen werden wieder 100 Geiseln erschossen und 1 500 Juden nach dem Osten deportiert. Darunter Ritter der Ehrenlegion u.s.w. Es ist zum Verzweifeln.«[27]

Die Frage, was ein einzelner tun könne, hat vor 1942 nur Georg Elser radikal beantwortet. Selbst entschlossene Gegner wie Oberst Oster und Dietrich Bonhoeffer in der Abwehr, Moltke oder Fritz-Dietlof Graf Schulenburg waren weit davon entfernt, für sich selbst diese Konsequenz zu ziehen, Gegner wie Erich Kordt oder Hasso von Etzdorf vom Auswärtigen Amt nur für kurze Momente vor der für die sichere Katastrophe gehaltenen Westoffensive 1939 und nur unter der Voraussetzung, daß eine Organisation bereitstünde, die zur Übernahme der gesamten Macht fähig sei.[28]

Stauffenberg stand im Ruf, in einer brillanten Karriere begriffen zu sein. Zugleich pflegte er seine Verbindungen zu anderen Abteilun-

gen des Generalstabes und des Oberkommandos der Wehrmacht, wie
zum Generalquartiermeister durch Eberhard Finckh, zu den Nachrich-
tendiensten durch Bernd von Pezold, der ab Mitte Dezember 1941 in
der Abteilung Fremde Heere Ost tätig war und im Hauptquartier des
Generalstabes in Ostpreußen sein Büro neben dem Stauffenbergs hatte.
Oft bekam Stauffenberg von Angehörigen anderer Abteilungen Schriftstücke vorgelegt mit der Bitte um Rat, ehe sie eingereicht würden.
Schließlich kannte er bald alle führenden Offiziere im Generalstab, und
alle wollten ihn kennen, der als Wunderkind des Generalstabes galt.[29]

Es gab wenige Kritiker Stauffenbergs.[30] Seine Gewohnheit, die
Abendarbeit zu unterbrechen und ein George-Gedicht vorzutragen,[31]
trug zu seinem Ruf eines außerordentlichen und geistigen Menschen
bei, viele Gedichte Georges hatten eine starke, harte Sprache, die Soldaten zusagte, aber das Bekenntnis zu Georges Dichtung empfanden
auch manche als preziös.[32] Wer Stauffenbergs Doppelleben als Soldat und George-Erbe spürte, ohne Näheres zu wissen, konnte ihn für
undurchsichtig halten. Zum Beispiel hatte der Vertreter des Auswärtigen Amts beim Oberbefehlshaber des Heeres, Rittmeister von Etzdorf,
das Gefühl, Stauffenberg meinte, die anderen verstünden im Grunde
gar nicht, »um was es geht«; Etzdorf spürte den Geist des geheimen
Deutschland. Er rechnete sich zur Fronde, wenn er auch die Beteiligung an einem Attentat gegen Hitler abgelehnt hatte. Als er auf einem
zwei- bis dreistündigen Spaziergang mit Stauffenberg Anfang 1942
mit seiner Kritik am Regime nicht zurückhielt, versuchte Stauffenberg,
die guten Seiten des Nationalsozialismus zur Geltung zu bringen, als
wollte er, so schien es Etzdorf, ihm die Vermessenheit verweisen, an
der Führung Kritik zu üben. Aber Stauffenberg war irritiert von Kritik, die ohne den Willen zur Konsequenz vorgebracht wurde.[33]

Ulrich de Maizière, der 1942 in der Gruppe I unter Mertz tätig
war, berichtet, Halder habe Stauffenberg ungewöhnlich häufig zu sich
gerufen.[34] Stauffenberg sei oft von Älteren um Rat gefragt worden,
Generale von der Front und aus rückwärtigen Bereichen seien zu ihm
gekommen, um ihm ihr Leid zu klagen, er habe zuhören, raten, mit
guten Argumenten überzeugen und, »von einer tiefen Fröhlichkeit
erfüllt«, herrlich lachen können. Nie wieder habe de Maizière erlebt,
daß ein junger Generalstabsoffizier eine solche Vertrauensstellung und
einen solchen Einflußbereich im Generalstab besaß.[35]

Stauffenberg hatte sich mit dem Umbau des Heeres von 165 auf
120 Divisionen zu befassen und mit der Vermehrung der Panzer-Divisionen auf 20 und der motorisierten auf 10 gegenüber der bisherigen Friedensstärke von 5–7 Panzer-, 4 leichten und 4 motorisierten

Infanterie-Divisionen.[36] Zur »Spitzengliederung« gehörte das Abstimmen der Befugnisse hoher Stäbe des Feldheeres und des Ersatzheeres, Nachschub, viele Angelegenheiten der rückwärtigen Bereiche, Organisation der Freiwilligenverbände, die Beziehungen zwischen Heerestruppen und Polizei-, Zollgrenzschutz-, SS- und SA-Verbänden und zum Reichsministerium des Innern, der SS-Führung, zum Oberkommando der Wehrmacht.[37] Stauffenberg hatte zum Beispiel Befehlsbefugnisse und Zuständigkeiten vorzuschlagen, bei der zersplitterten Kriegsspitzengliederung eine verwickelte Sache.[38]

Das Hauptquartier lag nach Stauffenbergs Eintritt noch drei Tage in Bad Godesberg, dann in Chimay.[39] Am 2. Juli zog es nach Fontainebleau bei Paris um, wo die Organisationsabteilung in einer Mädchenschule untergebracht war. Von hier aus kam Stauffenberg öfter nach Paris, meist dienstlich, gelegentlich zum Besuch der Oper.[40] Am 28. Oktober zog die Organisationsabteilung in ein neues Barackenlager bei Zossen südlich Berlin.[41]

Am 26. Juni sprach Halder mit dem Chef der Organisationsabteilung, Oberst i.G. Buhle, über »Schlagkraft im Osten«.[42] Am 31. Juli befahl Hitler, den Angriff gegen Rußland vorzubereiten.[43] Am 7. August besprach Halder mit Buhle das »Zurückstellen von Friedensaufgaben«, während Vorbereitungen für die Luftoffensive gegen England und die »Erledigung« Rußlands liefen.[44] Das Feldheer sollte nun wieder um 60 auf 180 Divisionen vergrößert werden.[45] Diese Aufgaben fand Stauffenberg vor, als er vom Sommerurlaub aus Lautlingen an seinen Doppelschreibtisch zurückkam, den er mit Hauptmann i.G. von der Heyde teilte.[46] Auch die Besetzung Südfrankreichs war vorzubereiten für den Fall einer alliierten Landung in Nordafrika. Vor allem bearbeiteten Stauffenberg und Heyde den Nachschub für »Unternehmen Barbarossa«, den Krieg gegen Rußland.[47]

Berthold Graf Stauffenberg schrieb seiner Frau gegen Ende September 1940, an den Feldzug gegen England glaube jetzt niemand mehr: »Der krieg wird sich jezt wol in anderer richtung entwickeln.«[48] Anfang Oktober hielt er Frank Mehnerts Einberufung für wahrscheinlich; denn es würden »jezt wieder viele eingezogen um für das frühjahr auch gegen osten möglichst stark zu sein«.[49]

Hauptmann i.G. Graf Stauffenberg strahlte Zuversicht aus, als er an einem herbstlichen Planspiel in Thorn und Deutsch Eylau teilnahm.[50] Mitte November war er für ein paar Tage in Bamberg, wo seine Frau an seinem 33. Geburtstag eine Tochter bekam.[51] Frank Mehnert rückte am 3. Dezember – ohne Begeisterung – zum Ersatz-Bataillon 309 nach Lübben im Spreewald ein.[52] Stauffenberg, der erst zu Silvester zu seiner Familie fahren konnte, während Mertz über Weihnachten und Neujahr Urlaub hatte, besuchte Frank Mehnert am Stephanstag (26. Dezember).[53] Zum 1. Januar 1941 wurde er zum Major i.G. befördert.[54]

Seit Mitte Februar 1941 kämpften deutsche Truppen unter Generalleutnant Rommel in Libyen gegen die Truppen Englands und seiner Dominien, am 6. April begann der schon länger vorbereitete Feldzug gegen Griechenland und zugleich der gegen Jugoslawien, am 20. Mai das Luftlandeunternehmen gegen die Engländer auf Kreta.[55]

Im Mai und Juni 1941, als Griechenland von italienischen und deutschen Truppen besetzt wurde, kam Stauffenberg auf Dienstreisen nach Saloniki, Athen und Kastelli auf Kreta.[56] In Saloniki – offenbar auf der Rückreise, denn er mußte am Abend wieder in Berlin sein – traf Stauffenberg zum Mittagessen einen Vetter, Alfred Graf Stauffenberg, der zwei Wochen später mit dem Fallschirmjäger-Sturmregiment auf Kreta absprang, und machte ihm den Eindruck eines begeisterten Soldaten voller Optimismus.[57] In Athen traf Stauffenberg Rudolf Fahrner, mit dem er einen Ausflug nach Koronis an der Nordostküste Attikas machte.[58] Das Kriegstagebuch der Gebirgs-Aufklärungs-Abteilung 95 verzeichnete am 24. Juni den Besuch Stauffenbergs bei der Abteilung in Kastelli und beim Gefechtstand der 5. Gebirgs-Division in Chania, wo er bei Rittmeister d.R. Carl Fürst zu Castell-Castell, dem Kommandeur der Gebirgs-Aufklärungs-Abteilung, übernachtete, auf seiner zweiten Reise nach Griechenland. Mertz war vom 24. April bis 4. Mai in ähnlicher Mission für die Organisationsabteilung in Libyen.[59] Angesichts der schon in den ersten Tagen der Besetzung bedenklich ungenügenden Versorgung der griechischen Bevölkerung mit Lebensmitteln wollte Fahrner erreichen, daß von dem in Kreta von den deutschen Behörden beschlagnahmten Olivenöl, das über die Türkei verkauft wurde, etwas für das hungernde Athen freikäme, »ein leidenschaftliches und gefährliches Unternehmen«. Stauffenberg verschaffte Fahrner Zugang zum Stab des Oberbefehlshabers der 12. Armee und der deutschen Truppen auf dem Balkan, Generalfeldmarschall List. Er fand aber bei dem Oberbefehlshaber keine Unterstützung.[60]

Am 22. Juni 1941 begann der Angriff auf Rußland. Am 23. zog der Generalstab in sein ostpreußisches Hauptquartier bei Angerburg, das Lager »Fritz« im Komplex »Mauerwald«.[61]

Am Morgen des Angriffs sagte General Friedrich Olbricht, der Chef des Allgemeinen Heeresamtes: »Unser Heer ist nur ein Windhauch in den weiten russischen Steppen.«[62] Olbricht wußte, daß die Kräfte des deutschen Heeres für den Feldzugplan nicht genügten, er kannte die Rüstung und Reserven des Gegners. In der Heeresführung herrschte sonst Selbstüberschätzung, Verkennung der Vorteile, die dem Gegner in den Weiten des Landes mit jedem Kilometer des deutschen Vormarsches zuwuchsen. Durch Ausweichen konnten die Russen der Strategie des schnellen Vormarsches entgehen, dazu halfen auch schlechte Wege, Eisenbahnen mit größerer Spurweite und der psychologische Vorteil, den Stalin aus der Verteidigung des Vaterlandes zu ziehen verstand. Das alles wollte Hitler durch »Blitzkrieg« überspielen.[63] Schon zehn Tage vor dem Beginn des Angriffs, am 11. Juni 1941, erließ er die Weisung Nr. 32, die den Schwerpunkt der deutschen Rüstung auf Kriegsmarine und Luftwaffe verlagerte und den Umbau des Heeres nach dem Abschluß des Feldzuges im Osten vorsah. Für 1942 befahl Hitler den konzentrischen Angriff gegen die britische Position im Mittelmeer und in Vorderasien »aus Libyen durch Ägypten, aus Bulgarien durch die Türkei und unter Umständen auch aus Transkaukasien heraus durch den Iran«, zugleich die »Belagerung Englands« durch Kriegsmarine und Luftwaffe.[64]

Die operativen Ziele des Feldzuges waren unklar, die Führung schwankte zwischen Kaukasus, Moskau und Leningrad als vorrangigen Zielen.[65] Das Hin und Her der Planungen war erschreckend: Durchbruch zu den Ölfeldern südlich des Kaukasus bis Ende 1941, Panzerdurchbruch zu den Industriegebieten des Ural, Vernichtung Leningrads und dann wieder gleichzeitige Einnahme Moskaus, Abschluß des ganzen Feldzuges bis Ende 1941 und Umrüstung auf den Seekrieg gegen England sowie Feldzüge in Nordafrika, gegen den Irak und Afghanistan.[66] Als der Oberquartiermeister I im Generalstab des Heeres, Generalleutnant Paulus, Hitler am Beginn des Rußlandfeldzuges die Schwierigkeiten der Winterversorgung vortrug, verbot Hitler das »Gerede« von einem Winterfeldzug.[67]

Am 3. Juli notierte der Chef des Generalstabes des Heeres, General Halder: »Es ist also wohl nicht zuviel gesagt, wenn ich behaupte, daß der Feldzug gegen Rußland innerhalb 14 Tagen gewonnen wurde. Natürlich ist er damit noch nicht beendet.«[68] Der Kommandierende General des XXXXI. Panzer-Korps, General der Panzertruppe Georg-Hans Reinhardt, erklärte bei einem Besuch der zu seinem Korps gehörenden 6. Panzer-Division am 13. Juli: »Wenn die Division heute noch den Luga-Abschnitt erreicht, gibt es eine Sondermeldung und der Krieg ist entschieden.«[69] Noch am 14. Juli glaubte Hitler an einen raschen Erfolg und kündigte die Verringerung des Heeres an. Die Pan-

zerwaffe sollte stark vermehrt werden, aber die geplanten vierundzwanzig, dann dreißig, dann sechsunddreißig Panzer-Divisionen sollten nur je zwei Panzerabteilungen haben statt je drei bis vier wie vor
dem Beginn des Rußlandfeldzuges.[70] Zur Ausstattung der zu vermeh-
renden Schnellen Verbände wurde angeordnet, »jeden Kfz.-Nach-
schub für das Feldheer im Osten zu sperren«! Dabei erlitt das Heer
dort riesige Verluste.[71]

Nur im europäischen Rußland diesseits des Ural suchte Hitler eine
Entscheidung, der Rest war auch ihm zuviel. Es kam deshalb darauf
an, hier den Gegner zu vernichten, ehe er »in die Weite des russischen
Raumes« ausweichen konnte. Am 30. Juli mußten schon einige der in
Hitlers Weisung vom 23. festgelegten operativen Ziele zurückgestellt
werden, weil »das Auftreten starker feindlicher Kräfte vor der Front
und in den Flanken der Heeresgruppe Mitte, die Versorgungslage und
die Notwendigkeit, den Panzergruppen 2 und 3 etwa 10 Tage Zeit zur
Auffrischung ihrer Verbände« zu geben, dazu zwangen.[72] Je weiter die
deutschen Armeen vorstießen, desto hemmender wurden das für Panzer oft ungeeignete Gelände mit wenigen und schlechten Straßen, die
langen Nachschubwege, die ständigen Kämpfe im Rücken der Front
mit abgeschnittenen und untergetauchten Truppen des Gegners, deren
Kampfwille nicht gebrochen war.

Mitte Juli 1941 besuchte Stauffenberg Generaloberst Guderians Panzergruppe 2 in der Heeresgruppe Mitte im Gebiet zwischen
Orscha und Smolensk.[73] Ferner erkundigte er sich bei dem Guderian
unterstellten Kommandierenden General des XXIV. Panzer-Korps,
General der Panzertruppe Geyr von Schweppenburg, in dessen vor-
geschobenem Gefechtstand an einer Waldecke nach Versorgung und
Bewaffnung.[74] In den vorderen Linien verlor er seine Erkennungs-
marke, man fand sie und schickte sie ihm nach Ostpreußen nach.[75] Bei
einem Gespräch mit seinem früheren Divisionskommandeur Generalleutnant von Loeper, der in der Panzergruppe 2 die 10. Infanterie-
Division führte, war Stauffenberg mit Loeper einig in der Hoffnung
auf den Erfolg des Krieges gegen Rußland. Da aber Hitler den schweren Fehler begangen habe, den ursprünglich auf Moskau gerichteten
Stoß nach Süden abzubiegen, hielten sie den angestrebten Blitzsieg für
ausgeschlossen.[76]

Nach seinem Besuch bei der Panzergruppe 2 berichtete Stauffenberg am 17. Juli Halder persönlich und »sehr aufschlußreich« über
die »Eigenart der Durchbruchskämpfe und Anforderung an die Wen-
digkeit der schnellen Verbände«, über die starke Beanspruchung der
Soldaten durch nicht nur einen entscheidenden, sondern immer neue

Durchbruchkämpfe, wobei die Gefechtskraft allmählich abnehme, das Überlegenheitsgefühl aber durch wiederholte Erfolge wachse. Tatsächlich entwickelte sich der Feldzug schon in den ersten Wochen zum Debakel. Am 25. Juli schrieb Major i.G. von Unold, der 1. Generalstabsoffizier der 10. Infanterie-Division Loepers, an Stauffenberg, die Division habe einen Grad der Erschöpfung erreicht, der als Symptom zu werten sei. Es bestehe die Gefahr, daß die Truppe das Vertrauen verliere, weil weder verdiente Ruhepausen noch die nötige Munition zur Verfügung stehen, so daß die Division – dazu noch »bataillonsweise«, statt in Kampfgruppen oder Brigaden – »ohne Kraft, ohne Reserven, ohne Panzer von einem Gefecht zum andern hetzt«. Die Kampfführung sei zerfahren, die Schuld liege nicht beim Korps, sondern höher. Die angeblich stärkste Luftmacht der Welt könne nicht einmal einige Bomben- und Sturzkampfflugzeuge heranbringen. Das Korps habe Befehl zum »weiträumigen Stoß nach Osten«, doch sei daraus nichts geworden, »und wir wehren uns seit über einer Woche verzweifelt gegen einen sich täglich verstärkenden Feind«. Stauffenberg möge den beigefügten Bericht und den Brief verwenden, wie er es für richtig halte. Unold schloß beschwörend: »Helfen Sie, bevor es zu spät ist!«

Generalleutnant von Loeper schrieb noch dazu: »Lieber Stauff! Man ist auf dem besten Wege, unsere Panzer-Korps – jedenfalls unseres bestimmt zu Tode zu hetzen wie Mürat 1812 seine prachtvolle Kavallerie, während der Russe mit verkürzter Basis die seine reorganisiert u. frisch erneut in den Kampf führt. Ein Kind muß u. all. Umst. sein Spielzeug kaputt machen!«[77]

Über die bei den Kämpfen des Panzer-Armee-Oberkommandos 4 in der Heeresgruppe Mitte im Oktober aufgetretenen russischen Panzer T 34 berichtete die Gruppe III (Technik) der Organisationsabteilung, daß sie mit den verfügbaren Waffen der Infanterie-Divisionen nicht bekämpft werden könnten. Nur mit der schweren 10-cm-Kanone 18 sei gegen Bug und Fahrerfront mit Erfolg zu schießen.[78] Ebenso ernst war die ungenügende, plangemäß sinkende Kriegsproduktion, wie der Leiter der Gruppe III, Oberstleutnant i.G. Christ, in einem Beitrag für das Kriegstagebuch unter dem 13. Dezember 1941 schrieb: »Eine Gegenüberstellung der *Waffenausfälle* des Ostfeldzuges 1941 und der in Aussicht gestellten *Produktionszahlen* zeigt, daß diese Produktion für die im Jahre 1942 an das Heer herantretenden Aufgaben in keiner Weise ausreicht. Fast auf dem gesamten Großwaffengebiet lebt das Heer, da nennenswerte Verfügungsbestände [Reserven] nicht vorhanden sind und auch infolge der Nichtauflösung weiterer Divisio-

*Stauffenberg mit Oberstleutnant i.G. Coelestin von Zitzewitz und Oberst i.G.
Reinhard Gehlen (mit dem Rücken zum Betrachter) im Sommer 1942 auf der
Fahrt von »Mauerwald« nach Winniza in der Ukraine.*

nen nicht gewonnen werden können, von der Hand in den Mund.«
Auch die günstigste Berechnung ergebe das Zurückbleiben der vorgesehenen Monatsfertigungen an Rüstung um 60 % hinter den Ausfällen. Die vorgesehene Zuführung von nur 50 % des Solls an Kampfwagen zwinge dazu, sämtliche Panzer-Regimenter außer denen des
Afrika-Korps »nur noch zu *2 Abtlgen.* zu 2 leichten und *1* schweren Kp. abzusetzen. Die Panzerwaffe entbehrt damit der notwendigen
Stoßkraft.« Christ resümierte: »Das Absinken der Panzerfertigung im
Jahre 1942 ist nicht nur für die Ausstattung der Pz. Verbände im Frühjahr 1942 untragbar. Es muß, da jeglicher Nachschubvorrat fehlt, bei
der zu erwartenden Beanspruchung der Panzerwaffe in den Operationen des Jahres 1942 zu deren Zusammenbruch führen.«[79] Die Fertigung der neuen Panzertypen Leopard, Panther und Tiger würde überhaupt erst im Winter 1942/43 anlaufen, hätte also für die Operationen
des Jahres 1942 keine Bedeutung.[80]

Inzwischen änderte Halder seine Meinung. Am 11. August notierte er: »Das, was wir jetzt machen, sind die letzten verzweifelten Versuche, die Erstarrung im Stellungskrieg zu vermeiden. [...] Unsere letzten Kräfte sind ausgegeben. [...] In der gesamten Lage hebt sich immer deutlicher ab, daß der Koloß Rußland, der sich bewußt auf den Krieg vorbereitet hat, mit der ganzen Hemmungslosigkeit, die totalitären Staaten eigen ist, von uns unterschätzt worden ist.« Am Beginn des Krieges gegen Rußland habe man mit zweihundert russischen Divisionen gerechnet, jetzt zähle man schon dreihundertundsechzig, wenn ein Dutzend davon zerschlagen werde, stellen die Russen ein Dutzend neue hin; die Zeit dazu haben sie, weil sie ihren Kraftquellen nahe seien, während das deutsche Heer sich immer weiter von den seinen entferne: »So ist unsere auf größte Breite auseinander gezerrte Truppe ohne jede Tiefe immer wieder den Angriffen des Feindes ausgesetzt.«[81]

Halder wußte, daß nur für eine Besetzungstruppe von achtundfünfzig Divisionen Winterausrüstung – in Polen, noch längst nicht nahe der Front – bereitlag, nicht für die nun voraussichtlich im Dezember in Rußland stehenden rund hundertfünfzig Divisionen.[82] Fast zur selben Zeit, am 16. August 1941, legte Generalfeldmarschall Keitel in einer Besprechung mit dem Rüstungsminister Todt, dem Befehlshaber des Ersatzheeres und Chef der Heeresrüstung Generaloberst Fromm und dessen nächsten Mitarbeitern, mit Vertretern der Marine, der Luftwaffe sowie des Wehrwirtschafts- und Rüstungs-Amtes im Oberkommando der Wehrmacht fest, entsprechend den strategischen Plänen Hitlers seien Ende 1941 fünfzig Divisionen zu 300 000 Mann aufzulösen und weitere 200 000 weltkriegsgediente Soldaten zu entlassen.[83] Illusionismus und Planungsanarchie sind zu wohlwollende Ausdrücke für den Zustand der deutschen Führung.

Wahrscheinlich auf der Reise im Juli 1941 besuchte Stauffenberg das Oberkommando der Heeresgruppe Mitte in Borissow und lernte dessen ersten Generalstabsoffizier, Oberstleutnant i.G. Henning von Tresckow, kennen, sowie dessen Ordonnanzoffizier, Leutnant der Reserve Fabian von Schlabrendorff. Tresckow und Schlabrendorff waren von Stauffenberg als einem sehr fähigen Mann beeindruckt und erkannten, »daß er ein Nicht-Nazi war, ja sogar in Hitler und dem Nationalsozialismus eine Gefahr erblickte«. Nach Schlabrendorffs Bericht wurde ihnen erst im Sommer 1943, als Olbricht Tresckow und Schlabrendorff mit Stauffenberg zusammenbrachte, ganz klar, »wes Geistes Kind Stauffenberg war«, aber es muss schon vorher weitere Kontakte zwischen Tresckow und Stauffenberg gegeben haben.[84]

Ende August 1941 besuchte Stauffenberg die Heeresgruppe Nord. Er berichtete Halder am 1. September über seine Eindrücke bei den Panzertruppen des XXXXI. Armee-Korps unter General Reinhardt und des LVI. Armee-Korps unter General von Manstein: Materiell seien beide Korps gut versehen, das XXXXI. brauche nur Ersatz an Personal. Nach Abschluß der laufenden Operation – der Einschließung Leningrads – werde eine kurze Ruhepause von drei bis vier Tagen genügen, um die Panzer-Korps für neuen Einsatz verfügbar zu haben.[85] Die Beurteilung stimmte überein mit der des Befehlshabers der Panzergruppe 4, Generaloberst Hoepner, und des Oberbefehlshabers der Heeresgruppe Nord, Generalfeldmarschall Ritter von Leeb, vom 31. August.[86]

Am 20. September berichtete Stauffenberg Halder wieder von einem Besuch bei der Panzergruppe 2: Die Panzergruppe hatte in der Schlacht um Kiew große Verluste erlitten, sie verfügte für den befohlenen Angriff auf Moskau, Operation »Taifun«, nur über sechzig ihrer Panzer und Fahrzeuge.[87] Zum Angriff auf Moskau wurde auch die Panzergruppe 4 bestimmt, zu der die 10. Panzer-Division gehörte, deren 1. Generalstabsoffizier, Major i.G. Bürker, Blombergs Schwiegersohn, Stauffenberg aus der 6. Panzer-Division und aus seiner Tätigkeit 1940/41 in der Ausbildungsabteilung des Generalstabes des Heeres kannte. Bürker berichtete Stauffenberg mehrfach über die Kampfkraft der Division, weil seine Berichte an das Korps keine Wirkung zeitigten.[88]

Der Umschwung im Osten wurde im Oktober auch für Beobachter erkennbar, die mit der Planung nicht vertraut waren. Berthold Graf Stauffenberg schrieb seiner Frau Anfang Oktober, es sei ja im Osten inzwischen »sehr gut weitergegangen«, doch gebe es schon Schneestürme.[89] Ende Oktober teilte er nach einem Telephongespräch mit Claus mit, zur Zeit sei es kaum möglich, im Osten weiterzukommen, weil alle Wege grundlos seien; das sei besonders bedenklich, weil die Russen kaum noch viel Reserven hätten und man bei gutem Wetter sehr rasch weiterkommen könnte.[90] Major i.G. Graf Stauffenberg muß inzwischen wieder an der Front gewesen sein; mit dem Datum des 25. Oktober erhielt er den königlich bulgarischen Tapferkeitsorden IV. Klasse 1. Stufe.[91]

Am 24. Oktober fand beim Oberquartiermeister I, Generalleutnant Friedrich Paulus, eine Besprechung statt über Operationen im Frühjahr 1942 durch den Kaukasus nach Irak. Immer noch setzte man voraus, man werde im Herbst 1941 die kaukasischen Ölfelder erreichen und den Feldzug in Rußland bis Ende 1941 erfolgreich abschließen.

Bei der Besprechung war auch die Organisationsabteilung des Generalstabes vertreten. Noch in den Tagen bis 7. November glaubte Halder, die Rote Armee werde nur Moskau zu halten suchen, den Kaukasus durch seine Geländebeschaffenheit sich selbst verteidigen lassen und das zwischen Moskau und Kaukasus liegende Gebiet aufgeben, um ihre Kräfte aus den Hilfsquellen des Urals für 1942 aufzufrischen. Aber die Euphorie war schon brüchig: Hitlers Einschätzung zufolge müsse die Eroberung des Ölgebiets bis 1942 zurückgestellt werden.[92]

Bürker schrieb am 17. November an Generalleutnant Paulus, Anfang Oktober habe er geglaubt, man könne den Russen mit der neuen Operation den Todesstoß versetzen. Aber das Ziel sei nicht erreicht, und er glaube nicht, daß es beim neuen Antreten am 18. November gegen Moskau »flott vorwärts gehen würde«, wie Paulus offenbar gemeint hatte.[93]

Am 5. November notierte Halder einen Bericht von der Heeresgruppe Nord über die schwierige »Versorgungslage«: Besserung sei erst mit Eintreten des Frostwetters zu erwarten.[94] Etwas später schrieb auch Berthold Graf Stauffenberg, Intendanturrat in der 1. Abteilung der Seekriegsleitung, man habe auf einen leichten Frost gehofft, er sei aber gleich so stark gekommen, daß die Motoren nicht mehr laufen und die Wagen in den tiefen Rillen festfrieren oder die Achsen brechen. Vor ein paar Tagen habe er mit Claus telephoniert, der sehr viel zu tun habe und nicht wisse, »wann und ob überhaupt sie zurückkommen«.[95] Das Ende des Feldzuges war nicht mehr abzusehen. Übrigens sei die Stimmung schlecht, weil man sich nicht entschließen wolle, gegen die Amerikaner vorzugehen, »die immer stärker in den seekrieg eingreifen und damit unsere chancen immer weiter verringern«, England zu überwinden. Japans Kriegseintritt werde vermutlich auch zum Kriegszustand zwischen Deutschland und den Vereinigten Staaten führen, »und wenn dann die ganze welt im krieg ist ist zwar das ende noch weniger abzusehen als bisher· aber die arbeit für die Juristen wird immer geringer«.[96]

Helmuth James Graf Moltke, Kriegsverwaltungsrat im Amt Ausland/Abwehr im Oberkommando der Wehrmacht, traf Anfang September mit einem Vetter Stauffenbergs aus Wilflingen, Hans Christoph Freiherr von Stauffenberg zusammen, auf Veranlassung des mit Stauffenbergs verwandten Karl Ludwig Freiherr von Guttenberg, der wie Freiherr von Stauffenberg im Krieg im Amt Ausland/Abwehr arbeitete.[97] Moltke, der insgeheim Mitarbeiter suchte zur Vorbereitung auf die Zeit nach dem Sturz der Nationalsozialisten, meinte: »Sie haben doch einen Vetter im Führerhauptquartier. Wäre mit dem nichts zu machen?«[98] Freiherr von Stauffenberg fragte seinen Vetter Berthold und brachte Moltke nach einigen Wochen dessen Antwort: »Ich habe mit Claus gesprochen. Er sagt, zuerst müssen wir den Krieg gewinnen. Während des Krieges darf man sowas nicht machen, vor allem nicht während eines Krieges gegen die Bolschewisten. Aber dann, wenn wir nach Hause kommen, werden wir mit der braunen Pest aufräumen.« Claus Graf Stauffenberg hoffte nun schon, ganz anders als nach dem Polenfeldzug, die Wehrmacht werde im Strom der Siege »das Gesetz des Handelns an sich reißen«.[99]

Die »braune Pest« verkörperten grausame Satrapen wie der Gauleiter von Ostpreußen, Erich Koch, der als Reichskommissar in der Ukraine wütete, und die Mordkommandos der SS, die auf Grund von Hitlers Befehl vom 30. März 1941 dabei waren, die kommunistische Intelligenz und die Juden auszurotten.[100]

Schon im Sommer 1941 bat Stauffenberg den im April in die Abteilung Kriegsverwaltung beim Generalquartiermeister versetzten Leutnant der Reserve Bußmann, »alles zu sammeln, was die SS belaste«.[101] Die Berichte der »Einsatzgruppen« der SS und Polizei, die die Erschießungen hinter der Front in Rußland ausführten, waren Stauffenberg bekannt, nach Bußmanns Bericht durch ihn selbst. Stauffenberg habe die Zahlen gesehen, die in die Millionen gingen, »wir zählten doch mit«.[102] Bußmann berichtet auch von einem Ringen um die Aufhebung des »Kommissarbefehls« Hitlers, wonach gefangene politische Kommissare der Roten Armee sofort zu erschießen waren; er nennt besonders Stauffenberg und Oberst i.G. Heusinger, den Chef der Operationsabteilung, als im Generalstab führend in diesem Kampf.[103]

Am 19. November 1941 sprach Hitler gegenüber Halder die Erwartung aus, »daß die Erkenntnis, daß die beiden Feindgruppen sich gegenseitig nicht vernichten können, zu einem Verhandlungsfrieden führt«.[104] Da aber die Gegner zur vollständigen Niederwerfung Deutschlands entschlossen waren, bedeutete dies das Eingeständnis der Niederlage. In einer Ansprache an die Oberquartiermeister der Armeen der Ostfront am 23. November meinte Halder, die völlige Vernichtung des Feindes sei in diesem Jahre trotz der gar nicht genug anzuerkennenden Leistung der Truppe nicht mehr zu erreichen. Bei der Unendlichkeit des Raumes und der Unerschöpflichkeit der menschlichen Kraft Rußlands sei sie überhaupt nie ganz zu erreichen, das habe er natürlich von Anfang an gewußt.[105]

Der Oberbefehlshaber des Heeres, Generalfeldmarschall von Brauchitsch, erlitt am 9. November 1941 eine schwere Herzattacke, war nach wenigen Tagen wieder am Schreibtisch, aber seine Gesundheit blieb lebensgefährlich beeinträchtigt. Am 4. Dezember war klar, daß Brauchitsch aus Gründen der Gesundheit zurücktreten mußte. Am 15. Dezember sah er auch »keinen Ausweg mehr, um das Heer aus der schwierigen Lage zu retten«. Am 19. Dezember entließ Hitler ihn und übernahm den unmittelbaren Oberbefehl über das Heer.[106] Am 23. Dezember ließ Hitler einen Aufruf veröffentlichen, in dem er sich darauf berief, daß ihm die am 4. Februar 1938 bekanntgemachte Übernahme des unmittelbaren Oberbefehls über die Wehrmacht durch die bisherigen großen Erfolge recht gegeben habe und verlangte Gehorsam »bis zur endgültigen Rettung des Reiches«.[107] In diesen Wochen der Winterkatastrophe der Ostfront ließ Hitler alle Deutschen seine Entmutigung erkennen, wenn er nun öffentlich von der »Rettung des Reiches« statt vom greifbaren Sieg sprach. Hitler verstand die Lage. Er fürchtete auch, das Heer, von Fachleuten geführt, die ihn als Dilettanten ansahen, würde den Gehorsam verweigern, nachdem er es in eine Niederlage riesigen Ausmaßes gerissen hatte. Aber die höheren Führer des Heeres verschlossen sich der Einsicht, wie die unten zitierten Briefe von der Front belegen.

Der Eindruck einer katastrophalen Lage wurde vollends unausweichlich durch Hitlers persönlichen Appell an die deutsche Bevölkerung, für die Ostfront Winterkleidung abzugeben:[108] Jeder solle den Millionen deutscher Soldaten, die gegen einen Gegner schwer kämpften, den Hitler nun als »zahlen- und auch materialmäßig weit überlegenen Feind« anerkannte, zu Weihnachten seine wärmsten Bekleidungsstücke schenken; was auch die Wehrmachtführung an Winterausrüstung vorgesehen habe, jeder Soldat würde »um vieles mehr« verdienen.

Brauchitsch hatte sich gegenüber Hitler oft nicht durchsetzen können; nun hatte Halder wegen Hitlers Eingriffen und Befehlen, die Front ohne Rücksicht auf die Folgen zu halten, »erregte Auseinandersetzungen mit dem Führer«. Am 2. Januar 1942 gab es »Anlaß zu tobenden Szenen«, als Hitler den Mut der Generale zu harten Entscheidungen anzweifelte. Hitler hatte Generalfeldmarschall von Rundstedt, den Oberbefehlshaber der Heeresgruppe Süd, am 1. Dezember kurzerhand abgesetzt, weil dieser das Halten einer Linie bei Rostow für unmöglich erklärte; zwei Tage später durfte der Nachfolger, Generalfeldmarschall von Reichenau, sie doch zurücknehmen.[109] Am 25. Dezember befahl Hitler Guderians Ablösung, weil er ohne Erlaubnis einen Teilrückzug befohlen hatte. Am 8. Januar verfügte Hitler Hoepners »Ausstoßung aus dem Heere‹ mit allen rechtlichen Folgen«, weil er selbständig zwei akut gefährdete Armee-Korps zurückgenommen hatte.[110]

Dazu kamen Schwierigkeiten der Versorgung aus zwei Hauptursachen: Widersprüche in der Herrschaftsstruktur und Fehleinschätzung der Feldzugaussichten. Hatte die Organisationsabteilung die Produktion eines Autowerkes oder Mengen an Munition oder Rekruten zur Aufstellung von zehn neuen Divisionen zugeteilt, mußte sie damit rechnen, daß SS oder Luftwaffe, die bessere Beziehungen zu Hitler hatten, alles abzweigten.[111] Stauffenberg äußerte um diese Zeit, man sollte Himmler zum Oberbefehlshaber des Heeres machen, damit er für das Heer sorgen müßte.[112] Zu Weihnachten 1941 schrieb Stauffenberg den Kameraden der 6. Panzer-Division – er schrieb jedes Jahr –, sie sollten hoffnungsvoll in die Zukunft sehen, wenn ihnen auch die Lage verzweifelt erscheine; Japans Eintritt in den Krieg wiege den Kriegszustand zwischen Deutschland und Amerika auf.[113]

Major i.G. Bürker, seit August 1. Generalstabsoffizier in der 10. Panzer-Division, schrieb an das XXXX. Korps-Kommando und zugleich an Stauffenberg am 9., 15. und 30. November über die symptomatische, immer bedrohlichere Lage der Division. Am 2. Dezember meldete Bürker auf Befehl seines Kommandeurs dem Korps, die Division sei nicht mehr angriffsfähig: Die Gefechtsstärke des Schützen-Regiments 86 betrug zusammen 7 Offiziere, 44 Unteroffiziere und 186 Mannschaften, mit 18 Maschinengewehren, 3 Panzerabwehrkanonen, 3 leichten Infanteriegeschützen und 2 schweren Granatwerfern; das Schützen-Regiment 69 verfügte über 5 Offiziere, 55 Unteroffiziere und 313 Mannschaften, 41 Maschinengewehre, 3 Panzerabwehrkanonen, 7 leichte Infanteriegeschütze, 1 schweres Infanteriegeschütz und 4 schwere Granatwerfer. Die Reste des Panzer-Regiments 7, von dem einzigen noch vorhandenen Hauptmann geführt, hatten 7 Panzer II, 14 Panzer III, 7 Panzer IV. Gegen die schweren Panzer der Roten Armee gab es keine wirksame Abwehr.[114] Der Kommandierende General gab die Meldung an die Panzergruppe 4 weiter. Darauf ergingen Befehle, die das Herauslösen der Division einleiteten.[115]

Am 4. Dezember schrieb Bürker vom Gefechtstand der Division aus den Inhalt seiner persönlichen Meldung beim Korps-Kommando auch an Stauffenberg.[116] Seit dem 2. Oktober hatte die Division keinen einzigen Tag Ruhe gehabt; eine Nachbardivision hatte in der Zeit acht Tage, die andere drei Wochen Ruhe. Bei der Verfolgung zurückweichender sowjetischer Truppen seien die Nachbardivisionen nicht mitgegangen, der Russe habe es gemerkt und Flankenangriffe gegen die 10. Panzer-Division geführt, so daß diese »erhebliche Verluste« erlitt. Das am 2. Oktober mit 180 Panzern angetretene Panzer-Regiment 7 hatte am 3. Dezember noch 26 Panzer. Durch Schnee, Kälte, kalte Verpflegung und seit 19. November bei Tag und Nacht ununterbrochene Kämpfe waren die Soldaten so erschöpft, daß sie apathisch geworden und »weder durch gute Worte noch durch hartes Anfassen, noch durch noch härtere Mittel« zum Angriff zu bringen waren: »Sie gehen, wenn die eigene Artillerie schießt, einige Schritte vor und bleiben dann liegen.« Diese Truppe habe bis vor kurzem Vorzügliches geleistet, sie sei einfach erschöpft. »Meinem General und mir tut es bitter weh, daß wir so kurz vor dem Ziel aufgeben müssen, aber wer selbst die Männer vorn aufgesucht hat kann, wenn er verantwortlich führen will, garnicht anders handeln.«

Am 2. Januar 1942 schrieb Bürker an den 1. Adjutanten bei General Halder, Major i.G. Mueller-Hillebrand, er habe seit Mitte Oktober mehrfach Lage und Kampfkraft seiner Division den vorgesetzten Stellen und Offizieren des Oberkommandos des Heeres, meist Stauffenberg, geschildert und vorgeschlagen, Generalstabsoffiziere der höheren Dienststellen und des Oberkommandos des Heeres zu den vorn eingesetzten Divisionen zu entsenden, »wie das ja auch im Sommer gemacht wurde«.[117] Außer dem Kommandierenden General und dem Chef des Generalstabes des Korps habe sich seit Mitte Oktober kein Prominenter sehen lassen. Vor dem Rückschlag sei die Division dauernd »von oben her vorwärts gedrängelt« worden, nun wollten alle die Entwicklung vorausgesehen haben. Die Anordnungen höherer Dienststellen könnten von der Truppe oft nicht befolgt werden und riefen Erstaunen und Ärger hervor, das Vertrauen zur Führung werde untergraben.

Nun zerreiße man, schrieb Bürker weiter, wegen des völligen Fehlens von Reserven die Verbände. Das Artillerie-Regiment der 10. Panzer-Division sei mit zwei Abteilungen der SS-Division »Das Reich« unterstellt, eine Panzer-Kompanie der 10. Panzer-Division sei auf dem Rückmarsch von einem Einsatz von der 5. Panzer-Division vereinnahmt worden, die Angehörigen einer Panzer-Kompanie, die keine Panzer mehr hatten, seien nun zum Aufhalten zurückströmender Versprengter eingesetzt, das Kradschützen-Bataillon, die Panzer-Aufklärungs-Abteilung und die Panzer-Jäger-Abteilung seien aufgelöst und aus den Resten der Division »ein schwaches verstärktes Schützen-Regiment« gebildet worden, das sofort nach der Aufstellung am 31. Dezember dem XX. Armee-Korps habe unterstellt werden müssen. Der Nachschubführer der Division habe beim Ausrücken über Fahrzeuge für 655 Tonnen Transportraum verfügt, jetzt habe er noch Fahrzeuge für 25 Tonnen.

Bürker wollte wissen, ob nun die Division aufgelöst oder aufgefrischt werden solle; Auffrischen im russischen Winter sei undenkbar, jedes neue Kraftfahrzeug, das jetzt dahin komme, werde im Frühjahr, wenn man wieder an Operationen denken könne, ein Wrack sein. Es wäre wirklich an der Zeit, einige abgekämpfte Divisionen aufzulösen, das Gerät an besser gestellte Divisionen zu übergeben und die panzerlosen kampferfahrenen Panzerbesatzungen, die geschützlosen, gut ausgebildeten und erfahrenen Panzer-Artilleristen, Schirrmeister, Schützen-Führer und Unterführer als Stamm für Neuaufstellungen in der Heimat zu verwenden. Am 2. Februar begann Bürker einen Bericht an das Oberkommando des Heeres über seine Division mit dem Satz: »*10. Pz.Div. existiert nicht mehr!*« Durch Befehle des A.O.K. 4 und der Heeresgruppe Mitte sei die Division in elf verschiedene Teile zersplittert und in anderen Korps- und Divisionsbereichen eingesetzt. Jeder planmäßige Wiederaufbau der Division sei verhindert, der Divisionsstab sei in Gshatsk zur Verkehrsregelung eingesetzt.[118]

Major i.G. Staedke, im Frankreich-Feldzug 1. Generalstabsoffizier der 6. Panzer-Division, diente seit August 1941 in der gleichen Stellung in der 20. Panzer-Division im LVII. Panzer-Korps. Er schrieb Stauffenberg am 5. Januar 1942 aus Rusa, nach schweren Kämpfen um den 22. Dezember und nach einem Durchbruch des Gegners bei der 9. Armee: Seit seinem letzten Brief sei die Entwicklung eingetreten, auf die er im Herbst hingewiesen habe; nach der Doppelschlacht von Brjansk und Wjasma seien die Kräfte zum Angriff gegen Moskau zu schwach gewesen. Anfang Dezember habe die Division beim Angriff auf Moskau dem XX. Armee-Korps Flankenschutz geben müssen, sei aber für den weiteren Auftrag, das gewonnene Gelände zu halten, zu schwach und bei minus 30 Grad überanstrengt gewesen, was Staedke gemeldet habe. »Es passierte mir zum ersten Male in meinem militärischen Leben, daß mir, der ich wohl die Kampfkraft des vor Kälte zitternden und vor Überanstrengung apathisch gewordenen Soldaten aus nächster Nähe miterlebte und richtig einschätzte, zuwenig Härte gegenüber der Truppe vorgehalten wurde. Diese Tage ließen in mir sehr ernste Zweifel an der Arbeit des Generalstabes entstehen.«

Die weiteren Vorwürfe Staedkes mußten auch Stauffenberg treffen: Die Versorgung für den Feldzug gegen Rußland sei schlampig berechnet, die eigenen Kräfte und die des Gegners würden falsch eingeschätzt, die Winterausrüstung sei »nicht durch eine Pelz- und Wollwarensammlung im Januar« zu organisieren, die Führung habe anfangs nicht eingesehen, daß mangels Winterkleidung der geheizte Kampfbunker auf Leben und Tod gehalten werden müsse, wenn man der Vernichtung entgehen wolle. »Der Zustand meiner Division ist erschütternd.«[119]

Am 9. Januar 1942 schrieb Bürker an Major i.G. Golling in der Ausbildungsabteilung des Generalstabes des Heeres, der von einem Frontkommando im Sommer 1941 her mit der 10. Panzer-Division vertraut war, man sei sich »oben« über die Lage im Osten nicht klar, obwohl das alle Briefe behaupten, die aus dem Oberkommando des Heeres kommen. Es sei richtig gewesen, den Sieg von Wjasma auszunutzen, um die Operation gegen Moskau dem Ziel möglichst nahe zu bringen. Aber entgegen den Ic-Feindlageberichten hätten die Russen – »*neue, gute sibirische Truppen*« – schon bei der Durchbrechung der Moskauer Schutzstellungen auf dem Schlachtfeld von Borodino wieder eine zusammenhängende, hartnäckig Widerstand leistende Front gebildet, mit Unterstützung durch moderne Waffen wie Raketengeschütze, Panzer T 34, unzählige Minen. Zudem habe damals das Winterwetter eingesetzt, die Division sei am 13. Oktober im Schneetreiben aus Wjasma abgefahren, bald darauf sei sie im Schlamm stekkengeblieben, habe schwere Verluste erlitten und noch keine Winterkleidung gehabt, die Kampfkraft sei rapide gesunken. »Damals, am 28.10., schrieb ich meinen ersten warnenden Brief an Sie, aber auch an Tresckow, Stauffenberg und Bernuth. Darauf ließ ich an unser [XXXX.] Korps am 9.11., am 15.11. und am 30.11. eingehende Beurteilungen der Kampfkraft und Leistungsfähigkeit der Division folgen, die gleichzeitig im Abdruck an *Stauffenberg* übersandt wurden. Sie gipfelten alle darin, daß das schnelle Sinken der Kampfkraft eine *Begrenzung der Aufgaben* erfordere. Ich schrieb ganz genau, wie ich mir diese Begrenzung vorstellte. Das alles verhallte aber ungehört. [...] Als ich dann am 2.12. bei einem Besuch aller Kommandeure an der vorderen Linie feststellen mußte, daß unsere Männer infolge totaler Erschöpfung durch die ununterbrochenen Kämpfe und die Witterung nicht mehr zu einem Angriff fähig waren und diese Tatsache nach Aussprache mit meinem General [Divisionskommandeur Generalmajor Wolfgang Fischer] persönlich dem Chef und dem Kommandierenden [General des Armee-Korps] meldete, da war die Niedergeschlagenheit groß. [...] Man hatte die Kräfte der Truppe weit überbeansprucht. [...] Von Mitte Oktober bis Anfang Dezember hatte jedenfalls die höhere Führung *nicht* mehr den richtigen Einblick in die tatsächliche Lage; sonst hätte sie nicht die Kräfte bis zum Letzten beansprucht und alle Reserven einsetzen dürfen. [...] Mit dem letzten Aufpulvern durch tägliches Erscheinen in der vorderen Linie und durch überraschendes nächtliches Weiterstoßen brachten wir unsere Truppen dann noch bis auf 20 km an das uns gesteckte Ziel [Moskau] heran, wobei uns die Nachbarn wieder im Stich ließen.«

Am besten sollten die Folgerungen aus der Lage persönlich besprochen werden beim Besuch eines Generalstabsoffiziers bei der
Division, die schriftlichen Berichte wanderten ja doch in den Papier-
korb: »Stauffenberg wurde von mir dauernd auf dem Laufenden
gehalten. Man hat meine Schreiben in der Org.Abt. aber vermutlich
als unnötiges Geschrei aufgefaßt, denn es erfolgte nichts und Antwort bekam ich auch nicht mehr. *Leider* aber habe ich hundertpro-
zentig mit meinen Warnungen Recht behalten, schon mit meinen
Bedenken *vor* diesem Feldzug, über die man damals auch sich wun-
derte.«[120]

Am 21. Dezember erschienen im *Völkischen Beobachter* Goebbels' und Hitlers Aufrufe für die Sammlung von Wintersachen auf der
ersten Seite mit der Schlagzeile: »Die Heimat wird die Front beschen-
ken!« Der Winter sei ungewöhnlich früh gekommen, die Winterausrüstung für die Front aber rechtzeitig vorbereitet worden und werde
gegenwärtig (!) an die Front geschafft.[121] »Gegenwärtig«, Ende Dezember, war auch bei Wintereinbruch zur gewöhnlichen Zeit zu spät, das
Wort enthüllte das Versagen der Führung. Diese verschwieg auch, daß
die Vorbereitungen nur für die vorgesehenen achtundfünfzig Divisionen zur Besetzung Rußlands nach dem Sieg getroffen waren und das
Material bis zur Winterkatastrophe in Polen lagerte.

Zwei Tage später veröffentlichte der *Völkische Beobachter* Hitlers Erklärung, die Staatsräson verlange die Zusammenfassung der
Befehlsgewalt auch über das Heer in einer Hand, »unter voller Würdigung der Verdienste des bisherigen Oberbefehlshabers des Heeres,
Generalfeldmarschall von Brauchitsch«.[122] Hitler erwähnte weder
Brauchitschs Krankheit noch dessen Wunsch, zurückzutreten. Die
Wollsammlung mußte also den Verdacht einer Katastrophe verstär-
ken und den Oberbefehlshaber des Heeres mit der Verantwortung für
mangelnde Vorsorge und das Mißlingen des Feldzuges belasten.

Der Kriegseintritt Amerikas rundete das Bild. Am 1. Januar 1942
unterzeichneten die Vertreter von sechsundzwanzig gegen Deutschland Krieg führenden Staaten den Pakt von Washington und erklärten
die vollständige Niederwerfung Deutschlands (»complete victory«)
zum gemeinsamen Kriegsziel. Der *Völkische Beobachter* berichtete
darüber, wenn auch höhnend.[123] Wer an die Niederlage im Ersten
Weltkrieg durch das Eingreifen Amerikas dachte, sah das Menetekel.
Hitler, der selbst den Krieg verloren gab, verlangte von Propagandaminister Goebbels einen Bericht über Defätismus im Oberkommando
des Heeres und der Wehrmacht sowie »im Berliner Regierungsviertel«, damit er durchgreifen könne.[124]

Stauffenbergs Schwiegermutter, Freifrau von Lerchenfeld, schrieb ihrem Schwiegersohn im Hauptquartier, der Schwiegervater verstehe einiges an den Vorgängen nicht.[125]

Stauffenberg antwortete am 11. Januar 1942, das Jahr habe gewiß nicht vertrauenerweckend begonnen, Friedenshoffnungen bestünden für 1942 »noch kaum«. An den Gerüchten über Brauchitschs Abgang und Kombinationen mit der Wollsammlung sei kein wahres Wort, wenn es auch so wirken müsse. Die Winterbekleidung für die im Osten eingesetzten Truppen sei rechtzeitig bereitgestellt gewesen: »Dass sie nicht zur Truppe kam ist eine reine Transport u. Nachschubfrage.« Die jetzige Sammlung diene der »Deckung von Verlusten u. Verschleiss, der Ausstattung des für den Osten bestimmten Ersatzes, der Wiedergenesenden und einer Verbesserung der planmässigen Ausstattung«. Natürlich wäre es besser gewesen, früher ausreichende Reserven zu sammeln, aber der entsprechende Vorschlag des Oberkommandos des Heeres von Anfang September sei vergeblich gewesen.

Stauffenberg wußte also, daß nur für achtundfünfzig Besetzungs-Divisionen Winterkleidung vorbereitet war.[126] Er ließ Hitlers Verantwortung dafür durchblicken, konnte aber nicht gut militärische Geheimnisse preisgeben, hier die Fehlrechnung Hitlers und Keitels.[127]

Die Lage an der Front, schrieb er weiter, sei »zur Zeit zweifellos schwierig« und müsse »durch die Anspannung der letzten Kräfte und Mittel« überwunden werden. Keinem einzelnen könne hier ein Vorwurf gemacht werden, der tiefere Grund liege in der falschen Einschätzung der Sowjetunion und ihrer materiellen Kapazität. »Sie sind von uns allen unterschätzt worden. Dass die Sowjetunion nach den Schlachten von Kiew, Brjansk, Wjasma militärisch vor dem Zusammenbruch stand, ist mir auch heute nicht zweifelhaft.« Der Schlamm habe die Ausnützung des Erfolgs verhindert. Kaum sei das Schlammwetter vorbei gewesen, da seien die Sowjets mit neu aufgestellten Verbänden herangekommen. Der Versuch, den Gegner vollends niederzuwerfen, sei richtig gewesen: »Ein voller Sieg lag so nah, dass man eben alles auf eine Karte setzen mußte. Umso grösser war natürlich auch das Risiko.« Schließlich habe es noch keinen Krieg ohne Rückschläge und schwierige Situationen gegeben, die müßten eben überwunden werden.

Als Generalleutnant von Loeper, mit dem ihn ein Vertrauensverhältnis verband, Stauffenberg Ende April 1942 in Wuppertal berichtete, er habe als Kommandeur der 10. Infanterie-Division in der Panzergruppe 2 im Dezember vor Moskau von Halder den Befehl bekommen, noch sechshundert Kilometer bis Gorki vorzustoßen, obgleich er nur noch über zehn Prozent seiner Fahrzeuge verfügte, da vertrat Stauffenberg immer noch seine Meinung, für ein so entscheidendes Ziel wie die Hauptstadt des Gegners müsse man alles auf eine Karte setzen, und stimmte so dem dämonischen Willen Hitlers entgegen aller fachlichen Einsicht in die physischen Möglichkeiten zu. Stauffenberg glaubte im April 1942 noch, die Lage an der Ostfront könne gemeistert werden, wenigstens durch Stabilisierung, und rang länger als viele seiner Kameraden im Generalstab mit der Frage, wie die Sowjetunion zu besiegen sei.[128] Zugleich stimmte er mit Loeper darin überein, daß mit Hitlers Erklärung vom 26. April, er sei oberster Gerichtsherr ohne Rücksicht auf bestehende Rechtsvorschriften, jede Rechtlichkeit aufgegeben sei.[129]

Der Rücktritt des Oberbefehlshabers des Heeres, schrieb Stauffenberg an seine Schwiegermutter weiter, sei auch nicht so schwerwiegend, wie er aussehe, denn der »Führer« habe sich seit langem die Entscheidung über fast alle Fragen der Kriegführung selbst vorbehalten – das liege »in der Natur einer derartig überragenden und willensstarken Persönlichkeit«. Die Stellung des Oberbefehlshabers zwischen dem Chef des Generalstabes des Heeres und dem »Führer« habe gehemmt und zu Reibungen geführt, zumal bei nicht »planmäßig« verlaufenden Feldzügen, das heißt bei erfolglosen. Überdies habe Brauchitsch in der letzten Zeit mehrere schwere Herzattacken erlitten und sei von sich aus zurückgetreten. Der Generalstab arbeite besser als vorher, dank der »neuen Lösung« sei »es in kurzem möglich« geworden, die ganze Kraft der Nation »für den Entscheidungskampf des Heeres einzuspannen«, und »das ist entscheidend«.[130]

Dieselbe Meinung, durch den unmittelbaren Kontakt zwischen Hitler und dem Heer könne dieses seine Belange ganz anders durchsetzen, vertrat Stauffenberg in einer heftigen Diskussion mit seinem Bruder Alexander, ebenso gegenüber dem älteren Vetter Clemens Graf Stauffenberg sowie Hauptmann i.G. Wilhelm Bürklin (in der Abteilung Fremde Heere West) und Peter Sauerbruch.[131] Stauffenberg sagte sogar, es sei ein Geschenk an das Heer, daß Hitler selbst die Führung übernommen habe.[132] Er äußerte also in seinem Brief seine wirkliche damalige Meinung: Der Krieg war noch nicht verloren, wenn auch vielleicht nicht zu gewinnen. Der echte Soldat war kein Defätist, er kämpfte auch in scheinbar aussichtsloser Lage.

Auch Cäsar von Hofacker fand die militärische Situation Deutschlands nicht hoffnungslos: Das Opfer an Blut greife ihm tief ins Herz, schrieb er seiner Frau, dazu komme das drückende Gefühl, nicht dabeizusein. »Aber zu einer akuten Sorge um das Gesamtschicksal unserer

Sache, zu Gedanken an 1812 ist trotz allem wirklich kein Anlaß. Noch ist die Krise zwar nicht überwunden. Aber daran, daß wir die Ostfront *halten* werden, ist kein Zweifel erlaubt. Ob 100 km weiter ostwärts oder westlich, spielt in diesen Räumen keine wesentliche Rolle. Eine Niederlage ist es. Aber noch *keineswegs* eine entscheidende.« Wenn die Führung aus dem Rückschlag lerne, nicht mehr »ins Maßlose abzuschweifen«, bestehe Aussicht, »daß wir die Zügel des Weltgeschehens wieder in die Hand bekommen und die Dinge doch noch zu einem guten Ausgang bringen«. Im übrigen verzagen die bisherigen Optimisten, »während wir, die wir in der Ära des Erfolgs warnten, jetzt, wo es zu kriseln beginnt, immer ruhiger werden und die anderen aufrichten müssen. Es ist noch *lange* nicht aller Tage Abend und der Möglichkeiten, die Dinge zum Guten zu wenden, werden sich noch viele bieten.«[133] Hofacker unterschied wie Stauffenberg zwischen der dubiosen Führung und den wohlverstandenen Interessen Deutschlands.

Bürker reiste Anfang Februar 1942 selbst zum Generalstab des Heeres nach »Mauerwald« und übergab seinen Bericht über die Zersplitterung der 10. Panzer-Division in 11 Teile dem Hauptmann i.G. Krüger in der Operationsabteilung. Er suchte auch Stauffenberg auf, der ihm inzwischen ausführlich geschrieben hatte und ihn überzeugen konnte, daß die Offiziere in der Organisationsabteilung mit den Beurteilungen Fischers und Bürkers »durchaus übereinstimmen« und Verständnis für ihre Lage hätten.

Nach seiner Rückkehr an die Front schrieb Bürker am 25. Februar noch einmal an Stauffenberg. Inzwischen sei der Division ein Feldersatzbataillon zugeführt worden, das mangels Fahrzeugen ein »Infanteriebataillon zu Fuß« mit bespannten Feldküchen, Schlitten und schweren Waffen auf Schlitten sei. Solche Ersatzstellung für eine Panzer-Division, die zu den schlagkräftigsten Verbänden des deutschen Heeres gehört habe, sei absurd, während die Kader für eine ganze Panzer-Division hier herumlägen, »also Hauptfeldwebel, Funktionsunteroffiziere, Handwerker, technisches Spezialpersonal, Kraftfahrer, I.-Dienste und I.-Staffeln der z.Zt. in andere Befehlsbereiche abgestellten Einheiten und Kampfgruppen«. Die Division müsse, wenn sie wiederhergestellt werden solle, dem Oberkommando des Heeres unmittelbar unterstellt werden, sonst werde ihr jede neu aufgestellte Einheit sofort wieder weggenommen, um irgendwo ein Loch zu stopfen. Entschlüsse seien notwendig: »Jetzt! Sonst wird es zu spät.«[134]

Die 10. Panzer-Division wurde in der zweiten Hälfte des April zur Auffrischung nach Frankreich verlegt und im Dezember 1942 in Tunesien eingesetzt.[135]

Ende März 1942 erwies sich der Zustand des Heeres im Osten als weitaus schlimmer, als Stauffenberg im Januar geahnt haben mochte. Von 162 Infanterie-Divisionen waren nur 8 einsatzbereit für Angriffsoperationen, dazu 3 nach einer Ruhepause. Die 16 Panzer-Divisionen hatten zusammen noch 140 einsatzfähige Panzer, weniger als den normalen Bestand *einer* Panzer-Division. Bis Ende April 1942 hatte das deutsche Heer im Ostfeldzug Verluste von einem Drittel des Bestandes vom 22. Juni 1941: 1 167 835 Mann.[136]

Stauffenbergs Euphorie über Hitlers persönlichen Oberbefehl über das Heer dauerte nur kurz. Den Vortrag über die Spitzengliederung, den Stauffenberg als zuständiger Gruppenleiter der Organisationsabteilung vor den Generalstabslehrgängen der Kriegsakademie in Berlin-Moabit, später im schlesischen Hirschberg immer wieder zu halten hatte, hatte er Anfang 1941 mit dem Satz begonnen, die Kriegsspitzengliederung der deutschen Wehrmacht sei noch blöder, als die befähigtsten Generalstabsoffiziere sie erfinden könnten, wenn sie den Auftrag bekämen, die unsinnigste Kriegsspitzengliederung zu erfinden.[137] Aber auch in den Jahren 1942–1944 pflegte er in dem Vortrag zu sagen, er versuche eine Sache klarzumachen, die er selbst nicht verstehe.[138] Der frühere Legationssekretär der deutschen Botschaft in Moskau, Oberleutnant Herwarth von Bittenfeld, der die Feldzüge in Polen, Frankreich und bis März 1942 in Rußland in der 1. Kavallerie-Division mitgemacht hatte und seit März 1942 in der Abteilung XIII (besetzte und unbesetzte Gebiete der Sowjetunion) im Auswärtigen Amt beim früheren Botschafter in Moskau Friedrich Graf von der Schulenburg Dienst tat, war einmal unter den Zuhörern. Stauffenberg bedeckte eine Tafel mit Namen von Kommandostellen und zahllosen sich überschneidenden Linien, einem hoffnungslosen Wirrwarr, betrachtete sein Werk und fragte das Auditorium, ohne eine Antwort zu erwarten, ob man mit so einer Kriegsspitzengliederung einen Krieg gewinnen könne.[139]

Im Frühjahr 1942 bei einem Gespräch mit Herwarth glaubte Stauffenberg noch, dem Übel sei durch Auswechseln der schlechten Ratgeber Hitlers Einhalt zu gebieten. Herwarth vertrat die Auffassung, der Mann sei die Inkarnation des Teufels, er müsse weg, dachte aber an die Verhaftung, nicht die Tötung Hitlers.[140]

Damals kam Oberleutnant Richard Freiherr von Weizsäcker, Ordonnanzoffizier bei Generalmajor Gerhard Matzky, dem Oberquartiermeister IV im Generalstab des Heeres, oft mit nur durch Offizier zu befördernden Schriftstücken zu Stauffenberg in die Organisationsabteilung. Stauffenberg erklärte Weizsäcker dann an den großen

Operationskarten, welche Operationen für den Sommer angesetzt waren, zeigte ihm die riesige Zangenbewegung durch Südrußland und durch Nordafrika, Irak und Iran zum Kaspischen Meer. Dieser Plan könne gelingen. Stauffenberg schien fasziniert von der Möglichkeit der Zangenbewegung, an deren Ende sich deutsche Truppen im Kaukasus zwischen dem Schwarzen und dem Kaspischen Meer träfen – oder reagierte er irritiert auf den Defätismus des Oberleutnants? Stauffenberg wirkte mit seiner Persönlichkeit und seinem Charakter überzeugend, aber Weizsäcker glaubte überhaupt nicht, daß der Krieg zu gewinnen sei; er hielt Stauffenbergs Darlegungen für eine phantastische Überschätzung der deutschen Kräfte.[141]

In den ersten Monaten des Jahres 1942 kam Oberleutnant Julius Speer von der Abteilung Organisation der Versorgungstruppen, dessen unmittelbarer Vorgesetzter Oberstleutnant i.G. Finckh war und der seit Anfang 1941 mit Stauffenberg zu tun und inzwischen mit ihm mehrmals offen über politische Fragen gesprochen hatte, in einer Dienstsache in Stauffenbergs Zimmer in »Mauerwald«. Verwundert sah er hinter Stauffenberg an der Wand ein Hitlerbild hängen. Stauffenberg sagte, das Bild sei da, damit seine Besucher den Ausdruck des Wahnsinns sähen. Dann sprachen er und Speer längere Zeit über die Frage, was geschehen müßte, um der Maßlosigkeit von Hitlers Ideen zu steuern. Am Ende des Gesprächs sagte Stauffenberg: »Es gibt nur eine Lösung. Sie heißt töten.« Beide waren sich einig, daß »ein Schritt dieser Art nur von einer Persönlichkeit unternommen werden könnte, die sofort beim Ausscheiden Hitlers *die Macht* in der Hand hatte, Staat und Wehrmacht unter Ausschaltung aller Partei-Instanzen zu führen. Andernfalls mußte ein völliges Chaos entstehen.«[142]

Der Ausspruch bezeichnet weder eine unverbindliche Befürwortung eines Attentats noch Stauffenbergs Entschluß, selbst dazu beizutragen. In den Gesprächen der frühen Abendstunden, ehe die Meldungen einliefen, die dann bearbeitet werden mußten, wurde unbekümmert über die Lage, die Führung, den »Führer« gesprochen und über den vielen militärischen Unsinn, den er mit seinen Befehlen und Einmischungen verursachte, auch darüber, ob man Hitler nicht absetzen, vor Gericht stellen oder umbringen oder wenigstens für die Ostfront einen richtigen militärischen Oberbefehlshaber einsetzen sollte, etwa Manstein.[143] Das waren zornige Gespräche, aber es war nicht bloßes Gerede.[144]

Stauffenbergs Äußerungen haben auch Gewicht, weil er klüger war als die anderen und nicht so zynisch.[145] Er beteiligte sich nicht am intellektuellen Gemecker der Kritiker, an leichter Verächtlichmachung Hitlers ohne den Willen zur Konsequenz, sondern lebte und handelte nach seiner Überzeugung.[146] Erwin Colsman, den ein besonderes Vertrauensverhältnis mit Stauffenberg verband, sagte dazu: »Stauffenberg betrachtete Hitler als gleichwertigen Gegner.«[147]

Die Begegnungen Stauffenbergs mit Weizsäcker und mit Speer beleuchten die Spannung zwischen seinem Soldatentum und seiner Erkenntnis des Zerstörers dessen, wofür Soldaten ihr Leben gaben. Er erkannte und befürwortete den einzig möglichen Weg der Beseitigung Hitlers. Seine Antwort an Speer geht also wesentlich über die Graf Üxküll 1939 gegebene hinaus. Umsturz durch das Heer mitten im Kriege war ihm zu gefährlich. Er selbst sah keinen Ansatzpunkt von seiner Stellung aus.

Stauffenbergs Äußerungen aus dem Jahr 1942 erhärten die Berichte über seine Gegnerschaft im Januar 1939, November 1939 und Mai 1941. Der konkreten Konsequenz eigenen Handelns standen drei Dinge im Weg: das Wesen des Soldatentums; die Erwartung des Handelns berufener höherer Führer; die eigene Stellung ohne praktischen Ansatzpunkt.

Stauffenberg erkennt die Natur Hitlers
und des Krieges

Anfang Juni 1942 besuchte Stauffenberg im Auftrag des Chefs des Generalstabes Divisionen im Bereich der 6. Armee und ihren Oberkommandierenden, General der Panzertruppe Paulus, der von September 1940 bis Januar 1942 Oberquartiermeister I im Generalstab gewesen war, um die Einsatzbereitschaft der Verbände festzustellen. Am 2. Juni berichtete er Halder über die Reise:[1] Er war beeindruckt von den deutschen Offensiverfolgen und meinte, die Front könne stabilisiert werden. Aber an einen mit militärischen Mitteln zu erreichenden Erfolg des Krieges glaubte er nun nicht mehr.[2] Noch im Frühjahr hatte er mit Mitarbeitern im Generalstab darüber gesprochen, wie der Krieg zu gewinnen wäre; im Herbst 1942 hoffte er nur noch, Deutschland könnte durch konsequente Rüstungspolitik und sachgemäße Führung im Osten einen unentschiedenen Ausgang erreichen.[3]

Die Natur des Krieges ist nach Clausewitz, daß er eine Äußerung der Politik sei und deshalb dieser untergeordnet; der Krieg habe die natürliche Tendenz, den Gegner niederzuwerfen; und er sei den tatsächlichen Verhältnissen – eigenen Kräften, gegnerischen Kräften, geographischen Gegebenheiten, Seelenkräften (Mut, Vertrauen, Kühnheit), Wahrscheinlichkeiten, Glück und Unglück (Intuition, Zufälle, Fehler) – unterworfen.[4] Der Soldat brachte sein Leben zum Opfer nicht aus Lust am Wagnis, sondern als »ein ernstes Mittel für einen ernsten Zweck«.[5] Der ältere Moltke resümierte 1879, »daß jeder Krieg, auch der siegreiche, ein nationales Unglück ist«.[6] Diese Grundanschauungen gehen auch aus Stauffenbergs Äußerungen hervor.

Ähnlich wie im März 1939 an Sodenstern schrieb Stauffenberg nun an General Paulus seine Auffassung vom Soldatentum, verbunden mit scharfer Kritik an Offizieren, die inkompetent und nicht integer waren. Er dankte für die ihm erwiesene Gastfreundschaft und schrieb: »Die Tage in und um Charkow mit der Berührung mit all den besuchten Divisionen war eine grosse Freude und hat wieder ›viel Auftrieb gegeben‹.« Es kam ihm aber auch wieder »in besonderem Masse zum Bewusstsein, was man fern der Truppe versäumt«, während im Oberkommando des Heeres der Eingeweihte »bei jeder Sache sofort die, keineswegs immer im Sachlichen begründeten, Grenzen jeder Aktion schon vor ihrem Beginn erkennen« müsse. Ihm sei wohl bewußt, daß trotzdem gekämpft werden müsse. »Erquickend« aber sei ein Besuch dort, »wo bedenkenlos der höchste Einsatz gewagt wird, wo ohne Murren das Leben hingegeben wird, während sich die Führer und Vorbilder um das Prestige zanken oder den Mut, eine das Leben von Tausenden betreffende Ansicht, ja Überzeugung zu vertreten, nicht aufzubringen vermögen«.[7] Neben robustem Soldatentum stand das Verdikt über die unverantwortliche Opferung von Menschenleben. Stauffenberg ließ deutlich den Verdacht erkennen, daß der Kampf wegen falscher Führung aussichtlos sei.

Stauffenberg hatte in seinem Bereich ständig mit Maßnahmen und Verhältnissen zu kämpfen, die dem Zweck der militärischen Anstrengungen – den Gegner zum Frieden zu zwingen – zuwiderliefen, was ihn am Sinn seiner Arbeit allmählich verzweifeln ließ. Er wurde immer verbitterter über den Wankelmut der höheren Führer, die bei Meldungen im Hauptquartier zuerst in das Quartier des Generalstabes kamen und ankündigten, sie würden Hitler klaren Wein einschenken, und es regelmäßig nicht taten.[8] Als die Heeresgruppe Mitte im April 1942 zerschlagene Divisionen auflösen wollte und der Chef des Generalstabes des Heeres, Generaloberst Halder, dem Oberbefehlshaber des Heeres, Hitler, diese Pläne vortrug, lehnte Hitler »aus politischen und propagandistischen Gründen« grundsätzlich ab.[9] So wurden Waffen und Gerät von nur aus Stäben bestehenden Verbänden blockiert, die als Ersatz für andere Verbände dringend benötigt wurden.

Am 18. August 1942 berichtete Oberstleutnant i.G. Mertz von einer Reise in den Bereich der Panzer-Armeeoberkommandos 1 und 4 und des Armeeoberkommandos 6: Bei den beiden ersten sei der Personalbestand noch einigermaßen ausreichend, aber bei der 6. Armee hätten die meisten Infanterie-Divisionen nur höchstens 50 Prozent ihrer Gefechtstärke, seien schweren Abwehrkämpfen nicht gewachsen und könnten die erreichten Ziele in den nächsten Wochen nur halten, wenn wenigstens 10 000 Mann Ersatz zugeführt würden; die schnellen Truppen hätten noch etwa 60 bis 70 Prozent ihrer Gefechtstärke.[10] In dieser Zeit sprachen Mertz und Stauffenberg oft über Hitler als Verbrecher und Wahnsinnigen, der zu beseitigen sei.[11]

Anfang September erklärte die Organisationsabteilung als verzweifelte Aushilfe die Schaffung verschiedener Typen von Infanterie-Divisionen des Feldheeres, nämlich 1. Ordnung für Bewegungsoperationen, 2. Ordnung in (um ein verstärktes Regiment) reduzierter Stärke, 3. Ordnung ohne Bewegungsmittel, nur für Stellungskrieg, und 4. Ordnung als »Eingreif-Divisionen« aus Resten von Einheiten und deren Kader, jedoch mit den schweren Waffen einer Division, so daß sie »zur Bereinigung örtlicher Einbrüche an Abwehrfronten«, also eigentlich nur noch als Artillerietruppen eingesetzt werden könnten. Die sogenannten Eingreif-Divisionen entstanden aber lediglich »aus dem Zwange Verbände nicht auflösen zu können und damit Namen und Rahmen aller Verbände erhalten zu müssen«.[12]

Zu den Hauptaufgaben der Organisationsabteilung gehörten technische Forderungen an die Rüstungsindustrie, die über den Chef der Heeresrüstung geleitet werden mußten, von Panzerketten, Durchschlagskraft der Kanonen und Geschosse, Ersatzteilherstellung, Umrüstungen, Organisation des Ersatzes an Soldaten bis zur Aufstellung von Schneeräumeinheiten.[13] Im August 1942 konnte Stauffenberg übrigens endlich einen Schritt zur Verwirklichung einer Anregung erleben, die er in seinem Erfahrungsbericht über den polnischen Feldzug vor fast drei Jahren als nötig bezeichnet hatte: Heeresstab, Generalquartiermeister und Organisationsabteilung forderten gemeinsam eine Zentralstelle für das gesamte Instandsetzungs- und Ersatzteilwesen.[14] Aber neben ihren eigentlichen Aufgaben lag die Organisationsabteilung ständig im Konkurrenzkampf mit dem Oberkommando der Wehrmacht und dessen Organisationsabteilung, die fortwährend ihre Bereiche erweiterten, kräftevergeudend Dienststellen gründeten, die es beim Heer schon gab.[15]

Mitte Juli 1942 verlegte Hitler sein Hauptquartier in die Anlage »Wehrwolf« in einem Wäldchen bei Winniza in der Ukraine. Das Hauptquartier des Generalstabes des Heeres bezog in der Nähe die Anlage »Winfried«. Man blieb hier bis Ende Oktober.[16]

Im Juli mußte wieder mit neuen und aufgefrischten Divisionen und Waffenlieferungen für die Panzer-Armee »Afrika« gesorgt werden, nachdem der »vorläufige Abschluß der Operationen in Nordafrika mit dem Festlaufen des Angriffs vor der El Alamein-Stellung« eingetreten war, wie das Kriegstagebuch der Organisationsabteilung feststellte.[17] Inzwischen versuchte Hitler mit blutigen Opfern zu erreichen, was die Offiziere der 1. Leichten Division bei einer Generalstabsübung im Mai 1939 ironisch als nötig erkannt hatten: Die Versorgung der Angriffe nach Osten mit Öl aus Baku am Kaspischen Meer.[18]

Überall herrschte Mangel, die Kräfte für die Offensive des Sommers 1942 reichten schon in der Planung nicht, und doch wurden gleichzeitig Truppen von Rußland nach Afrika abgezogen, um dort alliierte Kräfte möglichst lange zu binden und an der Landung in Europa zu hindern.[19] Die Russen wichen der deutschen Doppeloffensive gegen die kaukasischen Ölfelder und Stalingrad kämpfend aus, bis den Deutschen Menschen, Waffen, Munition, Verpflegung und vor allem

Stauffenberg mit Albrecht Ritter Mertz von Quirn-
heim 1942 im Hauptquartier in Winniza.

Treibstoff fehlten für den weiteren Vormarsch. Frank Mehnert wies
Berthold Graf Stauffenberg darauf hin, daß die Russen den für sie von
Gneisenau entworfenen Kriegsplan nur allzu genau studiert zu haben
schienen.[20] Die Gebirgspässe des Kaukasus konnten mit Panzern nicht
erzwungen werden. Im Winter mußten die deutschen Armeen die
fast zweitausend Kilometer ihres Vormarsches von Charkow bis zum
Terek an ihren Soldatenfriedhöfen vorbei wieder zurückmarschieren.
Mitte September 1942 stellte das Kriegstagebuch der Organisationsabteilung fest, daß »in absehbarer Zeit mit einer erfolgreichen Wiederaufnahme der Offensive in Nordafrika nicht mehr gerechnet werden kann und daß sich die Operationen nördlich des Kaukasus zur
Bindung starker englischamerikanischer Kräfte im Nahen Osten dieses Jahr nicht mehr auswirken können«.[21] Die gewaltige Zangenbewegung, die Stauffenberg vielleicht für aussichtsreich gehalten hatte, war
in ihren Anfängen schon zusammengebrochen.

Im Ostheer gab es zum 1. November 1942 800 000 Mann Fehlstel-
len; im Frühjahr 1943 würden 1,2 Millionen Mann fehlen, weil zu

wenig Ersatz kam. Im August 1942 waren die Verluste um 170 000 Mann höher als der Ersatz.[22] Mitte Oktober wurden die Heeresgruppen über die angespannte Ersatzlage unterrichtet: »Es wird ihnen mitgeteilt, daß sie von nun an mit nennenswerter Ersatzzuführung nicht mehr zu rechnen haben.«[23]

Als Maßnahme zur Verbesserung der Kampfkraft des Heeres entwarf Stauffenberg Anfang Oktober einen am 8. Oktober vom Chef des Generalstabes des Heeres unterzeichneten Befehl mit der Überschrift »Grundlegender Befehl Nr. 1 (Hebung der Gefechtsstärke)«. Er verfügte die Kürzung des Personals des Oberkommandos des Heeres um zehn Prozent, ebenso der Oberkommandos der Heeresgruppen, der Armee-Oberkommandos und Generalkommandos (ausgenommen die Armee-Oberkommandos im Westen, die schon gekürzt waren) und verbot Kommandierungen aus Einheiten der kämpfenden Truppe zu übergeordneten Dienststellen: »An die Stelle der verbotenen Kommandierungen von vorn nach hinten treten Kommandierungen von hinten nach vorn.« Das ungünstig gewordene Zahlenverhältnis zwischen Kämpfern und deren Helfern müsse verbessert werden durch Verkleinerung aller Truppendienste, Stäbe und sonstigen Hilfseinrichtungen auf das Minimum. Bei der Artillerie waren die Batteriemannschaften zu verringern, »wie es der Russe längst getan hat«.[24]

Ende Oktober 1942 zog das engere »Führerhauptquartier« mit den Spitzen des Wehrmachtführungsstabes in die Gegend von Berchtesgaden um, der Generalstab des Heeres nach Ostpreußen. Die Organisationsabteilung – Stauffenberg war hier zuständig – ließ im Kriegstagebuch festhalten: »Die Trennung von Führer-H.Qu. und H. Qu./OKH (von Beginn der Afrika-Krise bis Ende November) läßt Reibungen und Schwierigkeiten in der Kriegsspitzengliederung erkennen. In einer Vortragsnotiz der Org.Abt. werden die sich überschneidenden Führungsverhältnisse dargelegt.«[25] Daraus entstand eine Denkschrift der Organisationsabteilung über den Aufbau des Führerkorps des Heeres, zu der Hitlers Chefadjutant Generalmajor Schmundt in einer Besprechung mit General Buhle (seit 1. Januar 1942 Chef des Heeresstabes im OKW),[26] Generalmajor Friedrich Hofmann (Chef der Amtsgruppe E (H) im OKH)[27] und Stauffenberg am 12. Dezember Stellung nahmen. Stauffenberg stellte »im wesentlichen eine Übereinstimmung der Gedankengänge des Chefs des P.A. mit denen des GenStdH« fest.[28]

Der Gedanke, den Krieg mit Hilfe der Völker der Sowjetunion zugleich als Bürgerkrieg gegen die Herrschaft Stalins zu führen, war verbreitet, die analoge Umkehrung der Revolutionierung Rußlands durch die 3. Oberste Heeresleitung im Ersten Weltkrieg mit der Unterstützung Lenins lag nahe; damals hatte das Verfahren zum Frieden von Brest-Litowsk geführt. Die Sachverständigen des Auswärtigen Amtes und die zuständigen Generalstabsoffiziere, auch der Vertreter des Ministeriums für die besetzten Ostgebiete argumentierten, die Sowjetunion könne nur mit Hilfe der eigenen Bevölkerung niedergerungen werden.[29]

Am 24. Februar 1942 notierte Rittmeister von Etzdorf Vorschläge von Major i.G. Schmidt von Altenstadt, dem Leiter der Abteilung II Kriegsverwaltung des Generalquartiermeisters, und von dessen Mitarbeiter, Hauptmann i.G. Bleicken, »für die Zersetzung der sowjetischen Widerstandskraft (Ostpropaganda): 1. Wer die Landfrage löst gewinnt das russische Volk. Mit der Parole ›Land und Frieden‹ siegte der Bolschewismus. Die Gegenrevolution [1917–1919] scheiterte an der zögernden und unentschlossenen Haltung der [antibolschewistischen] Weißen zur Frage des Landeigentums. 2. Steigerung u. Ausnutzung der unterdrückten nationalen Bestrebungen der nichtrussischen Völkerstämme (landeseigene Truppenverbände). 3. Das russ. Volk ist seit Jahrhunderten gewöhnt der Staatsführung in blindem Gehorsam zu folgen. Die Geschlossenheit des russ. Volkskörpers kann aufgespalten werden, wenn von uns abhängige Scheinregierungen geschaffen werden (Ukraine, Kaukasien pp.). Der Endkampf gegen den Bolschewismus in der Tiefe des asiatischen Raumes muß durch russische Kräfte ausgefochten werden. 4. Ausnutzung des religiösen Bedürfnisses der Bevölkerung.«[30]

Im Oktober 1941 erschienen zwei türkische Generale im Hauptquartier des Oberkommandos des Heeres und regten an, ähnlich der Mohammedanischen Legion des Ersten Weltkrieges aus kriegsgefangenen Muslimen der Roten Armee einen auf deutscher Seite kämpfenden türkisch-muslimischen Freiwilligenverband zu schaffen.[31] Im November entstanden im besetzten Polen armenische, aserbaidschanische, georgische, turkestanische und wolgatatarische Legionen. Ende 1941 regten mehrere Armeeoberkommandos der Ostfront die Aufstellung von Einheiten aus einheimischen Freiwilligen an.

Hitler sah Ende Dezember 1941 die Lage als so verzweifelt an, daß er die Aufstellung von Hundertschaften aus entlassenen Kriegsgefangenen und dem Bolschewismus feindlich gesinnten Landeseinwohnern genehmigte, ohne doch seinen Vernichtungskrieg gegen die Sowjetvölker und die Juden aufzugeben oder politische Verpflichtungen einzugehen.[32]

Unter dem 10. Januar 1942 erließ der Chef des Oberkommandos der Wehrmacht, Generalfeldmarschall Keitel, »Richtlinien für den

Einsatz ausländischer Freiwilliger im Kampf gegen die Sowjetunion«, die mit dem Satz begannen: »Der Führer und Oberste Befehlshaber der Wehrmacht hat die Teilnahme ausländischer Freiwilliger am Feldzug gegen die Sowjetunion genehmigt.« Der Wehrmachtführungsstab des Oberkommandos der Wehrmacht sollte Aufstellung und Einsatz der Verbände regeln. Von Einwohnern der Sowjetunion war in den Richtlinien nicht die Rede, die Richtlinien erwähnten aber Angehörige besetzter Staaten.[33]

Hitler genehmigte je eine Hundertschaft Freiwilliger aus Sowjetvölkern für jedes Armeeoberkommando, während schon viel größere Einheiten ohne Genehmigung der Heeresführung bestanden. Ferner stimmte Hitler Anfang Januar 1942 der Aufstellung einer Tataren-Legion zu.[34] Schon in der zweiten Februarwoche aber bestimmte Hitler, daß über bereits aufgestellte Hundertschaften hinaus keine weiteren aufzustellen seien, wodurch er immerhin die bestehenden indirekt sanktionierte.[35]

Im Zwielicht schwankender militärischer und politischer Richtlinien wurde Hitlers Entscheidung gegen weitere Aufstellungen umgangen: Viele Tausende dienten als Fahrer, Übersetzer, Sanitäter, kämpfende Soldaten, Köche und Stiefelputzer. Sie blieben lange ohne Etatisierung und Rechte, es gab keine genaue Statistik, ihre Zahl war kaum zu schätzen.[36] Im März genehmigte Hitler die Neuaufstellung von Hundertschaften aus Tataren, Kaukasiern und Kosaken, aber das Oberkommando der Wehrmacht verbot anschließend neue Aufstellungen und erlaubte nur das Auffüllen der bestehenden Einheiten auf Bataillonstärke.[37] Anfang Mai nahm Hitler von dem Verbot der weiteren Aufstellung landeseigener Verbände die Angehörigen der Turkvölker, Kaukasier, Georgier, Turkestanen, Armenier sowie die Kosaken aus.[38]

Am 25. Juni 1942 besprach sich Generalquartiermeister Wagner über Freiwilligenverbände mit Oberstleutnant i.G. Schmidt von Altenstadt, Stauffenberg, Professor von Mende, dem Abteilungsleiter »Fremde Völker« im Reichsministerium für die besetzten Ostgebiete, und Hauptmann Bräutigam als Leiter der Politischen Abteilung des Reichsministeriums für die besetzten Ostgebiete. Die Organisationsabteilung sollte einen grundlegenden Erlaß ausarbeiten zur Gleichstellung der Freiwilligen mit deutschen Soldaten (Uniform, Versorgung, Sold, Quartier, Einsatz). Stauffenberg war dafür zuständig und formulierte den Erlaß noch in der Besprechung; er drang darauf, daß die Teilnehmer Einwände sofort vorbrachten und erreichte Übereinstimmung ohne langwierige Bearbeitungen in Ressorts.[39]

Stauffenberg kam spätestens Anfang 1942 zu der Erkenntnis, daß Rußland weder durch Deutschland allein noch mit bloßen militärischen Mitteln zu besiegen sei, sondern nur mit Unterstützung durch das russische Volk.[40] Große Teile der Bevölkerung hatten die deutschen Soldaten als Befreier empfangen. Auf Stalins Aufruf vom 3. Juli 1941 zum Widerstand aller und mit allen Mitteln, und als Hunderttausende von kriegsgefangenen Soldaten der Roten Armee verhungerten, Erschießungen, Ausbeutung und brutale Unterdrückung an der Tagesordnung waren, bildeten sich dagegen Partisanengruppen. Die Kampffreudigkeit der sowjetischen Soldaten nahm zu, die der auf deutscher Seite kämpfenden Ukrainer aus Galizien und die anderer Freiwilliger schwand.[41]

Oberstleutnant i.G. Henning von Tresckow, 1. Generalstabsoffizier im Oberkommando der Heeresgruppe Mitte, und sein Feindnachrichtenoffizier (Ic), Major i.G. Freiherr von Gersdorff, hatten schon im Herbst 1941 vom Oberkommandierenden, Generalfeldmarschall von Bock, die Zustimmung zur Aufstellung einer russischen Befreiungsarmee aus 200 000 Freiwilligen erwirkt. Der im Stab der Heeresgruppe tätige Hauptmann d.R. Strik-Strikfeldt verfaßte eine befürwortende Denkschrift, die Brauchitsch vorgelegt wurde; Brauchitsch schrieb an den Rand: »Halte ich für kriegsentscheidend.«[42] Ebenso dachten der im April 1942 eingesetzte Leiter der Abteilung »Fremde Heere Ost« im Generalstab des Heeres, Oberstleutnant i.G. Gehlen, sein kurz nach ihm in die Abteilung kommandierter Mitarbeiter Major i.G. Herre und der hier seit Dezember 1941 tätige Major i.G. von Pezold sowie der Mitarbeiter in der Abteilung III der Kriegswissenschaftlichen Abteilung des Generalquartiermeisters und spätere Leiter der Abteilung »Fremde Heere West«, Major i.G. Freiherr von Roenne.[43] Stauffenberg und die anderen mit den Freiwilligen befaßten Offiziere waren sich klar, daß man die Freiwilligen nicht der slawenfeindlichen SS überlassen dürfe. Er trug wesentlich dazu bei, daß diese grundsätzliche Entscheidung zugunsten der Wehrmacht ausfiel.[44]

Stauffenberg zeigte sich im April 1942 in einem Gespräch mit Herre empört über die unmenschliche Behandlung der Zivilbevölkerung in Rußland, die massenhafte Ermordung sogenannter rassisch Minderwertiger, besonders Juden, und über das Hinsterben von Millionen kriegsgefangener Soldaten der Roten Armee.[45] Von den insgesamt 5,7 Millionen Angehörigen der Roten Armee, die im Lauf des Krieges gegen Rußland in deutsche Hände gerieten, waren bis 28. Februar 1942 zwei Millionen in deutschen Händen umgekommen.[46] Es ist auch vorauszusetzen, daß Herre oder ein anderer Stauffenberg von eigenen grauenhaften Erlebnissen der Gefangenenbehandlung berichtete.[47]

Fritz-Dietlof Graf Schulenburg hatte seiner Frau schon im November 1941 gesagt, es gebe ein Lager, Auschwitz, in dem man Juden in Öfen verbrenne.[48] Moltke erfuhr erst am 20. März 1942 von seinem Schwager Hans Deichmann, der im Auftrag der I.G. Farben oft in den Industrieanlagen in Auschwitz zu tun hatte, daß bei Auschwitz Juden zu Tausenden in Gaskammern getötet wurden.[49] Herwarth berichtete Stauffenberg ausführlich im Mai 1942 über die Massenmorde an Juden. Ebenfalls im Mai 1942 erhielten Stauffenberg und Herwarth Bericht von einem Offizier, der von der Front kam und Augenzeuge war, wie SS-Leute die Juden in einem ukrainischen Ort zusammentrieben, auf ein Feld hinausführten, ihr eigenes Massengrab ausheben ließen und sie dann erschossen. Stauffenberg sagte darauf, Hitler müsse beseitigt werden.[50] Er glaubte aber damals, daß dies die Aufgabe der höheren Führer sei, der Heeresgruppen- und Armee-Führer.[51]

Stauffenberg wußte, daß die Wende zur Kriegführung mit politischen Mitteln nicht vom Oberkommando der Wehrmacht oder vom Chef des Generalstabs des Heeres kommen werde; Halder denke nur militärisch. In der Befürwortung einer Sonderpolitik gegen die von Hitler befohlene fand er sich einig mit Gehlen, Roenne, Schmidt von Altenstadt, Bleicken, Stieff (seit Oktober 1942 Chef der Organisationsabteilung), Klamroth (Stauffenbergs Nachfolger), Herre und Wagner; Gehlen, Roenne und Stauffenberg hatten die Initiative in der Gruppe.[52]

Am 7. Juni 1942 flog Tresckow nach »Mauerwald«. Am 8. Juni besprach er mit Roenne die Frage der führenden Persönlichkeit für die Befreiungsbewegung in Rußland.[53] Im Juli schien die Persönlichkeit in Gestalt des russischen Generals Wlassow gefunden. Wlassow, einer der Verteidiger Moskaus, der die 2. sowjetische Stoßarmee am Wolchow bis zu ihrem Zusammenbruch geführt hatte und durch Denunziation in deutsche Gefangenschaft gekommen war, weigerte sich, seine Kameraden zur Desertion aufzufordern, war aber bereit, sie zur Unterstützung einer von ihm geführten russischen Befreiungsbewegung zu ermutigen.[54] Der Gedanke einer russischen Befreiungsarmee scheiterte bis November 1944, als es zu spät war, am Widerstand Hitlers und Keitels. Eine von dem früheren Militärattaché in Moskau, General Köstring, angestrebte Zwischenlösung – Eingliederung der Freiwilligen in das deutsche Heer und Gleichstellung mit deutschen Soldaten, bis Hitler beseitigt wäre – scheiterte an Wlassows Patriotismus und daran, daß ihm das Ziel, die Beseitigung Hitlers, nicht erklärt werden konnte.[55] Geringen Erfolgsaussichten zum Trotz machte sich Stauffenberg daran, möglichst mehr freiwillige Hilfstruppen aufzustellen, als man im Oberkommando der Wehrmacht dulden wollte.[56] Herwarth, Köstrings Adjutant, brachte Stauffenberg deshalb in Verbindung mit dem General und mit dem früheren Botschafter in Moskau, Friedrich Werner Graf von der Schulenburg.[57] Stauffenberg hoffte, Köstring werde beratender General beim Generalstab des Heeres für die sowjetischen Freiwilligen und die unter Militärverwaltung stehenden besetzten Ostgebiete werden, doch scheiterte der Plan an Hitler, Keitel und Jodl.[58] Als Ausweg verfiel Stauffenberg darauf, Köstring zum Beauftragten General für Kaukasusfragen erklären zu lassen. Schmidt von Altenstadt, von Stauffenberg unterstützt, wollte den demnächst zu erobernden Kaukasus von vornherein unter militärisch kontrollierte Verwaltung bringen, um die Bevölkerung durch gute Behandlung zu gewinnen.[59] Stauffenberg und seinen Mitarbeitern gelang der Kunstgriff, die Kaukasier als »Arier« hinzustellen.[60]

Zunächst wurde Köstring beauftragt, die Verbände im Generalgouvernement und bei der 162. Infanterie-Division zu besuchen; er brachte günstige Eindrücke mit. Dann schlug Stauffenberg vor, General Köstring als Beauftragten in den Bereich der Heeresgruppe A im Nordkaukasus zu entsenden, Hitler stimmte zu, und der »Beauftragte General für Kaukasusfragen« wurde durch die Organisationsabteilung »aufgestellt« und mit einer Dienstanweisung versehen, die sich auf den »Führerbefehl« bezog.[61] Zugleich gelang es Stauffenberg und Wagner, Bräutigam als Vertreter des Ostministeriums mit politischen Vollmachten Köstring zur Seite zu stellen.[62]

Pezold, der in der Baracke neben der Stauffenbergs in der Abteilung Fremde Heere Ost arbeitete, erzählte Stauffenberg Ende Juni 1942, am 22. Juni habe Fritz-Dietlof Graf Schulenburg ihm in Berlin im Hotel Bristol gesagt, »wir haben Witzleben gewonnen«, und daß er Schulenburg darauf geantwortet habe, ein Umsturzversuch wäre unverantwortlich, die Reserven reichten schon für die bestehenden Fronten nicht und innere Kämpfe würden zum Zusammenbruch der Fronten führen. Schulenburg hatte schon 1938 immer wieder gesagt, Hitler müsse fallen. Pezold meinte, Schulenburg sei zu rabiat, der mache vielleicht ernst. Stauffenberg sagte: »Ach, laß doch die Bombenschmeißerle.«[63]

Vom Sommer 1942 an häuften sich aber Äußerungen Stauffenbergs über die Notwendigkeit, Hitler zu stürzen, der »ein Narr und ein Verbrecher« sei.[64] Ein Kamerad aus dem Bamberger Reiter-Regiment 17, Major d.R. Freiherr von Thüngen, der von Anfang 1942 bis

Anfang 1943 zugleich mit Stauffenberg im Oberkommando des Heeres war, berichtet, Stauffenberg habe 1942 nach mehreren in Gegenwart Thüngens geführten Telephongesprächen gesagt: »Du glaubst wohl ich konspiriere hier!«[65] Und dann: Es könne so nicht weitergehen, es werde höchste Zeit, aber es müsse etwas Neues kommen, wir dürfen nicht »restaurieren«, man könne die Geschichte nicht zurückdrehen. Im Hauptquartier bei Winniza sagte er in einem Kasinogespräch über die deutsche Führung: »Wir müssen mit dieser Gesellschaft Schluß machen.«[66]

Im August 1942, ebenfalls im Hauptquartier bei Winniza, erklärte er seinem Mitarbeiter Hauptmann Joachim Kuhn: »Die täglichen Berichte von Stäben über die Behandlung der Bevölkerung durch die deutsche Zivilverwaltung, der Mangel an politischer Zielgebung für die besetzten Länder, die Judenbehandlung beweisen, daß die Behauptungen Hitlers den Krieg für eine Umordnung Europas zu führen, falsch sind. Damit ist dieser Krieg ungeheuerlich [...]«[66a]

Mit Major i.G. Oskar Berger, der im Sommer 1942 als Nachfolger für Oberstleutnant i.G. Mertz von Quirnheim in die Organisationsabteilung kam, sprach Stauffenberg gleichfalls über die Morde an den Juden. Stauffenberg ritt fast täglich zwei Stunden mit Berger, zum Ausgleich für die vierzehn und mehr Stunden, die sie im Hauptquartier bei Winniza am Schreibtisch verbrachten. Beim zweiten oder dritten Ausritt mit Berger im August 1942 sagte Stauffenberg unvermittelt: Die erschießen massenhaft Juden. Die Verbrechen dürften nicht weitergehen.[67]

Etwas später berichtete Stauffenberg Berger von Halders Umsturzplan von 1938, der durch das Münchner Abkommen gegenstandslos geworden sei.[68] Schließlich sprach Stauffenberg fast bei jedem gemeinsamen Ausritt vom Tyrannenmord. Er berief sich auf Thomas von Aquin, der den Tyrannenmord unter Bedingungen für erlaubt und verdienstvoll erklärt habe. Er sprach vom Heiligen Reich, dessen Rest in Gefahr sei, unterzugehen. Berger wandte ein, auch Tyrannenmord sei Mord, damit könne man keine bessere Ordnung herbeiführen.[69]

In derselben Zeit in Winniza ritt Stauffenberg auch mit seinem Vorgesetzten, Oberstleutnant i.G. Mueller-Hillebrand, von April bis Oktober 1942 Chef der Organisationsabteilung, und sagte ihm, als eine von Hitlers Ausfälligkeiten gegen das Offizierkorps zur Sprache kam, es sei Zeit, daß ein Offizier sich eine Pistole einstecke und diesen Schmutzfink über den Haufen schieße.[70]

Die Reaktionen Bergers und anderer auf seine Äußerungen zeigten Stauffenberg, daß es im Generalstab keine Unterstützung gab für seine

Überzeugung, daß Hitler beseitigt werden müsse. Wohl gab es Bestrebungen, Hitler zur Abgabe der persönlichen Heeresführung zu bewegen, zur »Änderung der Spitzengliederung«. Berger, Heusinger, Stauffenberg und Stieff erwogen eine Denkschrift dazu, schrieben sie aber nicht.[71] Nach schweren Zusammenstößen mit Hitler erhielt Halder am 24. September 1942 den Abschied, General der Infanterie Zeitzler wurde sein Nachfolger.[72]

Am 13. September fand bei Oberstleutnant i.G. Schmidt von Altenstadt eine Besprechung über die Politik gegenüber dem Kaukasus statt, an der Hauptmann Zimmermann vom Ministerium für die besetzten Ostgebiete teilnahm, ferner die Vertreter des Ministeriums bei der Heeresgruppe A, Hauptmann Bräutigam und Professor von Mende, sowie Major i.G. Bleicken und als Vertreter der Organisationsabteilung Major i.G. Graf Stauffenberg.[73] Hauptmann Zimmermann kündigte die Ernennung eines bevollmächtigten Vertreters des Ministeriums beim Oberbefehlshaber der Heeresgruppe A, Generaloberst von Kleist, an, der ohne ständige Rückfragen in Berlin alle Fragen der Politik und Verwaltung mit den militärischen Stellen abstimmen werde. Schmidt von Altenstadt sagte, um die Unterstützung der Kaukasusvölker für das deutsche Vorgehen zu erreichen, sei eine Erklärung des Ministers für die besetzten Ostgebiete, Rosenberg, oder Hitlers erwünscht, in der das Wort Schutz vermieden werde, weil es immer zum Vorwand für Annexionen verwendet worden sei. Statt dessen seien die Begriffe Freiheit, Selbständigkeit und Zusammenarbeit zu verwenden, Landverteilung zu veranlassen, die Anwerbung von Arbeitern in Transkaukasien zu unterlassen, wegen der Judenfrage mit dem SD Fühlung zu nehmen, was dem Zusammenhang nach auf Einstellung der Verfolgungen zielte. Der Generalquartiermeister bestätigte diese Forderungen am selben Tag.

Zwischen dem 11. und 20. September 1942 besuchte Stauffenberg die 162. Infanterie-Division, um eigene Eindrücke über die Aufstellung von Turk-Bataillonen zu gewinnen und um seinen Onkel, Oberstleutnant Graf Üxküll zu sehen, der auf seine Veranlassung am 10. September als Kommandeur der Aserbaidschischen Legion in der Division kommandiert wurde.[74] Bei dieser Gelegenheit suchte er General von Sodenstern, den Chef des Generalstabes der Heeresgruppe B (Oberbefehlshaber war Generaloberst Freiherr von Weichs), im Hauptquartier in Starobjelsk auf und sprach zwei Stunden mit ihm.[75] Daraus ergab sich, wie Sodenstern aus seiner Erinnerung formulierte, daß in der nicht an der Front eingesetzten Führung des Heeres der Wille, dem unsinnigen und verbrecherischen Treiben Hitlers Einhalt zu gebieten, die Hitler-Regierung zu stürzen und mit den westlichen Gegnern Verhandlungen aufzunehmen, wieder lebendig geworden sei. Stauffenberg wollte höhere Führer der Front zum Einschreiten bewegen. Er berief sich auf »die gemeinsame ideelle Grundlage«, die Auffassung von verantwortlichem Soldatentum und fragte Sodenstern, ob er sich beteiligen werde.

Sodenstern lehnte ab: Mit seiner Auffassung von der Ethik des Soldaten sei Meutern angesichts des Feindes unvereinbar. Die Verbände der Heeresgruppe würden nach einem Regierungswechsel, gleichviel auf welche Weise er erfolgen möge, ihre Pflicht an der Front weiter tun. Das war immerhin die Zusage wohlwollender Duldung eines Staatsstreichs. Sodenstern meinte, wenn er in die Heimat versetzt würde, könnte er eine andere Stellungnahme geben, da er noch mehr als früher im Nationalsozialismus und in Hitler ein Verhängnis sehe. Im Sommer 1943, als Sodenstern in Frankfurt am Main auf Urlaub war, erhielt er von Beck die Aufforderung zu einem unauffälligen Besuch in Berlin, zu dem es aber wegen Sodensterns Ernennung zum Oberbefehlshaber der 19. Armee an der französischen Mittelmeerküste nicht mehr kam. Zum 1. Juni 1944 wurde Sodenstern verabschiedet.

Stauffenberg flog in den Tagen vor dem 23. September nach Shelesnowodsk zum Hauptquartier der 1. Panzer-Armee unter Generaloberst von Kleist, um diesen in demselben Sinne wie Sodenstern anzusprechen. Anschließend besuchte er das Korpskommando des XXXX. Panzer-Korps, das am Terek zwischen dem Schwarzen und dem Kaspischen Meer in einer Panjebude residierte. Das Korps gehörte zur 1. Panzer-Armee in der Heeresgruppe A, General der Panzertruppe Geyr von Schweppenburg führte es von Juni bis 27. September 1942. Für die Truppen, die den Kaukasusübergang erzwingen sollten, gab es kein Benzin und kein Dieselöl, aller verfügbare Betriebsstoff wurde für den Kampf um Stalingrad verwendet. Stauffenberg sprach offen mit dem 1. Ordonnanzoffizier, Rittmeister Johann Dietrich von Hassell, einem Sohn des früheren deutschen Botschafters in Rom, über den Fehler Hitlers, gleichzeitig Stalingrad und den Kaukasus anzugreifen. Dann rief der Kommandierende General Stauffenberg zu sich herein. Doch kam er in dem Gespräch mit Geyr nicht weiter als in dem mit Sodenstern. Allerdings besuchte Geyr Kleists Hauptquartier am 25. September. Zweifellos sprachen sie auch über den Besuch Stauffenbergs, dem, wie ein Zeuge aus dem Stab Kleists sich erinnert, »ein großer Ruf aus dem OKH vorauseilte« und der besonders die jüngeren Offiziere dort durch seine strahlende Erscheinung beeindruckte.[76]

Nach Stauffenbergs Besuchen an der Front in den Tagen nach Halders Abgang am 24. September 1942 hielt der Chef der Organisationsabteilung, Oberstleutnant i.G. Mueller-Hillebrand, in seinen Diensträumen eine Besprechung mit Stauffenberg, Oberstleutnant i.G. Schmidt von Altenstadt und Bleicken. Stauffenberg legte die zu betrachtenden Gegenstände dar und gab ein erschütterndes Bild von der Personallage des Feldheeres. Aktueller Anlaß war die von Hitler befohlene Aufstellung von zehn Luftwaffen-Felddivisionen, die ursprünglich dem Heer als Ersatz zur Verfügung stehen sollten. Allein der Kraftfahrzeugbedarf für die neuen Verbände nahm den Auffüllbedarf von vier bis fünf Panzer-Divisionen in Anspruch.[77] Ihre materielle Ausrüstung hatte das Heer zu liefern; auf Intervention Görings sollten die Divisionen aber nicht dem Ostheer zur Verfügung gestellt werden. Bleicken stellte die Frage nach dem Verantwortlichen für die Vorenthaltung des nötigen Ersatzes für das Ostheer und verlangte, daß Hitler darüber »die Wahrheit« gesagt werde. Da sprang Stauffenberg auf und stieß hervor: »Hitler ist der eigentlich Verantwortliche; eine grundsätzliche Änderung ist nur möglich, wenn er beseitigt wird. Ich bin bereit, es zu tun!«[78]

Wer solche Äußerungen hörte und nicht seinem Vorgesetzten meldete, geriet in Lebensgefahr. Im Jahr 1942 allein wurden auf Grund von Gerichtsverfahren in der Wehrmacht über tausend Todesurteile vollstreckt (zum Vergleich: auf Grund von amerikanischen, englischen und französischen Militärgerichtsverfahren wurden zusammen während des ganzen Zweiten Weltkrieges etwa dreihundert Todesurteile vollstreckt).[79] Stauffenbergs Vorgesetzter Mueller-Hillebrand war Zeuge, Bleicken konnte sich notfalls darauf berufen, daß er angenommen habe, Stauffenbergs Vorgesetzter werde Meldung machen. Jedenfalls gab Bleicken sofort seinem Ordonnanzoffizier, Bußmann, davon Bericht, »um ggfs. später mich hierauf berufen zu können«. Bußmann tat dasselbe und gab seinem akademischen Lehrer einen Bericht über den Vorgang.[80] Weder Bleicken noch Bußmann hielten Stauffenbergs Äußerung für bloßes Gerede. Ob Mueller-Hillebrand seinem Vorgesetzten, General Zeitzler, Meldung machte, ist nicht bekannt.

Vom folgenlosen Reden der »Bombenschmeißerle« hielt Stauffenberg nichts. Als er sich zu eigenem Handeln durchgerungen hatte, ging er eher noch konsequenter vor als andere Gegner Hitlers. Er erklärte seine Bereitschaft zum Attentat auf Hitler nach seinen erfolglosen Sondierungen bei Frontführern und suchte Möglichkeiten der Ausführung.[81] Buhle, Heusinger oder – vor seiner Entlassung – Halder hätten ihn zu einer Besprechung bei Hitler mitnehmen können. Wenn

Stauffenberg Halder gefragt hat, erhielt er abschlägigen Bescheid. Halder berichtete nach dem Krieg, »die heißherzige Jugend hat natürlich auch an andere Dinge gedacht als ich«. Bei seiner Verabschiedung im September 1942 sei ihm klar gewesen, daß seine »Vertrauten« im Widerstand »immermehr auf die Bahn des Attentats gedrängt werden würden«.[82]

Auch Heusinger berichtete nach dem Krieg, als Zeuge zugunsten Halders, die Frage der Beseitigung Hitlers habe ihn und seine Mitarbeiter im Generalstab »naturgemäß weitgehend und sehr oft beschäftigt«, aber man sei sich klar gewesen, daß man dafür weder in der Bevölkerung noch im Heer, in der Marine oder in der Luftwaffe anderes als Unverständnis und den Vorwurf des Verrats geerntet hätte.[83]

Im Oktober 1942 in Winniza leitete Schmidt von Altenstadt eine Zusammenkunft von etwa vierzig Generalstabsoffizieren, bei der Referate über deutsche Landwirtschaftspolitik im Osten gehalten wurden. Kriegsverwaltungsrat im Wirtschaftsstab Ost Otto Schiller, der Schwager Alexander Graf Stauffenbergs, früher Landwirtschaftsattaché der deutschen Botschaft in Moskau, der die ukrainischen Kolchosen in teilprivate Genossenschaften umgewandelt hatte, referierte über den verhängnisvollen Kurs der deutschen Politik im Osten. Stauffenberg sagte in der Diskussion, Deutschland säe einen Haß, der später an den Kindern der jetzigen Generation gerächt werde. Angesichts des Mangels an Ersatz sei klar, daß der Krieg im Osten nur mit Hilfe der Menschen des Ostens zu gewinnen sei. Es sei ein Skandal, daß, während Millionen Soldaten täglich ihr Leben einsetzten, niemand den Mut finde, sich den Helm aufzusetzen und dem »Führer« diese Dinge zu sagen, auf die Gefahr hin, daß er das mit dem Leben bezahle.[84]

Anfang Dezember 1942 schickte Oberst i.G. von Freytag-Loringhoven, Ic-Offizier der Heeresgruppe Don, den ihm für Freiwilligenfragen zugeteilten Oberleutnant d.R. Karl Michel von der Infanterie-Division »Großdeutschland« aus Charkow nach »Mauerwald« zum zuständigen Fachmann in der Organisationsabteilung für die Freiwilligen-Verbände. Stauffenberg versprach die Unterstützung der Organisationsabteilung und stimmte Michel zu, der sagte, die 5000 freiwilligen Kalmücken, die er in der Heeresgruppe Süd organisiert hatte, sollten im Sinne ihrer eigenen Ziele – Kampf gegen *jede* Gewaltherrschaft – nicht als Kanonenfutter eingesetzt werden.[85] Stauffenberg ging mit Michel zu Oberstleutnant i.G. von Roenne in der Abteilung Fremde Heere Ost und erklärte, die russischen Freiwilligen stellten eine große Hoffnung dafür dar, daß ein befreites Deutschland nicht der bolschewistischen Diktatur verfiele, weil sie helfen wollten, diese zu stürzen.[86]

Man müsse nur darauf sehen, daß das Heer sich die Freiwilligen nicht von der SS wegnehmen lasse. Mit Wirkung vom 15. Dezember wurde die Dienststelle des Generals der Osttruppen eingerichtet und dem General der Infanterie beim Oberbefehlshaber des Heeres angegliedert.[87] Auf Vorschlag Roennes wurde dessen früherer Kommandeur in der 23. Infanterie-Division, Generalleutnant Heinz Hellmich, Inspekteur der Osttruppen.[88]

Stauffenberg handelte damit, wie schon bei seinen Besuchen bei Sodenstern, Kleist und Geyr, als Verschwörer.[89] Michel berichtet seine Äußerung, das Schicksal wäge nicht Erlittenes, sondern die Tat, man müsse das deutsche Volk durch Taten vom Untergang zurückreißen.[90]

Für den 18. Dezember 1942 setzte der Reichsminister für die besetzten Ostgebiete, Rosenberg, für achtzehn Vertreter seines Ministeriums und fünfzehn Vertreter der Wehrmacht eine Sitzung im Ministerium in Berlin an. Als Herwarth Stauffenberg auf dem Weg zur Sitzung in »Mauerwald« aufsuchte, fand er ihn völlig verändert. Bis dahin war zwischen Stauffenberg und Herwarth von organisiertem Widerstand gegen das Regime noch nicht die Rede gewesen. Herwarth wurde deutlich, daß Stauffenberg nicht mehr für sinnvoll hielt, etwa Hitlers Umgebung auszuschalten, sondern daß er Hitler selbst für die Ursache des Übels hielt. Er hoffte noch auf die höheren Führer, war indessen selbst im Begriff, an die Front zu gehen.[91]

Am 18. Dezember trafen sich im Kleinen Sitzungssaal des Reichsministeriums für die besetzten Ostgebiete in der früheren russischen Botschaft Unter den Linden 63 die Vertreter des Ministeriums und der Wehrmacht. Stauffenberg nahm als einer der zwei Vertreter des Generalstabes teil, General Köstring sollte für die Heeresgruppe A sprechen, mußte sich aber durch Oberleutnant von Herwarth vertreten lassen. Das Programm begann um 10.30 Uhr mit der Begrüßung durch Rosenberg, sah anschließend Austausch von Erfahrungen vor und Vergleich der Lage 1941 und 1942 hinsichtlich Haltung und Stimmung der Bevölkerung, Fragen von Versorgung, Landwirtschaft, Kirche, Kultur, Schule, Arbeiterwerbung, Verkehr, Preisen, Löhnen, politischen Wünschen der Bevölkerung, Propaganda, Behandlung und Verwendung der Kriegsgefangenen und Überläufer. Darauf folgten das Mittagessen im NS-Gemeinschaftshaus Tiergartenstraße 28–29 und hier die Fortsetzung der Aussprache, dann Vorführung »einer neuen Sowjet-Wochenschau sowie eines Sowjet-Spitzenfilmes« in Rosenbergs »Dienststelle des Beauftragten des Führers für die Überwachung der gesamten geistigen und weltanschaulichen Schulung und Erziehung der NSDAP« in der Bismarckstraße 1.[92]

Rosenberg sagte in der Vormittagssitzung, das im Osten eroberte Gebiet würde der deutschen Wirtschaft untergeordnet und nutzbar gemacht. Um Bestrebungen zur Selbständigkeit zu hindern, fasse man die Gliederung des besetzten Gebietes in große Landschaftsräume ohne eigene staatliche Hoheit ins Auge. Es sei »bekannt, daß die Stimmung besonders durch die Kriegsgefangenenbehandlung und den zwangsweisen Arbeitseinsatz belastet« sei; das sei »infolge der unerhörten Schwierigkeiten des Winters« unvermeidbar gewesen. Er wolle dem »Führer« über die Erfahrungen dieses Jahres vortragen und bitte um »zwanglose Aussprache«. Rosenberg hatte im Februar 1942 schriftlich bei Keitel gegen die Behandlung der sowjetischen Kriegsgefangenen und der Bevölkerung der Sowjetunion, gegen das absichtliche Verhungernlassen und das Erschießen von Gefangenen protestiert, aber seine Stimme hatte kein Gewicht.[93]

Der Vertreter des Heeresgebiets Nord, General von Roques, erklärte den »Druck der Wirtschaftsdienststellen auf die Bevölkerung« für untragbar: Die Bevölkerung müsse soviel abliefern, daß weder die landeseigenen Verbände noch ihre Angehörigen sich noch versorgen können. In Estland sei die Lage anfangs hervorragend gewesen, habe sich aber katastrophal entwickelt, weil an allen wichtigen Stellen die Esten durch meist inkompetente Deutsche ersetzt worden seien. Gegen 27 000 Bauern sei in Estland wegen Nichterfüllung der Lieferforderungen vorgegangen worden, dabei besäßen 24 000 dieser Bauern nur je eine Kuh! Die Kindersterblichkeit in Estland sei jetzt achtmal so groß wie vor der deutschen Besetzung. Die Art des Arbeitseinsatzes habe viele Landeseinwohner zu den Partisanen getrieben. Die Heeresgruppe brauche 6000 Arbeiter, nur 6 hätten sich freiwillig gemeldet, nur 3000 konnten zwangsweise herbeigeschafft werden.

Der Vertreter des Heeresgebiets Mitte, General von Schenckendorff, sagte, noch nie hätte ein Eroberer es so leicht gehabt, ein Volk zu gewinnen, wie der Deutsche nach dem Einmarsch in Rußland. Dann hätten die Bauern ihre Pferde, ihr Vieh, oft die letzte Kuh hergeben müssen; die Städte hungerten, weil die Truppe rücksichtslos requiriere. Handwerkern und Arbeitern müsse man zwei Tage der Woche freigeben, damit sie auf dem Land Lebensmittel eintauschen könnten. Der Arbeitseinsatz habe selbstverständlich keine Erfolge, dafür sei durch seine Brutalitäten eine unerhörte Belebung der Partisanengefahr erreicht. Ranghohe Sowjetoffiziere und ausgebildete Fallschirmagenten führten die Partisanen hervorragend, trieben Gegenterror, die sowjetische nationale Propaganda sei erfolgreich. Nun fehlten 350 000 Arbeitskräfte für das Heeresgebiet. Mit Selbstverwaltung habe man gute Erfahrungen gemacht, auch mit Ordnungsdiensten von 31 000 Mann mit schweren Waffen und zum Teil ohne deutsche Führung. Doch komme man mit der bisherigen Unterdrückung und Ausbeutung nach Kolonialsystem nicht weiter.

Die Hauptschwierigkeit sei das Fehlen einer einheitlichen politischen Zielsetzung für die Behandlung des russischen Volkes diesseits und jenseits der Front. Die Bevölkerung sei leicht führbar, habe großen Bildungshunger und sprachliche und technische Begabung, die Schließung der Schulen und das Verbot des Erlernens der deutschen Sprache hätten aber alle positiven Gefühle für die Deutschen getötet. Die Einstellung der Kirche sei ganz im Sinn der deutschen Interessen, doch werde kein Gebrauch davon gemacht. Schenckendorff verlangte »Autonomie nach Protektoratsart«. Man sollte die Bevölkerung zum Kampf gegen Banden, Verbrecher und zum Kampf an der Front mehr heranziehen, Schulen erlauben, Betriebe durch Russen führen lassen, die Bevölkerung zur Abkehr von Stalin aufrufen, Freiheit gewähren. Dann würden mehr Russen für die Befreiung ihrer Heimat kämpfen.

Der Vertreter des Heeresgebiets B, Oberst i.G. Gillhausen, erklärte, die Ausnutzung der Ukraine sei nur mit, nicht gegen die Bevölkerung möglich. Wer sich für die deutsche Seite totschießen lassen solle, müsse wissen, wofür; Bauern müßten Landbesitz, Bürger Stellungen im Staat oder in der Wirtschaft zugesichert bekommen. Oberleutnant von Herwarth verlas ein Fernschreiben von General Köstring: Die Lage der Russen müsse gegenüber der bolschewistischen Zeit verbessert werden, Rußland könne nur durch Russen besiegt werden.[94]

Schmidt von Altenstadt sagte, der »Führer« werde im Osten auf ungeahnte Weise verehrt, er könne, durch eine politische Erklärung, noch heute das Steuer um 180 Grad herumwerfen. Laut »Führerbefehl« sollten eine halbe Million Landeseinwohner in die deutsche Wehrmacht aufgenommen werden, man müsse ihnen ein Ziel setzen, »das ihnen diesen Kampf und den Tod sinnvoll macht«.

Stauffenberg ergriff in der Aussprache nicht das Wort. Bei Sitzungen, auch wenn sie von Offizieren mit höherem Rang geleitet wurden, übernahm Stauffenberg meist nach kurzer Zeit die Leitung des Gesprächs, eine im deutschen Militär ungewöhnliche Erscheinung.[95] Hier war die Aussprache zwar offen, doch mußte sie angesichts der internen Machtverhältnisse ergebnislos bleiben. Stauffenberg vertrat dieselbe Auffassung wie Köstring,[96] hatte sie oft erfolglos vorgebracht. Im Kriegstagebuch der Organisationsabteilung ließ er festhalten: »Absicht des Reichsminister[s] war, die Befh. im Op.-Gebiet über ihre Erfahrungen und Wünsche zu Wort kommen zu lassen. Die vorgebrachten Auffassungen entsprachen in jeder Hinsicht den von OKH immer wieder zur Sprache gebrachten Gedanken. Bemerkenswert ist, daß nunmehr auch die Vertreter von Wirtschaft, Landwirtschaft usw. sich diesen Auffassungen anschließen.«[97] Die Machthaber ließen sich aber nicht von Sachverständigen überzeugen; es blieb nur die Hoffnung, daß Mächtigere sie zwangen.

Wo der entscheidende Widerstand gegen eine zweckmäßige Politik gegenüber den Völkern der Sowjetunion lag, ging aus den Besprechungen mit Polizei- und SS-Stellen hervor, die in dem Zusammenhang erforderlich waren. Stauffenberg war Anfang Dezember in Berlin zu Besprechungen mit dem Kommando der Schutzpolizei wegen einheitlicher Regelung für die baltischen Schutzmannschaften. Im Kriegstagebuch der Organisationsabteilung steht: »Das Kdo. der Schutzpolizei ist bereit, auf die Anregungen des OKH einzugehen, betont aber, daß die Entscheidung dem Reichsführer-SS obliegt. Es wird angedeutet, daß dieser wahrscheinlich Ziele verfolge, die die von OKH angestrebte Regelung erschweren.«[98] Hitler hatte am 6. August 1942 geäußert: »Lächerliche hundert Millionen Slawen werden wir absorbieren oder verdrängen. Wenn einer von Betreuen spricht hier, den muß man gleich ins KZ stecken.«[99]

Für Stauffenbergs Entwicklung zum Täter sind die Hinweise aus den Jahren 1939 bis 1941 ernst zu nehmen, doch der Durchbruch zur Einsicht, daß er selbst handeln müsse, kam 1942. Nimmt man seinen Brief vom 11. Januar 1942 als Ausdruck seiner Auffassung, die Beseitigung Hitlers müsse noch zurückgestellt werden, dann dauerte die Entwicklung Stauffenbergs vom Gegner des Attentats aus Vernunftgründen zum Befürworter aus ethischen Gründen nur von Januar bis April 1942.

Am 23. Juli schrieb Stauffenberg an Karl Josef Partsch von seinem Wunsch nach Verwendung im Truppengeneralstab, dessen Erfüllung sich leider nicht absehen lasse, und deutete das Grundübel an: »Die Belastung der Arbeit in der Zentrale ist auf die Dauer – weniger wegen des Arbeitsumfangs als aus anderen Gründen – nicht leicht zu ertragen.«[100] Das Bewußtsein, an verantwortlicher Stelle zu stehen und nicht sachgemäß wirken zu können, brachte ihn der Verzweiflung nahe.[101]

Stauffenberg hatte sich ferner so oft und so heftig für Hitlers Beseitigung ausgesprochen, daß seine weitere Anwesenheit im Generalstab des Heeres für seine damaligen Mitarbeiter und befreundeten Kameraden beunruhigend und gefährlich war. Er äußerte selbst, es werde Zeit, daß er hier verschwinde.[102] Seiner Frau sagte er im Herbst 1942, er habe sich »in einigen Sachen festgezogen«; er müsse sich eine Zeitlang an die Front zurückziehen.[103]

Er verurteilte zwar allgemein den Drang zur Front als falschen Heroismus und Flucht vor der Verantwortung, hatte im Frühjahr die Hoffnung auf einen großen Erfolg im Osten noch nicht verloren, sah aber die Aussichtslosigkeit seiner Arbeit im Generalstab des Heeres ein und dachte auch an den Vorsprung an Erfahrung und Kompetenz, den die Kameraden an der Front hatten.[104]

Stauffenberg hatte also gute Gründe für den Wunsch, an die Front zu kommen und hoffte auf Verwendung als 1. Generalstabsoffizier einer Panzer-Division. Frank Mehnert wird die Stimmung des Freundes erfaßt haben, als er im April 1942 an dessen Bruder Berthold schrieb, man habe die Russen mehrmals unterschätzt und solle sie nun nicht überschätzen.[105] Und am 18. Juli: »Bitter für Claus ist ja dass er von seinem eigentlichen element ferngehalten wird.«[106]

Generaloberst Zeitzler verfügte im Lauf des Herbstes 1942 Stauffenbergs Frontverwendung.[107] Über die sich hieraus ergebenden Fragen für den Familienverband, die Sorge für Frau und Kinder, für die Interessen des geheimen Deutschland und des Erbes von Stefan George, auch über seine bisher erfolglosen Versuche, Verbündete im Kampf gegen Hitler zu finden, sprach Stauffenberg mit seinem Bruder Berthold schon im Oktober oder November.[108] Er war dann froh, nach Afrika zu kommen, wo er seinem Divisionskommandeur, Generalmajor von Broich, sagte, der Boden in Deutschland sei ihm »langsam etwas zu heiß« geworden.[109]

Am 22. November 1942 fiel Oberstleutnant Henning von Blomberg, Kommandeur der Panzer-Abteilung 190, bei Mateur in Tunesien.[110] Da sein Bruder gefallen war (1942 über Bagdad abgeschossen), wurde sein Schwager, Oberst i.G. Bürker, am 15. Dezember 1942 aus der Front gezogen; Bürker verließ seine Stelle als 1. Generalstabsoffizier der 10. Panzer-Division in Tunesien am 5. Januar 1943.[m]

Zunächst war Major i.G. Bürklin Nachfolger Bürkers als Ia der 10. Panzer-Division, bis er am 1. Februar 1943 schwer verwundet wurde. Am 3. oder 4. Februar erhielt Stauffenberg den Befehl, innerhalb weniger Tage die Nachfolge Bürklins anzutreten. Demnach war Stauffenberg im Dezember 1942 und Januar 1943 noch nicht für die 10. Panzer-Division vorgesehen oder seine Kommandierung war zurückgestellt worden; seine weitere Tätigkeit im Zusammenhang mit Umsturzbestrebungen im Januar 1943 muß schon im Dezember geplant gewesen sein.[112] Während der Stalingrad-Zeit sagten Oster und Olbricht dem mitverschworenen, in Zürich im deutschen Kon-

Frank Mehnert an der russischen Front, Februar 1943.

sulat eingebauten Abwehragenten Gisevius, »Stauffenberg habe nun begriffen und mache mit«.[113]

Damals verdichtete sich die Hoffnung auf einen Umsturz im Zusammenhang mit dem Rückschlag von Stalingrad, durch den der eingebildete Feldherr Hitler das Gesicht verlor. Mitte Dezember 1942 rief Oster Gisevius nach Berlin zurück, unterrichtete ihn über die bevorstehende Katastrophe, auf die die neutrale Presse noch nicht aufmerksam geworden war, und beauftragte ihn, die 1938er Pläne für einen Staatsstreich in Berlin den Gegebenheiten entsprechend zu überarbeiten. Gisevius hielt sich ab 12. Januar längere Zeit in Berlin auf.[114]

In den Wochen nach Halders Abschied, zwischen Ende September und Ende Dezember 1942, besuchte Stauffenberg den früheren Generalstabschef in seinem Berliner Haus. Halder berichtete später, er sei »erstaunt« gewesen über den Besuch, weil er bei seinem Abgang mit seinen »Gesinnungsgenossen« vereinbart hatte, zunächst jede Verbindung zwischen ihnen und ihm zu unterbrechen, weil er von der Geheimen Staatspolizei überwacht werde; er sei auch »besorgt um Stauffenberg« gewesen:[115] »[Stauffenberg] erklärte seine Anwesenheit in Berlin mit einem Besuch seines dort lebenden Bruders [Berthold], mit dem er sich aussprechen müsse, weil er vor entscheidenden persönlichen Entschlüssen stehe. Er könne es im O.K.H. nicht mehr aushalten. Seit ich aus dem Amt geschieden sei, sei unter meinem Nachfolger der Kampf gegen Hitler völlig erstorben. Man könne keine Gedanken mehr tauschen und müsse mit offenen Augen den Weg in den Abgrund verfolgen, ohne die Hand rühren zu können. Er wolle um Verwendung an der Front bitten, weil er diese seelische Zerreißprobe nicht mehr aushalte.«[116]

Am 27. Dezember 1942 besuchte Oberleutnant von Herwarth in »Mauerwald« Stauffenberg, der im Begriff war, seine Stelle als Leiter der Gruppe II der Organisationsabteilung zu verlassen, um als 1. Generalstabsoffizier einer Panzer-Division an die Front zu gehen.[117] Er meinte, es werde Zeit, daß er hier verschwinde, hoffte aber immer noch, daß die Feldmarschalle und Generale etwas gegen Hitler unternehmen würden.[118] Um dieselbe Zeit sagte er Thüngen, die Führung des Heeres, zu der er sich selbst zählte, sei auch die Führung des Volkes, »und wir werden diese Führung in die Hand nehmen«.[119]

Berthold Graf Stauffenberg schrieb Frank Mehnert, der bei Demjansk an der Front lag, Anfang Januar die Nachricht von Claus' Frontverwendung. Frank freute sich, »dass Claus wunsch nun endlich erfüllt wird· darüberhinaus ist mirs eine verheissungsvolle Vorstellung ihn an der spize einer pzdivision zu wissen«. Es stimme ihn hoffnungsvoll, »obwol sonst wenig anzeichen sind dass das ganze unternehmen eines tages auch einmal ein ende findet«.[120] Für Berthold müsse es ja recht aufreibend sein, alles eintreten zu sehen, was er vorhergesehen und zu vermeiden gesucht habe, aber »was Nordafrika betrifft· so hat die landung doch das gute dass man diese leute einmal vor den lauf bekommt«.[121]

Am 14. Januar besuchte in »Mauerwald« Oberstleutnant i.G. Reerink Stauffenberg, mit dem er früher im Stab der 1. Leichten Division gedient hatte; Reerink war auf dem Weg zur 16. Infanterie-Division (mot) bei Rostow, wo er die Ia-Stelle zu übernehmen hatte. Stauffenberg erzählte ihm auf einem abendlichen Spaziergang, wo man sich, wie er sagte, ohne Zeugen unterhalten konnte, von den Anstrengungen des Generalstabes, Hitler zur Erteilung des Ausbruchbefehls für die 6. Armee zu bewegen. Goebbels sei dafür gewesen, und Hitler hätte schon fast den Befehl erteilt, da habe Göring die Versorgung der 6. Armee durch die Luftwaffe garantiert, und Hitler habe befohlen, Stalingrad zu halten. Stauffenberg nannte es ein Verbrechen und bezichtigte Göring des Verrats.[122]

Stauffenbergs Tätigkeit im Januar 1943 hatte einen – nahezu greifbaren – Zusammenhang mit der bestehenden Verschwörung gegen das Regime. Am 8. Januar 1943 war bei Graf Yorck in Berlin-Lichterfelde in der Hortensienstraße 50 eine Aussprache der »Alten« und der »Jungen« der Umsturzverschwörung mit Beck, Goerdeler, Hassell, Popitz, dem Berater Popitz' Jens Peter Jessen, Moltke, Yorck, Trott, Schulenburg und Gerstenmaier.[123] Am 25. Januar trafen sich in Berlin Goerdeler, Olbricht und Tresckow zur Koordination eines Umsturzplanes: Oberst i.G. von Tresckow wollte ein Attentat gegen Hitler zustande bringen, der frühere Oberbürgermeister von Leipzig, Goerdeler, die politische Führung übernehmen, General Olbricht mit Einheiten des Ersatzheeres in Berlin und in anderen wichtigen Städten die Macht übernehmen.[124]

Tresckow versuchte, den Oberbefehlshaber der Heeresgruppe Mitte, Generalfeldmarschall von Kluge, der Hitlers Führungskunst negativ beurteilte und der nicht unzugänglich zu sein schien, zu überreden, eine Konfrontation der Feldmarschalle mit Hitler herbeizuführen. Am 21. Januar notierte der Kriegstagebuchführer beim Befehlshaber des Ersatzheeres, Hauptmann d.R. Hermann Kaiser: »Tr[esckow] brachte Antwort Feldhans [Kluge]: Erstens keine Teilnahme an einem Fiesko-Unternehmen. 2. Ebenso wenig an einer Aktion gegen Pollux [Hitler]. 3. Ist nicht im Wege, wenn Handlung beginnt.«[125]

Generaloberst Beck, der Vorgänger Halders als Chef des Generalstabes des Heeres, schrieb Manstein, der 1937 und 1938 sein engster Mitarbeiter gewesen war und dessen Fähigkeiten er hochschätzte, im Juli 1942, um ihn zu seinen militärischen Erfolgen und zur Ernennung zum Generalfeldmarschall zu beglückwünschen. Im November 1942 versuchte Beck in einem Brief, Manstein durch Schilderung der militärisch aussichtslosen Lage zu Konsequenzen zu bewegen. Manstein schrieb Beck, er sei mit ihm einig in der Lagebeurteilung, sei aber im Augenblick zu angespannt, um eingehender zu antworten, und ein Krieg sei erst verloren, wenn man ihn selbst verloren geben müsse, bei vernünftiger Führung wäre ein Unentschieden noch zu erkämpfen.[126]

Tresckow war am 16. November 1942 bei Manstein und sprach zwei Stunden mit ihm. Stauffenberg mußte mit Tresckow von dem Skandal der Luftwaffen-Felddivisionen gesprochen haben, wodurch der Front rund zehn Divisionen Ersatz und der Auffüllbedarf von vier bis fünf Panzer-Divisionen entzogen worden war. Tresckow berichtete Manstein, Göring habe der Front 170 000 Mann Luftwaffen-Felddivisionen vorenthalten und dies damit begründet, daß er seine nationalsozialistisch erzogenen Soldaten nicht dem Heer geben könne, das noch Pastoren habe und von »wilhelminischen« Offizieren geführt werde. Um die Gewinnung Mansteins für den Sturz Hitlers zu fördern, wollte Tresckow Oberleutnant d.R. Alexander Stahlberg, der seit 1939 mit seinem Ordonnanzoffizier Leutnant von Schlabrendorff verschwägert war und Tresckow auch sonst als »zuverlässig« galt, zu Manstein »als Ord.Offz. steuern«, wie er seiner Frau am 17. November schrieb, als er Stahlberg bei sich im Heeresgruppenhauptquartier hatte. Stahlberg hatte sich am 18. November bei Manstein vorzustellen, und Tresckow bereitete ihn auf sein Debüt vor. Stahlberg erinnerte sich, Tresckow habe ihm gesagt, er solle sich die Namen Stauffenberg und Fellgiebel merken. So spricht einiges dafür, daß Tresckow und Stauffenberg schon zusammen auf ein Gespräch Stauffenbergs mit Manstein hinarbeiteten. Manstein nahm Stahlberg an.[127]

General der Panzertruppe Hube, damals Kommandierender General des XIV. Panzer-Korps, kam am 28. Dezember 1942 aus Stalingrad ins »Führerhauptquartier«, trug Hitler am 29. rückhaltlos über die Lage vor und versuchte, ihm klarzumachen, wie schädlich für das Prestige eines Staatsoberhaupts Niederlagen von der Größenordnung Stalingrads seien. Er wollte Hitler dazu bewegen, den Oberbefehl wenigstens an der Ostfront an einen Soldaten abzugeben. Auf dem Hin- und Rückweg und auch im Laufe des Januar noch mehrmals war Hube bei Manstein in Taganrog.[128] Am 19. Januar telephonierte Hube mit dem Chef des Generalstabes Zeitzler und berichtete, die Lage im Kessel sei tragisch und hoffnungslos, der Untergang der 6. Armee müsse die oberste Heeresführung belasten, doch dürfe dies das Vertrauen zum »Führer« nicht untergraben; es sei »deshalb notwendig, daß sich der Führer wieder mehr von der unmittelbaren und ins einzelne gehenden Heeresführung absetzt und damit einen anderen beauftragt«. Zeitzler müsse dies dem »Führer« ganz klar vortragen.[129]

Am 22. Januar schrieb Manstein an Zeitzler, es könne nur eine gemeinsame Wehrmacht- und Heeresführung geben. Nicht allein in der Person des »Führers« könne sie vereinigt sein, sondern auch in seinem ersten Berater: »Wenn der Feldherr zugleich auch noch die Aufgaben seiner Unterführer übernimmt, wenn er zugleich mit allen Sorgen der Politik und Staatsführung belastet ist, wenn sein Wille allein die Machtmittel schaffen kann, dann muß auch das größte Genie letzten Endes vor einer unlösbaren Aufgabe stehen. Ich halte es für unerläßlich, daß der Führer seinen Unterführern das Vertrauen schenkt, das sie verdienen, ihnen die Freiheit läßt, die sie brauchen, um richtig führen zu können, und damit die Ruhe gewinnt, in der allein operative Entschlüsse reifen können. Ebenso halte ich es für unerläßlich, daß er für die gemeinsame Kriegführung auf allen Kriegsschauplätzen nur einen Berater hört und dessen Urteil auch das Vertrauen schenkt, ohne das es nicht geht.«[130] Gegen Ende Januar 1943 führte Manstein als Oberbefehlshaber der Heeresgruppe Don fast täglich lange Gespräche mit General Zeitzler, mit Hitler, mit dessen Chefadjutanten Generalmajor Schmundt, mit dem Chef der Operationsabteilung des Generalstabes des Heeres, Generalleutnant Heusinger, und mit dem Kommandierenden General der 4. Panzer-Armee, Generaloberst Hoth.

Für den 26. Januar 1943 enthält das Gesprächtagebuch Mansteins nur diese kurzen Einträge:

>»11.00   Besuch des Oberbefehlshabers im Kriegslazarett
> – 13.15   927 Taganrog.
>
> 15.30   Generalmajor Schmundt, Chef-Adjutant des Führers,
> – 17.50   beim Oberbefehlshaber.
>
> 18.15   General der Nachr. Tr. Fellgiebel beim O.B.
>
> 18.25   Major i.G. Graf Stauffenberg, OKH Org.Abt., beim
> – 19.10   Oberbefehlshaber.«

Entgegen der Gewohnheit ist der Inhalt der Gespräche in Mansteins Hauptquartier in Saporoshe nicht einmal angedeutet, nur in seinem persönlichen Tagebuch machte Manstein sich dazu eine Notiz.[131] Die Gespräche Mansteins an diesem 26. Januar 1943 standen im Zusammenhang der Bemühung von Feinden und Freunden Hitlers um eine »Änderung der Spitzengliederung«.[132] Vor seinem Vortrag bei Manstein sprach Stauffenberg mit dem Chef des Stabes, Oberst i.G. Theodor Busse über Neuaufstellungen. Er beurteilte dabei die allgemeine Kriegslage »sehr pessimistisch«.[133] Nach dem Besuch Schmundts, Fellgiebels und Stauffenbergs notierte Manstein in seinem persönlichen Tagebuch:

»26.1. Schmundt kommt mit Fellgiebel und Stauffenberg. Lange Unterhaltungen in denen ich die Notwendigkeit klar zu machen suche, daß eine einheitliche Wehrmachtsführung geschaffen wird, indem der Führer sich dazu einen Generalstabschef nimmt, dem er wirklich Vertrauen schenkt. Ich betone ganz scharf, daß der Gedanke, daß der Führer etwa die Führung des Heeres wieder abgeben könnte, völlig abwegig ist, einmal weil er es nie tun würde, des weiteren weil alles auf das Vertrauen in seine Person eingestellt ist. Ich sage insbesondere Schmundt, daß ich sofort nachdem ich von dem Tel. Hube gehört hätte, bei Heusinger angerufen hätte, daß ich dem nicht nur völlig fern stände, sondern genau der vorstehenden, also gegenteiligen Auffassung sei.«[134]

Noch deutlicher wird der Inhalt der Gespräche aus Mansteins Aufzeichnung für den folgenden Tag, an dem er erneut mit Schmundt und anscheinend auch mit Fellgiebel sprach:

»Gespräch mit Schmundt in gleicher Richtung, wie gestern. Ich zeige ihm, wie bisher die Entschlüsse immer zu spät gefaßt worden sind, betone, daß der Führer seinen Ratgebern eben vertrauen, daß er die, die nicht verantwortlich sind, ausschalten müsse.

Ich versuche ihm klarzumachen, wie von Blomberg angefangen, dem Führer ein falsches Bild über die Einstellung des Offz. Korps gegeben worden ist, daß dadurch und durch die Wahl Brauchitsch-Halder und deren Beibehalten trotz der Gegensätze in Frage der Westoffensive, der Führer eben das Vertrauen, daß auch die Generale etwas könnten, verloren habe und daß das eben geändert werden müsse.

Fellgiebel will, daß ich mich sozusagen dem Führer als Chef Gen. St. aufdränge. Das kommt garnicht in Frage. Meine Verwendung dort hat nur Sinn, wenn ich gerufen werde, mir also das nötige Vertrauen geschenkt wird, das Voraussetzung dafür ist, daß Ratschläge auf operativem Gebiet angenommen werden. In irgendwelcher Form sich aufdrängen, sei es auch nur durch Anmeldung zu einem Vortrag über diese Dinge, heißt m.E. von vornherein das Vertrauen verschütten. Und ohne das kann man weder dem Führer, noch der Sache dienen.«[135]

Nach dem Krieg erklärte Manstein jedoch, er habe »diesen Weg dreimal vergeblich versucht«, allein unmittelbar nach Stalingrad, zusammen mit Kluge im Sommer 1943 nach dem Scheitern der Kursk-Offensive und noch einmal allein im Winter 1943/44.[136]

In den ersten Februartagen 1943 bemühte sich Zeitzler, Manstein und Rundstedt ins »Führerhauptquartier« rufen zu lassen.[137] Am 6. Februar war Manstein bei Hitler, um den bewußten Vorschlag zu machen. Hitler übernahm aber sogleich die ganze Verantwortung für Stalingrad.[138]

Hitler lehnte Mansteins Vorstöße jedesmal ab; nur er besitze das Vertrauen des Volkes und der Armee in dem nötigen Maß. Manstein versuchte nicht, auf Hitler noch stärkeren Druck auszuüben, da er wußte, daß ein Diktator sich nicht zwingen lassen konnte, ohne daß dann seine Diktatur zu Ende wäre. Er stand stets auf dem Standpunkt, die gewaltsame Beseitigung oder gar Ermordung Hitlers werde in kurzer Zeit zum Zusammenbruch der Kampfmoral der Truppen führen.[139]

Über den Besuch Stauffenbergs, der immerhin fast eine Stunde dauerte, berichtete Manstein nach dem Krieg: Dieser habe ihm im Auftrag der Organisationsabteilung über den Ersatz für die Armeen der Heeresgruppe Don vorgetragen und danach noch um eine »persönliche Unterredung« gebeten. Dabei habe er seine Sorgen über die militärischen Führungsfehler Hitlers geäußert. Manstein habe ihm nur zustimmen können, eine Änderung der militärischen Führung sei dringend erwünscht, ihm schwebe die Ernennung eines verantwortlichen Generalstabschefs der Wehrmacht vor, der die tatsächliche militärische Führung innehaben sollte, mindestens aber die Ernennung eines Oberbefehlshabers Ost. Manstein wolle versuchen, eine solche Änderung bei Hitler zu erreichen. Er habe auch den Eindruck gehabt, Stauffenberg sei verzweifelt darüber, was er alles im Oberkommando des Heeres mit ansehen mußte, und er habe ihm deshalb geraten, sich in eine Frontgeneralstabsstelle versetzen zu lassen, um aus dem unerfreulichen Milieu im »Führerhauptquartier« herauszukommen.[140] Bei anderer Gelegenheit schrieb Manstein, er habe Stauffenberg gesagt, er teile seine Sorgen, er werde versuchen, Hitler zur Abgabe des Oberbefehls zu bringen.[141]

Ferner stellte Manstein später zu Stauffenbergs Besuch fest: »Eine Tendenz Stauffenbergs ein gemeinsames Vorgehen der Oberbefehlshaber gegen Hitler – also einen Staatsstreich – zu erreichen, war aus seinen Ausführungen nicht zu erkennen, [...] Ob er sie gehabt hat aber aus Vorsicht so verschleierte, daß sie nicht erkennbar war, mag dahin gestellt bleiben.«[142]

Mansteins mit Berufung auf Busse gegebene Version gerät ins Zwielicht durch Stauffenbergs Bericht vom Februar 1943 gegenüber seinem Divisionskommandeur in Tunesien, Generalmajor von Broich: Stauffenberg habe nicht daran gedacht, höhere Führer zu einem gemeinsamen Schritt bei Hitler bewegen zu wollen, das habe er für völlig zwecklos gehalten; Hitler werde niemals solchen Vorstellungen nachgeben oder zurücktreten, nur gewaltsames Vorgehen gegen Hitler hätte Aussicht auf Erfolg. Stauffenberg habe einen Staatsstreich gewollt und dazu einen Befehlshaber gesucht, der die Führung übernehmen würde. Der Entschluß, so zu handeln, sei Stauffenberg, wie er sagte, schwergefallen, weil er überzeugter Christ und Katholik war; aber Volk und Vaterland verlangten das höchste Opfer.[143] Die höheren Führer seien alle seiner Meinung gewesen, aber keiner habe die Führung übernehmen wollen.[144]

Broich berichtet weiter, Stauffenberg habe Mansteins Worte so wiedergegeben: »Wenn Sie nicht sofort mit diesen Sachen aufhören, lasse ich Sie sofort verhaften!«[145] Manstein, daraufhin befragt, stellte es so dar: »Daß ich Stauffenberg mit einer Verhaftung gedroht hätte, ist völlig unzutreffend. Ich habe mich bemüht, ihm, als einem wertvollen, jüngeren Kameraden durch Anhören seiner berechtigten Sorgen zu helfen. Es wäre allenfalls denkbar, daß ich ihm zur Vorsicht in seinen Äußerungen in seinem eigenen Interesse geraten hätte, da wohl nicht jeder O.B. sich seine Kritik an Hitler so anhören würde, wie ich.«[146]

Sicher war es ungewöhnlich, daß ein Oberstleutnant i.G. – Stauffenberg war mit Wirkung vom 1. Januar 1943 befördert worden –, auch ein vor Vorgesetzten so wenig scheuer wie Stauffenberg, einem Feldmarschall, den er eben erst kennengelernt hatte, die Fragen des Oberbefehls so vortrug, wie Stauffenberg es tat, wenn sie auch im Geschäftsplan der Organisationsabteilung zu seinem Ressort gehörten.

Wenn Stauffenberg aber für seinen Vorstoß nur väterliche Toleranz erwarten konnte und den Rat, sich an die Front versetzen zu lassen, dann muß man fragen, was Stauffenberg mit seinen Vorstellungen bezweckt habe. Dem Feldmarschall war zweifellos ebenso klar wie Stauffenberg, daß es für diesen vollkommen sinnlos war, das erzielte Ergebnis anzustreben. Wenn also Stauffenberg, wie der Feldmarschall in einer seiner späteren Äußerungen als Möglichkeit einräumte, ihm den Gedanken des Sturzes Hitlers nahelegen wollte, dann war die Frage des Ranges nachgerade nebensächlich. Es ging nicht darum, wie der Feldmarschall später insinuierte, ob er sich einem Major i.G. oder Oberstleutnant i.G. unterstellen würde, was gar nicht zur Diskussion stand, auch nicht darum, den Feldmarschall zum Anschluß an ihm unbekannte Verschwörer zu bewegen. Stauffenberg war nicht Repräsentant solcher Verschwörer. Es ging vielmehr darum, den Feldmarschall zu überzeugen, daß er selbst die Führung zur Rettung der Armee und der Nation übernehmen müsse.

Stauffenberg war von seinen Gesprächen mit Generalen und Feldmarschallen, um sie zu einer Aktion bei Hitler anzuregen, zutiefst enttäuscht und äußerte wiederholt seine Geringschätzung der vorgefundenen Haltung.[147] Mansteins Antwort sei nicht die Antwort, die man von einem Feldmarschall erwarte, sagte er seiner Frau.[148] Und zu Thüngen: »Die Kerle haben ja die Hosen voll oder Stroh im Kopf, sie wollen nicht.«[149]

Fronteinsatz

Anfang November 1942 schloß die Seekriegsleitung aus feindlichen Flottenbewegungen, daß die Amerikaner und Engländer im Rücken des in Libyen, dann in Osttunesien gegen die englische 8. Armee kämpfenden Deutsch-Italienischen Afrika-Korps landen wollten. Am 8. November kamen amerikanische Truppenschiffe unter General Eisenhower bei Casablanca, Oran und Algier an.[1] Zugleich rückte die Gefahr einer feindlichen Landung auf dem europäischen Festland näher.

Hitler reagierte rasch. Am 11. November begann die Verlegung deutscher Kräfte nach Tunesien, zunächst von Kampfflugzeugen und Schnellbooten, Teilen einer Panzer-Abteilung, einer leichten Artillerie-Abteilung, einer Panzerabwehr-Kompanie, einiger Fallschirmjägereinheiten. Als eine von drei Divisionen kam die 10. Panzer-Division im November mit der Bahn nach Neapel, von da zu Schiff nach Tunesien.[2] Seit Anfang Dezember führte Generaloberst Hans-Jürgen von Arnim die zur 5. Panzer-Armee umgegliederten Truppen in Tunesien. So gelang es, zwei alliierte Armeen in Nordafrika und später in Italien zu binden, wodurch die Errichtung einer zweiten Front in Frankreich um mehr als ein Jahr hinausgeschoben wurde.

Nach seinem Besuch bei Manstein war Stauffenberg noch ein paar Tage im OKH in »Mauerwald«. Im Stab des Befehlshabers des Ersatzheeres notierte der Kriegstagebuchführer Hauptmann Kaiser in privaten Aufzeichnungen am 2. Februar: »Die Ankunft Graf Stauffenberg[s] wird angekündigt.«[3] Am 3. Februar gab das »Führerhauptquartier« bekannt: »Der Kampf um Stalingrad ist zu Ende.«[4] An diesem Tag kam Stauffenberg nach Berlin, um einen kurzen Urlaub anzutreten. Im Laufe seines Urlaubs sollte er seine nächste Verwendung erhalten, erfuhr aber am selben oder folgenden Tag, daß er nach Tunis gehen sollte, um den schwerverwundeten Ia der 10. Panzer-Division, Major i.G. Wilhelm Bürklin, zu ersetzen, der mit dem Kommandeur der Division, Generalleutnant Wolfgang Fischer, am 1. Februar auf eine Mine gefahren war (Fischer starb an seinen Verletzungen).[5] So besorgte sich Stauffenberg in Berlin seine Tropenausrüstung.[6]

Am 3. Februar war Tresckow bei General Olbricht, dem Chef des Allgemeinen Heeresamtes. Hauptmann Kaiser richtete ihm Goerdelers Auftrag aus, der Augenblick der Niederlage von Stalingrad dürfe nicht versäumt werden.[7]

In den folgenden Wochen wurden die Umsturzvorbereitungen fieberhaft betrieben, die Gespräche kreisten um den fehlenden Staatsstreichführer. Olbricht würde die Initiative nicht aufbringen, war die allgemeine Meinung, Goerdeler hielt nichts von Manstein, Beck hielt er für einen Zauderer. Goerdeler wollte versuchen, den Befehlshaber des Ersatzheeres, Generaloberst Fromm, zur Initiative zu bewegen, Kaiser meinte, Fromm werde nichts tun, bis der Umsturz vollzogen sei: Olbricht wolle handeln, wenn er Befehl erhalte, Fromm befehlen, wenn gehandelt sei.[8] Mitte Februar war klar, daß man nicht darauf warten durfte, ob einer oder mehrere höhere Führer sich zu einem Militärputsch entschlossen. Generaloberst Beck gab damals den Weg des Attentats frei, gegen das er und Goerdeler sich bisher aus religiösen und politischen Gründen ausgesprochen hatten.[9] Man konnte nun mit dem Gewicht der Autorität Becks Attentatpläne verfolgen.

In jenen Februartagen trat Tresckow an Oberst i.G. Stieff, den Chef der Organisationsabteilung des Generalstabes des Heeres, heran mit dem Ansinnen, bei der Herbeiführung des Umsturzes und einem Attentat auf Hitler mitzuwirken. Stieff berichtete seiner Frau am 28. Februar davon und fragte sie, ob sie ein Attentat für richtig halte, was Frau Stieff bejahte.[10] Schulenburg fragte am 25. Februar Leutnant Ludwig von Hammerstein, einen Sohn des früheren Chefs der Heeresleitung, damals als Student zum Wachbataillon »Großdeutschland« kommandiert, ob er zur Teilnahme an einer Aktion gegen Hitler bereit wäre.[11] Hammerstein notierte: »Vielleicht wird es jetzt mal ernst.«[12] Es kam dann im März zu dem Attentatversuch Tresckows und Schlabrendorffs, der wegen eines technischen Versagens fehlschlug.[13] Stauffenberg wußte anscheinend nichts von diesen Plänen, obwohl er in die Umsturzbemühungen nun tief verwickelt war. Die Möglichkeiten seiner bisherigen Stellung hatte er erschöpft, seine künftige entfernte ihn vom Zentrum.

Stauffenberg besuchte bei seinem kurzen Aufenthalt in Berlin am 3. Februar seinen Freund Peter Sauerbruch, der mit Gelbsucht in der Lazarettstation der II. Medizinischen Klinik im Krankenhaus Charité lag, und Joachim Kuhn im Reservelazarett Tempelhof. Sauerbruch hatte als Ib-Offizier der 14. Panzer-Division, schon mit Gelbsucht im Sanitätsstützpunkt seiner Division liegend, im Dezember 1942 den Beginn der Einschließung der 6. Armee miterlebt. Man erwartete den Angriff der Russen auf den Stützpunkt, die Russen zögerten, und Sauerbruch entschloß sich, die letzte benutzbare Don-Brücke bei Werch Tschirskaja zu sichern und zu einer Entlastungsoperation für den Stalingrad-Kessel oder den Ausbruch offenzuhalten. Unter großen Verlusten gelang das Unternehmen mit einer Kampfgruppe aus versprengten Truppen, der Weg war für einige Tage offen. Hinter der Brücke wurde inzwischen die Don-Front durchbrochen, Sauerbruch erfuhr es nicht, Hitler befahl, die nun eingeschlossene Don-Brücke zu halten, schließlich brach Sauerbruch mit seiner erschöpften Gruppe nach Westen durch.[14]

Stauffenberg saß an Sauerbruchs Bett und hörte sich ernst den Bericht an. Schließlich fragte er, warum Sauerbruch so betroffen sei über die sinnlosen Haltebefehle. Er habe doch im Hauptquartier, wo er 2. Adjutant Halders gewesen war, genug Gelegenheit gehabt, Hitlers Methoden zu beobachten, um die Katastrophe von Stalingrad vorauszusehen. Dann sprach Stauffenberg von den beklemmenden Zuständen im Generalstab und von der Unfähigkeit der Oberbefehlshaber der Heeresgruppen und Armeen, Hitler wirksam entgegenzutreten. Schließlich sagte er über seine Versetzung, mit Verzweiflung in der Stimme: »Dies ist eine Flucht an die Front!«

Dasselbe sagte er damals dem verwundeten Major Roland von Hößlin, einem Kameraden aus dem Reiter-Regiment 17.[15] Er »floh« aber, weil er durch seine vergeblichen Vorstöße in durch keine Erfolgsaussichten mehr zu rechtfertigende Gefahr geraten war. Den falschen Heroismus, mit dem man sich der Verantwortung im Generalstab entzog, verurteilte Stauffenberg.[16] Er hinterließ Sauerbruch einen Brief an Halder, dessen Besuch Sauerbruch erwartete.[17]

Kuhn schilderte er gleichfalls die Lage und sagte: »Die Konsequenz, nach der wir oft fragten, heißt Errichtung einer, allerdings vorübergehenden Militärdiktatur.« Hätte aber Stauffenberg damals geglaubt, den Umsturz betreiben und führen zu können, so wäre es widersinnig gewesen, sich vom Zentrum zu entfernen an die Front, wo Tod, Verwundung oder Gefangenschaft wahrscheinlicher waren als Rückkehr.

Vor der Weiterreise am 4. Februar traf sich Stauffenberg mit seiner Frau und seinem Vorvorgänger als Ia der 10. Panzer-Division, Oberst i.G. Bürker, und dessen Frau zum Essen im Hotel Kempinski und ließ sich über die Verhältnisse in der Division unterrichten.[18] Dabei muß Bürker Stauffenberg von seinem im Wehrmachtführungsstab am 27. Januar vorgetragenen Gedanken über die gegenwärtige Schwäche der Amerikaner und Engländer an der tunesischen Front und seine Empfehlung berichtet haben, diese zur Ausdehnung des deutschen Brückenkopfes bis zur Linie Bône – Tozeur auszunützen durch einen Vorstoß gegen die Amerikaner im Raum Tebessa.[19] Dann fuhr Stauffenberg mit seiner Frau für zwei Tage nach Bamberg.[20] Vom 6. bis 10. Februar waren sie in Lautlingen.[21]

Bei einem Besuch der Verwandten in Wilflingen erklärte Stauffenberg, wenn ein Kriegsschüler im ersten Jahr auf der Akademie so etwas wie das Einschließenlassen der 6. Armee in Stalingrad auch nur theoretisch hätte geschehen lassen, wäre er sofort entlassen worden. Nachdem die 6. Armee endgültig in die hoffnungslose Lage gekommen war, fügte er hinzu, hätte eine Kapitulation die Katastrophe jedoch nicht verhindern können, weil die Russen eine so große Zahl Gefangener nicht hätten versorgen können.[22]

Stauffenberg konnte nur drei Tage statt der vorgesehenen drei Wochen Urlaub in Lautlingen verbringen.[23] Am 9. Februar 1943 schrieb er an Frau von Pezold, um sie zu trösten über das Schicksal des Freundes Bernd, der in Stalingrad vermißt war. Am 10. Februar fuhr er nach München.[24] Wenn er am selben Tag aus München abflog, wird er die Nacht beim »Restkommando« der 10. Panzer-Division in Neapel-Bagnoli verbracht haben und am 11. Februar nach Tunis weitergeflogen sein. Am 12. Februar wird er sich beim Panzer-Armeeoberkommando 5 vorgestellt haben.[25] In Tunis suchte er seinen Vorgänger, Major i.G. Bürklin, im Lazarett auf und ließ sich über die Division berichten.[26] Am 14. Februar traf Stauffenberg auf dem Gefechtstand seiner Division ein.[27]

Generalmajor Freiherr von Broich war zum 1. Februar zum Nachfolger des gefallenen Generalleutnants Wolfgang Fischer ernannt worden und hatte am 3. Februar sein Kommando übernommen. Zwischen Bürklins Verwundung und dem 18. Februar wirkte Major i.G. Moll, der Feindnachrichtenoffizier (Ic) des Panzer-Armeeoberkommandos 5, als 1. Generalstabsoffizier der Division vertretungsweise. Stauffenberg übernahm sofort nach seinem Eintreffen, wie das bei der Truppe üblich war, die Aufgaben des Ia, die operative Führung für den laufenden Angriff »Frühlingswind«, und zwar mit großer Energie. Jedoch blieb Major i.G. Moll um der Kontinuität willen noch bis nach der Schlacht von Sidi bou Zid.[28] Die Gehilfen Stauffenbergs waren der 1. Ordonnanzoffizier (O 1), Oberleutnant Reile (bis 20. März, Oberleutnant von Oppenfeld wurde sein Nachfolger), der O 4, Leutnant Burk, und der 1. Divisionsschreiber, Oberfeldwebel Bösenberg.[29] Reile notierte damals, Stauffenberg »kann was« – von dem Frontoffizier Reile, der in den Feldzügen in Polen, Frankreich, Rußland und nun in Tunesien gekämpft hatte, ein hohes Lob. Bei der Ankunft wirkte Stauffenberg in seiner von der Sonne noch nicht gebleichten Afrikauniform wie ein Neuling, aber der Eindruck verflog rasch. Stauffenberg erwies sich als unabhängige Persönlichkeit, was im Heer ungewöhnlich war. Er sagte seine Meinung auch gegenüber höhergestellten Generalstabsoffizieren deutlich, bei äußerer Unterordnung, und behielt, was manchmal nicht unproblematisch war, fast immer recht.[30] Er erkannte große Zusammenhänge rascher als viele, wirkte »anders« als ein typischer Generalstabsoffizier, überlegen durch natürliche Autorität. Er war froh, wieder in einer Frontdivision zu sein, und nahm die Kameraden rasch für sich ein durch Tüchtigkeit, Zuverlässigkeit, außergewöhnlichen persönlichen Mut, herzliche, offene Art und Hilfsbereitschaft.[31] Leutnant Burk schrieb Ende März seinem Bruder: »Kdr und *Ia* sind prima!«[32]

Stauffenberg formulierte die Befehle für die Truppe zeitgerecht und immer sehr sorgfältig, auch für eilige Rückzüge, in nüchterner und klarer Sprache, wie sich Angehörige der Division erinnern, so daß die Truppe immer das Gefühl hatte, gut geführt zu sein.[33] Er arbeitete mit einer Intensität, die Untergebene zu eigener Anstrengung anregte.[34] Eine leichte Granatsplitterwunde am Knie heilte er unbeachtet aus.[35] Im Befehlswagen, einem erbeuteten englischen Autobus, oder im Kübelwagen auf Fahrten zu untergebenen oder vorgesetzten Stäben verbrachte Stauffenberg nicht selten zwölf bis vierzehn Stunden. Zwei bis vier Stunden lang konnte er, mit der Hand in der Hosentasche im Bus auf und ab gehend, dem Schreiber Bösenberg Divisionsbefehle für die Kampfgruppen diktieren. Zugleich sorgte er für Untergebene und Kameraden, wer zu ihm kam, erhielt womöglich Kaffee, Zigaretten oder Wein angeboten.[36] In der Nacht vor dem Angriff auf Médenine am 6. März regnete es in Strömen, der Befehlsbus war von Offizieren überfüllt, kamen aber Melder, befahl Stauffenberg, für sie im Bus Platz zu schaffen und sie zu verpflegen.[37]

Oft suchte er Regimenter und Bataillone auf, er wollte möglichst alle Offiziere der Division bis zum Kompanieführer persönlich kennenlernen.[38] Er redete bei jeder sich bietenden Gelegenheit zwanglos mit Grenadieren, Unteroffizieren, Fahrern und Offizieren, in Tunis einmal mit Angehörigen des Regiments 961 der Bewährungs-Division 999, in dem auch politische Sträflinge dienten. Er sprach meist, aber nicht nur, über Dienstliches, oft über Geschichte, Geographie, Literatur, auch Politik. Aus seiner religiösen Einstellung machte er kein Geheimnis; der O 4, Leutnant Burk, später Bankier, meinte, Stauffenbergs religiöse Einstellung habe zu seinen »Geschäftsgrundlagen« gehört.[39] Auch das war für einen Generalstabsoffizier eher ungewöhnlich.

Der Kommandeur fühlte sich Stauffenberg schon nach kurzer Zeit freundschaftlich verbunden. Er war froh, als Ia Stauffenberg zu haben, weil dieser »ein aufrechter Mensch, Antinazi u. ein sehr tüchtiger Generalstabsoffz.« war.[40] Oft saß er mit ihm gegen Mitternacht, nachdem die Befehle hinausgegangen waren, im Befehlswagen beim tunesischen Wein, und sie sprachen über die Möglichkeiten der gewaltsamen Beseitigung der Hitler-Herrschaft, über Politik, Philosophie, Literatur; Stauffenberg zitierte gern Verse von Stefan George.[41]

Er sagte Broich auch, er sei froh, zu ihm nach Afrika gekommen zu sein, weil ihm der Boden in Deutschland langsam etwas heiß geworden sei.[42] Und auf diesem afrikanischen Kriegsschauplatz könne er alles, was er auf der Kriegsakademie gelernt habe, anwenden – Angriff, Verteidigung, Rückzug, hinhaltenden Widerstand.[43] Während der Kommandeur bei der Truppe war, hatte der Ia vor allem vom Gefechtstand aus zu führen, nahm sich erforderlichenfalls aber selbst der Führung unmittelbar an.[44]

Reile gegenüber sprach Stauffenberg einmal von seiner Tätigkeit im Generalstab des Heeres, wo er maßgeblich an der Aufstellung einer russischen Armee von 150 000 Mann beteiligt gewesen sei. Er war empört, daß man diese Soldaten nicht würdig behandelt und nicht sinnvoll eingesetzt hatte.[45] Gegenüber dem Kommandeur und manchen anderen Kameraden ließ Stauffenberg aber auch seine Ansicht erkennen, daß die Regierung Hitler gewaltsam beseitigt werden müsse. Dies berichten Broich, ferner der ab Mitte März 1943 als Adjutant und IIa der Division tätige Major von Schönfeldt sowie Oberleutnant d.R. Albrecht von Hagen, der schon in Rußland bei der Division war und erst kurz vor der Kapitulation im Mai nach Italien geflogen wurde. Schönfeldt hörte Stauffenberg am Ende einer Lagebesprechung für alle Teilnehmer hörbar und erkennbar auf Hitler gemünzt vor sich hinmurmeln: »Man müßte den Kerl doch umbringen!« Oberleutnant d.R. Hagen war Ordonnanzoffizier (O 2) der Division, am 13. April Nachfolger des am 31. März verunglückten Ic-Offiziers der Division, Hauptmann d.R. Menges (in der Zwischenzeit führte Stauffenberg nebenher die Ic-Geschäfte).

Am 7. August 1944 stand Hagen vor dem »Volksgerichtshof« und Präsident Freisler fragte ihn, ob Stauffenberg schon damals in der 10. Panzer-Division »auffallende Kritik geübt« habe. Hagen bestätigte es. Stauffenberg hat auch Burk niemals im Zweifel über seine Überzeugung gelassen, daß der Krieg nicht mehr zu gewinnen sei. Weil sein Kommandeur Stauffenberg in Deutschland für wichtiger hielt als in der Hoffnungslosigkeit des afrikanischen Kriegsschauplatzes, verabredete er Anfang April mit ihm, daß er kurz vor dem Ende nach Italien fliegen sollte, »um sich in Deutschland größeren Plänen widmen zu können«.[46]

Die deutschen Truppen in Afrika waren dem Oberkommando der italienischen Wehrmacht (Comando Supremo) und dem deutschen

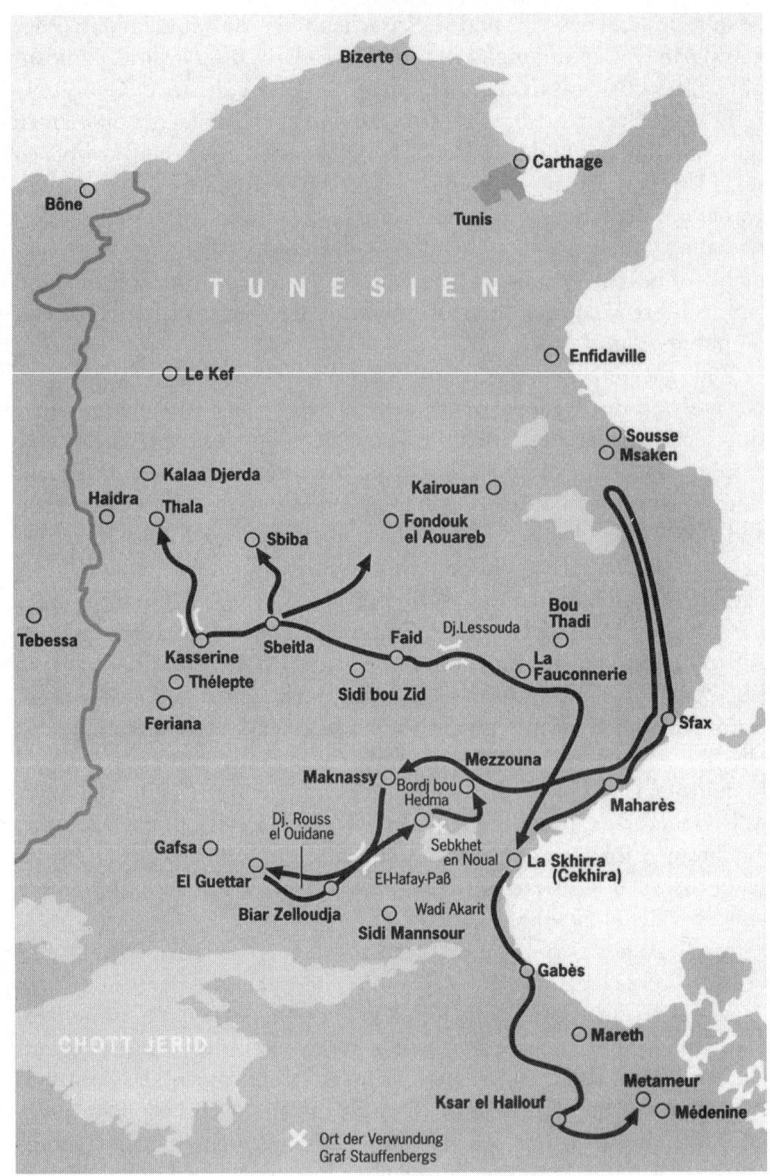

*Stauffenbergs Weg mit der 10. Panzer-Division in Tunesien,
14. Februar bis 7. April 1943.*

Oberbefehlshaber Süd, Generalfeldmarschall Kesselring, taktisch unterstellt mit der Einschränkung, daß deutsche Oberbefehlshaber sich in gefährlichen Lagen von Hitler unmittelbare Weisung holen konnten.[47] Die Offensive der 5. Panzer-Armee unter Generaloberst von Arnim sollte die Gegner hindern, sich zwischen die 5. Panzer-Armee und die vor der britischen 8. Armee zurückweichenden deutsch-italienischen Verbände zu legen und sie voneinander zu trennen.

Der Angriff gegen Sidi bou Zid und Sbeitla in Zentraltunesien mit der Stoßrichtung auf die algerischen Mittelmeerhäfen, wo die Amerikaner und Engländer gelandet waren, war unter der Bezeichnung »Frühlingswind« lange geplant. Am 13. Februar trafen auf dem Gefechtstand des ständigen Vertreters des Oberbefehlshabers der 5. Panzer-Armee, Generalleutnant Ziegler, der die Operation leitete, in La Fauconnerie östlich des Faid-Passes, südlich Bou Thadi zur letzten Vorbesprechung Ziegler und Arnim mit dem Kommandierenden General der Deutsch-Italienischen Panzer-Armee »Afrika Korps«, Generalfeldmarschall Rommel, dem Kommandierenden General des Fliegerkorps Tunis, Generalmajor Hans Seidemann, und den Kommandeuren der zur 5. Panzer-Armee gehörenden Divisionen, Generalmajor von Broich und Oberst Hans-Georg Hildebrandt (21. Panzer-Division), zusammen.[48] Verbände der 5. Panzer-Armee sollten nach Westen angreifen; Rommel sollte mit Teilen der Deutsch-Italienischen Panzer-Armee »Afrika Korps« nordwärts durch Gafsa und Feriana vorrücken.[49] Das amerikanische Oberkommando rechnete mit Angriffen, konnte jedoch zwischen 8. und 13. Februar nicht klären, wo der Hauptstoß zu erwarten war, teils, weil Arnim und Rommel die Planungen immer im Fluß hielten und verschleierten.[50] Außerdem waren die unerprobten amerikanischen Truppen den wüstenkampferfahrenen deutschen und italienischen Soldaten anfangs unterlegen.[51]

Um 4 Uhr früh am 14. Februar fuhren 110 Panzer der 10. Panzer-Division in zwei parallelen Angriffsgruppen aus ihren Bereitstellungen nach Süden und Westen über Faid auf Sidi bou Zid. Die Division verfügte im wesentlichen nur über das Panzer-Regiment 7 und das gepanzerte II. Bataillon des Panzer-Grenadier-Regiments 69 und das II. Bataillon des Panzer-Grenadier-Regiments 86 (II./69 und II./86; das ungepanzerte I./69 kämpfte im Rahmen anderer Verbände; das Panzer-Grenadier-Regiment 86 verfügte über keine Panzer, nur über oben offene Halbketten-Schützen-Panzerwagen mit einer 3,7-cm Panzerabwehrkanone und einem Maschinengewehr oder mit zwei Maschinengewehren), ferner für diesen Angriff über eine Kompanie von etwa einem Dutzend Panzern VI (»Tiger«) der Schweren Panzer-Abteilung

Blick auf den Faid-Paß in Richtung Faid, 1943.

501.[52] Die 21. Panzer-Division fuhr mit 91 Panzern von Maknassy auf zwei Straßen nach Nordwesten gegen Sidi bou Zid; Sturzkampfflugzeuge und Kampfflugzeuge unterstützten gegen Mittag den Angriff auf die amerikanischen Stellungen wirkungsvoll.

Als Broich am Morgen des 14. Februar vor 6 Uhr mit Reile in den vorgeschobenen Divisionsgefechtstand in den Felsen über dem Faid-Paß kletterte, war Stauffenberg noch nicht dabei. Er kam während des Angriffs am 14. Februar zum eigentlichen Divisionsgefechtstand ostwärts des Faid-Passes.[53]

Um 6 Uhr früh am 14. Februar erreichten die ersten Panzer der 10. Panzer-Division acht Kilometer westlich Faid vermintes Gebiet; eine Infanteriestellung auf dem Berg Djebel Lessouda umfuhr das Panzer-Regiment 7 nördlich.[54] Die Amerikaner waren überrascht, die Angreifer waren nachts vorgerückt und konnten am Morgen noch die acht Kilometer zwischen dem Faid-Paß und der amerikanischen Stellung wegen eines wüsten Sandsturmes ungehört durchfahren.[55] Die Panzer der Division schlugen die des Gegners vom Feld oder vernichteten sie. Die Kampfgruppe Oberst Gerhardt mit Panzern III und Panzern IV stieß auf 14 amerikanische Panzer, die ungetarnt in einer Reihe im Gelände standen, und schossen sie nacheinander ab, etwas später am Vormittag wurden noch 15 amerikanische Sherman-Panzer abge-

schossen. Der Feind zog sich in Richtung Sbeitla zurück.[56] Kurz vor
13 Uhr rollten die ersten Panzer des Panzer-Regiments 7 in Sidi bou
Zid ein.[57]

Als ein fünfhundert Meter tief gestaffelter amerikanischer Panzer-
verband von Westen her gegen Sidi bou Zid anrollte, riegelten die Panzer IV und das II./69 die Straße und das Gelände westlich Sidi bou Zid
ab, während die Hauptmacht der Panzer und die »Tiger« die Amerikaner nach Süden umfuhren und sie dann nach Nordwesten in der
Flanke angriffen; Panzer der 21. Panzer-Division griffen die Amerikaner gleichzeitig im Rücken an. Die 8,8-cm-Granaten der »Tiger«
durchschlugen die Panzerung der Shermans glatt, die Panzer IV konnten den Shermans nahe genug kommen, um sie aus dem Gefecht zu
schießen, weil die Amerikaner ihre weitreichenden 7,5-cm-Panzerka-
nonen noch unbeholfen handhaben. Bald lagen überall brennende
Panzer; Rauch und Staub behinderten die Sicht so sehr, daß die Pan-
zerkommandanten meist mit offenen Luken fuhren.[58]

Am Abend war die Panzerschlacht von Sidi bou Zid geschlagen,
der Ort fest in den Händen der 10. und der 21. Panzer-Division, die
restlichen amerikanischen Panzer setzten sich nach Westen ab, nur
vier von ihnen entkamen. Stauffenbergs tatkräftige operative Führung
trug entscheidend zu dem glänzenden Sieg der beiden Panzer-Divisionen bei. Die Kampfgruppe A der amerikanischen 1. Panzer-Division verlor nach eigener Rechnung 44 Panzer, fast alle ihre Panzerabwehrkanonen und 155-mm-Haubitzen – mehr als die Ic-Abteilung
der 10. Panzer-Division zählte. Die eigenen Verluste waren wesentlich
geringer.[59]

Rommel wollte sofort verfolgen und nach Tebessa und weiter nach
Norden durchstoßen, wodurch die Front um mehr als hundert Kilometer nach Westen verlegt, die östlich der Linie Tebessa-Le Kef stehenden feindlichen Truppen abgeschnitten und der deutsche Brük-
kenkopf in Nordwestafrika beträchtlich erweitert worden wären.
Er glaubte die Alliierten nach Algerien abdrängen, womöglich zum
Rückzug mit dem Ziel der Einschiffung in Bône zwingen zu können;
dann würde er sie nicht wie bei Dünkirchen entkommen lassen.[60] So
kühn das klingen mag, Eisenhowers besorgte Berichte aus jenen Tagen
scheinen Rommel recht zu geben. Aber Arnim bremste, der deutsche
Angriff blieb trotz gewonnener Schlacht verhalten, was im großen
den wirklichen Möglichkeiten der deutsch-italienischen Kräfte entsprach.[61] In kurzer Zeit wäre die britische 8. Armee doch an der von
den Deutschen und Italienern vorbereiteten Mareth-Stellung im Süd-
osten Tunesiens angelangt, und Rommel hätte den Brückenkopf dort

verteidigen müssen. Die Amerikaner bekamen im Norden und Nordwesten Verstärkung; Arnim wäre zu schwach gewesen, sie auf längere Zeit abzuwehren. Dazu kamen immer wieder Rückschläge, weil der englische Geheimdienst den deutschen Funk- und Fernschreibverkehr entzifferte.[62] Rommel selbst hielt die Lage in Nordafrika insgesamt für aussichtslos.[63]

Das deutsche Zögern gab den Amerikanern Zeit zum Gegenangriff am 15. Februar. Da die Deutschen nach einigem Hin und Her zwischen den höheren Führungen nach Sbeitla weiterrücken wollten, hätten sie dies, wie Rommel nachher schrieb, bei sofortiger Verfolgung billiger haben können.[64]

Kurz vor Mittag am 15. Februar griffen vierzig amerikanische Sherman-Panzer der Kampfgruppe C der 1. Panzer-Division an, es kam wieder zu dramatischen Panzerduellen auf wenige Meter Entfernung. Die deutsche Seite ging sofort zum Gegenangriff über und brachte die Amerikaner zum Stehen, schoß 33 feindliche Panzer ab und erbeutete sechs, ferner Artilleriegeschütze, Maschinengewehre und hundert Fahrzeuge.[65] Die eigenen Verluste betrugen 13 Panzer IV, fünf 8,8-cm-Geschütze und einige andere Artillerie.[66]

Teile der 10. Panzer-Division griffen eingeschlossene Gruppen der amerikanischen 1. Panzer-Division an, die in wenig mehr als Kompaniestärke in gut ausgebauten Bergstellungen, aber sonst aussichtsloser Lage auf den Djebels bei Sidi bou Zid saßen, konnten sie aber nicht sofort überwältigen. 231 Mann entkamen in der Nacht durch die deutschen Vorposten hindurch, mehr als sechzig und einige Offiziere wurden gefangengenommen, schließlich in den folgenden beiden Tagen insgesamt etwa 1400.[67]

Mit der Einnahme von Gafsa, Feriana, Thelepte und Sbeitla standen die deutschen Kräfte an der Schwelle eines viel tieferen Einbruchs in die alliierte Südflanke, als die übergeordneten Kommandierenden in Rom – das deutsche Oberkommando Süd und das italienische Comando Supremo – befohlen hatten.[68] Rommel wollte die Lage ausnützen zum Vorstoß mit dem Deutschen Afrika-Korps (D.A.K.) nach Tebessa und mit der 21. und der 10. Panzer-Division nach Norden bis Bône an die Küste. Arnim wollte nur den östlichen Bergrücken halten.

Am 18. Februar verlangte Rommel, zunächst vergeblich, von Arnim und dann vom Comando Supremo die Unterstellung der 10. und der 21. Panzer-Division für den Angriff gegen Tebessa, wodurch er das englische 5. Korps abschneiden, zum Rückzug zwingen und womöglich überhaupt aus Tunesien verdrängen wollte. Erst in der Nacht vom

Blick auf den Kasserine-Paß, 1943 (oben).
Blick auf Kasserine in Richtung Osten, 1943 (unten).

18. auf 19. Februar erhielt er den verlangten Befehl und die Unterstellung der beiden Divisionen, jedoch mit der von ihm für einen Fehler gehaltenen Anweisung, nicht auf Tebessa, sondern auf Le Kef vorzustoßen. Außerdem blieben die Panzer VI der 10. Panzer-Division bis 20. Februar Arnims 5. Panzer-Armee unterstellt und standen Rommel nicht zur Verfügung. Rommel sollte parallel hinter der alliierten Front, seiner Auffassung nach zu nahe der feindlichen Front, weit nach Norden und mitten in die englischen Reserven hinein vorgehen, während die Gewinnung des feindlichen Nervenzentrums Tebessa und die von Rommel von der Einnahme Tebessas erwartete große Verwirrung des Gegners nun in Frage gestellt war.[69]

Am 19. Februar mißlangen mehrere Angriffe der Kampfgruppe Deutsches Afrika-Korps auf den Kasserine-Paß und der 21. Panzer-Division gegen die Enge von Sbiba. In der Abenddämmerung fuhr Rommel mit seinem Chef des Generalstabes, Oberst i.G. Fritz Bayerlein, über Sbeitla drei Kilometer ostwärts zum Gefechtstand der 10. Panzer-Division, die er zur Unterstützung der 21. in Marsch setzen wollte. Rommel und Bayerlein besprachen sich mit Broich und Stauffenberg, der nun allein die Geschäfte des 1. Generalstabsoffiziers führte; der Ia-Vertreter Major i.G. Moll wurde für die kommende Operation zum Verbindungsoffizier Arnims bei Rommel ernannt. Broich teilte mit, er erwarte die Spitze seiner Division erst gegen 20 Uhr, Rommel kündigte den Einsatz der 10. hinter der 21. Panzer-Division an. Gegen 19 Uhr war er wieder auf seinem Gefechtstand bei Feriana.[70]

Am 20. Februar um 7.30 Uhr fuhr Rommel nach Kasserine, wo er Broich antraf. Das Krad-Schützen-Bataillon 10 (»K 10«) der 10. Panzer-Division war im Anmarsch auf Kasserine.[71] Nach einer Fahrt südwestlich Kasserine zu den italienischen Gebirgstruppen, die die Amerikaner in den Bergen angreifen mußten, traf sich Rommel etwa um 10.30 Uhr wieder mit Broich, der seinen Gefechtstand in den Bahnhof Kasserine verlegte, an der Brücke der Eisenbahn Kasserine-Haïdra über den Fluß Hatab.[72] Rommel befahl Broich, sofort mit seinem vordersten Bataillon hinter dem von Oberst Menton geführten Verband – Teilen des Panzer-Grenadier-Regiments Afrika und des 7. Bersaglieri-Regiments – über die Berge nachzustoßen. Er diktierte später für seine Tagesaufzeichnungen: Als eine Stunde später gegen 11.30 Uhr die Spitze des Bataillons noch nicht eingetroffen sei, habe Broich auf Anfrage mitgeteilt, das II./86 sei für den Angriff bestimmt, aber erst im Anmarsch, das K 10 wolle er für das Nachstoßen auf der Straße zurückhalten.[73] Das Panzer-Regiment 7 konnte auch erst spät antre-

Generalfeldmarschall Rommel (Mitte) besucht am 19. Februar 1943 den Gefecht-
stand der 10. Panzer-Division; rechts von Rommel im Bild (mit Karten) Oberst i.G.
Bayerlein, Oberleutnant Otto Metz (3. Ordonnanzoffizier der 10. Panzer-Division),
Oberleutnant d.R. Heino Bues (Gefechtstroßführer der 10. Panzer-Division), links
von Rommel Generalmajor Freiherr von Broich (mit dem Rücken zum Betrachter)
und Stauffenberg, links hinten Leutnant Burk.

ten, weil seine Panzer die ganze Nacht über auf schlechten Wegen von
Kairouan her gefahren waren und der Wartung bedurften.[74] Rommel
habe Broich darauf »energisch« befohlen, seine Anordnungen genau
zu befolgen – er habe hier keine Zeit zu verlieren, da der Feind sich
dauernd verstärke, Broich solle schleunigst das K 10 selbst heranholen
und vorführen. Allen Kommandeuren befahl Rommel, vorn bei der
Truppe zu führen, nur dann könnten sie genaue Meldungen abgeben.
Doch die rücksichtslose Führungskunst Rommels konnte den Kräftemangel auch nicht ausgleichen.[75] Gegen Mittag erschien der Oberbefehlshaber Süd, Generalfeldmarschall Kesselring, auf dem Gefechtstand der 10. Panzer-Division in Kasserine, traf sich mit Rommel und
aß zu Mittag mit Broich und Generalmajor Alfred Gause (Chef des
Generalstabes der Heeresgruppe Afrika)[76]. Kesselring versprach, die
Bataillone I./69 und I./86 wieder der Division zu unterstellen, was
aber nicht geschah.[77]

Generalmajor Freiherr von Broich und Stauffenberg auf dem Gefechtstand der 10. Panzer-Division im Bahnhof Kasserine, 20. Februar 1943.

Gegen 17 Uhr fuhr Rommel wieder zum Gefechtstand der Kampfgruppe des Deutschen Afrika-Korps und der 10. Panzer-Division im Bahnhof Kasserine. Er befahl nun den deutschen und italienischen Truppen des D.A.K. und der 10. Panzer-Division, den Durchbruch durch den Paß zu erzwingen. In der Abenddämmerung beobachtete er »das erregende Bild des Panzerkampfes nördlich des Passes«, wie er aufzeichnen ließ.[78] Besonderes Lob erhielten die 7. Bersaglieri, die bedenkenlos angriffen, wobei ihr Kommandeur fiel. Zusammen mit dem II./86 und dem K 10 warfen sie die Amerikaner, Engländer und Franzosen aus dem Paß.[79] Unterstützung durch Kampfflugzeuge war wegen regnerischen und nebligen Wetters kaum möglich.

Rommel beschloß am frühen Morgen des 21. Februar, nun zur Verfolgung des Feindes mit allen Kräften »rücksichtslos« durchzustoßen über Thala-Kalaa-Djerda, um die Bahn abzuschneiden.[80] Teile der 10. Panzer-Division, insbesondere eine Panzer-Kompanie des Panzer-

Regiments 7, die 2. Kompanie des K 10 und das II./86, hatten noch in der Nacht zum 21. auf der Straße nach Thala angegriffen. Der Angriff ging den ganzen 21. Februar über weiter. Gegen 12.30 Uhr fuhr Rommel zur Spitze der Kampfgruppe der 10. Panzer-Division, die sich mitten im Angriff auf Thala befand.[81] Broich fuhr rechts im Kübelwagen hinter den vordersten vier Panzern her, Rommel, der selbst die Führung der vorübergehend als »Gruppe Rommel« bezeichneten Panzerspitze übernommen hatte, fuhr links in seiner Panzerfunkstelle, einem Panzerspähwagen.[82] Stauffenberg kam während des Angriffs nach vorn zum II./86.[83]

Von Rommel angetrieben, fuhr die Panzerspitze hinter dem im Dunst sich zurückziehenden Kommandowagen des Kommandeurs der britischen 26. Panzer-Brigade, Brigadegeneral A.L. Charles Dunphie, durch die englische Verteidigungsstellung hindurch, die Engländer ließen sich überrollen und eröffneten dann das Feuer. Die Angriffsspitze machte kehrt, hob die Engländer aus und machte viele Gefangene. Ostwärts der Straße schossen die Panzer der Division unter den Augen Rommels sechs feindliche Panzer ab. Insgesamt wurden an dem Tag 32 Panzer zerstört oder erbeutet, ferner viele Geschütze; fast ein Bataillon wurde gefangengenommen.[84] Die an den außer Gefecht gesetzten Panzerabwehrkanonen liegenden gefallenen Engländer wurden noch während des Kampfes von Arabern teilweise oder ganz ausgezogen.[85]

Rommel fuhr dann wieder ostwärts der Straße zur Infanterie ins Gelände nach vorn und trieb sie, die Panzer und die Artillerie zu schnellem Vorgehen an. Er traf Broich und befahl diesem unmittelbar, die Infanterie aufgesessen auf Fahrzeugen den Panzern folgen und erst vor den feindlichen Stellungen absitzen zu lassen, sonst dauere der Angriff zu lange.[86] Die Operation konnte, so meinte Rommel, nur gelingen, wenn der Gegner noch mehr zersplittert wurde, als die Angreifer es waren. Aber die eigene Zersplitterung hatte die Angriffskraft schon zu sehr geschwächt.[87]

Die deutschen Panzer trafen auf die englische 26. Panzer-Brigade und einige amerikanische Truppenteile. Nach der Beseitigung von Minensperren durchfuhren Panzer des Panzer-Regiments 7 die Stellungen der Kampfgruppe 86, die sich eingegraben hatte, und stießen unter Vernichtung von etwa zwanzig feindlichen Panzern bis zum Abend bis zwei Kilometer südlich Thala vor.[88] Gleichzeitig setzte starkes Artilleriefeuer des Gegners ein, der Divisionskommandeur mußte in englischen Gräben Deckung suchen.[89]

Obwohl die Kampfgruppe der 10. Panzer-Division für kurze Zeit in Thala eindrang, blieb der Angriff dann vor dem Widerstand der inzwischen herangekommenen amerikanischen Reserven liegen. Zehn Panzer des Panzer-Regiments 7 und einige Schützenpanzerwagen des II./69 fielen aus, nur drei der Panzer wurden geborgen. Broich wollte um 13 Uhr wieder gegen Thala antreten lassen und bat um Luftunterstützung. Inzwischen kamen Meldungen, daß der Gegner sich um Thala ständig verstärke. Nun kamen auch Rommel Bedenken, »da infanteristische Gefechtsstärke der 10. Panzer viel zu gering« – weil eben das I./69 und das I./86 fehlten.[90]

Rommel und Broich waren sich einig, daß weiteres Vorstoßen die Division isolieren könnte.[91]

In der Nacht vom 22. auf 23. Februar zogen sich die Kampfgruppen der 10. Panzer-Division und des Deutschen Afrika-Korps zum Kasserine-Paß zurück. Broich blieb wie stets an der von den Pionieren errichteten Minensperre, bis das letzte Fahrzeug durchgefahren war und die Pioniere die Sperre geschlossen hatten. Der Gegner setzte nicht nach. Während des ganzen Vormittages sprengten die Pioniere der Kampfgruppen im Gebiet um den Kasserine-Paß Eisenbahnbrücken, zurückzulassende Panzer und Geschütze.[92] Die Division zog sich vom 23. bis 26. Februar ostwärts über Faid und Bou Thadi nach La Skhirra (Cekhira) nördlich Gabès in Ruhestellung zurück.[93]

Am 23. Februar wurde die Bildung einer neuen Heeresgruppe Afrika befohlen und Rommel auf Veranlassung von Kesselring zu ihrem Oberbefehlshaber ernannt; diese Würde behielt er bis zu seiner Abreise aus Afrika am 9. März, doch entsprach sie auch jetzt nicht den wirklichen Befehlsverhältnissen.[94]

Am 28. Februar besprachen Rommel, Broich, Generalleutnant Ziegler (ab 23. Feb. Stellv. Kommandierender General des D.A.K. bis zur Amtsübernahme durch Generalleutnant Cramer am 5. März) und weitere deutsche und italienische Führer das Unternehmen »Capri« gegen Médenine in Südtunesien, das den Aufmarsch der englischen 8. Armee gegen die Mareth-Stellung vereiteln sollte. Stauffenberg war Rommels Aufzeichnung zufolge nicht dabei.[95]

Am 2. März wurden Broich und Stauffenberg von Rommel in das für 4. März angesetzte neue Unternehmen eingewiesen und erkundeten die Straßenverhältnisse, die sich als für Panzer schlecht geeignet erwiesen. Die Vorbereitungen nahmen so viel Zeit in Anspruch, daß der Angriff um zwei Tage verschoben werden mußte.[96]

Da die Straßen eng, voll Kurven und Steigungen waren und oft zwischen hohen Felswänden sich hinwanden, mußte die Truppe auch tagsüber fahren, doch schützte das zerklüftete Gelände die Kolonnen gegen Jagdbomber.[97] Rommel fürchtete, die engen Straßen könnten mit einem durch Bomben in Brand gesetzten Tank- oder Munitionsfahrzeug gesperrt werden[98], doch kam es dazu nicht. Stauffenberg organisierte den Marsch der Division hervorragend,[99] aber die Fahrt war anstrengend und gefährlich. In den Bergen war das Überholen wegen Absturzgefahr verboten; trotzdem versuchten es einige Fahrer, manche hatten Unfälle.[100] Am 5. März war die Division in Ksar el Hallouf, wo sie den Südflügel der Mareth-Stellung bildete.

Die Engländer hatten sich gut vorbereitet, hatten 500 Panzerabwehrkanonen halbkreisförmig und getarnt vor Médenine aufgestellt und verfügten über weitere 350 Geschütze und 300 Panzer. Demgegenüber stellte das Deutsche Afrika-Korps, geführt hier von Generalleutnant Hans Cramer, 160 Panzer und 200 Geschütze ins Feld. Zur Offensive traten die 10., 15. und 21. Panzer-Division an sowie die 90. Leichte Afrika-Division und die italienische Spezia-Division.[101]

Stauffenberg und Broich wußten, daß die Lage der deutschen und italienischen Truppen in Tunesien im ganzen aussichtslos war, da sie keinen Nachschub erhielten und ihre Kampfkraft ständig abnahm, während die der Alliierten wuchs. Einen lokal erfolgreichen Angriff gegen die britische 8. Armee, obwohl diese, vom Gelände und von ausgebauten Stellungen begünstigt, wesentlich stärker war als die deutsch-italienischen Kräfte, hielten sie gleichwohl nicht für ausgeschlossen. In einer großen Vorbesprechung mit den beteiligten Kommandeuren im Hauptquartier des Deutschen Afrika-Korps in Beni-Zelten trug Stauffenberg seine und Broichs Auffassung vor: Zusammenfassung der insgesamt 160 Panzer und der Kampfgruppen der 15., 21. und 10. Panzer-Division zum Angriff in die linke Flanke und in den Rücken der 8. Armee. Rommel lehnte ab. Die Operation, wie sie ausgeführt wurde, mit drei getrennten Panzerkeilen der durch Ausfälle und Einsatz mehrerer Bataillone an anderen Stellen in Tunesien geschwächten Divisionen anstatt der Konzentration auf den linken Flügel des Gegners, hielten Broich und Stauffenberg für unsinnig.[102]

Stauffenberg mußte auf Grund des Entwurfs des Deutschen Afrika-Korps folgenden Angriffsbefehl abfassen: »D.A.K. greift am x-Tag im Zusammenwirken mit Teilen der gesamten Armee die zwischen Médenine und der Marethstellung aufmarschierten Feindkräfte an und vernichtet sie.«[103]

Am 6. März um 6 Uhr, nach regnerischer Nacht, begann der Angriff. Links der 10. Panzer-Division gingen die 21. und noch weiter links die 15. Panzer-Division vor, rechts eine Aufklärungsabteilung des Deutschen Afrika-Korps; die 10. Panzer-Division sollte am Südflügel nach Osten gegen Metameur durchstoßen. Der Durchbruch sollte die Nordhälfte von der Südhälfte der britischen Stellungen abschneiden und schließlich umfassen. Auf den Vorteil der Überraschung hatte man verzichtet, weil der Aufmarsch bei Tag unter den Augen der feindlichen Luftaufklärung sich hingezogen hatte. Außerdem hatten die Engländer vor die Gebirgsausgänge einen breiten Minengürtel gelegt, der das rasche Heranstürmen auf die englischen Stellungen unmöglich machte.[104] Die Panzer der 10. Panzer-Division (Panzer-Regiment 7) konnten in dem engen Schlund des Hallouf-Tals, einer Paßstraße voller Steine und Geröll, nur einzeln hintereinander in die Ebene hinausfahren und so einzeln abgeschossen werden.

Das Passieren der Enge gelang in der Dunkelheit, aber die Entfaltung der angreifenden Panzer ging zu langsam vor sich. Dennoch rollte der Angriff der drei Panzer-Regimenter mit klirrenden Ketten, brummenden Motoren, bellenden Kampfwagenkanonen, krachend schießender Artillerie, mit hastenden Panzergrenadieren, in einer immer dichteren Wolke von Staub und Qualm; er rollte bis an die gewaltige, unerwartet dichte, tödliche Feuerwand der englischen Panzerabwehrkanonen und blieb davor liegen.[105] Schon ehe es hell wurde und die Frühnebel sich verzogen, kam der Angriff des Panzer-Regiments 7 mit schweren Verlusten an Panzern vor der Abwehrstellung zum Stillstand.[106] Rommel notierte, die Artillerievorbereitung habe pünktlich um 6 Uhr begonnen,[107] aber sie bewirkte wenig, weil sie ohne Luftbeobachtung kaum treffen konnte. Die Artillerie der Panzer-Divisionen verfügte nicht über genügende Reichweiten und mußte deshalb nach dem Beginn des Vormarsches ihre Stellungen nach vorn verlegen, außerdem litt sie unter Munitionsmangel.[108] Als es hell war und die feindliche Artillerie die Angreifer sehen konnte, war die Division der gewaltigen englischen Feuerkraft ausgesetzt; außerdem hatte der Gegner die Luftherrschaft.[109] Die Panzer, Schützenpanzer und vorgerückten Fahrzeuge machten kehrt und suchten Deckung in einem Wadi, das aber sogleich auch unter Beschuß kam, weil die Engländer dieses Ausweichen vorausberechnet hatten.[110]

Broich fuhr auf der Suche nach seinen Panzern in einem geliehenen gepanzerten Mannschaftswagen im Maschinengewehrfeuer durch das Gelände, stieß auf drei brennende Panzer des Panzer-Regiments 7, fand in einem flachen Bachbett einige seiner Panzer IV, die mit ihren 7,5-cm-Kanonen in Richtung Feind feuerten, aber festlagen, wie auch die Infanterie des II./69 und II./86.[111] Broich stellte die Panzer und die Infanterie noch einmal zum Angriff auf. Um 12 Uhr mittags meldete die Division an das D.A.K.: »Angriff der Vorausgruppe aus der Bewegung vor starker vorbereiteter Feindstellung beiderseits Metameur liegengeblieben. Division [greift] nach flüchtiger Bereitstellung an und nimmt Metameur.«[112]

Generalleutnant Cramer, der von seinem Gefechtstand aus auf dem Djebel Tebaga das Schlachtfeld überblickte, aber nun wegen der Dunststaubqualmwolke nichts mehr sehen konnte, fuhr nach vorn zu den Divisionen: Erst zum Gefechtstand der 21., wo er Generalmajor Hildebrandt fand, mit ernstem Gesicht neben seiner gepanzerten Reserve stehend, während es vorn nicht weitergehen wollte; dann zur 10. Panzer-Division, wo er auf dem Gefechtstand nur Stauffenberg vorfand, der »mit vorbildlicher Ruhe« die nötigen Befehle gab.[113] Die 10. Panzer-Division trat noch einmal an, konnte aber mit der schwachen Artillerieunterstützung des Panzer-Artillerie-Regiments 90 gegen das feindliche Trommelfeuer von Hunderten von Panzerabwehrkanonen nicht ankommen. Das II. Bataillon des Panzergrenadier-Regiments 69 kam nur 500 Meter voran.[114] Stauffenberg ließ die drei Batterien des Nebelwerfer-Regiments 71 die feindlichen Artilleriestellungen beschießen, aber schon nach drei Salven wurden sie durch Jagdbomber außer Gefecht gesetzt.[115] Auch das bewährte Krad-Schützen-Bataillon 10 konnte den Durchbruch nicht erzwingen helfen.[116]

Um 16.15 Uhr griffen 16 Sturzkampfflugzeuge an, von denen zwei abgeschossen wurden.[117] Metameur wurde nur gerade erreicht, die Linie, an der der Vormarsch zum Stillstand kam, wurde gegen starke Gegenangriffe, feindliche Artillerie und feindliche Luftüberlegenheit bis zum Abend gehalten, aber vorwärts kam die Division nicht mehr. Rommel notierte, nur bei der 10. Panzer-Division am Flugplatz Metameur habe der noch einmal angesetzte Angriff Erfolg gehabt.[118] Broich und Stauffenberg wollten den Angriff in der Nacht fortsetzen, aber Rommel beschloß auf Vorschlag von Cramer, die mißlungene Schlacht abzubrechen und die Truppen in der Nacht ins Gebirge zurückgehen zu lassen.[119]

Stauffenberg diktierte den Absetzbefehl, der nach dem Urteil eines Kameraden zu seinen durch Klarheit und eigenwillige Sprache eindrucksvollsten Entwürfen gehörte.[120] Allerdings erreichte er nicht alle Einheiten in der schriftlichen Formulierung. Der Rückzug in die engen Talwege war gefährlich, gelang aber durch Stauffenbergs überlegene Organisation, an die sich die Beteiligten noch nach vielen Jahren mit Bewunderung erinnerten, und weil die Engländer die Verfolgung unterließen. Stauffenbergs Ordonnanzoffizier, Oberleutnant Reile, erinnerte sich: »Der Absetzbefehl kam so gegen 3.00 Uhr, die Befehlsstränge funktionierten, und als die Sonne aufging, waren wir weg! – Darauf, auf diese organisatorische Leistung, sind wir heute noch stolz.«[121] Stauffenberg blieb mit dem Befehlsbus in der Ebene vor dem Paß und überwachte das Einfädeln der Truppen, beobachtete lange, ob die Engländer nachstießen.[122] Broich blieb mit einem Begleit-offizier und einem Melder im freien Gelände bei den Panzern des Pan-zer-Regiments 7, die vor dem Gebirgseingang den Rückzug sicherten, bis der Rückzug gelungen und dann auch die Panzer zurückgefahren waren und die Pioniere die Einfahrt verminten.[123]

Die Verteidigung der Mareth-Stellung gegen den methodisch vorbe-reiteten Angriff Montgomerys war die nächste Aufgabe des Deutschen Afrika-Korps. Am 10. März rückte der größere Teil der 10. Panzer-Division in die Gegend westlich von Sousse am Golf von Hammamet südlich Msaken in Reserve.[124] Der Gefechtstand lag in einem Bach-bett bei Cekhira.[125] Stauffenberg reichte eine umsichtige Beurteilung der Chott-Akarit-Stellung im Wadi Akarit ein. Sie machte den Mangel an schweren Waffen deutlich.[126] Stauffenberg meinte, der Angriff des Gegners gegen die Stellung werde sich erst in der weiter nördlich gele-genen Enge von Enfidaville aufhalten lassen.[127] Am 20. März erhielt die Division den Befehl, am Abend im Nachtmarsch in den Raum um und westlich Maharès zu fahren und sich zu schnellem Einsatz in Richtung auf Maknassy oder auf Gabès bereitzuhalten. Stauffenberg notierte auf dem Fernschreiben, das den Befehl enthielt, der Weg nach Maknassy sei schlecht, Erkundung werde eingeleitet.[128]

An diesem Tag begann der große feindliche Angriff gegen die Mareth-Stellung, den die Verteidiger unter hohen Verlusten für die Angreifer abwiesen; Montgomery brach ihn am 23. März ab.[129]

Inzwischen erhielt die 10. Panzer-Division am 22. März den Auf-trag, die Westflanke der deutsch-italienischen Verbände in Tunesien zu sichern. Die Division mußte in der Nacht zum 23. März entlang der Achse Gabès-Gafsa nordwestlich die amerikanische 1. Infanterie-Division angreifen und sollte womöglich vor Tagesanbruch in deren Rücken stehen. Der Angriff begann um 3 Uhr früh, die Panzer durch-fuhren die amerikanischen Infanteriestellungen und erreichten fast die amerikanische Artillerie dahinter, wurden aber durch einen Minen-gürtel aufgehalten. Die amerikanische Artillerie schoß etwa dreißig deutsche Panzer aus dem Gefecht, acht fielen den Minen zum Opfer. Auf deutscher Seite fehlte Artilleriemunition und Luftunterstützung, die Division hatte kaum noch Panzer. Sie mußte etwas zurückgehen, griff am Nachmittag wieder an, konnte den Gegner nicht werfen und erreichte El Guettar und Gafsa nicht. Eine amerikanische verstärkte Infanterie-Division hatte mit Artillerie und Luftunterstützung den größeren Teil der kampferfahrenen, aber geschwächten 10. Panzer-

Division abgewehrt. Andererseits versuchten die Amerikaner nicht, ihren Abwehrerfolg zu einem Gegenangriff auszunützen, die 10. Panzer-Division hatte den Durchbruch der Amerikaner nach Gabès vorerst verhindert und den Rückzug der deutsch-italienischen Verbände aus der Mareth-Stellung in die Akarit-Stellung gedeckt.[130]

Die 10. Panzer-Division mußte sich nun östlich vor El Guettar auf Verteidigung einstellen. Die Kampfgruppe Reimann mußte durch den El-Hafay-Paß nach Norden und danach nach Westen in das nördliche Paralleltal fahren und dort die Amerikaner aufhalten, um die rechte Flanke der Division zu schützen. Die Kampfgruppe hatte nur das II./86, eine Artillerie-Abteilung, eine 8,8-cm-Batterie und eine Kompanie 7,62-cm-Panzerabwehr-Kanonen auf Skoda-Panzern zur Verfügung. Stauffenberg besuchte die Stellung in den Tagen nach dem 24. März.[131] Weiter nördlich am Maknassy-Paß verhinderten Panzer-Grenadiere des I./69, des I./86 und Italiener mit etwas Artillerieunterstützung und einer Abteilung »Tiger«-Panzer ebenfalls vom 23. März bis 7. April den von General Patton befohlenen Durchbruch der Amerikaner.[132]

Vom 30. März bis 6. April hatte die Division jeden Tag starken durch Panzer unterstützten Infanterieangriffen der Amerikaner standzuhalten und mußte mehrere Höhenstellungen aufgeben. Die amerikanische Artillerie verschoß auf die Stellungen der Division täglich rund 25 000 Granaten, der Gegner beherrschte den Luftraum darüber.[133] Teile der Division, insbesondere I./69 und I./86 mit einigen Panzern, die 9. Batterie des Panzer-Artillerie-Regiments 90 und Teile anderer Verbände, insgesamt etwa 350 Mann, zu denen noch Teile zweier »Tiger«-Abteilungen, 8,8-cm-Flakeinheiten und weitere Artillerie stießen, darunter eine 17-cm-Batterie, die 27 Kilometer weit schießen konnte, bildeten zusammen die Brigade Lang unter Führung von Oberst Rudolf Lang; sie lagen nördlich der El-Guettar-Stellung und östlich Maknassy, wo sie sich Ruhm erwarben durch die meisterhafte Verteidigung des nach Mezzouna führenden Passes gegen wenigstens drei amerikanische Infanterie-Bataillone, vier Artillerie-Abteilungen und zwei Panzer-Kompanien mit mehreren 75-mm-Panzerbrechern.[134]

Am 4. April wurde der Kommandeur der Kampfgruppe Montada des Panzer-Artillerie-Regiments 90, Major Montada, verwundet. Leutnant Schott führte nun die Kampfgruppe, die ihre Stellung gegen ein angreifendes Regiment halten mußte. Schott berichtet, Stauffenberg habe ihm am 5. April zwei Sturmgeschütze zur Unterstützung geschickt – Panzer auf Ketten ohne Drehturm, die Kanone war in die

Panzerwanne fest eingebaut, so daß nur durch Drehen des Fahrzeuges grob gezielt werden konnte; eines davon sei wegen Kettenschaden wieder umgekehrt, das andere sei vor der Stellung der Kampfgruppe bei Zielpunkt 332 beschädigt liegengeblieben. Auf Schotts Meldung habe Stauffenberg befohlen, das Sturmgeschütz in der Nacht zu sprengen. Schott habe gesagt, er habe keine Sprengmittel, Stauffenberg habe das Gespräch an den Geschützkommandanten übergeben, der Schott sagte, im Führerraum des Fahrzeuges liege ein Sack mit sechzig Eierhandgranaten, und auf dessen weiteren Einwand, er habe keine Zündmittel, Schott könne eine Handgranate nehmen. Als Schott wieder widersprach, die Handgranatenzündung brenne nur vier Sekunden, habe Stauffenberg dazwischengerufen, als Pionier werde er ja wohl damit fertig werden. Schott habe dann mit einer Eierhandgranate gezündet, etwa sieben Meter neben der Sprengladung auf dem Boden liegend, habe für einige Zeit das Gehör verloren, später sei es wiedergekommen.[135]

Inzwischen hatte die Kampfgruppe Mühe, dem mit Granatwerfern unterstützten feindlichen Infanterieangriff standzuhalten. Das von dicht beieinanderliegenden kleinen Erdhügeln besäte Gelände machte die 2-cm-Geschütze und die 8,8-cm-Flak der Kampfgruppe wirkungslos. Schott hatte auf den genügend Sicht bietenden Hügeln die Maschinengewehre 42 aufgestellt, die Mannschaften schossen, bis ein Granatwerfer oder eine geballte Ladung Sprengstoff oder Handgranaten sie außer Gefecht setzten oder bis die Munition ausging. Plötzlich hörte der Infanterieangriff auf. Er hatte nur der Ablenkung gedient, während der Hauptstoß nördlich des Bergrückens Djebel Rouss el Ouidane vorgetragen wurde.

Am 6. April griff Montgomery im Süden mit der britischen 8. Armee auf breiter Front an und durchbrach die Chott-Stellung im Wadi Akarit.[136] Nun geriet die 10. Panzer-Division in Gefahr, abgeschnitten zu werden. Zugleich befahl Patton für den 7. April den Durchbruch des amerikanischen II. Korps an die Küste.[137] Das gelang gegen den Widerstand der 10. und der 21. Panzer-Division nicht ganz, aber zwischen 16 und 17 Uhr am 7. April trafen sich die beiden alliierten Angriffsspitzen südlich der Straße Gafsa-Gabès hinter der Stellung des Wadi Akarit.[138]

Broich und Stauffenberg waren längst der Ansicht, die 10. Panzer-Division müsse sich zurückziehen, aber das Oberkommando des Deutschen Afrika-Korps zögerte den Rückzugbefehl hinaus bis zum 6. April, vierundzwanzig Stunden zu spät für die geordnete Lösung vom Feind.[139]

Am 6. April lag der Gefechtstand der Division in einem Olivenhain an der Straßenkreuzung Biar Zelloudja westlich Sidi Mannsour
unter Artilleriefeuer. Stauffenberg mußte seit einigen Tagen auch die
Aufgaben des Feindnachrichten-Offiziers, Hauptmann d.R. Menges,
übernehmen, der Ende März in die Führerreserve des Oberkommandos des Heeres versetzt worden und auf der Fahrt nach Tunis schwer
verunglückt war. Einige der Berichte über Gefangenenvernehmungen,
die Stauffenberg erhielt, haben sich im Kriegstagebuch der Abteilung
Ic erhalten.

Oberleutnant Zipfel, der eine Kompanie der Division zu übernehmen und sich am 6. April bei Stauffenberg zu melden hatte, fand den
Gefechtstand unter Artilleriefeuer liegen, wartete, bis es nachließ,
und traf Stauffenberg im Befehlsbus an, im Hemd der Afrika-Uni-
form und in einer amerikanischen Hose, er schüttelte Glassplitter und
Schmutz von den Karten, alle Fenster waren zerbrochen. Stauffenberg
führte den Besucher ans Fenster und zeigte auf zwei Deckungslöcher:
»Wenn das wieder losgeht, dann nehmen Sie das rechte, ich das linke
Loch.«[140] Man hörte den starken Gefechtlärm des amerikanischen
Angriffs von Westen her und Infanteriefeuer aus geringer Entfernung.
Ständig riefen Truppenkommandeure an und baten um Verstärkung
oder Erlaubnis, zurückzugehen. Stauffenberg konnte weder das eine
noch das andere gewähren, mußte darauf bestehen, die Stellungen bis
21 Uhr zu halten. Er verstand, abschlägige Bescheide so offen und
kameradschaftlich zu geben, daß sie zu Trost und Ermunterung gerieten. Der Oberleutnant fuhr nach einer Dreiviertelstunde wieder weg,
während wieder Granaten im Gefechtstand einschlugen.[141]

Leutnant Schott hielt in zeitgenössischen Aufzeichnungen fest, der
Ia der Division habe am 6. April gegen 18 Uhr telephonisch befohlen,
bis 19 Uhr zu halten und um 19.05 Uhr sich nach Mezzouna abzusetzen unter Mitnahme der Toten und Verwundeten.[142] Als Schott mit
der Kampfgruppe Montada auf den Schlammweg zwischen dem Sebkhet Sidi Mannsour und den Höhen des Djebel Ben Kreir kam, wurde
er plötzlich von sechs bis acht Panzern aus einer Geländewelle heraus angegriffen und »aus weniger als 100 m Entfernung in Grund und
Boden geschossen«. Hinter Schotts kleinem Kfz 4 fuhr ein Personenwagen mit angehängter 2-cm-Kanone, dahinter eine 8,8-cm-Flak an
einer Zwölftonnenzugmaschine, dahinter Munitionsfahrzeuge und
dahinter noch eine 8,8-cm-Flak, kleinere Mannschaftswagen und
andere Fahrzeuge.

Die ersten Schüsse der Panzer galten den großen Geschützen und
den Zugmaschinen, auf denen alle aufgesessen waren, die Platz finden

konnten; sie erhielten fast alle sofort Volltreffer. Innerhalb weniger Sekunden gab es nur noch Feuerbälle, Detonationen, Rauch, Staub, Tote, Verwundete und wenige Überlebende.[143] Schott wurde einmal vom Sog einer vorbeifliegenden Panzergranate über die umgelegte Windschutzscheibe aus seinem Wagen gerissen, sein Fahrer half ihm wieder auf, sie entkamen dem Massaker mit dem kleinen Kfz 4, dem größeren Personenwagen mit angehängter 2-cm-Kanone und einem Munitions-Lastwagen, der kurz danach auch in Brand geschossen wurde. Immer wieder mußten sie aus dem Fahrzeug springen, sich durch stachelige Kakteen hindurch in Sicherheit bringen. Schließlich blieben sie, als sie wieder deutsche Soldaten fanden, irgendwo abseits des feindlichen Schußfeldes stehen und schliefen, bis jemand Schott den Befehl brachte, sich bei Stauffenberg zu melden.

Stauffenberg, immer noch in seinem Befehlsbus im Olivenhain bei Biar Zelloudja, meinte, die Kampfgruppe habe sich in ihrer Stellung am Tag vorher nicht tapfer geschlagen. Warum sie mit ihrer Feuerkraft den Gegner nicht zusammengeschossen habe? Schott erklärte, die Gruppe habe ihre Pflicht »bis zum Äußersten« erfüllt, in dem aus lauter Hügeln von eineinhalb bis drei Metern Höhe bestehenden Gelände habe es kein Schußfeld für die schwere Artillerie der Gruppe gegeben. Stauffenberg sah das ein und sagte: »Gut, Sie können gehen.«[144]

Am Abend des 6. April arbeitete er noch Rückzugbefehle aus. Aber die Bewegungen mußten schon vor dem Eintreffen der Befehle beginnen, sonst verlor man den Schutz der Nacht, während der man ohne Beschießung wegkam. Um 8 Uhr früh beschoß die feindliche Artillerie die von der Division inzwischen geräumten Stellungen, fand aber bald die abziehenden Fahrzeugkolonnen. Im Tätigkeitsbericht der Abteilung Ic heißt es: »Die Bewegungen [der 10. Panzer-Division] über den el-Hafaypaß wurden in den Morgenstunden des 7.4. von der feindl. Luftwaffe erkannt und angegriffen. Das Abfließen der Division wurde im Verlauf des 7.4. durch schweres feindl. Art.-Feuer 5 km nordwestlich des Sebkhet en Noual, am Bordj bou Hedma, und durch laufende Tiefflieger- und Bombenangriffe südlich Mezzouna gestört. Die Division konnte ihre materiellen und personellen Verluste nur deswegen gering halten, weil eine Piste am Nordufer des Sebkhet en Noual gebahnt wurde, über welche das Absetzen der gesamten Division trotz schwieriger Geländeverhältnisse erfolgreich vonstatten ging. Der Feind setzte infanteristisch nur sehr langsam nach.«[145]

Die Division fuhr, soweit sie vor El Guettar südlich des Djebel Rouss el Ouidane gelegen hatte, durch den El-Hafay-Paß, wo es ein gefährliches Gedränge gab. Hunderte von Fahrzeugen standen ohne Dekkung vor dem Paß, vier Kolonnen breit, doch konnte immer nur eine Kolonne durch den Paß fahren.[146] Nach Sonnenaufgang kamen feindliche Jagdaufklärer und nach einer weiteren Stunde achtzehn zweimotorige Bomber, die mit ihren Bomben den auf die Durchfahrt wartenden Truppen schwere Verluste verursachten.[147]

Zwischen den Höhen, durch die der Paß führte, und dem Salzsee Sebkhet en Noual fuhr der größte Teil der Fahrzeuge nach Osten und dann weiter um die südlich Mezzouna gelegenen Berge herum nach Norden, während Teile des Panzergrenadier-Regiments 86 den schwierigeren Weg durch den Paß nördlich des Salzsees Sebkhet en Noual zwischen den Dejebels Chabita und Khetati nehmen mußten.[148] Nachdem das Krad-Schützen-Bataillon 10 unter Führung von Major Heinrich Drewes mit drei Kompanien durch den El-Hafay-Paß gefahren war, konnte sich gegen 13 Uhr endlich die Nachhut durch den Paß zurückziehen. Das K 10 wich wegen feindlicher Luftangriffe nach rechts bis zum versumpften Ufer des Salzsees Sebkhet en Noual aus.[149] Es mußte, wie nach ihm die Nachhut, die völlig deckungslose Ebene durchfahren, die sich zwischen dem nächsten Paß und dem Salzsee verengte. Hier kamen alle durchfahrenden Fahrzeuge unter schweres Artillerie- und Jagdbomberfeuer, ehe sie schließlich nach Mezzouna gelangten.[150]

Am 8. April bezog die Division zusammen mit Teilen der 21. Panzer-Division Stellungen zur Verteidigung bei Mezzouna, zog sich aber angesichts starker feindlicher Panzeransammlungen im Süden noch am Abend an die Straße Faid-Sfax zurück; am 10. und 11. April befand sie sich nördlich Kairouan und bezog am 12. April die Enfidaville-Stellung.[151]

Am 7. April um 5 Uhr früh schickte Stauffenberg den 1. Ordonnanzoffizier Oberleutnant von Oppenfeld mit dem Absetzbefehl zu Oberst Schmid, dem Kommandanten des Panzer-Artillerie-Regiments 90.[152] Stauffenberg meldete sich im Lauf des Vormittags bei Broich ab, um den Rückzug der Division zu lenken und dann in seinem Horch-Kübelwagen zum neuen Gefechstand der Division bei Mezzouna zu fahren. Der Kommandeur, der wegen der Fliegerangriffe nicht im selben Wagen mit dem Ia und ohnehin immer als letzter zurückfuhr, sagte ihm, er solle sich vor den Fliegern in acht nehmen; er werde etwa in einer Stunde nachkommen, wenn das letzte Bataillon der Division an ihm vorbeigefahren sein werde.[153]

Stauffenberg fuhr mit einigen Panzerfunkstellen der Nachrichtenabteilung der Division durch den El-Hafay-Paß und dann so nahe wie möglich am versumpften Ufer des Salzsees entlang, in der Nähe von

Bordj bou Hedma hielt er. Als Oberleutnant Reile mit seiner 5. Kompanie des K 10 herankam, traf er Stauffenberg im Horch-Kübel stehend an, mit seinen Panzerfunkstellen auf die durchfahrenden Abteilungen wartend und bemüht, den improvisierten Rückzug zu leiten. Er meinte: »Wir müssen Glück haben, wenn wir heute hier herauskommen. Wie üblich haben wir 24 Stunden zu spät geräumt.« Stauffenberg fuhr dann weiter, ebenso danach die Krad-Schützen-Kompanien, die mehrmals von etwa zwanzig Tieffliegern angegriffen wurden, selbst ein Flugzeug abschossen und zwei Mann verloren.[154]

Die nächste Stunde gehörte zu den schlimmsten, die die Division bis dahin erlebt hatte.

Als Stauffenberg an die Enge zwischen dem Chabita-Khetati-Paß und dem Salzsee kam, geriet er in ein Inferno von brennenden Fahrzeugen und Jagdbomberbeschuß. Die brennenden Fahrzeuge boten leicht erkennbare Ziele, in die die Jagdbomber immer wieder hineinschossen, Tote und Verwundete konnten nicht geborgen werden, Munition explodierte. Die Stabsbatterie der III. Abteilung des Panzer-Artillerie-Regiments 90 geriet in diesen Beschuß hinein, die Fahrzeugbesatzungen konnten nur die Fahrzeuge stehen lassen und in Deckung rennen. Die Erfahrenen hatten gelernt, den Anflug der Tiefflieger abzuwarten und sich zur Seite zu schnellen, wenn die Piloten die Schußrichtung nicht mehr ändern konnten. Die Überlebenden fuhren mit den noch brauchbaren Fahrzeugen weiter. Stauffenberg fuhr zwischen den Einheiten hin und her und dirigierte sie, im Horch-Kübelwagen stehend. Da wurde sein Fahrzeug von vorn von einem der Jagdbomber beschossen. Stauffenberg warf sich aus dem Wagen und auf den Boden, lag mit dem Kopf auf den Händen und wurde getroffen.[155]

Schott fuhr mit den Resten der Kampfgruppe Montada gerade heran, die Kolonne stockte, ein vorbeifahrender Melder rief, der Ia sei verwundet. Schott eilte nach vorn, zwei oder drei andere bemühten sich schon um Stauffenberg. Die Windschutzscheibe des Wagens hatte auf der Seite des Beifahrersitzes im oberen Drittel einen etwa 2 cm großen Durchschuß. Man rief nach einem Sanitätswagen, der auch gleich darauf eintraf. Schott erinnert sich, daß Stauffenberg noch keinen Verband hatte, als er in den Sanitätswagen gehoben wurde. Dann lief er zu seinem Fahrzeug zurück und fuhr mit der Kolonne weiter.[156]

Wegen der chaotischen Situation weichen die Berichte voneinander ab: Am 7. April fuhr der Assistenzarzt Dr. Keysser vom 361. Panzergrenadier-Regiment in der 90. Leichten Division im D.A.K. auf dem Rückzug nach Enfidaville mit einem erbeuteten Halbtonner-Bedford, der eine Flagge mit dem Roten Kreuz führte, etwas landeinwärts. Mitten in der Wüste sah er einen Kübelwagen, in dem ein Soldat stand, der ihn heranwinkte. Der Fahrer war unverletzt, sein Passagier hatte eine Kopfwunde mit Augenverletzung und eine zerschossene rechte Hand, hinten im Wagen lag ein toter Oberleutnant. Der verwundete Offizier fragte den Arzt nach seinem Namen, während dieser ihm einen Verband mit Sulfonamiden anlegte. Dr. Keysser wies ihm den nächstgelegenen Hauptverbandplatz und fuhr dann weiter. Erst 1944 in der Gefangenschaft erfuhr Dr. Keysser von dem Fahrer, sein Patient sei Stauffenberg gewesen.[157]

Als Broich und der O 4 Burk im Kübelwagen auf der keinerlei Schutz bietenden Ebene zurückfuhren, gefolgt von einem Funkwagen und zwei Motorradmeldern, wurden sie zweimal von einem guten Dutzend tieffliegender Jäger angegriffen, konnten die Fahrzeuge verlassen und sich im Gelände verteilen, ohne getroffen zu werden. Bei der Weiterfahrt stießen sie kurz darauf auf Stauffenbergs Wagen, der durchlöchert und leer dastand. Auf dem Gefechtstand bei Mezzouna hieß es, Stauffenberg sei schwer verwundet, habe von einem Arzt einer fremden Einheit, der zufällig mit einem Sanitätswagen vorbeigekommen sei, erste Hilfe erhalten und sei auf dem Weg zum Hauptverbandplatz.[158]

Stauffenberg kam dann zum Feldlazarett 200 bei Sfax.[159] Die rechte Hand wurde über dem Gelenk amputiert, der kleine und der Ringfinger der linken Hand und das linke Auge mußten ebenfalls amputiert werden. Nach drei Tagen brachte ein Sanitätsauto Stauffenberg in schmerzenreicher und auch sonst unangenehmer, immer wieder von feindlichen Tieffliegern gestörter Fahrt ins Kriegslazarett 950 nach Tunis-Carthago.[160]

Verschwörung

Vom 3. bis 12. April erhielt Stauffenbergs Familie keinerlei Nachricht von ihm, dann erfuhr Berthold als erster der Angehörigen von der schweren Verwundung seines Bruders und daß er noch nicht transportfähig sei.[1]

Einige Tage später kam Stauffenberg in Livorno an und wurde auf einen Lazarettzug verladen. Am 21. April wurde er in der Abteilung II des Reserve-Lazaretts München I in der Lazarettstraße aufgenommen. Der leitende Chirurg, Dr. Lebsche, galt als der beste Fachmann, Peter Sauerbruch hatte veranlaßt, daß Stauffenberg in Dr. Lebsches Klinik kam.[2] Er lag in einem Zimmer mit zwei Betten, dessen eines zeitweise von Oberleutnant Prinz zu Löwenstein belegt war, der eine Beinverwundung ausheilte und daneben in München studierte.[3]

Am Karfreitag, dem 23. April, sah Nina Gräfin Stauffenberg hier ihren Mann zum erstenmal seit seiner Verwundung. Am 26. April hatte er eine Mittelohroperation, die ihn für eine Woche sehr schwächte, kurz darauf noch eine Kniegelenkoperation, bei der lebensgefährdende virulente Tetanusbazillen festgestellt wurden. Splitter unter der Kopfhaut und im Arm eiterten langsam heraus. Schmerzstillende Mittel und Schlafmittel lehnte Stauffenberg ab.[4]

Ein Strom von Verwandten, Freunden und Kameraden zog durch das Krankenzimmer. Am 27. April kam aus Jettingen der Vetter Clemens Graf Stauffenberg mit seiner Frau und seiner Tochter Gabriele.[5] Stauffenbergs Mutter kam in den ersten Wochen seit 4. Mai täglich, ab 11. Mai nach kurzer Unterbrechung auch wieder seine Frau.[6] Onkel Berthold kam Anfang Mai, Marie Gabriele Gräfin Stauffenberg kam mit ihrem Verlobten Hauptmann i.G. Kuhn (der in Stauffenbergs früherer Generalstabsabteilung arbeitete) einen oder zwei Tage später am 10. Mai, noch einmal mit ihrer Mutter am 26. Mai und wieder am 3. Juli.[7]

Kuhn besuchte Stauffenberg wieder am 27. Juni mit seiner Verlobten, die nur kurz blieb, so dass Kuhn und Stauffenberg ungehindert sprechen konnten, und noch einmal am 28. Juni. Stauffenberg sagte immer wieder zu Kuhn, die Generale werden nicht handeln, wir müssen das tun.[8] Markwart Graf Stauffenberg, ein Bruder von Gabriele, der als Oberfunker neben dem Reserve-Lazarett in der Funkerkaserne lag, baute seinem Vetter im Juni ein Radiogerät ein und holte ihn gelegentlich zum Theater ab; Stauffenberg wollte keine Hilfe beim Anziehen, band sich die Schuhriemen mit seinen drei Fingern und den Zähnen.[9] Er fragte nach der Studentengruppe »Weiße Rose«. Sein Vetter meinte, die Mehrzahl der Studenten sympathisiere nicht mit dem Regime, aber auch nicht mit der Gruppe und ihrem Aufstandversuch »von unten«. Stauffenberg meinte, Deutschland brauche also wohl das »Führerprinzip«.[10] Elisabeth Freifrau von und zu Guttenberg, eine Schwägerin des Vetters Clemens, besuchte Stauffenberg Mitte Mai. Er erzählte ihr, in Afrika habe man seine Hand samt seinem Ring einfach weggeschmissen, und strahlte Vitalität aus.[11] Der Witwe des im November gefallenen Oberstleutnant Henning von Blomberg ließ er schreiben, sein eigenes Schicksal sei, gemessen an dem, was er im Lazarett sehe, wirklich nicht so bedauernswert, er werde damit gut fertig werden.[12] Partsch kam ins Lazarett und fand Stauffenberg noch tatendurstiger und ehrgeiziger als vor der Verwundung. Herwarth fand ihn rastlos und meinte im Rückblick, Stauffenberg sei von dem inneren Feuer eines Menschen erfüllt gewesen, der die Aufgabe seines Lebens vor sich sehe.[13]

Hohe und mittlere militärische Besucher Stauffenbergs nutzten die Gelegenheit von Reisen zum »Führerhauptquartier«, das damals – von Ende März bis Ende Juni 1943 – auf dem »Berghof« bei Berchtesgaden war. Generaloberst Zeitzler brachte im Mai das Goldene Verwundetenabzeichen und Wein. Der Besuch Zeitzlers wurde im Kreis der Generalstabsoffiziere als Zeichen des Aufstiegs Stauffenbergs allgemein besprochen. Zeitzler allerdings distanzierte sich von diesem Eindruck nach dem Krieg; er schrieb 1962: »Ebenso wie den Grafen Stauffenberg hätte ich als Chef des Generalstabes des Heeres auch jeden anderen schwer verwundeten Generalstabsoffizier besucht, wenn sich die Gelegenheit dazu geboten hätte.«[14] Bürker kam in den ersten Juni-Tagen; Stauffenberg geißelte ihm gegenüber in Anwesenheit seines Zimmergenossen in scharfen Worten die Kriegführung Hitlers.[15] Major d.R. Drewes, dem es selbst nicht gutging, kam auch in diesen Tagen; der Veteran des Ersten Weltkrieges, im Zivilberuf Anwalt, hatte als Kommandeur des Kradschützen-Bataillons 10 vor El Guettar für die Abwehr dreier amerikanischer Bataillone »mit der Waffe in der Hand« das Ritterkreuz erhalten.[16] Im Juni oder Anfang Juli besuchte auch Oberst i.G. Stieff, der Chef der Organisationsabteilung im Generalstab des Heeres, seinen früheren Untergebenen; Stieff schimpfte so sehr über die Lage, daß Stauffenbergs Zimmergenosse lieber nicht zuhörte.[17] Der Generalquartiermeister, General Wagner, schaute herein und erkundigte sich nach Stauffenbergs Befinden. Ein paar Tage später brachten auf Wagners Veranlassung zwei Soldaten ein paar Kisten Orangen.[18]

General Geyr von Schweppenburg besuchte Stauffenberg und wollte ihn als Chef des Stabes für seine in der Aufstellung begriffene Panzergruppe West gewinnen, aber Stauffenberg antwortete auf solche Anfragen nur, seine Vorgesetzten hätten über ihn zu verfügen.[19] Zu Geyr wollte er auf alle Fälle nicht.[20]

Berthold Graf Stauffenberg kam, sooft er konnte, nach München, so am 10. Mai auf einer Dienstreise in die Schweiz, auf der Rückfahrt um den 19./20. Mai, am 27. Juni, einmal zusammen mit Rudolf Fahrner.[21]

In Genf besprach er mit Robert Boehringer nicht nur Fragen der Griechenlandversorgung, sondern auch, mitten im Kriege, die historisch-kritische Hölderlin-Ausgabe, die 1941 in Stuttgart und Tübingen begonnen wurde.[22] An der Sammlung der Handschriften Hölderlins, zumal in der Schweiz, waren Boehringer und Berthold Stauffenberg beteiligt.

Außerdem war mit Boehringer die Einsetzung eines George-Nacherben zu besprechen für Frank Mehnert, der am 26. Februar 1943 bei Staraja Russa gefallen war. Berthold Stauffenberg wählte seinen Bruder Claus und schrieb dies Boehringer im April, als der eben schwer verwundete Bruder noch nicht transportfähig war. Er wußte sonst niemand, zu dem er »dasselbe rückhaltlose vertrauen« hätte und glaubte, daß diese Lösung auch im Sinne Frank Mehnerts wäre. Boehringer wies warnend darauf hin, daß der Ernannte erreichbar und zu handeln fähig sein müsse, aber es blieb bei Bertholds Entscheidung.[23]

Besucher wie Rudolf Fahrner, für die Stauffenberg bei Kräften sein wollte, mußten in den ersten Wochen vertröstet werden.[24] Fahrner kam zu einem längeren Besuch allein erst Ende Juni.[25] Stauffenberg schrieb ihm am 8. Juni mit den drei Fingern der linken Hand in wackliger Schrift, ein Besuch nach Pfingsten, den Fahrner vorschlage, sei ihm recht, er bitte aber um Anmeldung, »um collisionen tunlichst vermeiden zu können«. Fahrner hatte damals an Melitta Gräfin Stauffenberg geschrieben, Claus und Berthold seien mit Schritten zur Freistellung ihres Mannes von weiterem Frontdienst einverstanden. Claus hatte es erfahren und schrieb Fahrner, auf ihn treffe das so nicht zu, und Alexander oder seine Frau könnten »zu protektionsmachenschaften« nicht die Hand bieten.

Dann bat Stauffenberg noch, Fahrner möge ihm etwas von den zu besprechenden Dingen vorab schicken.[26] Er meinte die Übertragung des Dialogs des neugriechischen Dichters Dionysios Solomos und die Nacherzählung des Rolandlieds, an der mehrere Freunde, vor allen Max Wetter, arbeiteten. Fahrner schickte das Rolandlied, Stauffenberg schrieb ihm am 25. Juni, es habe ihn sehr bewegt; er freue sich auf das Wiedersehen und stehe am Montagnachmittag (28. Juni) ganz zur Verfügung.[27]

Bei dem Besuch überbrachte Fahrner seinen Entwurf einer Übertragung der Gespräche des Dionysios Solomos zur Begutachtung und Überarbeitung. Solomos lebte Anfang der 1820er Jahre auf der Insel Zakynthos und wurde während des Kampfes der Griechen gegen die türkische Herrschaft zum griechischen Freiheitsdichter. In dem Dialog ging es um Vermittlung zwischen der altbyzantinischen Gelehrten- und Kirchensprache und der lebendigen griechischen Volkssprache. Fahrner schrieb in seiner Einleitung, weder nur Gelehrtensprache noch bloße Gebrauchsprache könne »ein Volk zu höherem Leben befähigen«, sondern allein die Sprache der Dichtung.

Die Verbindung des Dichters und Täters, des Dichterischen mit dem Heldischen war den Brüdern Stauffenberg wie Fahrner wichtig, in der Gestalt des Albano in Jean Pauls »Titan« sahen sie sie verkörpert.[28] Den Dialog zwischen Dichter, Freund und Wortgelehrtem, den Solomos 1823 gestaltete, bezeichnete Fahrner als »die geistige Urkunde des neuen Griechenlands«. Stauffenberg meinte, wenn auch die behandelten Nöte »nicht mehr gegenwärtig die unseren« seien, sei doch heilsam, sie im Auge zu behalten; das Gespräch scheine ihm allgemeine oder mindestens abendländische Bedeutung zu haben.[29]

Da Stauffenberg die deutsche Übertragung ohne die griechische Vorlage durchsehen sollte, ächzte er darüber, wie er Fahrner schrieb, und mußte bei zweifelhaft scheinenden Stellen raten oder selbst dichten. Er schlug viele Änderungen vor und begründete sie mit seiner Ablehnung gesuchter und prätentiöser Satzkonstruktionen als durchgehendes Stilmittel, er wollte sie nur als gelegentlich angewendetes Kunstmittel gelten lassen. Die Freunde und Erben Georges hatten sich die Aufgabe gesetzt, an einer gehobenen zeitgemäßen Erzählsprache zu arbeiten. Stauffenberg zumal drang auf sprachliches Umdenken, wollte nicht die verbrauchte Sprache sprechen.[30] Fahrner neigte zum Gesuchten.

Am 3. Juli fuhr Stauffenberg von München nach Bamberg, wo seine Frau im Haus ihrer Eltern die Wohnung einrichtete, die noch Baustelle und Möbellager war, so daß man im Hotel übernachten mußte.[31] Am 4. Juli schrieb er aus München an Fahrner.[32] Am 5. Juli fuhr er weiter nach Lautlingen, wo er bis 7. August im Genesungsurlaub blieb.[33]

Am 20. Juli schrieb Stauffenberg Fahrner Kürzungsvorschläge und Gedanken zur Nacherzählung des Rolandliedes. Zugleich redigierten er und seine Brüder an der Übertragung des 7. Gesangs der Odyssee, die noch 1943 gedruckt erschien, und an einer Erzählung über Hannibal von Eberhard Zeller. Von der Erneuerung des Pionierstandbildes durch Urban Thiersch war auch die Rede. Für die letzten Juli- oder ersten Augusttage kündigte Stauffenberg einen Besuch bei Fahrner in Überlingen an; er fühle sich viel kräftiger, habe die weniger hohen Berge um Lautlingen bestiegen und brauche keinen Stock mehr.[34] Der Besuch fand vor dem 3. August statt, Stauffenberg blieb einige Tage und genoß sie sehr.[35]

Im Frühjahr 1943 bat General Olbrichts Chef des Stabes im Allgemeinen Heeresamt, Oberst i.G. Hellmuth Reinhardt, um Verwendung an der Front. Er schlug Stauffenberg als den besten Fachmann für seine Nachfolge vor; Olbricht kannte Stauffenberg durch dessen Tätigkeit in der Organisationsabteilung. So bemühte sich Olbricht über die Personalabteilung mit Erfolg um Stauffenberg.[36] Dieser war einverstanden und erwartete davon »Möglichkeiten zu entscheidendem Eingreifen«.[37]

Anfang Mai diktierte Stauffenberg seiner Frau einen Brief an General Olbricht und teilte mit, er hoffe, in einem Vierteljahr zur Verfügung zu stehen. Gräfin Stauffenberg hatte den Eindruck einer persönlichen Mitteilung, da die dienstliche Verwendung Stauffenbergs damals nicht endgültig geklärt war. In seiner Personalkarte stand, seinen Dienst regele bis zur Wiederherstellung der Gesundheit der Stellvertretende Kommandierende General und Befehlshaber im Wehrkreis V (Stuttgart).[38]

Es wird Anfang Mai gewesen sein, als man, wie Berthold schrieb, schon »alles mit ihm bereden« konnte, da beschwor Nikolaus Graf Üxküll, der 1942 und 1943 als Kommandeur der aserbaidschanischen Legion bei Priluki in der Ukraine gegen Massenerschießungen mit seiner Truppe eingeschritten war, seinen Neffen, sich der bestehenden Umsturzbewegung anzuschließen.[39] Dieser legte sich noch nicht fest. Erst bei einem weiteren Besuch des Onkels sagte Stauffenberg, da die Generale bisher nichts erreicht hätten, müßten sich nun die Obersten einschalten.[40]

Gegen eine bindende Zusage der Teilnahme an der Umsturzverschwörung zu diesem Zeitpunkt spricht Stauffenbergs mehrfach bezeugter Wunsch, wieder an die Front zu gehen. Zeitzler berichtet, Stauffenberg habe sich schon zur Frontverwendung gemeldet, als er noch nicht wiederhergestellt gewesen sei. Er habe ihm aber erst

Auf Genesungsurlaub in Lautlingen im Sommer 1943: Stauffenberg (von links) mit Sohn Heimeran, Tochter Valerie, Nichte Elisabeth, Neffe Alfred und Sohn Franz Ludwig.

Gelegenheit geben wollen, sich ganz zu erholen, und habe ihn dem Befehlshaber des Ersatzheeres als Generalstabsoffizier zur Verfügung gestellt.[41] Stauffenberg wurde für die Stelle des Chefs des Stabes im Allgemeinen Heeresamt vorgesehen, die laut »Stellenplan der Generalstabsoffiziere in der Kriegsspitzengliederung« vom 11. Dezember 1942 eine Obersten-Stelle mit der Möglichkeit vorzugsweiser Beförderung zum Generalmajor war; die Nominierung Stauffenbergs war eine ungewöhnliche Auszeichnung für einen Oberstleutnant i.G.[42] Gleichwohl äußerte Stauffenberg immer wieder nach seiner Verwundung, er wolle wieder an die Front, wolle kein Schreibtischsoldat werden.[43]

Der Wunsch nach Frontverwendung entsprach der allgemeinen Einstellung der Generalstabsoffiziere.[44] Tresckow fühlte sich selbst im Stab seines Heeresgruppen-Oberkommandos zu weit von der Front, wie er seiner Frau am 9. Juli 1943 schrieb: »Im Grunde ist diese ganze Büroarbeit mit gelegentlichen Frontausflügen ja doch immer etwas beschämend, wenn man an den Dreck und das Blut da vorn denkt.«[45] Oberstleutnant von Hofacker und Oberst i.G. Mertz von Quirnheim äußerten sich im selben Sinne.[46] Stauffenberg erreichte, daß ihn der Truppenarzt beim Befehlshaber des Ersatzheeres, Dr. Erich Carpentier, kriegsverwendungsfähig schrieb.[47]

In den langen Wochen im Lazarett sagte er auch immer wieder, oft wie im Delirium: »Wir sind als Generalstäbler alle mitverantwortlich.«[48] Er sagte zu seiner Frau, nur leicht ironisch überhöhend: »Weißt du, ich habe das Gefühl, daß ich jetzt etwas tun muß, um das Reich zu retten.« Und immer wieder: »Wir müssen Deutschland retten.«[49] Aber es mußte auf weniger konventionelle Weise versucht werden, als Stauffenberg im Sommer und Herbst 1942 gewollt hatte. Zur Beseitigung Hitlers hatte er sich im September 1942 bereit erklärt. Seine Sondierungen bei Sodenstern, Geyr und Manstein geschahen mit dem Ziel eines Umsturzes unter Führung des Heeres; sie endeten in Enttäuschungen. Er hatte sich in den Jahren 1939 bis 1942 für die bestehende vorwiegend zivile Verschwörung nicht gewinnen lassen. Was er von dieser wußte, konnte ihm nur unordentlich und wenig vertrauenerweckend erscheinen; außerdem waren einige Beteiligte in Haft, andere ständig von der Geheimen Staatspolizei überwacht. Nun sollte Stauffenberg mit diesen Menschen zusammenwirken, die er kaum kannte. Die meisten Beteiligten waren Nichtsoldaten, Politiker, die nicht zu seinem Freundeskreis gehörten. Mochten sie ihm gemäß sein oder nicht, zuverlässig und verschwiegen oder nicht, er sollte sich doch weitgehend in ihre Hände geben. Auch hing seine mögliche Mitwirkung in der Verschwörung zuerst noch von seiner Genesung und seiner weiteren Verwendung ab.

Wenn also aus verschiedenen Gründen noch ein Zögern blieb, war das natürlich.[50] Der Widerspruch zwischen Stauffenbergs Bemühung um Fronttauglichkeit und der Erwägung seiner Beteiligung an der Verschwörung spiegelt aber nicht nur Vorbehalte gegenüber den Verschwörern, sondern auch die Weigerung, die durch die Verwundungen verursachte dauernde Behinderung anzuerkennen.

Vor Stauffenbergs Eintritt in die Verschwörung mühten sich die Beteiligten trotz zwei Attentatversuchen vergeblich, den Umsturzplan voranzubringen. Fritz-Dietlof Graf von der Schulenburg, dessen verschwörerischen Aufforderungen Stauffenberg früher ausgewichen war, stand 1943 inmitten der Versuche, den Sturz Hitlers in die Wege zu leiten. Nach der Stalingrad-Katastrophe und dem Aufstandversuch der Geschwister Scholl und ihrer Hinrichtung in München waren Anfang 1943 Putschgerüchte im Umlauf, die Machthaber nervös. Aus Anlaß der Verhaftung eines Offiziers, der rebellische Reden geführt hatte, äußerte ein anderer, Schulenburg suche »zuverlässige« Offiziere für Umsturzbestrebungen. Am 2. April um 2.30 Uhr wurde Schulenburg bei Rüdiger Graf von der Goltz, der 1938 Generaloberst von Fritsch vor dem Obersten Gericht der Wehrmacht verteidigt hatte, von einem Oberst verhaftet. Ulrich von Hassell notierte, es sei grotesk, daß ein Regierungsvizepräsident, alter SS-Führer und aktiver Soldat so behandelt werde. Schulenburg berief sich empört auf seine alte Parteizugehörigkeit und konnte schon am Vormittag wieder gehen. Der Befehlshaber des Ersatzheeres, Generaloberst Fromm, erhielt aber von Generalfeldmarschall Keitel eine Rüge, weil er einen »solchen Kerl wie Schulenburg« empfangen habe.[51]

Drei Tage später wurde die Umsturzzelle um Generalmajor Oster, Dohnanyi, Dietrich Bonhoeffer und Josef Müller im Amt Ausland/Abwehr des OKW durch die Verhaftung Dohnanyis, Bonhoeffers und Müllers zerschlagen.[52] Nach langem Suchen hatte die Geheime Staatspolizei Devisenvergehen entdeckt, die mit den Bemühungen der Gruppe zusammenhingen, jüdischen Familien die Flucht in die Schweiz zu ermöglichen.[53]

Oberst i.G. Henning von Tresckow, Erster Generalstabsoffizier im Oberkommando der Heeresgruppe Mitte, bemühte sich seit dem Sommer 1941, seinen Oberbefehlshaber – zuerst Generalfeldmarschall Fedor von Bock, mit dem ihn auch Verwandtschaft verband, dann Generalfeldmarschall von Kluge – und wenigstens seit November 1942 Generalfeldmarschall von Manstein, den Oberbefehlshaber der Heeresgruppe Don (nach der Stalingrad-Katastrophe umbenannt in Heeresgruppe Süd), für den Umsturz zu gewinnen. Im Februar 1943 flog er zu Manstein nach Saporoshe und sprach lange mit ihm.[54] Ende Mai war er in Berlin, um nach den fehlgeschlagenen Attentaten des 13. und 21. März nach neuen Ansätzen zu suchen und um Olbrichts Umsturzvorbereitungen zu ergänzen.[55] Schlabrendorff sah das Haupthindernis im »mangelnden Zusammenspiel zwischen unserem Kreise innerhalb des Frontheeres und unseren Gesinnungsgenossen innerhalb des Ersatzheeres in Deutschland«.[56]

Nach den mißlungenen Attentaten vom 13. und 21. März 1943 suchte der ehemalige Oberbürgermeister von Leipzig, Goerdeler, Generaloberst Guderian auf, der bereit war, zu Manstein zu fahren, und das am 29. März tat.[57] Aber es führte zu nichts.[58] Übrigens schenkte Hitler Guderian damals einen Gutshof von 947 Hektar im Wert von 1 230 011 Reichsmark.[59]

Im Mai sprach Tresckow im Hauptquartier des Generalstabes zwei Stunden mit dem Chef der Operationsabteilung, Generalleutnant Heusinger, und war mit ihm »einig«. Am 28. Mai berichtete er

Olbricht davon und sagte dem Kriegstagebuchführer des Befehlshabers des Ersatzheeres, Hauptmann d.R. Kaiser, Zeitzler sei am 27. Mai zu Hitler gegangen, um Kluges Ernennung zum Nachfolger Keitels als Chef des OKW zu verlangen.[60] Hitler, hieß es, sei nicht ganz abgeneigt, den Vorschlag anzunehmen. Tresckow wollte auch Manstein als Oberbefehlshaber des Heeres.[61] Er hoffte, mit Hilfe seines Freundes Schmundt, Hitlers Chefadjutanten und Chef des Heerespersonalamtes, selbst Chef der künftigen Operationsabteilung der Wehrmacht zu werden, womit er Zugang zu Hitler erhalten hätte. Dann schickte Tresckow Schlabrendorff mit einem Brief zu Heusinger, in dem er versuchte, Heusinger zu überreden, acht Wochen Urlaub zu nehmen, während denen er ihn vertreten wollte. Damit hätte er Gelegenheit zum Attentat bekommen. Heusinger ließ sich nicht darauf ein, nach seiner eigenen Erinnerung haben Zeitzler und Schmundt im März 1944 seine Anregung, sich während eines lange geplanten Kuraufenthaltes durch Tresckow vertreten zu lassen, brüsk abgelehnt.[62]

Olbricht überlegte schon die nächsten Schritte nach dem Wechsel im Oberkommando der Wehrmacht: »Pol. Forderung auf legalem Wege«. Weiter sollten Zeitzler und die Abteilungchefs im Generalstab des Heeres zusammen vorgehen und Zeitzlers Forderungen nach Ersetzung Keitels durch Kluge und nach einem vereinigten Heeres- und Wehrmachtgeneralstab unterstützen.[63] Am 5. Juni besprachen Schulenburg und Olbricht diese Pläne.[64] Zeitzlers Vorstoß blieb erfolglos.[65] Tresckow wußte, daß diese Planungen müßig waren. Es kam darauf an, Hitler umzubringen.

Im Februar 1943 erklärte Tresckow Stieff, es sei die historische Pflicht der Generalstabsoffiziere, durch Beseitigung Hitlers im Interesse des Volkes den Verlust des Krieges zu verhindern.[66] Am 9. Juni notierte Kaiser Tresckows Urteil über Stieff, dieser habe »die beste [Absicht] u. zugleich Wille u. Entschluß z. Aktion«.[67] Wenn Tresckows Bemühungen um Zugang zum Hauptquartier scheiterten, war Stieff die einzige Hoffnung auf ein Attentat. Stieff sagte im August 1943 seine Beteiligung zu.[68]

In den Bereichen der Verschwörung, die sich mit den militärischen berührten oder überschnitten, hatte sich die Tätigkeit seit Stalingrad ebenfalls verstärkt. Am 7. Juni war Moltke, Kriegsverwaltungsrat im Amt Ausland des OKW, in Paris auf einer Reise zur Verhinderung von Geiselerschießungen. Mittags aß er mit dem Militärbefehlshaber in Frankreich, General von Stülpnagel, und abends sprach er lange mit Gotthard Freiherr von Falkenhausen vom Wirtschaftstab des Militärbefehlshabers, einem Neffen des Militärbefehlshabers in Belgien.[69]

Falkenhausen erinnerte sich aus dem Gespräch vor allem an Moltkes Einwände gegen die Tötung Hitlers; Hitler und seine Partei müßten bis zum Ende die Verantwortung tragen, nur so lasse sich ihre Ideologie überwinden.[70] Moltke schrieb darüber an seine Frau am 8. Juni allenfalls andeutend und verschlüsselt; denn dem Zusammenhang nach berichtete er über seine Bemühungen, die Geiselerschießungen zu verhindern: Er, Moltke, habe »ein wenig viel gesagt«, aber Falkenhausen habe hier »eine ganz nette Stellung im Rahmen der Nicht NS Deutschen und so dachte ich, daß es ganz gut sei, auch diesen hier klarzumachen, daß jeder etwas beitragen kann und auch beitragen muß. Sonst hoffen hier nämlich alle immer wieder auf die Generäle, obwohl sie es eigentlich besser wissen müßten.«[71]

Auf der Pfingsttagung der Freunde Moltkes in Kreisau vom 12. bis 14. Juni 1943 referierte Adam von Trott zu Solz vom Auswärtigen Amt, es gebe keine Aussichten, mit den Westmächten ins Gespräch zu kommen, doch Grund zu der Vermutung, daß mit der sowjetischen Seite zu reden wäre.[72] Was dazu von den Teilnehmern über den zu entrichtenden politischen Preis gesagt wurde, ist anscheinend nicht überliefert. Sie machten sich wohl auf Grund der militärischen Konsolidierung seit Stalingrad, vor der gescheiterten Offensive von Kursk und vor dem Abfall Italiens, Illusionen über den Bündniswert Deutschlands für Rußland und schätzten vielleicht auch angesichts der Gründung des »Nationalkomitee Freies Deutschland« Stalins Absichten falsch ein.

Offenbar kam es zu keinem Beschluß, diesen Weg weiter zu erkunden. Dagegen überbrachte Moltke auf einer Reise in die Türkei im Juli zur Weiterleitung an den amerikanischen Botschafter in Kairo, Alexander Kirk, den er aus dessen Berliner Zeit gut kannte, den Vorschlag, westalliierten Truppen den Weg zur Besetzung Deutschlands zu ebnen. Hierzu wäre, da man auf den Oberbefehlshaber West nicht rechnen konnte, eine Initiative des Militärbefehlshabers in Frankreich oder auch des Militärbefehlshabers in Belgien Voraussetzung gewesen, denen aber die nötigen Machtbefugnisse fehlten. So skeptisch Moltke auch aus anderen Gründen gegenüber Generalen war, er setzte sich doch für diesen Umsturzplan ein, der von der Mitwirkung der Generale abhing. Im Dezember 1943 überbrachte Moltke Freunden in Istanbul, die zwischen den Verschwörern und den Alliierten zu vermitteln in der Lage waren, den Vorschlag eines innerdeutschen Umsturzes und der Öffnung der in Frankreich erwarteten Westfront unter der Bedingung der raschen Besetzung Deutschlands durch Truppen der Westmächte. Übrigens verfügten die Amerikaner und Eng-

länder über einen Plan für den Fall des innerdeutschen Zusammenbruchs, den »Rankin Plan«.[73]

Am 9. Juni kam Schulenburg mit dem Sonderstab des Generals von
Unruh nach Paris und war mit seinem Vorgesetzten am selben Abend
zum Essen bei General von Stülpnagel. Der Sonderstab blieb bis 30.
Juli in Paris und bereiste von da aus die Provinz, um Frontdienstfä-
hige zu erfassen.

Gegen Ende Juni kam Stauffenbergs Vetter Oberstleutnant d.R.
Cäsar von Hofacker, mit Schulenburg seit dem Studium befreundet, früher bei den Vereinigten Stahlwerken, seit 1940 im Stab des
Militärbefehlshabers Frankreich für das Referat für Eisen und Stahl
zuständig, aus dem Urlaub nach Paris zurück.[74] Hofacker bemühte
sich, für die deutsche Kriegswirtschaft das Möglichste herauszuho-
len, ohne dadurch die französische Mitarbeit zu verlieren, da diese
die Voraussetzung für den Erfolg war. Das Schlimmste sei, schrieb
er seiner Frau im Januar 1943, als er gerade eine große Denkschrift
über die brutale deutsche Frankreichpolitik seit 1940 abgeschlossen
hatte, daß er als Teil der deutschen Militärregierung täglich gezwungen sei, sich »zum Handlanger einer falschen Politik zu erniedrigen, –
nur um noch Schlimmeres zu verhüten«. »Wieviel konfliktloser, wenn
auch körperlich schwerer ist es draußen an der Front. Und trotzdem
muß man weiterkämpfen. Nach beiden Seiten, der französischen *und*
der deutschen. Denn es geht ja um Deutschland. Um mehr, um Europa.«[75]

Im Juli ritten oder radelten Schulenburg und Hofacker häufig
durch den Bois de Boulogne und besprachen die Pläne der Verschwörung, die Schulenburg auch mit Stülpnagel und mit Freiherr von Falkenhausen beriet.[76] Sie waren einig, daß Hitler getötet werden müsse,
um ein Vakuum zu schaffen, in dem das Militär die schleifenden Zügel
ergreifen könnte.[77] Schulenburg drängte die Pariser Verschwörer, die
Initiative zu ergreifen, wenn sie in Berlin nicht zustande käme oder
wenn der nächste Attentatversuch mißlänge.[78] Aber in Frankreich
konnte man keine Division marschieren lassen, ohne daß das Oberkommando der Wehrmacht und Hitler es erfahren hätten.[79]

Auf Generalfeldmarschall von Rundstedt, den Oberbefehlshaber
West, konnte man nicht hoffen; er hatte auch von Hitler Geld angenommen.[80] Allerdings ließ er die Verschwörer wissen, sie könnten tun,
was sie wollten, nur wolle er nicht die Rolle des alten Hindenburg
spielen.[81]

Rundstedts persönlicher Adjutant, Major z.V. Hans-Viktor von Salviati, Träger hoher Auszeichnungen für Tapferkeit, bemühte sich noch

um den Feldmarschall, gab aber seine Versuche, ihn zum Handeln gegen Hitler zu gewinnen, Anfang 1944 auf. In einer Tagebuchaufzeichnung aus jener Zeit meinte er, eine einige Generalität unter Führung Rundstedts, des ältesten Feldmarschalls, hätte »viel Wahnsinn« verhindern können. Aber niemand habe es gewagt, obwohl alle gewußt hätten, daß Hitlers Führung Deutschland in den Untergang trieb, »daß Deutschland durch die Politik eines Mannes in einen hoffnungslosen Krieg mit fast der ganzen Welt verwickelt wurde, daß der beste Soldat der Erde durch die Führung eines Mannes fast überall geschlagen wird«. Rundstedt trete aus krankhafter Eitelkeit nicht ab, nehme auch nicht die Führung des Reiches in die Hand; die Geschichte werde über ihn sagen, er habe zum Untergang Deutschlands beigetragen.[82]

In langen Gesprächen machten die Pariser Verschwörer Schulenburg klar, daß man von Paris aus erst dann selbständig vorgehen könne, wenn die Westalliierten in Frankreich angegriffen hätten. Dann erst hätte es die deutsche militärische Führung im Westen in der Hand, dem Gegner das Tor zum Reich zu öffnen und zum Sturz Hitlers beizutragen.[83] Es kam also nach Meinung der Beteiligten, die offenbar auch Schulenburg überzeugten, jetzt vor allem darauf an, das Attentat zustande zu bringen.[84] Jedoch stellte sich bei den Gesprächen mit Schulenburg heraus, daß nicht einmal über das Attentat »in der zentralen Leitung« Einigkeit herrschte.[85] Beck, präsumtives Staatsoberhaupt, hatte im Februar den Weg des Attentats freigegeben; Goerdeler, der Kanzlerkandidat der Verschwörer, lehnte es ab, aber nicht konsequent, da er in der durch ein Attentat herzustellenden Lage tätig werden wollte.[86]

Am 30. Juli, nachdem Unruh seine Arbeit in Paris beendet hatte, fuhr Schulenburg mit dem Sonderzug des Stabes nach Berlin zurück.[87] Am 2. August konnte er Olbricht berichten, Stülpnagel sei bereit, mitzuwirken, auch aus eigener Initiative.[88] Hofacker, am 19. August von Rüstungsminister Speer zum Leiter seiner »Außenstelle Zentrale Planung« ernannt, wurde einige Wochen später als »Stabsoffizier z.b.V.« persönlicher Adjutant Stülpnagels und Verbindungsmann der im August und September neu entstehenden Berliner Umsturzzentrale.[89] Allem Anschein nach hatte Schulenburg Hofacker für die Verschwörung gewonnen.

Tresckow ging im Juni wieder an die Front, er blieb noch bis 25. Juli Erster Generalstabsoffizier im Oberkommando der Heeresgruppe Mitte. In Berlin hinterließ er als Nachrichtenübermittlerin zu den Berliner Verschwörern Margarethe von Oven, die er als Büroleiterin im Nachkommando der Heeresgruppe Mitte in der Kaiserallee unterbrachte.[90] Im Hauptquartier der Heeresgruppe Mitte sprachen er und Gersdorff mit dem Oberkommandierenden Generalfeldmarschall von Kluge. Tresckow sagte, Hitler müsse weg; Kluge entgegnete, dazu könne er sich nicht durchringen. Der Feldmarschall hatte 1942 von Hitler 250 000 Reichsmark geschenkt bekommen.[91] Tresckow ließ gegenüber Kluge erkennen, wie anrüchig die Annahme des Geldes von Hitler wäre, wenn er nun nichts gegen den Verderber Deutschlands unternähme, und sagte, er selbst und Gersdorff hätten es schon versucht; darauf sagte Kluge impulsiv: »Kinder, ihr habt mich!«[92]

Inzwischen scheiterte die letzte große deutsche Offensive im Osten (»Unternehmen Zitadelle«), die am 4. Juli begonnen hatte, in der Panzerschlacht von Kursk. Italien war als Verbündeter schon schwankend geworden. Am 10. Juli landeten neun alliierte Divisionen in Sizilien; 280 Kriegsschiffe, 320 Transportschiffe, über 2 000 Landungsfahrzeuge und 3 680 Flugzeuge wurden dabei eingesetzt.[93] Die Türkei tendierte zur Parteinahme für die Alliierten, wenn diese ihr Sicherheit gegen Rußland gewährten; fiel zugleich Italien, geriet der ganze Mittelmeerraum in die Hände der Alliierten, und die deutsche Südflanke war gefährdet.

Am 13. Juli befahl Hitler den Abbruch der Schlacht von Kursk und erklärte Kluge und Manstein, im Westen und Süden sei mit weiteren alliierten Landungen zu rechnen. Kräfte der Ostfront müßten deshalb nach Westen abgezogen werden. Er gab die Hoffnung auf einen Erfolg im Osten auf und verlegte den Schwerpunkt der Kriegsanstrengungen nach Westen. Am 25. Juli wurde Mussolini von seinem Großen Faschistischen Rat abgesetzt, am 26. Juli ließ Hitler Kluge zur Besprechung der neuen Lage kommen. Kluge wies auf die überlegenen Panzer- und Artilleriekräfte der Russen hin, mit denen sie Durchbrüche fast beliebig erzwingen konnten.[94] Bis Ende September wich die deutsche Front mehr als zweihundert Kilometer zurück. Hitler aber sah, wie es in seiner Weisung Nr. 51 hieß, in Italien und in Frankreich die größere Gefahr drohen.[95]

Ende Juli schien der Staatsstreich unmittelbar bevorzustehen. Am 29. Juli kam Tresckow nach Berlin. Er berichtete, Kluge sei »entschlossen« – überzeugt durch das Scheitern der Kursk-Offensive, den katastrophalen Mangel an Ersatz, auch durch den Hinweis auf das Geld, das er sich von Hitler zum sechzigsten Geburtstag hatte schenken lassen.[96]

Kluge würde dem Befehlshaber des Ersatzheeres die Besetzung der Schlüsselstellen der Regierung befehlen, und wenn der den Befehl nicht ausführte, würde Olbricht es tun und mit Tresckow zusammen

Generaloberst Fromm festnehmen.[97] Zwei Tage später sagte Tresckow Kaiser, es sei »alles fertig«.[98]

Am selben Tag gingen Befehle – »Sofort durch Sonderkurier zu befördern!« – an die Stellvertretenden Generalkommandos und Wehrkreiskommandos zur raschen Aufstellung kampfkräftiger Alarmeinheiten im ganzen Heimatgebiet und in den besetzten Gebieten im Fall »innerer Unruhen«. Es handelte sich um eine Neufassung älterer Befehle unter dem Stichwort »Walküre« zur Mobilisierung von Ersatz für die Front.[99]

Als Schulenburg, gerade aus Paris zurück, am 2. August um 9.30 Uhr mit Hauptmann Kaiser sprach, sagte dieser ihm auf seine Frage, »daß Entschluß zum Handeln gefaßt, mehr nicht«.[100] Es ging darum, daß ein Heerführer wie Kluge die Initiative ergriff. Um 11 Uhr kam Goerdeler, aus Königsberg nach Berlin gerufen, ebenfalls in die Bendlerstraße, zu einer zweistündigen Besprechung mit Tresckow und Olbricht.[101] Ergebnis: »M. [Goerdeler] wird orientiert. Plan akzeptiert. Feldh. [Kluge] Vorarbeiten sollen beschleunigt werden.«[102] Dann kam Olbricht mit der Nachricht, die Wehrmacht besetze Italien, die Panzertruppen seien von Berlin fortgezogen, es gebe nur noch eine Panzer-Abteilung in Fallingbostel, »7 St[unden] v[on] hier«. Am Nachmittag stellte sich heraus, daß auch diese Abteilung abkommandiert war.[103]

Die Truppen, mit denen man die Macht ergreifen wollte, waren großenteils nicht mehr verfügbar, die Planungen ohnehin mangelhaft und Tresckow sah, daß er fast von vorne anfangen mußte.

Die obere Führung des Umsturzes sollte noch immer von einem Heerführer im Felde ausgehen. Tresckow brachte den Gedanken vor, Guderian solle die aus seiner Kommandoenthebung im Dezember 1941 herrührende Feindschaft gegen Kluge begraben, beide sollten zusammen den Umsturz einleiten, Guderian sollte dafür Oberbefehlshaber des Heeres werden, Kluge oder Manstein – je nachdem, wer die Führung beim Umsturz ergriffe – hätte die unmittelbar übergeordnete Stelle.[104] Die Verschwörer beschlossen, Olbricht und Tresckow würden an Kluge schreiben und ihn zum »Entschluß« auffordern. Tresckows Brief ging am 3. August ab, Stieff sollte Olbrichts Brief persönlich überbringen. Stülpnagel sollte aufgefordert werden, selbständig zu handeln, falls die Kluge-Aktion mißlänge. Kluge wollte Manstein für einen Staatsstreich gewinnen, ihm die Stelle eines Chefs des zukünftigen Generalstabes der Wehrmacht und womöglich die Initiative antragen.[105] Ein Treffen zweier an der Front stehender Heeresgruppen-Oberbefehlshaber hätte Verdacht erregt, so schickte Kluge Oberst i.G. Freiherr von Gersdorff nach Saporoshe zu Manstein in das Hauptquartier der Heeresgruppe Süd, um die beiderseitigen Auffassungen abzustimmen. Als Vorwand dienten Fragen der Spitzengliederung. Wenn Mansteins Reaktion günstig war, sollte Gersdorff in Kluges Auftrag die Karten der Verschwörung aufdecken und Briefe von Goerdeler und Popitz mit politischen und wirtschaftlichen Angaben überreichen.[106]

Gersdorff suchte Manstein am 8. August auf.[107] Manstein verzeichnete in seinem persönlichen Tagebuch: »Auf mdl. durch Oberst v.G. überbrachte Fragen Kl.« habe er als seine Ansicht »zur außenpol. Frage« gesagt, an eine Friedensmöglichkeit sei zur Zeit nicht zu denken, weil die Gegner den Sieg in erreichbarer Nähe glaubten. Sollte sich doch eine Verhandlungsmöglichkeit ergeben, sei es auch mit Rußland, so sollte man zugreifen; durch ein Gespräch mit Rußland auf Vermittlung Japans könnte man vielleicht die Engländer wenigstens soweit zum Einlenken bringen, daß sie mit der gegenwärtigen deutschen Regierung verhandeln und »die blödsinnige Zumutung, nur mit anderer Reg. verhandeln zu wollen«, aufgeben. »Hauptsache wäre immer einen der Gegner aus dem S[p]iel zu bringen. Jedes Gespräch aber, das von anderer Seite, als dem Führer ausginge, wäre vom Übel, da es dem Gegner eine Spaltung bei uns zeigte. Die Armee kann nie mit so etwas zu tun haben.«

Ein Wechsel der Führung aus Gründen »innerer Schwierigkeiten« komme auch nicht in Frage; jedenfalls sei der »Führer« der einzige Mann, der das Vertrauen des Volkes und der Soldaten besitze. Ferner: »Die Armee hat mit solchen Dingen grundsätzlich nichts zu tun. Sie hat ihren Fahneneid und die Gehorsamspflicht und wird auch stets der Teil sein, der immer treu bleibt. Jeder Gedanke, daß mil. Führer sich in Fragen der pol. Führung mischen, würde bedeuten, daß sie damit die Basis der mil. Unterordnung verlassen, was sich stets gegen sie selbst kehren wird.« Dasselbe gelte in der Frage der militärischen Führung. Gewiß sei »die jetzige Lage Folge von Führungsfehlern«, das heißt von Fehlern Hitlers. »Eine Abgabe des Oberbefehls durch den Führer ist aber völlig ausgeschlossen. Dagegen ist eine vernünftige Organisation der Führung dringend und muß durch Vorstellungen beim Führer erreicht werden.« Der Führer müsse entweder mit einem Wehrmachtgeneralstabschef arbeiten oder den Oberbefehl auch über Luftwaffe und Marine übernehmen und mit den drei Generalstabschefs arbeiten, »wobei von selbst dem des Heeres die ausschlaggebende Stellung zufällt. Dabei muß allerdings erreicht werden, daß der Führer auf seinen Berater hört und nicht alles selbst führen will. Seine Aufgabe als Führer und Feldherr liegt höher: in der pol. Führung des Volkes, die jetzt fehlt, in der außenpolitischen Führung des Krieges, wozu auch die besetzten Gebiete gehören, in der Rüstung und Wirtschaft. Militärisch aber nur in den grundlegenden mil. pol. Entscheidungen.« Es sei Aufgabe Kluges, habe Manstein Gersdorff gesagt, »diese Dinge der mil. Führung dem Führer vorzutragen«, er selbst könne es nicht, »da infolge ausl. Propaganda ich als der Mann, der die Führung haben will, hingestellt bin«.

Manstein teilte den Inhalt seiner Äußerungen zur militärischen Führung am selben Tag auch Zeitzler telephonisch mit. Zur Lage an der Ostfront fügte er hinzu: »Man kann nicht mehr darüber hinweggehen, daß die seit langem überbeanspruchte Truppe jetzt versagt u. daß der Russe sich keineswegs verblutet.« Man könne bestenfalls noch hinhalten; ob und wo die 4. Panzer-Armee zum Stehen kommen werde, sei nicht abzusehen. Die Russen würden nun die Entscheidung suchen, man müsse sich grundsätzlich entscheiden, das Schwergewicht der Kriegführung nach Osten zu legen. Manstein gab Ratschläge, die den Absichten Hitlers zuwiderliefen, und er ging über den ihm unterstellten Befehlsbereich hinaus: »Wird der Russe geschlagen oder wenigstens zum Stehen und Ausbluten gebracht, dann werden wir mit den Westmächten in Europa immer fertig werden. Siegt der Russe, dann geht der Krieg verloren. Wenn aber der Russe jetzt in der geschlagenen Lücke zum Erfolg kommt, die Donezarmeen abschneidet und damit auch H. Gr. A dann ist das Schicksal im Osten entschieden.«[108]

Mansteins Reaktion erlaubte Gersdorff nicht die vollständige Ausführung seiner Aufträge. Nach Gersdorffs kürzerem, aber sonst mit Mansteins Aufzeichnung übereinstimmendem Bericht lehnte Manstein eine politische Betätigung für seine Person ab. Gersdorff berichtet aber auch, was Manstein begreiflicherweise nicht aufzeichnete: »Das Wichtigste war die Feststellung, daß FM. v. Manstein für den Fall eines gelungenen Staatsstreiches voll zur Verfügung stehen würde und das war gewährleistet.« Bei Manstein fehlt auch Gersdorffs ihm gegenüber ausgesprochene Meinung, selbst gemeinsame Vorstellungen der drei Feldmarschalle Kluge, Manstein und Rundstedt würden bei Hitler nichts mehr bewirken können, es müsse jetzt »jedes Mittel« ergriffen werden, um Deutschland vor der Katastrophe zu retten. Manstein sagte darauf: »Ihr wollt ihn wohl totschlagen?« Gersdorff bestätigte es. Manstein sagte, er sei Soldat und werde sich nicht an einer Aktion beteiligen, die nach seiner Ansicht die Armee zerreißen müßte.[109] Dafür, daß die Frage der Ermordung Hitlers zur Sprache gekommen war, liefert auch Manstein selbst in einer Aufzeichnung aus den ersten Nachkriegsjahren einen Hinweis: Er sei der Meinung gewesen, »daß die oberste Führung militärisch unzureichend sei«, daß aber Hitler sich nie zwingen lassen werde, sie abzugeben. »Wenn man an einen Staatsstreich denken wollte, mußte man ihn und seine Hauptstützen als erstes umbringen. Zu so etwas konnte sich aber ein Soldat, noch dazu im Kriege, nicht hergeben. Entscheidend war aber noch, daß die Ermordung Hitlers unter allen Umständen alsbald zum Zusammenbruch der Kampfmoral der Truppe, die im Osten ohnehin weit überbeansprucht war, geführt hätte, also im Endeffekt zur bedingungslosen Kapitulation. Dazu konnte sich kein O.B., der die Verantwortung an der Front trug, m.A. nach hergeben.«[110]

Anfang August sagte Tresckow Goerdeler, 1944 würden die Russen an der ostpreußischen Grenze stehen.[111] Goerdeler bat daraufhin seinen Freund, den schwedischen Bankier Jakob Wallenberg, sofort nach Berlin zu kommen, was dieser nach Überwindung einiger Schwierigkeiten tat.[112] Goerdeler glaubte, die Heerführer seien endlich zum Vorgehen gegen Hitler bereit, und wollte Zusicherungen der Alliierten, um den Umsturz zu ermöglichen. Er bat Wallenberg, die Bereitschaft Churchills zu sondieren, mit Nach-Hitler-Deutschland gemeinsame Sache gegen den Bolschewismus zu machen, die Russen aus Polen und dem Balkan fernzuhalten. Im November 1944 im Gefängnis hielt Goerdeler seine Umsturzhoffnungen vom August 1943 fest: »In Annahme schleuniger Aktion sollte Wallenberg den Anglo-Amerikanern vorschlagen, Berlin, Stuttgart, Leipzig bis 15. 10. 43 nicht ernstlich zu bombardieren.«[113] Berlin, Stuttgart (Heimat der Robert Bosch AG, deren Leiter Goerdelers Gönner war) und Leipzig waren für Goerdeler Zentren der Umsturzbewegung.[114]

Als Goerdeler auf Wallenbergs Frage nach der Methode des Umsturzes meinte, Hitler und Himmler sollten verhaftet und abgeurteilt werden, meinte Wallenberg, ob denn eine ganze Division Verschwörer zur Verfügung stehe, um Hitlers Leibwachen zu überwältigen. Es scheint, als habe Goerdeler von Absichten für die 18. Panzer-Division gewußt und Wallenberg eine Andeutung gemacht. Goerdeler war übrigens so überzeugt, daß der Putsch im September stattfinden würde, daß er schon die Absendung Schlabrendorffs nach Stockholm zu Waffenstillstandsverhandlungen ankündigte.[115] Mitte Oktober verstand Goerdeler von Wallenberg, wie er später im Gefängnis aufzeichnete, »die Engländer seien im wesentlichen mit allem einverstanden«. In Wirklichkeit hatte Wallenbergs Bruder Marcus wegen der offenbaren Aussichtslosigkeit des Ansinnens Churchill gar nicht um eine Antwort auf Goerdelers Vorstellungen gebeten, sondern nur Churchills Bereitschaft, weitere Nachrichten entgegenzunehmen, mitgeteilt.[116] Aber nun mußte Goerdeler Jakob Wallenberg sagen, die Aktion verzögere sich.

Am 9. August berichtete Moltke Hans Lukaschek, der mehrmals an den Kreisauer Beratungen teilgenommen hatte, Hitler solle demnächst samt Göring und Himmler durch eine Panzer-Division in der »Wolfschanze« festgesetzt und dann vor Gericht gestellt werden. Womöglich hatte er erfahren, daß die 18. Panzer-Division, in der Kluges Sohn, Oberstleutnant i.G. Günther von Kluge, Erster Generalstabsoffizier war, in der Nähe Ostpreußens zur 18. Artillerie-Division umorganisiert werden sollte. Noch in der Nacht zum 10. August beendeten Moltke und die Mitarbeiter des Kreisauer Kreises die Schlußredaktion ihrer Anweisungen für Landesverweser nach einem Umsturz.[117]

Der früheste Zeitpunkt für die Auslösung des Staatsstreiches war der 13. August, weil mit Beginn dieses Tages die »Walküre«-Befehle in Kraft traten. Die Wehrkreise hatten seit etwa 1. August den in der neuen Version enthaltenen Befehl, selbständig Vorbereitungen für den Objektschutz zu treffen, ferner konnten sie im Notfall eigenständig die »Walküre«-Maßnahmen in ihrem Bereich auslösen.[118] Der Staatsstreich und die Besetzung der Hauptquartiere Hitlers, Görings, Himmlers und Ribbentrops in Ostpreußen wurde für 13. August erwartet, aber es fehlte an der »Initialzündung«, an Truppen, an Generalen.[119] Hassell sagte schon am 11. August dem Schiffahrtsachverständigen der deutschen Gesandtschaft in Kopenhagen, Georg Ferdinand Duckwitz, wegen Personalschwierigkeiten werde der Umsturz zunächst nicht stattfinden.[120]

Anfang August sollte Stauffenberg sich in München durch eine Reihe von Operationen eine Handgelenk- und Handprothese vorbereiten lassen.[121] Am 7. August fuhr er von Lautlingen nach Jettingen und am 9. weiter nach München.[122] Er mußte aber alles um vier Wochen verschieben, weil ein Geschoßsplitter aus dem rechten Arm zu eitern begann. Er ließ sich in München nur ein Glasauge einsetzen.

Zugleich rief General Olbricht Stauffenberg nach Berlin, Stauffenberg fuhr hin, blieb einige Tage in Berlin und wohnte bei seinem Bruder. Er suchte den Chef des Generalstabes im Stellvertretenden Generalkommando III. Armee-Korps (Wehrkreis III), Generalmajor von Rost auf, der seit Anfang 1943 an der Verschwörung beteiligt war. Im Generalkommando in der Hohenzollernstraße 144 sprach er mit ihm über die erforderlichen Maßnahmen.[123] Aber er konnte nicht, ohne aufzufallen, häufig bei Olbricht und anderen Verschwörern in Berlin erscheinen, solange er nicht wieder im Dienst war; wegen noch andauernder Rekonvaleszenz war geplant, daß er seinen Dienst bei Olbricht am 1. November antreten würde. Generalstabsoffiziere mit den roten Hosenstreifen waren besonders »sichtbar« und mußten dementsprechend vorsichtig sein. In den letzten Augusttagen fuhr Stauffenberg über Bamberg nach Lautlingen, um sich mit seinem Bruder Berthold und Rudolf Fahrner zu treffen. Seine Frau bemerkte in Bamberg eine starke Veränderung an ihm und sagte, er spiele wohl »Verschwörerles«; Stauffenberg gab ihr recht.[124] Namen nannte er nicht und sagte seiner Frau, je weniger sie wisse, desto besser sei es für sie. Aber sie konnte aus dem wenigen, was er von Berlin erzählte, einiges schließen.[125]

Als Tresckow Ende Juli sah, wie ungenügend der Staatsstreich vorbereitet war, entschloß er sich am 1. August, auf die ihm verordnete Kur im Heereserholungsheim in der Elmau zu verzichten und sich stattdessen ganz der militärischen Vorbereitung des Umsturzes zu widmen. Er bezog mit seiner Frau das Haus seiner Schwester, Frau von Arnim, in Babelsberg.[126] Als Basis diente ihm das Nachkommando der Heeresgruppe Mitte in der Kaiserallee in Berlin.[127] Er sagte seiner Frau, es sei viel zu wenig geschehen.[128] Er bearbeitete die von früher vorliegenden Befehls- und Verordnungsentwürfe, die Olbricht verwahrte.

Hitler und seine Gehilfen hielten sich seit Ende Juni in der »Wolfschanze« auf. Tresckow arbeitete also zugleich einen Plan aus zur Besetzung der Hauptquartiere Hitlers, Görings, Himmlers und Ribbentrops in Ostpreußen. Hier würde man ihrer habhaft werden, mit oder ohne Attentat. Der Plan war auf die Leitung des Unternehmens durch Tresckow eingestellt. Auf Grund eines Befehls vom 7. September 1943 war die 18. Panzer-Division in die 18. Artillerie-Division umzubilden. Ihr Gefechtstand würde in Wilna liegen. Tresckows Plan mit der Überschrift »Kalender. Massnahmen« sah den Einsatz der Division bei der Besetzung der Hauptquartiere vor. Ihr Kommandeur, Generalmajor Carl Philipp Tholte, hatte eine enge Beziehung zu Beck; Kluges Sohn war sein Erster Generalstabsoffizier. Ein Kavallerie-Regiment unter Oberst Georg von Boeselager war ebenfalls für den Einsatz in Ostpreußen vorgesehen.[129]

Die Maßnahmen würden zum Zeitpunkt »x-24 [Stunden]«, 24 Stunden vor dem Attentat einsetzen mit der »Orientierung Berlin«; diese Orientierung, die Nachricht vom bevorstehenden Attentat anläßlich einer Uniformvorführung, hatte Kuhn nach Berlin zu übermitteln. Zugleich sollte General der Infanterie Gercke alle »SS-Transporte durch das Reich« feststellen bzw. unterbinden, und ebenfalls 24 Stunden vor »x« war der Ausbildungsoffizier (Id) des Oberkommandos

der Heeresgruppe Mitte »zu einer Id-Besprechung« in das Oberkommando des Heeres in »Mauerwald« zu bestellen. Dieser Id war Major
i.G. von Oertzen, der, von Tresckow aufgefordert, am 16. September
seinen am 9. des Monats in Bellin begonnenen Urlaub abbrach und
nach Berlin kam, um an den Planungen im September 1943 mitzuar-
beiten. Ebenfalls 24 Stunden vor »x« war der »Führungsstab zbV«,
also Tresckow, zu benachrichtigen und »seine Erreichbarkeit« festzustellen. Für »x-12« sah der Kalender das »Einleiten einer Übung«
vor, also die Vormobilisierung der im Wehrkreis I (Königsberg) gelegenen Truppen nach dem »Walküre«-Plan und die »Übersiedlung
des OB.« Generalfeldmarschall von Witzleben. General der Artillerie
Fritz Lindemann hatte die militärische Besetzung der Hauptquartiere
zu leiten. Vier Stunden vor dem Attentat hatten die »Abschaltvorbe-
reitungen« zur Isolierung der Hauptquartiere und die Sicherung der
Rundfunksender unter dem Befehl von General Fellgiebel zu beginnen. »x+10 [Minuten]« war ein Stichwort nach dem gelungenen
Attentat nach Berlin durchzugeben. Fünfundzwanzig Minuten nach
dem Attentat war der Kommandant der »Wolfschanze« der Umsturzführung zu unterstellen, der 18. Artillerie-Division in Wilna Marschbereitschaft und die sofortige Entsendung eines verstärkten Bataillons
über Kowno nach Gumbinnen sowie der baldmögliche Abmarsch der
Masse der Division zu befehlen. Dreißig Minuten nach dem Attentat
waren ein erster Aufruf und ein Tagesbefehl vom Sender Heilsberg
auszustrahlen, eine halbe Stunde später der Tagesbefehl durch Fernschreiben den Heeresgruppen, selbständigen Armee-Oberkommandos, Militärbefehlshabern in den besetzten Gebieten sowie den Wehrmachtbefehlshabern im Reich bekanntzugeben. Die »Wolfschanze«
war zu sichern, der Schutz des OKH-Quartiers »Mauerwald« mit dem
»Gefechtstand« der Umsturzführung zu gewährleisten, Himmlers
Feldkommandostelle »Hochwald« bei Großgarten durch ein Bataillon des Jäger-Ersatz-Regiments 1 aus Arys weiträumig zu umzingeln,
SS-Kräfte zu entwaffnen, ein »Offz. Spähtrupp« zu Görings Quartier
»Robinson« bei Rominten bzw. Goldap zu entsenden, Ribbentrops
Quartier im Schloß Steinort durch ein »Jagdkommando« zu sichern.
In Berlin waren analoge Maßnahmen zu ergreifen.

Mit Wirkung vom 10. Oktober wurde Tresckow der Führerreserve
der Heeresgruppe Süd überstellt und mit der Führung des Grenadier-
Regiments 442 beauftragt, das zur 168. Infanterie-Division der 8.
Armee in Mansteins Heeresgruppe Süd gehörte. Am selben Tag reiste Tresckow an die Front. Seiner Frau sagte er, er sei froh, »daß nun
jemand da war, der in der Heimat seine [sic] Dinge in die Hand nahm,

sie weitertrieb und – nicht wie zuvor – einfach in tausend Kanälen versickern ließ«.[130] Er war schon unter dem Datum des 20. September 1943 in einer Liste des Heerespersonalamts für die Stelle des Chefs des Generalstabes der 2. Armee vorgesehen. Die zeitweilige Führung eines Regiments diente der Vervollständigung seiner Qualifikation.[131] Tresckow erhielt nur die besten Beurteilungen: »Takt., operativ u. organ. gleich gut. Scharfer Verstand. Vielseitig gebildet u. interessiert. Körperl. jed. Anstrengung gewachsen. Ein Chef, wie man ihn sich wünscht. Operative Begabung, hervorra. Org. Talent. Vorbildl. Auffassung des Offz. Korps. Weit über Durchschnitt (Spitzengruppe). Eignung z. H. Gr.-Chef, Div.Kdr. [...] Zur vorzugsweisen Beförderung z. Gen. Maj. voll geeignet.«[132]

Tresckow flog von Berlin nach »Mauerwald« und dann zusammen mit Stieff nach Kirowograd zum Oberkommando der 8. Armee. Oberbefehlshaber der 8. Armee war General der Infanterie Otto Wöhler, der von April 1942 bis März 1943 Chef des Generalstabes im Oberkommando der Heeresgruppe Mitte gewesen war. Stieff und Tresckow berichteten Wöhler und seinem Chef des Generalstabes, Generalmajor Dr. Hans Speidel, »über die Kerne der Widerstandsbewegung gegen Hitler und über mißglückte Attentatsversuche«. Dann bat Tresckow Wöhler für den »Notfall« um ein Flugzeug. Wöhler verstand sofort und sagte es zu. Am 14. Oktober erreichte Tresckow sein Regiment.[133] Fünf Wochen später schon rief in der Nacht der Divisionskommandeur an mit dem Befehl: »Regiment sofort übergeben und noch am 19. [11.] zum A.O.K., von dort Weiterleitung zu neuer Verwendung.« Vom Hauptquartier der 8. Armee, von wo Tresckow wegen Nebel eine Woche lang nur etappenweise von Flugplatz zu Flugplatz weiterkam, gelangte er über Ostpreußen (Lötzen) schließlich am 1. Dezember zur 2. Armee in Petrikow in der Pripjet-Gegend. Unterwegs suchte er am 25. November Manstein im Oberkommando der Heeresgruppe Süd in Sossewka auf, zehn Kilometer nördlich Winniza, und sprach lange mit dem Feldmarschall, der ihn, »immerhin Fortschritt«, »nachts nochmal in sein Schlafzimmer kommen« ließ und »trotz noch immer Differenz sehr herzlich« war.[134] Am Ende sagte Tresckow, wenn Hitler, der ja krank sei, einmal ausfiele, dann könne man doch nicht Göring und Himmler heranlassen. Manstein und Tresckow waren sich »völlig einig darüber, daß unsere oberste mil. Führung falsch führe«. Manstein vertrat aber immer noch den Standpunkt, die einzige Aussicht auf einen erträglichen Ausgang des Krieges liege im Weiterkämpfen unter Hitler, um vielleicht noch ein Remis im Krieg zu erreichen. Ein Umsturz und Attentat gegen Hitler müsse zum Zusammenbruch der

Kampfmoral führen und damit alle Aussichten verderben. Der einzige Ausweg sei, »daß es gelänge, Hitler in Güte dazu zu bewegen, wenigstens die Führung im Osten, möglichst aber überhaupt abzugeben, wenn auch nicht offiziell, so doch de facto durch Einsetzung eines verantwortlichen Gen. St. Chefs«. Manstein schrieb nach dem Krieg, diesen Weg habe er dreimal vergeblich versucht, das Gespräch mit Tresckow sei nur um die Frage des Wechsels der militärischen Führung gegangen, politische oder moralische Argumente habe Tresckow nicht vorgebracht; die nach dem Krieg bekanntgewordenen Verbrechen (»Greuel«) in der Heimat und in den rückwärtigen besetzten Gebieten, von denen Manstein »ebensowenig wußte, wie alle Soldaten, die seit Jahren durch ihre Aufgaben an der Front voll in Anspruch genommen waren«, habe Tresckow nicht erwähnt, »nicht einmal den ihm doch wohl bekannt gewordenen Fall Borissow«. Manstein fand, Tresckow sei bei aller Klugheit einer derer, »die zuviel hören durch ihre Kenntnis vieler Menschen und dadurch zum Pessimismus kommen«. Tresckows Vertrauen zu Manstein sei ja immer sehr rührend, »aber unsere Auffassungen sind doch völlig verschiedene«.[135]

Parallel zur Bemühung um Manstein ging das Ringen um Kluge weiter. Am 2. August erklärte Olbricht sich bereit, mit Stieff zusammenzutreffen.[136] Am 6. August schrieb Stieff seiner Frau, er sei heute überraschend für einen Tag in Berlin. An diesem Tag stellte Tresckow ihn Generaloberst Beck vor.[137] Anschließend fuhr Stieff wieder nach Ostpreußen und von da einige Tage später zum Hauptquartier des Oberkommandos der Heeresgruppe Mitte in Smolensk, wo er am 13. August Kluge den Brief von Olbricht überbrachte, und berichtete als Ergebnis: »Auf ihn kann man jedenfalls zählen.« Aber Kluge lehnte es ab, Hitler »vor einen Zwang« zu stellen.[138]

Vom 2. bis 9. September 1943 war Stauffenberg in Lautlingen und traf seinen Bruder Berthold, der dazu Urlaub nahm.[1] Am 2. September, einem Donnerstag, telegraphierte Berthold an Rudolf Fahrner nach Überlingen: »Erwarte Sie Freitag oder Samstag.«[2] Fahrner blieb mehrere Tage. Zu dritt besprachen sie die Übertragung der Odyssee durch Frank Mehnert, Alexander Stauffenberg und Fahrner (der siebte Gesang war gedruckt, der achte noch in Arbeit) sowie Fragen aus allen Gebieten – »Staat und Religion, Arbeiterfragen, Bauernfragen«.[3] Fahrner äußerte seine Empörung über die Verfolgung der Juden.[4] Berthold Stauffenberg war am 7. September wieder in Berlin und traf dort Moltke, Steltzer, Yorck und Trott.[5]

In diesen Tagen – am 7., 8. und 9. September – war Oberst i.G. Stieff, der Chef der Organisationsabteilung im Generalstab des Heeres, in Berlin zu einer Waffensitzung und besprach sich am 9. in seiner Wohnung in der Sybelstraße mit Tresckow, der ihm zum erstenmal von den Versuchen des März 1943 berichtete. Nun sollte ein Anschlag in den Tagen um den 20. September stattfinden; Rudolf Fahrner erinnerte sich auch an den 14. Oktober als Termin, Kuhn an den 20. Oktober.[6] Man hoffte anscheinend noch auf Kluge, dem Goerdeler im September in Olbrichts Wohnung in Berlin, in Anwesenheit Becks, seine Auffassung von den außenpolitischen Möglichkeiten auseinandersetzte.[7] Eine Vorführung neuer Panzerabwehr- und Infanteriegeschütze vor Hitler fand am 1. Oktober statt.[8] Stieffs Anwesenheit wäre durch seine Dienststellung motiviert gewesen. Da nur Stieff damals in der Lage war, ein Attentat auszuführen, muß Stieff es zugesagt haben, wie seine Frau aus dessen Brief vom 6. August entnahm. Doch wurde nichts aus diesen Anläufen.[10]

Stauffenberg dachte seinen Dienst im Allgemeinen Heeresamt bei General Olbricht am 1. November anzutreten. Am 9. September fuhr er wieder nach München, um sich den vorbereitenden Operationen für eine Handprothese zu unterziehen, im Reservelazarett München I bezog er wieder sein Zimmer, das er mit Oberleutnant Prinz zu Löwenstein teilte. Hier erhielt er kurz darauf einen Telephonanruf von General Olbricht, der ihn aufforderte, sofort nach Berlin zu kommen. Löwenstein hörte ihn sagen, er sei noch in Behandlung, auf eine weitere Äußerung Olbrichts sagte er »jawohl, Herr General« und als er aufgelegt hatte »so, jetzt brauche ich einen Schlafwagen nach Berlin«.[11]

Stauffenberg fuhr also von München über Bamberg, wo er sich seine Uniform aus der Zeit vor Afrika holte, nach Berlin.[12] Am 14. September schrieb er Fahrner aus der Tristanstraße 8 in Wannsee, der Wohnung seines Bruders, seine Operation sei abermals verschoben, »und da hier dringende Arbeit vorliegt, bin ich den Bitten meiner Oberen gefolgt und nutze die Zeit zur Einarbeitung und Hilfe«. Wenn Fahrner das nächstemal hier durchkomme, werde er wohl Berthold und ihn zusammen antreffen.[13] Mit Wirkung vom 15. September war er als Chef des Stabes im Allgemeinen Heeresamt zu General Olbricht kommandiert, dessen Dienststelle dem Chef der Heeresrüstung und Befehlshaber des Ersatzheeres, Generaloberst Fromm, unterstand. Stauffenbergs Vorgänger, Oberst i.G. Reinhardt, führte ihn noch ein, seine Aufgaben waren den früheren in der Organisationsabteilung ähnlich. Am 1. Oktober trat Stauffenberg seinen Dienst endgültig an.[14]

Bald zog der Onkel Nikolaus Graf Üxküll auch in die Stauffenbergsche Wohnung in Wannsee, um Claus bei den täglichen Dingen zu helfen.[15] Er hatte lange zur Tat gedrängt und meinte, äußerlich sei es für die Rettung des Reiches zu spät, aber die Dokumentation der Gegnerschaft gegen das Verbrecherregime habe noch Sinn. Wenn überhaupt Aussicht auf einen Umsturz bestehe, dann nur, weil Stauffenberg nun dazugekommen sei und den jahrelangen Bemühungen endlich Form gebe.[16]

Zur Führung des Haushalts wurde Ende Oktober oder Anfang November durch Vermittlung von Graf Üxkülls Tochter Olga (»Dusi«) Annabel Siemens gewonnen, die Tochter einer Schwester von Peter Graf Yorck, mit Stauffenberg verwandt und verschwiegen.[17] Mika Stauffenberg führte Annabel bei Claus und Berthold in ihre Aufgaben ein und regelte mit ihr beim Arbeitsamt die Anstellung. Berthold arbeitete und wohnte seit dem schweren Luftangriff des 23. November, als das Dienstgebäude des Oberkommandos der Marine in Berlin verbrannte, in dessen Ausweichquartier in Eberswalde, seit Januar in Bernau. Nach Berlin kam er zu Besprechungen oder am Wochenende, immer in seiner blauen Marineuniform.[18]

Annabel Siemens kam zunächst nur tagsüber, um die Wohnung in Ordnung zu bringen, die Wäsche zu besorgen und das Abendessen, an dem sie nie teilnahm. Stauffenberg war gewöhnlich morgens schon von seinem Fahrer abgeholt worden, wenn sie kam, und kam abends erst, nachdem Annabel schon weg war. Gelegentlich kam Stauffen-

Tristanstraße 8 in Berlin-Wannsee (Foto um 1988).

bergs Fahrer Schweizer während des Tages, um das Glasauge zu holen, wenn Stauffenberg zu einem höheren Vorgesetzten mußte.

Nur wenige Male, im Februar 1944, kam es zu Gesprächen Annabels mit Stauffenberg, wenn sie während einer kurzen Reise Graf Üxkülls mit Stauffenberg frühstückte. Bei einer dieser Gelegenheiten erhob sich Stauffenberg mit den Worten: »Jetzt muß ich wieder an meinen Schreibtisch und Zehntausende in den sinnlosen Tod schikken.« Auf die Frage Annabels, was das bedeute, erklärte er ihr, er habe für Ersatz für die Ostfront zu sorgen.

Bei einer anderen Gelegenheit wollte Stauffenberg von Annabel wissen, ob sie glaube, man müsse sein eigenes Seelenheil opfern, um Zehntausende zu retten, worauf sie ohne zu zögern »ja« sagte. Von der Verschwörung hatte sie keine Ahnung, sie wußte nur, daß viele Besprechungen in der Wohnung stattfanden und konnte die Zahl der abendlichen Gäste am nächsten Morgen aus der der benützten Gläser entnehmen. Seit der Weihnachtszeit blieb sie auch über Nacht, weil sie sonst auf dem Heimweg fast immer Stunden in öffentlichen Luftschutzkellern zubringen mußte. Im März oder April 1944 sagte Graf Üxküll ihr plötzlich, sie werde nicht mehr gebraucht.[19] Man wollte sie nicht gefährden.

Zur Ausführung des Staatsstreiches arbeiteten Stauffenberg und seine Mitverschworenen, teils auf Grund bisheriger Entwürfe, weitere genaue militärische und politische Pläne aus: 1. Militärische Mobilisierungs- und Einsatzbefehle sowie eine neue Kriegsspitzengliederung, die im dritten Abschnitt dieses Kapitels beschrieben werden. 2. Verbindung des militärischen mit dem politischen Bereich durch Aufstellung politischer Beauftragter für die militärischen Befehlsbereiche im Reich, die im folgenden zweiten Abschnitt beschrieben werden. 3. Politische Zielerklärungen, die im vierten Abschnitt stehen.

Verbindung zu zivilen Gruppen

Oberst i.G. Bürker, damals Chef der Organisationsabteilung des Wehrmachtführungsstabes, erfuhr von Major i.G. Klamroth, der bis März 1942 in Rußland Ib der 10. Panzer-Division und dann Id der 4. Armee gewesen und seit Februar 1943 in der Organisationsabteilung des Generalstabes tätig war, ein Kreis von Generalstabsoffizieren befasse sich mit Umsturzplänen, Stauffenberg gehöre zu ihnen.[20] Bürker bat Stauffenberg – im September 1943 – in sein Büro am Tirpitzufer und legte ihm, wie im Winter 1941/42, seine Ansicht dar, der Mangel an Menschen, Munition und Betriebsstoff könne nur in eine Katastrophe führen. Auf Stauffenbergs Frage nach Bürkers Folgerungen fragte dieser zurück, wer hinter den Plänen stehe, von denen er gehört habe. Stauffenberg nannte nur Beck. Bürker erklärte, er halte Beck für entscheidungsschwach. Überdies sei mindestens ein Feldmarschall mit seinem Befehlsapparat nötig, um einen Staatsstreich mit durchschlagenden Maßnahmen zu unterstützen. Himmlers Polizei- und Spitzelsystem sei ein gefährliches Hindernis.

Aus Stauffenbergs Antworten und aus eigener Erinnerung an den Hitlerputsch von 1923, den er als neunzehnjähriger Fähnrich im II. Lehrgang der Infanterieschule München miterlebt hatte, schloß Bürker, der geplante Umsturz habe keine Aussicht auf Erfolg. Er sagte

Stauffenberg, er glaube, das gebe »nur einen ganz gewöhnlichen Offiziersputsch«. Stauffenberg meinte: »Das fürchte ich manchmal auch.« Die »Errichtung einer, allerdings vorübergehenden Militärdiktatur«, in der Verschwörung »Vollziehende Gewalt« umschrieben, die Stauffenberg am 3. Februar 1943 Kuhn gegenüber erwähnte, sollte nur die ersten Tage überbrücken. Er nahm nun bald Verbindung auf zu Sozialdemokraten und Gewerkschaftsführern.[21] Bürker meinte, es sei zu spät, aber Stauffenberg antwortete schroff: »Es ist nie zu spät!«

Einen oder zwei Tage später rief Bürker Stauffenberg noch einmal zu sich und sagte ihm, sein Herz gehöre seinen Plänen, aber sein Verstand beurteile die Aussichten nicht so, daß er sich zur Teilnahme entschließen könnte. Einige Tage später ließ Olbricht Bürker zu sich rufen, um mit ihm über die Gesamtlage zu sprechen, ohne aber die Umsturzpläne zu berühren. Anschließend ging Bürker kurz zu Stauffenberg und sah auf seinem Schreibtisch ein Bild seiner Kinder. Stauffenberg zeigte darauf und sagte: »Für die tue ich das.«

Stauffenberg meinte in Gesprächen mit seinem Freund Oberstleutnant i.G. Peter Sauerbruch Ende 1943 und Anfang 1944, die Bedeutung der Weimarer Republik sei von vielen damals Führenden nicht erfaßt worden, zumal die Führung des Heeres sei von ihrem Chef Generaloberst von Seeckt politisch und gesellschaftlich isoliert worden. Stauffenberg zeigte sich beeindruckt von der Haltung der SPD im Reichstag im März 1933. In der Republik sei eine Chance versäumt worden. Deshalb suche er das Gespräch mit Gewerkschaftführern und Sozialisten.[22] Peter Graf Yorck vermittelte im Herbst 1943 Stauffenbergs Verbindung mit Julius Leber.[23]

Stauffenberg und Leber trafen sich in der Sorge um die Arbeiterklasse und um die im Feld stehenden Soldaten. Weitere Gemeinsamkeiten ergaben sich aus Lebers vier Jahren Frontdienst im Ersten Weltkrieg mit Beförderung zum Offizier und Auszeichnungen, aus Lebers Tätigkeit als Reichstagsabgeordneter der SPD und Experte für Wehrfragen.[24] Leber war auch so katholisch gebunden, daß er 1944 mit seiner evangelischen Frau über deren Übertritt zum Katholizismus sprach.[25] Fahrner hörte Anfang Juli 1944 - kurz vor Lebers Verhaftung – von Stauffenberg Äußerungen großer Achtung und Zuneigung zu Leber; Stauffenberg habe nahes Zusammenwirken mit Leber nach der Erhebung erwartet.[26]

In den Monaten seit seiner Ankunft in Berlin lernte Stauffenberg an der Verschwörung Beteiligte kennen wie Ulrich Graf Schwerin von Schwanenfeld, Eduard Brücklmeier, Eugen Gerstenmaier, Carl Friedrich Goerdeler, Jens Peter Jessen, Ulrich von Hassell, Johannes Popitz,

Hermann Maaß, Julius Leber, Wilhelm Leuschner, Jakob Kaiser, Max Habermann.[27] Er überlegte auch mit ihnen die Zusammensetzung einer Übergangsregierung. Er sprach sich gegen Goerdeler als Kanzler aus und fragte in einem Gespräch Leuschner, ob es nicht richtiger wäre, wenn ein Vertreter der Arbeiterschaft die Führung übernähme. Leuschner und Leber wollten wohl mit einem geschlossenen Block der Linken entscheidenden Einfluß auf die Gestaltung der Zukunft nehmen, aber nicht – wie die Sozialdemokraten es 1918 getan hatten – in der ersten Übergangsregierung die Hauptverantwortung für die Liquidation des Krieges übernehmen. Allenfalls wollten sie mit Leuschner als Vizekanzler, Leber als Innenminister vertreten sein.[28]

Stauffenberg hatte Verbindungen zu Moltke aus der Zeit vor dem Krieg über seinen Bruder Berthold und den Vetter Hans Christoph Freiherr von Stauffenberg, der Moltke in London kennengelernt hatte. Berthold Stauffenberg hatte oft in Fragen des Seekriegsrechts mit Moltke zu tun.[29] Moltke hatte schon lange um Berthold Stauffenbergs Teilnahme an seinen Vorstellungen und Plänen geworben.[30] Als Moltke sich mit Überlegungen für die Neuordnung nach Hitlers Sturz befaßte und deswegen mit Karl Ludwig Freiherr von und zu Guttenberg Verbindung aufnahm, hatte Guttenberg Moltke mit Freiherr von Stauffenberg zusammengebracht, der ebenfalls in der Abwehr arbeitete. Am 2. September 1941 sprachen sie über Möglichkeiten des Umsturzes. Moltke meinte, er und seine Freunde seien keine Verschwörer, sie dürften sich an einen Umsturz nicht wagen, das könne nur mißlingen.[31] Aber sie müßten sich überlegen, was zu geschehen hätte, wenn Hitler irgendwie umkäme, wenn ihn jemand erschösse oder wenn er mit dem Flugzeug abstürze.[32] Im Lauf der Jahre arbeiteten sie schriftlich Grundsätze für die Neuordnung aus.[33]

Moltke sah das Ende längst voraus. Die Niederlage und Beseitigung Hitlers hielt er für unabwendbar, als er im Herbst 1940 dem amerikanischen Diplomaten George Kennan sagte, seine schlesische Heimat werde an die Tschechen oder Polen fallen; das sei traurig, aber nicht wichtig. Es ging ihm nicht um Grenzen, sondern um das Recht und das Bild des Menschen.[34] Praktisches Handeln bedeutete ihm nicht so sehr die Beseitigung des Regimes zur Erhaltung des deutschen Staates in seinen vor dem Krieg anerkannten Grenzen, sondern tägliche Bemühung um Rettung von Menschenleben im Rahmen der durch seine Dienststellung gegebenen Möglichkeiten sowie die Vorbereitung auf die Zeit nach Hitlers Sturz.[35]

Am 8. Januar 1943 trafen Moltke, Yorck, Trott, Schulenburg, Gerstenmaier einerseits und Goerdeler, Hassell, Popitz andererseits unter

Vorsitz von Beck in Yorcks Lichterfelder Wohnung in der Hortensienstraße 50 zusammen. Moltke versuchte, über seine »Grundsätze«
zu sprechen. Goerdeler, Hassell, Popitz suchten den Weg zum baldigen Umsturz, Moltke und seine Freunde hielten das für aussichtslos,
weil die allein dazu fähigen Militärs es nicht wagen würden.[36] Hassell
fand, Moltke identifiziere sich ganz mit der angelsächsischen Politik.[37]
Am 21. Januar 1943 schrieb Moltke, er sei zu sehr davon überzeugt,
daß sich in der Frage des gewaltsamen inneren Umsturzes nichts tun
lasse, er halte die Geschäftigkeit der andern für sinnlos.[38] Er war ganz
sicher, daß er und seine Mitdenker im »Kreisauer Kreis« – Führer der
Gewerkschaften, Sozialdemokraten, Kirchen – nach dem Sieg der Alliierten gehört würden, daß ihre Entwürfe Gewicht hätten. Angesichts
der abgrundtiefen Schlechtigkeit der nationalsozialistischen Herrschaft
dachten viele Gegner des Regimes, die Alliierten seien viel gutwilliger,
als die Propaganda sie hinstellte und als sie es tatsächlich waren.[39]

Nach Claus Stauffenbergs schwerer Verwundung und erstaunlich rascher Wiederherstellung gewannen die Beziehungen zwischen
den Stauffenbergs und Moltke seit Juli 1943 einen neuen Charakter. Berthold Stauffenberg rückte näher an den Kreis um Moltke und
erschien in Moltkes Briefen oft im Zusammenhang mit den Namen
Steltzer, Yorck, Trott und Hans-Bernd von Haeften.[40]

1943 gingen zugleich immer häufiger Freunde Moltkes auf »Abwege«, wie Moltke es nannte: Sie beteiligten sich an Umsturzplänen
und seine »Garde« bröckelte.[41] Unter der Ausstrahlung Stauffenbergs
verlor Moltke einen Teil seines Einflusses, er rang mit Yorck und
warb zugleich um Claus Stauffenberg, dessen Ungestüm durch eine
Aktion die Moltke verbundenen Menschen in tödliche Gefahr bringen könnte.[42] Yorck unterrichtete Stauffenberg über die Gespräche
unter den Mitdenkern Moltkes; Stauffenberg war mit deren Ergebnissen ganz einverstanden.[43] Durch Vermittlung Yorcks entstand
im Herbst 1943 ein enges Vertrauensverhältnis zwischen Stauffenberg und Leber, der zu Moltkes Kreis gehörte, aber wie auch Stauffenberg von theoretischen Entwürfen wenig hielt.[44] Ende November
1943 fand Moltke, Leber habe sich in das blödsinnige »Rezept« der
Umsturzverschwörung einspannen lassen.[45] Yorck versicherte Stauffenberg um Weihnachten 1943, er würde stets an seiner Seite stehen.[46]
Oberleutnant Werner von Haeften, der in der Generalquatiermeister-
Abteilung des OKH arbeitete, war von Stauffenberg so beeindruckt,
daß er sich auf dessen Wunsch zu ihm versetzen ließ.[47]

Aber Moltke selbst war nicht so bedingungslos gegen den Umsturz.
Am 14. September 1943 sagte er bei einem Besuch in Brüssel General

von Falkenhausen, dem Militärbefehlshaber für Belgien und Nordfrankreich, trotz aller Bedenken müsse man Hitler physisch beseitigen.[48] Auch Gräfin Yorck erinnerte sich, daß Moltke nicht so sehr
gegen das Attentat war, als gegen aussichtlose Aktionen – gegen die
Umtriebe derer, die Stauffenberg 1942 »Bombenschmeißerle« genannt
hatte.[49] Unter dem Eindruck der Persönlichkeit und Tatkraft Stauffenbergs milderte Moltke zwischen August und Dezember 1943 seinen Standpunkt.[50] Moltke wollte einer etwa doch gegebenen Möglichkeit nicht im Wege stehen und hat seit dem Eintritt Stauffenbergs
in die Verschwörung selbst versucht, die Voraussetzungen herbeiführen zu helfen.[51] Gerstenmaier erinnerte sich nicht, daß Moltke gegenüber den Brüdern Stauffenberg oder auch Schwerin, der sie öfter zu
den Zusammenkünften bei Yorck begleitete, je prinzipielle Einwände
geltend gemacht hätte.[52]

Stauffenbergs energiegeladenes Tätertum führte zu »Reibungen«
mit Moltke im militärischen Sinn des Wortes. Moltke wirkte im persönlichen Umgang kühl, auch hochmütig.[53] Stauffenberg hatte sich nur
zögernd mit der bestehenden Umsturzverschwörung verbunden; wie
Moltke hielt er sie für wenig vertrauenerweckend. Aber nun hatte er
sich festgelegt und alle Zweifel abgelegt; auch Moltke hatte sich weit
in die Umsturzverschwörung eingelassen. Stauffenberg fand Moltke
unsympathisch, war aber beeindruckt von Moltkes Gedanken der freiwilligen Landaufteilung.[54] Moltkes in Fragen des »Reichs« resignierte
Haltung, sein Gleichmut gegenüber den alliierten Kriegszielen und der
Abtrennung deutscher Gebiete, seine erklärte Bereitschaft, den Westmächten zu helfen, den Krieg zu gewinnen,[55] mußten Stauffenberg, der
das Reich retten wollte, befremden. So ist seine Äußerung zu Kuhn zu
verstehen, die Zeit des Teetrinkens und Debattierens sei vorbei.[56] Und
schließlich wollte Stauffenberg natürlich das Gefühl haben, daß seine
Bemühungen, für die er sein Leben einsetzte, unterstützt würden. Die
kritische Haltung, die er bei Moltke wahrnahm, mußte ihn irritieren.

An einem Abend im November fuhr Stauffenberg mit Annabel Siemens in die Hortensienstraße 50 zu Yorcks zu einer Besprechung, an
der unter anderen Yorck, Moltke und Gerstenmaier teilnahmen. In
der Küche kochten die Frauen Mus aus Backpflaumen, Gerstenmaier
kam herein und probierte. Nach einer oder zwei Stunden kam Stauffenberg, weiß im Gesicht, in die Küche und sagte Annabel Siemens:
»Wir fahren nach Hause.« Im Auto sagte er: »Kann diesen Menschen
nicht ertragen, diesen Helmuth Moltke.«[57]

Moltke schätzte aber Stauffenberg mehr als dessen ihm weich
erscheinenden Bruder Berthold.[58] Tatsächlich waren die Ergebnisse

der Beziehung zwischen Stauffenberg und Moltke von der Verschiedenheit der Auffassungen kaum beeinträchtigt.[59]

Tresckow brachte Stauffenberg im Herbst 1943, anscheinend Mitte September, mit Goerdeler zusammen.[60] Goerdeler fand ihn hochgesinnt und schätzte ihn. Im November 1944, zwei Monate nach seiner Verurteilung zum Tode, schrieb Goerdeler im Gefängnis nieder, Stauffenberg habe sich als Querkopf erwiesen, der auch Politik machen wollte, einen unklaren Kurs mit Anlehnung an Linkssozialisten und Kommunisten verfolgte.[61]

Stauffenberg nahm in der Frage des Attentats eine eindeutige Haltung ein, Goerdeler eine unklare. Goerdeler war aus religiösen und moralischen Gründen dagegen, drängte aber zugleich dazu und wollte die ohne Beseitigung Hitlers nicht zu erhaltende Lage.[62] Goerdeler sagte der Geheimen Staatspolizei, Stauffenberg habe »verlangt, auch über die politischen Maßnahmen und die vorgesehenen Persönlichkeiten völlig ins Bild gesetzt zu werden«, was auch geschehen sei.[63] Stauffenberg äußerte schwere Bedenken gegen die Verbindung zu Popitz. Goerdeler mag das für Kompetenzüberschreitung gehalten haben,[64] Popitz hatte aber von Mai bis Ende August 1943 versucht, mit Himmler zu konspirieren. Anfang August hatte Olbricht Popitz und den an dessen Bemühungen um Himmler beteiligten Rechtsanwalt Carl Langbehn mit Tresckow zu einem Gespräch in Popitz' Wohnung zusammengebracht, und im September wurde Langbehn verhaftet und wochenlang von der Gestapo nach den Hintergründen seiner Verbindungen mit Popitz und Himmler ausgefragt.[65] Stauffenberg, der Hassell und Popitz im November 1943 bei Jessen kennenlernte und danach einige Male wieder sprach, erklärte Hassell, anscheinend Anfang Februar 1944, Popitz werde scharf beobachtet.[66]

Goerdeler wollte im Frühjahr 1944 Generaloberst Zeitzler aufsuchen, um ihm die Lage zu erläutern.[67] Schließlich schrieb Goerdeler im Mai 1944 einen Brief an Zeitzler und bat Stauffenberg, ihn weiterzugeben. Im Juni oder Juli sagte Stauffenberg Goerdeler, er habe Zeitzler bei seiner Meldung als Fromms Stabschef gesagt, er halte sich für verpflichtet zu melden, daß er den Krieg für verloren halte. Zeitzler habe geantwortet, so dächten viele, aber nur wenige bekennten es offen. Es sei also keine Aufklärung Zeitzlers mehr nötig.[68]

Am 26. Mai besprachen sich Stauffenberg und Goerdeler in der Bendlerstraße im Büro des Hauptmanns d.R. Hermann Kaiser, des Kriegstagebuchführers beim Befehlshaber des Ersatzheeres. Goerdeler sagte Kaiser unmittelbar danach, man brauche Stauffenberg nicht anzuspornen, er war offenbar überzeugt, daß Stauffenberg den

Umsturz nach Kräften vorantreibe. Er, Goerdeler, habe aber durchgesetzt, daß er die weiteren Verhandlungen mit den von Leber und Leuschner vertretenen Sozialdemokraten und Gewerkschaftern führen werde.[69] Stauffenberg ließ sich auf die theoretisch geltende Arbeitsteilung zwischen zivilen und militärischen Verschwörern nicht ein, unterrichtete aber Goerdeler loyal von bevorstehenden Attentatterminen und erkannte seine Stellung in der Verschwörung als ziviler Führer an.[70] Als das Attentat im Juli mehrfach bevorstand, ließ Stauffenberg Goerdeler jeweils durch Kaiser benachrichtigen mit der Bitte, sich bereitzuhalten.[71]

Ein Treffen zwischen den Sozialdemokraten Leber und Reichwein und Führern der deutschen kommunistischen Partei, Anton Saefkow und Franz Jacob, fand am 22. Juni 1944 in der Wohnung eines Berliner Arztes statt.

Die Begegnung ging auf Bestrebungen vor allen des früheren Generalsekretärs der Transportarbeiter-Gewerkschaft und Teilnehmers an Moltkes Planungen, Carlo Mierendorff, zurück, der im Juni 1943 für die Einbeziehung der Kommunisten in eine überparteiliche Volksbewegung eintrat.[72] Auf kommunistischer Seite nannte man den vor 1935 verpönten Gedanken der politischen Zusammenarbeit zwischen Kommunisten und Sozialdemokraten »Volksfront« oder »Einheitsfront«. Reichwein, Leber, Moltke traten ebenfalls für Kontakte ein. Leuschner und Jakob Kaiser waren dagegen, ebenso zunächst Stauffenberg. Seit Januar 1944 waren Vorbesprechungen Reichweins und Lebers mit dem aus dem kommunistischen Studentenbund hervorgegangenen Ferdinand Thomas im Gang, der zwischen ihnen und dem Untergrund-Zentralkomitee der Kommunistischen Partei vermittelte. Im Mai setzte sich die Auffassung Reichweins und Lebers durch, »daß nach einer Niederlage der Kommunismus in Deutschland eine entscheidende Rolle spielen werde« und daß man versuchen müsse, die zu erwartende Radikalisierung der Erhebung aufzufangen.[73] Wenn sich die Ostfront stabilisieren ließ – das Treffen wurde vor der großen Offensive der Roten Armee gegen die Heeresgruppe Mitte vereinbart –, während die Westfront zurückgenommen wurde, dann wäre Deutschland vielleicht noch vor der Besetzung durch die Rote Armee zu retten. Natürlich wollten Stauffenberg und seine Mitverschwörer nicht die Hitler-Diktatur gegen eine kommunistische eintauschen.[74]

Stauffenberg stimmte schließlich der Begegnung zu.[75] Nach dem ersten Treffen mit den Kommunisten sprach er mit Fahrner über den Kontakt und wies darauf hin, wie wichtig die Verbindung zu den anderen Gruppierungen im Widerstand sei. Fritz-Dietlof Graf Schulenburg und Yorck waren ebenfalls einverstanden.

Bei den Gesprächen schickten die Kommunisten voraus, sie wüßten nicht, ob sie von ihren »Freunden im Ausland« vielleicht desavouiert würden, gaben aber für sich beruhigende Erklärungen ab, die Einführung des bolschewistischen Systems in Deutschland sei nicht vorgesehen, religiöse Freiheit, Toleranz gegenüber christlichen Gewerkschaften, Eigentum würden gewährleistet; aber sie sprachen, als sei die Besetzung Deutschlands durch die Rote Armee ausgemachte Sache. Man versicherte sich gegenseitig schließlich nur der Absicht zur Zusammenarbeit.[76]

Entgegen der Vereinbarung brachte aber Thomas außer den beiden Kommunisten einen Dritten mit; dieser war ein Spitzel der Geheimen Staatspolizei und verriet alles. Bei der zweiten Zusammenkunft am 4. Juli wurde Reichwein, am nächsten Tag Leber verhaftet.

»Walküre« und Staatsstreich-Organisation

Major i.G. von Oertzen, den Tresckow nach Berlin geholt hatte, und Stauffenberg waren im September für kurze Zeit zur Tarnung zum Stab des Stellvertretenden Generalkommandos beim Fehrbelliner Platz (Hohenzollerndamm 144) kommandiert, um sich mit den Verhältnissen in und um Berlin vertraut zu machen und den Plan für die Besetzung der wichtigsten Stellen in Berlin – SS-Kasernen und -Dienststellen, Oberste Reichsbehörden, Nachrichtenanlagen, Rundfunkanlagen – zu bearbeiten.[77] Sie benützten das Dienstzimmer des Ordonnanzoffiziers des Chefs des Generalstabes im Stellvertretenden Generalkommando, Generalmajor von Rost. Der Ordonnanzoffizier, Oberleutnant d.R. Albrecht, mußte ihnen die nötigen Unterlagen unauffällig beschaffen und sie ständig begleiten, um ihre Tätigkeit gegen Nichteingeweihte abzuschirmen.[78] Der Polizeipräsident von Berlin, Graf Helldorf, Admiral Canaris, der mitverschworene Oberst d. G. Hansen vom OKW / Amt Ausland / Abwehr, Olbricht und Oberleutnant d.R. von Haeften gingen im Stellvertretenden Generalkommando ein und aus.

Ehrengard Gräfin von der Schulenburg im Vorzimmer des Kommandierenden Generals von Kortzfleisch und seines Chefs des Generalstabes war von Schulenburg und Rost eingeweiht. Sie hatte eingewandt, die Teilnahme an einem Mordkomplott liege ihr als Frau nicht, aber Rost sagte ihr, »wahrscheinlich würde es nicht ohnedem abgehen«. Im Gedanken an die vielen von Hitler sinnlos in den Tod gejagten Menschen stimmte sie dann zu. Abends nach dem Dienst bei verschlossenen Türen schrieben sie und Albrecht auf der Maschine die Entwürfe. Da das Gebäude Zentralheizung hatte, mußten sie die überholten Exemplare anschließend im Klosett verbrennen und die angeschwärzten Becken wieder sauberscheuern.[79]

Tagsüber hatten Albrecht und Gräfin Schulenburg dafür zu sorgen, daß zur Verschwörung gehörende Besucher in einem kleinen Nebenzimmer warten konnten und möglichst wenig gesehen wurden, mußten sich auf lästige Fragen unwissend stellen oder falsche Auskünfte geben. Rost kam häufig am Sonntag, um mit der Verschwörung Zusammenhängendes zu bearbeiten.[80] Nach drei Tagen hatte sich Stauffenberg genügend orientiert und arbeitete dann im Allgemeinen Heeresamt in der Bendlerstraße. Auch Oertzen kam später nur noch ab und zu, um Albrecht bei der Festlegung von Einzelheiten zu beraten.[81]

Während der Winterkatastrophe in Rußland im Dezember 1941 griffen Halder und Fromm unter den Bezeichnungen »Walküre« und »Rheingold« auf Reserven in der Heimat zurück. Im Frühjahr 1942 wurden die Vorbereitungen differenziert unter den Bezeichnungen »Walküre I« und »Walküre II«.[82] »Walküre I« galt dem Ersatz für die Front. Der von Olbricht unterzeichnete Befehl für »Walküre II« ordnete die Aufstellung von einsatzfähigen Verbänden (Divisionen, Brigaden, verstärkte Regimenter oder Kampfgruppen) in drei Stufen an »für einen Einsatz örtlich, in der Heimat oder im Grenzgebiet«, zum Beispiel zur Küstensicherung oder zur Bekämpfung von Fallschirmjägern oder Luftlandetruppen. Stauffenberg hatte sich mit den »Walküre«-Befehlen schon im Sommer 1942 in der Organisationsabteilung des Generalstabes befaßt.[83]

Nur der kleinste Personenkreis durfte die Befehle bearbeiten: »Keinesfalls dürfen Dienststellen und Einzelpersonen außerhalb der Wehrmacht von den Absichten bzw. Vorarbeiten Kenntnis erhalten.« Ob die Waffen-SS in diesem Sinne zur Wehrmacht gehörte, war vielleicht unklar, jedenfalls durfte die bei inneren Unruhen mitbetroffene Polizei und also auch die Geheime Staatspolizei nichts erfahren. Die »Walküre«-Befehle lagen vorbereitet in verschlossenen Umschlägen als »Geheime Kommandosache« in den Panzerschränken der Stellvertretenden Generalkommandos und Wehrkreiskommandos sowie bei den Wehrmachtbefehlshabern in den besetzten Gebieten. Der Gedanke, Truppen des Heeres müßten bei Unruhen eingesetzt werden, die von der SS oder einem Umschwung der Stimmung der Bevölkerung ausgingen, wurde auch ohne Zusammenhang mit der Verschwörung bei den Stäben des Wehrkreises III (Berlin) und des Befehlshabers des Ersatzheeres besprochen.[84]

Nach der Winterkatastrophe vor Moskau zirkulierten Gerüchte, wonach ein Führerbefehl zur Besetzung aller Partei-und sonstigen Dienststellen an die Wehrmacht ergangen sei. Stauffenbergs Vorvorgänger als Chef des Stabes im Allgemeinen Heeresamt, Generalleutnant Karl-Erik Koehler, der seit 1941 Chef des Generalstabes beim Befehlshaber des Ersatzheeres war, hörte sich am 2. März 1942 die vom damaligen Chef des Generalstabes des Stellvertretenden III. Armee-Korps (Berlin), Oberst i.G. Friedrich von Unger, vorgebrachte Befürchtung an, von der SS oder von einem Stimmungsumschwung in der Bevölkerung könnten Unruhen ausgehen; der Wehrkreis III habe für einen solchen Fall die Zusammenziehung aller in Berlin verfügbaren Kräfte nach Döberitz vorbereitet und bitte um das Einverständnis des Befehlshabers des Ersatzheeres. Koehler »warnte schärfstens vor selbständigen Maßnahmen irgendwelcher Art«, zu Befürchtungen liege zur Zeit kein Anlaß vor, zur Unterdrückung von Unruhen werde »kein Soldat eingesetzt, damit soll die SS allein fertig werden (Hinweis auf die politische Stellung des Heeres)«; im übrigen seien »für unvorhergesehene Zwischenfälle die Verbände Walküre II gedacht«.

Durch die Aufstellung und den Fronteinsatz von fünf »Walküre-II«-Divisionen im Oktober 1942 waren die Befehle vom Frühjahr 1942 überholt.

Am 31. Juli 1943 erließ Olbricht eine Neufassung mit der Unterschrift des Befehlshabers des Ersatzheeres. Aus den Ersatz- und Ausbildungstruppenteilen, Schulen und Lehrgängen mit Lehrtruppen mußten die Stellvertretenden Generalkommandos die in ihren Bereichen liegenden Truppenteile zu Kampfgruppen zusammenfassen. Als Zweck gab der Befehl Maßnahmen gegen »innere Unruhen« an.[85]

Sechs Stunden nach der Auslösung des Befehls mußten Einheiten (Kompanien usw.) einsatzbereit sein (»Walküre« 1. Stufe); darauf mußten mit größtmöglicher Schnelligkeit aus den aufgestellten Einheiten Kampfgruppen (verstärkte Bataillone) gebildet werden (»Walküre« 2. Stufe), wofür eine Zeitgrenze nicht angegeben wurde, weil die Zusammenfassung je nach Lage der Einheiten und der Ausrüstungen verschieden lange dauern konnte. Panzer-Einheiten und Panzergrenadier-Einheiten einschließlich deren Schulen mit Lehrgängen und Lehrtruppen waren neben der Infanterie als besondere Kampfgruppen zusammenzufassen. Die Wehrkreiskommandos hatten überdies sofort Vorbereitungen für den Schutz wichtiger Objekte und Kunstbauten

(Telephon- und Telegraphenämter, Kraftwerke, Brücken) zu treffen, unabhängig von den »Walküre«-Maßnahmen. Die neue Version des »Walküre«-Befehls enthielt denselben Zusatz über die Geheimhaltung wie die vom Mai 1942.[86]

Vom 20. August 1943 an mußten die in den Stellvertretenden Generalkommandos und Wehrkreisen Verantwortlichen zum Freitag jeder Woche den Personal- und Ausrüstungsstand der potentiellen »Walküre«-Einheiten an das Allgemeine Heeresamt melden.[87]

Unter dem 6. Oktober 1943 erließ Olbricht einen Zusatzbefehl, wonach Einheiten des Feldheeres, die sich zur Aufstellung, Auffrischung oder Umgliederung im Heimatgebiet befanden, ebenfalls für die Bildung von »Walküre«-Kampfgruppen heranzuziehen waren.[88]

Olbrichts und Tresckows Redaktion der »Walküre«-Befehle gebot den Wehrkreiskommandos Objektschutz und Sicherung der Kunstbauten (Brücken usw.) »unabhängig von den für Walküre aufzustellenden Kampfgruppen« und autorisierte sie, im Falle überraschender Bedrohung und sonstiger Notstände »Walküre«-Maßnahmen selbständig auszulösen und Alarmeinheiten einzusetzen.[89] Rost unterstützte die Vorbereitungen dazu mit einfallsreicher Tatkraft. Er ließ umfangreiche Planungen ausarbeiten unter dem Titel »Katastropheneinsatz«, verschaffte sich durch persönliche Besuche Einblick in die Berliner SS- und Partei-Einrichtungen, deren Besetzung und Bewaffnung, ferner die Rundfunkanlagen, indem er sich jeweils die für Katastrophenfälle vorgesehenen Maßnahmen erklären ließ.

Diese Erkundungen mußten fortwährend weitergehen, um die häufigen Veränderungen zu erfassen. Graf Helldorf half mit vielen Hinweisen, Rost stellte durch Truppenbesuche fest, auf welche Einheiten er sich stützen könnte. Er hielt das Ersatz-Bataillon 9 in Potsdam unter seinem Kommandeur Major Meyer und dessen Adjutanten Oberleutnant von Gottberg für die verläßlichste Einheit; es sollte die in Berlin verbliebenen Ministerien besetzen. Anläßlich eines besonders schweren Luftangriffs wagte Rost eine Generalprobe und ließ die Panzertruppenschule aus Krampnitz in wenig mehr als einer Stunde ins Regierungsviertel rollen, wogegen Goebbels in einem erregten Telephonanruf Protest einlegte.[90]

Eine wichtige Änderung der »Walküre«-Befehle vom 11. Februar 1944 ist von Stauffenberg unterzeichnet.[91] Damit »Walküre«-Kampfgruppen zu kampfkräftigen Verbänden für den Fronteinsatz noch rascher zusammengestellt werden könnten, befahl die neue Weisung die Vorbereitung je eines verstärkten Grenadier-Regiments aus den bisherigen »Walküre«-Kampfgruppen. Als wesentliche Neuerung sah sie die Zusammenfassung einzelner Truppenteile aus verschiedenen Wehrkreisen vor. Umgliederungen der Ersatz- und Ausbildungs-Truppenteile sowie »Zurückhalten des für Feldersatz vorgesehenen Personals« wurden ausdrücklich untersagt. Durch diese Maßnahme konnte rasch Ersatz für das Feldheer beschafft werden, ohne Ingangsetzen des gesamten »Walküre«-Systems und ohne Überforderung eines einzelnen Wehrkreises, der unter Umständen seiner sämtlichen kampffähigen Truppen entblößt und in Katastrophenfällen hilflos gewesen wäre. SS-Truppen unterstanden übrigens nicht der territorialen Militärhoheit der Stellvertretenden Kommandierenden Generale und Befehlshaber in den Wehrkreisen.[92] Die neue Regelung bot nun die Möglichkeit, etwa bei Berlin oder München aus verschiedenen Wehrkreisen rasch einige Panzer- und Panzergrenadier-Einheiten zusammenzuziehen, um etwa eine SS-Garnison oder eine Polizeitruppe zu neutralisieren.

Diese Arbeiten gehörten zu Stauffenbergs Aufgaben als Chef des Stabes im Allgemeinen Heeresamt ebenso wie die Sorge für Zusammenlegungen von Divisionen an der Ostfront oder Aufstellung und Ausbildung von Ersatztruppen. Er mußte sich im März um die Aufstellung eines »Versuchskommandos (OKH) Dornstadt« und um dessen Umgliederung in das »Verlastungskommando O K H« kümmern sowie um die Unterbringung des entsprechenden Führungsstabes in Berlin, der Verbindungsgruppe in Schönwalde und des Verlastungsstabes in Warschau, während die Gerätegruppe in München-Oberwiesenfeld blieb und der Fliegertechnischen Schule 3 in München wirtschaftlich und disziplinar unterstellt wurde; es handelte hier sich also um Fragen des Lufttransports von Heerestruppen und Nachschubgütern. Oder er erließ den Befehl, Wehrkreiskommando I habe den deutschen Verbindungstab zur Spanischen Freiwilligen Legion umzugliedern in den Sonderstab F, der im Bereich des Militärbefehlshabers Frankreich einzusetzen war. Er bekam auf seinen Schreibtisch das Verbot des Chefs des Heerespersonalamtes, Generalleutnant Schmundt, Soldaten für sie beantragte Ordensauszeichnungen vor der Verleihung mitzuteilen, oder einen Erlaß von Schmundt über Strafaussetzung und Strafvollstreckung gegen Offiziere und Sonderführer wegen vorsätzlicher strafbarer Taten, und zeichnete sie mit seiner Paraphe »St« ab.[92a] Er erhielt einen Erlaß Schmundts über »nichtdienstgradmäßige Verwendung von Offizieren innerhalb der Reichsgrenzen«, der an »alle Wehrkreise«, die Operationsabteilung, Organisationsabteilung, Ausbildungsabteilung und den Generalquartiermeister im Generalstab des Heeres gerichtet war, ferner an den Chef des Transportwesens, den General der Pioniere, Inspektionen, Abteilungen des Heerspersonalamts und die Adjutanturen (IIa- bzw. Personalabteilungen) beim Chef der Heeresrüstung und Befehlshaber des Ersatzheeres und beim Allgemeinen Heeresamt. Der Erlaß vom 8. März 1944 begann mit den Sätzen: »Grundgedanke bei der Verwendung von Offizieren muss das Leistungsprinzip sein: Für höheres Gehalt muss mehr Arbeit und mehr Verantwortung verlangt werden. Wer diesen Grundsätzen nicht entspricht, muss entlassen werden. Kein Offizier darf unter seiner Eignung verwandt werden.« Neben den zweiten dieser drei Sätze schrieb Stauffenberg an den Rand: »Ich dachte wir hätten jüdisches Denken abgelegt!! St« Er hatte die Stirn, dem Wehrmachtadjutanten Hitlers und Chef des Heerespersonalamts »jüdisches Denken« vorzuwerfen. Da das von Stauffenberg mit der Marginalie versehene Exemplar von Schmundts Erlaß zirkulierte und nicht nur seinem Vorgesetzten General Olbricht vorlag, ist die Marginalie auch ein Zeichen dafür, wie weit das Einverständnis in der Kritik an Hitler in der Umgebung des Befehlshabers des Ersatzheeres reichte. Stauffenberg bediente sich der damals gängigen Sprache, um Schmundt der Bestechung von Offizieren mit Geld zu bezichtigen, er höhnte ihn für die Verknüpfung von Lohn und Leistung nach Kaufmannsart. Die sarkastische Anmerkung folgte der bewährten Methode, den politischen Gegner zu parodieren. Zugleich gab Stauffenberg seiner eigenen aristokratischen Ehrauffassung Ausdruck, wonach der Offizier wohl seiner Stellung und seinen Lebensnotwendigkeiten entsprechend entlohnt werden müsse, aber im übrigen seinen Dienst selbstlos im Geist soldatischer Pflichterfüllung für die Nation tat. 1939 hatte er an Generalmajor von Sodenstern von der »Gültigkeit des aristokratischen Grundgesetzes soldatischer Staats- und Lebensauffassung« geschrieben und sich dagegen verwahrt, »dass die Stellung des Offizierkorps im Staat eine rein berufs- und zweckbestimmte« sei; denn: »Soldat sein, und insbesondere soldatischer Führer, Offizier sein heisst, Diener des Staats, Teil des Staats sein mit all der darin inbegriffenen Gesamtverantwortung.«[92b]

Rüstungsminister Speer schrieb am 29. Mai 1944 an den Chef des Wehrmachtführungstabes, Generaloberst Jodl, es müsse vorgesorgt werden für den Fall, daß durch Luftangriffe alle Rheinbrücken zerstört, das Reichsgebiet von den Truppen im Westen abgeschnitten wäre und dann die Westalliierten an der deutschen Nordseeküste landeten. Im Reich gebe es kaum Truppen, die dagegen eingesetzt werden könnten, und der Feind hätte bei solchem Vorgehen viel geringere Verluste. Jodl notierte in seinem Tagebuch unter dem 5. Juni, 300 000 Urlauber seien immer zu Hause, das sei die Mannschaftstärke von

10–12 Divisionen samt den zugehörigen Versorgungs-, Verwaltungs-
und Hilfstruppen. Für diese sollten Divisionsgerippe geschaffen werden, in die sie bei Bedarf integriert werden könnten; dadurch würden
sie natürlich den Verbänden, von denen sie beurlaubt waren, entzogen. Hitler stimmte Speers und Jodls Vorschlägen in Besprechungen
vom 3. bis 5. Juni zu.

Am 6. Juni, unter dem Eindruck der Landung alliierter Truppen in
der Normandie, wurde Fromm zusammen mit dem Chef des Stabes
des Allgemeinen Heeresamts zum Vortrag auf den »Berghof« befohlen. Fast zwei Jahre war Fromm nicht mehr bei Hitler zum Vortrag
gewesen, aber nun war die Lage so kritisch, daß man den Fachmann
für Organisation doch brauchte. Stauffenberg war bei seiner Familie in Bamberg und konnte noch den Nachtzug erreichen. Am 7. Juni
1944 war Stauffenberg zum ersten Mal bei Hitler, zusammen mit
Generaloberst Fromm, zur Besprechung von Maßnahmen zur Aufstellung einer operativen Reserve im Westen, zwanzig Divisionen sollten
teils aus Urlaubern der Front, teils neu aufgestellt werden, acht Divisionen sollten aus der Ostfront herausgelöst werden. Vom 6. bis 8. Juli
1944 wurden die Besprechungen fortgesetzt. Am 6. Juli trug Stauffenberg den »Walküre«-Plan vor. Hitler stimmte der Mehrzahl seiner
Vorschläge zu und entschied, daß im Fall des Vordringens feindlicher
Kräfte auf deutsches Reichsgebiet die militärischen Oberbefehlshaber
in den Kampfzonen die gesamte vollziehende Gewalt ausüben sollten,
also die militärische und die zivile, auch gegenüber den Reichsverteidigungskommissaren (Gauleitern oder anderen Beauftragten).[93]

Zu den allgemeinen und für alle Wehrkreise gleichen »Walküre«-
Befehlen wurden von den Verschwörern besondere für die Erhebung
in der Hauptstadt vorbereitet.[94] Die vorliegenden Versionen stam-
men von Juni oder Juli 1944. Sie wurden als »Geheime Reichssache«
erarbeitet entsprechend der in den »Walküre«-Befehlen enthaltenen
Ermächtigung, unabhängig von den für »Walküre« aufzustellenden
Kampfgruppen den Objektschutz vorzubereiten und entsprechende
Maßnahmen notfalls selbständig auszulösen. Sie konnten in Berlin auf
die Bedürfnisse der Erhebung eingestellt werden, weil sie hier nur von
Eingeweihten verfaßt wurden.

Nach einem Zeitplan wurde für den Tag vor dem Attentat (Tag
x-1) »Walküre«-Übung (Befehl 1) befohlen für die Panzertruppenschule Krampnitz, die Infanterieschule Döberitz, die Fahnenjunkerschule Potsdam und die Unteroffizierschule Potsdam. Am Tag x folgte
gestaffelt nach Zeitplan die Ausgabe des »grundlegenden Befehls« an
die Wehrkreise mit der Nachricht, Hitler sei tot.

Zur x-Zeit – kurz vor oder nach dem Attentat – erginge der Befehl 2 an den Wehrmachtkommandanten von Berlin (innere Unruhen, Ausnahmezustand, vollziehende Gewalt beim Heer, Wachbataillon Berlin sofort zur Wehrmachtstandort-Kommandantur Berlin, Unter den Linden 1, »Walküre« für alle dem Standort unterstehenden Einheiten), »später« – nach der Zusammenziehung der verfügbaren Einheiten, wofür die Zeit je nach Tageszeit und Wirkung der letzten Luftangriffe schwanken würde – der Befehl zur Abriegelung des Regierungsviertels, zur Besetzung aller obersten Reichsbehörden, SS-Ämter, der Gauleitung, der Wohnungen der Reichsminister, der Nachrichtenanlagen, der Zeitungen, des Senders Tegel, des Funkturms und des Funkhauses in der Masurenallee.

Im Befehl hieß es, »die Polizei ist angewiesen, mit dem Heer zusammenzuarbeiten« – dessen hatte man sich durch die Beteiligung des Berliner Polizeipräsidenten, Graf Helldorf, und des Direktors des Reichskriminalpolizeiamtes, Nebe, versichert. Ein Stoßtrupp unter Führung eines Generals hatte dem SS-Standortkommandanten die Eingliederung der Waffen-SS in das Heer mitzuteilen und die Erteilung entsprechender Befehle an die Waffen-SS zu erwirken. Der Wehrmachtstandort-Kommandant mußte dem Regiment »Göring« die Lage eröffnen und das alarmbereite Verbleiben in den Unterkünften befehlen.

Der Panzertruppenschule würde zur x-Zeit befohlen, mit drei »Walküre«-Bataillonen und zwei unterstellten aus den Fahnenjunkerlehrgängen und der Unteroffizierschule Potsdam sofort nach Berlin in den Raum Tiergarten-Bendlerstraße zu fahren; eine Schützenpanzerwagen-Kompanie und eine Grenadier-Kompanie hatten die Sender Königs Wusterhausen und Zeesen zu besetzen, Widerstand nötigenfalls mit Waffengewalt zu brechen und politische Sendungen zu verhindern. Transportfahrzeuge für 170 Tonnen Transportraum würden aus Kanin, 24 Kilometer südwestlich Potsdam, zur Verfügung gestellt. Der Kommandeur der Panzertruppenschule hatte sofort zur Dienststelle Fromms zu fahren, wo er Einsatzbefehle erhielt: zwei seiner Bataillone waren zur Verstärkung des Wachbataillons Berlin dem Wehrmachtstandort-Kommandanten zu unterstellen; der größere Teil der dem Kommandeur der Panzertruppenschule unterstehenden Einheiten hatte den Schutz des Bendlerblocks (Dienststellen des Ersatzheeres, Nachrichtenzentrale) zu übernehmen und Aufklärung im Süden bei den Kasernen der Waffen-SS in Lichterfelde und Lankwitz zu veranlassen. Eine Kompanie mit Schützenpanzerwagen mußte auf Abruf den Befehlshaber des Ersatzheeres und seinen Chef des Stabes am Flugplatz Tempelhof abholen. Hieraus ergab sich, daß die x-

Zeit wenigstens 3 Stunden vor der erwarteten Rückkunft Fromms und Stauffenbergs vom »Führerhauptquartier«, sei es bei Berchtesgaden oder bei Rastenburg, angesetzt war und damit gerechnet werden konnte, daß die Panzertruppen in etwa zwei Stunden im Zentrum der Hauptstadt sein konnten. Eine Kompanie hatte sich mit schweren Waffen als Stoßtrupp zur Entsendung zum SS-Standort-Kommandanten Berlin bereitzuhalten.

Da man nicht jedes Telephon-, Telegraphen- und Verstärkeramt der Reichspost besetzen oder gar alle in Frage kommenden Leitungen kappen konnte, Zerstörungen auch im Interesse der weiteren Führung der Fronten unerwünscht waren, wollte der Chef des Wehrmacht-Nachrichten-Verbindungs-Wesens und des Heeres-Nachrichten-Wesens, General der Nachrichtentruppe Erich Fellgiebel, durch entsprechende Befehle und durch vorsichtiges Einweihen ausgesuchter Gruppenleiter in den ihm unterstellten Bereichen für die zeitweilige Isolierung des »Führerhauptquartiers« und gegebenenfalls anderer Kommandozentralen sorgen.

Die Durchführbarkeit des Planes konnte von der Haltung des Befehlshabers des Ersatzheeres abhängen. Man schätzte Generaloberst Fromm als schlauen Opportunisten ein.[95] Er pflegte zu sagen: »Wir liegen immer richtig.«[96] Wenn Olbricht ihm von der trostlosen militärischen Lage sprach und sagte, man müsse eingreifen, dankte Fromm ihm, ohne sich weiter zu äußern.[97] Als Stauffenberg Mitte Juni 1944 Chef des Stabes beim Befehlshaber des Ersatzheeres wurde, erklärte er Fromm, aus diesem Kriege gebe es nur den Ausweg eines inneren Umsturzes. Fromm dankte ihm für seine Offenheit und widersprach nicht.[98] Einmal sagte er: »Na, wenn Ihr schon Euren Putsch macht, dann vergeßt mir wenigstens den Wilhelm Keitel nicht.«[99] Fromm zeigte in manchen Äußerungen eine Affinität zu den Vorstellungen der Verschwörer, so, wenn er Keitel in den ersten Tagen der Invasion der Alliierten in der Normandie wütend am Telephon sagte: »Lassen Sie die Amis doch laufen, soweit sie wollen – am besten über die Weichsel.« Er hatte auch eigene Vorstellungen von der Beseitigung der Führung zur Rettung des Reiches. Stauffenberg ließ gelegentlich seine geringe Meinung von Fromm erkennen; aber im Licht von Äußerungen Fromms konnte man damit rechnen, daß er sich nach Hitlers Tod dem Staatsstreich anschließen werde.[100]

Die Umsturzzentrale plante, für alle Wehrkreiskommandos durch Fernschreiben politische Beauftragte zu benennen, die die Wehrkreisbefehlshaber bei Maßnahmen im zivilen Bereich beraten und etwa die Stellung von Provinz-Oberpräsidenten einnehmen sollten. Beck und

Goerdeler bestanden auf dem politischen Charakter der Umsturzbewegung. Sie verlangten die Liste der politischen Beauftragten als
Gewähr für den politischen Charakter des Umsturzes, Schulenburg
forderte sie im November 1943 ultimativ; Goerdeler stellte sie auf und
legte sie Beck und Stauffenberg vor.[101]
    Ferner wurden für jeden Wehrkreis Verbindungsoffiziere ernannt.
Stauffenberg selbst legte die Liste von sechzehn Namen für fünfzehn
von siebzehn Wehrkreisen an.[102] Stauffenberg gewann diese Mitverschwörer durch Überzeugungskraft, durch seine Ausstrahlung und
durch die ihm aus seinen Fronterfahrungen und seinem Dienst im
Generalstab erwachsene Autorität.[103] Stauffenberg suchte auch über
die Verbindungsoffiziere hinaus Vertraute, die bei der Machtergreifung durch das Heer helfen sollten.
    Im Dezember 1943 ging er dazu über, durch Fernschreiben einzelne
ihm geeignet erscheinende oder empfohlene Offiziere in seine Dienststelle zu zitieren, ihnen in lebhafter Rede die Lage zu schildern und
daraus den Schluß zu ziehen, daß die Wehrmacht die Führung selbst
in die Hand nehmen müsse. Im Herbst 1943 weihte er Major Hans-
Jürgen Graf von Blumenthal vom AHA/Amtsgruppe Ersatztruppen
ein.[104] Mitte Dezember rief er Major Freiherr von Leonrod nach Berlin und erklärte ihm, der »Führer« sei nicht mehr zu halten und müsse
beseitigt werden. Für den Zeitpunkt der Übernahme der vollziehenden Gewalt durch die Wehrmacht brauche man in den Wehrkreisen
Verbindungsoffiziere, Leonrod sei für den Wehrkreis VII (München)
bestimmt. Leonrods Einwand, er habe einen Eid als Offizier geleistet,
beantwortete Stauffenberg damit, daß ein Eid grundsätzlich heilig,
aber in der vorliegenden Notlage nicht mehr gültig sei. Vielmehr sei
Leonrod als gläubiger Katholik auf Grund der Ausführungen Stauffenbergs über die politische und militärische Lage »gewissensmäßig
verpflichtet, entgegen diesem Eid zu handeln«.[105] Am 20. Dezember
1943 ließ Stauffenberg den Rittmeister d.R. Scholz-Babisch aus Schlesien nach Berlin kommen, im Januar 1944 sprach er mit Hauptmann
d.R. Freiherr Truchseß von Wetzhausen, ebenso Oberstleutnant Hans
Erdmann aus dem Stellvertretenden Generalkommando I in Königsberg.[106]
    Stauffenbergs Freund Peter Sauerbruch bewog Ritterkreuzträger
Major Roland von Hößlin, der ihn oft in Wannsee besuchte, zu einem
Gespräch mit Stauffenberg, ehe Sauerbruch im März wieder an die
Front ging.[107] Als Hößlin nach dem Fehlschlag der Erhebung wegen
Hochverrat angeklagt wurde, schützte er Sauerbruch und sagte nur
aus, Stauffenberg habe ihm am 1. April 1944 erklärt, die Stärke des

Feldheeres vermindere sich monatlich um die Stärke eines Armee-Korps, für das kein Ersatz da sei, Deutschland treibe auf den militärischen Zusammenbruch hin. Die Ehre des Offizierkorps verlange, daß es sich nicht wie 1918 die Dinge aus der Hand nehmen lasse, und: »Auch der Führer muß weg!« Den revolutionären nationalsozialistischen Staat würden die anderen Völker immer als Bedrohung ansehen und mit ihm keinen Frieden schließen; der Kampf bis zum eigenen Untergang sei nicht zu verantworten. Die Ordnung beim Sturz Hitlers könne nur vom Heer aufrechterhalten werden. Die Wehrmacht sei im Staat die konservativste Einrichtung, die gleichzeitig im Volk verwurzelt sei. Hößlin sagte aus, Stauffenberg habe ihn mit dem Appell an seine Offizierehre mehr überzeugt als mit den Hinweis auf die militärische Lage.[108]

Hößlin verschleierte aber der Geheimen Staatspolizei seine eigentliche Aufgabe im Wehrkreis I (Ostpreußen) als »Durchführung des Ausnahmezustandes in Königsberg«. Seit der Landung alliierter Truppen in der Normandie war von Überlegungen über den Ausnahmezustand und die Befugnisse und Aufgaben der territorialen Befehlshaber viel die Rede, insbesondere seit Hitlers Erlaß vom 13. Juli 1944 über die Befehlsgewalt der militärischen Oberbefehlshaber in Operationsgebieten innerhalb der Reichsgrenzen. Hößlin war Kommandeur der Panzer-Aufklärungs- und Ausbildungs-Abteilung Meiningen und sollte mit drei Kompanien, darunter einer gepanzerten, »den Schutz« des Hauptquartiers des Oberkommandos des Heeres übernehmen. Dieser diente unter Umständen den Interessen des Regimes oder auch denen der Verschwörer, im Sinne des von Tresckow ausgearbeiteten »Kalender. Massnahmen«.[109]

Oberstleutnant i.G. Peter Sauerbruch war nach der Schlacht von Stalingrad Feindnachrichten-Offizier im Oberkommando der 2. Panzer-Armee und dann Verbindungsoffizier des Generalstabes des Heeres beim General der Schlachtflieger in Berlin-Rangsdorf. Im Dezember 1943 veranlaßte Stauffenberg Sauerbruchs Versetzung in das Allgemeine Heeresamt. In einem Gespräch mit ihm im Dezember 1943 knüpfte Stauffenberg an seinen Besuch bei ihm in der Charité Anfang Februar an, als er von der Unfähigkeit der Oberbefehlshaber gesprochen hatte, Hitlers Befehlen wirksam entgegenzutreten. Nun erklärte er den Krieg für verloren. Die neuentwickelten Raketen könnten nur taktische Vorteile bringen. Ein Separatfriede mit den Westmächten sei nicht in Aussicht, vielmehr ließen sich die Alliierten nicht mehr trennen und hätten als Kriegsziel die bedingungslose Kapitulation Deutschlands vereinbart. Der einzige Hoffnungsschimmer sei, daß die

Westmächte noch in Frankreich landen müßten und England vermutlich Rußland nicht zu weit nach Mitteleuropa eindringen lassen wolle. Die Generale seien fast ganz unpolitisch, hätten sich von Hitler und seinen Erfolgen blenden lassen. Soldaten wie Beck, die im Sinne Clausewitz' den Krieg als der Politik untergeordnet verstünden, seien selten. Auch die Oberbefehlshaber der Heeresgruppen, die Hitlers Unfähigkeit und den drohenden Zusammenbruch Deutschlands erkennen, seien schwankend und resigniert, also müsse die jüngere Generation die Verantwortung übernehmen. Wer einsehe, daß die zur Fortsetzung des Krieges gebrachten Opfer sinnlos seien, könne deren Angehörigen nicht in die Augen sehen, wenn er nicht alles tue, um die Perversion des Soldatentums zu beenden. Die Frage des Fahneneides beantwortete Stauffenberg mit dem Hinweis auf die Gegenseitigkeit der Treue. Hitler hatte Treubruch an der Wehrmacht und am Volk begangen.

Ob die politischen Vorbereitungen den militärischen Umsturz rechtfertigten, war Ende 1943 für Stauffenberg eine Frage geminderter Bedeutung, wesentlich war die rasche Beendigung des Krieges. Die aus dem Umsturz hervorgehende Regierung könne nur eine Übergangsregierung werden ohne eigenständige Handlungsfähigkeit; sie müsse sich vor allem auf das Halten der Ostfront gegen den Einbruch der russischen Brutalität einstellen. Stauffenberg deutete auch die seit 1938 unternommenen Versuche zur Beseitigung Hitlers an und die Gründe für ihr Mißlingen.

Sauerbruch dachte in den darauffolgenden Tagen und Nächten über das Gehörte nach.[110] Die Frage, ob er selbst das Attentat ausführen würde, war ihm noch nicht gestellt worden, aber daß ein Attentäter gefunden werden mußte, lag auf der Hand.

Der Entwurf für den Erlaß des vorgesehenen Reichsverwesers und Obersten Befehlshabers der Wehrmacht, Generaloberst Beck, über die »vorläufige Kriegsspitzengliederung« enthält Vorstellungen über eine einheitliche Wehrmachtführung, die Beck lange vor seinem Rücktritt als Lehren aus dem Mangel an Einheit der Führung vor und während des Ersten Weltkrieges vertreten hatte, insbesondere in Denkschriften von 1934 und 1938.[111] Stauffenberg hatte ebenfalls während seiner Zeit in der Organisationsabteilung die bestehende Kriegsspitzengliederung, insbesondere den Dualismus von Generalstab des Heeres und Wehrmachtführungstab, kritisiert.[112] Der Erlaß befahl die Bildung eines Großen Generalstabes, eines Reichskriegsministeriums, eines Offizieramtes (Personalamt) und eines Oberkommandos Ost.

Dem Chef des Großen Generalstabes sollten unterstehen der Wehrmachtführungstab, der Generalstab des Heeres, soweit er nicht zum

Oberkommando Ost trat, der Generalstab der Luftwaffe und das Amt Ausland/ Abwehr. Der Chef des Großen Generalstabes hatte die Stellung eines Chefs der Vereinten Generalstäbe; er war auch Oberbefehlshaber des Heeres, doch kommt dieser Titel in dem Erlaß nicht vor. Dagegen sollte ein Oberbefehlshaber Ost ernannt werden, dem das Feldheer in den Bereichen der Heeresgruppen A, Süd, Mitte und Nord sowie die Wehrmachtbefehlshaber Ukraine und Ostland unterstehen sollten. Der Stab des Oberkommandos Ost war aus dem Generalstab des Heeres heraus aufzustellen, ein Chef des Stabes ist jedoch nicht erwähnt. Alle unterstanden dem Oberbefehlshaber der Wehrmacht (in den Plänen der Verschwörung Generalfeldmarschall von Witzleben).

Die Führung der Wehrmacht wurde so zusammengefaßt, wie es Beck in einer Denkschrift 1934 gefordert hatte: Personalunion des Oberbefehlshabers des Heeres und des Chefs des Großen Generalstabes im Kriegsfall; ebenso im Kriegsfall sollte der Chef des Großen Generalstabes der Friedenszeit 1. Generalquartiermeister werden.[113] Für einzelne Kriegsschauplätze wären Oberbefehlshaber zuständig, die dem Oberbefehlshaber der Wehrmacht unmittelbar unterstanden. Dem Chef des Großen Generalstabes fielen alle Gesamtplanungen, die militärische Gesamtleitung des Krieges nach den Befehlen des Oberbefehlshabers der Wehrmacht und die gesamte Führung des Heeres zu.

Der seit März 1942 zur Führerreserve des Oberkommandos des Heeres versetzte Generalfeldmarschall von Witzleben erklärte sich im September oder Oktober bereit, beim Umsturz ein hohes Kommando zu übernehmen; sein Name stand als Oberbefehlshaber der Wehrmacht – im Gegensatz zu den von Fromm unterzeichneten legitimen »Walküre«-Befehlen – unter dem ersten allgemeinen Befehl der Staatsstreichgruppe an die Wehrmachtbefehlshaber.[114] Er begann mit der Mitteilung, Hitler sei tot, und beschuldigte »eine gewissenlose Clique frontfremder Parteiführer«, sie versuche, der schwerringenden Front in den Rücken zu fallen und die Macht »zu eigennützigen Zwecken« an sich zu reißen. Deshalb habe »die Reichsregierung zur Aufrechterhaltung von Recht und Ordnung« den militärischen Ausnahmezustand verhängt und dem Unterzeichneten, Generalfeldmarschall von Witzleben, den Oberbefehl über die Wehrmacht und die vollziehende Gewalt übertragen. Unter »Reichsregierung« mußten Uneingeweihte die bisherige Regierung, unter Führung Görings, nur ohne Hitler, verstehen.[115] Es war die Rede von der »Aufrechterhaltung von Recht und Ordnung«, während es in Wirklichkeit um deren Wiederherstellung ging.

In Standrechtverordnungen und weiteren Erlassen wurden Gruppenbildungen jeder Art auf Straßen, Plätzen und in geschlossenen Räumen sowie der Besitz und das Tragen von Waffen für alle nicht der Wehrmacht oder Polizei Angehörenden verboten. Der private Fernreiseverkehr wurde für drei Tage verboten, der gesamte Fernsprechverkehr außer Ortsgesprächen und Gesprächen zwischen Staats- und Wehrmachtstellen bis auf weiteres gesperrt, die Polizeistunde auf 21 Uhr festgesetzt.[116] Die für Ernährung und Verkehr nötigen Betriebe, sozialen Dienste und öffentlichen Dienststellen mußten weiterarbeiten unter Androhung des Standrechts. Die Amtsträger der NSDAP durften keine von der Partei befohlene Tätigkeit ausüben, das gesamte Vermögen und die Akten der Partei wurden beschlagnahmt, Beseitigung von Vermögenswerten und Akten mit standrechtlichen Maßnahmen bedroht.

Widerstand gegen die vollziehende Gewalt, Plünderung, Gewalttaten, Hoch- und Landesverrat waren ebenfalls mit standrechtlicher Aburteilung bedroht. Die Standgerichte hatten nach der Reichsstrafprozeßordnung, eiligenfalls nach eigenem Ermessen, zu verfahren, dem Angeklagten rechtliches Gehör zu geben, gegebenenfalls Zeugen zu vernehmen, dann sofort das Urteil zu fällen und ohne Aufschub vollstrecken zu lassen.[117] Sie waren auch zuständig für Mord, Freiheitsberaubung, Erpressung, Bestechung, weil diese Vergehen die berechtigte Volksempörung hervorgerufen hätten und deshalb »eine rasche Sühne erfordern«.[118] Sie sollten also schon in den ersten Stunden des Umsturzes Verbrecher des Regimes aburteilen und gegebenenfalls auch sofort hinrichten lassen.[119]

Umsturzaufrufe

Mitte September begann Stauffenberg auch mit der Bearbeitung der am Umsturztag zu verwendenden programmatischen Verlautbarungen der Verschwörung.[120] Diese mußten – im Gegensatz zu den offiziellen »Walküre«-Befehlen – vor den in die Einzelheiten des Erhebungsplanes nicht Eingeweihten geheimgehalten werden. Frau von Tresckow hatte zuerst die Entwürfe geschrieben, seit September 1943 übernahmen Margarethe von Oven und Ehrengard Gräfin von der Schulenburg die Schreibarbeiten.[121]

Einer der Entwürfe begann mit den Worten »Der Führer Adolf Hitler ist tot«. Fräulein von Oven war, als sie dies las, aufgewühlt angesichts der offenbaren Verschwörung zum Hochverrat. Tresckow hatte

aber Fräulein von Oven, als er in Neubabelsberg wohnte, erklärt,
Zehntausende von Juden würden auf die grausamste Weise umgebracht. Das vor allem, nicht so sehr der Krieg, das Handwerk des
Offiziers, habe ihnen allen den Anstoß zur Umsturzverschwörung
gegeben.[122] Stauffenberg, gläubiger Katholik, sachlich und, wie Fräulein von Oven bemerkte, den Widerschein eines stillen inneren Feuers
ausstrahlend, erklärte ihr ebenso, warum es sein müsse. Er sprach von
der Unmenschlichkeit und trug ihr ein Gedicht von Stefan George vor,
in dem es hieß:[123]

> Wenn einst dies geschlecht sich gereinigt von schande
> Vom nacken geschleudert die fessel des fröners
> Nur spürt im geweide den hunger nach ehre:
> Dann wird auf der walstatt voll endloser gräber
> Aufzucken der blutschein.. dann jagen auf wolken
> Lautdröhnende heere dann braust durchs gefilde
> Der schrecklichste schrecken der dritte der stürme:
> Der toten zurückkunft!
>
> Wenn je dieses volk sich aus feigem erschlaffen
> Sein selber erinnert der kür und der sende:
> Wird sich ihm eröffnen die göttliche deutung
> Unsagbaren grauens.. dann heben sich hände
> Und münder ertönen zum preise der würde
> Dann flattert im frühwind mit wahrhaftem zeichen
> Die königsstandarte und grüsst sich verneigend
> Die Hehren· die Helden!

Ein Unrecht müsse man auf sich nehmen, sagte Stauffenberg, das des
Tuns oder das des Nichttuns. Er hielt, was er tat, für seine von Gott
gegebene Aufgabe, der er sich mit seinem ganzen Sein widmete. Diese
innere Berufung gab ihm die Sicherheit, die von ihm ausging und die
so überzeugend wirkte. Gleichwohl fragte er sich immer wieder, ob
sein Weg der einzig mögliche sei.[124]

Natürlich war die Handhabung der für den Staatsstreich vorbereiteten Schriftstücke lebensgefährlich und mußte geheim bleiben. Tresckow verlangte von Fräulein von Oven, daß sie mit Handschuhen,
auf einer geliehenen Schreibmaschine und nur zu Hause schreibe. Die
Schreibmaschine und die Entwürfe, die gerade bei ihr waren, mußte
sie in den Nächten bei Luftalarm in den Keller mitnehmen, damit sie
nicht gefunden wurden, wenn etwa das Haus getroffen würde, veraltete Entwürfe mußte sie zu Hause verbrennen.

Tresckow kam vor seiner Abreise zur Front – vor dem 10. Oktober – oft zu Fräulein von Oven, die mit ihrer Mutter in Grunewald wohnte, zum Austausch neuer und alter Versionen der Entwürfe, traf sich dort auch mit Stauffenberg, um Änderungen und einzelne Punkte zu besprechen. Oft gingen sie, um keine Zuhörer zu haben, im Grunewald spazieren und besprachen das Nötige, gelegentlich kam Fräulein von Oven auch zu Stauffenberg in sein Büro in der Bendlerstraße. Einmal ging sie mit Stauffenberg und Tresckow die Trabener Straße in Grunewald entlang, sie hatte alle Aufrufentwürfe unter dem Arm. Da kam ein Auto voll SS-Leuten entgegen, bremste neben den dreien plötzlich, Stauffenberg und Tresckow wurden kreidebleich. Die SS-Leute sprangen heraus und gingen in ein Haus gegenüber.[125]

Im Oktober rief Berthold Stauffenberg Rudolf Fahrner telegraphisch von Überlingen nach Berlin. Einem Bericht zufolge kam Fahrner am 24. Oktober.[126] Claus Stauffenberg war bei Oberst i.G. Stieff im Hauptquartier des OKH in »Mauerwald« gewesen, war in Stieff gedrungen und hatte von ihm eine Zusage zur Mithilfe erreicht, wahrscheinlich zur Teilnahme an einem gemeinsamen Attentat mit einem anderen zusammen.[127] Stauffenberg sagte Fahrner mit seinem charakteristischen Lachen, eine Aktion werde nun in zehn bis vierzehn Tagen erwartet, und bat ihn, bei der Formulierung der Aufrufe zu helfen, die nach Hitlers Sturz über den Rundfunk veröffentlicht werden sollten. Es komme vor allem darauf an, die Menschen als Menschen anzusprechen und sie eine neue Staatsgesinnung spüren zu lassen.[128]

Fahrner arbeitete in einem Zimmer der Wohnung Bertholds in der Tristanstraße 8. Fahrner bemerkte Kommen und Gehen, sah aber selbst nur Familienangehörige.[129] Seine Anwesenheit wurde verborgen, die gemeinsamen literarischen Interessen hätten zu etwa nötigen Erklärungen dienen können. Überholte Entwürfe wurden sofort verbrannt oder, als es zu viele wurden und um Aufsehen zu vermeiden, zur Vernichtung Fahrner oder Nina Gräfin Stauffenberg mitgegeben; Nina Stauffenberg mußte, als sie zur Hochzeit von Olga Gräfin Üxküll (»Dusi«) mit Fredy von Saucken am 28. Oktober in Berlin war, einen ganzen Rucksack voll nach Bamberg mitnehmen. Zu der Hochzeit kam auch Hofacker; Stauffenberg sagte seiner Frau am 29. Oktober in der Tristanstraße 8, heute habe er die entscheidende Aussprache mit seinem Vetter.[130]

Graf Üxküll nahm ebenfalls an der Redaktion der Entwürfe teil. Bertholds Frau Mika wurde als »Volk« zugezogen, um die Wirkung der Aufrufe zu beurteilen. Sie meinte, das »Volk« verstehe kein Wort, was die Autoren günstig fanden. Claus Stauffenberg und Fahrner

Hochzeit von Olga (»Dusi«) Gräfin von Üxküll-Gyllenband mit Oberleutnant Fredy von Saucken, Hotel »Kaiserhof«, Berlin, 28. Oktober 1943. Von links, sitzend: Alexandrine (»Lasli«) Gräfin von Üxküll-Gyllenband, Oberstleutnant Nikolaus (»Nux«) Graf von Üxküll-Gyllenband, Olga (»Dusi«) von Saucken geb. Gräfin von Üxküll-Gyllenband, Oberleutnant Fredy von Saucken, Freda von Saucken geb. Freiin von Hollen, Siegfried von Saucken-Loschen, Bertha (»Püzze«) Siemens geb. Gräfin Yorck von Wartenburg (Schwester von Peter Graf Yorck von Wartenburg), Generalmajor Dietrich von Saucken. Von links, stehend: General der Infanterie Joachim von Kortzfleisch, Edelgard von Kortzfleisch, Elisabeth Blume, Margarethe Blume, Siegrid von Bülow geb. Saucken, Berthold Schenk Graf von Stauffenberg, Friedrich Karl (»Piggy«) Siemens, Maria (»Mika«) Schenk Gräfin von Stauffenberg geb. Classen, Peter Graf Yorck von Wartenburg, Nina Schenk Gräfin von Stauffenberg geb. Freiin von Lerchenfeld, Edgar Freiherr von Üxküll-Gyllenband, Oberstleutnant i.G. Claus Schenk Graf von Stauffenberg, Marion Gräfin Yorck von Wartenburg geb. Winter, Oberstleutnant d.R. Cäsar von Hofakker, Elisabeth von Saucken geb. Saucken (Frau von Generalmajor Dietrich von Saucken), Unteroffizier Alexander (»Julex«) Graf von Üxküll-Gyllenband, Oberleutnant Oskar von Saucken, Leutnant Hans-Erich von Saucken (gefallen 30. Mai 1944 bei Jassy), Friedrich Blume.

wollten »die verbrauchte Sprache« meiden und schon durch ihren Stil für das Umdenken wirken. Stauffenberg nahm die Aufrufe zu mehreren Verbündeten, sicher Schulenburg, Beck und Goerdeler mit, brachte manchen Einwand und Änderungswunsch mit zurück, die dann berücksichtigt wurden. Stauffenbergs Freund Joachim Kuhn schrieb in der sowjetischen Gefangenschaft auf, Stauffenberg habe ihm am 17. November 1943 gesagt, er trage Beck wöchentlich über alle Vorbereitungen vor, und Becks »Grundauffassungen decken sich vollständig mit den unseren«.[131]

Als Fahrner nach einigen Tagen abreiste, schenkte er Stauffenberg einen breiten Goldring, auf dem umlaufend in erhaben gegossenen Buchstaben FINIS INITIUM stand; Stauffenberg trug ihn am Mittelfinger der linken Hand.[132] Der Bezug zu Stefan Georges »ich bin ein end und ein beginn« liegt nahe.[133]

Claus Graf Stauffenberg beriet vor allen mit seinem Onkel Üxküll militärische und politische Entwürfe,[134] Berthold bedachte mit Fahrner Fragen der Sprache und der Änderung bestehender Einrichtungen. Sie wollten auch bei durchgreifendem Handeln kein rechtloses Vorgehen dulden, sachlich Sinnvolles nicht zerstören. Die Konzentrationslager sollten sofort besetzt werden, »ein reinigendes Rechtsverfahren« würde jeden Fall der Inhaftierung klären und Rechtsstand und gegebenenfalls die Ehre der Häftlinge herstellen, ihre Peiniger bestrafen. Alle Minister und Parteiführer bis hinunter zu den Kreis- und Ortsgruppenleitern sollten verhaftet, alle SS- und Polizeiunterkünfte umstellt, alle SS- und Polizeioffiziere und ihre Mannschaften entwaffnet und ebenfalls verhaftet werden. Dazu waren die Zugangsstraßen zu den SS-Unterkünften abzuriegeln, schwere Waffen in Stellung zu bringen, Stoßtrupps bereitzustellen. Ein energischer Offizier hatte mit einem Begleitoffizier zur Wache zu gehen, den dienstältesten SS-Führer zu verlangen und diesem zu eröffnen: »Der Führer ist tot. Eine kleine Clique gewissenloser frontfremder Parteiführer hat einen Staatsstreich versucht. Der militärische Ausnahmezustand ist verhängt und die vollziehende Gewalt in die Hände der Wehrkreisbefehlshaber gelegt.« Die Waffen-SS unterstehe den Wehrkreisbefehlshabern und werde in das Heer überführt, habe bis auf weiteres in den Kasernen zu bleiben; nötigenfalls werde dieser Befehl mit den rundum aufgestellten schweren Waffen durchgesetzt. Der angesprochene SS-Führer habe die entsprechenden Befehle sofort und in Gegenwart des ihm dies eröffnenden Heeresoffiziers zu geben. »Bei Weigerung oder Widerstand ist der SS-Führer zu erschießen, die Wache zu entwaffnen und die Entwaffnung der gesamten Truppe zu erzwingen.«[135] Die Ausführung der Maßnahmen wurde den Ersatztruppen unter dem Kommando der Stellvertretenden Kommandierenden Generale der Armeekorps (Wehrkreisbefehlshaber) übertragen.[136]

Die Fiktion eines Putsches der Parteiführer oder der SS war fragwürdig, sofern sie besagte, daß die neuen Machthaber das alte Regime verteidigen wollten. Schon im folgenden Befehl war überdies die Fiktion fallengelassen: Racheakte bei der Ergreifung der vollziehenden Gewalt wurden verboten mit der Begründung, die Bevölkerung müsse sich »des Abstandes zu den willkürlichen Methoden der bisherigen Machthaber bewußt werden«.[137] Solche Unklarheiten konnten dem Putsch sowohl nützen wie schaden.

Nach Hitlers Tod sollten sofort die (von SS-Truppen bewachten) Sender besetzt und die Verlautbarungen gesendet werden; dann wäre die Erhebung jedenfalls manifest. Nach der weiter nicht erklärten Mitteilung, Hitler sei tot, würden die Verlautbarungen auf das Verhalten der Parteiführer verweisen, woraus die Notwendigkeit des Eingreifens abgeleitet wurde; nach der Rückkehr der Soldaten in die Heimat werde die Nation zur freien Entscheidung über ihre künftige Verfassung aufgerufen werden; ab sofort werde das Recht wiederhergestellt; die Verbrechen der Parteiherrschaft würden auf gesetzlichem Wege gesühnt, Racheakte verboten; der äußere Friede werde sofort angestrebt, werde allerdings nach dem Geschehenen nicht ohne Einbußen für Deutschland zu bekommen sein; jedoch werden innere Reinigung und Versöhnung mit den göttlichen Mächten die Deutschen zur Hoffnung in die Zukunft befähigen; alle würden aufgefordert, dem Vaterland mit ganzer Kraft und ganzer Seele zu dienen.

Ein eigener Aufruf an die Wehrmacht enthielt etwa die gleichen Gedanken, hob besonders den Wahnsinn der Kriegführung hervor, schwor der Bedrohung anderer Völker ab und gelobte, kein Menschenleben mehr für den Krieg einzusetzen außer für den unmittelbaren Schutz der Heimat, der Frauen und Kinder; besonnene Führer würden die Heere so bald wie möglich in die Heimat zurückführen.[138]

Stauffenberg wollte nicht, daß die Politiker der Weimarer Zeit wieder an die Macht kämen, wie er 1944 zu Jakob Kaiser bei einem Gespräch über Personalpläne sagte: »Herr Kaiser, es darf aber nicht zu einer Restauration kommen.«[139] Da Stauffenberg »sich positiv zu den Gewerkschaften« und ihrer politischen Rolle im neuen Staat geäußert hatte, bezog Kaiser Stauffenbergs Äußerung auf Goerdeler und dessen Kreis und stimmte zu.[140] Stauffenberg wollte die Restauration der Verhältnisse von vor 1933 in jeder Beziehung verhindern.[141] Die geschichtlichen Leistungen des Adels sollten aber bei der Neugestaltung berücksichtigt werden, ohne daß dies näher ausgeführt war.[142]

Claus und Berthold Graf Stauffenberg hatten in Lautlingen Anfang September mit Fahrner darüber gesprochen, wie aus allen Schichten die gefunden werden sollten, die regieren könnten, wie eine Volksvertretung ganz anders als über »politische Parteien bisheriger Art« zu bilden wäre. Das Parteiensystem der Republik vor 1933, fanden sie, habe mit einer wirklichen Volksvertretung nichts zu tun gehabt, da an eine führende Stelle nur kommen konnte, wer sich in der Partei heraufdiente. Sie wollten Repräsentation der Gemeinden, Berufsgruppen und Interessengemeinschaften im Parlament, um die Wiederherstellung der Parteien zu vermeiden, die als Zwischenhändler in eigenen Interessen aufträten.[143] Offenbar hielten die Stauffenbergs eine direkte korporative Volksvertretung für klarer, sachlicher und weniger korruptionsanfällig als die Repräsentation durch geographisch und gesellschaftlich entwurzelte Parteien.

Die Brüder Stauffenberg und Fahrner wollten »ein freies Verhältnis« der Menschen im Volk zu den unvermeidbaren Unterschieden an Stellung, Besitz und Ansehen; freiwillige Teilung des Großgrundbesitzes; gewachsene (bäuerliche) Lebensformen erhalten und nicht durch »auf Vorteile berechnete Konstruktionen« (Industrie) ersetzen; gemeinsame Verantwortung der Unternehmer und der Arbeiter gegenüber einander und gegenüber dem Ganzen; Technik, Industrie und Wirtschaft sollten »eine dienende Rolle« einnehmen, nicht systematisch Bedürfnisse erwecken und dadurch Menschen beherrschen; die politische Herrschaft der Technik sei zu vermeiden; die Lösung der sozialen Fragen sollte von den Habenden ausgehen, nicht erst von den Forderungen der Nichthabenden; die internationalen Gegensätze seien zur Bedeutung der Gegensätze zwischen den deutschen Stämmen herunterzuführen.[144]

Der Gedanke vom »Soldat im Volk«, vom Heer und vom Offizierkorps als Repräsentanten und Verkörperung des Volkes, war ganz Claus Stauffenberg eigen. 1942 und im Januar 1943 sprach er darüber mit dem aus der Bamberger Zeit befreundeten Major d.R. Thüngen: Es müsse etwas Neues kommen, es sei höchste Zeit, man dürfe aber nicht restaurieren, man könne die Geschichte nicht zurückdrehen, »ich war nicht umsonst Soldat im Volke«.[145] Auf Thüngens Bemerkung, es sei gut, daß man in der militärischen Führung handeln wolle, denn hier trage man mit die Verantwortung vor der Geschichte, sagte Stauffenberg mit Stolz und Überzeugung: »Ja, wir sind auch die Führung des Heeres und auch des Volkes und wir werden diese Führung in die Hand nehmen.«[146]

Das Stauffenberg eigene politische Programm aber war der Sturz Hitlers. Für die Entwicklung politischer Gestaltungsgedanken über Grundanschauungen hinaus brachte er weder Erfahrung im öffentlichen politischen Leben mit noch Muße.[147] Doch nahm er zunehmend

Anteil an den politischen Planungen und brachte seine Vorstellungen in die gemeinsamen Überlegungen ein.

Ein Beispiel dafür ist Stauffenbergs Interesse an der sozialen Frage.[148] Dazu gehörten die Beziehungen zwischen Arbeitern und Unternehmern, gerechter Lohn, Schutz vor Willkür, Kranken- und Sozialversicherungen und die Sorge um die Millionen, die aus fünf Jahren Krieg zurückkämen und wieder ihren Platz im Arbeitsprozeß finden und die Zukunft gestalten müßten. In einer einem Mitverschworenen im Februar 1944 übergebenen, bisher verschollenen Aufzeichnung legte er dar, wie er sich die soziale Ordnung nach dem Umsturz vorstellte.[149] Der Gewerkschaftführer Hermann Maaß sagte aus, Stauffenberg habe sich in seiner Aufzeichnung so wenig konkret ausgedrückt, daß seine wahre politische Absicht nicht zu erkennen gewesen sei. Dagegen hätten die von Maaß vorgetragenen Auffassungen der Gewerkschaften Stauffenberg stark befremdet.[150]

Die Gewerkschaftführer Leuschner, Jakob Kaiser und Habermann waren sich einig, daß das frühere Vielparteiensystem nicht wiederhergestellt, sondern allenfalls *eine* Partei als Auslese der politisch bewußten Kräfte gebildet werden sollte.[151] Der Gedanke einer überparteilichen Volksbewegung stand schon in Mierendorffs Programm vom 14. Juni 1943.[152] Solche Pläne standen in Konkurrenz zu Stauffenbergs eigenen Gedanken von einer Führungsschicht, die nach geistigen Gesichtspunkten auszuwählen sei.[153] Überdies waren Leuschner und Maaß mißtrauisch gegen den »Kreisauer Kreis« wegen seiner adeligen Führer.[154]

Dogmatische Fixierungen und Programme hat Stauffenberg immer abgelehnt. Er folge nicht Ideen, sondern Menschen, sagte er 1923.[155] Durch Programme, Dogmen, Bekenntnisse und Lehren war sein Wesen nicht bestimmt.[156] Er hielt Menschen für unfrei, die sich »zu einer Weltanschauung durchrangen«.[157] Allerdings meinte Stauffenberg, auch die große Politik müsse einer religiös verankerten Sittlichkeit folgen; ein Staatswesen ohne religiöse Grundauffassung hielt er nicht für möglich.[158] Er hielt zur politischen Führung die Distanz des Soldaten und des gebildeten, adelsbewußten Staatsdieners, der erwartet, nicht durch Wahlen und parteipolitische Machenschaften, sondern durch die Anerkennung seiner Leistung in der Hierarchie in führende Stellen zu gelangen. Mit Parteien hatte er nichts im Sinn, eher war er selbst seine eigene Partei.[159] Er dachte vielmehr, wie Rudolf Fahrner formulierte, »aus den jeweils gegebenen Menschen und Verhältnissen das beste Mögliche zu machen«.[160] Auch in der eher geringen Bedeutung, die er ausformulierten Neuordnungsplänen gab, traf er sich mit Julius Leber.[161]

Aus den überlieferten Entwürfen ergibt sich jedoch ein greifbares Verfassungs- und Regierungsprogramm, mit dem Stauffenberg sich in Übereinstimmung erklärte.[162]

Die Regierung Hitler hatte durch die Notverordnung vom 28. Februar 1933 die Grundrechte der Reichsverfassung von 1919 aufgehoben: den Schutz der Freiheit der Person, die Unverletzlichkeit der Wohnung, das Brief-, Post-, Telegraphen- und Telephongeheimnis, das Recht auf freie Meinungsäußerung, das Versammlungsrecht, das Vereinigungsrecht und den Schutz des Eigentums.[163] Die vorbereiteten Proklamationen wollten die durch die Notverordnung aufgehobenen Grundrechte der Reichsverfassung von 1919 sofort wiederherstellen, von kriegsnotwendigen Einschränkungen abgesehen.

Schließlich wurden im Herbst 1943, teils auf Grund früherer Entwürfe, Erklärungen an das ganze Volk vorbereitet, die über den Rundfunk verbreitet werden sollten.[164] Beck, Goerdeler, Hassell und andere überarbeiteten die Entwürfe, worauf Claus oder Berthold Stauffenberg und Fahrner sie wieder neu redigierten.[165] Hassell lernte Stauffenberg in diesem Zusammenhang im November 1943 kennen.[166]

Die Arbeit an den Entwürfen scheint zwischen November 1943 und März 1944 im wesentlichen geruht zu haben, wurde aber im März wieder aufgenommen. Berthold Stauffenberg bat damals seine Sekretärin im Oberkommando der Marine, Aufrufe für den Tag des Umsturzes auf der Maschine zu schreiben, die er ihr diktierte. Frau Appel fertigte mehrere Exemplare an; veraltete Versionen wurden vernichtet.[167]

Ende Juni 1944 kam Fahrner, von Stauffenberg gerufen, aus Athen noch einmal nach Berlin, um bei einer letzten Neubearbeitung zu helfen. Zusammen mit Berthold Stauffenberg überarbeitete er den »Aufruf an das deutsche Volk« vor allem stilistisch. Alles Pathetische wurde getilgt, größere Nüchternheit angestrebt. Der Aufruf an die Frauen wurde durch einen Satz im allgemeinen Aufruf ersetzt. Was bisher im allgemeinen Aufruf über die Fronten, über Friedensaussichten gesagt war, mußte verändert oder weggelassen werden; die Aufrufe wurden insgesamt kürzer und schärfer in der Verurteilung des Regimes. Fahrner berichtete darüber 1945: »Ein Hinweis auf den tieferen Sinn der Abkehr von äußeren Zielen und der Hinwendung auf die innere Aufgabe der Neubegründung eines echt sittlichen Lebens wurde hinzugefügt. Das wichtigste aber war die Formulierung einer Warnung an alle, die die allgemeine Not etwa benützen wollten zu eigensüchtigen Sonderaktionen sei es von rechts, von links oder aus der Mitte.«[168]

Beck erhielt die neuen Fassungen am Abend des 14. Juli, dem Vorabend eines Attentatversuches. Am 15. Juli, während bei Beck der

vorgesehene Regierungschef Goerdeler und der aufstrebende Mitverschwörer Gisevius auf die Nachricht vom erfolgten Attentat warteten,
der innerhalb der nächsten zwei oder drei Stunden als neues Staatsoberhaupt auftreten würde, las dieser den beiden Besuchern die neuen
Entwürfe vor, was lange dauerte, »weil in das abgegriffene Papier
ziemlich viel handschriftlich hineinkorrigiert« worden war.[169]

In einem Entwurf für den »Aufruf an das Deutsche Volk«, den
Goerdeler vor Gericht als von Stauffenberg stammend bezeichnete,
was Hassell und der mit den Arbeiterführern verbundene katholische
Rechtsanwalt Josef Wirmer bestätigten,[170] standen die von Fahrner
1945 erinnerten Anklagen und Ankündigungen: Hitler sei nicht vom
deutschen Volk gerufen, sondern »durch Intrigen schlimmster Art an
die Spitze der Regierung gekommen«, habe ungeheuerliche Verschwen-
dung, Schulden und Mangel über Deutschland gebracht und habe, um
sich an der Macht zu halten, eine Schreckensherrschaft errichtet, die
göttlichen Gebote verhöhnt, das Recht zerstört, das Glück von Millionen vernichtet, »Ehre und Würde, Freiheit und Leben anderer für
nichts erachtet«, durch grausame Massenmorde den guten Namen der
Deutschen besudelt, das Volk ins Unglück gestürzt, mit seinem ange-
maßten Feldherrngenie die tapferen Soldaten ins Verderben geführt;
Hitler habe Verrat am deutschen Volke und an seiner Seele begangen
durch die »totale Beugung des Rechts«, die »Verhöhnung der edlen
Forderung, daß Gemeinnutz vor Eigennutz zu gehen habe«, durch
schamlose Korruption, seine vor zehn Jahren geleisteten Eide habe
Hitler »durch Verletzung göttlichen und menschlichen Rechts unzäh-
lige Male gebrochen«. »Unserer Väter wären wir nicht würdig, von
unseren Kindern müßten wir verachtet werden, wenn wir nicht den
Mut hätten, alles, aber auch alles zu tun um die furchtbare Gefahr von
uns abzuwenden und wieder Achtung vor uns selbst zu erringen.« Der
Grundsatz des Handelns aus Gewissensgründen und zur Rettung der
Ehre war damit vor alle Zweckerwägungen gesetzt.

Die vorläufigen Ziele der neuen Regierung gälten, bis das deutsche Volk darüber entscheiden könne. Ziel der neuen Regierung sei
»die wahre, auf Achtung, Hilfsbereitschaft und soziale Gerechtigkeit
gegründete Gemeinschaft des Volkes«, Recht und Freiheit, also die
Wiederherstellung der in der Verfassung garantierten Grundrechte
der Person, ferner Sauberkeit in der Regierung und Verwaltung und
die Wiederherstellung der Ehre der Deutschen in der Gemeinschaft
der Völker. Die Schuldigen, die den guten Ruf des deutschen Volkes
geschändet und soviel Unglück über das deutsche und andere Völker
gebracht haben, würden bestraft werden. Die neue Regierung wolle

»der Hoffnungslosigkeit, daß dieser Krieg noch unendlich weitergehen müsse, ein Ende machen«; sie erstrebe einen gerechten Frieden mit
friedlicher Zusammenarbeit der Völker. Jeder solle seine Pflicht erfüllen, um das Vaterland zu retten.

Eine längere »Regierungserklärung«[171] wurde nach dem Umsturzversuch in den Papieren Goerdelers gefunden. Vor Gericht sagte Goerdeler, er habe mit Stauffenbergs Entwürfen nichts zu tun gehabt, sie
für unbrauchbar gehalten und das mit seinen Korrekturvorschlägen
dargetan; die Urheberschaft der »Regierungserklärung« stehe nicht
fest.[172] Das Gericht hielt für erwiesen, daß Goerdeler sich bemüht habe,
ein Regierungsprogramm und Aufrufe für die ersten Tage nach dem
Umsturz »fertigzustellen«, und daß dabei Stauffenberg, Wirmer und
Hassell geholfen, daß Stauffenberg selbst Entwürfe geliefert habe.[173]
Die »Regierungserklärung« unterscheidet sich in Stil und Inhalt so
sehr von einem ohne Zweifel von Goerdeler verfaßten »Regierungsprogramm«, daß sie, auch wenn sie auf einem früheren Entwurf Goerdelers beruhen sollte, in ihrer schließlichen Formulierung dem Kreis
um Stauffenberg und der Mitarbeit Fahrners zuzuschreiben ist.[174]
Goerdelers »Regierungsprogramm« ist viel länger, enthält schwer ver-
ständliche Sätze, während der von Goerdeler Stauffenberg zugeschrie-
bene Entwurf in kürzeren Sätzen und in Wendungen gefaßt ist, die
an Schriften Fahrners und an schriftliche Äußerungen Stauffenbergs
anklingen.

Zugleich enthalten Goerdelers und Stauffenbergs Entwürfe gemeinsame Gedanken und fast wortgleiche Wendungen, wie die Anerkennung der idealistischen Motive vieler Mitglieder der NSDAP oder das
Versprechen, die Soldaten der Front an der Gestaltung einer neuen
Verfassung zu beteiligen, aber auch Abweichungen, so wenn der Entwurf der »Regierungserklärung« den Kirchen das Recht zusagt, frei
für ihr Bekenntnis zu wirken und in Zukunft vom Staat getrennt in
Selbständigkeit fern von aller aktiven politischen Betätigung, während
Goerdeler den Kirchen volle Freiheit der Betätigung »auf den verschiedenen Gebieten des Lebens im Sinne ihres göttlichen Stifters« und das
»Recht der Selbstverwaltung« zusagt, also die Trennung vom Staat
nicht auferlegt.

Die »Regierungserklärung« verkündet in 12 thesenartig eingeleite-
ten Abschnitten die in den kürzeren Erklärungen in Aussicht gestellten
»Grundsätze« und »Ziele« der neuen Regierung: Wiederherstellung
des Rechts – diese stand *an erster Stelle*, sie hatte allem übergeordnete Bedeutung, sie war die *entscheidende Grundlage und Voraussetzung* für alles andere; weiter die Wiederherstellung der Moral; Kampf

gegen die Lüge der Propaganda; Wiederherstellung der Freiheit des Geistes, des Gewissens, des Glaubens und der Meinung; Erneuerung der Erziehung und Bildung der Jugend auf christlich-religiöser Grundlage bei äußerster Duldsamkeit gegenüber Andersgläubigen; Neuordnung der Verwaltung und der Beamtenschaft; eine neue Verfassung; grundsätzliche Freiheit der Wirtschaft; ausgleichende Sozialpolitik; Ordnung der öffentlichen Haushalte; Fortsetzung des Krieges nur zur Verteidigung des Vaterlandes; Herstellung einer gerechten Friedensordnung.

Zur Wiederherstellung des Rechts gehörten Rechtsgleichheit, die Reinigung des Rechtswesens, die Bestrafung rechtsbrecherischer Richter, die Sicherheit der Person und des Eigentums, die Auflösung der Konzentrationslager, die Festsetzung einer Verfassung mit Zustimmung des Volkes und der Frontsoldaten, die dabei nach Beendigung des Krieges »mit besonderem Gewicht« mitzuwirken hätten; inzwischen müsse man sich mit einer sofort zu verkündenden einstweiligen Verfassung begnügen. Die »Regierungserklärung«, zu der Beck und Stauffenberg sich bekannten, ging also über die vor 1933 – und danach – geltende Gesetzgebung hinaus, wonach Soldaten vom politischen Prozeß ausgeschlossen waren und nicht wählen durften, und schloß sie ausdrücklich in die Teilnahme an der Gestaltung der Verfassung ein. Der Widerruf verfassungswidriger Gesetze ist in dem Entwurf in der Ankündigung »das Recht wird gereinigt werden« enthalten. Die Judenverfolgung, »die sich in den unmenschlichsten und unbarmherzigsten, tief beschämenden und gar nicht wiedergutzumachenden Formen vollzogen hat«, werde sofort eingestellt. Die Androhung, alle Rechtsbrecher werden der verdienten Strafe zugeführt, galt auch für alle Schuldigen, auch Soldaten.

Weiter hieß es im Aufruf, die öffentliche Moral werde wiederhergestellt werden, Korruption und Bereicherungen wie die Görings würden verfolgt und beseitigt. Die Lügen der Regierenden hätten aufzuhören. Die Freiheit des Geistes und der Meinung, des Gewissens und des Glaubens sowie die Freiheit der Presse würden wiederhergestellt. Die Kirchen erhielten das Recht, frei für ihr Bekenntnis zu wirken, würden jedoch vom Staat getrennt und von aller aktiven politischen Betätigung ferngehalten. Das Wirken des Staates werde jedoch »von christlicher Gesinnung in Wort und Tat erfüllt sein«, denn dem Christentum verdanke man den Aufstieg der weißen Völker und die Fähigkeit, die schlechten Triebe in sich selbst zu bekämpfen; echtes Christentum verlange auch Duldsamkeit gegenüber Andersgläubigen und Freidenkern. Die Erziehung solle »wieder bewußt auf die christlichreligiöse Grundlage« gestellt werden, doch sollen zugleich »die christlichen Gesetze der äußersten Duldsamkeit gegenüber Andersgläubigen« beachtet werden.

Sachkunde, Anstand und Einfachheit sollten die Verwaltung bestimmen. Preußen gehe im Reich auf; Selbstverwaltung werde in den Reichsgauen, Kreisen und Gemeinden wieder eingeführt, während gleichzeitig Reichsstatthalter in allen Gauen für die Einheit des Reiches sorgen sollten. Darin lag die vor 1933 vieldiskutierte Reichsreform. Ferner werde, soweit es in Kriegszuständen möglich sei, die Freiheit der Wirtschaft sofort, im übrigen sobald wie möglich wiederhergestellt, einschließlich des freien Handels mit der äußeren Welt.

Sodann müsse auch der deutsche Arbeiter »Gelegenheit erhalten, an der Verantwortung schöpferisch teilzunehmen«, nur könne man ihn »nicht von der Wirkung der in der Wirtschaft herrschenden natürlichen Gesetze entbinden«. Das Eigentum werde geschützt, ebenso unverschuldete soziale Schwäche; die Sozialpolitik des Staates werde auf Ausgleich gerichtet sein, insbesondere, wo die Ansammlung von Kapital »in Widerspruch gerät mit dem Interesse, die Arbeitskraft der jetzt Lebenden zu sichern«. Die Sozialpolitik werde die Möglichkeit geben, »sich solidarisch gegen die Widrigkeiten dieses Lebens zu sichern«. Noch sei Krieg; solange er dauere, gehörten Arbeit, Opfer und Liebe den Soldaten, die das Vaterland verteidigten. Der Krieg müsse anständig und ehrenhaft geführt werden, solange es nötig sei, die Front müsse mit dem Notwendigen versorgt, vor unausführbaren Befehlen bewahrt werden.[175]

Dann folgen Sätze, die von Beck und Goerdeler stammen können: »Wir haben vor diesem Kriege gewarnt, der so viel Leid über die ganze Menschheit gebracht hat, und können daher in Freimut sprechen. Wir waren und sind der Ansicht, daß es andere Möglichkeiten gab, unsere Lebensinteressen sicherzustellen.« Die für den Krieg Verantwortlichen würden zur Rechenschaft gezogen werden; zunächst allerdings müsse der Friede erstrebt werden. Die vornehmste Aufgabe sei, »tapfer und geduldig den vielfach entehrten deutschen Namen wieder rein zu waschen«, das Vertrauen der anderen Völker wieder zu erwerben; »wir hassen die feige Beschimpfung des Gegners und sind davon überzeugt, daß alle Staatsführer nicht nur das Beste ihrer Völker, sondern ein fruchtbares Ende dieses Ringens wollen« und bereit seien, mit Deutschland zusammen alsbald die auf alle Völker zurückwirkenden »Härten des leichtsinnig entfesselten Krieges zu mildern«.

Die neue Regierung gehe davon aus, daß der moralische und materielle Bestand Deutschlands für Europa und den Frieden der Welt not-

wendig sei, daß England und Deutschland zusammen Europa gegen
Rußland schützen müßten, daß kein weißes Volk Japan auf Kosten
weißer Völker oder Chinas bei seiner Ausdehnung helfen dürfe und
daß die ganze Welt wirtschaftlicher Zusammenarbeit bedürfe. Die
deutschen Verbrecher müßten von Deutschland selbst bestraft werden, damit Deutschland seelisch gesunden könne.

Dieselben Gedanken in ähnlichen oder fast gleichen Wendungen
finden sich in einem Entwurf für eine »Rundfunkansprache«, der
in für Goerdeler in Berlin hinterlegten Papieren gefunden wurde. Er
gehört offenbar zu den von Goerdeler Stauffenberg zugeschriebenen
Entwürfen. Auch hier treten die tieferen Motive des Staatsstreichpla-
nes hervor: Nur wenn das Terror- und Verbrecher-Regime durch ein
auf »Recht, Freiheit, Ehre und Anstand« gegründetes ersetzt würde –
auch hier wieder am Anfang die übergeordnete Stellung des Rechts –,
bestehe Hoffnung, diesen unseligen zweiten Weltkrieg in Ehren und
so zu beenden, daß die deutschen Lebensinteressen gewahrt blieben.
»Aber dieses Ziel ist nicht das allein ausschlaggebende. Entscheidend
ist für uns, daß wir die Entehrung unseres Volkes und die Beschmut-
zung unseres guten Namens durch freche Verbrecher und Lügner nicht
weiter dulden.«[176] In der Außenpolitik sehe es am ernstesten aus: »Wir
wissen noch nicht, wie sich das Ausland zu uns stellt. Wir haben handeln müssen aus der Verpflichtung des Gewissens heraus.«[177]

In einem Stauffenberg zugeschriebenen Entwurf ohne Überschrift
steht, die vom Nationalsozialismus zunächst vertretenen Ideen seien
großenteils richtig gewesen, nach Hitlers Ernennung zum Reichskanzler jedoch ins Gegenteil verkehrt worden; die neue Führerschicht sei
eine Herrschaft der Minderwertigen, der Korruption und des Bonzen-
tums. Der russische Feldzug sei mit dem Befehl zur Tötung der Kommissare begonnen, mit dem Verhungernlassen der Kriegsgefangenen
und Menschenjagden auf Zivilarbeiter fortgesetzt worden. Die Führung, die den Zweifrontenkrieg nicht zu vermeiden fähig gewesen sei,
habe nicht das Recht, das ganze deutsche Volk mit in ihren Untergang
zu ziehen; nach einem Regimewechsel komme es darauf an, Deutschland insbesondere durch seine Wehrmacht als Machtfaktor zu erhalten und Gegensätze im feindlichen Lager rasch auszunützen, ehe die
Invasion in Frankreich wirksam werde.[178]

Der »Aufruf an die Wehrmacht« wurde von Beck, Tresckow und
Stauffenberg ausgearbeitet.[179] Generaloberst Beck wollte darin als
Reichsverweser und Oberster Befehlshaber der Wehrmacht erklären, der Glaube der Soldaten an einen gerechten Krieg zur Wiedergut-
machung des Deutschland nach dem Ersten Weltkrieg geschehenen

Unrechts und zur Sicherung der Freiheit sei von der bisherigen Regierung gewissenlos mißbraucht worden, mißbraucht zu maßlosen Zielen, Eroberungen und Ausbeutung der unterjochten Länder und Völker. Die bisherige Führung habe so niemals zu einem Frieden mit den übrigen Völkern gelangen können, statt dessen überall Haß gesät.

Hitler habe sich angemaßt, Feldherr zu sein, obwohl er das zur Führung eines Millionenheeres erforderliche Können niemals »auf den verschiedenen Stufenleitern harten militärischen Dienstes erlernt« habe; er habe »durch Eigensinn, Unfähigkeit und Maßlosigkeit« der Wehrmacht die schwersten vermeidbaren Opfer verursacht, den Untergang der 6. Armee in Stalingrad, den Zusammenbruch des Unternehmens in Nordafrika und die vergeblichen Opfer auf Sizilien. »Hunderttausende braver Soldaten büßten für Vermessenheit und Eitelkeit eines einzelnen mit Leben, Gesundheit oder Verlust der Freiheit.« Viele höhere Führer seien zurückgetreten, manche aus dem Leben geschieden, andere beseitigt worden, weil sie gewarnt hatten oder die Verantwortung für die »gewissenlose, unfähige Führung« nicht tragen wollten. Es dürfe so nicht weitergehen, wenn man nicht von der Jugend, den eigenen Kindern verdammt werden wolle, weil man den Mut zur Rettung des Vaterlandes nicht aufgebracht hätte. Schließlich: »Wir müssen handeln, weil – und das wiegt am schwersten – in Eurem Rükken Verbrechen begangen wurden, die den Ehrenschild des deutschen Volkes beflecken und seinen in der Welt erworbenen guten Ruf besudeln.« Darin waren die Morde an Kommissaren und anderen Kriegsgefangenen, an Hunderttausenden Juden und anderen Zivilisten eingeschlossen.

Der Aufruf versprach zum Schluß, der Oberste Befehlshaber werde nur noch Opfer verlangen, die zur Verteidigung nötig seien, sich mit Hilfe sachkundiger Männer um einen dauerhaften Ausgleich mit allen Völkern bemühen, im Rücken der Front wieder Recht und Anstand einführen. Eine Kurzfassung derselben Gedanken mit der Überschrift »Deutsche Soldaten!« war für den vorgesehenen Oberbefehlshaber der Wehrmacht, Generalfeldmarschall von Witzleben, geschrieben.[180]

Umsturzplanung: Äußeres

Schon vor dem Beginn des Krieges bemühten sich Gegner Hitlers bei den Regierungen Frankreichs, Englands und der Vereinigten Staaten um politische Unterstützung für den Sturz des Diktators.[1] 1938 und 1939 waren die Bemühungen nicht aussichtslos, jedoch entwickelten die Westmächte gleich zu Anfang des Krieges Kriegsziele, die ihre Zusammenarbeit mit Hitlers inneren Feinden ausschlossen. Aus den Kontakten, die Papst Pius XII. im Winter 1939/40 vermittelte – zwischen Generaloberst Beck und der Gruppe um Oberst Oster und dem im OKW/Amt Ausland/Abwehr Kriegsdienst leistenden Reichsgerichtsrat von Dohnanyi einerseits und der englischen Regierung andererseits –, ging hervor, daß die Westmächte für die Zeit nach Hitlers Sturz wirksamere Garantien als die des Versailler Vertrags wollten und daß dies die vollständige Entwaffnung Deutschlands, also bedingungslose Kapitulation, bedeutete. Punkt 8 der von Churchill und Roosevelt in Placentia Bay (Kanada) im August 1941 gemeinsam verkündeten Kriegszielerklärung, der »Atlantik-Charta«, bekräftigte die Forderung der Entwaffnung Deutschlands; der Koalitionsvertrag von Washington vom 1. Januar 1942, den 26 alliierte Staaten unterzeichneten, sprach sie ebenfalls aus.

Der Vertrag von Washington wurde in den offiziellen Verlautbarungen, übrigens auch in deutschen Zeitungen, als Fortsetzung der »Atlantik-Charta« bezeichnet; er enthielt die Kriegszielformel »complete victory«.[2] Der frühere Botschafter in Rom, Ulrich von Hassell, erkannte in der »Atlantik-Charta« das Ziel der bedingungslosen Kapitulation. Dies entging nicht einmal dem immer sanguinischen Goerdeler, der auch fürchtete, die Gegner Deutschlands würden Ostpreußen und Schlesien Polen überlassen und die Verwaltung und das Erziehungswesen in Deutschland ganz unter ihre Kontrolle bringen.[3]

Zugleich glaubte Goerdeler aber noch im September 1943, wie er Generalfeldmarschall von Kluge und Generaloberst Beck damals in Olbrichts Wohnung in Berlin auseinandersetzte, England werde Deutschland seinen gesamten Besitzstand vom 1. September 1939 einschließlich Österreichs, des Sudetenlandes und Eupen-Malmedys zugestehen, dazu die Wiederherstellung der Ostgrenze von 1914 und Südtirol bis Bozen-Meran; die Frage des Status von Elsaß-Lothringen wollte Goerdeler mit Frankreich durch Verhandlungen lösen.[4]

Auch der Sozialdemokrat Julius Leber hoffte bis Herbst 1943 noch auf einen ehrenvollen Frieden, sah aber dann ein, daß weder die Koalition der Gegner zu trennen noch die bedingungslose Kapitulation und die vollständige Besetzung Deutschlands zu vermeiden seien.[5] Helmuth James Graf von Moltke war sich 1940 klar, daß Deutschland große Gebietsverluste hinnehmen müßte, Schlesien werde den Tschechen oder den Polen zufallen. Im März und im Dezember 1943 warnte er vor der Gefahr des Kommunismus in Deutschland und der Vorherrschaft Rußlands; im Dezember 1943 bot er den Westmächten im Namen der Umsturzbewegung militärische Hilfe bei der Besetzung Deutschlands von Westen her an, falls ein Minimum an Einigkeit über politische Fragen hergestellt werden könnte.[6] Cäsar von Hofakker machte seinem Vetter Stauffenberg klar, daß man mit Frankreich nur bei Rückgabe von Elsaß und Lothringen zum Frieden kommen könnte, nicht durch die Goerdeler vorschwebende »Autonomie« der beiden Gebiete.[7]

Auf der letzten größeren Zusammenkunft der Freunde Moltkes in Kreisau vom 12. bis 14. Juni 1943 (Pfingsten) referierte Adam von Trott zu Solz, Legationsrat im Auswärtigen Amt, über das Fehlen jeder Aussicht, mit den Westmächten ins Gespräch zu kommen, vermutete aber Möglichkeiten auf der sowjetischen Seite. Er hielt die sowjetische Regierung für weniger schrecklich, als die Propaganda sie hinstellte, und befürwortete einen Versuch, in Stockholm mit Alexandra Michailowna Kollontaj, der dortigen sowjetischen Gesandten (1944 Botschafterin), Verbindung herzustellen.[8] Anschließend war er mit dienstlichem Auftrag in Istanbul, um dort zugleich Fühlung mit den Westmächten zu suchen.[9]

Die Gründung des »Nationalkomitee Freies Deutschland« am 13. Juli 1943 in Krasnogorsk bei Moskau schien Trott recht zu geben, wenn auch die Analogie zu dem Anfang des Jahres ebenfalls unter sowjetrussischen Auspizien gegründeten »Verband polnischer Patrioten«, der unter anderem für Polen Danzig, Westpreußen und Oberschlesien forderte, eher zu Besorgnis hätte Anlaß geben müssen.[10] Moltke aber schrieb am 28. Juli, die Lage habe sich durch Erklärungen von Stalin »grundlegend gewandelt«. Da Stalin außer der Gründung des Nationalkomitees nichts wesentlich Neues mitgeteilt hatte, konnte nur dies gemeint sein.[11]

Es gab Anzeichen für eine Bereitschaft Stalins, mit Hitler oder einem anderen deutschen Regierungschef über einen Sonderfrieden zu sprechen.[12] Es hieß auch gerüchtweise, der frühere Botschafter in Moskau Graf Schulenburg wäre zu Verhandlungen dort willkommen.[13]

Als Hitler solche Verständigungsfühler zurückwies, besprach Schulenburg sie Ende Juli/Anfang August mit Goerdeler und Hassell.[14]

Graf Schulenburg fand, es bestünden noch Möglichkeiten einer Verständigung mit den Westmächten, und »die gesamtpolitisch nicht unbedenkliche Schwenkung auf die Sowjetunion« sei nicht nötig. Sollte aber eine Alleinverständigung mit der Sowjetunion angestrebt werden, müßte das vorher mit der militärischen Seite, das heißt Beck, und mit Goerdeler abgesprochen werden. Auf die Frage an Beck, was er von einer »Herausstellung Schulenburgs« und von der Verlagerung der Verständigungssuche nach Osten halte, antwortete er indirekt, aber deutlich, er halte an Hassell als seinem außenpolitischen Berater fest.[15]

Einige Tage vor dem 13. November 1943 sagte Goerdeler Hassell, »neuerdings seien manche Kreise« für die Nominierung Schulenburgs als Außenminister der Staatsstreichregierung, weil er vor dem Krieg mit Rußland gewarnt habe. Schulenburg sei zur Mitarbeit bereit und auch dazu, sich durch die Front schleusen zu lassen, »um mit Stalin über eine Verständigung mit einem neuen System in Deutschland zu sprechen«, ein Plan, den Goerdeler schon mit Tresckow besprochen hatte.[16] Der Nominierung Schulenburgs, erklärte Goerdeler, liege der Gedanke zugrunde, »entweder mit Stalin zum Sonderfrieden zu kommen oder durch die Sorge davor einen Druck auf die Westmächte auszuüben«. Goerdeler selbst sei für Hassell als Außenminister, »die Arbeiter« – womit Leber, Leuschner, Habermann, Mierendorff und Jakob Kaiser gemeint waren – seien gegen Schulenburg, weil seine Kandidatur »nach Reaktion schmecke«.[17]

Hassell wandte sich Goerdeler gegenüber dagegen, die Frage östlicher und westlicher Kontakte als Kandidatenfrage für den Posten eines Außenministers zu behandeln, und erklärte, zu einem Gespräch mit Schulenburg über Zusammenarbeit sei er jederzeit bereit, aber nicht im Sinne einer Postenverteilung; die sei später zu klären. Bei Beck wandte sich Hassell danach ebenfalls gegen Goerdelers Vorstellungen in diesem Punkt, ebenfalls noch vor dem 13. November.[18] Als Hassell am 9. November mit Schulenburg sprach, selbstverständlich ohne die »Postenfrage« zu erörtern, fand er ihn nüchtern und klar in seinen Urteilen, wenn auch »nicht mehr ganz jung« und die Dinge noch sehr als Beamter und vom Standpunkt des Auswärtigen Amtes aus beurteilend.[19]

Die außenpolitische Ratlosigkeit der Verschwörer war zur Zeit der Attentatversuche des Juli 1944 noch größer als 1943. Noch am 15. Juli 1944 dachte Beck daran, Schulenburg und Hassell gemeinsam zu sich kommen zu lassen und sie zu fragen, wer von ihnen außenpolitisch am meisten zu erreichen hoffe; der solle dann Außenminister werden, der andere Staatssekretär.[20]

Vom 5. bis 10. Juli 1943 war Moltke dienstlich in der Türkei und suchte für die Umsturzbewegung Hilfestellung. Er richtete an den amerikanischen Botschafter in Kairo, Alexander Kirk, mit dem er früher in Berlin befreundet war, den Vorschlag, einen deutschen Generalstabsoffizier, der über die deutschen Weststellungen vollständig unterrichtet wäre, in englische Hand fallen und mit den Alliierten die Landung englisch-amerikanischer Luftlandetruppen in Westeuropa und die Öffnung der deutschen Westfront planen zu lassen, während im Osten die deutsche Front gehalten würde. Moltke ließ auch wissen, er sei gegen die Ermordung Hitlers, aber nicht gegen seinen gewaltsamen Sturz.[21]

Auf der Konferenz von Casablanca im Januar 1943 hatten die alliierten militärischen Führer beschlossen, die Besetzung von Territorien im deutschen Machtbereich oder Deutschlands selbst auch vor der geplanten Errichtung der »zweiten Front« in Europa, wofür die in Italien nicht angesehen wurde, zu planen für den Fall des Zusammenbruchs der deutschen Wehrmacht. Der Plan hatte den Decknamen »Rankin«.[22] Moltke scheint davon gewußt zu haben. Kurz vor seiner zweiten Reise nach Istanbul im Dezember 1943 hielten er und Trott für möglich, daß »man Wetter machen könnte«, also die Bedingungen für einen Umsturz herbeiführen.[23]

Bei einem weiteren Aufenthalt in der Türkei hoffte Moltke den Kontakt zum Ziel zu führen und bat um Vermittlung einer Begegnung zwischen ihm und Kirk. Der Agent des amerikanischen Geheimdienstes Office of Strategie Services (OSS) in Istanbul, Alfred Schwartz, ein aus der Tschechoslowakei stammender Ingenieur, reichte Moltkes Verlangen unter dem 14. September 1943 weiter, er hatte es anscheinend erst am 8. September erhalten. Zwischen Moltke und dem OSS-Mitarbeiter Wilbrandt war vereinbart, daß Moltke über eine Funkverbindung benachrichtigt würde, wenn Kirk nach Istanbul kommen könne. Moltke würde dann sofort eine Dienstreise nach Istanbul arrangieren und das Datum seiner Ankunft über Funk mitteilen.[24]

Inzwischen sondierte in Paris Fritz-Dietlof Graf Schulenburg, der frühere Polizei-Vizepräsident von Berlin und nachmalige Regierungspräsident in Schlesien, der seit 1940 im Potsdamer Infanterie-Regiment 9 Dienst tat und in Rußland gekämpft hatte. Schulenburg berichtete am 2. August den Mitverschworenen Olbricht und Tresckow in Berlin als Ergebnis, die deutsche militärische Führung im Westen könne dem

Gegner das Tor zum Reich öffnen, sobald die Westalliierten in Frankreich angegriffen hätten.[25] Das reichte nicht zur Ingangsetzung eines Staatsstreichs, es genügte aber als Stütze für Moltkes Sondierungen.

Adam von Trott zu Solz und Ulrich von Hassell meinten damals noch, England und Amerika wollten die Bolschewisierung Deutschlands verhindern, und mit dem Hinweis auf diese Gefahr wären sie vielleicht zu Zugeständnissen zu bewegen.[26] Es gebe eigentlich nur noch den einen »Kunstgriff«, entweder Rußland oder den Angloamerikanern begreiflich zu machen, daß ein erhalten bleibendes Deutschland in ihrem Interesse liege. Hassell zog bei diesem »Mühlespiel« die westliche Seite vor, nahm aber zur Not auch die Verständigung mit Rußland in Kauf, worin sich Trott mit ihm einig zeigte.[27]

Am 30. Oktober sprach Trott mit Ivar Anderson, dem Chefredakteur des *Svenska Dagbladet* in Stockholm, und bat ihn, seine Auffassungen an die Westmächte weiterzuleiten und eine Verbindung herzustellen.[28] Sie kam nicht zustande. Seit Herbst 1943 nahm Stauffenberg auch an Beratungen über außenpolitische Fragen teil. Anfang November 1943 lernte er Hassell kennen bei Hauptmann d.R. Jens Peter Jessen, dem Berater des preußischen Finanzministers Popitz, damals Leiter der Passierscheinhauptstelle des Generalquartiermeisters des Heeres in der Großadmiral-Prinz-Heinrich-Straße.[29] Stauffenberg teilte die Hoffnung Goerdelers, des früheren Botschafters Schulenburg, Trotts und Moltkes, nach dem Umsturz mit den Kriegsgegnern zu Verhandlungen zu kommen. Er wollte keinen entehrenden Frieden und besprach mit seinem Bruder Berthold, mit Fritz-Dietlof Graf Schulenburg und Hauptmann d.R. Graf Schwerin von Schwanenfeld (damals im Stab der Division »Brandenburg« in Berlin, von Anfang Mai 1944 an bei Jessen in der Passierscheinhauptstelle), wie sie sich gegenüber einer schwachen oder sozialistischen Regierung verhalten sollten, die sich ein Diktat aufzwingen ließe.[30]

Stauffenberg wußte sehr wohl zu unterscheiden zwischen Verhandlungen mit dem sowjetischen Staat und dessen Bemühungen um ideologische Subversion der Wehrmacht und des deutschen Staates. Bei einem seiner kurzen Besuche in Bamberg – Ende 1943 oder Anfang 1944 – brachte er ein Flugblatt des »Nationalkomitee Freies Deutschland« mit und erklärte dazu: »Was ich mache, ist Hochverrat. Aber was die machen, ist Landesverrat.«[31]

Kommunistische Historiker haben versucht, auf umständlichen Wegen eine Hinneigung Stauffenbergs zu den »Zielen der Bewegung ›Freies Deutschland‹« nachzuweisen, mit Hilfe der Behauptung, der ihm befreundete Oberst i.G. Mertz von Quirnheim habe solche Neigungen entwickelt wegen seiner Erlebnisse an der Ostfront und weil sein Schwager, Generalmajor Otto Korfes, den »Bund Deutscher Offiziere« am 11./12. September 1943 im Kriegsgefangenenlager Lunjowo mitbegründet hatte und im »Nationalkomitee Freies Deutschland« tätig war.[32] Eine weitcre Quelle für die Behauptungen über Stauffenbergs angebliche Neigungen zum »Osten« sind unzutreffende Berichte von Hans Bernd Gisevius, der 1939–1944 für das OKW/Amt Ausland/Abwehr im deutschen Konsulat in Zürich tätig und für die Verschwörung zugleich Verbindungsmann zum amerikanischen Geheimdienstresidenten in Bern, Allen Dulles, war.[33]

Im Herbst 1943 wollte Stauffenberg weder die Ostfront noch die Westfront aufgeben. Damals sagte Berthold Graf Stauffenberg seinem Mitarbeiter im Oberkommando der Marine, Korvettenkapitän Alfred Kranzfelder, solange die Fronten hielten, könne man hoffen, den östlichen gegen den westlichen Gegner politisch auszuspielen. Die Gefahr des Bolschewismus sei derart, daß ein Paktieren mit der Sowjetunion gleichbedeutend mit dem Untergang sei, doch könne England kein Interesse daran haben, Europa an die Sowjets auszuliefern. Mit England ließen sich deshalb wohl Verhandlungen erreichen, sofern Hitler beseitigt würde und die Front im Osten hielte.[34]

Trott war damals schon zur Aufgabe der Westfront bereit; Stauffenberg sagte Peter Sauerbruch gegen Ende März 1944, die alliierte Landung im Westen sei mit Sicherheit zu erwarten, deshalb müßten dem Ostheer sämtliche verfügbaren Menschen zugeführt werden. Der Krieg sei militärisch verloren, ohne grundlegenden Bruch mit dem Regime gäbe es nicht einmal die Aussicht auf Verhandlungen, nur den sicheren Untergang und niemand werde mehr in Deutschland einen Verhandlungspartner sehen.[35] Auch der mit Freiwilligen-Verbänden im Osten befaßte Oberleutnant d.R. Michel, der seit 1942 mit Stauffenberg zusammenarbeitete, berichtet von dessen Hoffnung für Sommer 1944, die Ostfront halten und die Westalliierten zum Vorrücken durch Deutschland bis an die deutsche Ostfront bewegen zu können.[36] Das bedeutete aber Niederlage und bedingungslose Kapitulation. Was mit Deutschland geschah, hing dann allein von den Alliierten ab, also auch von der Sowjetunion.

Um dieselbe Zeit, noch vor der alliierten Landung in der Normandie Anfang Juni 1944, brachte Stauffenberg im Gespräch mit Leber den Gedanken vor, den Westalliierten den Weg durch die deutschen Minenfelder zu weisen, um den befürchteten Zusammenbruch der Ostfront abzuwenden. Beide hielten diesen Weg für unrealistisch.[37] Gleichwohl kam er, unter dem Stichwort »Westlösung«, immer wieder zur Sprache.

Vom 11. bis 16. Dezember war Moltke in dienstlichem Auftrag in Istanbul, um den angeknüpften Kontakt weiterzuverfolgen.[38] Aber der amerikanische Botschafter in Kairo, Alexander Kirk, den Moltke treffen wollte, war nicht gekommen. Moltke berichtete seinen Kontaktleuten zur Weiterleitung an Kirk und an das alliierte Oberkommando in Nordafrika und Europa, er spreche für den pro-angelsächsischen Flügel der innerdeutschen Opposition. Aus Moltkes Bericht entstand ein Memorandum, in dem Gedanken Carlo Mierendorffs, Moltkes und Trotts über »die demokratische Zukunft eines freien, vom Nationalsozialismus radikal gereinigten Deutschlands« zu erkennen sind, aber nicht die damals Stauffenberg noch beherrschenden Vorstellungen von einem »Bekenntnis zum Reich« oder von einem nicht »entehrenden Frieden«.[39] Gegen solche Gedanken hatte Moltke sich offensichtlich »durchgesetzt«. Aber das von ihm überbrachte Angebot stützte sich gleichwohl auf den Umsturzplan der Gruppe um Beck und Stauffenberg.

In einer Denkschrift vom Frühjahr 1942 erklärte Trott den Verzicht auf die Wiederherstellung des territorialen und politischen *status quo ante bellum*. Derselbe Verzicht auf den Vorkriegszustand findet sich im Entwurf zu einer für den Umsturz gedachten Rundfunkansprache vom Herbst 1943.[40] Ansprüche auf Elsaß und Lothringen oder nicht vorwiegend von Deutschen bevölkerte Teile Polens oder der Tschechoslowakei kommen darin nicht vor. In einer Denkschrift vom Herbst 1943 begann Trott seine Ausführungen mit dem Hinweis, daß »eine klare Vorstellung über die realen Bedingungen, unter denen die Friedensverhandlungen geführt werden, heute noch nicht möglich« sei.[41]

Moltke berief sich in Istanbul auf ungenannte Personen in hohen militärischen und zivilen Stellen sowie andere »liberale« Elemente und Arbeitervertreter, auf Mitglieder des Generalstabes, des Heeres und der zivilen Verwaltung, die zusammen über gewaltige Exekutivmacht verfügen würden, wenn sie nach vereinbartem Plan handelten.[42] Moltke erklärte, die Gruppe sei »zu einer militärischen und politischen Zusammenarbeit mit den Alliierten bereit« unter den folgenden Voraussetzungen:

1. Die Gruppe halte die eindeutige Niederlage und Besetzung Deutschlands aus moralischen und politischen Gründen für notwendig.
2. Die Gruppe anerkenne deshalb die Berechtigung der alliierten Forderung nach bedingungsloser Kapitulation und sei sich klar, daß Verhandlungen über Friedensbedingungen bis dahin nicht stattfinden könnten. Ihre pro-angelsächsischen Sympathien beruhten auf

der Überzeugung der ihr und den alliierten Staatsmännern grundsätzlich gemeinsamen Ziele für die menschlichen Beziehungen und auf der Einsicht, daß auf Grund der einem Post-Nazi-Deutschland und den anderen demokratischen Nationen gemeinsamen Interessen notwendig eine fruchtbare Zusammenarbeit zwischen ihnen entstehen müsse. Hierin sähen die demokratischen Deutschen eine weit bessere Garantie für die Gleichheit und Würde Deutschlands nach dem Krieg als in irgendwelchen formellen Versicherungen, die die Alliierten geben könnten.

3. Eine wichtige Bedingung für den Erfolg des hier dargelegten Planes sei das Halten einer zusammenhängenden Ostfront und ihre Zurücknahme bis in eine die deutschen Grenzen bedrohende Nähe, etwa die Linie Tilsit-Lemberg. Eine solche Lage würde die gedachten radikalen Entschlüsse im Westen vor dem nationalen Bewußtsein der Deutschen rechtfertigen als einziges Mittel, die übermächtige Drohung im Osten abzuwenden.

4. Die Gruppe sei bereit zu militärischer Zusammenarbeit mit den Alliierten im größten Umfang, sofern diese die Zusammenarbeit zum militärischen Erfolg und zur raschest möglichen Besetzung ganz Deutschlands nützten. Dann wäre mit einem Schlag die Stimme des wahren Deutschland freigesetzt, und Deutschland würde die Tat der Gruppe begrüßen als einen Akt des wahren Patriotismus, dem Abschluß der Konvention von Tauroggen durch General Yorck im Jahre 1812 vergleichbar.[43]

5. Sollte dagegen die Invasion Westeuropas in derselben Weise vor sich gehen wie die Offensive auf dem italienischen Festland, so würde die Zusammenarbeit der Gruppe mit den Alliierten den Krieg nicht zu Ende bringen und zugleich der Entstehung einer Dolchstoßlegende Vorschub leisten, die handelnden Patrioten vor der Nation kompromittieren.

6. Unter den in 4. genannten Voraussetzungen würde die Gruppe den alliierten Stoß mit allen zur Verfügung stehenden Mitteln unterstützen und einen bevollmächtigten Vertreter zur Planung zum alliierten Oberkommando entsenden.

7. Nur unter den genannten Bedingungen würde eine genügende Zahl intakter Einheiten der Wehrmacht die Anweisungen der Gruppe auch ausführen.

8. Die Gruppe übernehme es, gleichzeitig mit der alliierten Landung eine vorläufige anti-nationalsozialistische Regierung zu bilden, die alle aus der Zusammenarbeit und der politischen Umwälzung sich ergebenden nicht-militärischen Aufgaben ausführen würde.

9. Die Gruppe, zu der Persönlichkeiten der verschiedensten freiheitlichen und demokratischen Denkweisen gehörten, betrachte die Möglichkeit einer Bolschewisierung Deutschlands durch den Aufstieg eines Nationalkommunismus als »die tödlichste unmittelbare Gefahr für Deutschland und die europäische Staatenfamilie«. Sie sei entschlossen, den Sieg der Roten Armee und die russische Besetzung Deutschlands vor dem Eintreffen der angelsächsischen Armeen zu verhindern. Auf der anderen Seite dürfe keine Spaltung entstehen zwischen einer demokratischen Regierung und den Arbeitermassen. Eine nicht-kommunistische demokratische Innenpolitik werde nur möglich sein in Verbindung mit Zusammenarbeit mit Rußland. Man dürfe also die pro-russischen Kreise in Deutschland nicht abstoßen, sondern müsse sie gewinnen für die gemeinsame Aufbauarbeit.

10. Die vorgesehene demokratische Regierung werde einen starken linken Flügel haben und sich auf Sozialdemokraten und Gewerkschaften stützen und sogar, wenn nötig, mit »persönlich integren unabhängigen Kommunisten« zusammenarbeiten, um dem linken Radikalismus den Wind aus den Segeln zu nehmen.

11. Zunächst wäre der Sitz der provisorischen Regierung in Süddeutschland, vielleicht in Österreich; es wäre ratsam, die Bevölkerung dort nicht wahllosen Bombenangriffen auszusetzen, weil sie dann so mit den Notwendigkeiten des Überlebens beschäftigt wäre, daß sie für revolutionäre Aktivitäten nicht verfügbar wäre.

Von den im Memorandum wiedergegebenen Gedanken ist keiner unmittelbar als von Stauffenberg stammend erkennbar, aber Stauffenberg stimmte dem Grundgedanken des Zusammenwirkens aller demokratischen Gruppierungen zu. Doch hätte man das Angebot militärischer Kooperation in Punkt 6 nicht machen können, ohne sich auf die militärischen Verschwörer zu stützen. Dafür kam damals nur die Gruppe um Beck und Stauffenberg in Frage, alle anderen waren entmachtet (Kluge) oder hatten sich verweigert (Rundstedt, Manstein). Man hätte das Angebot überhaupt nicht honorieren können ohne Umsturz, der doch – schon wegen des von allen Soldaten Hitler persönlich geleisteten Eides – nicht ohne Hitlers Ermordung möglich war.

Das Dokument wurde durch einen Agenten des amerikanischen Geheimdienstes OSS in Istanbul über dessen Hauptquartier in Algerien nach Washington weitergeleitet. Der amerikanische Militärattaché in Ankara, Brigadegeneral Richard G. Tindall, hielt die Vorschläge Moltkes, dessen Name, Hintergrund und Verbindungen in Deutschland und außerhalb Deutschlands ihm bekannt waren, für beachtenswert und wollte die Hand reichen zu Schritten in der gewünschten Richtung, doch waren die Vorschläge bisher zu wenig konkret. Das lag zum Teil an der Vorsicht Moltkes, der nur mit ihm bekannten Personen, wie Kirk, zusammentreffen wollte.

Tatsächlich war Moltke offenbar irregeführt worden; denn nach Schwartz' Bericht hatte er mit Grund erwartet, bei seinem Besuch in Istanbul im Dezember Kirk und einen Bevollmächtigten des alliierten Generalstabes anzutreffen.[44] Tindall sprach mit Moltke und behauptete, seine Vorsicht zu verstehen, erkannte aber anscheinend nicht, daß Moltke nicht den Verrat der ganzen Umsturzbewegung und den Tod seiner Mitverschworenen riskieren wollte, ehe er wußte, ob man es auf der Gegenseite überhaupt ehrlich meinte oder ob man ihn nur für Nachrichtenzwecke ausbeutete.[45] Jedoch riet Tindall seinen Vorgesetzten dringend, sofort Präsident Roosevelt, General Marshall und Oberst Donovan (Direktor des Geheimdienstes) zu unterrichten und eine Zusammenkunft zwischen autorisierten amerikanischen Vertretern und den deutschen Emissären nicht später als Januar 1944 einzurichten. Es sei möglich, den Krieg im Westen auf einen Streich zu beenden »und vielleicht viele Hunderttausende von Menschenleben zu retten«.[46]

Donovan schrieb später an Präsident Roosevelt darüber, die Beziehungen der Vereinigten Staaten zur Sowjetunion hätten damals die gewünschten Verhandlungen nicht erlaubt, er habe den OSS-Agenten in Istanbul angewiesen, in keinerlei Verhandlungen einzutreten, jedoch den Kontakt weiterzuführen.[47] Gewiß hatten die alliierten Mächte im Oktober 1943 auf der Moskauer Konferenz vereinbart, sich gegenseitig über alle von ihren Kriegsgegnern ausgehenden Friedensfühler »unmittelbar« (»immediately«) zu unterrichten und sich über ihr Verhalten dazu zu verständigen.[48] Wenn diese Vereinbarung eingehalten wurde, war Moltkes Vorstoß von vornherein zum Scheitern verurteilt. Dies geschah jedoch nicht, sofern die veröffentlichten Akten nicht trügen. Diesen zufolge wurde die Substanz von Moltkes Ansinnen der englischen und der sowjetischen Botschaft in Washington erst am 14. Mai 1944 mitgeteilt.[49] So ist die Mißachtung der Möglichkeit, Hunderttausende von Menschenleben zu retten, nicht durch den Zwang der Kriegskoalition zu erklären.

Schließlich machte Moltkes Verhaftung am 19. Januar 1944 die Fortsetzung der Kontakte unmöglich – abgesehen davon, daß die Alliierten gar nicht dazu bereit waren.[50]

Zwischen 11. und 13. Dezember 1943 sprach Stauffenberg in Berlin ausführlich mit Mertz, damals Chef des Stabes des XXIX. Armee-

Korps, über die Lage: Der Krieg sei verloren und so schnell wie möglich zu beenden durch Beseitigung des Systems und unter Hinnahme aller Konsequenzen. Der Kampf habe nur noch soweit Berechtigung, als er die eigentlichen deutschen Grenzen vor dem Einbruch feindlicher Heere schütze; denn auch als klar Unterlegener habe man eine Basis für Friedensverhandlungen, solange draußen die Fronten hielten und sofern die Führenden im Innern und ihr Wille zur Umkehr vom Ausland anerkannt würden. Stauffenberg war der Meinung, Deutschland sei noch »bündnisfähig«, solange es den Bolschewismus wirksam bekämpfen könne.[51] Dann seien Ehrenrettung und Wiederaufbau möglich. Die Unterwerfung unter die härtesten Bedingungen der Sieger, über die Mertz sich keinen Illusionen hingab, waren zu tragen in Erkenntnis eigener Schuld und Fehler. Auch der persönlichen Konsequenz, daß er seinen Soldatenberuf werde aufgeben müssen, sah Mertz ohne Illusion entgegen.[52]

Am 23. November 1943 kam der schwedische Bankier Jakob Wallenberg, der Freund Goerdelers, zusammen mit schwedischen Diplomaten und Fachleuten nach Berlin, um mit deutschen Vertretern über die Wiederaufnahme des durch Zwischenfälle unterbrochenen Schiffsverkehrs zwischen dem schwedischen Hafen Göteborg und Überseehäfen in Island, Spanien, Portugal, Afrika, der Türkei und Griechenland zu verhandeln. In der Nacht waren aber sämtliche Gebäude der schwedischen Gesandtschaft durch Bombenangriff zerstört worden, und die schwedische Delegation mußte sofort nach Stockholm zurückkehren; in der Nacht vom 23. auf den 24. November wurde das Hotel »Kaiserhof«, in dem die Delegation hätte wohnen sollen, auch noch zerstört.[53] Marineoberstabsrichter Berthold Graf Stauffenberg und Korvettenkapitän Kranzfelder sollten auf deutscher Seite das Oberkommando der Marine vertreten; ihre Dienststelle im Oberkommando der Kriegsmarine/1. Abteilung der Seekriegsleitung am Tirpitzufer 72–76 verbrannte ebenfalls am 23. November. Sie wurde zunächst in eine Kaserne in Eberswalde, sechzig Kilometer nördlich von Berlin, verlegt und zog am 22. Januar in das Barackenlager »Koralle« in Bernau, etwa dreißig Kilometer nördlich Berlin.[54]

Am 1. und 2. Dezember kamen die Schweden wieder nach Berlin und führten Verhandlungen. Am 3., 4. und 5. Januar 1944 waren Berthold Graf Stauffenberg und Kranzfelder als Mitglieder einer deutschen Delegation (mit dem Gesandten Leitner, Korvettenkapitän von Wahlert, Handelsattaché Behrens, Kapitänleutnant Raehmel) zu Fortsetzung und Abschluß der Verhandlungen in Stockholm. Sie versuchten zugleich, über die Brüder Wallenberg einen Draht nach England herzustellen. Kranzfelder bat am 4. Januar anläßlich eines Mittagessens, das der Marineattaché der schwedischen Berliner Gesandtschaft, Korvettenkapitän Moje Östberg, in der Seeoffiziermesse in Stockholm für die Beteiligten gab, den Gastgeber, ihm ein Gespräch allein mit Jakob Wallenberg zu ermöglichen. Östberg sorgte dafür, daß beide auf der Veranda allein waren. Inhalt und Ergebnis lassen sich nur vermuten.[55] Am Morgen des 6. Januar flogen die Deutschen nach Berlin zurück.[56]

Berthold Stauffenberg war auch mit der Lebensmittelversorgung für Griechenland befaßt. Die Kriegführenden mußten sich auf einen Kurs für die Getreideschiffe einigen, auf dem diese nicht torpediert würden oder in Minenfelder gerieten. Stauffenberg reiste im Mai 1943 in dieser Sache in die Schweiz und vertrat das Oberkommando der Marine auch bei Besprechungen mit dem Oberkommando der Wehrmacht und dem Auswärtigen Amt über den Einsatz dreier weiterer schwedischer Schiffe in der Griechenlandversorgung. Er konnte die nötigen Genehmigungen der Marine zusagen.[57]

Er hoffte auf eine baldige weitere Reise in die Schweiz, die aber nicht zustande kam, wie er Robert Boehringer am 1. Mai 1944 schrieb: »Leider ergab sich keine möglichkeit mehr nach der Schweiz zu kommen und Sie aufzusuchen – und es ist auch keine abzusehen. Trotzdem hoffe ich dass wir uns in nicht allzulanger zeit wieder sehen können.«[58]

Ein anderer Draht nach außen lief über Otto John, der seit Anfang 1942 als Syndikus der Lufthansa in Madrid tätig war und gleichzeitig mit dem OKW/Amt Ausland/Abwehr zusammenarbeitete.[59] Im Herbst 1943 erfuhr John von dem mitverschworenen Hauptmann Ludwig Gehre, der auch in der Abwehr tätig war, der neue Stabschef Olbrichts habe Bewegung in die Umsturzbemühungen gebracht; er sei ein Graf, der nicht zum Kreis der »preußischen Grafen« in der Verschwörung gehöre, sondern Schwabe und »könnte den ganzen Grafenclub leicht in die Tasche stecken«.

John erhielt am 23. November 1943 den Auftrag festzustellen, ob über die amerikanische Botschaft eine rasche Verbindung herzustellen wäre zum Oberkommandierenden der alliierten Streitkräfte in Nordafrika und Europa, General Eisenhower, der sein Hauptquartier in Algier hatte. Damals stand ein Attentat- und Umsturzversuch unmittelbar bevor.[60] John flog nach Madrid und meldete nach Berlin an seinen Mitarbeiter bei der Lufthansa, Klaus Bonhoeffer (Bruder von Dietrich Bonhoeffer), die Verbindung sei jederzeit benutzbar. Das Warten auf die Nachricht vom Umsturz dauerte ihm dann zu lange, am 16. Dezember flog er zurück nach Berlin und erfuhr, Hitler habe den Termin abgesagt, bei dem das Attentat geplant gewesen war.[61] John berichtete auch, man habe ihm in Madrid Hoffnungen gemacht, daß nach dem geplanten Staatsstreich Verhandlungen möglich seien.[62] Im Januar 1944 sprach John bei Werner von Haeften mit Stauffenberg. John schlug vor, eine Fühlungnahme einzuleiten zwischen Roosevelt und Prinz Louis Ferdinand von Preußen, die sich von früher kannten. Stauffenberg hielt nicht viel davon und sagte, es gelte, zuallererst eine andere Situation zu schaffen. In Stauffenbergs Vorstellungen kam ein Rückgriff auf Monarchien nicht vor, alles Reaktionäre war ihm fremd, er und die mit ihm verbundenen Gruppierungen hatten andere Ziele. Vor allem fand er, nach dem Sturz Hitlers könnten Soldaten beider Seiten am besten beurteilen, was zu tun sei. Immerhin flog John Anfang Februar mit demselben Auftrag wie im November, nun von Stauffenberg, wieder nach Madrid.[63]

Am 10. März kam John nach Berlin zurück und verfaßte zwei Berichte.[64] In beiden wies er auf die intensiven alliierten Vorbereitungen für die Invasion Westeuropas hin. Der Angriff sei Mitte bis Ende Juni an der Küste zwischen Bordeaux und Hamburg zu erwarten. Die Engländer und Amerikaner seien entschlossen, die bedingungslose Kapitulation militärisch zu erzwingen. Stalin ziele unabhängig von den westalliierten Invasionsplänen in erster Linie auf die »Zerstörung der deutschen Wehrmacht«; was er durch das »Nationalkomitee Freies Deutschland« verlauten lasse, sei nur politische List. Deutsche Agenten fielen übrigens häufig auf absichtlich ausgestreute Gerüchte über westöstliche Spannungen herein.[65]

Während Johns Verbindungen Claus Stauffenberg wert und wichtig waren, stützte er sich doch mehr auf den Rat des Legationsrates Trott zu Solz, den er schon einige Zeit kannte. Ein Büronachbar von Trott berichtet, Stauffenberg habe Trott 1941 vor dem Angriff auf Rußland und dann wieder 1943 kurz vor Antritt der Ia-Stelle in der 10. Panzer-Division in seinem Büro in Berlin aufgesucht.[66] Moltke sagte Trott im Herbst 1943, halb im Scherz, er werde ihm nicht erlauben, Stauffenberg kennenzulernen.[67] Trott ging aber seit November in Stauffenbergs Dienststelle ein und aus.[68] Er berichtete Stauffenberg in den ersten Novembertagen 1943 über seine Reise nach Schweden vom Oktober und daß eine Verständigungsbereitschaft Englands nicht angenommen werden könne.[69]

Anfang 1944 wurde die Beziehung zur intensiven Freundschaft. Trott berichtete seiner Frau an Ostern 1944 (9. April), er habe einen jungen, hochbefähigten, feurigen Offizier kennengelernt, durch den die festgefahrene Situation wieder in Bewegung geraten sei. Er erwähnte weder den Namen noch Stauffenbergs Verwundungen, die ihn leicht identifiziert hätten, ließ auch nicht erkennen, wann er ihn kennengelernt hatte. Stauffenberg war älter als Trott, aber jünger als Tresckow, Hofacker, Olbricht und wirkte noch jünger, als er war. Ein Freund Trotts im Auswärtigen Dienst, Albrecht von Kessel, schrieb: »Obwohl er beim Tunisfeldzug ein Auge und eine Hand verloren hatte, wirkte er schön und kraftvoll wie ein junger Kriegsgott. Mit seinem gelockten dunklen Haar, dem kräftig-ebenmäßigen Gesicht, dem hohen Wuchs und der gebändigten Leidenschaft seines Wesens nahm er uns sehr gefangen.«[70] In einem Brief vom 23. April schrieb Trott, nach anfänglicher Einsamkeit seit der Verhaftung Moltkes umfange ihn »eine Welt von angespannter Arbeit und mehr als Kameradschaft« so anspornend, daß er nur dankbar sein könne.[71]

Trott wurde Stauffenbergs »außenpolitischer Berater«, das heißt, wie Yorck es gegenüber der Geheimen Staatspolizei formulierte, Stauffenberg ließ sich von Trott über das »Kernproblem« beraten, ob ein anderes Deutschland damit rechnen könne, im Westen oder Osten einen Sonderfrieden zu erhalten, um den Zweifrontenkrieg loszuwerden und dem verbleibenden Gegner mit gesammelter Kraft entgegenzutreten.[72] Nach Aussagen Trotts ließ sich Stauffenberg nie ganz überzeugen, daß eine Einigung mit englischen Heerführern zum gemeinsamen Vorgehen gegen Rußland nicht möglich sei.[73] Trott sagte in Verhören, Stauffenberg habe seinen Standpunkt bis zuletzt so bestimmt vertreten, auch darauf verwiesen, daß Beck Grund habe, diesen Standpunkt zu teilen, daß Trott vermutet habe, Stauffenberg habe über westalliierte Zusagen verfügt.[74] Goerdeler sagte aus, Stauffenberg habe ihm im Juni und Juli 1944 gesagt, er verfüge über eine Verbindung zu Churchill, aber nicht, daß irgendwelche Zugeständnisse in Aussicht stünden.[75]

Yorck erklärte am 7. August 1944 vor dem »Volksgerichtshof«, er habe in den Tagen der Invasion Anfang Juni 1944 in einem Gespräch mit Stauffenberg den Standpunkt vertreten, daß auch nach einem Umsturz die bedingungslose Kapitulation verlangt werden würde; Stauffenberg habe »nicht lebhaft widersprochen«.[76] Hofacker vertrat in denselben Tagen Anfang Juni in Berlin bei den Besprechungen mit den Mitverschworenen den Standpunkt, es sei kein Kompromißfriede mehr möglich; es gehe nur noch darum, die unvermeidliche Niederlage so erträglich wie möglich zu gestalten und den militärisch verlorenen Krieg politisch zu beenden. Das Ziel sei eine rechtzeitige Kapitulation, um Deutschland eine einigermaßen erträgliche Stellung in Mitteleuropa zu erhalten.[77]

Trott sprach am 14. und 18. März in Stockholm mit Ivar Anderson und danach mit Inga Almstrom geb. Carlgren, die mit einem Angehörigen der britischen Gesandtschaft, Roger Hinks, in Verbindung stand, der für das Political Intelligence Department im Foreign Office tätig war.[78] Trott anerkannte die Notwendigkeit der vollständigen Besetzung Deutschlands und von Gebietsabtretungen, drang aber auf gemeinsame englisch-russisch-amerikanische Besetzung; denn vor der Invasion bestand noch die Gefahr rein russischer Besetzung. Die Generale, die Hitler zu stürzen bereit seien, sähen ein, daß jede Bedingung angenommen werden müsse, die Deutschland vor der völligen Zerstörung bewahre. Könne man sie von der Aufrichtigkeit der alliierten Bedingungen überzeugen, so wären sie auch bereit, wie er aus Gesprächen mit den Generalen wisse, die Westfront kampflos zurückzunehmen.

Für die reifende Einsicht Stauffenbergs in die Unvermeidbarkeit der bedingungslosen Kapitulation sprechen die Nachrichten, die die Verschwörer noch im April und Mai durch Trott[79] und den Abwehr-Hauptmann Strünck über Gisevius an Dulles in Bern gelangen ließen:[80] Rundstedt und Falkenhausen seien bereit, die Landung der Westalliierten auf dem Kontinent zu unterstützen, sobald Hitler gestürzt sei; ebenso würden die Verschwörer die Landung westalliierter Luftlandetruppen an strategischen Punkten unterstützen. Die Verschwörergruppe wolle aber nur mit den Westalliierten zusammenarbeiten und die Ostfront halten. Da die Westalliierten in Italien sehr langsam vorwärts kamen und in Frankreich noch nicht gelandet waren, könne die Gruppe, für die Gisevius spreche, nur unter diesen Bedingungen die Zusammenarbeit anbieten. Wenn die Kapitulation gegenüber der Sowjetunion verlangt würde, müßte das durch eine andere Gruppe geschehen. Dulles konnte darauf lediglich mitteilen, die Vereinigten Staaten und Großbritannien würden nur zusammen mit Rußland handeln. Dulles unterstützte aber die Vorschläge vorsichtig.[81]

Ende Mai traf Trott Kessel in Italien und in der Schweiz. Am 13. Juni fuhr er nach Stuttgart, wo er am 14. Juni eintraf, um sich mit Philippe Mottu vom Eidgenössischen Politischen Departement zu treffen, der auf dem Weg in die Vereinigten Staaten war, sowie mit Eugen Gerstenmaier, Wilhelm Hoffmann und Werner Plappert. Hierbei wurde über die Neuordnung nach dem Sturz Hitlers, aber auch vom Für und Wider der Beseitigung des Tyrannen gesprochen (Gerstenmaier: »Es bleibt nur das Attentat!«). Man sprach hoffnungsvoll von Allen Dulles, weil man meinte, die amerikanische Regierung sei durch ihn genau über die Opposition unterrichtet und also auch gegenüber einem Nach-Hitler-Deutschland wohlwollend gestimmt. Am nächsten Tag fuhr Trott nach Berlin zurück.[82]

Am 18. Juni, am Abend vor seiner letzten Reise nach Stockholm, schrieb er seiner Frau andeutend, er erwarte Stauffenberg.[83] Gegenüber der Geheimen Staatspolizei sagte Trott, er sei mit Stauffenberg immer verschiedener Meinung gewesen über die Frage der Verhandlungsbereitschaft der Westmächte. Stauffenberg habe ihm für die Schwedenreise aufgetragen: »Ich muß wissen, wie sich England und die USA benehmen, wenn Deutschland zur Aufnahme kurzfristiger Verhandlungen genötigt sein sollte.«[84] Entgegen der Skepsis Trotts und Oberst Hansens (seit Februar Nachfolger von Admiral Canaris als Leiter des Amtes Ausland/Abwehr) habe Stauffenberg auch nach Trotts ergebnisloser Schwedenreise vom Juni darauf bestanden, daß der Westen wegen des raschen Vorrückens der Sowjetunion verhandeln würde, nur nicht mit der jetzigen Regierung.

Trott legte in Stockholm auf Wunsch seines Gesprächspartners, der übrigens, wie Trott wissen mußte, für den englischen Geheimdienst arbeitete, seine Vorstellungen in einem Memorandum nieder:[85] Die Gruppe, die das gegenwärtige System vor der alliierten Besetzung Deutschlands beseitigen wolle, könne Zusammenarbeit mit den Alliierten auf der Grundlage der »bedingungslosen Kapitulation« weder psychologisch noch politisch in Betracht ziehen. Deutschland müsse territoriale Integrität und Selbstbestimmung gewährt werden, die Umsturzgruppe fürchte sonst willkürliche Abtrennungen deutschen Landes, Sklavenhandel mit deutschen Arbeitern und Soldaten, fremde Gerichtsbarkeit gegen Naziverbrecher (was alles im »Morgenthau-Plan« für die Behandlung Deutschlands vorgesehen war[86]). Wenn die Befürchtungen sich bestätigten, würden Gegner Hitlers in eine Widerstandsbewegung gegen die Alliierten getrieben. Die Führer der Opposition brauchten die Unterstützung höherer militärischer Führer und Polizeikommandeure, die sie nicht bekämen, wenn sie nicht den Deutschen ein besseres Los anbieten könnten. Sie wollten dann nicht das Odium für Hitlers Niederlage auf sich nehmen. Zwei gegnerische Deutschland könnten entstehen durch die Unterstützung der großen Mächte im Osten und im Westen, der Ostteil werde nationalbolschewistisch, im westlichen entstünde eine nationalistische Opposition um eine Hitler-Legende. Dies zu verhindern scheine der Westen nichts zu tun. Die zum Umsturz des Regimes von innen fähige Gruppe wolle keine Militärdiktatur, sondern eine demokratische zivile Regierung auf der Grundlage breiter Repräsentation; nur die gewaltsam-kommunistischen Organisationen sollten davon ausgeschlossen sein.

Eine Nach-Hitler-Regierung brauche Garantien für ihre Handlungsfähigkeit. Die Demobilisierung solle unter deren Hoheit vor sich gehen; zwischen Kapitulation und Besetzung sollten mehrere Wochen liegen; Deutschland solle seine Grenzen von 1936 behalten (also ohne Österreich und ohne Sudetenland); die Sowjetunion solle kein deutsches Gebiet besetzen; Kriegsverbrecher sollten in Deutschland – gemeint war: vor deutschen Gerichten – angeklagt werden.[87]

Dieses Programm bestand in der Forderung, den Bestand des »Reiches« zu gewährleisten und Deutschland vor dem Zugriff der Sowjetunion zu bewahren. Es klingt nach Stauffenbergs Einwirkung, nach Stauffenbergscher Zuversicht.

Trott soll in Stockholm versucht haben, zur sowjetischen Botschafterin Kollontaj Verbindung aufzunehmen. Der Vorgang, an den manche Vermutungen geknüpft wurden, ist jedoch ungeklärt.

Einer Version zufolge sollen Willy Brandt und eine schwedische Dame Vermittler gewesen sein, doch soll Trott abgewinkt haben, weil er erfahren habe, daß der Kontaktversuch schon an deutsche Stellen verraten worden sei. Der damals als Attaché in der amerikanischen Botschaft in Stockholm für den amerikanischen Geheimdienst tätig gewesene Agent R. Taylor Cole (Deckname »Creek«), der einen ausführlichen Bericht für seine Vorgesetzten im Office of Strategie Services verfaßte, erklärt in seinen Erinnerungen, entgegen verschiedenen Behauptungen und Andeutungen habe nicht Trott *selbst* Verbindung zu Botschafterin Kollontaj aufgenommen, sondern Willy Brandt habe einen Termin arrangiert und dann abgesagt, weil in der sowjetischen Botschaft ein Nazi-Informant sei. Trotts Anliegen sei gewesen, die Besetzung Deutschlands durch die Russen zu verhindern, während der Umsturz im Gange wäre.[88] Einem schwedischen Informanten des amerikanischen Geschäftsträgers in Stockholm soll Trott gesagt haben, die Umsturzgruppe sei bereit, mit Vertretern des »Nationalkomitee Freies Deutschland« in Deutschland zusammenzuarbeiten, doch hätten sie keinen Kontakt zu diesen Vertretern aufgenommen, weil sie von der Geheimen Staatspolizei infiltriert seien.

Der Stockholmer Korrespondent der amerikanischen Wochenzeitschrift *Time* berichtet aus einem dreistündigen Gespräch, das er am 26. Juni 1944 mit Trott führte, Trott habe ihm gesagt, seine Versuche, Kontakt zu Botschafterin Kollontaj oder einer anderen zuständigen Person in der sowjetischen Botschaft herzustellen, seien erfolglos gewesen; die Russen hätten – sinngemäß – gesagt, sie sähen keine Notwendigkeit, mit ihm zu reden.[89] Trott sagte seinen Freunden in Berlin, er sei von der sowjetischen Botschaft abgewiesen worden.[90]

Seit der erfolgreichen Landung alliierter Armeen in der Normandie schwand die Zeit, in der die Erhebung noch versucht werden konnte, sichtbar dahin. Als Hitler mit Gefolge in Frankreich erschien und den Oberbefehlshaber der Heeresgruppe B, Rommel, und den Oberbefehlshaber West, Rundstedt, am 17. Juni in Margival zum Vortrag kommen ließ, benützte Rommel die Gelegenheit zur rückhaltlosen Darstellung der Lage der deutschen Streitkräfte in Westeuropa und fügte hinzu, die Fronten im Westen, Süden und Osten stünden kurz vor dem Zusammenbruch. Deutschland sei außenpolitisch völlig isoliert, der Krieg sei zu beenden. Hitler schloß das Gespräch nach wiederholtem Wortwechsel ab mit den Worten, Rommel solle sich um seine Invasionsfront kümmern.[91] Ebenso erging es Rommel und Rundstedt bei einer Besprechung mit Hitler auf dem »Berghof« bei Berchtesgaden am 29. Juni.[92]

Am 2. Juli meinte Rommel zum Admiral bei der Heeresgruppe B, Vizeadmiral Friedrich Ruge, es werde Zeit, daß die Politiker handeln. Man könne noch eine Lösung haben mit den Russen oder den Anglo-Amerikanern; er sei für die westliche Lösung.[93]

Rommel ließ die Verschwörer in seiner Umgebung und in Paris gewähren und unterstützte schließlich ihre Tätigkeit.[94] Einem Nichteingeweihten, Oberst Hans Lattmann, sagte er am 10. Juli: »Ich will versuchen, aufgrund meines Ansehens bei den Alliierten, mit dem Westen zu paktieren gegen den Willen Hitlers, und unter der Voraussetzung, daß sie uns erlauben, mit ihnen gemeinsam gegen Rußland zu marschieren.«[95]

Am Sonntag, 9. Juli 1944, meldete sich Stauffenbergs Vetter Cäsar von Hofacker im Hauptquartier der Heeresgruppe B in La Roche-Guyon bei Rommels Chef des Generalstabes, Generalleutnant Speidel, der ihn zu Rommel brachte. Hofacker berichtete am Abend Gotthard von Falkenhausen vom Stab des Militärbefehlshabers in Frankreich darüber. Er habe Rommel erklärt, Stauffenberg plane, Hitler und womöglich zugleich Göring und Himmler durch ein Attentat umzubringen und Maßnahmen zur Ergreifung der Regierungsgewalt in Gang zu setzen. Dann sei von der selbständigen Rolle des Westheeres gesprochen worden. Rommel habe nach kurzer Überlegung gesagt, der Krieg sei verloren, die Westfront höchstens noch zwei Monate zu halten. Ohne Beseitigung des nationalsozialistischen Regimes sei kein Friede zu bekommen, also sei es zu beseitigen, damit wenigstens die Substanz des deutschen Volkes nicht völlig vernichtet würde. Wenn das Attentat glücke, wolle er den Plänen nach Kräften zum Erfolg verhelfen. Er gab seine Zustimmung zu Hofackers Absicht, Rommels

Stellungnahme den Mitverschworenen in Berlin zu berichten. Am 10. Juli reiste Hofacker nach Berlin mit der Instruktion des Militärbefehlshabers in Frankreich, General von Stülpnagel, zu melden, daß im Bereich des Militärbefehlshabers alles zum Zuschlagen bereit sei und darauf zu dringen, daß sofort gehandelt werde.[96]

Am 13. Juli wurden Rommels Äußerungen gegenüber Ruge schon fast wirr: Die Front könne nicht mehr lange halten, der politische Entschluß müsse kommen, es werde doch »danach« sicher auch wieder besser werden. Man könne ja mit sehr wenig zufrieden sein, wenn man mit der Familie zusammen sein könne; Aufgaben seien Nahrung und Wohnungsbau; wichtig sei, daß keine Spaltung ins Volk komme, die sich schon abzeichne »durch die englische und die russische Richtung«. Der Gegensatz der Alliierten müsse ausgenützt werden, »am größten« wäre es, wenn Hitler von sich aus Entsprechendes veranlaßte, was ja nach allen seinen Erklärungen unwahrscheinlich sei. »Was aber nach dem Kampf um das letzte Haus? Innere Schwierigkeiten, SD, SS, Parteifunktionäre. Da muß aufgepaßt werden. Die andere Seite will wahrscheinlich viele ausgeliefert haben. Wird nicht zu verhindern sein, dort, wo wirkliche Schuld vorliegt. Allerdings haben wir nach 1918 die Kriegsverbrecher auch nicht ausgeliefert. Zeigt, was man auch in scheinbarer Machtlosigkeit erreichen kann. Junge SS-Leute schleunigst in andere Truppenteile, neue Blätter anlegen. Andererseits Führer großer Mann, hat politischen Instinkt, müßte von sich aus auf die richtige Lösung kommen. F.M. gespannt, was auf sein Schreiben veranlaßt wird. Ihm gleich, ob sie ihn hinaustun oder umlegen. Meint aber, daß sie das doch nicht tun. Führer in verantwortlichen Stellungen müssen ihre Meinung sagen. Hat Umgebung des Führers leider nicht gemacht.«[97]

Rommel sah also keinen Spielraum mehr, rechnete mit der vollständigen Niederlage. Am 14. Juli meldete er dem seit 2. Juli amtierenden Oberbefehlshaber West, Generalfeldmarschall von Kluge, mit ausführlicher Begründung, die Front werde nicht halten, ein politischer Entschluß sei nötig.[98] Am selben Tag wurde in Brüssel General von Falkenhausen wegen eines Zusammenstoßes mit dem Generalbevollmächtigten für den Arbeitseinsatz, Sauckel, seiner Stelle enthoben.[99] Am 16. Juli sagte Rommel Oberstleutnant i.G. Elmar Warning, Ia der 17. Luftwaffen-Felddivision bei Le Havre, Kluge und er hätten Hitler ein Ultimatum gestellt, eine politische Entscheidung zu treffen. Wenn Hitler ablehne: »Dann mache ich die Westfront auf, dann gibt es nur noch eine wichtige Entscheidung, nämlich wir müssen dafür sorgen, daß die Angloamerikaner eher in Berlin sind, als die Russen!«[100] Am

17. Juli wurde Rommel bei Livarot durch Tieffliegerbeschuß schwer verwundet.[101] Kluge schickte Rommels Ultimatum am 21. Juli beipflichtend an das Oberkommando der Wehrmacht.[102]

Am Abend des 11. Juli berichtete Hofacker Beck über sein Gespräch mit Rommel vom 9. Juli und die Bereitschaft der Verschwörer im Westen. Seit Anfang Juni war Rommel einverstanden mit dem von General von Stülpnagel, General Geyr von Schweppenburg, Generalleutnant Speidel, Generalleutnant Graf Schwerin, Vizeadmiral Ruge und Oberstleutnant d.R. von Hofacker beratenen Plan, mit den Oberbefehlshabern der Amerikaner und Engländer im Westen einen Waffenstillstand und Rückzug aus den besetzten Westgebieten auszuhandeln und Hitler zu verhaften.[103] Beck erklärte zum Abschluß des Gesprächs, daß sofort nach der Übernahme der Regierung durch die Umsturzbewegung hervorragende Unterhändler nach London und Moskau entsandt werden sollten.[104]

Die Lage an den Fronten war überall gleich bedrohlich. Die Heeresgruppe Mitte war zusammengebrochen, die Niederlage und die Verluste waren größer als bei Stalingrad, vom Beginn der sowjetischen Offensive am 22. Juni bis 8. Juli wurden 28 Divisionen mit 350 000 Mann vernichtet.[105] Die Heeresgruppe Nord war unmittelbar bedroht, durch den russischen Vorstoß an die Rigaer Bucht abgeschnitten und ebenfalls vernichtet zu werden.[106]

Moltkes, Trotts und Gisevius' vergebliche Bemühungen um alliierte Unterstützung zeigten deutlich genug, daß die Lage überhaupt keine Außenpolitik erlaubte und daß die Kriegsgegner nicht daran dachten zu verhandeln. So erschöpfte sich Stauffenbergs Rolle in den Beziehungen nach außen tatsächlich fast ganz im Entgegennehmen schlechter Nachrichten.

Stauffenberg wußte schließlich und sagte Anfang Juni zu Peter Graf Yorck, daß nichts in Aussicht stand als die *bedingungslose* Kapitulation.[107] Rudolf Fahrner berichtet von seinem Aufenthalt bei Claus und Berthold Stauffenberg vom 29. Juni bis 4. Juli, die vollständige Besetzung Deutschlands sei als sicher angenommen worden.[108] Am 1. Juli sagte Claus Stauffenberg einem befreundeten Bildhauer, dem Artillerieoberleutnant Urban Thiersch, der als Verbindungsmann Stauffenbergs zu Oberst Hansen kam, an der unentrinnbar hoffnungslosen militärischen Lage könne der Umsturz nichts ändern, aber es könne noch viel Blutvergießen verhindert und die Schmach der gegenwärtigen Regierung beseitigt werden. Ob es gelinge, sei fraglich. Doch schlimmer als das Mißlingen wäre, »der Schande und dem lähmenden Zwang tatenlos zu verfallen«.[109]

Stauffenberg sagte Goerdeler auf dessen Frage Mitte Juli als Ansicht des Chefs des Generalstabes, Ostpreußen sei nicht zu retten; am 18. Juli fragte Goerdeler wieder: »Ist Ostpreußen zu halten?« Stauffenberg antwortete: »Nein.«[110] Stauffenberg hatte schon im Juni nach dem Beginn der sowjetischen Offensive den mitverschworenen Major von dem Bussche aus dem Lazarett in Insterburg nach Hohenlychen bei Berlin bringen lassen.[111]

Oberst i.G. Mertz von Quirnheim, seit 17. Juni Nachfolger Stauffenbergs bei Olbricht – Stauffenberg war Chef des Stabes bei Fromm geworden –, sagte am Vormittag des 13. Juli in der Bendlerstraße Clemens Plassmann (in dessen zu Strüncks geschafftem Hausrat Gisevius im Juli wohnte): »Zunächst wird das Unrecht durch das Standrecht ersetzt werden müssen.« Und: »Ich bin mir klar darüber, daß wir das Ende des deutschen Militärs herbeiführen werden, denn welchen Frieden wir auch erreichen mögen, er wird die Militärschicht ein für allemal beseitigen; und dennoch müssen wir handeln um Deutschlands und des Abendlandes willen.«[112]

Am 16. Juli 1944 trafen bei Stauffenberg in Wannsee sein Bruder Berthold, ihre Vettern Hofacker und Yorck, ferner Trott, Schwerin, Fritz-Dietlof Graf Schulenburg, Mertz und Hansen zusammen und besprachen die Möglichkeiten, den Krieg zu beenden. Trott, der in den Verhören durch die Geheime Staatspolizei möglichst wenig von dem zugab, was er wußte, sagte aus, Stauffenberg habe für möglich gehalten, die deutschen Heerführer im Westen zur Zurücknahme der Westfront auf den Westwall zu veranlassen und so »die Voraussetzungen für ein gemeinsames Vorgehen der Westmächte *und* Deutschlands gegen die Sowjet-Union mit der Absicht des baldigen Kriegsabschlusses« zu schaffen (»Westlösung«).

Hansen sagte im Verhör aus, Trott habe dargelegt, man sei auf der Feindseite verhandlungsbereit, wenn das Regime in Deutschland vollständig geändert wäre. In der anschließenden Diskussion sei der Standpunkt vertreten worden, daß die Verhandlungen »*von Militär zu Militär* geführt werden sollten, und zwar *nicht nur mit den Feinden im Westen, sondern auch mit den Sowjets,* wobei der alte Schulenburg und der ehemalige Militärattaché in Moskau als Sachkenner in die Verhandlungen eingeschaltet werden sollten«. Ferner sei die »Berliner Lösung« erwogen worden, nämlich für vierundzwanzig Stunden den Nachrichtenapparat in die Kontrolle zu bekommen und Befehle herauszugeben, »die eine *Zurücknahme der Fronten ins Rollen bringen* sollten und die *durch das Führerhauptquartier nicht mehr rückgängig gemacht werden könnten*«. Nach vielem Hin und

Her sei es bei der »Zentralen Lösung« geblieben, zu der die Tötung Hitlers gehörte.[113]

Die Aussagen über die letzten Gespräche im Juni und Juli 1944 stammen – außer denen von Mertz' Freund Hauptmann i.G. Siebeck und Gisevius – von Verhafteten, die um ihr Leben kämpften und, wie Trott und Goerdeler, versuchen mochten, ihren eigenen Wert als Unterhändler zu suggerieren. So begreiflich Stauffenbergs immer wieder aufsteigende Hoffnungen sind, geht im ganzen doch die Ratlosigkeit der Verschwörer aus den Berichten deutlich hervor. Niemand im Westen wollte mit ihnen verhandeln; Versuche, im Osten anzuknüpfen, erwiesen sich in Stockholm wie in Berlin als für die Verschwörung zu gefährlich und führten am 4. und 5. Juli zur Verhaftung Reichweins und Lebers. Trott meinte im Verhör, Stauffenberg habe vielleicht *»bestimmte Inspirationen der Gegenseite«*, vom *»englischen Oberkommando«*, gehabt. Wäre es der Fall gewesen, hätte Trott es gewußt. Den Wert der angeblichen Verbindung zu Churchill, die Stauffenberg in Gesprächen im Juni und am 18. Juli Goerdeler gegenüber reklamiert haben soll, wird Trott richtig einzuschätzen gewußt haben.[114] Anderenfalls, sagte Trott, habe Stauffenberg »mit seiner Tat ›außenpolitisch ins Nichts gehandelt‹«.[115] So stand es schon in einer »Rundfunkansprache«, deren Entwurf von Stauffenberg und seinem Kreis stammte: »Wir wissen noch nicht, wie sich das Ausland zu uns stellt. Wir haben handeln müssen aus der Verpflichtung des Gewissens heraus.«[116]

Attentatpläne

Als Stauffenberg zwischen dem 9. und 14. September 1943 nach Berlin gerufen wurde, war das Attentat noch für denselben Monat geplant. Oberst i.G. von Tresckow beschaffte bei der Heeresgruppe Mitte englischen Plastiksprengstoff, der hinter der Front für Partisanen abgeworfen und erbeutet worden war, und brachte ihn im September nach Berlin.[1] Oberst i.G. Stieff, der als Chef der Organisationsabteilung immer wieder Zugang zu Hitler erhielt, hatte sich zum Attentat bereit erklärt, wollte aber nicht allein vorgehen und trat deshalb im September an Oberst d.G. Joachim Meichßner heran.[2] Meichßner war beim Chef des Heeresstabes beim Oberkommando der Wehrmacht tätig, ab November 1943 Leiter der Abteilung II (Organisation) des Wehrmachtführungsstabes, als Nachfolger Bürkers, den Stauffenberg ebenfalls im September erfolglos ansprach. Meichßners Teilnahme an einer Vorführung von Ausrüstungen oder Waffen und Geräten wäre nicht schwer zu begründen gewesen. Meichßner muß eine Zusage gegeben haben, denn ein Mitverschworener sagte später der Geheimen Staatspolizei, Meichßner habe dann die Anspannung der langen Wartezeit auf den Attentattermin nicht mehr ertragen und sei von seinem Vorhaben zurückgetreten.[3]

Goerdeler kündigte dem schwedischen Bankier Jakob Wallenberg den Staatsstreich für September fest an und bat, die Westalliierten zu veranlassen, von der Bombardierung Berlins, Stuttgarts und Leipzigs bis 15. Oktober abzusehen. Der Umsturz sollte also einige Zeit vorher geschehen, und es sollte noch Zeit für Verhandlungen bleiben, sonst hätte in Goerdelers Ersuchen zugleich die Aufforderung zur Wiederaufnahme der Bombardierungen gelegen.[4]

Nach Stieffs Aussagen war daran gedacht, den Sprengstoff in einer Aktentasche in eine Besprechung bei Hitler mitzubringen.[5] Der von Tresckow, Stauffenberg und Oertzen im September ausgearbeitete Plan zur Inbesitznahme der ostpreußischen Hauptquartiere Hitlers, Görings, Himmlers und Ribbentrops spiegelt ebenfalls die Erwartung der kurz bevorstehenden »Initialzündung«.[5a]

Am 1. Oktober fand eine Besichtigung neuer Waffen durch Hitler statt. Einem Eintrag im Kriegstagebuch der von Stieff geführten Organisationsabteilung zufolge ist Stieff wahrscheinlich dabeigewesen.[6] Zu dem Attentat kam es aber nicht. Stieff hatte nicht einmal den von Tresckow nach Berlin gebrachten Sprengstoff übernommen; denn Stauffenberg brachte diesen erst Ende Oktober nach »Mauerwald« zu Stieff und drang wieder in ihn, das Attentat auszuführen. Stieff sagte es zu.[7] Stauffenberg sprach dann Ende Oktober gegenüber Rudolf Fahrner die Hoffnung aus, das Attentat werde in zehn bis vierzehn Tagen erfolgen.[8]

Bald hatte Stauffenberg Anlaß, nach einem anderen Attentäter zu suchen, der gemeinsam mit Stieff den Anschlag auszuführen bereit war. Stieff war selbst nicht dazu bereit, auch Kuhn verweigerte sich.[9] Stauffenberg selbst hatte sich längst und wiederholt zur Ausführung bereit erklärt, auch dazu, sich dabei selbst zu opfern. Aber die anderen Verschwörer lehnten das stets ab mit dem Hinweis, er sei zu wichtig für den Gesamtablauf.[10] Goerdeler ließ Wallenberg wissen, die Aktion verzögere sich.[11]

Nun wurde versucht, Hitler noch einmal, wie im März 1943, zu einem Besuch bei der Heeresgruppe Mitte zu veranlassen. Dabei wollten Schlabrendorff, Oberst i.G. von Kleist, Hauptmann Eggert, Oberstleutnant i.G. von Voß, Major i.G. von Oertzen, Rittmeister von Breitenbuch und Oberleutnant von Boddien gleichzeitig Hitler mit Pistolen erschießen. Man hoffte auf den Besuch erst in Smolensk, dann in Orscha und etwas später wieder in Minsk. Kluge erklärte sich in einem Gespräch mit Major i.G. Kuhn und Major i.G. von Oertzen bereit, Hitler bei der Ankunft auf dem Flugfeld festnehmen zu lassen, dazu stehe ihm ein Kavallerie-Regiment unter Oberst Georg von Boeselager zur Verfügung, dessen Offiziere fast alle eingeweiht seien. Aber Hitler ließ sich nicht zu dem Frontbesuch bewegen. Während diese Pläne erwogen wurden, erlitt Kluge am 28. Oktober auf der Fahrt von Orscha nach Minsk einen schweren Autounfall und schied für mehrere Monate aus.[12]

Darauf kam im November Hauptmann Axel Freiherr von dem Bussche, der zum Potsdamer Infanterie-Regiment 9 gehörte, durch Graf von Lehndorff und Fritz-Dietlof Graf Schulenburg mit Stauffenberg in Verbindung. Bussche war am 15. Mai 1940 als Leutnant in der 23. Infanterie-Division beim Maasübergang bei La Grandville durch Brustschuß über dem Herzen und Verlust eines Daumens verwundet worden, im September 1941 an der Desna durch Brustdurchschuß, im Oktober 1942 ebenfalls an der Desna durch Lungendurchschuß. Er war für Tapferkeit ausgezeichnet mit dem Eisernen Kreuz II. und I. Klasse, dem Deutschen Kreuz in Gold und dem Goldenen Verwundetenabzeichen, 1944 erhielt er das Ritterkreuz. Er war auf eigenen Wunsch immer wieder an die Front gegangen, obwohl er es als »letzter Sohn« nicht mußte. Auf einem Urlaub besuchte er in Ponarien in Ostpreußen Karl Konrad Graf von der Groeben, der mit einer Gräfin Lehndorff verheiratet war. Groeben wußte, daß Bussche Hitler beseitigt sehen und daß er darüber mit Graf Lehndorff in Steinort sprechen wollte. Bussche fuhr anschließend nach Steinort, nicht weit von Hitlers ostpreußischem Hauptquartier, und sagte fast unvermittelt zu Lehndorff, Hitler müsse weg. Lehndorff war verschwiegen und sagte nicht viel, er kannte Bussche kaum, und schließlich wohnte Ribbentrop in seinem Schloß, wenn das »Führerhauptquartier« in Ostpreußen war. Bussche blieb einige Tage, während Lehndorff für zwei Tage nach Berlin fuhr. Als er zurückkam, erklärte er Bussche seine anfängliche Zurückhaltung und sagte, man habe ihm versichert, Bussche sei vertrauenswürdig; er legte ihm nahe, in Berlin Fritz-Dietlof Graf Schulenburg aufzusuchen. In Berlin sagte Bussche Schulenburg in mehreren Gesprächen in dessen Ausweichwohnung in Zehlendorf dasselbe, was er Lehndorff gesagt hatte. Schulenburg sagte, er und Bussche müßten in Düppel einen Freund besuchen.[13]

Schulenburg brachte Bussche zu Stauffenberg nach Düppel, wohin Dienststellen des Ersatzheeres nach den schweren Bombenangriffen des 23. und 24. November verlegt waren. Bussche war beeindruckt von Stauffenberg, der aussah wie ein General Alexanders des Großen, und von der Gelassenheit, die hier herrschte statt der in militärischen Dienststellen üblichen Nervosität. Schulenburg ließ Bussche mit Stauffenberg allein und sorgte, daß sie nicht gestört würden.

Bussche erzählte Stauffenberg sein Erlebnis in Dubno in der Ukraine, wo er am 5. Oktober 1942 Zeuge einer Massenerschießung von etwa dreitausend Juden durch SS-Leute und ukrainische Miliz geworden war. Stauffenberg zeigte sich über die Massenmorde unterrichtet und gerade auch dadurch zum Vorgehen gegen die Führung angetrieben.[14] Er begann dozierend über Tyrannenmord zu sprechen: Katholiken hätten es da leichter, doch auch Luther habe sich über Widerstandsrecht geäußert. Bussche gefiel das Dozieren nicht. Er meinte, die lutherische Religion erlaube, verrückte Tyrannen zu erschießen, aber derartige Hindernisse seien für ihn ohnehin nicht mehr wesentlich. Stauffenberg erwähnte den Soldateneid, Bussche entgegnete, der beruhe auf gegenseitiger Treue, sei von Hitlers Seite gebrochen und daher ungültig.

Stauffenberg sagte darauf, Bussche müsse zu Stieff nach »Mauerwald« fahren, der regelmäßig Zugang zu Hitlers Lagebesprechungen habe, mitverschworen sei und ihm ermöglichen könne, in Hitlers Gegenwart zu gelangen, in der unausgesprochenen Voraussetzung, daß Bussche ein Attentat auf Hitler ausführen werde. Bussche wollte wissen, warum Stieff es nicht tue. Stauffenberg antwortete, Stieff sei ein nervöser Rennreitertyp, der könne das nicht. Unter Soldaten war dies ein eindeutiges Verdikt. Bussche war merkwürdig berührt davon, daß einer, der das Schicksal Deutschlands in der Hand halte, das nicht könne. Stauffenberg rauchte kleine holländische Zigarren und sagte, Bussche solle gehen und sich das überlegen.

Bussche ging mit Schulenburg zum Essen und erzählte ihm von dem Gespräch. Nach dem Essen ging er wieder zu Stauffenberg und sagte zu.[15] Sie sprachen noch über die Methode. Ein Pistolenattentat schlossen sie aus, weil die Gefahr der vorherigen Entdeckung zu groß war. Man dachte an Röntgeneinrichtungen und plötzliche Leibesvisitationen.[16]

Nach der Zusage unterzeichnete Stauffenberg für Bussche einen Dienstreisebefehl zum Oberkommando des Heeres in »Mauerwald« und gab ihm für Stieff einen Umschlag mit Dokumenten, darunter den von Fahrner überarbeiteten Entwurf des ersten Aufrufs mit, der nach dem Attentat ergehen sollte. Bussche öffnete im Schlafwagen auf der Fahrt nach »Mauerwald« den Umschlag und las: »Der Führer Adolf Hitler ist tot. Eine verräterische Clique von SS- und Parteiführern hat es unter Ausnützung des Ernstes der Lage unternommen, der schwerringenden Ostfront in den Rücken zu fallen und die Macht zu eigennützigen Zwecken an sich zu reißen.« Er war bestürzt über die politische Schwäche der Verschwörer, die glaubten, mit einer Lüge beginnen zu müssen.[17] Bussche war im Begriff, sein Leben für die Beseitigung des Tyrannen zu geben, und sah nun, daß die führenden Verschwörer ihrer Sache nicht sicher waren.

In »Mauerwald« wohnte Bussche in der Gästebaracke des Oberkommandos des Heeres. Er sollte die technischen Dinge, insbesondere Fragen des Sprengstoffs, mit Kuhn, Stieffs stellvertretendem Gruppenleiter III[18], besprechen, die »allgemeinen« Fragen, wie und wann er in Hitlers Gegenwart kommen sollte, mit Stieff.[19] Dieser erklärte, das Attentat könne anläßlich der Vorführung von Ausrüstungsgegenständen für die Truppe an der Ostfront ausgeführt werden, Göring und Himmler sollten auch dabeisein.[20] Bussche fragte Stieff immer wieder, ob es an den Eingängen des »Führerhauptquartiers« Röntgenanlagen gäbe; für alle Fälle wollte er sich ein langes dünnes Messer in den Stiefelschaft stecken.[21] Die vorbereitenden Gespräche mit Stieff ergaben, daß man »mit vollem Einsatz seiner selbst«, das hieß, mit dem Opfer des eigenen Lebens, handeln müsse.[22] Ein Vorführtermin stand noch nicht fest, Bussche fuhr also wieder nach Berlin.[23]

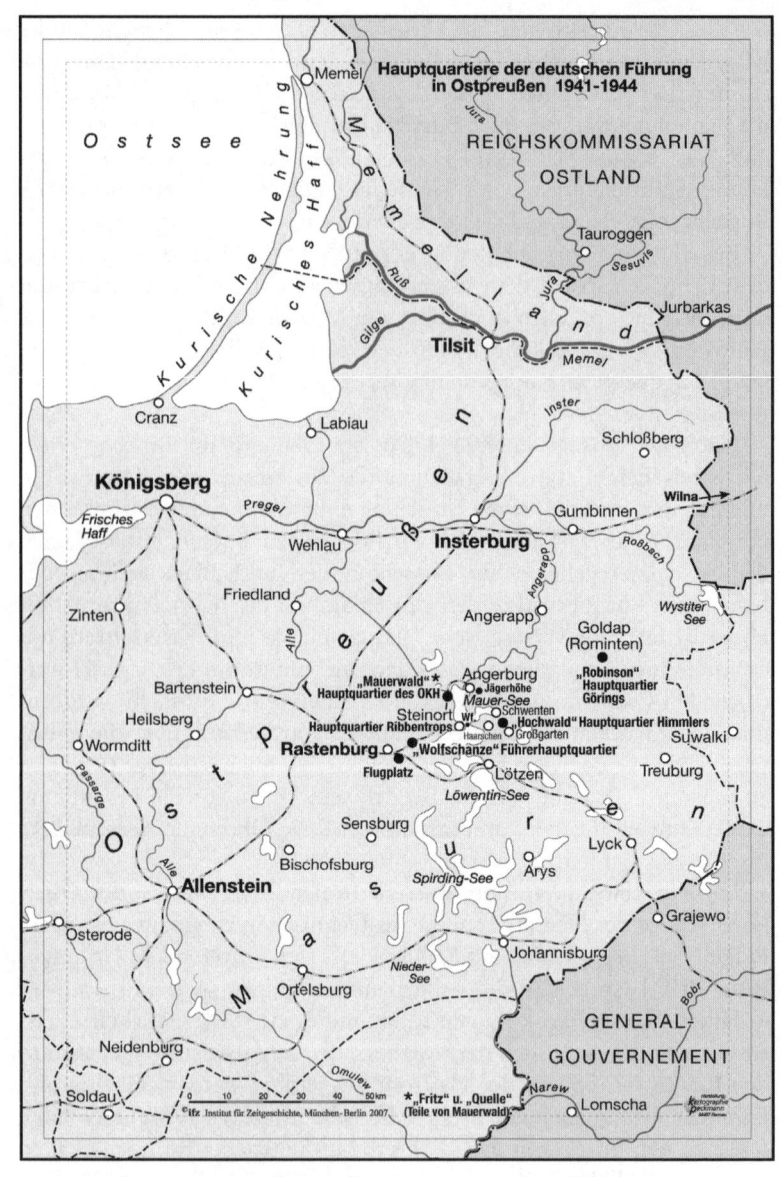

Hauptquartiere in Ostpreußen, 1941–1944.

Inzwischen fuhr Stieff am 20. November auf Urlaub zu seiner Frau nach Thalgau bei Salzburg.[24] Um sich des von ihm aufbewahrten, von Tresckow im September beschafften englischen Sprengstoffs zu entledigen, beauftragte er Kuhn, das Material zu Stauffenberg zu bringen. Dies jedenfalls sagte er im Verhör aus. Der Sprengstoff lag aber eine Zeitlang bei Herwarth in »Mauerwald« und wechselte im Herbst 1943 mehrmals den Ort.[25]

Am 22. November aß Bussche mit seinem Freund Karl Konrad Graf von der Groeben und Kurt Freiherr von Plettenberg, dem Vorsteher der Vermögensverwaltung des Kronprinzen, im Kronprinzenpalais Unter den Linden. Gegen Ende des Abends begann einer der großen Luftangriffe auf Berlin und alle, einschließlich der »Kaiserin Hermine«, der zweiten Frau und Witwe Kaiser Wilhelms II., mußten in die Schutzräume.[26] Am 23. November fuhr Bussche zu seiner Mutter, die Dänin war und bei der er auf seinen Urlauben in Dänemark immer nur etwa drei Tage blieb, um sie nicht in den Augen der Bevölkerung zu kompromittieren.[27]

Um den 28. November kam Bussche wieder nach »Mauerwald« zu Stieff. Nun wartete er hier auf den Vorführtermin.[28] Kuhn bot Bussche englischen Sprengstoff mit Säurezündern an, wie sie schon Tresckow, Schlabrendorff und Gersdorff im März 1943 verwendet hatten.[29] Die wirkliche Zünddauer der Zehnminutenzünder variierte mit der Lufttemperatur und je nach der Konzentration der Säure, der Stärke und Legierung des von der Säure zu durchfressenden Spanndrahtes und der Dichte und Beschaffenheit der Baumwolle, die die Säure mit dem Spanndraht in Berührung hielt. Die auf Grund verschiedener Temperaturen berechenbare Zündverzögerung variierte zwischen viereinhalb und dreizehn Minuten.[30] Der Attentäter mußte sozusagen seinen eigenen Tod veranlassen und dann etwa zehn Minuten darauf warten, er konnte nicht wissen, ob er zum Zeitpunkt der Explosion Hitler nahe genug sein würde, der Erfolg wäre fast dem Zufall überlassen. Bussche wollte mehr Kontrolle über den Vorgang und deutschen Sprengstoff und Zünder, die er kannte, wollte auch dem Anschein einer Kollaboration mit den Kriegsgegnern vorbeugen.[31] Kuhn versprach, das Geforderte zu besorgen.[32]

Als der Kuhn befreundete Major Knaak, damals Kommandeur des Pionier-Bataillons 630 östlich Orscha am Dnjepr, Kuhn in »Mauerwald« aufsuchte, fragte ihn Kuhn, ob er für einen Anschlag Sprengstoff beschaffen könne. Knaak sagte es zu.[33] Kuhn bat Stieff, eine Dienstreise zum Armee-Oberkommando IV in Minsk zu genehmigen für Kuhns Mitarbeiter Oberleutnant d.R. von Hagen (der in Tunesien zusammen mit Stauffenberg in der 10. Panzer-Division gewesen war). Stieff genehmigte die Dienstreise, Hagen flog nach Minsk, wo ihn Oertzen betreute, und besorgte bei dem Pionier-Bataillon Sprengstoff.[34] Während Bussche auf das Material wartete, besuchten er und Kuhn zum Abendessen Marion Gräfin Dönhoff auf deren Familienbesitz in Quittainen.[35] Nach der Reise Hagens brachte Kuhn Bussche in einem Handkoffer ein Kilogramm Sprengstoff und eine Tellermine, aber ohne geeignete Zünder.[36] Ein Handgranatenzünder, den Bussche wegen der kurzen Verzögerung von 4½ Sekunden verwenden wollte – das dabei entstehende Zischgeräusch wollte er mit Räuspern überbrücken –, war bei den Pionieren nicht zu haben gewesen.

Bussche fuhr wieder nach Berlin, Schulenburg vermittelte, ging mit Graf Schwerin von Schwanenfeld zum Adjutanten des Infanterie-Ersatz-Bataillons 9 in Potsdam, Oberleutnant von Gottberg, und erklärte ihm, man benötige einen Handgranatenzünder.[37] Gottberg beschaffte zwei. Bussche fuhr nach Potsdam in Gottbergs Wohnung, sägte mit Gottberg den Holzstiel der Handgranate ab und setzte den Handgranatenzünder mit verkürzter Abzugschnur auf den Sprengstoff. Die Reste der Handgranate warf Gottberg zusammen mit Leutnant Ewald von Kleist, der auch zum Bataillon gehörte, von der Glienicker Brücke in die Havel.[38] Zusammen mit dem Kilogramm Sprengstoff hatte nun alles in Bussches Rocktasche Platz.[39]

Bussche kehrte nach »Mauerwald« zurück und wohnte dort in der Gästebaracke. Am zweiten Tag wurde er unruhig und ging auf den nahegelegenen Wiesen spazieren. Am dritten Tag ließ Stieff Bussche kommen und sagte ihm mit Bedauern und offenbarer Erleichterung, die Ausrüstungen seien bei Luftangriffen zerstört worden, der Plan sei nicht ausführbar.[40] Bussche sagte Stieff, wenn der Termin abzusehen sei, könne er die Uniformen ja auch ohne Bussche vorführen, den Verschwörern vorher Nachricht geben und das Attentat ausführen. Stieff reagierte nervös und unangenehm.[41] Bussche ging zurück an die Front und übernahm bei Newa ein Bataillon (I./G.R.9), zu dessen Kommandeur er seit 11. November ernannt war, das er »zerfleddert« vorfand.[42]

Bussche behielt seinen Sprengstoff mit Zünder bei sich und durchlebte nach dem 20. Juli 1944 einige bange Minuten im Lazarett, als Gestapo-Beamte kamen und ihn, weil Stauffenbergs Ordonnanzoffizier Hauptmann Klausing ihn am 17. Juli besucht hatte, nach Stauffenberg fragten, während sein Köfferchen mit dem Sprengstoff auf einem Schrank in seinem Lazarettzimmer lag.[43] Einige Wochen danach befreite Graf Groeben Bussche von den belastenden Dingen und versenkte sie.[44]

Stieffs Aussagen zufolge bemühte Stauffenberg sich weiter um einen Attentäter. Dazu brauchte er neuen Sprengstoff. Kuhn als aus der Pioniertruppe hervorgegangener Generalstabsoffizier wollte sich darum kümmern.[45]

Nach Goerdelers Aussagen vor der Geheimen Staatspolizei und vor Gericht wurde um Weihnachten ein neuer Attentattermin erwartet. Goerdelers Bericht, er sei von Stauffenberg aufgefordert worden, für die Tage vom 25. bis 27. Dezember die politischen Beauftragten zu alarmieren und sich selbst bereit zu halten, wird bestätigt durch Gisevius, der in einem im Februar 1945 verfaßten Bericht das Datum des 26. Dezember nannte.[46] Major Freiherr von Leonrod sagte nach dem Scheitern der Erhebung aus, Stauffenberg habe ihm vor dem 19. Dezember 1943 gesagt, er werde »unter Umständen« noch vor Weihnachten als Verbindungsoffizier des Oberkommandos des Heeres zum Stellvertretenden Generalkommando VII in München gebraucht.[47] Albrecht von Kessel erfuhr am 12. Dezember 1943 in Berlin, der Anschlag solle vor Weihnachten bei einem Besuch Hitlers in Zossen stattfinden.[48] Bei seinem kurzen Besuch in Berlin lernte Kessel im Hause Schwerin in der Markgrafenstraße 5 in Potsdam anläßlich einer Besprechung mit Schwerin, Brücklmeier, Fritz-Dietlof Graf Schulenburg und Goerdeler auch Stauffenberg kennen, der Kessel »außerordentlich geschickt« sekundierte bei einem Gespräch über die Behandlung der besetzten Gebiete.[49]

Gegen Ende November 1943 scheint Stauffenberg sich schon bemüht zu haben, Oberst i.G. Mertz von Quirnheim an die Umsturzgruppe heranzuziehen. Am 27. November wurde Mertz in Potsdam bei seinen Eltern erwartet, kam aber nicht. Sein Vater notierte: »Rätselhafte Geschichte.«[50] Zwischen dem 11. und 13. Dezember sagte Stauffenberg Mertz, der nun auf Urlaub und auf dem Weg nach Köln zu seiner künftigen zweiten Frau war, die entscheidende Wendung könne täglich eintreten; er würde ihn in diesem Fall sofort aus dem Urlaub nach Berlin rufen.[51]

Manches spricht dafür, daß das Attentat schon vor Weihnachten nicht mehr als bevorstehend galt: Stauffenberg war vom 24. bis 26. Dezember bei seiner Familie in Bamberg; sein Bruder Berthold war vom 24. bis 27. Dezember in Lautlingen; Stieff war vom 23. bis 27. Dezember in Mittelsteine im Kreis Glatz in Schlesien bei seinen Schwiegereltern und seiner Frau; Fritz-Dietlof Graf Schulenburg war über Weihnachten bei seiner Familie in Trebbow, Schwerin bei seiner Familie in Göhren.[52] Bussche war in Rußland.

Als der Termin nicht zustande kam, hielt Goerdeler Stauffenberg vor, es sei zu gefährlich, so viele Menschen vorher zu benachrichtigen.

Stauffenberg versprach, künftig davon abzusehen. Goerdeler behauptete der Geheimen Staatspolizei gegenüber auch, er habe Stauffenberg gesagt, er wolle kein Attentat. Stauffenberg habe jedoch hartnäckig darauf bestanden und gesagt, eher würde er es selbst ausführen, als sich auf eine andere Lösung einlassen.[53]

Mertz wollte auf der Rückreise zur Front, als er vom 2. auf 3. Januar in Potsdam bei seinen Eltern übernachtete, Stauffenberg in Berlin wieder aufsuchen, traf ihn aber am 3. Januar nicht an.[54]

Im Januar 1944 besprachen in der Berliner Wohnung Schlabrendorffs Tresckow, Stauffenberg, Freytag-Loringhoven (Leiter der Abwehr-Abteilung II), Gersdorff und Schlabrendorff die Beschaffung weiteren Sprengstoffes, die Freytag-Loringhoven übernahm. Ferner sprachen sie über die Erfahrungen mit den bisher versuchten Methoden des Attentats.[55] Tresckow wußte von seinem Besuch im »Führerhauptquartier« mit Kluge am 26. Juli 1943, daß während Hitlers mittäglicher Lagebesprechung ein Anschlag möglich wäre.[56] Das Ergebnis war die Rückkehr zum plastischen Sprengstoff, der auch aus deutscher Herstellung beschafft werden konnte,[57] und die Einführung der Aktentaschenmethode.

Ebenfalls im Januar 1944 wurde der Ordonnanzoffizier von Generalmajor von Rost, Oberleutnant d.R. Albrecht, von einem Aufenthalt in einem Standort außerhalb Berlins telephonisch zur Bendlerstraße befohlen. Im Vorzimmer General Olbrichts fand er eine Anzahl ihm bekannter und unbekannter Offiziere »in einer Atmosphäre hoher Spannung«, Rost war auch da. Albrecht erfuhr, daß das Attentat in Kürze stattfinden sollte. Man hatte ihn geholt, um »die getroffenen Vorbereitungen schnellstens zu ergänzen«. Olbricht und Stauffenberg waren jedoch in einiger Verlegenheit, weil Rost den Zeitpunkt für falsch hielt und erklärte, er werde sich aus der Sache heraushalten; Stauffenberg nahm Albrecht beiseite und bat ihn, Rost umzustimmen, was schließlich gelang. In der Besprechung bei General Olbricht sagte dieser mit großem Ernst, es gebe für Deutschland keinen anderen Ausweg aus der kommenden Katastrophe als den Umsturz, er sei »sich über die Folgen des Mißlingens unserer Absicht hinsichtlich seiner Person und seiner Familie völlig im klaren«, aber bereit, »seinen Kopf hinzuhalten«. Stauffenberg sagte dann, es gebe – sehr kurzfristig – eine Möglichkeit, gelegentlich einer von Speers Ministerium arrangierten Besichtigung, »die Nr. 1-3 zu treffen«. Rost trug die vorbereiteten Maßnahmen für Berlin vor. Anschließend ging Rost zum Wehrmachtstandortkommandanten in Berlin, General von Hase, und besprach mit ihm und seinem Ersten Generalstabsoffizier, Oberstleutnant i.G. Schöne, den Truppeneinsatz, die Verbindungen, Besetzungen und Aufgaben der einzelnen Beteiligten.[57a]

Bis um die Mitte Januar 1944 versuchte Stauffenberg, Bussche noch einmal von der Front zurückzuholen, damit er den Anschlag ausführen könnte. Damals, als Bussche mit »wolhynischem Fieber« im Lazarett lag, verlangte Stauffenberg durch Fernschreiben ohne weitere Begründung, Bussche sei zum Stab AHA/Chef/B in Marsch zu setzen. Der damalige Adjutant seines Regiments, Oberleutnant Richard Freiherr von Weizsäcker, fand die Anforderung leichtsinnig abgefaßt.[58] Am 21. Januar 1944 wurde sie auf Befehl des Divisionskommandeurs abschlägig beschieden: »Inmarschsetzung z. Stab AHA/Chef/B ohne Ersatzgestellung nicht möglich.«[59] Weizsäcker fuhr in das rückwärtige Korps-Gebiet, um mit Stauffenberg zu telephonieren und ihm die Lage zu schildern. Ehe es zu einer neuen, besser formulierten Berliner Anforderung Bussches bei der Division kommen konnte, wurde Bussche am 31. Januar das linke Bein weggeschossen.[60]

Leutnant Ewald Heinrich von Kleist, ein Sohn des konservativen Politikers Ewald von Kleist-Schmenzin, eines unversöhnlichen Gegners der Nationalsozialisten von Anfang an, an der Front verwundet, damals beim Ersatz-Bataillon des Grenadier-Regiments 9 in Potsdam, erhielt am 28. Januar 1944, als er gerade zu einem Urlaub nach Schmenzin in Pommern gekommen war, ein Telegramm, das ihn sofort zum Bataillon nach Potsdam zurückrief. Am folgenden Morgen, einem Samstag, war er wieder dort. Schulenburg ließ ihn in ihre gemeinsame Wohnung im Kasino kommen und sagte, ohne weitere Einleitung, er habe da für ihn eine gar nicht schöne Sache: Ob er bereit sei, Hitler mit Einsatz seines Lebens zu töten.[61] Stieff mache es auch, mit Sprengstoff. Auf Kleists Frage, wozu man ihn dann brauche, antwortete Schulenburg: Damit es ganz sicher sei, Stieff sei nervös. Kleist schloß daraus, wie vor ihm Bussche, daß auf Stieff kein Verlaß sei.[62]

Am selben Tag brachte Schulenburg Kleist zu Stauffenberg, der am Nachmittag sechs Stunden lang Kleist auseinandersetzte, daß bald jeder Versuch, Deutschland einigermaßen aus dem Krieg zu retten, sinnlos sein werde. In Kürze werde sich eine Möglichkeit zur Rettung bieten; er dränge Kleist nicht, er frage ihn, ob er etwas in sich finde, das ihn zu einem Weg verpflichte, der ihn das Leben kosten könne. Bussche sei zum Attentat auf Hitler bereit gewesen, aber nicht zum Zug gekommen und nun nicht mehr verfügbar. Eine neue Gelegenheit zum Attentat biete sich bei einer Vorführung von Ausrüstungsgegenständen vor Hitler am 11. Februar.[63] Es handle sich um neue Uniformen, die an der Front erprobt seien, Kleist solle den Frontoffizier mit praktischen Erfahrungen darstellen und die Ausrüstung vorführen. Dazu solle er einen umfangreichen schriftlichen Bericht in einer Aktentasche mitbringen, die zugleich plastischen Sprengstoff enthielte.[64]

Kleist erbat sich vierundzwanzig Stunden Bedenkzeit, fuhr nach Schmenzin und sprach am Sonntag mit seinem Vater.[65] Er hoffte eigentlich, der Vater werde ihm abraten, weil es für einen Kompromißfrieden zu spät sei und eine neue Dolchstoßlegende drohe. Der Vater sagte ihm aber, er müsse das tun, wenn er dazu die Möglichkeit habe. Wer in einem solchen Augenblick versage, werde nie wieder glücklich sein. Kleist fuhr wieder nach Potsdam und gab Stauffenberg die Zusage. Er sollte von Stauffenberg englischen Sprengstoff bekommen und eine Handgranatenzündung für viereinhalb Sekunden Zündverzögerung.[66] Zu Schulenburg sagte Kleist, er würde sich die Sprengladung um den Bauch binden.[67]

Der Termin verstrich, ohne daß Kleist gerufen wurde. Kleist erfuhr als Grund dafür, daß Stieff in letzter Stunde die Abwesenheit Himmlers gemeldet worden sei.[68] Die gleichzeitige Anwesenheit Görings, des gefährlich populären designierten Hitler-Nachfolgers, hielt Stauffenberg damals für unerläßlich; Hitler selbst sagte noch im Sommer 1943, wie Goebbels notierte, trotz Görings Versagen als Oberbefehlshaber der Luftwaffe sei er der einzige, der an seine Stelle treten könnte. Ebenso glaubten die Verschwörer, Himmler gleichzeitig beseitigen zu müssen, der über die mächtig angewachsene Konkurrenzarmee der SS gebot.[69]

Oberleutnant d.R. Werner von Haeften, nach einer schweren, in Rußland erlittenen Verwundung nicht mehr frontdienstfähig und seit Herbst 1943 bei Stauffenberg als Ordonnanzoffizier im Dienst, glaubte Ende Januar 1944, Hitler mit einer Pistole erschießen zu können. Aber sein Bruder Hans-Bernd verwies ihn auf das 5. Gebot und Haeften gab den Plan auf.[70]

Tresckow versuchte noch einmal, in einem Brief an Generalleutnant Heusinger, den Chef der Operationsabteilung, sich von diesem als Urlaubsvertreter anfordern zu lassen. Zugleich schrieb er an Stieff einen Brief mit Instruktionen zum Vorgehen beim Zünden des Attentatsprengstoffs. Schlabrendorff überbrachte beide Briefe. Weder Heusinger noch Stieff wurden entsprechend tätig.[71]

In derselben Zeit gelang es Tresckow, Rittmeister Eberhard von Breitenbuch als Attentäter zu gewinnen. Breitenbuch war schon 1933 Gegner des Nationalsozialismus, 1940 Ordonnanzoffizier bei Witzleben. Tresckow hatte für die Kommandierung Breitenbuchs als Ordonnanzoffizier zu Kluge im August 1943 gesorgt und ihm gesagt, er sei dahin versetzt worden, damit er den Feldmarschall im Sinne des Umsturzes beeinflusse und womöglich zur Initiative veranlasse. Seitdem war Breitenbuch immer wieder über die laufenden Attentatpläne unterrichtet worden. Nach Kluges Autounfall am 28. Oktober 1943 blieb Breitenbuch im Oberkommando der Heeresgruppe Mitte als Ordonnanzoffizier des Nachfolgers Kluges, Generalfeldmarschall Busch.[72]

Am 9. März 1944 wurde Generalfeldmarschall Busch für 11. März zum Vortrag während Hitlers mittäglicher Lagebesprechung auf den »Berghof« bei Berchtesgaden befohlen. Hitler schickte seine Condor FW 200, um Busch und seine Begleitung abzuholen.

Am Nachmittag des 9. März erschienen Tresckow und Oertzen bei Breitenbuch. Tresckow sagte diesem, er habe mitgehört, daß er übermorgen bei der Lagebesprechung im »Führerhauptquartier« sein werde. Breitenbuch habe das Schicksal Deutschlands, der von Bomben bedrohten Frauen und Kinder, der Soldaten an den Fronten in der Hand und damit die Verantwortung dafür. Darauf zog Oertzen aus seiner Aktentasche einen granatenförmigen Sprengkörper aus Metall, in dessen Boden ein Zünder für Laufzeiten von einer Sekunde bis drei Minuten eingestellt werden konnte. Breitenbuch sollte ihn auf drei Sekunden einstellen und sich unter den Rock stecken, im geeigneten Moment auslösen und Hitler bis zur Explosion umarmen. Von der Tötung Görings und Himmlers war nicht die Rede. Tresckow hielt offenbar den Gedanken, alle drei zugleich zu töten, für eine unannehmbare Verzögerung.

Tresckows Sprengkörpermethode schien Breitenbuch zu unsicher; er wollte Hitler mit einer Pistole erschießen, die er in der Hosentasche tragen würde. Tresckow bedeutete Breitenbuch, er müsse auf Kopf oder Hals schießen, weil Hitler Schutzkleidung trage. Stauffenberg scheint von dem Anschlagplan am 9. März unterrichtet gewesen zu sein: Er war am 8. März nach Bamberg gekommen und von dort in der Nacht vom 9. auf 10. März wieder abgereist.[73]

Busch und Breitenbuch wurden am 11. März vormittags auf dem Flugplatz Salzburg mit einem von Hitlers 7,7-Liter-Kompressor-Mercedes-Wagen abgeholt und zum »Berghof« gebracht. Hier zeigte sich, daß außer Busch, dessen Ia Oberst i.G. Peter von der Groeben und Breitenbuch keine weiteren Offiziere von der Front herbefohlen waren. In dem Raum vor der großen Halle warteten auch die anderen Teilnehmer der Lagebesprechung, darunter Göring, Keitel, Jodl und Goebbels. Ein SS-Mann öffnete die Tür, und die Teilnehmer betraten der Rangordnung nach die Halle. Breitenbuch, der die von Busch für seinen Vortrag mitgebrachten Unterlagen trug, wollte als dienstjüngster Anwesender zuletzt hineingehen, wurde aber von dem SS-Mann am Arm festgehalten mit der Erklärung, es sei befohlen, heute keine Ordonnanzoffiziere zuzulassen. Damit war die Gelegenheit dahin.

In Minsk im Hauptquartier der Heeresgruppe wartete Tresckow, bis Busch, Groeben und Breitenbuch am Abend zurückkamen. Tresckow sagte: »Ja, Breitenbuch, die Sache ist verpfiffen worden.« Tresckow meinte, durch seine Telephongespräche, mit denen er an die Berliner Verschwörer das Stichwort durchgab, müsse etwas durchgesickert sein.[74]

Anfang 1944 ließ Stauffenberg den befreundeten Oberstleutnant i.G. Peter Sauerbruch, dem er von seiner Verschwörertätigkeit schon berichtet hatte, in das Allgemeine Heeresamt versetzen als Teil seiner Bemühung, die Dienststelle mit in seinem Sinne zuverlässigen Helfern zu durchsetzen. Bei einem Gespräch, an dem auch der Gruppenleiter im Allgemeinen Heeresamt, Oberstleutnant i.G. Bernardis, teilnahm, deklamierte Stauffenberg Georges Gedicht »Der Widerchrist«, ohne es zu kommentieren, doch mit der Sauerbruch offenbaren Absicht, Bernardis für die Verschwörung zu gewinnen.[75] Er sprach auch von den Verbrechen gegenüber den Völkern in besetzten Gebieten und gegenüber Juden.[76] Etwa Mitte März 1944 berichtete Stauffenberg Sauerbruch von den mißlungenen Anläufen Bussches und Kleists und erwähnte, daß Werner von Haeften aus religiösen Gründen sich nicht zur Verfügung stelle. Schließlich fragte er Sauerbruch, ob er die Aufgabe übernehmen würde. Sauerbruch meinte, es gebe noch andere Möglichkeiten, Hitler auszuschalten, traute sich einen sicheren Pistolenschuß nicht zu, wollte nicht durch Sprengstoff Dritte gefährden; auch die Eidfrage machte ihm zu schaffen. Stauffenberg betonte die Gegenseitigkeit des Eides, Hitler habe ihn längst dem Volk gegenüber gebrochen.[77] Sauerbruch erhielt kurz darauf eine neue Kommandierung, und Stauffenberg meinte beim Abschied, es sei nun gut, daß die Entscheidung so gefallen sei. Etwa am 25. März ging Sauerbruch als Ia der 4. Panzer-Division wieder an die Front.[78]

Stauffenberg versuchte es um diese Zeit noch mit Meichßner, auf einer gemeinsamen Bahnfahrt im Schlafwagenzug von Berlin nach Berchtesgaden zum »Führerhauptquartier«.[79] Meichßner hatte Zugang zu Hitler, war ein entschlossener Gegner, dazu tatkräftig; allerdings war er in letzter Zeit den Belastungen nicht ganz gewachsen und hatte keine guten Nerven mehr. Stauffenberg und Rittmeister d.R. Paulus van Husen von der Standortstaffel Berlin des Wehrmachtführungsstabes (bei dem Stauffenberg sich mit Yorck zu treffen pflegte) hatten zusammen ein Schlafwagenabteil. Nach der Abfahrt zog Stauffenberg zwei Flaschen Burgunder aus seinem Koffer, sagte, jetzt werden wir uns mal mit Meichßner unterhalten, und holte ihn in das Abteil. Dann begann er eine allgemeine Erörterung der militärischen und politischen Lage. Verdeckt, aber klar erkennbar, lag in allem, was Stauffenberg sagte, die Frage, wie man Hitler beseitigen könnte. Schließlich, als die Flaschen leer waren, wollte Stauffenberg Meichßner auf eine konspirative Zusammenkunft bei Brücklmeier festlegen, aber Meichßner wich aus. Stauffenberg sagte nachher zu Husen: »Man sieht es klar, er will nicht mehr.«

Nun waren die Möglichkeiten Tresckows und Stauffenbergs, ein Attentat zustande zu bringen, erschöpft. Es fehlte nicht an tatbereiten Gegnern Hitlers. Stauffenbergs Vetter Hofacker bestand nach dem Attentat der Geheimen Staatspolizei gegenüber darauf, daß er und Stauffenberg sich in die Quere geraten seien, weil er, Hofacker, auf seiner Rolle als »aktiver Mittäter« bestanden habe.[80] Der Persönliche Adjutant von Generalfeldmarschall von Bock, Graf Hardenberg, stellte fest: »Im übrigen hatten *alle* mir bekannten Mitglieder des engeren Kreises sich zu solch einer Tat angeboten.«[81] Zu diesen gehörte auch Hauptmann Klausing, in Stalingrad verwundet, seit April Mitarbeiter Stauffenbergs, der schließlich seinem Unmut über das Versagen von Mitverschworenen im Generalsrang wie Stieff Ausdruck gab, während sich so viele jüngere Offiziere gemeldet hätten, die keinen Zugang fanden.[82] Erst als Stauffenberg Ende Juni selbst Zugang erhielt, eröffneten sich neue Möglichkeiten.

Erhebung

Claus Graf Stauffenberg hatte sich 1942 zur Ausführung des Attentats bereit erklärt. Auch nach seiner Verwundung und Genesung bestand er darauf, das Attentat notfalls selbst auszuführen, nur seine Unentbehrlichkeit als Umsturzführer und die Mitverschworenen hielten ihn davon zurück, für sich selbst eine Gelegenheit zum Attentat zu suchen.[1] Seit seinem Eintritt in die Verschwörung um Beck und Goerdeler im September 1943 fehlte ihm ohnehin die Möglichkeit dazu, weil er keinen Zugang zu Hitler hatte. Seine Bemühungen, einen Attentäter zu finden, gingen seit den Gesprächen mit Sauerbruch und Meichßner im März und April 1944 weiter.[2]

Wenn Stauffenberg zum »Führerhauptquartier« nach Berchtesgaden mußte, besuchte er womöglich seine Familie in Bamberg, das an der Bahnstrecke lag.[3] An Wochenenden fuhr er oft zu Freunden aufs Land. Das Wochenende des 1. und 2. April verbrachte er mit Werner von Haeften auf dem Gut Neuhardenberg bei Küstrin. Graf Hardenberg war beeindruckt von der »antiken Größe«, mit der Stauffenberg »in vollem Bewußtsein den Opfergang ging«, er sah in Stauffenberg »das Vorbild eines klugen und tapferen deutschen Offiziers«.[4]

Am Gründonnerstag, dem 6. April, kam Fritz-Dietlof Graf Schulenburg nach einem vierwöchigen Bataillonsführer-Kurs in Antwerpen zu seiner Familie nach Trebbow in Mecklenburg und kündigte für Ostern den Besuch Stauffenbergs an. Als er hörte, daß seine Frau schon Hauptmann Klausing eingeladen hatte, mit dem er vom Infanterie-Regiment 9 her seit 1940 befreundet war, hielt er das erst für zu auffällig, ließ es dann aber dabei. Klausing war in Stalingrad und im Sommer 1943 noch einmal in Rußland schwer verwundet worden und nach seiner Genesung als 1. Ordonnanzoffizier mit Haeften Mitarbeiter Stauffenbergs geworden.[5]

Schulenburg wollte, daß Stauffenberg sich bei gutem Essen und ohne politische Gespräche richtig ausruhen könne. Stauffenberg kam am Ostersonntag nachmittags mit seinem Fahrer aus Berlin, war gelöst und heiter, genoß alles, erduldete die nationalsozialistische Gouvernante und die ebensolche Kinderschwester der Schulenburgs, die wetteiferten, ihm das Fleisch zu schneiden. Nach dem Essen wurden am Kamin Gespenster- und Jagdgeschichten erzählt, über Shakespeare, Rilke und George gesprochen. Am Montag gingen Stauffenberg und Schulenburg lange allein durch den Wald. Dabei wird Stauffenberg Schulenburg von seinen später für die nächsten Freunde niedergeschriebenen Vorstellungen für das künftige Leben der Deutschen erzählt haben, jedenfalls war Schulenburg mit diesen Vorstellungen vertraut.[6] Auch der zweite Abend war nicht ohne Heiterkeit, Stauffenberg brach in sein berühmtes schallendes Lachen aus, als er Klausing in Brokat drapiert hereinstolpern sah – die Damen und Klausing hatten sich die Zeit vertrieben, während Schulenburg und Stauffenberg im Gespräch waren. Am Dienstagmorgen um sechs Uhr fuhren Stauffenberg und Klausing wieder nach Berlin.[7]

Schulenburg ging wie Stauffenberg einen bewußten Opfergang. Am 18. Juli 1944 sagte er einem der eingeweihten Leutnants aus dem Potsdamer Infanterie-Regiment 9, wenn das Unternehmen mißlänge, habe die Geschichte für die Beteiligten keinen Sinn mehr, es gebe dann keine Möglichkeit, weiterzuleben. Es müsse aber geschehen, das seien sie dem Land, der Geschichte, dem Recht und dem Gesetz schuldig.[8]

Am 7. April schrieb Berthold Graf Stauffenberg an Rudolf Fahrner nach Athen über den Stand verschiedener literarischer Arbeiten, wie Alexander Stauffenbergs »Der Tod des Meisters«, Karl Josef Partschs »Agis und Kleomenes« und Eberhard Zellers »Hannibal«, und über die Kriegsgefangenschaft des Freundes Willi Dette (der im Krieg durch »Arisierung« in die Luftwaffe gekommen war); dazwischen fügte er den Satz: »Wegen der Übersiedlung nach Wannsee lässt sich leider nichts neues sagen.« Es war die verschlüsselte Botschaft, daß der Ansatz zur Erhebung noch immer gesucht werde.[9]

Am 20. und 21. April war Claus Stauffenberg mit Schwerin, Brücklmeier und dem zum Kreis der Freunde um Schwerin gehörenden Botho von Wussow zusammen, der in der Informationsabteilung des Auswärtigen Amtes und damals in Lissabon tätig war.[10] Wussow gab seine Einschätzung der außenpolitischen Lage, und Stauffenberg war davon so beeindruckt, daß er Wussow Fromm vorstellen wollte. Wussow hatte Bedenken, aber Stauffenberg wußte Fromm im Prinzip auf der Seite der Verschwörung und beruhigte Wussow: »Du brauchst keine Sorge wegen Fromm zu haben. Brauchst ihm ja nicht zu sagen, daß wir das Militär abschaffen wollen, aber sonst kannst Du ganz offen mit ihm reden.«[11]

Vor Mitte Mai war entschieden, daß Stauffenberg Chef des Generalstabes beim Befehlshaber des Ersatzheeres würde. Fromm wußte, daß in seiner Umgebung, im Stabe Olbrichts, der Umsturz vorbereitet wurde. Als Stauffenbergs Vorgänger, Generalleutnant Koehler, auf einem Heimaturlaub Fromm warnte, daß in seinem Befehlsbereich ein Putsch vorbereitet werde, sagte Fromm, er habe alles im Griff und übrigens wolle er Stauffenberg näher an sich ziehen, damit er ihn besser unter Kontrolle habe. Als Stauffenberg mit Fromm die Einzelheiten seiner Versetzung besprach, sagte er dem Befehlshaber, er halte den Krieg für verloren, Hitler sei schuld daran, es wäre höchstens »unter Anstrengung aller Kräfte auf politischem Wege noch ein Remis zu erzielen«. Dem Freund aus der Kriegsakademie, Oberst i.G. Finckh, sagte Stauffenberg am 23. Juni bei einer Begegnung in Berlin, er habe Fromm zum Antritt seiner Stelle als Chef des Generalstabes bei diesem gesagt, er halte den Krieg seit zwei Jahren für militärisch verloren, sei mit der militärischen Führung nicht einverstanden und wolle, falls nicht bis zum Herbst ein Wunder geschehe, selbst eine Änderung herbeiführen.[12]

Stauffenbergs Versetzung muß der Anlaß für seine Beförderung zum Oberst gewesen sein; denn die neue Stelle war eine Generalstelle. Zwei Vorgänger Stauffenbergs seit März 1941 wurden als Oberst i.G. auf die Stelle versetzt und zum Generalmajor bzw. Generalleutnant befördert, während sie sie innehatten; auf Stauffenberg folgte ein Generalmajor. Im Gästebuch von Greifenstein, wo Stauffenberg und seine Frau am 3. und 4. Juni zu Besuch waren, findet sich unter dem Namenszug »Nina Stauffenberg« der mit den linken drei Fingern geschriebene Name »Claus« und von anderer Hand daneben »(Oberst!)«.[13]

Eine Kalendernotiz des Vaters von Oberst i.G. Mertz von Quirnheim, des früheren Präsidenten des Reichsarchivs in Potsdam, Generalmajor a.D. Mertz von Quirnheim, läßt vermuten, daß Stauffenberg sich schon Ende November 1943 um den Freund aus der Kriegsakademiezeit bemühte.[14] Dieser besuchte auf der Durchreise nach Köln vom 12. auf 13. Dezember 1943 seine Eltern in Potsdam. Stauffenberg kündigte ihm an, er werde ihn gegebenenfalls sofort aus dem Urlaub nach Berlin berufen.[15] Attentat und Umsturz standen anscheinend unmittelbar bevor. Mertz war damals nicht im einzelnen über die Verschwörung unterrichtet.

Die Bemühung Stauffenbergs um die Schaffung der Voraussetzungen für die Erhebung ist weiter aus Mertz' Briefen vom Frühjahr 1944 an seine spätere Frau zu ersehen. Nach fast sechzehn Monaten Frontdienst als Chef des Generalstabes des XXIX. Armee-Korps an der südlichen Ostfront schrieb er am 2. März 1944, der Kampf gegen die Russen sei ein Kampf gegen ein Naturereignis, das noch dazu von einem scharfen Verstand gesteuert werde: »Und darin liegt die einzige innere Resonanz, die das Kriegführen – rein vom Soldaten her gesehen – hier bei mir findet: daß es Freude macht, gegen einen so guten Gegner zu kämpfen. Es lohnt sich und man lernt jeden Tag neu. Du wirst diese etwas merkwürdig klingenden Gedankengänge, die mich immer wieder beschäftigen, verstehen, wenn Du bedenkst, daß ja – abgesehen von allen tieferen und weiteren Grundlagen unseres Kampfes – in meinem Tun hier die Erfüllung und der Höhepunkt meines Berufslebens liegt. Erst an den sichtbaren Erscheinungen des Krieges wird mir langsam der letzte Inhalt meines Berufes klar, der sich erst dann und dort zu erfüllen beginnt, wo andere Berufe u. Aufgaben zurückzutreten beginnen. Menschen zu führen in den Augenblicken, in denen wir an den Grenzen des Diesseits und Jenseits stehen, und mit Herz und Hirn um Fragen und Entscheidungen ringen, bei denen es immer um das Leben von Menschen geht.«[16]

Am 11. Mai schrieb Mertz seiner späteren Frau, er sei zur Zeit »milde aufgeregt«, er habe auf einem »Privatdienstweg« erfahren, er sei in die Führerreserve versetzt; er wollte aber an der Front bleiben: »Was die Knaben mit mir vorhaben, weiß ich nicht. Wenn die mich ins O.K.H. versetzen, erkläre ich mein Desinteressement am Krieg.«[17] Und vier Tage später: »*Ganz* große Pleite! Ich bin endgültig versetzt und zwar als Chef in[s] Allgemeine Heeresamt (bisherige Verwendung Stauffenberg). Ich bin völlig erschlagen. Ich hatte sicher gehofft, *wenn* ich schon hier weg käme, dann Armeechef zu werden; und jetzt diese Heimatverwendung, zu der ich in keiner Weise geeignet bin. Nur weil ich mal 2 ½ Jahre in der Organisationsabteilung gesessen habe! [...] Hilde, ich bin wütend und sehr enttäuscht über diese neue Verwendung. In dieser Phase des Krieges ausgerechnet ich zu Hause. [...] Z.Z. liege ich in schwerem Kampf mit mir, um das Positive meiner neuen Aufgabe zu finden.«[18]

Am 22. Mai kündigte Mertz auf dem Rückweg von der rumänischen Front von Wien aus seine Ankunft im Schwarzwald für 24. Mai an. Am 23. Mai suchte er in Berlin Oberstleutnant i.G. Stauffenberg und General Olbricht auf. Sie schilderten ihm die Lage so, daß er die an Weihnachten noch genährten Hoffnungen auf das Halten der Fronten aufgeben mußte. Am 24. Mai rief er seine künftige Frau aus Angerburg an, seine Ankunft bei ihr verschiebe sich um einen Tag auf den 25. Mai.[19]

Die Daten deuten darauf hin, daß Stauffenberg Mertz nach »Mauerwald« schickte, um die Beschaffung des von Stieff dort verwahrten Sprengstoffs zu veranlassen. Stieff war in Berchtesgaden und gab Stauffenbergs Nachfolger in der Organisationsabteilung, Oberstleutnant i.G. Klamroth (in Rußland Ib in der 10. Panzer-Division), telephonisch entsprechende Weisung.[20] Klamroth zog seinen Mitarbeiter

Oberleutnant d.R. von Hagen hinzu (in Rußland Ordonnanzoffizier in der 10. Panzer-Division, in Tunesien mit Stauffenberg in derselben Division).[21] Sie packten jeder die Hälfte des Sprengstoffs in ihre Aktentaschen und fuhren nach Berlin. Am 25. Mai übergaben Klamroth und Hagen Stauffenberg das Material in seinem Dienstzimmer.[22]

Am 9. Juni fuhr Mertz nach Berlin, am 10. traf er ein, am 14. Juni zog er zu Stauffenberg in die Tristanstraße.[23] Am 13. Juni schrieb er, er sehe immer mehr den Sinn seiner Aufgabe im geschichtlichen Zusammenhang.[24] Und am 17. Juni: «Heute um 14.00 Uhr setzte ich mich mit einem hörbaren Ruck und allem mir zur Verfügung stehenden Selbstvertrauen auf Stauff's Stuhl. Der Kopf raucht mir nach den kurzen 6 Tagen der ›Einarbeitung‹ gewaltig. Es ist aber höchste Zeit, daß ich ins Geschäft steige und selbst die Verantwortung übernehmen darf; die letzten 2 Tage wurde es mir schon unbefriedigend, nur dabei zu sitzen und zuzuhören. Olbricht wird in den ersten Wochen viel Geduld mit mir haben müssen, bis ich richtig ›im Laufen‹ bin. Ich übernahm aber von St. einen sehr gut eingespielten Stab mit einer Reihe wirklich guter Generalstabsoffiziere.«[25] Mertz überwand seine berufliche Enttäuschung und fühlte sich nun »wie befreit«, weil er endlich tätig Anteil am Umsturz nehmen konnte.[26] Er sagte dem befreundeten Hauptmann Siebeck am 13. Juli: »Ich bin mir klar darüber, daß wir das Ende des deutschen Militärs herbeiführen werden, denn welchen Frieden wir auch erreichen mögen, er wird die Militärschicht ein für allemal beseitigen; und dennoch müssen wir handeln um Deutschlands und des Abendlandes willen.«[27]

Die Umsturzgruppe hatte nun wieder Aussicht auf Zugang zu Hitler für einen zur Tat Entschlossenen: Stauffenberg. Theoretisch war auch der Widerspruch gelöst, daß derselbe Mann das Attentat im fernen »Führerhauptquartier« ausführen und zugleich den Staatsstreich in Berlin lenken sollte: Die Rolle des Staatsstreichführers in Berlin müßte Mertz übernehmen. Dies war – theoretisch – der entscheidende Durchbruch zur Verwirklichung des Erhebungsplanes.

Ludwig Thormaehlen berichtete 1946 von einem Besuch bei Stauffenberg in Berlin etwa im April 1944. Er gibt dessen folgende Äußerung als wörtliches Zitat, also mit dem Anspruch annähernd genauer Erinnerung wieder: »Ludwig, fast war ich verzweifelt an meinem Wiederaufkommen. Wir haben noch eine Aufgabe. Und ich war verzweifelt, daß diese Aufgabe, die mir zugefallen ist, von mir nicht erfüllt werden könnte. [...] Ludwig, wenn das, was im Gang ist – und es ist im Gang – so weiter geht, kann niemand von uns mehr leben, und dann ist auch Familie sinnlos, ist Familie nicht mehr möglich, gibt es sie nicht mehr.«[28] Dieselbe Einsicht lag in einer Äußerung vom Juni 1944, die noch dazu belastet war durch die Einsicht, daß »das Reich« nicht zu retten sei: »Es geht jetzt nicht um den Führer, nicht um das Vaterland, nicht um meine Frau und meine vier Kinder, sondern es geht um das ganze deutsche Volk.«[29] Stauffenberg hat aber, auch nach seinem Entschluß zum Attentat, immer mit der Frage der religiösen und ethischen Vertretbarkeit des Tyrannenmords gerungen.[30]

Fritz-Dietlof Graf Schulenburg sagte aus, »daß in der Zeit von März bis Mai 1944 alle konkreten Pläne geruht haben, da zunächst keine praktische Möglichkeit der Verwirklichung gegeben war«, und »daß die Pläne erst wieder greifbare Gestalt annahmen, als Stauffenberg durch seine Ernennung Zutritt zum Führerhauptquartier erhielt«. Dies trifft allenfalls teilweise für April zu. Konkrete Pläne konnten im April mangels Zugang zu Hitler für einen Attentatbereiten nicht verfolgt werden, aber der Ausdruck »geruht« erweckt einen falschen Eindruck. Berthold Graf Stauffenberg sagte in seiner Vernehmung am Tag nach dem Anschlag, sein Bruder habe den »Entschluß«, Hitler umzubringen, »erst vor etwa 4 Wochen gefaßt, als sich ihm durch seine Ernennung zum Chef des Stabes beim Generalobersten Fromm hierzu die Möglichkeit bot. Vorher kam er nämlich nicht zum Vortrag beim Führer.« Hiernach läge der Entschluß immer noch vor Rudolf Fahrners im folgenden genannten Datum. Stauffenberg war schon 1942 grundsätzlich entschlossen, aber ein konkreter Entschluß war nicht möglich, weil er den Zugang zum »Führerhauptquartier« nicht hatte. Stieff erfuhr von General Wagner, Stauffenberg habe diesem im Juni gesagt, er wolle die nächste sich bietende Gelegenheit zur Durchführung des Anschlages nützen. Ende Juni sagte Stauffenberg Yorck, er wolle in der nächsten Zeit in das »Führerhauptquartier« gelangen, um ein Sprengstoffattentat auszuführen. Als Fahrner am 29. Juni nach Berlin kam, sagte ihm Stauffenberg, er stehe vor der Frage, das Attentat selbst auszuführen. Fahrner schrieb 1945: »Ganz bestimmt weiß ich, daß bis zu jenem Zeitpunkt nicht vorgesehen war, daß Graf Claus [sic] die Aktion im Hauptquartier selbst unternehmen sollte.« Das hing aber von der Gelegenheit ab. Kleist berichtet, »erst in den allerletzten Tagen« sei der Gedanke aufgekommen, daß Stauffenberg der Attentäter sein solle. Für dieses Zeugnis gilt dasselbe: Stauffenberg konnte den konkreten Entschluß erst fassen, als er Zugang zu Hitler erhielt. Man dachte nicht daran, dem Schwerversehrten zuzumuten, Attentäter zu sein, man wußte, wie unentbehrlich er in Berlin war. Aber Wussow kannte im April schon Stauffenbergs Absicht, und Stauffenberg ließ sich im Mai den Sprengstoff kommen, sobald Mertz zu seinem Nachfolger und er selbst zu Fromms Stabschef bestimmt war. Fahrner berichtet nicht, Stauffenberg habe ihm gesagt, er habe bis dahin nicht daran gedacht, das Attentat selbst auszuführen, er *interpretierte* also Stauffenbergs Worte.[30a]

Stauffenberg, im Prinzip längst bereit, Attentäter zu werden, stellte sich sofort auf die Ausführung des Attentats ein, als er Aussicht auf die Gelegenheit dazu bekam. Dies war in der zweiten Aprilhälfte, als die Versetzungen Stauffenbergs und Mertz' Gestalt annahmen. Wussow erfuhr bei seinem Besuch am 20. und 21. April, als er die Freunde zum letzten Mal sah, »daß Stauffenberg das Attentat ausführen würde«.[31]

Möglicherweise um den 20. Mai, nicht später als 13. Juni, bat Stauffenberg seine Schwägerin, Melitta Gräfin Stauffenberg, die bei der Luftkriegs-Akademie Berlin-Gatow die Versuchstelle für Sonderfluggerät leitete, ihn zum »Führerhauptquartier« und zurückzufliegen. Er setzte ihr seinen Plan auseinander, und sie erklärte sich bereit, mußte ihm aber sagen, daß sie nur einen sehr langsamen Fieseler »Storch« zur freien Verfügung hatte, so daß auf dem Hin- und Rückweg Zwischenlandungen zum Auftanken nötig wären, die den Plan gefährdeten.[32] Sie führte aber zwischen 17. und 26. Juni immer wieder Nachtflüge mit dem »Storch« durch, die schwerlich mit ihren dienstlichen Aufgaben (Sturzflüge mit der Ju 87 und der Ju 88, Entwicklung eines Nachtlandeverfahrens für Jagdflugzeuge) zu tun hatten.[33]

Am 25. Mai erhielt Stauffenberg durch Klamroth und Hagen den bis dahin von Stieff verwahrten Sprengstoff.[34] Stauffenberg sagte Hagen, »daß er ein Attentat auf den Führer und seine nähere Umgebung durchzuführen beabsichtige«.[35] Am 26. Mai besprachen sich Stauffenberg und Goerdeler in der Bendlerstraße im Büro von Hermann Kaiser. Goerdeler sagte Kaiser unmittelbar danach, »ein Vorwärtstreiben, ein Anspornen Stauffenbergs sei nicht nötig«, Stauffenberg habe ihm sein Ehrenwort »zu einem gemeinsamen Gewaltakt gegen den Führer gegeben«.[36]

Dennoch wurden die Möglichkeiten immer wieder neu erwogen. In den ersten Tagen nach der Landung der amerikanischen, englischen und kanadischen Armeen in der Normandie Anfang Juni 1944, als Tresckow zu einer vom Chef des Generalstabes des Heeres einberufenen Besprechung der Armeeführer im Oberkommando des Heeres in Ostpreußen war, bat Stauffenberg Graf Lehndorff, der in Berlin war und nach Steinort zurückkreiste, Tresckow zu fragen, ob der Umsturzplan jetzt, nach der Invasion, noch Sinn habe, da ein praktischer politischer Zweck nicht mehr zu sehen sei. Tresckow gab die Antwort: »Das Attentat auf Hitler muß erfolgen, um jeden Preis. Sollte es nicht gelingen, so muß trotzdem der Staatsstreich versucht werden. Denn es kommt nicht mehr auf den praktischen Zweck an, sondern darauf, daß die deutsche Widerstandsbewegung vor der Welt und vor der Geschichte unter Einsatz des Lebens den entscheidenden Wurf gewagt hat. Alles andere ist daneben gleichgültig.«[37]

Tresckow war für Stauffenberg der klarste, entschlossenste Führer der Umsturzgruppe. Stauffenberg war sicher nicht unschlüssig, aber er wollte sich versichern, daß er nicht allein handle. Stauffenberg wird sich über die schwachen Stellen in Berlin, die am 15. Juli dann zutage traten, klar gewesen sein. In Berlin hatte es für die Umsturzgruppe nachteilige Veränderungen gegeben. Der Wehrkreisbefehlshaber General von Kortzfleisch war ein gerader, korrekter Offizier, kein Nationalsozialist, aber auch kein Gegner des Regimes, er konnte nicht eingeweiht werden; sein Chef des Generalstabes, Generalmajor Herfurth, war der auf ihn zukommenden Aufgabe nicht gewachsen; der Wehrmachtstandortkommandant General von Hase und Olbricht setzten ehrlich und opferwillig ihr Leben ein, aber kühne Täter waren sie nicht; Mertz von Quirnheim war ein wichtiger Verbündeter, aber das Ansehen und die revolutionäre Energie Tresckows hatte er nicht. Vielleicht erwartete Stauffenberg noch, daß Tresckow nach Berlin käme (denn die Hauptquartiere waren zur Zeit, bis 14. Juli, nicht in Ostpreußen, und für Berchtesgaden und »den Berg« gab es keine Pläne), um die Führung in die Hand zu nehmen.

Rudolf Fahrner glaubte, Stauffenberg sei vor dem 29. Juni 1944 noch nicht entschlossen gewesen, das Attentat selbst auszuführen, da er ihn am 4. Juli fragte, ob er es für richtig halte. Fahrner habe »ja« gesagt, darauf habe Stauffenberg seinen Entschluß zu erkennen gegeben.[38] Dem befreundeten Bildhauer und Artillerie-Leutnant Urban Thiersch gegenüber sagte Fahrner in jenen ersten Julitagen, die Frage, ob Stauffenberg das Attentat selber ausführen solle, sei drängend.[39] Stauffenbergs Ordonnanzoffizier Oberleutnant d.R. von Haeften schrieb Peter Sauerbruch zwei oder drei Wochen vor dem Attentat, Stauffenberg denke daran, »die Sache selber zu machen«.[40]

Rudolf Fahrner überschätzte die Bedeutung seines Gespräches mit Stauffenberg und seiner Antwort auf dessen Frage. Er übersah Stauffenbergs Gewohnheit, Fragen, die er für sich beantwortet aber noch nicht in die Wirklichkeit umgesetzt hatte, an Gesprächspartner zu richten um zu hören, was ihm an Argumenten dafür oder dagegen entgangen sein könnte.[40a]

Etwa eine Woche vor dem Attentat, es muß am 10. Juli gewesen sein, kamen Stauffenberg und Yorck zum Abendessen zu Paulus van

Husen, bei dem auch dessen Freund Lukaschek aus Breslau zu Besuch war. Sie sprachen über »die Eilbedürftigkeit des Handelns« wegen der Verhaftung Reichweins und Lebers am 4. und 5. Juli und über »die sittliche Erlaubtheit der Gewaltanwendung«. Als Stauffenberg zum Schlafwagenzug aufbrach, sagte er: »Es bleibt aber nichts übrig, als ihn umzubringen.«[41]

Die Bekundungen der Entschlossenheit überwiegen seit Mitte Mai deutlich, aber selbst noch am 19. Juli, nach zwei oder drei Anläufen – oder gerade nach zwei oder drei *mißlungenen* Anläufen –, äußerte Stauffenberg mit gutem Grund Zweifel.[42]

Peter Graf Yorck sagte der Geheimen Staatspolizei, er habe »*spätestens im Juni von Stauffenberg selbst die Mitteilung erhalten,* ›daß in ihm der Entschluß gereift sei, persönliche *Schritte zu einer Beseitigung des Führers einzuleiten*‹«.[43] Paulus van Husen glaubte, Stauffenberg hätte ohne sein enges Vertrauensverhältnis zu Yorck den Entschluß, das Attentat selbst auszuführen, nicht gefaßt.[44] Hierzu muß auch das Bewußtsein beider von ihren Ahnen in der Zeit der Reformen und der Befreiungskriege, ebenso wie bei Hardenberg, beigetragen haben.

Das alles heißt: Stauffenberg wollte Zuversicht für den Lauf der Ereignisse nach Hitlers Tod. Welche Kräfte dann zum Zuge kämen, war nicht vorherzusehen. Yorck konnte ihn beruhigen, daß die Vorstellungen verwirklicht würden, für die er sein Seelenheil, seine Ehre, sein Leben und das Leben der Mitkämpfer einsetzte. Stauffenberg nahm offenbar an – wie Moltke –, daß die siegreichen Alliierten bei ihren Entscheidungen auf die Führer der Fronde hören würden. Um jene Zeit, in der ersten Juniwoche, besuchte Fritz-Dietlof Graf Schulenburg Axel von dem Bussche im Lazarett in Insterburg und sprach ihm von den Vorstellungen, die Stauffenberg kurz darauf schriftlich niederlegte und die er unter seinen Freunden als Leitgedanken angesehen wissen wollte.[45]

Am Abend des 29. Mai 1944 fuhr Stauffenberg mit dem Chef der Abteilung Ib des Allgemeinen Heeresamtes, Oberstleutnant i.G. Herber, im Schlafwagenzug nach Berchtesgaden zu Besprechungen in der Organisationsabteilung, also bei Stieff.[46] Der Besuch diente zweifellos der Vorbereitung einer Besprechung mit Hitler und damit zugleich dem Vorantreiben des Attentats, vermutlich auch einem weiteren Versuch, Stieff für das Attentat zu gewinnen, zumindest seine Mitwirkung zu klären.

Am 1. Juni kam Stauffenberg auf ein paar Tage nach Bamberg. Am frühen Morgen des 6. Juni 1944 begann der langerwartete Ansturm der alliierten Heere auf die »Festung Europa« in der Normandie. Mangels Luftaufklärung und wegen falscher Einschätzung der Möglichkeiten bei Ebbe und Flut wurde die deutsche Führung überrascht. Der Oberbefehlshaber der Heeresgruppe B, Generalfeldmarschall Rommel, war auf Urlaub in Herrlingen bei Ulm, Hitler wurde nicht geweckt und hielt dann die für den Einsatz am Schwerpunkt bereitgestellten Panzer-Divisionen noch lange, nachdem die Führung in Frankreich sich über den Ort des Hauptstoßes klar war, zurück. So gingen schon in den ersten Stunden der Invasion die Vorteile der Verteidiger verloren.[47]

Am 6. Juni wurde Fromm zusammen mit dem Chef des Stabes des Allgemeinen Heeresamts, Stauffenberg, zum Vortrag bei Hitler befohlen. Fromm war wegen seiner negativen Einschätzung der Erfolgsaussichten des Krieges fast zwei Jahre nicht mehr zu Hitler bestellt worden, nun brauchte man Fachleute, es galt Reserven zu organisieren.[48] In der Nacht zum 7. Juni um 2 Uhr früh reiste Stauffenberg weiter nach Berchtesgaden.[49] Am Nachmittag nahm Stauffenberg zum ersten Mal, mit Generaloberst Fromm, im »Führerhauptquartier« auf dem »Berghof« an einer »Sonderbesprechung« mit Hitler teil, von 15.52 bis 16.52 Uhr, zu der Keitel und Speer zugezogen waren.[50] Hitler ergriff mit beiden Händen Stauffenbergs Linke, verschob mit zitternder Hand Lagekarten und blickte immer wieder nach Stauffenberg. Dieser empfand bei der anschließenden Besprechung an einem runden Tisch mit Hitler, Keitel, Göring (dieser geschminkt), Himmler und Speer diesen als einzigen Normalen, die anderen als Psychopathen. Hitlers Augen seien wie hinter Schleiern, hinter einem Vorhang gewesen, die Atmosphäre faul und verrottet, als bekäme man keine Luft.[51] Hitler machte als Persönlichkeit einen denkbar schwachen Eindruck auf Stauffenberg.[52]

In den Besprechungen kamen Zahlen der Produktion von Munition im Mai zur Sprache, ferner Panzerabwehrkanonen, Flugzeugbau, weitere Maßnahmen zur raschen Mobilisierung von Truppen, die vier zur sicheren Unterstellung für Hitlers Sonderzug gebauten »Führertunnel« und Induktionszünder, die auf Suchgeräte ansprachen.[53]

Am 8. Juni nahmen Stauffenberg und Herber in Berchtesgaden an der Fronleichnams-Prozession teil, dann fuhren sie nach Berlin zurück.[54]

Es gibt keinen Anhaltspunkt dafür, daß Stauffenberg damals schon versucht hätte, das Attentat auszuführen. Seine Äußerung zu Stieff, »daß man in unmittelbarer Nähe des Führers recht zwanglose Bewegungsmöglichkeiten habe«,[55] enthielt Vorwurf gegenüber dem Mitverschworenen, keinen Hinweis, daß er selbst am 7. Juni einen Versuch machen wollte, sondern eben die Beobachtung, daß er ausführbar wäre. Mertz war im Urlaub und stand für die Lenkung des Umsturzes während Stauffenbergs Abwesenheit von Berlin nicht zur Verfügung. Stauffenbergs Anfrage bei Tresckow, ob der Umsturz nach dem Beginn der Invasion noch Sinn habe, erging einige Tage später und spricht ebenfalls gegen eine Attentatabsicht für den 7. Juni. Stauffenberg konnte nicht eigenmächtig vorgehen, weil seit der Invasion darüber politisch neu zu entscheiden war mit Beck, Olbricht, Wagner, Fellgiebel, Hoepner und Witzleben. Schließlich ist die von Stieff auf den Tag der zweiten Begegnung Stauffenbergs mit Hitler, den 6. Juli, datierte Bemerkung Stauffenbergs, er »habe das ganze Zeug mit«, ein Hinweis darauf, daß er es am 7. Juni nicht mithatte.[56] Stauffenberg konnte vor Antritt seiner Stelle bei Fromm nicht wissen, daß er vorher ins »Führerhauptquartier« befohlen würde, er hatte keinen Grund, ständig die Sprengstoffpakete mit sich zu führen.

Tresckow drang darauf, daß Stauffenberg nach Frankreich zu Generalleutnant Speidel fahre und diesen veranlasse, durch falsche Befehle ein Loch in der Westfront aufzureißen, damit die Westmächte nach Deutschland durchbrächen.[57] Inzwischen setzte am 22. Juni eine Offensive der Roten Armee gegen die Heeresgruppe Mitte ein, durch die bis 8. Juli auf deutscher Seite 28 Divisionen mit 350 000 Mann vernichtet wurden.[58] Am 22. Juni trafen Reichwein und Leber in Berlin mit Führern der deutschen kommunistischen Partei, Anton Saefkow und Franz Jacob, zusammen. Stauffenberg hatte der Zusammenkunft zugestimmt. Am 4. Juli wurden die Kommunisten und Reichwein bei ihrem zweiten Treffen verhaftet. Leber, der wegen der Anwesenheit eines dritten nicht vorher angekündigten Teilnehmers mißtrauisch geworden war, ging nicht zum zweiten Treffen. Der Dritte war ein Spitzel der Geheimen Staatspolizei, Leber wurde am 5. Juli verhaftet. Die Verhaftung Lebers, für die sich Stauffenberg mitverantwortlich fühlen mußte, belastete ihn schwer.[59]

In der zweiten Junihälfte wurden Stauffenberg und ein ebenfalls scheidender Gruppenleiter aus dem Stab des Allgemeinen Heeresamts in einer Feier, die im Kasino der Reit- und Fahrschule in Krampnitz stattfand, durch General Olbricht verabschiedet. Der ganze Stab des Amtes und weitere Offiziere nahmen teil. Oberst Momm, der mit Stauffenberg befreundete Kommandeur der Schule und Standortälteste von Potsdam, ließ Reitpferde und Traber Übungen vorführen. Stauffenberg ließ sich überreden, auf ein Pferd zu steigen, und führte eine Piaffe aus. Damals oder bald darauf sagte Momm Stauffenberg zu, die Panzer der Schule nach dem Attentat zum Siegestor in Marsch zu setzen.[60]

Vom 24. bis 26. Juni war Stauffenberg in Bamberg.[60a] Gegen Ende
Juni war Stauffenberg mit einigen Generalen und Politikern bei dem
Chirurgen Ferdinand Sauerbruch in Grunewald, wo sie sich gelegentlich unauffällig treffen konnten. Als alle gingen, blieb Stauffenberg
noch zurück; er wirkte müde und abgespannt auf Sauerbruch, der
ihm zu einigen Wochen Erholung riet. Stauffenberg sagte, er habe
eine wichtige Aufgabe zu erfüllen, und begann, von seinem Umsturzplan zu sprechen. Sauerbruch wollte nichts hören und unterbrach ihn
schleunigst: Seine Verwundungen seien zu schwer, sein körperlicher
Zustand zu schlecht, seine Nerven nicht gut genug, er könnte zu leicht
Fehler begehen. Stauffenberg stand verletzt auf und wollte gehen, ließ
sich dann beschwichtigen, ohne von seinem Vorhaben Abstand zu
nehmen.[61]

Das Bewußtsein der Endzeit führte die Brüder Stauffenberg im Zeichen des geheimen Deutschland noch einmal nahe zusammen. Alexander Stauffenberg war Anfang 1939 in der 4. Batterie der Schweren Artillerie-Ersatz-Abteilung(mot) 53 als Unteroffizier d.R. aktiviert,
Anfang September 1940 entlassen worden und genoß anschließend
wieder in Würzburg seine Freiheit.[62] Er arbeitete über Theoderich, die
Ostgoten und die Völkerwanderung, fand das Thema stofflich erre-
gend, aber geistig steril; gleichwohl veröffentlichte er eine vernich-
tende Kritik und Verhöhnung der nationalsozialistischen Rassenlehre.
Er freute sich aber darauf, wie er dem Freund Theodor Pfizer schrieb,
sich »dem heute Wichtigsten, den Griechen« von Peisistratos bis zum
Untergang Athens zuzuwenden. Gewiß sei das Geschichteschreiben
heute »nicht immer ganz leicht«, ihm aber lieber, als »tatender Diener
an der Geschichtsgestaltung anderer« zu sein, wo man doch »möglicherweise manchmal etwas anders haben wollte«.[63]

Als er aber Ende Januar 1942 zum Artillerie-Regiment 389 einberufen war, verwarf er die Möglichkeit für seinen nicht ganz jungen Jahrgang, sich zur norwegischen Küstenartillerie zu melden: »Wir
gehen mit nach Rußland, wir müssen doch sehen, wo die alten Ostgoten herumgezogen sind!« Er kam zur 6. Armee an die Front, entging
der Hölle von Stalingrad im Herbst 1942 durch Verwundung, lag bis
zur Genesung in Würzburg und wurde dann auf den althistorischen
Lehrstuhl der Universität Straßburg berufen. Zum Leutnant befördert,
wurde er ab 15. Februar 1943 wieder einberufen, kam im April zu
einem Artillerielehrgang in die Nähe von Berlin, dann wieder, »artil-
leristisch aufgebügelt«, an die Ostfront, im Juni in die Normandie zu
weiterer Artillerieausbildung, wo er seine reichliche Freizeit nützte zur
Übersetzung des VII. Gesangs der Odyssee und für seine Dichtung

Alexander Graf Stauffenberg als Artillerie-Leutnant 1943.

über den Tod Stefan Georges, »Der Tod des Meisters«, woran ihn jahrelang die Kritik Albrecht von Blumenthals gehindert hatte. Dann kam er wieder an die Ostfront; ab 5. Oktober lag er als Artillerie-Beobachter in der vordersten Linie am Dnjepr. Am 30. Oktober 1943 wurde er bei Nowo Lipowo verwundet.[64] Er wollte nicht von seiner Truppe weg und mußte mit Gewalt vom Verbandplatz in die Heimat geschickt werden. Nach seiner Genesung wollte er sich sofort wieder von seiner Feldtruppe anfordern lassen, kam aber im Februar 1944 zur Schweren Artillerie-Ersatz- und Ausbildungs-Abteilung 69 in St. Avold in Lothringen. Er hoffte, nach Straßburg versetzt zu werden, um seine Tätigkeit als Lehrstuhlinhaber der Universität aufzunehmen. Er arbeitete wieder am »Tod des Meisters«, beendete die Arbeit zu Silvester 1943 und hoffte auf ihre Veröffentlichung, »im engsten Kreise, versteht sich«, noch im Jahr 1944.[65]

Rudolf Fahrner war nach der Bearbeitung der Aufruf-Entwürfe im Herbst 1943 wieder nach Athen gegangen. Es gelang ihm, Alexander Stauffenberg im Frühjahr 1944 zu einem Vortrag über »Tragödie und

Staat im werdenden Athen« ins Deutsche Institut nach Athen zu bringen.[66] Dann überredete er Generalmajor Kurt Schuster-Woldan, den Artillerie-Kommandeur 168 bei dem Kommandierenden General des LXVIII. Armee-Korps z.b.V., Alexander Stauffenberg als Nationalsozialistischen Führungsoffizier ab 1. Juni nach Athen berufen zu lassen.[67] Als Stauffenberg sich bei seinem General vorstellte und sagte, er sei für die Stelle überhaupt nicht geeignet, antwortete der General, deshalb nehme er ihn.[68]

Anfang Juni besprachen Alexander und Berthold Stauffenberg Änderungen im »Tod des Meisters«.[69] Berthold war gegen den Bezug auf den Tod von Jesus im Gedichtteil »Abschluß«, verlangte auch die Unterscheidung der Ränge der Freunde nach ihrer Nähe oder Ferne zum »Meister«.[70] Auch Claus Stauffenberg hat, nach Tagewerken, die ausgefüllt waren mit den Aufgaben der Ersatzstellung für die Fronten und dazu mit der Führung der Umsturzbewegung, Alexanders abgeschlossene Dichtung als Beteiligter bei Georges Tod und Begräbnis genau gelesen, geprüft und sich mit seinen Brüdern darüber verständigt.

Am 28. Juni flog Fahrner von Athen über Prag nach Berlin, kam früh am 29. an und fuhr zu Claus Stauffenberg nach Wannsee, ehe dieser wie immer mit dem kleinen Mercedes, den meistens Haeften steuerte, in den Dienst fuhr. Stauffenberg empfing Fahrner mit den Worten: »Effendi, Sie werden lachen, ich treibe mit allen mir zur Verfügung stehenden Mitteln den Hochverrat.«[71] Demnach hatte er es Fahrner früher nicht so deutlich wissen lassen.

In der Tristanstraße 8 in Wannsee lernte Fahrner Mertz kennen, der noch dort wohnte und »so manches Bedeutende zu unseren Gesprächen beitrug«.[72] Zwei Tage und zwei Nächte verbrachte Fahrner im Lager »Koralle« in Bertholds Baracke, im Zimmer des abwesenden Korvettenkapitäns Kranzfelder, der Bertholds einziger Verbündeter im Oberkommando der Kriegsmarine war.[73] Fahrner und Berthold machten weite Gänge und schwammen durch manche der Seen. Sie überprüften den Text von »Agis und Kleomenes«[74] und Teile von Fahrners und Alexanders Odyssee-Übertragung.[75] Diese Arbeiten, die dann bei Bertholds Sekretärin, Maria Appel, in der Schublade lagen, dienten auch der Tarnung. Vor allem überarbeiteten Berthold und Fahrner die Aufrufe und entwarfen nach Vorgaben von Claus Stauffenberg einen »Schwur«. Claus überarbeitete alles. Dann diktierte Fahrner die endgültigen Aufrufe und den »Schwur« Bertholds Sekretärin in die Schreibmaschine.[76] Beck bekam die handschriftlich korrigierten Exemplare der Aufrufe, um sie gutzuheißen.[77]

Fahrner wisse, sagte Claus Stauffenberg, daß er möglichst wenige der Gefahr des Untergangs aussetzen wolle, aber er brauche einen zuverlässigen Offizier, den er dem Chef des in das Reichssicherheitshauptamt eingegliederten Amtes Ausland/Abwehr des OKW, Oberst d.G. Hansen, zur Seite stellen könne, der zu sehr von Spitzeln umgeben sei.

Fahrner nannte Oberleutnant Urban Thiersch, den befreundeten Bildhauer, in Rußland schwer verwundet, nun Chef einer Ersatzbatterie in Regensburg. Stauffenberg beorderte Thiersch durch Telegramm nach Berlin und empfing ihn am 1. Juli, wie schon Fahrner, mit den Worten: »Gehen wir in medias res, ich betreibe mit allen mir zur Verfügung stehenden Mitteln den Hochverrat.« Dann sprach er von der militärisch ausweglosen Lage, daß die Erhebung daran nichts ändern würde, daß aber noch viel Blut gespart und ein letztes furchtbares Chaos vermieden, die Schmach der gegenwärtigen Regierung beseitigt werden könne.[78] Er ließ sich auch damals noch fortdauernd über die Verbrechen der Führung gegen Angehörige der Ostvölker und Ostjuden unterrichten.[79] Wenige Tage davor, Mitte Juni, hatte er geäußert, es gehe nicht um das Vaterland, sondern um das Volk: Er hoffte nicht mehr, das »Reich« zu retten, sondern Menschenleben.[80] Nun sagte er Thiersch, es sei fraglich, ob es gelinge, aber schlimmer als eine mißlungene Erhebung sei, der Schande und dem lähmenden Zwang tatenlos zu verfallen; nur durch das Handeln sei innere und äußere Freiheit zu gewinnen. Sie seien eigentlich keine Verschwörer, aber sie hätten jetzt die Gelegenheit zur Tat: »Für die Ehre.«[81]

Die »Ehre«, die Stauffenberg meinte, bezeichnete er in seiner Äußerung zu Peter Sauerbruch, er könne nicht der Frau eines Gefallenen in die Augen sehen, wenn er nicht hier seine Verantwortung auf sich nähme.[82] Und kurz vor dem 20. Juli: »Es ist Zeit, daß jetzt etwas getan wird. Derjenige allerdings, der etwas zu tun wagt, muß sich bewußt sein, daß er wohl als Verräter in die deutsche Geschichte eingehen wird. Unterläßt er jedoch die Tat, dann wäre er ein Verräter vor seinem eigenen Gewissen.«[83] Ähnlich äußerte sich Berthold Stauffenberg am 14. Juli: »Das Furchtbarste ist, zu wissen, daß es nicht gelingen kann und daß man es dennoch für unser Land und unsere Kinder tun muß.«[84] Cäsar von Hofacker fuhr am 17. Juli von seinen Besprechungen mit den Verschwörern in Berlin nach Paris zurück, ohne seine Frau und seine Kinder besucht zu haben; im Zug Berlin-Metz schrieb er seiner Frau, Tragweite und Inhalt seines Wirkens haben »so geschichtliches Niveau angenommen«, daß »jedes ungenutzte Verstreichenlassen auch nur weniger Stunden eine Sünde wider den heiligen Geist und ein

Verstoß nicht zuletzt gegen meine Pflichten als Mann einer deutschen Frau und Vater deutscher Kinder« gewesen wäre.[85]

Urban Thiersch war beeindruckt von Stauffenbergs Energie und Erscheinung, von der lebhaften Anspannung in seinen Zügen und seiner Tätigkeit. Nicht Suggestion oder Magie seien von ihm ausgegangen, sondern »unangreifbare geniale Kräfte«, unteilbare, einfache Kraft des Genies, die den Besucher darauf vertrauen ließen, daß Stauffenberg an lenkender Stelle die jetzt herrschenden rohen, niederen Kräfte bannen könnte.[86]

Im ganzen erschien die Unternehmung Thiersch nicht sehr systematisch, eher ein großer Entwurf.[87] Präzise Planung aller Einzelheiten, Absicherungen, die man von der Generalstabsarbeit erwarten mochte, waren nicht möglich, weil der reguläre Apparat nicht offen benützt werden, allenfalls unterlaufen und insgeheim manipuliert werden konnte, auch weil Stauffenbergs Hauptaufgabe, die Versorgung der Fronten, ihn im Dienst und noch zu Hause vor allem in Anspruch nahm.[88] Fahrner war am Abend des 4. Juli Zeuge, wie Stauffenberg mehrere Stunden hindurch am Telephon mit der Not der Front rang, wie er Reibungen zwischen Heeresstellen und den Reichsverteidigungskommissaren der Partei und Kämpfe zwischen Rüstungsinstanzen beilegen, wie er sich mit den Wirkungen der letzten Luftangriffe auf die Rüstung und Ersatzstellung und mit den von Osten nach Westen strömenden vielen Tausenden von Flüchtlingen befassen mußte.[89] So baute Stauffenberg vor allem darauf, im entscheidenden Augenblick die richtigen Menschen um sich zu haben.[90]

Stauffenberg wollte, daß ein grundsätzliches Bekenntnis seiner engeren Freundesgruppe verfaßt und an sicherem Ort aufbewahrt würde.[91] Er sprach mit seinem Bruder Berthold und mit Rudolf Fahrner über seine Gedanken und beauftragte sie etwa am 1. Juli mit der Formulierung eines »Schwurs«.[92] Berthold Stauffenberg und Fahrner schrieben die Grund-Sätze im Barackenlager »Koralle« des Oberkommandos der Marine in Bertholds Dienstwohnung nieder, Bertholds Sekretärin schrieb sie auf der Maschine nach Fahrners Diktat.[93] Die Grund-Sätze des Neuen Lebens sollten nach der Niederlage, nach der Besetzung des Reiches durch die Feinde, mit der Stauffenberg rechnete, dem Kreis der Freunde, die auch Stefan George innerlich nahestanden, den Zusammenhalt bewahren helfen.[94] Die Sätze wären »natürlich nicht« veröffentlicht worden, weil sie nur für den Zusammenhalt des innersten Kreises gedacht waren.[95]

Fahrner berichtete, die Sätze dienten der Unterscheidung zwischen dem eigenen Denken der Stauffenbergs und den vielen Kompromissen,

Wir glauben an die Zukunft der Deutschen.

Wir wissen im Deutschen die Kräfte, die ihn berufen, die
Gemeinschaft der abendländischen Völker zu schönerem Leben zu führen.

Wir bekennen uns im Geist und in der Tat zu den grossen
Überlieferungen unseres Volkes, das durch die Verschmelzung hellenischer und christlicher Ursprünge in germa-
nischem Wesen das abendländische Menschentum schuf.

Wir wollen eine Neue Ordnung die alle Deutschen zu Trägern
des Staates macht und ihnen Recht und Gerechtigkeit ver-
bürgt, verachten aber die Gleichheitslüge und ~~fordern~~ *bengen*
uns vor aller ~~die Anerkennung der~~ naturgegebenen Rängen

Wir wollen ein Volk, das in der Erde der Heimat verwurzelt
den natürlichen Mächten nahebleibt, das im Wirken in den
gegebenen Lebenskreisen sein Glück und sein Genüge findet und in freiem Stolze die niederen Triebe des Neides
und der Missgunst überwindet.

Wir wollen Führende, die aus allen Schichten des Volkes wach-
send, verbunden den göttlichen Mächten, durch grossen
Sinnd, Zucht und Opfer den anderen vorangehen.

Wir verbinden uns zu einer untrennbaren Gemeinschaft, die
durch Haltung und *Tun* ~~Tat~~ der Neuen Ordnung dient und den

-2-

*Maschinendurchschrift des »Schwur« mit handschriftlichen Änderungen von
Claus Graf Stauffenberg (siehe Exkurs Seiten 493–501).*

künftigen Führern die Kämpfer bildet, derer sie

bedürfen.

Wir geloben

untadelig zu leben,

im Gehorsam
~~gewissenhaft~~ zu dienen,

unverbrüchlich zu schweigen,

und füreinander einzustehen.

.-.-.-.-.-.-.;.-.-.-.-.-.-.-.-.-.

die er in der Umsturzbewegung hatte eingehen müssen.[96] Die Grundsätze waren also auch eine *reservatio mentalis.* Claus und Berthold
Stauffenberg wollten den Kern der Erhebung zusammenfassen, der
anderes wollte als die vielen – seien es Goerdeler, Jakob Kaiser, Generaloberst Beck, Gisevius, Gerstenmaier oder Moltke –, mit denen sie
zusammenwirken und Kompromisse schließen mußten.[97] Sie wollten
eine »Neue Ordnung«, ein Neues Leben. Die Beseitigung Hitlers war
nur der erste Schritt.

Am letzten Tag von Fahrners Aufenthalt, am 4. Juli, sprach Stauffenberg auch mit ihm darüber, ob es überhaupt noch Sinn habe, Hitler
von innen zu stürzen, da er von außen ohnehin besiegt würde, ob man
nicht besser mit allen geretteten Kräften nach dem Krieg zum Neuan-
fang zur Stelle wäre: Gegen das Abwarten standen alle die Menschenleben, die durch den Sturz Hitlers gerettet werden konnten, und das
Gebot der Beseitigung der Verbrecherbande von innen.[98]

In der Nacht vom 4. auf 5. Juli lasen Claus und Berthold Stauffenberg mit Rudolf Fahrner gemeinsam noch einmal die ganze Dichtung
»Der Tod des Meisters« und hießen sie gut. Sie stimmten der Veröffentlichung zu; das Werk wurde 1945 gedruckt.[99] Auch dies war
ein Manifest des geheimen Deutschland: Die Gefährten des Dichters
kamen »aus des Reiches unsichtbaren grenzen«, besiegelten bei Stefan
Georges Beerdigung ihren Bund:

> Und scheidend wussten wir: in unserem leben
> Ein jeder atemzug und schmerzlich beben
> Bleibt dienst an diesem grab mit geist und blut.[100]

Auch diese Worte hießen Claus und Berthold Stauffenberg in jener
Nacht gut. Über Claus stand in der letzten Strophe des Hymnus »Abschluss«:

> Du aber bleibst bei uns begrenzend führend
> Des kriegsgotts herrischer herold künftiger welt
> Den busse eines auges nur erhöhte..

Eine Stelle im »Abschluss«, die später Anstoß erregte, änderte Alexander Stauffenberg für die zweite Auflage, die 1948 erschien. Damals,
bei der Schlußredaktion in Berlin am 4. Juli 1944, schien Alexanders
Absicht den Brüdern und Fahrner nicht unklar. Alexander erwähnte in
fünf Zeilen das Schicksal der jüdischen Freunde im Kreis um George:

Mit den versprengten was auch missetat
Verbrach an ihnen – schuldlos doch verstrickt
In ihres blutes fluch der tausendjahre
Der sie von frucht und trank der scholle schied
Des Tantalos ihr los – sei nicht gerechtet.

Die geänderte Stelle hieß dann

Mit den versprengten was auch missetat
Verbrach an ihnen – wo sie sich verstrickt
In ihres blutes fluch der tausendjahre [...][101]

Das Wort von »ihres blutes fluch der tausendjahre« meinte die Verfolgungen in Hitlers »Tausendjährigem Reich«. Nach Auschwitz mußten Juden Worte wie »schuldlos doch verstrickt In ihres blutes fluch der tausendjahre« und mit ihnen »sei nicht gerechtet« als taktlose Verletzung empfinden. Die Sprache, die versagt vor dem, wofür »Auschwitz« steht, heute noch wie damals, war befangen in ihrem Umkreis. Alexander wußte nicht, daß seine Brüder im Begriff waren, im Kampf gegen die grauenvolle Wirklichkeit der Massenmorde und des Mordens überhaupt zu sterben. Nach ihrem Tod betrübte ihn tief, daß sie ihn nicht mit ihnen in diesem Kampf hatten sterben lassen.[101a]

Fahrner durfte Alexander von der Verschwörung auch das wenige nicht sagen, das er wußte, weil Alexander zu unvorsichtig war. Er und Fahrner klopften nur, wenn sie abends in der Taverne »Phaleriotissa« in Phaleron beim Wein saßen, die Rhythmen des Scholions auf Harmodios und Aristogeiton auf den Tisch:

ἐν μύρτου κλαδὶ τὸ ξίφος φορήσω,
ὥσπερ Ἁρμόδιος καὶ Ἀριστογείτων,
ὅτε τὸν τύραννον κτανέτην
ἰσονόμους τ᾽ Ἀθήνας ἐποιησάτην

Hölderlins Übersetzung aus der Zeit der Französischen Revolution, als er im Tübinger Stift seinen Schreibtisch mit Hegel teilte, lautet:[102]

Schmüken will ich das Schwerdt! Mit der Myrte Ranken!
Wie Harmodios einst, und Aristogiton
Da sie den Tyrannen
Schlugen, da der Athener
Gleicher Rechte Genosse ward.

Von Claus Stauffenberg sind genug Verdikte über den Mord an den Juden überliefert. Als junger Gymnasiast suchte er eine Taktlosigkeit seiner Mutter gegenüber einem jüdischen Mitschüler gutzumachen, was dieser so empfand und noch wenige Wochen vor seinem Tod berichtete. Stauffenberg äußerte seinen Abscheu über den Pogrom vom November 1938; seit dem Beginn des Ostfeldzuges 1941 ließ er Zahlen über die Massenmorde der Einsatzgruppen sammeln; 1942 verdammte er mehrfach die Morde an Juden. Im April 1942 empörte er sich gegenüber Major i.G. Herre von der Generalstabsabteilung Fremde Heere Ost über die massenhafte Ermordung von Juden ebenso wie über das Hinsterben von Millionen von kriegsgefangenen Soldaten der Roten Armee. Im August 1942 erklärte er zwei Mitarbeitern, die massenhaften Judenerschießungen dürften nicht weitergehen, Hitler müsse beseitigt werden. Die gegenwärtig »korrekte« sprachliche Scheu vor allem, was als abschätzige Äußerung über Juden aufgefaßt werden könnte, die kannte er nicht. 1938 und 1939 schrieb er seine unreflektierten Wahrnehmungen aus in den Sudeten, wo die Pferde geflohener oder verhafteter Juden von den einmarschierten deutschen Truppen der lokalen Ortsverwaltung für wichtige Arbeiten zur Verfügung gestellt wurden, oder aus Polen: »Die Bevölkerung ist ein unglaublicher Pöbel, sehr viele Juden und sehr viel Mischvolk.« Noch im März 1944 bediente er sich gängiger Sprachformeln, allerdings hier zum Zweck der Verhöhnung des Persönlichen Adjutanten der Wehrmacht bei Hitler und Personalchefs des Heeres, Generalleutnant Schmundt. Schmundt hatte Anfang März an alle Wehrkreise und obersten Heeresbehörden ein Rundschreiben gerichtet, wonach kein Offizier unter seiner Eignung oder seinem Dienstgrad nicht entsprechend verwandt werden dürfe. »Grundgedanke bei der Verwendung von Offizieren muss das Leistungsprinzip sein: Für höheres Gehalt muss mehr Arbeit und mehr Verantwortung verlangt werden. Wer diesen Grundsätzen nicht entspricht, muss entlassen werden.« Stauffenberg markierte die Stelle mit drei dicken Strichen und schrieb daneben auf den Rand: »Ich dachte, wir hätten jüdisches Denken abgelegt!! St«[102a]

Am 5. Juli erfuhr Stauffenberg von der Verhaftung Adolf Reichweins und Julius Lebers.[103] Er sagte Trott erregt, sie brauchten Leber, er werde ihn herausholen.[104] Am 8. Juli traf Thiersch Stauffenbergs Ordonnanzoffizier Haeften in der Dienststelle in der Bendlerstraße. Haeften schien unruhig und sprach davon, daß nun unbedingt gehandelt werden müsse, vielleicht in den nächsten zwei Tagen. Stauffenberg wolle es jetzt selbst tun. Als Thiersch an diesem Tag auch Stauffenberg kurz sah, »schien eine schwere dunkle Last auf ihm zu liegen«.[105]

Die Frage, mit welchen Truppen die Macht ergriffen werden sollte, verlangte immer wieder neue Überlegungen. Die mobilisierbaren Ersatztruppen sollten unter dem Stichwort »Walküre« die Schlüsselstellen für die Erhebung besetzen. Aber in einer krisenhaften Lage waren 1942 schon einmal alle verfügbaren »Walküre«-Verbände an die Ostfront geworfen worden.[106] Da Hitler seit dem Verlust der Schlacht von Kursk den Schwerpunkt auf die Verteidigung der Westfront legte,[107] lag es nahe, daß die neuorganisierten »Walküre«-Verbände nach der am 6. Juni 1944 erfolgten Invasion der Normandie nach Westen geworfen würden. Der Chef der Generalstabsabteilung Fremde Heere West, Oberst i. G. Freiherr von Roenne, forderte dies in einer Lagebeurteilung. Stauffenberg, der die Ostfront für vordringlich hielt, sprach sich dagegen aus. In den Besprechungen vom 6. bis 8. Juli auf dem »Berghof« war von 15 »Sperrdivisionen« zur Sicherung der östlichen Reichsgrenze die Rede.[108]

Die im Wehrkreis III liegenden Verbände unterstanden im Fall des Ausnahmezustandes dem Stellvertretenden Kommandierenden General III. Armee-Korps und Befehlshaber im Wehrkreis III (Berlin), General von Kortzfleisch; im Herbst 1943 und noch im folgenden Winter konnte man auf dessen Chef des Generalstabes, Generalmajor von Rost, zählen, der zu den Verschwörern gehörte. Die von Tresckow und Oertzen neugefaßten »Walküre«-Befehle ermächtigten die Wehrkreiskommandos, im Falle gegenwärtiger Bedrohung oder eines Notstandes »Walküre«-Maßnahmen selbständig auszulösen und Alarmeinheiten einzusetzen.[109]

Ende März 1944 aber erhielt Generalmajor von Rost überraschend seine Ernennung zum Kommandeur der 3. Panzergrenadier-Division,[110] mußte zum 1. Mai seine Stelle im Stellvertretenden Generalkommando abgeben und nahm seinen ebenfalls in die Umsturzvorbereitungen eingeweihten Ordonnanzoffizier Oberleutnant Albrecht mit. Stauffenberg war so überrascht wie Rost selbst und hatte keine Möglichkeit, sich einzuschalten; im Heerespersonalamt war niemand, der helfen konnte.[111] Rost war der Garant für das Gelingen des Umsturzes in der Hauptstadt gewesen, sein Weggang stellte die Erhebung in Frage. Alle vorbereiteten Weisungen und Befehle, die dem Nachfolger Rosts verdächtig erscheinen konnten, nahm Haeften zu Stauffenberg mit. Da es sich in vielen Fällen nur um Stichworte handelte, die Rost und Albrecht verstanden, mußten die Unterlagen neu bearbeitet werden.[112]

Auf Rosts Nachfolger, Generalmajor Otto Herfurth, glaubte man rechnen zu können, da ihm Oertzen beigegeben wurde,[113] aber er war als Persönlichkeit mit Rost nicht zu vergleichen und fand sich auch in Rosts eingespieltem und erprobtem Apparat nicht zurecht. Der Ia-Offizier, Oberstleutnant Mitzkus, der eingeweiht war, hatte keine starke Stellung im Stab; er wurde zwar an der Überarbeitung der bestehenden Umsturzweisungen beteiligt, mußte aber seine Beiträge an Stauffenberg liefern. Die Umsturzbefehle sollten am Tag der Erhebung vom Allgemeinen Heeresamt an das Stellvertretende Generalkommando überbracht werden.[114] Da der Kommandierende General von Kortzfleisch wegen seiner Einstellung nicht eingeweiht werden konnte, nahm Olbricht sich vor, den General am Umsturztag in die Bendlerstraße kommen zu lassen und festzusetzen, dann als Ersatz den mitverschworenen Inspekteur des Wehrersatzwesens in Berlin, Generalleutnant Karl Freiherr von Thüngen, in das Stellvertretende Generalkommando am Hohenzollerndamm 144 zu entsenden.[115]

Das Stellvertretende Generalkommando in Berlin war jedenfalls seit Rosts Versetzung kein eigenständiger Faktor mehr in der Organisation der Erhebung. Die »Walküre«-Befehle konnten außer von den Stellvertretenden Kommandierenden Generalen und Wehrkreisbefehlshabern allenfalls vom Befehlshaber des Ersatzheeres oder vom Oberkommando der Wehrmacht ausgelöst werden.

Das Allgemeine Heeresamt mit dessen Stabschef Stauffenberg, seit 17. Juni Mertz, war zwar federführend bei der Abfassung der »Walküre«-Befehle; so mochte eine Auslösung von dort manchem einleuchten. Aber so schwerwiegende Befehle wie das Einrücken von Panzertruppen in Berlin wurden, wie sich dann zeigte, doch nicht ohne Bestätigung durch zuständige vorgesetzte Dienststellen ausgeführt. Dies traf in besonderem Maße für die Schulen bei Berlin zu. Denn die Schulen des Heeres waren nur administrativ dem Allgemeinen Heeresamt zugeordnet, taktisch unterstanden sie ihren Inspektionen, im Fall des Ausnahmezustandes dem Stellvertretenden Generalkommando und Wehrkreiskommando. Als die Verschwörer – am 15. und 20. Juli – versuchten, das Allgemeine Heeresamt als vorgesetzte Dienststelle des Stellvertretenden Generalkommandos einzusetzen, entstanden Formfehler, wie die Gegenzeichnung mancher Befehle durch Olbricht, woran sich am Umsturztag der stellvertretende Kommandeur der Panzergrenadier-Ersatz-Brigade in Cottbus stieß.[116] Am 15. Juli schien der Anschlag auf Hitler sicher und Mertz alarmierte kurz nach 7 Uhr früh die Heeresschulen um Berlin unter dem Stichwort »Walküre«; Olbricht bestätigte die Alarmierung gegen 11 Uhr. Diese Alarmbefehle führte der Befehlshaber der Panzertruppenschule ohne weiteres aus; ein Befehl zur Besetzung wichtiger Punkte in Berlin wurde nicht gegeben. Gleichwohl wurde im Lauf des Tages deutlich, daß nicht alles mit rechten Dingen zugegangen war. Wegen der so aufgeworfenen Kompetenzenfrage alarmierte Mertz die Schulen am 20. Juli viel später, erst nach dem Attentat, und die Kommandeure waren ebenfalls vorsichtiger; die Panzertruppenschule hatte überdies seit 17. Juli einen neuen Kommandeur.[117] Zugleich wurde deutlich, daß man ohne die Dienststelle des Befehlshabers des Ersatzheeres nicht durchdringen würde; man brauchte Fromm oder wenigstens seinen Chef des Generalstabes, Stauffenberg.

Die Panzertruppenschule II in Krampnitz bei Potsdam war immer wieder an Neuaufstellungen beteiligt, ihre Kampfkraft variierte durch Verlegungen aufgestellter Truppen an die Fronten und durch Personalveränderungen. Anfang Juli sollten das Panzergrenadier-Bataillon und sonstige mobilisierbare Einheiten der Schule an die Ostfront verlegt werden, erhielten mehrfach Mobilisierungsalarm und hatten Routine in der schnellen Herstellung der Marschbereitschaft.[118] Dies konnte dem Umsturz förderlich sein, sofern die Truppe nicht vorher an die Front verlegt wurde.

Der Zugriff der Erhebung auf die wichtigsten und stärksten, am raschesten verfügbaren Truppen war so bestenfalls fraglich und unsicher. Gleichwohl blieben für die Panzertruppen wichtige Aufgaben im Aufstandsplan vorgesehen: Der größere Teil der dem Kommandeur der Panzertruppenschule unterstehenden Einheiten hatte den Schutz des Bendlerblocks (Dienststellen des Ersatzheeres, Nachrichtenzentrale) zu übernehmen und Aufklärung im Süden bei den Kasernen der Waffen-SS in Lichterfelde und Lankwitz zu veranlassen; eine Kompanie mit Schützenpanzerwagen mußte auf Abruf den Befehlshaber des Ersatzheeres und seinen Chef des Stabes am Flugplatz Tempelhof abholen. Hieraus ergab sich, daß die x-Zeit – »Walküre«-Befehl an den Wehrmachtstandort-Kommandanten von Berlin – wenigstens drei Stunden vor der erwarteten Rückkunft Fromms und Stauffenbergs vom »Führerhauptquartier«, sei es bei Berchtesgaden oder bei Rastenburg, angesetzt war und damit gerechnet werden konnte, daß die Panzertruppen etwa zwei Stunden nach dem Abmarsch im Zentrum der Hauptstadt sein konnten. Eine Kompanie hatte sich mit schweren Waffen als Stoßtrupp zur Entsendung zum SS-Standort-Kommandanten Berlin bereit zu halten.[119] Der entsprechende vorbereitete Befehl war »An Kommandeur der Pz.-Truppen-Schule (nach seinem Eintreffen bei Chef HRüst)« gerichtet. Wenn für den Rückflug aus Berchtesgaden oder Rastenburg nach dem Attentat mindestens zweieinhalb Stunden angesetzt wurden, mußten die Schützenpanzer zur Abholung Fromms und Stauffenbergs am Flugplatz Tempelhof etwa zwei Stunden nach dem Attentat an einem dem Flugplatz nahen Punkt abfahrbereit sein. Die Auslösung von »Walküre« für die Panzertruppenschule wenigstens eine bis zwei Stunden vor dem Attentat gehörte also zu den geplanten Voraussetzungen für den Erfolg der Erhebung.

Der Wehrmacht-Kommandant von Berlin, Generalleutnant von Hase, der Unter den Linden 1 am Brandenburger Tor residierte und zu den Verschworenen gehörte, verfügte außer der Streifen-Abteilung Groß-Berlin unter dem mitverschworenen Oberstleutnant Heinz in der Ziegelstraße 12 vor allem über das Wachbataillon »Großdeutschland« in der Kruppstraße 15a in Moabit.[120] Das Wachbataillon war außer den Panzertruppen in Krampnitz auf dem raschesten Wege für die Besetzung der Regierungsgebäude in Berlin verfügbar. Auch diese Truppe hatten die Verschworenen nicht sicher in der Hand: Zum 1. Mai wurde der frühere Hitlerjugend-Führer und an der Front verdiente Ritterkreuzträger Major Remer Kommandeur des Wachbataillons. Die Verschwörer machten sich anscheinend erst im Juli ernsthaft Gedanken über ihn.[121] Von einem Versuch, ihn zu gewinnen, ist nichts bekannt.

Die Verschwörer rechneten auch auf die in Brandenburg bei Berlin liegenden Teile der Division »Brandenburg«, ursprünglich eine Haustruppe des Amtes Ausland/Abwehr im OKW. Anfang 1943 kamen nach einem blutig aufreibenden Fronteinsatz Reste schwer angeschlagen zurück und mußten aufgefrischt werden. Unter Oberst Lahousen, der sie Anfang 1943 vertretungsweise führte, wären Teile der Division für den Umsturz verfügbar gewesen. Dann gelang es zum 1. April 1943, den mit den Verschwörern sympathisierenden Ritterkreuzträger Oberst Alexander von Pfuhlstein zum Kommandeur ernennen zu lassen und ihm Hauptmann d. R. Graf Schwerin von Schwanenfeld und Oberstleutnant Heinz zu unterstellen; Heinz stellte ein Regiment auf.

Unterdessen verlor der die Umsturzbewegung duldend fördernde Chef des Amtes Ausland/Abwehr, Admiral Canaris, durch Betreiben des Geheimdienstes der SS und durch das Eindringen der Geheimen Staatspolizei in die Verschwörergruppe um Oster und Dohnanyi allmählich die Kontrolle. Als Verhaftungen im Umkreis der Verschwörung Ende 1943 und im Januar 1944 sowie die Bemühungen eines Oberstkriegsgerichtsrats namens Manfred Roeder akute Gefahr brachten, ließ Canaris Oberst von Pfuhlstein wissen, Roeder habe die »Brandenburger« Drückeberger genannt, worauf Pfuhlstein am 18. Januar 1944 zu Roeder nach Morszyn bei Lemberg flog, ihn zur Rede stellte und ohrfeigte. Roeder wurde von seiner für die Verschwörung so gefährlichen Stelle entfernt, aber auch Pfuhlstein wurde zum 1. April 1944 abgelöst; Schwerin von Schwanenfeld wurde zum

1. Mai in die Passierscheinstelle der Abteilung II Kriegsverwaltung des Generalquartiermeisters in der Großadmiral-Prinz-Heinrich-Straße versetzt.[122]

Ende Juni erteilte Generalleutnant von Hase Major Remer einen Verweis, als das Wachbataillon an einer Sonnwendfeier bei Goebbels teilnahm, statt sich an den Löscharbeiten nach einem Luftangriff zu beteiligen. Als der mitverschworene Polizeipräsident von Berlin, Graf Helldorf, Hase am 13. Juli vor Remer als einem überzeugten Nationalsozialisten warnte, meinte Hase, Remer werde Befehle ausführen wie jeder andere Major.[123] Am Umsturztag würde das Standrecht gelten.

Am 18. Juli ließ Hase die ihm unterstellten Kommandeure zu einer Besprechung des Falles »Innere Unruhen« in die Wehrmachtstandort-Kommandantur kommen. Als Remer wieder gegangen war, blieb der Kommandeur der Streifenabteilung Groß-Berlin, Oberstleutnant Heinz, zurück und schlug Hase vor, Remer mit einem fingierten Auftrag nach Italien zu schicken. Remer trage an seiner Uniform das Goldene Hitlerjugend-Abzeichen und werde im Zweifelsfall gegen den Umsturz stehen. Hase winkte ab; Remer trage hohe Kriegsauszeichnungen und werde deshalb gehorchen.[124] Diese Einschätzung war vertretbar, solange Remer seine Befehle für rechtmäßig halten konnte. Tatkräftige Unterstützung des Umsturzes, falls er erkannte, daß er dazu eingesetzt wurde, war von ihm nicht zu erwarten. Hase vertraute aber auf Hitlers Tod und die darauffolgende neue Rechtmäßigkeit.

Zur Isolierung des »Führerhauptquartiers« während der entscheidenden Stunden sollte General Fellgiebel die Unterbrechung aller Nachrichtenverbindungen veranlassen. Major Hößlin (Nordafrikaveteran, Ritterkreuzträger, Kommandeur der Panzer-Aufklärungs- und Ausbildungs-Abteilung Meiningen) hatte im Wehrkreis I (Ostpreußen) für die »Durchführung des Ausnahmezustandes in Königsberg« zu sorgen: Er sollte mit drei Kompanien, darunter einer gepanzerten, »den Schutz« des Hauptquartiers des Oberkommandos des Heeres übernehmen, also auch das »Führerhauptquartier« abriegeln.[125]

Major i.G. von Oertzen, Ia der Korpsabteilung E der 2. Armee, wo Tresckow Chef des Generalstabes war, kannte durch seine Vorarbeiten mit Stauffenberg im September 1943 die militärischen Verhältnisse in und um Berlin gut. Am 9. Juli kam er nach Berlin zu Olbricht mit dem fingierten Auftrag, Personal, Waffen und Gerät für Divisionen der 2. Armee anzufordern. In Wirklichkeit sollte er Olbricht, Mertz und Stauffenberg zur Seite stehen und die Lücken der Organisation in Berlin überbrücken helfen.[126]

Am 17. Juli besuchte Oertzen in Olbrichts Auftrag die Panzergrenadier-Ersatz-Brigade »Großdeutschland« in Cottbus.[127] Er sollte
die Vorbereitungen für die Aufstellung aller »Walküre«-Einheiten
im Wehrkreis III auf größtmögliche Schnelligkeit überprüfen.[128] Der
Kommandeur des Ersatz- und Ausbildungs-Regiments der Brigade
und Stellvertreter des abwesenden Brigadekommandeurs, Oberstleutnant Stirius, hielt Oertzen für den Ia-op-Offizier des Stellvertretenden Generalkommandos des III. Armee-Korps; möglicherweise hatte
Oertzen entsprechende Andeutungen gemacht, da er am Tag x dem
Stellvertretenden Generalkommando beigeordnet werden sollte.

Am Tag nach Oertzens Besuch erhielt Oberstleutnant Stirius die
Aufforderung zu einer Besprechung bei Stauffenberg am 19. Juli um
10 Uhr, ohne Angabe des Besprechungsgegenstandes.[129] Stauffenberg wollte sich noch besser der Verfügbarkeit der Panzertruppen versichern. Die »Walküre«-Befehle für die Brigade mußten von Rechts
wegen vom Stellvertretenden Generalkommando des III. Armee-Korps
kommen;[130] außerdem lag Cottbus mehr als 100 Kilometer südöst-
lich Berlin. Vom »Walküre«-Alarm des 15. Juli bis zum Eintreffen des
»Walküre«-Verbandes der Brigade im Einsatzraum bei Berlin, in der
Gegend Schulzendorf-Marienfelde-Lichtenrade, hatte es bis zum Morgen des 16. Juli gedauert.

Für Stauffenberg lag es nahe, als alter Panzer-Mann seine Beziehungen zu den Führern schneller Truppen zu pflegen und seine persönliche Ausstrahlung ins Spiel zu bringen in der Hoffnung, sie möge
beim Eingang der Umsturzbefehle günstig nachwirken. In Anwesenheit seines Ordonnanzoffiziers, Oberleutnant von Haeften, fragte
Stauffenberg Stirius nach der personellen Stärke und Gliederung
der Brigade, nach dem Ergebnis der »Übung« vom 15. Juli. Dann
fragte er, wann die Brigade als kampfkräftiger Verband den Raum
südlich Hamburg erreichen könnte. Stirius rechnete kurz und meldete: Marschstrecke 360 km, Marschbereitschaft = x, Eintreffen der
Vorausabteilung x + 15 Stunden, Eintreffen der Masse der Brigade
x + 18 Stunden, Eintreffen der nachzuführenden Teile x + 24 Stunden. Stauffenberg zeigte sich zufrieden.[131] Die Berechnung bedeutete,
daß die Vorausabteilung der Brigade vier Stunden und die Masse
der Brigade fünf Stunden nach der Marschbereitschaft in Berlin sein
konnten.

Am selben Tag besuchten Oertzen und Oberstleutnant von der
Lancken den IIa-Offizier der Brigade in Cottbus, um sich über den
personellen Stand der Brigade zu unterrichten. Tatsächlich dauerte es
dann nur eine Stunde und fünfundvierzig Minuten von der Ausgabe

des Befehls bis zur Vollzugsmeldung über die Besetzung des Deutschlandsenders durch Truppen der Brigade.[132]

Nach dieser Übersicht ist offenbar, daß am Tag der Erhebung eine starke Persönlichkeit in Berlin die verschiedenen militärischen Machtorgane energisch lenken mußte. General Olbricht war nicht diese Persönlichkeit, und Oberst i. G. Mertz von Quirnheim hatte nicht genug Verfügungsgewalt, um es allein zu können.

Generalmajor von Tresckow, inzwischen Chef des Generalstabes der 2. Armee, konnte seine Stelle nicht verlassen, während die Heeresgruppe Mitte von der Roten Armee zerschlagen wurde. Er hielt aber eine Einsatztruppe für den Umsturztag bereit. Sie bestand aus mehreren Abteilungen des Kavallerie-Regiments Mitte, das er zu seiner 2. Armee gezogen hatte. Am 15. Februar 1944 hatte Generalmajor Stieff einen Befehl unterzeichnet, wonach das Regiment zum 15. März 1944 zur 3. Kavallerie-Brigade ausgebaut wurde.[133]

Inzwischen war Generalfeldmarschall von Kluge Nachfolger Rundstedts als Oberbefehlshaber West geworden und hatte am 3. Juli sein neues Kommando übernommen. Stauffenberg versuchte noch am 2. Juli, von Alt-Friesland aus, wohin er an diesem Sonntag mit Haeften, Klausing und dem Mitverschworenen Oppen gefahren war, Kluge vor dessen Abreise telephonisch zu erreichen, hatte aber keinen Erfolg.[134] Am 7. Juli flog im Auftrag Tresckows Oberstleutnant von Boeselager, der Kommandeur der 3. Brigade, nach Paris, um Kluge zu ersuchen, im Westen zu kapitulieren; Kluge ließ antworten, das sei nicht nötig, da die gesamte Westfront in Kürze zusammenbrechen werde.[135]

Oberstleutnant von Boeselager kehrte an die Ostfront zurück und sagte am 14. oder 15. Juli seinem Bruder, Major Philipp von Boeselager, der die I. Abteilung des Kavallerie-Regiments 31 führte, das Attentat werde in Kürze stattfinden und er solle beginnen, 1200 Mann, also sechs Schwadronen, aus der 3. Brigade herauszuziehen und auf Flugplätze im polnischen Gebiet (Generalgouvernement) zu verlegen. Von dort sollten sie sofort nach dem Attentat nach Tempelhof geflogen werden, wo sie etwa drei Stunden später eintreffen könnten. Oberstleutnant von Boeselager selbst wollte ebenfalls einige Abteilungen nach Berlin fliegen lassen und dort für den Umsturz einsetzen, jedoch bis zum Attentat beim Stab der 2. Armee bei Tresckow bleiben.[136]

Major Philipp von Boeselager begann am 15. Juli mit der Verlegung, am 19. Juli wurden alle sechs Schwadronen des Kavallerie-Regiments 31 alarmiert und aus der Front gezogen und ritten zweihundert Kilometer nach Brest in sechsunddreißig Stunden; hier standen Lastwagen bereit, um sie zu einem polnischen Flugplatz zu fahren.[137] Da am Abend des 20. Juli die Meldung kam, das Attentat sei mißlungen, mußten sie schon am Abend wieder zur Front zurückkehren.[138]

An einigen dieser Vorbereitungen fällt auf, daß sie nur für die letzten etwa zehn Tage unmittelbar vor dem 20. Juli berichtet werden. Für die ersten Attentatmöglichkeiten, die Stauffenberg am 6., 11. und 15. Juli hatte, wäre die Boeselager-Truppe nicht schnell oder gar nicht greifbar gewesen. Die Verfügbarkeit der Panzertruppen war ähnlich unsicher, weil sie jeden Augenblick an die Front beordert werden konnten.

Vom Befehlshaber des Ersatzheeres, Generaloberst Fromm, hatte man Äußerungen gehört, die nicht daran zweifeln ließen, daß er die Verschwörer würde gewähren lassen.[139] Anfang 1943 besuchte Fromm Generaloberst von Hammerstein kurz vor dessen Tod und sagte ihm, der Krieg sei nicht zu gewinnen, der »Führer« werde, wenn nötig, einen Ausweg nicht durch seine Person sperren wollen.[140] Fromm hatte Stauffenbergs Mitteilung bei dessen Antritt, er arbeite auf einen Umsturz hin, mit Dank entgegengenommen.[141] Am 3. Juli sagte er Helldorf, wie er vor dem »Volksgerichtshof« zugab: »Am besten wäre es, der Führer nähme sich das Leben.«[142] Er legte sich aber den Verschwörern gegenüber nicht fest.[143]

Am 6. und 8. Juli 1944 wurden auf dem »Berghof« die Besprechungen vom 7. Juni über Maßnahmen zur raschen Mobilisierung von Truppen fortgesetzt. Am 6. Juli nahm Stauffenberg auf dem »Berghof« an zwei »Sonderbesprechungen« mit Hitler teil, einer zwischen 17 und 18 Uhr und einer von kurz vor Mitternacht bis kurz vor 1 Uhr am nächsten Morgen.[144] Stauffenberg trug Hitler über den »Walküre«-Plan vor. Hitler hieß die Mehrzahl seiner Vorschläge gut und entschied, daß im Fall des Vordringens feindlicher Kräfte auf deutsches Reichsgebiet die militärischen Oberbefehlshaber die gesamte militärische und die zivile vollziehende Gewalt ausübten, auch gegenüber den Reichsverteidigungskommissaren (Gauleitern oder besonders ernannten Beauftragten).[145]

Manches spricht dafür, daß Stauffenberg noch auf Stieff als Attentäter hoffte. Generaloberst Zeitzler betrieb die oft verschobene Vorführung neuer Uniformen, vermutlich stand Stauffenberg durch Olbricht oder den Generalquartiermeister dahinter. In Besprechungen mit Rüstungsminister Speer vom 19. bis 22. Juni erlaubte Hitler, daß ihm die neuen Vorschläge für die Heeresbekleidung vorgelegt würden.[146] Am 7. Juli fand in Kleßheim die lange geplante Uniformvorführung statt; Stieff sagte später aus, er habe das Uniformattentat vereitelt und Stauffenberg am 6. Juli gehindert, ein Attentat auszuführen, indem er ihn nicht aus den Augen gelassen habe.[147]

An diesem Tag zeigte Stauffenberg Stieff seine Aktenmappe mit den Worten: »Ich habe das ganze Zeug mit.«[148] Natürlich brachte Stauffenberg den Sprengstoff nicht mit, um ihn Stieff zu zeigen.[149] Am 8. Juli sagte Haeften zu Thiersch, Stauffenberg wolle es nun selber tun.[150]

Am 11. Juli war Stauffenberg wieder auf dem »Berghof«, diesmal bei Hitlers erster Lagebesprechung des Tages von 13.07 bis 15.30 Uhr, der »Morgenlage«. Als Ordonnanzoffizier nahm er Hauptmann Karl Friedrich Klausing vom Stab des Allgemeinen Heeresamtes mit.[151]

Nun trat ein neues Hindernis auf – die Abwesenheit Görings und Himmlers. Die Generalfeldmarschalle von Kluge und Rommel bestanden bei Generaloberst Beck darauf, daß Göring und Himmler zugleich mit Hitler ausgeschaltet werden müßten.[152] Außerdem bestanden der Generalquartiermeister, General Wagner, sowie Fellgiebel, Stieff, Olbricht, Hoepner und Beck auf der gleichzeitigen Anwesenheit Himmlers.[153] Die Forderung der beiden Feldmarschalle bestand erst neuerdings; beide waren erst vor kurzem von den Einzelheiten des Umsturzplanes unterrichtet worden.[154] Das Verlangen war nicht unbegründet: Göring war der designierte Nachfolger Hitlers; Himmler führte die SS, eine mögliche Bürgerkriegsarmee.[155] Göring kam aber kaum zu Besprechungen der Art, zu denen Stauffenberg nun Zugang hatte; auf Himmlers Anwesenheit konnte eher gerechnet werden wegen der Besprechungsgegenstände: Aufstellung von »Sperrdivisionen«, die die SS ausbilden sollte.[156] Möglicherweise war Kluge und Rommel bewußt, daß ihre Forderung im Grunde unrealistisch war. Die Attentatversuche von März 1943 bis März 1944 waren ohne die Voraussetzung der Anwesenheit Görings und Himmlers unternommen worden.

Am 11. Juli waren weder Göring noch Himmler da. Stauffenberg hatte es erfahren und meinte vor der »Morgenlage« zu Stieff: »Herrgott, soll man nicht doch handeln?«[157] Klausing äußerte am 12. Juli Unmut über das Versagen Stieffs, wodurch der erste Versuch, Hitler zu töten, nicht zustande gekommen sei.[158] Demnach wollte Stauffenberg am 11. Juli das Attentat ohne Rücksicht auf die Vorbedingung der Anwesenheit Görings und Himmlers ausführen.

Nach der »Mittagslage« trafen sich Stauffenberg, Fellgiebel, Stieff und Klamroth in der Kaserne Frankenstrub und besprachen die Vorbereitungen für die nächste Gelegenheit.[159] Am Abend war Stauffenberg wieder in Berlin. Hier waren in Erwartung des Attentats Goerdeler und Witzleben benachrichtigt, einige Polizeileute für die ersten Verhaftungen und Offiziere des Grenadier-Ersatz-Bataillons 9 aus Potsdam hatten in Berlin auf das Stichwort gewartet.[160]

Hans Bernd Gisevius, Agent des Amtes Ausland/Abwehr im Generalkonsulat in Zürich, kam am Morgen des 12. Juli aus der Schweiz nach Berlin, um beim Umsturz dabeizusein, ging zum Polizeipräsidenten Graf Helldorf und hörte von ihm, wie er später berichtete, wenig Gutes über Stauffenberg.[161] Stauffenberg habe die ganze Umsturzführung an sich gerissen, verhindere Kontakte zwischen Helldorf und Beck, Olbricht und Schulenburg, der doch bei ihm Vizepräsident gewesen sei, und gebe nur unklare Auskünfte; für die polizeilichen Maßnahmen sei Helldorf bis jetzt kein Plan vorgelegt worden.[162]

Am Nachmittag suchte Gisevius Beck auf, der sich an diesem Tag auf eine Sitzung der »Mittwochgesellschaft« vorbereitete und keine Zeit hatte, aber Gisevius nach dessen Bericht aufforderte, so schnell wie möglich mit Stauffenberg Fühlung zu nehmen. Stauffenberg sei ihm, Beck, in letzter Zeit eine große Hilfe gewesen und habe die ganze Last der Vorbereitung der Erhebung getragen; seit Osters Dienstenthebung sei Stauffenberg der einzige Aktivist in der Wehrmachtführung, der aufs Ganze gehe.[163] Das änderte offenbar nichts an Gisevius' Vorbehalten gegenüber Stauffenberg, in dem Gisevius begreiflicherweise ein Hindernis für seine eigenen weitreichenden Ambitionen sah. Stauffenberg würde schwerlich zustimmen, daß Gisevius, wie dieser erwartete, »Reichskommissar zur Säuberung und Wiederherstellung der öffentlichen Ordnung« würde und am dritten Tag der Erhebung die »gesamte zivile Exekutive« übertragen bekäme.[164] Schließlich war damals Julius Leber als Innenminister vorgesehen.[165]

Von Becks Wohnung in Lichterfelde ging Gisevius zu Strüncks, die ihre Wohnung durch Bomben verloren hatten und in den Kellerräumen von Schachts früherer Villa in Westend wohnten. Hierher kam bald darauf auch Goerdeler; er klagte wie Helldorf, von Stauffenberg isoliert zu werden. Stauffenberg beanspruche neben der technischen auch die politische Führung der Erhebung, wolle die Nation soldatisch erhalten und sozialistisch machen und einen erträglichen Frieden militärisch erkämpfen. Goerdeler wolle »sichtbar« Demokratie, kommentierte Gisevius, Stauffenberg aber wolle »die Militärdiktatur der ›wahren‹ National-Sozialisten«, wolle weder auf das Totalitäre noch auf das Militärische noch auf den Sozialismus verzichten. Im übrigen intrigiere Stauffenberg mit Leber gegen die vorgesehene Kanzlerschaft Goerdelers.[166]

Etwas später sagten sich Stauffenberg und Hansen an; sie wollten im Anschluß an eine Besprechung bei Fromm zu Strüncks kommen, um Gisevius zu treffen.[167]

Nach Mitternacht erst kamen die beiden Obersten, beide mächtige Gestalten; Stauffenbergs ein Meter zweiundachtzig[168] wirkten in den niederen Kellerräumen noch größer. Gisevius gibt in seinem noch während des Krieges geschriebenen Buch den Eindruck wieder, den er von Stauffenberg bei dieser ersten Begegnung bekam, der durch die Mitteilungen Helldorfs und Goerdelers schon unter Vorurteilen zustande kam und Gisevius' eigene auf den Rivalen projizierte Ambitionen widerspiegelte. Die Niedrigkeit seiner Empfindungen und ihre höhnische Wiedergabe sprechen nicht für Gisevius und müssen eben deshalb als subjektiv ehrlich gelten. Wie es im Innern eines Verstümmelten aussehe, schrieb er, könne man sich leicht ausmalen; schwerlich könne »dieser beklagenswerte Mann hoffen, in größerem Kreise, etwa vor Massen, ein Fluidum zu erzeugen«. Es sei, »als habe ihn ein mitleidloses Schicksal geradezu in die Rolle des Verschwörers hineinstoßen wollen«.[169] Derb sei Stauffenberg aufgetreten, habe von Frau Strünck Kaffee verlangt. Offenbar habe er versucht, durch sein Auftreten »die durch seine Verstümmelung erzeugten Minderwertigkeitskomplexe überzukompensieren«. Er wirkte auf Gisevius nicht wie ein Gegner der Nationalsozialisten, sondern »geradezu als der Typ des ›neuen‹ Generalstäblers, so wie ihn sich Hitler nicht besser wünschen könnte – oder wie der geschaffene Attentäter«.[170]

Da Gisevius einer der Verbindungsleute der Verschwörung zu den Kriegsgegnern war, kam es zu Auseinandersetzungen über außenpolitische Orientierungen. Natürlich wollte Stauffenberg von Gisevius hören, was er über die Haltung der Feinde wisse. Dieser hielt das für militärische Einmischung in die »Politik«. Er stellt in seinem Bericht Stauffenberg als unbedarften Amateurpolitiker hin, der angesichts des Zusammenbruchs der Heeresgruppe Mitte und der Aussicht, daß Stalin in wenigen Wochen vor Berlin stehen werde, »alle Politik mit dem Osten« machen wollte und zugleich unentschieden war. Gisevius habe »gerne« Auskunft gegeben über die Unwandelbarkeit der Forderung der »bedingungslosen Kapitulation«; wenn es in dem in Gisevius' Bericht herrschenden sarkastisch-überlegenen Ton geschah, mußte es auf Stauffenberg aufreizend wirken.

Als Gisevius mit nicht zu überbietender Taktlosigkeit Stauffenberg Anerkennung für seinen Mut zum Attentat aussprach, fragte dieser irritiert, ob Gisevius überhaupt wisse, ob er die Bombe werfen werde. Gisevius fährt in seinem Bericht fort: »An diesem Abend habe ich durchaus den Eindruck, hier geht jemand aufs Ganze.« Aber er fand doch, Stauffenberg sei ein enttäuschter Prätorianer gewesen, »dem die militärische Niederlage jäh die Binde von den Augen gerissen« hatte und der nun in übersteigertem Sendungsgefühl glaubte, »Soldat, Politiker, Tyrannenmörder, Retter des Vaterlandes« in einem sein zu müs-

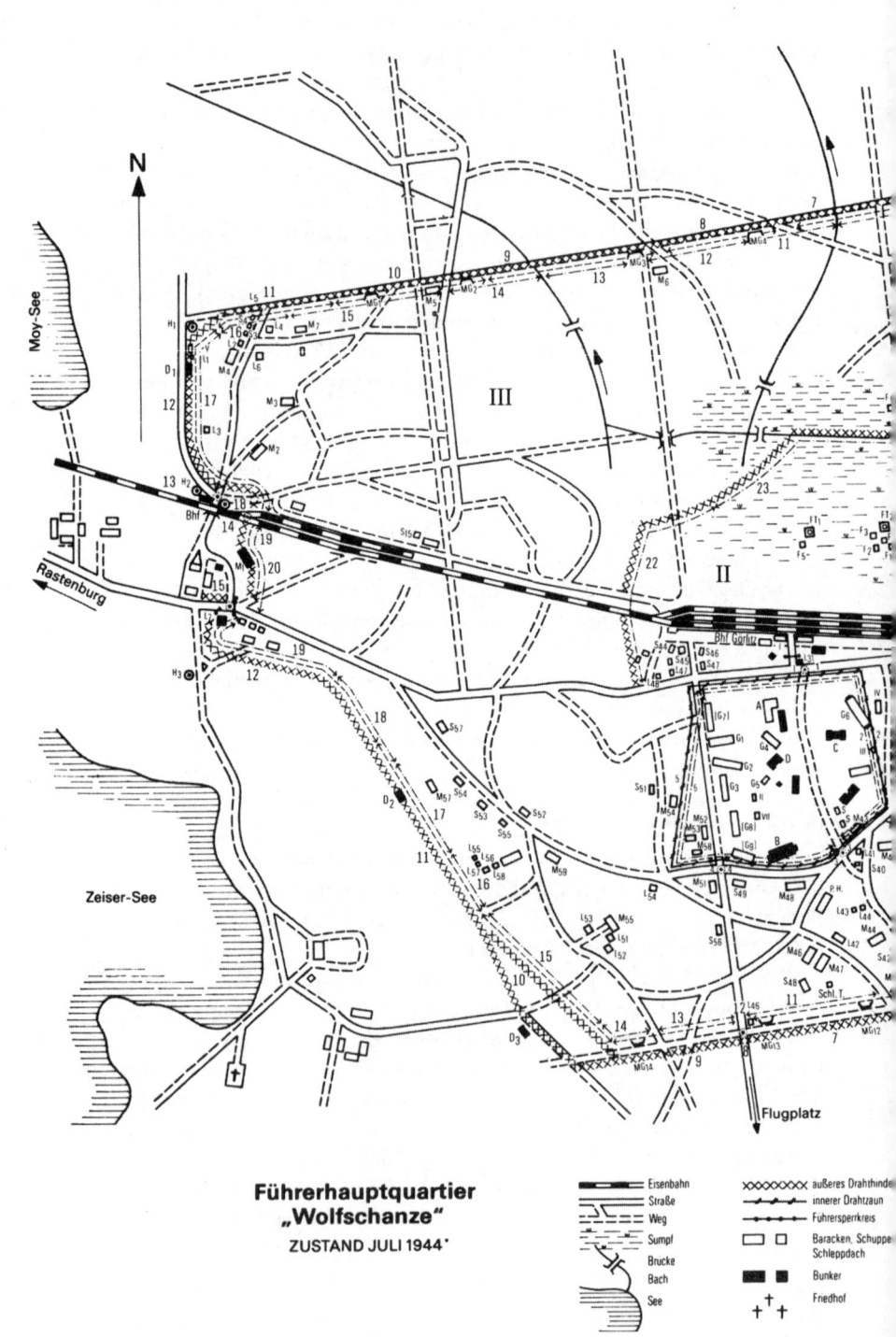

Führerhauptquartier „Wolfschanze"
ZUSTAND JULI 1944

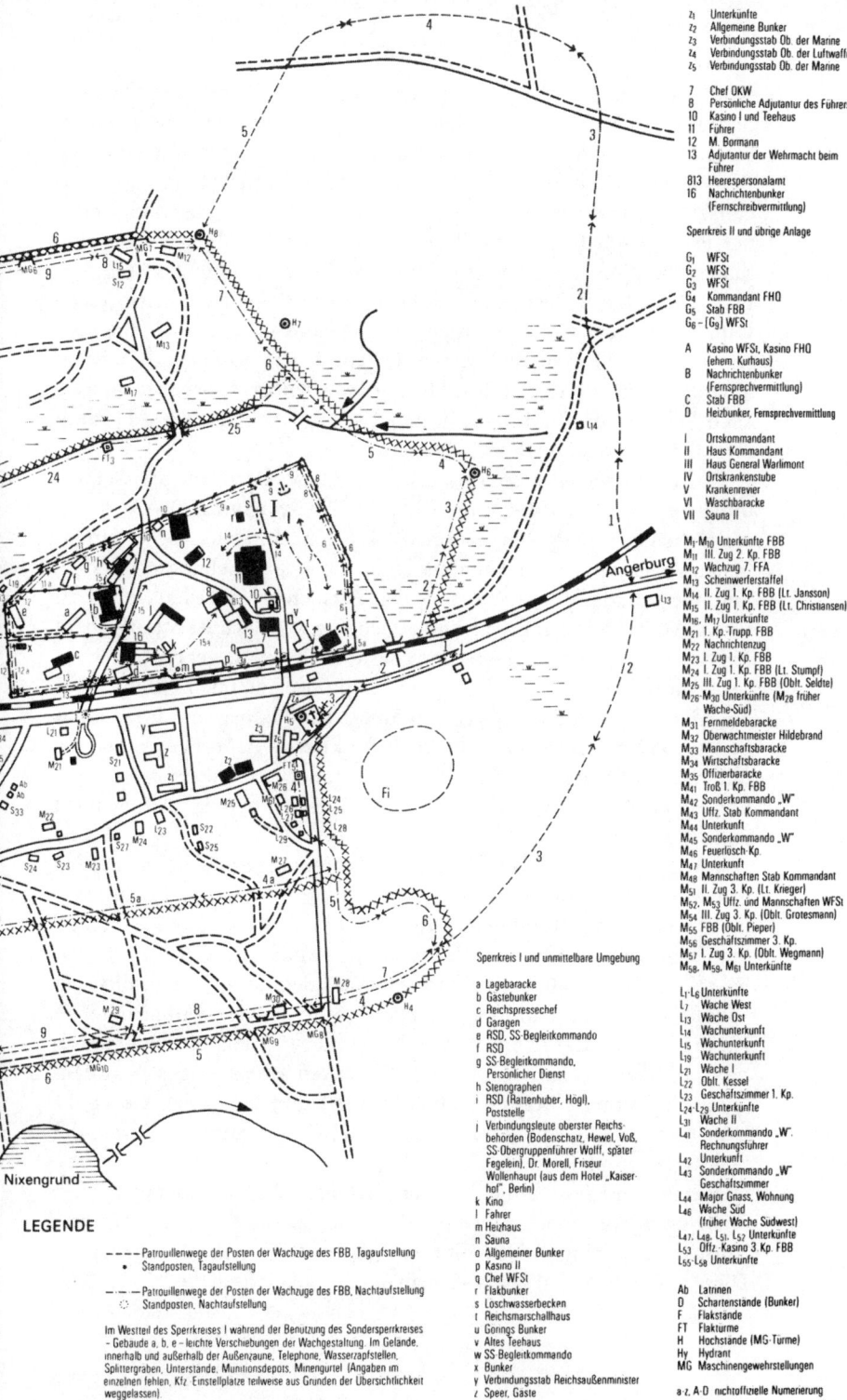

Angerburg
Fi
Nixengrund

z_1 Unterkünfte
z_2 Allgemeine Bunker
z_3 Verbindungsstab Ob. der Marine
z_4 Verbindungsstab Ob. der Luftwaffe
z_5 Verbindungsstab Ob. der Marine

7 Chef OKW
8 Persönliche Adjutantur des Führers
10 Kasino I und Teehaus
11 Führer
12 M. Bormann
13 Adjutantur der Wehrmacht beim Führer
813 Heerespersonalamt
16 Nachrichtenbunker (Fernschreibvermittlung)

Sperrkreis II und übrige Anlage

G_1 WFSt
G_2 WFSt
G_3 WFSt
G_4 Kommandant FHQ
G_5 Stab FBB
G_6 – [G_9] WFSt

A Kasino WFSt, Kasino FHQ (ehem. Kurhaus)
B Nachrichtenbunker (Fernsprechvermittlung)
C Stab FBB
D Heizbunker, Fernsprechvermittlung

I Ortskommandant
II Haus Kommandant
III Haus General Warlimont
IV Ortskrankenstube
V Krankenrevier
VI Waschbaracke
VII Sauna II

M_1-M_{10} Unterkünfte FBB
M_{11} III. Zug 2. Kp. FBB
M_{12} Wachzug 7. FFA
M_{13} Scheinwerferstaffel
M_{14} II. Zug 1. Kp. FBB (Lt. Jansson)
M_{15} II. Zug 1. Kp. FBB (Lt. Christiansen)
M_{16}, M_{17} Unterkünfte
M_{21} 1. Kp.-Trupp. FBB
M_{22} Nachrichtenzug
M_{23} I. Zug 1. Kp. FBB
M_{24} I. Zug 1. Kp. FBB (Lt. Stumpf)
M_{25} III. Zug 1. Kp. FBB (Oblt. Seldte)
M_{26}-M_{30} Unterkünfte (M_{28} früher Wache-Süd)
M_{31} Fernmeldebaracke
M_{32} Oberwachtmeister Hildebrand
M_{33} Mannschaftsbaracke
M_{34} Wirtschaftsbaracke
M_{35} Offizierbaracke
M_{41} Troß 1. Kp. FBB
M_{42} Sonderkommando „W"
M_{43} Uffz. Stab Kommandant
M_{44} Unterkunft
M_{45} Sonderkommando „W"
M_{46} Feuerlösch-Kp.
M_{47} Unterkunft
M_{48} Mannschaften Stab Kommandant
M_{51} II. Zug 3. Kp. (Lt. Krieger)
M_{52}, M_{53} Uffz. und Mannschaften WFSt
M_{54} III. Zug 3. Kp. (Oblt. Grotesmann)
M_{55} FBB (Oblt. Pieper)
M_{56} Geschäftszimmer 3. Kp.
M_{57} I. Zug 3. Kp. (Oblt. Wegmann)
M_{58}, M_{59}, M_{61} Unterkünfte

L_1-L_6 Unterkünfte
L_7 Wache West
L_{13} Wache Ost
L_{14} Wachunterkunft
L_{15} Wachunterkunft
L_{19} Wachunterkunft
L_{21} Wache I
L_{22} Oblt. Kessel
L_{23} Geschäftszimmer 1. Kp.
L_{24}-L_{29} Unterkünfte
L_{31} Wache II
L_{41} Sonderkommando „W", Rechnungsführer
L_{42} Unterkunft
L_{43} Sonderkommando „W" Geschäftszimmer
L_{44} Major Gnass, Wohnung
L_{46} Wache Süd (früher Wache Südwest)
L_{47}, L_{48}, L_{51}, L_{52} Unterkünfte
L_{53} Uffz.-Kasino 3. Kp. FBB
L_{55}-L_{58} Unterkünfte

Ab Latrinen
D Schartenstände (Bunker)
F Flakstände
FT Flaktürme
H Hochstände (MG-Türme)
Hy Hydrant
MG Maschinengewehrstellungen

a-z, A-D nichtoffizielle Numerierung

Sperrkreis I und unmittelbare Umgebung

a Lagebaracke
b Gästebunker
c Reichspressechef
d Garagen
e RSD, SS-Begleitkommando
f RSD
g SS-Begleitkommando, Persönlicher Dienst
h Stenographen
i RSD (Rattenhuber, Högl), Poststelle
j Verbindungsleute oberster Reichsbehörden (Bodenschatz, Hewel, Voß, SS-Obergruppenführer Wolff, später Fegelein), Dr. Morell, Friseur Wollenhaupt (aus dem Hotel „Kaiserhof", Berlin)
k Kino
l Fahrer
m Heizhaus
n Sauna
o Allgemeiner Bunker
p Kasino II
q Chef WFSt
r Flakbunker
s Löschwasserbecken
t Reichsmarschallhaus
u Görings Bunker
v Altes Teehaus
w SS-Begleitkommando
x Bunker
y Verbindungsstab Reichsaußenminister
z Speer, Gäste

LEGENDE

- - - - Patrouillenwege der Posten der Wachzüge des FBB, Tagaufstellung
• Standposten, Tagaufstellung

— · — Patrouillenwege der Posten der Wachzüge des FBB, Nachtaufstellung
◌ Standposten, Nachtaufstellung

Im Westteil des Sperrkreises I während der Benutzung des Sondersperrkreises – Gebäude a, b, e – leichte Verschiebungen der Wachgestaltung. Im Gelände, innerhalb und außerhalb der Außenzäune, Telephone, Wasserzapfstellen, Splittergräben, Unterstände, Munitionsdepots, Minengürtel (Angaben im einzelnen fehlen, Kfz-Einstellplätze teilweise aus Gründen der Übersichtlichkeit weggelassen).

sen.[171] Schließlich habe Stauffenberg auch bei der notwendigen »Säuberung« den Kreis der Schuldigen scharf abgrenzen und vor allem im Heer auf die »unbestritten« gesinnungslosen »Parteigeneräle vom Typ Reinecke und Keitel« beschränken wollen, die Verurteilung von Brauchitsch und Halder »wegen ihrer Haltung bei Kriegsausbruch« oder der Feldmarschalle »wegen ihrer charakterlosen Duldung der hitlerschen Überfälle« abgelehnt.[172] Zum Schluß ärgerte Gisevius Stauffenbergs Warnung vor einem Kontakt mit Oster:[173] »Oster ist derjenige Offizier, der am klarblickendsten, am entschlossensten, am unentwegtesten gegen die braune Tyrannei gekämpft hat – und am längsten. Zwischen seiner Mentalität und jener Stauffenbergs, der erst im Zeichen Stalingrads zur Fronde hinüberwechselte, klafft ein Abgrund: zwei Offiziere und doch zwei Welten.«[174]

Darum handelte es sich natürlich nicht, sondern um die Gefährdung der Verschwörung angesichts der Überwachung Osters durch die Geheime Staatspolizei. Gisevius wußte auch nichts von Stauffenbergs Versuchen, 1942 Unterstützung für eine Erhebung zu finden, und übersah, daß Oster selbst nie den Versuch gemacht hat, Hitler zu töten. Auch nach den Ereignissen, nachdem zwei Brüder Stauffenberg für die Befreiung von den Verbrechern ihr Leben gegeben hatten, ja noch nach Monaten der Reflexion blieb Gisevius unempfindlich für den Gemütszustand eines Verschwörers, dem Namen und Ehre etwas bedeuteten und der beides für die undankbarste Arbeit der Erhebung opferte. Stauffenberg wußte, daß für den, der den Diktator mit eigener Hand tötete, im Grunde kein Platz war in der darauffolgenden neuen Ordnung.[175]

Am 14. Juli zog Hitler mit seinem Hauptquartier nach Ostpreußen in die Anlage »Wolfschanze« bei Rastenburg.[176] Am selben Tag wurden Fromm und Stauffenberg für den 15. dorthin bestellt. Fromm, Stauffenberg und Klausing flogen am 15. kurz nach 7 Uhr von Berlin ab und trafen kurz nach halb zehn auf dem Flugplatz südlich der »Wolfschanze« ein, fuhren mit einem Auto des Hauptquartiers ins Kasino »Kurhaus« im Sperrkreis II und frühstückten mit dem Hauptquartier-Kommandanten und drei Offizieren seines Stabes. Stauffenberg telephonierte von hier aus mit Stieff und Fellgiebel. Gegen 11 Uhr ließen sich Fromm, Stauffenberg und Klausing in den Ostteil des Sperrkreises I zu Keitel fahren.

Fromm und Stauffenberg gingen nach ihren Besprechungen bei den Stellen des Wehrmachtführungstabes, die für die Vorbereitung ihrer Vorträge zuständig waren, mit Keitel gegen 13 Uhr zur »Morgenlage«. Diese fand in einem damals »Lagebaracke« genannten niedrigen Holz-

Vor der »Lagebaracke« in Hitlers Hauptquartier »Wolfschanze« bei Rastenburg in Ostpreußen am 15. Juli 1944 (von links): Stauffenberg, Konteradmiral von Puttkamer, General der Flieger Bodenschatz, Hitler, Generalfeldmarschall Keitel (mit Mappe).

bau statt, der, mit einer verputzten Backsteinmauer, Betondecke und, da keine unmittelbare Gefahr drohte, offenstehenden stählernen Fensterläden gegen Bomben- oder Granatsplitter geschützt, neben dem Bunker lag, den Hitler damals bewohnte.

Der Bunker, die »Lagebaracke« und eine Baracke für Hitlers Leibwache lagen seit März 1944 in einem besonderen Sperrbezirk im inneren Sperrkreis I. Besucher, die nicht von autorisierten Bewohnern des Sperrkreises I begleitet waren, brauchten einen Sonderausweis für den »Führersperrkreis«.[177]

Die Anläufe des 11. und 15. Juli und das Attentat vom 20. Juli waren darauf aufgebaut, daß Stauffenberg keine sofort wirkende Zündung verwenden konnte, weil er den Anschlag überleben mußte, falls die Erhebung gelingen sollte.[178] Nach dem Bericht eines nah Beteiligten befahl Beck Stauffenberg geradezu, das Attentat zu unterlassen, wenn er es nicht überleben könne, weil nur er den Staatsstreich durchzuführen hoffen konnte.[179] Die objektiven Umstände der Vorgänge des 15. und 20. Juli in Berlin zeigten, daß Becks Auffassung richtig war.[180] Olbricht fehlte revolutionäre Tatkraft, Mertz' Stellung und Autorität reichten nicht aus, vom Befehlshaber des Ersatzheeres konnte man allenfalls Gewährenlassen erwarten. Verweigerte er auch das, so mußte er verhaftet werden.[181] Stauffenberg durchschaute die Befangenheiten und Grenzen der Menschen, die sich im Widerstand trafen, auch die Becks, Olbrichts und der übrigen, noch weniger tatkräftigen Generale.[182] Ganz anderes Vertrauen setzte er in Julius Leber, er schien ihn als seinen eigentlichen Gefährten in der Lenkung des Reichs nach der Erhebung anzusehen.[183]

Von den verfügbaren lautlosen chemischen Zeitzündern waren die englischen für nominell dreißig Minuten Verzögerung geeignet, die häufig für Sabotagezwecke über von der Wehrmacht besetztem Gebiet abgeworfen und erbeutet wurden. An Sommertagen mit Temperaturen um 20 bis 25 Grad Celsius varriierte die Zündverzögerung zwischen vierzehn und neunundzwanzig Minuten. Die nächstkürzere Verzögerung betrug nominell zehn Minuten, bei denselben Temperaturverhältnissen tatsächlich zwischen etwa viereinhalb und zehn Minuten. Ob solche Zünder überhaupt verfügbar waren, ist fraglich, da sie nur für Ausbildungszwecke hergestellt waren und auch am 20. Juli offenbar Zünder für dreißig Minuten nominelle Verzögerung verwendet wurden; jedenfalls hätten sie den Spielraum des Attentäters sehr eingeengt.[184] Am 20. Juli hatte Stauffenberg von dem Ort, wo er die Zündung in Gang setzte, bis zur »Lagebaracke« etwa vierhundert Meter zurückzulegen, wofür er bei rascher Gangart etwa vier Minuten brauchte.

Die Besprechungen am 15. Juli galten insbesondere der Aufstellung von fünfzehn »Sperrdivisionen« für die Ostfront, durch das Ersatzheer, die von der SS ausgebildet werden sollten.[185] Der stenographische Dienst im »Führerhauptquartier« unterschied in einer Aufzeichnung vom 22. Juli drei Besprechungen des 15. Juli, an denen Stauffenberg mit Fromm teilnahm: Die Lagebesprechung von 13.10 bis 13.40 Uhr, eine »Sonderbesprechung« über Stellungsbau und Auffangorganisationen von 13.40 bis 14.20 Uhr und eine »Sonderbesprechung« Hitlers mit Fromm und Stauffenberg von 14.20 bis 14.25 Uhr.[186]

Wenn Stauffenberg nicht vorher wußte, von welchem Zeitpunkt an Hitler im Besprechungsraum war, konnte er den Zeitzünder seiner Sprengladung nicht vor Beginn der Besprechung in Gang setzen. Wenn er selbst vortragen mußte, brauchte er eine Aktentasche mit seinen Unterlagen, die nicht gut mit dem Sprengstoff zusammengepackt werden konnten.[187] Stauffenberg konnte nicht daran denken, die chemische Zündung in der Besprechung in Gang zu setzen, indem er mit seinen drei Fingern unter dem Tisch in die Aktentasche griff, um mit einer besonders für ihn zurechtgebogenen Flachzange die in einer Kupferröhre enthaltene Säureampulle zu zerdrücken, was sehr vorsichtiges Hantieren verlangt hätte. Der Zünder mußte also vorher in Gang gesetzt sein oder Stauffenberg mußte unter einem Vorwand mit seiner Aktentasche hinausgehen, einen Raum finden, in dem er allein sein konnte, um die Zündung zu betätigen, oder er brauchte einen Gehilfen, der das tat und mit ihm dann die Taschen tauschte – vielleicht war dies die geplante Rolle Stieffs, die in den Quellen so geisterhaft wirkt. Klausing hatte keinen Zutritt zum »Führersperrkreis«, er wartete mit dem Auto für die auf das Attentat folgende Fahrt zum Flugplatz.[188] Stauffenberg hatte aber auf dem Bild vor der »Lagebaracke« keine Aktentasche.

Wenn der Ablauf der drei Besprechungen berechenbar war, hätte die Übergabe der Aktentasche mit dem Sprengstoff und in Gang gesetztem Zünder durch einen Gehilfen, Stieff, für eine Pause geplant sein können. Bei Verwendung eines Zünders für zehn Minuten Verzögerung wäre es zu unsicher gewesen, ob Hitler innerhalb viereinhalb Minuten, der geringsten berechenbaren Verzögerung, wieder oder noch in der Besprechung gewesen wäre und ob Stieff Zeit zum Ingangsetzen des Zünders gehabt hätte; bei Verwendung eines Zünders für dreißig Minuten Verzögerung wäre die Gefahr zu groß gewesen, daß die Besprechung nicht lange genug dauerte oder inzwischen jemand die stehengebliebene Aktentasche bemerkte und wegbrachte. Stauffenberg zog aus diesen Umständen die Lehre für das nächste Mal: Er mußte seinen Abgang zur Lagebesprechung verzögern, bis er wußte, daß Hitler dort war, den Zünder in Gang setzen und dann mit der Aktentasche voll Sprengstoff in die Lagebesprechung gehen.

Es geschah aber etwas fast Unglaubliches.

In Berlin ordnete Mertz fast im selben Augenblick, als Stauffenberg zur »Wolfschanze« abflog, wenigstens fünf Stunden vor dem möglichen Attentattermin, »Walküre«-Marschbereitschaft für die Heeresschulen an. Stauffenberg war also entschlossen, am 15. Juli das Attentat mit oder ohne Anwesenheit Görings und Himmlers auszuführen.

Während er aber zum »Führerhauptquartier« unterwegs war, ließen ihn die mitverschworenen Generale darüber im unklaren, daß sie ihn das Attentat nicht ausführen lassen wollten, wenn Himmler fehlte.

General Wagner bestand noch am 14. Juli bei einer Besprechung mit Fellgiebels Stabschefs für das Heeres-Nachrichtenwesen in Berlin und für die Wehrmacht-Nachrichten-Verbindungen in »Mauerwald«, Generalleutnant Thiele und Oberst Hahn, darauf, daß nur bei Anwesenheit Himmlers das Attentat ausgeführt werden dürfe; Thiele schickte Hahn am selben Abend nach »Mauerwald«, um Fellgiebel und Stieff entsprechend zu verständigen.[189] Wagner war in der Hierarchie der Heerführung wenigstens nominell Vertreter des seit 30. Juni erkrankten Chefs des Generalstabes des Heeres, Zeitzler, und beanspruchte offenbar in der Umsturzbewegung eine dementsprechend führende Stellung.[190] Beck, Olbricht und Hoepner waren derselben Auffassung wie Wagner, was aus ihrem Verhalten am Nachmittag des 15. Juli hervorgeht. Die Nachricht an Fellgiebel und Stieff galt natürlich ebenso Stauffenberg.

Als nun Stauffenberg kurz nach seiner Ankunft in der »Wolfschanze« mit Stieff und Fellgiebel telephonierte,[191] müssen diese ihm die Forderung Wagners mitgeteilt oder, noch wahrscheinlicher, vereinbart haben, daß Stieff in die »Wolfschanze« kommen werde, um Stauffenberg etwas mitzuteilen. Stieffs Aussage, er habe Stauffenberg am 15. Juli »dringend gemahnt«, das Attentat »auf keinen Fall« auszuführen,[192] und Stauffenbergs Bericht an Beck, Stieff habe die Tasche mit dem Sprengstoff entwendet,[193] machen den unglaublichen Vorgang deutlich. Die aus Wagners und Fellgiebels Warnung sich ergebenden hierarchischen Zwänge konnte Stauffenberg ignorieren, aber nicht das Wissen, daß ohne die Unterstützung der Mitverschworenen keine Aussicht auf die geplante Erhebung bestand.

Wegen der höchstens Stunden vor der Lagebesprechung an Stauffenberg ergangenen Anweisung, auf keinen Fall ohne Himmlers gleichzeitige Anwesenheit zu zünden, mußte Stauffenberg alles vorher Geplante zunächst umstoßen.[194] Der 15. Juli war aber kein unverbindliches Experiment, sondern der Tag, an dem Stauffenberg und Mertz mit dem Attentat und der Erhebung rechneten. Stauffenberg mußte wissen, daß die Panzertruppen bei Berlin mehrere Stunden vor dem voraussichtlichen Termin des Attentats alarmiert waren. Die Krampnitzer Panzerlehrtruppen sollten überdies innerhalb der nächsten fünf Tage nach Ostpreußen abtransportiert werden.[195] Nun hinderten ihn Stieff, Fellgiebel und Wagner am Attentat.[196] Er fühlte sich verraten.

Stauffenberg telephonierte während den Besprechungen zweimal mit der Bendlerstraße, um sich Handlungsfreiheit zu sichern auch bei Himmlers Abwesenheit. Die bekam er nicht. Mertz meldete Stauffenbergs Forderung Olbricht, Beck und den anderen Herren, die in der Bendlerstraße auf die Nachricht von dem ausgeführten Attentat warteten, worauf sich ein längeres Hin und Her der Meinungen und der Quertelephongespräche ergab, die Mertz als absichtliches Hinauszögern empfand. Als Mertz Stauffenberg nach einer halben Stunde mitteilte, ohne Anwesenheit Himmlers solle er nicht handeln, sagte Stauffenberg: »Ali Du weißt, daß es letztlich nur eine Angelegenheit zwischen Dir und mir ist, was sagst Du?« Mertz antwortete: »Tu's.« Nach diesem Telephongespräch konnte Stauffenberg nur noch feststellen, daß die Besprechungen zu Ende waren. Hitler war weggegangen.[197]

Nach der Lagebesprechung und den »Sonderbesprechungen« hatte Stauffenberg noch Gespräche vor der »Lagebaracke«. Fromm ging mit Keitel zur Haltestelle Moysee, wo Keitels Sonderzug »Braunschweig« stand, um da mit Keitel zu Mittag zu essen.[198] Dann ging Stauffenberg zum Parkplatz beim Bunker 88/8 (8 auf der Karte der »Wolfschanze«), wo Klausing mit Stieff und Fellgiebel beim Auto warteten. Da sich nach dem Mittagessen noch eine Besprechung über die Neuaufstellungen bei Himmler in dessen Feldquartier »Hochwald« bei Großgarten anschloß, ließ Stauffenberg die auf dem Flugfeld Rastenburg für den Rückflug nach Berlin stehende Ju 52 nach dem näher bei Großgarten gelegenen Lötzen schicken, damit man um 17 Uhr von dort abfliegen konnte, telephonierte noch nach Berlin und ging dann mit Klausing zum Speisewagen des Sonderzuges zum Mittagessen. Gegen halb vier Uhr nachmittags fuhren Fromm, Stauffenberg, der Chef des Heeresstabes beim OKW General Buhle und Klausing mit dem Auto zur Besprechung bei Himmler.

Fromm und Stauffenberg mußten sich hier anhören, wie Himmler mit den »auf besonderen Befehl des Führers« ihm unterstellten Heeresformationen zu verfahren gedachte, also die wiederholte Mitteilung der weitgehenden Entmachtung des Befehlshabers des Ersatzheeres. In der Besprechung teilte Himmler mit: »Der Führer hat dem Reichsführer-SS für die Gren.Div. des Heeres (29. Welle) <u>alle Befugnisse</u> in Fragen der Erziehung, nationalsozialistischer Führung, des Disziplinarstrafrechts und der Gerichtsbarkeit <u>wie über Verbände der Waffen-SS</u> übertragen. Zur Ausübung dieser Befugnisse bedient sich der Reichsführer-SS des O.K.H. Während des organisatorischen Aufbaues der Verbände, die dem Befehlshaber des Ersatzheeres (Wehrkreisbefehlshaber) obliegt, ist es dem Reichsführer-SS freigestellt, in allen Fragen seiner Befugnisse sich einzuschalten.« Die »teilweise truppendienstliche Unterstellung der Gren.Div. (29. Welle) unter den Reichsführer SS« galt auch für die Ausbildung der Verbände, für den »bestimmenden Einfluß auf die Stellenbesetzung mit Offizieren, Ärzten, Beamten und Unteroffizieren«, die mit Führern und Unterführern der Waffen-SS ausgetauscht werden konnten. Dann forderte Himmler die »Unterstellung der 15 Gren.Div. (29. Welle) unter 3 sofort aufzustellende Generalkommandos der Waffen-SS, Zur-Verfügungstellung der personellen und materiellen Teile hierzu durch O.K.H.« Die Zusammenfassung dieser Divisionen unter Generalkommandos der Waffen-SS sei nötig, damit Himmler die ihm gegebenen Befugnisse gegenüber den Divisionen auch ausüben könne. Er fügte für das Heer verletzend hinzu: »Um die von den Gren.Div. (29. Welle) geforderte Standhaftigkeit im Abwehrkampf auch führungsmäßig von den übergeordneten Generalkommandos sicherzustellen, hat Reichsführer SS als Kommandierende Generale besonders für diese Aufgabe geeignete SS-Führer zur Verfügung gestellt.« Die Operationsabteilung des Generalstabes des Heeres mußte »die personellen und materiellen Teile für die organisatorische Aufstellung dieser 3 SS-Generalkommandos« bereitstellen; und »erforderlichenfalls müssen hierzu aus der Front herauszulösende Generalkommandos herangezogen und zur Verfügung gestellt werden«. Die ersten zwei Grenadier-Divisionen würden »bereits bis zum 20.7.44 zum Einsatz kommen«. Das Protokoll der Besprechung hielt fest, daß Generaloberst Fromm und General Buhle die Notwendigkeit der von Himmler geforderten Zusammenfassung der aufzustellenden Divisionen unter Generalkommandos der Waffen-SS anerkannten. Himmlers Stabschef und Chef des SS-Führungshauptamts, SS-Obergruppenführer Jüttner, unterrichtete in einem Schreiben vom 17. Juli die entsprechenden Stellen von Hitlers Anordnung.[198a]

Fromm benützte dann das Flugzeug für seine Rückkehr nach Berlin, Stauffenberg und Klausing dagegen fuhren mit dem Sonderzug »Braunschweig«.[199]

Am Morgen um 7 Uhr hatte Mertz bei Stauffenberg angerufen und erfahren, daß dieser weg sei, und hatte darauf dem wachhabenden Offizier in der Bendlerstraße nach einem Plan, den er vor sich hatte, befohlen, die höchste Alarmbereitschaft anzuordnen für die Fahnenjunker- und Unteroffizierschulen und andere für »Walküre« in Frage kommende Einrichtungen in Berlin, Potsdam, Krampnitz und Umgebung.[200] Als Mertz an diesem Morgen zum Dienst gegangen war, hatte er, was er sonst nicht tat, seine Pistole mitgenommen. Er war frisch, ruhig und voll Zuversicht.[201]

Nachmittags zwischen 15 und 15.30 Uhr rief Mertz zu Hause an und teilte mit, es sei zwar »nichts Besonderes«, es könne aber doch spät werden; er bringe Siebeck mit zum Essen und Übernachten. Sie kamen erst nach 20 Uhr, sehr erschöpft, erholten sich und verbrachten einen schönen Abend.[202] Mertz, vollkommen beherrscht, ließ sich in Siebecks Gegenwart nichts anmerken von der Spannung des Tages, an dem er einerseits mit seinem Handeln einem weltgeschichtlichen Wendepunkt nahe gewesen und andererseits von seinen Mitverschwörern in Berlin schwer enttäuscht worden war.

Als Siebeck sich zurückgezogen hatte, berichtete Mertz seiner Frau die Vorgänge des Tages, wie man auf Stauffenbergs Nachricht, daß Himmler wieder nicht dabei sei, hin und her beraten und herumtelephoniert habe, auch mit Hoepner,[203] »daß man letztlich, wenn es den unbedingten Mut u. Willen zur allerletzten Konsequenz gilt – sich alleine sieht«, wie die Generale das Attentat ohne Himmler nicht wollten,[204] wie er und Stauffenberg entschieden, dieser solle doch handeln, und wie ihm durch die Rückfragen in Berlin die Gelegenheit entglitten sei.[205]

Siebeck erinnert sich, als die Nachricht von Stauffenberg gekommen sei, das Attentat finde nicht statt, habe sich die Spannung gelöst und einer »irgendwie fast euphorischen Stimmung Platz« gemacht, so, als sei man noch einmal davongekommen.[206] Auch Helldorf fand, Olbricht sei sichtbar ein Stein vom Herzen gefallen.[207] Olbricht fuhr sofort mit Major i.G. Harnack (seinem Referatsleiter Ia/I/I) und mit Major i.G. von Oertzen los, um die nun zu einer Übung deklarierte Alarmbereitschaft der Schulen zu begutachten, insbesondere zur Besichtigung der »Walküre«-Einheiten der Panzertruppenschulen in Krampnitz und Glienicke, der Infanterieschule in Döberitz und der Fahnenjunkerschule in Potsdam.[208]

Fromm kam am Abend des 15. Juli, einem Samstagabend, nach Berlin zurück und erfuhr, daß am Vormittag »Walküre I« (Einsatzbereitschaft) an die Schulen ergangen war. Damit war ihm klar, daß an diesem Tag das Attentat stattfinden sollte. Am Montag, 17. Juli, stellte er Olbricht zur Rede und hielt ihm die durch ihn heraufbeschworene Gefahr vor, daß Guderian die Panzer aus Krampnitz wegnähme – die man für den Umsturz brauchte. Die Rüge war bemerkenswert milde. Dabei hätte ihn sein engster Mitarbeiter am 15. Juli beinahe mit Hitler getötet. Als Stauffenberg und Fromm am 18./19. Juli für den 20. wieder zu Hitler bestellt wurden, sagte Fromm wegen anderen Terminen ab – er wollte an dem Donnerstag mit Speer zu Mittag essen, aber Speer hatte schon vorher abgesagt – und beabsichtigte, am Nachmittag nach Westpreußen zu fahren, um seine Enkel abzuholen. Er wußte von Stauffenberg und durch die Vorgänge des 15. Juli, was die Verschwörer planten, und mußte vermuten, daß Stauffenberg das Attentat am 20. wieder versuchen würde. Er selbst wollte das Regime stürzen, hielt aber den Zeitpunkt, als Himmler seine Macht über das Ersatzheer weiter ausdehnte, für ungünstig und wollte bis etwa zum Herbst warten, bis die Kriegsgegner die Reichsgrenzen erreicht hätten und dann mit der Unterstützung der militärischen Verschwörer einen Staatsstreich wagen, doch unterrichtete er die Verschwörer nicht davon.[208a]

Am Sonntag, dem 16. Juli, mußte Siebeck nach dem Frühstück zum Zug, Mertz zum Amt. Ehe Siebeck nach Hirschberg zurückfuhr, begleitete er Mertz zu Stauffenberg, der sofort auf ihn zeigte und fragte: »Wer ist das?« Mertz verbürgte sich für Siebeck. Stauffenberg sprach vom Mißlingen am Samstag wegen Himmlers Fehlen. Er war sich einig mit Mertz, daß er bei der nächsten Gelegenheit darauf keine Rücksicht nehmen werde, er und Mertz also auch ohne Zustimmung ihrer Mitverschworenen handeln würden. Damit anerkannten sie auch die Wahrscheinlichkeit des Fehlschlages. Sie führten die Tat nicht mehr um des praktischen Erfolges willen aus, sondern wegen ihres Symbolwertes.[209] Frau von Mertz fuhr mit ihrer Tochter zu Dieckmanns, Mertz' Schwester und deren Mann, in die Bredowstraße in Potsdam.[210] Gegen Abend ging Stauffenberg zu Beck und erstattete ihm Bericht.[211]

Zum Abendessen war Stauffenberg bei Mertz im Harnackhaus. Frau von Mertz, die Stauffenberg zum ersten Mal sah, fand in ihm einen ganz ungewöhnlichen Menschen: »Umfassendes Wissen, lebhafter Geist, gr. Klugheit, Charme, dominierend in allem, aber in keiner guten Nervenverfassung. So hatten seine Züge nicht das Zusammengefaßte, das Zielbewußtheit u. Sicherheit Ausstrahlende, das ihnen sonst sicher eigen war. Keine politischen Gespräche den ganzen Abend, wohltuend, wenn auch kaum zu glauben.« Frau von Mertz bemerkte auch die unbedingte Gegenseitigkeit der Bindung unter Soldaten, die dem Nichtsoldaten so scharf bewußt macht, daß er nicht dazugehört. Sie merkte Stauffenberg die Anspannung an: »Der, der wußte, fühlte bei Stauffenberg die Nachwirkungen des vorangegangenen Tages, der durch das beabsichtigte und fehlgeschlagene Attentat so Ungeheures von ihm verlangt hatte, fühlte auch die bis zur äußersten Grenze gehende geistig-seelische Anspannung, in der er lebte. Aber das leidenschaftliche Ergriffensein des ganzen Menschen, dies Vibrieren jeden Nervs unter der ruhigen Oberfläche, das ich so stark empfand, steigerte nur den Eindruck, den ich von ihm gewann und gab mir eine umso wesentlichere Vorstellung vom Außergewöhnlichen dieser starken, männlichen Persönlichkeit.«[212]

Stauffenbergs Anspannung – »Nerven« – sahen auch andere – kein Wunder nach den Enttäuschungen des 15. Juli. Rudolf Fahrner, der nie Negatives über Stauffenberg sagte, ließ doch einmal erkennen, daß er Ende Juni Stauffenbergs Ermüdung und Überspannung bemerkte: Stauffenberg habe viel von seiner Dynamik vom Oktober 1943 eingebüßt. Damals habe er »noch« einen Schwung gehabt: Im Oktober 1943 war Stauffenberg »noch so frisch und frei von den vielen Verbindungen, da hatte er einen tollen Zug«, wenn da das Attentat gelungen wäre, hätte er »sicher einen tollen Erfolg gehabt«.[213]

Am selben Abend des 16. Juli kamen bei Stauffenberg in Wannsee Berthold Graf Stauffenberg, Fritz-Dietlof Graf Schulenburg, Trott, Hofacker, Mertz, Schwerin und Hansen zusammen.[214] Sie sprachen über die Lösung der bei den bisherigen Attentatanläufen aufgetretenen Schwierigkeiten und über die Frage, ob der Staatsstreich mit der Öffnung der Westfront (»Westlösung«) begonnen werden könnte.[215] Die Suche nach einer Alternative zum Attentat lag nahe nach den bisherigen Fehlschlägen. Doch schien die »Westlösung« nicht ratsam, weil zu erwarten war, daß Hitler ohne Zögern SS und Heerestruppen gegen die eigene Westfront einsetzen würde.[216]

Cäsar von Hofacker war von Rommel, Kluge, Stülpnagel und Speidel autorisiert, die Koordination der Umsturzmaßnahmen im Westen mit denen im »Führerhauptquartier«, in Berlin und im Reich zu vereinbaren.[217] Eine »Berliner« Lösung durch Usurpation des Nachrichtenapparats für vierundzwanzig Stunden und Ausgabe von Rückzugbefehlen an alle Heeresgruppen wurde ebenfalls erörtert. Schließlich blieb es bei der immer wieder als Voraussetzung für alles Weitere angesehenen »zentralen« Lösung durch die Ermordung Hitlers.[218] Trott vertrat den späteren Aussagen zufolge die Auffassung, daß nach der Beseitigung Hitlers und seines ganzen Regierungssystems Verhandlungen mit West und Ost möglich wären. Es war die Rede von »Verhandlungen von Militär zu Militär«.[219] Wegen der bestehenden Forderung der bedingungslosen Übergabe kamen nur Kapitulationsverhandlungen in Frage.[220]

Am 17. Juli wurde Rommel durch einen feindlichen Fliegerangriff auf sein Auto schwer verletzt. Am selben Tag wurde im Reichssicherheitshauptamt die Verhaftung Goerdelers beschlossen.[221] Am 18. Juli erschien Goerdeler in Berlin und erfuhr von seiner bevorstehenden Verhaftung. Gleichwohl schlug er Stauffenberg vor, er wolle mit Beck zu Kluge fliegen, um die »Westlösung« zu veranlassen, worauf Stauffenberg nicht einging.[222] Im Lauf des 18. Juli ergab sich, daß Stauffenberg am 20. wieder in die »Wolfsschanze« sollte, um Hitler vorzutragen.[223] Am selben Tag erfuhr Stauffenberg durch Kranzfelder von dem in Berlin umlaufenden Gerücht, das »Führerhauptquartier« werde demnächst »in die Luft gesprengt«. Er sagte Kranzfelders Aussage zufolge: »Da gibt es keine andere Wahl mehr. Der Rubikon ist überschritten.«[224]

Am 19. Juli versicherten sich Stauffenberg und Mertz noch einmal der Panzertruppen bei Berlin. Um 10 Uhr erschien Oberstleutnant Stirius aus Cottbus und berichtete Stauffenberg über Gliederung und Stärke seiner Brigade und über die Zeit, in der sie als kampfkräftiger Verband den Raum südlich Hamburg erreichen könnte.[225]

Mertz telephonierte mit Generalmajor Thomale, dem Chef des Stabes beim Generalinspekteur der Panzertruppe, und bat ihn, den befohlenen Abtransport der Panzerlehrtruppen der Panzertruppenschule II nach Ostpreußen um ein paar Tage zu verschieben. Als Grund gab Mertz an, die Truppen würden noch für eine »Walküre«-Übung gebraucht. Thomale rief seinerseits den Generalinspekteur, Generaloberst Guderian, in Allenstein an. Dieser genehmigte den Antrag, Thomale gab den Bescheid an Mertz weiter.[226]

Während Stauffenberg am Nachmittag des 19. Juli zwei Stunden lang eine Besprechung mit etwa dreißig Offizieren seiner Dienststelle abhielt, benachrichtigten die Verschwörer, wie am 14. Juli, Generalfeldmarschall von Witzleben, Generaloberst Hoepner, Generalleutnant von Hase, die zuverlässigen Offiziere des Grenadier-Ersatz-Bataillons 9 in Potsdam und Major von Leonrod in der Panzertruppenschule in Krampnitz mit möglichst unverfänglichen Stichworten, daß der kommende Tag entscheidend sein werde. Hase und Olbricht besprachen noch einmal die vorgesehenen Maßnahmen.[227]

Stauffenbergs Fahrer Schweizer mußte bei Oberstleutnant Fritz von der Lancken in Potsdam eine Aktentasche abholen, in die Tristanstraße 8 in Wannsee bringen und für den nächsten Morgen bereithalten. Sie enthielt zwei verschnürte Pakete, wie sich Schweizer erinnerte.[228] Es war die Tasche mit dem Sprengstoff, die Lancken zwischen den Attentatanläufen verwahrte.

Gegen 18 Uhr war Stauffenberg bei General Wagner in Zossen, sprach fast eine Stunde mit ihm und trieb dann eine halbe Stunde mit ihm Hasen, die der Ordonnanzoffizier mit einer Schrotflinte schoß.[229]

Am Abend traf Stauffenberg noch Trott.[230] Dann ließ er auf der Heimfahrt an einer Kirche in Steglitz halten und trat dort für eine

Weile ein. Zu Hause erwartete ihn sein Bruder Berthold, dem er die Tasche mit dem Sprengstoff zeigte. Fritz-Dietlof Graf Schulenburg und Oppen kamen auch noch. Berthold blieb über Nacht und begleitete seinen Bruder am nächsten Morgen zum Flugplatz.[231]

Stauffenbergs Frau Nina war am 18. Juli mit den Kindern nach Lautlingen gefahren. Er hatte sie am 16. telephonisch gebeten, nicht zu fahren, aber er konnte ihr den Grund seiner Bitte am Telephon nicht sagen und sie hatte die Fahrkarten schon. Er wollte sie am Abend vor dem Tag des Attentats, der nur zu wahrscheinlich sein letzter Lebenstag sein würde, noch sprechen. Als er am 19. abends versuchte, sie in Lautlingen zu erreichen, waren wegen einiger in Ebingen gefallener Bomben die Leitungen dort gesperrt.[232]

Am 20. Juli gegen 7 Uhr fuhr Schweizer die beiden Stauffenbergs zum Flugplatz Rangsdorf. Haeften wartete dort schon, Stieff flog auch mit. Haeften befahl Schweizer, sich in der Kleiderkammer in Spandau eine neue Uniform zu holen. Die Kuriermaschine flog wegen Nebel erst etwa um 8 Uhr ab und landete um 10.15 Uhr in Rastenburg.[233] Wie am 15. Juli wurde Stauffenberg mit einem Auto der Hauptquartierkommandantur abgeholt und zum Kasino des Kommandanten im Sperrkreis II gebracht. Stieff ließ sich nach »Mauerwald« fahren, Haeften fuhr mit. Stauffenberg frühstückte mit Angehörigen des Stabes des Kommandanten, darunter dessen Adjutant, Rittmeister von Möllendorf.[234] Gegen 11 Uhr ließ er sich in den Sperrkreis I zu General Buhle fahren, dem Chef des Heeresstabes beim OKW, seinem früheren Vorgesetzten aus der Organisationsabteilung, und besprach mit ihm und Generalleutnant von Thadden, dem Chef des Generalstabes beim Kommandierenden General des Stellvertretenden Generalkommandos I (Wehrkreis I, Königsberg), die Aufstellung der »Sperrdivisionen«. Bis dahin trug ein begleitender Ordonnanzoffizier vom Stab des Kommandanten die Aktentasche Stauffenbergs, Haeften hatte die mit dem Sprengstoff. Etwa um 11.30 Uhr gingen Stauffenberg, Buhle, Thadden, Oberstleutnant i.G. Lechler, der für Organisation zuständige Mitarbeiter Buhles, und der inzwischen wieder zu Stauffenberg gestoßene Haeften in Keitels Amtsbaracke zu einer weiteren Vorbesprechung.

Haeften nahm an den Besprechungen nicht teil; er fiel in Keitels Baracke durch unruhiges Verhalten auf. Oberfeldwebel Vogel von Keitels Stab, Ordonnanz bei Keitels Adjutanten Major John von Freyend, bemerkte auf dem sonst völlig leeren Fußboden des Flurs, der den bunkerartig befestigten Teil der Baracke von ihrer nichtbefestigten leichtgebauten Hälfte trennte, eine mit Tarnzeltplane umhüllte Pakkung und fragte Haeften, ob das ihm gehöre. Haeften sagte, Oberst Graf Stauffenberg brauche das für seinen Vortrag beim »Führer«. Kurz vor 12 Uhr sah Vogel die Packung nicht mehr.[235]

Gegen 12 Uhr rief Hitlers Diener Linge an und erinnerte Keitel, daß die »Morgenlage« um 12.30 Uhr beginne; sie war vorverlegt worden, weil Mussolini mit seinem Sonderzug zur »Wolfschanze« unterwegs war und am frühen Nachmittag erwartet wurde. Mussolini war zur Besichtigung italienischer Truppen in Deutschland unterwegs, der Besuch bei Hitler war kurzfristig angesetzt worden; Mussolini wollte mit Hitler über die Erhaltung der italienischen Divisionen »Italia« und »Littorio« sowie Dispositionen für die italienischen Militärinternierten sprechen; Mussolinis Zug wurde nach dem Attentat aufgehalten und fuhr erst um15.30 Uhr in der »Wolfschanze« ein. Etwa um 12.25 Uhr wurde Keitel gemeldet, Generalleutnant Heusinger, der Chef der Operationsabteilung des Generalstabes des Heeres, sei mit dem Triebwagen von »Mauerwald« angekommen; Keitel wurde unruhig und drängte zur Eile. Nun mußte Stauffenberg, nach den Erfahrungen des 15. Juli, ruhig bleiben und womöglich warten, bis es nicht mehr ging oder bis er wußte, daß Hitler in der »Lagebaracke« sei. Noch ehe die Besprechung ganz zu Ende war, fragte Stauffenberg John, wo er das Hemd wechseln und sich frisch machen könne; das Wechseln des Hemdes motivierte die Zuziehung Haeftens, mit dem Stauffenberg in einen Aufenthaltsraum nahe dem Barackenausgang ging, wo sie sich zusammen mit den Aktentaschen und deren Inhalt beschäftigten – das Hemd war in der Aktentasche mit dem Sprengstoff, es konnte als Alibi dienen. Johns Ordonnanz Oberfeldwebel Vogel folgte seinem Vorgesetzten vor die Baracke und bemerkte beim Vorbeigehen, wie Stauffenberg und Haeften im Aufenthaltsraum an einem Gegenstand hantierten. Keitel, Buhle, John sowie Lechler und Thadden, die nicht zur »Lage« gingen, warteten vor dem Eingang des Gebäudes auf Stauffenberg.[236]

Da rief Fellgiebel in Keitels Baracke an und wollte Stauffenberg sprechen. John nahm das Gespräch an und schickte Oberfeldwebel Vogel zu Stauffenberg mit der Mitteilung, Fellgiebel habe angerufen, und der Aufforderung, Stauffenberg möge sich beeilen für den Gang zur »Lagebaracke«. Vogel ging zum Aufenthaltsraum, öffnete die Tür und stieß damit an Stauffenbergs Rücken. Er sah, wie sich Stauffenberg und Haeften hastig mit einem Gegenstand beschäftigten, er entledigte sich seines Auftrags, Stauffenberg antwortete erregt und abrupt, er komme sofort. Zur selben Zeit rief John vom Ausgang: »Stauffenberg, so kommen Sie doch!« Vogel blieb noch einige

Sekunden an der Tür zum Aufenthaltsraum stehen und sah hinein, tat ein paar Schritte in Richtung seines Dienstzimmers, da stürzte Stauffenberg aus dem Zimmer und aus der Baracke. Vogel hatte nicht bemerkt, was Stauffenberg mit Haeften tat, aber Stauffenberg konnte dies nicht wissen.[237]

Vor der Baracke blickten sich John und Stauffenberg wütend an. John wollte Stauffenbergs Aktentasche nehmen, hatte schon die Hand am Griff, Stauffenberg entriß sie ihm, Vogel staunte über die Energie des Schwerversehrten.[238]

Stauffenberg und Haeften hatten zwei Packungen von je 975 Gramm Plastiksprengstoff deutscher Herstellung mit je zwei englischen Übertragungsladungen. In einer Packung enthielt jede Übertragungsladung einen englischen Zünder für nominell 30 Minuten Zündverzögerung, in der anderen war nur ein solcher Zünder.[239]

Stauffenberg mußte darauf ausgehen, alle in der Lagebesprechung Anwesenden zu töten, da er nicht wissen konnte, wie weit Hitler im Augenblick der Explosion von der im Besprechungsraum zurückgelassenen Aktentasche entfernt sein würde. Die Quellen belegen diese Absicht auch unabhängig von der Logik der Umstände.[240] Nach dem Urteil der Fachleute hätten die beiden Packungen zur Tötung aller in der Lagebesprechung Anwesenden genügt.[241] Stauffenberg ging aber nur mit einer der beiden Packungen in der Aktentasche zur Lagebesprechung, die andere ließ er bei Haeften zurück.[242] Die Nichtverwendung dieser Hälfte des mitgebrachten Sprengstoffes war ein Fehler in der Ausführung des Planes, der der Störung durch Vogel und der dadurch erhöhten Entdeckungsgefahr und Nervenbelastung zuzuschreiben ist.

Das Ingangsetzen der Zünder war ein heikler Vorgang. Stauffenberg hatte eine Flachzange zur Verfügung, mit der er notfalls auch alleine hantieren konnte, allerdings mit größerem Zeitaufwand, als wenn er Hilfe hatte. Er mußte die Kupferhülsen zusammenpressen, in denen die Glasampullen mit der Säure staken, die in der berechneten Zeit Spanndrähte zerfressen sollte, die ihrerseits Spiralfedern mit Zündbolzen gespannt hielten. Dabei mußte er vorsichtig vorgehen, damit der Spanndraht nicht durch den Druck der Zange geknickt wurde. Danach mußte er durch ein Schauloch feststellen, ob die Feder noch gespannt war, mußte einen Sicherungsstift entfernen und dann den Zünder in die Übertragungsladung einsetzen.[243]

Wollte Stauffenberg die Zündsicherheit erhöhen – derselbe Zündertyp hatte im März 1943 versagt –, so mußte er noch einen weiteren Zünder in Gang setzen, am besten auch den dritten. Die Störung durch Vogel vereitelte einen Teil dieser Hantierungen. Man kann voraussetzen, daß Stauffenberg, falls er zum Ingangsetzen des zweiten und dritten Zünders keine Zeit zu haben glaubte, angenommen hätte, daß die Detonation der einen Ladung die der anderen gleichzeitig bewirken würde. Dem Beilegen der zweiten Packung auch ohne weitere in Gang gesetzte Zünder stand also keine technische Überlegung im Wege. Das Zurücklassen der zweiten Sprengstoffpackung war eine Fehlleistung.

Haeften ging und kümmerte sich um das Auto, mit dem Stauffenberg und er nachher zum Flugplatz fahren wollten. John begleitete Stauffenberg und Buhle zur »Lagebaracke«, Stauffenberg unterhielt sich lebhaft mit Buhle. Kurz vor der »Lagebaracke« gab Stauffenberg seine Tasche John und bat ihn, ihn nahe bei Hitler zu plazieren.

Der Vortrag der Lage an der Ostfront durch Generalleutnant Heusinger war im Gang, Göring und Himmler waren nicht gekommen. Hitler und General Warlimont drehten sich bei Stauffenbergs Eintritt um und sahen ihn an. Warlimont erinnerte sich an den Anblick: »Das klassische Bild des Kriegers durch alle geschichtlichen Zeiten. Ich kannte ihn kaum, aber wie er dort stand, das eine Auge durch eine schwarze Binde verdeckt, einen verstümmelten Arm in einem leeren Uniformärmel, hochaufgerichtet, den Blick geradeaus auf Hitler gerichtet, der sich nun auch umgedreht hatte, bot er, wie gesagt, ein stolzes Bild, wie man es von dem Generalstabsoffizier, dem deutschen Generalstabsoffizier jener Zeit, gewohnt war.«[244]

Keitel meldete Hitler Oberst Graf Stauffenberg, der über die Neuaufstellungen vortragen werde. Hitler gab Stauffenberg die Hand. John bat einen Teilnehmer, Stauffenberg seinen Platz am Kartentisch zu überlassen, so daß nur noch der vortragende Heusinger zwischen Hitler und Stauffenberg stand, und stellte Stauffenbergs Tasche vor diesen hin. Stauffenberg schob sie so weit wie möglich in die Nähe Hitlers, doch trennte schließlich der massive rechte, quer zur Länge der Tischplatte unter dem ganzen Tisch verlaufende Sockel die Tasche von Hitler. Stauffenberg murmelte etwas, gab John ein Zeichen und verließ mit ihm den Raum. Draußen bat er John um eine Telephonverbindung zu General Fellgiebel. John gab dem Telephonisten den Auftrag, Stauffenberg nahm den Hörer, John ging ins Lagezimmer zurück, Stauffenberg legte den Hörer hin und ging weg. Koppel und Mütze ließ er zurück, ging zum Adjutanturgebäude (813 auf der Karte), wo er Fellgiebel und Haeften fand. Er trat sogleich mit Fellgiebel vor die Baracke, und während er mit ihm sprach, erfolgte in der »Lagebaracke« eine Detonation.

Es war zwischen 12.40 und 12.50 Uhr. Fellgiebel sagte später aus, er und Stauffenberg hätten gesehen, wie ein unter dem Umhang des »Führers« liegender Verletzter herausgetragen wurde, und hätten daraus geschlossen, daß Hitler tot sei.[245] Stauffenberg war davon überzeugt; dreieinhalb Stunden später, als er in sein Zimmer in der Bendlerstraße trat, sagte er, Hitler sei tot, er habe gesehen, wie man ihn hinausgetragen habe.[246]

Auf die Detonation hin entfernten sich Stauffenberg und Haeften und fuhren zum Flugplatz – nicht ganz ohne Schwierigkeiten, da wegen der Explosion alle Ausfahrten gesperrt wurden. Am ersten von zwei bewachten Durchlässen kam Stauffenberg mit Kaltblütigkeit und militärischer Barschheit durch. Am zweiten, einer Außenwache am Weg zum Flugplatz, kam er erst weiter, nachdem er mit Rittmeister von Möllendorf telephoniert und dieser den Wachhabenden ermächtigt hatte, Stauffenberg passieren zu lassen. An dem schmalen Sträßchen zum Flugplatz warf Haeften das zweite Sprengstoffpaket aus dem Wagen in den Wald.[247] Ein Flugzeug stand bereit, der Generalquartiermeister hatte seine »He 111« zur Verfügung gestellt, Stauffenberg hätte sonst auf einen Kurierflug warten müssen. Stauffenberg und Haeften stiegen ein und flogen um 13.15 Uhr ab.

Der Flug mit der »He 111« mußte nicht länger als eineinhalb, konnte bei ungünstigen Windverhältnissen auch zwei Stunden dauern.[248] Die Geheime Staatspolizei stellte »gegen 15.45 Uhr« als Landezeitpunkt fest.[249] Am Flugplatz Rangsdorf fanden Stauffenberg und Haeften weder den vorgesehenen Panzerspähwagen noch den Fahrer Schweizer mit dem Dienstauto vor. Schweizer erinnerte sich später hilflos, er habe in Rangsdorf vergeblich gewartet und schließlich habe man ihm gesagt, Stauffenberg sei schon in der Bendlerstraße. Der Leiter der Fahrbereitschaft in der Bendlerstraße berichtet dagegen, am Nachmittag sei ein Anruf gekommen, Schweizer solle Stauffenberg am Flugplatz abholen; vielleicht fuhr Schweizer zu spät, zur Ankunftzeit des planmäßigen Kurierflugzeuges, nach Rangsdorf. Stauffenberg jedenfalls mußte sich in Rangsdorf vom General der Schlachtflieger ein Auto beschaffen.[250] Inzwischen rief Haeften gegen 16 Uhr in der Bendlerstraße an[251] und meldete, Hitler sei tot: Zum ersten Mal hörten die Verschwörer dort diese Nachricht. Für die etwa dreißig Kilometer von Rangsdorf zur Bendlerstraße brauchte ein Auto wohl eine halbe Stunde. Stauffenberg kam etwa um 16.30 Uhr dort an.[252]

Einer der Adjutanten Hitlers, der den Anschlag im Lagezimmer in der »Wolfschanze« miterlebt und Hitler nur leicht verletzt gesehen hatte, eilte sofort zum gegenüber dem »Führersperrkreis« liegenden

Vermittlungsbunker und bemühte sich um die Kontrolle der Nachrichtenwege. Der Wehrmacht-Nachrichten-Offizier des Hauptquartiers wurde herzitiert, Fellgiebel ging gemessenen Schrittes ebenfalls zum Vermittlungsbunker. Hier fielen seine Absichten mit denen der bisherigen Machthaber zusammen. Er brauchte nur die Nachrichtensperre zu bestätigen, für die sein Chef des Stabes, Oberst Hahn, von »Mauerwald« aus schon vor 12 Uhr vorbereitende Weisungen gegeben hatte. Die Sperre der Nachrichtenverbindungen dauerte dann zwischen zwei und drei Stunden, war jedoch auch in dieser Zeit nicht lückenlos. Fellgiebel, General Wagner, Generalfeldmarschall Keitel, Himmler und andere konnten telephonieren, aber der sonstige Telephon- und Fernschreibverkehr ruhte.[253] Etwas später, als Fellgiebel auf dem Sträßchen vor dem »Führersperrkreis« auf und ab ging, sah er, daß Hitler, der sich umgezogen hatte und seinen derzeitigen Wohnbunker nach Sprengkörpern durchsuchen ließ, innerhalb der Umzäunung ebenfalls spazierenging. Fellgiebel ging zurück zum Nachrichtenbunker und gab die Nachricht vom Attentat und vom Überleben Hitlers an Generalleutnant Thiele durch.[254]

Für den Fall eines offenbar gewordenen, aber mißlungenen Attentats war anscheinend nichts vereinbart. Aus den Vorgängen des 15. Juli ist zu schließen, daß Stauffenbergs Mitverschwörer sich für diesen Fall nicht festlegen wollten. Die Vorgänge des 20. Juli zeigen, daß einige von ihnen hofften, in diesem Fall sich selbst zu retten.

Als Thiele kurz nach 13 Uhr von Fellgiebel und wenig später auch von Oberst Hahn die telephonische Meldung vom Attentat und seinem Mißlingen erhielt, beschloß er mit Olbricht, es wäre das Beste, zunächst gar nichts zu tun, sondern wie gewöhnlich zum Mittagessen zu gehen. Olbricht und Thiele nahmen auch Querverbindung zum Generalquartiermeister in Zossen auf, der die Nachricht vom ausgeführten Attentat, von dabei Verwundeten und vom Überleben Hitlers von Oberst Hahn vor 13.30 Uhr erhielt. Sie beschlossen mit General Wagner, das Beste sei, sich so zu verhalten, als wisse man von nichts. So fuhren sie alle zum Mittagessen und kamen erst etwa um 15 Uhr wieder zurück.[255] Der Sinn solchen Verhaltens konnte nur sein, den Anschein der Mitwisserschaft zu vermeiden.[256] Am Abend sagte Olbricht Gisevius, er sei durch Thiele von Fellgiebel über die Ausführung und das Mißlingen des Attentats unterrichtet worden und sei in einer sehr unangenehmen Lage gewesen, weil Hitler das Attentat überlebt hatte, da habe er sich gesagt, jetzt müsse er erst warten, was sonst noch für Nachrichten aus der »Wolfschanze« kämen. Dann fragte er Gisevius, ob man wohl noch alles abstreiten könnte.[257]

Mertz muß die Nachricht vom Attentat zur selben Zeit wie Olbricht erhalten haben. Daraufhin bemühte er sich sofort, die »Walküre«-Truppen der Panzerschule in Krampnitz nach Berlin zu bringen.[258]

Major i.G. von Oertzen gab den Alarmbefehl gegen 14 Uhr im Auftrag des Allgemeinen Heeresamtes an den Kommandeur der Schule durch. Er befahl Marschbereitschaft und Aufklärung gegen die SS-Kasernen Lichterfelde und Lankwitz.[259] Major Rode, Kommandeur der Lehrgruppe II, fuhr mit zwei Achtrad-Spähpanzern der Lehrtruppe, die als Fahrschulfahrzeuge getarnt waren, nach Lichterfelde bis in Sichtweite des Kasernentors, meldete, alles sei ruhig, und fuhr dann auf weiteren Befehl zur Siegessäule.[260]

Die Infanterieschule Döberitz erhielt ihren »Walküre«-Befehl auch schon gegen 14 Uhr.[261]

Mertz befahl weiter seinem Sachbearbeiter für Alarmvorbereitungen in den Stellvertretenden Generalkommandos und Wehrkreiskommandos, Major i.G. Harnack, sofort telephonisch und durch Fernschreiben die »Walküre«-Maßnahmen in allen Wehrkreisen auszulösen.[262]

Inzwischen ließ Mertz die Generalstabsoffiziere des Stabes des Allgemeinen Heeresamts zu sich kommen und gab bekannt, Hitler sei einem Attentat zum Opfer gefallen; die Wehrmacht habe die vollziehende Gewalt übernommen, um Ruhe und Ordnung zu gewährleisten und an den Fronten weiterzukämpfen; über die Eingliederung der Waffen-SS in das Heer werde verhandelt; Generalfeldmarschall von Witzleben sei neuer Oberbefehlshaber der Wehrmacht; Generaloberst Beck habe die Führung des Reiches übernommen.

Thiele bemühte sich um 15 Uhr um die Wiederherstellung der Nachrichtenverbindungen. Ab 16.05 Uhr galt in der »Wolfschanze« wieder normaler Telephon- und Fernschreibverkehr.[263] Kurz nach 15 Uhr sagte Thiele Olbricht und Hoepner, aus dem »Führerhauptquartier« sei ein Kommuniqué zu erwarten, man solle das Radio einschalten. Die Generale warteten, das Kommuniqué kam nicht. Mertz trieb und drängte Olbricht, die für »Walküre 2. Stufe« vorbereiteten Befehle und die Aufrufe herauszugeben, Olbricht war unsicher und zögerte.[264]

Oberst i.G. Kratzer, der Stellvertreter des Chefs der Amtsgruppe Wehrmachtpropaganda, hatte bei den Vorbereitungen für die Erhebung die Aufgabe bekommen, für Generalleutnant Thiele eine Gruppe von Propagandaoffizieren zusammenzustellen und mit ihnen am Erhebungstag den Sender Nauen und den Deutschlandsender zu besetzen und vorbereitete Aufrufe verlesen zu lassen. Kratzer hatte für Fahrzeuge gesorgt und bat von etwa 16.30 Uhr ab mehrfach Stauffenberg und Olbricht um den Einsatzbefehl. Stauffenberg wies ihn an Olbricht. Dieser sagte, die Lage sei noch ungeklärt; niemand sollte mehr neu für die Erhebung eingesetzt werden, der noch nicht gefährdet sei. Ein paar Abteilungen Kampftruppen seien aber zu den Sendern schon unterwegs.[265] Olbricht gab also die Sache verloren.

Mertz hatte schließlich auf den Anruf Haeftens aus Rangsdorf hin Olbricht »überfahren« und kurz vor 16 Uhr eigenmächtig weitere Befehle herausgegeben. Olbricht sagte am Abend zu Gisevius: »Der Mertz hat mich überspielt.«[266] Olbricht wollte demnach die Erhebung ganz abblasen und sich weiter totstellen, wie er es nannte.[267] Aber etwa um 16 Uhr ließ er sich von Mertz dann doch die Zustimmung zur Herausgabe weiterer Befehle abringen und ging mit ihm zu Fromm. Nun wollte Fromm seine Zustimmung zur Herausgabe der Befehle nicht erteilen. Er ließ Keitel anrufen und erfuhr, daß Hitler das Attentat überlebt hatte. Er wollte sich ähnlich wie zuvor schon Olbricht verhalten.[268]

Inzwischen gingen diese Befehle hinaus:[269] »Walküre 2. Stufe« für alle Wehrkreise »unter Rückgriff auf sämtliche Bestände des Feld- und Ersatzheeres«, x-Zeit 20. Juli 18 Uhr; und das Fernschreiben an alle Wehrkreisbefehlshaber, territorialen Befehlshaber, die Oberkommandos der Wehrmachtteile und die diesen unmittelbar unterstehenden Kommandobehörden, das mit den Sätzen begann: »Der Führer Adolf Hitler ist tot! Eine gewissenlose Clique frontfremder Parteiführer hat es unter Ausnutzung dieser Lage versucht, der schwerringenden Front in den Rücken zu fallen und die Macht zu eigennützigen Zwecken an sich zu reißen.« Der erste Befehl war mit »Mertz« unterzeichnet, der zweite mit »Witzleben« als Oberbefehlshaber der Wehrmacht und mit der Paraphe »M.«[270]

Oertzen wurde mit den »Walküre«- und anderen Befehlen zum Stellvertretenden Generalkommando am Hohenzollerndamm geschickt. Major i.G. Hayessen fungierte als Verbindungsoffizier beim Wehrmachtstandort-Kommandanten. Olbricht rief etwa um 16 Uhr noch selbst Generalleutnant von Hase an; um 16.10 Uhr erhielt das Wachbataillon »Großdeutschland« in Moabit in der Rathenower Straße 10 den Alarmbefehl.[271]

Die ersten Befehle – die Verkündigung von Hitlers Tod mit den Erklärungen über die vollziehende Gewalt für die militärischen Befehlshaber und die Anweisungen über Maßnahmen gegen Ämter und Amtsträger des bisherigen Regimes – waren lang und wurden verschlüsselt und einzeln auf Geheimschreibern abgesetzt.[272] Natürlich wollten die Verschwörer ihre Gegner nicht warnen, die sich über die Vermittlungsämter in die Leitungen einschalten konnten. Aber das Absetzen dauerte Stunden, und so ließ Olbricht seine Sekretärin Delia Ziegler noch weitere Exemplare der beiden ersten langen Befehle auf der Schreibmaschine schreiben. Als Olbrichts andere Sekretärin Anni Lerche um 17.30 Uhr von einer Besorgung außer Haus zurückkam, mußte sie auch noch Exemplare der Standrechtverordnungen auf der Maschine schreiben.[273]

Kurz vor 16 Uhr ging Olbricht mit den Vorbefehlen für »Walküre« zu Fromm und schlug vor, angesichts des Todes Hitlers, den ihm Fellgiebel mitgeteilt habe, »Walküre« auszulösen, Fromm wollte sich erst von Hitlers Tod überzeugen. Olbricht stellte ein Gespräch mit Keitel her, sprach aber zuerst mit Keitels Adjutanten John von Freyend. John sagte Fromm, ein Attentat auf Hitler sei mißlungen. Dann bestätigte Keitel Fromm das Mißlingen des Attentats, teilte ihm seine Unterstellung unter Himmler, der nach Berlin unterwegs sei, mit, forderte ihn auf, sofort in das »Führerhauptquartier« zu fliegen, und fragte, wo Stauffenberg sei. Fromm sagte, er sei noch nicht zurück. Olbricht ging zu Mertz und dem inzwischen eingetroffenen Hoepner und teilte ihnen mit: »Der Fromm will nicht unterschreiben.« Mertz meldete, daß er inzwischen die nächste Stufe ausgelöst habe. Olbricht ging mit Mertz und Thiele wieder zu Fromm. Als Fromm im Gedanken an den 15. Juli Olbricht fragte, ob inzwischen besondere Befehle herausgegeben worden seien, antwortete Olbricht ausweichend, aber sagte schließlich, »wir« haben »Walküre« ausgelöst. Fromm schlug mit der Faust auf den Tisch und schrie, das sei Hochverrat, darauf stehe die Todesstrafe, wer den Befehl gegeben habe? Olbricht antwortete, das habe sein Chef des Stabes getan. Mertz wurde herbeigeholt, um es zu bestätigen, Kleist und Haeften begleiteten ihn. Fromm erklärte ihn für verhaftet, Mertz setzte sich auf einen Stuhl beim Fenster. Olbricht und Thiele verließen Fromms Zimmer.[273a]

Als Stauffenberg und Haeften um 16.30 Uhr in Stauffenbergs Zimmer kamen, warteten hier Berthold Stauffenberg in seiner Marineuniform, Fritz-Dietlof Graf Schulenburg, Oberst Jäger (Ritterkreuzträger, Kommandeur der Panzertruppen XXI), Oberleutnant von Kleist und Hauptmann Fritzsche. Stauffenberg teilte mit: »Er ist tot. Ich habe gesehen, wie man ihn hinausgetragen hat.« Dann gingen er und Haeften sofort zu Olbricht, der die Nachricht auch von Stauffenberg selbst hören wollte. Stauffenberg versicherte ihm, es sei eine Detonation wie von einer 15-cm-Granate gewesen, da könne kaum noch jemand am Leben geblieben sein.[274]

Als Olbricht sagte, Fromm wolle Mertz verhaften, gingen Olbricht und Stauffenberg zu Fromm. Olbricht meldete, Stauffenberg habe ihm den Tod Hitlers bestätigt, Fromm entgegnete, das könne nicht sein, Keitel habe ihm soeben das Gegenteil versichert. Stauffenberg wiederholte, er selbst habe gesehen, wie man Hitler tot hinausgetragen habe; Keitel lüge wie immer.[275] Fromm sagte, das müsse jemand in Hitlers Umgebung getan haben. Stauffenberg sagte, er selbst habe die Bombe gezündet und wisse sicher, daß Hitler tot sei. Olbricht appellierte an Fromm, sich den Verschwörern anzuschließen. Was immer Fromm nun tat, es würde ihn, zumindest in seinem Amt, nicht retten. Seine Kenntnis und Duldung der Verschwörung war zu offenbar, der weitergehende Verdacht, daß er Stauffenberg zum Zweck der verschwörerischen Zusammenarbeit zu sich geholt habe, war unausweichlich. Aber Fromm wollte doch nicht mit Olbricht zum Märtyrer für die Idee eines »anderen Deutschland« werden. Er erklärte Olbricht, Stauffenberg und Mertz für verhaftet. Stauffenberg erklärte sehr ruhig, vielmehr sei Fromm verhaftet. Fromm stellte noch einmal fest, das Attentat sei mißlungen, Stauffenberg müsse sich erschießen. Dieser lehnte kühl ab. Fromm sprang auf, Stauffenberg und Olbricht standen auch auf, Fromm ging – wie Kleist berichtet – mit erhobenen Fäusten auf Stauffenberg los, Kleist und Haeften traten dazwischen und drückten Fromm ihre Pistolen in den Bauch, Fromm beruhigte sich. Stauffenberg gab ihm fünf Minuten Bedenkzeit für die Entscheidung, sich der Erhebung anzuschließen. Nach Ablauf der Frist ging Olbricht wieder zu Fromm, der ihm sagte, er betrachte sich als von seinen Befehlsbefugnissen entbunden, worauf er mit seinem Ordonnanzoffizier in einem Nebenzimmer festgesetzt wurde.[276] Nun galt es, den Erfolg der ausgegebenen Befehle abzuwarten.

Der Chef der Organisationsabteilung des Generalstabes des Heeres, Stieff, rief den Generalquartiermeister Wagner zwischen 16 und 17 Uhr in Zossen an und sagte, er höre aus der Dienststelle des Befehlshabers des Ersatzheeres, daß vollziehende Gewalt verkündet sei, das sei aber völliger Wahnsinn. Wagner als Generalquartiermeister und dienstältester Offizier im Hauptquartier des Chefs des Generalstabes des Heeres in Zossen befahl Stieff, sofort alles, was bei der Erhebung geschah, dem Chef des Oberkommandos der Wehrmacht, Keitel, zu melden.[277] Wagner verriet also seine Mitverschworenen.

Inzwischen trafen weitere Verschworene in der Bendlerstraße ein: Generaloberst Beck mit Graf Schwerin von Schwanenfeld, Oppen, Ludwig von Hammerstein; Hoepner war schon früher gekommen. Gisevius kam mit Helldorf und dem Potsdamer Regierungspräsidenten Gottfried Graf von Bismarck, Helldorf und Bismarck gingen nach ihrer Einweisung wieder. Als nach 18 Uhr Gerstenmaier eintraf, war die Stimmung in der Bendlerstraße schon etwas gedrückt. Aber Stauffenberg telephonierte unablässig mit den Kommandostellen im Reich, beantwortete Anfragen und Rückfragen wegen Hitlers Tod und wegen der ausgegebenen Befehle, suchte den Umsturz voranzubringen.[278]

Der Stellvertretende Kommandierende General des III. Armee-Korps, General von Kortzfleisch, war zu Fromm bestellt und kam weisungsgemäß in die Bendlerstraße, wurde hier aber von Olbricht, Beck und Hoepner hingehalten. Als er hörte, Hitler sei tot, rief er immer wieder, der »Führer« lebe, wurde nach einem Versuch zu entkommen von Hammerstein und Kleist festgesetzt, tobte noch etwas und wollte dann nach Hause, um in seinem Garten Unkraut zu jäten.[279] Als neuen Kommandierenden General schickten die Verschwörer Generalleutnant von Thüngen zum Hohenzollerndamm, der erst nach 19 Uhr und ohne Eile sich dahin begab und dann ohne Energie lavierte, statt sich um Truppen zu bemühen, um die auf einem Stadtplan eingezeichneten Dienststellen der Regierung, der SS und der Partei besetzen zu lassen.[280]

Generalleutnant von Hase befahl den Kommandeur des Wachbataillons, Major Remer, zu sich sowie die Kommandeure der Heeres-Feuerwerkerschule, der Heeres-Waffenmeisterschule und der in Berlin liegenden Landesschützen-Bataillone.[281] Remer erhielt den Befehl, das Regierungsviertel vom Potsdamer Platz über die Saarlandstraße – Anhalter Straße – Wilhelmstraße – Kochstraße – Friedrichstraße – Dorotheenstraße – Hermann-Göring-Straße und wieder bis zum Potsdamer Platz mit drei Kompanien hermetisch abzusperren, was Remer sofort veranlaßte.[282] Um 18.30 Uhr war die Absperrung des Regierungsviertels vollzogen. Remer kontrollierte persönlich die aufgestellten Sicherungen. Gegen 18 Uhr traf ein Zug des Wachbataillons in der Bendlerstraße ein und wurde zu Wachdiensten beordert.[283] Dreißig Stoßtrupps aus Soldaten der Feuerwerker- und Waffenmeister-Schulen und Kriminalbeamten, die der Reichskriminalpolizeidirektor Nebe zur Verfügung stellte, sollten die wichtigsten Regierungsstellen besetzen.[284]

Um 18.30 Uhr meldete der Rundfunk, daß Hitler ein Attentat überlebt habe und später zum Volk sprechen werde. Es war der Erhebung nicht gelungen, die Rundfunkeinrichtungen so unter ihre Kontrolle zu bringen, daß solche Meldungen der bisherigen Machthaber unterblieben.

Darauf kam alles, was angelaufen war, erst ins Stocken und wurde dann rückläufig.

Unabhängig davon hatte der »Nationalsozialistische Führungs-Offizier« des Wachbataillons, Leutnant Hagen, Zweifel an der Rechtmäßigkeit der Vorgänge bekommen. Er ging zu Goebbels, sprach ihm seine Zweifel aus und brachte Remer zu ihm. Remer machte sich Hagens Zweifel nicht sofort zu eigen. Goebbels stellte daraufhin eine Telephonverbindung mit Hitler her, ließ Remer selbst mit dem »Führer« sprechen, der ihm vor kurzem persönlich das Ritterkreuz verliehen hatte und ihn nun fragte, ob er seine Stimme erkenne. Remer sagte: »Jawohl.« Hitler übertrug ihm Vollmacht zur Unterdrückung des Aufstandes, bis Himmler, der zum Befehlshaber des Ersatzheeres ernannt sei, einträfe.[285] Remer stellte sich gegen seine bisherigen Befehlshaber, die er als Meuterer ansehen mußte.

Die Panzergrenadier-Ersatz-Brigade »Großdeutschland« in Cottbus illustriert die Schwierigkeiten und Erfolgsaussichten des Umsturzes. Einerseits lief der Befehlsapparat, andererseits hielten sich die Offiziere an das, was sie für rechtmäßig hielten, so daß die Truppen je nach Anschein teils den Verschwörern, teils den Hitler-Loyalen zur Verfügung standen.

Zwischen 15 und 16 Uhr rief Oberstleutnant i.G. Bernardis bei der Brigade an und gab den Inhalt des ersten langen Befehls durch (»Der Führer Adolf Hitler ist tot«) sowie das Stichwort »Walküre« und den Auftrag für die Brigade, den Sender Königs Wusterhausen zu besetzen. Kommandeur und Adjutant der Brigade hatten sich umgehend beim Stellvertretenden Generalkommando in Berlin zu melden. Der Adjutant, Oberleutnant Delius, der den Anruf erhielt, rief Bernardis zurück und ließ sich den Befehl bestätigen. Der Kommandeur, Oberst Schulte-Heuthaus, war bei Übungen im Gelände unerreichbar.[286]

Um 16.25 Uhr teilte Delius dem Kommandeur des Panzergrenadier-Ersatz-Regiments »Großdeutschland«, Oberstleutnant Stirius, den Eingang des Stichworts »Walküre« und eines weiteren Befehls mit, der gerade entschlüsselt werde. Dieser wurde Stirius um 16.45 Uhr vorgelegt und begann mit den Worten »Innere Unruhen! Eine gewissenlose Clique frontfremder Parteiführer [...]« Da hatte also ein Absender, wahrscheinlich einer der Fernschreiber, den Satz von Hitlers Tod schon weggelassen.[287] Die Masse der »Walküre«-Truppe der Ersatz-Brigade hatte in ihre Bereitstellungsräume in Berlin-Süd zu rücken. In Abwesenheit des Brigadekommandeurs übernahm Stirius, der Kommandeur des Panzer-Ersatz-Regiments, den Befehl über die Alarmmaßnahmen, bis Schulte-Heuthaus etwas später wiederkam, selbst den Befehl übernahm und alle von Berlin befohlenen Maßnahmen nach dem »Walküre«-Plan ordnungsgemäß weiter abwickeln ließ.

Obwohl die Ersatz-Brigade dem Stellvertretenden Generalkommando unterstand, kam der eben entschlüsselte Befehl aus dem Allgemeinen Heeresamt, was Stirius merkwürdig vorkam. Zwischen 17 und 17.15 Uhr gab er gleichwohl die geforderten Befehle zur Besetzung der Sendeanlagen; dem Führer der Panzer-Funk-Kompanie befahl er den unverzüglichen Abmarsch zum Deutschlandsender nach Herzberg, dem Kommandeur des IV. Bataillons in Guben die Besetzung des Senders in Königs Wusterhausen. Danach bis 18 Uhr gab er den übrigen Kommandeuren ihre Marschbefehle. Die örtlichen SA-Führer, Ortsgruppenleiter der NSDAP und SS-Führer (SS-Truppenübungsplatz in Libbenichen an der Bahn Eberswalde-Frankfurt an der Oder) wurden zur Brigade gebeten; sie unterstellten sich alle deren Befehlen. Der Kommandeur fuhr mit seinem Adjutanten gegen 18 Uhr nach Berlin zum Stellvertretenden Generalkommando.[288] Um 18 Uhr fragte Oertzen nach, inwieweit »Walküre« angelaufen sei; man sagte es ihm (die Anfrage kam wenigstens von der zuständigen Stelle am Hohenzollerndamm).

Nach 18 Uhr[289] kam der Ordonnanzoffizier der Brigade zu Stirius mit der Nachricht, er habe sich beim Adjutanten des Wachbataillons, das zur selben Division »Großdeutschland« gehörte, nach der Lage erkundigt und erfahren, Hitler sei bei einem Attentat nur leicht verletzt worden, in Berlin sehe es aber nach einem Putsch aus. Um 18.30 Uhr kam die Rundfunkmeldung über das Attentat. Kurz danach setzte sich das verstärkte I. Bataillon der Brigade als »Walküre«-Verband in Marsch. Gegen 18.45 Uhr meldete der Führer der Panzer-Funk-Kompanie aus Herzberg, der Deutschlandsender sei in der Hand der Brigade, die SS-Wache abgelöst; Hitler werde später einen Aufruf an das deutsche Volk erlassen.

Um 19 Uhr unterrichtete Stirius Oertzen telephonisch über die Ausführung der gegebenen Befehle. Oertzen zeigte sich unsicher über die Lage in Berlin und sagte, es seien noch politische Fragen zu klären. Als der Kommandeur des Wachbataillons telephonisch einen Verband mit schweren Waffen erbat, fand Stirius nichts zu veranlassen, da die »Walküre«-Verbände der Cottbuser Brigade schon unterwegs oder mit Marschbefehlen versehen waren. Um 20.30 Uhr fragte der Führer der Schützen-Panzer-Kompanie telephonisch aus Zossen, wo die Kompanie beim Gefechtsschießen war, nach Befehlen; Stirius befahl Marschbereitschaft. Zur Klärung der Lage entsandte er Offiziere zu den Standorten Frankfurt an der Oder und Spremberg sowie nach Berlin zum Befehlshaber des Ersatzheeres und zum Stellvertretenden Generalkommando. Dann wollte er selbst zum Generalkommando fahren, erfuhr jedoch vorher, die »Walküre«-Maßnahmen seien zurückgenommen, die nach Berlin in Marsch gesetzten Verbände seien schon unterwegs angehalten und zurückgeschickt worden (sie trafen nach Mitternacht wieder in ihren Standorten Cottbus und Guben ein).[290]

Der Kommandeur der Brigade und sein Adjutant kamen etwa um 19 Uhr ins Stellvertretende Generalkommando und fanden ein großes Durcheinander vor. Niemand traute dem andern. Der Chef des Generalstabes, Generalmajor Herfurth, erklärte, der Kommandierende General sei in die Bendlerstraße geholt worden, man wisse nicht, warum er nicht wiederkomme. Von dem zu seinem Nachfolger ernannten Generalleutnant von Thüngen war offenbar nicht die Rede. Dann wurden die beiden Cottbuser von einem Leutnant des Wachbataillons »angesprochen«, der sie zu Major Remer ins Propagandaministerium bringen sollte. Hier erfuhren sie von Remer vom Attentat und seinem Mißlingen.

Bald kam SS-Obergruppenführer Jüttner, der Himmler als Befehlshaber des Ersatzheeres vertrat, und befahl Schulte-Heuthaus, den Alarm der Cottbuser Brigade sofort rückgängig zu machen und die Truppen in die Kasernen zu beordern. Delius telephonierte entsprechend mit Stirius, der die Truppen aus Königs Wusterhausen, ein Bataillon bei Rangsdorf und die Truppen aus anderen erreichten Punkten zurückbefahl.[291]

In der Infanterieschule in Döberitz ging der »Walküre«-Befehl zwischen 16 und 17 Uhr ein; um 18 Uhr war die Marschbereitschaft hergestellt. Major Jakob, Ritterkreuzträger und Taktiklehrer, erhielt den Auftrag, das Funkhaus in der Masurenallee zu besetzen. Er fuhr mit einer Truppe auf Lastwagen los und führte seinen Auftrag aus, verlangte wie befohlen vom Intendanten das Einstellen aller Sendungen. Man führte Jakob in den früheren »Hauptschaltraum« und sagte ihm, alles sei abgeschaltet. Der wirkliche Hauptschaltraum war in einem Bunker nebenan und nichts war abgeschaltet. Die von Generalleutnant Thiele und Oberst Haßel, einem Untergebenen Thieles, zu entsendenden Nachrichtenoffiziere waren nicht zu den Funkhäusern und Sendern gefahren. Thiele hatte keine entsandt, Haßel schickte zwischen 16 und 17 Uhr zwanzig Nachrichtenoffiziere zur Wehrmachtstandort-Kommandantur, wo sie aber keine weiteren Befehle erhielten.

Eine andere Kampfgruppe aus Döberitz (3 Schützen-Kompanien, 1 Maschinengewehr-Kompanie, 1 Granatwerfer-Kompanie, 1 Panzer-Abwehr- und Infanterieschützen-Kompanie und Reserven) erhielt den Befehl zur Besetzung des Überseesenders Nauen und des Senders Tegel, führte ihn aus, konnte aber mangels Fachleuten auch nicht feststellen, ob der Betrieb wie verlangt eingestellt war. Dann kam die Rundfunknachricht vom fehlgeschlagenen Attentat. Der Kommandeur der Infanterieschule, Generalleutnant Otto Hitzfeld, war wegen eines Trauerfalls verreist, sein Vertreter, Oberst Ringler, war unschlüssig, ob er die noch in Döberitz stehenden Truppen abmarschieren lassen sollte. Die Oberstleutnante und Obersten der Schule waren sich nicht einig, um 20.30 Uhr standen die meisten Truppen immer noch marschbereit herum.[292]

Die Panzertruppenschule II in Krampnitz erhielt den Befehl »Walküre 2. Stufe« gegen 16 Uhr von Oertzen: Die drei »Walküre«-Bataillone der Schule samt den unterstellten »Walküre«-Einheiten der Fahnenjunkerlehrgänge und der Unteroffizierschule aus Potsdam (je ein Bataillon) hatten sofort zur Siegessäule in den Raum Tiergarten-Bendlerstraße zu rücken. Eine Spähwagen-Kompanie und eine Grenadier-Kompanie sollten die Sender Königs Wusterhausen und Zeesen besetzen und politische Sendungen unterbinden. Der Kommandeur der Schule, Oberst Glaesemer, fragte in der Inspektion der Panzertruppen (In 6) bei Oberst Bolbrinker an, ob die Befehle ihre Richtigkeit hätten. Bolbrinker fragte im Allgemeinen Heeresamt und bestätigte darauf Glaesemer die Befehle als »echt«. Gegen 18 Uhr trafen die Panzertruppen aus Krampnitz an der Siegessäule ein.

Oberst Glaesemer fuhr zur selben Zeit in die Bendlerstraße, hörte aber unterwegs die Nachricht vom fehlgeschlagenen Attentat. Bis dahin glaubte er an die Version von einem SS-Putsch.[293] In der Bendlerstraße meldete er sich bei Olbricht, der ihm sagte, wer an der Erhebung beteiligt sei. Dann wollte Olbricht ihm durch Mertz weitere Weisungen geben lassen: Zwei seiner Bataillone verstärkten die Absperrung des Regierungsviertels unter dem Befehl des Standort-Kommandanten, ein Teil der Panzer übernehme den Schutz der Dienststellen in der Bendlerstraße, der Rest der Truppen halte sich zur Verfügung des Stellvertretenden Generalkommando III. Armee-Korps; nach Süden gegen die SS-Kasernen in Lichterfelde und Lankwitz sei weiter aufzuklären, Bewegungen der SS seien zu unterbinden. Aber Glaesemer wollte keine Befehle mehr annehmen, worauf ihn Olbricht durch Mertz in Ehrenhaft nahm.[294] Inzwischen befahl gegen 19 Uhr Oberst Bolbrinker, das an der Siegessäule stehende Bataillon der Panzertruppe zur Inspektion der Panzertruppe am Fehrbelliner Platz rücken zu lassen.[295]

Die Heeres-Waffenmeisterschule I in Berlin-Treptow bekam den »Walküre«-Befehl um 16.15 Uhr. Der Kommandeur, Generalmajor Bruns, befahl Marschbereitschaft und orderte die für den Transport in die Stadt vorgesehenen achtzehn Lastwagen, aber die kamen nicht. Die 2. und 3. Kompanie standen wartend auf dem Kasernenhof, die 1. fuhr mit der Straßenbahn in die Stadt, der Kommandeur befahl schließlich den übrigen Kompanien, auch mit der Straßenbahn zu fahren. Als Bruns schließlich etwa um 21 Uhr zur Wehrmachtstandort-Kommandantur kam, war diese schon in den Händen des regierungstreuen Wachbataillons. Die 2. und 3. Kompanie besetzten das Stadtschloß, die 1. rückte gegen 21.45 Uhr in die Bendlerstraße ein, wo es schon von Soldaten des Wachbataillons wimmelte. So blieb der Einsatz folgenlos. Ganz ähnlich erging es den Einsatzgruppen der Heeres-Feuerwerkerschule.

Inzwischen – von gegen 18 Uhr bis gegen 22 Uhr – telephonierte Stauffenberg: mit Oberstleutnant Erdmann, dem Ia in Königsberg (W.K. I) etwa um 18 Uhr, um dieselbe Zeit mit dem Ia in Münster (VI) Oberst i.G. Kuhn; der Ia in München (VII), Oberstleutnant Grosser, erwiderte Stauffenbergs Anruf nicht; zwischen 19 und 20 Uhr erreichte Stauffenberg den Chef des Generalstabes in Breslau (VIII), Generalmajor Rüdt von Collenberg, der die »Walküre«-Befehle noch nicht bekommen hatte, Stauffenberg sagte, sie würden bald eingehen, erwähnte aber den Inhalt nicht; der Chef des Generalstabes in Kassel (IX) bekam die Berliner Fernschreiben gegen 19.30 Uhr und rief Stauffenberg selbst an, ließ sich die Richtigkeit bestätigen und hörte von Stauffenberg, daß Hitler tot sei, veranlaßte aber nichts, bis gegen 21 Uhr der Kommandierende General, der unterwegs war, in das Generalkommando zurückkehrte und sich entschloß, einige Truppen zu alarmieren, nach einem Gespräch mit Keitel alles widerrief; in Hamburg (X) sprach Stauffenberg mit dem Chef des Generalstabes Generalmajor Prüter, bestand auf der Ausführung der Befehle, Hitler sei tot, Prüter wollte aber das Eintreffen des abwesenden Kommandierenden Generals abwarten; in Hannover (XI) traf der zweite lange Befehl aus Berlin erst spät ein, etwa zwischen 19 und 20 Uhr rief der Kommandierende General Bieler Stauffenberg an und wollte wissen, wer regiere und wer den militärischen Oberbefehl habe, wie Göring und Himmler sich verhielten, welche Absichten die neue Regierung habe, Stauffenberg verlangte die sofortige Ausführung der Befehle, Bieler fand die Auskünfte unbefriedigend und unternahm nichts, erst recht nicht, nachdem bald darauf Keitel angerufen hatte; in Nürnberg (XIII) gab der Chef des Generalstabes Oberst i.G. Kolbe nach einem Gespräch mit Stauffenberg die Alarmbefehle ohne Zögern heraus, aber gegen 20 Uhr versuchte der Kommandierende General von Wiktorin Fromm zu erreichen, rief dann in der »Wolfschanze« an und sprach mit Keitel, darauf rief der IIa Oberst Liphart noch einmal in Berlin an, Stauffenberg sagte ihm, Keitels Behauptungen seien eine Mystifikation, der »Führer« sei tot, die Befehle aus der Bendler-straße seien auszuführen, aber da die Nachbarwehrkreise (Stuttgart, München) nichts unternahmen, verlegte man sich auch in Nürnberg aufs Abwarten und vernichtete bald die vorbereiteten Ausführungs-befehle; in den anderen Wehrkreisen, in Stettin, Dresden, Stuttgart, Wiesbaden, Salzburg, Danzig, Posen, Krakau ging es ähnlich oder noch hoffnungsloser zu; aus Prag rief um 19.13 Uhr der Komman-dierende General, General der Panzertruppe Schaal, selbst in Berlin an und wollte Fromm sprechen, sprach statt dessen mit Stauffenberg, der ihm Hitlers Tod und die Übertragung der vollziehenden Gewalt an die Stellvertretenden Kommandierenden Generale durch Fromm bestätigte, Schaal ergriff darauf Maßnahmen zur Sicherung der militä-rischen Einrichtungen und zugleich gegen die SS- und Parteimachtha-ber in Prag, die so weit gingen, daß er dafür bis zum Zusammenbruch im April 1945 in Haft kam.[296]

Auch in Wien (XVII) war damals ein General der Panzertruppe Kom-mandierender General, nämlich General von Esebeck, der im Frank-reichfeldzug in der 6. Panzer-Division Kommandeur einer Kampf-gruppe gewesen war und Stauffenberg gut kannte. Er vertrat seit dem 2. Juli den Wiener Kommandierenden General Schubert, der sich zur Kur in der Slowakei aufhielt. Als die Befehle aus Berlin kamen, auto-risierte er sofort ihre Befolgung. Der Vertreter des Gauleiters, ein SS-Führer, der Vertreter des Standortkommandanten der Waffen-SS, der Adjutant des Reichsstatthalters des Gaues Niederdonau, der Höhere SS- und Polizeiführer im Wehrkreis XVII, der Befehlshaber der Ord-nungspolizei und sein Chef des Stabes, der Gaupropagandaleiter und der Leiter der Wiener Gestapo- und SD-Stelle und sein Stellvertreter kamen in das Stellvertretende Generalkommando, wurden festgesetzt und mit Cognac und Zigaretten traktiert. Da und dort im Wehrkreis wurden Postämter und Bahnhöfe militärisch besetzt, der Stadtkom-mandant von Wien, Generalleutnant Sinzinger, entwaffnete persön-lich den Polizeipräsidenten von Wien, einen SS-Brigadeführer, die Ord-nungspolizei und die Waffen-SS wurden der Wehrmacht unterstellt. Im Lauf des Abends rief Stauffenberg an und sprach mit dem Chef des Generalstabes, Oberst i.G. Kodré, fragte, was denn los sei, sie wür-den doch in Wien nicht ausbrechen wollen. Kodré antwortete, Keitel habe soeben angerufen. Als der Ib/org. Hauptmann Szokoll das hörte, lief er in sein Zimmer, rief Stauffenberg an und erklärte ihm die Lage: Esebeck sei nach Keitels Anruf umgeschwenkt. Stauffenberg entgeg-nete mit müder und entmutigter Stimme: »Ihr werdet doch nicht auch schlappmachen wollen.« Dann wurde das Gespräch getrennt. Esebeck und Kodré sprachen allen herzitierten Funktionären ihr Bedauern aus und machten die angeordneten Maßnahmen rückgängig.[297]

In Paris war man gut vorbereitet, weil es hier eine starke Verschwörergruppe gab. Die Ankündigung der Erhebung erreichte den Oberquartiermeister West, Oberst i. G. Finckh, am Vormittag des 20. Juli von der Dienststelle des Generalquartiermeisters in Zossen. Kurz nach 14 Uhr erhielt Finckh von dort die Nachricht, der Anschlag sei ausgeführt. Stauffenberg rief, sobald er Gelegenheit hatte, seinen Vetter Hofacker im Hauptquartier des Militärbefehlshabers Frankreich im Hotel »Majestic« in Paris an, sagte ihm, Hitler sei tot und die Erhebung im Gang. Hofacker unterrichtete die anderen Eingeweihten, der Militärbefehlshaber, General von Stülpnagel, gab sofort die vorbereiteten Befehle zur Verhaftung aller SS-Führer und zur Sicherung wichtiger Punkte in Paris.

Den Oberbefehl im Westen hatte aber Generalfeldmarschall von Kluge. Er ließ Stülpnagel und Hofacker zu sich in sein Hauptquartier nach La Roche-Guyon kommen. Er erfuhr von Stieff aus »Mauerwald« das Mißlingen des Attentats, ließ sich mit der Bendlerstraße verbinden, erreichte Stauffenberg und verlangte Fromm; Stauffenberg erklärte diesen für unerreichbar und übergab das Gespräch an Hoepner als Fromms Nachfolger. Hoepner versicherte, die Meldungen vom Mißlingen des Attentats seien Machenschaften der SS, Befehle seien unterwegs, dann brach die Verbindung ab, und Kluge ließ sie nicht wiederherstellen. Kluge glaubte nicht an den Tod Hitlers und der Auftritt des vor Jahren aus dem Heer entlassenen Generalobersten kann ihn nicht beeindruckt haben. Kluge schwankte etwas, Stülpnagel hielt ihm vor, er wisse doch über den Umsturzplan Bescheid, Kluge erklärte, keine Ahnung gehabt zu haben, befahl alle Maßnahmen gegen das Regime rückgängig zu machen und gab Stülpnagel den Rat, in Zivil unterzutauchen. Er hätte die Westfront öffnen, einseitig kapitulieren können, allerdings auf die Gefahr von Kämpfen innerhalb der Wehrmacht. Statt dessen verhielt er sich im Effekt loyal, kam ein paar Wochen später doch unter Verdacht und ins Zwielicht und nahm sich das Leben. Die SS-Offiziere in Paris wurden in der Nacht des 20. Juli verhaftet, aber bald wieder freigelassen.

Stauffenberg rief nach 22 Uhr noch in Paris an, er wollte sich wohl von seinem Vetter verabschieden. Er erreichte den Chef des Generalstabes beim Militärbefehlshaber, Oberst i.G. von Linstow, und sagte ihm, es sei aus, seine Schergen lärmten schon auf dem Flur vor seinem Amtszimmer.[298]

Stauffenberg hatte um 18 Uhr den Aufstand noch nicht verloren gegeben. Der Chef der Amtsgruppe Nachrichtenwesen, Oberst Haßel, berichtet von ihm für diese Zeit den Ausspruch: »Der Kerl ist ja nicht tot, aber der Laden läuft ja; man kann noch nichts sagen.« Der Deutschlandsender sei aber immer noch in Betrieb, da müsse etwas geschehen. Haßel meldete Stauffenberg, er habe wie vorgesehen zwanzig Nachrichtenoffiziere in die Standortkommandantur beordert, das Weitere müsse von dort veranlaßt werden. Dann fuhr er nach Hause.[299]

Mertz unterrichtete zwischen 17 und 18 Uhr die Offiziere seines Stabes über Hitlers Tod und die Übernahme der vollziehenden Gewalt durch die Wehrmacht und verlangte von ihnen, daß sie in ihren Dienststellen blieben und alle Weisungen ausführten.[300] Etwa zur selben Zeit, ungefähr um 17.30 Uhr, wurden die Offiziere des Stabes des Befehlshabers des Ersatzheeres »zum Befehlshaber« in das Zimmer des Chefs des Generalstabes, Stauffenberg, gebeten. Generaloberst Hoepner, nun in Uniform, kam ohne Stauffenberg herein und erklärte, Hitler sei tot, Generaloberst Beck habe die Führung übernommen, Generalfeldmarschall von Witzleben sei Oberbefehlshaber der Wehrmacht; er selbst, Hoepner, sei neuer Befehlshaber des Ersatzheeres und wünsche vertrauensvolle Zusammenarbeit. Etwa um 18 Uhr sagte Stauffenberg den Gruppenleitern seines Stabes, Fromm habe sich dem Gebot der Stunde versagt und sei in Schutzhaft, die vollziehende Gewalt sei überall den Wehrkreisbefehlshabern übertragen.[301]

Olbricht schickte Kleist zum Regierungsviertel auf Kundschaft, und Kleist konnte nach kurzer Zeit melden, das Wachbataillon habe das Viertel abgesperrt, auf der Ost-West-Achse seien Panzer aufgefahren, in der Hermann-Göring-Straße seien SS-Leute vom Wachbataillon entwaffnet worden.[302] Dann kam vom Reichssicherheitshauptamt SS-Oberführer Achamer-Pifrader, ein Veteran der Entwicklung der SS-Massenmordverfahren, um Stauffenberg zu einer »Besprechung« beim Chef der Geheimen Staatspolizei, SS-Gruppenführer Heinrich Müller, zu bitten. Stauffenberg ließ ihn einsperren.[303]

Gisevius hatte Stauffenberg kurz davor schon bedrängt mit der Frage nach der Besetzung des Gebäudes der Geheimen Staatspolizei und nach der Niederschießung Goebbels', was Stauffenberg irritierte. Nun fragte Gisevius Stauffenberg, warum er den SS-Führer nicht über den Haufen geschossen habe, der könne doch »später« alles verraten. Über solchen Defätismus war Stauffenberg sprachlos. Gisevius stellte sich sofort um – alles nach seinem eigenen Bericht – und sagte, man müsse unbedingt »sichtbare Tatsachen« schaffen, wenigstens den Chef der Geheimen Staatspolizei und Goebbels erschießen. Man müsse jetzt unbedingt »ein paar Leichen« haben, um der Erhebung den Rückzug abzuschneiden. Ob denn Stauffenberg nicht sehe, was er hier für Versager um sich habe. Gisevius selbst sei bereit, sich an die Spitze eines Offizierkommandos zu stellen und Heinrich Müller und Goebbels zu erschießen. Man hatte kein Offizierkommando, aber Stauffenberg verstand die Notwendigkeit der Radikalisierung der Erhebung und suchte nach Oberst Jäger, der zur Beschaffung von Stoßtrupps in die Standortkommandantur geschickt wurde, dort aber nichts erreichte. Gisevius wurde inzwischen zu Helldorf ins Polizeipräsidium gerufen. Als er gegen 20 Uhr wieder in die Bendlerstraße kam, sagte Olbricht, er zweifle nun nicht mehr, daß Hitler überlebt habe; ob Gisevius glaube, daß man noch zurückkönne?[304]

Gisevius' unernste Weise, Zutreffendes zu berichten, verzerrt das Bild. Olbricht hat sich während des Abends entsprechend seinen Möglichkeiten für die Weiterführung der Erhebung eingesetzt, was allerdings an dem vielleicht entscheidenden Zeitverlust durch sein und Thieles früheres Zögern nichts mehr änderte. Als die nach dem Eintreffen Stauffenbergs herbeigerufenen Amtschefs (Generalinspekteur des Führernachwuchses, Chef des Ausbildungswesens im Ersatzheer), die das Haus schon verlassen hatten, gegen 20 Uhr zurückkamen und Olbricht ihnen eröffnete, Hitler sei tot und Generaloberst Beck und Generalfeldmarschall von Witzleben hätten die Führung übernommen, wandten sie ein, der Rundfunk habe das Gegenteil mitgeteilt, da könnten sie nicht mitarbeiten. Olbricht konnte sie nicht überreden und versuchte auch nicht, sie am Gehen zu hindern.[305]

Dann berichtete Gisevius Stauffenberg, Beck und Schulenburg, Helldorf sitze seit Stunden da und warte vergeblich auf Weisungen aus der Standortkommandantur, um durch seine Polizeileute Verhaftungen vornehmen zu lassen. Stauffenberg sagte, er habe Hase schon angewiesen, mit Helldorf Fühlung zu nehmen; aber das konnte Hase schon nicht mehr.[306] Beck sprach von der Notwendigkeit, Aufrufe im Rundfunk zu verlesen, doch der dafür vorgesehene General der Artillerie beim Chef der Heeresrüstung und Befehlshaber des Ersatzheeres, Fritz Lindemann, war erst bei Generalquartiermeister Wagner und dann nicht mehr aufzufinden.[307] Gisevius erbot sich, verfügte aber nicht über den zu verlesenden Aufruf, den hatte Lindemann; Gisevius fing also an, nach ihm von allen Seiten zugerufenen Stichworten neu zu entwerfen. Beck wollte ihn losschicken, auf Gisevius' Einwand, daß die Sendeanlagen nicht besetzt seien, sagte Stauffenberg, das werde bald geschehen, sobald die Panzer da seien, bis 20 Uhr werde es soweit sein.[308] Es kam nicht dazu, und so bestand auch keine

Möglichkeit, vielleicht über den Rundfunk überall im Reich das Volk auf die Straße zu bringen, um doch noch eine Bewegung gegen die Machthaber in Gang zu setzen.

Um 19.55 Uhr telephonierten Stauffenberg und Beck mit dem Chef des Generalstabes der Heeresgruppe Nord, Generalleutnant Kinzel. Stauffenberg erklärte, die Rundfunkmeldung, wonach Hitler das Attentat überlebt habe, entspreche nach seinen Informationen nicht den Tatsachen; Generaloberst Beck bilde eine neue Regierung. Nach Ansicht der neuen Führung müsse sich die Heeresgruppe sofort von Kurland zurückziehen, um Ostpreußen zu retten. Beck sprach dann mit Kinzel und sagte ihm ebenfalls, die Heeresgruppe solle sich nach Westen durchschlagen, soweit es möglich sei, was sie selbst beurteilen müsse. Aber sie solle sich nicht wie die 6. Armee bei Stalingrad sinnlos einschließen lassen, auch wenn von der bisherigen Wehrmachtführung gegenteilige Befehle vorlägen: Jeder Führer habe dabei die Handlungsfreiheit, die er vor seinem Gewissen und vor der Geschichte verantworten könne.[309]

Dann kam Generalfeldmarschall von Witzleben, der neue Oberbefehlshaber der Wehrmacht, der zuerst in das Hauptquartier des Generalstabes des Heeres nach Zossen gefahren war, in die Bendlerstraße. Von General Wagner hatte er erfahren, daß das Attentat mißlungen sei. Als Stauffenberg sich bei dem Generalfeldmarschall meldete, sagte dieser nur: »Schöne Schweinerei, das.« Dann ging Witzleben mit Beck in Fromms Zimmer. Beck berichtete ihm, und bald wurde Stauffenberg hereingerufen, um den Tod Hitlers zu bestätigen; Witzleben glaubte es nicht. Dann holte man noch Schwerin, der der Verbindungsmann der Verschwörer zu Witzleben gewesen war. Witzleben überhäufte Stauffenberg und Schwerin mit Vorwürfen, schlug von Zeit zu Zeit wütend auf den Tisch. Ob Hitler lebte oder nicht, jedenfalls waren weder die Hauptstadt noch die Rundfunkanlagen in den Händen der Verschwörer, und Witzleben hatte Grund, erbost zu sein.[310] Ebenso zornig, wie er gekommen war, fuhr er wieder weg zu General Wagner, der auf den Bericht des Generalfeldmarschalls sagte: »Wir fahren nach Hause.«[311]

Nachdem sich herumgesprochen hatte, daß der Rundfunk das Attentat und Hitlers Überleben gemeldet habe und eine Ansprache Hitlers ankündige, formierten sich in der Bendlerstraße in den Stäben Fromms und Olbrichts die Loyalen und die zum Überleben Entschlossenen. Vor allen setzte der beinamputierte Ordonnanzoffizier Fromms, Bartram, alles daran, die Angehörigen des Hauses von der Verhaftung Fromms und vom Putsch zu unterrichten, damit eine Gegenbewegung in Gang käme. Das konnte er, weil der Arrestraum Fromms kaum bewacht wurde und er ungehindert durch Nebentüren aus- und eingehen konnte. Der Generaloberst wollte nicht entkommen, sondern das Kommando in seinem Haus wieder in die Hand nehmen.

Oberst von Roell, der Leiter der Gruppe II im Stab Fromms, setzte sich mit dem Heerespersonalamt in der »Wolfschanze« in Verbindung und fragte an, ob es mit Hoepners Kommando über das Ersatzheer seine Richtigkeit habe. Generalleutnant Burgdorf wies Roell an, sofort zu Generalmajor Maisel in der Dienststelle des Heerespersonalamts in Lübben zu fahren. Roell und zwei Hauptleute versuchten, das Haus zu verlassen, hatten keine Passierscheine, da schickte Roell einen der Hauptleute in das Vorzimmer Olbrichts, um Passierscheine zu holen, der Hauptmann bekam sie ohne weiteres. Kurz nach der Ankunft Witzlebens fuhren sie ab. In Lübben unterrichteten sie Maisel, der sich vergewisserte, daß alle Wehrkreise Gegenbefehle erhalten hatten.[312] Bartram blieb unermüdlich tätig und gab Fromms Anweisungen an Loyale weiter, Truppen für eine Gegenaktion zu organisieren.

Im Stab Olbrichts entstand eine noch wirksamere Gegenbewegung etwas jüngerer Offiziere. Als immer mehr Nachrichten aus dem »Führerhauptquartier« kamen, so die von der Ernennung Himmlers zum Befehlshaber des Ersatzheeres, mußten Offiziere in verantwortlichen Stellen etwas Ernsthaftes unternehmen, wenn sie sich nicht dem Vorwurf der Mitwisserschaft oder der Duldung des Putsches aussetzen wollten. So verlangten drei Gruppenleiter und ein Referatsleiter aus Olbrichts Stab Aufklärung, wurden zu Olbricht gebeten und versammelten sich bei ihm etwa um 21 Uhr. Olbricht erklärte, verantwortungsbewußte Männer hätten zur Rettung Deutschlands die Initiative ergriffen; da die Wache des Wachbataillons wieder abgerückt sei, habe jeder Generalstabsoffizier sich am Schutz des Hauses zu beteiligen. Damit waren die Offiziere nicht zufrieden, sagten aber zu Olbricht nichts, sondern berieten sich im Dienstzimmer des Ia, Oberstleutnant i.G. von der Heyde. Sie fanden sich in einer unerfreulichen Situation: Als Nichteingeweihte und doch die Fronten Erkennende sollten sie sich für den schon mißlungenen Umsturz einsetzen.

Als beorderte Waffen (Maschinenpistolen, Pistolen, Handgranaten) gekommen waren, versahen sich die Stabsoffiziere damit, gingen wieder zu Olbricht und verlangten Aufklärung. Olbricht sagte, es gebe Nachrichten vom Tod des »Führers« und auch solche von seinem Überleben. Den Offizieren genügte das nicht, sie wollten von Fromm Unterrichtung. Olbricht erbot sich, mit ihnen zu Hoepner zu gehen, dabei entstand auf dem Flur eine Schießerei. Es scheint, daß

Klausing zuerst einen Schuß auf den Ib Olbrichts, Oberstleutnant i.G. Herber, abgab, der die Prozession der Bewaffneten zu Fromms Dienstzimmer anführte. Herber berichtet, zuerst hätten er und Fließbach auf Stauffenberg und dann habe Klausing auf sie geschossen. Dann fielen weitere Schüsse auf beiden Seiten. Stauffenberg, in seiner weißen Sommerjacke, schoß mit seiner belgischen Armeepistole auf Olbrichts Gruppenleiter Ia/I, Oberstleutnant i.G. Pridun, und wurde selbst an der linken Schulter getroffen.[313]

Stauffenberg ging ins Vorzimmer Fromms und wollte von dessen Sekretärin mit Paris verbunden werden, verlangte Hofacker, erreichte Linstow und sprach von den Schergen, die auf dem Flur nach ihm lärmten.[314] Olbricht und Herber kamen dazu und gingen in Fromms Dienstzimmer zu Hoepner und Beck. Stauffenberg sagte zu Fromms Sekretärin, mit trostlosem Gesichtsausdruck: »Sie haben mich ja alle im Stich gelassen!«[315]

Dann folgte er Olbricht und Herber, Mertz und Haeften kamen auch dazu. Herber warf Hoepner vor, er habe durch die »Walküre«-Befehle den Nachschub für die Front unterbrochen, und wollte wissen, was eigentlich im Gange sei. Hoepner erklärte, er warte auf Befehle von Generalfeldmarschall von Witzleben. Haeften verbrannte auf dem Fußboden Papiere.[316]

Nun wurde Fromm geholt. Sein Chef des Generalstabes blickte ihn finster an, während Herber und die anderen Loyalisten die Führer der Erhebung mit gezogenen Pistolen konfrontierten. Fromm sagte, nun werde er mit ihnen das tun, was sie am Nachmittag mit ihm gemacht hätten. Er erklärte die Verschwörer für verhaftet, sie seien beim Hochverrat ergriffen, und verlangte ihre Waffen. Generaloberst Beck wollte seine Pistole behalten, um sich zu erschießen; er brach beim zweiten Schuß noch lebend zusammen.[317]

Fromm erklärte Mertz, Olbricht, Stauffenberg und Haeften für standgerichtlich zum Tode verurteilt. Stauffenberg erklärte, er trage allein die Verantwortung für alles Geschehene, die anderen hätten als Soldaten seine Befehle ausgeführt. Das konnte auf Hoepner und Olbricht so kaum zutreffen, es war ein aller Ehren werter Versuch, die Mitverschworenen zu retten. Fromm sagte nichts und trat an die Seite der Tür. Stauffenberg, Mertz, Olbricht und Haeften gingen an ihm vorbei hinaus, zögernd, wurden in den Innenhof geführt und von einem Erschießungskommando einzeln nacheinander vor einem Sandhaufen an der Mauer des Gebäudes erschossen. Als Stauffenberg vor dem Sandhaufen stand, rief er laut, ehe er erschossen wurde: »Es lebe das geheiligte Deutschland!«[318]

Epilog

Nach den Exekutionen befahl Fromm einem Offizier, den bewußtlosen Generaloberst Beck zu erschießen. Der Offizier gab den Befehl einem Soldaten des Wachbataillons.[1] Soldaten brachten die Leichen der fünf Erschossenen auf einem Lastwagen zum Friedhof der Matthäikirche in Schöneberg, wo sie mit ihren Uniformen und Ehrenzeichen begraben wurden. Am 21. Juli ließ Himmler sie ausgraben, verbrennen und die Asche über Felder streuen.[2]

Was in Berthold Graf Stauffenberg vorging, während sein Bruder hinausgeführt und erschossen wurde, ist nicht auszudenken. Für Berthold begann eine Leidenszeit von einundzwanzig Tagen, über die fast nichts bekannt wurde als seine Anklagen gegen die Nationalsozialisten und einige seiner Aussagen über den Plan der Erhebung.

Hitler ließ alle als Verschwörer Angeklagten, die der Wehrmacht angehörten, *vor* ihren Prozessen von einem »Ehrenhof« unter Vorsitz von Generalfeldmarschall von Rundstedt zu wehrunwürdigen Verbrechern erklären, aus der Wehrmacht »ausstoßen« und dem »Volksgerichtshof« überantworten. Der »Volksgerichtshof« war 1934 für »Staatsverbrechen« errichtet worden, für die nach der bisherigen Rechtsordnung das Reichsgericht zuständig war. Das Reichskriegsgericht war aber auch für *ehemalige* Wehrmachtangehörige zuständig, wenn sie während ihrer Wehrmachtzugehörigkeit begangener Taten beschuldigt waren; Hitler änderte die Zuständigkeit widerrechtlich und rückwirkend nach dem Umkehrsatz »kein Verbrechen ohne Strafe«. Der in der Reichsverfassung Artikel 116 verankerte Grundsatz, daß Strafbarkeit von zur Zeit der Tat gültigen Gesetzen abhängig sei, war 1935 durch ein Reichsgesetz insoweit außer Kraft gesetzt, daß Taten nach Gesetzen bestraft werden konnten, deren Grundgedanken auf die Tat am besten zutrafen.[3]

Die Akten des Prozesses gegen Berthold Graf Stauffenberg sind verschollen. Am 10. August wurde Berthold Graf Stauffenberg mit Fritz-Dietlof Graf von der Schulenburg und Korvettenkapitän Alfred Kranzfelder am selben Tag vor den »Volksgerichtshof« gebracht, verurteilt und grausam erhängt.[4]

Cäsar von Hofacker stand am 30. August vor dem »Volksgerichtshof«. Als ihm der Präsident, der berüchtigte Freisler, während seiner Verteidigung ins Wort fiel, sagte Hofacker: »Sie schweigen jetzt, Herr

Freisler, denn heute geht es um meinen Kopf. In einem Jahr geht es um Ihren Kopf!« Am Schluß seiner Rede sagte er: »Ich bedauere außerordentlich, nicht an der Stelle meines Vetters Stauffenberg gewesen zu sein, der durch schwere Kriegsverletzungen verhindert war, die Tat zu vollenden.« Das Todesurteil wurde erst am 20. Dezember 1944 vollstreckt, weil Hofacker noch – erfolglos – über Rommel und dessen Chef des Generalstabes, Generalleutnant Speidel, verhört wurde.[5]

Alexander Graf Stauffenberg wurde am 26. Juli auf die Bahn zu einer viertägigen Tag- und Nachtfahrt von Athen nach Berlin gebracht, um dort vernommen zu werden. In den Verhören durch die Geheime Staatspolizei verurteilte er ebenso wie sein Bruder Berthold die Verbrechen der Nationalsozialisten.[6] Obwohl sich seine Nichtbeteiligung herausstellte, blieb er in »Sippenhaft«. Himmler drohte in einer Rede vor Gauleitern am 3. August: »Die Familie Graf Stauffenberg wird ausgelöscht bis ins letzte Glied.«[7] Tatsächlich lehnte Himmler jedoch ab, einheitliche Richtlinien für die »Sippenhaft« festzulegen, und handhabte sie willkürlich, »von Fall zu Fall«.[8]

Alexander Stauffenberg konnte seine Frau Melitta am Tag vor seiner Reise telephonisch benachrichtigen. Wenige Stunden später wurde sie selbst verhaftet und blieb bis 2. September in »Sippenhaft«; kurze Zeit war sie zusammen mit Claus Stauffenbergs Witwe im Gefängnis Alexanderplatz in Berlin. Nach ihrer Entlassung konnte sie ihre Forschungstätigkeit wieder aufnehmen.[9] Alexander Stauffenberg wurde in verschiedenen Konzentrationslagern und Gefängnissen festgehalten, in Stutthof in Ostpreußen, im Riesengebirge, in Buchenwald, in Schönberg im Bayerischen Wald.[10] Ein Beamter der Geheimen Staatspolizei, der Regierungsrat und Kriminalkommissar SS-Sturmbannführer Paul Opitz, verschaffte ihm und seiner Frau Erleichterungen, teils aus Menschlichkeit, teils gegen die Versicherung, man werde ihm sein Verhalten nach dem Zusammenbruch zu seiner Entlastung bestätigen.[11]

Fast bis zum Ende des Krieges konnte Melitta Stauffenberg sich schützend um ihren Mann und um andere Häftlinge kümmern. Sie nützte ihre »Kriegswichtigkeit« selbstbewußt aus, bestand darauf, ihre Verwandten zu besuchen und ihnen Lebensmittel zu bringen; ihren Mann besuchte sie wenigstens einmal im Monat. Ihre ganze Arbeit war, wie Alexander Stauffenberg am Tag der deutschen Kapitulation an Robert Boehringer schrieb, »naturgemäss nur noch ein vorwand uns zu helfen«. Sie führte Sturzflüge aus mit der Junkers 88 und Nachtflüge mit der Arado 96, der Focke-Wulf 190 und dem Turbinenjäger Messerschmitt 262, arbeitete an einem Nachtlandegerät für die

Messerschmitt 262 und verschaffte sich Vollmachten zu Flügen nach eigenem Ermessen. Für die Flüge zu Alexander waren die Kampfflugzeuge nicht geeignet, weil es in der Regel keine Flugplätze in der Nähe gab. Nur der langsame Fieseler »Storch« konnte fast überall landen, war aber ständig in Gefahr, abgeschossen zu werden, weil die Amerikaner den Luftraum beherrschten.

Wenigstens zweimal flog Melitta Stauffenberg nach Buchenwald. Obwohl sie über die nötigen Genehmigungen verfügte, stand sie immer »mit einem Fuß vor dem Kriegsgericht«. Sie fand den Verbringungsort der Kinder der beiden toten Brüder und des Vetters Cäsar von Hofacker; die SS hatte sie nach Bad Sachsa im Harz verschleppt.[12] An Weihnachten kam sie mit Geschenken zu ihnen, in einem langen Brief an Nina Stauffenberg schildert sie ihren Besuch und das fröhliche Wohlbefinden der Kinder unter Führung Bertholds, des ältesten Sohnes von Claus Stauffenberg.[13]

Nach der Geburt von Claus Stauffenbergs Tochter Konstanze Ende Januar 1945 kam seine Witwe mit dem Kind aus dem Gefängnis bis April in das Sankt-Josephs-Krankenhaus in Potsdam. »Litta« besuchte sie hier wenige Tage später, auf dem Fahrrad und mit dem Band des Eisernen Kreuzes II. Klasse und dem Flugzeugführerabzeichen in Gold mit Brillanten an der Uniformjacke. Der Chefarzt, der als Fliegerarzt früher bei Göring gewesen war, erkannte sie und gewährte darauf Nina Stauffenberg und ihrem Kind jede Hilfe.[14]

Auf dem Flug zu ihrem Mann nach Schönberg bei Passau, in einem langsamen unbewaffneten Schulflugzeug Bücker 181, wurde Melitta Gräfin Stauffenberg am 8. April 1945 bei Straßkirchen von einem amerikanischen Jäger von hinten abgeschossen, landete ordnungsgemäß und starb zwei Stunden später an ihren schweren Schußverletzungen.[13]

Alexander litt schwer unter dem Tod seiner mutigen Frau und auch daran, daß seine Brüder ihn nicht eingeweiht und beteiligt hatten und er nicht mit ihnen für das gemeinsame Ziel hatte sterben können.[16] Sie hatten ihn für zu unvorsichtig gehalten in seiner Ablehnung des Regimes.[17]

Fast alle näheren Verwandten der Brüder Stauffenberg kamen in »Sippenhaft« und wurden einige Monate oder länger in Gefängnissen und Konzentrationslagern gefangengehalten. Der fünfundachtzigjährige Onkel Berthold starb im November 1944 in der Einzelhaft in Würzburg.[18] Der Vetter Clemens wurde herzkrank am 20. März 1945 aus der »Sippenhaft« im Konzentrationslager Oranienburg beurlaubt; er kam durch Melitta Stauffenbergs Vermittlung in das Sankt-Josephs-

Krankenhaus in Potsdam, nach der Genesung flog sie ihn nach Hof, von wo er nach Guttenberg fuhr; seine Frau Elisabeth, die im Krankenhaus bei ihm sein durfte, mußte wieder ins Konzentrationslager Buchenwald. »Litta« überflog zweimal in niedriger Höhe ihre Baracke, so daß Alexander, Berthold Stauffenbergs Witwe Mika, Elisabeth Stauffenberg und andere sie sehen konnten.[19]

Der Besitz der mit den Verschwörern Verwandten wurde »insgesamt« beschlagnahmt, nicht nur in Lautlingen, auch in Jettingen, Wilflingen, Amerdingen, Greifenstein.[20] Nach dem Ende des Krieges mußten sich die Hinterbliebenen lange und unter bitteren Erfahrungen mit der deutschen Bürokratie um die Wiedergewinnung ihres Eigentums und um Versorgung für sich und die Waisen bemühen. Hitler hatte »eine großzügige Versorgung der Hinterbliebenen« gewünscht.[20] Nach dem Umsturz mochten sich die Bürokraten an Hitlers Wunsch gebunden fühlen oder nicht – so oder so hätten sie Unterstützung gewähren müssen.

Die Mutter der Brüder Stauffenberg erfuhr am 21. Juli in Lautlingen, wo auch ihr Bruder, Bertholds Frau Mika und Claus' Frau Nina mit ihren Kindern sich aufhielten, daß Claus Stauffenberg als Führer der Erhebung in der Nacht erschossen worden war. Ihr Bruder Nikolaus sagte ihr: »Vergiß nie, er hat es in der höchsten Pflichterfüllung getan.« In der Nacht vom 22. auf 23. Juli kamen Beamte der Geheimen Staatspolizei nach Lautlingen und brachten Nikolaus Graf Üxküll und Nina Gräfin Stauffenberg ins Gefängnis nach Rottweil; am Abend des 23. kamen sie wieder und holten die Rotkreuz-Oberin Alexandrine (»Lasli«) Gräfin Üxküll und die Mutter der Brüder Stauffenberg nach Balingen ins Amtsgerichtsgefängnis in Einzelhaft. Am 17. August wurden die Kinder aus Lautlingen verschleppt. Alexandrine Gräfin Üxküll wurde nach sechs Wochen entlassen; die Mutter der Brüder Stauffenberg kam am 2. November nach Lautlingen zurück, wo bald acht Familien der Geheimen Staatspolizei mit Kindern einzogen. Erst im Dezember erfuhr sie den Tod ihres Sohnes Berthold und ihres Bruders Nikolaus.[22] Obwohl sie völlig ahnungslos gewesen war, erklärte sie im Dezember 1944 einem der wenigen Besucher: »Ich wußte von der Tat meines Sohnes und ich billige sie.«[23]

Im April 1945 besetzten französische Truppen Lautlingen, die Marokkaner plünderten und vergewaltigten, sechshundert Dorfbewohner flüchteten sich ins Schloß zur alten Gräfin Stauffenberg.[24] Im Juni wurde ein früherer französischer Kriegsgefangener, der in Lautlingen untergebracht gewesen war, hier Ortskommandant. Er stellte der Rotkreuz-Oberin und einer Verwandten ein Militärauto zur Verfügung, damit sie nach den Kindern suchen konnten; sie fanden sie noch in Bad Sachsa. Die Söhne von Claus Stauffenberg fuhren mit dem Auto zurück; »Lasli« beschaffte einen großen Omnibus, mit dem die übrigen fahren konnten, wenige Stunden, ehe die Rote Armee die Gegend besetzte. Die Hofacker-Kinder kamen nach Reichenbach, die Kinder Bertholds und Claus' Tochter Valerie nach Lautlingen.

Mika und Alexander Stauffenberg wurden noch von den Amerikanern festgehalten. Als Mika freikam, fragte sie in Lautlingen an, ob ihre Kinder noch am Leben seien, ehe sie hinfuhr.[25] Alexander kam zu langen Verhören nach Frankfurt am Main, in dieselbe Villa wie Generalfeldmarschall von Rundstedt. Er mußte den amerikanischen Vernehmern erst begreiflich machen, daß er nicht mit Rundstedt, der bei der Ausstoßung der Brüder aus der Wehrmacht den Vorsitz geführt hatte, am gleichen Tisch sitzen könne. Erst am 15. September kam er bei Rudolf Fahrner, Gemma Wolters-Thiersch und Marlene Hoffmann in Überlingen an.[26] Drei Jahre verbrachte er dort bei Dichtungen und anderen Arbeiten, ehe er wieder in der äußeren Welt leben wollte.[27]

1948 wurde Alexander Graf Stauffenberg auf den Lehrstuhl für Alte Geschichte der Ludwig-Maximilians-Universität in München berufen. Er arbeitete an Pindar-Übertragungen und vollendete ein großes Werk über das griechische Sizilien, »Trinakria«. Als einer der ersten begann er in den fünfziger Jahren den Kampf gegen die wachsende Gefährdung der Welt durch die Atomkraft. 1963 starb er jäh an Krebs.[28]

Die Antriebe, die die Brüder Stauffenberg zu Todfeinden der Nationalsozialisten machten, gingen aus ihren Auffassungen von Dienst und Recht hervor. Die Stauffenbergs erwarteten 1933 wie viele ihrer Zeitgenossen die Erneuerung Deutschlands, die Wiederherstellung der inneren Ordnung und der äußeren Ehre. Die Abschaffung der unordentlichen Demokratie störte sie wenig. Doch im Gegensatz zu nicht wenigen ihrer Verwandten und Freunde – Nikolaus Graf Üxküll, Franz Schenk Freiherr von Stauffenberg, Albrecht von Blumenthal, Fritz-Dietlof Graf von der Schulenburg, Ulrich Graf Schwerin von Schwanenfeld – trat keiner der älteren Brüder Stauffenberg in die NSDAP ein; Claus hätte es nach dem Wehrgesetz nicht gekonnt, aber sonst auch nicht getan. Das ist immerhin bemerkenswert. Ihre »Partei« war das geheime Deutschland, ihr »Führer« Stefan George, ihre Zukunft fanden sie in der »sicht«, zu der »nur kleine schar« berufen war.[29]

Aber obwohl Rechtsbrüche, Ausschreitungen gegen Juden, Korruption und Vulgarismus der neuen Bonzen sie abstießen, hielten sie die Politik der Zerreißung des Vertrags von Versailles für rich-

tig, auch die Politik der »Reinhaltung der Rasse«, der Stärkung des
Bauerntums. Sie sahen die Entwicklung der dreißiger Jahre vorwiegend positiv.[30] Ein Freund berichtet: Claus Stauffenberg war gegenüber dem Nationalsozialismus distanziert, mehr nicht.[31] Den inneren
Zusammenhang zwischen Hitlers »Rassegedanken« und seiner Erobe-
rungspolitik sahen sie noch nicht. Obwohl sie 1938 von den nieder-
trächtigen Intrigen gegen Reichswehrminister von Blomberg und den
Oberbefehlshaber des Heeres Generaloberst von Fritsch erfuhren und
obwohl sie durch Erziehung, militärische Ausbildung und Beruf eine
klare Vorstellung von Verantwortlichkeiten hatten, neigten sie dazu,
die Verantwortung nicht Hitler, sondern seiner Umgebung zuzuschreiben. Die Stauffenbergs dachten auch das REICH nicht in eng völki-
schem, sondern in universalem Rahmen, so daß nichtdeutsche Völker
wohl dazu gehören konnten, wie im Römischen Reich und in seiner
Erneuerung durch die Karolinger und Ottonen.

Die Herbeiführung des Krieges verurteilten sie; aber nach dem
deutschen Angriff auf Polen und nachdem die Westmächte ihrerseits
Deutschland den Krieg erklärt hatten, gaben sie der Behauptung des
Reiches den Vorrang vor allen Bedenken. Krieg war Claus Stauffenbergs Handwerk, wie er sagte, seit Jahrhunderten.[32] So waren die
Stauffenbergs bis in die Mitte des Jahres 1942 bereit, das Regime zu
instrumentalisieren im Interesse des REICHS.

Alexander Stauffenberg sagte es deutlich: »Seinen Eintritt in die
Reihen der Widerstandsbewegung hat [Claus] Stauffenberg sehr spät
vollzogen, dann aber mit dem für ihn kennzeichnenden Triebe, unter
allen Umständen zu handeln, und seit dem Jahr 1942 hören wir von
der in den Armee- und Heeresgruppenstäben der Ostfront warnenden und aufrüttelnden Stimme des damals in der Organisationsabteilung des Hauptquartiers tätigen Offiziers.«[33] Alexander Stauffenberg
selbst hatte früher auf die Hohlheit der Ideologie der neuen Herren
reagiert.[34] Seine Verbindung mit einer Frau jüdischer Herkunft mag
dazu beigetragen haben. Auf dem Deutschen Historikertag von 1937
bezog er öffentlich und kompromißlos Stellung gegen die offizielle
Ideologie.

Die Bereitschaft zu unabhängigen und radikalen Entscheidungen
ist selten und entwickelt sich in staatstragenden Menschen eher langsam.

Die radikale Wende des Jahres 1942 kam angesichts der Verbrechen
des Regimes: Massenmorde an Juden, Polen, Russen, Kriegsgefangenen, Mißhandlung der Völker der Sowjetunion. Die unsachgemäße
militärische Führung einschließlich der falschen Volkstumspolitik in

der Sowjetunion, die die anfängliche Unterstützung der Bevölkerung in ihr Gegenteil verkehrte, und im Jahr 1942 die Wiederholung der 1941 gescheiterten Strategie mit der gleichzeitigen Verfolgung zweier weit auseinanderliegender Angriffsziele, während für eines allein die Kräfte kaum reichten, bedeutete für Claus Stauffenberg Verrat am Heer und am REICH. Der Bereitschaft des Soldaten, für sein Land zu sterben, muß der Sinn des Opfers gegenüberstehen.

Erst allmählich wuchs die Erkenntnis, daß Führungsfehler wie der bei Dünkirchen begangene keine »Fehler«, sondern unmittelbare Folgen einer Perversion des Soldatentums, seiner Unterordnung unter ideologische Wahnvorstellungen waren. Erst allmählich wurde klar, daß die Erschießungen außerhalb der Kampfhandlungen und die Behandlung der russischen Kriegsgefangenen und der Bevölkerung nicht »Fehler«, schwer vermeidbare »Reibungen« und Unglücksfälle seien, wie sie in Kriegen vorkamen, sondern bewußte Politik, systematische Massenvernichtung von Menschenleben, also ein krasser Widerspruch zu einem Krieg, der für das Leben der Menschen gegen Bedrohung geführt werden mußte. Es kostete die Überwindung fester Grundsätze vom soldatischen Gehorsam, um zu der Erkenntnis zu gelangen, daß der Erfolg der eigenen Waffen, der bedingungslose Schutz des eigenen Volkes und Staates dem Kampf gegen solche Verbrechen untergeordnet werden mußten. Stauffenberg stellte fest (und sagte einem Mitarbeiter im Allgemeinen Heeresamt Anfang 1944), daß der »Führer« immer die Entscheidungen fällte, die sein Volk dem Ruin näher brachten.[35]

Als Stauffenberg zu dem Schluß kommen mußte, daß eine ethisch integre Führung nicht bestand, weil Hitler die militärischen Grundsätze pervertierte und die Wehrmacht bewußt in Verbrechen verstrickte, wandte er sich an die höheren Führer des Heeres, die Hitler, seit er persönlich Oberbefehlshaber des Heeres war, unmittelbar unterstanden. Als sie sich versagten, schloß Stauffenberg, nun müßten die Obersten handeln. Das Naturrecht des Widerstandes gegen unrechte Herrschaft ist auch in der deutschen Geschichte verwurzelt.[36] Wer Unrecht sieht, verläßt sich zunächst auf ordentliche Verfahren und auf die Verantwortung höherer Führer. Ob Claus Stauffenberg die naturrechtliche Lehre der Devolution des Rechts zum Widerstand kannte oder nicht, jedenfalls wandte er sie an.[37]

Berthold Stauffenberg kam etwa zur selben Zeit wie Claus zu derselben Einsicht, auch er wesentlich durch seine im Dienst gewonnenen Kenntnisse. Er vertrat die Auffassung, daß die deutschen Verantwortlichen *vor* der Niederlage von Deutschen für das begangene

Unrecht – »wie auch Konzentrationslager, Judenverfolgungen« – zur Rechenschaft zu ziehen seien; das seien die Deutschen sich und der Welt schuldig, und kein Opfer sei dafür zu groß.[38] Berthold Stauffenberg war mit seinem überlegenen Verstand für seinen Bruder Claus als Ratgeber unentbehrlich.

Da Berthold Stauffenberg und seine Brüder alle diese Verbrechen etwa gleichzeitig erkannten, gab keines allein den Anstoß zum Handeln. Die Parallelität lag an Hitlers Verkettung von Krieg und »Rassenkampf«, 1942 wie 1938. Einsicht und Erkenntnis kamen aber nicht im Angesicht der Niederlage, sondern zu der Zeit, als Deutschland fast ganz Europa beherrschte. Die Erkenntnis blieb auch nicht folgenlos. Die verschwörerische Tätigkeit der Brüder setzte im Sommer 1942 ein, *vor* der Niederlage von Stalingrad.

Berthold Stauffenbergs Verdikt gegenüber den Vernehmungsbeamten der Geheimen Staatspolizei, die Grundideen des Nationalsozialismus seien durch das Regime in der Praxis fast alle in ihr Gegenteil verkehrt worden, galt auch für den Gedanken »der selbstverantwortlichen und sachverständigen Führung«, der »gesunden Rangordnung«, der »Volksgemeinschaft«, des Grundsatzes des Gemeinnutzes, des Kampfes gegen Korruption, für die Betonung des Bäuerlichen, des Kampfes gegen den Geist der Großstädte und für die deutsch bestimmte Rechtsordnung, also insgesamt für Vorstellungen, die die Brüder Berthold und Claus Stauffenberg im »Schwur« niederlegten.

Claus Stauffenbergs Brief an General Paulus vom 12. Juni 1942 ist das erste Dokument seiner Appelle an die höheren Führer, ihre Verantwortung und ihr Recht zum Widerstand zu übernehmen. Dem folgten weitere, bis zu dem Gespräch mit Manstein. Ende 1942 hatte Stauffenberg sich so exponiert, daß er die Bemühungen nicht mehr weitertreiben konnte. Er ging an die Front. Nach seiner Verwundung war ein Hindernis für Stauffenbergs Anschluß an die bestehende Verschwörung seine Auffassung, dem Heer und seinem Offizierkorps gehöre die Führung der Nation, wie Gneisenau sie gefordert hatte.[39] An Sodenstern hatte Stauffenberg im März 1939 geschrieben, »dass das Soldatentum und damit sein Träger, das Offizierkorps, den wesentlichsten Träger des Staates und die eigentliche Verkörperung der Nation darstellt«.[40] Im Winter 1942/43 sagte er einem befreundeten Kameraden: »Ja, wir sind auch die Führung des Heeres und auch des Volkes und wir werden diese Führung in die Hand nehmen.«[41]

Der »Schwur« scheint in dieselbe Richtung zu weisen. Jedoch stammen Claus Stauffenbergs Äußerungen über die Führung durch das Heer und das Offizierkorps alle aus der Zeit vor seinem Eintritt in die

Verschwörung. Die Brüder Claus und Berthold Stauffenberg sprachen im »Schwur« ihre wahren Überzeugungen aus, bewußt im Angesicht der Niederlage und der Katastrophe, in aufrechter Selbstbehauptung, im unbeirrbaren Glauben an die eigene Nation gerade angesichts der bevorstehenden fremden Besetzung und der äußeren und moralischen Erniedrigung, die zu gewärtigen war. Hier liegen Parallelen zu Gneisenaus Gedanken von 1811. Die Stauffenbergs wiesen von vornherein die moralische Arroganz der fremden Eroberer zurück. Sie wollten »Recht und Gerechtigkeit«, dachten aber nicht daran, schuldbewußt die Häupter zu senken; sie vertraten das »andere Deutschland«.[42]

Ihre Haltung gegenüber den Kriegsfeinden war ambivalent. Sie erwarteten – wie Moltke und Trott – von den Feinden Verständnis und Anerkennung für den Kampf von innen gegen die Tyrannei; der Kontrast mit dem abgrundtief teuflischen nationalsozialistischen Regime ließ die Alliierten in übersteigertem Maß des Guten und der Gerechtigkeit fähig erscheinen. Obwohl Claus Stauffenberg 1942 von dem Haß gesprochen hatte, den die Deutschen säten, unterschätzten die Brüder Stauffenberg die Macht dieses Hasses; ihre Einschätzung war naiv, aber durch die Isolation Deutschlands erklärbar. Zugleich standen sie wie Fichte und Gneisenau im Kampf gegen eine äußere und eine innere Front und strebten die geistige Mobilmachung Deutschlands an gegen Kräfte, deren Opfer es geworden war.

Zum Schluß waren »die Obersten« einsam, verlassen von ihren berufenen höheren Führern, verlassen von allen, denen sie immer noch hierarchisch vertrauten. Die genauesten »generalstabsmäßigen« Planungen nützten nichts, wenn an entscheidenden Stellen der Wille zur Durchführung fehlte. Die Unfähigkeit der Mitverschworenen, die Zugang zu Hitler hatten – Stieff, Fellgiebel, Wagner, Meichßner – war entmutigend genug. Die Generale ließen den Obersten den Vortritt. Stauffenberg war schon überfordert durch seine dreifache Rolle als Organisator der Versorgung der Fronten, als Attentäter und Staatsstreichführer, durch die organisatorischen Einzelplanungen für den Umsturz, durch die seiner genauen Art wenig gemäße Unwägbarkeit fast aller Faktoren des Staatsstreiches. Mit der ihm eigenen Energie zog er mehr an sich, als er bewältigen konnte, weil ihm die wirklich zuverlässigen Mitarbeiter fehlten, worüber er oft klagte; denn die Mitarbeiter im Allgemeinen Heeresamt und im Stab des Befehlshabers des Ersatzheeres bestanden aus »von der Front abgeschobenen Kriegern«.[43]

Die unglaublichen Vorgänge des 15. Juli 1944 waren niederschmetternd. Alle Aussicht auf Erfolg war verschwunden. Claus Stauffenberg konnte nicht mehr, wie bisher und im Gegensatz zu seinem viel pessimistischeren Bruder, an fünfzig Prozent Erfolgsaussicht glauben.[44] Weder gab es Hoffnung auf Stabilisierung der militärischen Lage noch auf den Erfolg des Umsturzes. Nur noch der Versuch blieb übrig. Es gehört zu den erschütterndsten und eindrucksvollsten Vorgängen der Erhebung, daß Stauffenberg angesichts des Verlassenseins und der Aussichtslosigkeit den Versuch überhaupt noch einmal unternahm.

Claus Stauffenberg blieb immer gläubiger und – obzwar nicht regelmäßig – praktizierender Katholik.[45] Er empfand den Adel und die Ehre der Familie stets als Verpflichtung.[46] Schließlich empfand er immer die Verpflichtung gegenüber dem weiterlebenden geheimen Deutschland, dessen Erben die Stauffenbergs durch Georges Berufung und Testament geworden waren. Auch als Erbe des geheimen Deutschland gab er sein Leben in der Erhebung für das REICH und schließlich als Opfer und Sühne gegen Verbrechen, weil er mit der Schuld nicht leben konnte.[47]

Stauffenberg brachte das Opfer seiner selbst in allen Bereichen, die ihm wichtig waren. Er opferte sich auch im Widerstand als Soldat. Er opferte sein Seelenheil, seine Ehre, sein Leben. Er dachte schließlich wie sein Onkel Graf Üxküll: »Von dem Gangsterhaufen kann ich mich nur durch den Tod trennen.«[48]

Das geheime Deutschland ist das Vermächtnis der Brüder Stauffenberg für ein besseres Deutschland. Es war auch Ausdruck des besonderen Dienstes der auserwählten Nachfolger und Bewahrer des verehrten Dichters. Stefan George und das geheime Deutschland sind in der deutschen Geistesgeschichte ein zugleich neuklassizistischer und neuromantischer Nebenweg, auf den die Stauffenbergs kamen. Er drängte sie stärker zur Tat als die Strömungen, denen ihre Freunde in der Verschwörung angehörten.

In dem Opfer gegen das Unrecht und in dem höchsten Opfer für die Gemeinschaft liegt eine existentielle Herausforderung an die Zeitgenossen und Nachlebenden, die sie nie losläßt. Das ist die geschichtliche Bedeutung der Erhebung.

Die *sichtbare* Tat ist schließlich entscheidend für das historische Verständnis und die Wirkung der Bewegung. *Alle* Taten des Widerstandes gegen die Unrechtsherrschaft erhielten durch die Tat Stauffenbergs die Legitimation des Manifesten. Es gibt keinen Anhaltspunkt dafür, daß ein anderer das geleistet hätte. Auch wäre es ohne Stauffenbergs Tat nicht zu dem vielfachen persönlichen Märtyrertum gekommen, das den geistigen und ethischen Gehalt der Opposition und ihren existentiellen Schritt zur grundsätzlichen Antwort auf das Menschenfeindliche an sich so unübersehbar zutage gebracht hat.

Nach den Worten Alexander Graf Stauffenbergs enthüllen sich in der Dichtung eines Volkes »seine geheimen Schicksale«. Dichtung werde selbst zum Schicksal eines Volkes, wenn durch die Dichtung »der Träger oder Vollstrecker eines Verhängnisses«, »der Täter zur Tat, oder im Fall des Scheiterns zum Opfer« beseelt wurde.[49]

Anhang I:
Ein Schulaufsatz Claus Graf Stauffenbergs

Den 24. Januar 1923.

Was willst du werden? 8.

K.-A.

Für alle, die das Vaterland und das neue Reich erkannt haben, gibt es nur den Einen hehren Beruf, den uns die großen Griechen und Römer durch die Tat vorgelebt haben, und den uns die Ritter in höchster Form dargetan haben: Des Vaterlandes und des Kampfes fürs Vaterland würdig zu werden und dann sich dem erhabenen Kampf für das Volk zu opfern; ein Wirklichkeits- und -Kampfbewußtes Leben führen. Dieser Beruf muß dann ausgeführt werden mit dem tatsächlichen vereint, muß diesem als Leitgedanke vorangehen: Jeder kann in seinem Beruf Neues, dem Vaterlande Ersprießliches schaffen. Um das zu können muß man freilich seine ganze Kraft und sein ganzes Interesse dem gewählten Berufe widmen, man muß sein Können in eine gegebene Form bannen. Ich will einmal bauen, Baumeister werden. Ich finde es schön und es zieht mich an, das Zusammenord[n]en von an sich ganz abstrakten Raumgebilden in eine schöne, in der Anordnung vernünftige und sinnreiche, selbstverständliche gebundene Form, das Übereinstimmen von Grundriß und Aufriß, von Innenausstattung und Äußerem, das Abwägen der Verhältnisse zueinander, die angepaßte Linienführung, alles individuell und doch sich in allgemeingültige Werte einfügend. So kurz im Einzelnen: Meine Freude am Bauen, am Stein auf Stein setzen. Im Ganzen aber will ich meine eigenen Gedanken in den Bau legen, aber ganz untergeordnet unter das Erlebnis vom Deutschtum, von der Kultur im allgemeinen, so daß jeder Bau gewissermaßen einen Tempel, der dem deutschen Volk und Vaterland geweiht ist, darstellt. Damit ich aber mein Volk und andre uns vorbildliche Völker und deren Kultur näherkennenlerne damit mir der Weg klarer wird, und auch weil sie mich interessiert und freut will ich auch besonders Geschichte noch studieren. So gerichtet steht jetzt mein Wille, ob es anders kommt weiß ich nicht, doch ist das nebensächlich, denn die Hauptsache ist, daß wir den eingeschlagenen Weg mit offenen Augen, mit Klarheit und Freude gehen und dem Ziel mannhaft entgegenstreben.[1]

Anhang II:
Claus Graf Stauffenbergs Brief an den Vater[1a]

Bamberg Dienstag
Mein Vater!   [27. April 1926]
Vielen· vielen dank für Deinen brief· zu meinem schrecken höre ich
dass die Duli den fuss gebrochen hat· ich hoffe dass es nichts schlim-
mes ist. Der tod von Otto Tessin tut mir sehr leid· besonders im gedanken wie Deine besten freunde hingehen: Stuttgart verändert sich immer
mehr. – Dass die ersten jahre meines berufes nicht sehr schön sein würden war mir immer klar: es ist eben für unsereinen nicht leicht längere zeit hindurch den gemeinen zu spielen und auf alles geistige so
ziemlich ganz zu verzichten· es ist vielleicht auch nicht einfach ide-
alere ziele und beweggründe· deren bewusstsein auch das unerträgliche
tragbar machen würden· stets im auge zu behalten. Von der richtigkeit
meines Schrittes bin ich nach wie vor überzeugt und wenn dem vaterland durch die bereitstellung auch mehr geistiger (nicht rein sportlicher
oder das militär aus begeisterung für stahlhelm und märsche suchender
menschen) auch nur im geringsten der schatten eines vorteils erwachsen kann bin ich für das opfer einiger jahre meiner jugend reich entschädigt. Unendlich wertvoll ist mir in dieser hinsieht Eure· meiner
brüder und freunde zuversicht und anerkennung meiner wahl da ich ja
selbst im hinblick auf die von uns zu erlebende zukunft leicht zum pessimismus neige· nicht freilich dass mir das selbstvertrauen fehlte! Für
Deine ratschläge danke ich Dir: mit menschen die nicht mein volles
vertrauen besitzen bin ich so wie so überaus vorsichtig und zurückhal-
tend· meine eigentliche person geht ja niemand etwas an.
      Am 6.VI. gehen wir nach Grafenwöhr. Vom pfingsturlaub weiss ich
noch nichts sicheres· wenn Du mir für diesen monat noch 50 mark
schicken kannst kann ich für urlaub und anschaffungen gut auskom-
men· wenn es Dir jetzt unbequem ist geht es auch so gut. Bitt[e] schickt
mir bilder: ich dachte an die beiden Dürerstiche in unserem zimmer·
ausserdem könnte Berthold einige ihrer aus Italien mitgebrachter bilder
aussuchen· dann noch Photographien von Duli· Berth. Alex und uns
mit Dir zusammen[.] Von Dir habe ich eins. Für den wäsche korb danke
ich. Küss die Duli und wünsche Ihr gute besserung. Grüsse Mika.
      Innigst küsst Dir die hand
      Dein dankbarer sohn
                                    Claus.
Geld bitte im eingeschriebenen geschlossenem brief

Anhang III:
Briefe Claus Graf Stauffenbergs
an Generalmajor Georg von Sodenstern[2]

Wuppertal-Barmen, 6. 2. 39
Lönsstr. 25.

Hochzuverehrender Herr General!

Als einem Leser der »Militärwissenschaftlichen Rundschau« sei es mir verstattet, Herrn General den Dank des Jüngeren für den Aufsatz »Vom Wesen des Soldatentums« zu sagen. Nicht, daß uns die Worte von Herrn General etwas Neues, Ungekanntes vorgestellt hätten, denn es wäre ja schlimm, wenn wir – zumindest unbewußt – so wenig auf den allzeitigen Grundlagen echten Soldatentums fußen würden; auch nicht, daß hier etwas aufgerührt wird, was uns eine große Fragestellung unsrer Zeit erstmals vor Augen führt, denn offnen Auges oder instinktmäßig muß heut jeder Soldat, den es zu nennen überhaupt lohnt, sich ständig um das bemühen, was die leitenden Gedanken in der Schrift von Herrn General sind; das Glückliche aber, womit diese Gedanken mit dem Feuer der vollen soldatischen Hingabe und zugleich mit der Kühle scharf abgewogener Gedankenklarheit dargestellt sind, sodaß sie dem allzu Bejahenden den hohen Sinn edler Bewahrung, dem zur Verneinung neigenden die Vereinbarkeit seiner Haltung mit dem allzeit hörbaren Ruf des Tags aufzeigen, ist es, was mich bewegt, Herrn General zu danken.

Ich weiß wohl, wie wenig mir Herrn General gegenüber »Lob« oder »Anerkennung« zusteht. Umsomehr hoffe ich, daß Herr General meine Zeilen auffassen mögen als Dank eines jüngeren, der bei den Worten von Herrn General mitgeschwungen hat und der »von Männern geführt sein will, deren Haltung ihm Achtung abzwingt«,

und stets bleibt
Herrn General
gehorsamer
Graf Stauffenberg.
Rittmeister.

Wuppertal, 13. 3. 39.

Hochzuverehrender Herr General!

Eine Antwort von Herrn General auf meine Zeilen ist mehr als ich erwartet hatte. Umso dankbarer muss ich für den gütigen Brief von Herrn General sein, als er nochmals auf *die* Frage eingeht, die das Offizierkorps schlechthin und im besonderen meine Jahrgänge, die man als die »verbindenden« bezeichnen könnte, am meisten bewegen sollte und – ich glaube man kann doch sagen – bewusst oder unbewusst, in klarer Einsicht oder mehr dumpf gefühlsmässig bewegt.

Das kritische Moment der Stellung des Soldatentums und seines verantwortlichen Trägers, des Offizierkorps im Leben der Nation haben Herr General mit dem Wort über die Gefahr »der Verallgemeinerung des Soldatischen zu etwas Alltäglichen« so deutlich umrissen, dass mir nur im Hinblick auf die weiteren Folgerungen, die Herr General gezogen haben, eine persönliche Versicherung und eine allgemeine Bitte des jüngeren Offiziers an den Älteren zu richten, in der ich gewiss nicht nur für mich allein spreche. [Satz sic][3]

Die Bitte: Am Ende des Briefes sprechen Herr General die Befürchtung aus, dass die Mahnungen einer Generation, die in der Wehrmacht heute schlechthin unsere Führergeneration ist, in der Jugend nicht mehr das rechte Echo fänden. Ich weiss, dass dies im Munde von Herrn General keine Resignation bedeutet, was ja die Veröffentlichung in der Rundschau an sich schon beweist. Aber Herr General werden vielleicht verstehen, dass ich hier eine Distanzierung von Nachwuchs entstehen sehe, die schliesslich doch zu einem Hemmnis in der aktiven Wirkung gerade derer werden muss, die die Träger eines grossen Erbes sind, von dem die Schlacken des Nur-Konventionellen und der rein äusseren Tageserscheinungen in der Bewährungsprobe des von ihnen durchkämpften Weltkriegs abgefallen sind. Die dem Sinn nach gleiche Einstellung ist mir mehrfach begegnet, und gerade bei den Offizieren, von denen wir jüngeren – Herr General wollen das nicht als ungebührliches Werturteil nehmen! – zu sagen pflegen: »ein ganzer Soldat, ein wirklicher Führer!« Diese Einstellung angesichts der allgemein propagierten und zum Götzendienst erhobenen Flucht in die Masse ist mehr als begreiflich. Wenn aber das Vertrauen in die absolute, die verschiedensten Zeitläufte überspannende Gültigkeit des aristokratischen Grundgesetzes soldatischer Staats- und Lebensauffassung ihren berufensten Kündern und Vermittlern verloren zu gehen droht, dann erst wird die Krise, von der Herr General sprechen und in der wir uns schon befinden, zur schweren Gefahr.

Ohne Zweifel haben auch wir, das Offizierkorps, schon der Masse unsern Tribut entrichten müssen und sind wir zum Teil schon selbst, zumindest in unserm Nachwuchs zur Masse geworden; zur Masse mit all ihren erstickenden Gefahren, aber auch mit ihren Schwächen: Gelingt es einem Teil von uns – und sind es zahlenmässig nur verschwindend wenige – den unbestechlichen Blick für das Echte und Entscheidende zu wecken und die unvergängliche Haltung des Offiziers, des Herrn, zu festigen, dann haben wir die Schlacht schon halb gewonnen.

In diesem Zusammenhang liegt mir noch eins am Herzen: So mißtrauisch ich gegen das Schlagwort »total« bin und so sehr mit diesem Schlagwort in unserem militärischen Bereich allenthalben Schindluder getrieben worden ist, so sehr ist es für den Begriff des Offiziers am Platz. Wir können es uns nicht leisten, uns in den rein soldatischen, soll heissen rein fachlich beruflichen Bereich zurückzuziehen, wiewohl es angesichts der Lage und der gewaltigen Wirksamkeit ausserhalb unsrer Reihen stehender Kräfte, die das Reich gemehrt[4] und uns scheinbar allein, ohne unser eignes Zutun, in den Sattel gehoben haben, gerade unsre Besten zu tun geneigt sind. Soldat sein, und insbesondere soldatischer Führer, Offizier sein heisst, Diener des Staats, Teil des Staats sein mit all der darin inbegriffenen Gesamtverantwortung. Das Gefühl für diese darf nicht verloren gehen. Diese umfassende Auffassung der soldatischen Aufgabe wach zu halten und zu erziehen scheint mir heute unsre grösste Aufgabe. Was ein unerschütterlicher Glaube und eine vor nichts zurückschreckende Folgerichtigkeit im einmal für Recht erkannten zu leisten vermag, steht uns allen vor Augen. Dass wir oder unsre Söhne und Enkel hier nicht von neuem beginnen müssen, dass hier nicht die Verbindung abreisst, dass hier eine Generation, die sich weder durch Äusserlichkeiten der Vorkriegszeit noch durch vierjährigen Krieg noch durch die Umschichtungen und Wirrungen der Nachkriegszeit vom Kern des Soldatentums hat abziehen lassen, sich nicht versagt, ist meine Bitte. Ich glaube, ich bin in meinem Denken folgerichtig genug, um abmessen zu können, was das bedeutet: Wir müssen nicht nur um die Armee im engeren Sinn zu kämpfen wissen, nein, wir müssen um unser Volk, um den Staat selbst kämpfen, im Bewusstsein, dass das Soldatentum und damit sein Träger, das Offizierkorps, den wesentlichsten Träger des Staates und die eigentliche Verkörperung der Nation darstellt.

Ich darf hoffen, von Herrn General nicht, wie naturgemäss oft von anderen, missverstanden zu werden: Es geht mir nicht um die oder jene Richtung, nicht um Opposition aus Herkommen oder Erziehung oder Beruf, nur um das Reich. Denn, wie auch immer man die Dinge drehen und wenden mag, schliesslich wird im grossen Kampf, im völkischen Entscheidungskampf um Sein oder Nichtsein der Nation dem Soldatentum die Verantwortung zufallen; ob wir uns heute »bescheiden« oder nicht, in den eigentlichen Schicksalaugenblicken wird uns keine politische oder sonstige Organisation auch nur ein Jota der Verantwortung abnehmen können. Wenn also auch heute die propagandistische Parole des Tages, wir wären vor dem Münchner Abkommen nicht genügend »mitgegangen«, eine scheinbare Berechtigung hat, so ist doch zu sagen, dass die politisch sicherlich wenig zweckmässig[e] Zurückhaltung eines grossen Teils des Offizierkorps einem sehr wahren inneren Instinkt entsprach. Und wenn sich hier eine Disharmonie zwischen politischer Führung und militärischer Resonnanz [sic] auftat, so liegt vielleicht der Fehler weniger an der falschen soldatischen Einstellung des Offizierkorps als daran, dass die Stellung des Offizierkorps im Staat eine rein berufs- und zweckbestimmte ist, ohne dass es der politischen Führung gelungen war, ihm das unerlässliche Mass an Vertrauen und Mitverantwortung einzuräumen, welches eben unerlässlich ist für die Führung der bewaffneten Nation, die ihm im Krieg nach wie vor zufällt.

Die Versicherung, Herr General, von der ich zu Anfang sprach, ist eigentlich im Vorhergegangenen schon inbegriffen. Sie besteht im Willen, trotz aller bedenklichen Erscheinungen und trotz der fast erdrückenden Übermacht einer andersläufigen Entwicklung doch für das Ganze und nicht einen Teil zu kämpfen. Sie besteht im Vertrauen auf eine Generation von Führern und Lehrmeistern, die für uns mehr als nur die Verkörperung einer ehrwürdigen Tradition darstellen.

Mit Deutschen Gruss bin ich
    Herrn General stets
       dankbarer und gehorsamer
       Graf Stauffenberg.

Anhang IV:
Brief Claus Graf Stauffenbergs an seine Schwiegermutter[5]

H.Q. OKH, 11. 1. 42

Liebste Mami! Nun ist trotz aller guten Vorsätze doch Dein Geburtstag selbst herangerückt. Da sich ein reichlich intensiver Betrieb mit allen Begleiterscheinungen der Nachtarbeit u. Hetzerei mit einer Grippe vereinigt hat, war kein Raum mehr für privates Briefschreiben.

Vor allem nun aber von ganzem Herzen alle guten Wünsche zu Deinem Geburtstag! So sehr vertrauenserweckend hat das Jahr ja nicht begonnen, sodass man Friedenshoffnungen und Wünsche für dieses Jahr noch kaum hegen, sicher das beste Geschenk, was Euch bereitet werden könnte. [Satz sic] Ich selbst habe freilich kein Geschenk für Dich, ja weiss nicht einmal, was Du von der Nina bekommst. – Hab vielen Dank für Deinen Brief. Ich möchte freilich Dir und dem Papi gern dies und jenes erklären, was aber nicht ganz leicht ist. Über die Gerüchte in der Heimat hinsichtlich des Abgang von Brauchitsch und Kombinationen mit der Wollsammlung bin ich freilich orientiert. An alledem ist kein wahres Wort. Dass alles so wirken muss ist aber ganz natürlich. Wollsammlung: Die Winterbekleidung für die im Osten eingesetzten Truppen war zeitgerecht bereit gestellt. Dass sie nicht zur Truppe kam ist eine reine Transport u. Nachschubfrage. Die jetzige Wollsammlung dient der Deckung von Verlusten u. Verschleiss, der Ausstattung des für den Osten bestimmten Ersatzes, der Wiedergenesenden und einer Verbesserung der planmässigen Ausstattung. Gewiss wäre es besser gewesen früher zu sammeln, was das OKH auch schon Anfang September vorgeschlagen hat, damals aber um ausreichende Reserven zu schaffen. – Lage an der Front: Sie ist zur Zeit zweifellos sehr schwierig. Es ist eine Lage, die durch die Anspannung der letzten Kräfte und Mittel überwunden werden muss. Ein Vorwurf kann hier einem Einzelnen nicht gemacht werden. Der tiefere Grund liegt in der falschen Einschätzung der Sowjetunion und ihrer materiellen Kapacität. Sie sind von uns allen unterschätzt worden. Dass die Sowjetunion nach den Schlachten von Kiew, Brjansk, Wjasma militärisch vor dem Zusammenbruch stand, ist mir auch heute nicht zweifelhaft. Als wir den Erfolg ausnutzen wollten, setzte wieder das schlechte Wetter ein, und sobald der Schlamm überwunden war, kamen die Sowjets gerade mit ihren neuaufgestellten Verbänden heran. Ein voller Sieg lag so nah, dass man eben alles auf eine Karte setzen musste. Umso grösser war natürlich auch das Risiko. Dass es zur Zeit recht schwierig ist, gebe ich offen zu. Das liegt aber im Wesentlichen an den Verkehr u. Nachschubschwierigkeiten, woran es der Russe ungleich besser hat.

Aber letzten Endes hat es noch keinen Krieg ohne Rückschläge und schwierige Situationen gegeben. Sie müssen in Gottes Namen überwunden werden. – Brauchitsch: Die Entscheidung über fast alle Fragen der Kriegführung u. Führung der Operationen habe [sic] sich de facto seit langem der Führer selbst vorbehalten. Das liegt in der Natur einer derartig überragenden und willensstarken Persönlichkeit. Die Zwischenschaltung eines Oberbefehlshabers zwischen dem Chef des Generalstabes und dem Führer musste unter diesen Umständen erschwerend, hemmend, verzögernd wirken u. oft zu Missverständnissen u. Reibungen führen. Bei kurzen u. sehr planmässig verlaufenden Feldzügen konnten diese Schwierigkeiten im [sic] Kauf genommen werden, – unter schwierigen Verhältnissen kaum. In diesem Sinn war der Abgang Brauchitsch nur folgerichtig, der letzte Schritt einer längeren Entwicklung. Es kam hinzu, dass Brauchitsch in der letzten Zeit verschiedene zum Teil recht wenig schöne Herzattacken hatte. Der Entschluss ist übrigens absolut von Brauchitsch ausgegangen.

Dass unsere Propaganda all' das nicht geschickt gesteuert hat, ist offensichtlich. Allein irgend eine äussere Ehrung Br.s wird auch vermisst. Diese kann aber bei nächster Gelegenheit noch durchaus kommen. – Rein sachlich ist für uns aber heute besser arbeiten als vordem. Bei der neuen Lösung wurde es in kurzem möglich die ganze[n] Kräfte der Nation einzufangen und für den Entscheidungskampf des Heeres einzuspannen. Und das ist entscheidend!

Mir selbst geht es wieder einigermassen. Nochmals mit allen schönen Wünschen und Grüssen an den Papi

Immer Dein Claus.

Anhang V:
Brief Claus Graf Stauffenbergs
an General der Panzertruppe Friedrich Paulus[6]

H.Q. OKH. 12. 6. 42.

Hochzuverehrender Herr General!

Die Heeresgruppe Süd teilte mit, dass ich nicht mehr mich dort melden sollte, da durch den Führerbesuch am in Frage kommenden Tage doch keine Zeit für mich sei. Aus diesem Grunde entschloss ich mich, doch sofort mit der OKW Maschine zurückzufliegen, um auf diese Weise einen ganzen Tag zu gewinnen.

Diese Umstände machten es mir unmöglich, mich bei Herrn General abzumelden und Herrn General meinen gehorsamsten Dank für die gütige Aufnahme im Hauptquartier auszusprechen. Ich bitte, dies schriftlich nachholen und insbesondere meinen gehorsamsten Dank für die Gastfreundschaft, die ich als persönlicher Gast von Herrn General geniessen durfte, aussprechen zu dürfen.

Die Tage in und um Charkow mit der Berührung mit all den besuchten Divisionen war eine grosse Freude und hat wieder »viel Auftrieb gegeben«. Freilich kam auch wieder in besonderem Masse zum

Bewusstsein, was man fern der Truppe versäumt. Was kann schöner sein, als dies unmittelbar sorgen und sich auswirken dürfen! Demgegenüber bleibt alle Befriedigung, die in gewissem Sinn natürlich auch hier zu finden ist, ein klägliches Surrogat; Und dies umso mehr, als ein Eingeweihter – und solchen rechne ich mich nach 2jähriger Tätigkeit hier – ja bei jeder Sache sofort die, keineswegs immer im Sachlichen begründeten, Grenzen jeder Aktion schon vor ihrem Beginn erkennen muss. Mir ist wohl bewusst, dass trotzdem gekämpft werden muss, und ich versuche, dies auch allen Mitspielern immer wieder klar zu machen. Dabei aber selbst den inneren Schwung nicht zu verlieren, fällt nicht immer leicht. Herr General werden am besten verstehen, wie erquickend ein Besuch aus solcher Luft dann dort ist, wo bedenkenlos der höchste Einsatz gewagt wird, wo ohne Murren das Leben hingegeben wird, während sich die Führer und Vorbilder um das Prestige zanken oder den Mut, eine das Leben von Tausenden betreffende Ansicht, ja Überzeugung zu vertreten, nicht aufzubringen vermögen.

Freilich macht es das Leben hier nicht leichter, die Dinge so zu sehen. Sieht man das aber nicht mehr, dann gehört man schleunigst aus diesem Haus gejagt!

Herr General stehen wieder in einer Operation und mit heissem Herzen verfolgen wir jeden Schritt. Möge diese wie die kommenden unter einem guten Stern stehen.

In Verehrung und Dankbarkeit
   bin ich Herrn General
      stets gehorsamster
         Stauffenberg.

Anhang VI:
Exkurs über Stauffenbergs »Schwur«

Von den wenigen, die an der Abfassung der Grund-Sätze der Stauffenbergs und Fahrners beteiligt waren oder sie kannten, hat nur Rudolf Fahrner der Nachwelt Mitteilungen über die damit zusammenhängenden Vorgänge hinterlassen. Im wesentlichen gab er konsequent an, die Gedanken stammten alle oder so gut wie alle von Claus Graf Stauffenberg.

1947 sagte Alexander Stauffenberg Johann Dietrich von Hassell, er »besitze den ›Schwur‹ von Claus, der klar erweise, wie gänzlich Claus der westlichen Kultur angehört habe. Der ›Schwur‹ sei weitgehend von Claus entworfen worden.« Jedoch sei »über dessen Entstehungsgeschichte offenbar nichts ganz Genaues bekannt« – dies, obwohl Alexander Stauffenberg und Rudolf Fahrner seit September 1945 über Wochen und Monate in Überlingen bei Fahrner zusammen waren. Alexander Stauffenberg verdankt jedoch möglicherweise seine Kenntnis des Schriftstückes selbst zuerst seiner späteren zweiten Frau, Marlene Hoffmann, die den »Schwur« 1944 und 1945 für Rudolf Fahrner versteckte, bis dieser im Sommer 1945 aus der Kriegsgefangenschaft zurückkam.[7] Alexander Stauffenberg hielt in seinem 1964 veröffentlichten Gedicht »Vorabend« an der Bezeichnung »Schwur« fest;[8] sie geht also auf das früheste Zeugnis zurück. Die Bezeichnung »Eid« kam erst später durch Rudolf Fahrner und Eberhard Zeller in Umlauf.[9] In seinem Gedicht läßt Alexander Stauffenberg seine Brüder Claus und Berthold den »Schwur« im Wechsel sprechen; Claus beginnt und beendet das Wechselgespräch. Rudolf Fahrner und seine Beteiligung sind in dem Gedicht weder erwähnt noch angedeutet.

95 der insgesamt 191 Worte des »Schwurs« wurden 1952 von Eberhard Zeller wortgetreu veröffentlicht.[10] Der vollständige »Schwur« wurde in Alexander Stauffenbergs Gedicht »Vorabend« 1964 in nur teilweise leicht abgewandeltem Wortlaut veröffentlicht.[11] Das vollständige Original wurde 1992 in dieser Biographie, nach der Überwindung von vermutlich aus der Geheimkultur des George-Kreises zu erklärenden Widerständen seitens der Erben Rudolf Fahrners, zum ersten Mal veröffentlicht.

Claus Stauffenberg verlangte, Fahrners Zeugnis zufolge, die Abfassung des »Schwurs« nach seinen Angaben von Fahrner und Berthold Stauffenberg, die ihn in den ersten Tagen des Juli 1944 entwarfen, zu Papier brachten und nach dem Diktat Fahrners von Berthold Stauffenbergs Sekretärin Maria Appel auf der Maschine schreiben ließen. Claus Stauffenberg nahm in der Maschinenschrift noch handschriftliche Änderungen vor; Fahrner empfing am 4. Juli 1944 einen Durchschlag samt handschriftlichen Änderungen von Claus Stauffenberg aus dessen Hand mit dem Auftrag, ihn sicher zu verbergen. Fahrner brachte den Durchschlag zu Marlene Hoffmann nach Ramsau unter dem Dachstein.[12] Nach dem Krieg – vor Oktober 1947, anscheinend schon 1945 bei Alexander Stauffenbergs Rückkehr aus der Gefangenschaft – ging er in dessen Besitz über. Das Original war vermutlich in den Händen von Berthold oder Claus Stauffenberg geblieben, vielleicht auch in Maria Appels Schreibtischschublade. Wahrscheinlich wurde es am 20. Juli 1944 vernichtet oder am 21. Juli beschlagnahmt, jedenfalls ist es verschollen.[13]

Der Gedanke, einen »Schwur« zu verfassen, ist auch auf Grund von Fritz-Dietlof Graf Schulenburgs Gespräch mit Bussche Claus Graf Stauffenberg zuzuschreiben.[14] Der Schwurgedanke entsprach Stauffenbergs Sinn für das Feierliche.[15] Am Grab seines Vaters tat er einen Schwur.[16] Der »Schwur« sollte nach der Erhebung, aber vor der Besetzung Deutschlands geschworen werden, »um die in Erneuerungsgedanken Verbundenen trotz der dann zu erwartenden Zerstreuungen« zusammenzuhalten. Wie Stauffenberg sich den Vorgang der Verpflichtung dachte, äußerte er gegenüber Fahrner nicht.[17]

Der Gedanke eines Manifests für die, die den Kampf nach dem wahrscheinlichen Untergang der zur Tat Schreitenden weiterführen sollten, findet sich in Fahrners *Arndt* und *Gneisenau*; den *Gneisenau* verwendete Stauffenberg 1942 immer wieder auch zu seinen dienstlichen Aufgaben.[18] Fahrner schrieb in den beiden Werken, Napoleon habe Anfang März 1812 seine Truppen in Preußen einrücken, den Unterwerfungsvertrag überreichen lassen, der die Besetzung des ganzen Landes außer Schlesien, Preußens Teilnahme am Krieg gegen Rußland, Durchmarsch und Verpflegung der Großen Armee enthielt, König Friedrich Wilhelm III. habe ihn angenommen. »Der König unterwirft sich. Gneisenau erhält die mehrmals geforderte Entlassung, Scharnhorst unbeschränkten Urlaub, Clausewitz, Groeben und Andere – im ganzen 300 Offiziere – verlangen und erhalten ihren Abschied. Gneisenau und die Freunde fühlen die heilige Ehre verletzt, selbst den Keim eines künftigen Wachstums gefährdet. Die um sich greifende knechtische Gesinnung und ihre Geschichtsfälschungen scheuend legen sie in einem geheimen Bekenntnis gemeinsam ihre Gesinnung nieder, damit künftige Zeiten erführen, auch wenn sie selbst zugrunde gehen sollten, dass damals Männer gelebt, die die ganze Schmach gesehen und empfunden hätten.«[19]

Stauffenberg wird nur die Version Fahrners gekannt haben. Tatsächlich hatte sich Folgendes zugetragen.

Gneisenau schrieb am 4. Mai 1811 an den Staatskanzler Graf Hardenberg, es sei zu befürchten, daß die Herrscher des Kontinents wie einst die Römer die Geschichte und Taten der ihnen feindlichen Völker unterdrücken und verläumden und daß nirgends festgehalten würde, was an edlen und großen Taten zur Erhaltung Preußens und im Kampf gegen die Unterdrücker getan werde. In England sei man nicht unter diesem Zwang, aber verständnislos und gleichgültig. »Gut ist es daher, daß hochherzig denkende Gelehrte und andere der weitverbreiteten Ansteckung entgangene aufmerksame Beobachter der Zeit sich vereinigen und gemeinsam niederschreiben, was der

Geschichte angehört, und das Niedergeschriebene sichern. Ein Bund hierzu müßte sich bilden und jedes Mitglied desselben trüge bei, was ihm Zuverlässiges bekannt würde. In mehreren Exemplaren würde das Gesichtete niedergelegt und folglich der Tyrannei es unmöglich werden, alle zu zerstören. Selbst Untreue einiger Mitglieder könnte die Wirkung eines solchen Vereins nicht aufhalten, und Verfolgung würde die Bekenner dieses neuen historischen Glaubens nur stärken und mehren, die Gelehrten-Republik empören und unter Lern- und Lesebegierigen Proselyten machen. Knoth hat bereits begonnen, Elemente zu einem solchen Verein zu ordnen. Scheint Ihnen die Sache bedenklich, so mögen Sie bald Einhalt thun und Ihren Einfluß auf Knoth hiezu anwenden. Ihr Stillschweigen soll mir als Bewilligung gelten.«[20] Knoth war ein von Gneisenau für sich selbst verwendeter Deckname, wenn er sich gegen Verfolgung durch die französische Polizei schützen wollte. Der Biograph Gneisenaus, Georg Heinrich Pertz, stellt fest, aus dem Gedanken sei nichts geworden. Für die Version Fahrners findet sich in Pertz' Biographie, der Quelle für seine Gneisenau-Darstellung, kein Anhaltspunkt.

Der Formulierungsauftrag an Fahrner ist aus den Verhältnissen zu erklären. Stauffenberg hatte keine Sekretärin, der er solches hätte diktieren können; in seiner Stellung als Chef des Generalstabes des Ersatzheeres lebte er im Dienst zu sehr in Unruhe, um sich selbst dazu hinzusetzen. Fahrner: Stauffenberg war kein Programmatiker oder Systematiker.[21] Berthold hatte eine zuverlässige Sekretärin und ruhigere Verhältnisse. Fahrners Fähigkeit zu »dienen« kam hinzu, Thormaehlen hat diese Fähigkeit beschrieben.[22]

Die Anstöße liegen aber tiefer. Wenn Fahrner es auch nicht ausgesprochen hat, muß ihm die Parallele Arndt-Gneisenau/Fahrner-Stauffenberg bewußt gewesen sein. Wenn der Heutige der Verknüpfung nicht viel Gewicht beimißt, so tut er das angesichts des Fehlschlags. Doch es ging um die höchste Macht im Staate. Auch Stauffenberg wird die Parallele und ihre Bedeutung nicht entgangen sein, als er Fahrner zweimal zur Formulierungshilfe holte für die wichtigsten ersten Staatsschriften der Erhebung. Sie wären die grundlegenden Dokumente der Erhebung geworden. Eine gelungene Erhebung hätte weltgeschichtliche Bedeutung gehabt.

Die Gedanken des »Schwurs« finden sich in unabhängig von diesem Dokument bezeugten Äußerungen Claus Stauffenbergs und seines Bruders Alexander. Die abendländische Sendung im Zusammenhang mit dem mittelalterlichen christlich-universalen Reichsgedanken erscheint in der ersten Zeile des Gedichts »Abendland I« des Sech-

zehnjährigen: »Wir sind Schicksal noch der welt«, »wir«: »Des Staufers und Ottonen blonde erben.« 1936 schrieb Stauffenberg, die
höchste kulturelle Gestaltung sei für den Deutschen stets verbunden
gewesen mit »universeller Wirkung: Das Heilige Reich, der Humanismus, die Klassik«.[23]

Die Formel von der Verschmelzung des Hellenischen und des Christlichen im germanischen Wesen war in Deutschland verbreitet. Alexander Stauffenberg benützte sie in seinem Vortrag auf dem Historikertag 1937 und führte darauf die Befähigung des »Germanentums« zum
Träger einer weltgeschichtlichen Sendung zurück.[24] Der Anspruch im
»Schwur«, das deutsche Volk habe so den abendländischen Menschen
geschaffen, geht noch darüber hinaus. Im »Schwur« begründet dieser
Anspruch die abendländische Sendung der Deutschen.

Hölderlin besang in der Hymne »Germanien« Deutschland als
Priesterin, die »wehrlos« – waffenlos – Rat gab »rings Den Königen
und den Völkern«.[25] Aber Fichte suggerierte den Deutschen, um sie
aufzurütteln gegen den napoleonischen Imperialismus, sie besäßen
eine einzigartige geistige und moralische Überlegenheit gegenüber den
sie umgebenden Völkern.[26] Er aktualisierte den alten Gedanken der
abendländischen Sendung des römisch-christlich-germanischen Uni-
versalreiches für die Zeit der französischen Besetzung und Vorherrschaft und verband ihn mit seinem Aufruf zur Befreiung. Fichtes Epi-
gonen vulgarisierten den Gedanken zum bloßen Machtgedanken, der
allerdings im europäischen Zeitgeist breiten Raum einnahm.[27] Ernst
Kantorowicz aber meinte die geistige abendländische Tradition, als
er in seiner Vorlesung über »Das geheime Deutschland« sagte, das
»geheime Reich«, das George sehen gelernt habe, beschränke sich auf
den deutschen Raum, auf dem es jedoch »das Gesamt aller urmenschlichen Gestaltungen und Kräfte« erstehen lasse.[28]

Georges Gedicht zum Andenken an Graf Bernhard von Üxküll
erhob 1918 denselben Anspruch in einer Lage, der die von 1944, als
der »Schwur« niedergeschrieben wurde, vergleichbar war: »Des erdteils herz die welt erretten soll..«[29] Claus Stauffenberg schrieb 1923,
dichterisch unbeholfen, aber unmißverständlich:

> Wir sind Schicksal noch der welt und leben
> Müssen weh nicht schreien über uns.[30]

Nun hieß es im »Schwur«: »Wir wissen im Deutschen die Kräfte, die
ihn berufen, die Gemeinschaft der abendländischen Völker zu schönerem Leben zu führen.«

In der Verachtung der »Gleichheitslüge« und der Ehrfurcht »vor den naturgegebenen Rängen« klingt Stefan Georges »sumpf erlogner brüderei« wider.[31] Die Verfasser des »Schwurs« stellten »zügellose« Freiheit und die Gleichheitsidee der Aufklärung und der Französischen Revolution in Gegensatz zur »Ordnung«; die allgemeine Freiheit und Gleichheit galt ihnen als unorganisch, mechanistisch, chaotisch. Fahrner schrieb von dem »wilden Unsinn« der französischen Freiheit und Gleichheit.[32] Ebenso wurde die ganze Bewegung von 1789 abgelehnt, weil sie nur in Gemeinheit ausgeartet, während die deutsche Bewegung von 1813 tief moralisch und sittlich gewesen sei.[33] Solche Wertungen waren in Deutschland besonders 1914–1918 verbreitet.[34] Das Gedicht an Bernhard Graf Uxküll enthielt einen Teil der Gedanken des »Schwur«:

> Sich gleich entfernt von kuppen dreisten dünkels
> Wie seichtem sumpf erlogner brüderei
> Das von sich spie was mürb und feig und lau
> Das aus geweihtem träumen tun und dulden
> Den einzigen der hilft den Mann gebiert..
> Der sprengt die ketten fegt auf trümmerstätten
> Die ordnung· geissel die verlaufnen heim
> Ins ewige recht wo grosses wiederum gross ist
> Herr wiederum herr· zucht wiederum zucht· er heftet
> Das wahre sinnbild auf das völkische banner
> Er führt durch sturm und grausige signale
> Des frührots seiner treuen schar zum werk
> Des wachen tags und pflanzt das Neue Reich.

Hofacker schrieb ähnlich in einem Brief im September 1930: Es sei nötig, die materialisierte und mechanisierte deutsche Nation wirtschaftlich, sozial und geistig zu erneuern, nötig sei »die Umgestaltung unserer vom Westen importierten, für uns Deutsche geradezu selbstmörderischen formaldemokratischen Verfassung nach dem bündischen Prinzip, d.h. nach demjenigen deutschen Lebensgesetz, dem allein die großen geschichtlichen Leistungen unserer Nation – wie z. B. das mittelalterliche Reich, der Ritterorden, der preuss. Staat eines Frhr. v. Stein, die preussisch-deutsche Armee usw. – zu verdanken sind«.[35]

Fahrner betonte, die Formulierung von den naturgegebenen Rängen sei von Stauffenberg besonders gewünscht gewesen; die ausdrückliche Ablehnung des simplen Gleichheitsgedankens sei ebenfalls von Stauffenberg, das Wort »Gleichheitslüge« dagegen von ihm, Fahrner selbst.[36] In Alexander Stauffenbergs Gedicht, das nach Fahrners Aussagen außer auf dem Originaltext des »Schwur« auf Fahrners eigenen Mitteilungen beruht, sind beide Stellen, sowohl die von den naturgegebenen Rängen als auch die von der Ablehnung der »Gleichheitslüge«, Claus Stauffenberg zugeschrieben.[37]

Dahinter standen Georges Lehre der Auserlesenheit und das geheime Deutschland. Claus Stauffenberg berief sich in einem Gedicht von 1923 auf die »kleine schar« der Berufenen, die mit der Masse nichts gemein habe, die »knieen gläubig an des Meisters stufen«.[38] Nun wollten sie »Führende aus allen Schichten des Volkes«, die »durch grossen Sinn, Zucht und Opfer den anderen vorangehen«. Der Gedanke stammte aus der Reformzeit. Stefan Georges Gedanken sind vorgeformt in Fichtes Reden an die deutsche Nation, aus denen George 1916 den Freunden vorlas: Fichte wollte völlige Gleichheit der Erziehung und Grundausbildung, »indem der Stand der Geburt wahrhaftig keinen Unterschied in den Anlagen macht«, »so daß die Ungleichheit der Individuen, jedes ganz besonders nur durch Talent, oder das Schicksal bestimmt werde«, die »Beförderungen« sollten durch Lehrer und Examina geschehen, es sollte keine Gleichheit erzwungen, sondern vielmehr Gleichheit der Möglichkeiten der Entwicklung erreicht werden.[39]

Claus Stauffenberg hatte sich in dem Entwurf einer »Regierungserklärung« vom Herbst 1943, die er mit Rudolf Fahrner Ende Juni 1944 überarbeitete, auf eine neue Verfassung festgelegt, an deren Gestaltung, die Soldaten »mit besonderem Gewicht« Anteil haben sollten, die »mit Zustimmung des Volkes festgesetzt« würde, also durch Volksabstimmung.[40] Fahrner berichtete nach dem Krieg, Stauffenberg und sein Bruder Berthold seien für eine Volksvertretung ohne »politische Parteien bisheriger Art« eingetreten und wollten statt dessen eine Vertretung aus »Gemeinden, Berufsgruppen und Interessengemeinschaften, die dann im Parlament öffentlich für sich selbst einstünden und nicht durch Behandlung von Parteien mit Eigeninteressen oder durch Handel mit solchen Parteien ihre Ziele umwegig verfolgten«. Damals waren sich auch die Gewerkschaftsführer Leuschner, Jakob Kaiser und Habermann einig, daß das frühere Vielparteiensystem nicht wieder hergestellt, sondern allenfalls *eine* Partei als Auslese der politisch bewußten Kräfte gebildet werden sollte.[41]

Der »Schwur« ist kein Verfassungsdokument. Er enthält Grundvorstellungen für eine dauerhafte Zukunft, nicht den Mechanismus zu ihrer Verwirklichung. In den Entwürfen für Regierungserklärungen legten sich Claus und Berthold Stauffenberg auf die Wiederherstellung der von Hitler 1933 aufgehobenen bürgerlichen Rechte der Reichsverfassung fest, ferner auf Volksabstimmung über eine neue Verfassung. Hier im »Schwur« war die Rede von den Grundsätzen für das Leben *nach* der Beseitigung der Tyrannei und nach der Wiederherstellung des Rechts und der Freiheit. Deshalb fehlen auch Äußerungen über die Vergangenheit.

Fichte stellte sich der Frage, die sich aus seinen theoretischen Überlegungen ergab: Der »Zwingherr« oder »Zwinger« könne seinen Zwang über die Menschen »auf sein eigenes Gewissen nehmen« und rechtfertigen zur Erziehung zur künftigen Einsicht in den Zweck der Gesellschaft und des Reiches, nämlich dem Menschen das Menschsein zu ermöglichen. »Dieser [Zwinger] kann daher nur der Gebildetste seyn, oder der, welchen Alle für den Gebildetsten halten müssen. Nur *daher* kann er Recht zur Gewalt erhalten. [...] Gegen den Verstand hat Keiner äusseres Recht. Der höchste Verstand drum hat das Recht, Alle zu zwingen, seiner Erkenntniss zu folgen. Aber wer ist der höchste Verstand, wer hat das Recht, darüber das entscheidende Urtheil zu fällen? Darüber ist eben der Streit. Dieser Streit lässt sich nur durch allmählige Annäherung des gegenwärtigen Zustandes an den seyn sollenden thatsächlichen lösen. Die Aufgabe wird hier eine *geschichtlich-praktische* [...]« Jeder müsse also zugeben, daß derjenige »Zwingherr« sein solle, »der auf der Spitze der Einsicht seiner Zeit und seines Volkes steht«.[42]

Fichte gab nicht die Antwort »Demokratie«, was nicht verwunderlich ist. Im alten Athen wie in England gab es »Volksherrschaft« nur, insoweit das »Volk« als privilegierte Schicht von Vollbürgern definiert war, die selbst im Rat saß oder ihre Vertreter ins Parlament schickte; in Frankreich bedeutete »Volksherrschaft« zunächst Instrumentalisierung der unstrukturierten Masse für revolutionäre Ziele, schließlich nur noch Terror, bis die »Volksherrschaft« an den Tyrannen Napoleon verlorenging.

Die Annahme, es gebe zu jeder Zeit einen überlegenen Verstand, der nur gefunden werden müsse und dessen Besitzer der natürliche Herrscher wäre, ist eine Fiktion. Es mag ihn von Zeit zu Zeit geben, und er mag von Zeit zu Zeit gefunden werden. Wenn der natürliche Herrscher nicht zu finden ist, weil es ihn nicht gibt oder weil er nicht hervortritt, muß sich die Gesellschaft mit mittelmäßig Begabten behelfen. Sie braucht dann vielleicht für verschiedene Aufgaben (Finanzen, Äußeres, Inneres, Verkehrswege) jeweils ausreichend fähige Verwalter, die zusammen eine Regierung bilden, etwa mit einem Vorsitzenden, dessen hauptsächliche Fähigkeit in der Herstellung der Zusammenarbeit besteht. Die Regierung muß sich um die Interessen womöglich aller kümmern, die in der Gesellschaft leben. Die Frage, wie so eine Regierung zustande kommen solle, wird hier unausweichlich. Gelten die erwachsenen Einwohner als »mündig«, so müssen sie nach ihren Interessen befragt werden; durch das hier eindringende Vertretungsprinzip entstehen Mehrheit und Unterrepräsentation, die nur dadurch ausgeglichen werden können, daß sich unterlegene Parteien bei der nächsten Wahl außer den Interessen ihrer Stammanhänger die Interessen anderer Unterrepräsentierter oder Unzufriedener zu eigen machen und an die Regierung kommen.

Bei Arndt, Fahrner und Stauffenberg ist Fichtes kritische Frage nicht einmal angedeutet.

Der wahre Staat besteht nach Arndt nicht in Verfassungen und staatlichen Einrichtungen, sondern »in einer Lebensfügung«, in einer lebendigen Ordnung, als »Lebenswunder, Darstellung eines Göttlichen, hohes Gebilde und nur mit den Schöpfungen der Kunst vergleichbar: eine ›Gestalt‹.«[43] Es ist das Geheimnis der Gestalt, das Arndt als Jüngling von der Betrachtung der Bäume gelernt hatte.[44] Die Gestalt des Staates könne nicht gedacht und konstruiert werden, sie müsse »im langsamen Keimen und Wachsen, in Liebe und Haß, zwieträchtig und einträchtig sich bilden; das Dunkele und Mystische der Erzeugung muß man ihr ansehen«.[45]

Die Herrschenden (Führende aus allen Schichten) kommen Arndt zufolge von selbst, »die Menge«, das Volk, immer blind, wetterwendisch, zufällig, elementarisch, suche sich »in den Hellen, Klugen, Listigen seine Führer«, sei »die unbewußte, elementarische Kraft, die ihre Gestalt sucht, und wie die Zeit und Gott es gibt, ihre guten und bösen Geister findet«; die Frage, wie man den Willen des Volkes, seine Gedanken und Ideen finden solle, sei nur Redensart: »O diese Fragen und Redensarten. Gebt nur acht, wo es blitzt! Es blitzt oft recht hell aus dem Volke heraus.«[46]

Gneisenau wäre nach Fahrners Darstellung nur wenig konkreter gewesen. Gneisenau sei einig gewesen mit Stein in dem Gedanken, den alten Adel abzuschaffen und »den Adel des neuen Staates mit denjenigen zu begründen, die ihn im Kampf gegen Napoleon sich erobern würden«. Er habe auf die Führung durch den König gehofft, aber nach bitteren Erfahrungen 1812 gefunden, es ruhe ein Fluch auf allen diesen Fürstenkindern; er habe sich auf eine Äußerung des Erzherzogs Karl zu ihm berufen, wonach die Welt nur durch einen Mann gerettet werden könne, der nicht im Fürstenstande geboren sei.[47]

Die Frage des Regierungsoberhauptes konnte natürlich nicht auftauchen für einen treuen Diener des Königs von Preußen. Aber im

Gegensatz zu Fahrners Darstellung in seinem Buch über Arndt, hatte Gneisenau die Frage nach dem Auffinden der Führenden in seinen Verfassungsvorschlägen mit dem Repräsentativsystem beantwortet.[48]

Fahrner befaßte sich in seinem Buch über Arndt nicht mit Fichte, obwohl Fichte der bedeutendste Lehrer Arndts war, für Arndt »der rechte philosophus teutonicus, wie Stein der heros teutonicus«.[49] Seit der Schulzeit hatte sich Fahrner nach eigenem Zeugnis »kaum« mit Fichte beschäftigt. Die Frage nach Fichte und dessen Zusammenhang mit den Gedanken im »Schwur« stieß bei Fahrner auf Verständnislosigkeit.[50]

Für Claus Stauffenberg aber stellte sich die Frage, wer der »Zwingherr« oder Führer sein sollte, aus anderen Gründen nicht. Da er wie Gneisenau für das Offizierkorps die Führung der Nation forderte, war die Frage nach den Führenden dadurch gelöst.[51] Die militärische Hierarchie beruhte auf gefügten Verfahrensregeln und erneuerte sich ständig selbst. Sie beruhte auf nach Leistungen festgelegten Anforderungen, überprüfbaren Beurteilungen. Wer nicht zum Obersten befähigt war, blieb Hauptmann oder Major. Der oberste Führer, der schließlich über die Besetzung der höchsten Stellen entscheiden mußte, war der anerkannt Tüchtigste, im konkreten Fall Generaloberst Beck, der folgerichtig als Staatsoberhaupt vorgesehen war.

Der »Schwur« ist kein Entwurf für praktische Politik, sondern die Niederschrift eines Ideals im ursprünglichen Sinn, eines inneren Bildes. Er zeigt auch die Schattenseite des Nichtwissens, wie die künftige Gesellschaft funktionieren sollte. Stauffenberg hat sich darum bewußt nicht gekümmert, er wollte zunächst und vor allem neue Verhältnisse schaffen.[52] Es war ein Widerspruch zwischen seiner Zurückhaltung als Militär und seiner Teilnahme an politischen Überlegungen, die er wegen seines Temperaments und auch wegen seines nicht unberechtigten Mißtrauens gegen Reaktionäre nicht unterdrücken konnte.

Der »Schwur« war nur für die Augen weniger Gleichgesinnter bestimmt: Berthold Stauffenberg, Rudolf Fahrner waren an der Abfassung beteiligt, Schulenburg, Bussche erfuhren davon, wahrscheinlich auch Yorck. Stauffenberg lag viel daran, daß seine Vorstellungen ihn überlebten. Mit dem eigenen Überleben konnte er kaum rechnen. Nicht nur zur neuen Überarbeitung der Aufrufentwürfe rief er Fahrner nach Berlin, sondern auch als letzte Anstrengung, den Kreis um den »Meister« zusammenzuhalten, dessen Vermächtnis und das eigene Vermächtnis zu wahren.

Anhang VII:
Gisevius und Stauffenbergs angebliche »Ostorientierung«

Gisevius tauchte am 20. Juli 1944 nach dem Mißlingen der Erhebung unter und verbarg sich, bis ihm am 23. Januar 1945 die Flucht in die Schweiz gelang mit einem Paß, der Carl Deichmann, einem Bruder von Moltkes Frau, gehörte. Der Paß war in Allen Dulles' Händen modifiziert und durch die Hilfe von Georg Federer in der deutschen Gesandtschaft in Bern mit den nötigen Sichtvermerken versehen worden.[53]

Am 25. Januar kabelte Dulles nach Washington, Gisevius habe berichtet, Stauffenberg, der Motor des Erhebungsversuches vom Juli 1944, habe die Proklamation eines Arbeiter- und Bauernstaates in Deutschland geplant und mit der Sowjetunion einen Sonderfrieden schließen wollen. Die Lage an der Ostfront und die allgemeine Entwicklung der Lage Deutschlands, fuhr Dulles in seinem Telegramm fort, führe zu dem Schluß, daß eine »Ostlösung« für Deutschland attraktiv sei. Wenn kein Weg gefunden werde, den Widerstand der deutschen Kräfte im Westen zu brechen, sei es nicht ausgeschlossen, daß währenddessen die Russen tief nach Deutschland eindrängen. Der französische Außenminister Georges Bidault ließ wissen, der Gedanke einer sowjetisch beherrschten Regierung an ihrer Grenze erfülle die Franzosen mit Furcht und Schrecken.[54]

Darauf folgt die Enthüllung des Manövers: Dulles sei eben dabei, eine geheime Verbindung zu Rundstedt zu suchen, zu Kesselring in Italien habe er schon eine.[55] Die Bemühungen in Italien führten dort zu einer Sonderkapitulation.[56] Dulles schlug vor, man möge diskret bekannt machen, daß die Alliierten auch Teilkapitulationen annähmen, damit wenigstens Westdeutschland durch amerikanische und britische Truppen besetzt würde, ehe der russische Vormarsch in Deutschland ein »vollständiges Chaos« entstehen ließe. Viele Deutsche glaubten, durch Zustimmung zu einem bolschewistischen Deutschland eine Verständigung mit Rußland erreichen zu können.[57] Genau dies hatte Gisevius in einem am 11. Juli 1944 für Dulles in Zürich hinterlassenen Memorandum als die große Gefahr bezeichnet.[58] Er hatte diese Gedanken niedergelegt, ehe er Stauffenberg und dessen angebliche Auffassungen am 12. Juli kennenlernte.

Am 28. Januar wiederholte Dulles seine Vorstellungen, immer auf Grund der Behauptungen Gisevius', noch dringender: Stauffenberg und seine nächsten Mitverschwörer seien zu einer »Ostlösung« entschlossen gewesen und hätten die Ostfront sofort öffnen wollen, ohne auch nur den Versuch zu Verhandlungen mit den Russen zu machen. Stauffenberg habe behauptet, er habe vom »Nationalkomitee Freies Deutschland« über Botschafterin Kollontaj russische Zusicherungen für einen »fairen Frieden« und dafür, daß die Wehrmacht nicht vollständig entwaffnet würde. Trott habe seinerzeit erfolglos in Stockholm die Briten zu kontaktieren versucht, sei darauf selbst auch zur »Ostlösung« übergegangen und habe Stauffenberg unterstützt.[59]

Gisevius machte sich jedoch auch Hoffnungen für seine persönliche Karriere, die er nach dem Scheitern des Erhebungsversuches vielleicht noch erfüllen konnte, wenn es ihm gelang, den Anstoß zu Dulles' Politik zu geben und wenn diese Erfolg hatte. Vor seiner Abreise von Zürich nach Berlin zur Teilnahme am Staatsstreich gab er Dulles' Mitarbeiterin Mary Bancroft zu verstehen, daß er den Posten des Außenministers beanspruche.[60] In seinem im Februar 1945 gegebenen und teilweise mit eigener Hand geschriebenen Bericht behauptet er, nach dem Attentat sollte die Macht zunächst von einem »Fünferdirektorium« aus Beck, Goerdeler, Leithäuser (?), Leuschner und Gisevius ausgeübt werden. Nach drei Tagen wäre unter dem Staatsoberhaupt Beck ein Kabinett folgender Zusammensetzung gebildet worden: Reichskanzler Goerdeler; Vizekanzler Leuschner; Innenminister Leber, Staatssekretär Fritz-Dietlof Graf Schulenburg; Wirtschaftsminister Lejeune-Jung; Justizminister Wirmer; Kultusminister Bolz; Finanzminister Löser; Außenminister Friedrich Werner Graf Schulenburg, Staatssekretär Hassell; Kriegsminister Oster oder Olbricht, Staatssekretär Stauffenberg; Oberbefehlshaber der Wehrmacht Witzleben; »Reichsminister beim Staatschef: Gisevius, gleichzeitig ›Reichskommissar zur Säuberung und Wiederherstellung der öffentlichen Ordnung‹. Auf ausdrücklichen Wunsch Becks sollte spätestens am dritten Tage der militärische Ausnahmezustand aufgehoben werden und Gisevius die gesamte zivile Exekutive übertragen werden.«[61]

In seinen Berichten an Mary Bancroft vom Februar 1945 und in seinen Erinnerungen wiederholte Gisevius die Behauptung, daß »der engere Stauffenberg-Kreis das Bündnis mit der extremen Linken, den Kommunisten« erstrebt habe, die Russen habe einmarschieren und ein nach sowjetischem Vorbild organisiertes Deutschland entstehen lassen wollen.[62]

Die Verhöre der Geheimen Staatspolizei, in denen intensiv nach einem Beleg für Bormanns voreilige Behauptung der Konspiration mit dem »Nationalkomitee Freies Deutschland«[63] gesucht wurde, erwiesen nach Monaten der Forschungen das Gegenteil: Weder mit dem

»Nationalkomitee Freies Deutschland« noch mit irgendeiner ausländischen Macht hätte es Vereinbarungen gegeben.[64]

Gisevius' Behauptungen über Stauffenbergs »Ostorientierung« sind in seinem Erinnerungsbuch zu einer Vermutung abgeschwächt.[65] Seine Vorstellungen gegenüber Allen Dulles sind aus Gisevius' und Dulles' gemeinsamem Versuch zu erklären, die Sowjetunion soweit wie möglich aus Mitteleuropa fernzuhalten, sowie aus Gisevius' persönlichen Ambitionen.

Abkürzungen

Alphabetisches Verzeichnis der in den Quellenangaben für mehrfach genannte Quellen verwendeten Abkürzungen und sonstiger Abkürzungen.

AA/PA	Auswärtiges Amt/Politisches Archiv, Bonn
AB	Albrecht von Blumenthal
ADAP	Akten zur deutschen auswärtigen Politik
AHA	Allgemeines Heeresamt
AK	Armee-Korps
AM	Anneliese Edle Mertz von Quirnheim
AOK	Armee-Oberkommando
AS	Alexander Graf Stauffenberg
AÜ	Alexander Graf Üxküll
BA	Bundesarchiv, Koblenz
BA-MA	Bundesarchiv-Militärarchiv, Freiburg i. Br.
BA-Z	Bundesarchiv-Zentralnachweisstelle, Kornelimünster
BDC	Berlin Document Center, Berlin (jetzt Bundesarchiv, Berlin)
BS	Berthold Graf Stauffenberg
Cajo	Karl Josef Partsch
ClS	Claus Graf Stauffenberg
CM	Christian Müller
CP	Stiftung Castrum Peregrini, Amsterdam
CS	Caroline Gräfin Stauffenberg
CSA	Caroline Gräfin Stauffenberg, Aufzeichnungen
CSGA	Gedichtalbum aus dem Besitz Caroline Gräfin Stauffenbergs
CSK	Caroline Gräfin Stauffenberg, Kriegstagebuch
CvdS	Charlotte Gräfin von der Schulenburg
CvT	Clarita von Trott zu Solz
DLA	Deutsches Literaturarchiv, Marbach a. N.
EK	Ernst Kantorowicz
EL	Edith Landmann
ELG	Eberhard-Ludwigs-Gymnasium
EM	Ernst Morwitz
ES	Edgar Salin
EW	Erika Wolters
F	Frank Mehnert
F.D.R.Library	Franklin D. Roosevelt Library, Hyde Park, New York
FDS	Fritz-Dietlof Graf von der Schulenburg
FRUS	Foreign Relations of the United States
GA	Gesamt-Ausgabe
GenQuM	Generalquartiermeister
GenStdH	Generalstab des Heeres
HCSt	Hans Christoph Schenk Freiherr von Stauffenberg

HGr	Heeresgruppe
HPA	Heerespersonalamt
IfMLbZKdSED, ZPA	Institut für Marxismus-Leninismus beim Zentralkomitee der Sozialistischen Einheitspartei, Zentrales Parteiarchiv
IfZ	Institut für Zeitgeschichte, München
JA	Johann Anton
KS	Klara Schiller
KTB	Kriegstagebuch
LD	Leichte Division
LT	Ludwig Thormaehlen
MaS	Marlene Gräfin Stauffenberg
MF	Maria Fehling
MGFA	Militärgeschichtliches Forschungsamt, Potsdam
MK	Max Kommerell
MS	Maria Gräfin Stauffenberg
MSt	Michael Stettler
NA	National Archives, Washington, D.C. und College Park, Maryland
Nl	Nachlaß
NS	Nina Schenk Gräfin von Stauffenberg
NSDAP	Nationalsozialistische Deutsche Arbeiterpartei
OKH	Oberkommando des Heeres
OKW	Oberkommando der Wehrmacht
OSS Archiv	Office of Strategie Services, Archiv, Langley, Virginia
PM	Papiere Freya von Moltke
PP	Papiere Theodor Pfizer
PPa	Papiere Karl Josef Partsch
P.R.O.	Public Record Office, Kew
RB	Robert Boehringer
RF	Rudolf Fahrner
RGBl.	Reichsgesetzblatt
RO	Rudolf Obermüller
RSHA	Reichssicherheitshauptamt
Slg	Sammlung
StG	Stefan George
StGA	Stefan George Archiv, Stuttgart
TP	Theodor Pfizer
UAT	Universitätsarchiv Tübingen
VB	Völkischer Beobachter
WFSt	Wehrmachtführungstab
WK	Walter Kempner

Anmerkungen

Vorwort zur vierten, überarbeiteten und erweiterten Auflage

[1] Wilhelm Dilthey sprach 1903 von einer drohenden »Anarchie der Überzeugungen«; Dilthey V 9; Troeltsch II 678 zit. »Anarchie der Werte«; ebenso Meinecke 470.
[2] Vgl. z.B. Haydon White, »Historical Emplotment and the Problem of Truth« 37–53; Mommsen, Widerstand.
[3] White.
[4] Hamburger Institut für Sozialforschung, Hrsg., Vernichtungskrieg und idem, Verbrechen der Wehrmacht; Musial, Bilder; Gerlach, Männer; Gerlach, Kalkulierte Morde; Hürter, Auf dem Weg; idem, Hitlers Heerführer.
[5] H. Mommsen, »Die moralische Wiederherstellung der Nation. Der Widerstand gegen Hitler war von einer antisemitischen Grundhaltung getragen«, Süddeutsche Zeitung 21.7.1999 S. 15; H. Mommsen, »Der Widerstand gegen Hitler und die nationalsozialistische Judenverfolgung«, in ders., Alternative 384 ff.; ähnlich unbelegt Johannes Hürter, »Auf dem Weg zur Militäropposition. Tresckow, Gersdorff, der Vernichtungskrieg und der Judenmord. Neue Dokumente über das Verhältnis der Heeresgruppe Mitte zur Einsatzgruppe B im Jahre 1941«, VfZ 52 (2004) 527 ff.
[6] Jo Baier, »Stauffenberg«, ARD Fernsehen 25. Feb. 2004; Hoffmann, Seine historische Rolle; Hoffmann, Verschmähtes Vermächtnis.
[7] Hoffmann, Oberst i.G. Henning von Tresckow und die Staatsstreichpläne im Jahr 1943 331–333; Hoffmann, Stauffenbergs Freund 7–8, 169–209; V. K. Vinogradowa, V. P. Gusajenko, »Proval Operazii ›Valkirij‹«, Voenno-istoricheskii archiv 3/1993 77–83; Kalganov, Pokuschene; Chavkin, Kalganov, Dokumente; Chavkin, Kalganov, Neue Quellen.
[8] Hoffmann, Stauffenbergs Freund 190–191.
[9] S. unten 131.
[10] Alexander Stauffenberg, Der Tod des Meisters.

Vorwort zur ersten Auflage

[1] Bismarck an Alvensleben 5. Mai 1859 in Bismarck, Werke in Auswahl 2 276.
[2] Pezold 25. April 1965.
[3] Vgl. Kap. »Erhebung« 422–423 und Exkurs über den »Schwur« in Anhang VI.
[4] NS 3. Jan. 1966.
[5] NS in Kramarz 132.
[6] Yorck 8. Aug. 1944; M.Yorck 10. Aug. 1972.
[7] Spiegelbild 110; Prozeß XXXIII 424.
[8] Spiegelbild 471.
[9] Spiegelbild 450.
[10] Ziegler, Bericht; fast gleichlautend Harnack 2. Okt. 1984.
[11] Halder an Kramarz 4. Jan. 1962.
[12] NS 3. Jan. 1966.
[13] Halder an Kramarz 26. Jan. 1962.

Kindheit, Weltkrieg, Neue Zeit

[1] Wunder 1–17, 321, 335–348, 381–387, 472, 479, auch z. Folg.
[2] Wunder 388–389.
[3] Wunder 154.
[4] Wunder 220, 253.
[5] Wunder 196.
[6] Wunder 389–390.
[7] Wunder 465.
[8] Wunder 388–389.
[9] Wunder 472–479.
[10] Wunder 479.
[11] TP, Brüder 488.
[12] Schwäbische Tagwacht Nr. 233, 5. Okt. 1916 1.
[13] Schwäbischer Merkur Nr. 465, 7. Okt. 1921 1; Hoffmann, Lempp, Stadelmann 12, 18, 22; TP 25. April 1981.
[14] Gothaisches Genealogisches Taschenbuch der Gräflichen Häuser A 1936 590–591; Genealogisches Handbuch der gräflichen Häuser A III 1958 445–446; Görlitz, Geschichte 33, 47, 53–54; Üxküll-Gyllenband, Gedichte 7.
[15] Dipper (1919 Hauslehrerin der Brüder Berthold, Alexander und Claus in Lautlingen; s. unten 43–45) 14. Juni 1919, 16. Sept. 1983; TP, Brüder 491–492.
[16] CSA Nov. 1915. Tante Aja: Albertine von Hofacker geb. Gräfin Üxküll, älteste Schwester der Mutter; NS 7. Feb. 1969; Genealogisches Handbuch der gräflichen Häuser A III 1958 445.
[17] CSA Juni 1915.
[18] Olga von Saucken geb. Gräfin von Üxküll-Gyllenband 27. Juli 1972; CSA; NS, Lautlingen.
[19] TP, Brüder 491.
[20] Genealogisches Handbuch der gräflichen Häuser A III 1958 445; Rangliste der Offiziere der Königlich Bayerischen Armee [...] 21. April 1917; TP, Brüder 492–493, auch z. Folg.; Hof- und Staatshandbuch des Königreichs Württemberg 1913 17; ebenso 1914 17; Todesanzeige für Olga Gräfin Üxküll 2. Juni 1935, PP; NS 7. Feb. 1969; Alexandrine Gräfin Üxküll, Schwesternleben.
[21] Wunder 479–480; CSA.
[22] CSA Juli 1905.
[23] CSA 15. Okt. 1907.
[24] CSA; Gästebuch Lautlingen.
[25] NS 19. Dez. 1991.
[26] CSA Okt. 1912, Nov. 1913, Jan. 1914, Jan., Mai 1916.
[27] CSA 17. Dez. 1907, Okt. 1912, Nov. 1913; Wunder 479–480.
[28] CSA Mai 1909.
[29] CSA Okt. 1912, Feb.1913. TP, Im Schatten 56 berichtet, Claus habe sechsjährig dem unbeweglich vor der väterlichen Wohnung im zweiten Stock des Alten Schlosses stehenden Diener die Frackschöße abgeschnitten; Pfizer hat die Brüder Stauffenberg erst 1918 kennengelernt und kennt also die sonst nicht erwähnte Geschichte aus zweiter oder dritter Hand.
[30] CSA Juli 1914; zu Claus' Geduld bei Krankheit ferner Feb. 1913.
[31] CSA Juli 1917.

32 CSA Feb., Aug. 1911; ebenso Elisabeth Daur geb. Dipper nach dem Bericht der Mutter, 16. Sept. 1983.

33 CSA Feb. 1913.

34 CSA Sept. 1916, Dez. 1917.

35 CSK Ende Jan. 1917, Anfang Juli 1918; TP 25. April 1981; Oberarzt Dr. med. Koch, Karl-Olga-Krankenhaus, an d. Verf. 15. Mai 1981 mit Auszug aus dem Aufnahmebuch 1918 (Diagnose: Brustfelleiterung links; Therapie: Saugbehandlung; Krankenhausaufenthalt 12. Juli-23. Aug. 1918); CSK Jan. 17.

36 CSA Okt. 1913. Die Daten bei CM 32 sind unrichtig. Der »Geist [...] in dem Gymnasium« wird von CM 33 »erraten« und als »von einem durch den Krieg noch übersteigerten Nationalismus beherrscht« bezeichnet; ehemalige Schüler berichten dagegen von patriotischem, liberalem, von Fanatismus freiem Geist in der Schule: TP, Brüder 493–495; TP 31. Juli, 5. Aug. 1972; ferner Klassenkameraden der Zwillinge: Paul Gross 19. April 1981, Robert Held 17. April 1981, Otto Hock 21. April 1981.

37 CSA Okt. 1913; ClS, Gesuch.

38 Weihnachten 1915. Programm, Nl BS.

39 CSA Feb., Juli 1917; Trio-Photographie S. 25 von der Lautlinger Besitzerin eines Abzuges, Frau Vroni Beck, 1917 datiert.

40 CSA März 1915; Eberhard-Ludwigs-Gymnasium, Reifeprüfung 1923. Anmeldungs- und Zeugnisliste; dass. 1926.

41 Vgl. AS, Tod; AS, Trinakria.

42 AÜ 17. Mai 1973; Federer 23. Sept. 1983; Mardersteig 14. April 1977; HCSt 5. Juli 1972.

43 CSK 29. und 31. Juli 1914.

44 CSK 1. und 3. Aug. 1914.

45 CSK 5., 6., 13., 19. Aug. 1914; Onkel Berthold war Major des 1. Ulanenregiments seit 1906, wurde am 26. Okt. 1916 Oberstleutnant, 1917 Kommandeur des bayer. 1. Schweren Reiterregiments; s. oben Anm. 20; Schematismus 1914 73.

46 CSK 29. Aug. 1914.

47 CSK 3. Sept. 1914,15. Jan. 1915.

48 CSK 12., 16. Okt. 1914, 21. Dez. 1914., Feb.15.

49 CSA März 15.

50 Gedichtalbum aus Besitz Caroline Gräfin Stauffenberg; TP 25. April 1981; in den Nächten 5./6. und 6./7. Aug. 1914 besetzte eine Infanteriebrigade unter Befehl von Generalmajor Ludendorff die Stadt Lüttich; die Befestigungswerke leisteten bis 16. Aug. 1914 noch Widerstand; Hubatsch, Weltkrieg, Zweiter Abschnitt 10; vgl. Ludendorff, Kriegserinnerungen 23, 25–30.

51 CSK Juli 1915.

52 BS an Onkel [Berthold], Lautlingen 27. Juli 1915, Nl MS; CSK Sept. 1915.

53 CSK Aug. 1915.

54 CSK Sept.-Nov. 1915.

55 CSK 18. Dez. 1914, Dez.15, Jan. 1916.

56 CSK März 1916.

57 CSK Mai 1916.

58 CS Album.

59 Gothaisches Genealogisches Taschenbuch der Gräflichen Häuser A 1932 619–620; CSK Dez. 1916, Jan. 1917.

[60] Standesamt Ludwigsburg, Familienregister Band 18 Blatt 261. Kaehne, Brüder: Todestag 9. März 1917; Friedhofakten, Waldfriedhof Stuttgart, mitgeteilt von M. Noelle 28. Jan. 1990: Todestag 9. März 1917, Beerdigung 19. März 1917; CSK März 1916, davor und danach weitere 1916 datierte Aufzeichnungen, die also kein eigentliches Tagebuch, sondern spätere Aufzeichnungen sind, vermutlich um 1919.

[61] CSK März-April 1916 mit Ereignissen von 1917; Gästebuch Lautlingen: »Cäsar 2.–10. April 17«; Gothaisches Genealogisches Taschenbuch der Gräflichen Häuser A 109 1936 591; Genealogisches Handbuch, Adelige Häuser B XIV 311; Kriegsranglisten-Auszug Hofacker, Nl Hofacker.

[62] CSK April 1917.

[63] CSK Okt. 1917.

[64] CSK Juli 1917.

[65] CSA Aug. 1917.

[66] CSK Nov. 17–11. Jan. 1918.

[67] CSA Juli 1918; Herta Freiin Grote a.d.H.Jühnde, 11. Juni 1908 Gemahlin, 6. März 1914 Witwe von Felix Anton Sigmund »Herr auf Schaubeck und Kleinbottwar mit Heutingsheim, Kgl. württ. Khr., OZeremonienmeister und Major der Res.a.D.«: Gothaisches Genealogisches Taschenbuch der Freiherrlichen Häuser B 1941 49; Hof-und Staatshandbuch 1914 7–8; BS an CS 11. und [13.] Juli 1918, StGA.

[68] ClS an CS 12. Juli 1918, StGA.

[69] CSA Juli 1918, CSK Juli 1918; Genealogisches Handbuch, Gräfliche Häuser A III 1958 445–446.

[70] BS an AS 29. Juli 1918, StGA.

[71] BS an AS 2. Aug. 1918, StGA.

[72] BS an AS 3., 12. Aug. 1918, StGA.

[73] CSK 31. Juli, 7. und 23. Aug. 1918; CSA Sept. 1918.

[74] Dipper 3. Juli 1919; Gästebuch Lautlingen: »26.8.–20. 9. 1918 Thilde Wendel, stud. phil.«

[75] CSK 23. Aug. 1918; Alexandrine Gräfin Üxküll, Schwesternleben 11–74; Baumgart, Mission 66, 73.

[76] Riezler 222–229.

[77] Ludendorff 473–490.

[78] Ludendorff 547, 552–553.

[79] Amtliche Urkunden Nr. 2, 34, 37, 47,48, 64, 76; Just IV, 1, Zweiter Abschnitt 61–62, Dritter Abschnitt 4.

[80] CSK 5. Okt. 1918.

[81] CSK u. CSA Okt. 1918.

[82] AS an TP 22. Dez. 1919, PP.

[83] TP 25. April 1981; Weller, Staatsumwälzung 90; Weller, Beiträge 178.

[84] Schwäbischer Merkur Okt.–Nov. 1918; CSK 2. Nov 1918.

[85] Weller, Staatsumwälzung 99; CSK 6. Nov. 1918.

[86] Strecker 26. Juli 1971.

[87] Köhler 137–147; Weller, Staatsumwälzung 104–106.

[88] Hegelmaier 232; Weller, Staatsumwälzung 105.

[89] Pistorius 21–23.

[90] Schwäbischer Merkur 9. Nov. 1918, Abendblatt; Pistorius 22–23.

[91] Weller, Staatsumwälzung 108; Pistorius 23–25, 30–39, 46–47.

[92] Wilhelm II. an Herzog Albrecht 10. Nov. 1918, Kopie im Nl W. Hoffmann.

[93] Wilhelm II. an Herzog Albrecht 10. Nov. 1918; Weller, Staatsumwälzung 108; Pistorius 23–25, 30–39, 46–47.

[94] CSK 9. Nov. 1918.

[95] Gönner 360.

[96] CSK 9. Nov. 1918; Blos 24; Weller, Staatsumwälzung 112; Pistorius 27; Köhler 27, 154–155; Hof- und Staatshandbuch [...] 1914 12, 17, 19.

[97] CSA April 1919.

[98] CSK 11. Nov. 1918.

[99] CSK 15. Nov. 1918; CSA April 1919.

[100] CM 32, 89 nach Bericht von NS. NS 6. Mai 1981 interpretiert: Die Kritik habe gemeint, die Monarchie könne nicht von ihrem Repräsentanten selbst negiert werden.

[101] Hegelmaier 239; Dehlinger I 174–175.

[102] Verfassung des Deutschen Reichs, Art. 153 (Eigentum gewährleistet, Enteignung nur zum Gemeinwohl und gegen Entschädigung), 154 (Erbrecht ein bürgerliches Recht), 155 (u.a.: Fideikommisse sind aufzulösen), RGBl. 1919, 1412–1413.

[103] CSK 24. Dez. 1918.

[104] Schwäbischer Merkur Nr. 14, 10. Jan. 1919, 5; TP Schatten 46; TP 31. Juli, 5. Aug. 1972.

[105] CSK 21., 25. Feb. 1919.

[106] CSK 14. März 1919.

[107] CSK 14., 21. März 1919.

[108] CSK 1., 2., 7. April 1919.

[109] CSK 7., 8., 11., 13., 17. April 1919.

[110] CSK 3. Mai 1919.

[111] Gästebuch Lautlingen; CSK Juni 1919; NS Sept. 1982.

[112] Gästebuch Lautlingen; CSA Juni-Juli 1919; Dipper 14. Juni, 3. Juli 1919; Daur 16. Sept. 1983.

[113] CSA Juni, Juli, Sept. 1919; Gästebuch Lautlingen; vgl. Bölsche, Eiszeit; Bölsche, Mensch; Bölsche, Abstammung.

[114] Dipper 14. Juni 1919.

[115] Dipper [6.] Juli 1919.

[116] Daur 16. Sept. 1983 aus der Erinnerung.

[117] Daur 16. Sept. 1983. Wilhelm Hoffmann, Sohn des früheren Oberhofpredigers, kam damals gelegentlich zu Gräfin Olga von Üxkülls Thees; als sie hörte, daß er bei Eduard Spranger Pädagogik studierte, sagte sie: »Von Pädagogik halte ich gar nichts.«

[118] Dipper [6.] Juli 1919, 14. Juni 1919.

[119] Dipper 3. Juli 1919.

[120] Dipper 14. Juni 1919; Daur 16. Sept. 1983.

[121] Dipper 14. Juni 1919; Daur 16. Sept. 1983; vgl. Schurz; Spengler.

[122] Dipper 14. Juni 1919.

[123] Dipper 3. [-6.] Juli 1919.

[124] Daur 16. Sept. 1983.

[125] Dipper 14. Juni 1919.

[126] Dipper 4. Sept. 1919; Daur 16. Sept. 1983.

[127] Daur 16. Sept. 1983; vgl. Heine 63-64.

[128] Adreß-Buch Stuttgart 1918-1929.
[129] Elsbet Zeller 10. Dez. 1946 mit Aufzeichnungen von 1919; Elsbet Zeller 23. Sept. 1983 und 25. Jan. 1984; Dipper 3. Sept. 1919.
[130] CSA Sept. 1919; TP 31. Juli, 5. Aug. 1972; AS an TP 22. Dez. 1919, PP.
[131] CSA Sept. 1919, [Jan.] 1921.
[132] Zeller 518 Anm. 2b.
[133] TP, Schatten 48; TP 31. Juli, 5. Aug. 1972; AS an TP 5. Jan. 1920, PP.
[134] Wunder 484, 492; Rilke – Salome 347, 586; Rilke – Nostiz 75–76; Schack 479; Gästebuch Lautlingen 1906–1918; CS an Rilke 24. Feb. 1918, Rilke-Archiv, Abschrift im StGA.
[135] Rilke an CS [28.] Feb. 1918, Rilke, Briefe [...] 1914 bis 1921 178-180; Kopie des Orig. mit Umschlag (Poststempel) in StGA. Die Schreibweise der Druckfassung wurde übernommen, Fehler der Druckfassung berichtigt. Die erwähnten »Arbeiten« waren die »Elegien«: Schack 592.
[136] CS an Rilke 8. März 1918, Rilke-Archiv, Abschrift im StGA. Vgl. »Requiem auf den Tod eines Knaben«, Rilke, Werke 2 104-107. Die ungenaue Anm. in Rilke, Briefe [...] 1914 bis 1921 413 (»Buch, das neben seinem Bett lag: De Costers Ulenspiegel.«) ist also zu ergänzen. Vgl. Coster; Bennett, Old Wives‹ Tale; Hamilton.
[137] Rilke an CS 7. März 1918, Rilke-Archiv, Kopie im StGA (nicht in der Rilke-Briefausgabe).
[138] CS an Rilke 12. Mai 1918, Rilke-Archiv, Abschrift im StGA.
[139] Rilke an CS 23. Jan. 1919, Rilke, Briefe [...] 1914 bis 1921 226–227; Insel Almanach auf das Jahr 1919 mit handschriftlicher Widmung Rilkes im Besitz von TP: »für Gräfin Stauffenberg. R.M. Rilke, (zu den Seiten: 40, 149/150.)«.
[140] CS an Rilke 28. Jan. 1919, Rilke-Archiv, Abschr. im StGA.
[141] Rilke an CS 5. Feb. 1919, Rilke, Briefe [...] 1914 bis 1921 228–230; Kopie d. Orig. im StGA; vgl. Verhaeren, Flammes (V. ist 1916 umgekommen durch Unfall auf dem Bahnhof Rouen auf der Reise nach Paris); CS an Rilke, Stuttgart, 11. Feb. 1919, Rilke-Archiv, Abschr. im StGA. Datierung der Photographie auf 1915: Boehringer, Bild, Tafel 139.
[142] Rilke an CS 15. Feb. 1919, Rilke, Briefe [...] 1914 bis 1921 230–231; Kopie d. Orig. im StGA.
[143] Gothaisches Genealogisches Taschenbuch der Gräflichen Häuser 1919 1013–1014; in allen späteren Ausgaben ist Bernhard nicht mehr genannt.
[144] B. Graf Üxküll-Gyllenband 8, 37; Seekamp 286; Morwitz an StG 23. Aug. 1918, StGA.
[145] TP 31. Juli, 5. Aug. 1972, 25. April 1981; TP erwähnt auch Martin Heidegger, der bis dahin nur wenige philosophische Schriften veröffentlicht hatte.
[146] TP, Brüder 495 verschiebt die Datierung mit »Obersekunda« um ein Jahr: AS an TP 5. Jan. 1920, PP; ferner TP, Scharten 48; TP 31. Juli, 5. Aug. 1972.
[147] Held 17. April und 10. Mai 1981.
[148] AS an TP 5. Jan. 1920, PP; TP 25. April 1981; CSA Feb. 1920; vgl. Spengler, Preußentum; von Bölsche erschienen damals zahlreiche Bücher über Eiszeiten, Solarsystem, Entstehung der Kontinente, Evolution des Menschen; vgl. oben Anm. 113.
[149] BS, Vortrag 12. Mai 1920.
[150] CSA Feb. 1920; NS 12. Aug. 1982; er besaß auch Bruno Taut, Die Stadtkrone, E. Diederichs, Jena 1919.

151 TP, Brüder 496–497; TP, Schatten 59.
152 Hermes Jg. 1 No. 1 [1920].
153 Artaud; Stevenson.
154 AS an TP 3. Jan. 1921, PP; TP 31. Juli, 5. Aug. 1972.
155 Hs. Zettel von AS und TP Frühjahr 1921, PP; AS an Tante Osch 10. Mai 1921, Nl AS.
156 Held 17. April 1981; vgl. Frenssen, Jörn Uhl.
157 TP 25. April 1981.
158 TP, Schatten 16; Hof- und Staatshandbuch [...] 1914 55 257, 287, 295; Vater Hermann Mehnert ist als Leutnant und Batterieführer 1917 gefallen; Mehnert, Ein Deutscher 11, 46–53.
159 BS an TP [ca. Herbst 1920] von Greifenstein und 5. Jan. 1921 aus Lautlingen, PP.
160 BS an TP [Jan. 1921], PP.
161 RO Briefe 2[8]. Okt. 1978, 14., 15. Aug. 1981, 15. Juli 1982; vgl. Landmann, Stefan George 68–69, 74, 86, 107.
162 Beide im Bes. d. Verf.
163 Hölderlin, Werke 2 (Seebass) 164–165; Hölderlin, Werke 3 (Beissner) 63–64.
164 StG, GA IX 17.
165 CS an Osch o.D. mit hs. Zusatz BS, Nl MS. Zum Folg. BS, Empedokles, PP; TP 31. Juli, 5. Aug 1972; TP, Brüder, 495; TP, Schatten 54; TP, Hölderlin-Gesellschaft 16.
166 RO Briefe 2[8]. Okt. 1978, 15. Aug. 1981. RO schrieb damals »Nekrologe auf Lebende« in StG-Schrift auf kostbarem, leicht gelblichem Papier und schenkte sie seinen Freunden, darunter auch Otto Pfleiderer, dem einer der Nekrologe galt; RO kündigte die Freundschaft eines Tages abrupt, wie er es öfter tat, und verlangte die »Nekrologe« zurück: O. Pfleiderer (Kommilitone ROs in Tübingen) 23. Okt. 1985, 9. März, 14. Juni 1986. RO 6. Mai 1986: er habe die »Nekrologe« bei der Entrümpelung seines Nachlasses vernichtet; Otto Pfleiderer stand ihm »in den kritischen Monaten der Trennung von Berthold sehr nobel bei«.
167 Nl BS, StGA; Gästebuch Lautlingen; RO, Ideenlehre, 1923; RO 2[8]. Okt. 1978, 14., 15. Aug., 30. Okt. 1981; AS an CS ca. 22. Mai 1923, Nl AS. Die vollständige Überschrift des Herausgebers oder Druckers der Sonnette von 1609 lautet: »TO THE ONLIE BEGETTER OF THESE INSUING SONNETS MR W H ALL HAPPINESSE AND THAT ETERNITIE PROMISED BY OUR EVER-LIVING POET WISHETH THE WELL-WISHING ADVENTURER IN SETTING FORTH T T«; Shakespeare, Sonnets 168.
168 Kommerell, »Zwiesprache«, 1923; BS, »An Frank«, StGA; K. Mehnert 62.
169 AS an TP [Sommer 1922], PP; Gästebuch Lautlingen 1922.
170 TP, Brüder 497–498; Hock; Schefold 15. Okt. 1973, 9. Sept. 1981; Schefold, Erinnerung 3.
171 TP, Brüder 496; TP, Schatten 48–49.
172 S. unten, Kap. »Reichswehr«.
173 Schneiderhan 22. Mai 1971; Neerforth 22. Aug. 1971; Denk 26. Juli 1971; Hamma 19. Nov. 1970; Bopp 5. Juni 1971; Buck 10. Juni 1971; Lutz 12. Nov. 1969.
174 ELG, Reifeprüfung 1923.
175 Universitätsarchiv der Univ. Heidelberg 4. Juli, 7. Okt. 1981.

[176] S. unten 54–55, 61–62.

[177] Bürklin 15. Juli 1962.

[178] NS, Lautlingen; NS 3. Dez. 1990.

[179] Vgl. Kap. »Im Dritten Reich«.

[180] 37 583 m Balken, Planken und Bretter sowie 98 867 m Telegraphenmasten: Reparation Commission 117–146.

[181] Federer 5. Aug. 1982.

[182] Pfleiderer 5. Aug. 1982; TP 14. März 1983.

[183] RGBl. 1919 Nr. 140.

[184] Salewski, Entwaffnung 212–218, 222–223, 227–228,231, 240–242, 365–374; Meier-Welcker 349, 357, 364–367; Rabenau, Seeckt 324–327; Buchrucker passim.

[185] AS an TP [Sommer 1922], 8. April 1923, PP.

[186] AS an TP 8. April, 27. Juni 1923, PP.

[187] AS an CS [6. Juni 1923], Nl AS.

[188] StGA; AS an CS [16. oder 17. Juni 1923], Nl AS.

[189] AS an CS [10. Juni 1923], Nl AS.

[190] BS an CS [20. Juni 1923], Nl MS.

[191] BS an CS [Ende Mai/Anf. Juni 1923], Nl MS; AS an CS [6. Juni 1923], Nl AS.

[192] AS an CS 3. Mai, [6. Juni 1923], Nl AS; Seekamp 185, 294, 297, 309, 311, 320. Woldi war vom 15. Juni bis 29. Sept. 1923 in Heidelberg, Gaisbergstr. 16a wohnhaft gemeldet, vom 4. Okt. 1924 bis 8. März 1925 im Schloß-Wolfsbrunnenweg 12, wo Kantorowicz wohnte; Stadtarchiv Heidelberg 29. April 1988.

[193] AS an CS [14. Juni 1923], Nl AS.

[194] BS an CS [20. Juni 1923], Nl MS; AS an CS [14. Aug. 1923], Nl AS; Kraemer (Klassen- und Gmünder Stubenkamerad) 27. Nov. 1981; TP 14. März 1983; Rangliste 1923 40; Staatshandbuch 1922 458–459; CM 42 irrt in der Mitteilung, Berthold habe in Ludwigsburg gedient.

[195] Kandidatenliste 1927; im BA-MA fanden sich keine Unterlagen über diese irregulären Ausbildungskurse.

[196] Die Ausbildung dauerte vom 10. Juli bis 29. Sept. 1923; vom 12. bis 20. Sept. war Manöver. AS an StG 1. Juli 1923, StGA; AS an CS [Juli 1923], [14. Aug. 1923], Nl AS; Rangliste 1923, S. 66; AS an TP 29. Aug. 1923, PP.

[197] BS an CS [Anfang Nov. 1923], Nl MS; Daur 16. Sept. 1983; Held; Hock 21. April 1981; Gästebuch Lautlingen 1922–1923.

[198] Universitätsarchiv Jena 17. Aug. 1981.

[199] BS an CS [Anfang Nov. 1923], Nl MS.

[200] AS an TP 11. Juni 1923, PP; Universitätsarchiv Tübingen 258/18258.

[201] AS an CS [4. Feb. 1927] aus Halle, Nl AS (Dat.: Univ. Halle-Wittenberg, Archiv 16. Juli 1982; Hinweis auf 12., einen Samstag, aber nicht »morgen«, auf Schreiben an Mika, die im Feb. Geburtstag hatte, auf drei Wochen bis Heimfahrt deuten auf Feb., AS nur 1927 u. 1928 im Feb. in Halle, nur 1927 12. Feb. = Samstag).

[202] AS an StG 4. Dez. 1923, StGA.

[203] J.Fehling, Munzinger-Archiv 20. Juli 1968, Lieferung 29/68-K-1540; Fehling, Geschichtskenntnis.

[204] Die Stelle wurde ihr im September 1923 zu Ende 1923 wegen schlechten Geschäftsganges gekündigt. 1925 wurde entdeckt, daß M.Fehling zwei Wochen nach ihrem Eintritt, im Nov. 1921, mit Entwendungen von Erstausgaben u. a.

begonnen hatte, die sie an Antiquare verkaufte; M. Fehling an R. Kröner 28. Mai 1925, R. Kröner an Börsenblatt für den deutschen Buchhandel 29. Jan. 1926 und Memorandum [nach 25. Okt. 1924], Cotta-Archiv. M.Mommsen vermutet Motive, die durch die Akten nicht bestätigt werden; die Akten lassen das Motiv aber auch nicht erkennen. M. Fehling erhielt fast das volle tarifliche Gehalt, aber anscheinend seit August 1922 nicht die Inflationszulagen, die die anderen Angestellten erhielten, obwohl sie mit Hinweis auf ihre »augenblickliche Notlage« darum bat. R. Kröner stellte im Börsenblatt dar, M. Fehling habe erst im September 1923 eine Notlage geltend gemacht; im Familienkreis äußerte er aber, »es sei erstaunlich, wie weit sich verliebte Frauen vergessen würden, um dem Freund entgegenzukommen«; Margot Kröner (Schwiegertochter) 14. Aug. 1981. M. Fehling machte einen Selbstmordversuch, erholte sich, aber Blumenthal verstieß sie und denunzierte sie bei George als »kriminelle natur dazu frau«; AB an StG [Juli 1925], StGA. Am 16. April 1929, neununddreißigjährig, nahm sie sich in München das Leben; M. Mommsen 1, 27. Die Stauffenberg-Brüder wußten von dem früheren Versuch und erfuhren von dem Selbstmord; NS 15. Juni 1982.

205 M.Fehling an R. Kröner 21. März 1921, [R.Kröner], Memorandum [nach 24. Okt. 1924], Cotta-Archiv; M. Kröner 14. Aug. 1981; M.Fehling an C. v. Faber 6. März 1924 (Abschr.), Cotta-Archiv; Gästebuch Lautlingen; Stettler Tafel 2. M. Mommsens Bericht über M.Fehling stammt von Renata von Scheliha, die ihre Kenntnisse von Herman Bodeck hatte, der George seit 1911 nahestand und als Phantast bezeichnet wird (RF 21. Aug. 1982); die mehrfach weitergegebenen Erinnerungen sind also Hörensagen.

206 AB an StG 23. Sept. 1922; NS in Stettler 28; Federer 8. Dez. 1976; Gästebuch Lautlingen (1923—30 häufige Besuche Blumenthals); Genealogisches Handbuch, Adelige Häuser A IV 1960 60, 66, 68, 70; M. Mommsen 23a, 44–46.

207 NS 25. Nov. 1966 in Stettler 28; ebenso berichtet NS 22. April 1964 in Kramarz 24.

208 Ort, Datierung: AB, principi iuventutis (Gedichte an Berthold, 1924), StGA: »Du kamst an einem späten maientage..«; NS in Kramarz 24; Stettler 28; M. Mommsen lt. Fehling über Scheliha und Bodeck 5–6, 8–9, 12–13; Seekamp 326. Vermutlich fand die Begegnung im Hause von Friedrich Wolters, Wörthstr. 37 statt. Vgl. Thormaehlen, Grafen 686, 689–690 zum Verhältnis BS-StG.

209 So nach dem auf ClS zurückgehenden Bericht von NS in Kramarz 24 (NS 22. April 1964) und Stettler 28; NS 12. Aug. 1982. AS war überrascht, als er sah, daß seine Brüder schon bei StG eingeführt waren; NS 8. Feb. 1977. K. Schefold, Klassenkamerad der älteren Brüder, besuchte im Frühherbst 1923 ClS, der in Stuttgart mit Angina im Bett lag; ClS ließ im Gespräch erkennen, daß er George schon begegnet war; Schefold 15. Okt. 1973, 9. Sept. 1981, 18. Mai 1982. Weniger Gewicht ist der Äußerung von AS von 1958 beizumessen, ClS sei siebzehnjährig vom Dichter aufgenommen worden, das hieße 1924; AS, Erinnerung. Die auf Sekundärliteratur beruhenden Angaben in Hoffmann, Claus 521–522, 525–526 und Widerstand 3.A. 392 sind also überholt; Boehringer, Bild 1. u. 2. A. 194 bzw. 180 sind unvollständig und teils irrig, ebenso Seekamp 326.

210 AS an StG 1. Juli 1923, 28. Feb., 20. März 1924, StGA; AS an CS [4. Juni 1923], Nl AS; AS an TP 14. Mai 1923, PP; AS an RF 23. Jan. 1943, Nl RF, wo AS auf Mai 1923 als seine Jugendweihe beim »Meister« hinweist. Thormaehlen, Erinnerungen 219 datiert ohne unmittelbare Kenntnis irrig Juni.

[211] Thormaehlen, Grafen 690; Erzählungen 26–27.

[212] StG, »B.v.St.«, GA IX 108–109; der Vorgang ist 1924 oder 1925 zu datieren; Seekamp 251, 334; vgl. EL 153; M.Mommsen 6.

[213] Thormaehlen, Grafen, S. 692, etwas abweichend von StGs vermutlicher Quelle, Wolters und Petersen, Heldensagen 192–196, 322; RF in AS, Denkmal 58; RF 10. Juli 1982.

[214] Thormaehlen, Grafen 692; AS an StG 20. März und 20. Mai 1924, StGA.

[215] AS' Gedichte von 1921, z. b. »Das Kreuz« und »Ich« in CS, Album sind Zeugnisse seiner Fähigkeit.

[216] Thormaehlen, Grafen 686, 690, 693–695; Thormaehlen, Erinnerungen 223.

[217] StG, GA VIII 85. Berthold schrieb die Verse in Schönschrift, vermutlich für seine spätere Frau.

[218] EL 162.

[219] Vgl. Gedichte von BS und ClS in StGA; Abdruck der Gedichte von ClS von 1923 in Hoffmann, Claus 522–524. Zu den »Übernamen« vgl. Gedichte von MK für George und BS, 1924 bzw. 1923, Nl JA; MK an StG 5. Juli [1924?], StGA; EL 118–119, 122, 127, 155, 162, 180, 185; JA an StG 27. Jan. 1927, AS an StG 16. Juni 1928, StGA; Seekamp 357.

[220] StGA.

[221] AS an TP 27. Juni 1923, PP; TP, Brüder 500; TP 25. April 1981; AS, Einleitung.

[222] Kramarz 24.

[223] StGA; vgl. Bock 82.

[224] Hoffmann, Claus 523–524.

[225] Mai-Juni 1923, StGA.

[226] Jahrbuch III, Seiten VI-VII; Wolters, George 383; Seekamp 228; Keilson-Lauritz 37; vgl. Malleus maleficarum 1489.

[227] Datierung: 23.–27. Juni 1923 reiste AS nach Tübingen und Stuttgart; AS an TP 27. Juni 1923, PP; Briefe, in denen AS die Erwartung des elterlichen Besuchs ausspricht, sind nicht vor 10. Juni zu datieren; am 16. oder 17. Juni bezog sich AS auf den erfolgten Besuch; AS an CS [16. oder 17. Juni 1923], Nl AS; es kommt also nur das Wochenende 16./17. Juni in Frage. Zu Claus' Anwesenheit: AS an CS [16. oder 17. Juni 1923], Nl AS.

[228] Seekamp 327; EK an LT 10. März 1956, StGA; Stadtarchiv Heidelberg 29. April 1988.

[229] MaS 28. Feb. 1977 und 14. Aug. 1982 (Quelle: AS); NS 12. Aug. 1982 (Quelle: CS); TP 4. Jan. und 16. Feb. 1977 (Quelle: CS).

[230] CS an TP 20. Sept. 1925, PP. Ähnlich dichtete Alexander:
> wie unsre heissen jugendlichen schritte
> Ihr leben finden in die neue mitte
> Hinüberreifen in die neue runde
> Wird uns [aus] andern händen mass und preis.

StGA; AS an CS [16. oder 17. Juni 1923], Nl AS.

[231] NS, Lautlingen.

[232] ClS, Aufsätze, Nl ClS; ebenso z.B. Bericht des späteren Lehrgangskameraden in Hannover, Bürklin, in Kramarz 20. Vgl. ClS, »Abendland II«, Nov. 1923, Hoffmann, Claus 523.

[233] ClS, Aufsatz 10. Juli 1922, Nl ClS.

[234] ClS, Aufsatz 26. Sept. 1922, Nl ClS.

[235] Bopp 5. Juni 1971; Mühlberger 9. März 1971; Neerforth 22. Aug. 1971; Vollmer 22. Dez. 1969; Wirth 5. Juni 1971; Partsch an Boehringer 24. Sept. 1969, StGA; NS 12. Aug. 1982; Kramarz 18; NS 11. Sept. 1968.

[236] Bopp, Leistung.

[237] ClS, Aufsatz 20. Nov. 1922, Nl ClS.

[238] ClS, Aufsatz 24. Jan. 1923, Nl OS und Abdruck im Anhang I.

[239] Hoffmann, Claus 523.

[240] Dipper 20. Juni 1919; Kramarz 18–19; Bopp 5. Juni 1971 (zur Datierung auf die 9. Klasse, in der »Faust« gelesen wurde: Lowinsky 2. Nov. 1983; Wirth 12. Feb. 1983); RF 21. Aug. 1982.

[241] K.Hoffmann 15. Sept. 1984.»Hitlerputsch« war der zeitgenössische Ausdruck: Schwäbischer Merkur 9., 12., 13. Nov. 1923.

[242] K.Hoffmann 19. Dez. 1983, 15. Sept. 1984; Wirth 5. Juni 1971 und 12. Feb. 1983; Lowinsky 2. Nov. 1983; Eckardt 17. Feb. 1983; Schneiderhan 14. Feb. 1983; Vollmer 12. Feb. 1983.

[243] ELG, Reifeprüfung 1926.

[244] Lowinsky 2. Nov. 1983, 1. Juni 1985.

[245] Wirth 12. Feb. 1983; TP 14. März 1983; Schneiderhan 14. Feb. 1983; H. Hofacker 4. Feb. 1983; Cantz; Dolderer; Haug; Hosemann; Müller-Gmelin 20. März 1983; Wirth 12. Feb. 1983; Vollmer 25. Feb. 1983.

[246] Ströhle; Lowinsky 2. Nov. 1983.

[247] Bopp 30. Dez. 1983; Mühlberger 9. März 1971; Orthuber 13. Dez. 1983; vgl. Landmann, George 368–369.

[248] ELG, Reifeprüfung 1923, 1926.

[249] Bopp 5. Juni 1971; Buck 10. Juni 1971; Hosemann 2. Juli 1971; Hosemann und Buck erwähnen einen orthodoxen Rabbinersohn namens Krämer, Buck außerdem Weinschel.

[250] Bach 11. Juli 1985.

[251] Ein Lehrer namens Professor Paul Sakmann, der nicht Jude war, wurde von ein paar rechtsextrem eingestellten Schülern schwer verunglimpft. Der Lehrer Dr. Elben wurde aus unbekanntem Grund von einem übrigens unbeliebten jüdischen Schüler gequält. Orthuber 13. Dez. 1983; Bopp 5. Juni 1971; Buck 10. Juni 1971. Bopp nennt den Schüler Weinschel, Buck den Schüler Erich Marx als den Quälgeist; beide erscheinen nicht in der Abiturliste. Etwa 1929 erhielt ein Schüler, Max Groll, von Direktor Hermann Binder eine Karzerstrafe, weil er gesagt hatte, »jetzt kommet die Judabübla au no«, als jüdische Mitschüler am evangelischen Religionsunterricht teilnahmen; Woellwarth 5. Juni 1973.

[252] Hosemann 4. Nov. 1984; vgl. Hans I. Bach, Zur Geschichte 42.

[253] Lowinsky 10. Jan. 1984.

[254] Lowinsky 2. Nov. 1983, 10. Jan. 1984, 1. Juni 1985. Lowinskys Erinnerung, Bopp habe ihm Opportunismus vorgeworfen, als er in der Klasse eines katholischen Lehrers einen Vortrag über Franz von Assisi hielt, wird von Bopp nicht bestätigt; Bopp 10. Nov. 1984.

[255] Müller-Gmelin 20. März 1983; Buck 10. Juni 1971; Lowinsky 2. Nov. 1983, 24. Mai 1984, 1. Juni 1985; Bopp 5. Juni 1971 berichtet von einer Intervention des Direktors, an die sich Lowinsky und Hosemann ausdrücklich nicht erinnern können; Bopp verwechselt möglicherweise den Vorgang mit einem Verbot, politische Abzeichen zu tragen.

[256] Pfizer 31. Juli und 5. Aug. 1972, 24. Sept. 1983.

[257] Bach 11. Juli u. 22. Dez. 1985, 29. Sept. 1986; vgl. zur gesellschaftlichen Stellung der Familie Bach Hans I. Bach, Zur Geschichte.

[258] Lowinsky 2. Nov. 1983, 1. Juni 1985; Bopp, Leistung.

[259] Hosemann 4. Nov. 1984.

[260] Bach 22. Dez. 1985, 29. Sept. 1986, 5. Feb. 1988.

[261] AS an CS [10. Juni 1923], Nl AS; BS an CS [20. Juni 1923], Nl MS (»Hast Du noch immer angst wegen Claus? Ich glaube wirklich nicht dass es nötig ist. Er ist doch auf der anderen seite wieder so kindlich dass sich das doch die wage hält. Von frühreife kann man – glaube ich – gerade deshalb nicht sprechen. Ich sprach einmal mit Maria [Fehling] darüber und sie meinte das gleiche. Hattest Du nicht damals als ich in diesem alter war auch sehr angst wegen mir? [...] Nur dass ich alles hart in mir verschloss und kein wort sagte von dem was ich fühlte und dachte. Und ist Claus da nicht auf einem viel klareren und sichereren weg. Er musste sich durch weniger hindernisse hindurchringen und ich konnte ihm öfters über solche hinweghelfen· und so gibt es sich von selbst dass er weiter ist.«

[262] AS an CS [16. od. 17. Juni 1923], Nl AS.

[263] NS 12. Aug. 1982.

[264] Gästebuch Lautlingen.

[265] Schefold, Erinnerung 3; Schefold 15. Okt. 1973 und 9. Sept. 1981.

[266] RF, Frank 5; K. Mehnert 62–63; Stettler 27–30; Frank an BS 28. Jan., 31. Jan., 7. Feb. 1924, StGA (7. Feb. 1924: »Ich freue mich schrecklich bis ich dich wieder habe, bis ich dich wirklich wieder küssen kann.«); Chronologie Franks, StGA.

Das geheime Deutschland

[1] StG, GA IX 32.

[2] StG, GA IX 108–109; AB, principi iuventutis, StGA; MK, Konradin, Nl JA; MK, Lieder an C, spätestens März 1925, StGA.

[3] ClS, Gedichte, StGA.

[4] ClS an J. Schmidt [Jan. 1928]; Anhang VI.

[5] TP 3. Jan. 1978.

[6] AS an StG 9. Feb. 1924, StGA; Vogt 3. Jan. 1978.

[7] AS an StG 5. April 1924 aus Rom, StGA. Darin dankt AS für einen Brief von StG, den er in Venedig erhalten hatte, und zit. StG.

[8] Vogt 3. Jan. 1978; AB, Reise.

[9] AB an StG [20./21.] April 1924, StGA. Da BS im Brief, aber nicht in ABs Itinerar erwähnt ist, wo alle Zu- u. Abgänge von AS und MF verzeichnet sind, wird BS die ganze Reise mit AB gemacht haben.

[10] AB, Reise; Vogt 3. Jan. 1978.

[11] AS an StG 4. April, 20. Mai 1924, StGA.

[12] AS an TP 15. April 1924, PP; AS an Gräfin Üxküll (Poststempel nicht lesbar), Nl AS; AS an StG 20. Mai 1924, StGA.

[13] AB, Reise; BS an StG [20. April 1924], StGA.

[14] E. Wolters an StG aus Agrigent 17. April 1924, StGA: sie sei gerade in Palermo gewesen; EK an StG aus Neapel 30. April 1924, StGA: er sei zu Schiff von Venedig über Apulien und Palermo jetzt in Neapel angekommen.

15 Wolters-Thiersch 21. Aug. 1982.
16 Wolters-Thiersch 21. Aug. 1982; vgl. Zierold 19; Helbing 256–265.
17 EK an StG 30. April 1924, StGA.
18 Vogt 3. Jan. 1978.
19 EK, Friedrich II. [7].
20 EK, Friedrich II. 631–632.
21 EM 440: Wolters (der damals nicht in Sizilien war; Wolters-Thiersch 11. Mai
   1982) habe den Kranz niederlegen lassen. Grünewald 74–75 berichtet unbelegt
   von einer »Versammlung von George-Jüngern in Palermo«, wobei Wolters den
   Kranz habe niederlegen lassen. M. Landmann, Figuren 24: Erika Wolters habe
   ihn niedergelegt. B. Vallentin galt als leidenschaftlicher Kranzniederleger; Wolters-Thiersch 21. Aug. 1982.
22 Nach Grünewald 59 fehlen Beweise; dagegen Salin, Kantorowicz.
23 EK an StG 26. Dez. 1926, StGA; Seekamp 347; Grünewald 59–74; Stockert
   7. März 1982; Korrekturaufzeichnungen mit Beteiligung BSs von Anfang Jan.
   1927, Nl JA.
24 Hölderlin, hrsg. v. Hellingrath, IV ¹1916 129–133, 181–185; vgl. Hölderlin,
   Werke 2 (Große Stuttgarter Ausgabe) 3–5, 9–11, 149–152. Wehrlos: ohne Waffen.
25 Schiller, Nationalausgabe 2, 1431–1436; 1320–1321, Xenien »Das deutsche
   Reich« und »Deutscher Nationalcharakter«; diese lautet:
        Zur *Nation* euch zu bilden, ihr hoffet es,
        Deutsche, vergebens,
        Bildet, ihr könnt es, dafür freyer zu Menschen
        euch aus.
26 Grünewald 79–80 zit. Hebbel 6. B. 378 und Inhaltsverzeichnis.
27 Heine B. 8/1 496–497.
28 Lagarde, Deutsche Schriften (1878) 68, 101–102, 248–249; Lagarde, Deutsche
   Schriften (1892) 98, 125, 241–242; Grünewald 78; Lagarde, »Das verborgene
   Deutschland« [1–2].
29 Langbehn 262–267, 309; Podach 198.
30 Seekamp 3; M. Mommsen 14. April 1982; EL 50.
31 Blätter VII 1904 3–4.
32 Jahrbuch 1910 14–15.
33 Friedrich Gundolf hieß Wolfskehl in einem Brief 1911 »Herzlich Willkommen
   [sic] wieder im heimlichen Deutschland«; er schrieb George am 30. Juli 1914:
   »Teuerster! Bis du dies erhältst ist wohl der Weltkrieg da [...] Ich fühle (wie man
   auch zu den Preussen bisher stand) dass es sich jetzt um unser Deutschland handelt.. .und bin froh dass die ungeheure Entscheidung auch für uns alle nun sichtbar wird, auch das geheime Deutschland.« K. u. H.Wolfskehl 95; StG, F. Gundolf 254.
34 Politeia, [Ende des 9. Buches], übers, v. E. Salin (Von Mensch und Staat, Schwabe, Basel 1942).
35 EK, Deutschland 2.
36 Hellingrath, Hölderlin 16–17, 40–41; Wolters, George 418–419, 421, 426.
37 MK, Dichter 461; Wolters, George 418–432.
38 MK, Dichter 474–477.
39 MK, Dichter 483.
40 Lübbe 196–202.

41 MK an JA 7. Dez. [1930], StGA, abgedruckt in RB, 1 186–188.
42 Benjamin rezensierte MKs Werk in Literarische Welt VI (1930) Nr. 33/34, S. 9–
    11; vgl. Benjamin, Schriften III, S. 252–259. Er anerkannte die überragende Lei-
    stung und Qualität, erkannte und bezeichnete auch manches Angreifbare, ver-
    dächtig war ihm das geheime Deutschland, das Arsenal, »in welchem die Tarn-
    kappe neben dem Stahlhelm hängt« mit seinem weitschweifig phraseologischen
    Donner, mit seinem »Scheppern stählerner Runen«, mit Deute, Ewe, Blut und
    Geschick; tastend deutete er die Gefährlichkeit der Affinität zu den National-
    sozialisten an und formulierte am Schluß, Hölderlin beschließe »diese Heilsge-
    schichte des Deutschen«, ein Mahnmal deutscher Zukunft sollte aufgerichtet
    werden. Aber: »Hölderlin ist nicht vom Schlage derer, die auferstehen, und das
    Land, dessen Sehern ihre Visionen über Leichen erscheinen, ist nicht das seine.«
    MK an JA 25. Sept. 1930, StGA bezog sich offenbar hierauf: »Die Rezension
    sandte ich sofort zurück. Sie ist sehr jüdisch. Aber so abgestempelt zu werden
    ist mir erwünscht.«
43 RB, 1 182; ES 253. MK an JA 24. Juni 1930, StGA, suchte JA aus seiner Ver-
    zweiflung über den Zustand Deutschlands aufzurichten und über die NSDAP,
    zu deren Gedanken JA offenbar Affinität fühlte, zu beruhigen: »Dass Dir die
    Hitlerei zu viel in Lappalien herumpfuscht, versteh ich – aber schliesslich ists
    keine *geistige Bewegung*, und wichtig ist dass sie allerorten sich aussetze, auf-
    werfe, umkämpfte Losung werde. Was für Massen Symbolkraft hat, ist andres
    als was für uns: wo's los geht, ist nicht wichtig, und sei's ein thüringisches Ge-
    betbuch. – Die ›Obern‹ kämpfen nicht, das Zentrum nur *geistig*, der um seine
    Ziele wirklich *raufende Teil* ist die Arbeiterschaft: und drum ist die Idee, sie der
    Machtbasis einzuverleiben, an sich richtig. Lebensfrage der Partei ist – im Ernst-
    fall – nur, ob ihre Psychologie in dieser Hinsicht (der entjudete entmarxte völ-
    kische Arbeiter) richtig war. Ich lese jetzt Hitlers 1. Band ›Mein Kampf‹. Mass-
    los borniert, aber keineswegs instinctlos. Österreicher, ›Volk‹, keineswegs Pro-
    letarier. Und, als Österreicher hat er den Mutterwitz fürs Einfache Richtige, wo
    der »Intelligente« unter 50, vor dem Intellect gleichwertigen, Möglichkeiten die
    unmöglichste ergrübelt. Überraschend oft mit Deinem Meinem einstimmig! In-
    dessen fehlt mir Bd. II, das Programm! Zu verachten ist nicht: er hat wirklich
    viel Geleistet [sic]. 10 Jahre – und nur Zuwachs. Parteilich eine wirkliche Gege-
    benheit, und Instincte, mit denen sich handeln lässt. Wer wollte hier unbedingt
    sein. Ich trenne: im Geistig Dichterischen bekreuzige ich mich, wie bekannt,
    vor parteilichem Sektentum, – im Politischen bin ich gänzlich Unempfindlich
    [sic]. Hier gilt nur Mittel und Stufe!« Offenbar stand der Brief Inge Jens bei ih-
    rer Edition der Briefe und Aufzeichnungen MKs nicht zur Verfügung; vgl. MK,
    Briefe 26–29, 206 und weitere Briefe an JA in StGA. MK an JA 26. Juli 1930,
    StGA: »Auf die neue Regierung bin ich begierig. Der Bankrott aller ›Mitten‹ ist
    immer begrüssenswert, und wenn jetzt die Fanatiker eine Weile durcheinander-
    wirtschaften, so bekommt vielleicht ein wirkliches Talent doch eher Gelegen-
    heit, sich bemerkbar zu machen.« MK an JA 9. Sept. 1930, StGA: »In Stuttgart
    hörte ich Hugenberg, er ist keineswegs beschränkter als die andern, aber eben
    auch ohne die leiseste Spur des Ingeniums. Für den Augenblick ist er gut. Es ist
    ganz gleich, ob er oder Hitler die Stimmen der Ähnlichgesinnten erhält. Beider
    Sinn ist im Augenblick: Störung des Gleichgewichts, und auch ich weiss im Au-
    genblick nichts besseres als dass die Continuität einer höchst folgenreich han-
    delnden Feigheit gebrochen werde.« MK an JA 25. Sept. 1930, StGA: »Ich habe

Hugenberg und Kaas gehört.. letzterem fehlt jede Eignung die dieser hat, was seinen Standpunkt nur verabscheuungswürdiger macht. Ich freue mich – trotz allem – der Nazis. Ein Baustein sind sie – doch wer baut?« MK an F Okt. 1930, MK, Briefe 188–190: Einverständnis mit Franks Äußerung, Wolters hätte gewiß »die Gunst der Lage«, d.h. nach dem großen Erfolg der NSDAP in den Reichstagswahlen vom 14. Sept., benutzt.

44 StG an MK 4. Jan. [1928] und Hellmut Strebel an RB 29. Juli 1954 (Datierung), StGA.

45 Bondi lehnte den Druck einer Gedichtsammlung von MK ab, »weil die Erteilung der Blättermarke [von StG] verweigert wurde«; MK an StG 25. Juni 1931, StGA; MK, Briefe 202–204, 219–223; LT, Erinnerungen 245, 263–264; Pawlowsky 26–37; Grünewald 149–157.

46 Stefan George 399 [Katalog]; Landmann, George 368; Seekamp 356; Pawlowsky 18 zit. ebenso aus der Signetkartei des Verlages.

47 Wolters, George 426; RB, Bild 1 136–137: es besteht »kein Zweifel darüber«, daß Wolters sein Buch »in Georges Auftrag geschrieben hat, und daß George es billigte«; Seekamp 347, 355, 364. G. Schulz, George, bezeichnet Buch 7 Kap. 4 als von StG selbst stammend. Günter Schulz war Schüler und Freund MKs; MK, Briefe 276. Kurt Hildebrandt an Arvid Brodersen 7. Jan. 1935, CP: »Vor allem aber ist Wolters' Blättergeschichte geradezu als authentische Kundgebung des M. zu werten und wenn dieses Buch von jüdischen Freunden als antisemitisch abgelehnt wurde, so richtet sich diese Kritik gegen den M.«

48 Wolters, George 527.

49 EK, Deutschland 3; ähnlich Salin, George 263–264; RB, Bild 2 165; Seekamp 359 mit Kritik der Datierung; StG, GA IX 59–65; in StGs Ausdruck »in tiefinnerstem schacht Weihlicher erde« ist das Wort weihlich als heilig zu verstehen; das Wort war in der deutschen Sprache unbekannt, bis Richard Wagner es erfand, anscheinend in der Meinung, es habe altdeutschen Ursprung; Grimm 14.

50 EM an StG 11. Juli 1918, StGA.

51 Wolters 545; StG wirkte tätig mit an der Arbeit und bezeichnete das Werk als »politisches Buch«; Seekamp 364–367.

52 Curtius (1950) 153.

53 Curtius (1950) 157. Die von Curtius in seinem Tagebuch festgehaltene Diktion StGs wird bestätigt von E. Landmann. Das Tagebuch ist im Besitz der Witwe Ilse Curtius; I. Curtius 6. Dez. 1985.

54 Vallentin 47–48; vgl. die von Breysig 26–27 überlieferte Äußerung, die nur ironisch verstanden werden kann; das Wort »Reichskanzleramt« ist Breysigs Interpretation, nicht Zitat. Salin, Um Stefan George 158, 143–144: Damals schien das Reich, das George zu gründen ausgezogen war, der Wirklichkeit näher, als »einige Hoffnung keimen könnte, das deutsche Volk werde jetzt, am Abgrund, die Stimme seines Dichters hören und vielleicht sogar die Zügel der geistigen Führung in die Hand der Dichtergefährten legen«; denn: »Stärker als irgendwann vorher und nachher wies der Weg der Ehre in den Jahren von 1919–1932 für die deutschen Dichter-Freunde und für das deutsche Volk in nahverwandte Richtung, und es war von beiden Seiten aus nicht unbegreiflich, wenn zu Zeiten die Täuschung aufkam: nicht das letzte Ziel, doch die nächsten Aufgaben und das erste Wegstück seien gleich...« Zum Geburtstag im Juli 1924 schrieb Morwitz an George, »dass das Schicksal des ganzen Landes mit Deiner Person verknüpft ist«; EM an StG 10. Juli 1924, StGA. George nannte seinen letzten Gedichtband

»Das Neue Reich« und sprach von seinem Kreis als seinem »Staat«; s. z. B. EM an StG 26. Dez. 1915, 19. Juni 1923, 25. Juli 1926, StGA; Ernst Gundolf an StG 11. Juli [1922], StGA; RB 10. Juni, 23. Aug. 1968; Elze 28. Aug. 1968. Woldemar Graf Üxküll wollte durch »ein deutsches Eaton und Oxford« »den äusseren Staat« erneuern »oder anders die einverleibung des äusseren in den inneren Staat« erreichen; Woldemar Graf Üxküll an StG 3. Mai 1924, StGA.

55 Vallentin 54.

56 Gespräch am 19. Feb. 1928; Vallentin 101–103.

57 LT, Erinnerungen 248–249; Seekamp 364, 367. Vgl. EL 207 (Jan. 1930): »Von den unmöglichen politischen Zuständen: wie es nur noch lächerlich sei, wenn man, wie R[obert] B[oehringer], zu dieser Demokratie halte; am 19. Sept. 1933 äußerte sich StG positiv über den Nationalsozialismus; EL 207.

58 EK an EM [ca. Sept. 1926], StGA; vgl. Wolters, Reden.

59 RB, Bild 1 134–136; Salin, Um Stefan George 143.

60 MK, Briefe 190 zit. aus einem Brief Fs vom 8. Okt. 1930: »Über πολιτικα ist zur zeit viel die rede. Wolters hätte die gunst der läge gewiß benutzt!«

61 ClS an MK 19. Juli [1919], DLA und Nl MK.

62 Justizministerium, Kandidatenliste; TP, Brüder 500.

63 Minerva 1926.

64 Seekamp 336; B.v.Bothmer 11. März 1983; Markees 23. Juni 1984; RB, Bild 1 T. 138; LT, Erinnerungen 223.

65 Hierzu und zum nächsten Absatz: Justizministerium, Kandidatenliste; CS an TP [10. April 1925], PP; Gästebuch Lautlingen; AS an StG 19. Juni 1925, StGA; Franks Chronologie, StGA; BS an CS [14. Juli 1925], Nl MS; Seekamp 340; Stettler 28; Mehnert 63; TP, Brüder 500; Kürschner 1926, Sp. 97; BS an Frau Pfizer 17. Jan. [1927], PP; LT, Erinnerungen 227–228; Protokolle über Lesung und Besprechung von EK, Friedrich II., im Nl JA mitgeteilt von Stockert 7. März 1982; vgl. Grünewald 149–157; EK an StG [26. Dez. 1926], StGA; Seekamp 347; BS an MS 2. März 1927, [4., 29. Juni, 12. Nov. 1927], 26. Dez. 1927, 17. Feb., 27. März 1928, 3. Jan. 1929; BS, Lebenslauf.

66 BS an MS [22., 27. Juni, 2., 6., 9., 12., 15., 22., 26. Juli, 3., 7. Sept. 1927], und BS, Verabredungsliste 29. Juni–3. Aug. 1927; Federer 23. Sept. 1983. Hierzu: Berliner Adreßbuch 1926, 1927, 1928; Alexander Graf Üxküll 9. Juli 1988. Meinem Kollegen Valentin Boss bin ich dankbar für seine Übersetzung der russischen Briefe.

67 BS an MS [4. Juli 1927].

68 BS an StG 18. Aug. 1927, StGA; Gästebuch Lautlingen; BS an MS [24., 28. Aug., 12., 22. Sept. 1927].

69 BS an MS [30. Okt., 15. Nov. 1927].

70 BS an MS [25. Nov. 1927].

71 BS an MS [26. Jan. 1928].

72 JA an StG [1. Feb. 1928], 11. Juli [1928], StGA; Stockert 5. Mai 1982.

73 BS an CS 28. Feb. 1928, Nl MS.

74 BS an MS [17. Feb., 6. März 1928].

75 BS an MS [26. März 1928]; Seekamp 356, verzeichnet nur »Berlin« und berichtet keinerlei Tätigkeit oder Kontakt Georges für März 1928.

76 BS an MS [26. März 1928]; Gästebuch Lautlingen. In den Akten des AA fand sich kein Anhaltspunkt für die Gründe der Ablehnung. Ob BSs Schweigsamkeit und Gehemmtheit damit zusammenhingen, kann nur vermutet werden. Hier-

zu CS an B. Hammarskjöld 9. Jan. 1934; AÜ 17. Mai 1973; Federer 23. Sept. 1983; BS an MS [26. Jan. 1933]; Mardersteig 14. April 1977.

[77] Geschäftsverzeichnis BS, Nl BS.

[78] BS an MS [17. Juni 1928].

[79] BS an MS [19. Juni 1928], 26. Juli 1928; BS an CS [26. Juli 1928]; Franks Chronologie, StGA, verzeichnet diesen Aufenthalt nicht.

[80] BS, Lebenslauf; Geschäftsverzeichnis BS, Nl BS; Franks Chronologie, StGA, führt BS in Reutlingen erst für Jan. 1929 auf.

[81] BS an MS [25. Okt. 1928]; Geschäftsverzeichnis BS, Nl BS.

[82] UAT 189/Prom. 1929 und UAT 7. Aug. 1981; Urkunde über die Verleihung der Doktorwürde (nach Veröffentlichung der Dissertation) 18. Nov. 1930, Nl BS.

[83] BS an MS [2. Jan. 1929].

[84] BS an MS [9. Jan. 1929].

[85] Makarov 364; ein Mitarbeiter während des Krieges in der Seekriegsleitung machte dieselbe Wahrnehmung: Bauch an Baum 17. Dez. 1956.

[86] NS 13. Aug. 1968: »Er war sich in aller Bescheidenheit nüchtern darüber klar, außergewöhnlich, ja bedeutend zu sein.« Freya v. Moltke 23. Juli 1989; vgl. Moltke, Briefe, passim.

[87] BS an MS [22., 24. März 1927, 17. Jan. 1929].

[88] Vgl. unten S. 120–131.

[89] BS an CS 16. März [1936], Nl CS.

[90] AS an CS [Juni/Juli 1928], Nl CS.

[91] Geschäftsverzeichnis BS, Nl BS; BS an MS [20. Jan., 24. Feb. 1929]; Makarov 362.

[92] BS an MS [22. Juli, 6. Aug. 1929]; StG an F [9. Juli 1929], F und BS an StG [Aug. 1929], StGA.

[93] BS an MS [26. Dez. 1929]; Elbe 127.

[94] BS an MS [1. Juli 1931]; AA/PA Pers. II E Bd. 1; Makarov 362; Strebel, Stauffenberg 14–15; LT, Erinnerungen 263.

[95] BS an MS [18. Sept. 1931].

[96] BS an MS [4. Aug. 1931].

[97] BS an MS [13. Aug. 1931]; Just IV, 1, 3. Abschnitt 172.

[98] BS an MS [6. Nov. 1931, 13. Nov. 1931]; Deutsche Gesandtschaft im Haag an AA 12. Nov. 1931, AA/PA Völkerbund, Gerichtshof, Bd. 9.

[99] WK 6. Jan. 1984.

[100] BS an CS [Jan. 1932], Nl MS.

[101] BS an MS [16. Jan. 1933].

[102] Universität Halle, Archiv 16. Juli 1982.

[103] AS an StG 28. Jan. 1927.

[104] AS an TP [Mai 1927].

[105] AS an StG 28. Jan., 14. Mai, 20. Juli 1927; AS an CS 4. Juni 1928.

[106] Universität Halle, Archiv 16. Juli 1982.

[107] AS an CS 4. Juni 1928.

[108] S. gedruckte Quellen.

[109] Ebd.; Vogt 20. April 1984.

[110] AS an CS [4. Feb. 1927, [Juni/Juli 1928]; zur Lehrtätigkeit s. S. 168–171.

[111] AS an StG 22. Juli 1930.

[112] AS an StG 22. Juli 1930.

[113] AS an StG 10. Juli 1930; AS an TP [20. Juli 1931].

[114] Vorschlag zur Ernennung; Lauffer, Stauffenberg 846.

[115] Verlagsvertrag zwischen George und Georg Bondi 6. Okt. 1927, StGA; See-kamp 369.

[116] LT 243–244; MK an StG, passim, StGA; RB, 1 182; WK 7. Jan. 1984; Seekamp 335–336, 368–369; s. oben 77, 89, 91 (Pförtnerhäuschen 1924/25); StG an F [15. Aug. 1927], StGA, F sei ihm »nötig«.

[117] EM 465; LT 243–244; RB, 1 189: MK »hatte nicht die absichtlose Liebe, die Gundolf auszeichnete, wohl aber denselben wachen und beweglichen Geist«.

[118] S. MK an JA 25. Sept. 1930, JA an StG 11. Juli [1928], StGA; wenn EM, selbst jüdischer Herkunft, an StG 31. Dez. 1910, StGA, sich abschätzig über die Posener »Slawen und Juden« äußerte, war es natürlich weder dem Zeitzusammenhang nach noch vom persönlichen Standpunkt aus dasselbe. Ferner JA, Dichtungen, »Vaterland« 75–79, das sich Wolfskehl als unheimlichen Einbruch der Barbarei ins geistige Reich oder Umschlag von Dekadenz in Barbarei zwei Wochen lang jeden Morgen vorlesen ließ: Salin 347 Anm. 7 zu S. 253; MK, Dichter 474–477; vgl. MK an JA 7. Dez. [1930], StGA u. abgedruckt in RB, 1 186–188: JA hatte MK im Streit wegen MKs Trennung von StG »mit Juden« verglichen; MK an JA 24. Dez. 1930, StGA: »Mein, an sich mit Recht gerügtes, Mißbehagen an jenem Judenabend hat meinen ›Antisem...‹ sprichwörtlich gemacht und mir das Ekle wirksam vom Hals geschafft.« Weitere Bestätigung von MKs Antisemitismus, der auch EM abstieß, Markees 23. Juni 1984.

[119] Partsch 14. Juli 1972.

[120] Vgl. EL 208–209; Seekamp 371.

[121] RB, 1 176; LT 242 mit berechtigtem Zweifel am Datum 1930; Seekamp 359 neigt zur Datierung Nov. 1928.

[122] MK an JA 7. Dez. [1930], StGA; Abdruck in RB, 1186–188; Seekamp 368–375. RB, 1 195 drückt es umgekehrt aus: »Nachdem Kommerell weggegangen war, rückte in dessen Stelle als nächster Begleiter Victor Frank [Mehnert] (T 165 l),und er blieb bei George bis zum Tode.«

[123] ClS an StG [Juni 1930]; MK an JA 25. Sept. 1930, an ClS 26. Sept. 1930, DLA; MK, Briefe 177; MK an ClS 23. Aug. 1931, an AS 17. Nov. 1931; AS an StG [21. Nov. 1931]; BS an StG [10. Okt. 1933].

[124] NS 16. Mai 1989. Am 20. Juli 1944 tat ClS eine merkwürdig analoge Äußerung; s. 473.

[125] MK an JA 18. Juni 1930, StGA; MK an Frau Lilly Anton 3. März 1931, im Besitz von Dr. F.v. Stockert; LT, Erinnerungen 244, 254; MK, Briefe 19–20, 182–202; Seekamp 368–377.

[126] RB, 1 189; Seekamp 165, 388.

[127] BS an MS [27. Nov., 10., 17. Dez. 1931], 2. Jan. 1932, 12. Nov., 25., 27., 29. Dez. 1932, 2. Jan. 1933, und passim, Nl MS.

[128] EL 157, wo das Dementi den Sachverhalt eher bestätigt; Vallentin 53–54 (StG stimmte im Sommer 1920 Vallentin zu, der sagte, die Ehe sei für gewisse Talente zweiten oder dritten Ranges notwendig, damit sie ihre überschüssige Kraft loswerden und sich auf das Wesentliche konzentrieren könnten); Wolters, George 426; Thormaehlen an StG 14. Mai 1918,1. Mai 1922, StGA; Seekamp 343. BS an MS [15. Dez. 1935], Nl MS; BS an RB 13. Juni 1936, RB an BS 17. Juni 1936, StGA; BS an MS [8., 15., 24., 27. April 1932], Nl MS; Schlayer 6. Jan. 1984. StG erwähnt die Reise Fs mit BS in einem Brief an F: »Ein gutes hat die

reise mit Adj.. so fährt wenigstens sonst keins mit!« StG an F [5. April 1932], StGA. Überdies waren die Eltern gegen diese Verbindung; BS an MS 13. Jan. [1936], [5. März 1936], Nl MS (BS habe mit seiner Mutter gesprochen, die sei ganz verzweifelt); BS an MS [10. April 1936], Nl MS; CS an TP 16. April 1936, PP; NS 18. Mai 1989.

[129] Strebel 21. Aug. 1988.

[130] StG, Letztwillige Verfügung 15. Juni 1930 und 31. März 1932, StGA. BS, Letztwillige Verfügung 31. Dez. 1933 und 16. April 1943, StGA.

[131] RF an StG 10. Juli 1933, StGA.

Reichswehr

[1] ClS, Gesuch; um Weihnachten 1920 hatte er »eine Grippe nach der andern«: CSA Weihnachten 1920; TP, Brüder 500; Mühlberger 9. März 1971; Schneiderhan 22. Mai 1971; NS 18. Aug. 1981 (Claus hatte ein »Wachstumsherz«); AS an CS [Jan./Feb. 1926]; BS an MS 23. Dez. 1932, Nl MS: »Claus hat wieder eine Grippe und liegt damit in Bamberg [...]«.

[2] Eberhard-Ludwigs-Gymnasium, Abgangszeugnis; Regierungsblatt 1911, Nr. 13; Amtsblatt 4 (1911) Nr. 9; ClS, Gesuch.

[3] ClS an StG [Okt. 1924] , StGA; die Datierung Okt. 1924 ergibt sich aus dem Abgangszeugnis, dem Gesuch um Zulassung zur Reifeprüfung und den im Brief enthaltenen Angaben: BS war im Wintersemester 1924/25 in Berlin; die Aufnahmen im Pförtnerhäuschen entstanden damals; s. unten 89, 81.

[4] Im Provinzial-Landesarchiv in Koblenz konnte das Gesuch nicht gefunden werden.

[5] Justizministerium, Kandidatenliste 1927; Seekamp 335; AB an StG [nach Ablehnung von Claus' Gesuch: Okt. 1924], StGA; LT, Erinnerungen 223–224; ClS, Gesuch.

[6] AB an StG 5. Nov. 1924, StGA.

[7] Seekamp 336.

[8] RB 1 T. 138; LT, Erinnerungen 223; zur Datierung zwischen Anfang Nov. und Ende Dez. 1924: MK an StG 6. und [ca. 9.] Jan. 1925, StGA, bedeuten, daß MK nicht mehr in Berlin war und MK im zweiten Brief an StG diesen als »in H.« befindlich bezeichnet.

[9] RB 1 192–193, T. 138; LT, Erinnerungen 218, 223–224 (mit unrichtiger Datierung von Claus' Abitur auf 1925).

[10] ClS an StG [Okt. 1924], StGA; StG, GA VIII 102.

[11] ClS an StG [April 1925], StGA; vgl. Seekamp 339.

[12] Gästebuch Lautlingen; AB an StG 6. Jan. 1925, StGA; ClS, Gesuch; NS 12. Aug. 1982. Das Schuljahr 1925/26 begann formal am 1. April, tatsächlich nach den auf die Zeit vom 1. bis 20. April fallenden Osterferien; Amtsblatt 17 (1924) 181.

[13] Gästebuch Jettingen; AB an StG [Juli 1925], StGA; Seekamp 340–341, wonach StG spätestens ab 27. Juli in Königstein und Frank 27.–31. Juli bei ihm war; AB schrieb vor 1. Aug. u. fragte, ob »C. gebilligt worden« sei.

[14] TP, Brüder 499; Gästebuch Lautlingen: TP war dort von 22. Aug. bis 3. Sept. 1925, vor Beginn seines 6. Semesters im Nov. 1925. TP, Brüder 490 meint, der Entschluß zur Reichswehr sei erst nach dem Abitur gefaßt worden; TP 5. Aug. 1972 berichtet die Äußerung Alexanders über Claus' Entschluß, »ich bin

zu Tode erschrocken«, und schließt daraus Überraschung und Plötzlichkeit des Entschlusses, offenbar irrig; s. unten Claus' Brief an seinen Vater.

15 AS, »An C«, Aug. 1924, StGA; vgl. AS, »An C.« [ca. 1923/24], StGA.

16 Gästebuch Lautlingen; AB an StG [ca. 5. Okt. 1925], StGA; Datierung: AB blieb in Lautlingen bis 28. Sept. und schrieb, er habe es »vor einer woche« verlassen; vgl. AB an StG [Juli 1925 und ca. 5. Okt. 1925], StGA.

17 MK an StG [18. März 1926], StGA; Seekamp 343–344.

18 ClS, Gesuch; Eberhard-Ludwigs-Gymnasium, Reifeprüfung 1926.

19 Eberhard-Ludwigs-Gymnasium, Reifeprüfung 1926.

20 ClS an MK 19. Juli [1928], DLA; Datierung: Bezug im Brief auf bevorstehendes Erscheinen von MK's Buch, das im Okt. 1928 herauskam; Seekamp 358.

21 TP, Brüder 500; NS 12. Aug. 1982 (12. Okt. 1988:1932), 9. Jan. 1992 (frisch verlobt); ClS an StG 11. Juli 1931, StGA.

22 ClSs Eskadronführer Rittmeister Walzer urteilte im Okt. 1933: »Er ist etwas anfällig gegenüber Halsentzündungen, wodurch seine körperliche Widerstandskraft manchmal beeinträchtigt wird. Mit Energie und zähem Willen kämpft er dagegen an.« Kramarz 39. NS 2. Okt. 1964: »Die ›Halsanfälligkeit‹ von der Walzer schrieb, endete übrigens mit einer Mandeloperation, wohl Ende 1931, nachdem eine Kur in Bad Kolberg ergebnislos war. Einen ›Reitermagen‹, der ihm sehr zusetzte, teilweise mit scheußlichen Krämpfen, sogar Ohnmächten, kurierte er mit eisern eingehaltener Diät im Winter 31/32. Er verlor sich später völlig.«

23 Dipper [6.] Juli 1919; vgl. unten 168: BS heiratete Mika erst nach des Vaters Tod.

24 Vgl. unten Kap. »Umbruch«.

25 ClS an den Vater [27. April 1926], Nl MS, abgedruckt als Anhang II.

26 Loeper 24. März 1971, 29. Aug. 1972.

27 Wunder 474.

28 ClS, Aufsatz 24. Jan. 1923, Nl ClS. Abdruck als Anhang I.

29 Rangliste 1917, 1927; ClS an Onkel Berthold 18. Aug. 1939, P NS; Liebe zum Pferd: NS 12. Aug. 1982; Gesundheit: NS in CM 66–67 u. an Venohr Feb. 1987; NS 12. Okt. 1988 schließt gesellschaftliche Erwägungen zugunsten der Kavallerie aus.

30 NS 22. Okt. 1961.

31 ClS an StG [Okt. 1924], StGA.

32 RF 21. Aug. 1982; CM 61–66 war auf teils unfundierte Vermutungen angewiesen und kam zu dem Fehlschluß: »Es ist unmöglich, den eigentlichen Grund für Stauffenbergs Berufswahl zu nennen. Er äußerte sich nicht dazu und überraschte deshalb auch seine nächste Umgebung.«

33 TP, Brüder 501, undatiert; BS, "CLAUS", undatiert, Hs., StGA Inv. P4; AS, »Der Krieger«, datiert »Mai 1926«, Masch., PP (sonst nirgends erhalten); TP 25. April 1981. Ferner AS an CS 1927 oder 1928, Nl AS.

34 Wehrstammbuch.

35 Rangliste 1926–1932 209; Aus der Geschichte [2]; Gästebuch Greifenstein.

36 Rangliste 1926 18; Rangliste 1927 19; Aus der Geschichte [5].

37 ClS an den Vater [27. April 1926], Nl MS; vgl. Anhang II.

38 1928 (Datierung: Gästebuch Lautlingen: 1928 zweimal ClS für zwei Wochen dort, 1927 keinmal so eingetragen, also 1928 wegen Krankheit und Urlaub wahrscheinlicher; vgl. MK an ClSt 19. Juli 1928, Nl MK und DLA, teilweise

abgedruckt in CM 74; AB an StG 8. Juli 28, StGA) schrieb AS an die Mutter, anscheinend aus Halle, er fühle Claus sein Heimweh nach; denn »die kleinen Leute, die Bonzen u. was da sonst noch kreucht u. fleucht hab ich mal wieder satt bis dorthinaus! An unserer vielgeschmähten ›Kritik‹ habt ihr übrigens ein gut Teil Schuld. An der grossen Form und dem somehow monumentalen Lebenstil [sic] gemessen, den wir von Kindheit auf gewohnt sind – wobei du durchaus nicht gleich an die ›unnötigen Schnäpse u. Importen‹ zu denken brauchst, die meine ich hier gar nicht – wird unsre ganze Umwelt halt manchmal verteufelt minderwertig.«

39 ClS an R. Lerchenfeld 6. März 1934, Nl Lerchenfeld.

40 Pezold 1. Juli 1972.

41 ClS an MK 19. Juli [1928], DLA; Datierung: Bezug im Brief auf bevorstehendes Erscheinen von MKs Buch, das im Okt. 1928 herauskam; Seekamp 358; vgl. Gästebuch Lautlingen; AB an StG 8. Juli 1928; CM 519.

42 M.v.Brauchitsch in Finker 40; Metz 30. Mai 1971; Harteneck 15. März 1971.

43 ClS an den Vater [27. April 1926], Nl MS; Leuze 59.

44 Leuze 63.

45 Wehrstammbuch: 17. Okt. 1927–9. Aug. 1928. Die Infanterieschule war 1926 von München in die Dresdener Albertstadt verlegt worden; Baedeker, Sachsen 58.

46 Wilcke 23. April 1985; ab 1. April 1928 war Falkenhausen Generalmajor; Rangliste 1927 und 1928; Keilig 211/139; BA-MA 20. Juli 1988.

47 Wilcke 23. April 1985, 1. Juli 1995; zur Stube gehörten außer Wilcke Hempel und Huffmann, die beide gefallen sind; Morgenstern, der auf dem Bild zu sehen ist, gehörte zur Nebenstube; Hempel war wahrscheinlich der Photograph.

48 Theilacker 16. März 1971 erinnert sich, der Kamerad sei Mertz von Quirnheim gewesen, der aber seit 1. Feb. 1928 Leutnant im 19. (Bayer.) Inf.Rgt. war (Rangliste 1928); zur kirchl. Bindung für damals auch Pezold 22. Aug. 1972.

49 Canstein 25. Sept. 1988; Wilcke 23. April 1985, 21. Sept. 1988.

50 Wilcke 23. April 1985.

51 Beurteilung des Eskadronchefs Hans Walzer vom Okt. 1933 in Kramarz 38–39; Pezold 1. Sept. 1972; Brauchitsch in Finker 39. Überragend: Ebd. u. Luz 22. Aug. 1972.

52 ClS, schriftliche Übungen im Nl. Vgl. Kap. »Im Dritten Reich« S. 148. Teske, Spiegel 41: »In seinen Entschlüssen war er aus peinlichster Beachtung jedes Arguments ausgesprochen schwerfällig.«

53 Pezold in Kramarz 38. Lässigkeit: Loeper und Thüngen in Kramarz 18.

54 Cello: Wilcke 23. April 1985; AS an CS [Juli 1928]; Pezold 1. Sept. 1972; ClS an J. Schmidt [Jan. 1928]; J. Schmidt, Gedichtalbum; darin beginnt eine neue an ClS gerichtete Reihe mit dem Datum 25. Juli [1927]; Gästebuch Lautlingen.

55 Elze war im Ersten Weltkrieg Flieger in der Staffel Richthofen (später Göring), dann als Hauptmann i.G. Adjutant des Kommandierenden Generals der Luftstreitkräfte im Großen Hauptquartier, studierte nach dem Krieg bei Wolters in Marburg und Kiel, bereitete sich 1926 in Halle auf die Habilitation vor und bewarb sich an der Technischen Hochschule in Dresden, wurde aber wegen seiner Beziehungen zu George und Wolters abgelehnt; Elze, George; Elze, Marburg; Elze an StG 22. April, 10. Juli 1926, StGA; Elze 18. Juli 1972; Helbing 36–37.

56 Luz 22. Aug. 1972.

57 ClS an J. Schmidt [Jan. 1928]; Wolters, Reden 5–29.

58 Hierzu vgl. Kap. »Krise und Krieg« S. 177–180.
59 Damit war er allerdings nicht allein; vgl. Lübbe 196–207.
60 ClS an J. Schmidt Jan. [1928].
61 Sachsen-Meiningen 10. Jan. 1973.
62 Brauchitsch in DDR 1 Fernsehsendung, 1989.
63 LT, Erinnerungen 232.
64 Seekamp 359.
65 ClS an MK Anfang März [1929], Nl MK; gegen die irrige Datierung auf 1930 bei Seekamp 367 auf Grund MK, Briefe 177–178: ClS war 1930 in Bamberg; StG las das Ms. der Gespräche im Feb. 1929 Wolters in Kiel vor; Seekamp 362; StG kam am 11. Feb. 1929 nach Berlin ins Achilleion: StG an F 10. Feb. 1929, StGA.
66 MK, Gespräche 33–35.
67 Benhold Vallentin, ein Freund Georges, hatte unter Georges Patronat Werke über Napoleon bei Bondi veröffentlicht: Napoleon, 1923; Napoleon und die Deutschen, 1926.
68 Hildebrandt 228; Datierung: StG las Wolters MKs Gespräche im Feb. 1929 vor; Wolters starb Mitte April 1930; Seekamp 362–368.
69 ClS an MK 19. Juli [1928], DLA.
70 Auszug aus dem Truppenkrankenbuch bzw. Truppenkrankenmeldebuch. Im November 1928 und im Januar 1929 trat beides wieder auf.
71 ClS an MK 19. Juli [1928], DLA; Aus der Geschichte [5].
72 Zwischen 8. und 19. Juli: ClS an MK 19. Juli [1928], DLA; AB an StG 8. Juli 1928, StGA; Seekamp 357.
73 Wilcke 23. April 1985; Pezold 22. Aug. 1972; selten oder nie zu Tanzexkursionen: Wilcke ist nicht ganz sicher, meint eher gar nicht; heiliges loderndes Feuer: Sachenbacher 12. Juli 1972.
74 ClS an MK undat. [zwischen Nov. 1929 und Feb. 1931], DLA.
75 NS 7. Aug. 1972 und 12. Aug. 1982; Kramarz 36–37; Pezold 1. Sept. 1972; Luz 2. März 1972.
76 Eskadronchef Rittmeister Hans Walzer, Okt. 1933 in Kramarz 38–39.
77 Loeper 29. Aug. 1972; Kramarz 36–38.
78 NS 13. Aug. 1968.
79 Pezold 1. Sept. 1972. Vgl. Kap. »Fronteinsatz« S. 306.
80 Pezold in Kramarz 38. Venohr 60 zählt schockierende Äußerungen Stauffenbergs auf, die er ungenügend analysiert und negativ bewertet; abwägender CM 76–77.
81 Wehrstammbuch; unzutreffend CM 66,73, wonach ClS als Fahnenjunker eingetreten wäre. Pezold 1. Sept. 1972; Pezold lernte ClS während eines Manövers am Chiemsee kennen, als ClS sich, »Stauffenberg« murmelnd, neben ihm in die Sonne legte; Leuze 64, 66; Aus der Geschichte [5]; Rangliste 1928 16–17; Rangliste 1929 16–17.
82 Pezold 1. Sept. 1972.
83 ClSs hs. Aufgabenausarbeitungen, Nl ClS; Wilcke 21. Sept. 1988: Fähnrichlehrgang 2. Okt. 1928–21. Aug. 1929; NS 7. Feb. 1979; ClS an J. Schmidt Jan. [1929] und [zwischen 16.u. 23. Aug. 1929] (Datierung: Rangliste 1930; Gästebuch Lautlingen); Loeper 24. März 1971, 29. Aug. 1972; CM 73; NS 12. Okt. 1988 datiert Okt. 1928 bis Okt. 1929.
84 So auch Pezold 1. Sept. 1972.

[85] N1 ClS.

[86] Wehrstammbuch.

[87] Wehrstammbuch; Heeres-Verordnungsblatt Nr. 18, 17. Sept. 1929; Leuze 68; Luz 22. Aug. 1972; NS 12. Okt. 1988; Wilcke 21. Sept. 1988, 17. Jan. 1989.

[88] ClS an J. Schmidt [zwischen 16. und 23. Aug. 1929].

[89] Rangliste 1930 65; vgl. Leuze 66; Luz 2. März 1971.

[90] Luz 2. März 1971.

[91] ClS an J. Schmidt Jan. [1929]; bewußt gewählte Sprache: Sachenbacher 12. Juli 1972.

[92] Anhang II.

[93] NS in Kramarz 36; NS Okt. 1962, 26. Sept. 1988.

[94] Schlieffen, Cannae 3–4; Schlieffen, Schriften I 8–9, II 442; Elze, Schlieffen 8–19; Freytag-Loringhoven 78; Elze, Tannenberg 26–27, 30–35, 39–40, 86. Weder Schlieffen noch Elze scheint aufgefallen zu sein, daß Hannibal den Zweiten Punischen Krieg verlor.

[95] TP 31. Juli und 5. Aug. 1972.

[96] Elze 18. Juli 1972; BDC-Akten Elze; NS 12. Okt. 1988; Saucken 27. Juli 1972, Nov. 1988, 4. Feb. 1989; Lamey 26. Juli 1972.

[97] NS 12. Aug. 1982; HCSt 28. Juli 1971, 5. Juli 1972; Gisevius II 310.

[98] CS an F 28. März 1934, Nl F.

[99] ClS, Schlacht.

[100] Clausewitz, Vom Kriege 257, 259, 261–265.

[101] Stauffenbergs Zusammenfassung der Gründe des Durchbrucherfolges Alexanders bei Issos ist allerdings unvollständig; nach Dareios' Flucht und dem Weichen der linken Flanke der Perser hatte Alexander größere operative Freiheit; als die Perser mit ihrem rechten Flügel einen Flankenangriff versuchten, konnte Alexander diesem durch ein Umfassungsmanöver begegnen; ohne dieses wäre die Schlacht verlorengegangen.

[102] Elze, Tannenberg 43, 60–65. Auf die Person Elzes betreffende Fragwürdigkeiten wird hier nicht eingegangen, weil die Quellen keinen Anhalt geben für eine evtl. Annahme, Stauffenbergs Auffassungen vom Werk Elzes seien davon berührt worden.

[103] Bamberger Tagblatt 23. Sept. 1930 3; Leuze 71.

[104] NS, Halsband 89–91; NS 7. Feb. 1979.

[105] Venohr 60; NS, Halsband 186–187; NS 16. Mai 1989.

[106] NS 17. März 1962.

[107] Schußtafel 1930, Nl ClS; Wehrstammbuch: 18. Nov. 1930–14. Feb. 1931.

[108] Rangliste 1931, 1932; ClS, Vorschlag, 14. Okt. 1931, Nl ClS; Pezold 1. Sept. 1972.

[109] CS teilte die Wohnung zunächst mit J. Schmidt; NS 7. Feb. 1979; Einwohneramt Bamberg 17. Jan. 1989; Mannschatz 7. Juli 1972; Pezold 1. Sept. 1972 berichtet, er habe einige Zeit bis 14. Mai 1932 mit ClS zusammen gewohnt, was NS 12. Okt. 1988 für ausgeschlossen erklärte und dagegen 16. Mai 1989 den Bericht Pezolds, dessen Erinnerung immer zuverlässig gewesen sei, wiedergab, wonach ClS die Wohnung mit J. Schmidt nach einiger Zeit aufgegeben und dann in der Kaserne im Offizierkasino gewohnt habe; den Unterlagen des Bamberger Einwohneramts zufolge wohnte Pezold teils auf dem Bughof bei Bamberg, teils in der Kaserne.

[110] Fs Chronologie, StGA; NS 13. Aug. 1968: »Meines Wissens traf er ›die Freunde‹

1931, bestimmt 32 im Sommer für 8–10 Tage in Schachen.« S. aber Seekamp 379–380, 382.

[111] NS 12. Aug. 1982 (12. Okt. 1988: auf 1932 dat.); ClS an StG aus Bad Kolberg 11. Juli 1931, StGA; Auszug aus dem Krankenmeldebuch.

[112] Just IV, 1, III (Schwarz) 172; NS 11. Sept. 1968.

[113] Vallentin, Gespräche 138.

[114] Luz 22. Aug. 1972; Voll 28. Aug. 1964; Verbindungsoffz. war Oblt. Harteneck; Pezold 1. Sept. 1972; vgl. Rangliste 1930 65; Pezold 1. Sept. 1972; ClS, Absperranweisung 16. März 1932, Nl ClS.

[115] Brüning 17–40, 148–150, 161–162, 273–274, 387; Bennett 169, 191–196, 236; Hillgruber, Großmacht 63–76.

[116] Vgl. VB 12. Juli 1932.

[117] Der Reichswehrminister, Nr. 3650. 32. W III, 14. Aug. 1932, BA-MA RH 26–17/116.

[118] Castellan 77–85; Bennett 195–196; New York Times, Late City Edition 8. Aug. 1932 1, 8.

[119] Vogelsang, Reichswehr 294–304; Bennett 236.

[120] Bennett 195–196 wiederholt angebliche Mitteilungen des Presseoffiziers des Reichswehrministeriums, Major Erich Marcks (Sohn des Historikers), an einen ungenannten französischen Besucher, die an den französischen Militärattaché in Berlin gelangten, also Hörensagen, wonach die Praxis vorzeitiger Entlassungen schon bestand; Documents diplomatiques français 1932–1939 1,1, Nr. 100. Eine solche nicht gerade geringfügige Feststellung müßte besser belegt werden.

[121] Wehrkreiskommandant VII, [unles.] 2.a/m Ic, 1. Okt. 1932, BA-MA RH 26–17/116.

[122] Schorr 259.

[123] Huber 3 606–607; Weber, Hauptfeind.

[124] Heinz Greiner, 1932 Rittmeister im R.R. 17, bei Kramarz 40: »Seine Gespräche bewegten sich vornehmlich auf dem Gebiete der Politik und waren stark sozial gefärbt.« Metz 30. Mai 1971: »manches Gespräch«.

[125] Loeper 29. Aug. 1972.

[126] Leuze 60, 63; Aus der Geschichte [3].

[127] Metz 30. Mai 1971; Kramarz 41; CM 82; Sauerbruch 9. Feb. 1977; NS 24. April 1981.

[128] Theilacker 16. März 1971; Manteuffel 28. Feb. 1971.

[129] Metz 30. Mai 1971.

[130] H. Süsskind-Schwendi 4. Juli 1972.

[131] CM 79–82; Hofacker, Lebenslauf.

[132] Hofacker an Herbert von Samson-Himmelstjerna (Puka, Estland) 1. Sept. 1930, Nl Hofacker.

[133] Hofacker, Wahlrede ohne Titel, Masch., zwischen 30. Jan. und 5. März 1933, Nl Hofacker; Hofacker, Lebenslauf.

[134] Aus der Geschichte [7].

[135] Vgl. VB Münchener Ausgabe, 6. Feb. 1933 S. 1.

[136] Vogelsang, Reichswehr 135–136.

[137] Just IV, 1, III (Schwarz) 176.

[138] Vogelsang, Reichswehr 136–137.

[139] Schulze, Weimar 363–364.

[140] Vogelsang, Reichswehr 139–142.

[141] Vogelsang, Reichswehr 147.
[142] Vogelsang, Reichswehr 147–151; Just IV, 1, III (Schwarz) 176–177.
[143] Der Reichswehrminister, Nr. 600. 32. W I a, 29. Jan. 1932, BA-MA RH 26–17/116; Vogelsang, Reichswehr 154.
[144] Grundmann 173; Just IV, 1, III (Schwarz) 177.

Umbruch

[1] Prozeß XXXV 42–48.
[2] Regierung Hitler 1 3.
[3] VB München, 6. Feb. 1933 1; Vogelsang, Dokumente 434–435; Bracher, Sauer, Schulz 710–711, 719.
[4] RGBl. 1 1933 35–41.
[5] Ministerial-Blatt 1933 c. 169–170.
[6] Michaelis, Schraepler 9 38–40.
[7] RGBl. I 1933 83.
[8] Grundmann 346–347.
[9] Repgen 67–98.
[10] RGBl. 11933 141.
[11] RGBl. I 1933 135–136.
[12] RGBl. I 1933 479.
[13] RGBl. 11933 1016; Just IV 2 IV (Hofer) 25.
[14] Mau 119–137; Hofer 25–36; K.–J.Müller, Heer 88–141; Höhne, Mordsache; RGBl. I 1934 529, 747; Vß 15., 16. Juli 1934 1–2.
[15] Regierung Hitler 1 683.
[16] Rautenberg, Dokumente 105; Bennett 471–490.
[17] Moeller; Bormann 13. Juni 1939.
[18] F an MK 8. Okt. 1930, MK, Briefe 190; Brodersen 19. Juli 1988.
[19] Stockert, George 69; weitere Belege s. unten betr. Dichterakademie.
[20] Vgl. Kap. »Das geheime Deutschland«.
[21] StG an F 4. und 16. März 1932, StGA.
[22] F an StG 15., 20. Okt. 1933, StGA.
[23] Wolfskehl, Werke I 280. Elze: Eintritt am 1. Mai 1933; BDC-Akten; Hildebrandt: BDC-Akten; Hildebrandt an Brodersen 7. Jan. 1935, CP; Thormaehlen: BDC-Akten; Brodersen 19. Juli 1988; Fahrner: BDC-Akten; Blumenthal: BDC-Akten; M. Mommsen, Anlage, StGA; RB, Bild 1 194; der Eintritt in die Partei gelang Blumenthal erst 1939, zwei Jahre nach Aufhebung der Aufnahmesperre, und auf Grund einer von ihm angestrengten Dienstbeschwerde gegen ein Parteigericht; BDC-Akten; Volz 54, 73.
[24] Stefan George 1868 • 1968 335.
[25] Hildebrandt, Erinnerungen 227–230; Hildebrandt, Individualität 18–19, 26–30; Seekamp 385 (Mitteilung Hildebrandts an StG am 29. April 1933, er sei in die Partei eingetreten); Hildebrandt an Brodersen 7. Jan. 1935, CP; Brodersen 19. Juli 1988.
[26] Hildebrandt, Erinnerungen 230.
[27] Die Büste war spätestens im April 1933 fertig. Die Firma Franz Hanfstaengl in München verkaufte von den etwa 40 in Zement oder Gips und wenigstens 2 in Bronze hergestellten Exemplaren über 30; noch 1937 lieferte F eine Büste

an die Firma Hanfstaengl; Korrespondenz F 1933–1937, Nl F; F an seine Mutter 14. und 15. Juni 1936, StGA; Pilz, Bildnis; Pagels. Stettler 38 erweckt den Eindruck, als habe F nur eine Hitler-Büste angefertigt und als hätte er sich seit dem 30. Juni 1934 ganz vom Nationalsozialismus und Hitler distanziert; RF, Frank, erwähnt den Hitlerkopf überhaupt nicht. Außer dem Hitler-Kopf erarbeitete F auch 1935 ein Hitler-Relief für die Stettiner Oelwerke Aktiengesellschaft in Züllchow; Korrespondenz F 1935–1936, Nl F; F an seine Mutter 23. Okt. 1937, StGA. SA: Kap. »Im Dritten Reich« S. 129–132. Mit Erlaubnis d.M.: RF 9. Mai 1977; WK 6./7. Jan. 1984. StG hatte F Anfang 1933 gesagt, als er den Hitler-Kopf machte: »Wopschen, du mußt ihn aber zu Pferde modellieren.« WK 6./7. Jan. 1984.

[28] Am 1. August 1914 auf der Rückkehr vom Land nach Moskau, wo die Familie zu Hause war – der Vater war jedoch schon in Deutschland beim Heer –, konnte sich der fünfjährige Frank, entgegen der vorherigen Ermahnung der Mutter, im Zug nichts über den Vater zu sagen, doch kurz vor Moskau nicht enthalten, in klarem Russisch, zornig-wild und laut zu sagen, sein Vater sei deutscher Offizier; K. Mehnert, Ein Deutscher 25.

[29] F an StG 25. Sept., 1. Okt. 1933, StGA.

[30] F an StG 25. Sept. [1933], StGA.

[31] W. Üxküll.

[32] W. Üxküll 8; StG, GA IX 39: »dass einst/Des erdteils herz die weit erretten soll.«

[33] W. Üxküll 22–23; StG, GA IX 39.

[34] W. Üxküll 23.

[35] BS an F 10. Jan. 1934, StGA.

[36] RF an StG 10. Juli 1933, StGA; RF, Frank [13]. Im Nov. 1916 sagte Kurt Breysig zu StG, nach dem Krieg, im Lauf der nächsten fünfzig Jahre, müßten die Menschen ganz anders werden; StG antwortete: »Ja, das ist unser Geschäft!« Breysig 27.

[37] Wolfskehl an Verwey 15. Sept. und 26. Okt. 1932, Wolfskehl und Verwey 266–267, 270–273.

[38] Wolfskehl an Verwey 26. Okt. 1932, Wolfskehl und Verwey 271.

[39] BS an MS [14., 20., 23. April 1933], Nl MS; EK an StG [5. Juni] 1933, StGA; Seekamp 385.

[40] Nl ClS; Walzer 22. Dez. 1965.

[41] RGBl. 11933 175–177.

[42] BS an MS Postkarte (Ankunft der Karte in Paris 16. April 1933), Nl MS; Seekamp 385; EK, Gesuch, Abschrift, Johann Wolfgang Goethe-Universität [Frankfurt am Main] 17. Mai 1978; ES, Kantorowicz 6.

[43] EK an StG Pfingstmontag [5. Juni] 1933, StGA, auch zum Folgenden; Grünewald 121–122 gibt Auszüge wieder und datiert irrig 4. Juni 1933.

[44] EK an StG 10. Juli 1933, StGA; Auszug in Grünewald 122.

[45] EK an StG [5. Juni] 1933, StGA.

[46] EK an StG 10. Juli 1933, StGA.

[47] EK an StG 26. Nov. 1933, StGA; ES, Kantorowicz 6–7. März- und Maigefallene nannte man die damals eilig in die NSDAP Eingetretenen.

[48] EK an StG 26. Nov. 1933, StGA; [] im Original; »voran der Woldi« bezieht sich auf W. Üxküll, Ethos; vgl. ES, Kantorowicz 6–7; StG, GA VIII 94. In seinem Brief erwähnt EK nur die Worte »trotz eurer gunst: es blüht – «; im Ms. der Vorlesung (EK, Deutschland) stehen die drei Schlußzeilen, und nach dem gan-

zen Zusammenhang ist anzunehmen, daß EK sie vollständig vorlas. Zit. wird
bei Abweichungen nach dem Typoskript im Nl EK im Leo Baeck Institute, New
York, das die hs. Korrekturen im Typoskript im Nl Salin einbezieht.

49 Grünewald 130-131. EK wollte seine Vorlesung im Verlag der Blätter für die
Kunst erscheinen lassen, aber StG starb am 4. Dez. 1933, und Salin, dem er das
Ms. schickte, riet ab; EK an StG 26. Nov. 1933, StGA; ES an EK 21. Dez. 1933,
Nl ES.

50 S.Vallentin an Wolfskehl 8. Dez. 1934, StGA; StG, GA VIII 41; ES an WK 9.
Nov. 1934, StGA; Hildebrandt an WK 28. Nov. 1934, WK an Hildebrandt 4.
Dez. 1934, StGA.

51 EL 209.

52 ES 244; F, Notizen zwischen 1933 und 1938, StGA.

53 1905 schrieb StG an Melchior Lechter, in München gebe es »nur volk und Jugend«, das sei »tausendmal besser als dieser Berliner mischmasch von Unterbe-
amten Juden und huren!« StG an Lechter [27.] April 1905, StGA; unterdrückt
ohne Hinweis auf die Auslassung im Abdruck durch R. Boehringer und G.P.
Landmann in George-Gundolf 163, wo die Stelle heißt »tausendmal besser als
dieser Berliner mischmasch!«; die Stelle ist ohne den Briefzusammenhang abgedruckt in Stefan George 1868· 1968 164.
Ernst Robert Curtius notierte in seinem Tagebuch über einen Besuch bei StG am
16. April 1911 dessen Worte zum Thema der Juden in seiner Umgebung: »Juden sind die besten Leiter. Sie sind geschickt im Verbreiten und Umsetzen von
Werten. Freilich, so elementar wie wir erleben sie nicht. Sie sind überhaupt andere Menschen. Ich erlaube nie, daß sie in meiner Gesellschaft oder im Jahrbuch
in der Überzahl sind.« Curtius 153. Ilse Curtius (Witwe) 6. Dez. 1985: Die Ta-
gebuchseiten von Seite 154 an, d.h. die des Jahres 1910 ab August und die des
Jahres 1911 ganz, sind aus dem im Besitz der Witwe von E.R.C. befindlichen
Tagebuch herausgerissen; »am Ende ist notiert: ›St.G.S. 171–179‹«. Frau Curtius kommentierte: »Ich nehme an, daß Ernst Robert die fehlenden Teile weg-
geworfen hat.« Die fehlenden Seiten hat Curtius für seinen Bericht »George im
Gespräch« verwendet und vermutlich deshalb herausgerissen; Frau Curtius zufolge ging er nicht sorgsam mit solchen Unterlagen um. Die Stelle wurde von
Seekamp, Ockenden und Keilson unterdrückt. Frau Keilson schrieb unter dem
28. Okt. 1984 auf Anfrage: »Die Äußerung betrifft natürlich ein Tabu, damals
[1969] noch stärker gefühlt als heute. Ich erinnere mich noch gut an Diskussionen um andere Stellen ähnlicher Thematik, die schließlich stehen blieben.«
Am 3. Nov. 1916 äußerte StG: »Was die Deutschen angeht, so habe er früher
eine Zeit lang sich so fremd gefühlt, wie wir etwa Juden uns fremd fühlen.«
Breysig 26. Hildebrandt schrieb am 7. Jan. 1935 an Arvid Brodersen (CP): »Daß
die Juden im politischen Staat und im geistigen zersetzend sind, war St.G.'s Lehre schon in der Kriegszeit. [...] Mit der Haltung der Juden war er in zunehmendem Maasse unzufrieden. Im Jahre 1932 hat er mir gesagt, die Juden sollen sich
nicht wundern, wenn ich mich zu den N.S. halte.« Am 19. Sept. 1933 sagte StG
in Basel zu EL über die Judenverfolgungen, die vermutlich sie, wie wohl alle Juden, denen StG damals begegnete, zur Sprache gebracht hatte: »Ich will Ihnen
etwas sagen: wenn ich an das denke, was Deutschland in den nächsten fünfzig
Jahren bevorsteht, so ist mir die Judensach im Besonderen nicht so wichtig.« EL
209.
Morwitz schrieb 1910 von einer Reise nach Posen an den »Meister«: »Ich bin

froh, aus der polnischen Stadt mit ihrer fremdartigen und verwirrenden Nüchternheit und ihren Slaven und Juden fort und wieder in meinem Berliner Muschelhaus zu sein.« EM an StG 31. Dez. 1910, StGA. Friedrich Gundolf sagte 1920, er fühle sich nicht als Jude, sondern nur deutschem Wesen verwandt – obwohl er bei Annahme einer Professur in Berlin den »Pogromradau, der jetzt alle Hörsäle von Juden füllt beim geringsten Anlaß«, fürchtete. EL 96; George-Gundolf 339; Seekamp 307.

W. Üxküll schrieb 1923 an George, einige Freunde — er und Thormaehlen, der große Ernst, Albrecht von Blumenthal und Percy Gothein — meinten, bei Zusammenstellung einer Vortragsreihe sollte man von Kantorowicz absehen, da man glaube, »dass zu einer staatlichen Geste das jüdische Element heute nicht am platze sei· ja dass die Wirkung beeinträchtigt oder gestört werden könne«. W. Üxküll an StG 28. Nov. 1923, StGA. 1924 schrieb er aus Oxford an George, was hier natürlich vollständig fehle sei »der so scheussliche (bitte mit Meisterlicher betonung) typus des geist-juden· oder der in ihren bann geratenen hyperblonden arier«. W. Üxküll an StG 3. Mai 1924, StGA.

Johann Anton schrieb dem »Meister« im Juli 1928, zu seinem Geburtstag werde in der Zeitschrift Litterarische Welt ein Plebiszit über den »Meister« veranstaltet, d.h. »alle Juden werden um ihren Sinapis gebeten«. JA an StG 11. Juli [1928], StGA.

Thormaehlen schrieb StG 16. Juli 1931 (StGA), die Juden seien mit Hilfe der Sozis fieberhaft am Werk, um finanzielle Ordnungs- und Gesundungsmaßnahmen der Regierung zu verhindern. Der preußische Kultusminister Rust, der die Entfernung der Juden und anderen bei den Nationalsozialisten in Ungnade stehenden Professoren, Schriftsteller, Beamten usw. betrieb, erhielt von LT Lob: »bestes wollend· konservierend und unreaktionär«; LT an StG 22. Mai 1933, StGA.

54 Jens, Dichter 9, 45, 66, 181–218.

55 Jens, Dichter 206 druckt eine Erklärung Rusts ohne Datum und Erscheinungsort ab; hier wird zit. nach Deutsche Allgemeine Zeitung 6. Mai 1933 S. 1 und Präzisierung Oberregierungsrat Dr. [Kurt] Zierold an Kammergerichtsrat [Dr. Ernst Morwitz] 10. Mai 1933, StGA.

56 Hierzu und zum Folgenden EM an StG 5. Mai 1933, StGA; LT an StG 22. Mai 1933, StGA, mit Bericht von Zierolds Vorschlag »eines Betrages zu freier Verwendung«; Zierold 18–21.

57 EM an StG 10. und 12. Mai 1933, StG an EM 10. und 15. Mai 1933, EM an Zierold 10. Sept. 1933, StGA. In Morwitz' Abschrift steht »ahnherrschaft«, ebenso im VB Südd.A. 5. Dez. 1933 Beilage Kulturpolitik; in StGs Entwurf kann es »ahnherrschaft« oder »ahnherrnschaft« heißen; in Fs Entwürfen steht jeweils »ahnherrnschaft«. Es gibt einen ersten Entwurf in Georges Hand, zwei von F geschriebene, und eine im September 1933 von Morwitz an Zierold gesandte weitere auszugweise Abschrift; die von Morwitz im Mai übermittelte Abschrift liegt nicht vor. Der dritte Entwurf und Morwitz' September-Abschrift stimmen in den wesentlichen wörtlichen Aussagen überein, so daß die Möglichkeit von Übermittlungsfehlern auszuschließen ist und also das Ministerium den Text erhielt, den StG diesem mitteilen wollte.

58 Rust, Telegramm 4. Dez. 1933, StGA; VB Südd.A. 5. Dez. 1933 Beilage Kulturpolitik. Morwitz mußte Wolfskehl am 25. Dezember 1933 schreiben (StGA), offenbar auf Wolfskehls ungläubige Anfrage, in dem Brief StGs stehe, daß er

»irgend welchen Posten in der Akad., auch ehrenhalber, oder irgend einen Sold nicht annehmen könne. Dass die Akad. jetzt unter nationalem Vorzeichen stehe, sei zu begrüssen und könne vielleicht später zu günstigen Ergebnissen führen – er selbst aber habe seit einem halben Jahrhundert deutsche Dichtung und deutschen Geist verwaltet ohne Akad. und wenn es eine solche damals gegeben hätte, wahrscheinlich gegen sie. Die Ahnherrschaft der neuen nationalen Bewegung leugne er durchaus nicht ab und er schiebe auch seine geistige Mitwirkung nicht beiseite. Was er dafür tun konnte, habe er getan – wie [wo?] Geist zur Politik, zum Allgemeingut herabsteige, das sei sehr verwickelt. Er könne keinem Politiker in den Mund legen, wie sein Werk einzuschätzen sei.« Da der »Meister« in seinem Brief vom 15. Mai 1933 ausdrücklich gewünscht habe, daß nichts aus seinem Brief publik gemacht werde, bat Morwitz, seine Mitteilungen »als höchst persönliche Information Ihrer selbst zu betrachten«; StG hatte geschrieben, er habe seinem früheren Brief nur hinzuzufügen, »[...] dass ein herausreissen von sätzen zur Veröffentlichung mir nicht angenehm sein kann«, und er »sehe nicht ein was das sogenannte publikum für eine berechtigung haben soll hier einblick zu nehmen wo es vom ganzen Zusammenhang unmöglich etwas wissen kann«.

59 Der Satzteil »und schiebe...« fehlt im Entwurf von StGs Hand; im ersten Entwurf Fs heißt es »mithilfe«, im zweiten ist im Wort »mithilfe« »hilfe« gestrichen und »Wirkung« darübergesetzt.

60 EM an StG 25. Mai 1933, EM an [Zierold] 10. Sept. 1933, StGA.

61 Zu dem Angebot großer Dispositionsmittel sagte er dem befreundeten WK: wenn man von solchen Leuten fünf Pfennige annehme, dann sei man verloren; WK 6. Jan. 1984.

62 Hildebrandt an Brodersen 7. Jan. 1935, CP; Hildebrandt, Erinnerungen 227–230.

63 EL 209.

64 StG, GA IX 38–39.

65 Markees 23. Juni 1984. Markees meint, StG habe 1933 nur kurze Zeit überlegt, wie sein Werk zu dem in Deutschland Geschehenden stehe, und sich dann von dem Geschehen distanziert. –Naumann, Stefan George 276, schrieb ohne Quellenangabe und, soweit feststellbar, ohne eigene Anschauung: »Er [George] hat sich wohlgefühlt in der Umgebung der jungen braunen Garde des Reichs und hat sein Mahl mit ihnen gern geteilt.« In Glöckner, Begegnung 200 findet sich ein Brief vom 6. Dez. 1933, worin Glöckner das Hörensagen wiedergibt, George solle »im letzten Jahr immer unbekannte SA Männer bei sich zu Tisch gehabt haben, die er sich zur Verköstigung hatte zuweisen lassen«; der Hrsg. Friedrich Adam vermutet, das Hörensagen sei auf Naumann zurückzuführen, der StGs unmittelbar nach dessen Tode in seiner Vorlesung in der Universität Bonn gedacht haben solle; Naumanns oben zit. Artikel ist erst im Heft 5 des Jg. 1934 erschienen. An der Sache ist nichts verifizierbar.

66 WK 6. Jan. 1984.

67 RB 10. Juni 1968; G. P. Landmann 31. Aug. 1968.

68 WK und Schlayer 7. Jan. 1984.

69 Partsch an Greischel März 1963, StGA; BDC-Akten betr. F.

70 LT an F 30. Sept. 1937, StGA; WK 6. Jan. 1984; Schlayer 7. Jan. 1984.

71 EL 209.

72 Ende 1931 untersagte StG Gespräche über Politik, wenn RB dazu kam: Partsch,

Wie 75; Seekamp 381; RB 10. Juni 1968: StG habe 1932 oder 1933 einmal gesagt: »Über Politik wird nicht gesprochen«.
73 RB, Bild 2 182.
74 RB, Bild 2 182–183.
75 ET, Erinnerungen 282; Schlayer 7. Jan. 1984.
76 Hildebrandt an Brodersen 7. Jan. 1935, CP.
77 EL 209.
78 Aus anderer Quelle verlautet, StG sei in Bingen gewesen, um seinen Paß erneuern zu lassen; Seekamp 386; vgl. RB, Bild 2 188; LT, Erinnerungen 281.
79 LT an F 30. Sept. 1937, StGA; RB, Bild 2 188.
80 LT an F 30. Sept. 1937, StGA; LT, Erinnerungen 283.
81 LT an F 30. Sept. 1937, StGA; LT, Erinnerungen 282.
82 StG an F [19.? und 20.? Juli 1933], BS an StG 27./28. Juni 1933, StGA; BS an MS [31. Aug. 1933], Nl MS; Seekamp 386–387. Zu ClS: ClS an StG 21. Juni 1933, StGA, er möchte im Juli gerne für eine Woche zu StG »nach torre« kommen; Partsch an Greischel März 1963, StGA; Partsch 14. Juli 1972.
83 BS an MS [nach 25. Aug. 1933], Nl MS; LT, Erinnerungen 283; RB, Bild 2 188, 300; BS berichtete dieselbe Anekdote 1934 WK: WK 6. Jan. 1984; Seekamp 386.
84 BS an MS [Anfang Aug. 1933], Nl MS; Partsch an Greischel März 1963, StGA, will beides gelten lassen: StG »litt unter der drückenden feuchten Hitze« in Wasserburg und ging nach Heiden in Appenzell, »um in dem höher gelegenen Klima besser atmen zu können […] Es war aber nicht nur das Wetter, das den Dichter bewog, Wasserburg zu verlassen, sondern die Nachrichten über die politischen Ereignisse bedrückten ihn so, daß er nicht mehr auf deutschem Boden bleiben wollte.« Das paßt schlecht zu den von EL aus dem Sept. 1933 überlieferten Äußerungen.
85 BS an MS [17. und 31. Aug. 1933], Nl MS.
86 WK 6. Jan. 1984.
87 Hildebrandt, Erinnerungen 233.
88 Spiegelbild 447–448, 450.
89 Siehe Reinhardt 1–9; der Begriff Volksgemeinschaft ist nicht, wie Reinhardt 4 behauptet, von Hitler geprägt worden, nur der pervertierte Sinn des Begriffs stammt von Hitler, ursprünglich kommt der Ausdruck aus der Romantik: J.u. W. Grimm 12 Sp. 481; Michalka 60–63, 69–71, 74–76; Lenin 100–101.
90 Spiegelbild 448; Hervorhebung ebd.
91 Kuhn (Reserveoffizier, Bund-Oberland-Führer, Rechtsanwalt, NSDAP-Mitglied, Teilnehmer des Marsches vom 9. Nov. 1923 und Blutordensträger, in Bamberg Leiter der Industrie- und Handelskammer) 7. Aug. 1972; R. Lerchenfeld 20. Juli 1972.
92 Spiegelbild 447–457.
93 Gisevius' Bericht, Feb. 1945 26 und Bancroft, Background 23 nennen F.D. Graf v.d. Schulenburg als führenden Angehörigen des Stauffenberg-Kreises, »der als alter Nationalsozialist nicht nur mit der nationalen sondern auch mit der sozialistischen Revolution ernst machen wollte« bzw. »Schulenburg […] calling himself a ›real Nazi‹ demanded not only the national revolution but the socialistic revolution as well«; vgl. Gisevius II 279; ClS ist in diesen Berichten für A.W. Dulles als zur Sowjetunion und zum Bündnis mit den Kommunisten neigend dargestellt; Gisevius II 303 zit. dagegen Goerdeler, der ihm am 12. Juli 1944 gesagt habe: »Stauffenberg will die Militärdiktatur der ›wahren‹ National-Sozia-

listen, wobei für ihn der Tonfall auf dem ›Sozialisten‹ liegt.« Gisevius versuchte mit seinem »Bericht« vom Februar 1945, mit Hilfe Dulles' noch eine separate Kapitulation im Westen herbeizuführen und die Besetzung Ostdeutschlands durch die Rote Armee zu verhindern; vgl. Hoffmann, Colonel; s. unten 503–505.

94 AS an TP 17. April 1933, PP.

95 BS an MS [3. März, 2. Mai, 12. Mai 1933], Nl MS.

96 BS an MS [17., 18. Okt. 1933], Nl MS.

97 BS an MS [24., 27., 30. Okt., 1933], Nl MS; BS an StG [27. Okt., 1. Nov. 1933], StGA.

98 Zech an AA 23. Okt. 1933, AA/PA Völkerbund, Gerichtshof Bd 10.

99 BS an MS [27. Okt. 1933], Nl MS; BS an StG [27. Okt. 1933], StGA.

100 BS an StG [10., 18. Nov. 1933], StGA.

101 Grant Duff and Trott 23; Grant Duff, Parting 61–62; Malone, Trott 132. Ein ebenso erklärter Gegner wie Moltke dagegen teilte die Zustimmung keineswegs; Freya von Moltke 16. Aug. 1989.

102 Zech an AA 30. Okt. 1933, AA/PA Völkerbund, Gerichtshof Bd. 10; Moltke an Freya 7. April 1935, Nl Moltke.

103 BS an MS [14. Nov. 1933], Nl MS; BS an StG [18. Nov. 1933], StGA; Partsch 3. März 1977.

104 BDC NSDAP-Kartei; A. Üxküll 17. Mai 1973.

105 BDC NSDAP-Kartei.

106 Spiegelbild 1984, 664; Gabriele Gräfin Stauffenberg 29. Aug. 1978; Linden 19. Aug. 1985; R. Lerchenfeld 20. Juli 1972.

107 Guttenberg, Beim 112–115; Donohoe 111–112; CM 32, 89; NS 6. Mai 1981.

108 M.L.Lerchenfeld 18. Mai 1989.

109 Frau Koch-Erpach 1. Juli 1972; Partsch 14. Juli 1972, 27. Mai 1973; Frau Reinhardt 1., 2. Juli 1972; Loeper 29. Aug. 1972; NS 7. Aug. 1972, 12. Aug. 1982 (oft habe es genügt, daß jemand Hindenburg gelobt habe, um ClS zu veranlassen, den gegenteiligen Standpunkt einzunehmen, er sei gern der advocatus diaboli gewesen, so daß die Leute ihn, nach dem, was er sagte, für einen rabiaten Nazi halten konnten; er habe aber gefunden, Hindenburg sei zu alt). R. Lerchenfeld (Vetter von Nina Gräfin Stauffenberg geb. Lerchenfeld) 20. Juli 1972: ClS habe nicht für Hitler als Reichspräsidenten plädiert.

110 Partsch an Greischel März 1963, StGA; Partsch 14. Juli 1972; ClS an StG 21. Juni 1933, StGA.

111 Bauch 17. Dez. 1956; Beelitz 21. April 1964, 6. Juni 1973, 9. Sept. 1985; Benzmann 15. Nov. 1977; Buhle bei Pezold 1. Sept. 1972; RF in Zeller 239–241; Elze 18. Juli 1972; Greiner 9. März 1971; Th. Guttenberg bei CM 92; Hammerstein, Spähtrupp 267; Harteneck 15. März 1971; Heyde 3. Jan., 8. Juni 1972; E. Koch-Erpach 1. Juli 1972; Kratzer 19. Juli 1972; Lamey 12. Juli 1971 (ClS stand 1936–1938 dem NS-Gedankengut »nahe«); R. Lerchenfeld 23. März 1971 (von Hitler »angetan«), 20. Juli 1972; Loeper 24. März 1971, 29. Aug. 1972; Mannschatz 7. und 11. Juli 1972; Manteuffel 18. Juli 1972; Metz 30. Mai 1971; Moltke bei HCSt 5. Juli 1972; Niemack 24. März 1971; Partsch an Greischel März 1963; Partsch 14. Juli 1972; Pezold 1. Sept. 1972; Pfizer 31. Juli und 5. Aug. 1972; Sachenbacher 18. Feb. 1971, 12. Juli 1972; Saucken 27. Juli 1972; Sauerbruch ca. 1964 an einen Sohn CLSs (ClS und Pezold haben keine »dem Nationalsozialismus gegenüber feindliche Haltung« ein-

genommen: »Im Gegenteil, die vielen damals noch sichtbaren positiven Ansätze fanden durchaus ihren Beifall.« Seit 1941 habe ClS Sauerbruch »bei vielen Gesprächen über seine innere Entwicklung erzählt, und es ist m.e. wirklich so, daß er erst mit der immer größeren Schau, die er gewann, dann aber auch mit der ihm eigenen Folgerichtigkeit und Härte gegen sich, zum entschiedenen Gegner Hitlers heranwuchs«); Schack 10. März 1971; Seefried 13. April 1971; HCSt 28. Juli 1971, 5. Juli 1972; Markwart Stauffenberg 4. Juni 1973; Marlene Stauffenberg 23. Aug. 1972, 30. Aug. 1978; H. Süsskind-Schwendi 4. Juli 1972; Theilacker 16. März 1971. Beelitz 21. April 1964 und 6. Juni 1973 bezeichnet ClS als 1936–1938 nach wie vor dem Regime gegenüber positiv, ja von Hitler und der nationalsozialistischen Ideologie eingenommen; Teske 31 (Teske war 1936–1938 Hörsaalkamerad CLSs auf der Kriegsakademie) bezeichnet ClS als einen, der »noch 1936 – beeindruckt von einem Vortrag des Reichsleiters Buch, den neuen Geist nicht ablehnte«; der Hörsaalkamerad Huhs berichtete 1. Nov. 1971, ClS und sein Freund Mertz von Quirnheim seien 1936–1938 dem Nationalsozialismus gegenüber »ausgesprochen kühl«, aber nicht gegnerisch eingestellt gewesen. Herwarth, Zwischen 246–247 berichtet, ClS habe 1942 »keinen Hehl« daraus gemacht, daß er anfänglich von den Leistungen Hitlers als Staatsmann »angetan« gewesen sei, zumal von der Wiederbewaffnung und dem Einmarsch in das entmilitarisierte Rheinland (1936). Nur Perfall (1932–1934 Kdr. d. R.R. 17) 11. Feb. 1966 stellte Begeisterung »bei irgendeinem meiner Offiziere« in Abrede. M. Süsskind-Schwendi 22. Jan. 1972, NS 7. Aug. 1972, Viebig 24. Aug. 1971 und A. Üxküll 17. Mai 1973 berichteten, Stauffenberg sei gegenüber dem Nationalsozialismus skeptisch bis ablehnend gewesen.

[112] Benzmann 15. Nov. 1977, 19. April 1978; Elze 18. Juli 1972; Greiner 6. Mai 1964: »Es ist mir unbekannt, daß St. am 30. 1. 33 an der Spitze einer für die Machtergreifung demonstrierenden Menge durch Bamberg marschiert sei. Es ist mir aber bekannt, daß er um die Jahreswende 32/33, in welcher Zeit ich mit ihm engeren Kontakt hatte, als kämpferischer Idealist über die Anfangserfolge des Nationalsozialismus begeistert war.« Ferner Greiner 15. Mai 1964; Heusinger 29. März und 14. April 1977; Koch-Erpach 28. März 1964; Kuhn 7. Aug. 1972; Loeper 29. Aug. 1972; Luz 2. März 1971,17. Juli und 22. Aug. 1972; Merk 25. Mai 1972; Sauerbruch 9. Feb. 1977; Schiller 15. Mai 1989; Seefried 12. Juli 1972; Teske 8. Mai 1973.

[113] NS 22. Okt. 1961.

[114] Pezold 1. Sept. 1972 berichtet, es sei der Fränkische Tag gewesen; Nina Gräfin Stauffenberg berichtet, Stauffenberg habe regelmäßig das Bamberger Tagblatt gelesen; NS 12. Okt. 1988; dieses Blatt hieß seit Anfang 1933 Fränkisches Volk-Bamberger Tagblatt. Amtliches Organ der N.S.D.A.P. des Gaus Bayerische Ostmark und sämtlicher Reichs- und Landesbehörden. NS 16. Mai 1989 kommentierte, gerade bei ClS sei ein derart freimütiges Verhalten gegenüber dem Kommandeur wahrscheinlich gewesen. Pezold datiert den Vorgang auf 30. Jan. 1933, aber die Zeitungen konnten die Ernennung noch nicht berichten; dagegen wäre lt. NS 16. Mai 1989 plausibel, daß der Kommandeur am 31. Jan. noch nicht von der Ernennung Hitlers erfahren hatte.

Eine weitere Version vom Hörensagen steht in einem Brief von NS an Kramarz vom 22. Okt. 1961: ClSs Sohn Berthold erfuhr von einem namentlich nicht genannten ehemaligen Unteroffizier aus ClSs Minenwerferzug, ClS habe in einer Pause beim morgendlichen Geschützexerzieren, als er sich eine Tasse Kaf-

fee habe bringen lassen, durch das Radio von Hitlers Ernennung zum Reichskanzler erfahren; ClS habe die Tasse heftig auf den Teller gestellt mit den Worten: »Jetzt hats das Schwein doch geschafft!« Morgens hieße frühestens am 31.
Januar, doch war die Nachricht am Abend des 30. bekannt; die Offizierbesprechung war vormittags und ClS hatte schon die Zeitung in der Tasche.

[115] Hierzu und zum folgenden Abschnitt: Sauerbruch 9. Feb. 1977, 5. Aug. 1994;
Sauerbruch ca. 1964 an einen Sohn CLSs, Slg Kramarz (hier nennt Sauerbruch
Oberleutnant Bresselau von Bressensdorf als einen der Kritiker CLSs); Sauerbruch 24. Juli 1964; Sauerbruch in Kramarz 42, wo die Soirée, zu der Stauffenberg mit anderen Offizieren und Sauerbruch eingeladen war, nicht erwähnt ist;
ebenso Sauerbruch in Zeller 519 Anm. 19. Sauerbruch gab seine Darstellung
auf die Bitte von Nina Gräfin Stauffenberg zur Berichtigung von Foertsch 22,
der 1951 berichtet hatte: »Als am 30. Januar 1933 eine begeisterte Menschenmenge in den Straßen Bambergs den nationalsozialistischen Sieg feierte, setzte
sich ein Leutnant in voller Uniform an die Spitze dieses Zuges [...] Dieser Leutnant war der Graf Stauffenberg.«
Sauerbruchs Berichtigung betrifft das Datum, das er offenläßt, und das An-die-
Spitze-Setzen, das noch nicht mit der Übernahme der Führung gleichzusetzen
sei. Sauerbruch bestätigte 1965 die Teilnahme ClS am Umzug auch gegenüber
Reerink, sein (unvollständiger) Widerruf sei aus Rücksicht auf die Familie erfolgt; Reerink 4. Nov. 1971. Sauerbruch hielt in allen seinen Äußerungen gegenüber Kramarz an seiner Erinnerung fest, ebenso an der Richtigkeit der Wiedergabe durch Foertsch, die Sauerbruch besonders wegen des von Foertsch hergestellten Zusammenhangs nicht erwünscht gewesen sei; er räumte nur einmal die
Möglichkeit einer Vermengung mit dem späteren Vorgang um Manteuffel ein,
wiederholte aber, daß seine Erinnerung so sei, wie er sie immer wiedergegeben
habe.
Sauerbruchs Bericht wird unabhängig bestätigt von Oberstleutnant a.D. Diethelm Mannschatz, der mitteilt, Ludwig Freiherr von Leonrod, der 1933 Leutnant im R.R. 17 war, habe bei ihm 1944 in Berlin an einem Adjutantenlehr-
gang teilgenommen und ihm erzählt, ClS sei »damals nach der Machtergreifung am 30. Januar 33 in Uniform mit der Hakenkreuzfahne und der SA durch
Bamberg« gezogen; Mannschatz 11. Juli 1972. D.Mannschatz 21. Aug. 1972
gibt Leonrods Bericht mit der Datierung des Vorgangs auf 1. Mai 1933 wieder. Oberst i.G.a.D. Hermann Teske, 1936–1938 Hörsaalkamerad Stauffenbergs auf der Kriegsakademie, berichtet, ClS habe ihm auf der Kriegsakademie erzählt, er habe am 30. Jan. 1933 in Bamberg nachts mit gezücktem Säbel
an einem Umzug teilgenommen; Teske 8. Mai 1973. R. Lerchenfeld 23. März
1971 hat sich wiederholt mit früheren Kameraden Stauffenbergs über den Vorgang unterhalten »und niemals eine volle Bestätigung gefunden«; R. Lerchenfeld 20. Juli 1972 berichtete zu Sauerbruchs angeblicher Bemerkung betreffend
den Marsch, Sauerbruch habe ihm gesagt, »das sei mißverstanden worden«.
ClSs Biograph Joachim Kramarz relativiert den Bericht Sauerbruchs durch den
Befund, sieben weitere Befragte sowie ein Bamberger Kriminalkommissar hätten von einem solchen Vorgang damals keine Kenntnis erhalten. Dagegen liege wahrscheinlich eine Verwechslung vor mit einem Vorbeiritt am Rathaus am
31. Januar 1933 (oder zu einem späteren Zeitpunkt), wobei versehentlich und
in Anwesenheit ClSs die Hakenkreuzflagge gegrüßt worden sei. Dieser Vorgang
ist ebenfalls mehrfach bezeugt. Für die Annahme einer Verwechslung reichen

Zweifel und das Nichtwissen der Mehrzahl der von Kramarz Befragten nicht aus. NS hatte bis zu Foertschs Veröffentlichung von dem Vorgang am 30. Jan. 1933 nichts gewußt, wie sie 8. März 1964 Kramarz schrieb: »Mein Mann kann diesem Ereignis, wie auch immer es gewesen sein mag, keine große Bedeutung zugemessen haben, sonst wüßte ich davon.« Sauerbruch an einen Sohn ClSs ca. 1964 erklärt, er zweifle nicht an seiner Erinnerung, und: »Auch eine Verwechslung mit der Manteuffel-Affaire ist ausgeschlossen.« Da Sauerbruch seine Darstellung auf Bitte der Witwe ClSs gab und sie aufrechterhält (Sauerbruch 9. Feb. 1977, 15. Nov. 1980 und in Zeller 519 Anm. 19), da sie unabhängig von zwei Zeugen bestätigt wird, und da Kramarz sie nicht widerlegt, sondern eine Verwechslung nur vermutet, muß angenommen werden, daß beide Vorgänge stattgefunden haben. Dies auch gegen meine eigene frühere Auffassung in Widerstand 391; Manteuffel und Walzer bei Kramarz 42–46; Manteuffel 18., 22. Juli 1972.

Max Theodor Freiherr von Süsskind-Schwendi, damals Ordonnanzoffizier des Regimentskommandeurs, berichtet, im Feb. 1933 habe der Kommandeur ihn zu sich gerufen und ihm entsetzt gesagt, »daß ein Schwadrons-Chef mit seiner Schwadron vor das Bamberger Rathaus gezogen sei und dort in theatralischer Weise ein Hoch auf Hitler ausgebracht habe«; dieser sei nicht ClS gewesen, sondern ein aus Norddeutschland ein knappes Jahr vorher in das Regiment hereinversetzter Herr, d.h. Oberleutnant Hasso von Manteuffel, Chef der Ausbildungs-Eskadron; ClSs Teilnahme erwähnt M. Th. Süsskind-Schwendi nicht; M. Th. Süsskind-Schwendi 22. Jan. 1966. Manteuffel 18. und 22. Juli 1972 bestätigt den Vorgang, ohne das Hoch auf Hitler zu erwähnen; s.a. Leuze 79. Sachenbacher 18. Feb. 1971 und 12. Juli 1972 berichtet von einem Umzug der SA sowie der Freikorps »Oberland« und »Bayern und Reich« in Bamberg vor Hitlers Regierungsantritt: »An dem Umzug durch die Straßen nahm Stauffenberg in Uniform in vorderer Reihe teil. Am nächsten Tag wurde er vom Regimentskommandeur deshalb verwarnt zugleich mit einer Belehrung aller Offiziere, sich von politischen Kundgebungen fernzuhalten.« Sachenbacher kennt den Vorgang offenbar nur aus der Offizierbesprechung; eine Bestätigung für den Bericht hat sich bisher nicht finden lassen. Luz 19. Juli 1972 hatte keine Erinnerung »mehr« an die Umzug-Vorgänge, meinte aber, »möglich gewesen wäre es«.

Pezold 1. Sept. 1972 erklärte nur, ClS habe ihm das nie erzählt; Pezold 12. Feb. 1963 widerspricht ohne den festen Boden eines Zeugnisses der »Legende von Stauffenbergs angeblicher Beteiligung an irgendeiner Kundgebung am 30. 1. 33«, weil, »wie ich zu wissen glaube«, die »an sich unwesentliche« Legende »auf eine ursprünglich gutgläubige aber irrige Äußerung zurückzuführen« sei. Das Bamberger Tagblatt vom 31. Jan. 1933, S. 8 berichtete: »Ein nationalsozialistischer Fackelzug-Propagandamarsch durch die Stadt war die äußere Bamberger Auswirkung der Ernennung Hitlers zum Reichskanzler.« Die Bamberger Polizeiakten aus der Zeit sind nur in geringen Fragmenten erhalten; aus den Akten des Bezirksamts Bamberg II gibt es einen dünnen Aktendeckel »Politisches« für 1932 und ein »Polizeitagebuch« für die Zeit vom 24. März bis 7. Juli 1933, so daß vieles über Schutzhaftfälle, Gleichschaltung der Turn- und Sportvereine, Beflaggung öffentlicher Gebäude, Absingen marxistischer Lieder, Beleidigungen von NSDAP-Wählern usw. darin enthalten ist, nicht aber die fraglichen Vorgänge; Staatsarchiv Bamberg K 5/5206 und 5208. Nach den im Stadtarchiv und im

Staatsarchiv am 17. und 18. Mai 1989 erhaltenen Auskünften sind die fraglichen Akten am Ende des Krieges gründlich zerstört worden – vom Standpunkt der mit Schutzhaftfällen, Judenverfolgungen und dergleichen befaßten oder in Einsatzgruppen tätig gewesenen Beamten begreiflicherweise.
Der damalige Regimentskommandeur Oberst von Perfall teilte Kramarz am 17. Juli 1962 mit, ClS habe sich vor ihm wegen eines Alleingangs bei einer Demonstration zugunsten des Hitler-Regimes nicht verantworten müssen, eine derartige Behauptung sei aus der Luft gegriffen; die von Sauerbruch berichtete Kritik im Gespräch am selben Abend wird von diesem Dementi nicht berührt, überdies läßt die Formulierung des Regimentskommandeurs Oberst von Perfall Raum für Auslegungen.

[116] Manteuffel 20. Juni 1964 meinte, es sei »am 30. Jan. 1933 oder wahrscheinlich am 31. Jan. 1933« gewesen; Manteuffel 18. Juli 1972; Pezold 1. Sept. 1972 (Manteuffels Marsch durch die Stadt sei ein absichtlicher Propagandamarsch gewesen); Manteuffel 20. Juni 1964: »Wir waren alle noch sehr jung und haben diese Begebenheit garnicht als eine besondere Demonstration« gewertet wissen wollen. Daher waren wir mehr als erstaunt, als der gleiche Regimentskommandeur wenige Wochen oder Monate später den Obermusikmeister des gen. Regiments beauftragte, einen Marsch zu komponieren, der dem neu ernannten N.S. Oberbürgermeister Zahneisen gewidmet werden solle. Anläßlich einer besonderen Feierstunde, zu der das gesamte Offizierkorps befohlen wurde, wurde dem Oberbürgermeister in aller Öffentlichkeit ›sein‹ Marsch vorgetragen und ihm überreicht! Ich war darüber mehr als erstaunt, nachdem ich (und meine Offiziere) erst kurz vorher eine so scharfe Rüge erhalten hatten für einen ›Vorfall‹, den wir alle damals garnicht so ernst nahmen. Jedenfalls war eine besondere ›Demonstration‹ nicht beabsichtigt – aber da die Menge vor dem Rathaus der soeben gehißten Flagge Ehrenbezeigung erwies, hielt ich es nicht für falsch, die Truppe ›stillsitzen‹ zu lassen! – Ich habe später mit Graf Stauffenberg in Verbindung mit dem Überreichen des Marsches gesprochen, der mir kurz sagte: ›Schwamm darüber!‹ Soweit meine Erinnerung, die mich nicht täuschen kann.«
Bamberger Tagblatt 14. März 1933, S. 3: »Anläßlich der vom Reichspräsidenten angeordneten Beflaggung der militärischen Gebäude mit der Reichskriegsflagge traten die Eskadrons des Reiter-Regiment 17 des Standorts Bamberg in Parade-Aufstellung an, wobei der Regiments-Kommandeur, Oberst Freiherr v. Perfall, in markigen Worten auf die Bedeutung der letzten Tage hinwies.« RGBl. I 1933, Nr. 21; erst das Reichsflaggengesetz vom 15. Sept. 1935 bestimmte: »Reichs- und Nationalflagge ist die Hakenkreuzflagge.« RGBl. I 1935, Nr. 100. Walzer an NS [1964] datiert diesen Vorgang auf 5. März 1933; NS 1. Juli 1964. NS 15. Sept. 1964 vermutet, ClS und sie seien am 5. und 6. März 1933 anläßlich eines Turniers und zum Aussteuereinkaufen in Frankfurt gewesen. NS 15. und 16. Sept., 2. Okt. 1964 hält ClSs Teilnahme an dem Marsch für zweifelhaft, weil sie nur von Manteuffel bezeugt sei, den sie als Zeugen für suspekt hält.

[117] S. Anm. 111–112 oben.

[118] Sachenbacher 12. Juli 1972.

[119] Beelitz 9. Sept. 1985; Heeresvermehrung: R. Lerchenfeld 20. Juli 1972; schwere Waffen: Loeper 29. Aug. 1972.

[120] Partsch 14. Juli 1972; NS 12. Aug. 1982. Zu ClSs Vorliebe für die Rolle des advocatus diaboli ferner HCSt 28. Juli 1971; Gisevius II 310. Ferner RF in Zeller 239; NS 13. Aug. 1968.

[121] M. Lerchenfeld 18. Mai 1989.

[122] Loeper 24. März 1971. NS 12. Feb. 1964: In dem ihm unterstellten Sinn sei ihr Mann nie Nationalsozialist gewesen.

[123] Dienstlaufbahn; Ranglisten 1927–1932.

[124] Rautenberg, Dokumente 105–110, 120 und Anm. 142.

[125] Rautenberg, Dokumente 110.

[126] NS 12. Okt. 1988.

[127] Rautenberg, Dokumente 113 zit. Befehl Hammersteins vom 27. April 1933, Chef HL T.A. Nr. 350/33 gKdos T2 III/IB, MA-BA RH 15/v. 28 (neue Nr. RH 15/33), in dem auf die entsprechenden Verfügungen des Chefs des Truppenamtes vom 8. und 9. Nov. 1932 Bezug genommen wird.

[128] CS an R. Lerchenfeld 6. März 1934, Nl Lerchenfeld; Harteneck 15. März 1971.

[129] ClS an StG 21. Juni 1933, StGA.

[130] ClS an StG 21. Juni 1933, StGA.

[131] Venohr 74.

[132] BS an MS [27. Sept. 1933], Nl MS; NS 18. Mai 1989; CM 107–108. Angesichts des Zeitplanes ist der Bericht von Frau Reinhardt 1. Juli 1972, wonach ClS gleich nach dem Hochzeitsessen hinaufgegangen sei und rasch alle Glückwünsche beantwortet habe, zumindest erstaunlich.

[133] CM 108; NS 12. Okt. 1988.

[134] StG an F [23. Sept. 1933], StGA.

[135] BS an MS [27. Sept. 1933], Nl MS; BS an F 29. Sept. 1933, StGA.

[136] Hierzu und zum Folgenden RB, Bericht; RB, Bild 2 189–192; Seekamp 389–390.

[137] AS, Tod.

[138] AS, Tod nennt »die stummen elf« am Sterbelager Georges; TP, Brüder 490 berichtet von »den Zwölf am Bett des Sterbenden«, möglicherweise aus Gesprächen mit Alexander oder Berthold. Venohr 75 trägt zur Verwirrung bei, indem er von einer Totenwache der Brüder Stauffenberg mit zwölf Freunden am Sterbebett ihres »Meisters« berichtet, wobei weder die Zahl noch der Ort stimmt.

[139] F übergab RB am 4. Dez. 1933 StGs zwei letztwillige Verfügungen; RB, Bericht.

[140] RB, Bild 2 191.

[141] AS, Tod; RB, Bild 2 191; ClSs Wachlisten im StGA.

[142] Seekamp 389–390.

[143] RB, Bericht.

[144] RB, Bericht; Weizsäcker-Papiere 77 mit falschem Datum; befreundet: RB an BS und F 15. Nov. 1934, StGA.

[145] Wolfskehl war um 7 Uhr früh eingetroffen; RB, Bericht; die Behauptung, F habe sein rechtzeitiges Kommen vereitelt, trifft also ebensowenig zu wie die Anschuldigung, F habe einen Besuch Wolfskehls bei StG während StGs Krankheit vereitelt; M. Landmann in Neue Zürcher Zeitung 14. Nov. 1971; G. P. Landmann, Aufzeichnung [Dez. 1971], Stettler an M. Landmann 8. Juni 1972, RB an Stettler 6. Juli 1972, StGA.

[146] Schlayer 6. Jan. 1984; WK 6. Jan. 1984; F, [Aufzeichnung] 26. Sept. 1937, StGA.

[147] ES, Kantorowicz 7.

Im Dritten Reich

1 BS an F 14. Juli [1939], StGA und F an BS 16. Juli [1939], Nl BS schrieben von der Hetze, die sich nicht gegen StG, sondern gegen »uns«, den Kreis, richte. Vgl. Rössner.

2 LT, Aufzeichnungen.

3 Staatsarchiv Magdeburg 7. Okt. 1988; Piper 39–100.

4 Grundlagen für die Bearbeitung von Entwürfen für das Mal der nationalen Erhebung – SA-Denkmal – auf dem Domplatz in Magdeburg, Masch.–Durchschlag o.O. o.D., Nl F; Kurhessische Landeszeitung 13. April 1934, Nl F.

5 SA-Obersturmbannführer Kunze, Standarte 26, Magdeburg an F 10. Jan. 1934, F an Kunze 14. Jan. 1934, Nl F; LT an F 11. Jan., 25. April 1934, Nl F; LT, Aufzeichnungen.

6 WA an StG [März/April 1933], StGA; WK 6. Jan. 1984.

7 F an StG 23. Okt. 1933, F an BS 14. Jan. 1934, StGA.

8 BS an MS [9. Juli 1934], Nl MS; Korrespondenz Fs betr. SA-Denkmal Magdeburg, Nl F; Höhne 319–321.

9 Abrechnung Fs, ca. Aug. 1934, Nl F; Frachtbriefe 3., 14., 25. März 1934, Nl F; LT, Aufzeichnungen; ClS an BS 14. März 1934, Nl BS. NS 7. Aug. 1972 berichtete, F habe auch in der Stauffenbergschen Wohnung am Entwurf gearbeitet. F war von etwa 2. bis 25. März in Bamberg: F an BS 4. und 23. März 1934, StGA.

10 ClS an BS 14. März 1934, Nl BS.

11 NS 16. Mai 1989. Vgl. StG, GA VIII 83; Bock, Wort-Konkordanz: Das Wort Familie kommt in der Dichtung StGs nicht vor.

12 Grundlagen; LT an F 27. Nov. 1933, 14. Feb. 1934, Nl F; Photographie des Vorentwurfs LTs in Nl F; LT, Aufzeichnungen, notierte nach dem Krieg, die Sache sei F zu politisch gewesen, aber in dem reichhaltig vorhandenen Briefwechsel Fs mit LT, ClS und BS im Nl F finden sich für diese Erklärung keine Anhaltspunkte.

13 Giesau 121–122; Gerling 19. Aug. 1988; Staatsarchiv Magdeburg 7. Okt. 1988.

14 BS an MS [3., 8., 15., 28. April 1935], Nl MS; F, Reise Hannover 7.IV. bis 7.V.35, Nl F; W. Farenholtz an Oberbürgermeister von Magdeburg 10. Juli 1936, Nl BS; F an seine Mutter 8. Okt. 1937, StGA; Magdeburger General-Anzeiger Nr. 287, 3. Dez. 1939; F an RB 20. Dez. 1939, Nl RB; Wunder 479.

15 Verwundung 5. Aug. 1941: F an C. Farenholtz 5./8. Aug. 1941, StGA; Standbild: F an BS 29. Mai 1942, StGA; BS an RF [Anfang Aug. 1943], BS an ClS 6. Aug. 1943, Durchschlag, StGA; F an RF 16. Mai 1942, Stettler 114; LT, Aufzeichnungen.

16 M.Th.Süsskind-Schwendi 22. Jan. 1966 (mit irriger Datierung 1933); Sachenbacher 12. Juli 1972; Sauerbruch 9. Feb. 1977; Militär-Wochenblatt 118 (1934), Sp. 1059–1060.

17 ClS an BS 14. März 1934 mit beil. Durchschlag des Briefes an das Ministerium, StGA; Der Stürmer 12 (1934) Nr. 10 4. Ob der Brief abgesandt wurde, ist unklar.

18 ClS an BS 14. März 1934, StGA.

19 Korrespondenz Der Stürmer-OKW-OKH 6., 11. Okt. 1938 und Vortragsnotiz

für Ob.d.H. 13. Okt. 1938, BA-MA RH l/v.53; O'Neill 73 hielt anscheinend die Vortragsnotiz vom 13. Okt. 1938 für eine Verfügung des OKW, und CM 134 übernahm die Version.

[20] Pezold in Kramarz 46 und Korrekturen zu Kramarz' Ms. 1965 in Slg Kramarz; Pezold 1. Juli 1972. Der bayerische Kultusminister Hans Schemm hielt, wie Pezold berichtet, am 16. September 1934 während eines »parallel« zum Nürnberger Reichsparteitag und zum ersten Mal in Bamberg abgehaltenen Aufmarsches im Freien eine Ansprache an den Bann 5 der Hitlerjugend; Fränkisches Volk – Bamberger Tagblatt 17. Sept. 1934 4. Die von Pezold berichtete Ansprache Streichers in der Neuen Hofhaltung in Bamberg ließ sich nicht verifizieren, jedoch gibt es keinen Grund zum Zweifel an Pezolds Zeugnis für den Kern der Sache. Dem Regiment war Teilnahme am Nürnberger Parteitag befohlen; wegen einer Pferdeseuche mußte aber das Reiter-Regiment 18 die Rolle übernehmen; Aus der Geschichte [8].

[21] NS in Kramarz 48.

[22] Walzer in Kramarz 49–50. Kramarz 50 sieht darin einen Versuch ClSs, zwischen Idee und Wirklichkeit zu unterscheiden und lehnt »eine direkte Linie zum 20. Juli 1944« ab; CM 135 konstatiert kurzes »Aufflackern eines Widerstandsgeistes«.

[23] Abdruck in Prozeß XL, 543–558 bes. 551–552.

[24] NS in CM 136, 141–142.

[25] Hptm. Max Jais an ClS 9. Feb. 1934, Nl ClS.

[26] ClS an BS 15. April 1934, Nl MS.

[27] Aus der Geschichte [8].

[28] NS 3. Dez. 1990.

[29] Pezold 1. Sept. 1972; NS 23. April 1993.

[30] NS 3. Dez. 1990; Fremerey (Nachfolger Perfalls als Kommandeur des Reiter-Rgt. 17) 20. Juni 1962; Venohr 84.

[31] NS 7. Feb. 1979.

[32] Kramarz 34–35; CM 116; Fremerey 20. Juni 1962.

[33] NS 22. April 1964.

[34] Kramarz 51; NS 12. Okt. 1988.

[35] Kramarz 53; ClS an Erffa 22. Nov. 1936, P NS; NS an Venohr Feb. 1987.

[36] NS 16. Mai 1989; Gästebuch Lautlingen; CM 116; Krankenblatt.

[37] Kramarz 35.

[38] Mappe Wehrkreisprüfung, Nl ClS.

[39] Mappen Taktik und Wehrkreisprüfung, Nl ClS; Teske, Spiegel 36–37; BS an MS 2. Juni [1936], Nl MS; Kramarz und Venohr datieren die Prüfung nicht, CM nur 1936.

[40] Cramer 20. Feb. 1963; NS an Venohr Feb. 1987.

[41] Cramer 20. Feb. 1963.

[42] BS an MS 20. Mai [1936], Nl MS; ClS, Bemerkungen zur taktischen Übungsreise 1936, Nl ClS; CM 117; Zeller 227 datiert irrig 1934.

[43] ClS an Erffa 22. Nov. 1936, P NS.

[44] ClS an Partsch 22. April 1940, Papiere Partsch.

[45] Loeper 29. Aug. 1972.

[46] CM 117; NS an Venohr Feb. 1987 mit der unrichtigen Angabe 1935; ClS an [Pfau] (seinen Englisch-Lehrer) 4. Sept. 1936; Gästebuch Lautlingen.

[47] Geyr 12; CM 118; NS 3. Dez. 1990.

48 ClS an [Pfau] 4. Sept. 1936; Gästebuch Lautlingen; NS 3. Dez. 1990.

49 NS 3. Dez. 1990; ClSs Briefe aus England sind 1944 in Bamberg von der Geheimen Staatspolizei beschlagnahmt worden und seither verschollen. Kramarz 51 erwähnt nur eine Englandreise ClSs; CM 117–118 vertauscht die Reihenfolge der beiden Reisen ohne genaue Daten.

50 Auszug aus dem Truppenkrankenbuch.

51 Berlin: BS an MS 10. Sept. [1934], 31. Dez. 1934, [6. Feb., 15. Juli 1935], Nl MS. Magdeburg: Dschenfzig an F 29. Aug. 1936 mit beil. Photos von ClS in der Farenholtzschen Wohnung, StGA; F an RB 14. Juli 1935, StGA.

52 Handliste; Wehrstammbuch; Handbuch 137.

53 Saucken 25. Feb. 1989; Berliner Adreßbuch 1926–1938.

54 NS 7. Feb. 1979; BS an RB 6. Okt. 1936, StGA; BS an MS [30. Sept., 3. Okt., 12. Dez. 1937], Nl MS; Berliner Adreßbuch 1935–1939; C. v. d. Schulenburg 12. Aug. 1963 und in CM 136–137; Krebs 157–158; Ehrensberger in Roon, Neuordnung 83–84; Kessel 22–27; Yorck 57.

55 C. v. d. Schulenburg 12. Aug. 1963; Krebs 96; T. Schulenburg 98.

55a Pick 386.

56 Erfurth 171–172; Teske, Spiegel 39, 50: 30–40% der 100 zur Kriegsakademie Kommandierten wurden in den Generalstab versetzt; dies bezieht sich auf die Jahre 1936–1938.

57 Teske, Spiegel 39, 46–47; vgl. Erfurth 223–224; Beck, Lehre, Studien 227–258.

58 Teske, Spiegel 43; Wedemeyer 50–52, 61; Wedemeyer, G-2 Report; Lamey 26. Juli 1972 (Umfassung). Rang: Wedemeyer 47; Teske, Spiegel 43 hat Oberstleutnant; die Aufzeichnung über Wehrwirtschaft seit 1815 im Nl ClS war offenbar an die Hörer verteilt worden, nicht von ClS niedergeschrieben, wie CM 119 meint.

59 NS 12. Okt. 1988; Lamey 12. Juli 1971.

60 Huhs 1. Nov. 1971.

61 NS 25. Juni 1965.

62 Mappe Taktik, Aufgaben und Lösungen, II. Lehrgang, Nl ClS; Anlage der Herbstübungen der 17. I.D. [Januar] 1938, Nl ClS.

63 Wedemeyer 9. Mai 1962.

64 Wedemeyer 13–14, 55–56; Kramarz 54–55; Wedemeyer 9. Mai, 22. Juni 1962. Wedemeyer führt Keynes an für die Meinung, England habe wie in jedem Jahrhundert den Krieg geführt, um einen Handelsrivalen zu vernichten; Keynes referierte diese Ansicht aber als die Clemenceaus: Keynes 30. Aus Wedemeyer 13–14 ist deutlich, daß diese Auffassung seine eigene war; CM 120 berücksichtigt Wedemeyers Erinnerungen nicht und schreibt die Auffassung einseitig ClS zu.

65 Wedemeyer 22. Juni 1962.

66 Wedemeyer 56; Wedemeyer 9. Mai 1962; in diesem Brief behauptete Wedemeyer sogar, Stauffenberg habe unausgesprochen die nationalsozialistische Regierung abgelehnt.

67 Wedemeyer 22. Juni 1962.

68 NS 23. Mai 1962.

69 Huhs 1. Nov. 1971; ähnlich Lamey 12. Juli 1971: ClS sei idealistisch gewesen, dem nationalsozialistischen Gedankengut nahegestanden, habe sich darin nicht wesentlich von der Einstellung seiner Hörsaalkameraden unterschieden.

70 Bachert 11. Juni 1973.

71 Für Mertz Bachert 11. Juni 1973; Teske, Spiegel 31; Beelitz 21. April 1964, 6. Juni 1973; für ClS 1938 Loeper 29. Aug. 1972; Pezold 1. Sept. 1972; HCSt 28. Juli 1971, 5. Juli 1972; Spiegelbild 447–450.

72 Bachert 11. Juni 1973; Rangliste 1928, 1932; BAZ, Dienstlaufbahn Mertz 14. Juli 1966; die Kartei der Generalstabsoffiziere in NA RG 242 201 files führt die Dienstzeit beim I.R. 5 nicht an; Beelitz 21. April 1964, damals Oberleutnant im I.R. 5; etwas abweichend Teske, Spiegel 31–32 und Teske 8. Mai 1973; K.–J. Müller, Heer 39.

73 Mertz an AM 7. und 8. Mai 1935.

74 Mertz an AM 8. Mai 1935.

75 Mertz an AM 12. und 23. Mai 1935; VB Norddeutsche Ausgabe Nr. 142, 22. Mai 1935.

76 Wedemeyer in Name Index; Teske, Spiegel 46.

77 Teske, Spiegel 46; Wedemeyer in Name Index; Wedemeyer 52.

78 Schreibweise sic; ClS an F 25. Juni [1937], [26. Juni 1937], StGA.

79 ClS an F 15. Juli 1937, StGA.

80 Gästebuch Lautlingen; ClS an F 15. Aug. 1937, StGA; ClS an Franz Frhr. v. Stauffenberg 16. Aug. 1937, Nl Franz Frhr. v. Stauffenberg.

81 ClS an F 15. Aug. 1937, StGA.

82 ClS, Tischrede des Paten, Gästebuch Lautlingen.

83 ClS an F 15., 24., 29. Aug., 2. u. 9. Sept. 1937, StGA.

84 Teske, Spiegel 39, 46 (Weimar), 48 (Lehrreisen, Kommandierung zu anderen Waffengattungen).

85 AA/PA (masch.) Pol.Abt.Ref.Rußland Pol. Verschluß Nr. 73 und (hektographiert) Botschaft Moskau, Politische Beziehungen zwischen Deutschland und der UdSSR Bd. 2; ADAP D I 729–730. Der Vortrag war von H.–H. von Herwarth verfaßt: Herwarth 24. Aug. 1972; vgl. ADAP D I 729–730 (Auszüge).

86 Teske, Spiegel 41–42; Finckh wurde 1937 zum Gegner der Partei- und Polizeiherrschaft, als seine Schwiegermutter wegen ihres Briefwechsels mit einem politischen Emigranten verhaftet worden war, ebd.

87 Huhs 1. Nov. 1971; ähnlich Bericht eines Ungenannten in Zeller 228; Teske, Spiegel 41; Lamey 26. Juli 1972; Loeper 29. Aug. 1972; Teske 8. Mai 1973 berichtete, ClS habe auch beim Handballspiel sein goldenes Kettchen mit dem Kreuz um den Hals getragen und Mertz habe ihn jedesmal aufgezogen mit den Worten »Stauffenberg, nimm Deine Religion ab«; Finckh in Spiegelbild 305.

88 Teske, Spiegel 41; Pezold 1. Sept. 1972; Topf.

89 Pamberg 26. Jan. 1971; ähnlich Varnbüler 19. Jan. 1971: ClS sei hervorragend, zuverlässig, weit über den Durchschnitt befähigt gewesen.

90 Reinhardt 1. Juli 1972.

91 ClS an F 15. Aug. 1937, StGA; CM 121.

92 Zeller 227 berichtet, die Studie habe noch während des Krieges in der Wehrmachtführung als grundlegendes Werk gegolten, wofür ein Beleg fehlt, was man aber angesichts der Qualität der Arbeit glauben kann; vgl. das Urteil von Generaloberst Student bei Kramarz 52.

93 Nl ClS; ClS, »Kavallerie als operative Waffe«, Nl ClS; RF 15. Juli 1963; Witzleben an ClS 27. Mai und 1. Nov. 1938, Nl CLS; Schule des Sieges 5; CM 124.

94 Kramarz 52 ohne Beleg: die Kritiker in der Kriegsakademie hätten die Arbeit mißverstanden; CM 124 wiederholt das ebenfalls ohne Beleg.

95 Jahrgangskamerad Beelitz 21. April 1964, 6. Juni 1973. Hörsaalkamerad Huhs

20. Sept. 1972, 10. Mai 1973: Stauffenberg sei schon ernüchtert in die Kriegsakademie gekommen, habe sich in Ausdrücken unverhohlener Verachtung über
die Führenden des Regimes geäußert, auch Hitler als Emporkömmling ohne tiefe Bildung und Charakter angesehen, »obwohl bei aller Kritik an seiner Person
auch für ihn [Stauffenberg] seine eminente politische Begabung, sein Gespür für
die Gunst einer politischen Situation und seine Tatkraft nicht zu leugnen waren«. Ein Freund teilt mit, daß die politischen Zustände »beschwiegen« wurden,
daß damals die Brüder ClS und BS gegenüber dem Gedanken einer »handelnden
Gegenwirkung« gegen das Regime »völlig schweigsam, ja ablehnend« gewesen
seien; RF, Bericht.

[96] Roon, Neuordnung 80.

[97] ClS an Franz Frhr. v. Stauffenberg 16. Aug. 1937, Nl Franz Frhr. v. Stauffenberg.

[98] Vgl. Kap. »Krise und Krieg« S. 191–193.

[99] ClS an Teske 29. Aug. 1937. Die Enzyklika Papst Pius XI. »Mit brennender Sorge« hat das Datum 14. März 1937; vgl. Stuttgarter Neues Tagblatt 19. März
1973 S. 1, wo wie in anderen Zeitungen nur von Pius XI. Verurteilung des Kommunismus und Bolschewismus berichtet wird.

[100] NS in CM 144.

[101] Friedrich Frh. v. Stauffenberg 10. Aug. 1972; Loeper 29. Aug. 1971.

[102] Lamey 26. Juli 1972; Pezold 1. Sept. 1972, wodurch die Vermutung von CM
144 bestätigt wird; R. Lerchenfeld 23. März 1971; NS an Venohr Feb. 1987 für
Schulenburg als unmittelbare Quelle ClSs.

[103] Huhs 20. Sept. 1972, 10. Mai 1973; Loeper 29. Aug. 1972; Partsch 14. Juli
1972; Pezold 1. Sept. 1972; vgl. die Worte des Reichsministerpräsidenten
Philipp Scheidemann am 12. Mai 1919, Heilfron 4 2648.

[104] Unterlagen Schlußreise 1938, Geländebesprechungen Juni 1938, Nl ClS; Kramarz 57 ohne Quellenangabe; CM 128 ebenso auf Grund von Kramarz 57; BA-
MA WI/IF 51502 Bll. 1–109, bes. 81, 83, 86; Beck, Denkschrift 15. Juli 1938 in
K.–J. Müller, Beck 537–542. Die Generalstabsreise war für die Zeit 27. April bis
10. Mai 1938 festgelegt, wurde aber, wie aus den Unterlagen hervorgeht, noch
im Juni fortgesetzt.

[105] Zeller 227 ohne Quellenangabe; daß ClS gerne führte, bestätigt Loeper 29. Aug.
1972 aus eigenem Erleben; ähnliches berichtet I. Reinhardt 1. Juli 1972.

[106] ClS an F 15. Aug. 1937, 23. Juni 1938, StGA.

[107] ClS an F 27. Juni 1938, StGA.

[108] ClS an BS 14. März 1934, StGA.

[109] Nl Teske.

[110] Goethe, Tasso 304.

[111] ClS an F 27. Juni 1938, StGA; Teske, Zwiespalt; Teske, Spiegel 41. Die »Rheinrede« – von ClS in diesem Brief so genannt – sollte abgeschrieben und an »eine
ganze anzahl bittender liebhaber«, C. Farenholtz zumal, verteilt werden; ClS an
F 27. Juni 1938, StGA. Dazu ist es anscheinend nicht gekommen; Farenholtz
27. Jan. 1990; NS 27. Jan. 1990.

[112] Teske, Spiegel 41.

[113] ClS an F 26. Juni 1938, StGA. Heyde 3. Jan. 1972 bezeichnet ClS und Bonin als
die beiden »Spitzenreiter« der Kriegsakademie.

[114] Reinhardt 1. Juli 1972. Auch Zurückhaltung, Zuhören, Bescheidenheit werden
Stauffenberg außer seiner Redegewandtheit attestiert; Wedemeyer bei Kramarz
55; Zeller 228 (allerdings ohne genauen Beleg).

[115] Reinhardt 1. Juli 1972.

[116] Handliste.

[117] Der Leser erinnert sich an den Besuch der Königin in Lautlingen 1911, an die Totenwache für Stefan George.

[118] Herwarth, Zwischen 247.

[119] Zeitzler und Kleikamp in Kramarz 83.

[120] Deutsch, Hitler 220–230; Hoffmann, Rez. desselben in Militärgeschichtliche Mitteilungen 2/76, 197–199.

[121] Dienstlaufbahn. Kramarz 58 gibt Pezolds Bericht einer Mitteilung Buhles (bei Kramarz irrtümlich Bechle; s. Pezold an Kramarz 6. Feb. 1966, Slg Kramarz) wieder, wonach die Organisationsabteilung des Gen.St.d.H. Stauffenberg angefordert habe, was mit der Begründung abgelehnt worden sei, in der Org.Abt. gebe es schon genug ausgeprägte Persönlichkeiten, die Berufung Stauffenbergs könnte – wie Pezold 6. Feb. 1966 ebenfalls gegenüber Kramarz richtigstellte – das Gleichgewicht zwischen den Abteilungen des Generalstabes stören; Keilig 211/50 führt Buhle ab 1. Dez. 1938 als Chef der Org.Abt.; O.K.H. Gen.St.d.H. – Zentr. Abt., Kriegs-Stellenbesetzung 1939 ab 1. Jan. 1939; beide unterscheiden nicht zwischen Kommandierung und Versetzung, so daß Buhle die Stelle schon früher bekleidet haben kann; vgl. Buhle, Geschäftseinteilung; der Zeitpunkt der Anforderung ist also unklar.

[122] R[olf] K[ratzer] in Kramarz 70; von CM 143 identifiziert auf Grund von Keilig 42, II, 1–2.

[123] CvT 82.

[124] BS an MS [2. Jan., 3., 16, 28. April 1935], Nl MS.

[125] BS an RB 17. Sept. [1934], BS an F 10. Sept. [1934] StGA; der Kurs dauerte bis 25. Sept.

[126] BS an MS [6. Okt. 1934], Nl MS; F an RB 31. Okt., 8., 11., 14. Nov. 1935, BS an RB 4. und 9. Nov. 1935, StGA.

[127] BS an MS 20. Nov. [16. Dez. 1934], Nl MS; BS an F 25. Nov. [1934], StGA.

[128] BS an MS 16.und 31. Dez. 1934, Nl MS; Gästebuch Lautlingen.

[129] BS an MS [26. Feb. 1935], Nl MS.

[130] BS an MS 21. Aug. 1935, [17. Sept. 1935, 18. Mai 1936], Nl MS; BS an RB 14. Sept. 1935, 27. April [1936], StGA; BS an ClS 21. Sept. [1935], Nl ClS bei NS. Vgl. BS an MS [21. Sept. 1937], Nl MS: BS bemühte sich um die Ernennung zum Reserveoffizier. BS an MS [18. Mai, 5. Juni 1936], Nl MS; F an RB 13. Mai 1936, BS an RB 18. Mai 1936, StGA; MS, Taschenkalender 27. April, 8. und 10. Mai 1936.

[131] BS an MS [1. Dez. 1935], Nl MS; Gästebuch Jettingen.

[132] Partsch 3. März 1977.

[133] BS an MS [2., 14., 26. Jan. 1934], Nl MS; BS an F 6. Feb. [1934], StGA; BS an MS [9., 20. Feb. 1934], Nl MS. ClS an BS 14. März 1934, StGA.

[134] BS an MS [20. März] 1934, Nl MS.

[135] BS an MS 16. Dez. 1934, Nl MS; Partsch 7. April und 15. Mai 1989.

[136] BS an MS [21. Juli 1934, 28. April, 22. Juni 1935], Nl MS; vgl. Bibliographie in Makarov 365.

[137] Hierzu und zum Folgenden RGBl. I 1933 480, 538–539; BS, Entziehung.

[138] Palestine; Stimson 31. März 1944; Wyman 5–15, 260–268; Nicosia 157, 159, 162–163; Wasserstein 17–39, 81–96, 143–155, 169–182, 205, 269, 278, 330–331, 339, 342–343, 352.

[139] VB Norddeutsche Ausgabe 8. März 1936 1–5.

[140] BS an Onkel Berthold [Entwurf bzw. nicht abgesandt, nach 7. März 1936, vor Beinbruch im April], Nl MS.

[141] BS, Vorgeschichte; vgl. RGBl. II 1925, Nr. 52; Traité d‹assistance mutuelle entre la France et l'Union des Republiques Sovietiques Socialistes vom 2. Mai 1935 in Societé des Nations, Recueil des Traités CLXVII 1936 no. 3881; weitere Dokumentationen in Zeitschrift für ausländisches öffentliches Recht und Völkerrecht V (1935) 599–611; ADAP C V 1–5, 14–22; VB 8. März 1936 1–4.

[142] Handakten Gladisch.

[143] BS an TP 2. Nov. [1936], PP; Makarov 363; Protokolle des Studienausschusses KR, NA T-1022 R. 1903; Ernennungsurkunde 24. Okt. 1936, Nl BS.

[144] Studienausschuß KR, NA T-1022 R. 1903; Moltke, Briefe 67.

[145] Bürkner an Gladisch 14. Aug. 1940, Handakten Gladisch, BA/MA III M 501/1; Moltke, Balfour, Frisby 95; Wengler 297–305,

[146] Moltke an seine Frau 22., 25., 26. April 1940, Briefe 132–133 und Nl Moltke (vollständiger); Moltke, Balfour, Frisby 122.

[147] Mosler 25. Juli 1972; [Werner Traber] an Prof. Dr. W. Baum 28. Mai 1957, Nl MS; Makarov 363.

[148] [Traber] 28. Mai 1957.

[149] CvT 83; Spiegelbild 56: 1938/39; Malone, Trott 215: Frühjahr ohne Beleg außer Spiegelbild 56.

[150] Moltke, Briefe 548–549; Wengler 303; Moltke, Völkerrecht 20.

[151] F an BS 18. Dez. 1933, F an RB 19. Aug. 1935, StGA; Korrespondenz BS-F-RB-Rechtsanwalt Plum, passim, StGA; BS an MS 1934, passim, Nl MS.

[152] RB, Bild 2 188.

[153] RB an BS und F [29. März] 1934 und passim, StGA; Teile des Archivs befanden sich damals oder später bei Elze, RF oder Wolters' Tochter.

[154] BS an MS [15. Dez. 1935], Nl MS; BS an RB 13. Juni 1936, RB an BS 17. Juni 1936, StGA; BS an MS [8., 15., 24., 27. April 1932], Nl MS; Schlayer 6. Jan. 1984.

[155] Wunder 390–391, 479; BS an MS 13. Jan. [1936], [5. März 1936], Nl MS (BS habe mit seiner Mutter gesprochen, die sei ganz verzweifelt); BS an MS [10. April 1936], Nl MS; CS an TP 16. April 1936, PP; NS 18. Mai 1989.

[156] MS, Taschenkalender 14. Feb. 1936: »Heute kam der Brief von B[erthold] wo er mich entgültig zurückruft!!!«

[157] MS, Taschenkalender 25. Feb. 1936.

[158] BS an ClS 16. März [1936], Nl ClS.

[159] MS, Taschenkalender 29. März 1936.

[160] Genealogisches Handbuch, Gräfliche Häuser A II 394; NS 16. Mai 1989; BS an Åke Hammarskjöld 9. Okt. 1936, Nl Hammarskjöld; MS, Taschenkalender 19.–21. Juni 1936 ohne Erwähnung ASs.

[161] BS an RB 6. Okt. 1936, StGA; MS, Taschenkalender 7. Sept. 1936.

[162] BS an RB 3. März [1934] und 13. Juni 1936 StGA; EM an E. Gundolf 5. Okt.1936, StGA: »Dass Fra und B.v.St. sich wegen dessen Heirat völlig getrennt haben, werden Sie wissen – Schicksal der Zeloten...«

[163] RB an BS 17. Juni 1936, StGA.

[164] BS an MS [23. Nov. 1935], Nl MS; Universitätsarchiv Gießen 5. Aug. 1981; [AS] Vorschlag; Kürschners 1950, Sp. 1774.

[165] [AS] Vorschlag.

[166] CS an TP 9. Juli 1938, PP.

[167] F an StG 11. Okt. 1933, StGA; TP 31. Juli und 5. Aug. 1972.

[167a] AS, Germanen 406–419.

[168] Deutsche Allgemeine Zeitung Nr. 310–311, 8. Juli 1937.

[169] Frankfurter Zeitung 6., 8., 9. Juli 1937.

[170] ClS an F 15. Juli 1937, StGA; VB 7. Juli 1937, 8.

[171] Bracke passim und bes. 116, 118, 131; KS 24. Juni 1993.

[172] CS Album 1927.

[173] KS 15. Mai und 28. Sept. 1989, 24. Juni 1993; Schlesische Flieger Nachrichten; Handel; Wunder 480.

[174] F an Farenholtz 28. Juli 1939, an Frau Marianne Farenholtz 1. Aug. 1939, Farenholtz an F 4. Aug. 1939, StGA.

[175] ClS an BS 16. Feb. [1937], StGA; G. P. Landmann, George 129.

[176] M.Mommsen ca. 1963.

[177] BDC-Akten; Volz 54.

[178] AB an F [April und Mai 1937], Nl F StGA; Universitätsarchiv Gießen 18. Aug. 1989.

[179] NS 12. Aug. 1982 (Einfluß ABs auf ClS und BS); ClS an F 9. Sept. 1937, Nl F StGA; ClS an BS 16. Feb. [1937] und Korrespondenz BS-RB, ClS an F 15. Aug., 9. Sept. 1937, 26. Juni, 6. Juli 1938, StGA.

[180] AB an F 13. Mai 1939, Nl F StGA; AS an BS 25. Okt. 1940, StGA; AB an AS [o.D., verm. 1940], Nl AS; RF, Leben 1.

[181] LT an BS 17. Dez. 1940, StGA; RF 9. Mai 1977.

[182] Seekamp 326, 368; RF an StG 29. Nov. 1930, StGA; Akte RF, BDC.

[183] RF 20. Dez. 1961.

[184] RF, F [6]; Seekamp 386; RF, Bericht: 1934.

[185] AS an BS 25. Okt. 1940, StGA; RF, Zum 20. Juli 291; RF, Leben 1–2.

[186] RF 4. Sept. 1977, 6. Aug. 1981, 21. Aug. 1982.

[187] MS an RF 23. Juni 1946, RF an MS 3. Aug. 1948, Nl MS. RF hat d. Verf. Einblick gegeben in das Kapitel über den 20. Juli 1944 aus seinen unveröffentlichten Lebenserinnerungen, aber nicht in die dort erwähnten Kapitel, in denen er seine Beziehungen zu den Brüdern Stauffenberg vor dem 20. Juli 1944 beschrieb.

[188] RF an MS 28. März 1946, Nl MS.

[189] LT an BS 25. Nov. und 17. Dez. 1940, Nl BS; LT an F 11. Jan. 1941, Nl F, StGA; Vallentin 136 bestätigt LTs Bericht der Meinung StGs von RF.

[190] 7. Juli 1941, Nl F, StGA.

[191] RF 10. März 1977; StG an Hindenburg, Juli 1928, Entwurf, Stefan George 301–302; Vallentin 104; StG, GA IX 31; F an RB 20. Dez. 1939, Nl RB; Photographie des Standbilds, StGA.

[192] Fs Papiere zu Hindenburg und Fs Korrespondenz mit Tessenow, Nl F; Standortältester Magdeburg an Farenholtz 5. Juni 1936, Generalmajor [Oskar] von Hindenburg an Farenholtz 17. Okt. 1936, StGA; F an BS [28. Aug. 1939], Nl MS; Stettler 154–155.

[193] F an RB 20. Dez. 1939, Nl RB; BS an RF [Anfang Aug. 1943], StGA; Stettler 38; RF, Bericht; RF 10. März 1977.

[194] RF an F 25. April 1937, StGA; StGs zwiespältige Haltung in StG, »Der Krieg«, GA IX 27–34.

[195] Mappe ad: Sofokles, und F an AB 10. Juni 1936, Nl F, StGA; G. P. Landmann, George 371.

[196] BS an RB 14. Feb. 1935, RF an F 13. Jan. [1936], F an RF 19. Jan. und 13. Feb. 1936, BS an RB 4. April 1936, StGA; Partsch 3. März 1977; RF, Arndt, Vorwort; LT an BS 25. Nov. und 17. Dez. 1940, LT an F 11. Jan. 1941, Nl F StGA.

[197] George-Gundolf 305–306.

[198] RF, Arndt 75; RF, Frank [8].

[199] RF, Arndt 9,171–182.

[200] RF, Arndt 12–13.

[201] RF, Frank [8]; F an RF 19. Jan. 1936, StGA.

[202] ClS, Bemerkungen; Partsch an F [Frühsommer 1937], StGA; RF, Frank, [8].

[203] RF, Frank [9].

[204] F an BS 29. Mai 1942, StGA; vgl. Fichte, Reden, Werke 7, 356–357: »Selten steht irgendwo ein einzelner Name hervor und zeichnet sich aus, weil alle gleichen Sinnes waren, und gleicher Aufopferung für das Gemeinsame.« Blätter, Zehnte Folge 1914 156: »Wie in den vorigen folgen einige so sind in dieser lezten alle verfassernamen als nicht unbedingt zur sache gehörig unterblieben.«

[205] RF, Frank [8].

[206] RF, Gneisenau, Vorrede.

[207] RF, Gneisenau 17–19.

[208] Vgl. RF, Arndt 18–19.

[209] RF, Gneisenau 17 (nur für diese beiden Sätze).

[210] CM 155 weist darauf hin; Delbrück 1 130; RF, Gneisenau 16.

[211] RF, Gneisenau 25–26; RF, Arndt 9. Steins Tätigkeit als Leiter der westfälischen Bergämter und der Förderung des Fabrikwesens belegt das Gegenteil von Industriefeindschaft; Pertz, Stein 1 24–25, 75, 483–489, Stein 2 462–463. Zum »Staatsplan« vgl. Delbrück, Gneisenau 1 113–138 und 2 106–144, wo sehr viel nüchterner dargelegt ist, was RF verkürzend stilisierte.

[212] RF, Gneisenau 48–51 und Vorrede; Thimme 97–100; Zeller 246.

[213] Stern, Gneisenau's Reise 15—16, 32–33; Thimme, Erhebungsplänen 78–110; Pertz, Gneisenau 1 395–396; Delbrück 1 129–130; RF, Arndt 18–19.

[214] Loeper 29. Aug. 1972; Reerink 27. Feb. 1987.

[215] RF, Gneisenau, Vorrede.

[216] Hölderlin, Werke 3 269 und 4 320–326; Beck, Raabe 53; Hölderlin, Werke (Insel-Ausgabe 1961) 1 307; F an E[dith?] L[andmann?] 2. Nov. 1937, StGA. F an Partsch 22. April 1936, Stettler 102; F, Agis; Partsch an F [April 1937], StGA; RF, Frank [16]; F an Partsch 19. Juli 1942, StGA; Partsch 3. März 1977.

[217] Umschlag, von OKW-Zensur geöffnet, Poststempel München-Solln 17. Okt. 1944, StGA.

Krise und Krieg

[1] ClS an F 6. Juli 1938, StGA.

[2] Handliste; Keilig 105 11–6. Nach einem von Kramarz 58 zit. Bericht war ClS von der Organisations-Abteilung des GenStdH angefordert, die Anforderung aber vom HPA abgelehnt worden, weil es in der Org.Abt. schon genug ausgeprägte Persönlichkeiten gebe.

[3] Reerink Juni 1963; Kriegsrangliste 1. LD 1938.

[4] Schöne 5. März 1971.

[5] Kielmansegg 24. Aug. 1991.

[6] Lamey 26. Juli 1972.

[7] Kriegsrangliste, Darstellung der Ereignisse 1. Leichte Division 5. Sept.–19. Okt. 1938; Reerink Juni 1963, 4. Nov. 1971.

[8] Reerink 1963 und Topf auch zum Folgenden; vgl. Teske, Spiegel 41 und 8. Mai 1973.

[9] Reerink 1963. Zu ClSs Mühe um Formulierungen auch Teske, Spiegel 41; Teske, Zwiespalt; Topf.

[10] ClS an F 29. Aug. 1938, StGA.

[11] ClS an F 29. Aug. 1938, StGA: Übungsbeginn 9. Sept.; tatsächlich rückte die Division am 9. Sept. in das Übungsgelände, die Übungen selbst sollten am 12. beginnen: Darstellung 1. LD 1938.

[12] F an BS 8. Sept. 1938, StGA.

[13] NS 7. Feb. 1979.

[14] Blomberg 4. Dez. 1990; Blomberg 24. Juli 1962; zu Weihnachten 1940 ließ ClS Mertz den Vortritt: Mertz an AM 7. Dez. [1940].

[15] Schöne 5. März 1971; Reerink 1963.

[16] Reerink 1963.

[17] Hierzu unten S. 191–193.

[18] Seit Ende 1943 war das Tagebuch bei Freunden (Dietz von Truchseß) in der Nähe von Bamberg, wo es die Gestapo bei der Haussuchung nach dem 20. Juli 1944 übersah, worauf es Frau von T. aus Furcht vor einer weiteren Durchsuchung verbrannte; NS 31. Aug. 1972, 12. Aug. 1982; Heimeran Graf Stauffenberg 17. Jan. 1987.

[19] ClS habe die Regierungspolitik nicht kritisiert: Huhs 20. Sept. 1972, 10. Mai 1973; Loeper 29. Aug. 1972; ClS skeptisch: F an BS 8. Sept. 1938, StGA; Luz 17., 31. Juli 1972.

[20] Hierzu und zum Folgenden Darstellung 1. LD 1938; Reerink 1963 und 24. März 1965; Tessin 2 31; Keilig 105 11–3.

[21] Darstellung 1. LD 1938.

[22] F an RB 20. Sept. 1938, StGA.

[23] Alles nach Darstellung 1. LD 1938.

[24] Tessin 2 100; A.–I. Berndt 222; P. Schmidt 410; Shirer 142–143.

[25] Moltke an Freya 26., 28. Sept. 1938, Papiere Moltke.

[26] Hierzu und zum Folgenden Darstellung 1. LD 1938; Reerink 1963.

[27] Zeller 232.

[28] Barkai 94–117; Moser 118–131; Graml, Reichskristallnacht 168–181.

[29] Wuppertaler Zeitung 11. Nov. 1938.

[30] A.–I. Berndt 222; Schmidt 410; Shirer 142–143; Treue 182; Adam 172–246; Scheffler 27–32.

[31] NS Okt. 1962, 31. Aug. 1972, 12. Aug. 1982; TP 31. Juli, 5. Aug. 1972, 10. März 1977.

[32] NS Okt. 1962; Reerink 1963; R. Lerchenfeld 23. März 1971, 20. Juli 1972; Loeper 29. Aug. 1972.

[33] Zu Schücking AA/PA Völkerbund, Abrüstungskonferenz 1932 Bd. 2 und Vbd. Gerichtshof Prof. Schücking.

[34] F an RB 17., 23. Mai, 7. Nov., 12. Dez. 1938, Nl RB; Schlösser 38–39, 365; Wolfskehl an Mann 10. Juli 1937, Mann 529–531; Wolfskehl, Werke 1 216–219. Die Behauptung Michael Landmanns, F habe 1933 verhindert, daß Wolfs-

kehl StG noch einmal sah, ist ohne Grundlage und wurde von RB als »erfunden« bezeichnet; Landmann, Literatur; Stettler an M. Landmann 8. Juni 1972 und RB an Stettler 6. Juli 1972, StGA.

[35] Partsch in G. P. Landmann, Wie 77.

[36] RF, Bericht 3; RF 10. März 1977; U. Thiersch 21. Jan. 1978: F, der bis dahin dem Nationalsozialismus eher zustimmend gegenüberstand, war tief empört, ja, er war so verletzt, daß es für ihn »ganz aus« war.

[37] RF, Bericht; RF 10. März 1977.

[38] Thiersch 21. Jan. 1978.

[39] Willi [Dette] an F 2. Feb. 1938, 6. Jan. 1939, F an Dette 27. Jan. 1939, Dette an F 7. Juni 1939 (Dette hatte über die Partei einen »Arisierungsantrag« laufen), F an BS 18. Juli 1942, Partsch an BS 26. Dez. 1942, StGA.

[40] BS an RB 25. April, 1. Mai 1938, BS an F 25. Juni 1938, F an RB 7. Mai 1938, RB an BS 28. April, 11. Mai, 19. Juni 1938, StGA.

[41] ClS an RB, Entwurf [für BS] ca. 26. Juni 1938, Nl BS, StGA; Datierung: ClS an F 26. Juni 1938, StGA.

[42] ClS an F 26. Juni 1938, StGA.

[43] Jappe-Schubring 42.

[44] RB an F 4. Jan. 1939, Nl F StGA; RB an BS und F 1939 passim, Nl BS (z. B. 29. April 1939: »Bleiben Sie beide gesund und bereit«); vgl.RB an BS und F 10. März 1940, Nl RB.

[45] ClS an Sodenstern 13. März 1939.

[46] Gisevius II 71; Halder, Protokoll 69, 71; Krausnick, Vorgeschichte 346.

[47] Bücheler, Hoepner 75–77; Loeper 29. Aug. 1972.

[48] Mueller-Hillebrand I 61.

[49] Befehle der Leibstandarte 14., 16., 19., 22., 26. Sept. 1938, NA T-354 Rolle 214/ 3878609–43 und Rolle 612/000250–304; Weingartner 31; Guderian 57.

[50] Scheurig, Stauffenberg 17 ohne Beleg. Reerink (1963) und Schöne (17. Dez. 1962 und 5. März 1971) waren von Hoepner nicht unterrichtet und schließen aus, daß ClS unterrichtet gewesen sei. Vgl. Zeller 242; Kramarz 71; CM 145. NS 31. Aug. 1972 deutet ClS Bemerkung vom fast gezogenen Schwert als Hinweis auf den geplanten Umsturz. RF 10. März 1977 berichtete, ClS habe Hoepner »gewinnen« wollen, deutet aber ohne konkrete Angabe nur an, es sei ihm um einen Umsturz zu tun gewesen.

[51] Kramarz 69–70; Weddigen 19. Okt. 1962; Bremme 3. Okt. 1962 datiert irrig »während des Krieges«.

[52] Reerink 1963; Heyde 8. Juni 1972; Kratzer 19. Juli 1972; Pezold 1. Sept. 1972.

[53] Hierzu und zum Folgenden: RF, Gneisenau, Masch., Nl ClS; Reerink 1963, 27. Feb. 1987; RF 10. März 1977; NS 12. Aug. 1991: Loeper ist nicht in Erinnerung; ClSs Sohn Berthold 27. Jan. 1987; Zeller 232–233; Delbrück II 81–83.

[54] Zeller 232.

[55] RF in Zeller 233.

[56] RF in CM 150.

[57] Loeper 29. Aug. 1972.

[58] RF in Zeller 242; RF 10. März, 9. Mai 1977.

[59] Zeller 267. CM 161 meint, ClS habe im Zusammenhang mit RFs Vortrag erwogen, Gneisenaus Plan für den Volksaufstand – CM nennt ihn »Konspirations- und Insurrektionsplan« – »zu modifizieren und unter Umständen gegen das eigene Regime zu richten«, was Ausdruck einer bemerkenswerten Gesinnung sei;

es gibt aber dafür keinen Beleg, und CM führt auch nichts an, was seine Meinung begründen könnte.

[60] Hierzu und zum Folgenden Sodenstern, Wesen; Sodenstern, Vorgeschichte; Gießler 552–554.

[61] Sodenstern, Vorgeschichte; Cyrano no. 780, 26. Mai 1939 11.

[62] Sodenstern, Wesen 42–44.

[63] Der Briefwechsel ist abgedruckt bei Gießler 560–564 mit einigen Abweichungen von den Originalen, die in BA-MA N 594 sind; ClSs Anteil s. Anhang III.

[64] Nettesheim 17., 22. Aug. 1968.

[65] RF, Gneisenau 17–19; HCSt, Rede; 125–126.

[66] Thüngen 25. Jan. 1946. Vgl. unten S. 182.

[67] K.-J. Müller, Beck 552.

[68] Eine gewagte Lesart der Äußerungen ClSs im Jan., Feb. und März 1939 wäre, daß er mit seiner Kritik an der Zurückhaltung eines großen Teils des Offizierkorps als »politisch sicherlich wenig zweckmässig« die kommandierenden Generale meinte, die Beck am 4. August 1938 mit seinem Plan eines kollektiven Protests gegen die Kriegspolitik allein gelassen hatten, wovon ClS durch Schulenburg Kenntnis haben konnte; vgl. Hoffmann, Beck 347–348. Aber im Lauf des Frühjahrs und Sommers 1939 lehnte er wiederholt ab, mit Schulenburg zusammenzutreffen, der immer vom Sturz Hitlers sprach; Pezold 1. Sept. 1972.

[69] Treue, Rede; VB Norddeutsche Ausgabe 1. April 1939 S. 1–2 und März-April 1939, passim; Hofer, Diktatur 154—156.

[70] VB Norddeutsche Ausgabe 28. Sept. 1938 S. 3–5.

[71] Loeper 29. Aug. 1972; Pezold 1. Sept. 1972; RF 15. Juli 1963, 9. Mai 1977.

[72] F an BS 16. Juli [1939], Nl BS.

[73] RF in Zeller 243; RF 10. März 1977: nach Prag, vor Pfingsten (28. Mai); ClS an F 3. April 1939, StGA: »In der 2. Maihälfte bin ich in Marienbad.« MS an BS [25. Mai 1939], Nl MS: ClS ab morgen und über Pfingsten bei BS in Berlin. Die Begegnung mit RF kann also auch in der zweiten Maihälfte stattgefunden haben.

[74] RF in Zeller 242–243; RF 10. März 1977. RB 6. Juli 1972 an Stettler, StGA: Er, RB, habe den Satz (»Der Narr macht Krieg«) von F gehört, was wohl bei der Begegnung in Minusio 1938 gewesen sein könnte; RB gibt jedoch im selben Brief einen Ausspruch Fs von 1942 für 1938 wieder, wodurch die Zuverlässigkeit der ersten Mitteilung in Frage gestellt ist. Zur Fortsetzung der Kriegsvorbereitungen ClS an F 2. Juli 1939, StGA.

[75] ClS an F 2. Juli 1939, StGA.

[76] Partsch, Bild 3199; Partsch 14. Juli 1972.

[77] Gästebuch Lautlingen; ClS an F 2., 5. Juli 1939, StGA.

[78] ClS an F 16. Juli 1939, StGA.

[79] KTB 1. LD; vgl. Paul, Brennpunkte 19–21.

[80] Nl ClS.

[81] Nettesheim 22. Aug. 1968. Der damalige Ia-Offizier Major i.G. Volkmar Schöne 5. März 1971: ClSs Äußerung zu Nettesheim stimme nicht mit der Auffassung der Offiziere der Division überein: »Zu dieser Zeit glaubten wir noch nicht an Krieg. Wir hofften Hitler wolle nur bluffen. Wenn Stauffenberg eine derartige Äußerung gemacht hat, dann wohl nicht, weil seiner Einstellung der nötige Ernst fehlte. Ich könnte mir denken, daß er vielleicht seine positive Einstellung zum Soldatentum in der Öffentlichkeit bekräftigen wollte.«

[82] F.Frh.v.Stauffenberg 10. Aug. 1972.

[83] KTB 1. LD.

[84] MS an BS [ca. 24. Aug. 1939], Nl MS.

[85] Frau Luise Mehnert an F 22. Aug. 1939, StGA.

[86] MS an BS [Sept. 1939], Nl MS; Ida Gräfin Üxküll an TP 18. Okt. 1939, PP.

[87] BS an MS [23. Sept. 1939], StGA; MS an BS [Okt. 1939], Nl MS; Ida Gräfin Üxküll an TP 18. Okt. 1939, PP; Dr. Hans-Heinrich Ambrosius an MS 17. April 1946, StGA.

[88] Ida Gräfin Üxküll an TP 18. Okt. 1939, PP.

[89] Halder 126; Keilig 105 11.

[90] Keilig 105 I 5; Tessin 2 31.

[91] Mueller-Hillebrand I 61.

[92] KTB 1. LD; Halder I 31; Paul, Brennpunkte 23–24.

[93] KTB 1. LD; Tessin 3 160; Mueller-Hillebrand II 19; Keilig 91 105; vgl. Paul, Brennpunkte 21.

[94] Halder I 41; Paul, Brennpunkte 25.

[95] KTB 1. LD.

[96] Daran erinnerte sich ihr Kommandeur später nicht, vielmehr berichtete er, ClS habe seine Aufgaben als Nachschuboffizier so gut gelöst, daß er sich nicht zu kümmern brauchte; Loeper 29. Aug. 1972.

[97] Paul, Brennpunkte 30.

[98] Paul, Brennpunkte 32; Reerink 1963.

[99] Nachher kam der Offizier in den Genuß einer allgemeinen Amnestie für solche Übergriffe; Reerink 1963; Kramarz 67.

[100] [ClS an NS] 10. Sept. [1939], StGA; KTB 1. LD; 6. Pz.Div. Abt. Ib, Erfahrungsbericht 15. Nov. 1939.

[101] KTB 1. LD; Paul, Brennpunkte 36–37.

[102] KTB 1. LD; [ClS an NS] 10. Sept. [1939], 13., 14. Sept. 1939, StGA; Reerink 1963.

[103] Paul, Brennpunkte 33–37.

[104] Reerink 1963; [ClS an NS] 10. Sept. [1939], 13., 14. Sept. 1939, StGA; vgl. Paul, Brennpunkte 30.

[105] Domarus 1377–1393; Soviet Documents III 389.

[106] [ClS an NS] 16. Sept. 1939, StGA; KTB 1. LD.

[107] Hierzu und zum Folgenden {ClS an NS] 17., 23. Sept. [1939], StGA; KTB 1. LD; Paul, Brennpunkte 38; West Point Atlas II 2 7.

[108] [ClS an NS] 17. Sept. [1939], StGA.

[109] [ClS an NS] 17. Sept. [1939], StGA.

[110] [ClS an NS] 27. Sept. 1939, StGA; in NS' Abschrift steht statt zimperlich als unsichere Lesart »zümpferlich (?)«.

[111] Loeper 29. Aug. 1972.

[112] Hierzu und zum Folgenden KTB 1. LD; Loeper, Bericht.

[113] Paul, Brennpunkte 45–46.

[114] West Point Atlas II, 2 7; Vormann 112–113.

[115] [ClS an NS] 25. Sept. 1939, StGA.

[116] [ClS an NS] 30. Sept. [1939], StGA; West Point Atlas II, 2 7.

[117] [ClS an NS] 30. Sept. [1939], StGA.

[118] Keilig 211/274, 282; BA-ZA 14. Juli 1966; Mertz an AM 3., 6., 12., 20., 24., 29. Sept. [1939], 18., 29. Okt. [1939], Nl M; Umbreit, Kampf 271–272; Halder I, Karte Lage West vom 9.9.1939.

[119] KTB 1. LD; NS [an Familie] 2. Okt. 1939, StGA.

[120] Divisionspfarrer Prof. Broß, Predigt 17. Okt. 1939, Nl ClS.

[121] Tessin 3 6.

[122] Loeper 29. Aug. 1972; 6. Pz.Div. Abt.Ib KTB 1.–6. Feb. 1940; HPA Kartei, NA RG 242; Paul, Brennpunkte 56; Schöne 17. Dez. 1962; Keilig 211/160, 202.

[123] Gräfin von der Schulenburg 5. Nov. 1984.

[124] Sauerbruch 12. Feb. 1963.

[125] BS an F 20. Nov. [1939], StGA; MS an BS [Ende Nov. 1939], Nl MS; 6. Pz. Div. Abt. Ib KTB 5. Nov. 1939.

[126] TP 31. Juli und 5. Aug. 1972.

[127] CM 170–171; Zeller 243 ohne Quellenangabe. Kramarz 73 und CM 169 übernehmen die Version; Heinemann 96 erwähnt sie nicht. RF 19. Nov. 1985 meint, ClSs Antwort habe bedeutet, er habe noch nicht den nötigen Rang oder die Dienststellung zum »Eingreifen«. CM 169–175 stellt umfangreiche Vermutungen an mit dem Ergebnis, ClS habe, vor dem Hintergrund der außenpolitischen Lage, seiner Pflicht als Offizier und im Gedanken an eine nationale Erneuerung »trotz moralischethischer Bedenken [...] den Zeitpunkt für ein Eingreifen noch nicht als opportun« erachtet; ClS hätte es demnach nicht grundsätzlich zurückgewiesen.

[128] Zeller 243 gibt für den ganzen Vorgang keine Quelle an, kann auch seine Quelle nicht mehr feststellen.

[129] O.K.H. Gen.St.d.H. – Zentr. Abt., Kriegs-Stellenbesetzung Stand: 15.11.39, BA-MA.

[130] NS 31. Aug. 1972. Eine Begegnung ClSs mit Nikolaus Graf Üxküll in Wuppertal wird bestätigt durch Berichte seiner Witwe und seines Sohnes Heimeran; NS 15. Sept. 1964, 31. Aug. 1972 und Heimeran Graf Stauffenberg 17. Jan. 1987; Heimeran war damals drei Jahre und drei bis vier Monate alt. Üxküll könnte zwischen etwa 10. und 24. Okt. nach Wuppertal gekommen sein, als die Mutter Stauffenberg dort war. Die Begegnung mit Schulenburg ist weniger gut belegt. Am 16. Okt. 1939 war ClS auf der Durchfahrt von Ost nach West plötzlich im Auto mit drei Kameraden für eine halbe Stunde bei Üxkülls in Berlin erschienen; er habe vieles erlebt, »Schönes u. sehr Häßliches, Verstümmelung von Kameraden etc.«; Ida Gräfin Üxküll an TP 18. Okt. 1939, PP. Schulenburg, der im Aug. Regierungspräsident und Vertreter des Oberpräsidenten von Schlesien, Josef Wagner, geworden war, war im Okt. von 27. bis 29. und im Nov. vom 13. bis 15. und dann wieder Ende Nov. in Berlin; CvdS [8. Mai 1990]. CvdS hält einen der Okt.- und Nov.-Termine für wahrscheinlich; dabei könnte ein Gespräch Schulenburg-Üxküll-ClS startgefunden haben; ferner Alexandrine Gräfin Üxküll an BS 24. Okt. 1939, Nl MS. Einen gemeinsamen Besuch Üxkülls und Schulenburgs bei ClS teilt Zeller 243 ohne Quellenbeleg, jedoch auf Grund seiner Nachforschungen in den ersten Nachkriegsjahren mit; es könnte sich um eine Zusammenkunft bei BS, Yorcks oder – bis zum Umzug der Schulenburgs am 10. Nov. – bei Schulenburgs handeln. F wohnte noch im Achilleion und war Ende Okt. für eine Woche in Berlin; F an RB 25. Okt. 1939, StGA. Vgl. Üxküll zu seiner Tochter Olga Okt. 1943, er habe »die Jugend« – Yorck, Hofacker, ClS, BS – immer getrieben, etwas zu tun; Saucken 27. Juli 1972.

[131] ClS an NS 27. Mai 1940, Pap. NS.

[132] Vgl. unten 264–281; RF über ClSs Meinung zu Revolutionen in Zeller 246.

[133] Greischel an RB 12. April 1966, StGA. 1940 meinte F: »Ist denn noch keine

Kugel gegossen!« Ebd. Er sprach in einem Brief im Nov. 1941 von Schlägen, deren schlimmster die Preisgabe Südtirols und der deutsch-italienische Vertrag zur Aussiedlung der deutschsprechenden Südtiroler gewesen sei: nach diesem »Schüttelfrost« hätten ihn alle weiteren Schläge nicht mehr so berührt wie dieser Verrat an dem Prinzip des deutschen Volkstums; F an BS 16. Nov. 1941, StGA. Ebenfalls 1941 äußerte er: »Wenn wir den Krieg gewinnen, wird das deutsche Heer gleich in Rußland entwaffnet, nur die SS behält die Waffen, und dann machen die mit uns, was sie wollen.« Greischel 12. April 1966.

[134] Mertz an AM 9. Nov. [1939], Nl M; Halder I 111, 114; Prozeß XXXIV 284–297.

[135] 6. Panzer-Division Abt. Ib [ClS], Erfahrungsbericht 15. Nov. 1939, Nl ClS; Tessin III 18.

[136] Div.Nachschub-Führer 57 (Hauptmann Lange) an 6. Pz. Div. Abt. Ib, Erfahrungsbericht der Nachschubdienste der 6. Panzer-Division 14. Feb. 1940, Nl ClS.

[137] 19. Jan. 1940, Nl ClS.

[138] 6. Pz.Div. KTB Anl.Bd. C, NA T-315 Rolle 337/150; Umbreit, Kampf 252.

[139] Colsman.

[140] Colsman; ClS an NS 27. Mai 1940, P NS; Stahl 6. Mai 1987: ClS sei es gelungen, seinen 02, den zehn Jahre älteren Langenberger Fabrikanten Colsman, zu seinem Nachfolger zu machen.

[141] MS an BS Mitte und Ende Nov. [1939], Nl MS; BS an F 20. Nov. [1939], StGA; CS an TP 30. Dez. 1939, PP.

[142] 6. Pz.Div. KTB Nr. 2. Die 9. Abt. Ib/Stra des Gen.St.d.H. verteilte unter dem 5. Mai 1939 eine Denkschrift, in der stand, die polnischen Straßenverhältnisse machten den Auf- oder Durchmarsch einer motorisierten Armee »vollkommen unmöglich«; ebd.

[143] ClS an C.Farenholtz 5. Feb. 1940, Papiere C. Farenholtz.

[144] 6. Pz.Div. Abt. Ib KTB 12.–15. 1. 40.

[145] Partsch an F 27. Jan. 1940, StGA; RB an BS und F 10. März 1940, Nl RB.

[146] 6. Pz.Div. Abt. Ib KTB 1./6. Feb. 1940; Paul, Brennpunkte 56; Kramarz 65 ohne Erwähnung Bürkers.

[147] Kramarz 65 ohne Quellenangabe, auf Grund von Staedke 13. Jan. 1963.

[148] Staedke 13. Jan. 1963.

[149] Handliste; Kramarz 58 auf Grund von Mitteilungen Pezolds, mit unrichtiger Angabe der Quelle als »General Bechle«; Pezold 6. Feb. 1966 berichtigt »Buhle«; Kielmansegg 24. Aug. 1991. Hauptmann Dr. Erwin Topf, einer von CLSs nächsten Mitarbeitern in der Abteilung Ib der 6. Pz.Div., fand ihn während des Frankreichfeldzuges in seinen taktischen Urteilen mitunter übervorsichtig.

[150] Colsman.

[151] Schöne 17. Dez. 1962; Staedke 13. Jan. 1963; Kempf 7. Jan. 1963.

[152] 6. Pz.Div. Abt. Ib KTB 27. Feb.–3. März 1940; ClS an Partsch 22. April 1940, Papiere Partsch.

[153] Manstein, Notizen. In seinen veröffentlichten Erinnerungen hob Manstein den Anteil Tresckows an dem Entwurf hervor, ließ jedoch die entscheidende Vermittlung durch Tresckow aus; Manstein, Siege 93, 109.

[154] Manstein, Siege 109; Umbreit 252 kennt Mansteins Notizen nicht, stützt sich auf den nicht sehr zuverlässigen Engel, Heeresadjutant 75 und schreibt die Initiative unrichtig Schmundt zu.

[155] Halder I 206; Jacobsen, Fall Gelb 119–130.
[156] 6. Pz.Div. Abt. Ib KTB 9. März-9. Mai 1940; Paul, Brennpunkte 56.
[157] 6. Pz.Div., KTB Nr. 2.
[158] F an BS 9. März und 15. April 1940, StGA; ClS an Partsch 22. April 1940, Papiere Partsch.
[159] Anlagen-Band C, KTB 6. Pz.Div. Feldzug Frankreich 6. 4. 40–19. 5. 40.
[160] Halder I Karte »Lage West vom 10. 5. 1940 0. Uhr«; 6. Pz.Div. KTB Nr. 2, 10. Mai 1940; Halder I 213.
[161] 6. Pz.Div., Ia, Anlagen-Band A, 10. 5. 40–1. 7. 40.
[162] Anlagen-Band C, KTB 6. Pz.Div. Feldzug Frankreich 6. 4. 40–19. 5. 40.
[163] 6. Pz.Div. KTB Nr. 2,11. Mai 1940.
[164] 6. Pz.Div. KTB Nr. 2, 12. Mai 1940.
[165] 6. Pz.Div. KTB Nr. 2, 13. Mai 1940; Paul, Brennpunkte 59–61.
[166] 6. Pz.Div. KTB Nr. 2,13. Mai 1940.
[167] 6. Pz.Div. KTB Nr. 2, 14. Mai 1940; Paul, Brennpunkte 64.
[168] 6. Pz.Div. KTB Nr. 2, 14. Mai 1940.
[169] 6. Pz.Div. KTB Nr. 2, Zusammenfassung in NA T-315 Rolle 320/193ff.
[170] Hitler, Weisungen 50–51.
[171] Kempf, Divisionsbefehl für die Verfolgung 15. Mai 1940, 6. Pz.Div. KTB Nr. 2, Anlagenband C.
[172] 6. Pz.Div. KTB Nr. 2, 15. Mai 1940; Paul, Brennpunkte 66–72; Jacobsen, Dünkirchen 40 zit. KTB HGr A für die Erwägung, die motorisierten Kräfte an der Oise anzuhalten; Guderian, Erinnerungen 96 berichtet, Kleist habe am 15. Mai Anhalten der Bewegungen und Beschränkung auf den Maas-Brückenkopf befohlen und erst auf Guderians lebhafte Intervention den Vormarsch wieder freigegeben; Halder registriert dieses »Anhalten« nicht, dafür aber Hitlers »unverständliche Angst um die Südflanke« und sein Verlangen nach Sicherung und Anhalten bis dahin, schließlich Halders Erwirken der Freigabe der Bewegungen: Halder I 302–303; Hitler, Weisungen 52–53.
[173] 6. Pz.Div. KTB Nr. 2, 16., 17. und 18. Mai 1940; Paul, Brennpunkte 71.
[174] 6. Pz.Div. KTB Nr. 2, 18. Mai 1940; Paul, Brennpunkte 73.
[175] ClS an NS 18. und 27. Mai 1940, NS an Verwandtschaft 22. Mai 1940, Abschriften StGA.
[176] Topf. CM 180 zit. ein Ms. aus dem IfZ, das dort nicht auffindbar ist. Zu ClSs angeblicher Mühe mit Formulierungen auch Teske, Spiegel 41; Teske, Zwiespalt; Reerink 1963.
[177] Abendmeldung der 6. Pz.Div. 19. Mai 1940, Ia, Originalbefehle und Meldungen zum KTB Nr. 2, T-315 Rolle 321/169–170.
[178] 6. Pz.Div. KTB Nr. 2, 19. Mai 1940; Umbreit 290.
[179] Abendmeldung 19. Mai 1940.
[180] Ia-Befehl 20. Mai 1940, 6. Pz.Div., Ia, Original-Befehle und Meldungen zum KTB Nr. 2, 16.5.1940–21. 5. 1940; 6. Pz.Div. KTB Nr. 2, 20. Mai 1940; die Div. traf also sieben Tage früher, als CM 179 meint, auf die Engländer.
[181] Funkbefehl XXXXI. A.K. an 6. Pz.Div. 13.45, erhalten 14.35 Uhr, Original-Befehle und Meldungen zum KTB. Nr. 2, 16.5.1940–21.5.1940.
[182] Ellis HO; Jacobsen, Dünkirchen 68; 6. Pz.Div. KTB Nr. 2, 21. Mai 1940; Ia (Staedke) an Kampfgruppe Ravenstein 21. Mai 1940, 19.30 Uhr, Anlagen-Band C zum Kriegstagebuch der 6. Pz.–Div. Feldzug Frankreich 19.5.40–6.6.40.
[183] Halder I 309.

[184] 6. Pz.Div. KTB Nr. 2, 22. Mai 1940.

[185] Halder 1314, 316.

[186] Jacobsen, Dünkirchen 83; Ellis 158–159, 386.

[187] Ellis 111.

[188] Jacobsen, Dünkirchen 54–59, 70–85, 88–102.

[189] Jacobsen, Dünkirchen 83; Halder I 318.

[190] Halder I 319.

[191] 6. Pz.Div. KTB Nr. 2, 23. Mai 1940.

[192] 6. Pz.Div. KTB Nr. 2, 23. Mai 1940; Staedke, Befehl 23. Mai 1940, 17.30 Uhr, 6. Panzer-Division, Ia. Anlagenband C zum KTB. Nr. 2, 19.5.1940–6.6.1940.

[193] Vgl. Weizsäcker 205; Schmidt, Statist 482–483; Kordt 385–391; R.v.Ribbentrop 19. März 1991: »Die Fahrt hatte keinen besonderen Anlaß, sondern Vater, wohl fasziniert von dem außergewöhnlich schnellen Vormarsch zur Küste, wollte sich mit eigenen Augen von den Verhältnissen gegenüber dem Ersten Weltkrieg überzeugen. Ohne Zweifel war auch ich nicht der Anlaß dieses Besuches, sondern das Zusammentreffen ergab sich mehr zufällig, da unsere Division ebenfalls in dem strategischen Schlauch eingesetzt war und schließlich Angriffskämpfe in Raum Merville führte. Vater vermied es peinlich, seinen Kindern aus seiner besonderen Position heraus besondere Beachtung zu verschaffen.« Vgl. die von CM 179–180 zit. Ib-Befehle ClSs; 6. Pz.Div. KTB Nr. 2, 24. Mai 1940 (Ribbentrop war von 15.45 bis 18.00 da); ClS an NS 27. Mai 1940, StGA.

[194] 6. Pz.Div. KTB Nr. 2, 25. und 26. Mai 1940.

[195] 6. Pz.Div. KTB Nr. 2, 27., 30. Mai 1940; Ellis 187–188, 215–216.

[196] Kleist 29. Mai 1940, 6. Pz.Div., Original-Befehle.

[197] Kempf an Generalkommando XXXXI. A.K. 30. Mai 1940, 6. Pz.Div. Abt. Ia KTB No. 2, Orig. Befehle u. Meldungen 25.5.–3.6.1940.

[198] Kempf an Gen.Kdo. XXXXI. A.K., Abendmeldung 30. Mai 1940, 6. Pz.Div. Abt. Ia KTB Nr. 2, Orig.Befehle u. Meldungen 25.5.–3.6.1940.

[199] 6. Pz.Div. KTB Nr. 2, 28.–30. Mai 1940; Ellis 215–216.

[200] [ClS an NS] 27. Mai und 17. Juni 1940, Nl BS StGA. Der GenStdH war damals in Bad Godesberg, wo ClS zwei Wochen in einem Hotel wohnen mußte; NS 15. Juli 1965.

[201] Anlagen-Band D zum KTB 6. Pz.Div. Feldzug Frankreich; Halder I 299.

[202] 6. Pz.Div. KTB, Erfahrungsbericht Ia 1940 1, 4,18–19, 27.

[203] KTB 6. Pz.Div. Ib 12. Juli 1940 und 14. Sept. 1940, auch zum Folgenden.

[204] KTB 6. Pz.Div. Ib 14. Sept. 1940.

[205] Pezold 1. Sept. 1972.

[206] ClS an NS 27. Mai 1940, NS an Familie 2. Juni 1940, StGA; StA Sigmaringen Dep. 38 I Ac 85; 6. Pz.Div. KTB Nr. 2, 31. Mai 1940.

Im Generalstab des Heeres

[1] Pezold in Kramarz 79; Pezolds hs. Korrekturen in Kramarz' Ms. 1965, Slg Kramarz; in der Kriegs-Stellenbesetzung des GenStdH steht Pezold als Gruppenleiter II »bis 16.6.40«.

[2] [ClS an NS] 17. Juni 1940, Nl BS, StGA; der Ausspruch bei Zeller 234 ohne Quellenangabe.

[3] [ClS an NS] 17. Juni 1940, Nl BS, StGA; Pezold 1. Sept. 1972: ClS war wegen

der Versetzung in das OKH »stinkwütend«; betr. Buhle Pezold in Kramarz 76 und etwas abweichend in Pezolds hs. Korrekturen in Kramarz' Ms. 1965 in Slg Kramarz.

4 [ClS an NS] 17. Juni 1940, Nl BS, StGA; Reinhardt 1. Juli 1972; Halder I 363.

5 [ClS an NS] 17. Juni 1940, Nl BS, StGA; Reinhardt 1. Juli 1972.

6 [ClS an NS] 17. Juni 1940, Nl BS, StGA; OKH Gen.St.d.H. Zentr.Abt., Kriegs-Stellenbesetzung.

7 HPA-Kartei der Gen.St.Offz., NA RG 242; OKH [...], Kriegs-Stellenbesetzung; Mertz an AM 11. Aug. [1940] belegt, daß er die Stelle schon vor einem am 10. Aug. 1940 beendeten Urlaub angetreten hatte.

8 Mertz an AM 26. Juni [1940]; Loeper [ca. 1963].

9 Mertz an AM 28. Aug. [1940].

10 [ClS an NS] 19. Juni 1940, Nl BS, StGA; Kriegsminister A.Graf von Roon schrieb in einem Brief am 6. Sept. 1870: »Welch' ein sichtbares gewaltiges Gottesgericht ergeht über dies schöne und sichtlich so verwahrlosete Land!« Roon, Denkwürdigkeiten 3 211.

11 [ClS an NS] 21. Juni 1940, Nl BS, StGA.

12 Loeper 29. Aug. 1972; [ClS an NS] 21. Juni 1940, Nl BS, StGA.

13 StG, GA IX 28–34.

14 Lerchenfeld 20. Juli 1972.

15 Gästebuch Lautlingen; Friedrich Freiherr von Stauffenberg 10. Aug. 1972; ähnlich Mannschatz 7. Juli 1972 und Beelitz 6. Juni 1973; Zeller 243 auf Grund von Zeugnissen, ohne Einzelbelege. Vgl. Halder I 289, 300–302, 314, 318–321.

16 Reinhardt 1. Juli 1972; Loeper 29. Aug. 1972; Halder II 5.

17 RF 15. Juli 1963, 10. März 1977.

18 NS 11. Sept. 1968.

19 Nettesheim 14. Juni 1968, 17. und 22. Aug. 1968. Die Berichte von Frh. v. Stauffenberg, Mannschatz und Nettesheim beruhen auf Gesprächen mit ClS. Der Ausspruch erinnert an den von RF zit. von Clausewitz über Napoleon: »Um es kurz zu sagen, der Kriegsgott selbst.« RF, Arndt 6.

20 S. Kap. »Stauffenberg erkennt die Natur Hitlers und des Krieges«.

21 HCSt 5. Juli 1972.

22 Halder notierte am 10. Sept. 1939: »SS-Artillerie des [XV.] Panzerkorps hat Juden in eine Kirche zusammengetrieben und ermordet.« Halder I 67; Keilig 91; Prozeß XXXV 91–93. Am 19. Sept. hielt Halder eine Besprechung über Polen mit Heydrich (Chef des Reichssicherheitshauptamtes und der Sicherheitspolizei) und Wagner (Oberst i.G., Chef des Stabes beim Generalquartiermeister) mit den Stichworten fest: »b) Flurbereinigung: Judentum, Intelligenz, Geistlichkeit, Adel, c) Forderungen Heer: Bereinigung nach dem Herausziehen des Heeres und nach Übergabe an stabile Zivilverwaltung. Anfang Dezember.« Halder I 79. Am 5. Oktober 1939 machte Halder sich Sorgen um die Disziplin der Truppe, der die Morde zur Kenntnis kamen: »Judenmorde – Disziplin!« Halder I 98. Als der Leiter der Abteilung z.b.V. (Verbindungsgruppe) des Amtes »Auslandnachrichten und Abwehr« des OKW im GenStdH, Major d.G. Groscurth, im Dezember 1939 an die Westfront fuhr zu General von Leeb (Heeresgruppe C), Generaloberst von Rundstedt (Heeresgruppe A), Generaloberst von Bock (Heeresgruppe B) und Generaloberst von Witzleben (1. Armee), um sie durch Mitteilungen über die Massenmorde in Polen zum Sturz des Regimes zu bewegen, kostete es

ihn seine Stellung. Halder sagte ihm am 13. Jan., man dürfe die Front nicht »mit unnötigen Sorgen belasten«; Groscurth 241. Als sich Ende Jan. 1940 ein Kommandeur an der Westfront zu den Erschießungen in Polen äußerte, geriet Hitler in Wut: den gehe es nichts an, welche Ausrottungsmaßnahmen er, der »Führer«, anordne; Groscurth 245; Jodl in Hubatsch 70; Krausnick, Einsatzgruppen 80– 106. Am 15. Feb. 1940 protestierte der Oberbefehlshaber Ost, Generaloberst Blaskowitz, bei Brauchitsch gegen das Abschlachten der Juden, gegen die »in aller Öffentlichkeit sich abspielenden Gewaltakte gegen Juden«, gegen das tatenlose Zuschauen der Wehrmacht bei diesen Verbrechen; Jacobsen, 1939/1945 606. Am 27. Aug. 1940 notierte Halder auf Grund eines Berichts von Canaris: »Im Osten beginnen wieder Maßnahmen zur Beseitigung der Intelligenz und der Juden.« Halder II 79.

23 Die Vernichtungskampagne wurde im großen mit dem Angriff auf Rußland im Juni 1941 in Gang gesetzt; im Jan. 1942 hielt der vom designierten Nachfolger Hitlers, Reichsmarschall Göring, beauftragte Chef der Sicherheitspolizei und des SD sowie des Reichssicherheitshauptamtes, SS-Obergruppenführer und General der Polizei Heydrich, zur Anpassung der Maßnahmen eine Sitzung mit Vertretern der zu beteiligenden obersten Reichsbehörden im Haus der Internationalen Kriminalpolizei-Kommission in Berlin-Wannsee. Vgl. Hilberg, Destruction Kap. 7–9; Wolfe, Protocol; zu Göring als designiertem Nachfolger Hitlers s. Verfügungen 1934–1944 in BA Nl Hitler/23, R 43 11/1660.

24 Major i.G. Heinz Hoppe in McCloy II 67; Wolfe, Protocol.

25 So gegenüber der Frau von Jürgen Schmidt Ende 1940/Anfang 1941: Mannschatz 7. Juli 1972. Hübner (Hauptmann, Sachbearbeiter in Gruppe I der Org.– Abt. Juni 1940–Mai 1941) 13. Juli 1972 berichtet weniger präzise und ohne den Anhaltspunkt eines Gespräches, als Eindruck, ClS sei »schon in dieser Zeit [Juni 1940–Mai 1941] ein innerlich überzeugter Gegner Hitlers und des ganz[en] Natsoz. Systems« gewesen, und zwar aus religiösem Glauben und aus Ablehnung des nationalsozialistischen Programms, und habe daraus im Kameradenkreise kein Hehl gemacht; er sei »eine geistig unbedingt überragende Persönlichkeit« gewesen, habe zu allen zur Debatte stehenden Fragen eine klare und begründete Ansicht vertreten, auch gegenüber Vorgesetzten und »teilweise mit einer Deutlichkeit«, die Hübner in Erstaunen setzte. ClS habe den Erfolg des Frankreichfeldzuges Manstein, nicht Hitler zugeschrieben. Lothar Metz, damals Hauptmann i.G. und seit März 1940 Sachbearbeiter für Frankreich im OKH/Abt. Fremde Heere West, bis zur Übersiedlung des OKH nach »Mauerwald« im Juni 1941 Büronachbar ClSs in Zossen, der ClS schon seit dem Beginn der Reichswehrzeit und von der Kriegsakademie her kannte, berichtet 30. Mai 1971: »Mit absoluter Sicherheit kann ich auf jeden Fall sagen, daß sich Stauffenberg während unserer gemeinsamen Zeit im Oberkommando des Heeres immer wieder mit größter Schärfe und Deutlichkeit über die Methoden und Maßnahmen des Regimes mir gegenüber geäußert hat [...] Seine Vorwürfe und die ätzende Kritik richteten sich dabei nicht nur gegen die militärischen Entscheidungen Hitlers, sondern insbesondere gegen politische Entschlüsse und Maßnahmen, so das Vorgehen in den besetzten Gebieten, aber auch in der Heimat.« Metz 1. Aug. 1971 präzisierte auf Anfrage: ClS habe in Gesprächen mit ihm gesagt, Hitler habe für einen militärischen Laien erstaunliches Fingerspitzengefühl bewiesen bei der Planung der Luftlandung gegen Fort Eben Emael bei Lüttich; das Versäumnis, den geschlagenen Feind bei Dünkirchen zu vernichten, sei von

ihm, ClS, wie auch vielen anderen als Fehlentscheidung kritisiert worden; ClS habe, wie auch Metz, die Verständigungspolitik gegenüber Frankreich gutgeheißen, die bald folgende Ausbeutungspolitik dagegen herb kritisiert; mit Sicherheit könne Metz sagen, daß seine wie ClSs »Einstellung zur obersten Führung des Reiches in dieser Zeit immer skeptischer wurde und daß man immer mehr über die moralische Seite ihrer Maßnahmen nachdachte, ein Aspekt, unter dem man die Dinge in den hektischen Belastungen des Westfeldzuges nicht gesehen hatte.« Georg Reinicke, Nov. 1940-Okt. 1941 im Stab des Generals der Pioniere im OKH, kam gelegentlich zu Besprechungen nach »Mauerwald« und gewann den »Eindruck aus Bemerkungen des Grafen zu seinem Kameraden Stieff, daß er unter den militärischen Entscheidungen Hitlers, die er stark kritisierte, litt und Hitler persönlich haßte, sodaß er bestrebt war von der Abteilung weg an die Front zu kommen.«

Roidl, damals ebenfalls in der Org.Abt. des OKH, berichtet 28. April 1984: In der Zeit des Frankreichfeldzuges habe ClS offenbar noch keinen Widerwillen gegen das Regime oder die Wehrmachtführung gehabt; er sei ausschließlich der soldatischen Tradition des deutschen Offiziers verbunden gewesen, allerdings mit deutlichem christlichem Akzent, wozu er sich offen bekannte, er habe stets ein Kettchen mit dem Kruzifix unter der Uniform getragen. Hübners, Metz', Reinickes und Roidls Angaben beziehen sich ausdrücklich auf den Zeitrahmen Juni 1940-Mai 1941 bzw. für Reinicke bis 16. Okt. 1941. Angaben über Dienststellung vgl. OKH/Gen.St.d.H.–Zentr.Abt., Kriegs-Stellenbesetzung 1939–1941. BS an MS [kurz nach 28. Okt. 1940], Nl MS; Metz 1. Aug. 1971; Zeller 234, 243–244.

26 Hofacker an F.–D.Schulenburg 27. Okt. 1941, Nl Hofacker.
27 Hofacker an seine Frau 14. Dez. 1941, Nl Hofacker.
28 Vgl. Hoffmann, Widerstand 320–321.
29 Kramarz 82; Hoppe in McCloy II 67; Hübner 13. Juli 1972; Kriegs-Stellenbesetzung 1. März 1942; Ferber 29. Mai 1973.
30 Etzdorf 24. Aug. 1972; z. Folg. Berger 30. April 1984; Dosch 10. April 1984; Thüngen 25. Jan. 1946; Weckmann 18. Feb. 1971.
31 Dosch 10. und 29. April 1984; Maizière 3. Sept. 1985.
32 Etzdorf 24. Aug. 1972, 6. Sept. 1985, auch z. Folg.
33 Berger 7. Mai 1984; Herwarth, Zwischen 246.
34 Ebenso Dosch 10. April 1984, ebenfalls für 1942.
35 Maizière 3. Sept. 1985. Halder bestätigt, ClS im Feldzug in Frankreich häufig zu Gesprächen, auch »mehrmals« unter vier Augen, empfangen zu haben; Halder vor der Spruchkammer in München 20. Sept. 1948; Halder 26. Jan., 23. März 1962. Er habe ihn damals auch, mit anderen Offizieren zusammen, auf die eine oder andere seiner Orientierungsreisen in seinem Sonderzug mitgenommen; Halder 23. März 1962. Halder betont aber auch, der Anlaß zu Alleinvorträgen junger Mitarbeiter im Generalstab bei ihm sei »immer eine rein militärisch-fachliche Frage« gewesen. Die Offiziere seien in solchen Fällen im Auftrag ihres Abteilungschefs zu ihm gekommen, auch ClS sei »also von seinem Abteilungschef mit fachlichen Einzelfragen« zu ihm geschickt worden; Halder 23. März 1962. Halder fügt hinzu, er habe ClSs Einstellung zu Hitler gekannt und habe ihm durch Äußerungen oder Fragen die Bahn zur Aussprache freigegeben; jedoch gibt Halder nicht an, in welchen Zeitrahmen solche Aussprachen fielen, vielmehr schreibt er im selben Brief, seine Erinnerung sei nur begrenzt leistungs-

fähig, er könne sich nach zwanzig Jahren nicht mehr »an Nuancen der Gespräche mit Stauffenberg erinnern«, auch »einzelne besonders lebhafte Aussprachen, besonders um die Zeit des Zusammenbruches Frankreichs 1940 und der Anfangsphase des Rußlandfeldzuges, klingen in meiner Erinnerung nach, aber leider nicht in der für den Historiker erwünschten Präzision«. Halder sagte am 20. Sept. 1948 in München vor der Spruchkammer: Im Juni und Juli 1940 »waren Brauchitsch und von den jüngeren Stauffenberg, Treskow u. a. meine täglichen Gäste in meiner stillen Amtsstube. Wir wurden uns darüber klar, daß in dieser Stimmung höchster hitlerscher Machtentfaltung vielleicht nur noch eines helfen könne und zwar das Attentat. [...] Ich habe es abgelehnt. Meine jungen Kameraden haben es eingesehen, auch mein heißblütiger Heinrich v. Stülpnagel. Wenn sie später durch die Gewalt der Ereignisse auf diese Bahn gedrängt worden sind, so war es ein Schritt der Verzweiflung, angewandt, als andere Mittel nicht mehr zur Verfügung standen.« Halder, Protokoll 40. Zeller, der der Verhandlung zuhörte, berichtet (244), Halder habe sich ‹aus der Zeit von Ende Juni 1940 erinnert »an ein Gespräch mit einigen ›seiner‹ jüngeren Generalstabsoffiziere, Stauffenberg und der ihm von der Akademie her befreundete Mertz von Quirnheim waren vor allem die Sprecher«: »Sie entwarfen ein beängstigendes Bild eines Siegers ohne Gefühl und Augenmaß, der zum Verhängnis werde, und äußerten, daß es bald an der Zeit sei, ihm entgegenzutreten und notfalls ihn zu fällen.«
Graml, Militäropposition 421 gibt Halders Bericht auf Grund von Halders Aussage am 20. Sept. 1948 so wieder: Unmittelbar nach dem Waffenstillstand trafen sich »die Generale Stülpnagel, Fellgiebel und Wagner, dazu die jüngeren Stauffenberg und Tresckow, im Pariser Quartier des Generalstabschefs Halder, um die neue Situation zu besprechen«; es sei bemerkenswert, »daß gerade auf dem Höhepunkt der Macht Hitlers erstmals Einigkeit darüber herrschte, wenigstens in diesem Kreise, jetzt bleibe als einziges Mittel gegen den Diktator nur mehr das Attentat«. CM 192 übernimmt Halders Version von Zeller und Graml, das Protokoll zitiert er nicht. Weder Fellgiebel, Wagner noch Mertz sind in dem Zusammenhang im Protokoll genannt, bei Zeller nur ClS und Mertz. Halder 26. Jan., 23. März und 18. Mai 1962 berichtet fast genau das Gegenteil: Den Mord an Hitler hätten sie beide, er und ClS, damals abgelehnt; Halder nahm nur noch unbestimmt an, daß die damaligen Äußerungen ClSs sich in dem Halder »reichlich geläufigen Rahmen der allgemeinen Forderung nach Hitlers Beseitigung« hielten. Damals nach dem Waffenstillstand mit Frankreich, als man sich allgemein fragte, wie es nun weitergehen solle, mit dem Angriff gegen England, mit anderen Eroberungszügen oder mit Zurückhaltung und dem Anstreben eines Friedensschlusses, war ClS Halder (1962) zufolge »ein Vertreter der ruhigen Überlegung und des Maßes«. ClSs Kritik an Hitler auch in der Zeit des Rußlandfeldzuges habe sich grundsätzlich gegen dessen Methoden und Geisteshaltung gerichtet und gegen handgreifliche militärische Fehler.
Halders Urteil über ClS in Kramarz 84 schließt konsequenzlose Diskussionen über ein Attentat geradezu aus: »Ich habe Claus von Stauffenberg als eine tief in der Verantwortung vor Gott verwurzelte Herrennatur empfunden, die sich nicht mit gedanklichen Klärungen und Diskussionen zu begnügen geneigt war, sondern zur Tat drängte.« Kramarz 88–89 zit. aus einem Brief Halders vom 26. Jan. 1962, in dem Halder zeitlich zwischen 1941/42 und 1940 unbestimmt oszillierend und mit der Einschränkung, »soweit ich mich erinnere«, berichtet:

»Stundenlang haben wir immer wieder die Möglichkeiten geprüft, wie man den Unhold beseitigen könne, ohne die in Feindberührung stehende Armee in der Erfüllung ihrer Vaterlandsverteidigung empfindlich zu schädigen.« Das würde wohl auf den Sommer 1942 passen; vgl. das folgende Kap. Feindberührung der Armee gab es nach dem Waffenstillstand mit Frankreich nicht bis zu den Feldzügen in Nordafrika und auf dem Balkan, aber die folgende Wendung weist wieder auf 1940 hin: »Auch in der späteren Zeit, in welcher sich der Entschluß Hitlers zum Angriff auf Rußland immer mehr herausbildete und schließlich in der Zeit der Kriegsführung in Rußland drehten sich die Gespräche um ähnliche Fragen, wie Hitler, ohne zum Märtyrer gemacht zu werden, mit militärischen Mitteln aus dem Sattel gehoben und die Gewalt der Partei gebrochen werden könne.« Es bleibt also offen, ob in den Gesprächen der Gedanke des Attentats überhaupt vorkam, auch der Gedanke an »Hitlers Beseitigung« ist relativiert und im Lichte der übrigen Äußerungen und Widersprüche Halders unglaubwürdig. Zu Halders Zuverlässigkeit als Zeuge vgl. Hoffmann, Widerstand 109–115, 165–186; Halders Interesse, vor der Spruchkammer 1948 seine Sympathie mit den Verschwörern zu zeigen, liegt auf der Hand, aber auch Halder 23. März 1962 bezeichnete sich noch als »so ziemlich im Mittelpunkt dieses Widerstandskreises« sitzend, was aber in Wirklichkeit bedeutet, daß entschlossene Gegner wie Oster und Dohnanyi auf ihn vergeblich hofften. Halder gab dem Protokoll von 1948 zufolge nicht an, warum Hitler getötet werden sollte. Sein Kriegstagebuch stützt auch nicht seine Aussage, Brauchitsch, Tresckow und ClS seien täglich seine Gäste in seiner stillen Amtsstube gewesen; Tresckow kommt in der fraglichen Zeit nur am 24. Juni und am 27. Aug. als Besucher vor; ClS kommt in der fraglichen Zeit gar nicht, im ganzen Jahr 1940 nur am 8. Dezember, 1941 und 1942 mehrfach vor; Halder I–III passim (Personenregister). In den Sommermonaten 1940 trug Buhle oft Halder vor, nicht ClS oder Schmidt oder später Mertz; Halder I–II, passim (Personenregister). U. de Maizière in Kramarz 83–84 erinnerte sich, ClS, der zwei bis drei Stufen tiefer stand als Halder, sei von der Org. Abt. außer dem Abt.-Chef der einzige gewesen, »der von Zeit zu Zeit unmittelbar bei Halder vortrug und mit dem sich Halder persönlich unterhielt«; der damalige Major i.G. de Maizière kam aber erst zwischen 1. Nov. 1941 und 1. März 1942 in die Org.Abt., seine Aussage kann also nicht für Juni-Juli 1940 gelten. Halders Haltung gegenüber denen, die Hitler stürzen wollten, war immer widersprüchlich. Im Dezember 1939 und Januar 1940 sprach er von dem notwendigen Kampf gegen England (Groscurth 241), die »Truppe glaube noch an den Führer«, nach dem Erfolg sei die Armee dann so stark, daß sie sich »im Innern durchsetzen« könne. Noch 1962 nannte er England den »eigentliche[n] Initiator des Krieges«. Warum die Truppe nach dem Erfolg gegen Frankreich weniger an den »Führer« glauben sollte als vorher, sagte Halder nicht. Nach dem Erfolg über Frankreich schien ihm die Stimmung im Volk in der Tat auch nicht günstig, die militärischen Mittel zum Sturz Hitlers schienen nicht vorhanden.

[36] Halder I 324, 357, 360–363; Mueller-Hillebrand I 136–137, 153, II 62–63.
[37] Mueller-Hillebrand (Halders 2., später 1. Adj.) und Maizière (Jan. 1942 – Mai 1943 Sachb. in Org.Abt./Gr.I) in Kramarz 78–79; Maizière 3. Sept. 1985.
[38] Maizière 20. Jan. 1963.
[39] Kramarz 79–80 lt. NS; [NS an BS] 2. Juni 1940, Nl BS StGA: »Nachdem die neue Wirkungsstätte in der Gegend von Köln sein soll, ist anzunehmen, daß Claus schon in Deutschland ist.« Halder I 329–330.

[40] So um den 24. Aug., am 1. Sept., am 26. Sept., am 16. Okt.; Mertz an AM 24., 28. Aug., 1., 4., 28. Sept., 17. Okt. [1940].

[41] Mertz an AM 30. Okt. [1940]; Halder II5,155; Halder verzeichnet den Umzug seines Stabes erst für 30. Okt. 1940.

[42] Halder I 372.

[43] Halder II 49.

[44] Halder II 58, 79.

[45] KTB des OKW I 38.

[46] Gästebuch Lautlingen.

[47] Heyde 3. Jan. 1972; Halder II 218–219 und passim; Hitler, Weisungen 79–81; Ferber 29. Mai 1973.

[48] BS an MS [etwa 24. Sept. 1940] und MS an BS [zwischen 26. und 30. Sept. 1940], Nl MS.

[49] BS an F [etwa 10. Okt. 1940, bei F eingeg. 12. Okt. 1940], StGA.

[50] Ritgen 18. Feb. 1991.

[51] Mertz an AM 16. Nov. [1940]; Wunder 480.

[52] F an BS 4. Dez. 1940, StGA.

[53] F an BS 2. Jan. 1941, StGA; Mertz an AM 7. Dez. [1940]; H. Mertz (Vater), Taschenkalender Dez. 1940, Jan. 1941.

[54] Wehrstammbuch.

[55] Hillgruber, Hümmelchen 59, 66, 75.

[56] RF in Zeller 235–236, 244; Zeller 31. Dez. 1994; Alfred Graf Stauffenberg (Amerdingen) 15. Aug. 1985; F an BS 5. Juli 1941, StGA; NS 3. Dez. 1990. Cf. Hitler, Weisungen 122–129.

[57] Alfred Graf Stauffenberg (Amerdingen) 15. Aug. 1985.

[58] RF berichtet, auf seine Frage nach dem gewaltsamen Sturz Hitlers habe Stauffenberg geantwortet:»Noch siegt er zu sehr.« Stauffenbergs Ablehnung Hitlers wird auch für 1941 bestätigt; s. unten S. 239–241. Die Antwort bedeutete vermutlich, man werde niemand finden, der Hitler stürzen könnte, der es auch wollte.

[59] KTB Geb.Aufkl.Abt. 95, 25.10.40–15.7.41 u. Fürst Carl zu Castell-Castell an Dietz Freiherr von Thüngen 25. Juni 1941, Nl Fürst Carl zu Castell-Castell, Fürstl. Castell'sches Hausarchiv; BA-MA an d.Verf. 9. März 2007; H.Mertz, Taschenkalender April-Mai 1941.

[60] RF März 1984. General Halder sah am 2. August eine Hungersnot voraus; Halder III 143; ferner Olshausen 246; ADAP D XII 703–705; Fleischer 120; Hoffmann, Roncalli 77–82.

[61] Halder III 8.

[62] Hermann G. Lüben in Süddeutsche Zeitung Nr. 179 vom 7. Aug. 1986, S. 9 (zit. R.-D. Müller 553; leicht abweichend auf Grund Ms. Lübens Kroener, Ressourcen 857).

[63] Kroener, Ressourcen 857–862.

[64] Hitler, Weisungen 129–133; Kroener, Ressourcen 862–863.

[65] Vgl. Klink 486–507.

[66] Vgl. Kroener, Ressourcen 859–870.

[67] Paulus 49.

[68] Halder III 38.

[69] 6. Pz.Div. Ia, KTB 13. Juli 1941.

[70] Hitler, Weisungen 136–139; Kroener, Ressourcen 864–867; vgl. Keilig 103 II 8.

71 Organisations-Abteilung (III) 11. Aug. 1941, Notizen für KTB, Beiträge zum KTB 1941–43, T-78 Rolle 414/6382358–6382361; Halder in 169–171. Vom 22. Juni bis 10. Dez. 1941 betrugen die Verluste über 25 000 Offiziere, fast 750 000 Unteroff. und Mannsch.; Halder III 345; Kroener, Ressourcen 859–867.

72 Hitler, Weisungen 140–147.

73 Halder III 88; Klink 459.

74 Rotberg 8. Mai 1975, 28. Juli 1990; Tessin 2, 2–3.

75 Unold an ClS 25. Juli 1941, Nl ClS.

76 Loeper 29. Aug. 1972; Keilig 211/202; Tessin 3 166–167.

77 Unold 25. Juli 1941, Nl ClS.

78 Notizen für K.T.B. [Ende Okt. 1941], und Obstlt.i.G. Christ (Gruppenltr. III), [Aufzeichnung] 5. Nov. 1941, Beiträge zum KTB 1941–43, NA T-78 Rolle 414/6382362–6382365.

79 Org.Abt. (III), Beitrag zum KTB 7.12.–12. 12. 41, 13. Dez. 1941, NA T-78 Rolle 414/6382377–379.

80 Obstlt.i.G. Christ, Gruppe III, Organisationsabteilung, Beitrag zum K.T.B. für die Zeit vom 1.–10.6., 15. Juni 1942, NA T-78 Rolle 414/6382407–6382410. Der Leopard wurde im Jan. 1943 aus der Produktion gestrichen; Boelcke 210.

81 Halder III 170.

82 Reinhardt, Wende 127; Kroener, Ressourcen 867–868.

83 KTB OKW I 1047–1054; Kroener, Ressourcen 867.

84 Schlabrendorff 86; hier ist ClSs Besuch »Sommer« 1941 datiert, womit allerdings auch die zweite Reise zur Panzergruppe 2 in den Tagen vor dem 20. Sept. 1941 gemeint sein kann.

85 Halder III 210; Klink 462.

86 Klink 546.

87 Halder III 242.

88 Bürker 18. Okt. 1972; Bürker an Paulus 4. Aug. und 17. Nov. 1941 in Paulus 142, 146; O.K.H. Gen.St.d.H.Zentr.Abt., Kriegs-Stellenbesetzung Stand: 15. 2. 41; OKH/ PA-Kartei.

89 BS an MS [9. Okt. 1941], Nl MS.

90 BS an MS 28. Okt. [1941], Nl MS.

91 Wehrstammbuch.

92 KTB OKW I 1072–1074; Kroener, Ressourcen 867–868; Kriegs-Stellenbesetzung Stand: 1. 11. 41; Halder III 279–283; Klink 587; Reinhardt, Wende 127, 142.

93 Bürker an Paulus 17. Nov. 1941 in Paulus 146.

94 Halder III 280.

95 BS an MS [ca. 22. Nov. 1941], Nl MS; vgl. Halder III 276–280.

96 BS an MS [zwischen 7. und 11. Dez. 1941], Nl MS.

97 Moltke, Briefe 279; HCSt 1963, 28. Juli 1971, 5. Juli 1972; Wunder 460–487.

98 HCSt, Rede 125–126. CM 542 datiert abwägend Herbst 1941, auf Grund HCSt, Rede 125–126, wo kein Jahr angegeben ist, und HCSt mündlich; CM sagt aber nicht, HCSt habe ihm mündlich 1941 als Jahr genannt; ferner zit. CM Roon 286; dieser sagt »1941 oder 1942« auf Grund der Rede HCSts, in der kein Jahr angegeben ist. Lt. meiner hs. Aufz. des Gesprächs mit HCSt 28. Juli 1971 war es »1941/42«; in der von mir eingereichten und von HCSt hs. korrigierten Niederschrift des Gesprächs vom 28. Juli 1971 steht einmal »Herbst

1942« und einmal »Herbst 1942 (1941?)«, ebenso in der von HCSt umgeschriebenen und am 16. Feb. 1981 unterzeichneten Niederschrift des Gesprächs vom 28. Juli 1971; am 5. Juli 1972 sagte HCSt auch und ließ in der von ihm mit Bleistift korrigierten Niederschrift stehen »1942«. Moltke erwähnt HCSt als von Guttenberg zu ihm geschickt am 1. Sept. 1941, Moltke, Briefe 278–279; HCSt kommt in Moltkes Briefen dann erst wieder am 7. Juli 1942 vor (Moltke, Briefe 389), und dann nicht mehr bis 1943. Herbst 1941 als Zeitpunkt ist wahrscheinlich, weil ClS noch glaubte, der Krieg könnte gewonnen werden; weil ClS sich Anfang 1942 bemühte, mit Hilfe der Völker Rußlands den Krieg gegen die Bolschewisten zu gewinnen; weil er lt. Pezold 1. Sept. 1972 1½ Jahre länger als Pezold, bis etwa Frühjahr 1942, an ein gutes Ende des Nationalsozialismus und des Krieges glaubte; weil ClS im April 1942 lt. Loeper 29. Aug. 1972 nicht mehr glaubte, der [ganze] Krieg könne gewonnen werden; weil, wie das folgende Kapitel zeigt, im Herbst gar keine Hoffnung mehr war, den Krieg zu gewinnen; weil ClS im Herbst 1942 Hitler selbst umbringen wollte; weil in die fragliche Zeit Herbst 1941 neue Bemühungen um Halder fallen: Am 2. Okt. 1941 lehnte Halder ab, mit Goerdeler zu sprechen; Halder III 264; Brauchitsch und Halder sprachen im Dezember von Eingreifen; Hassell 286; Trott erklärte Hassell im Nov./Dez. 1941, er wolle Brauchitsch beeinflussen zu einem Staatsstreich; Hassell 291.

99 Pezold 1. Sept. 1972.

100 Vgl. Michel, Ost 108–109; im nächsten Kapitel die Sitzung bei Rosenberg am 18. Dez. 1942; Krausnick, Wilhelm; KTB OKW I 371; Halder II 335–337; weitere Äußerungen Hitlers zur seiner Politik in Rußland s. Irving, Hitler 295–296, 331–332.

101 Bußmann, Politik 8; dieselbe Aufforderung richtete ClS an Prof.Dr.Bolko Frh. v. Richthofen, der in OKH/Fremde Heere Ost tätig war und mit ClS wegen der Behandlung der Freiwilligen zu tun hatte; Richthofen 28. Nov. 1978.

102 Bußmann 27. Aug. 1974.

103 Bußmann, Politik 8.

104 Halder III 295; KTB OKW IV 55–56, 1712,1721. Ähnlich äußerte sich Hitler am 29. Nov. 1941: Irving, Hitler 794 Anm. 13 auf Grund Aufz. Schmundt in NA T-77 Rolle 17/8168-75 und Dr.Ing. Walter Rohland, eidesstattliche Erklärungen 24. Nov. 1948 und 16. Mai 1964.

105 Halder III 306; vgl. Hoffmann, Question 437-464.

106 Halder III 285, 293, 318–323, 327, 332, 347–348, 354.

107 Domarus 1813–1815. VB Norddeutsche Ausgabe 23. Dez. 1941, S. 1.

108 Domarus 1815; VB Norddeutsche Ausgabe 21. Dez. 1941, S. 1–2.

109 Halder III 320–322.

110 Halder III 366, 371–373, 375–377. Nach einem Bericht von Oberst Hermann Balck in Bücheler 171 soll ClS gegenüber Balck am folgenden Tag kommentiert haben, er habe das erwartet, Hoepner sei zu eigenwillig; Balck in Venohr 142 behauptet, Hitler am 31. Dez. 1941 zwei Stunden lang vorgetragen zu haben, der Haltebefehl sei Milde, weil Operieren bei zwei Meter tiefem Schnee unmöglich sei; Halder III 370 notiert nur einen Vortrag Balcks bei ihm, Halder.

111 Reerink 1963; Speer 22. Feb. 1966.

112 Balck in Venohr 139; Reerink 1963; Speer 22. Feb. 1966; vgl. KTB OKW II 169–170, 353; Tessin 2, 97.

113 Stahl 6. Mai 1987.

[114] KTB Nr. 3 XXXX. A.K. 2. Dez. 1941; [Bürker] an XXXX. Pz.A.K. 8., 9., 15. und 30. Nov. 1941, KTB XXXX. A.K. Ia VI. Abschnitt, NA T-314 Rolle 988/495-496, 506-507, 542-543, 569-570.

[115] KTB Nr. 3 XXXX. A.K. 2. Dez. 1941.

[116] OKH/PA-Kartei; Bürker 4. Dez. 1941 an ClS und 2. Jan. 1942 an Mueller-Hillebrand; vgl. Tessin 3, 62.

[117] Bürker 2. Jan. 1942.

[118] Bürker 2. Feb. 1942 in KTB Nr. 6, 10. Pz.Div., Anlagen VII, NA T-315 Rolle 569/662.

[119] OKH/PA-Kartei; Staedke an ClS 5. Jan. 1942, Nl ClS (Schreibfehler korrigiert); vgl. Halder III 265, 363, 370. Staedke besuchte Stauffenberg 1941 und 1942 öfter im Hauptquartier, blieb auch einige Male als Gast bei ihm über Nacht und sprach dann mit ihm über alle Sorgen; Staedke 13. Jan. 1963.

[120] Bürker 9. Jan. 1942, NA T-315 Rolle 569/313-315; Kriegs-Stellenbesetzung 1. 11. 41, 1. 3. 42.

[121] VB Nordd. Ausg. 21. Dez. 1941, S. 1-2.

[122] VB Nordd. Ausg. 23. Dez. 1941, S. 1.

[123] FRUS 1942 1, 1-38; FRUS, Conference at Washington 362-376; The Times Late London Ed. 3. Jan. 1942, S. 4; VB Norddeutsche Ausgabe 5. Jan. 1942, S. 1: Der Vertrag sei nur eine Erweiterung der Atlantic Charta; deren Inhalt wurde ausführlich referiert, einschließlich des Punktes 8, der die Entwaffnung der Aggressorstaaten zum Kriegsziel erklärte, im Leitartikel von Dr. Heinz Höpfl, »Der ›Potomac‹-Bluff«, VB Norddeutsche Ausgabe 16. Aug. 1941, S. 1-2.

[124] Goebbels 1948 43-44; Hassell 286-288.

[125] NS 3. Dez. 1990; ClS an Freifrau v. Lerchenfeld 11. Jan. 1942, Abschriften von NS u. ihrer Mutter, Papiere NS, in Umschlag mit NS-Aufschrift ›Zweckbrief zur Beruhigung‹, im Nl ClS, auch z. Folg. NS 2. Juli 1965 und 3. Dez. 1990 meint, der Brief sei an ClSs Mutter gerichtet gewesen und gibt dafür Erklärungen. Tatsächlich gratulierte ClS der Schwiegermutter, die er Mama nennt, zum Geburtstag. Schon in einem Brief vom 14. Dez. 1941 an Onkel Berthold (Nl Elisabeth Gräfin Stauffenberg) hatte er geschrieben: »Den Frieden wird auch das Neue Jahr nicht bringen. Möge es aber unseren Waffen günstig sein!«

[126] KTB OKW I 1072-1074; Kroener, Ressourcen 867-868; Halder III 279-283; Klink 587. In einer Aufzeichnung der Gruppe III (Technik) der Organisationsabteilung vom 5. Februar 1942 steht: »Auf Grund der Erfahrungen des Winters 41/42 fordert Org.Abtlg. für den Winter 1942/43 a) normale Winterbekleidung für etwa 180 Verbände, b) zusätzliche Winterbekleidung (für bewegliche Kampfführung für rd. 50 Verbände.« Obstlt. i.G. Christ, Org.Abt. (III), Beitrag zum K.T.B. (25. 1. 1942 bis 24. 2. 1942.), 26. Feb. 1942, NA T-78 Rolle 414/6382393-6382397.

[127] Vgl. ADAP C V, 2, 793-801.

[128] Loeper in Kramarz 94; vgl. Halder III 300; Bußmann 27. Aug. 1974; nach Pezold 1. Sept. 1972 glaubte ClS länger an den Sieg als andere; auch gegenüber Wilhelm Bürklin, mit dem er seit 1926 immer wieder in der Kavallerieausbildung und auch auf der Kriegsakademie zusammengekommen war, äußerte ClS damals seine Zuversicht, daß die militärische Lage im Osten gemeistert werden könne; Bürklin in Kramarz.92; Bürklin 15. Juli 1962.

[129] Loeper in Kramarz 94; RGBl. I 1942 247; Domarus 1874.

[130] ClS an Freifrau von Lerchenfeld 11. Jan. 1942; vgl. Anm. 125, 131.

131 NS 7. Aug. 1972, 3. Dez. 1990: ClS habe an CS den Brief geschrieben, die der Defätismus in Person und immer durch ihre unvorsichtigen Äußerungen gefährdet gewesen sei; BS sei damals ganz aufgeregt aus Lautlingen gekommen (im Gästebuch für BS und ClS kein Anhaltspunkt) und habe gesagt, man müsse verhindern, daß CS sich in Gefahr bringe; der Brief war jedoch an NSs Mutter gerichtet. Streit ClS-AS: AS war kurz von 23. Dez. 1941 bis 4. Jan. 1942 in Lautlingen: Gästebuch Lautlingen; AS an TP 25. Dez. 1941, PP; ferner M. Graf Stauffenberg 4. Juni 1973; Saucken 27. Juli 1972, 3. März 1991; Marlene Gräfin Stauffenberg 23. Aug. 1972 auf Grund eines Berichts von AS; Saucken 3. März 1991: »Auf Ihre Frage betr. der Auseinandersetzg. zw. meinen Vettern Stauffenberg, von der ich Ihnen s. Zt. berichtete, weiß ich, daß sie beim Abendessen in Lautlingen war. Was das genaue Datum betrifft, weiß ich nur noch, daß in der Unterhaltung auch erwähnt wurde, daß die Offiziere nun auch mit ›Heil Hitler‹ grüßen mußten.« Ferner Bürklin in Kramarz 92; Bürklin 15. Juli 1962; Sauerbruch in Spiegelbild 395. Vgl. Erfurth 231, 273–275.

132 M.Graf Stauffenberg 4. Juni 1973.

133 Hofacker an seine Frau 29. Dez. 1941, Nl Hofacker.

134 Datierung des Besuchs Bürkers im OKH: Vom 2. Feb. 1942 dat. sein Bericht über die 10. Pz.Div. (s. oben); am 10. Feb. 1942 paraphiert ein anderer Offizier einen Befehl von Generalmajor Fischer; Schick 5. März 1991; Bürker an ClS 25. Feb. 1942 nach seiner Rückkehr zur Front.

135 Tessin 3, 171; Hauptmann i.G. Butler (Ib der 10.Pz.Div. und Vertreter des Ia) an Bürker 15. April 1942, KTB Nr. 6, 10. Pz.Div., Anlagen VIII, NA T-315 Rolle 569/ 1177–1178.

136 KTB OKW II 46.

137 Reerink 1963: Zwischen Anfang Januar und Ende März 1941 auf einem Generalstabslehrgang. Gesamtliste der Lehrgänge mit Daten in Keilig 52 IX 5.

138 Rotberg 8. Mai 1975, 28. Juli 1990; Weckmann 18. Feb. 1971; vgl. 11 graphische Darstellungen über Spitzengliederungen und Befehlswege in [Akten der Org.Abt.], NA T-78 Rolle 414/6382879–90.

139 Herwarth, Zwischen 190, 223, 239–241, 248; Herwarth 24. Aug. 1972; Hükelheim 15. März 1977.

140 Herwarth 3. Feb. 1963, 24. Aug. 1972, 20. Juli 1984, 3. Jan. 1985; Herwarth, Zwischen 250–251, 287; ähnlich Kielmansegg 1. Juni 1973.

141 Weizsäcker 26. April 1975, 2. Dez. 1990, 28. Jan. 1992.

142 Speer 18. Okt. 1945, 7. Sept. 1965, 22. Feb. 1966. Datierung: Speer 18. Okt. 1945 sagt »im Winter 1941«; er selbst war Anfang 1941 ins OKH gekommen. Zeller 244 gibt Winter 1941/42 an auf Grund des Berichts von Speer. CM 217 und 542 datiert Anfang 1942 auf Grund von Speers Bericht von 1945. Bußmann 24. April 1985 erinnert sich der Erzählung Speers, Stauffenberg habe zwischen Balkanfeldzug und Rußlandfeldzug vor einer Hitler-Photographie gesagt »töten, töten, töten«. Speer 7. Sept. 1965 und 22. Feb. 1966 datiert zweite Hälfte 1942 und glaubt, es sei im Herbst 1942 gewesen. Die Datierung auf Anfang 1942 erscheint am wahrscheinlichsten. Übrigens: wieder eine Frage, und eine Reaktion ClSs.

143 Maizière 3. Sept. 1985; Bräutigam, So 482–484; Bräutigam 7. Sept. 1985.

144 Herwarth, Zwischen 287: »Nur in Augenblicken von Wut und Empörung ließ sich Stauffenberg dazu hinreißen, Hitlers Beseitigung zu erwägen.« Bis zum Entschluß habe es noch »einige Zeit« gedauert.

[145] Woellwarth 5. Juni 1973.
[146] Weizsäcker 26. April 1975.
[147] Colsman in Zeller 520 Anm. 29; ähnlich Michel 23. Aug. 1979. Seiffert (Hptm. kdt.z.Gen.St. 1. April 1941–1. Okt. 1942, in Org.Abt. Gr. I) 18. Mai 1973: ClS sei »kolossal positiv zu Hitler eingestellt« gewesen, nicht dagegen zum Nationalsozialismus; ClS habe Hitlers Führungsqualitäten anerkannt, sei von seiner Energie beeindruckt gewesen, habe aber von Hitlers Feldherrnkunst nichts gehalten.

Stauffenberg erkennt die Natur Hitlers und des Krieges

[1] KTB Org.Abt. 1.–5. Juni 1942 204; Halder III 453; vgl. ClS an Paulus 12. Juni 1942, Anhang V.
[2] Pezold 1. Sept. 1972.
[3] Herre 7. Dez. 1986; J. Speer 22. Feb. 1966.
[4] Clausewitz, Vom Kriege 199–200, 207–211, 993.
[5] Clausewitz, Vom Kriege 209; Clausewitz, Zwei Briefe 8–9.
[6] Moltke, Schriften V 193, III 426.
[7] ClS an Paulus 12. Juni 1942; vgl. Anhang V. ClS bestimmte mit seiner Mahnung zum Mut zur Entscheidung den Standort, der für Stalingrad gelten mußte. Im Dez. 1942 schrieb ClS der Witwe des befreundeten, am 22. Nov. 1942 bei Mateur in Tunesien als Kommandeur der Pz.Abt.190 gefallenen H.v.Blomberg, dessen Leben habe sich »in einem Höhepunkt«, »im Element seines Soldatentums« durch den Tod im Kampf an der Spitze seiner Mannschaft erfüllt; ClS an Ruth v. Blomberg 25. Dez. 1942, Nl Blomberg; Faksimile in Kramarz zwischen 112 und 113; Genealogisches Handbuch, Adelige B XVI 99; Sodenstern, Wesen.
[8] Herwarth, Meine; Herwarth 24. Aug. 1972; Berger 7. Mai, 12. Juli 1984; Kielmansegg 1. Juni 1973. Dagegen berichten über ClSs positive Einstellung: Seiffert 18. Mai 1973; Balck (bis Mitte Mai 1942 b. Gen.d.Schnellen Tr. im OKH; Keilig 211/13) in Venohr 148: »So lange ich im OKH war, war Stauffenberg meines Wissens kein Gegner des Systems. Er war bestrebt, gleich uns allen, die Dinge zu einem guten Ende zu führen.« Ferner Hükelheim 15. März 1977.
[9] KTB Org.Abt. 19.–25. März, 8.–14. April 1942 118–119, 139–140; KTB OKW II 317; KTB Org.Abt. 1.–10. Aug. 1942 269–270.
[10] KTB Org.Abt. 11.–20. Aug. 1942 284–285.
[11] H.Mertz, Albrecht Ritter Mertz von Quirnheim.
[12] KTB Org.Abt. 1.–10. Sept. 1942 305–306.
[13] KTB Org.Abt. 1.–10. Aug. 1942 275.
[14] KTB Org.Abt. 11.–20. Aug. 1942 281.
[15] KTB Org.Abt. 6.–12. Mai 1942 173–174.
[16] KTB Org.Abt. 11.–20. Juli, 31. Okt. 1942 254, 360; KTB OKW II 570; Hoffmann, Security 226–229.
[17] KTB Org.Abt. 11.–20. Juli 1942 248.
[18] Heeres-Quartiermeisterreise 1939, Nl ClS; Zeller 232; Ed. Wagner 87.
[19] Vgl. Wagener.
[20] F an BS 8. April 1942, StGA.
[21] KTB Org.Abt. 11.–20. Sept. 1942 327; vgl. 1. Nov. 1942, 361: »Die ernste Entwicklung der Lage in Afrika zwingt zu weiteren Ersatzbereitstellungen.«

[22] KTB Org.Abt. 11.–20., 21.–30. Sept. 1942 318–320, 331; OKH/GenStdH/ Op.Abt. (Ia), Grundlegender Befehl Nr. 3 (Einsatz der Luftwaffen-Felddivisionen) 12. Okt. 1942, Akten der Org.Abt., Grundlegende Befehle, NA T-78 Rolle 414/6382915–920.

[23] KTB Org.Abt. 11.–20. Okt. 1942 349.

[24] OKH/GenStdH/Org.Abt., g.Kdos. 1942–1944.

[25] KTB Org.Abt. 18. Nov. 1942 373; vgl. Hoffmann, Security 188–189, 226.

[26] HPA Kartei, NA RG 242.

[27] HPA Kartei, NA RG 242.

[28] KTB Org.Abt. 12. Dez. 1942 396.

[29] Herwarth, Deutschland 5–6, 10, 14, 18; Bräutigam, So 482–486; Bräutigam 7. Sept. 1985; Thorwald 54–57, 87; Dallin 146–167; R.–D.Müller 995. Thorwald und Dallin verwerteten beide umfangreiches Akten- und Zeugenmaterial (Thorwalds Slg. liegt im IfZ); Thorwalds Darstellung ist für die Abschnitte, die Herres Beteiligung beschreiben, von Herre bestätigt.

[30] Förster 1078; Etzdorf, Aufzeichnungen V.A.A., AA/PA und NA T-120 Rolle 748/ 337851; Bleicken: OKH Gen.St.d.H. Zentralabteilung, Kriegs-Stellenbesetzung Stand 1.3.42.

[31] Mende 25.

[32] KTB Org.Abt. 6.–10. Feb. 1942 3, 66; Michel, Ost 44, 48; Mende 24–29; Kramarz 97–111; Hitlers Lagebesprechungen 252–268 (8. Juni 1943); Förster 1077–1078.

[33] KTB Org.Abt., Anlagen, NA T-78 Rolle 414/6382669–675.

[34] KTB Org.Abt. 1.–5. Jan. 1942 3.

[35] KTB Org.Abt. 6.–10. Feb. 1942 66.

[36] Herres Bericht über sein Gespräch mit Gehlen im April 1942 in Thorwald 53–58; Thorwald 87; Dallin 535–536.

[37] KTB Org.Abt. 19.–25. März 1942 121.

[38] KTB Org.Abt. 1.–5., 6.–12. Mai 1942 162–163, 175–176. Thorwald 71 berichtet, Schmidt von Altenstadt habe [Ende April oder Anfang Mai] zu Herre gesagt, ClS habe das Meisterstück vollbracht, daß das OKW »zum erstenmal die Genehmigung zur Aufstellung von Truppen aus Völkern der Sowjetunion« gegeben habe, und zwar für Kaukasier und Turkestaner; das entspricht jedenfalls nicht ganz dem bisher belegten Vorgang. Vgl. Herwarth, Zwischen 252; nach Kramarz 104 sollte Hitlers Verbot ab 1. Aug. 1942 gelten.

[39] KTB Org.Abt. 21.–25. Juni 1942 228; Bericht von Mende in Kramarz 104–105.

[40] Mende 19. Sept. 1963; Strik-Strikfeldt 11. Aug. 1963.

[41] S. Herwarth, Deutschland 5–6, 10, 14, 18; J.Hoffmann, Kriegführung 756.42 Strik-Strikfeldt 35–37, 40–45, 59–61, 84; Strik-Strikfeldt 11. Aug. 1963; Gersdorff, Soldat 115 übergeht die Freiwilligenfrage für Sommer und Herbst 1941 und berichtet Aufstellungen erst für März 1942; Thorwald 82–84.

[43] OKH/Gen.St.d.H./Zentralabteilung, Kriegs-Stellenbesetzung, Stand 1.3.42; Thorwald 54–69; Prozeß XXV 156–161.

[44] Strik-Strikfeldt 1. und 11. Aug. 1963.

[45] Herre 7. Dez. 1986; Thorwald 54–65,70–73; Major i.G. Heinz Hoppe in McCloy II 67; Herwarth, Meine; Herwarth, Zwischen 250; Herwarth 3. Jan. 1985, 8. Mai 1986; Loos 39. Im Stab der HGr Mitte (Tresckow, Gersdorff) war man genau unterrichtet über die Massenmorde der SS-Einsatzgruppen an Juden;

Stauffenberg hatte Verbindung mit den Offizieren dort und war spätestens im Frühjahr 1942 mit ihnen im Einverständnis in der Tätigkeit gegen die Völkermordpolitik Hitlers; Gersdorff, Soldat 97–99; Irving, Hitler´s 325 u. Anm. S. 850 auf Grund von Reisebericht Lahousens 28. Okt. 1941. Halder notierte am 14. November 1941 nach einem Besuch des Lagers Molodetschno: »Fleckfieber-Russenlager (20 000) zum Aussterben verurteilt. Mehrere deutsche Ärzte tödlich erkrankt. In anderen Lagern in der Umgebung zwar kein Fleckfieber, aber täglich Abgang von zahlreichen Gefangenen durch Hungertod. Grauenhafte Eindrücke, gegen die aber eine Abhilfe im Augenblick nicht möglich erscheint.« Halder III 221 (»Ausschreitungen im rückwärtigen Bereich gegen Gefangene«), 242, 252, 264, 276, 280, 289. Vgl. die von Michel, Ost 75, 79 wiedergegebene Episode, bei der eine Arbeiterin aus dem Osten im Dez. 1942 oder Jan. 1943 in Berlin von einem Polizisten mißhandelt wurde; ClS widerstand dem Impuls, einzugreifen, mit der Begründung, daß der hinter der Unmenschlichkeit stehende Dämon nicht in dem einzelnen Polizisten zu treffen sei, sondern eine »Gesamtlösung« angestrebt werden müsse.

[46] Reichsminister f.d.besetzten Ostgebiete Rosenberg an Chef OKW 28. Feb. 1942, Prozeß XXV 156–161; Streit 9–10.

[47] Hierzu Bericht Herres in Thorwald 47–56.

[48] CvdS 5. Nov. 1989.

[49] Deichmann, Taschenkalender 16., 20. März 1942; Deichmann 23. Juli 1989; Moltke, Briefe 355–356.

[50] Herwarth, Zwischen 250; Herwarth 3. Jan. 1985 berichtet zusätzlich, er selbst habe ClS über die Morde an den Juden aus seiner indirekten Kenntnis unterrichtet; dazu auch Michel 23. Aug. 1979.

[51] Herwarth 3. Jan. 1985.

[52] ClS äußerte sich entsprechend gegenüber Herre und Herwarth im April 1942; Herre 7. Dez. 1942; Thorwald 65–69 bestätigt von Herwarth 3. Jan. 1985; Bußmann 27. Aug. 1974; Bußmann, Politik 9–10; Strik-Strikfeldt 66, der dies erst auf Juni 1942 datiert. Stieff: Stieff 23–24.

[53] Thorwald 104–106.

[54] Herwarth, Zwischen 332; Strik-Strikfeldt 72–73, 81–85; Strik-Strikfeldt wurde Begleiter, Anhänger und Freund Wlassows.

[55] Herwarth, Zwischen 332–334, 256; Michel, Ost 134–135 zit. Roenne, erklärt Wlassow für einen ehrgeizigen Sympathisanten der Nationalsozialisten und sieht Gründe zum Mißtrauen gegenüber Strik-Strikfeldt und Herre.

[56] Herwarth, Andenken 766; Herwarth 24. Aug. 1972; Thorwald 67.

[57] Herwarth, Meine; Herwarth 24. Aug. 1972. Nach seiner ersten Begegnung mit Köstring im Juli 1942 sprach Stauffenberg von dem General als einer wunderbaren Persönlichkeit. Nach Thorwald 106 und KTB Org.Abt. müßte es nach 20. August 1942 gewesen sein; Herwarth, Zwischen 255, 258 deutet auf die Zeit nach der Verlegung des HQu nach Winniza, also nach 18. Juli 1942; ferner Herwarth, Geleitwort in Teske, Köstring 10–11 mit der zu weitgehenden Beurteilung, in dieser »Sternstunde der Menschheit« der Begegnung ClS-Köstring sei »der Gedanke einer echten Befreiungsbewegung der Völker der Sowjetunion im Bunde mit einem anderen Deutschland geboren worden«.

[58] Herwarth, Zwischen 256.

[59] Herwarth, Zwischen 256.

[60] Bräutigam [ca. 1963]; Thorwald 72–73; ähnlich Herwarth, Zwischen 253, wo-

nach ClS abwegige völkerkundliche Auffassungen der SS-Führung über die Kosaken ausnützte. Erst nach vielen weiteren Bemühungen, an denen ClS nach seinem Fronteinsatz in Afrika 1943 wieder beteiligt war, wurde Köstring zum 1. Januar 1944 auf Drängen ClSs und seines Nachfolgers in der Organisationsabteilung Klamroth zum General der Freiwilligenverbände ernannt; Herwarth, Andenken 767–768; Keilig 211/173; Dallin 239.

[61] KTB Org.Abt. 21.–31. Aug. 1942 292–293; Herwarth, Zwischen 261: Köstring erhielt die Ernennung zum Beauftragten General für Kaukasusfragen (BeGen-Kauk) am 10. Aug. 1942; vgl. Thorwald 106–109. Oberbefehlshaber der HGrA war GFM W. List vom 10. Juli bis 10. Sept. 1942, sein Nachfolger war Generaloberst E. v. Kleist; Keilig 211/166, 201.

[62] Thorwald 109—112. Im Sept. besuchte ClS die Aserbaidschanische Legion, die Obstlt. Graf Üxküll kommandierte (s. unten 265), und im Lauf des Okt. die Armenische Legion in Lochwiza in der Ukraine; Seraphim 23. März 1980, 17. Aug. 1990; KTB Org.Abt. 27. Okt. 1942 356–357: »Nach Vorliegen ausreichender Erfahrungen wird nunmehr die Gliederung der 162. I.D. und der ihr unterstellten Sammellager und Legionen befohlen. Hiernach setzt sich die 162. I.D. kriegsgliederungsmäßig aus dem Div.Kdo., 2 Legions-Sammellagern und 5 Legionen (eine armenische, eine georgische, eine aserbaidschanische, zwei turkestanische) zusammen.« ClS Besuch bei der Armenischen Legion vermutlich vor diesem Eintrag. Am 7. November schlug die Org.Abt. die Schaffung der Dienststelle »General der Osttruppen« vor; KTB Org.Abt. 7. Nov. 1942 364. Am folgenden Tag wurden im Bereich der HGr Mitte 38 Ost-Bataillone und 35 Ost-Kompanien etatisiert; KTB Org.Abt. 8. Nov. 1942 364. Am 13. November verbot ClS den Abtransport der Turk-Bataillone der 162. I.D. ohne die immer noch nicht herangekommene Winterbekleidung; KTB Org.Abt. 13. Nov. 1942 368.

[63] Pezold 1. Sept. 1972.

[64] Thüngen 25. Jan. 1946.

[65] Thüngen 25. Jan. 1946; Maizière 3. Sept. 1985.

[66] Herre 9. Sept. 1972.

[66a] Kuhn, Eigenhändige 5; dazu Hoffmann, Stauffenbergs Freund 18–19.

[67] Berger 7. Mai 1984.

[68] Berger 12. Juli 1984. Berger fügte als weiteren Kommentar ClSs hinzu, »die Truppe« wäre nie gefolgt; ob damit die wenigen zum Umsturz in Berlin nötigen Kräfte gemeint waren oder die höheren Führer überhaupt, die schon Beck am 4. Aug. 1938 nicht gefolgt waren, blieb offen.

[69] Berger 7. Mai, 12. Juli 1984.

[70] Mueller-Hillebrand 27. Okt. 1945–April 1947 422–423; Keilig 211/228. Fünfzehn Jahre später, ohne Rückgriff auf seine Aufzeichnung, schrieb Mueller-Hillebrand am 30. April 1962 aus Paris an Kramarz: »In diesen Augusttagen ritten wir wieder einmal zusammen aus und tauschten unsere Sorgen und Gedanken über die erschreckend werdende Entwicklung der Lage aus, als Stauffenberg in die ihm sonst gar nicht in dieser Form liegenden Worte ausbrach: ›Findet sich denn da drüben im Führer-H.Qu. kein Offizier, der das Schwein mit der Pistole umlegt!‹« Kramarz 113; vielleicht hatte er statt Schwein einen skatologischen Ausdruck verwendet. Seiffert 18. Mai 1973; J. Speer 22. Feb. 1966.

[71] Berger 7. Mai, 12. Juli 1984.

[72] Keilig 211/374; Halder III 489, 493, 513, 518, 520, 524.

[73] Bräutigam, Niederschrift, BA R 6/66, auch z. Folg. Kramarz 109 zit. Mende und Strik-Strikfeldt für eine Äußerung ClSs, der Krieg in Rußland sei nur zu gewinnen, wenn überhaupt, wenn die nationalsoz. Auffassung von der Minderwertigkeit der Menschen des Ostens aufgegeben werde; Kramarz läßt unklar, wann die Äußerung fiel.

[74] KTB Org.Abt. 11.–20. Sept. 1942 328; Truppenveränderungsmeldungen, Deutsche Dienststelle; Personalkartei, BA-Z; Späth 190.

[75] Hierzu und z. Folg. Sodenstern, Vorgeschichte. Sodenstern meint, ClS sei damals im Sept. oder Okt. 1942 schon Oberst gewesen. Eine Verwechslung mit einem späteren Besuch ist auszuschließen, weil Sodenstern seit Feb. 1943 beurlaubt und seit Aug. 1943 Oberkommandierender der 19. Armee war. Auch sonst ist der Bericht etwas unpräzis. Ferner Keilig 211/359.

[76] Prinz Wilhelm-Karl von Preußen, damals als Leutnant 2. Ordonnanz-Offizier in der Ia-Abt. 23. Juni 1993; J.D. Hassell 9., 14. Aug., 5. Sept. 1990; J.D. Hassell, Kaukasusfeldzug; Herwarth 3. Feb. 1963; Broich 14., 20. Juni 1962.

[77] KTB Org.Abt. 11.–20., 25. Okt. 1942 348–349, 355.

[78] KTB Org.Abt. 11.–20. und 21.–30. Sept. 1942 318, 331. Bleicken, Jahre 80; Bleicken 15. Sept. 1990; Bußmann gab sofort einen Bericht an seinen Lehrer Siegfried August Kaehler; Bußmann 27. Aug. 1974, 24. April 1985. Bußmann verfügt nach eigenem Bericht (24. April 1985, 17. Aug. 1990) über eine vom 9. Dez. 1948 datierte eidesstattliche Erklärung Kaehlers dazu. Bußmann veröffentlichte Stauffenbergs Ausspruch mehrfach in der Variante:»Es kommt nicht darauf an, ihm die Wahrheit zu sagen, sondern ihn umzubringen, und ich bin dazu bereit.« Bußmann, Entwicklung 29; Bußmann, Politik 10; ferner Bußmann 27. Aug. 1974 und 24. April 1985.

[79] Wagner, Volksgerichtshof 945; Messerschmidt, Wüllner 49–50, 70, 73.

[80] S. Anm. 78 oben; auf die Frage, in welcher Situation er sich darauf berufen können wollte, ging Bleicken 25. Dez. 1990 nicht ein.

[81] ClSs Gespräch mit seinem Onkel (s. oben 265) wird ihn beeinflußt, zumindest bestärkt haben; Saucken 27. Juli 1972. Kramarz 114–115 setzt sich mit der Mitteilung von Broich 14. und 20. Juni 1962 auseinander, ClS habe ihm in Tunesien berichtet, vor seiner Versetzung in die 10. Pz.Div. habe er »alle Armee-Oberbefehlshaber besucht u. ihnen die hoffnungslose Aussicht, den Krieg zu gewinnen, geschildert«, aber keiner habe sich zur Verfügung gestellt. Kramarz 114 interpretiert, ohne daß Broichs Mitteilungen dies stützten, ClS habe »vor allem die Feldmarschälle« angesprochen und stellt S. 115 fest, die »gelegentliche Behauptung« – womit nur Broichs Bericht gemeint sein kann –, wonach ClS »mit den meisten Oberkommandierenden der Ostfront über oppositionelle Aktionen gesprochen« habe, lasse sich nicht belegen. Er erhielt Mitteilungen von Küchler und List, wonach diese ClS überhaupt nicht kennengelernt hatten. Die oben belegten Vorstöße ergeben jedoch – zusammen mit dem unten 276–281 geschilderten Vorstoß bei Manstein – ein Bild weitreichender Bemühungen, so daß Broichs »alle« weniger stark abzuschwächen ist, als Kramarz zu beabsichtigen schien; Broichs Formulierungen beziehen sich nur auf »alle Armee-Oberbefehlshaber« (Broich 14. Juni 1962), auf ClSs »Reise zu den Oberbefehlshabern der Armeen […] Er hatte sie alle besucht […]« (Broich 20. Juni 1962). Broich 20. Juni 1962 nennt nur einen Feldmarschall, dessen Namen er nicht nennen wolle; auf Kramarz' Rückfrage, ob Manstein gemeint sei, antwortete Broich 25. Juni 1962: »Mit Ihrer letzten Vermutung dürften Sie der Wahrheit sehr nahe kommen.«

[82] Halder, Protokoll 60, 78 c.

[83] Halder, Protokoll 108.

[84] Otto Schiller in Zeller 246; Herwarth, Zwischen 265, 286; K. Schiller 18. März 1992.

[85] Michel, Ost 40–52; Michel 23. Aug. 1979. Michels Bericht in Ost ist angezweifelt oder als phantastisch abgetan worden; Rothfels, German Opposition 72 Anm. 49, 129 Anm. 170 und Deutsche Opposition 1977 227 Anm. 86 erkannte darin trotz seiner Kritik an der melodramatischen Darstellung und »schärfsten kritischen Vorbehalten« für ClSs Tätigkeit in der Freiwilligenfrage »echte und wertvolle Information«, die aus dem Kreis von ClSs Mitarbeitern bestätigt werde; Kramarz erwähnt das Werk überhaupt nicht; CM 545 Anm. 62 erklärt es für »wissenschaftlich völlig unbrauchbar, romanhaft«. Wenn auch die Darstellung Michels reichlich subjektiv ist, so in der Tendenz, die Geschichte der freiwilligen Einheiten bis Dez. 1942 zu ignorieren (Michel, Ost 49 spricht nur von »einzelnen russischen   Freiwilligen in den deutschen Heereseinheiten«), ist seine Glaubwürdigkeit in vielen Punkten erhärtet, so durch seine Mitteilung von Gedanken ClSs, die er nur von ClS selbst haben konnte, ferner durch nähere persönliche Mitteilungen und durch die Mitteilungen anderer Beteiligter, z. B. Strik-Strikfeldt 170, 178, 182–183. Datierung des Besuches von Michel: Michel, Ost 59 datiert die Schaffung der Dienststelle des Generals der Osttruppen 24 Stunden nach seinem Besuch, der demnach am 14. Dez. stattgefunden hätte; Michel, Ost 174 datiert auf die ersten Dezembertage; Michel 23. Aug. 1979 datiert offenbar irrig Ende Dez. 1942.

[86] Michel, Ost 48; Teile der von Michel als ClSs Worte wiedergegebenen Begründung scheinen durch Michels Gedanken und Formulierungen gefärbt.

[87] KTB Org.Abt. 16. Dez. 1942 400.

[88] Michel, Ost 49, 59, 63; Keilig 211/128; Strik-Strikfeldt 117; Herre 26. April 1985; Thorwald 127.

[89] Den Zusammenhang der Bemühung um die Freiwilligen-Verbände mit der Verschwörung bestätigen Herre 26. April 1985; Herwarth, Zwischen 332–334.

[90] Michel, Ost 57–58. Michel, Ost 51–52 läßt ClS zu Roenne sagen, nachdem Michel selbst sich von beiden verabschiedet hatte, er hätte immer Zweifel gehabt, ob nicht durch die Beseitigung der deutschen Diktatur Deutschland der östlichen ausgeliefert würde und dann durch deutsch-russische Blockbildung eine Weltbedrohung entstünde, aber jetzt sei er beruhigt. Michel habe ihm gezeigt, »daß die russische weltrevolutionäre Idee durch die russischen Brüderlichkeitsgefühle selbst überwunden werden« könne: »Von heute an kann ich ruhig und zielbewußt an die Organisation unserer deutschen Widerstandsbewegung herangehen.« Gegenüber der Formulierung ist Skepsis wohl angebracht; Michel 23. Aug. 1979 sprach auch nur von seinem »Eindruck« im Jan. 1943, ClS wollte zugleich mit Stalin Hitler beseitigen, und berichtete, ClS habe »andeutend schon im Februar 1943« davon gesprochen, ein freies Deutschland könne sich nur halten, wenn auch Rußland frei sei. Michel 23. Aug. 1979 meinte auch, er habe vielleicht die Bedeutung der russischen Widerstandsbewegung für die Entschlüsse ClSs überschätzt.

[91] Herwarth, Zwischen 286–287; Berger 12. Juli 1984 ähnlich, ClS habe im Sommer und Herbst 1942 über die gewaltsame Ausschaltung Hitlers nachgedacht und gesprochen, sich aber dann vor seiner Frontverwendung, auf Drängen Bergers (der offenbar seinen Einfluß überschätzte) hin, für einen Versuch auf anderem

Weg entschieden. Bußmann 27. Aug. 1974 berichtet, Tresckow habe am 23. Dezember 1942 bei Smolensk zu Bußmann, Gersdorff und Major i.G. Bleicken (bis dahin Gruppenleiter Qu. 4 in Gen.Qu./Abt. II Kriegsverwaltung, nun dabei, die Stelle des Ia beim XXXXVI. Panzer-Korps anzutreten) gesagt: »Wir müssen auf Stauffenberg hoffen. Der wird die Seele des Umsturzes sein.« Dieser Bericht wurde von Bleicken, Jahre 84–85 und 15. Sept. 1990 auf Anfrage nicht bestätigt.

[92] Man kann sich schwer vorstellen, daß ClS über die Vormittagsitzung hinaus geblieben sei; er wird sich mit Berthold getroffen haben. Der Inhalt der Aussprache des Vormittags ist festgehalten in einer Aufzeichnung des Chefs des Generalstabes des Befehlshabers des Heeresgebiets B, Oberst i.G. Gillhausen, und in einer vom Kommandostab des Chefs der Sicherheitspolizei und des SD, SS-Obergruppenführer Ernst Kaltenbrunner, in einem internen Mitteilungsblatt wiedergegebenen nichtunterzeichneten Niederschrift vom 22. Dezember. KTB Org. Abt. 19. Dez. 1942 401-402; Oberst i.G. Gillhausen, Niederschrift, BA-MA, KTB Befh. H. Geb. B, RH 22/77 auch z. Folg.; Grundsätzliche Gedanken aus der Aussprache des Reichsministers für die besetzten Ostgebiete mit den Befehlshabern der Heeresgebiete im Osten, 22. 12. 1942, Der Chef der Sicherheitspolizei und des SD, Kommandostab, Mitteilungsblatt Nr. 15, 20.[?] Jan. 1943, Akten des Reichssicherheitshauptamts, BA R 58/225. Dallin 152–153 knüpft abstruse Spekulationen an die Namen der Teilnehmer, unter denen er einen in den von ihm zit. Akten nicht genannten »Lieutenant-Colonel von Schlabrendorff« aufführt, anscheinend auf Grund von Mitteilungen Herwarths (vgl. Herwarth, Zwischen 288, der Schlabrendorff, Tresckow und den GenQuM Wagner nennt, die in der allerdings vor der Sitzung aufgestellten Teilnehmerliste nicht erscheinen); aus Tresckows Briefen an seine Frau, 23. Nov.–12. Dez. [1942] und 14. Jan. [1943], Nl Tresckow geht hervor, daß Tresckow zwischen 1. Dez. 1942 und 15. Jan. 1943 nicht in Berlin war. Schlabrendorff war Ende Dezember in Berlin: K.L. Guttenberg, Termin-Kalender 1942, 21. Dez. 1942. Nach Herwarth, Zwischen 287 war die Sitzung in der ehem. sowj. Botschaft Unter den Linden; das Programm nennt als Adresse Unter den Linden 63.

[93] Prozeß XXV 156–161.

[94] Hier ist der Vorzug dem Protokoll über die Sitzung zu geben gegenüber Herwarth, Zwischen 288, der ohne Erwähnung von Köstrings Fernschreiben den Inhalt als seine »These« wiedergibt, die er auf der Sitzung vertreten habe.

[95] Herwarth, Zwischen 246 schreibt »jedesmal«, was sich nur auf Sitzungen mit seiner eigenen Anwesenheit beziehen kann; aus dem Sitzungsprotokoll ist jedoch eine Wortergreifung durch ClS nicht zu entnehmen.

[96] Michel 23. Aug. 1979.

[97] KTB Org.Abt. 19. Dez. 1942 401–402.

[98] KTB Org.Abt. 4. Dez. 1942 386–387. Zu ClSs Aufenthalt in Berlin ferner MS an BS [Nov. 1942], 2. und 3. Dez.[1942], Nl MS.

[99] Hitler, Monologe 324, 331.

[100] ClS an Partsch 23. Juli 1942, Papiere Partsch; Maizière 3. Sept. 1985. Georg Reinicke (16. März 1971), Nov. 1940-Okt. 1941 im Stab d. Generals der Pioniere im GenStdH, kam gelegentlich zu Besprechungen nach »Mauerwald« und gewann den »Eindruck aus Bemerkungen des Grafen zu seinem Kameraden Stieff, daß er unter den militärischen Entscheidungen Hitlers, die er stark kritisierte, litt und Hitler persönlich haßte, sodaß er bestrebt war von der Abteilung weg an die Front zu kommen.«

[101] Berger 7. Mai, 12. Juli 1984; Kielmansegg 1. Juni 1973. Bergers Behauptung, er habe durch seinen Rat ClS dazu gebracht, sich an die Front zu melden, verrät eine Neigung, die eigene Rolle stärker zu bewerten, als es sachlich vertretbar ist.

[102] Zeller 248 ohne Quellenangabe; ähnlich für Jan. 1943 Thüngen 25. Jan. 1946.

[103] NS 3. Dez. 1990.

[104] Colsman in Zeller 248; J. Speer 22. Feb. 1966; Maizière 3. Sept. 1985 (»ein EK I gehörte eigentlich dazu im 3. Kriegsjahr, auch wenn ein Soldat mal an die Nachkriegszeit dachte«; Stauffenberg besaß es seit Mai 1940.

[105] F an BS 23. April, 18. Juli 1942, StGA; Stettler 54.

[106] F an BS 18. Juli 1942, StGA.

[107] Kramarz 121; Zeitzler schrieb am 3. Juli 1962, er habe ClS nach seiner Ernennung zum ChefGenStdH kennengelernt, ClS sei ihm »durch seine rasche Auffassungsgabe und Klarheit beim Vortrag« aufgefallen, er habe »schon damals in ihm einen späteren guten Korps- und Armee-Chef« gesehen: »Um ihn dazu systematisch vorzubereiten, wollte ich ihn zunächst als Front-Generalstabsoffizier (Div.Ia) und Truppenführer einsetzen.« Und am 26. Juli 1962: »Die von mir für die Versetzung Graf Stauffenbergs [im Brief vom 3. Juli 1962] angeführten Gründe waren allein maßgebend. Es kann natürlich möglich sein, daß sie sich mit seinen Wünschen deckten. Er selbst hat mich nicht um seine Versetzung gebeten.«

[108] Halder 26. Jan. 1962; NS 12. Aug. 1991.

[109] Broich 20. Juni 1962.

[110] Genealogisches Handbuch, Adelige B XVI 99.

[111] Personalkarteikarte in NA RG 242; Reile, Einsatz.

[112] Hierzu Kap. »Fronteinsatz«.

[113] Gisevius 8. Sept. 1972.

[114] Gisevius II 254–257; vgl. Hoffmann, Tresckow.

[115] Hierzu u.z. Folg. Halder 26. Jan. 1962; NS 12. Aug. 1991.

[116] Halder 26. Jan. 1962; Halder erinnerte sich demnach nicht an den Brief, den ClS für ihn Anfang Feb. 1943 bei P. Sauerbruch hinterließ. Kramarz 119 paraphrasiert ClSs Antwort an Halder, »daß er sowieso eine Veränderung anstrebe; er sei in Berlin, um sich mit seinem Bruder Berthold auszusprechen«. Ferner Halder 5. Juli 1969 in Schall-Riaucour 304–305. ClS soll Halders Bericht zufolge bei dem Besuch in Tränen ausgebrochen und in Hoffnungslosigkeit versunken sein. Halder selbst neigte zu Tränen: Groscurth 223, 246. Halder 26. Jan. 1962 behauptete weiter: »Wir verabredeten weitere Fühlungsmöglichkeiten, die weder mich noch ihn belasteten. Sie sind praktisch nicht in Anspruch genommen worden.« Die Kontakte zwischen ClS und Halder sind merkwürdig nebelhaft, obwohl Halder den Krieg um viele Jahre überlebte und sie hätte erklären können. Von dem Inhalt des bei Sauerbruch hinterlassenen Briefes hat Halder offenbar nie berichtet. Im Nov. 1943 hatte Halder in Aschau am Chiemsee Besuch von dem ihm befreundeten Oberst Johannes Rohowsky, der im Stab ChHRüst und BdE/Gruppe III (Rüst) tätig war (nicht, wie Schall-Riaucour 305 meint, im AHA; s. Fernsprechverzeichnis der Vermittlung OKW/OKH 1944 21) und brachte ihn danach im Auto nach München; während der Fahrt sagte Halder unvermittelt: »Bestelle Stauffenberg, das Ziel bleibe das Gleiche.« Rohowsky schrieb Halder am 20. Nov. 1943 aus Berlin: »Deinen Freund aus der Org.- oder Op.Abteilung habe ich ebenfalls mit einem Gruß von Dir erfreut. Irgend

etwas ist da noch los, jedenfalls kam er nicht mit der Sprache heraus und ich habe auch nicht versucht, irgendetwas herauszubekommen.« Rohowsky kommentierte nach dem Krieg: Er habe auf Halders Auftrag hin nicht gefragt, welches Ziel gemeint sei. »Als ich dieses [Halders Auftrag] Stauffenberg im AHA in seinem Zimmer sagte, lehnte er sich eine Weile in seinem Stuhl zurück und schwieg.« Rohowsky an Halder 20. Nov. 1943 und Kommentar in BA-MA N 124/1.

[117] Herwarth, Zwischen 289; [Partsch] an BS 26. Dez. 1942 zufolge wurde ClS Ende Dez. in Berlin erwartet.

[118] Zeller 248 ohne Quellenbeleg; Thüngen 25. Jan. 1946; Herwarth, Zwischen 289, 291. Kramarz 114 vermutet, ClS habe in der zweiten Hälfte 1942 versucht, bei seinen Reisen in den Osten zu erkunden, ob nicht Oberbefehlshaber, vor allen Feldmarschalle, »sich zu einer gemeinsamen Aktion gegen Hider zusammenzufinden« könnten; die Vermutung ist einleuchtend, aber unbelegt.

[119] Thüngen 25. Jan. 1946.

[120] F an BS 20. Jan. 1943, StGA.

[121] F an BS 20. Jan. 1943, StGA.

[122] Reerink 1963; NS in CM 266.

[123] Hoffmann, Widerstand 443–446; kleine Abweichungen in Hassell 345–347. Zu weiteren Zusammenkünften s. Hassell 345–347; Kaiser, Tagebuch 18., 21., 25., 29. Jan. 1943; Tresckow an Frau v.T. 14. Jan. 1943, Nl Tresckow; K.L. Guttenberg, Termin-Kalender 21. Dez. 1942; s.S. 560–561 Anm. 27.

[124] Schlabrendorff 61–63,67–70 deutet als Zeitpunkt Ende 1942/Anfang 1943 an; zeitgenössisch dagegen Kaiser, Tagebuch 25. Jan. 1943; zu Tresckows Bemühungen 1943 s. Hoffmann, Tresckow 333-341.

[125] Kaiser, Tagebuch 21. Jan. 1943.

[126] Manstein erinnerte sich des Inhalts nach dem Kriege: Manstein, Aussage in Nürnberg 10. Aug. 1946, Prozeß XX 680; Manstein zu R.v.Manstein 30. Dez. 1967; Manstein 5. Feb. 1968; Gisevius sagte in Nürnberg am 25. April 1946 aus, er habe Mansteins Antwort an Beck in der Hand gehabt und gab den Inhalt teilweise und mit Manstein übereinstimmend wieder: Prozeß XII 264; ähnlich Schlabrendorff, Fischer Bücherei 126. R.v.Manstein 21. Juni 1991 teilte mit, er habe die Korrespondenz Mansteins mit Beck noch nicht gefunden.

[127] Manstein, persönliches Tb. 16. Nov. 1942, Nl Manstein; R.v.Manstein 21. Juni 1991, 26. Febr. 1992: Manstein, Soldat .192; Tresckow an E.v.Tresckow 17. Nov. 1942. Stahlberg 18. Juli 1984 berichtet, Tresckow habe ihm am 18. [sic] Nov. 1942 gesagt, er solle sich die Namen Fellgiebel und Stauffenberg merken (aber ja nicht aufschreiben), die er demnächst hören werde; etwas erweitert Stahlberg, Pflicht 224–230.

[128] KTB WFSt II 1200; Manstein, Siege 382–383; Kehrig 453.

[129] Aufz. d. Tel. Hube-Zeitzler 19.1.1943 1500 h in Kehrig 630–631.

[130] Manstein an Zeitzler 22. Jan. 1943 in Kehrig 631–632.

[131] Quellen: Anlage KTB HGr Don; Manstein, persönliches Tagebuch 26.–27. Jan. 1943; Manstein in Kramarz 115–116; Manstein zu R.v.Manstein 30. Nov. 1967; Manstein 30. Okt. 1972; Busse (Ia, ab März Chef des Generalstabes bei Manstein) in Kramarz 116–117 (ohne Dat., offenbar in der Meinung, der Besuch habe sich irgendwann vor 14. Jan. 1943 zugetragen). Stahlberg (Ordonnanzoffizier Mansteins), Mitteilungen an Scheurig; Stahlberg 18. Juli 1984; Stahlberg, Pflicht 262–271 bestätigt im wesentlichen die anderen Berichte, jedoch mit der

unrichtigen Angabe, Mansteins Urteil habe die Frontversetzung ClSs veranlaßt, und fragwürdigen, sonst unbelegten Wiedergaben von Gesprächen zwischen Manstein und Zeitzler betr. Stauffenbergs Versetzung, die Zeitzler längst verfügt hatte (F an BS 20. Jan. 1943; Zeitzler in Kramarz 121); R. v. Manstein 30. Nov. 1967 zeichnete Mansteins Bericht auf, er habe ClS geraten: »gehen Sie doch einmal heraus an die Front aus dem OKH aus dem Scheißloch«, also nichts von einem Beitrag zu Zeitzlers Entscheidung. In seinen Mitteilungen vor 1987 (bis d. Verf. ihn auf die Anlage KTB HGr Don aufmerksam machte) datierte Stahlberg ClSs Besuch bei Manstein auf 18. Jan. 1943 und erwähnte Schmundt und Fellgiebel erst in seinem Buch nachdem ihm d.Verf. auf den Inhalt der Anlage KTB HGr Don mitgeteilt hatte, aber Mansteins Gespräche mit Schmundt und Fellgiebel am 27. Jan., die nicht in der Anlage KTB HGr Don sondern nur im persönlichen Tb. Mansteins stehen, berichtet Stahlberg nach wie vor nicht, so daß sein Zeugnis aus eigener Kenntnis nur akzeptiert werden kann, wenn es anderweitig bestätigt ist; vgl. Stahlberg in CM 275; Stahlberg, Mitteilungen an Scheurig; Stahlberg 18. Juli 1984. Die Version Stahlbergs 15./16. Sept. 1965 (zu Scheurig) und 18. Juli 1984 (z. Verf.), Manstein habe nach ClSs Besuch Zeitzler geraten, ClS an die Front zu versetzen, was daraufhin geschehen sei, berichtete Manstein selbst nie. Da aus BSs Korrespondenz mit F hervorgeht, daß die Versetzung spätestens vor 15. Jan. 1943 verfügt worden ist, könnte eine entsprechende Bemerkung Mansteins zu Zeitzler, wie Stahlberg sie behauptet, keine Folgen gehabt haben. Stahlberg berichtet auch nicht die von ClS (Broich 20. Juni 1962, s. unten 280–281) und Manstein 15. Nov. 1962 berichtete Warnung Mansteins an ClS wegen seiner Kritik an Hitler, sondern nur den beiderseitigen Ausdruck der Genugtuung über das offene Gespräch. ClSs Beförderung zum Oberstleutnant ab 1.1.43 war offenbar rückwirkend verfügt.

¹³² Im Aug. 1942 war Goerdeler bei GFM von Küchler, dem Ob. der HGr Nord in Königsberg, im Herbst besuchte er den Ob. der HGr Mitte, GFM von Kluge, und dessen Ersten Generalstabsoffizier, Oberst i.G. von Tresckow bei Smolensk; Goerdeler, Idee 23; Schlabrendorff 72; Gersdorff, Soldat 78, 118; Rangliste 1926 36.

¹³³ Busse 29. Nov. 1962.

¹³⁴ Manstein, persönliches Tb., Nl Manstein.

¹³⁵ Manstein, persönliches Tb., Nl Manstein.

¹³⁶ Manstein, Notizen; Manstein, Richtigstellung; Manstein in Kramarz 116; Manstein zu R.v.Manstein 30. Dez. 1967; Gersdorff, Soldat 134–136.

¹³⁷ Kehrig 530 Anm. 223a.

¹³⁸ CM 278 nennt Mansteins Vorstoß ein Alibi.

¹³⁹ Manstein, persönliches Tb. 26.–27. Jan. 1943, Nl Manstein; Manstein, Richtigstellung; Manstein in Kramarz 116.

¹⁴⁰ Manstein in Kramarz 115–118; Manstein 15. Nov. 1962; »persönliche Unterredung« ist nicht notwendig »unter vier Augen« gleichzusetzen, wie Kramarz 115, 117 meint, sondern ein Gespräch ohne dienstlichen Auftrag.

¹⁴¹ Manstein an Williams 30. Okt. 1972.

¹⁴² Manstein 15. Nov. 1962. Manstein berief sich auch auf seinen Chef des Stabes, Busse, der seine Darstellung bestätigen könne. Busse konnte aber nur mutmaßen, ein Gespräch mit ClS über »ein Vorgehen gegen H.« hätte Manstein ihm »unter keinen Umständen« verheimlicht; Busse 29. Nov. 1962.

¹⁴³ Broich 14. und 25. Juni 1962.

[144] Broich 20. Juni 1962. Als Broich in englischer Gefangenschaft war, notierte der englische Abhördienst wie Broich zum Befehlshaber der Luftverteidigung Tunis und Bizerta, Generalmajor Kurt Bassenge am 24. Okt. 1943 sagte: »Stauffenberg, der ist auch ein paar mal zum Feldmarschal[l] Keitel gegangen. ... Die haben sich alle bereit – die haben gesagt »Wir machen alle mit, aber wir wollen nicht persönlich das als Oberste (?) übernehmen, das wollen wir nicht.« C.S.D.I.C. (U.K.) S.R. Report 24. Okt. 1943.

[145] Broich 20. und 25. Juni 1962.

[146] Manstein 15. Nov. 1962.

[147] Herwarth 3. Feb. 1963; Broich 14., 20. und 25. Juni 1962.

[148] NS in Kramarz 116; Broich in Kramarz 114.

[149] Thüngen 25. Jan. 1946. Thüngen datiert ungenau, ClS sei, wie Thüngen glaube, »bei ›Mitte‹ oder ›Süd‹ gewesen, hatte aber von den Maßgebenden eine Absage erhalten«. Weder Geyr noch Sodenstern waren so maßgebend wie Manstein, aber die Datierung auf die Zeit nach ClSs Besuch bei Geyr und Sodenstern, also auf Ende September 1942, ist nicht auszuschließen.

Fronteinsatz

[1] Hierzu u.z. Folg. KTB OKW II 151, 921–922, 946, 951; Tessin 1, 281–282; Tessin 3, 170–171; Keilig 211/7; Howard, Grand Strategy IV 171–190, 337–355; Schick, 10. Panzer-Division.

[2] Burk 14. Aug. 1985.

[3] Kaiser Tb. 2. Feb. 1943. Im Gegensatz zu den Namen anderer Verschwörer ist ClSs Name hier unverschlüsselt wiedergegeben, woraus zu schließen ist, daß Kaiser ihn damals nicht zur Verschwörung zählte. Gisevius 8. Sept. 1972 berichtete aber, ClS sei »als Bekehrter« kurz vor Stalingrad »in unserem Kreise« aufgetaucht.

[4] Kaiser Tb. 3. Feb. 1943; NS 30. Juli 1968; VB Berliner Ausgabe, 4. Feb. 1943 S. 1.

[5] NS 30. Juli 1968; Howe 407 zit. für Fischers Tod am 1. Feb. 1943 durch eine italienische Mine 5. Pz.Armee KTB IV 1. Feb. 1943; ebenso Schott 13. März 1991. Nach Kaiser Tb. 3. Feb. 1943 wußte ClS am 3. Feb. seine neue Verwendung.

[6] NS 30. Juli 1968.

[7] Kaiser Tb. 1., 3. Feb. 1943; ebenso Gisevius II 259.

[8] Gisevius II 259.-23. Feb. 1943.

[9] Gisevius II 259; Kaiser Tb. 1., 3. Feb. 1943; Schwerin 321.

[10] I. Stieff 13. Juli 1947; I. Stieff, Hellmuth Stieff Bl. 75. Stieff 249 Anm. 1 zu Nr. 103 zit. I. Stieff, Hellmuth Stieff Bl. 78, wo nur vom 20. Juli 1944, von Stieffs Verhaftung und Prozeß die Rede ist. Der Hrsg. der Briefe Stieffs, Mühleisen, meint offenbar Bl. 75, wo die Aufforderung von Feb. 1943 festgehalten ist, gibt die Aufzeichnung aber nicht richtig wieder. Mühleisen paraphrasiert I.Stieff über Stieff: »Längere Zeit habe er geschwankt.« Dies steht nicht in der Aufzeichnung, die lautet: »Ende Februar 1943 wird Stieff erstmalig aufgefordert sich an einem Attentat auf Hitler zu beteiligen. Am 28. 2. 43 ist Stieff anläßlich einer Waffensitzung in Berlin. Er fragt seine Frau: ›Wer ist Dir sympathischer, die Engländer oder die Russen?‹ – ›Unbedingt die Engländer.‹ – ›Das ist auch meine Ansicht‹, sagt Stieff.«

I. Stieff schrieb am 13. Juli 1947 an Ricarda Huch, Stieff habe sie im Feb. 1943 gefragt, ob sie ein Attentat auf Hitler für richtig halte, sie habe geantwortet, sie halte es für richtig; sie erwähnt nicht, ob Stieff einen Entschluß gefaßt hatte. Am 6. Aug. 1943 schrieb Stieff seiner Frau, er habe sich »in den letzten Tagen« zu der Auffassung durchgerungen, »daß man sich keiner Verantwortung, die einem das Schicksal abfordert, entziehen darf«; er müßte sich seines Werdegangs schämen, wenn er nicht, da es not tue, seine »wahre Pflicht« erfüllte; er werde sich dabei nicht beflecken; Stieff 170. I. Stieff schrieb R. Huch am 13. Juli 1947, in jenem Brief habe ihr Stieff »für mich deutlich und unmißverständlich« gesagt, »daß er an einem Attentat gegen Hitler teilzunehmen sich entschlossen hat«. Der Ausdruck »nicht beflecken« scheint dem zu widersprechen.

[11] Hammerstein 10. Dez. 1990.

[12] Hammerstein, Tages-Notizkalender 1943.

[13] Kaiser Tb. 19. Feb., 3., 12. März 1943; Hoffmann, Widerstand 350–360; Schlabrendorff 69–70.

[14] Sauerbruch 9. Feb. 1977, 5 Sept. 1990; Sauerbruch, Bericht 139–142.

[15] Spiegelbild 373 mit unrichtiger Datierung.

[16] Colsman in Zeller 248.

[17] Sauerbruch, Bericht 141–142; Sauerbruch 2. Feb. 1990; Halder in Kramarz 119; Schall-Riaucour 305; Sauerbruch 14. Nov. 1990 berichtet, der Brief sei in seiner einzigen Begegnung mit Halder nach dem Krieg nicht zur Sprache gekommen; die Annahme liegt also nahe, ClS habe sich mit dem Brief lediglich bei Halder verabschiedet. Ueberschär 17. Dez. 1990 teilt mit, Halder sei von Ende Jan. bis Ende Feb. in Kur, nicht in Berlin gewesen. Zu ClSs Besuch bei Halder zwischen 24. Sept. und Ende Dez. 1942 s. oben 274.

[18] Bremme in Kramarz 121 Anm. 3; NS in CM 282–283; Bürkers Beförderung ist in der HPA-Kartei auf 1. Jan. 1943 anscheinend rückwirkend datiert, bei seinem Besuch im WFSt am 27. Jan. 1943 war er noch Oberstlt.; KTB OKW III 77.

[19] KTB OKW III 77.

[20] NS 30. Juli 1968.

[21] Gästebuch Lautlingen; CS an TP 15. März 1943, PP; ClS an Frau Pezold 9. Feb. 1943, Papiere Pezold.

[22] Friedrich Frh. v. Stauffenberg 10. Aug. 1972.

[23] Gästebuch Lautlingen; CS an TP 15. März 1943, PP; ClS an Frau Pezold 9. Feb. 1943, Papiere Pezold.

[24] Gästebuch Lautlingen; CS an TP 15. März 1943, PP; ClS an Frau Pezold 9. Feb. 1943, Papiere Pezold.

[25] Lüke 20. Feb. 1991.

[26] Kramarz 121 auf Grund von Bürklin 15. Juli 1962 nennt Tunis als Ort des Lazaretts; Burk 6. Dez. 1990 nennt Kairouan.

[27] Reile, Einsatz: »Am 3.2. übernimmt Generalmajor Frh.von Broich die Div. Neuer Ia wird am 13.2. Oberstlt.i.G.Graf Stauffenberg, nachdem Maj.i.G.Moll vorübergehend den Dienst ausgeübt hatte.« Moll blieb jedoch mindestens bis 17. Feb.; Schick 30. Mai 1991. Reile, Einsatz datiert den Beginn des Angriffs über den Faid-Paß auf 13. Feb. früh, der Angriff fand aber am 14. Feb. statt. Reile 17. [März] 1991 zit. seine zeitgenössische Niederschrift auf die Frage nach dem Datum des Eintreffens ClSs: »Am Ende eines Berichts über den Beginn des Angriffs am Faid-Paß steht: ›Stauffenberg ist angekommen.‹ Kein Zeitpunkt, keine Angabe über Abholung.« Auf dem Papier begann ClSs Versetzung [sic] in die

10. Pz.Div. erst am 15. Feb. 1943; Handliste der Generalstabsoffiziere Stand 1. Juli 1943.

[28] Howe 407; Keilig 211/85; Kramarz 122. Howe 407 zit. KTB IV d. 5. Pz.Armee 1.2.43; demnach war Broich schon am 1. Feb. ernannt. Zum Eintreffen ClSs Schick 30. Mai 1991. Moll wurde für die Schlacht um Kasserine, also ab 19. Feb., Verbindungsoffizier des AOK 5 bei Rommel und trat am 24. Feb. wieder zum AOK 5 zurück; Schick 30. Mai 1991 auf Grund der Aufzeichnung von Moll; ferner Schick 5. Feb. 1992.

[29] Burk 6. Dez. 1990; Reile, Einsatz (Datum); Oppenfeld 27. Mai 1984 mit unsicherer Datierung; Schick 10. Dez. 1991.

[30] Burk 14. Aug. 1985; Bürklin 15. Juli 1962; Schönfeldt 22. März 1991; Maaß 20. März 1991 berichtet von einer Lagebesprechung mit Broich, Generalmajor Kurt Freiherr von Liebenstein und ClS, in der Liebenstein von ClS beeindruckt war und sich Maaß gegenüber sehr positiv über ClS äußerte, was Liebenstein, »ein kritischer Mann, der viel verlangte [...] sonst wenig tat«.

[31] Burk 14. Aug. 1985; Oppenfeld 14. Aug. 1985; ähnlich Oberst Heinz Schmid (Kdr.Pz.Art.Rgt. 90 in 10. Pz.Div.) in Kramarz 123 und H. Schmid 23. Sept. 1962; Broich 14. Juni 1962; Bürklin 15. Juli 1962; Kleikamp 18. Dez. 1962.

[32] Burk an Otto Burk 27. März [1943].

[33] Reile 17. [März] 1991; Oberst Hans Reimann 17. Juli 1962.

[34] Broich 14. Juni 1962.

[35] Zeller 238 ohne Quellenangabe; Lüke 6. März 1991 datiert auf Grund von Hörensagen »im Kampfraum Medenine am 7. März«.

[36] Oppenfeld 27. Mai, 20. Juli 1984, 14. Aug. 1985.

[37] Reile 17. [März] 1991.

[38] Reimann in Kramarz 124; Zipfel in Kramarz 126.

[39] Burk 14. Aug. 1985; Reimann in Kramarz 124; Broich 14. Juni 1962; Kommunist Adalbert Eibl, Angehöriger des ASR 961 der Div. 999, berichtet in Burkhardt, Schein 371, er habe ClS am 19. März 1943 in der Frontleitstelle in der Marschall-Foch-Kaserne in Tunis getroffen; ClS habe ihm Zigaretten angeboten, sei sehr freundlich und erstaunt gewesen, daß auch politische Sträflinge in dem Verband dienten.

[40] Broich 14. Juni 1962.

[41] Broich 14., 20. Juni 1962.

[42] Broich 20. Juni 1962.

[43] Broich in Kramarz 122.

[44] Reile 17. [März] 1991.

[45] Reile 5. April 1991.

[46] Vor der Kapitulation des D.A.K. wurde Hagen in den GenStdH/Org.Abt. versetzt und Stieff, Klamroth und Major i.G. Kuhn unterstellt. Prozeß XXXIII 328–329; KTB 10. Pz.Div. Ic, Tätigkeitsbericht 22. März-19. April 1943; Broich in Kramarz 126; Schönfeldt 22. März und 22. April 1991 (im zweiten Brief meinte Schönfeldt, der Ausdruck sei »Kerl« gewesen, »Schwein« habe eigentlich nicht zu ClSs Vokabular gehört); Burk 6. Dez. 1990; Broich 14. Juni 1962.

[47] Stumpf 572–573.

[48] Howe 406–416; Lüke 437–438; Rommel, Tagesberichte 13. Feb. 1943 erwähnt als anwesend u.a. die Kommandeure der 10. und 21. Pz.Div., aber nicht ihre Ia-Offiziere; ClS kann noch nicht dabeigewesen sein, da er erst im Lauf des 14. Feb. auf den Gefechtsstand der Div. kam. Ferner 10. Pz.Div. Ic, Tätigkeitsbe-

richt 14. Feb. 1943; Reile, Einsatz; Howe 406–416; Lüke 438; Burk 27. Okt. 1990; Howe 407 bezeichnet Ziegler als Chef des Stabes bei Arnim; dagegen Keilig 211/375; Rommel, Tagesberichte 23. Feb. 1943; zu dem beiderseitigen Täuschungsspiel mit aufgebauschten Kommandobezeichnungen Stumpf 719.

⁴⁹ 21. Pz.Div. Ia, Divisionsbefehl für den Angriff auf Sidi bou-Zid, 12. Feb. 1943, NA T-315 Rolle 570/371; Rommel, Krieg 349–355; Eisenhower Papers II 952–982.

⁵⁰ Hinsley II 757–763.

⁵¹ Rommel, Krieg 350.

⁵² KTB 10. Pz.Div. Ic, Tätigkeitsbericht passim; Lüke 436; Lüke 28. Jan., 20. Feb. 1991; Reile, Einsatz.

⁵³ Schick 30. Mai 1991 auf Grund von Burk, Moll, Reile berichtigt Burk 27. Okt. 1990 und Reile, Einsatz.

⁵⁴ Oehlert 18. April 1991.

⁵⁵ Leyendecker 18. April 1991.

⁵⁶ KTB 10. Pz.Div. Ic, Tätigkeitsbericht 14. Feb. 1943; Lüke 437–438.

⁵⁷ Lüke 438.

⁵⁸ Lüke 439.

⁵⁹ Howe 415; KTB 10. Pz.Div. Ic, Tätigkeitsbericht 14. Feb. 1943; Reile, Einsatz; Lüke 439 erwähnt »fast 70 Panzer«, die das II. amerikanische Korps verloren habe, während auf deutscher Seite nur drei Panzer ausgefallen seien; Schick 25. Jan. 1994.

⁶⁰ Jodl hatte schon im Jan. 1943 diesen Gedanken: KTB OKW III 52–53; ähnlich Bürker: KTB OKW III 77; Schick 5. Feb. 1992.

⁶¹ Burk 27. Okt. 1990; Rommel, Krieg 349–353; Eisenhower Papers II 952–982.

⁶² Hinsley II 577–597, 757–763.

⁶³ Rommel Papers 394.

⁶⁴ Rommel, Krieg 349–350; Howe 416–422; Reile, Einsatz.

⁶⁵ KTB 10. Pz.Div. Ic, Tätigkeitsbericht 15. Feb. 1943.

⁶⁶ Howe 419–422.

⁶⁷ KTB 10. Pz.Div. Ic, Tätigkeitsbericht 15.–18. Feb. 1943; Howe 424–425. Burk 14. Aug. 1985, 6. Dez. 1990; Weist 19. Feb. 1991 hörte damals von einem zeitweiligen Waffenstillstand zwischen einem deutschen und einem amerikanischen Kommandeur zur beiderseitigen Bergung von Verwundeten und Gefallenen, das Schießen sei tatsächlich vorübergehend eingestellt gewesen. Oehlert 18. April 1991 berichtet, auf dem Djebel Lessouda eingeschlossene Amerikaner, die sich samt ihren Verwundeten dorthin zurückgezogen hätten und seit 24 Stunden ohne Nachschub gewesen seien, hätten um Wasser für ihre Verwundeten gebeten und um die Möglichkeit, nach weiteren Verwundeten zu suchen und sie zu bergen. Oehlert: »Wir erfüllten ihre Bitte, wie es bei uns üblich war und gewährten ihnen einen Waffenstillstand vom Dunkelwerden bis zum Tagesanbruch des 15.02 [sic].« Oehlert glaubt, daß CIS davon keine Kenntnis gehabt habe. Reile, Einsatz und 17. [März] 1991 gibt eine andere Version des Vorgangs, bestätigt aber die Genehmigung durch »Führung der Div.«: Der Vorgeschobene Beobachter des A.R.90 war von den auf dem Berg liegenden Amerikanern gefangengenommen worden. »Die rechte Angriffsgruppe hatte den Bergstock zwar umfahren, aus Kräftemangel hatte er aber weder abgeriegelt noch durchkämmt werden können. Der Kdr. AR. 90 hätte nun seinen VB gern wiedergehabt. Er schloß mit dem Amerikaner einen Waffenstillstand. Der Amerikaner sollte die

Gefangenen herausgeben, sonst würde der Berg unter Beschuß genommen werden. Der hielt sich nicht an die Vereinbarung und verschwand mit den Gefangenen in der Nacht. Seitdem hieß dieser Berg der Waffenstillstandsberg.«

[68] Hitler hatte am 22. Jan. 1943 entschieden, aus politischen Gründen sei die von General Warlimont vorgeschlagene Bildung einer deutschen Heeresgruppe unter dem Oberkommando Rommels nicht möglich, und unterstellte beide, die Deutsch-Italienische Panzer-Armee »Afrika-Korps« und die 5. Panzer-Armee, dem italienischen Comando Supremo (Generaloberst Ambrosio, Chef des Generalstabes der italienischen Wehrmacht seit etwa 2. Feb. 1943: KTB WFSt III 94), wo der deutsche Oberbefehlshaber Süd, GFM Kesselring, einen gewichtigen beratenden Einfluß hatte; KTB OKW/WFSt III 62; Howe 368–370.

[69] Rommel, Tagesberichte 18.–19. Feb. 1943; Howe 438–440, 453; Rommel, Krieg 353–354; Reile, Einsatz; Schick 30. Mai 1991 auf Grund von Moll.

[70] Rommel, Tagesberichte 19. Feb. 1943; vgl. Photographie 295.

[71] Rommel, Tagesberichte 20. Feb. 1943.

[72] Rommel, Tagesberichte 20. Feb. 1943; KTB 10. Pz.Div. Ic, Tätigkeitsbericht 20. Feb. 1943; Howe 455, 472 (Abb.d.Bahnhofs); Kramarz nach S. 64 Abb. Broich, CIS und Divisionsgefechtsstand identifiziert von Burk 14. Aug. 1985; Reile 17. [März] 1991; Schick 30. Mai 1991 auf Grund von Moll. Das K 10 bestand aus 1 Panzerspäh-Kp., 1 Kp. auf leichten Schützenpanzerwagen, 2 Kp. Kradschützen auf schweren Beiwagenmotorrädern, 1 schweren Kp. mit 2 Infanteriegeschützzügen mit zusammen 4 leichten Infanteriegeschützen 7,5 cm, 1 Panzerabwehrkanonen-Zug, 1 Panzerbüchsen-Trupp; Reile 17. [März] 1991.

[73] Rommel, Tagesberichte 20. Feb. 1943.

[74] Howe 441–442, 452–453; KTB 10. Pz.Div. Ic, Tätigkeitsbericht 19. Feb. 1943; Reile, Einsatz.

[75] Rommel, Tagesberichte 20. Feb. 1943; hier steht »II./89« im Orig. wie in der Übertragung, gemeint ist II./86.

[76] Ab 23. Feb. 1943, Keilig 211/95.

[77] Rommel, Tagesberichte 20. Feb. 1943; Reile 17. [März] 1991.

[78] Rommel, Tagesberichte 20. Feb. 1943.

[79] Rommel, Tagesberichte 21. Feb. 1943; Leyendecker 18. April 1991; Lüke 449–450.

[80] Rommel, Tagesberichte 21. Feb. 1943.

[81] Rommel, Tagesberichte 21. Feb. 1943; Leyendecker 18. April 1991.

[82] Reile 17. [März] 1991.

[83] Leyendecker 18. April 1991.

[84] KTB 10. Pz.Div. Ic, Tätigkeitsbericht 21. Feb. 1943; Rommel, Tagesberichte 21.–22. Feb. 1943 nennt 2 Btl. und 700 Gefangene; Reile, Einsatz nennt ebenfalls höhere Zahlen; Lüke 450–451.

[85] Rommel, Tagesberichte 21. Feb. 1943.

[86] Rommel, Tagesberichte 21. Feb. 1943.

[87] KTB 10. Pz.Div. Ic, Tätigkeitsbericht 21. Feb. 1943; Rommel, Krieg 358–359; Howe 464–466; Reile, Einsatz; Lüke 450.

[88] Lüke 451; Howe 464–466.

[89] Reile, Einsatz.

[90] Rommel, Tagesberichte 22. Feb. 1943; Lüke 451. Rommel machte – im Gegensatz zu seiner während des Gefechts gewonnenen Einsicht – in seinen späteren Erinnerungen Arnim für das Mißlingen der Offensive verantwortlich, aber mit

der Begründung, Arnim habe die 19 »Tiger«-Panzer der 5. Panzer-Armee entgegen Rommels Anforderung unter dem Vorwand zurückgehalten, sie seien in Reparatur, was sich als unrichtig herausgestellt habe; die »Tiger« mußten aber tatsächlich nach dem Einsatz überholt werden; Rommel, Krieg 359–360; Reile 17. [März] 1991.

[91] Heiner, Unterlagen; Howe 456, 459–464; Reile 17. [März] 1991; Rommel, Tagesberichte 22., 24. Feb. 1943; Rommel, Krieg 360, 364–367; Howe 469.

[92] Reile, Einsatz; Rommel, Tagesberichte 23. Feb. 1943.

[93] KTB 10. Pz.Div. Ic, Tätigkeitsbericht 22. Feb. 1943.

[94] Rommel, Tagesberichte 23. Feb. 1943; Stumpf 737. Von Arnims »Unternehmen Ochsenkopf« an der Nordfront erfuhr Rommel nachträglich, während Arnim und der Rommel ebenfalls unterstellte General von Vaerst ohne Rommels Wissen zu Besprechungen nach Rom befohlen wurden, worauf Rommel am 27. Feb. mit Kesselring »äußerst erregt über die völlig verfahrenen Befehlsverhältnisse« telephonierte; Rommel, Tagesberichte 24. und 27. Feb. 1943.

[95] Rommel, Tagesberichte 28. Feb. 1943; Rommel nennt hier »Frantz« als General, die Ranglisten nennen den ChGenSt D.A.K. als Oberst i.G. Gerhard Franz; Reile, Einsatz; KTB 10. Pz.Div. Ic, Tätigkeitsbericht 23. Feb.–l. März 1943; Rommel, Krieg 364–367; Howe 514–519. Generalmajor Bülowius warnte, daß die nördlich und westlich um die englischen Stellungen gelegten Minen alle gegen Aufnahme gesichert seien, also gesprengt werden müßten, wodurch Überraschung unmöglich würde; Rommel befahl nochmalige Geländeerkundung.

[96] Cramer 7.

[97] Reile, Einsatz; Heiner, Unterlagen; Weist 19. Feb. 1991.

[98] Rommel, Tagesberichte 28. Feb. 1943.

[99] Lüke 458.

[100] Reile, Einsatz; Heiner, Unterlagen; Weist 19. Feb. 1991.

[101] Howe 515–516; Hertel 18. April 1991 nennt nur ca. 140 Panzer, jedenfalls nicht mehr als 1/3 der Kriegsstärke.

[102] Rommel, Tagesberichte 5. März 1943; Cramer 7; Oberst Heinz Schmid in Kramarz 123 und H. Schmid 23. Sept. 1962; Burk, der bei der Besprechung war, 14. Aug. 1985, 27. Okt. und 6. Dez. 1990; Lüke 459.

[103] 10. Pz.Div. Ia, Divisionsbefehl für das Unternehmen »Capri«, 5. März 1943, KTB 10. Pz.Div. Ia Anl. Nr. 6; KTB 10. Pz.Div. Ic, Tätigkeitsbericht 6. März 1943; Howe 516–517.

[104] Reile, Einsatz; Reile 10. Feb. 1991; Heiner, Unterlagen; Balser 4. März 1991.

[105] Cramer 7.

[106] Reile, Einsatz; Weist 19. Feb. 1991.

[107] Rommel, Tagesberichte 6. März 1943.

[108] Balser 4. März 1991.

[109] Reile, Einsatz; Weist 19. Feb. 1991; Balser 4. März 1991.

[110] Heiner, Unterlagen; Breitenberger in Lüke 474.

[111] Reile 17. [März] 1991.

[112] KTB 10. Pz.Div. Ic, Tätigkeitsbericht 6. März 1943.

[113] Cramer 7.

[114] Lüke 462–463.

[115] Lüke 463.

[116] Cramer 8.

[117] Rommel, Tagesberichte 6. März 1943; Cramer 8.

[118] Rommel, Tagesberichte 6. März 1943.
[119] Cramer 8; Rommel, Tagesberichte 6. März 1943; Reile, Einsatz.
[120] Oppenfeld 14. Aug. 1985; Hertel 18. April 1991: der Absetzbefehl kam gegen 3 Uhr früh.
[121] Hertel 18. April 1991; Reile 10. Feb. 1991.
[122] Reile 17. [März] 1991.
[123] Reile, Einsatz; Reile 10. Feb., 17. [März] 1991; Lüke 466.
[124] KTB 10. Pz.Div. Ic, Tätigkeitsbericht 10. März 1943.
[125] Reile, Einsatz.
[126] 10. Pz.Div. Ia Nr. 70/43 g.Kdos. 14. März 1943, KTB 10. Pz.Div. Ia Anl. Nr. 6.
[127] Schott (Überbringer von Erkundungsergebnissen) 20. April 1991; Schott war beeindruckt von seiner ersten Begegnung mit Broich und Stauffenberg, den er »als einen Offizier mit starker Ausstrahlung, in aufrechter Haltung, jung und kraftvoll«, ohne Kopfbedeckung mit seinem schwarzen, welligen Haar in nachhaltiger Erinnerung hat.
[128] Fernschreiben HGr Afrika Ia 1386 geh.g.Kdos 20. März 1943, 10. Pz.Div. Ia Anl. KTB Nr. 6.
[129] Howe 531–537; Rommel, Krieg 374–375.
[130] Hertel 18. April 1991; Howe 559–563; KTB 10. Pz.Div. Ic, Tätigkeitsbericht 22.–27. März 1943; ClSs Berichte über Gefangenenvernehmungen vom 24., 31. März und 1., 2., 3. und 6. April in KTB 10. Pz.Div. Ic Tätigkeitsbericht 22. März-24. April 1943 II Anl.; Lüke 474.
[131] Hertel 18. April 1991; Schick 10. Dez. 1991.
[132] Lüke 483–497.
[133] KTB 10. Pz.Div. Ic, Tätigkeitsbericht 30. März-6. April 1943.
[134] Howe 554–557; Lang; Schick 5. Feb. 1992.
[135] Schott 20. April und 27. Mai 1991.
[136] Howe 539.
[137] Howe 576.
[138] Howe 576.
[139] Burk 6. Dez. 1990; ClS in Reile 10. Feb. 1991.
[140] Zipfel in Kramarz 124–125; Zipfel 18. Jan. 1964; bestätigt von Burk 12. Feb. 1991; Schott 20. April 1991; Schick 5. Sept., 10. Dez. 1991.
[141] Zipfel 18. Jan. 1964; Schott 13. März 1991.
[142] Schott 20. April 1991; Balser 23. Jan. 1991.
[143] Schott 20. und 26. April, 27. Mai 1991.
[144] Schott 20. und 26. April 1991.
[145] KTB 10. Pz.Div. Ic, Tätigkeitsbericht 7.–12. April 1943.
[146] Balser 4. und 25. März 1991, 12. Dez. 1991.
[147] Balser 23. Jan. 1991.
[148] Burk 12. Feb. 1991; Balser 23. Jan. 1991.
[149] Reile 10. Feb. 1991.
[150] Balser 23. Jan. 1991.
[151] KTB 10. Pz.Div. Ic, Tätigkeitsbericht 7.–12. April 1943.
[152] Oppenfeld 27. Mai 1984.
[153] Hierzu u.z. Folg.: KTB 10. Pz.Div. Ic, Tätigkeitsbericht 7.–12. April 1943; Broich in Kramarz 127–128; Broich 14. Feb. 1962; Burk 27. Okt. und 6. Dez. 1990; Broich 14. Feb. 1962 erwähnt etwa 20 Tiefflieger; Burk 12. Feb. 1991; Balser (Augenzeuge) 23. Jan., 4. und 25. März, 12. Dez. 1991. Lüke 28. Jan. 1991 und

12. Feb. 1991 nennt als Ort von Stauffenbergs Verwundung auf Grund mehrerer allerdings nicht mehr identifizierbarer Aussagen irrig »etwa auf der Höhe des Dj. en Nedjilet hart nördlich der von Maknassy nach Mezzouna führenden Bahnstrecke im Einsatzraum des Pz.Art.Rgt. 90«.

[154] Reile 10. Feb. 1991.

[155] Balser 23. Jan., 4. März 1991; Schönfeldt 22. März 1991; Schott 13. März, 20. und 26. April 1991; NS 9. Aug. 1991.

[156] Schott 20. April 1991: Der Wagen sei kein Kübelwagen, sondern »ein PKW-mäßiger großer Wagen« gewesen. Dies würde Dr. Keyssers Bericht (s. Anm. 157) bestätigen, wonach der Wagen fahrtüchtig gewesen sei; Broich und Burk hätten dann zwar ClSs Kübelwagen »völlig« zerschossen vorgefunden, doch kann dieser nach ClSs Verwundung zerschossen worden sein.

[157] Keysser 6., 12. und 23. Feb., 1. und 21. April 1991. Balser 23. Jan. und 21. Feb. 1991 berichtet, Stabsarzt der III. Abt. des Pz.Art.Rgt.90 Dr. Biskamp habe Stauffenberg erste Hilfe geleistet. Balsers Berichte enthalten bei großer Lebendigkeit Ungenauigkeiten, z.B. abweichende Datierungen, Verwechslung des El-Hafay-Passes mit der Enge nordöstlich Bordj bou Hedma (Balser 23. Jan., 21. Feb., 4. und 25. März 1991). Im vorliegenden Fall konnte Balser seinem eigenen Bericht zufolge die Tätigkeit Dr. Biskamps nicht beobachtet haben, weil er mit anderen das in Brand geratene Fahrzeug Dr. Biskamps löschte und dann an einen Lastwagen anhängte; er nimmt bloß an, Dr. Biskamp habe inzwischen ClS Hilfe geleistet. Dr. Biskamp ist 1981 gestorben; Frau Biskamp und ein als Mediziner tätiger Sohn wissen nichts von der Behandlung ClSs durch Dr. Biskamp, obwohl dieser gelegentlich bei Erzählungen auch ClS erwähnte. Frau Biskamp 21. Feb. 1991; Dr. Klaus Biskamp 7. März 1991. Dr. Keyssers Bericht wird bestätigt von Burk 28. Feb. und 27. April 1991: Bei der Ankunft auf dem neuen Gefechtstand erfuhr er, »Stauffenberg habe von einem Arzt einer fremden Einheit, der zufällig mit dem Sanitätswagen vorbeigekommen sei, erste Hilfe erhalten«; »fremde Einheit« bedeutete eine nicht zum Verband der 10. Pz.Div. gehörende Einheit (Burk 27. April 1991).

[158] Burk 28. Feb. 1991.

[159] NS 30. Juli 1968; Deutsche Dienststelle 30. Okt. 1991; BA-MA 15. Nov. 1991.

[160] NS 30. Juli 1968; Deutsche Dienststelle 30. Okt. 1991.

Verschwörung

[1] CS an TP 11. April 1943, PP; BS an RF 13. April [1943], Nl RF; BS an RB [12. April 1943], Nl RB.

[2] Lt. Krankenmeldung an die Wehrmacht-Auskunftstelle in Berlin wurde ClS am 21. April 1943 im Res.Laz.München I Kr.Abt. II als Zugang »von Laz.-Zug« registriert; Deutsche Dienststelle 30. Okt. 1991. NS 30. Juli 1968 und 19. Jan. 1969 erinnert sich, ClS sei in Livorno angekommen und sicher nach dem 18. April; um diese Zeit verkehrten noch Schiffe zwischen Tunesien und Livorno: Bragadin 243; Rohwer, Hümmelchen 343, 361; Veranlassung P.Sauerbruch: NS 19. Jan. 1969. Walter Anton an BS o.O.o.D., StGA: »Es mag cheirurgoi geben die L. an wissen und können erreichen aber ich zweifle ob jemand seine grosse kunst so angemessen und gleichmässig einsetzt wie man das stets bei L. sah.«

[3] Löwenstein 15. Jan. 1992.

4 NS 30. Juli 1968,19. Jan. 1969, 3. Dez. 1990; zur Mittelohroperation auch BS an MS [10.] Mai 1943, Nl MS; Gabriele Gräfin Stauffenberg 16. Aug. 1985, deren Mutter Taschenkalender BS´ Brief datiert; BS an RB 27. Mai 1943, Nl RB; BS an RF 24. Mai [1943], Nl RF; Spiegelbild 305.

5 Gabriele Gräfin Stauffenberg 16. Aug. 1985.

6 G. Frh. v. Fritsch in Kramarz 130; M.Graf Stauffenberg 15. Aug. 1985; NS 10. Nov. 1991.

7 Gabriele Gräfin Stauffenberg 16. Aug. 1985.

8 Gabriele Gräfin Stauffenberg 16. Aug. 1985; Herwarth 24. Aug. 1972; Hoffmann, Stauffenbergs Freund 27-28.

9 M. Graf Stauffenberg 21. Juli 1984, 15. Aug. 1985; HCSt 1963, 129.

10 M. Graf Stauffenberg 4. Juni 1973; M. Graf Stauffenberg 15. Aug. 1985 meinte, sein Bericht an ClS sei gewesen, die Mehrzahl der Münchner Studenten wäre wohl gegen das Regime mobilisierbar.

11 Guttenberg, Beim Namen 176–177; die Behauptung, Stauffenberg habe erwartungsvoll von seiner Verwendung im Stab des AHA gesprochen, ist angesichts der Zeugnisse, wonach er wieder an die Front wollte, mit Zurückhaltung aufzunehmen.

12 Blomberg 24. Juli 1962.

13 Partsch 3. März 1977; Herwarth, Zwischen 290–291.

14 Zeitzler 3. und 26. Juli 1962 in Kramarz 130; Zeitzler erwähnt in seinen Briefen an Kramarz das Goldene Verwundetenabzeichen nicht; Sachenbacher 12. Juli 1972; M.Graf Stauffenberg 16. Aug. 1985. Zeitzler 26. Juli 1962; FHQ in Berchtesgaden 23. März-Ende Juni: Bormann, Daten; Junge/Linge; Hoffmann, Security XXX. .

15 Bürker 18. Okt. 1972; ClS an Bürklin 9. Juni 1943 in Kramarz zwischen 128 und 129.

16 S. vorige Anm.; BA-Z Verleihungskartei; Phillips 15.

17 Stieff 247 Anm. 1 zu Nr. 100 zit. für seine Datierung vor 8. Juni 1943 I.Stieff, Hellmuth Stieff Bl. 75; hier steht jedoch »Juni oder Anfang Juli 1943«; Löwenstein 15. Jan. 1992.

18 Löwenstein 15. Jan. 1992.

19 NS in Kramarz 130; Joest 7. Juni 1978.

20 NS 10. Nov. 1991.

21 BS an MS aus München [10.] Mai 1943, Nl MS; Gabriele Gräfin Stauffenberg16. Aug. 1985, deren Mutter Taschenkalender BS' Brief datiert; RF, Bericht; Hoffmann, Stauffenbergs Freund 28.

22 Griechenlandversorgung: 381. Hölderlin: W. Hoffmann, Neue 43–48; W. Hoffmann, Stuttgarter 12; Lohrer 289–300.

23 BS an RB [vor 21.] April 1943, RB an BS 2. Mai 1943, StGA; Stettler 55.

24 BS an RF 24. Mai [1943], Nl RF.

25 BS an RB 29. April 1943, Nl RB; ClS an RF 8. Juni 1943, Nl RF; RF, Bericht, sagt »im Mai«; BS an RF 24. Mai [1943], Nl RF besagt, daß der Besuch noch nicht stattgefunden hat und stellt den Besuch nicht gerade für die nächsten 7 Tage in Aussicht.

26 ClS an RF 8. Juni 1943, Nl RF. Am 16. und 17. Juni war RF in Lautlingen: Gästebuch.

27 ClS an RF 25. Juni [1943], Nl RF.

28 RF 10. März 1977.

[29] ClS an RF 4. Juli 1943, Nl RF (ClS datierte den Brief aus München, also auf der Reise von Bamberg nach Lautlingen, schloß ihn aber in Lautlingen ab, wo er am 5. Juli angekommen war; Gästebuch Lautlingen); Solomos, Gespräch, Übertragungsentwurf mit hs. Eintragungen ClSs, Nl RF, StGA; Solomos, Neugriechisches Gespräch.

[30] RF 9. Mai 1977.

[31] BS an RB 29. Juni [1943], Nl RB: ClS gehe es so viel besser, daß er Ende der Woche auf 14 Tage in Urlaub fahren könne, ehe die Operation am Arm für die Handprothese vorgenommen werde; Samstag war der 3. Juli, an dem Gabriele Gräfin St. ClS noch einmal in München besuchte; Gabriele Gräfin St. 16. Aug. 1985 auf Grund des Taschenkalenders ihrer Mutter; NS 13. Aug. 1968.

[32] S. Anm. 29 oben.

[33] Im Gästebuch Lautlingen trug sich ClS für »5. Juli-9. August« ein; CS an TP 21. Juli 1943, PP schrieb »Claus ist für 5 Wochen hier«; Gabriele Gräfin Stauffenberg (Mitteilung 16. Aug. 1985) datiert nach dem Taschenkalender ihrer Mutter ClSs Ankunft in Jettingen für 7. Aug., NSs Ankunft für 8. Aug., die Abreise beider für 9. Aug..

[34] ClS an RF 20. Juli 1943, Nl RF StGA; BS an RF 22. Juli 1943, Nl RF StGA mit der Bemerkung, BS werde sich wohl erst im September mit ClS treffen können; BS an ClS 2. Aug. 1943, Durchschlag an RF, Nl RF StGA; Stettler 50.

[35] ClS an RF 3. Aug. 1943, Nl RF StGA; BS an ClS 6. Aug. 1943, Durchschlag an RF, Nl RF StGA.

[36] Reinhardt 13. Sept. 1969, 1. Juli 1972; Kramarz 130; vgl. Personalkarte in NA RG 242; KTB Org.Abt. 6.–10. Juni, 1.–10. und 21.–31. Aug. 1942 207, 267, 296.

[37] Zeller 238 ohne Quelle, die CM 291 auf Grund seiner Befragung RFs als diesen identifiziert. RFs Angabe bei Zeller, ClS habe damals zum erstenmal mit der verstümmelten linken Hand seinen Namen unter einen schreibmaschinengeschriebenen Brief gesetzt, der »bald darauf« an RF gegangen sei, ist etwas unklar; der erste der Briefe ClSs an RF seit ClSs Verwundung, die RF zur Verfügung gestellt hat, ist vom 8. Juni 1943 datiert und ganz mit der linken Hand geschrieben; der erste maschinengeschriebene und mit der linken Hand unterzeichnete Brief ClSs an RF, den RF zur Verfügung gestellt hat, ist vom 4. Juli 1943 datiert. So könnte die Datierung Mai (CM 291) für ClSs Mitteilung an RF, ihm sei die Stelle des Chef des Stabes bei Olbricht angeboten, doch zutreffen, wenn eine Ungenauigkeit RFs angenommen wird.

[38] NS Okt. 1962 in Kramarz 130; Datierung: NS 3. Dez. 1990; BA-Z 24. Feb. 1977.

[39] Bürklin in Kramarz 131; BS an MS [10.] Mai 1943, Nl MS; Saucken 29. März 1965 und 25. Nov. 1990. Vgl. Kap. »Stauffenberg erkennt die Natur Hitlers und des Krieges« 261–272.

[40] Bürklin in Kramarz 131; BS an MS [10.] Mai 1943, Nl MS; bestätigt von NS 15. Sept. 1964.

[41] Zeitzler 3. Juli 1962; Kramarz 131 paraphrasiert hier ungenau: Zeitzler schrieb nicht, ClS sei »kaum einigermaßen genesen« gewesen, und nicht, ClS habe »sich bei ihm zurückgemeldet«. Kleikamp 21. Jan. 1963 bestätigt ClSs Wunsch, wieder an der Front eingesetzt zu werden und datiert Zeitzlers Erwähnung der Meldung ClSs zur Frontverwendung für die Zeit nach dessen Lazarettaufenthalt. Vermutungen, ClSs Versetzung zu Olbricht sei durch die Verschwörer lanciert

oder schon kurz nach ClSs Verwundung oder gar vor seinem Einsatz in Afrika verabredet worden, bestätigten weder Zeitzler noch Kleikamp.

[42] Vgl. CM 336 auf Grund von Keilig 203 1942.

[43] R. v. Lerchenfeld 20. Juli 1972; sein früherer Lehrer an der Kavallerieschule, der spätere Kommandierende General des Deutschen Afrika-Korps, Cramer, schrieb am 20. Feb. 1963: »Er war Offizier vom Scheitel bis zur Sohle, Kavallerist, Kriegsakademiker, Generalstabsoffizier (mehr sein als scheinen), kein Schreibtischmann sondern ein persönlich tapferer Soldat, den man überall hinstellen konnte.«

[44] Kleikamp 21. Jan. 1963.

[45] Tresckow an Eta von Tresckow 9. Juli [1943], Nl Tresckow.

[46] Hofacker an seine Frau 17. Jan. 1943, Nl MS; Schwerin 303; H. Mertz, Tagebuch 22. und 26. Mai 1944.

[47] Anni Lerche, Sekretärin bei Olbricht, in Zeller 521 Anm. 36; Kaiser Tb. 1943 passim.

[48] NS in Kramarz 132.

[49] NS in HCSt 1963 129; NS 3. Dez. 1991 datiert den ersten solchen Ausspruch auf etwa Ende April/Anfang Mai 1943. NS in Kramarz 132.

[50] Vielleicht bezog sich Schulenburg darauf, als er im Juni 1944 seiner Frau sagte, man wäre schon weiter, wenn Stauffenberg sich eher entschlossen hätte; CvdS 12. Aug. 1963.

[51] Kaiser Tb. 2. April 1943; Hassell 362; Gottberg 16. Juni 1966; Krebs 252; Goltz in Heinemann 149–150. Am 1. April wurden Oberst Fritz Jäger und sein Sohn verhaftet, weil dieser unvorsichtig geäußert hatte, sein Vater werde das Wachbataillon in Berlin übernehmen, und dann werde es bald »losgehen«. Oberst Jäger war Kommandeur der Panzer-Ersatz-Truppen II und XXI und schon lange in der Verschwörung; Kaiser Tb. 2., 6. April 1943.

[52] Kaiser Tb. 6. April 1943.

[53] Hoffmann, Widerstand 363–366; vgl. Hassell 362; Kaiser Tb. 6. April, 7.–8. Juli 1943.

[54] Manstein, Richtigstellung, läßt Feb. 1943 nur vermuten und bestreitet, daß Tresckow ihn für den Umsturz gewinnen wollte; in Mansteins privatem Tagebuch findet sich kein Hinweis auf dieses Gespräch: R. v. Manstein 21. Juni 1991. Ferner Stahlberg in Scheurig, Tresckow 136–137; Stahlberg, Pflicht 281–282; Kaiser Tb. 6. April 1943 auf Grund der Mitteilungen Tresckows vom selben Tag: »Manstein hat nur militärische u operative Fähigkeiten, kein politisches Verständnis und besitzt keine tiefe u gründliche Bildung. Er sieht nicht die politischen Notwendigkeiten u verhält sich gegenüber den dringenden Aufgaben, die das Wohl des Volkes stellt u zu lösen fordert, ganz ablehnend. Der Ia v.F. [Feldhans = Kluge, sein Ia=Tresckow] hat neulich eine ganze Nacht mit ihm gesprochen mit dem Ergebnis, daß M abschließend sagte: Sie können das Rad der Weltgeschichte nicht zurückdrehen. Zudem hofft Manstein auf die neue Offensive gegen Rußland und darauf, daß dieses bis zum Herbst niedergerungen sein werde.« Vgl. Manstein, Siege 62; Manstein, Notizen; Manstein, Richtigstellung.

[55] Kaiser Tb. März–Juni 1943; Hoffmann, Tresckow 336.

[56] Kaiser Tb. 15. Mai 1943: »Die letzten Wochen haben bewiesen, daß der leitende Kopf der mil. Seite fehlte.« »Felsen« in Kaiser Tb. 5. Juni 1943 ist Gisevius; vgl. Kaiser Tb. 20. Juni 1943 und Hassell 274 (»Felsen«), 277 (»Velsen«), 318 (»Ve[l]sen«), 345 (»Velsen«), 348 (»Felsen«), 350 (»Velsen«) usw.; Schlabrendorff 83.

[57] Kaiser Tb. 29. März 1943; H.G. Guderian 1966.

[58] Kaiser Tb. 6., 7. April 1943.

[59] BA R 43 11/1092: Ankündigung Ende 1942, Übergabe 11. Okt. 1943; Kaiser Tb. 9. Mai 1943.

[60] Kaiser Tb. 28. Mai 1943.

[61] Kaiser Tb. 28. Mai 1943.

[62] Stieff in Spiegelbild 88; Schlabrendorff in Spiegelbild 401; Bussche 18. Sept. 1967; G.Meyer, Heusinger 224-228, 267-268.

[63] Kaiser Tb. 2. Juni 1943.

[64] Kaiser Tb. 7. Juni 1943.

[65] Stieff 18. Juni 1943, Stieff 168; Kaiser Tb. 10. Juli 1943.

[66] Rothfels, Briefe 305 Anm. 18; Stieff in Spiegelbild 87–88 und Prozeß XXXIII 307–308; I.Stieff an Ricarda Huch 17. Juli 1947.

[67] Kaiser Tb. 9. Juni 1943. Die hier genannten »5 Chefs« sind nicht die Abteilungschefs im OKH, sondern höhere Führer wie Kluge, Guderian, Küchler, Manstein. Worauf Mühleisen seine Mitteilung gründet, Tresckow habe Stieff im Juli 1943 gewonnen (Stieff 14), ist unklar; Stieffs Brief vom 6. Aug. 1943 stellt nur fest, Stieff habe sich in den letzten Tagen zur Teilnahme durchgerungen; Stieff 170.

[68] S. unten 372–379.

[69] Moltke, Briefe 488–490.

[70] Falkenhausen, Erinnerungen 13.

[71] Moltke, Briefe 490.

[72] Roon 254.

[73] Hierzu s. unten Kap.»Umsturzplanung: Äußeres« 373–379.

[74] FDS an CvdS [Ende Juni] 1943, Nl CvdS, Schwerin 301.

[75] Hofacker an seine Frau 17. Jan. 1943, Nl MS; Schwerin 303.

[76] Krebs 252–258; FDS an CvdS 10. Juni, 15. Juli 1943, Nl CvdS; Falkenhausen, Erinnerungen 13. Krebs 256; Zeller (1. Auflage) 342 Anm. 17, wonach Gotthard von Falkenhausen berichtete, Schulenburg habe in Paris gesagt, im engeren Kreis in Berlin halte man ClS für geeigneter als Goerdeler »auch bei der politischen Gestaltung der Führung«; 1945 schrieb Falkenhausen in seinen Erinnerungen nichts davon, dagegen S. 13–14, bei zwei Besuchen in Berlin im Januar und Februar 1944 habe er auf Wunsch Hofackers mit Graf Üxküll über die Umsturzplanung für Paris gesprochen und dabei für General von Falkenhausen als Reichskanzler anstelle Goerdelers plädiert. Schulenburg sagte Olbricht und Kaiser dasselbe: »Dr. Habicht« wäre Goerdeler als Primus vorzuziehen; Kaiser Tb. 12. März 1943.

[77] Falkenhausen, Erinnerungen 13.

[78] Teuchert 7.

[79] Kaiser Tb. 1. Juli 1943; Hassell 372 nach Gesprächen mit Stülpnagel und Falkenhausen.

[80] Teuchert 9; BA R 43 II/985a.

[81] Bürker, Im Wehrmachtführungsstab.

[82] BDC Personalakte; Salviati hatte auch den Rang SS-Sturmbannführer; Auszüge aus seinem Tagebuch in BDC Personalakte.

[83] Teuchert 8; ähnlich Kaiser Tb. 14. Mai, 2. Juni 1943 auf Grund von Olbricht; ebenso Hassell 372.

[84] Falkenhausen, Erinnerungen 12.

[85] Teuchert 7.

[86] Gisevius II 259; Ritter, Goerdeler 337, 389–390, 404; Nebgen 164, 184, 198.

[87] FDS an CvdS 24. Juli 1943, Nl CvdS; Krebs 257–258.

[88] Kaiser Tb. 2. Aug. 1943. Am 3. Aug. 1943 notierte Kaiser »Schuler zu Dr. Zange«; demnach wäre Schulenburg Anfang Aug. wieder nach Paris gereist, was Heinemann, Rebell 301–302 Anm. 88 für unwahrscheinlich hält, anscheinend ohne die Tagebuchstelle zu kennen. Hassell 382 berichtet ebenfalls Stülpnagels Bereitschaft.

[89] Heinemann, Rebell 150–152; Hofacker an Reichswirtschaftsministerium 13. Okt. 1943, Nl Hofacker; Bargatzky 1–3; Falkenhausen, Erinnerungen 5, 12; Kaiser Tb. 7. Juni 1943. Vgl. Moltke, Briefe 541 aus Paris 15. Sept. 1943, nach einer Besprechung bei Stülpnagel: »Um 1.30 ass ich mit Hofacker, der hier weggeht [...]«

[90] Personalakte Tresckow, BA-MA Pers 6-363; Elwine Hevelke (Vorgängerin von M. v. Oven) an Kramarz 21. Dez. 1971, Gedenkstätte Deutscher Widerstand, Berlin; M. v. Oven heiratete in den 1950er Jahren Wilfried Graf Hardenberg; M. Gräfin Hardenberg 26. Nov. 1961 sowie Interview 20. Aug. 1985; L. v. Hammerstein 10. Dez. 1990.

[91] Kaiser Tb. 6., 7., 8. April, 12. Mai 1943; Hassell 350; BA R 43 II/985b.

[92] Gersdorff in Graml, Militäropposition 473–474; Kaiser Tb. 29. Juli 1943.

[93] Hillgruber, Hümmelchen 175–176 f.

[94] Hitler, Weisungen 233–241; Hitlers Lagebesprechungen 377.

[95] Hitler, Weisungen 233–241; Hillgruber, Weltkrieg 122–123, 128.

[96] Kaiser Tb. 29. Juli 1943.

[97] Kaiser Tb. 29. Juli 1943; vgl. Schlabrendorff 68–69, 88–91.

[98] Kaiser Tb. 31. Juli 1943. Am 28. Juli schrieb Moltke, stürmische 14 Tage stünden bevor; Moltke, Briefe 512–519; Hoffmann, Tresckow 338.

[99] »Walküre« 31. Juli 1943. S. Kap. »Umsturzplanung: Inneres« 342–355. Der Stempelaufdruck »Sofort durch Sonderkurier zu befördern!« ist ein Indiz dafür, daß der von Schwerin 308–309 vermutete Zusammenhang zwischen Tresckows Ankunft in Berlin am 29. Juli und der Herausgabe der neugefaßten »Walküre«-Befehle am 31. Juli bedeutet, daß, obwohl Olbricht der eigentliche Urheber der neuen Fassungen war, Tresckow in der kurzen Zeit noch wesentlich zur Formulierung der Befehle für die Zwecke des Staatsstreiches beigetragen habe.

[100] Kaiser Tb. 2. Aug. 1943.

[101] Kaiser Tb. 29. Juli, 2. Aug. 1943.

[102] Kaiser Tb. 2. Aug. 1943.

[103] Kaiser Tb. 2. Aug. 1943.

[104] Kaiser Tb. 2. Aug. 1943. Vgl. Kap. »Umsturzplanung: Inneres« 353–354, Erlaß über die vorläufige Kriegsspitzengliederung.

[105] Kaiser Tb. 2.-3. Aug. 1943.

[106] Gersdorff, Beitrag, wo es auch heißt, Kluge sei »damals – zum mindesten zeitweise – für die Rolle des neuen Staatsoberhaupts vorgesehen« gewesen; ausführlicher Gersdorff, Soldat 134–136, mit der Abweichung, Kluge habe sich ausdrücklich bereit erklärt, sich für den Fall von Mansteins Übernahme der vereinigten Generalstäbe dem jüngeren Feldmarschall zu unterstellen.

[107] Manstein Tb. 8. Aug. [1943].

[108] Manstein Tb. 8. Aug. [1943]; in Manstein, Soldat 184–185 ist die Aufzeichnung durch nicht bezeichnete Umstellungen, Auslassungen und Textänderungen entstellt wiedergegeben. Kaiser Tb. 6. April 1943; s. oben Anm. 54.

[109] Gersdorff, Beitrag; Gersdorff in Prozeß XX 680; Gersdorff, Soldat 134–136; nach Manstein, Soldat 185, wo ein Brief Mansteins vom 20. Feb. 1943 zit. wird, hatte Zeitzler Manstein im Feb. 1943 gesagt, eine Reuter-Meldung habe behauptet, Manstein solle den »Gesamtbefehl« bekommen.

[110] Manstein, Richtigstellung.

[111] Ritter, Goerdeler 336 ohne Einzelbeleg; in Anklageschrift gegen Goerdeler u. a. heißt es, Tresckow habe Beck Anfang Aug. 1943 in Gegenwart Olbrichts und Goerdelers erklärt, mit einem Zusammenbruch der Front sei in Bälde zu rechnen; in Urteil gegen Goerdeler u. a., Tresckow sei im August [1943] mit defätistischen Behauptungen von der Front zurückgekommen; in Goerdeler, Idee 24 steht, Tresckow sei gekommen und habe Beck und Goerdeler gesagt, es müsse umgehend gehandelt werden, das sei auch die Meinung von »Manstein, Kluge, Küchler«.

[112] Ritter, Goerdeler 336; Goerdeler, Idee 24–25.

[113] Goerdeler, Idee 25; vgl. Anklageschrift und Urteil gegen Goerdeler u. a.

[114] Ritter, Goerdeler 337.

[115] Ritter, Goerdeler 337.

[116] Goerdeler, Idee 25; Anklageschrift gegen Goerdeler u.a.; Ritter, Goerdeler 337.

[117] Schwerin 317–319, 537 Anm. 38 gibt plausible Gründe an, die für die Darstellung Lukascheks sprechen, wenn auch nicht für den von Lukaschek angegebenen Staatsstreichtermin 13. Aug.; vgl. Moltke, Briefe 523–524; Bleistein 315-335, 340-341; zur 18. Pz.Div. Hoffmann, Tresckow 340, 347. Albrecht, Vorbereitungen bestätigt die Erwartung des Umsturzes im August, als nach dem Besuch CLSs beim Chef des Gen.St. Stellv.Gen.Kdo. III, Rost, dieser in einer Nacht die für Berlin nötigen Weisungen ausgearbeitet habe; im Lichte der anderen Quellen und insbesondere neuer Funde in Moskauer Archiven (s. Hoffmann, Tresckow) sowie neuerdings bekanntgewordener Nachrichten über Oertzen ist Albrechts etwas unsichere Chronologie, und damit ein Teil der Chronologie für August-September gegenüber vorhergehenden Auflagen dieses Buches zu berichtigen.

[118] Kaiser Tb. 29. Juli 1943; »Walküre« 31. Juli 1943, BA-MA WK XVII/91; Schwerin 319.

[119] Hoffmann, Tresckow 340-341 .

[120] Schwerin 319.

[121] BS an RB 29. Juni [1943], Nl RB; NS 13. Aug. 1968.

[122] Gästebuch Lautlingen; Gästebuch Jettingen; Gabriele Gräfin Stauffenberg 29. Aug. 1978, 16. Aug. 1985 auf Grund des Taschenkalenders ihrer Mutter. Hoffmann, Tresckow 340.

[123] RF 10. März 1977; NS 3. Dez. 1990; CS an TP [25. Aug. 1943], PP: »Bertholds wieder in Berlin – auch Claus – Operation verschoben«. Oberleutnant d.R. Albrecht, Ordonnanzoffizier bei Rost, schrieb aus der Erinnerung mit ungenauer Chronologie, bei dem Besuch Stauffenbergs bei Rost im August habe Rost die neuen »Walküre«-Befehle aus seinem Panzerschrank genommen und sie ihm, Albrecht, gegeben; die Bearbeitung für die Bedürfnisse des Umsturzes im Berliner Wehrkreis III nach den Anweisungen Stauffenbergs habe sofort begonnen; Stauffenberg habe Albrecht zur weiteren Bearbeitung den Entwurf eines Befehls »Ausnahmezustand« gegeben.

[124] NS in Kramarz 135; NS 3. Dez. 1990. Für die Angabe bei CM 295, ClS habe sich »in der zweiten Augusthälfte« mit Berthold in Lautlingen aufgehalten und sei mit ihm täglich spazierengegangen, fehlen Beleg und Anhaltspunkt. CM 312–313 auf Grund NS datiert dieses Gespräch offenbar unrichtig auf 9. Sept. 1943.

[125] NS 3. Dez. 1990.

[126] Scheurig, Tresckow 162.

[127] Tresckow an E. v. Tresckow 9. Juli [1943], Nl Tresckow; Ritter, Goerdeler 365, 539–540 Anm. 43 auf Grund von Frau E. v. Tresckow; E. v. Tresckow 26. Juli 1971; Tresckow an E. v. Tresckow [4. Juli 1943], Nl Tresckow; das Gebäude, in dem GFM v. Bock und sein Persönlicher Adjutant Graf Hardenberg ihre Büros hatten, ist das heutige Bundeshaus; L. v. Hammerstein 10. Dez. 1990.

[128] E. v. Tresckow in Ritter, Goerdeler 540–541 Anm. 43, 48.

[129] Hierzu und z. Folg. Schulenburg in Spiegelbild 88; Hoffmann, Security XXX–XXXI; E. v. Tresckow 1. Mai 1969 zu Scheurig; Hoffmann, Tresckow auf Grund in Moskau aufgefundener Pläne, bes. 347–351, 354–364, wo der Plan als Faksimile erstmals veröffentlicht ist; Hoffmann, Stauffenbergs Freund 197–198, 201; Keil 98 (ohne Quellenangabe).

[130] Tresckow an seine Frau 13. Okt. 1943; E. v. Tresckow 26. Juli 1971; HPA Personalkartei, NA RG 242; Tessin 7, 156–157; E. v. Tresckow zu Scheurig 1. Mai 1969, Slg Scheurig.

[131] HPA/P3 Liste in NA T-78 Rolle 39/6000561.

[132] HPA Personalkartei, NA RG 242.

[133] Keilig, Heer Abschnitt 211 S. 369; Tresckow an E. v. Tresckow 21. Nov. 1943; Speidel, Zeit 151; Wöhler an Scheurig 20. Dez. 1970, IfZ ZS 31/1; Scheurig, Tresckow 172, 175 schreibt, Tresckow habe Speidel um ein Flugzeug gebeten, was weder Speidel noch Wöhler schreiben.

[134] Tresckow an E. v. Tresckow 21. u. 27. Nov. 1943; Manstein an seine Frau 25. Nov. 1943.

[135] R.v.Manstein 30. Nov. und 30. Dez. 1963; Manstein, Richtigstellung. Wenn Manstein feststellte, er habe »ebensowenig« über die Verbrechen gewußt, »wie alle Soldaten, die seit Jahren durch ihre Aufgaben an der Front voll in Anspruch genommen waren«, sagte er jedenfalls nicht »nichts«; »ebensowenig« konnte viel sein, da viele viel wußten; vgl. Krausnick, Wilhelm, passim; Manstein an seine Frau 25. Nov. 1943.

[136] Kaiser Tb. 2. Aug. 1943: »Schw[immer = Olbricht] stimmt Bespr. Orgieff [Stieff] zu.«

[137] I. Stieff 13. Juli 1947; I. Stieff, Hellmuth Stieff Bl. 75; Stieff in Prozeß XXXIII 308.

[138] Am 21. August 1943 schrieb Stieff an seine Frau über seine Reise zum XIII. Armee-Korps, zum LVI. Panzer-Korps, zum XII. Armee-Korps und schließlich zum Oberkommando der Heeresgruppe Mitte in Smolensk an jenem 13. August, wo er am Abend ab halb zehn Uhr zwei Stunden mit Kluge allein sprach; Stieff 173; Rothfels, Briefe 305. Der Geheimen Staatspolizei sagte Stieff, er habe bei seinem Besuch festgestellt, daß Kluge nicht, wie Tresckow gemeint hatte, ganz auf der Seite des Umsturzplanes stand, sondern sich lediglich »für vom Führer gebilligte Umbildungen der militärischen Spitze« einsetzen wollte; so Stieff und Schulenburg in Spiegelbild 87–88; Stieff wandte dieselbe Aussagetaktik auf sein Gespräch mit Kluge vom 27. August 1943 an. CM 330–331 zit. Stieffs Brief vom 21. Aug. 1943 nicht und übernimmt die offenbar falsche Aussage gegenüber der Geheimen Staatspolizei. Schwerin 319.

Umsturzplanung: Inneres

1 Gästebuch Lautlingen; BS an RB 10. Sept. 1943, StGA.
2 BS an RF, Telegramm aus Lautlingen 2. Sept. 1943 12.30 Uhr eing. 14.15, Nl RF StGA. ClS an RF 14. Sept. 1943 aus Berlin, Nl RF StGA; BS an RF 22. Juli 1943, Nl RF StGA drückt die Absicht aus, sich mit ClS im Sept. zu treffen.
3 BS an RB 10. Sept. 1943, StGA; RF, Bericht.
4 Thiersch 21. April 1953, 21. Jan. 1978.
5 Moltke, Briefe 537.
6 I. Stieff 13. Juli 1947; I. Stieff, Hellmuth Stieff Bl. 75; Anklageschrift gegen Goerdeler u. a. »Anfang September 1943«; Urteil gegen Goerdeler u. a., Spiegelbild 532, »Spätherbst 1943«; in Goerdeler, Idee 25, ist die Zeit Mitte Sept. bis Mitte Okt. 1943 zu erschließen; Ritter, Goerdeler 337 »im September« ohne Beleg, vermutlich auf Grund der Anklageschrift. [RF] in Zeller (1. Auflage) 185; AS, Der zwanzigste Juli 1944; Hoffmann, Stauffenbergs Freund 196.
7 Spiegelbild 410–411.
8 NA Hoffmann Collection Prints Box IV, Photo mit Hitler und der Bezeichnung »Besichtigung neuer Waffen. 1. 10.43.« KTB Org.Abt. 3. Okt. 1943, NA T-78 Rolle 414/6382527–28: »Vorführung beim Führer am 1. 10. 43« (es ging vor allem um Panzerabwehrkanonen und die Ermöglichung des Rundumfeuers); Boelcke 296–306.
9 I. Stieff 13. Juli 1947; Stieff 170.
10 Vgl. Kap. »Attentatpläne«.
11 BS an RB 10. Sept. 1943, StGA: »Claus geht es sehr viel besser. Er ist jetzt nochmals in München, damit eine Operation am Arm vorgenommen wird zur Anbringung der Prothese. Etwa 1. November hofft er wieder im Dienst zu sein.« Löwenstein 15. Jan. 1992.
12 ClS an RF 14. Sept. 1943, Nl RF StGA; BS an RF 20. Sept. [1943], Nl RF StGA: »Claus Operation wurde verschoben und er hierher berufen. Er haust jetzt auch in Wannsee.« NS 12. Aug. 1991, ferner NS 4. Nov. 1991. Handliste der Generalstabsoffiziere, NA T-78 Rolle R57; die Versetzung (im Unterschied zur Kommandierung) in den Stab des AHA erfolgte zum 1. Nov. 1943; ebd. Zeller (1. Auflage) 150: »Die drei ersten Wochen in Berlin verbringt er noch im Genesungsurlaub, ohne das Amt zu betreten. Hinter diesem Urlaub aber verbirgt sich eine Zeit stärkster Anspannung: mühevolle Einzelarbeit für den Tag der Erhebung.« Die Worte »ohne das Amt zu betreten« finden sich nicht mehr in späteren Auflagen; vgl. Zeller 255.
13 ClS an RF 14. Sept. 1943, Nl RF StGA.
14 Reinhardt 1. Juli 1972; Keilig 211/266. Zeller (1. Auflage) 154 und Zeller 256 berichtet, Reinhardt sei bis 1. Nov. 1943 zur Einarbeitung geblieben; Keilig 211/266 läßt Reinhardt noch bis 1. Dez. 1943 in der Stelle als Chef des Stabes im AHA; dagegen Kroener, Fromm 616, Reinhardt habe zum 1. Okt. 1943 eine Frontverwendung erhalten und Stauffenberg seit »Anfang September« eingearbeitet; BS an RB 1. Mai [1944], Nl RB: »Claus ist schon seit okt wieder im dienst und hat die schweren Verwundungen erstaunlich gut überstanden.«
15 Olga von Saucken 29. März 1965; Johnston 10. Aug. 1982.
16 Olga von Saucken 29. März 1965, 27. Juli 1972.
17 Hierzu u. z. Folg. Johnston 21. Juli 1972 (dat. ihren Eintritt bei ClS Nov.), 10.

Aug. 1982, 16. Aug. 1991 (dat. den Eintritt Sept. oder Okt.). O.v. Saucken war seit 28. Oktober mit Fredy v. Saucken verheiratet; Saucken 27. Juli 1972.

[18] Zur Verlegung des OKM: BS an RF 16. Jan. [1944], StGA; BS an RB 1. Mai [1944], Nl RB; Jessen 26. Aug. 1946; Graf 28. Aug. 1978.

[19] Johnston 21. Juli 1972,10. Aug. 1982.

[20] Bürker, Im Wehrmachtführungsstab, auch z. Folg. Bürker schrieb an Reile aus Wien-Miedling unter dem 8. Nov. 1943: »Ich habe Drewes hier gesehen, ganz der Alte. Auch mein zweiter Nachfolger ist wieder zusammengeflickt und trotz Verlust eines Auges u. einer Hand schon wieder emsig tätig.« Zit. Reile 17. [März] 1991. Klamroth: Liste I; BA-Z Personalkartei; Schick 5. Sept. 1991.

[21] S. unten 336–337, 341; Kuhn, Eigenhändige 16.

[22] Sauerbruch 9. Feb. 1977.

[23] S. unten 338.

[24] Leber, Mann 169.

[25] A. Leber in Kramarz 174 Anm. 17. Der Journalist Haubach sagte der Geheimen Staatspolizei, Leber wollte eine christliche Charakterisierung des künftigen deutschen Staates in einer Regierungserklärung nicht zulassen, weil er nicht wichtige Grundsätze der alten Sozialdemokratie einfach über Bord gehen lassen wollte; Spiegelbild 234–235; daraus ergibt sich nicht notwendig ein Widerspruch zu dem eben Gesagten.

[26] RF 15. Juli 1963.

[27] Yorck in Kramarz 137; Schwerin 326–327. Am 15. November feierte ClS seinen Geburtstag in Brücklmeiers Wohnung; Schwerin 327. Hauptmann d.R. Graf Schwerin war Landwirt, Gutsbesitzer, seit November 1939 im Stab von Generalfeldmarschall von Witzleben, seit März 1943 im Stab der Division »Brandenburg« in Berlin, seit 1. Mai 1944 in der Passierscheinhauptstelle des GenStdH/ GenQuM in der Großadmiral-Prinz-Heinrich-Straße, der heutigen Hitzigallee (Schwerin 374, 460–461); Dr. Brücklmeier war Legationsrat im Auswärtigen Amt; D. Dr. Gerstenmaier war Konsistorialrat im Außenamt der Evangelischen Kirche und Teilnehmer an Moltkes »Kreisauer Kreis«; Dr. Goerdeler war früher Oberbürgermeister von Leipzig und Reichspreiskommissar; Dr. Jessen war Professor der Staatswissenschaften an der Universität Berlin; Hassell war bis Anfang Feb. 1938 Botschafter in Rom; Professor Dr. Popitz war preußischer Minister der Finanzen; Maaß war früher führender Sozialdemokrat und Geschäftsführer des Reichsausschusses der Deutschen Jugendverbände; Dr. Leber war Frontkämpfer des Ersten Weltkrieges und danach sozialdemokratischer Reichstagsabgeordneter; Leuschner war Sozialdemokrat, 1929–1933 hessischer Innenminister, Gewerkschaftssekretär; J. Kaiser war 1924–1933 Landesgeschäftsführer der Christlichen Gewerkschaften in Rheinland und Westfalen; Habermann war 1918–1933 Vorstand des Deutschnationalen Handlungsgehilfen-Verbandes.

[28] Anklageschrift gegen Goerdeler; Leber, Den toten 11; Leber, Mann 290–291.

[29] Moltke, Briefe 67–68, 76,100,134, 160–161, 230, 253, 263–264, 351, 368, 520–521, 537.

[30] F.v. Moltke 18. Feb. 1992.

[31] HCSt 2. Aug. 1963, S. 122; HCSt 28. Juli 1971, 5. Juli 1972; Moltke, Briefe 279. HCSt ist in der Datierung unsicher, es könnte auch am 7. Juli 1942 gewesen sein (Moltke, Briefe 389); fraglich ist, ob ClS zu dem Zeitpunkt noch gesagt hätte, der Krieg müsse erst gewonnen werden. Vgl. Kap. »Fronteinsatz«.

[32] HCSt 1963122; Moltke, Balfour, Frisby 156.

[33] Moltke, Balfour, Frisby 232–251; Abdruck in Steltzer 154–169 und in Roon 561–571.

[34] Kennan 121; Balfour, Frisby 184–185, 215–224, 271–273.

[35] F.v. Moltke 19. Mai 1991; Moltke, Briefe passim; Moltke, Völkerrecht passim.

[36] Moltke, Briefe 450, 454–458, 490, 519; Hassell 345–347; Hassell ²1946 379–380; Gerstenmaier, Kreis 245; Moltke, Balfour, Frisby 204–208; Roon 270–271, 277; Moltke an Curtis in Lindgren 287.

[37] Hassell 420.

[38] Moltke, Briefe 454, ferner 455–458, 490.

[39] F. v. Moltke 19. Mai 1991, 18. Feb. 1992; W. Hoffmann 27. und 31. Mai 1977.

[40] Moltke, Briefe 520–521, 537.

[41] Moltke, Briefe 454, 519–520, 562–567, 573, 575, 583, 588–589.

[42] Moltke, Briefe 562–563; F. v. Moltke 2.–3. Dez. 1978.

[43] Marion Gräfin Yorck 5. Sept. 1963.

[44] Moltke, Briefe 520, 522, 583; Yorck, Stärke 61; Furtwängler, Männer 215–216; John, Männer (II); John, Männer (IV). Die Sonderkommission 20. Juli der Geheimen Staatspolizei berichtete auf Grund der Aussage Lebers, Schulenburg habe die Verbindung zwischen Leber und ClS hergestellt; Frau A. Leber sagte Kramarz 1964, Schulenburg habe den Kontakt zwischen Leber und ClS hergestellt; Kramarz 136. Die Sonderkommission berichtete einige Tage nach dem oben genannten Bericht, nach der Verhaftung Goerdelers, ohne Quellenangabe, Goerdeler habe Leber mit ClS bekannt gemacht; Spiegelbild 210. Yorck traf sich mit ClS vorzugsweise bei Paulus van Husen, weil der nicht überwacht wurde und dort nicht so viele Freunde aus und ein gingen wie bei Yorck; Yorck 25. Sept. 1983; Husen arbeitete seit 1940 beim WFSt.

[45] Moltke, Briefe 573; Albrecht, Sozialdemokrat 213.

[46] NS 1. Juli 1964 und 3. Dez. 1990 (ClS zu NS: »Jetzt kann man den Peter (York) endlich gebrauchen«); Yorck, Stärke 69. NS 3. Dez. 1990 führt CLSs Antipathie gegenüber Moltke vor allem darauf zurück, daß Moltke Yorck an tätiger Teilnahme am Umsturzplan hinderte.

[47] Schwerin 374; Moltke, Balfour, Frisby 282: Moltke habe es F.v. Moltke »im Laufe des Spätherbstes« erzählt; Dr. Georg Meyer an d. Verf. 3. Okt. 2007 auf Grund von Mitteilungen von Georg Gartmayr (s. Zt. Obstlt.i.G., Ztr. Abt. II, Kriegsverwaltung b. Gen.Qu.M.d.H.). Kramarz 138 zit. W.v. Götz 5. Sept. 1962 für November, aber in dem Brief steht das nicht; K. Jessen 1962: »W.v. Haeften arbeitete zuerst im OKH Qu(artiermeister) 6, sein Abteilungsleiter war Jessen, der ihn an St. abgab.«

[48] Falkenhausen in Roon 336; Moltke, Briefe 537–541. Roon stellt Falkenhausens Bericht in Frage, indem er schreibt, Moltke »soll« sich Falkenhausen gegenüber so geäußert haben, nennt aber keinen Grund für seinen Zweifel. Zu Moltkes Zustimmung zum gewaltsamen Sturz Hiders s. ferner Roon 317–322; Balfour, Frisby 270; Wengler. Roon 319 berichtet nur Moltkes Ablehnung des Attentats; Quellenhinweise in Hoffmann, Widerstand 279 und 736 Anm. 68a.

[49] Yorck 25. Sept. 1983.

[50] Am 13. und 14. Sept. 1943 sprach er mit General v. Falkenhausen und sagte ihm, es gebe keine Alternative zur physischen Beseitigung Hitlers; Roon, Neuordnung 336. Am 7. Nov. 1943 schrieb er, im Grunde sei er froh, daß jetzt so viel Impetus da sei, obwohl dies Carlo Mierendorff (in Moltkes »Kreisauer Kreis«, bis 1933

Generalsekretär der Transportarbeiter-Gewerkschaft) und die übrige »Garde« auf Abwege führe; Moltke, Briefe 562–563. Moltke überbrachte im Dezember nach Istanbul zur Übermittlung an die westalliierten Regierungen den Vorschlag, die Invasion Frankreichs mit dem Ziel der raschen Besetzung Deutschlands zu unterstützen; Roon 582–586; vgl. Moltke, Briefe 587. Anfang Jan. 1944 beurteilte er Lebers Betonung des »Praktischen« und sein Geringerwerten der »geistigen Kräfte« (d. h. der Moltkeschen und »Kreisauer« Planungen) milder als Leuschners Anschluß an den Goerdeler-Kreis; Moltke, Briefe 583; F. v. Moltke 19. Mai 1991.

51 Moltke, Briefe 450; s. Kap. »Umsturzplanung: Äußeres« 376–379; CM 368–369 besteht auf Moltkes kategorischer Ablehnung von Attentat und Umsturz, ohne den Nachweis schlüssig zu führen und ohne Berücksichtigung der dienstlichen Tätigkeit Moltkes und der Dezember-Reise 1943 nach Istanbul.

52 Gerstenmaier 14. Jan. 1971.

53 Yorck, Stärke 58. CLSs Reserve gegenüber Moltke, den er zu theoretisch-programmatisch fand: RF 9. Mai 1977.

54 RF 9. Mai 1977; Gerstenmaier 14. Jan. 1971.

55 Moltke, Balfour, Frisby 186.

56 Herwarth 24. Aug. 1972.

57 Moltke, Briefe 557 über eine Zusammenkunft einschließlich Gerstenmaier bei Yorck ohne Erwähnung CLSs; Johnston 21. Juli 1972,10. Aug. 1982,16. Aug. 1991; M. Gräfin Yorck 25. Sept. 1983, 9. Dez. 1990. Über CLSs Reaktion gegenüber Moltke berichten Johnston 21. Juli 1972 und NS 1. Juli 1964 und 3. Dez. 1990 übereinstimmend. Gräfin Yorck 3. Mai 1977: »Moltke und Claus Stauffenberg konnten's nicht gut miteinander.« Nach Moltke, Balfour, Frisby 360 Anm. 4 berichtete Gräfin Yorck auf Grund einer Mitteilung Schulenburgs an Peter Graf Yorck, die dieser ihr weitergab. Ferner Yorck 25. Sept. 1983; auch diese Nachricht muß demnach auf ClS zurückgehen. Werner v. Haeften erzählte Sauerbruch Anfang 1944, ClS verstehe sich nicht gut mit Moltke; Sauerbruch 8. Mai 1986. F.v. Moltke 18.–19. Aug. 1977: »Moltke hatte gar keine Menschenkenntnis.« Yorck 25. Sept. 1983: Von Moltke aus vertrugen er und ClS sich gut; »Moltke war herrlich, merkte das Persönliche gar nicht.«

58 Moltke, Briefe 580.

59 Prof. G. Schmölders in Kramarz 159 und Moltke, Völkerrecht 249 erinnert sich, wie eindrucksvoll der einarmige Oberstleutnant von seiner Fälschertätigkeit zugunsten abgeschossener feindlicher Flieger berichtete, die nach einem Befehl Hitlers sofort nach der Gefangennahme erschossen werden sollten; ClS habe die Kriegsgefangenenlager durchkämmt und Moltke Namen verstorbener Gefangener beschafft, die Moltke dann als füsilierte Flieger melden ließ. Schmölders beruft sich mit Recht auf sein »anerkannt schlechtes Erinnerungsvermögen«: Zur amtlichen Sanktion des Lynchens abgeschossener feindlicher Flieger kam es erst 1944; vgl. Prozeß XXVI 276–280 und XXIII/XXIV unter Kriegsgefangene.

60 Goerdeler, Idee 25; Tresckow an seine Frau 13. Okt. 1943; E.v. Tresckow 26. Juli 1971; Tessin 7, 156–157. Datierung: Anklageschrift gegen Goerdeler u. a. läßt die Datierung Anfang Sept. 1943 zu; vor 10. Oktober 1943, da Tresckow an diesem Tag wieder an die Front ging.

61 Goerdeler, Idee 25.

62 Hassell 400; Spiegelbild 101, 409; Nebgen 198. Am 11. Juli 1944 gab Goerdeler durch H. Kaiser ClS die Parole, »nach vorn durchzubrechen«; Urteil gegen Kaiser in Spiegelbild 1984 729.

[63] Spiegelbild 523.

[64] Hassell 418; Ritter, Goerdeler 370 ohne zutreffenden Beleg.

[65] Hoffmann, Widerstand 367–368; Hassell 394, 399.

[66] Hassell 418 (Aufzeichnung 7. Feb. 1944, jedenfalls nach Moltkes Verhaftung vom 19. Jan. 1944), 608 Anm. 9; für Hassells Datierung des Kennenlernens CLSs als »neulich« hatte Ilse v. Hassell in der Ausgabe ²1946 aus eigener Kenntnis »im November« gesetzt; Nov. 1943 bestätigt die Gastgeberin, K. Jessen 1962.

[67] Goerdeler, Idee 28.

[68] Goerdeler, Idee 28.

[69] Urteil gegen Kaiser in Spiegelbild 1984 728.

[70] Goerdeler in Spiegelbild 523; vgl. Spiegelbild 118, 179, 212–213.

[71] Urteil gegen Kaiser in Spiegelbild 1984 729.

[72] Roon 271, 274–275 und Mierendorffs Aktionsprogramm vom 14. Juni 1943 in Roon 589–590; Nebgen 175–176.

[73] Anklage gegen Thomas u. a.

[74] Gerstenmaier, Sie wollten und 2. Juli 1979; NS, Sie wollten; Hoffmann, Widerstand 447–448.

Hauptmann Dr. Eberhard Siebeck, bis Frühjahr 1944 im XXIX. Korps bei Mertz als Vertreter des Korps-Quartiermeisters eingesetzt, im Juli auf Kriegsakademie-Lehrgang in Hirschberg, kam auf Mertz' telephonische Aufforderung am 15. Juli zu einer »Besprechung« in die Bendlerstraße; Mertz wollte für den Umsturztag einen zuverlässigen Gehilfen gewinnen. Siebeck wollte wissen, ob man auf alle Fälle Verbindungen zu den Kommunisten und zur SS aufgenommen habe. Mertz sagte »nein«. Am folgenden Sonntag bei einem Gespräch mit Mertz und Stauffenberg wurde diese Feststellung in Siebecks Anwesenheit wiederholt. Siebeck, Erinnerung; Siebeck 17. April 1973, 5. Nov. 1980, 6. März 1981.

[75] RF 19. Nov. 1985. Leber berichtete in Haubachs Wohnung an einem Abend im Mai, ClS habe die Bedenken Goerdelers überwunden mit dem Argument, es gehe um die Rettung Deutschlands und um nichts sonst, nach der Befreiung werde man konstruktiv arbeiten können; Sänger, Stauffenberg; Sänger 15. Dez. 1980; Anklage gegen Thomas, Schmid, Reichwein, Leber; Urteil gegen Saefkow u. a.; Urteil gegen Schmid; Urteil gegen Thomas. Übersicht über die weiteren Quellen zur Zusammenkunft selbst in Hoffmann, Widerstand 790–791 Anm. 218. Gerstenmaier, Sie wollten und 2. Juli 1979 bestreitet die Version Sängers als unbelegt, doch gründen sich seine Einwände auch auf Eindrücke und Annahmen.

[76] Anklage gegen Thomas u. a.

[77] Albrecht, Vorbereitungen; Rantzau; Selbstmord.

[78] Albrecht, Vorbereitungen.

[79] Rantzau.

[80] Rantzau.

[81] Albrecht, Vorbereitungen.

[82] »Walküre II« 26. Mai 1942; Verwendungsbereitschaft des Ersatzheeres 13. Okt. 1942; Rüdt von Collenberg 3. Feb. 1964; H. Reinhardt 12. Nov. 1967, 1. und 2. Juli 1972.

[83] KTB Org.Abt. 6.–10. Juni, 1.–10. Aug., 21.–31. Aug. 1942 207, 267, 296.

[84] Tagebuch BdE/Chef des Stabes Aufnahme 557, auch z.Folg..

[85] »Walküre« 31. Juli 1943; Zeller 303; Hoffmann, Widerstand 374–380.

[86] Weitere Einzelheiten und Ausnahmen s. Hoffmann, Widerstand 376–378.

[87] Spiegelbild 163.

[88] »Walküre« 6. Okt. 1943.

[89] »Walküre« 31. Juli 1943.

[90] Selbstmord des Majors Ulrich von Oertzen; Rantzau; Albrecht, Vorbereitungen; Pfuhlstein, Meine Tätigkeit; Wehrmacht-Fernsprechverzeichnis Groß-Berlin Teil II; Hoffmann, Widerstand 383–384.

[91] Walküre 11. Feb. 1944 in Spiegelbild 165–166; vgl. Hoffmann, Widerstand 768 Anm. 169.

[92] Koch-Erpach 28. März 1964.

[92a] OKH/ChefHRüstuBdE/AHA Ia(I) Nr.5720/43 g.Kdos. vom 2. Nov. 1943, hs. unterz. «Graf Stauffenberg», BA-MA RH 53-7/87; OKH/ChefHRüstuBdE/AHA/IaIV Nr. 44 332/43 geh. vom 10. Dez. 1943, hs. unterz. «Graf Stauffenberg», OKH/ChefHRüstuBdE/AHA/Stab III Nr. 18 143/44 geh. vom 27. April 1944, hs. unterz. «Graf Stauffenberg», BA-MA RH 15/120; OKH/HPA/1. Staffel Nr. 1990/43 geh. vom 9. Dez. 1943, OKH/HPA Nr. 3294/44 Ag P 2/2 d (1) vom 20. März 1944, BA-MA RH 15/186.

[92b] OKH/PA Ag P1 Nr. 1856/44 1. Abt. (aII) vom 8. März 1944, Stauffenberg äußerte seinen Abscheu gegen die Führung damals auch zu Obstlti.G. Gartmayr über dessen Vorgesetzten, GenQuM Wagner: »Sie wissen gar nicht, was das für ein Schwein ist!« Gartmayr zu G. Meyer 19. Juli 1978. BA-MA RH 15/186, vgl. oben S. 175 »bezahlte Berufskriegsknechte«.

[92c] S. unten, S. 490 (2. Brief an Sodenstern).

[93] Boelcke 372, 390–398; Speer, Erinnerungen 387–388; Hitler, Weisungen 255–264; Kroener, Fromm 663–664, 667–668.

[94] Spiegelbild 35–41, 68; »Walküre« 31. Juli 1943. Datierung aus dem Befehl Nr. 5 für den Kommandeur der Pz.Tr.Schule, 1 Kp. möglichst mit Schützenpanzerwagen »abrufbereit zur Abholung Befehlshaber und Chef BdE vom Flugplatz Tempelhof« zu halten; Spiegelbild 40; vgl. unten, Kap. »Erhebung«; Volksgerichtshof-Prozesse 49–51; Hoffmann, Widerstand 415–428.

[95] Olbricht in Spiegelbild 44; Ziegler 23. Aug. 1965; Hassell 338, 348, 350, 362; Kaiser, Tb. 20. Feb., 7. Juni, 19. Juli 1943; Dulles, Germany's Underground 149; Winterfeldt 30. Aug. 1966; Ritter, Goerdeler 358–359.

[96] Blumentritt, Stellungnahme.

[97] Oberst a.D. J.R. in Kramarz 184.

[98] Kießel 14; J.R. in Kramarz 184–185.

[99] Gisevius II 331; J.R. in Kramarz 184–185.

[100] CM 337 zit. Ziegler in IfZ, Slg Zeller; vgl. die geplante Abholung (Anm. 94); Kroener, Fromm 662–663, 664.

[101] Spiegelbild 145; Anklageschrift gegen Goerdeler u.a.; Urteil gegen Goerdeler u.a. in Spiegelbild 533; Hoffmann, Widerstand 439–441; J. Kaiser, Deutschlands Trennung; Nebgen 140, 165, 177; Gisevius II 302–303 überliefert Goerdelers Klage, ClS habe sich an die Verabredung, Goerdeler nehme alle politischen Vorbereitungen wahr, nicht gehalten, sondern seit der ersten Zusammenkunft mit Goerdeler »neben der technischen auch die politische Federführung beansprucht«; ferner Ritter, Goerdeler 366–369, 543 Anm. 61, 618.

[102] Spiegelbild 145; Hoffmann, Widerstand 381–383, 430–432. Für WK V und VI war niemand benannt, für WK VII ein Verbindungsoffizier und ein Ersatzmann.

[103] So u. a. Herwarth, Zwischen 246; Spiegelbild 305–307, 312–313.

[104] Spiegelbild 333–334.

[105] Spiegelbild 258–259, 435.

[106] Spiegelbild 312–313, 307; NS 22. Okt 1992 (ClS sprach mit Truchseß in Bamberg anläßlich der Beerdigung von NSs Vater).

[107] Frau P. Sauerbruch 8. Mai 1986.

[108] Spiegelbild 373.

[109] Liste I; Spiegelbild 372; Kroener, Fromm 662-669; Hoffmann, Tresckow 354-357. Hößlin sagte allerdings später aus, er habe in Königsberg Gauleitung, Regierungspräsidium, Telegraphenamt u. a. besetzen sollen und hätte zum Marsch dahin mit seinen Holzvergaserautos sechs Stunden gebraucht.

[110] Sauerbruch, Bericht 139–149.

[111] Spiegelbild 24, 31–33; Vorlage in NA T-84 Rolle 19; Beck, »Spitzengliederung«, 15. Jan. 1934 in Müller, Heer 627–633; Dülffer 147–148,157–159. Der Entwurf muß seit 30. März 1944 unverändert geblieben sein, da er die HGr A erwähnt, die am 30. März 1944 in die HGr Nordukraine und die HGr Südukraine geteilt wurde; Keilig 70/4. Kramarz 152 und CM 327–328 halten ohne Kenntnis der Vorstellungen Becks ClS für den Hauptverfasser des Entwurfs (»im wesentlichen sein Werk« bzw. »wohl in führender Weise beteiligt«).

[112] S. oben 250–252; Spiegelbild 291–293.

[113] Der Vorschlag des Heeres vom Januar und Februar 1938 für die Kriegsspitzengliederung, vermutlich von Manstein entworfen, sah ebenfalls die einheitliche Führung des Gesamtkrieges und des Heeres durch den Reichsgeneralstabschef vor, der zugleich Oberbefehlshaber des Heeres sein sollte, und als ersten Berater einen Chef des Generalstabes des Heeres neben sich haben sollte; Dülffer 157.

[114] Spiegelbild 24–25. Witzlebens in Spiegelbild 42–43 wiedergegebene Aussage, er habe sich als Ob.d.H. zur Verfügung gestellt, kann ein Protokollierungsfehler oder ein Rest der Versuche Witzlebens sein, seine Rolle zu verharmlosen.

[115] Hoffmann, Widerstand 897. Zur Nachfolge Görings: Gesetz über den Nachfolger des Führers und Reichskanzlers, 13. Dez. 1934; Erlaß über die Stellvertretung des Führers, 23. April 1938; Aufzeichnung 11. März 1944; alle mit weiteren Dokumenten in BA Nl Hitler/23 und R 43 11/1660.

[116] Spiegelbild 75.

[117] Spiegelbild 70–75.

[118] Spiegelbild 73–74.

[119] Vgl. Schramm, Aufstand 139.

[120] M. Gräfin Hardenberg 26. Nov. 1961.

[121] M. Gräfin Hardenberg 20. Aug. 1985; Rantzau.

[122] M. Gräfin Hardenberg 20. Aug. 1985, 2. Dez. 1961. M. von Oven und Tresckows waren befreundet und kamen dort und auch in der Wohnung Tresckows in Potsdam am Bassinplatz zusammen; später wohnte Frau von Tresckows in Wartenberg auf dem Land.

[123] M.Gräfin Hardenberg 20. Aug. 1985, wo das Gedicht identifiziert ist. M.Gräfin Hardenberg 26. Nov. 1961 berichtete Kramarz, was dem Vorlesen durch ClS nicht widersprechen muß, »Tresckow habe ihr einmal bei einer Grunewald-Besprechung ein George-Gedicht vorgelesen, das er durch Stauffenberg kennengelernt habe, wahrscheinlich das Gedicht vom Antichrist«; Tresckow habe dazu geäußert, er und Stauffenberg seien sich auf der Grundlage dieses Gedichts besonders nahegekommen. StG, GA IX 114.

[124] M. Gräfin Hardenberg 20. Aug. 1985, 16. Nov. 1961.

[125] M. Gräfin Hardenberg 26. Nov. 1961, Interview 1984, 20. Aug. 1985; Tresckows Abreise: Tresckow an seine Frau 13. Okt. 1943; E. v. Tresckow 26. Juli 1971.

[126] RFs Datierung schwankt zwischen Anfang und Ende Okt. 1943. RF, Bericht (»Oktober [1943]«); RF 10. März 1977 (ungenau »September/Oktober«, mit Hinweis auf inzwischen ungenaue Erinnerung); RF, Zum 20. Juli (»im Oktober 1943«). Nach RFs Bericht von 1962/63 in Zeller 327 ließ ClS »in der letzten Oktoberwoche 1943 durch den Bruder [Berthold] telegrafisch Rudolf Fahrner zu sich nach Berlin rufen, empfing ihn nach der Nachtfahrt frühmorgens mit der Eröffnung vom nahen Vorhaben – es wurde etwa in 10 bis 14 Tagen mit der Aktion gerechnet – und bat ihn, die Formulierung der bei Beginn der Erhebung nötigen Aufrufe zu übernehmen«. 24. Oktober: Zeller, Oberst 189 ohne Beleg. Die telegraphische Herbeirufung muß durch die Aussicht einer neuen Attentatgelegenheit veranlaßt gewesen sein; es ist unwahrscheinlich, daß RF erst Ende Okt. einem telegraphischen Ruf gefolgt wäre, ohne weitere Korrespondenz zwischendurch, ohne Erklärung in seinen Berichten. RF 15. Juli 1963; RF 10. März und 9. Mai 1977 datiert einen Attentat- und Umsturztermin auf 14. Okt. 1943; ebenso offenbar auf Grund RFs AS, Der zwanzigste Juli 1944 III, 3. Zeller (1. Auflage) 182: ClS habe mit BS und RF »Anfang Oktober einige Nächte« damit verbracht, für die bisherigen Aufrufentwürfe »einen neuen eigenen Text zu finden«; und 185: »In den ersten zehn Tagen des Oktober wurden die Vorbereitungen abgeschlossen. Die Gruppe im Hauptquartier meldete sich bereit. Der 12. oder der 14. Oktober sollte die Auslösung bringen.« Anscheinend führten ein späterer Bericht RFs und Unsicherheit über die Datierung der Begegnungen ClSs und RFs im Aug., Sept. und Okt. 1943 Zeller 330 zu dieser Version: »Von den ersten Novembertagen an war mit der Auslösung zu rechnen.[1] Man wartete täglich auf Nachricht, Termine wurden verschoben.« Stieff habe es dann für sich für unmöglich erklärt, eine Sprengladung mit in den Besprechungsraum zu Hitler zu nehmen und zu zünden. Die Änderung der Terminangabe gegenüber früheren Auflagen erklärt Zeller nicht. Die Anmerkung 1 stellt nur fest, auf Grund von Angaben Goerdelers und Gotthold Müllers sei wahrscheinlich, daß für Ende Sept. ein Anschlag auf Hitler erwartet wurde, und: »Meine frühere Angabe, die generalstabstechnischen Vorbereitungen Stauffenbergs seien am 10. Oktober abgeschlossen gewesen, stellte sich als irrig heraus. Nach einer Angabe von R. Fahrner rechnete St. Ende Oktober mit einer Auslösung um den 10. November.« Damit ist die Verwirrung nicht gelöst, sondern der Blick auf einen anderen unbestätigten Attentattermin gerichtet. Vgl. unten, Kap. »Attentatpläne«. Kuhn, Eigenhändige 13: »Erstmalig sollte am 20. Oktober 1943 gehandelt werden.«

[127] S. Kap. »Attentatpläne«.

[128] Zeller 328.

[129] RF, Bericht.

[130] NS Okt. 1962,1. Juli 1964, 3. Dez. 1990; Saucken 27. Juli 1972; RF 10. März, 9. Mai 1977. CM 356 datiert nach Kramarz 154 und Zeller 296 die Einweihung Hofackers »um den 25. Oktober 1943«, als er »anläßlich« einer Hochzeit in Berlin war; die Hochzeit war am 28. Okt. 1943 (Saucken 27. Juli 1972) und die Einweihung kann sich nur auf den konkreten Attentat- und Umsturzplan beziehen.

[131] RF 10. März, 9. Mai 1977; Hoffmann, Stauffenbergs Freund 201-202.

[132] Zeller 365, 528 Anm. 29.

[133] StG, GA VIII 27.

[134] Graf Üxküll sagte seiner Tochter Olga (»Dusi«) nach dem 20. Juli 1944, als sie sich zum letzten Mal sahen, »daß seine handschriftlichen Korrekturen in den meisten Schriftstücken von Klaus (erinnerlich ist mir, daß er von diesem Aufruf an das deutsche Volk, den wohl Goerdeler in der Hauptsache entworfen hat, und den sie in Wannsee überarbeitet haben, sprach) zu finden seien«; Saucken 29. März 1965, den Aufruf an das deutsche Volk mit einem anderen verwechselnd.

[135] Spiegelbild 41.

[136] RF, Bericht.

[137] Spiegelbild 24–26.

[138] RF, Bericht; derselbe Bericht teilweise in Zeller 328–329; RF 15. Juli 1963; Saucken 29. März 1965; vgl. den Abdruck der als Fernschreiben am 20. Juli 1944 erlassenen Befehle der Erhebung in Hoffmann, Widerstand 896–906 nach Originalvorlagen (der Abdruck in Spiegelbild 24–33 beruht auf Abschriften der Geheimen Staatspolizei), ferner die Aufrufe in Spiegelbild 139, 147–156, 199, 213, 235–239, 249, 265–270 und zur Urheberschaft unten 365–368.

[139] Nebgen 173–174.

[140] Nebgen 174.

[141] Thüngen 25. Jan. 1946; RF in CM 307.

[142] Maaß in Spiegelbild 205, 465; Spiegelbild 212.

[143] RF berichtete dies anscheinend erst längere Zeit nach dem Krieg: RF in Zeller 253–255 (nicht in der 1. Auflage); RF 9. Mai 1977, 6. Sept. 1979.

[144] RF in Zeller 254–255; BS in Spiegelbild 447–448, 453; vgl. »Schwur« 422–423. Zum Gedanken der Einigung der europäischen Völker vgl. Bernardis über ein Gespräch mit ClS im Feb. 1944 in Spiegelbild 19. Gisevius II 302–303 meint, Goerdeler wollte die Demokratie, während ClS Deutschland retten, »für eine geordnete militärische Führung Sorge tragen und das Volk zu einem letzten Einsatz mitreißen«, Deutschland »soldatisch« und »sozialistisch« machen wollte: »Stauffenberg will die Militärdiktatur der ›wahren‹ National-Sozialisten, wobei für ihn der Tonfall auf dem ›Sozialisten‹ liegt. Nach dem Versagen der braunen Führerschicht und des Amateurstrategen Hitler sollen die Soldaten in die Bresche springen, die verratene Sache zu sühnen und zu retten. Weder will er auf das Totalitäre verzichten, noch auf das Militärische, noch auf den Sozialismus.« Den schwachen Punkt (Zustandekommen der Regierung) erkannte Gisevius richtig, formulierte aber überspitzt und feindselig.

[145] Der Gedanke kommt in RFs Bericht über die Lautlinger Gespräche nicht vor, auch nicht in BSs Aussagen gegenüber der Geheimen Staatspolizei, wohl aber in ClSs Briefen an Sodenstern (Anhang III); Thüngen 25. Jan. 1946.

[146] Thüngen 25. Jan. 1946; ähnlich im »Schwur« 422–423.

[147] Vgl. CM 302.

[148] Legationsrat Brücklmeier schilderte ClS gegenüber Leuschner im Frühjahr 1944 als einen Mann, der »Interesse für Arbeiterfragen« habe; Anklageschrift gegen Goerdeler; Brücklmeier sagte dem Gewerkschaftsführer Maaß, Stauffenberg sei »ein höherer Offizier mit Interesse für sozialpolitische Fragen«; Spiegelbild 465.

[149] Maaß in Spiegelbild 465. »Maaß beurteilt es [Stauffenbergs Exposé] als einen

Versuch, die Interessen des Adels auch bei einem Regime der Gewerkschaften wahrzunehmen.« Ebd. Goerdeler schrieb im November 1944 im Gefängnis, ClS wollte »einen unklaren politischen Kurs mit Anlehnung an Linkssozialisten und Kommunisten«; Goerdeler, Idee 25.

[150] Maaß in Spiegelbild 205–206; Nebgen 103 gibt einen Bericht von Jakob Kaiser wieder, wonach Maaß sich »in politisch verschwommenen Gedankengängen« ähnlich denen des Kreisauer Kreises bewegt und von einer »Partei der Auslese« gesprochen habe.

[151] Spiegelbild 205; für die Annahme von CM 306, Maaß sei offensichtlich dieser Ansicht zugeneigt, findet sich kein Anhalt.

[152] Roon 589.

[153] »Schwur« 422–423; Spiegelbild 212, 500.

[154] Freya von Moltke 16. Mai 1993.

[155] Schefold, Erinnerung 3; Schefold 15. Okt. 1973 u. 9. Sept. 1981.

[156] Pezold 25. April 1965.

[157] NS 13. Aug. 1968.

[158] Hößlin in Spiegelbild 435; RF 9. Mai 1977.

[159] Pezold 25. April 1965.

[160] RF 15. Juli 1963.

[161] Leber, Mann 280–281.

[162] CM 295–313 verliert sich oft in spekulativen Analysen fragwürdiger Aussagen vor der Geheimen Staatspolizei und ungenügend begründeter Ansichten Zellers, weist jedoch immer wieder kritisch auf die Schwäche aller Kategorisierungsversuche hin; vgl. etwa den von Mommsen, Gesellschaftsbild 116.

[163] Reichsverfassung Art. 114, 115, 117, 118, 123, 124, 153; RGBl. 11933 Nr. 17.

[164] Spiegelbild 131, 139–142, 147–156; zwei Versionen des Aufrufes und eine Regierungserklärung werden in Spiegelbild 138 und 147 Goerdeler zugeschrieben, wenigstens eine Version des Aufrufes ist jedoch eindeutig für Beck geschrieben und enthält auch Gedanken Becks von Juli 1938 für den Umsturz, den er damals in die Wege zu leiten suchte; vgl. Müller, Beck 554–556; die anderen in Spiegelbild abgedruckten Entwürfe weichen stark von Goerdelers »Regierungsprogramm« ab (Goerdeler, Vorgesehene Rundfunkrede, von Ritter 1946 aus dem Nachlaß veröffentlicht; dasselbe 1967 wiederveröffentlicht als Regierungsprogramm) und wurden vor dem »Volksgerichtshof« von Goerdeler Stauffenberg zugeschrieben und desavouiert; Prozeßbericht Thieracks zit. in Ritter 544 Anm. 66. In von H.R. Trevor-Roper kurz nach Kriegsende bei seinen Ermittlungen im englischen militärischen Nachrichtendienst über Hitlers Tod gesammelten Papieren findet sich die 23. Ausfertigung (von 90) der von RSHA/Amt IV/Sonderkommission 20.7.44 unter dem 3. Aug. 1944 hergestellten Abschriften der »Schriftstücke, die in dem ›Hospiz am Askanischen Platz‹ in einem für Dr. Goerdeler bestimmten Umschlag vorgefunden wurden«; David Irving, Mikrofilm DJ38 Papers of Professor Hugh Trevor-Roper; vgl. Spiegelbild 131. Aus der Überschrift geht ebenso wie aus dem Zusammenhang, Inhalt und Stil der Aufrufe hervor, daß diese die von Beck, Tresckow, ClS, RF u.a. bearbeiteten Entwürfe sind. Ritter, Goerdeler 373–374, 543–544 Anm. 64 erwähnt Entwürfe Goerdelers (»Regierungsprogramm«, Gegenwart 1946; »Aufruf«, Schlabrendorff 102–111 [Ritter benützte eine andere Ausgabe]; »Regierungserklärung Nr. 2 (3. Fassung)«, Pechel 314–325; »Material für......«, [Spiegelbild 265–270]; »Rund-

funk«, [Spiegelbild 213–217] und Pechel 309–314), denen man anmerke, »daß sie von anderen mitbearbeitet wurden«, berichtet dann aber S. 544–545 in Anm. 66, daß Goerdeler sich vor Gericht von ClSs Entwürfen distanziert habe, ohne sie im einzelnen von den Goerdeler zugeschriebenen unterscheiden zu können, nur den »Aufruf an das deutsche Volk« (Spiegelbild 139–142; Weisenborn 142–144) schreibt er eindeutig ClS zu, stellt schließlich jede eindeutige Zuschreibung in Frage mit dem Satz: »Nach der Schilderung, die mir Frau von Tresckow von der Entstehung der Aufrufe pp. gab (Entwürfe teils Tresckows, teils Becks und G.s, gegenseitige Korrekturen, Kürzungen, Neugestaltungen usw.), dürfte es unmöglich sein, die Autorschaft des heute Vorliegenden noch zu entwirren.« Frau von Tresckow erwähnte ClSS Mitwirkung offenbar nicht, weil bei dessen Hinzutreten Fräulein von Oven die Schreibarbeiten übernahm; s. oben 355–356. O. v. Saucken 29. März 1965 erinnert sich, daß ihr Vater, Graf Üxküll, ihr von dem »Aufruf an das deutsche Volk« sprach, »den wohl Goerdeler in der Hauptsache entworfen hat, und den sie [Claus Stauffenberg und Graf Üxküll] in Wannsee überarbeitet haben«. Wahrscheinlich handelte es sich bei den in Goerdelers Besitz befindlichen Entwürfen um die Versionen von Okt. 1943. Vgl. zur Urheberschaft das Urteil gegen Goerdeler in Spiegelbild 535–536 und Thierack an Bormann 8. Sept. 1944 in Osas 94-100: »Aufruf an die Wehrmacht« von Beck; »Aufruf an das deutsche Volk« von ClS; »Presse. Regierungserklärung Nr. 2 (3. Fassung)« lt. Wirmer von Goerdeler, von diesem bestritten; »Material für …« von ClS verfaßt, von Goerdeler und Hassell redigiert.

165 Urteil gegen Hassell in Spiegelbild 540.

166 Hassell 418 notierte unter dem 7. Feb. 1944, er habe ClS »neulich« bei Prof. J.P.Jessen kennengelernt; Frau Ilse von Hassell hatte aus eigener Kenntnis in der ersten Ausgabe für neulich »im November« eingesetzt; Hassell 608 Anm. 9; Hassell ²1946 347.

167 Pfohl 14. März 1957.

168 RF, Bericht; RF in Zeller 362–363; RF, Zum 20. Juli; RF 9. Mai 1977.

169 RF in Zeller 362–363; RF, Zum 20. Juli; RF 5. Juli 1962,10. März 1977,9. Mai 1977; Spiegelbild 131. RF 5. Juli 1962 schrieb, ClS habe die neuen Versionen dann wieder von den »andern Beteiligten« genehmigen lassen, vermutlich Beck, vielleicht also auch Goerdeler; am 10. März 1977 meinte RF sich vage an ein drittes Exemplar zu erinnern, das vermutlich Beck gezeigt werden sollte. Die Version von der Existenz zweier Sätze der Aufrufe und Erklärungen hat RF sonst stets mit Bestimmtheit vertreten. Ferner Gisevius II 333–334. Gisevius läßt Beck »wiederholt und ostentativ« betonen, er habe die Entwürfe nur einmal überflogen, ferner, alles Wesentliche ließe sich in fünf knappen Sätzen sagen, und Goerdeler habe dann auf die Bitte von Beck und Gisevius dort und sogleich einen eigenen Entwurf geschrieben und vorgelesen: »Schade, daß ich mir die paar Sätze nicht eingeprägt habe! Goerdeler ist ein ausgezeichneter Stilist. Klassisch sind seine Formulierungen in ihrer Eindringlichkeit und Kürze. Keine überflüssigen Begründungen. Kein falsches Pathos. Keine ›Politik‹.« Da der Aufruf an die Frauen sich nicht mit den übrigen Aufrufen in Goerdelers Papieren fand, ist die Möglichkeit nicht von der Hand zu weisen, daß Goerdeler noch in den Besitz der Neufassungen gekommen ist. Der Sicherheit der Verschwörung war die Aufbewahrung der Entwürfe in einem Hotel nicht gerade förderlich, um so mehr, als Goerdeler die Entwürfe in dieser Form ablehnte und für seine vorgesehenen Rundfunkansprachen eigene Entwürfe verwenden wollte. Da jedoch

in dem Aufruf an die Wehrmacht die Reihe der von Hitler gewissenlos verschuldeten vergeblichen Opfer nur bis zum Abwehrkampf in Sizilien reicht, während Gisevius die Erwähnung der Heeresgruppe Nord berichtet, müssen Goerdelers Exemplare ältere Versionen aus dem Herbst 1943 gewesen sein. Thierack an Bormann 8. Sept. 1944 in Osas 97–99; Spiegelbild 200; Gisevius II 333.

[170] Spiegelbild 139-140; Urteil gegen Goerdeler in Spiegelbild 535–536. Thierack an Bormann 8. Sept. 1944 in Osas 98 schrieb irrtümlich »Aufruf an die deutschen Soldaten«, der aber mit dem »Aufruf an die Wehrmacht« identisch ist; Spiegelbild 199–203; Urteil gegen Goerdeler, Spiegelbild 535; Pechel 304–305. Wirmer: Nebgen 8.

[171] »Presse. Regierungserklärung Nr. 2 (3. Fassung)« in Schriftstücke 19–34; Spiegelbild 147–156, 249–255 (aufgeteilt). Die beiden Teile unter demselben Titel sind durch einen Trennungsstrich und weitere äußere Merkmale wie uneingerückter Absatzbeginn des zweiten Teils voneinander unterschieden. Bei Ritter 586–592 »Anhang VI: Friedensplan Goerdelers, vermutlich für britische Leser bestimmt. Wahrscheinlich vom Spätsommer oder Herbst 1943.« Der Inhalt der Seiten 35–45 in Schriftstücke bzw. 249–255 in Spiegelbild entspricht Goerdelers auch sonst belegten außenpolitischen Vorstellungen: Deutschland müsse moralisch und materiell stark sein, zusammen mit England Europa gegen russische Übermacht sichern und mit den andern europäischen Völkern einen ewigen Friedensbund bilden; kein weißes Volk dürfe Japan bei der Ausdehnung auf Kosten weißer Völker oder Chinas helfen; die Welt müsse wirtschaftlich zusammenarbeiten; Deutschland müsse Recht und Anstand im eigenen Land selbst wieder herstellen, anders könne es nicht gesunden; auch die Deutschen, die mit Haß und Verachtung auf die Schändung des guten deutschen Namens durch Deutsche blicken, würden deren Bestrafung durch Dritte, wie einen Internationalen Gerichtshof, ablehnen; Deutschland dürfe nicht aufgeteilt werden, sonst werde es immer wieder Spannungen geben; im Osten solle »etwa« die Reichsgrenze von 1914 gelten (Mai 1943: polnische Grenzen von 1938; Mai 1944: im Osten Reichsgrenze von 1914); im Süden solle »die in der Konferenz von München 1938 anerkannte Grenze einschließlich Österreich« gelten, Südtirol solle dazukommen; im Westen solle Elsaß-Lothringen entweder autonom werden (ebenso August 1943, Mai 1944) oder durch eine neutrale Kommission an der Sprachgrenze zwischen Deutschland und Frankreich geteilt werden; ähnlich solle die gerechte Grenze gegenüber Dänemark ermittelt werden; die polnische Ostgrenze von 1938 hänge davon ab, ob die deutsche Front sie halten könne, sonst sei Polen an Rußland verloren; Polen könne Ersatz für Westpreußen und Posen durch Union mit Litauen erhalten; keine Reparationen, da Deutschland völlig verschuldet und schlimmer zerstört sei als jeder andere Teil Europas; Verzicht auf die Forderung der bedingungslosen Kapitulation und der totalen Entwaffnung Deutschlands, damit Deutschland Europa vor Rußland schützen könne; Deutschland werde den Krieg »in der Luft und auf den Meeren« selbstverständlich einstellen, selbstverständlich schrittweise die besetzten Gebiete räumen, dort sofort selbständige nationale Regierungen gewähren; für den Ausbruch des Krieges seien auch die fremden Staatsmänner verantwortlich, die die Warnungen aus Deutschland nicht hören wollten und die Warner für Männer ohne nationale Gesinnung hielten; Chamberlain sei 1938 Hitler nachgelaufen, statt durch Festigkeit den Krieg zu verhindern und Hitler zu entlarven; die neue Verfassung müsse Recht, Freiheit des Individuums, Freiheit der Presse, der Ge-

wissen, des Geistes wiederherstellen, demokratische Einrichtungen schrittweise wiederherstellen, am besten eine parlamentarische Monarchie erstellen, sich jedenfalls nach der Meinung des Volkes richten, den Zentralismus abbauen, »gediegene Selbstverwaltung« in Gemeinden, Kreisen und Ländern wiederherstellen; Preußen werde im Reich aufgehen, aus den preußischen Provinzen deutsche Länder gebildet werden. Vgl. Aufzeichnung Goerdelers für J. Wallenberg 19.–21. Mai 1943, BA Nl. Goerdeler 23; Dulles, Underground 144–145; Vernehmung Goerdelers in Spiegelbild 411; Kaiser-Tagebuch Mai 1944 in Urteil gegen H. Kaiser und Thoma in Spiegelbild 1984 727–728. Goerdeler brachte seine Auffassungen so ernst und leidenschaftlich vor, daß der Gedanke an eine diplomatische Maximalverhandlungsposition nicht plausibel erscheint. Die Zumutung an die Sieger des Krieges, mit dem Status quo oder, wie im Osten, mit noch weniger zufrieden zu sein, erscheint naiv. Ritter 333–341 behandelt die Vorstellungen Goerdelers als völlig ernst gemeint, nicht als taktische Verhandlungspositionen. In Goerdelers »Material für......« (Schriftstücke 51–52; Spiegelbild 269) finden sich die Sätze: »Der dies alles sagt, ist und wird bleiben: ein Preuße [...]« Noch am 18. Juli 1944 fragte Goerdeler ClS, ob Ostpreußen zu halten sei und bekam die Antwort »nein«; Goerdeler, Unsere Idee 28–29. Im Gefängnis im November 1944, nachdem er zum Tode verurteilt war, schrieb Goerdeler in seinem »Friedensplan« (Unsere Idee 33): »Deutschland bleibt ein Reich, dessen Ostgrenzen wie 1914 gezogen werden, das Österreich, das Sudetenland und Tirol nördlich der Linie Bozen-Meran umschließt und im Westen die Grenzen vom 31. 8. 1939 hat. [...] Die russische Westgrenze ist die am 1. 9. 39.«

172 Urteil gegen Goerdeler in Spiegelbild 535–536; Thierack an Bormann 8. Sept. 1944 in Osas 94–97; Goerdeler, Rundfunkrede bzw. Regierungsprogramm. Wirmer erklärte, dieser Entwurf sei von Goerdeler, Goerdeler stellte das in Abrede; Urteil gegen Goerdeler in Spiegelbild 536; Thierack an Bormann 8. Sept. 1944, Osas 98.

173 Urteil gegen Goerdeler in Spiegelbild 535.

174 Spiegelbild 145–156.

175 Es ist klar, daß in solchen Formulierungen kein Platz war für die Wiederherstellung der Monarchie, die Goerdeler anstrebte, die aber bei Stauffenberg und anderen Offizieren »wenig Sympathien« fand; Spiegelbild 352.

176 Schriftstücke 12–18; Spiegelbild 213–217.

177 Schriftstücke 16.

178 Bericht der Sonderkommission 20. 7. 1944 der Gestapo (RSHA/Amt IV) vom 24. Juli 1944, Spiegelbild 33–34; ferner 448 (Berthold Stauffenbergs Aussage). Den Ausführungen Goerdelers folgen einige Bemerkungen von Lesern seiner Entwürfe: »Zuviel Einzelheiten und zu konkrete Zielsetzungen. Die immer wieder erwähnte Fortsetzung des Krieges ist innen- und außenpolitisch nicht tragbar. Die Lösung der einzelnen Probleme hängt entscheidend ab vom nicht vorhersehbaren Verlauf der Dinge, insbesondere von der Haltung der Gegenseite.« Schriftstücke 58.

179 Spiegelbild 199–202. Goerdeler, Hassell und Wirmer waren sich in ihrer Verhandlung vor dem »Volksgerichtshof« am 8. September 1944 einig, daß Beck der Haupturheber dieses Aufrufes sei; Thierack an Bormann 8. Sept. 1944 in Osas 98.

180 Schriftstücke 1–7; Spiegelbild 199–203, 535. In der Vorlage steht »wirkt« statt »wiegt«, wie es sinngemäß heißen muß.

Umsturzplanung: Äußeres

1 Christie-Bericht 1937, Christie Papers CHRS 1/21 A; Conwell-Evans 91–92; Reynolds, Treason 11–115, 297 Anm. 81; Hoffmann, Question 2–3.

2 The Times, Late London Ed. 3. Jan. 1942 4; FRUS 1941 I 1–38; FRUS: The Conference at Washington, 1941–1942, and Casablanca, 1943 362–376; House of Commons 20. Jan. 1942, Parliamentary Debates Fifth Ser. Vol. 377 col. 242–243; VB Nordd.A. 5. Jan. 1942 S. 1.

3 Hassell 267; Goerdeler, Aufzeichnung; Ausarbeitung, Spiegelbild 250.

4 Goerdeler in Spiegelbild 411; vgl. Goerdelers fast völlig übereinstimmende Hoffnungen im Mai 1943 in Goerdelers Aufzeichnung; im Mai 1944 Urteil gegen Kaiser; im Nov. 1944 Goerdeler in Idee 33–40.

5 Leber, Mann 285; Leber in Spiegelbild 211.

6 Kennan 121; Balfour, Frisby 184–186, 215–224, 271–273.

7 Hofacker in Spiegelbild 136.

8 F.v. Moltke24. Juli 1989.

9 CvT 253; Roon 317–322.

10 Roon 254; Hillgruber, Hümmelchen 170, 174, 176.

11 Moltke, Briefe 512–513.

12 Fleischhauer, Chance 110–112.

13 Schwerin 299.

14 Schwerin 299: Durch Vermittlung Brücklmeiers, 1930 bis 1932 Attaché unter Schulenburg in der Gesandtschaft in Teheran, in der von Brücklmeier benützten Wohnung Kessels in der Maienstraße 4.

15 F.W.Schulenburg in Spiegelbild 308–309.

16 Hassell 400; Goerdeler in Spiegelbild 308.

17 Hassell 400; VGH-Urteil gegen Hassell in Spiegelbild 540. Ritter, Goerdeler 371 zit. Hassell für die Mitteilung, daß ClS F.W. Graf v.d. Schulenburg »energisch in den Vordergrund schob«, was Hassell nicht berichtet. Goerdeler-Aussage vor 23. Aug. 1944 in Spiegelbild 290, im Laufe des Herbstes 1943 »trat dann Schulenburg als Kandidat für den Außenminister in Vordergrund [sic]«.

18 Hassell 400–405.

19 Hassell 405 mit der Ergänzung des Hrsg. »[10.43]«, anscheinend auf Grund einer ebensolchen, aber nicht als solche gekennzeichneten Ergänzung durch I. v. Hassell in der ersten Ausgabe, die nicht zutreffen kann, weil Hassell am 9. Okt. in Ebenhausen war und außerdem das Gespräch mit Schulenburg in Hassells Aufzeichnung vom 13. Nov. 1943 der dritte einer Reihe von aufeinanderfolgenden Vorgängen ist, die mit dem am 13. Nov. 1943 aufgezeichneten Gespräch mit Goerdeler »vor einigen Tagen« begann, in der das Gespräch mit Beck der zweite Vorgang ist, auf den das mit Schulenburg folgt. Auch Goerdeler datierte das Gespräch Hassell-Schulenburg auf Nov. 1943, in der Wohnung Brücklmeiers; Spiegelbild 309.

20 Goerdeler in Spiegelbild 309, 360; Gisevius II 332–344.

21 Roon 317–322; Balfour, Frisby 270; Wengler. Roon 319 berichtet nur Moltkes Ablehnung des Attentats; Quellenhinweise in Hoffmann, Widerstand 279 und 736 Anm. 68a.

22 Pogue 102–106, 339–343; Ehrman 8–10, 110, 389; Howard 629; Wedemeyer 245; Hinsley 3, 44–45.

23 CvT 231–232; Moltke, Briefe 575; vgl. Moltke an seine Frau 28. Nov. 1943 in Moltke, Briefe 573 über das »blödsinnige« Rezept, in das Leber sich eingelassen habe.

24 DOGWOOD 14. Sept. 1943, Papiere F.v. Moltke. Schwartz' Deckname war »DOGWOOD«; das OSS-Büro in Istanbul führte die Decknamen »CEREUS« und »Western Electric«; Wilbrandts Deckname war »HYAZINTH«.

25 Krebs 177–178, 191, 209–234; Teuchert 8; Kaiser Tb. 14. Mai, 2. Juni, 2. Aug. 1943. Ebenso Hassell 372, 382.

26 Moltke, Briefe 568, 575.

27 Hassell 382; Anderson 30. Okt. 1943.

28 Johnson (amerik. Gesandter in Stockholm) an Secretary of State Hull 12. Sept. 1944, FRUS 1944 I 550–551; Anderson 17. Sept., 6. und 30. Okt. 1943; CvT 251. Zu den Versuchen des englischen Geheimdienstes, Trotts Fühler auszubeuten, s. Hoffmann, Widerstand 284–285, 290–291.

29 Hassell 418 (Aufzeichnung 7. Feb. 1944, jedenfalls nach Moltkes Verhaftung vom 19. Jan. 1944), 608 Anm. 9; für Hassells Datierung des Kennenlernens ClSs als »neulich« hatte I. v. Hassell in der Ausgabe ²1946 aus eigener Kenntnis »im November« gesetzt; die Gastgeberin bestätigt Nov. 1943; K. Jessen 1962. Zu Jessen auch Liste der aus der Wehrmacht Ausgestoßenen in BA EAP 105/2; Schwerin 374 (Passierscheinstelle = GenStdH/GenQuM/II Kriegsverwaltung/Qu 6); Scheel 330.

30 Spiegelbild 189. CM 377 belegt nicht seine Behauptung, die von Brücklmeier [im Frühjahr 1944] im unmittelbaren Zusammenhang mit ClSs Interesse für Arbeiterfragen gegenüber Leuschner behauptete Übereinstimmung der »politischen Auffassungen« Goerdelers mit denen ClSs habe sich »bis zu diesem Zeitpunkt vor allem auf die Außenpolitik« bezogen; die von CM hier nur teilweise wiedergegebene, nicht belegte Stelle enthält dafür keinen Anhaltspunkt; s. Anklage gegen Goerdeler u.a. ClS soll Papen als Vermittler von Gesprächen mit den Alliierten für vor allen geeignet gehalten haben; Friedrich Karl Graf Pfeil (Adjutant bei Fromm) in Prozeß XL 579; vgl. Graf Gottfried von Bismarck-Schönhausen in Prozeß XL 581.

31 NS 23. Aug. 1969, 19. Jan. 1973; Dieckmann 30. Jan. 1979 berichtet dieselbe Ablehnung des NKFD durch ClS und Mertz für Juni 1944.

32 Hillgruber, Hümmelchen 185; Finker 167–170; Wegner-Korfes 539–542; Hoffmann, Widerstand 743–746 Anm. 132–139. 1965 veröffentlichte der Professor der Akademie der Wissenschaften der UdSSR, Daniil Melnikow, in Moskau ein Buch über den 20. Juli 1944, dessen deutsche Übersetzung 1966 in der DDR erschien. Seitdem versuchten in der DDR ansässige Autoren immer wieder, ClS und seine Mitverschworenen als mit dem »Nationalkomitee Freies Deutschland«, mit Angehörigen der KPD und politisch ähnlich orientierten Personen in Verbindung gestanden oder sympathisiert habend darzustellen. Für Stauffenberg selbst gilt ausschließlich das Gegenteil. Es gibt keine Belege für Gisevius' Version von Januar und Februar 1945 (s. Anhang VII). Sigrid Wegner-Korfes, eine Tochter des mit einer Schwester Mertz' verheirateten Generalmajor Otto Korfes, »belegt« ihre Vermutung, »intensive politische Aufklärungsarbeit« durch Beauftragte des NKFD während der Kesselschlacht von Tarnopol im April 1944 habe »besondere Bedeutung für die Entwicklung Albrecht Mertz v. Quirnheims zum aktiven Hitlergegner« gehabt u.a. mit Taschenkalendereintragungen des Vaters von Mertz vom März und April 1944 (die in der Anm. stehende Datie-

rung 1943 ist ein Satzfehler), wo Dr.v. Mertz aber nur aufschrieb: »Ostfront in
Breite Wo ist Albrecht?« und »Brief Hildes mit Nachrichten von Albrecht, er
hat zum 3. Mal sein Gepäck verloren.« Wegner-Korfes verwendete ferner Briefe Mertz' an seine künftige zweite Frau, Hilde Baier, vom 8. und 10. Mai 1944
(BA-Abt.Potsdam 90 Me6 Nl Mertz v. Quirnheim), in denen er sich fragte, »wie
wohl Otto« an seiner Stelle gedacht und gehandelt hätte; er könne sich nicht
vorstellen, daß es in dessen Truppe »je zu einem Versagen hätte kommen können«; weiter schrieb Mertz von Ottos soldatischer und menschlicher Erfüllung,
also seinem Tod. (Vgl. ClS 25. Dez. 1942 an H.v. Blombergs Witwe: »Als Soldat
weiß ich, daß er, der an der Spitze seiner Mannschaft im Element seines Soldatentums, im Kampf den Tod fand, am wenigsten zu beklagen ist, erfüllte er doch
sein Leben in einem Höhepunkt des Lebens.«) Mertz schrieb: »In diesen Tagen
der Erinnerung an seine [Ottos] soldatische und menschliche Erfüllung beschäftigen mich die Gedanken an sein Wirken als Offizier in einer Lage wie der heutigen besonders stark. – Für Dich, Du Liebe, sind es schwere Tage der Erinnerung
– für Dich und die Kinder. Du weißt, daß ich in treuen Gedanken und in Liebe bei Dir bin und daß ich die Größe und Heiligkeit des Vermächtnisses kenne,
das mir Otto übergeben hat.« Weiter ist die Rede von »Ottos Leben und Fortleben«; der Zukunft der Kinder [»Ottos«]. Der erste Mann der zweiten Frau
von Mertz, Hilde von Mertz, Oberstleutnant d.R. Dr. Otto Baier ist am 9. Mai
1942 im Osten gefallen; H. Mertz, Albrecht Ritter Mertz von Quirnheim. Auch
Mertz' Brief vom 10. Mai 1944 stützt weder die Behauptung, Mertz habe von
Otto Korfes gesprochen, noch die Behauptung von Mertz' Solidarität mit dem
Nationalkomitee und mit dem, wofür Otto Korfes sich einsetzte: Mertz schrieb,
er und sein General haben »die schwere Aufgabe, den eigenen inneren Halt nach
unten durchzusetzen«; für sie im Korps-Hauptquartier sei es leichter, Abstand
zum Geschehen zu gewinnen und eine innere Krise zu überwinden als für die
Kämpfer an der Front: »Für die Führer und Männer, die heute wie vor 3 Monaten Tag und Nacht in ihren Löchern liegen und ständig im Kampf sind, ist es
viel schwerer einzusehen, daß nunmehr die Zeit des freizügigen Abwehrkamp-
fes im feindlichen, eroberten Land zu Ende und jetzt die Zeit des Haltens um jeden Preis und der Notwendigkeit gekommen ist, das wiederzugewinnen, was
in dieser Grenzzone unseres Kriegsreiches verloren geht. Diese grundsätzliche
Umstellung ist aus manchen Gründen, die ich hier nicht erörtern kann, schwerer als es zunächst scheint. Aber es ist eine Aufgabe, die für den Ausgang unseres Kampfes einfach entscheidend ist. Ich habe mich hinein verbissen. [...] Morgen ist Dein Geburtstag. Wäre ich z.Z. nicht mit der Abwehr zahlreicher sieges-
lüsterner Feinde beschäftigt, so säßen wir jetzt beieinander, vertieft in ein langes
Gespräch über Vergangenheit, Gegenwart und Zukunft; über Ottos Leben und
Fortleben; über der Kinder Zukunft und Hoffen; und über die Güte des Schicksals, das uns in der Zeit, da Alles in den Grundfesten zu schwanken begann, uns
[sic] zusammenführte zu einer neuen Gemeinschaft und zum Aufbau eines Reiches der Sauberkeit, des Verantwortenwollens, der Anständigkeit und der Güte.
Wir sehen ein, daß wir Alle nur Menschen sind, schön in ihrer Stärke und häß-
lich in ihrer Schwäche. Aber das Kennen des Menschseins muß uns doch befähigen, forttragend und führend zu wirken.« Aus dem Zusammenhang der beiden Briefe ist deutlich, daß von Otto Baier die Rede war, nicht von Otto Korfes.
Mertz und Hilde Baier heirateten am 31. Mai 1944 (H.Mertz, Tagebuch 31. Mai
1944). Wegner-Korfes erwähnt in ihrem Artikel Hilde Baier überhaupt nicht und

schreibt, Mertz habe »nach Hause« geschrieben, d. h. an die Eltern, denn ein anderes »nach Hause« hatte Mertz damals nicht. Gegen Wegner-Korfes' Theorie, Mertz habe sich gedanklich intensiv mit der Tätigkeit seines Schwagers Korfes befaßt, sprechen auch ein Brief des stellv. Chef des HPA vom 17. Jan. 1944 an Frau Gudrun Korfes, eine Stelle aus einem Brief Mertz' vom 15. Juni 1944 an seine zweite Frau (in deren Papieren) und ein Tagebucheintrag von H. Mertz 22. Mai 1945. Wegner-Korfes' sonstige Belege sind durch häufige Verwendung von Worten wie »vielleicht«, »zweifellos«, »sehr wahrscheinlich«, »offensichtlich« eingeschränkt bzw. reichen nicht weiter als die von Finker angeführten.

33 Hierzu s. Exkurs in Anhang VII.

34 Kranzfelder in Spiegelbild 115–116.

35 Sauerbruch 12. Feb. 1963, 24. Juli 1964, 9. Feb. 1977, 15. April 1991; Sauerbruch, Bericht 147–148; Spiegelbild 402–404.

36 Michel 23. Aug. 1979; vgl. Michel, Ost 40–52.

37 Leber, Mann 286.

38 Quellen s. Hoffmann, Widerstand 736 Anm. 68a. Das sich aus Moltkes Besuch in Istanbul ergebende Memorandum, zuerst von Moltkes Freunden Wilbrandt und Rüstow in deutscher Sprache verfaßt und dann ins Englische übersetzt, ist im ursprünglichen Wortlaut gedruckt in Roon, Neuordnung 582–586; Moltke, Balfour, Frisby 264–268 ist eine Rückübersetzung aus dem Englischen; englische Übersetzung in Balfour, Frisby 273–277. Zwischen den beiden Istanbuler Versionen bestehen nur geringe sachliche Unterschiede. Im Folgenden wird die deutsche Fassung zugrunde gelegt in der Annahme, daß sie Moltkes Mitteilungen näher steht als die englische.

39 Spiegelbild 189.

40 Rothfels, Zwei 394; Hoffmann, Widerstand 265–267; Schriftstücke 14; Spiegelbild 214.

41 Rothfels, Trott 318–322. Die Datierung November 1943 geht lediglich aus einer Registraturnotiz des ökumenischen Rats in Genf hervor; Rothfels vermutet, Trott habe sie im Oktober 1943 niedergeschrieben; Rothfels, Trott und die Außenpolitik 308. Malone 10. Dez. 1978 datiert auf Grund weiterer Recherchen September 1943; vgl. Hoffmann, Widerstand 285.

42 Tindall an [Schwartz] 29. Dez. 1943, Papiere F. v. Moltke.

43 Die Voraussetzung des Einsatzes überlegener Kräfte zur Sicherung eines raschen und vollständigen Erfolges, die Moltke schon im Juli in Istanbul dargelegt hatte, und der Übereinstimmung politischer Ziele schrieb Moltke auch in einen Brief, den er damals aus Istanbul an Kirk richtete; er stellte sie auch auf in einem Brief an seine Frau vom 7. Januar 1944; Balfour, Frisby 271–273; Moltke, Briefe 587.

44 DOGWOOD 30. Dez. 1943, Papiere F. v. Moltke.

45 DOGWOOD 30. Dez. 1943, Papiere F. v. Moltke; Tindall 31. Dez. 1943, ebd. berichtet nur von einem indirekten Gespräch mit Moltke.

46 Tindall an [Schwartz] 29. Dez. 1943, Papiere F. v. Moltke.

47 Donovan an Roosevelt 29. Juli 1944, F.D.R. Library PSF OSS File.

48 FRUS 1943 I 680, 687, 737, 752–754; weitere Aspekte vgl. Hoffmann, Peace 13 Anm. 29.

49 FRUS 1944 I 510–513.

50 Tindall, Bericht 29. Dez. 1943; DOGWOOD 30. Dez. 1943; Tindall an Schwartz 31. Dez. 1943; alle in den Papieren F. v. Moltkes.

51 Kranzfelder in Spiegelbild 116.

[52] Dr. v. Mertz, Taschenkalender 1943; H. Mertz, Albrecht Ritter Mertz von Quirnheim.

[53] Botschafter Ritter an Gesandten Richert 23. Nov. 1943, Richert an Ritter 25. Nov. 1943. Die schwedische Gesandtschaft zog vorläufig nach Alt Döbern um; Kungliga Utrikesdepartement Stockholm H 60 G/Allm. Göteborgstrafiken 1.3. 44–15.5.44.

[54] Jessen an Graf 26. Aug. 1946, Graf 28. Aug. 1978; BS an RF 16. Jan. [1944], StGA; BS an RB 1. Mai [1944], Nl RB.

[55] P[ro] M[emoria]; Verhandlungen über technische Fragen des Göteborgverkehrs am 3. Januar 1943; Graf 28. Okt. 1950; Graf 7. April 1978; J. Wallenberg 16. Sept. 1977; Martensson, wo auf einer Photographie Östberg die Eintragungen in seinem Gästebuch zeigt, worunter Kranzfelder ist, aber nicht BS.

[56] Ståhle an Post 5. Jan. 1944, Kungliga Utrikesdepartement Stockholm H 60 G/Allm. Göteborgstrafiken 1.1.–29.2.44.

[57] Aufzeichnung von Gesandter Leitner 17. Feb. 1944, AA/PA Rechtsabteilung/Völkerrecht, Rotes Kreuz Nr. 9, Hilfstätigkeit ausländischer Wohltätigkeitsorganisationen in Griechenland aus Anlaß des Krieges, Bd. 16; vgl. Hoffmann, Roncalli 77–82.

[58] BS an RB 1. Mai [1944], Nl RB.

[59] John, Zweimal 85–93, 107, 139–140; Beaulac 200.

[60] S. Kap. »Attentatpläne«.

[61] John, Zweimal 139–141. Klemperer erwähnt diesen Auftrag nicht. Nach der Verhaftung Kieps und Moltkes war Gehre auf der Flucht; Schwerin, der inzwischen in der Unterabteilung Qu 6 (Passierscheinstelle) der Abt. II Kriegsverwaltung des GenQuM tätig war, besorgte Gehre Anfang 1944 ein Soldbuch mit falschem Namen und Majorsrang; Schwerin 375; vgl. Spiegelbild 225. Johns Funktion in Madrid ist auch erwähnt in Dulles' Telegrammen 1888–9 und 1890–3 vom 27. Jan. 1944 aus Bern, OSS-Archiv der CIA.

[62] Dulles 27. Jan. 1944.

[63] Johns Bericht kann man wohl glauben, soweit er zum eigenen Nachteil berichtet. Beaulac (am. Geschäftsträger in Madrid) und Hohenthal (am. Militärattaché) anerkannten Johns Aufrichtigkeit im Kampf gegen Hitler, aber als Agent hat er sie nicht beeindruckt. John, Zweimal 147–148; Beaulac 201–202. Beaulac verteidigt sich wenig überzeugend gegen Johns Erklärung für Beaulacs baldige Versetzung nach Paraguay, er sei Spanien gegenüber nicht fest genug aufgetreten. Die Beziehungen zwischen John und den Amerikanern in Madrid sind durch die Berichte Johns und Beaulacs nicht überzeugend geklärt. Johns Berichten zufolge (John, Berichte; John, Zweimal 364–367) hätten Hohenthal und andere ihm die weitgehendsten Mitteilungen über die hohe Politik Amerikas und Spaniens gemacht.

[64] John, Zweimal 148.

[65] John, Bericht; John, Zum Jahrestag 5; John, Some Facts 41–47. Klemperer 352 meint unerklärlicherweise, CIS sei auf Grund der Berichte Johns ohne Illusionen gewesen. Invasion: John, Some Facts 41–47; John, Zweimal 156–158. John machte sich Vorwürfe, weil es ihm nicht gelungen sei, CIS von der Aussichtslosigkeit der Kontaktversuche bei den Alliierten zu überzeugen; CIS habe darauf bestanden, daß John ihm nach dem Umsturz direkte Gespräche mit dem westalliierten Oberkommandierenden Eisenhower, von Soldat zu Soldat, vermitteln müsse; John, Some Facts 41–47; John, Zweimal 155–160; Lamb 288.

66 Malone 215.
67 Moltke, Balfour, Frisby 282 und Anm. 5 dazu verwirrt die Provenienz der Bemerkung; sie wurde Balfour 1970 von C. Bielenberg berichtet: Balfour, Frisby 291 und Anm. 4 dazu. Kramarz 138 sagt, H.–B.v. Haeften habe die Bekanntschaft zwischen ClS und Trott vermittelt; der dafür angeführte Beleg (Waltraut von Götz, Kusine Trotts, an Kramarz 5. Sept. und 24. Nov. 1962) enthält keinen Hinweis darauf, dagegen zit. ein Vernehmungsbericht (Spiegelbild 110) Yorck dafür, daß Trott durch W.v. Haeften »zu einer über den Dienst hinausgehenden Fühlungnahme mit Stauffenberg gelangt« sei. Für die Beziehung 1943 auch Spiegelbild 440.
68 Ziegler 1963, Trott sei seit ClSs Dienstantritt im Nov. 1943 in ClSs Dienststelle häufig ein und aus gegangen; das kann also auch früher begonnen haben.
69 Spiegelbild 505; Trott war vom 27. Okt. bis 3. Nov. 1943 in Stockholm; CvT 251; Lindgren 278–279.
70 CvT 261-262; Kessel, Saat 254.
71 Papiere CvT; CvT 260–262; Götz 5. Sept. 1962.
72 Götz 5. Sept. 1962; Spiegelbild 110.
73 Spiegelbild 367, 507.
74 Spiegelbild 507.
75 Goerdeler, Idee 29; Spiegelbild 126–127, 247–248. H. Kaiser in Spiegelbild 126: ClS habe »über Mittelsmänner zwei Verbindungen zur englischen Seite«. Eine war der Kontakt Otto Johns in Madrid und Lissabon, von dem A. W. Dulles in Bern durch Eduard Waetjen erfuhr; Dulles 27. Jan. 1944. Goerdeler sagte dazu in der Haft, nach der Beseitigung des Nationalsozialismus sollten Verhandlungen mit dem Ausland aufgenommen werden, und zwar über Stockholm, wo der Boden durch Wallenberg vorbereitet sei, mit Rußland; über »Madrid (dort Beauftragter Churchills)« mit England; und über »Bern (dort Beauftragter Roosevelts)«, wo der Boden durch Gisevius vorbereitet war, mit Amerika; Spiegelbild 505. Der Beauftragte Churchills existierte .wahrscheinlich nur in Goerdelers Vorstellung, vielleicht auf Grund einer nicht ganz zutreffenden oder mißverstandenen Nachricht über Johns Kontakte, die gerade gegenüber England bis dahin völlig ergebnislos waren; vgl. John, Zweimal 147.
76 Prozeß XXXIII 422–423.
77 Hofacker in Spiegelbild 136.
78 Anderson 14. und 18. März 1944; Political Memorandum 23. März 1944.
79 Dulles, Underground 137–138; FRUS 1944 I 505–507, 510–513.
80 Dulles, Underground 134 ohne genaue Daten; Gisevius II 271–272.
81 Magruder an Warren 17. Mai 1944 in FRUS 1 1944 510–513.
82 CvT 264; Kessel, Saat 255–259; Knoll 28. Mai 1977; W. Hoffmann 27. Mai 1977; M. Gerstenmaier 28., 29. und 30. Mai 1977; Malone 2. Juni 1977. Mottu war im Eidgenössischen Politischen Departement in Bern tätig, Trott kannte ihn seit 1942; Klemperer 425 Anm. 462; Who's Who in Switzerland 1966/67. Klemperer 425 Anm. 462 datiert die Begegnung Trott-Mottu 12. Juni; er zit. Mottu, mündliche Mitt. an ihn 25. Feb. 1978; Gerstenmaier dto 11. April 1978; Brief Herbert Blankenhorn an Klemperer 10. Mai 1978; Visser 'tHooft an J. F. Dulles 15. Mai 1944, A. W. Dulles an J.F. Dulles 14. Juni 1944, Mottu an A. W. Dulles 12. Okt. 1944, alle in Princeton University Library, J. F. Dulles Papers Box 23; Vermerk 12. Juni 1944 in AA/PA Inland Hg 59.
83 Trott erwartete ClS ebenso am 1. Mai; Papiere CvT; Lindgren 281.

[84] Spiegelbild 175.

[85] Lindgren 281, 289–291 mit Abdruck des Memorandums.

[86] Morgenthau, passim.

[87] Cole 81–82. Cole bezeichnet den in FRUS 1944 I 523–525 abgedruckten, von Geschäftsträger Herschel V. Johnson unterzeichneten Bericht als eine »overly abbreviated form« seines »long and urgent telegram«, das er, Cole, am 26. Juni verfaßt habe. Dieser ausführlichere Bericht ist bisher in den NA nicht aufgetaucht. Scott, Mail Story gibt auf Grund eines Gesprächs mit Trott vom 26. Juni 1944 dieselben Hauptpunkte wie Cole.

[88] Cole 72–82. Damals drängte Friedrich-Werner Graf Schulenburg ohne Trotts Wissen den deutschen Gesandten in Stockholm Karl Georg Pfleiderer, »einen Kanal zu den Russen zu graben«; CvT 252–253.

[89] Vgl. Finker, Stauffenberg 215. Johnson an Außenminister Hull 26. Juni 1944 in FRUS 1944 1 523–525; Cole 72–82; Scott, Mail Story. Vgl. Klemperer 340, der ohne Stütze in den Quellen Trott die Initiative zuschreibt und die abweichenden Versionen von Cole und Scott nicht berücksichtigt.

[90] Gerstenmaier 2. Juli 1979. Der frühere sowjetische Botschaftsrat in Stockholm, Wladimir Semjonov, erinnert sich vage an den Kontaktversuch Trotts, sowie daß Botschafterin Kollontaj in der fraglichen Zeit (zwischen 19. Juni u. 3. Juli 1944) in einem Sanatorium in einem Stockholmer Vorort gewesen sei; Semjonov an d. Verf. 21. Juli 1992.

[91] Speidel, Invasion 116–118.

[92] Speidel, Invasion 127. Rommels IaF, Major i.G. Eberhard Wolfram, berichtet dramatischer als Speidel, er sei am 29. Juni 1944 Zeuge einer Lagebesprechung bei Hitler in der Großen Halle auf dem »Berghof« gewesen. Rommel habe gesagt, es sei heute die letzte Minute, da er als Oberbefehlshaber der Heeresgruppe B »verantwortlich vor dem deutschen Volke« die Lage im Westen vortragen könne, er wolle mit der Beurteilung der politischen Lage anfangen. Hitler habe Rommel unterbrochen und ihn gebeten, sich auf die militärische Lage zu beschränken, Rommel wollte darauf bestehen, zur Gesamtlage Stellung zu nehmen, Hitler habe es ihm noch einmal verwiesen, Rommel habe seinen militärischen Lagevortrag gehalten, aber am Schluß noch eine persönliche Aussprache verlangt, worauf Hitler gesagt habe, es sei das beste, wenn Rommel das Zimmer verlasse. Irving, Interview mit Wolfram 1. Juni 1976, Irving, Selected Documents Film 97049/3.

[93] Ruge 11. Juni und 2. und 13. Juli 1944.

[94] Ose 197.

[95] Irving, Interview mit Lattmann 15. Juni 1975 in Irving, Selected Documents Film 97049/3. Lattmann war Kommandeur der II. Abt. Art.Rgt. 67.

[96] G. Falkenhausen, Erinnerungen 18; Spiegelbild 136. Speidels Bericht, Invasion 133, gibt den Vorgang in militärischem Stil wieder: Hofacker habe den Generalfeldmarschall um »eine abschließende Beurteilung der Lage an der Invasionsfront für Beck und Stauffenberg« gebeten und anhand einer »formvollendeten Denkschrift seine und des Militärbefehlshabers Gedanken« vorgetragen über die Notwendigkeit, den Krieg im Westen so schnell wie möglich selbständig zu beenden.

[97] Ruge 13. Juli 1944.

[98] Ruge 13. Juli 1944 mit nachträglichem Eintrag.

[99] A. Falkenhausen, Bericht 38; G. Falkenhausen, Erinnerungen 19.

[100] Irving, Interview mit Warning 11. Dez. 1976, Irving, Selected Documents Film 97049/ 3; Irving, Trail 413.

[101] Ruge 17. Juli 1944. Kluge schickte Rommels Ultimatum vom 15. Juli 1944 mit einem bestätigenden eigenen Schreiben vom 21. Juli an das OKW, wo beide Schreiben am 23. Juli eintrafen; Ose 190–191, 199, 334–340; vgl. Speidel, Invasion 136–141.

[102] Ose 190–192, 334–340.

[103] Speidel, Invasion 91–93; Eberbach 11. April 1967; Spiegelbild 135, 175.

[104] Hofacker in Spiegelbild 136.

[105] Hillgruber, Hümmelchen 217, 221; Niepold 9 und passim.

[106] KTB WFSt IV 858–859.

[107] Prozeß XXXIII 422–423.

[108] RF 15. Juli 1963.

[109] U.Thiersch 1949 in Zeller 361.

[110] Goerdeler, Idee 29; Hammerstein, Spähtrupp 291.

[111] Krebs 291–292; Bussche 30. Dez. 1980, 16. Aug. 1991.

[112] Plassmann 10. März 1947; H. Mertz 31. Jan. 1980.

[113] Spiegelbild 56–57, 91–92, 101, 111, 174–176. Der Bericht sagt nicht, wer diesen Standpunkt vertrat; Trott (von Heerführer zu Heerführer) schrieb diese Absicht Stauffenberg zu.

[114] S. Anm. 75.

[115] Spiegelbild 111,198.

[116] Schriftstücke 16.

Attentatpläne

[1] In Spiegelbild 128 sagt der Gestapo-Bericht »September/Oktober 1943« für die Beschaffung des Sprengstoffs durch Tresckow; Tresckow habe den Sprengstoff im Oktober in Berlin ClS gegeben. Tresckow ging am 10. Okt. an die Front (Tresckow an seine Frau 13. Okt. 1943; E. v. Tresckow 26. Juli 1971: »er [Tresckow] blieb [auf Urlaub] bis etwa 10.10.43«), um ein Regiment zu übernehmen. Wenn Stieff Ende Sept. oder Anfang Okt. das Attentat ausführen wollte, stellt sich die Frage, ob er dazu Sprengstoff verfügbar hatte oder wie Tresckows Sprengstoff zu ihm gelangt wäre, da in Spiegelbild 128 eine Reise ClSs zu diesem Zweck erst für Ende Okt. berichtet wird; Kuhn, Eigenhändige 7 berichtet dagegen eine Reise Stauffenbergs ins Hauptquartier »in den ersten Oktobertagen 1943«. Stieff hatte ein Interesse daran, die chronologischen Zusammenhänge, seine eigene Planung und den Zusammenhang mit Bussches Reisen zu verschleiern, was seine irreführenden Zeitangaben erklären kann: Bussche wartete nach dem 20. November, als Stieff im Urlaub war, auf die Attentatgelegenheit; der Sprengstoff war nicht mehr in Stieffs Besitz, von Bussches Sprengstoff erfuhr die Polizei nichts. Vgl. Spiegelbild 89, 128, 194; vgl. unten 397–398.

[2] I. Stieff 13. Juli 1947; I. Stieff, Hellmuth Stieff Bl. 75; Stieff, Schulenburg und Wirmer in Spiegelbild 89, 178; RF 10. März, 9. Mai 1977; RF an W. Baum 25. Juli 1962, IfZ ZS 1790; Gehlen 3. Sept. 1972 berichtet, Stieff habe ihm gesagt, er wolle sich mit Hitler in die Luft sprengen; Weniger, Vorgeschichte 490 berichtet aus dem Umkreis Stülpnagels in Paris die Auffassung, Stieff habe die Ausführung des Attentats übernommen. Zeller (1. Auflage) 189 berichtete zuerst, an-

scheinend auf Grund von Bussches Bericht in Eid 4, Bussche und Stieff sollten je eine Sprengladung zur Vorführung mitnehmen; CM 342 fand die Vermutung bestätigt durch die Aussage Stieffs in Spiegelbild 89, er habe auch mit Meichßner über die Ausführung des Attentats gesprochen, sowie durch Kleists Bericht in Hammerstein, Spähtrupp 235. Für ein gemeinschaftlich auszuführendes Attentat spricht Schulenburgs Antwort auf Kleists Frage im Jan. 1944, warum man ihn brauche, wenn Stieff Zugang zu Hitler habe und man ihm, Kleist, sage, »der Stieff macht es auch, mit Sprengstoff«: »Damit es ganz sicher ist.« Kleist 4. Dez. 1990. Nach Hammerstein, Spähtrupp 235 sagte ihm Kleist am 14. Mai 1944, Kleist habe ClS zugesagt mit dem Zusatz, »nur möchte er [wie es wohl sowieso vorgesehen war] noch jemanden mit einer Sprengladung hinstellen, damit es auch losginge, wenn ich in dem Moment versage und nicht abdrücken könne«; der Zusatz in [] stammt von Hammerstein. Kleist 10. Juli 1991 bestätigt diesen Bericht nicht. Ferner spricht für die Annahme des Planes eines gemeinschaftlichen Attentats Bussches Bericht in Eid 4, ein junger Frontoffizier sei gesucht worden für Ende November oder Anfang Dezember, der Hitler bei der Erklärung einer neuen Truppenausrüstung für die Ostfront »in gemeinsamer Planung mit Oberst Stieff« töte. Stieff hatte sich Anfang Aug. zum Attentat bereit erklärt; Stieff, Briefe 170; I. Stieff 13. Juli 1947 an Ricarda Huch: »Hinweisen möchte ich auch auf den Brief meines Mannes an mich vom 6. August 43 in dem er mir für mich deutlich und unmißverständlich sagt, daß er an einem Attentat gegen Hitler teilzunehmen sich entschlossen hat. Für andere ist das auch nicht so ganz ohne weiteres herauszulesen.« Die Bemühungen Tresckows um Stieff galten der Schaffung einer Attentatmöglichkeit. Stieffs Zugang zu Hitler: Z. B. am 13. und 14. Mai 1943 mit Speer, Saur, Keitel, Schmundt, Buhle u. a.; Junge/Linge 13. Mai 1943.

3 Wirmer in Spiegelbild 89–90, 178; Husen 2. Juli 1963, 16. Jan. 1968. Schulenburgs Aussage gegenüber der Geheimen Staatspolizei datiert Stieffs Fühlungnahme mit Meichßner in den September; Spiegelbild 89.

4 Anklageschrift gegen Goerdeler u. a. »Anfang September 1943«; Urteil gegen Goerdeler u. a. »Spätherbst 1943«; in Goerdeler, Idee 25, ist die Zeit Mitte Sept.–Mitte Okt. 1943 zu erschließen; Ritter, Goerdeler 337 »im September« ohne Beleg, vermutlich auf Grund der Anklageschrift. Zeller 525 Anm. 1 zit. eine Bestätigung durch Gotthold Müller, der mit Goerdeler verbunden war, für den Termin Ende Sept.

5 Spiegelbild 89–90; vor dem »Volksgerichtshof« am 28. und 29. Sept. 1944 sagte Meichßner, ClS sei gerade aus dem Lazarett entlassen gewesen, was im Zusammenhang mit dem Beginn der intensiven Tätigkeit ClSs im Sept. auf diesen Monat weist; Hermann Gichtel (Prozeßzuhörer); Stieff in Prozeß XXXIII 314; vgl. CM 364.

5a Hoffmann, Tresckow 354–364 u. passim.

6 Vorführung von Panzerabwehrkanonen bei Hitler am 1. Okt. 1943, Org.Abt. (IIIb), Beitrag zum KTB 1. bis 10. Okt. 1943, 3. Okt. 1943, NA T-78 Rolle 414/6382528; Speers Protokoll über die Vorführung in Boelcke 296–301. RF in Zeller (1. Auflage) 185, 10. März und 9. Mai 1977 berichtet, ClS habe ihm den 12. oder 14. Okt. als Attentattermin genannt; ebenso AS, Der zwanzigste Juli 1944 (ca. 1948). Der Termin haftet sicher nicht grundlos so fest in RFs Gedächtnis und ist offenbar nur zeitweise Zellers logischer Analyse der feststellbaren Umstände gewichen. Später »berichtigte« Zeller 330, 525 Anm. 1: »Mei-

ne frühere Angabe, die generalstabstechnischen Vorbereitungen Stauffenbergs seien am 10. Oktober abgeschlossen gewesen, stellte sich als irrig heraus. Nach einer Angabe von R. Fahrner rechnete St. Ende Oktober mit einer Auslösung um den 10. November.« Vgl. CM 567–568 Anm. 49. In RFs anderen Berichten über die Lautlinger Gespräche Anfang Sept. ist vom Attentat nicht die Rede. Vgl. Kap. »Umsturzplanung: Inneres« 322.

[7]   Schlabrendorff 121. In Verhören durch die Gestapo sagte er aus, er habe wohl die Beteiligung an dem Umsturz zugesagt, aber nicht die Ausführung des Attentats; Spiegelbild 89, 128, 194. Im Prozeß vor dem »Volksgerichtshof« bestätigte Stieff jedoch, »nicht Nein gesagt« zu haben, als ClS im Oktober 1943, nach dem Rückzug von der Dnjepr-Linie bei Krementschug und Kiew, bei ihm gewesen und in ihn gedrungen sei, stimmte aber dem Gerichtspräsidenten Freisler auch zu, als dieser Stieff fragte, ob es richtig sei, daß er die Ausführung des Attentats auf ClSs Frage hin abgelehnt habe; Prozeß XXXIII 308–310; es kommt die Zeit 24. Okt. bis 10. Nov. 1943 in Frage; vgl. Hillgruber, Hümmelchen 189–190.

[8]   RF in Zeller 327. Die Hoffnung konnte sich auf Meichßners Mitwirkung gründen.

[9]   S. unten folgende S.; Hoffmann, Stauffenbergs Freund 33. Am 29. Juni 1944 erklärte ClS RF das Ausbleiben des Attentats »mit dem Nichthandeln derer, die im Oktober die Aktion im Hauptquartier übernommen hätten, und mit Fehlschlägen bei neuen Versuchen«; RF 9. Mai 1977; RF in Zeller 362. Die Aufzeichnungen von Frau I.Stieff enthalten nichts über das Nichterfolgen des Attentats und die Gründe dafür.

[10] Kleist 14. Feb. 1946.

[11] Ritter, Goerdeler 337.

[12] Schlabrendorff 124–125 mit verwirrter Chronologie. Da die Vorgänge vor Kluges Autounfall und der Nachfolge GFM Buschs stattfanden, müssen sie vor 28. Okt. 1943 liegen; KTB HGr. Mitte, BA-MA RH 19 II/155 (Kluges Unfall 8.45 Uhr am 28.10.43); s. Bestätigung durch Kuhn in Hoffmann, Stauffenbergs Freund 39, 200–201 nach Kuhns Moskauer Aussagen.

[13] Hierzu und zum Folgenden Bussche 1. März 1966, 25. Aug. 1978, 29. Aug. 1980, 27. Nov. und 2. Dez. 1990; BA-Z, Militärische Dienstlaufbahn Frhr. von dem Bussche-Streithorst (Axel) 26. Mai 1970; Hoffmann, Widerstand 399–400 mit weiteren Quellen Anm. 49; Prozeß XXXI 446–448. BA-Z 24. Jan. 1991; Bussche 18. Sept. 1967, 29. Aug. 1980, 2. Dez. 1990; Groeben 29. März 1991; Krebs 259. Zu Düppel auch Herzer 21. Aug. 1991.

[14] Bussche 19. Juli 1984: Er habe ClS und Schulenburg sein Erlebnis erzählt, von dem er »instinktiv wußte, hier passiert etwas, das ist das Ereignis des Jahrhunderts, Massenmord, organisierter Massenmord auf Befehl des Staatschefs [...] die wußten das auch; ich gehe soweit zu sagen, daß der 20. Juli im Kern nicht passiert wäre ohne diese Dinge.« Ebenso Bussche 26. Okt. 1985.

[15] Zum Obigen seit der vorigen Anm.: Bussche, Eid; Bussche 2. Juli 1948 in Records 1147–1149; Bussche in Freiheitskämpfer; Bussche 29. Aug. 1980, 2. Dez. 1990. Zum Folgenden: Bussche 9. Feb. 1966 schrieb, er habe im Nov. mit ClS über die Frage Pistole oder Sprengstoff gesprochen. Wolfgang Paul, Potsdamer 311 datiert ein erstes Gespräch mit ClS in den Okt., bei dem die Frage, ob Bussche das Attentat ausführen werde, nicht gestellt worden wäre; da ClS Bussche u. a. den ersten von RF überarbeiteten Aufruf mitgab (s. Hoffmann, Tresckow 331–332, 345–346; Hoffmann, Stauffenbergs Freund 42–43; u. den folgenden

Absatz), muß es jedoch nach RFs Überarbeitung der Aufrufe Ende Okt. gewesen sein. Paul datiert ein zweites Gespräch mit der Frage nach Bussches Bereitschaft zum Attentat für Nov.

[16] Bussche, Eid spricht von »vorbereitenden Reisen« zwischen Hauptquartier und Berlin, also mehreren Reisen; Bussche in Freiheitskämpfer berichtet, er sei »ein paarmal zwischen Berlin und dem Hauptquartier hin- und hergefahren«; Bussche 9. Feb. 1966 datiert das Gespräch über Pistole- oder Sprengstoffmethode auf Nov.

[17] Bussche 25. und 27. Aug. 1978 datiert diese Fahrt auf Okt.; s. dagegen die Quellen in Anm. 15 oben, die die im Text dargestellte Chronologie ergeben. Ferner Bussche 29. Aug. 1980; Hoffmann, Tresckow 345; Hoffmann, Stauffenbergs Freund 42–43.

[18] Spiegelbild 129.

[19] Bussche 27. Aug. 1978, 29. März 1991.

[20] Bussche, Eid; Bussche in Freiheitskämpfer.

[21] Bussche 27. Aug. 1978.

[22] Bussche, Eid.

[23] Bussche, Eid; Bussche 16. Aug. 1991.

[24] I. Stieff, Hellmuth Stieff Bl. 75: »9/ Am 20. 11. 43 kommt Stieff zu einem kurzen Urlaub nach Thalgau bei Salzburg. Während seiner Abwesenheit von der Org. Abt. hat er den von ihm für das Attentat aufbewahrten Sprengstoff einem seiner Offiziere übergeben, ebenso den Terminkalender für den X Fall, der ›Aktion Walküre‹. 10/ Vom 23. bis 27. Dez. 1943 besucht Stieff seine Schwiegereltern in Mittelsteine, Krs. Glatz, Schlesien.« Den »Terminkalender« und sein Schicksal s. Hoffmann, Tresckow 331–364.

[25] Spiegelbild 128; vgl. Stieff 17; Hoffmann, Stauffenbergs Freund 43-45.

[26] Groeben 29. März, 16. Aug. 1991; Bussche 16. Aug. 1991; VB Berliner Ausgabe 25. Nov. 1943 S. [4].

[27] Bussche 16. Aug. 1991.

[28] Bussche 16. Aug. 1991.

[29] Bussche in Records 1148; Bussche 9. Feb. 1966, 27. Aug. 1978.

[30] Hoffmann, Warum 458.

[31] Bussche 9. Feb. 1966, 18. Sept. 1967, 27. Aug. 1978, 16. Aug. 1991. Bussche 16. Aug. 1991 meinte, er habe den angebotenen Sprengstoff auch abgelehnt, weil er ihn, da er vergraben gewesen sei, für beeinträchtigt gehalten habe.

[32] Am 28. Nov. wurden Kuhn und sein Ordonnanzoffizier Oberleutnant d.R. Hagen (der als O 2 und als Ic-Offizier mit ClS der den 10. Pz.Div. in Tunesien gekämpft hatte) beobachtet, wie sie das von Bussche abgelehnte englische Sprengmaterial im Lager »Fritz« in »Mauerwald« vergraben wollten. Man fand den Sprengstoff, er gelangte an einen in die Verschwörung Eingeweihten, Stieff wurde von Oberst Radke von der Abwehr vernommen, konnte aber jeden Verdacht entkräften. Spiegelbild 128–129; Hagen am 7. Aug. 1944 vor dem »Volksgerichtshof«, Prozeß XXXIII 330–331; Bussche 18. Sept. 1967; I.Stieff, Hellmuth Stieff Bl. 75–76.

[33] Spiegelbild 318–319.

[34] Spiegelbild 55, 89, 194, 318–319; Stieff in Prozeß XXXIII 311; Hagen in Prozeß XXXIII 332–333; Kleist 14. Sept. 1967: Diesen Sprengstoff und diesen Zünder hielt ClS für ihn bereit. Bussche in Records 1148; Bussche 9. Feb. 1966. Stieff und Hagen verwischten in ihren Aussagen den chronologischen

Zusammenhang mit Bussches Anwesenheiten in »Mauerwald«; sie sprachen in den Vernehmungen von einer Reise Hagens zur Beschaffung deutschen, heeresüblichen Sprengstoffs mit Zündmitteln, die Stieff im Dezember 1943 zur Aufbewahrung übergeben worden und die für einen Anschlag ungeeignet gewesen seien; Spiegelbild 89. CM 359–362 kann die verschiedenen Sprengstoffe und Sprengstoffbeschaffungen nicht klären, weil die Aussagen der Beteiligten gegenüber der Geheimen Staatspolizei trotz scheinbarer Präzision (Daten) unvollständig und irreführend waren; die Übergabe von Sprengstoff an Bussche kommt in den Verhören überhaupt nicht vor. Sodann brauchte man, da Bussche seinen Sprengstoff mitgenommen hatte, eine weitere Lieferung im Januar 1944 für Kleist.

[35] Bussche 27. Nov. 1990, 29. März 1991; Dönhoff 25. April 1991.

[36] Bussche 16. Aug. 1991.

[37] Gottberg 22. April 1966; Bussche 16. Aug. 1991.

[38] Gottberg 22. April 1966; Bussche 9. Feb. 1966.

[39] Bussche 9. Feb. 1966,18. Sept. 1967, 16. Aug. 1991.

[40] Bussche in Freiheitskämpfer; Bussche 27. Aug. 1978; Bussche 16. Aug. 1991. Otto John erfuhr nach seinem Bericht am 16. Dez. am Abend seiner Rückkehr von einer Reise nach Madrid von Hauptmann Dr. Gehre, das Attentat könne nicht unternommen werden, weil Hitler die geplante Uniformvorführung abgesagt habe; dies muß sich auf Bussches Plan bezogen haben; John, Zweimal 141.

[41] Bussche 16. Aug. 1991.

[42] Bussche in Freiheitskämpfer; BA-Z Personalkartei. Schwerin 334 schreibt, Stieff habe Bussche wieder zu seinem Bataillon zurückgeschickt und ihn auf Januar vertröstet, wenn Ersatz für die zerstörten Ausrüstungsgegenstände beschafft sein würde, hier ohne stichhaltige Quellenangabe; Schwerin 31. Dez. 1991 bezieht sich dafür auf ein Gespräch mit Bussche.

[43] Bussche 18. Sept. 1967, 27. Nov. 1990.

[44] Bussche 27. Nov. 1990.

[45] Hagen in Prozeß XXXIII 333. Hoffmann, Widerstand 403 ist modifiziert durch Hoffmann, Stauffenbergs Freund 41-49.

[46] Anklage gegen Goerdeler; Urteil gegen Goerdeler in Spiegelbild 533; Gisevius II 321; Gisevius, Bericht 28.

[47] Leonrod in Spiegelbild 54, 262, 321.

[48] Schwerin 335 lt. Kessel, Saat (1944/45) 253, 256–257 (wo das Datum nicht steht); aus Kessels Taschenkalender geht hervor: Kessel war 7.–10. Dez. 1943 in Berlin, fuhr am 10. um 17 Uhr nach Breslau, war am 11. in Glauche bei seiner Mutter, am 12. wieder in Berlin, flog am 13. von Berlin nach Venedig, kam am 15. in Rom an; Schwerin 1. Sept. 1991 datiert daher Kessels Treffen mit ClS, Goerdeler, Schwerin, Brücklmeier, F.-D.Schulenburg in der Wohnung von Frau Dr. Toepfer, Schwerin, Brücklmeier in Potsdam auf den Abend des 12. Dez. 1943.

[49] Kessel, Saat 253–254.

[50] Dr. v. Mertz, Taschenkalender 27. Nov. 1943.

[51] Dr. v. Mertz, Taschenkalender 1943; H. Mertz, Albrecht Ritter Mertz von Quirnheim; Herzer 21. Aug. 1991.

[52] NS 31. Aug. 1972; ClSs Sohn Heimeran stellte fest, sein Vater sei am 24. Dez. im Auto mit dem Fahrer Schweizer angekommen und erst zwischen 28. und 30.

Dez. abgereist; Heimeran St. 18. Juni 1986; BS an RF 16. Jan. [1944]; CS an TP
5. Jan. 1944, PP; I. Stieff, Hellmuth Stieff Bl. 76; Schwerin 540 Anm.
28 nach Mitteilung von Charlotte Gräfin Schulenburg und Schwerins Frau M. Gräfin
Schwerin; Schwerin 31. Dez. 1991.

53 Anklageschrift gegen Goerdeler. Gisevius II 321 behauptet, Beck habe ihm im
Juli 1944 bestätigt, daß seit Dez. 1943 »die Attentatsidee monatelang vertagt«
worden sei, was angesichts der hier und im Folgenden beschriebenen Versuche
absurd ist, und ferner: »Auch der Stauffenberg-Kreis war gewillt, Hitler eine
letzte Chance, die Zurückschlagung der Invasion, zu gewähren.« Wenn Beck
das Gisevius gesagt hätte, wäre Beck selbst von den nachfolgend beschriebenen
Versuchen nicht unterrichtet gewesen.

54 Dr. v. Mertz, Taschenkalender 2.–3. Jan. 1944; H. Mertz, Tagebuch 3. Jan.
1944; H. Mertz, Albrecht Ritter Mertz von Quirnheim.

55 Gersdorff 9. Juni 1962.

56 Tresckow zit. in Spiegelbild 88; Hitler, Lagebesprechungen 380; Rommel, Tagesberichte 1943.

57 Hoffmann, Widerstand 413–414.

57a Albrecht, Vorbereitungen.

58 Weizsäcker [Mai 1970]; Bussche in Freiheitskämpfer.

59 BA-Z Personalkartei.

60 Weizsäcker [Mai 1970]; BA-Z Personalkartei.

61 Kleist 27. Nov. und 4. Dez. 1990; den 28. Jan. 1944 nannte Kleist am 14. Feb.
1946 an AS. Am 14. Mai 1944 sagte Kleist L. v. Hammersteins Bruder Kunrat,
ClS habe ihn »Ende Januar« gefragt, ob er sich mit Hitler, Himmler und Göring
in die Luft zu sprengen bereit sei; als Termin nennt Hammerstein 14. Feb.
1944; Hammerstein, Spähtrupp 235 gibt den Bericht, der mehrere Einzelheiten
ausläßt, z. B. die Initiative Schulenburgs vor dem Gespräch mit ClS, als direkte
Rede Kleists wieder. Nach Hammerstein, Spähtrupp 235 hätte Kleist selbst
die Bedingung gestellt, daß mit ihm zusammen ein weiterer Attentäter eingesetzt
werde, was aber nach den sonstigen Nachrichten über Stieff (ClS: Stieff ist
zu nervös dafür; lt. Bussche 25. Aug. 1978; Stieff hat versagt; RF 9. Mai 1977)
eher nach Schonung Stieffs klingt. Hammerstein, Tages-Notizkalender hat für
13. Mai 1944 den Eintrag: Am Mittag kam E.H.v. Kleist, »gut unterhalten«; am
Abend beim Fest u. a. Fritzsche, Oppen, Kleist, Schweinitz, Konnie Freiherr von
Quadt, Eggers. Im Bericht für Zeller sagte Kleist, das Attentat sollte am 11. Feb.
1944 stattfinden; Zeller (1. Auflage) 190. Kleist 19. Juli 1964 nannte irrtümlich
als Attentattermin den 11. Jan.; den Irrtum berichtigte er ausdrücklich am
14. Sept. 1967. Kleist 10. Dez. 1990 erinnerte sich, Schulenburg habe ihn erst
nach 20. Jan. 1944 angesprochen. Am 12. Feb. 1944 unterhielt sich L. v. Hammerstein,
Leutnant im Ers. Btl., damals als Student dem Berliner Wachbataillon
»Großdeutschland« zugeteilt, lange mit Kleist, u. a. über Politik; Tages-Notizkalender
1944; Kleist sagte damals nichts von seiner Bereitschaft zum Attentat;
L. v. Hammerstein 10. Dez. 1990.

62 Kleist 4. Dez. 1990, 10. Juli 1991; Bussche 25. Aug. 1978, 16. Aug. 1991.

63 Kleist in Zeller (1. Auflage) 190; Kleist 14. Sept. 1967.

64 Kleist 10. Juli 1991. Zur deutschen Herstellung plastischen Sprengstoffs s. Hoffmann,
Widerstand 413–414; vermutlich wurde Kleist damals jedoch die Hälfte
des am 28. Nov. 1943 vergrabenen Sprengstoffs angeboten, die an die Verschwörer
zurückgelangt war.

[65] Kleist in Hammerstein, Spähtrupp 235; Kleist in Zeller (1. Auflage) 190; Kleist 19. Juli 1964.

[66] Kleist 14. Sept. 1967. ClS sagte auch, die Zünddauer könnte variiert werden; Kleist 10. Juli 1991. Demnach war auch der Plastiksprengstoff mit englischen Säurezündern im Gespräch oder die Sprenggranate, die Tresckow im März 1944 Breitenbuch anbot; vgl. unten 402–403.

[67] Kleist in Hammerstein, Spähtrupp 235; Kleist 10. Juli 1991.

[68] Kleist in Zeller (1. Auflage) 190; vgl. Stieff in Spiegelbild 90.

[69] Kleist 10. Juli 1991; IfZ 9. März 1990 mit Auszug aus Goebbels' unveröffentlichtem Tb; vgl. Erlasse über die Nachfolge Hitlers 1934–1944 in BA NS 20/129, Nl Hitler/23 und R 43 11/1660; Prozeß XXXI 222 (2836-PS); Domarus 1316.

[70] Spiegelbild 90; Schlabrendorff 1946 121; Sauerbruch 9. Feb. 1977, 21. Sept. 1983; R.Müller 4. April 1947; Roon 157–158. In seinem letzten Brief an seinem Todestag schrieb Hans-Bernd von Haeften, er habe einmal seinen Bruder mit dem Hinweis auf das 5. Gebot »zurückgerissen«; Gollwitzer/Kuhn/Schneider 175; Barbara von Haeften (Hans-Bernds Witwe) 26. Aug. 1991.

[71] Schlabrendorff 123–124; Meyer, Heusinger 224–228, 267–268; vgl. Schlabrendorff, Offiziere (Taschenbuchausgabe 1959) 133; Schlabrendorff, Offiziere (Neuausgabe 1984) 105; Schlabrendorff, Offiziere (1946) 122–124.

[72] Breitenbuch 8. Sept. 1966; Ritter, Goerdeler 365.

[73] Kalender der Mutter NSs.

[74] Breitenbuch 8. Sept. 1966; weitere Einzelheiten vgl. Hoffmann, Widerstand 407–410. Nach dem Bericht zweier Fellgiebel unterstellter, in die Verschwörung am Rande eingeweihter Nachrichtenoffiziere sollte Hitler um den 20. März bei einem Flug von Salzburg nach Rastenburg durch Abschuß über dem Böhmerwald umgebracht werden; dazu sei es nicht gekommen, weil Hitler mit dem Zug gefahren sei; Degner 24. und 25. Aug. 1965, 14. Okt. 1966, 1. Okt. 1968; Burchardt 13. Juli 1965.

[75] Sauerbruch 12. Feb. 1963; StG, GA VI/VII 56–57.

[76] Sauerbruch, Bericht 145.

[77] Sauerbruch, Bericht 145–146.

[78] Sauerbruch 12. Feb. 1963, 24. Juli 1964, 9. Feb. 1977, 15. April 1991; Sauerbruch, Bericht 147–148; Spiegelbild 404.

[79] Husen 2. Juli 1963, 16. Jan. 1968.

[80] Spiegelbild 522; im gleichen Sinn Schramm, Aufstand 192–203; Zeller 296 behauptet ohne Quellenangabe, Hofacker habe sich selbst als Attentäter angeboten, meint aber wohl Hofackers Erklärung vor dem »Volksgerichtshof«; s. unten »Epilog« 474–475.

[81] Hardenberg 1945, Hs. Bogen 5.

[82] Hausmann 23. Dez. 1945; M. Klausing 1. Sept. 1980; R. Hardenberg 20. Okt. 1946; Prozeß XXXIII 431.

Erhebung

[1] Kleist 14. Feb. 1946.

[2] Vgl. Kap. »Attentatpläne« 381–382.

[3] So am 29. April auf der Durchreise nach Berchtesgaden; er reiste in der Nacht

zum 2. Mai um 0.28 Uhr weiter. Lerchenfeld, Kalender 29. April–1. Mai 1944; NS 12. Aug. 1991. Ferner Schwerin 379.

4 Spiegelbild 417 mit weiteren Daten; Hardenberg, Hs. Bogen V.

5 Hausmann 23. Dez. 1945; Oppen 11. Aug. 1984.

6 Krebs 291–292; Zeller 523 Anm. 31 auf Grund mündlicher Mitteilung Bussches. S. unten 420–424.

7 CvdS 12. Aug. 1963, 15. Aug. 1990; Tisa Schulenburg 124.

8 Oppen 11. Aug. 1984.

9 BS an RF 7. April [1944], StGA; RF 4. Sept. 1977; Dette an F 2. Feb. 1938, StGA.

10 Wussow; Schwerin 362, 462.

11 Wussow; Schwerin 362–363. »Militär abschaffen«: Daran dachte ClS natürlich nicht, er meinte einfach, Wussow brauche Fromm nicht alles zu sagen.

12 Hoffmann, Widerstand 463-464; Urteil Stülpnagel; Kroener, Fromm 662 zit. auch Mitteilungen von Lisa Koehler, der Tochter des Vorgängers Stauffenbergs bei Fromm, Oberst i.G. Karl-Erik Koehler. Dementsprechend ist der Bericht von Rüstungsminister Albert Speer zu relativieren, wonach Stauffenberg von Hitlers Chefadjutant Generalleutnant Schmundt für die Stelle beim Befehlshaber des Ersatzheeres ausgewählt worden sei, um »die Arbeit des müde gewordenen Fromm zu aktivieren«; Schmundt habe ihm, Speer, erklärt, man halte Stauffenberg für einen der tüchtigsten und fähigsten Offiziere des Heeres, Hitler selbst habe ihn, Speer, aufgefordert, mit Stauffenberg eng zusammenzuarbeiten; Stauffenberg hatte, erinnerte sich Speer, »einen jungenhaften Charme bewahrt, er war eigentümlich poetisch und präzise zugleich«; Speer 13. Juli 1972; Speer, Erinnerungen 388.

13 Keilig 55 II 2. Nikolaus Graf Üxküll schrieb dem Freund Pfizer am 20. Juni 1944: »Claus ist Oberst geworden u. Stabschef bei GenObst Frommel [sic], ein Generalsposten.« N. Üxküll an TP 20. Juni 1944, Papiere TP; Gästebuch Greifenstein, Kopie aus Universitätsbibliothek Leipzig 1981.

14 Dr. v. Mertz, Taschenkalender 27. Nov. 1943. Mertz wurde erwartet, seine Schwester ging um ihn am Bahnhof abzuholen, er kam nicht, der Vater notierte: »Rätselhafte Geschichte.«

15 H. Mertz, Albrecht Ritter Mertz von Quirnheim.

16 Mertz an H. Baier 2. März 1944, Nl Mertz; HPA Personalkartei. Für ClSs Einsicht in diesen Inhalt vgl. oben 179–181. Im Jan. 1942, als Mertz im OKH/Gen. St.d.H./ Org.Abt. arbeitete, schrieb er, seine Soldatenträume gingen am Schreibtisch nicht in Erfüllung; Mertz an A. Zacharias 14. Jan. [1942].

17 Mertz an H. Baier 11. Mai 1944, Papiere H. Mertz.

18 Mertz an H. Baier 13./15. Mai 1944, BA Abt. Potsdam 90 Me6 Nl Mertz 5; H. Mertz, Tagebuch 22. Mai 1944. Wegner-Korfes 541 läßt unklar, daß es sich um einen Brief handelt, der am 13. begonnen und am 15. fortgesetzt wurde. Das Karteiblatt des HPA gibt für Mertz' Versetzung 20. Mai 1944 an, den Tag der Abreise; NA RG 242 201 Files of General Staff Officers; Mertz an H. Baier Telegramm aus Wien [21. Mai 1944], Papiere Mertz: »Bin nach Berlin versetzt. Fliege morgen von Wien nach Ost. Urlaub hoffentlich bald.« Mertz an A. Zacharias 21. Juni 1944: »Vor 4 Wochen wurde ich nach Berlin ins OKH versetzt.«

19 H.Mertz, Tagebuch 24. und 25. Mai 1944.

20 Liste I; Schick 5. Sept. 1991; Urteil gegen Klamroth.

[21] Prozeß XXXIII 328–329; KTB 10. Pz.Div. Ic, Tätigkeitsbericht 22. März–19. April 1943.

[22] Klamroth in Vernehmung zwischen 20. und 26. Juli 1944, Spiegelbild 55: 6–7 Wochen vor 20. Juli 1944, im fahrplanmäßigen Kurierzug, durch Klamroth und Hagen, in ClSs Dienstzimmer gebracht; Hagen-Aussage vor Gestapo vor 29. Juli 1944: Hagen fragte ClS »bei der am 25.5. erfolgten Aushändigung des beschafften Sprengstoffs«, wozu der verwendet werden sollte; Spiegelbild 94. Hagen-Aussage gegenüber Gestapo lt. Freisler in Prozeß XXXIII 339: »Etwa am 25. Mai« fuhren er und Klamroth mit je einer Hälfte des Sprengstoffs nach Berlin. Freisler in Urteil gegen Oberstleutnant i.G. B. Klamroth »im Mai«. Hagen in Prozeß XXXIII 334–335, 339; Stieff in Prozeß XXXIII 311: »[...] nach meiner Schätzung im Mai d. Js. habe ich von Berchtesgaden aus Klamroth angerufen und ihn gebeten, diese Sachen fortzuschaffen«; Zeller 345 unbelegt, »etwa vom 20. Mai an« sei bei Stauffenberg »eine neue Welle von Aktivität zu spüren«. Da ClS am 20. Juli 1944 nicht den mitgebrachten heeresüblichen Sprengstoff verwendete, sondern Hexonit, gab es noch eine weitere Beschaffung; Spiegelbild 55.

[23] H.Mertz, Tagebuch 9., 10., 11. Juni 1944; die Nachricht einer gewährten Urlaubsverlängerung um zwei Tage hatte Mertz nicht mehr erreicht. H. Mertz, Albrecht Ritter Mertz von Quirnheim datiert die Abreise irrtümlich »7. Juli«.

[24] Mertz an H. Mertz 13. Juni 1944, Papiere Mertz.

[25] Mertz an H. Mertz 17. Juni 1944, BA Abt. Potsdam 90 Me6 Nl Mertz 5.

[26] H.Mertz, Tagebuch 20., 23., 26. und 30. Mai 1944; H. Mertz, Albrecht Ritter Mertz von Quirnheim. Mertz berichtete seiner künftigen Frau zunächst nichts von seinen geheimen Aufgaben; er ließ sie nur seine berufliche Enttäuschung darüber wissen, daß er nicht Generalstabschef einer Armee geworden war. Am 30. Mai, am Tag vor der Trauung, entwarf er ihr »ein Bild seiner Vorstellung eines verlorenen Krieges – grauenhaft« und was alles geschehen würde, falls nicht schnellstens dem unheilvollen Wirken Hitlers ein Ende gemacht würde.

[27] Plassmann 10. März 1947; H. Mertz 31. Jan. 1980.

[28] LT, Aufzeichnungen; C. Hardenberg 1945.

[29] Ziegler, Bericht; ähnlich Topf.

[30] Hardenberg, Hs. Bogen V.

[30a] Spiegelbild 90–91, 19; Yorck in Prozeß XXXIII 425–426; RF, Zum 20. Juli; RF Bericht 1945; Kleist 14. Feb. 1946.

[31] Wussow.

[32] Bracke 173, 178–181.

[33] Bracke 183.

[34] S. oben 409–410.

[35] Hagen in Prozeß XXXIII 339; mit der näheren Umgebung waren vor allen Göring und Himmler gemeint.

[36] Urteil gegen H. Kaiser in Spiegelbild 1984 728.

[37] Schlabrendorff 128–129; Boeselager 19. Nov. 1964, 21. Sept. 1983, 25. Juni 1984; Höbe 98–101.

[38] RF in Zeller 364–365; RF 19. Nov. 1985. In dem Vorgang klingt ClSs Advocatus-Diaboli-Methode an.

[39] Thiersch 21. April 1953.

[40] Sauerbruch in Kramarz 189.

[40a] S. unten 437.

[41] Husen 2. Juli 1963, 16. Jan. 1968. Jede Verhaftung gefährdete die Verschwö-rung, andererseits hatte es seit mehr als einem Jahr eine Reihe von Verhaftun-gen gegeben – Bonhoeffer, Dohnanyi, Müller, Langbehn, Moltke, Kiep, im Juni Oberst Staehle und nun Reichwein und Leber –, die die Geheime Staatspolizei doch nicht in den Stand setzten oder veranlaßten, den Verzweigungen nachzu-gehen und die Verschwörung zu zerschlagen; vgl. Hoffmann, Widerstand 466.

[42] Götz 5. Sept. 1962.

[43] Spiegelbild 110. Vor dem »Volksgerichtshof« legte Yorck das Gespräch, anläß-lich eines Besuches ClSs bei Yorck, in die Tage nach der alliierten Invasion der Normandie; Prozeß XXXIII 421–422. Yorck erwähnte keine Gespräche mit ClS für die Zeit von Jan. bis Juni, es ist jedoch unwahrscheinlich, daß sich Yorck und ClS so lange nicht gesehen haben.

[44] Husen 2. Juli 1963.

[45] Krebs 291–292; Zeller 523 Anm. 31 auf Grund mündlicher Mitteilung Bus-sches. S. unten 420–421.

[46] Herber 25. Jan. 1966.

[47] Ose 82–92,101–110.

[48] Kroener, Fromm 663. Die Mitteilung in Zeller 346, Fromm sei nach zwei Jah-ren der Ungnade auf Grund einer brillanten Ausarbeitung Stauffenbergs mit die-sem zusammen auf 7. Juni 1944 zu Hitler bestellt worden, ist hier ohne Beleg und auch sonst nirgends zu finden, also apokryph; Kaiser Tb. 7. Jan. 1943 no-tierte, Fromm sei seit einem Jahr nicht von Hitler empfangen worden; Fromms Adjutant Bartram ohne Zeitangabe, Fromm sei wegen seiner realistischen Schil-derungen der Ersatzlage »garnicht mehr zu Lagebesprechungen beim Führer herangezogen« worden.

[49] Kalender Lerchenfeld 1.–6. Juni 1944; NS 12. Aug. 1991. Oberstleutnant i.G. Franz Herber notierte in seinem Taschenkalender zwei Reisen mit ClS nach Berchtesgaden zur Nebenstelle der Reichskanzlei bzw. zum OKH in Franken-strub: 29. Mai Abend ab Berlin, Rückkehr nach Berlin 31. Mai Mittag; 9. Juni Abend ab Berlin, Rückkehr 12. Juni Morgen; auf beiden Reisen seien Herber und ClS gemeinsam im Schlafwagen hin und zurück gefahren; Herber 25. Jan. 1966. Herbers Datierung 9.–12.6. ist irrig; die Daten für ClSs Aufenthalt in Bamberg, seine Weiterreise nach Berchtesgaden und die Besprechungen am 7. Juni sind unabhängig zeitgenössisch belegt: Kalender Lerchenfeld; Peschel in Spiegelbild (1984) 666; Boelcke 377–379; Fronleichnam war am Donnerstag, 8. Juni.

[50] Peschel (gedruckt in Spiegelbild, Ausgabe 1984, 666); Spiegelbild 91; Speer, Er-innerungen 388 erwähnt außer Hitler nur sich, Keitel, Fromm und ClS. ClS be-richtete NS auch von Görings und Himmlers Teilnahme; NS 11. Sept. 1968 er-innerte sich, daß der Sonderbesprechung eine Lagebesprechung vorausgegangen sei, bei der nur Brandt (Generalstabsoffizier in der Op.Abt.) von der Atmosphä-re unberührt geblieben sei; Kramarz 185 und CM 400 erwähnen ebenfalls auf Grund von NSs Mitteilungen Göring und Himmler als Teilnehmer.

[51] NS 1. Juli 1964, 11. Sept. 1968.

[52] RF 6. Sept. 1979 berichtet aus der Zeit zwischen 29. Juni und 5. Juli 1944 den Ausspruch ClSs über die Wirkung Hitlers auf einen militärischen Führer, jetzt habe der sich wieder ins Hirn scheißen lassen.

[53] Boelcke 377–379.

[54] Herber 25. Jan. 1966 gab aus seinem offenbar später geschriebenen Tagebuch

das unrichtige Datum 11. Juni für die Prozession an, was jedoch kein Anlaß ist, an dem Vorgang als solchem zu zweifeln.

55 Stieff in Spiegelbild 90–91.

56 Stieff in Spiegelbild 130. Der Vernehmungsbericht resümiert die Aussage Stieffs: »Es steht nunmehr fest, daß Stauffenberg bereits am 6. Juli 1944 den Anschlag durchführen wollte. Stauffenberg macht an diesem Tag Generalmajor Stieff auf die von ihm mitgeführte Aktenmappe aufmerksam: ›Ich habe das ganze Zeug mit.‹«

57 Schlabrendorff 129.

58 Hillgruber, Hümmelchen 217, 221; Niepold 9 und passim.

59 Leber, Den toten 11–12; Leber, Mann 292; RF, Zum 20. Juli; Thiersch, Bericht; Thiersch 21. April 1953, Nl RF; Thiersch 21. Jan. 1978; Kap. »Umsturzplanung: Inneres« 341–342.

60 Hendrichs; NS 12. Aug. 1991; NS an Kramarz [10.] Okt. 1962 mit der Datierung Juli; Momm 206.

60a A.Lerchenfeld, Kalender.

61 Sauerbruch, Leben 552–554. Sauerbruchs Lebenserinnerungen sind in vielen Einzelheiten ungenau; z.B. berichten sie (550–551) von einem Geschoß, das durch ClSs Auge in den Hinterkopf gedrungen und im Schädelknochen steckengeblieben sei, was NS 11. Sept. 1968 ausschließt. Jedoch bestätigt ClSs Fahrer Schweizer den Besuch bei Sauerbruch etwa 6 Wochen vor dem 20. Juli 1944; P. Sauerbruch 9. Feb. 1977 bestätigt seines Vaters Urteil über ClSs Gesundheitszustand.

62 AS an Partsch 3. Nov. 1941, Papiere Partsch; AS an TP 10./23. Nov. 1941, PP; [AS] Deutsche.

63 AS an TP 10./23. Nov. 1941, PP; AS, Germanen.

64 Bracke 100–101; AS an RF 23. Jan. 1943, Nl RF; AS an TP 13. April 1943, PP; AS an BS 24. Juni 1943, StGA; AS an CS 11. Okt. 1943, Nl AS; [AS] Deutsche; CS an TP 5. Jan. 1944, PP (AS werde demnächst aus Würzburg entlassen); Siegfried Lauffer in AS, Macht 433. BS an RB 1. Mai [1944], Nl RB dat. ASs Verwundung »am Dnjepr« irrig Nov. 1943. ASs Kritik an der Rassenlehre in »Die großen Völkerwanderungen und das Hethiterreich. Ein Versuch zur vergleichenden Universalgeschichte«, Die Welt als Geschichte (1941) Heft 5/6.

65 Melitta Gräfin Stauffenberg in Bracke 129; AS an TP 8. Feb. 1944, PP; BS an RF 7. April 1944, Nl RF; Marlene Gräfin Stauffenberg 15. Feb. 1992.

66 BS an RB 1. Mai [1944], Nl RB; RF 4. Sept. 1977; AS, Dichtung.

67 RF 6. Sept. 1979,19. Nov. 1985; Rangliste 1944/45 37,322; BS an RF 10. Juni [1944], StGA; [AS] Deutsche; Schuster-Woldan war Art.Kdr.168 bei General der Flieger Felmy.

68 RF 6. Sept. 1979.

69 BS an RF 10. Juni [1944], StGA.

70 BS an RF 7. April [1944], BS an AS [10. April 1944], StGA; RF 4. Sept. 1977.

71 Berthold schrieb RF am 10. Juni: »Ich hoffe dass Sie ende des monats gleich nach Berlin kommen werden sodass ich Sie dann sehen und alles weitere besprechen kann.« BS an RF 10. Juni [1944], StGA. Ferner RF, Zum 20. Juli; RF 19. Nov. 1985. Mercedes: Cords 24. Okt. 1967.

72 RF, Zum 20. Juli. Mertz war natürlich kein »Zugehöriger« des inneren Kreises, der immer noch der George-Kreis war.

73 RF, Zum 20. Juli. BS nannte demnach nicht Prof. Bauch, einen Mitarbeiter BSs,

der sich als vertrauten Gesprächspartner BSs bezeichnete (Bauch an MS 25. Juni 1946, Nl MS).

74 RF, Zum 20. Juli nennt es das »Delfinwerk Franks«, obwohl es hauptsächlich Partschs Werk war und Frank wegen Partschs jüdischer Abstammung als Autor figurieren sollte; vgl. oben 177.

75 BSs Sekretärin M. Appel konnte die Übertragung, die in ihrer Schublade lag, bei Verhören durch Admiralrichter Dr. Curt Eckhardt, einen Vorgesetzten ihrer Dienststelle und durch die Geheime Staatspolizei als BSs und RFs gemeinsame Arbeit vorweisen und damit RFs Besuche in »Koralle« begründen, so daß die Fahnder von RF abließen; am Morgen des 21. Juli 1944 konnte sie noch vorhandene Exemplare von Aufrufen und andere belastende Papiere vernichten, ehe die Fahnder kamen; Appel 15. April 1946, 14. März 1957.

76 RF, Zum 20. Juli; Appel 15. April 1946, 12. Aug. 1948, 14. März 1957.

77 S. oben Kap. »Umsturzplanung: Inneres« 349–350.

78 Thiersch, Bericht.

79 Richthofen 28. Nov. 1978.

80 Ziegler, Bericht.

81 RF, Zum 20. Juli; Thiersch, Bericht; Thiersch 21. April 1953, Nl RF; Thiersch 21. Jan. 1978.

82 Sauerbruch 9. Feb. 1977.

83 Zur Frau des in Stalingrad in Gefangenschaft gekommenen B.v. Pezold, in Kramarz 201.

84 Leber, Das Gewissen steht auf 126; die Überlieferung geht auf MS zurück: HCSt 7. Mai 1981. Stahlberg, den Tresckow als Ord.Offz. bei Manstein unterbrachte, berichtet, Tresckow habe ihm im Herbst 1943 gesagt, mit der allergrößten Wahrscheinlichkeit werde der Umsturzversuch mißlingen; Stahlberg 31. Jan. 1957; Stahlberg zu Scheurig 15. Sept. 1965 datierte den Ausspruch Tresckows auf Juni 1944 in Babelsberg, was nicht stimmen kann. Sydney Jessen, Feindlage-Bearbeiter in der Nachrichtenabteilung der 3/Skl, berichtet von einem Spaziergang mit BS am 19. Juli 1944, bei dem er ihn gefragt habe, ob alles für ein etwaiges Scheitern vorbereitet sei: »Er bejahte das, meinte aber, daß an ein Mißlingen nicht gedacht zu werden brauchte, da dieses ganz ausgeschlossen sei.« Jessen 28. Aug. 1946. BS wird sich vernünftigerweise ClSs Zuversicht zu eigen gemacht haben, nachdem die Entscheidung gefallen war; Vorbereitungen für das Mißlingen sind kaum vorstellbar.

85 Hofacker an seine Frau [10. Juli 1944], Nl Hofacker.

86 Thiersch, Bericht; Thiersch 21. Jan. 1978.

87 Thiersch 21. Jan. 1978.

88 RF in Zeller 365; Winterfeldt 30. Aug. 1966; Ziegler, Bericht.

89 RF in Zeller 365; Ziegler, Bericht.

90 Thiersch 21. Jan. 1978; John 1971.

91 RF, Zum 20. Juli.

92 Text s. Faksimile-Abdruck 422–423; Untersuchung zu Text und Inhalt im Anhang VI; RF 9. Mai 1977. Datum des Auftrags von ClS: Am 2. Juli war ClS in Alt-Friesland, RF am 2. u. 3. Juli in »Koralle«.

93 RF 9. Mai 1977; Appel 15. April 1946, 14. März 1957.

94 RF, Zum 20. Juli; RF 9. Mai 1977.

95 RF 9. Mai 1977.

96 RF 9. Mai 1977; RF 19. Nov. 1985; »Exkurs über Stauffenbergs ›Schwur‹« 494 f.

⁹⁷ RF 9. Mai 1977.
⁹⁸ RF in Zeller 364.
⁹⁹ AS an RB 8. Mai 1945, StGA; RF in Zeller 364, 366; Delfinverlag, München 1945.
¹⁰⁰ AS, Tod; BS an Partsch 4. Aug. [1940], Papiere Partsch mahnte wegen der Nacherzählung »Agis und Kleomenes« mit den Worten: »Wir müssen das unsrige tun damit die künftigen möglichkeiten nicht verschüttet werden. Als erstes ist entscheidend dass wir den glauben behalten.«
¹⁰¹ So in der Hs. von 1944 und im ersten Druck 1945, geändert in der zweiten Ausgabe 1948. Wolfskehl dichtete gleichwohl in den »Zu Schand und Ehr« überschriebenen Strophen auch gegen Alexander Graf Stauffenberg »Zu Schand« (Wolfskehl, Gesammelte Werke I 280–281):

> ›Was war dabei? Man hatte sich verrannt
> Im Rausch, was dann geschah, wer könnt es hindern?‹
> Schweigt! Wer die Ernste, Gundolf, mich gekannt,
> Und über lief zu unsern Schändern, Schindern,
> Dem wirds gedacht bei Kind und Kindeskindern!
> [...]
> Du Dritter gleichfalls schlugst mit morscher Keule
> Auf meisternächste manche Tempelsäule.
> Das hiess: ›nicht rechten will ich‹, voll Genuss
> Nanntest ›versprengt‹ uns, ›Fluch des Tantalus‹.

»Zu Ehr« folgen die Strophen:

> IV
> Dass Edle waren, nicht bloss Fugvergessne,
> Hell-Hellasäugige, nicht nur Wahnbesessene –
> Wenige? Scharen? Zählt nicht! Ehrfurcht beugt
> Mein Knie, wenn wer mit Blut fürs Ewige zeugt.
> V
> Vom Berg der Stauffer leuchtender Zwillingsturm,
> Im Dichter ragst, trotz Mobs und Moiras Murrn,
> Ja, trotz kurzgriffiger Eifrer Überschwang,
> Die nichts sehn als was eignem Beet entsprang,
> Durch dich ist Geist und Reich und Zeit geweiht,
> Vom Rhein bis Mittmeer atmen wir befreit.
> Ein Lorbeerforst von Ruhm und Weh gedeiht
> Um dich Harmodios, dich Aristogeit.

¹⁰¹ᵃ AS an RB 8. Mai 1945, StGA; NS, Litta; O. P. Stauffenberg 20. Feb. 1973; Marlene Gräfin Stauffenberg 23. Aug. 1972.
¹⁰² Athenaeus VII 223–225; Hölderlin, Werke (Hellingrath/Seebass) I 336–337; Hölderlin, Werke 5 31.
¹⁰²ᵃ Lowinsky 2. Nov. 1983, 1. Juni 1985; Herre 7. Dez. 1986; s. oben 346–347; BA-MA RH 15/186.
¹⁰³ Hoffmann, Widerstand 448.
¹⁰⁴ Leber, Den toten 11–12; Leber, Mann 292.

[105] RF, Zum 20. Juli; Thiersch, Bericht; Thiersch 21. April 1953, Nl RF; Thiersch 21. Jan. 1978.

[106] S. Kap. »Umsturzplanung: Inneres« 343–344.

[107] Weisung Nr. 51 vom 3. Nov. 1943, Hitler, Weisungen 233–238.

[108] Bürklin 15. Juli 1962; Bürklin, damals in Roennes Abteilung, wurde dessen Nachfolger; Kroener, Fromm 667.

[109] »Walküre« 31. Juli 1943, BA-MA WK XVII/91; vgl. Kap. »Umsturzplanung: Inneres« 345.

[110] Keilig 211/278.

[111] Albrecht, Vorbereitungen.

[112] Albrecht, Vorbereitungen; Mitzkus, Um den 20. Juli.

[113] Mitzkus, Um den 20. Juli sagt, Herfurth sei nicht eingeweiht gewesen; vgl. Spiegelbild 196.

[114] Mitzkus, Um den 20. Juli.

[115] Mitzkus, Um den 20. Juli.

[116] Mitzkus, Bericht; Mitzkus, Um den 20. Juli; Stirius; Spiegelbild 196.

[117] Ritgen, Schulen 104–105; Rothkirch 14. Jan. 1989; Hoffmann, Widerstand 477, 893.

[118] Ritgen, Schulen 104–105; Rothkirch 14. Jan. 1989. ClS konnte in der Ausbildungsabteilung der Generaloberst Guderian unterstehenden Inspektion der Panzertruppen (In 6) am Fehrbelliner Platz Major i.G. Freiherr von Woellwarth, 1935 in das RR 17 eingetreten, zuletzt Ib im Stab der 26. Pz.Div. bei Monte Cassino, unterbringen; Woellwarth 5. Juni 1973.

[119] Spiegelbild 40; Kap. »Umsturzplanung: Inneres« 348–349.

[120] Wehrmacht-Fernsprechverzeichnis Groß-Berlin Teil II 1943 37, 41, 43.

[121] Keilig 211/267; Zeller 351 ohne Quellenangaben.

[122] Pfuhlstein, Tätigkeit; Pfuhlstein, 12 Abhandlungen; Lahousen, Sidelights; Lahousen, Zur Vorgeschichte; Heinz, Von Wilhelm Canaris; Heinz 8. März 1966; Leverkuehn; Erasmus 29. Aug. 1965; Spiegelbild 370–371, 405–406; M.Schwerin, Ulrich-Wilhelm Graf Schwerin von Schwanenfeld; Handliste der Generalstabsoffiziere 1943; vgl. Hoffmann, Widerstand 343–344; Schwerin 374, 461.

[123] Heinz, Offener Brief; M.Hase 3. März 1964; Gisevius II 317.

[124] Heinz, Offener Brief.

[125] Spiegelbild 372; HPA-Liste, BA EAP 105/2.

[126] Selbstmord; zu Oertzens Rolle in der Umsturzplanung seit August 1943 s. Hoffmann, Tresckow 338, 343, 348–351.

[127] Stirius 2. Feb. 1967; Spiegelbild 158. Oertzens Reise ist ein Hinweis, daß die Brigade nach dem Fehlalarm, der »Übung« vom 15. Juli, nicht inspiziert worden war.

[128] Selbstmord.

[129] Stirius 2. Feb. 1967; Mitzkus, Um den 20. Juli.

[130] Stirius 2. Feb. 1967.

[131] Stirius 2. Feb. 1967.

[132] Stirius 2. Feb. 1967.

[133] Doepgen 88, 148–149;

[134] Schwerin 379.

[135] Boeselager, Widerstand 20–21; Doepgen 91–93.

[136] Boeselager, Widerstand 21.

[137] Boeselager 28. Aug. 1969; Boeselager, Widerstand 21.

[138] Boeselager 28. Aug. 1969; Boeselager, Widerstand 21–23; vgl. Thomas Reuther, Soldaten 4, 6–7 mit einer ausgezeichneten Karte.

[139] Weiteres s. Hoffmann, Widerstand 463–464; Kroener, Fromm 636, 662.

[140] Hammerstein, Spähtrupp 209.

[141] Schlabrendorff 136–137; Kramarz 184–185; Kießel.

[142] Hopf an Bormann 10. März [1945], Spiegelbild (1984) 756–759.

[143] C.Hardenberg 1945.

[144] Peschel; Spiegelbild 130; Speer, Erinnerungen 388.

[145] Boelcke 372; Speer, Erinnerungen 387–388; Hitler, Weisungen 255–264.

[146] Boelcke 385.

[147] Spiegelbild 90; Kopkow-Cordes (Leiter der Tatortkommission in der »Sonderkommission 20.7.1944« der Geheimen Staatspolizei), Account; Boelcke 397; Prozeß XXXIII 313, 319–320.

[148] Spiegelbild 90, 130; Kopkow-Cordes in Account erinnerte sich 1946, daß Stieff am 10. Juli den Anschlag ausführen sollte.

[149] H. Mertz, Tagebuch 3.–4. Juli 1944: H. Mertz kam am 4. Juli in Berlin an. Am 15. Juli 1945 notierte sie, am 15. Juli 1944 habe ClS zum dritten Mal, seit sie in Berlin gewesen sei, »seinen fürchterlichen Gang umsonst angetreten«.

[150] Thiersch, Bericht.

[151] Da ClS Klausing am 10. Juli die Reise für den nächsten Tag ankündigte, müssen sie geflogen sein. Klausing sorgte dafür, daß das Flugzeug für den Rückflug startbereit war, und wartete mit einem Auto der Fahrbereitschaft des Hauptquartiers vor dem »Berghof« auf ClS. Da die »He 111« auf Abruf startbereit war, konnte sie nicht das Kurierflugzeug sein, war also wahrscheinlich wie am 20. Juli vom GenQuM General Wagner zur Verfügung gestellt. Haeften holte ClS und Klausing in Berlin am Flugplatz ab. Spiegelbild 17, 21, 44, 49, 130. Haeften an NS 11. Juli 1944, Nl ClS: »Ich hole jetzt Ihren Herrn Gemahl vom Flugplatz ab. Er kommt vom Berghof.«

[152] Gisevius II 321; Spiegelbild 17, 21, 44, 49; auch Klausing zu Hausmann zwischen 11. und 20. Juli 1944; Hausmann 13. Sept. 1980.

[153] Spiegelbild 49, 329–330; Gisevius II 339–340; H. Mertz, Tagebuch 15. Juli 1944.

[154] Vgl. oben 387–389.

[155] Verfügung vom 7. Dez. 1934 in BA NS 20/129; Prozeß XXXI 222 (2836-PS); Gesetz über den Nachfolger des Führers und Reichskanzlers, 13. Dez. 1934; Erlaß über die Stellvertretung des Führers, 23. April 1938; Aufzeichnung 11. März 1944; alle mit weiteren Dokumenten in BA Nl Hitler/23 und R 43 H/1660; Domarus 1316.

[156] Vgl. Linge, Record; Himmler, Terminkalender und Notizen; Helldorf in Gisevius II 295; Heusinger 9. Sept. 1967; Puttkamer 10. Sept. 1967; Spiegelbild 44, 49, 91.

[157] Peschel; Prozeß XXXIII 319–320, 358–359, 384–394, 427, 432–433, 437; Spiegelbild 44, 49, 91, 125, 130, 146. Auch für diesen Tag nahm Stieff in Anspruch, ClS nicht aus den Augen gelassen und dadurch das Attentat verhindert zu haben; Prozeß XXXIII 319.

[158] Klausing zu Hausmann am 12. Juli 1944: Hausmann 23. Dez. 1945, 13. Sept. 1980.

[159] KTB OKW IV 1754 Anm. 1; Kramarz 191; Spiegelbild 125 nennt als Ort »Berchtesgadener Hof«.

[160] Hoffmann, Widerstand 470.

[161] Gisevius II 290–292.

[162] Gisevius II 295–296.

[163] Gisevius II 299–300; in Gisevius, Bericht sind die Vorgänge des 12. Juli nicht erwähnt.

[164] Gisevius, Bericht 31; Gisevius II 304–305 ohne die »gesamte zivile Exekutive«; s. unten 504.

[165] Hoffmann, Widerstand 453.

[166] Gisevius II 298, 300–305.

[167] Gisevius II 306.

[168] Truppenkrankenbuch.

[169] Gisevius II 306.

[170] Gisevius II 306–307; CM 441–443 analysiert das Gespräch ClS-Gisevius ausführlich.

[171] Gisevius II 310–311.

[172] Gisevius II 311–312.

[173] Gisevius II 311–313.

[174] Gisevius II 313.

[175] Kramarz 201.

[176] Hoffmann, Zu dem Attentat 257; Hoffmann, Widerstand 471.

[177] Geisberg; Streve; Spiegelbild 1984 179; Hoffmann, Zu dem Attentat 258–264; Augenschein d.Verf. 1972 u. 1974.

[178] Spiegelbild 130; Klausing in Prozeß XXXIII 432. Der Einwand, wenn man dann am 20. Juli ohne Anwesenheit Görings und Himmlers handeln wollte und diese Aussichten damit aufgab, also eine wenig aussichtsreiche Verzweiflungstat beging, so hätte man sich auf die Signaltat, das Töten Hitlers, beschränken können, da man doch kaum mehr erreichen konnte, also hätte der Attentäter nicht überleben müssen, ist hinfällig. Er setzt voraus, die Verschwörer hätten sich nun sagen müssen, es gebe überhaupt keine Erfolgsaussichten, wenn Göring und Himmler nicht mitgetötet würden. Wiederum sind die tatsächlichen Abläufe Beleg dafür, daß sie sich dies nicht sagten. Wenn die Erfolgsaussichten durch das Überleben Görings und Himmlers stärker gefährdet waren, so waren sie doch nicht gleich Null. Im Gegenteil, um so mehr kam es darauf an, über eine möglichst tatkräftige Erhebungszentrale in Berlin zu verfügen. Eine Zündung ohne Verzögerung, etwa mit einem elektrischen Kontaktschalter im Griff oder im Inneren der Aktentasche, hatte auch den Nachteil, daß der Attentäter die Aktentasche nie aus der Hand geben konnte, die Gefahr der Entdeckung oder versehentlichen Betätigung der Zündung war zu groß. Für ClSs drei Finger hätte also die Zündung so eingerichtet sein müssen, daß er sie rasch, leicht und sicher betätigen konnte, wozu er entweder erst die Tasche auf den Tisch heben oder sich hinunterbeugend darin hätte kramen müssen. Die Simultanzündmethode hatte jedenfalls Unsicherheitsfaktoren, die das Gelingen der Erhebung ebenso wie das Fehlen Stauffenbergs in Frage stellen konnten.

[179] Hammerstein, Spähtrupp 269.

[180] Thiersch 21. Jan. 1978.

[181] Thiersch 21. Jan. 1978.

[182] RF, Zum 20. Juli. Olbricht selbst traute sich nicht zu, was er von ClS erwartete. Im Aug. oder Sept. 1943 sagte Olbricht: »Stauffenberg! Das ist der Mann, den wir brauchen.« Sauerbruch, Leben 431.

[183] RF, Zum 20. Juli; vgl. ClSs Äußerung zu Trott »kurz vor dem 20.«: »Wir brauchen Leber, ich hole ihn raus und ich hole ihn raus!« Leber, Den toten 11–12; Leber, Mann 292.

[184] Hoffmann, Warum 457–459; Spiegelbild 84.

[185] Himmler, hs. Notizen 15. Juli 1944; Peschel; Spiegelbild 49–50.

[186] Peschel; Kroener, Fromm 670.

[187] Spiegelbild 21.

[188] Geisberg; Spiegelbild 130.

[189] Spiegelbild 329–330.

[190] Zeitzlers Erkrankung: Stieff in Spiegelbild 91; Heusinger 330; Warlimont 469. Beim Lagevortrag im »Führerhauptquartier« vertrat der Chef der Operationsabteilung, Generalleutnant Heusinger, den Chef des Generalstabes des Heeres; Heusinger 330.

[191] Geisberg.

[192] Prozeß XXXIII 319–320.

[193] Gisevius berichtete sofort nach seiner Flucht aus Deutschland im Jan. 1945, wie Dulles am 28. Jan. 1945 mit kleinen Ungenauigkeiten nach Washington kabelte (Dulles an Donovan 28. Jan. 1945, CIA): »2 prior coups had been planned, 1 failed on July 6 in Munich due to Hitler's sudden departure and further attempt on July 16 in East Prussia, failed when Stauffenberg's collaborator, General Stieff lost his nerve.« Die gegen ClS feindselige Wendung gab Gisevius seiner Schilderung erst in seinem Buch (Gisevius II 350): »Es war schon so, wie er [Beck] von vornherein fürchtete, der Gaul [Stauffenberg] hat tatsächlich den Sprung verweigert. Stauffenberg schiebt die Schuld auf seinen Altersgenossen, den General Stieff. [...] Nach Stauffenbergs Schilderung hat Stieff am Sonnabend plötzlich Nerven bekommen. Während Stauffenbergs Telephonat zur Bendlerstraße hat er die Aktentasche mit dem mörderischen Inhalt aus dem Vortragsraum hinausgetragen. Das mag sein.«

[194] Merkwürdigerweise taucht in den Quellen der Gedanke nie auf, daß Stauffenberg seinen eigenen unmittelbaren Vorgesetzten, Generaloberst Fromm, mit Hitler zugleich hätte töten müssen.

[195] Thomale 11. Aug. 1971; Hoepner sagte am 7. Aug. 1944 vor dem »Volksgerichtshof« aus, Fromm habe Olbricht vorgehalten, daß er durch die Alarmierung der Schulen am 15. Juli die Gefahr heraufbeschworen habe, daß Guderian die Panzer aus der Panzertruppenschule in Krampnitz »sofort nach Ostpreußen genommen hätte«.

[196] Gisevius II 350 berichtet, ClS habe gegenüber Beck am 16. Juli die »Schuld« an der Nichtausführung des Attentats auf Stieff geschoben; Stieff habe, während ClS mit der Bendlerstraße telephonierte, dessen Aktentasche mit dem Sprengstoff aus dem Besprechungsraum hinausgetragen. Stieff nahm für 6. und 11. Juli für sich in Anspruch, das Attentat verhindert zu haben, für 15. Juli behauptete er nur, er habe ClS »dringend gemahnt, bei seinem ersten Besuch am 15.7. auf keinen Fall zu handeln«; Prozeß XXXIII 319–320.

[197] Hoepner in Spiegelbild 45 (ClS tel. mit Mertz); Hoepner in Prozeß XXXIII 394; Yorck in Prozeß XXXIII 427; Gisevius II 339–340 auf Grund eines Berichts von Helldorf (2 Telephongespräche CLSs mit Haeften); H. Mertz, Tagebuch 15. Juli 1945 (2 Telephongespräche CLSs mit Mertz). Gisevius 8. Sept. 1972 räumte ein, ClS könne auch oder nur mit Mertz gesprochen haben, vielleicht habe ihm Helldorf etwas verkürzt berichtet; vgl. die Erörterung in Hoffmann, Widerstand 475.

[198] Geisberg.

[198a] SS-Führungshauptamt 17. Juli 1944 an Verteiler betr. Unterstellung von Gren. Div.(29. Welle) des Heeres unter Reichsführer SS (SS-Führungshauptamt) u. SS-Führungshauptamt 18. Juli 1944, Aktenvermerk über Besprechung beim Reichsführer SS am 15.7.44 mit den Teilnehmern Reichsführer SS, BdE Generaloberst Fromm, OKW/Chef Heeresstab General Buhle, Chef SS-Führungshauptamt, SS-Obergruppenführer und General der Waffen-SS, Jüttner, Chef des Stabes beim BdE, Oberst i.G. Graf v. Stauffenberg, Adjutant Reichsführer SS SS-Obersturmbannführer Grothmann, Ia Organisationsabteilung SS-Führungshauptamt SS-Obersturmbannführer Blume, BA (Berlin) NS 33/7; die von Kroener, Fromm 672-673 zit. Aufzeichnung gibt als Ort der Besprechung »Hochwald« an.

[199] Reinecke 31. Mai 1964, 30. April 1965, 7. Nov. 1967; H. Mertz 15. und 16. Juli 1944 und 1945; vgl. Gisevius II 345; Kroener, Fromm 672–673.

[200] H. Mertz, Tagebuch 15. Juli 1945. H. Mertz, Tagebuch notierte in den Tagen ab 15. Juli 1945 Tag um Tag über die Geschehnisse vor einem Jahr alles, was sie damals nicht festgehalten hatte.

[201] H. Mertz, Tagebuch 15. Juli 1945.

[202] H. Mertz, Tagebuch 15. Juli 1944; Siebeck 17. April 1973.

[203] Spiegelbild 45; Prozeß XXXIII 394.

[204] Spiegelbild 49; Gisevius II 339–340; H. Mertz, Tagebuch 15. Juli 1944.

[205] H. Mertz, Tagebuch 15. Juli 1945.

[206] Siebeck 17. April 1973.

[207] Gisevius II 340.

[208] Selbstmord; Harnack 29. Aug. 1966; vgl. weitere Quellen in Hoffmann, Widerstand 805–806 Anm. 349.

[208a] Hoepner in Prozeß XXXIII 397; Kroener, Fromm 675-677, 682.

[209] Siebeck 17. April 1973; Siebeck 1. Okt. 1971 hatte die Zeitangabe »abends«, die nicht stimmen kann: Nach H. Mertz' Tagebuch 16. Juli 1944 ging er mit Mertz nach dem (anscheinend späten) Frühstück weg, nach H. Mertz' Tagebuch 16./17. Juli 1945 »Sonntagmittag«; nach seinem eigenen Bericht mußte er nach Ablauf seines Sonntagurlaubs wieder in Hirschberg sein.

[210] H. Mertz 21. Aug. 1991; Herzer 13. Sept. 1991; H. Mertz, Tagebuch 16. Juli 1944, 16./17. Juli 1945.

[211] Gisevius II 345.

[212] H.Mertz, Tagebuch 16. Juli 1944; H.Mertz, Albrecht Ritter Mertz von Quirnheim.

[213] RF 9. Mai 1977. Diese Zeugnisse stützen die Mitteilung des Chirurgen Sauerbruch, er habe ClS gewarnt, er sei erholungsbedürftig; Sauerbruch, Leben 552–553.

[214] F.-D. Schulenburg und Hansen in Spiegelbild 91,101; Hansen gab als Zeitpunkt gegen 19 Uhr an.

[215] Spiegelbild 91–92, 101, 136; Gisevius II 345–352; Hammerstein, Spähtrupp 264.

[216] G.Falkenhausen 24. März 1947.

[217] Spiegelbild 91–92, 101, 136; s. oben Kap. »Umsturzplanung: Äußeres« 387–389.

[218] Spiegelbild 175–176; Urteil gegen Klamroth.

[219] Spiegelbild 101.

[220] Vgl. Hoffmann, Colonel 638–639.
[221] Hoffmann, Widerstand 480.
[222] Hoffmann, Widerstand 481.
[223] Hoffmann, Widerstand 482.
[224] Spiegelbild 116–117; Hoffmann, Widerstand 482–483.
[225] S. oben 431–432.
[226] Thomale 11. Aug. 1971.
[227] Prozeß XXXIII 359, 395–396, 485–486.
[228] Schweizer 18. Juni 1965.
[229] Kanitz 23. März 1964, 28. Aug. 1972.
[230] Götz in Kramarz 200.
[231] Zeller 376 anscheinend auf Grund von Mitteilungen von Schweizers Schwester (mit der Variante einer Kirche in Dahlem); Kramarz 200; Spiegelbild 21; Schweizer 18. Juni 1965 (Kirche in Steglitz); Schweizer 1971 (Kirche in Wannsee); Gottberg 9. Feb. 1989.
[232] NS 31. Aug. 1972 aus Kalender ihrer Mutter 18. Juli 1944; CM 451, 456.
[233] Schweizer 18. Juni 1965; Spiegelbild 84, 112; ob der Hinflug mit einer »Ju 52« oder »He 111« geschah, ist wegen widersprüchlicher Aussagen unklar; vgl. Hoffmann, Widerstand 486. Stieff war am Abend vorher in Zossen bei der Geburtstagsfeier für Major i.G.M.v. Busse; Busse 13. März 1984; Dosch 10. April 1984; Ferber 8. März 1984; Salm-Salm 26. März 1984.
[234] Hoffmann, Widerstand 486–487 mit ausführlichen Quellenangaben; ferner Hoffmann, Zu dem Attentat 268; Hoffmann, Warum 450–451.
[235] Vogel, Betr.; Vogel 1. Juli 1971, 5. Sept. 1985; John von Freyend.
[236] John von Freyend; Lechler; Vogel, Betr.; Wehner, Spiel 31; Spiegelbild 21; zum Besuch Mussolinis Schreiber 13. Sept. 2004; Schreiber, Militärinternierten.
[237] John von Freyend 1964; Vogel, Betr.; Vogel 1. Juli 1971, 5. Sept. 1985.
[238] John von Freyend 1964; Vogel, Betr.; Vogel 1. Juli 1971, 5. Sept. 1985.
[239] Hoffmann, Warum 451–455.
[240] ClS berichtete seinen Berliner Mitverschwörern am Nachmittag: »[...] diese Detonation war so, als ob eine 15-cm-Granate hineingeschlagen hätte: da kann kaum noch jemand am Leben sein«; Prozeß XXXIII 402. Stieff sagte aus, er habe ClS auch am 19. Juli von dem Attentat abgeraten, weil dabei »zu viele militärische Köpfe vernichtet würden«, besonders Generalleutnant Heusinger; Spiegelbild 92; Prozeß XXXIII 320. ClS überwand die Hemmungen nicht leicht, wie C.-H. Hardenberg 1945 berichtet. C.-H. Hardenberg sprach über das bei dem Anschlag unvermeidbare Töten von Anwesenden, auf die man es nicht abgesehen hatte, mit Kurt Freiherr von Plettenberg, der ihm sagte: »Nein, es hilft nichts. Auch wenn du selber dabei sterben müßtest, ich würde es tun. Der Dienst am Vaterlande muß uns mehr gelten als unsere Freundschaft.«
[241] Widmann 30. Juli 1968; Wehner, Spiel 31; Wehner, Täter 254. Gisevius 8. Sept. 1972 berichtet, Nebe habe nach dem 20. Juli 1944 auf der Flucht gesagt: »Hätten sie mich doch gefragt, die Idioten, wieviel Sprengstoff man braucht.« Nebe wußte es; denn er hatte mit Widmann bei Minsk in Rußland mit Sprengstoff versuchsweise Geisteskranke umgebracht, um brauchbare Massenvernichtungsverfahren zu entwickeln: Krausnick, Wilhelm 543, 548–550.
[242] Spiegelbild 84; Kretz 29. Aug. 1965, 31. Aug. 1966; Hoffmann, Warum 451–457.

243 Hoffmann, Widerstand 895; Spiegelbild 84; Hoffmann, Warum 451–460.

244 Warlimont, Interview.

245 Reinecke 31. Mai 1964.

246 Fritzsche 14. Juli 1972; Fritzsche nennt auch Gerstenmaier als im Zimmer wartend, der kam aber erst später; Hoffmann, Widerstand 521–523. Dasselbe sagte ClS mehrfach in der ersten halben Stunde seit seiner Rückkehr in die Bendlerstraße: Prozeß XXXIII 402; Generalleutnant v. Thüngen in Volksgerichtshof-Prozesse 77 und ein Unbekannter ebd. 80–81; Schlabrendorff 148 lt. Fromms Bericht; Bartram. Vgl. unten 455.

247 Hierzu und zum folgenden Absatz Hoffmann, Widerstand 488–493. Der Bericht des Kurierfahrers Kretz enthält Widersprüche zu den anderen Zeugnissen über ClSs Weg von der Lagebaracke zum Flugplatz: Kretz erinnerte sich 1965 und 1966, ClS und Haeften aus dem »Führersperrkreis« heraus zum Flugplatz gefahren und noch vor der ersten Wache die Detonation gehört zu haben, während der Bericht der Tatortkommission vom 26. Juli 1944 feststellt, ClS und Haeften seien während der Detonation am Adjutanturgebäude (813) gewesen; Kretz kann gleichwohl beim oder im »Führersperrkreis« gewartet haben und ClS und Haeften können dort eingestiegen sein; vgl. Hoffmann, Widerstand 491 und Anmerkungen. Ferner behauptet ein anderer Fahrer, Karl Fischer, an diesem Tag ClS gefahren zu haben, aber auch sein Bericht enthält Ungereimtheiten, die die Richtigkeit seines Berichts ausschließen.

248 S. Vergleiche der Flugzeiten von Dönitz und der Tatortkommission des Reichssicherheitshauptamts in Hoffmann, Widerstand 823–825 Anm. 93.

249 Spiegelbild 22.

250 Thon 13. Aug. 1971. Thon gibt für den Anruf die Zeit »gegen 15 Uhr« an und ferner, kurz vorher sei bekannt geworden, daß Hitler tot sei, was eher 16 Uhr vermuten läßt; wenn 15 Uhr stimmt, wäre ClS eine ganze Stunde auf dem Flugplatz geblieben, was zu dem Bericht von Bake 9. Aug. 1972 nicht paßt, ClS sei gegen 16 Uhr in Rangsdorf gelandet und habe sich beim General der Schlachtflieger ein Auto nach Berlin geben lassen. Ferner Schweizer 18. Juni 1965. Oberst Hubertus Hitschold war damals als »General der Schlachtflieger« mit der Wahrung der Geschäfte beauftragt; Granier 25. Nov. 1992.

251 Prozeß XXXIH 400–401.

252 Hoepner in Prozeß XXXIII 400–404; Bartram; Schlabrendorff 147 nach dem Bericht Fromms; Hopf.

253 Hoffmann, Widerstand 507–511.

254 Hoffmann, Widerstand 499–503.

255 Wagner, Verlauf; Hoffmann, Widerstand 506–507.

256 Hoffmann, Widerstand 503.

257 Gisevius II 389; Gisevius 4. Aug. 1971, 8. Sept. 1972.

258 Ritgen, Schulen 106. Es gibt keine Anhaltspunkte dafür, daß am 20. Juli vor 13 Uhr »Walküre«-Anweisungen oder Voralarmierungen ergangen wären. Es wurde behauptet, wegen der vergeblichen Alarmierung der Schulen am 15. Juli sei ein früher Voralarm am 20. Juli nicht möglich gewesen. Gisevius gab dies gegenüber Dulles als Grund an dafür, daß am 20. Juli die Truppen nicht vor dem Anschlag schon alarmiert wurden; Dulles an Donovan 28. Jan. 1945, CIA. Von einer negativen Reaktion Fromms auf den Voralarm des 15. Juli berichtet aber nur Gisevius II 350. Die Geheime Staatspolizei kam zu dem Schluß: »Durch die Tarnung der ›Walküre‹-Maßnahmen mit verschiedenartigen, verschwommenen

Begründungen ist die Auslösung des ›Probe-Alarms‹ am 15.7. niemandem aufgefallen. Die Verschwörerclique hatte selbst befürchtet, daß es einen ›Wirbel‹ geben würde.« Spiegelbild 158–159.

[259] Glaesemer 10. Juni 1986; Hoffmann, Widerstand 511 und 826–828 Anm. 99. Rode 24. Juli und 14. Aug. 1971, 27. Dez. 1989 behauptet, schon vor 12 Uhr den Befehl zur Aufklärung gegen die SS-Leibstandarte in Lichterfelde erhalten und die Ausführung gegenüber Oberst Glaesemer verweigert zu haben, was weder dieser noch sein Adj. Schauß bestätigen.

[260] Ritgen, Schulen 106.

[261] Schobeß. Der Kommandeur des Wachbataillons »Großdeutschland« berichtete am 22. Juli, er habe das Stichwort »Walküre« von der Wehrmachtstandort-Kommandantur um 16.10 Uhr in seiner Wohnung erhalten; Remer, Ablauf. Ein Jahr später gab er etwa 15 Uhr als Zeitpunkt des Stichworteingangs an; Remer 15. Aug. 1945. Zweimal kurz nach dem Krieg berichtete er, er habe es um 14.30 Uhr erhalten und sich vor 15 Uhr bei Generalleutnant von Hase gemeldet; Grenzendörfer auf Grund einer Schilderung Remers vom 24. Juni 1946 in der Kriegsgefangenschaft; Remer 28. Okt. 1949; vgl. weitere abweichende Aussagen Remers in Hoffmann, Widerstand 827 Anm. 99.

[262] Harnack 20. Juli 1948.

[263] Hoffmann, Widerstand 510.

[264] F.-D.Schulenburg in Spiegelbild 97; Gisevius 4. Aug. 1971 auf Grund der Mitteilung F.-D.Schulenburgs und 8. Sept. 1972.

[265] Kratzer 25. Juli 1963.

[266] Gisevius 4. Aug. 1971.

[267] Gisevius 4. Aug. 1971, 8. Sept. 1972; da Gisevius mit Olbricht befreundet war, wird man an seinem Zeugnis nicht zweifeln können, das außerdem von Schulenburg in Spiegelbild 97 bestätigt wird.

[268] Hoepner in Prozeß XXXIII 402; Urteil Thiele; Kroener, Fromm 684.

[269] Hoffmann, Widerstand 513–514.

[270] Vgl. Abdruck in Hoffmann, Widerstand 896–898; Ritgen, Schulen 106; Stirius 2. Feb. 1967.

[271] Hoffmann, Widerstand 512–513.

[272] Hoffmann, Widerstand 514–516.

[273] Lerche 30. Juni 1946.

[273a] Kroener, Fromm 682-685.

[274] Prozeß XXXIII 402; Gen.Lt.v. Thüngen in Volksgerichtshof-Prozesse 77 und ein Unbekannter ebd. 80–81; Schlabrendorff 148 lt. Fromms Bericht; die verschieden vollständigen und verschiedene Chronologien wiedergebenden Berichte lassen sich nur annähernd in Einklang bringen.

[275] Schlabrendorff 148 lt. Fromm; Bartram; Hoffmann, Widerstand 519; etwas abweichend Urteil Thiele.

[276] Hopf, Bericht über Prozeß gegen Fromm; Kleist 2. Okt. 1968; Schlabrendorff 148 mit Abweichungen (Olbricht erklärte sich für »nur am Rande des Kreises« der Erhebung stehend, sollte aber Fromm für verhaftet erklärt haben; statt Kleist und Haeften nennt Schlabrendorff Mertz und Stauffenberg sowie einen namenlosen Offizier – wahrscheinlich Hammerstein oder Oppen – mit Pistole); Kroener, Fromm 687–688.

[277] Wagner, Verlauf; Burchardt 13. Juli 1965; Schramm, Vorgänge; Schramm, Mitteilungen.

[278] Hoffmann, Widerstand 521–523; Gerstenmaier, Geschichte 24. Juni 1945.

[279] Prozeß XXXIII 409; Hammerstein, Spähtrupp 281; Lerche 30. Juni 1946.

[280] Mitzkus, Bericht; Hoffmann, Widerstand 525–526.

[281] Hase in Prozeß XXXIII 487–488; Remer, Ablauf.

[282] Remer, Ablauf.

[283] Remer, Ablauf.

[284] Hase in Prozeß XXXIII 487–488; Haßel; Spiegelbild 376–378.

[285] Remer, Bericht; Hoffmann, Widerstand 593–599.

[286] Delius 28. Juli 1965. Schulte-Heuthaus schrieb d.Verf. am 20. Sept. 1965, er habe keine Aufzeichnungen und könne daher nichts über den Tag mitteilen.

[287] In einer der Vorlagen für die Herausgabe der Befehle aus dem Besitz des Nachrichten-Wachtmeisters Ruland, der sie am Abend des 20. Juli einsteckte und nach Hause mitnahm (s. Hoffmann, Widerstand 896), sind die Zeiten »1900«, »2025« und »20,30« sowie die Paraphe »Ru« handschriftlich eingetragen und die erste Zeile »Der Führer Adolf Hitler ist tot!« ausgestrichen. Wer diesen ersten Satz schon so viel früher unterschlagen hat, ist ungeklärt. Da er in manchen der hinausgegangenen Exemplare stand, wie die erhaltenen Aufnahmeexemplare beweisen, z. B. das an den Chef des Stabes der Seekriegsleitung gerichtete Aufnahmeexemplar des Marinenachrichtendienstes in BA-MA in M 1005/11 mit der Abgangszeit 19.28 Uhr, fällt der Verdacht auf einzelne Fernschreiber oder Fernschreiberinnen.

[288] Delius 28. Juli 1965; Stirius 2. Feb. 1967.

[289] Stirius 2. Feb. 1967 gibt 18.15 Uhr an, aber es kann entsprechend dem Zeitablauf der Vorgänge um Remer erst nach 18.30 Uhr gewesen sein.

[290] Delius 28. Juli 1965; Stirius 2. Feb. 1967. Stirius erklärte den 20. Juli 1944, an dem die ihm unterstellte Truppe fast auf ihre eigenen Kameraden hätte schießen müssen, für den bittersten Tag seines militärischen Lebens.

[291] Delius 28. Juli 1965; Stirius 2. Feb. 1967; Remer, Ablauf; Grenzendörfer.

[292] Hoffmann, Widerstand 531–533.

[293] Glaesemer 10. Juni 1986; Ritgen, Schulen 106; Hoffmann, Widerstand 534–536; zu den Zeitpunkten der ersten Rundfunkmeldungen BBC Monitoring Service 21. Juli 1944, wonach die erste Meldung des Inlanddienstes des Deutschen Nachrichtenbüros um 17.42 Uhr aufgefangen wurde: Hoffmann, Widerstand 540.

[294] Glaesemer 10. Juni 1986; Ritgen, Schulen 106.

[295] Rothkirch 14. Jan. 1989.

[296] Hoffmann, Widerstand 543–557, 560–573.

[297] HPA Kartei; Hoffmann, Widerstand 573–581. Der für ClSs Anruf von Kodré angegebene Zeitpunkt, etwa 22 Uhr, ist nicht gesichert, es könnte wohl früher gewesen sein.

[298] Hoffmann, Widerstand 581–588.

[299] Haßel 11. Dez. 1964.

[300] Harnack, Bericht; Herber, Was ich; Heyde, Verschwörung; Pridun.

[301] Roell; Hoepner in Prozeß XXXIII 407–408.

[302] Kleist 15. Sept. 1964, 2. Okt. 1968; V. Hoffmann.

[303] Gisevius II 384–385; Huppenkothen, 20. Juli; John, Zum Jahrestag. Achamer-Pifrader: Krausnick, Wilhelm 179, 548, 568.

[304] Gisevius II 385–386, 389; Gisevius 8. Sept. 1972.

[305] Hoffmann, Widerstand 616.

[306] Gisevius 1954 628.

[307] Hoffmann, Widerstand 533, 614.

[308] Gisevius II 393; Gisevius, Ausgabe 1954, 630.

[309] KTB HGr Nord 20. Juli 1944, Zimmermann und Jacobsen 139; Gisevius II 396–397.

[310] Gisevius II 397–398; John, Some Facts 67; Roell; Bernt 598; Witzleben in Prozeß XXXIII 360–370.

[311] Wagner, Verlauf; Prozeß XXXIII 370.

[312] Hoffmann, Widerstand 617–622.

[313] Ziegler, Wer schoß; Winterfeldt 30. Aug. 1966; L. v. Hammerstein in Hammerstein, Spähtrupp 281; ausführlicher in F. Herber, [Bericht], Abschrift, masch., Berlin 21. 7. 44, Sonderarchiv Moskau.

[314] Winterfeldt 30. Aug. 1966; Schramm, Aufstand 98–99.

[315] Winterfeldt 30. Aug. 1966.

[316] Harnack, Bericht; Herber, Was ich.

[317] Hoepner in Prozeß XXXIII 416; Herber, Was ich; Bernt 599–600; Bartram.

[318] Bartram; Harnack, Bericht; Oppen 11. Aug. 1984 (alle einzeln nacheinander erschossen); Pridun, Vermerk; Schlee; Hoepner in Prozeß XXXIII 417–418. Nach dem Bericht der Augenzeugin Winterfeldt 30. Aug. 1966 sprang Haeften vor Stauffenberg, als dieser erschossen werden sollte, fing die Schüsse auf und fiel, erst die nächste Salve tötete Stauffenberg. Nach Lerche 9. Juli 1946 aus zweiter Hand soll Mertz sich vor Stauffenberg geworfen haben und vor ihm erschossen worden sein; Schlee nennt die Erschossenen in der Reihenfolge des Dienstrangs: Olbricht, Stauffenberg, Mertz, Haeften. Augenzeuge Thon (Leiter der Fahrbereitschaft im OKH/Bendlerstraße) 13. Aug. 1971: Keiner habe sich vor einen andern geworfen. Den Ruf Stauffenbergs geben so wieder: Röhrig 29./30. Juni 1965 (»es lebe das geheiligte Deutschland« oder »es lebe das heilige Deutschland«); Winterfeldt 30. Aug. 1966. Schweizer 18. Juni 1965: »Es lebe das heilige Deutschland!« Ziegler, Bericht: »Heiliges Deutschland!« Lerche 9. Juli 1946 aus zweiter Hand: »Heiliges Deutschland!« Thon 13. Aug. 1971: »Es lebe Deutschland, ohne den Führer!« Salin, Um Stefan George 324 Anm. 123 vermutet einen Ruf auf das geheime Deutschland. Für die Form »es lebe das geheiligte Deutschland« spricht, daß die Zeugen Röhrig und Winterfeldt bis zur Befragung durch d.Verf. nicht befragt oder mit der Debatte um den Wortlaut befaßt waren und daß sie auf Grund ihrer Bildung eher die kompliziertere Form zu erfassen imstande waren als die anderen Zeugen, außerdem waren Röhrig und Winterfeldt örtlich besser plaziert. Gerstenmaier ist der unsicherste Zeuge, weil er seine Erlebnisse im Lauf der Jahre immer wieder anders wiedergab. Dies auch zur Ergänzung von Hoffmann, Claus Graf Stauffenberg (1992) 540. S. zu der Schlußphase auch Kroener, Fromm 700–712.

Epilog

[1] Bartram.

[2] Bernt 601; Himmler, Rede 382; Goetzke 14. Juli 1965.

[3] W. Wagner 13–49, 662–665; RGBl. 1935 I 839.

[4] Hoffmann, Widerstand 649–650; W. Wagner 679–681; C. Bussche 21. Sept. 1983.

[5] Lotte von Hofacker (Witwe Cäsars) an MS 4. Sept. 1945, Nl MS; W. Wagner 688–691. Hofacker sagte der Geheimen Staatspolizei, er sei »mit Klaus von Stauffenberg aneinander geraten, weil er, Hofacker, nicht nur Mitläufer, sondern aktiver Mittäter habe sein wollen«; Spiegelbild 522.

[6] Spiegelbild 168, 436, 450.

[7] Himmler, Rede 385.

[8] Kaltenbrunner an M. Bormann 25. Okt. 1944, BA EAP 105/34.

[9] NS, Litta; CS, Lautlingen; Bracke 188–193.

[10] AS an RB 8. Mai 1945, StGA; RF, Leben 10–12; Bracke 210, 221–244; Bethge 1032–1034; F. Hassell 173–214.

[11] RF, Leben 10–12.

[12] AS an RB 8. Mai 1945, StGA; NS, Litta; CS, Lautlingen; Bracke 194–197, 210, 215, 218, 221.

[13] NS, Litta; Bracke 198, 202–205.

[14] NS, Litta; Bracke 193–194.

[15] AS an RB 8. Mai 1945, StGA; Bracke 223–244 mit Berichtigungen. Bracke 243–244 zit. »USAAF European Theater World War 2 Victory Credits: 040845«, wonach der amerikanische Leutnant Norboune A. Thomas Gräfin Stauffenberg abschoß.

[16] AS an RB 8. Mai 1945, StGA; NS, Litta; O.P. Stauffenberg 20. Feb. 1973; Marlene Gräfin Stauffenberg 23. Aug. 1972.

[17] NS 31. Aug. 1972; RF 10. März 1977.

[18] CS, Lautlingen.

[19] NS, Litta; Clemens Graf Stauffenberg 27. Okt. 1946; Bracke 194.

[20] AS an RB 8. Mai 1945, StGA; CS, Lautlingen; Schwerin von Krosigk und Thierack an die Oberfinanzpräsidenten und den Oberreichsanwalt bei dem Volksgerichtshof 13. Nov. 1944.

[21] Thierack 24. Okt. 1944.

[22] CS, Lautlingen.

[23] NS, Lautlingen; CS, Lautlingen; W. Hoffmann 10. März und 12. Sept. 1977, 6. Sept. 1979.

[24] CS, Lautlingen.

[25] CS, Lautlingen.

[26] RF, Leben 12.

[27] AS an RB 8. Mai 1945, StGA; RF, Leben 15–16.

[28] RF, Leben 39–42.

[29] ClS in Hoffmann, Claus 522.

[30] Saucken 27. Juli 1972.

[31] Urban Thiersch 21. Jan. 1978.

[32] S. Kap. »Krise und Krieg« 195.

[33] AS, Der zwanzigste Juli 1944 III, 2.

[34] Saucken 27. Juli 1972.

[35] Harnack 2. Okt. 1984.

[36] Wolzendorff 95–104, 206–209.

[37] Vgl. Bèze 18–63.

[38] [Werner Traber] an Prof.Dr.W.Baum 28. Mai 1957, Nl MS.

[39] RF, Gneisenau 17–19.

[40] ClS an Sodenstern 13. März 1939, BA-MA N 594; s. unten 489.

[41] Thüngen 25. Jan. 1946.

42 Karl Wolfskehl, Werke 1 280–281 besang die Brüder Claus u. Berthold; durch sie sei

> Geist und Reich und Zeit geweiht,
> Vom Rhein bis Mittmeer atmen wir befreit.
> Ein Lorbeerforst von Ruhm und Weh gedeiht
> Um dich Harmodios, dich Aristogeit.

43 Hassell 17. Okt. 1947.

44 NS an Venohr Feb. 1987.

45 Partsch, Bild; Partsch 3. März 1977; Berger 7. Mai, 12. Juli 1984; Burk 14. Aug. 1985; Broich in Kramarz 127; RF 9. Mai 1977; Herwarth, Zwischen 247; Maizière 3. Sept. 1985; Mueller-Hillebrand 1945–1947, 412; Pezold 1. Sept. 1972; Walzer 22. Dez. 1965.

46 ClS, Tischrede des Paten, Gästebuch Lautlingen; s. Kapitel »Im Dritten Reich« 152–153; NS 16. Nov. 1962.

47 Vgl. AS, Erinnerung.

48 A. Üxküll 17. Mai 1973.

49 AS, Erinnerung.

Anhang

1 ClS, Aufsatz 24. Jan. 1923, Nl ClS. Der Abdruck folgt der Schreibweise des Originals.

1a Nl CS. Abdruck nach der Schreibweise des Originals.

2 Hs., Tinte, Briefpapier mit dem Familienwappen; BA-MA N 594; gedruckt mit Abweichungen von der Hs. in Gießler, Briefwechsel 560, 562–564. Der Abdruck hier folgt der Schreibweise des Originals (ohne nicht datierbare Bleistiftunterstreichungen, die vermutlich von Sodenstern stammen; die Worte »daß hier« bis »Augen führt« und die Worte »dem allzu« bis »Bewahrung« je einschließlich sind unterstrichen).

3 Hs., Tinte, Briefpapier mit dem Familienwappen; BA-MA N 594; gedruckt mit Abweichungen von der Hs. in Gießler, Briefwechsel 560, 562–564. Der Abdruck hier folgt der Schreibweise des Originals (ohne nicht datierbare Bleistiftunterstreichungen, die vermutlich von Sodenstern stammen; die Worte »zum Teil« bis »Masse geworden«, »scheinbar«, »Diese umfassende« bis »grösste Aufgabe«, »sich nicht versagt, ist meine Bitte«, »wir müssen« bis »Nation darstellt«, »nicht um Opposition« bis »um das Reich« und die Worte »schliesslich wird im« bis »Verantwortung zufallen« je einschließlich sind unterstrichen). In diesem Satz ist vermutlich zu ergänzen »übrig bleibt« oder »gestattet sei«.

4 Vielleicht ist »gewahrt« zu lesen.

5 Hs. Abschrift der Schwiegermutter, Freifrau von Lerchenfeld, in den Papieren von Nina Gräfin Stauffenberg. Der Abdruck folgt der Schreibweise der Abschrift. Das Original ist verloren.

6 Kopien der Handschrift in Slg Hilfswerk 20. Juli 1944, IfZ ZS/A 29/3 und mit Brief von E.A. Paulus 15. Sept. 1990; Abdruck aus Besitz E.A. Paulus in Kramarz 226; Teilabdruck in Görlitz, Paulus 168 mit entstellenden Lesefehlern. Der Abdruck hier folgt der Schreibweise des Originals. Zum »Führerbesuch«: 1. Juni; Hoffmann, Security XXVIII.

7 J.D. v. Hassell, Aufzeichnung; RF 19. Nov. 1985; RF, Leben 9–10; Marlene

Gräfin Stauffenberg 21. März 1977, 12. März 1992. S. Durchschlag mit ClSs hs. Änderungen als Faksimile gedruckt auf den Seiten 422–423; der Durchschlag wurde 1977 von RF im StGA deponiert.

8   AS, Denkmal 21–25.

9   Zeller 1952 295, 1965 489; RF 10. März 1977. Stefan Georges Gedicht »Der Eid« mag die Benennung nachträglich beeinflußt haben; StG, GA VI/VII 60–61.

10 Zeller (1. Auflage) 295.

11 AS, Denkmal 21–25; Hoffmann, Stauffenberg (1992) 396–397.

12 RF 6. Sept. 1979, 19. Nov. 1985; RF, Leben 9–10, 40; BS an RF 10. Juni [1944], StGA; [AS] Deutsche; Marlene Gräfin Stauffenberg 21. März 1977.

13 J. D. v. Hassell, Aufzeichnung; RF, Leben 10; Marlene Gräfin Stauffenberg 12. März 1992.

14 Kap. »Erhebung« 414.

15 Vgl. Kap. »Kindheit, Weltkrieg, Neue Zeit« 35.

16 ClS an Teske 29. Aug. 1937; vgl. Kap. »Im Dritten Reich« 157.

17 RF 15. Juli 1963.

18 RF, Arndt 15; RF, Gneisenau 56–57; ClS an Partsch 23. Juli 1942.

19 RF, Arndt 15 hat eine etwas andere Version, ebenfalls ohne Quellenangabe: »1812 gibt Preußen sich selbst auf, sein Heer ficht unter Napoleons Fahne, alle irgendwie bekannten Männer der Befreiung müssen flüchten und manchmal scheint nur mehr die eine Aufgabe übrig, durch kühne Vorkehrungen der Überlieferung dafür zu sorgen, daß in der Geschichte überhaupt ein Wissen davon erhalten bleibe, daß damals in Deutschland auch Männer gelebt haben.« Anm.: »So will Gneisenau, in der äußersten Gefährdung durch Napoleon, eine solche geheime Überlieferung mehrfach ausgefertigten und wohlverteilten Handschriften anvertrauen, damit sich, wenn alles unterginge, aus diesen, dem Feinde unauffindbaren, einzig lebendigen Zeichen, in späterer Zeit wieder ein Leben entzünden könne.« S. den Vorgang im Mai 1811 in Pertz, Gneisenau II 89–91.

20 Pertz, Gneisenau II 89–91. Gneisenau stellt seine eigene Anregung als »Vorhaben Knoth's« dar; Knoth war ein Deckname, den Gneisenau benützte; Griewank 159.

21 RF 9. Mai 1977.

22 LT an BS 25. Nov. und 17. Dez. 1940, Nl BS; LT an F 11. Jan. 1941, Nl F, StGA. Vgl. StGs Äußerung, »tatsächlich sei F. doch in ganz anderer Weise wie Wolters ausgesprochener Ekklesiastiker«; Vallentin 136; Seekamp 378.

23 Hoffmann, Claus 522–523; ClS an Erffa 22. Nov. 1936, Nl ClS.

24 AS, Germanen in Die Welt als Geschichte I 72–100, II 117–168, III 345–361; AS, Theoderich in Macht 406–419; Deutsche Allgemeine Zeitung Nr. 310–311, 8. Juli 1937; Frankfurter Zeitung 6., 8., 9. Juli 1937; VB 7. Juli 1937 8.

25 Hölderlin, Sämtliche Werke IV hrsg. v. Norbert v. Hellingrath 181–185.

26 Fichte 7 456–457; Lübbe 196–202.

27 Vgl. Ferry 21–53; Seeley 13–19, 340–359; Gilbert 60–66, 71–73, 76–77; Crewe.

28 EK, Deutschland.

29 StG, GA IX 39; Lübbe 196–197.

30 Hoffmann, Claus 522.

31 StG, GA IX 39.

32 RF, Arndt 31,181.

[33] Lehmann 2 559–561.

[34] Lübbe 191, 207–212.

[35] Hofacker an Herbert von Samson-Himmelstjerna (Puka, Estland) 1. Sept. 1930, Nl Hofacker.

[36] RF 19. Nov. 1985; Fichte, Sämtliche Werke IV 411–412, 453–456, VII 412, 426, 559, 582–583.

[37] RF 19. Nov. 1985; AS, Denkmal 24.

[38] Hoffmann, Claus 522; RF 9. Mai 1977, 19. Nov. 1985.

[39] Vgl. Fichte 7 264–499; Lehmann 2 86–95; Pertz 1 331–338.

[40] S. Kap. »Umsturzplanung: Inneres« 499; Spiegelbild 152.

[41] RF in Zeller 253–255 (nicht in der 1. Auflage); RF 9. Mai 1977, 6. Sept. 1979; Spiegelbild 205.

[42] Fichte VII 576, 578–579.

[43] RF, Arndt 140.

[44] RF, Arndt 174–175.

[45] RF, Arndt 176.

[46] RF, Arndt 198–199 zit. Arndts Schrift von 1847 »Die Persönlichkeit oder das Gepräge des Volks«.

[47] RF, Arndt 20–21.

[48] Vgl. Kap. »Im Dritten Reich« 176–177.

[49] Arndt, Lebensbild 506–507; Arndt, Erinnerungen 172, 288.

[50] RF 9. Mai 1977.

[51] RF, Gneisenau 17–19; ClS an Sodenstern 13. März 1939, BA-MA N 594; Thüngen 25. Jan. 1946.

[52] John 1971.

[53] Gisevius, Wo, passim. Gisevius' Widmung in Federers Exemplar des 1. Bandes von Bis zum bittern Ende: »S. l. Georg Federer in dankbarer Erinnerung an seine mutige Hilfsbereitschaft, um mir den ›Weg zurück‹ zu bahnen. Hans Bernd Gisevius.« Im Besitz d. Verf. Federer 29. März 1977: Er besorgte Paßformulare, Schulze-Gaevernitz »veranlaßte das Technische« und ließ Gisevius' Bild im Paß anbringen. Dulles an Donovan 28. Jan. 1945: »He [Gisevius] found shelter in Berlin where he stayed in practically solitary isolation until we managed to get false papers to him.«

[54] FRUS, Malta and Yalta 957.

[55] Dulles an Donovan 25. Jan. 1945. Die Formulierung des ersten Satzes deutet an, daß Dulles schon vor diesem Telegramm über Gisevius' Rückkunft berichtet habe: »One item of news brought by 512 was that Stauffenberg who was the active element in July putsch had planned eastern solution if putsch successful and proposed initiate declaration of workers and peasants regime in Germany.«

[56] Dulles an Donovan Nr. 4077 25. Jan. 1945; Dulles, Underground 172–173; Dulles, Surrender passim; Smith, Agarossi passim. Fünfzig deutsche Generale in russischer Gefangenschaft mit GFM Paulus an ihrer Spitze hatten damals gerade die Deutschen erneut aufgerufen, Hitler zu stürzen, und kündigten außer Besetzung und Strafe auch die darauffolgende Wiedereingliederung Deutschlands in die freien Völker an (während die Westalliierten nichts dergleichen versprachen); Harriman an Stettinius 10. Jan. 1945 in FRUS, Malta and Yalta 453–454.

[57] Dulles 25. Jan. 1945; Cheston 27. Jan. 1945.

[58] Gisevius, Memorandum.

[59] Dulles 28. Jan. 1945; Cheston 1. Feb. 1945; Gisevius ähnlich zu Bancroft in der Woche des 4. Feb. 1945. In seinem 1947 erschienenen Buch milderte Dulles diese Behauptungen über Stauffenberg erheblich; Dulles, Underground 170. S. dazu Kap. »Umsturzplanung: Äußeres« 503–504.

[60] Bancroft an Dulles [11. Mai, 11. Juli 1944].

[61] Gisevius, Bericht 31; Gisevius II 304–305 ebenso ohne die »gesamte zivile Exekutive« und 325 etwas verklausuliert: Beck sagte Gisevius am 13. Juli, um den zivilen Charakter des Staatsstreiches zu unterstreichen, wollte er sich für die erste Zeit auch die Polizei unterstellen, wodurch er die Sicherheitsmaßnahmen koordinieren könnte. »Diese Lösung drängt sich ihm besonders deswegen auf, als er bei unserer seinerzeitigen Abrede verharrt, ich solle als ›Reichsminister beim Staatschef‹ in seiner nächsten Umgebung bleiben.«

[62] Gisevius, Bericht 31; Gisevius II 279. Gisevius bezeichnete die Mitteilung nicht als aus seinem einzigen Gespräch mit Stauffenberg am 12. Juli gezogen. Von diesem Gespräch berichtete Gisevius vielmehr, Stauffenberg habe seine Äußerungen jeweils mit der Bemerkung widerrufen, er spreche nur als advocatus diaboli, er sei sich selbst noch nicht klar. Gisevius »verspürte« lediglich, daß Stauffenberg längst für den Osten optiert habe. Gisevius bot also für seine Behauptungen keinen Beleg an und entzog damit auch seinen Mitteilungen an Dulles den Boden, was nun, da ihr Zweck nicht erreicht worden war, praktisch keine Rolle mehr spielte. Gisevius II 309.

[63] Spiegelbild 1984 592.

[64] Spiegelbild 507; der Bericht ist 29. Nov. 1944 datiert.

[65] S. Anm. 62.

Quellen und Literatur

I. Unveröffentlichte Quellen

a. Papiere in öffentlichem und privatem Besitz

Papiere ohne Archiv-Angabe befinden sich im Besitz des Verfassers; als Nachlaß bezeichnete Bestände befinden sich im Besitz der Erben oder in den angegebenen Archiven. Briefe, die nicht an den Verfasser oder an einen anderen Forscher gerichtet wurden und Einzelstücke darstellen, werden hier aufgeführt. Briefe innerhalb eines Nachlasses sind in den Anmerkungen mit Lagerstellen angegeben; hier werden Nachlässe nur als Gesamtbestände aufgeführt.

Akten der Reichskanzlei [betr. Dotationen an Beamte, Offiziere u.a. 1933–1945], BA R 43 11/984, R 43 11/985, R 43 II/985a, R 43 II/985b, R 43 II/985c, R 43 H/986, R 43 11/1087, R 43 11/1092, R 43 II/1092a, R 43 II/1092b.

Akten des Studienausschusses KR, NA T-1022 Rolle 1903.

Akten betreffend Vbd.: Verwaltungs- und technische Fragen. Personal. Deutsches Personal im Internationalen Gerichtshof, Dez. 1926–Sept. 1935, Pers. II E Bd. 1.

Albrecht, Heinz-Günther: Die militärischen Vorbereitungen der damaligen Führungsstelle der Widerstandsbewegung im Generalkommando Berlin im Hinblick auf den geplanten Umsturz. Niedergeschrieben im Sommer 1946/47, Masch. [Abschrift].

Anderson, Ivar: [Tagebuch], Königliche Bibliothek, Stockholm, Ivar Anderson Papper L91:3.

Anklageschrift gegen Dr. Karl Goerdeler, Wilhelm Leuschner, Josef Wirmer, Ulrich von Hassell, Dr. Paul Lejeune-Jung, Der Oberreichsanwalt beim Volksgerichtshof 0 J 17/44 gRs, Berlin 3. Sept. 1944, IfMLbZKdSED, ZPA NJ 17584.

Anklageschrift gegen Ferdinand Thomas, Dr. med. Rudolf Schmid, Dr. phil. Adolf Reichwein, Dr. rer.pol. Julius Leber, Der Oberreichsanwalt beim Volksgerichtshof 8 J 170/ 44g 1 H 244/44, Berlin 9. Aug. 1944, IfMLbZKdSED, ZPA NJ 1583.

Anlage [I] zum Kriegstagebuch der Heeresgruppe Don bzw. Heeresgruppe Süd vom 22. 11. 42–23. 3. 43 (O.B.-Gespräche), BA-MA RH 19 VI/42.

Anton, Johann, Nl im Besitz von Dr. Franz von Stockert und StGA.

Appel, Maria, Eidesstattliche Erklärung, Masch.-Abschrift, Hamburg-Groß-Flottbek 12. Aug. 1948, Nl RF.

Appel s.auch Pfohl.

Auswärtiges Amt, VM. Akten betreffend: Völkerbund. Errichtung eines internationalen Gerichtshofs, Sept. 1929–Nov. 1931, Völkerbund, Gerichtshof Bd. 9, 10, AA/PA.

Auszug aus dem Krankenmeldebuch, Hannover 28. Nov. 1936, Krankenbuchlager Berlin.

Auszug aus dem Offz.-Krankenmeldebuch des Standortes Bamberg, Bamberg 30. Mai 1931, Krankenbuchlager Berlin.

Auszug aus dem Truppenkrankenbuch, Fähnrich Graf Stauffenberg, 1./R.R.17, Hannover 15. Aug. 1929, Krankenbuchlager Berlin. Auszug aus dem Truppenkrankenmeldebuch der Inf.Schule Dresden, Bamberg 30. Mai 1931, Krankenbuchlager Berlin.

[Bancroft, Mary:] Briefe an Allen Welsh Dulles, Masch., 1943–1945.

[Bancroft, Mary:] Bericht [für Allen Welsh Dulles, Feb. 1945], Masch., Princeton University Library, A.W. Dulles Papers, Box 203.

[Bancroft, Mary:] The background and story of the 20th of July, Masch., [Feb. 1945].

Bargatzky, Walter: Persönliche Erinnerungen an die Aufstandsbewegung des 20. Juli 1944 in Frankreich, mimeographiert, Baden-Baden 20. Okt. 1945.

Bartram, Heinz-Ludwig: 20. Juli 1944, Masch., o.O. [1954], BA H90–3/4.

Bauch, [Prof. Dr. Kurt]: Brief an Prof. Dr. Walter Baum 17. Dez. 1956, IfZ ZS-1789.

BBC Monitoring Service, Daily Digest of World Broadcasts, Part I, No. 1830 [für 20. Juli 1944], mimeogr., [London] 21. Juli 1944.

Beumelburg, Werner: Der bittere Weg, Masch., o.O. o.J., IfZ ED 100 Slg Irving.

[Blumenthal, Albrecht von:] Reise nach Italien und Sizilien 7. März bis 10. Mai 1924, StGA.

Blumenthal, Albrecht von: Briefe an Stefan George, StGA.

[Blumenthal, Albrecht von:] Principi iuventutis [Gedichte an Berthold, 1924], StGA.

Blumentritt, [Günther]: Stellungnahme zu dem Buch »Offiziere gegen Hitler«. Nach einem Erlebnisbericht von Fabian v. Schlabrendorff, bearbeitet und herausgeg. von Gero v.S. Gaevernitz 1946 Europa Verlag Zürich, Masch., [England] Nov. 1946, Slg John.

Boehringer, Robert: Korrespondenz betr. StG und seinen Kreis, StGA.

Boehringer, Robert: Bericht über das Verhalten beim Tode und bei der Bestattung von Stefan George, Locarno, 9. Dez. 1933, StGA.

Bormann, M[artin]: Rundschreiben Nr. 127/39 (Nicht zur Veröffentlichung.), München 13. Juni 1939, Landeszentrale für politische Bildungsarbeit Berlin.

[Bormann, Martin:] Daten aus alten Notizbüchern, Hoover Institution, NSDAP Hauptarchiv Rolle 1.

»Brunhilde-Ost«, [Befehl], Der Chef der Heeresrüstung und Befehlshaber des Ersatzheeres AHA Ia(I) Nr. 4940/42 g. Kdos., 28. Okt. 1942, BA-MA RH 15/v. 173.

Bürker, Ulrich, Oberst i.G. 9., 15., 30. Nov. 1941, 4. Dez. 1941, 25. Feb. 1942 an Claus Graf Stauffenberg, KTB 10. Pz.Div. Anlagen, NA T-314 Rolle 988/495–496, 506–507, 542–543, 569–570 und BA-MA RH 27–10/42.

Bürker, Ulrich, Oberst i.G. 2. Jan. 1942 an Mueller-Hillebrand, BA-MA RH 27/10–44.

Bürker, Ulrich, Oberst i.G. 9. Jan. 1942 an Maj.i.G. Golling, Anlagenband Nr. VII zum KTB der 10. Pz. Div. Nr. 6, NA T-315 Rolle 569/313–315.

[Bürker, Ulrich]: Bericht über 10. Pz.Div. und Division Fischer (Stab 10. Pz.Div.), Masch., 2. Feb. 1942, Anlagenband Nr. VII zum KTB der 10. Panzer Division Nr. 6, NA T-315 Rolle 569/662–665.

Buhle, [Walther]: Geschäftseinteilung der 2. Abteilung (Organisationsabteilung) des Generalstabes des Heeres, Masch., Berlin 27. Dez. 1938, BA-MA RH 15/130.

Burchardt, Heinz: Zugehörigkeit zur Widerstandsbewegung vom 20. Juli 1944, Masch.-Abschrift, München 1946, Papiere Degner.

[Burk], Klaus: Briefe aus dem Feld an Otto [Burk], 1943, Besitz Klaus Burk.

Bussche, Axel [Freiherr] von dem: [Aussagen in] Records of the United States

Nuernberg War Crimes Trials. United States of America v. Ernst Von Weizsaecker et al. (Case XI). December 20, 1947–April 14, 1949, NA Microfilm M897.

[Bussche, Axel Freiherr von dem, Fernseh-Interview] »Er wollte Hitler töten«, Sender Freies Berlin, Berlin 19. Juli 1984.

Butler, Peter von, Hauptmann i.G., Apr. 1942 Ib 10. Pz.Div., 15. Apr. 1942 an Claus Graf Stauffenberg, KTB Nr. 6 der 10. Pz.Div., Anlagen VIII, NA T-315 Rolle 569/1177–1178.

Cheston, Charles S.: Memorandum for the President, 27. Jan. 1945, F.D.R. Library PSF Box 170 OSS Jan. 1945.

Cheston, Charles S.: Memorandum for the President, 1. Feb. 1945, F.D.R. Library PSF Box 171 OSS Feb. 1945.

Christie, M. G.: Christie Papers, Churchill College, Cambridge.

[Colsman, Erwin:] Erhaltung der Manneszucht im Kriege (Zersetzung). Notizen zum Vortrag vor den Offizieren der rückwärtigen Dienste am 6. Januar 1940, Masch., o.O. [Jan. 1940], Nl ClS.

Cotta-Archiv, Deutsches Literatur-Archiv, Marbach a.N.

C.S.D.I.C. (U.K.) S.R. Report 24. Okt. 1943, Public Record Office, Kew Gardens, WO 208/4166/106468. Curtius, Ernst Robert: Tagebuch 1911, 1919, Nl. E. R. Curtius.

Darstellung der Ereignisse, 1. Leichte Division. Begonnen am 5.9.1938. Geschlossen am 19.10.1938, Masch., Papiere Reerink.

Daur s. Dipper.

Deichmann, Hans: Taschenkalender 1942, Papiere Hans Deichmann, masch. Auszug 14. Nov. 1988.

Dienstanweisung für den Chef des Generalstabes des Heeres im Frieden, 31. Mai 1935, BA-MA RH 2/V. 195.

Die militärische Dienstlaufbahn des Oberst i.G. Claus Schenk Graf von Stauffenberg, geb. am 15. 11. 1907 in Jettingen/Schwaben † 20.7.1944 in Berlin, Bundesarchiv, Zentralnachweisstelle 24. Feb. 1977.

Dipper, Elisabeth verheir. Daur, Briefe an ihre Eltern aus Lautlingen 14. Juni, 3. Juli, 4. Sept. 1919, im Besitz von Frau E. Daur.

Dulles, Allen Welsh: Berichte aus Bern an den Direktor des Office of Strategie Services in Washington, D.C., 1942–1945, in OSS-Archiv, Central Intelligence Agency, Washington, D.C.

Eberbach, Heinrich (General der Panzertruppen) an Militärgeschichtliches Forschungsamt, Freiburg i.Br. 11. April 1967, Masch.-Abschrift in Irving, Selected Documents Film 97049/3.

Eberhard-Ludwigs-Gymnasium Stuttgart. Abgangs-Zeugnis. Der Schüler Klaus v. Stauffenberg [...], Stuttgart 18. Sept. 1924, Staatsarchiv Ludwigsburg E 202 Büschel 1630.

Eberhard-Ludwigs-Gymnasium: Reifeprüfung 1923, Anmeldungs- und Zeugnisliste, beurkundet 3. März 1923, ELG.

Eberhard-Ludwigs-Gymnasium: Reifeprüfung 1926, ELG.

Etzdorf, Dr. Hasso von: Aufzeichnungen V.A.A. [1939–1943], AA/PA 1247 und NA T 120 Rolle 748.

Fahrner, Rudolf: Nl im Besitz von Gemma Wolters-Thiersch und im StGA.

F[ahrner], R[udolf]: Das Gespräch des Dionysios Solomos, Masch., o.O. [1943] mit hs. Eintragungen Stauffenbergs, Nl RF, StGA.

Fahrner, Rudolf: Bericht, Biessenhofen 26. Juli 1945, Masch., Nl RF.

Fahrner, Rudolf: An das Kultusministerium Baden/Württemberg, Karlsruhe 20. Dez. 1961, Masch.-Durchschlag, Nl RF.

[Fahrner, Rudolf:] Zum 20. Juli, Masch., o. O. o. J., Nl RF.

Falkenhausen, [Alexander] von: [Bericht über meine Stellung zur N.S.D.A.P. und ihrem Regime], Masch., [Frankfurt a. M.] 15. Nov. 1946, NA RG 338 MS No. B 289.

Falkenhausen, Gotthard Freiherr von: Erinnerungen an die deutsche Widerstandsbewegung, Masch., o. O. 1945.

Fernschreiben [»Der Führer Adolf Hitler ist tot«], Aufnahmekopie des Chefs des Stabes der Seekriegsleitung, [Berlin] 20. Juli [1944] 19.28 [Uhr], BA-MA III M 1005/11.

Fernschreiben [»Innere Unruhen. Eine gewissenlose Clique frontfremder Parteiführer...], Masch.-Abschr.des im Wehrkreis X (Hamburg) eingegangenen Exemplars, [Hamburg] 20. Juli 1944, Akten der Gauleitung Schleswig-Holstein und Der Höhere SS- und Polizeiführer bei den Reichsstatthaltern und Oberpräsidenten in Hamburg, in Oldenburg und in Bremen, in Hannover und in Schleswig-Holstein im Wehrkreis X vom 21. Juli 1944, Slg Trevor-Roper auf Film von David Irving DJ 38.

Fernsprechverzeichnis s. [Oberkommando des Heeres].

Frank s. Mehnert.

Gästebuch Amerdingen 1918–1945.

Gästebuch Greifenstein 1939–1944.

Gästebuch Jettingen 1919–1949.

Gästebuch Lautlingen 1906–1947.

Gedichtalbum aus dem Besitz von Caroline Schenk Gräfin von Stauffenberg, StGA.

Geisberg, [Wilhelm]: Meldung, Masch., [Wolfschanze] 23. Juli 1944, BA EAP 105/34 und Spiegelbild 1984 668–669.

G[isevius], H[ans] B[ernd]: Memorandum for A[llen] W[elsh] D[ulles], Masch. o. O. Juli 1944.

Gisevius, H[ans] B[ernd]: Bericht [an Mary Bancroft für Allen Welsh Dulles], Masch. [Zürich] Feb. 1945, Princeton University Library, Allen W. Dulles Papers, Box 20.

Goerdeler, Carl: Praktische Maßnahmen

Goerdeler, Carl: »Vorgesehene Rundfunkrede bei Übernahme der Reichsregierung«, Masch.-Abschrift, o. D., Hoover Institution Germany G 597 (dasselbe veröffentlicht aus dem Nachlaß s. II. Gedruckte Quellen).

[Goerdeler, Carl: Aufzeichnung für Jacob Wallenberg], Masch., [Stockholm 19.–21. Mai 1943], BA Nl Goerdeler 23.

[Goerdeler, Carl:] Unsere Idee, Masch., Nov. 1944, BA Nl Goerdeler 26.

Goerdeler, Carl s.auch Anklageschrift.

Graf geb. Klaeger, Ruth: [Bericht], Masch., Landau 28. Okt. 1950.

Graf s.auch Klaeger; Jessen.

Greischel, Dr. Walther an Dr. Robert Boehringer 12. Apr. 1966, StGA.

[Grenzendörfer, Wilhelm:] Notizen von der Schilderung des Generalmajors Remer von den Vorgängen am 20. Juli 1944 in Berlin, gehalten am 24. Juli 1946 in dem englischen Internierungslager 2221/Q in Belgien, Masch., o. O. o. J., Nl Paul Collmer.

Guderian, Heinz Günther: Kommentar, Masch., o. O. Apr. 1966, Slg David Irving, Rommel Papers 97049/2, auch IfZ Slg Irving.

Guttenberg, Karl Ludwig Freiherr von und zu: Termin-Kalender für das Jahr 1942, Nl Guttenberg.

[Halder, Franz:] Protokoll aus der Verhandlung Halder. Spruchkammer X München [15.–21. Sept. 1948], mimeographiert [München 1948], BA-MA H 92–1/3.

Hammerstein, Ludwig Freiherr von: Tages-Notizkalender 1943, 1944, Papiere Hammerstein.

Handakten des Ministerialdirigenten Dr. Bräutigam als Bevollmächtigter des RMbO beim Oberkommando der Heeresgruppe A über die Besetzung des Kaukasus und die Behandlung der kaukasischen Völker, 1941–1945, BA R6/66.

Handakten des Vorsitzenden des Vorausschusses KR, Admiral Gladisch, BA/MA III M 501/1.

Handliste der Generalstabsoffiziere, OKH/HPA Amtsgr. 3, Stand 1. Juli 1943, NA T-78 Rolle R57 und BA-Zentralnachweisstelle.

Hardenberg, Margarethe Gräfin von geb. von Oven [Bericht, 1982, Tonbandkopie aus dem Besitz von Gräfin Hardenberg].

[Hardenberg-Neuhardenberg, Carl-Hans Graf von: Bericht], Hs.und Masch.-Umschrift, o. O. Sylvester 1945, Nl Hardenberg.

Harnack, Fritz: Bericht über die Vorgänge des 20.7.44 in der Bendlerstraße, Masch., Braunschweig 20. Juli 1948.

[Heerespersonalamt:] Oberkommando des Heeres/Heerespersonalamt, verfilmte Akten, NA RG 242.

[Heerespersonalamt:] Von P 3 freigegebene Offiziere, 1943–1944, NA T-78 Rolle 39.

Heinz, Friedrich Wilhelm: Von Wilhelm Canaris zur NKWD, Masch., o.O. o.J. [ca. 1949], NA Mikrofilm R 60.67.

Herber, Franz: Was ich am 20.7.44 in der Bendlerstraße erlebte, Masch., o.O. o.J. [ca. 1948], BA H 90 3/4.

Hermes [Hs. vervielfältigte »Zeitschrift«, Jahrgang 1, Nr. 1, mit Beiträgen von Berthold, Alexander und Claus Graf Stauffenberg], Nl Berthold Graf Stauffenberg.

[Herwarth von Bittenfeld, Hans:] Deutschland und die ukrainische Frage 1941–1945, Masch., o.O. o.J., Papiere Herwarth.

Himmler, Heinrich: [Terminkalender], Hs., 2. Jan.-16. Dez. 1943,3. Jan.-31. Mai 1944, BA EAP 21-b/l-5. Himmler, Heinrich: [Notizen über Besprechungen mit Hitler u.a.], Hs., Mai 1934-Dez. 1944, BA NS 19/275 und NS 19/331.

Hofacker, Cäsar von, Nachlaß.

[Hofacker, Cäsar von:] Lebenslauf, Hs. [unvollst., o.O. ca. 1937], Nl Hofacker.

[Hofacker, Cäsar von:] Kriegsranglisten-Auszug, Heeresarchiv Stuttgart 30. Dez. 1937, Nl Hofacker.

Hopf, [Werner]: Vorlage an Herrn Reichsleiter Bormann. Betrifft: Prozeß um den Verrat am 20.7.1944 [Prozeß gegen Fromm am 7. März 1945], Masch., [Berlin] 10. März [1945], BA EAP 105/30 und Spiegelbild 1984 756–758.

Huppenkothen, [Walter]: Der 20. Juli 1944, Masch.-Abschrift, o.O. [1953], IfZ ZS 249/11.

Irving, David: Selected Documents on the Life and Campaigns of Field-Marshal Erwin Rommel, E.P. Microform Ltd., East Ardsley, Wakefield, Yorkshire, England, Filme 1–11 (auch IfZ Slg Irving).

Jessen, Sydney: Alfred Kranzfelder geb. 10.2.08 gest. 10.8.1944, ein Bild nach den Aufzeichnungen von Frau Ruth Graf, geb. Kläger, Masch.o.O. 1945/58, IfZ ZS 1803.

Jessen, Sydney: [Aufzeichnungen für Prof. Walter Baum], Masch.o.O. 24. Jan. [1957], IfZ ZS 1484.

Jodl, Alfred: Taschenkalender 1944, NA T-84 Rolle R149.

John, Otto: Bericht. Betrifft: Spanien/Portugal, Masch.-Abschr., o.O. Feb./März 1944, Nl Dr. Walter Bauer.

John, Otto: Bericht [aus Madrid, für Oberst Hansen], Masch.-Abschr., o.O. März 1944, Nl Dr. Walter Bauer.

John, Otto A.W.: Some Facts and Aspects of the Plot against Hitler, Masch., London 1948, IfZ Slg John.

John, Otto: Interview mit Joachim Fest, Bavaria Atelier GmbH, München 1971.

[Junge, Hans und Heinz Linge: Hitlers Tageslauf 23. März–20. Juni 1943], Hs., Hoover Institution, Stanford, California Ts Germany R 352 Kh.

Justizministerium, Kandidatenliste für die erste höhere Justizdienstprüfung im Frühjahr [Mai] 1927, Universitätsarchiv Tübingen: 258/18258; 129/Paket 73 Frühjahr 1927 L2.

[Kaiser, Hermann: Tagebuch 1. Jan.–3. Aug. 1943], Hs., BA Kl. Erwerb. 657.

Kaiser, Hermann: Tagebuch [1. Jan.–3. Aug. 1943], Masch., o.O. 1963, BA Kl. Erwerb. 657.

Kaiser, Hermann: Tagebuch [Jan.–Aug. 1943], Masch.-Transkript von Ludwig Kaiser, o.O. o.J.

Kaiser, Hermann: Tagebuch [Jan.–Aug. 1943], Transkript von Ludwig Kaiser [Frankfurt a.M. 1950], NA RG 338 MS B-285.

Kaiser, Ludwig: Ein Beitrag zur Geschichte der Staatsumwälzung vom 20. Juli 1944 (Goerdeler-Bewegung), Teilbericht, Masch., Kassel-Wilhelmshöhe o.J., NA RG 338 MS no. B-285.

Kaltenbrunner, Ernst (Chef der Sicherheitspolizei und des SD) an Leiter der Parteikanzlei Reichsleiter Martin Bormann 25. Okt. 1944, Masch., BA EAP 105/34.

Kanitz, Rainer Graf von: Briefe an Frau Elisabeth Wagner 23. März, 14. Apr. 1964, 14. Juli 1972, Kopien in Papiere Kanitz.

Kantorowicz, Ernst: Briefe an Stefan George, StGA.

Kantorowicz, Ernst: Abschrift. Gesuch um Beurlaubung des o. ö. Prof. Dr. Ernst Kantorowicz für das Sommer-Semester 1933. Frankfurt a.M., den 20. April 1933. An den Herrn Minister für Wis., Kunst u. Volksb. Berlin (d. d. Herrn Dekan der Phil. Fak.d. Univ. Frankfurt a.M.), Johann Wolfgang Goethe-Universität [Frankfurt a.M.], Archiv.

[Kantorowicz, Ernst:] »Das geheime Deutschland. Vorlesung gehalten bei Wiederaufnahme der Lehrtätigkeit am 14. November 1933«, [Frankfurt/M., 1933], Nl Salin C 34, Universitätsbibliothek Basel.

[Kantorowicz, Ernst:] [»Das Geheime Deutschland«], o.O. o.J., AR 7216, Ernst H. Kantorowicz Collection, Leo Baeck Institute, New York.

[Kessel, Albrecht von:] Verborgene Saat. Das »Andere« Deutschland, Masch., Vatikanstadt September 1944 bis April 1945.

Kießel, Georg: Das Attentat des 20. Juli 1944 und seine Hintergründe, Masch., Sandbostel 6. Aug. 1946, Slg H. R. Trevor-Roper auf Film von David Irving DJ38.

Klamroth s. Urteil.

[Kommerell, Max:] »Zwiesprache, Für Berthold inmitten des vollen Lebens ein

Schatten früheren Lebens, Frühjahr 1923, Winter 1924«, Hs., Nl Johann Anton im Besitz von Dr. Franz von Stockert.

[Kommerell, Max:] »Konradin: Für B. und A. von St.«, Marburg 1924, Nl Johann Anton im Besitz von Dr. Franz von Stockert.

K[ommerell], M[ax:] »Lieder an C.«, Cannstatt, [Jan.-März] 1925, StGA.

Kommerell, Max: Briefe an Stefan George, StGA.

Kommerell, Max: Briefe an Johann Anton, StGA.

Kommerell, Max: Nachlaß im Besitz von Frau Erika Kommerell.

Kopkow-Cordes, Horst: Account of the Plot of 20 Jul 44, Masch., o.O. 9. April 1946.

Kramarz, Joachim, Slg Kramarz, Gedenkstätte Deutscher Widerstand, Berlin.

Krankenblatt Berichtsjahr 1936, Standortlazarett Hannover, Krankenabteilung II, Krankenbuchlager Berlin.

Krankenmeldebuch s. Auszug.

Kriegsrangliste der 1. leichten Division 1938, Papiere Reerink.

[Kriegstagebuch, Generalstab des Heeres/Organisationsabteilung, Bd. III] 1.1.–31. 7.1942, BA-MA RH 2/821 und NA T-78 Rolle 417.

[Kriegstagebuch, Generalstab des Heeres/Organisationsabteilung, Bd. IV] 1.8.–31. 12.1942, BA-MA RH 2/824 und NA T-78 Rolle 417.

[Kriegstagebuch] OKM/1. Ski. Teil C VIII 1.1.44–29.4.45, BA-MA RM 7/219.

[Kriegstagebuch des Befehlshabers im Heeresgebiet B, Dez. 1942], BA-MA RH22/ 77.

Kriegstagebuch Nr. 3 der Führungsabteilung (Ia) des Gen.Kdo. (mot.) XXXX vom 31.5.1941–26.12.1941, BA-MA KTB XXXX. A.K. Bd. 31093,1.

[Kriegstagebuch des Generalkommandos XXXX. Panzer-Korps, Ia, Anlagen], VI. Abschnitt vom 2.10. bis 17.11.41, NA T-314 Rolle 977.

Kriegstagebuch Nr. 2 der 6. Panzer-Division. Begonnen: 10.5.1940. Abgeschlossen: 3.7.1940, NA T-315 Rolle 337. [Kriegstagebuch der 6. Panzer-Division, Abt. Ib.] 6. Panzerdivision, Abt. Ib, K.T.B. 5.11.39–9.5.40, 22.5.40–3.7.40, NA T-315 Rolle 322.

[Kriegstagebuch der 6. Panzer-Division.] Anlagen-Band A zum Kriegstagebuch der 6. Pz.-Div. Ia. Feldzug Frankreich 10.5.40–1.7.40, NA T-315 Rolle 337.

Kriegstagebuch Nr. 1 (Band Dezember 1941) des Oberkommandos der Heeresgruppe Mitte, geführt von Hauptmann d.R.z.V. Petersen, Anlage zu Seite 1943, Bericht von Major i.G. Frhr. von Gersdorff vom 9.12.1941, Kopie im IfZ.

[Kriegstagebuch Nr. 2 der 6. Panzer-Division.] Anlagen-Band C zum Kriegstagebuch der 6. Pz.-Div. Feldzug Frankreich 19.5.40–6.6.40, NA T-315 Rolle 337.

[Kriegstagebuch Nr. 2 der 6. Panzer-Division.] 6. Panzer-Division, Ia. Anlagenband C z. KTB. Nr. 2. Operationsbefehle, Meldungen, Ferngespräche. C40-C113. Teil II. 19.5.1940–6.6.1940, NA T-315 Rolle 320.

[Kriegstagebuch Nr. 2 der 6. Panzer-Division.] 6. Pz.Div.-Ia Anl.Bd. D z.K.T.B. Nr. 2, Gefechtsberichte, Erfahrungs-Berichte über besondere Vorkommnisse 21.5.– 17.7.1940, NA T-315 Rolle 320.

[Kriegstagebuch Nr. 2 der 6. Panzer-Division.] 6. Panz.Div.-Ia.k: Anl.Bd. F, G, H z.K.T.B. Nr. 2, Kriegsrangliste d.Stab., Verlustliste d.Stb.u.d.gesamt.Div.Gef. u.Verpfl.Stärken, NA T-315 Rolle 320.

[Kriegstagebuch Nr. 2 der 6. Panzer-Division.] 6. Panz. Div.-Ia.l: Anl.Bd. J z.K.T.B. Nr. 2, Wichtige Vernehmungen, Tagesbefehle, Vorschläge z. Ritterkreuz 30.5.– 19.6.1940, NA T-315 Rolle 320.

[Kriegstagebuch Nr. 2 der 6. Panzer-Division.] 6. Pz.Div.-Ia Funksprüche 22.5.1940, NA T-315 Rolle 321.

[Kriegstagebuch Nr. 2 der 6. Panzer-Division.] 6. Panzer-Division, Ia. Original-Befehle und Meldungen zum KTB. Nr. 2. 16.5.1940–21.5.1940, NA T-315 Rolle 321.

[Kriegstagebuch Nr. 2 der 6. Panzer-Division.] 6. Pz.Div. Abt. Ia. Kriegstagebuch No. 2. Orig.Befehle u. Meldungen 25.5.-3.6.1940, T-315 Rolle 321.

[Kriegstagebuch Nr. 2 der 6. Panzer-Division.] Anlagen-Band C zum Kriegstagebuch der 6. Pz.-Div. Feldzug Frankreich. 6.4.40–19.5.40. Heimat, Frankreich, Operationsakten, NA T-315 Rolle 337.

[Kriegstagebuch der 6. Panzer-Division.] 6. Panzer Division Ia K.T.B. 17.6.1941–15.9.1941, NA T-315 Rolle 323.

[Kriegstagebuch der 6. Panzer-Division.] Abt. Ia Nr. 1323/40 geh., Erfahrungsbericht der 6. Panzer-Division: Feldzug Frankreich vom 10.5.-1.7.1940, Masch. vervielf., Wuppertal 18. Juli 1940, Nl ClS.

[Kriegstagebuch der 6. Panzer-Division.] Abt. Ib, Zu Fragebogen D: Heeresversorgung, Masch.vervielf., o.O. 12. Juli 1940, Nl ClS.

[Kriegstagebuch der 6. Panzer-Division.] Abt. Ib Nr. 1833/40 geh., Erfahrungsbericht über die Versorgung der 6. Pz.Div.während des Feldzuges in Frankreich. (10.5. bis 3.7.1940), Masch.vervielf., Wuppenal 14. Sept. 1940, Nl ClS.

[Kriegstagebuch der 10. Panzer-Division.] Anlagenband Nr. V zum Kriegstagebuch der 10. Panzer Division Nr. 6, BA-MA RH 27–10/42 und NA T-315 Rolle 568.

[Kriegstagebuch der 10. Panzer-Division.] Anlagenband Nr. VII zum Kriegstagebuch der 10. Panzer Division Nr. 6. Meldungen vom 1.1.42–28.2.1942, NA T-315 Rolle 569.

[Kriegstagebuch der 10. Panzer-Division.] 10. Panzer-Div. – Abt. Ia – Anlagenb. z. K.T.B. Nr. 6.29.10.1942–19.4.1943, NA T-315 Rolle 570.

[Kriegstagebuch der 10. Panzer-Division.] 10. Panzer Division Abtl. Ic, Tätigkeitsbericht, angef.: 29.11.42, abgeschl. 15.3.43, NA T-315 Rolle 570.

[Kriegstagebuch der 10. Panzer-Division, Abt. Ic, Tätigkeitsbericht 22. März 1943–24. Apr. 1943], NA T-315 Rolle 570.

[Kriegstagebuch der 10. Panzer-Division.] 10. Panzer-Division Abt. Ic Tätigkeitsbericht 22.3.–24.4.1943. II. Anlagen 2.4.1943–22.4.1943, NA T-315 Rolle 570.

Kriegstagebuch der Heeresgruppe Don bzw. Süd s. Anlage.

Kriegstagebuch s. auch Tagebuch.

Kuhn, Joachim: Eigenhändige Aussagen des Kriegsgefangenen Major der deutschen Wehrmacht Joachim Kuhn vom »2.« September 1944, 26 masch. Seiten, in: MGB-Akte P-46988 Joachim Kuhn (Sledstvennoe delo 5141 = Kuhn-Strafakte Nr. 5141), Zentralarchiv des Sicherheitsdienstes der Russischen Föderation (Federalnaya Sluzhba Bezopasnosti Rossiyskoy Federatsii, FSB, früher KGB), Moskau.

[Lahousen, Erwin:] Sidelights on the Development of the »20 July« in the Foreign Countries/Intelligence Service (Amt Ausland/Abwehr) for the Period of Time from the End of 1939 to the Middle of 1943, Masch., o.O. o.J. [ca. 1945], NA RG 238.

Lahousen, Erwin: Zur Vorgeschichte des Anschlages vom 20. Juli 1944, Masch.-Durchschlag, München 1953, IfZ ZS 652.

Lang, Rudolf: Report on the Fighting of Kampfgruppe Lang (10th Pz Div) in Tunisia (Dec 42–15 Apr [43]), Masch., o. O. 1948, Department of the Army, Office of the Chief of Military History, Washington, D.C., MS D-166.

Leibstandarte SS »Adolf Hitler«, Befehle, NA T-354 Rollen 214, 612.

Lerche, Anni an Dr. Hans Bernd Gisevius 30. Juni 1946, aufgefangen und übersetzt von der britischen Zensurstelle IRS 3 D.C.S., Masch., o. O. 17. Juli 1946, Slg Trevor-Roper und Film von David Irving DJ 38.

Lerchenfeld, Anna Alexandrowna Freifrau von geb. Freiin von Stackelberg, Kalender 1944, Papiere Nina Gräfin Stauffenberg.

Leumunds-Zeugnis. Dem Klaus, Philipp, Maria Schenk Graf von Stauffenberg in Lautlingen, Schultheissenamt Lautlingen, 8. Okt. 1924, Staatsarchiv Ludwigsburg E 202 Büschel 1630.

Linge, Heinz: Record of Hitler's Activities 11 August 1943–30 December 1943, Masch., Transkript, o. O. 1952, NA RG 242 Misc. Box 13.

Linge s. auch Junge.

Liste I [der bis 29. Aug. 1944 verhafteten, entlassenen bzw. verurteilten Offiziere, Masch., o. O. Heerespersonalamt Aug. 1944], BA EAP 105/2.

[Liste:] Durch den Führer wurden auf Vorschlag des Ehrenhofes des Heeres aus der Wehrmacht ausgestoßen: Am 4. August 1944. [Dass.] Am 14. August 1944. [Dass.] Am 24. August 1944. [Dass.] Am 14. September 1944, Masch., o. O. [Heerespersonalamt Sept. 1944], BA EAP 105/2.

Liste I akt. Generalstabsoffiziere [bis 1. Sept. 1944 aus der Wehrmacht ausgestoßen oder entlassen, verurteilt, hingerichtet, verhaftet bzw. haftentlassen], Masch., o. O. [Heerespersonalamt Sept. 1944], BA EAP 105/2.

Liste II. Offiziere von Ref. II [aus der Wehrmacht ausgestoßen, entlassen, aus dem Offizierkorps entlassen, haftentlassen], Masch., o. O. [Heerespersonalamt Sept. 1944], BA EAP 105/2.

[Liste:] Aus der Haft bei dem SD sind folgende bisher in den Listen II–IV enthaltenen Offiziere entlassen worden, Masch., o. O. [Heerespersonalamt Sept. 1944], BA EAP 105/2.

Loeper, Friedrich-Wilhelm Freiherr von: »Bericht über das Gefecht der [1. Leichten] Division zwischen Warschau und Modlin vom 17.–21.9.39«, Masch.-Abschrift, Rykaly 24. Sept. 1939, Papiere Reerink.

Manstein, Erich von: Persönliches Tagebuch, Nl Manstein.

[Manstein, Erich von:] Briefe an seine Frau, Masch., 25. und 26. Nov. 1943, Nl Manstein.

Manstein, [Erich von:] Brief an die Redaktion Alte Kameraden, Masch.-Durchschlag, Irschenhausen/Isartal 5. Feb. 1968, Nl Manstein.

Manstein, Rüdiger von: [Aufzeichnungen über Mitteilungen von Erich von Manstein], hs.o. O. 30. Nov. und 30. Dez. 1967.

Mehnert, Frank, Nachlaß, StGA.

Mertz von Quirnheim, Albrecht Ritter: Briefe an Anneliese Edle Mertz von Quirnheim.

Mertz von Quirnheim, Albrecht Ritter: Briefe an Hilde Baier bzw. Hilde Edle Mertz von Quirnheim, Papiere Hilde v. Mertz und BA-Abt. Potsdam, 90 Me6 Nl Mertz v. Quirnheim.

Mertz von Quirnheim, Albrecht Ritter: Briefe an Anna Luise Zacharias geb. Kessler, Gedenkstätte Deutscher Widerstand, Berlin.

Mertz von Quirnheim, Hermann Ritter von: Taschenkalender 1940–1944, BA-

Abt. Potsdam, 90 Me6 Nl Mertz v. Quirnheim.

Mertz von Quirnheim, Hilde Edle: Tagebücher (Kalender) 1944–1945, Hs., Papiere Hilde v. Mertz.

[Mertz von Quirnheim, Hilde Edle:] Albrecht Ritter Mertz von Quirnheim, Oberst i.G. Gefallen am 20. Juli 1944, Masch.-Durchschlag, o.O. o.J.

Mitzkus, [Bruno:] Bericht über die Ereignisse im stellv. Generalkommando III. A.K. am 20. Juli 1944, Masch., o.O. 9. Aug. 1945, Stiftung »Hilfswerk 20. Juli 1944«.

Mitzkus, Bruno: Um den 20. Juli und das Ende im Wehrkreiskommando III, Berlin, Masch., Bad Homburg v.d. H. April 1947, Stiftung »Hilfswerk 20. Juli 1944«.

Moll, Josef: Kriegsschauplatz Nordafrika 1942–43 o.O. [1944 oder 1945], Nl Moll.

Moltke, Freya von, Papiere.

Moltke, Helmuth James Graf von, Nachlaß.

Mommsen, M[omme:] Anlage [zu Brief an RB ca. 1963], StGA.

Morwitz, Ernst: Briefe an Stefan George, StGA.

Nachlässe s. unter den Namen.

Name Index to Correspondence of the Military Intelligence Division of the War Department General Staff, Watf-Wee, NA Ml 194 Rolle 249.

Oberkommando des Heeres, Chef H Rüst und BdE, Dienstplan für den Stab A.H.A. 28. März 1940, BA-MA RW 4/v. 148.

[Oberkommando des Heeres, Chef H Rüst und BdE], Geschäftseinteilung der Abt. Ia des AHA/Stab [4. Feb. 1944], BA-MA RH 15/120.

[Oberkommando des Heeres], Chef der Heeresrüstung und Befehlshaber des Ersatzheeres, Telephonverzeichnis] Stand 1.1.1943, BA-MA RHD 46/3.

[Oberkommando des Heeres], Fernsprechverzeichnis des Oberkommandos des Heeres/Generalstab des Heeres, Stand vom 15.10.1942, BA-MA RHD 46/2.

[Oberkommando des Heeres], Fernsprechverzeichnis der Vermittlung OKW/OKH mit Übersicht über die Ausweichunterkünfte, Stand vom 1.11.44, BA-MA RHD 46/1.

Oberkommando des Heeres/Heerespersonalamt, verfilmte Akten, NA RG 242.

[Oberkommando des Heeres], 2. Abteilung, Generalstab des Heeres, Geschäftseinteilung der 2. Abteilung (Organisationsabteilung) des Generalstabes des Heeres, 27. Dez, 1938, BA-MA RH 15/130.

[Oberkommando des Heeres, Generalstab des Heeres/Organisationsabteilung], g.Kdos. Bei-Akte zur Akte Ia, »Grundlegende Befehle« Nr. 1–28, 1942–1944, NA T 78 Rolle 414.

Oberkommando des Heeres s. auch Kriegstagebuch.

Obermüller, Rudolf, Papiere in Nl BS, StGA Inv. P4.

[Obermüller, Rudolf], Sokratische Ideenlehre im Phaidros, Masch., o.O. April 1923.

[Obermüller, Rudolf], Piaton: Huldigung des liebenden Sokrates im Phaidros, hs. mit Widmung »Zur Ehre Berthold Stauffenbergs«, o.O. [April 1923], Nl BS, StGA Inv. P4.

Oertzen s. Selbstmord

Office of Strategie Services, Archiv, Central Intelligence Agency, Washington, D.C. und Langley, Virginia.

Office of Strategie Services s. auch Cheston; Dulles; Bancroft.

Offz.-Krankenmeldebuch s. Auszug.

O.K.H. Gen.St.d.H.-Zentr.Abt.: Kriegs-Stellenbesetzung. Stand: 15.11.39, 15.2.40, 10.5.1940, 1.7.40, 1.12.40,15.2.41, 1.11.41, 1.3.42, BA-MA.

Partsch, Karl Josef, Papiere.

Partsch, Karl Josef: Erinnerungen an Robert Boehringer, Masch. [1976], StGA.

Personalkartei aus HPA und Wehrkreiskommandos [usw.], BA-Z u. NA.

Peschel, [Kurt:] [Aufzeichnung], Masch., [Wolfschanze] 22. Juli 1944, BA EAP 105/34; NA T-84 Rolle 21.

Pfohl, Maria [geb. Appel:] Meine Erinnerungen an den 20. Juli 1944, Masch., Villa Angela [o.O., Argentinien] 14. März 1957, Nl RF.

Pfuhlstein, Alexander von: Meine Tätigkeit als Mitglied der Berliner Verschwörerzentrale der deutschen Widerstandsbewegung vom 1. Oktober 1936–20. Juli 1944, Masch. mimeogr., Kreuzwertheim am Main Mai 1946, IfZ ZS 592.

Pfuhlstein, Alexander von: 12 Abhandlungen über persönliche Erlebnisse, Masch., Kreuzwertheim am Main 24. Juni 1946, IfZ ZS 592.

Plassmann, Clemens an Annemarie Koch 10. März 1947, Kopie in Papiere H. von Mertz.

Political Memorandum [auf Grund von Mitteilungen von Adam von Trott zu Solz über Frau Inga Almstrom nachmalige Frau Kempe geb. Carlgren], Masch., [Stockholm] 23. März 1944, P.R.O. FO371/39059/139936.

Pridun, Karl: Vermerk. Betrifft: 20. Juli 1944, Stellungnahme, Masch., Bregenz 30. Okt. 1953, IfZ ZS 1769.

P[ro] M[emoria] angående svensk-tyska förhandlinger rörande Göteborgstrafiken i Berlin den 1–2 december 1943, Stockholm 4. Dez. 1943, Kungliga Utrikesdepartement, Stockholm, H 60 G/Allm. Göteborgstrafiken 1.–30.11.43.

Prozeßbericht s. Bormann; Lautz; Thierack.

Records of the United States Nuernberg War Crimes Trials. United States of America v. Ernst Von Weizsaecker et al. (Case XI). December 20, 1947–April 14, 1949, NA M897.

Reichssicherheitshauptamt, Akten, BA R58/225.

Remer, [Otto Ernst:] Der Ablauf der Ereignisse am 20.7.1944 wie ich sie als Kommandeur des Wachbtl. Grossdeutschland erlebte, Masch., Abschrift, Berlin 22. Juli 1944, BA EAP 105/32 und Spiegelbild 1984 637–642.

Remer, Otto: The 20 Jul 44 Plot, Interview, Masch., PW Camp No. 26 15. Aug. 1945, NA RG 338 ETHINT 63.

Remer, Otto Ernst: [Vernehmung], Oberstaatsanwalt bei dem Landgericht, Oldenburg 28. Okt. 1949, Az. -9 Js 164/49.

Richert, [Arvid Gustav], Königlich schwedischer Gesandter an Botschafter z.b.V. im AA [Karl] Ritter 25. Nov. 1943, Kungliga Utrikesdepartement, Stockholm, H 60 G/Allm. Göteborgstrafiken 1.11.43–30.11.43.

Ritgen, Helmut, Oberst a.D.: Die Schulen der Panzertruppen des Heeres, 1918–1956, Masch., Celle-Boye 1990.

Ritter, [Karl], Botschafter z.b.V. im AA an Königlich schwedischen Gesandten [Arvid Gustav] Richert 23. Nov. 1943, Kungliga Utrikesdepartement, Stockholm, H 60 G/Allm. Göteborgstrafiken 1.–30.11.43.

Roell, [Ernst Günter] von: Bericht über die Ereignisse des Nachm. und Abends des 20.7.1944, Masch.-Durchschlag, Berlin 21. Juli 1944, BA H 90 3/2.

Rohowsky, Johannes, Oberst a.D., Nl-Teile in BA-MA N 124.

[Rommel, Erwin:] Tagesberichte 3. Okt. 1942, 24. Okt.–23. Dez. 1942, 25. Dez. 1942–26. März 1943, NA T-84 Rolle 259, Übertragung der Kurzschrift IfZ Slg Irving.

[Rommel, Erwin:] Tagesberichte 9.5.43–6.9.43. Original. Privattagebuch O.B. (geheim) in [David Irving], Selected Documents on the Life and Campaigns of Field Marshall Erwin Rommel, E.P. Microform Limited, East Ardsley, Wakefield, Yorkshire, England 1978 Rolle 97049/11.

Ruge, Friedrich: Tagebuch geführt beim Stabe der Heeresgruppe B (Fm. Rommel) 20.12.1943–1.8.1944, Masch.-Ubertragung des Stenogramms in Irving, Selected Documents Film 97049/2 und IfZ Slg Irving.

Sauerbruch, Peter an Dr. Gerd R. Ueberschär, Militärgeschichtliches Forschungsamt, 2. Feb. 1990.

Scheurig, Bodo, Sammlung, Institut für Zeitgeschichte, München, ZS A31 /I.

Schlee, [Rudolf:] Bericht, Masch.-Abschrift, Berlin 23. Juli 1944, BA EAP 105/30.

Schmidt, Jürgen, Nl im Besitz von Ursula Mannschatz geb. von Berg verw. Schmidt.

Schriftstücke, die in dem »Hospiz am Askanischen Platz« in einem für Dr. Goerdeler bestimmten Umschlag vorgefunden wurden. [Masch.-Abschrift, RSHA] Amt IV/Sonderkommission 20.7.44, Berlin 3. August 1944, 90 Ausfertigungen/23. Ausfertigung, Slg H. R. Trevor-Roper auf Film von David Irving DJ38.

Die Schule des Sieges. Schlußbericht des Hörsaals IIb der Kriegsakademie, masch. vervielfältigt, Bingen/Rhein 23. Juni 1938, Nl Teske.

Schulenburg, Fritz-Dietlof Graf von der: Briefe an Charlotte Gräfin von der Schulenburg, Nl Charlotte Gräfin von der Schulenburg.

Schulenburg, [Friedrich Werner Graf von der:] Politische Beziehungen Deutschlands zur Sowjetunion, Masch.o.O. Ende 1937, Papiere Herwarth und AA/PA Pol.Abt.Ref.Rußland Pol. Verschluß Nr. 73 und Botschaft Moskau/Politische Beziehungen zwischen Deutschland und der UdSSR Bd. 2.

Schweizer, Karl: Interview mit Joachim Fest, Fernsehfilm »Operation ›Walküre‹«, Bavaria Atelier GmbH, München 1971.

Schwerin von Krosigk, [Lutz Graf], Reichsminister der Finanzen, und Reichsminister der Justiz Georg Thierack an Oberfinanzpräsidenten und Oberreichsanwalt bei dem Volksgerichtshof 13. Nov. 1944, Abschrift, BA Slg Schumacher 242.

Scott, John: Mail Story. Confidential for the Information of the Editors [Time], not for publication. Stockholm 17. Sept. 1944, NA 811.91258/9–2144.

Selbstmord des Majors Ulrich von Oertzen, Ia der Korps-Abteilung E der 2. Armee, im Dienstgebäude des Wehrkreiskommandos III, Masch.-Durchschlag, Amt V [des RSHA], Berlin 22. Juli 1944, BA R 58/1051.

Siebeck, Eberhard: Erinnerung an Oberst i.G. Ritter Mertz von Quirnheim, Masch.-Durchschlag, Munsterlager 18. Dez. 1946, Papiere Siebeck.

Sodenstern, [Georg] von: Zur Vorgeschichte des 20. Juli 1944, Masch., Frankfurt/M. 1947, NA RG 338 MS B-499.

Speer, [Julius:] Betrifft: Bericht über meine Kenntnis der Vorgänge des 20. Juli 1944 im Führer-Hauptquartier, Masch., Freiburg Br. 18. Okt. 1945, IfZ ED 88.

Speidel, Hans: Zur Vorgeschichte des 20. Juli 1944, Masch., Freudenstadt 16. Juni 1947, NA RG 338 MS. B-721.

Stähle, Amtschef, an Chargé d'Affaires Eric von Post [Berlin] 5. Jan. 1944, Kungliga Utrikesdepartement, Stockholm, H 60 G/Allm. 1.1.–29.2.44.

Stahlberg, Alexander: [Niederschrift], Masch., Hannover 31. Jan. 1957, IfZ 2651/57.

Stahlberg, Alexander: Gespräch Manstein/Stauffenberg am 18.1.1943 in Taganrog, Niederschrift Dr. Bodo Scheurig, 16. Sept. 1965 nach persönlicher Befragung (am 15./16. Sept. 1965), IfZ ZS A 31 Bd. 3.

Stahlberg, Alexander: Tresckow, Niederschrift Dr. Bodo Scheurig 16. Sept. 1965 nach Befragung Stahlbergs am 15. Sept. 1965, IfZ ZS A 31 Bd. 3.

Standesamt Ludwigsburg, Familienregister Band 18 Blatt 261.

Stauffenberg, Alexander Schenk Graf von, Nachlaß.

[Stauffenberg, Alexander Schenk Graf von:] Der Tod des Meisters. Zum zehnten Jahrestag, Hs., o.O. [1944], StGA.

Stauffenberg, Alexander Graf Schenk von: Der zwanzigste Juli 1944, Masch., o.O. o.J. [ca. 1948], Slg H.R. Trevor-Roper auf Film von David Irving DJ38.

[Stauffenberg, Alexander Schenk Graf von:] Erinnerung an Stefan George. Gedenkfeier am 4. XII. 1958 in Berlin, Masch.-Durchschl., StGA.

[Stauffenberg, Alexander Schenk] Graf v.: Einleitung zur St.G.-Rede im Ebelu, Masch.-Durchschl., o.O. [1959], StGA.

[Stauffenberg, Alexander Schenk Graf von:] Der Reichs- und Preußische Minister für Wissenschaft, Erziehung und Volksbildung, Vorschlag zur Ernennung von einem Dozenten zum planmäßigen außerordentlichen Professor, Berlin 24. Dez. 1936, BA-Dokumentationszentrale (Berlin) ZA V 117.

[Stauffenberg, Alexander Graf Schenk von:] Deutsche Dienststelle (WASt), Bescheinigung, Berlin 30. Okt. 1991.

Stauffenberg, Berthold Schenk Graf von, Nachlaß.

[Stauffenberg, Berthold Schenk Graf von:] Vortrag gehalten von Berthold Stauffenberg am 12.5.20, Masch.-Durchschlag mit hs. Korrekturen.

[Stauffenberg, Berthold Schenk Graf von:] Des Empedokles Gestalt in Geschichte und Drama, Masch.-Durchschlag o.O. o.D., PP.

Stauffenberg, Berthold Schenk Graf von: [Gedichte], StGA Umschlag II Berthold Stauffenberg Gedichte 1923.

[Stauffenberg, Berthold, Alexander und Claus Schenk Graf von:] Weihnachten 1915. Programm, Hs., [Stuttgart 1915], Nl BS.

[Stauffenberg, Caroline Schenk Gräfin von: Aufzeichnungen über ihre Kinder, Hs., 1905–1922/1945.]

Stauffenberg, Caroline Schenk Gräfin von: Briefe an Rilke, Rilke-Archiv und Abschriften im StGA.

[Stauffenberg, Caroline Schenk Gräfin von: Kriegstagebuch 1914–1919, Hs., ca. 1919, Papiere NS.]

[Stauffenberg, Caroline Schenk Gräfin von:] Lautlingen 1944/45 für Hupa, Hs., [Lautlingen 1945], Nl AS.

Stauffenberg, Caroline Schenk Gräfin von: Brief an Frau Britta Hammarskjöld 9. Jan. [1934], Kunglika Biblioteket, Stockholm, Hammarskjöld-Papiere.

Stauffenberg, Claus Schenk Graf von, Nachlaß.

Stauffenberg, Claus Schenk Graf von: Betreff: Gesuch von Claus Schenk Graf von Stauffenberg um Zulassung zur Reifeprüfung im Februar 1926 als außerordentlicher Teilnehmer, Stuttgart, 12. Okt. 1925, Staatsarchiv Ludwigsburg E 202 Büschel 1630.

Stauffenberg, Claus Schenk Graf von: Bemerkungen zu RFs Gneisenau, Nl ClS.

Stauffenberg, Claus Schenk Graf von: Die Schlacht bei Issos, Masch., Bamberg, 15. Okt. 1930, Nl ClS.

Stauffenberg, Claus Schenk Graf von: Briefe an Generalmajor Georg von Sodenstern, BA-MA Nl 594.

Stauffenberg, Claus Schenk Graf von: Vorschlag für die Winterausbildung des Minen-Werfer-Zuges, Bamberg, 14. Okt. 1931, Masch., Nl ClS.

Stauffenberg, Claus Schenk Graf von s. auch Leumunds-Zeugnis.

Stauffenberg, Clemens Schenk Graf v[on]: Zu Anfrage zwecks Ergänzung der Karthothek über Zusammenhänge mit dem 20. Juli 1944, Masch., Jettingen 27. Okt. 1946, Slg Stiftung »Hilfswerk 20. Juli 1944«.

Stauffenberg, Elisabeth Schenk Gräfin von geb. Freiin von und zu Guttenberg, Nachlaß.

[Stauffenberg, Hans Christoph Schenk Freiherr von:] Rede von Hans Christoph Freiherr von Stauffenberg am 2. August 1963 [in Bad Boll], Masch.mimeographiert, o. O. o. J.

Stauffenberg geb. Classen, Maria Schenk Gräfin von, Nachlaß (teilweise StGA).

[Stauffenberg, Nina Schenk Gräfin von:] Lautlingen, Masch., Bamberg 1966, Papiere NS.

[Stieff, Ili:] Hellmuth Stieff, Generalmajor (seit 30. Januar 1944). Aufstellung das Attentat des 20. Juli 1944 betreffend, Masch. o. O. o. J., BA-MA N 114/4.

Stimson, Secretary of State for War Henry L.: Brief an John W. Pehle, Executive Director, War Refugee Board, Department of the Treasury, 31. März 1944, National Archives, Washington, RG 59, Department of State decimal file 840.48, Refugees/5499.

Streve, [Gustav:] Betr.: Besuch Oberst Graf Stauffenberg im FHQu. am 15.7.44, Masch., [Wolfschanze] 23. Juli 1944, BA EAP 105/34 und Spiegelbild 1984 667.

Stülpnagel s. Urteil.

Tagebuch Chef d. Stabes [beim Chef der Heeresrüstung und Befehlshaber des Ersatzheeres] ab 19. XII. 41–[2.3.42], NA T-78 Rolle 659.

Tätigkeitsbericht s. [Kriegstagebuch, 10. Panzer-Division].

Teuchert, Friedrich Freiherr von: [Aufzeichnungen über den 20. Juli 1944], Masch., München [1946].

Thierack, [Georg], Reichsminister der Justiz, an Heinrich Himmler 24. Okt. 1944, BA Slg Schumacher.

Thierack s. auch Schwerin von Krosigk.

[Thiersch, Urban:] Bericht von Urban Thiersch, ehm. Oberleutnant der Art., über seine Begegnungen mit Oberst Graf Stauffenberg im Juli 1944, Masch., München-Nymphenburg 1949, IfZ ED 88 Bd. 2.

Thiersch, Urban: Eidesstattliche Erklärung, Masch., München 21. April 1953, Nl RF.

Thormaehlen, Ludwig, [Aufzeichnungen], Masch., [Bad Kreuznach 1946], Nl Dr. Walther Greischel.

Tresckow, E[rta] v[on], Befragung durch Bodo Scheurig 1. Mai 1969, IfZ Slg Scheurig.

[Trott zu Solz, Clarita von:] Adam von Trott zu Solz. Eine erste Materialsammlung, Sichtung und Zusammenstellung, Masch.mimeogr., [Berlin 1958].

Trott s. auch Political Memorandum.

Truppenkrankenbuch s. Auszug.

Truppenkrankenmeldebuch s. Auszug.

Truppenveränderungsmeldungen, Deutsche Dienststelle (WASt) Berlin.

Unold, Georg von, Major i.G. 25. Juli 1941 an Claus Graf Stauffenberg, Nl ClS.

[Urteil des Volksgerichtshofes, I. Senat], 15. Aug. 1944, gegen Bernhard Klamroth, Hans-Georg Klamroth, Egbert Hayessen, Wolf Heinrich Graf Helldorf, Dr. Adam von Trott zu Solz, Hans Bernd von Haeften, Masch.-Abschrift, AZ I L 292/44 OJ 3/44 grRs., AA/ PA Inl. II, NA T-120 Rolle 1038.

[Urteil des Volksgerichtshofes, I. Senat, 8. Sept. 1944 gegen Dr. Karl Goerdeler, Wilhelm Leuschner, Josef Wirmer, Ulrich von Hassell, Dr. Paul Lejeune-Jung], Masch.-Abschrift, [Aktenzeichen] 1 L 316/44 O J 17/44g Rs., IfMLbZKdSED, ZPA NJ 17584 (Abdruck: Osas 80–95; Spiegelbild 530–542).

[Urteil des Volksgerichtshofes, I. Senat, 17. Jan. 1945] gegen H. Kaiser und B. Thoma, Masch.-Abschrift, Az. I L 454/44 O J 7/44 g Rs, [Berlin 17. Jan. 1945], BA EAP 105/30; auch Spiegelbild 1984 726–731.

[Urteil des Volksgerichtshofes, I. Senat, 5. Sept. 1944] gegen Anton Emil Hermann Saefkow, Franz Edmund Jacob, Bernhard Karl Bästlein, Masch.-Abschrift, Az. 1 H 208/44 8 J 157/44 [Berlin 5. Sept. 1944], IfMLbZKdSED, ZPA NJ 1500.

[Urteil des Volksgerichtshofes, I. Senat, 12. Okt. 1944] gegen Dr. med. Rudolf Schmid, Masch.-Abschrift, Az. 1 H 281/44 8 J 170/44g [Berlin 12. Okt. 1944], IfMLbZKdSED, ZPA NJ 1583.

[Urteil des Volksgerichtshofes, I. Senat, 30. Aug. 1944] gegen Karl Heinrich von Stülpnagel, Cäsar von Hofacker, Günther Smend, Karl Ernst Rahtgens, Hans Otfried von Linstow, Eberhard Finckh, Masch.-Abschrift, Az. 1 L 301/44 1 L 309/44 O J 5/44 g Rs O J 9/44 g Rs [Berlin 30. Aug. 1944], Kopie Gedenkstätte Deutscher Widerstand, Berlin.

[Urteil des Volksgerichtshofes, I. Senat, 21. Aug. 1944] gegen Fritz Thiele, Ulrich Wilhelm Graf Schwerin von Schwanenfeld, Ludwig Freiherr von Leonrod, Friedrich Jäger, Joachim Sadrozinski, Masch.-Abschrift, Az. 1/L 299/44 O J 4/44g Rs, Kopie Institut für Zeitgeschichte, München.

[Urteil des Volksgerichtshofes, I. Senat, 4. Okt. 1944] gegen Ferdinand Thomas, Masch.-Abschrift Az. 1 H 244/44 8 J 179/44g [Berlin 4. Okt. 1944], IfMLbZKdSED, ZPA NJ 1583.

Urteil vgl. Anklageschrift; Prozeßbericht.

Üxküll-Gyllenband, Woldemar Graf von: Briefe an Stefan George, StGA.

Verhandlungen über technische Fragen des Göteborgverkehrs am 3. Januar 1944, Kungliga Utrikesdepartement, Stockholm, H 60 G/Allm. Göteborgstrafiken 1.1.–29.2.44.

Verwendungsbereitschaft des Ersatzheeres, [Befehl], Chef der Heeresrüstung und Befehlshaber des Ersatzheeres AHA Ia(I) Nr. 4810/42 g. Kdos., 13. Okt. 1942, BA-MA RH 15/ v. 174.

Völkerbund s. Akten.

[Waetjen, Eduard:] Waetjen memorandum, Masch., [Bern 1944], Princeton University, Allen W. Dulles Papers, Box 20.

[Waetjen, Eduard:] Waetjen notes, Masch., o.O. [1945/46], Princeton University, Allen W. Dulles Papers, Box 20.

Wagner, [Eduard:] Der Verlauf des 20. Juli (aus dem Gedächtnis), Masch., [Zossen] 21. Juli 1944, IfZ ED 95.

»Walküre II«, [Befehl], Der Chef der Heeresrüstung und Befehlshaber des Ersatzheeres AHA Ia VII Nr. 1720/42 g Kdos. 26. Mai 1942, unterz. Olbricht, BA-MA RH 15/v. 175.

»Walküre«, [Befehl], Der Chef der Heeresrüstung und Befehlshaber des Ersatzheeres AHA/Ia (1) Nr. 3830/43 g. Kdos., 31. Juli 1943, BA-MA WK XVII/91 bzw. RH 53-17/39, auch RH 53-7/v.87 (München).

Walküre, [Befehl], Oberkommando des Heeres Chef H Rüst und BdE AHA Ia(I) Nr. 5413/43 g. Kdos., 6. Okt. 1943, BA-MA WK XVII/91 RH 53-17/39.

Walküre s. auch Brunhilde; Verwendungsbereitschaft.

Quellen und Literatur

Warlimont, Walter: Interview mit J. Fest, Bavaria Atelier GmbH, München [1971].
Wedemeyer, Albert C: G-2 Report. Germany (Combat). Subject: German General Staff School, Masch., 11. Juli 1938, NA RG 407.
Wehrmacht-Fernsprechverzeichnis Groß-Berlin Teil II, Druck: Heeresfachschule für Technik Berlin [1943], NA T-78 Rolle 659.
Wehrstammbuch des Schenk, Graf von Stauffenberg, Claus Philipp Maria, BA-Z.
Wussow, Botho v[on:] Einige Sätze zu dem SS-Bericht über den 20. Juli 1944, der in den Nordwestdeutschen Heften veröffentlicht wurde u.z. 1947 Heft 1/2, Masch., o.O. 1947, Nl Schwerin.
Yorck von Wartenburg, Peter Graf: Briefe an Marion Gräfin Yorck von Wartenburg, Nl Yorck und (Teil) BA NS 6/50.
Zeller geb. Miller, Elsbet: Brief an Ricarda Huch 10. Dez. 1946, IfZ ZS/A 26/3.
Ziegler, Delia: Bericht über den 20.7.1944, Masch., o.O. [ca. 1947], IfZ ED 88 Bd. 2.

b. Briefe an den Verfasser, sofern nicht andere Empfänger angegeben sind

Familie
Johnston, Annabel von, geb. Siemens 10. Aug. 1982.
Lerchenfeld, Rudolf Freiherr von, Oberst a.D. 23. März 1971.
Saucken, Olga von, geb. Gräfin von Üxküll 29. März 1965 an Kramarz.
Saucken, Olga von, geb. Gräfin von Üxküll Nov. 1988, 4. Feb. 1989, 25. Nov. 1990, 3. März 1991.
Schiller, Klara 28. Sept. 1989, 24. Juni, 9. Aug. 1993.
Stauffenberg, Heimeran [Graf] von 18. Juni 1986 an Jeff Myrow.
Stauffenberg, Nina Gräfin von 12. Feb. 1964, 13. Aug. 1968,11. Sept. 1968, 8. Feb. 1977, 26. Sept. 1988, 12. Okt. 1988, 10. Nov. 1991, 22. Okt. 1992, 23. April 1993.
Stauffenberg, Nina Gräfin von 22. Okt. 1961, 17. März 1962, 23. Mai 1962, 16. Nov. 1962, 1. Juli 1964, 15. Sept. 1964, 16. Sept. 1964, 2. Okt. 1964, 25. Juni 1965, 2. Juli 1965, 15. Juli 1965 an Kramarz.
Stauffenberg, Nina Gräfin von an Dr. Wolfgang Venohr Feb. 1987.
Stauffenberg, [Otto Philipp] Graf 20. Feb. 1973.

Schulkameraden von Berthold und Alexander (a, b = Klasse)
Gross, Paul (a) 19. April 1981.
Held, Robert (b) 17. April 1981.
Hock, Otto (b) 21. April 1981.
Kraemer, Walter (a) 27. Nov. 1981.
Marchtaler, Elisabeth von (Witwe d. Klassenkameraden der Zwillinge, Hans Ulrich von Marchtaler, b) 7. Sept. 1981.
Schefold, Karl (a) 15. Okt. 1973, 9. Sept. 1981, 18. Mai 1982, 22. Aug. 1988.

Schulkameraden von Claus (a, b = Klasse)
Bach, Margot (Witwe v. CISs Klassenkameraden Alfred Bach, b) 11. Juli 1985, 22. Dez. 1985, 29. Sept. 1986, 5. Feb. 1988.
Bopp, Alfons (b) 6. Aug., 30. Dez. 1983, 10. Nov. 1984.
Buck, Eberhard (b) 13. Dez. 1969.

Cantz, Rudolf (a) 5. Nov. 1969, 1. Dez. 1969, 9. Feb. 1983. Eckardt, Heinrich von (a) 17. Feb. 1983.

Hamma, Franz (b) 19. Nov. 1971.

Haug, Friedrich (a) 8. Nov. 1969, 5. März 1983.

Hofacker, Helmut (Klasse unter ClS) 4. Feb. 1983.

Lowinsky, Eduard (b) 2. Nov. 1983, 10. Jan., 24. Mai 1984, 1. Juni 1985.

Lutz, Walther (b) 12. Nov. 1969.

Mühlberger, Siegfried (b) 9. März 1971.

Müller-Gmelin, Carl (b) 28. Nov. 1969, 2. u. 20. März 1983, 30. Nov. 1984.

Orthuber, Richard (b) 13. Dez. 1983.

Schneiderhan, Kurt (b) 14. Feb. 1983.

Vollmer, Walter (b) 22. Dez. 1969, 12. u. 25. Feb. 1983.

Wirth, Eugen (b) 12. Feb. 1983.

Militärkameraden von Claus Graf Stauffenberg

Albrecht, Heinz-Günther 11. Mai 1966, 1. Aug. 1966, 27. Aug. 1967.

Anz, Otto, Oberstleutnant d.R., Sommer und Herbst 1943 IIa in 168. Inf.Div., 13. Juni 1971.

Bake, Dr. Franz 9. Aug. 1972.

Balser, Udo, Major a.D. 4. März 1991, 25. März 1991.

Balser, Udo 23. Jan. 1991 an Albert Schick.

Balser, Udo 12. Dez. 1991 an H. v. Schönfeldt.

Beelitz, Dietrich, Generalmajor a.D. 28. Apr. 1964, 25. Aug. 1964.

Benzmann, Heinrich, Major a.D. 19. Apr. 1978.

Berger, Oskar-Alfred, Brigadegeneral a.D. 10. März, 30. Apr., 7. Mai, 30. Juni, 27. Juli 1984.

Biskamp, Dr. Klaus, Sohn von Dr. E. Biskamp 7. März 1991.

Bleicken, Otto Hinrich, Oberst i.G. a.D. 15. Sept., 25. Dez. 1990.

Boeselager, Philipp Freiherr von, Major d.R.a.D., Kdr. I. Abt. Reiter-Rgt. 31, 15. Jan. 1965, 28. Aug. 1969, 16. Aug. 1984.

Breitenbuch, Eberhard von 8. Nov. 1966.

Broich, Friedrich Freiherr von, Generalleutnant a.D. 14., 20., 25. Juni 1962 an Kramarz.

Bürker, Ulrich, Oberst i.G. a.D. 18. Okt. 1972, 20. Jan. 1977.

Bürklin, Wilhelm, Oberst i.G. a.D. 15. Juni, 15. Juli 1962, 6. Apr. 1965 an Kramarz.

Burk, Klaus, Leutnant a.D. 27. Okt., 6. Dez. 1990, 12. Feb. 1991, 28. Feb. 1991, 7. April 1991, 27. April 1991.

Bussche, Axel Freiherr von dem, Major a.D. 9. Feb., 1. März 1966, 18. Sept. 1967.

Busse, Markus von 13. März 1984.

Busse, Theodor, General d. Inf.a.D. 29. Nov. 1962 an Kramarz.

Canstein, Raban Freiherr von, Brigadegeneral a.D. 25. Juni 1988, 25. Sept. 1988.

Cords, Dr. Helmuth, Hauptmann a.D. 24. Okt. 1967 an Kramarz.

Cords, Dr. Helmuth, Hauptmann a.D. 23. Aug. 1981 an Zeller, IfZ ED 88 Bd. 2.

Cramer, Hans, General der Panzertruppen a.D. 20. Feb. 1963 an Kramarz.

Degner, Friedrich, Major a.D. 1. Okt. 1968.

Dosch, Rolf, Hauptmann a.D. 10., 29. April 1984.

Erasmus, Dr. Johannes, Obstlt.i.G.a.D. 1944 Ia der Div. »Brandenburg« 29. Aug. 1965.

Ferber, Ernst, General a.D. 8. März 1984.

Fremerey, Max, Generalleutnant a.D. Okt. 1934 Nachf. Perfalls als Kdr. R.R. 17, 20. Juni 1962 an Kramarz.

Fritsch, Dr. Georg Freiherr von, Oberst a.D. 26. Nov., 7. Dez. 1963 an Kramarz.

Fritzsche, Dr. Hans, Hauptmann a.D. 6., 9. Aug. 1971, 23. Aug. 1984.

Gersdorff, Rudolf-Christoph Freiherr von, Generalmajor a.D. 9. Juni 1962 an Kramarz.

Glaesemer, Wolfgang, Generalmajor a.D. 10. Juni 1986 an Major a.D. Werner Rode, 13. Feb. 1989 an Ritgen.

Goetzke, Claus-Peter, Oberleutnant d.R., technischer Leiter des Nachrichtenbunkers im Bendlerblock 14. Juli 1965.

Gottberg, Helmut von, Oberleutnant und Adj. im Inf.-Ers.-Btl. 9 in Potsdam 22. Apr., 16. Juni 1966, 9. Feb. 1989.

Greiner, Heinz, Generalleutnant a.D. 9. März 1971.

Greiner, Heinz 6., 5. Mai 1964 an Kramarz.

Halder, Franz, Generaloberst a.D. 26. Jan., 23. März, 18. Mai 1962 an Kramarz.

Harnack, Fritz, Major i.G. a.D., 1944 Gr.Ltr.im AHA 2. Okt. 1984.

Harteneck, Gustav, General der Kavallerie a.D. 15. März 1971.

Hassell, Johann Dietrich von, Major i.G. a.D. 9., 14. Aug., 5. Sept. 1990.

Hausmann, Ulrich, Leutnant im LR. 9 23. Dez. 1945 an Maria Sybille Klausing.

Heinz, Friedrich Wilhelm, Oberst a.D. 8. März 1966.

Herber, Franz, Oberstleutnant i.G. im AHA 25. Jan. 1966.

Hendrichs, Dr. Victor, Oberstleutnant a.D. 16. Feb. 1971.

Hertel, Hans-Joachim, Oberst a.D., Feb.–April 1943 Hptm.und Adj.Pz.Gren.Rgt.86 und Ia einer gepanzerten Kampfgruppe 11. März 1991, 18. April 1991.

Herwarth von Bittenfeld, Hans Heinrich, Legationssekretär, Rittmeister d.R. 3. Jan. 1985.

Heusinger, Adolf, General a.D. 29. März, 14. Apr. 1977.

Heyde, Bolko von der, Oberst i.G. a.D. 3. Jan., 8. und 30. Juni 1972.

Hübner, Werner, Oberstleutnant a.D., Juni 1940–Mai 1941 Hptm.und Sachbearbeiter in Gruppe I d. Org.-Abt.d.Gen.St.d.H. 13. Juni, 13. Juli 1972.

Huhs, Wilhelm, Oberst a.D. 1. Nov. 1971, 20. Sept. 1972, 10. Mai 1973.

Husen, Paulus van, Rittmeister d.R. 16. Jan. 1968.

Husen, Paulus van, Rittmeister d.R. 2. Juli 1963, 5. Apr. 1965 an Kramarz.

Kanitz, Rainer Graf von 23. März 1964 an Frau E. Wagner.

Kempe, Ludwig, Major a.D. 2. Mai 1965, 2. Jan. 1970.

Kempf, Werner, General der Panzertruppen a.D. 7. Jan. 1963 an Kramarz.

Keysser, Dr. C. Hans 6., 12., 23. Feb., 1., 21. April 1991.

Kielmansegg, Johann Adolf Graf von, General a.D. 23. Aug. 1971, 13. März 1984, 15. Aug. 1990.

Kleikamp, Helmut, Generalmajor a.D. 18. Dez. 1962, 15., 21. Jan. 1963 an Kramarz.

Kleist, Ewald Heinrich, Oberlt. a.D. 15. Sept. 1964, 14. Sept. 1967, 2. Okt. 1968.

Kleist, Ewald Heinrich 14. Feb. 1946 [an Alexander Graf Stauffenberg], IfZ ED 88 Bd. 2.

Kratzer, Rolf, Oberst d.G. a.D. 19. Juli 1972.

Lamey, Hubert, Generalmajor a.D., Kriegsakademie-Lehrer 12. Juli 1971.

Leyendecker, Wilhelm, Major a.D., Feb.–23. März 1943 Kdr. II./Pz.Gren.Rgt. 86 12. Feb. 1991, 18. April 1991.

Loeper, Friedrich-Wilhelm Freiherr von, Generalleutnant a.D. 24. März 1971.

Lüke, Hans, 1943 Oberleutnant im I./Pz.Gren.Rgt.69 in 10.Pz.Div. 28. Jan., 20. Feb., 6. März 1991.

Luz, Helwig, Generalleutnant a.D. 2. März 1971, 17., 31. Juli 1972.

Maaß, Karl-Heinz, Major i.G. a.D., 1943 Hauptmann und Kp.-Chef der 4./Pz.Rgt. 7, 20. März, 20. Mai 1991.

Maizière, Ulrich de, General a.D. 13. März 1984.

Maizière, Ulrich de, General a.D. 31. Okt. 1963 an Kramarz.

Mannschatz, Diethelm, Oberst 21. Aug. 1972.

Manstein, Erich von, Generalfeldmarschall 15. Nov. 1962 an Kramarz, 30. Okt. 1972 an Williams (Durchschlag in Nl Manstein).

Manteuffel, Hasso von, Gen.d.Pz.Tr.a.D. 28. Feb. 1971,18., 22. Juli 1972.

Manteuffel, Hasso von 20. Juni 1964 an Kramarz.

Merk, Ernst, Generalmajor a.D. 25. Mai 1972.

Metz, Lothar, Brigadegeneral a.D. 30. Mai, 1. Aug. 1971.

Mueller-Hillebrand, Burkhart, Generalleutnant a.D. 15. Juli 1962 an Kramarz.

Niemack, Horst, Generalmajor a.D. 24. März 1971.

Oehlert, Wilhelm, Oberleutnant a.D. 18. April 1991.

Pamberg, Bernhard, Generalmajor a.D. 26. Jan. 1971.

Perfall, Gustav Freiherr von, Generalleutnant a.D. 11. Feb. 1966.

Pezold, Bernd von, Oberst i.G. a.D. 12. Feb. 1963, 6. Feb. 1966 an Kramarz.

Reerink, Werner, Oberstleutnant i.G. a.D. 24. März 1965 an Kramarz.

Reerink, Werner, Oberstleutnant i.G. a.D. 4. Nov. 1971, 27. Feb. 1987.

Reile, Wilhelm, Oberleutnant a.D. 10. Feb. 1991,17. [März] 1991, 5. April 1991.

Reimann, Hans, Oberst a.D. 17. Juli 1962 an Kramarz.

Reinecke, Hermann, Gen.d.Inf.a.D. 31. Mai 1964, 7. Nov. 1967.

Reinhardt, Hellmuth, Generalmajor a.D. 12. Nov. 1967, 2. Juli 1972.

Reinicke, Georg, Generalleutnant a.D. 16. März 1971.

Ribbentrop, Rudolf von 19. März 1991.

Richthofen, Prof.Dr.Bolko Freiherr von 28. Nov. 1978.

Ritgen, Helmut, Oberst a.D. 18. Feb. 1991.

Rode, Werner, Major a.D. 14. Aug. 1971, 27. Dez. 1989.

Rode, Werner, Major a.D. an Dr.H.Pigge 24. Juli 1971.

Roidl, Wolfgang, Major a.D. 28. Apr. 1984.

Rotberg, Arnold Freiherr von, Brigadegeneral a.D., 1941 als 1. Ordonnanzoffizier beim Komm.Gen. XXIV. Pz.K., Gen.d.Pz.Tr. Geyr von Schweppenburg 28. Juli 1990.

Rothkirch[-Trach], Karl-Christoph Graf von, 1944 Oberleutnant, Ordonnanzoffizier beim Kdr.d. Pz.Tr.Schule II Krampnitz 14. Jan. 1989 an Ritgen.

Rüdt von Collenberg, Ludwig Freiherr, Generalmajor a.D. 3. Feb. 1964.

Sachenbacher von Schrottenberg, Alfred, Oberst a.D. 18. Feb. 1971.

Salm-Salm, Nikolaus Leopold Fürst zu 26. März 1984.

Sauerbruch, Peter, Oberst i.G. a.D. 15. Nov. 1980, 5. Sept. 1990, 14. Nov. 1990, 14. April 1991, 14. Sept. 1992.

Sauerbruch, Peter [ca. 1964] an einen Sohn ClSs, in Slg Kramarz.

Sauerbruch, Peter 24. Juli 1964 an Kramarz.

Schack, Hans von, Major a.D. 10. März 1971.

Schick, Albert, Uffz., 1940–1941 in der 10. Pz.Div., 1944 in der Pz.Lehr-Div., 30. Mai 1991, 10. Dez. 1991, 5. Feb. 1992, 25. Jan. 1994.

Schmid, Heinz, Oberst a.D. 23. Sept. 1962 an Kramarz.

Schobeß, Herbert, Oberstleutnant a.D., am 20. Juli 1944 Chef der Schweren Kp.im Alarm-Btl.der Inf.-Schule Döberitz 9. Dez. 1971.

Schöne, Volkmar, Oberst i.G. a.D. 5. März 1971.

Schöne, Volkmar 17. Dez. 1962 an Kramarz.

Schönfeldt, Heinz von 22. März 1991, 22. April 1991.

Schott, Edwin, Leutnant d.R. 20. April 1991, 26. April 1991, 27. Mai 1991.

Schulte-Heuthaus, Hermann 20. Sept. 1965.

Schweizer, Karl, Gefreiter 2. Nov. 1967.

Seefried, Adolf Freiherr von, Oberst a.D. 13. Apr. 1971.

Seraphim, Dr. Hans-Günther, 1942 Hauptmann und Ib der Armenischen Legion 23. März 1980,17. Aug. 1990.

Siebeck, Dr. Eberhard, Major a.D. 1. Okt. 1971, 17. April 1973, 5. Nov. 1980, 6. März 1981.

Spannenkrebs, Walter, Generalmajor a.D. 30. Nov. 1971.

Speer, Dr. Julius 22. Feb. 1966.

Staedke, Helmut, Generalleutnant a.D. 13. Jan. 1963, 5. Apr. 1965 an Kramarz.

Stahl, Paul, Oberst a.D., 6. Pz.Div. 6. Mai 1987.

Stirius, Hans-Werner, Oberstleutnant a.D. 2. Feb. 1967.

Strik-Strikfeldt, Wilfried, Hauptmann d.R. 1., 11. Aug. 1963 an Kramarz.

Süsskind-Schwendi, Hugo Freiherr von, Oberst i.G. a.D. 7. März 1971.

Süsskind-Schwendi, Max Theodor Freiherr von, Oberstleutnant a.D. 22. Jan. 1966.

Tempelhoff, Hans-Georg von, Generalmajor a. D. 7. Juli 1977.

Theilacker, Eugen, Generalmajor a.D. 16. März 1971.

Thomale, Wolfgang, Generalleutnant a.D. 11. Aug. 1971.

Thon, Albert, Fahrdienstleiter im OKH in Berlin, Bendlerstraße 21. Juli 1971 an den Westdeutschen Rundfunk Köln.

Thon, Albert 13. Aug., 15. Sept. 1971.

Varnbüler, Ulrich Freiherr von, Oberst a.D. 19. Jan. 1971.

Viebig, Wilhelm, Generalmajor a.D. 24. Aug. 1971.

Voll, Paul Theo 28. Aug. 1964, 28. Juli 1972.

Wagner, Gerhard, Konteradmiral a.D. 17. Nov. 1964.

Walzer, Hans 22. Dez. 1965 an Kramarz.

Weckmann, Kurt, Generalleutnant a.D., Kdr.d.Gen.St.Lehrgänge bzw. Kriegsakademie 1942–1944 18. Feb. 1971.

Wedemeyer, A. C. General a.D. 9. Mai, 22. Juni 1962 an Kramarz.

Wedemeyer, A. C. 5. Juni 1972.

Weist, Heinz-Dietrich, 1943 Leutnant und Zugführer 2. Zug/6.Kp./Pz.Gren.Rgt.6/ 10. Pz.Div. 19. Feb. 1991.

Weizsäcker, Richard Freiherr von [Mai 1970], 28. Jan. 1992.

Wilcke, Henning, Generalmajor a.D. 3. Juli, 21. Sept. 1988.

Zeitzler, Kurt, Generaloberst a.D. 3., 26. Juli 1962 an Kramarz.

Zipfel, Friedrich, 1943 Oberleutnant in 10. Pz.Div. 3. Mai 1961 an Dr. Walter Hammer, IfZ ED 106/91.

Stefan-George-Kreis

Boehringer, Robert 23. Aug. 1968.

Brodersen, Arvid 19. Juli 1988.

Curtius, Ilse 6. Dez. 1985.

Elze, Walter 28. Aug. 1968.
Fahrner, Rudolf 6. Aug. 1981, 10. Juli 1982, März 1984.
Fahrner, Rudolf 5. Juli 1962 an Prof. Walter Baum, IfZ ZS 1790.
Fahrner, Rudolf 15. Juli 1963 an Kramarz.
Landmann, Georg Peter 31. Aug. 1968.
Partsch, Karl Josef März 1963, 7. Apr., 15. Mai 1989.
Partsch, Karl Josef an Walter Greischel, StGA.
Strebel, Hellmut 21. Aug. 1988.
Wolters-Thiersch, Gemma 11. Mai 1982.

Befreundete und Sonstige
Appel, Maria 15. April 1946 an Fahrner.
Auswärtiges Amt 15. Jan. 1992.
Bach, Rudolph D. 28. Juli 1983.
Bauch, Kurt an Maria Gräfin Stauffenberg 25. Juni 1946, Nl MS.
Blomberg, Ruth von 24. Juli 1962 an Kramarz.
Bremme, Beate, Frau eines Div.-Kameraden Claus Graf Stauffenbergs in Wuppertal 3. Okt. 1962 an Kramarz.
Bundesarchiv-Zentralnachweisstelle 24. Feb. 1977.
Daur, Elisabeth geb. Dipper 16. Sept. 1983, 1. Feb. 1984, 23. Apr. 1985.
Deutsche Dienststelle für die Benachrichtigung der nächsten Angehörigen von Gefallenen der ehemaligen deutschen Wehrmacht (Wehrmacht-Auskunft-Stelle) Berlin 30. Okt. 1991.
Dieckmann, Erika, Schwester von Albrecht Ritter Mertz von Quirnheim 30. Jan. 1979.
Dönhoff, Marion Gräfin von 25. April 1991.
Eibl, Adalbert, Gefreiter 5. März 1987.
Falkenhausen, Dr. Gotthard Freiherr von 24. März 1947 an Dr. Clemens Plassmann.
Gerling, Heinz, Oberingenieur, Beauftragter für Denkmalpflege Magdeburg an Dr. Ruth Mövius 19. Aug. 1988.
Gerstenmaier, Eugen 2. Juli 1979.
Götz, Waltraud von, Cousine von Trott 5. Sept.und 24. Nov. 1962 an Kramarz.
Graf geb. Klaeger, Ruth 7. April 1978.
Granier, Gerhard, 25. Nov. 1992.
Hardenberg-Neuhardenberg, Renate Gräfin von 20. Okt. 1946 an Frau Marie-Sybille Klausing.
Hase, Margarethe von 3. März 1964 an Generalmajor a.D. Friedrich von Unger.
Herzer, Maria, Stieftochter Hans-Jürgen Graf von Blumenthals 13. Sept. 1991.
Hoffmann, Konrad 15. Sept. 1984.
Jessen, Sydney 28. Aug. 1946 an Ruth Klaeger, Papiere Graf.
Keilson-Lauritz, Marita 28. Okt. 1984.
Koch, Oberarzt Dr. med., Karl-Olga-Krankenhaus Stuttgart 15. Mai 1981.
Kröner, Margot 14. Aug. 1981.
Malone, Henry O. 10. Dez. 1978.
Mannschatz, Ursula 11. Juli 1972.
Mannschatz, Diethelm, Oberstleutnant a.D. 21. Aug. 1972.
Manstein, Rüdiger von 21. Juni 1991, 26. Feb. 1992.
Mende, Gerhard von 26. Juli, 19. Sept. 1963 an Kramarz.
Mertz von Quirnheim, Hilde Edle 31. Jan. 1980.

Mommsen, Momme 14. April 1982.
Müller, Ruth 4. April 1947 an Ricarda Huch, IfZ Slg Ricarda Huch.
Nettesheim, Kurt 22. Aug. 1968.
Obermüller, Rudolf 2[8]. Okt. 1978, 14., 15. Aug, 30. Okt. 1981, 6. Mai 1986.
Reinhardt, Irmengard 2. Juli 1972.
Rohwer, Dr. Jürgen 7. Jan. 1969.
Sachsen-Meiningen, Clara Herzogin von 10. Jan. 1973.
Sänger, Fritz 15. Dez. 1980.
Schmölders, Professor Dr. G[ünter] 1. und 5. Juli 1963 an Kramarz.
Schreiber, Dr. Gerhard 13. Sept. 2004.
Schulenburg, Charlotte Gräfin von der, Witwe von Fritz-Dietlof Graf von der Schulenburg [8. Mai 1990], 15. Aug. 1990.
Schulenburg, Charlotte Gräfin von der 12. Aug. 1963 an Kramarz.
Schwerin von Schwanenfeld, Detlef Graf von 1. Sept. 1991, 31. Dez. 1991.
Semjonov, Wladimir 21. Juli 1992.
Staatsarchiv Magdeburg 7. Okt. 1988.
Stadt Heidelberg, Stadtarchiv 29. Apr. 1988.
Stieff, Ili, Witwe von Generalmajor H. Stieff an [Ricarda Huch] 13. Juli 1947, IfZ Slg Ricarda Huch ZS/A 26/3.
Stockert, Franz K. von 7. März 1982, 5. Mai 1982, 9. Juni 1988.
[Traber, Werner] an Prof. Dr. W. Baum 28. Mai 1957, Nl MS.
Tresckow, Eta von 26. Juli 1971.
Ueberschär, Gerd R. 17. Dez. 1990.
Universität Halle-Wittenberg/Archiv 16. Juli 1982.
Voll, Paul Theo 28. Juli 1972.
Waetjen, Eduard 3. Juli 1987.
Wallenberg, Jacob 16. März 1977.
Wallenberg, Marcus 5. April 1978, 3. Jan. 1979.
Weddigen, Fritz 19. Okt. 1962 an Kramarz.
Wehner, Dr. Bernd, Mitglied der Tatortkommission der Sonderkommission 20. 7. 1944, 27. Okt. 1965.
Yorck zu Wartenburg, Marion Gräfin von 10. Aug. 1972.
Yorck zu Wartenburg, Marion Gräfin von 5. Sept. 1963 an Kramarz.
Zeller, Eberhard 31. Dez. 1994.
Zeller, Elsbet geb. Miller 23. Sept. 1983, 25. Jan. 1984.

c. Aufzeichnungen

Familie
Handel, Paul von: Erinnerungen an Litta, Masch., o.O. [1974].
Kaehne, Brigitte von, geb. von Hofacker: Meine Brüder, Masch., Tübingen 1987.
Stauffenberg, Nina Schenk Gräfin von 22. Apr. 1964, Slg Kramarz.
Stauffenberg, Nina [Schenk] Gräfin von: Das Halsband der Anna Iwanowna. Geschichte und Geschichten meiner Eltern, Masch., Bamberg 1966.
Stauffenberg, Nina [Schenk Gräfin von]: Litta, Masch., [Bamberg 1966].

Militärkameraden von Claus Graf Stauffenberg
Benzmann, Heinrich, Major a.D. 15. Nov. 1977.

Bleicken, Otto Hinrich, Oberst i.G. a.D.: Bewegte Jahre – Erinnerungen eines Generalstabsoffiziers, Masch., Hamburg 1990.

[Bürker, Wilhelm:] Im Wehrmachtführungsstab 1943. Mein Gespräch mit Stauffenberg (etwa Sept. 43), Masch., o.O. [ca. 1975].

Burchardt, Heinz, Major in Amt Chef Heeres-Nachrichten-Wesen/Zentralgruppe (Personal) 13. Juli 1965.

Bussche, Axel Freiherr von dem 27. Nov. 1990.

Delius, Kurt, Oberleutnant a.D.: Der 20. Juli 1944, Masch., Hoberge-Uerentrup 28. Juli 1965.

Fischer, Karl: [Erinnerungen], Masch., Letschin 1990.

Halder, Franz: Zu den Aussagen des Dr. Gisevius in Nürnberg 24. bis 26.4.1946, Masch.-Durchschlag, Neustadt 4. Feb. 1948, BA-MA N 124/10.

[Hassell, Johann-Dietrich von:] Aus dem Kaukasusfeldzug 1942/43, Masch.o.O. [1943].

[Hassell, Johann-Dietrich von:] Aufzeichnung – Besuch in Lautlingen am 11./12.10. 1947, Masch.-Durchschlag, Tübingen 17. Okt. 1947.

Heiner, Ernst, bis 29. März 1943 Gefreiter in der 6. Kp./Pz.Gren.Rgt. 69 in der 10. Pz.Div.: Unterlagen über die ehemalige 6. Kompanie (Feldpostnummer 18503) des Panzer-Grenadierregiments 69 (10. Panzerdivision) für die Zeit vom Mai 1942 bis März 1943, Masch., Aalen 1979, mit Zusätzen von Ernst Breitenberger, damals Kradmelder in 6./69.

Manstein, [Erich] v[on]: Persönliche Notizen, Masch.-Durchschlag, Bridgend 20. Mai 1947, Slg John.

Manstein, [Erich] v[oh]: Richtigstellung zur Darstellung der Haltung des Feldmarschalls v. Manstein im Buch »Offiziere gegen Hitler«, Masch., o.O. o. J., Slg John.

Mueller-Hillebrand, Burkhart: Briefe an meinen Sohn Burkhart, Hs., 4 Quarthefte, [Kriegsgefangenenlager] Grizedale bei Windermere, Gefangenenlager Camp 1 [u.a. Lager, ab Feb. 1946], Allendorf Krs Marburg/Lahn 27. Okt. 1945–[Apr. 1947], Nl Mueller-Hillebrand.

Oppenfeld, Horst von: Erinnerungen an Stauffenberg in Nordafrika, nach 41 Jahren, Masch., o.O. 27. Mai 1984.

Reerink, Werner: [Aufzeichnung über Claus Graf Stauffenberg], Masch., o.O. Juni 1963.

Reile, [Wilhelm]: Einsatz der 10. Pz.Div. in Frankreich 1942 und in Tunesien, Masch. [Ehringshausen ca. 1986].

Sauerbruch, Peter 12. Feb. 1963, 24. Juli 1964 für Kramarz.

Thüngen, Dietz Freiherr von, Major d.R.: [Aufzeichnung über Claus Graf Stauffenberg], Masch., Thüngen 15. Jan. 1946, IfZ ED 88.

Vogel, Werner: Betr.: 20.7.1944 – eigene Erlebnisse, Masch., o.O. 26. Juni 1970.

Zipfel, Friedrich: Bericht über meine Begegnung mit Claus Graf Schenk von Stauffenberg, Masch., Berlin 18. Jan. 1964.

Stefan-George-Kreis

Fahrner, Rudolf: Frank, Hs., o.O. o. J., StGA.

Fahrner, Rudolf: Mein Leben mit Offa, Hs., o. O. 1985.

Mommsen, Momme, Maria Fehling und die Stauffenbergs: Auf Grund persönlicher Erinnerungen an Maria Fehling und Albrecht von Blumenthal, Masch., [Palo Alto 1982].

Befreundete und Sonstige
Gichtel, Hermann: Bericht über die Verhandlung gegen Oberst Jochen Meichßner vor dem Volksgerichtshof, Masch. [-Abschrift], o. O. 16. Okt. 1946.
Rantzau, Ehrengard Gräfin [von, geb. Gräfin von der Schulenburg]: Erinnerungen an die Vorbereitungen zum 20. Juli 1944, Masch., o. O. o. J., Stiftung »Hilfswerk 20. Juli 1944«.
Schwerin von Schwanenfeld, Marianne Gräfin: Ulrich-Wilhelm Graf Schwerin von Schwanenfeld, Masch. [Heidelberg 1964].
[Waetjen, Eduard: Kommentar zu Allen W. Dulles' Manuskript für Germany's Underground, Masch.o.O. ca. 1946/1947], Princeton University Library, Allen W. Dulles Papers Box 20.

d. Mündliche Mitteilungen an den Verfasser

Familie
Johnston, Annabel von, geb. Siemens 21. Juli 1972, 16. Aug. 1991.
Lerchenfeld, Maximilian Ludwig Freiherr von (Neffe von NS) 18. Mai 1989.
Lerchenfeld, Rudolf Freiherr von, Oberst a.D. (Vetter von NS) 20. Juli 1972.
Linden, Ines, geb. Schenk Gräfin Stauffenberg 19. Aug. 1985.
Saucken, Olga von, geb. Üxküll 27. Juli 1972.
Schiller, Klara 15. Mai 1989, 18. März 1992.
Stauffenberg, Friedrich Schenk Freiherr von 10. Aug. 1972.
Stauffenberg, Hans Christoph Schenk Freiherr von 28. Juli 1971, 5. Juli 1972, 7. Mai 1981.
Stauffenberg, Gabriele Schenk Gräfin von 29. Aug. 1978, 16. Aug. 1985, 11. Jan. 1992.
Stauffenberg, Alfred Schenk Graf von (Amerdingen) 15. Aug. 1985.
Stauffenberg, Markwart Schenk Graf von 4. Juni 1973, 21. Juli 1984, 15., 16. Aug. 1985.
Stauffenberg, Marlene Schenk Gräfin von 23. Aug. 1972, 28. Feb., 21. März 1977, 16. Jan., 30. Aug. 1978, 14. Aug. 1982, 15. Feb., 12. März 1992.
Stauffenberg, Nina Schenk Gräfin von 11. Sept. 1968, 7., 31. Aug. 1972, 31. Mai 1977, 15. Juni, 12. Aug. 1982, 16., 17., 18. Mai 1989, 27. Jan., 3. Dez. 1990, 12. Aug., 4. Nov. 1991.
Stauffenberg, Nina Schenk Gräfin von Okt. 1962 an Kramarz.
Uxküll-Gyllenband, Alexander Graf von 17., 18. Mai 1973.
Yorck von Wartenburg, Dr. Marion Gräfin 3. Mai 1977, 25. Sept. 1983, 9. Dez. 1990.

Schulkameraden von Berthold und Alexander
(a, b = Klasse)
Federer, Georg (b) 8. Dez. 1976, 29. März 1977, 5. Aug. 1982, 23. Sept. 1983.
Held, Robert (b) 28. April, 10. Mai 1981.
Hock, Otto 21. April 1981.
Pfizer, Theodor (b) 31. Juli, 5. Aug. 1972, 4. Jan., 16. Feb., 10. März 1977, 3. Jan. 1978, 25. Apr. 1981,14. März, 22. Sept., 24. Sept. 1983.
Strecker, Max (b) 26. Juli 1971.

Schulkameraden von Claus (a, b = Klasse)

Bopp, Alfons (b) 5. Juni 1971.

Buck, Eberhard (b) 10. Juni 1971.

Denk, Hans (b) 26. Juli 1971.

Dolderer, Erich (b) 5. Juni 1971.

Hosemann, Hubert (b) 3. Juni, 2. Juli 1971, 4. Nov. 1984.

Neerforth, Karl-Heinz (a) 22. Aug. 1971.

Schneiderhan, Kurt (b) 22. Mai 1971.

Wirth, Eugen (b) 1., 5. Juni 1971.

Militärkameraden Claus Graf Stauffenbergs

Baiser, Udo, Major a.D. 21. Feb. 1991.

Beelitz, Dietrich, Generalmajor a.D. 21. Apr. 1964, 6. Juni 1973, 9. Sept. 1985.

Berger, Oskar-Alfred, Brigadegeneral a.D. 12. Juli 1984.

Boeselager, Philipp Freiherr von, Major d.R.a.D. 19. Nov. 1964, 21. Sept. 1983, 25. Juni 1984.

Breitenbuch, Eberhard von 8. Sept. 1966.

Burchardt, Heinz, Major, Leiter der Gruppe IV Funkverbindungen im Amt Chef HNW, Zossen 13. Juli 1965.

Burk, Klaus, Leutnant a.D., Ordonnanzoffizier (O IV) Stauffenbergs in der 10. Pz.Div. 14. Aug. 1985.

Bussche, Axel Freiherr von dem, Major a.D. 11. Sept. 1977, 25., 27. Aug. 1978, 30. Dez. 1980, 26. Okt. 1985, 2. Dez. 1990, 29. März, 16. Aug. 1991.

Bußmann, Walter (Lt.d.R. in Gen.Qu.M./Abt. II) 27. Aug. 1974, 24. Apr. 1985.

Degner, Friedrich, Major in Amt Chef Heeres-Nachrichten-Wesen/Gruppe V (Transport-Nachrichtenverbindungen) 24., 25. Aug. 1965, 14. Okt. 1966.

Etzdorf, Hasso von 24. Aug. 1972, 6. Sept. 1985.

Ferber, Ernst, General a.D., 1942–1944 Org.Abt. 29. Mai 1973.

Fritzsche, Dr. Hans, Hauptmann im I.R. 9 14. Juli 1972.

Gehlen, Reinhard, Generalmajor a.D. 3. Sept. 1972.

Groeben, Karl Konrad Graf von der 29. März 1991.

Hammerstein, Ludwig Freiherr von 6. Juli 1984, 10. Dez. 1990.

Harnack, Fritz 29. Aug. 1966.

Haßel, Kurt, Oberst a.D. 11. Dez. 1964.

Hausmann, Ulrich, Professor für Archäologie, Leutnant im I.R. 9 13. Sept. 1980.

Herre, Heinz Danko, General a.D. 9. Sept. 1972, 26. Apr. 1985, 7. Dez. 1986.

Herwarth von Bittenfeld, Hans Heinrich 24. Aug. 1972, 20. Juli 1984, 8. Mai 1986.

Herwarth von Bittenfeld, Hans Heinrich 3. Feb. 1963 an Kramarz.

Hükelheim, Heinz, Generalmajor a.D., 1943–44 Major i.G., Leiter Gr. Qu. 2 beim Gen.Qu.M. 15. März 1977.

John von Freyend, Ernst 14. Mai 1964.

Kanitz, Rainer Graf von 28. Aug. 1972.

Keysser, Dr. C. Hans 12., 21. Feb. 1991.

Kielmansegg, Johann Adolf Graf von, General a.D. 1. Juni 1973,12. Aug. 1984, 24. Aug. 1991.

Kleist, Ewald Heinrich, Oberleutnant im Gren.Rgt. 9 19. Juli 1964, 27. Nov. 1990,4., 10. Dez. 1990.

Koch-Erpach, Rudolf, General der Kavallerie a.D. 28. März 1964.

Kratzer, Rudolf, Oberst i.G. a.D. 25. Juli 1963 an Kramarz.

Kretz, Erich 29. Aug. 1965, 31. Aug. 1966.
Lamey, Hubert, Generalmajor a.D. 26. Juli 1972.
Lechler, Otto 5. Juni 1964.
Loeper, Friedrich-Wilhelm Freiherr von 29. Aug. 1972.
Loeper, Friedrich-Wilhelm Freiherr von [1962] an Kramarz.
Löwenstein, Dr. Johannes Prinz zu 15. Jan. 1992.
Luz, Helwig, Generalleutnant a.D. 22. Aug. 1972.
Maizière, Ulrich de, General a.D. 3. Sept. 1985.
Maizière, Ulrich de 20. Jan. 1963 an Kramarz.
Michel, Karl 23. und 28. Aug. 1979.
Oppen, Georg von 11. Aug. 1984.
Oppenfeld, Horst von 20. Juli 1984, 14. Aug. 1985, 14. Dez. 1990.
Pezold, Bernd von 1. Sept. 1972.
Reinecke, Hermann, General der Infanterie a.D. 30. April 1965.
Reinhardt, Hellmuth, Generalmajor a.D. 1. Juli 1972.
Röhrig, Wolfram, Hauptmann d.R., Leiter des Nachrichtendienstes im OKH, Berlin, Bendlerstraße 29./30. Juli 1965.
Rotberg, Arnold Freiherr von 8. Mai 1975.
Sachenbacher von Schrottenberg, Alfred, Oberst a.D. 12. Juli 1972.
Sauerbruch, Peter 9. Feb. 1977, 8. Mai 1986, 5. Aug. 1994.
Sauerbruch, Peter Feb. 1963 an Kramarz.
Sauerbruch, Frau Peter 8. Mai 1986.
Schott, Edwin 13. März 1991, 23. April 1991.
Schweizer, Karl 18. Juni 1965.
Seefried, Adolf Freiherr von, Oberst a.D. 12. Juli 1972.
Seiffert, Wolf, Hptm.ktd.z.Gen.St. in Org.Abt.Gr.I 1. Apr. 1941–1. Okt. 1942 18. Mai 1973.
Speer, Julius 7. Sept. 1965.
Speidel, Hans, General a.D. 26. Mai 1977.
Speth, Hans, General d. Art. a.D. 7. Juni 1973.
Stahlberg, Alexander, Hauptmann a.D. 18. Juli 1984.
Süsskind-Schwendi, Hugo Freiherr von 4. Juli 1972.
Teske, Hermann, Oberst i.G. a.D. 8. Mai 1973.
Vogel, Werner, Oberfeldwebel a.D. 1. Juli 1971,5. Sep. 1985.
Weizsäcker, Richard Freiherr von 26. Apr. 1975, 2. Dez. 1990.
Wilcke, Henning, Generalmajor a.D. 23. Apr. 1985.
Winterfeldt, Alix von, Sekretärin bei Fromm 30. Aug. 1966.
Woellwarth, Konrad Freiherr von, Oberstleutnant i.G. 5. Juni 1973.
Ziegler, Delia, Sekretärin bei Olbricht Juli 1963 an Irma von Buch-zu Dohna.
Ziegler, Delia 23. Aug. 1965.

Stefan-George-Kreis
Boehringer, Robert 10. Juni 1968.
Bothmer, Bernhard von 11. März 1983.
Elze, Walter 18. Juli 1972.
Fahrner, Rudolf 20. Juli 1964, 10. März, 9. Mai, 4. Sept. 1977, 6. Sept. 1979, 21. Aug. 1982, 19. Nov. 1985.
Kempner, Walter 6./7. Jan. 1984.
Markees, Silvio 23. Juni 1984.

Partsch, Karl Josef 14. Juli 1972, 27. Mai 1973, 3. März 1977.
Schlayer, Clotilde 6./7. Jan. 1984.
Stettler, Michael 24. März 1977.
Thiersch, Urban 21. Jan. 1978.
Wolters-Thiersch, Gemma 21. Aug. 1982.

Befreundete und Sonstige
Bachert, Anneliese (gesch. Edle Mertz von Quirnheim) 11. Juni 1973.
Biskamp, Frau Dr. Erich, Witwe des Stabsarztes der 10. Pz.Div. 21. Feb. 1991.
Blomberg, Ruth von 4. Dez. 1990.
Bräutigam, Otto 7. Sept. 1985.
Bundesarchiv-Militärarchiv (Archivamtsrat Meyer) 15. Nov. 1991.
Bussche, Camilla Freifrau von dem 21. Sept. 1983.
Deichmann, Hans 23. Juli 1989.
Farenholtz, Christian 27. Jan. 1990.
Gerstenmaier, Eugen 17. Aug. 1965, 27. Mai 1977.
Gerstenmaier, Maria 28., 29., 30. Mai, 2. Juni 1977.
Gisevius, Hans-Bernd 4. Aug. 1971, 8. Sept. 1972.
Graf geb. Klaeger, Ruth 28. Aug. 1978.
Haeften, Barbara von 26. Aug. 1991.
Hardenberg, Margarethe Gräfin von, geb. von Oven 20. Aug. 1985.
Hardenberg, Margarethe Gräfin von, geb. von Oven 16., 26. Nov., 2. Dez. 1961
    an Kramarz.
Hilberg, Raul 10. Aug. 1990.
Hoffmann, Konrad 19. Dez. 1983.
Hoffmann, Wilhelm 10. März, 27. Mai, 31. Mai, 12. Sept. 1977, 6. Sept. 1979.
Jessen, Käthe Juni 1962 an Kramarz.
Joest, Elsa Renata von 7. Juni 1978.
Klausing, Dr. Mathilde (Schwester von Friedrich-Karl Klausing) 1. Sept. 1980.
Knoll, Martha 28. Mai 1977.
Koch-Erpach, Emmy 1. Juli 1972.
Krauss, Barbara von, geb. Oster, Tochter von Generalmajor Oster, Rotkreuzschwe-
    ster 1. Nov. 1985.
Kuhn, Friedrich Rechtsanwalt in Bamberg, Blutordensträger, Intimus Hitlers 7. Aug.
    1972.
Malone, Henry O. 2. Juni 1977.
Mannschatz, Ursula 7. Juli 1972.
Mertz von Quirnheim, Hilde Edle 21. Aug. 1991.
Moltke, Freya von 18.-19. Aug. 1977, 2.-3. Dez. 1978, 23.-24. Juli 1989,19. Mai
    1991, 18. Feb. 1992, 16. Mai 1993.
Mosler, Hermann 25. Juli 1972.
Nettesheim, Kurt 17. Aug. 1968.
Pfleiderer, Otto 5. Aug. 1982, 23. Okt. 1985,14. Juni 1986.
Reinhardt geb. Koch-Erpach, Irmengard (Tochter des Kdrs.des 17. Reiter-Regi-
    ments) 1. Juli 1972.
Schulenburg, Charlotte Gräfin von der 5. Nov. 1989.
Speer, Albert 13. Juli 1972.
Vogt, Joseph 3. Jan. 1978, 20. Apr. 1984.
Waetjen, Eduard 5. Dez. 1986.

Widmann, Albert, Sprengstoffsachverständiger im Reichssicherheitshauptamt Amt V (Reichskriminalpolizeiamt) 30. Juli 1968.

II. Gedruckte Quellen

A., G.: »Letzte Begegnung mit Graf Stauffenberg«, Stuttgarter Zeitung 20. Juli 1950.

Adreß-Buch der Landeshauptstadt Stuttgart mit dem Stadtbezirk Cannstatt, der Vorstadt Berg, den Vororten Degerloch, Gablenberg und Gaisburg, der Karlsvorstadt Heslach, dem Stadtteil Ostheim, der Vorstadt Untertürkheim und dem Vorort Wangen für das Jahr 1918 [ebenso 1919, 1920, 1922], Union Deutsche Verlagsgesellschaft, Stuttgart [1917, 1918, 1919, 1921].

Adreß-Buch der Landeshauptstadt Stuttgart für das Jahr 1923 [ebenso 1925, 1926, 1927], Union Deutsche Verlagsgesellschaft, Stuttgart [1922, 1924, 1925, 1926].

Adreßbuch s. auch Amtliches; Berliner.

Akten der Reichskanzlei s. Regierung Hitler.

Akten zur deutschen auswärtigen Politik 1918–1945. Serie C: 1933–1936. Band V, 1 und 2, Vandenhoeck & Ruprecht, Göttingen 1977; Band XII, Vandenhoeck & Ruprecht, Göttingen 1969.

Akten zur deutschen auswärtigen Politik 1918–1945. Serie D (1937–1945), Band I, Imprimerie Nationale, Baden-Baden 1950, Band XII; Vandenhoeck & Ruprecht, Göttingen 1969.

Amtliche Urkunden zur Vorgeschichte des Waffenstillstandes 1918. Auf Grund der Akten der Reichskanzlei, des Auswärtigen Amtes und des Reichsarchivs herausgegeben vom Reichsministerium des Innern. Zweite, vermehrte Auflage, Deutsche Verlagsgesellschaft für Politik und Geschichte m.b.H., Berlin 1924.

Amtliches Stuttgarter Adreßbuch 1928, Union Deutsche Verlagsgesellschaft, Stuttgart [1927].

Amtliches Stuttgarter Adreßbuch 1929, Union Deutsche Verlagsgesellschaft, Stuttgart [1928].

Amtsblatt des Königlich Württembergischen Ministeriums des Kirchen- und Schulwesens, 4. Jahrgang 1911.

Amtsblatt des Württembergischen Ministeriums des Kirchen- und Schulwesens (Kultministerium), 17. Jahrgang 1924.

Anton, Johann: Dichtungen, Blätter für die Kunst, Berlin 1935.

Arndt, Ernst Moritz: Ein Lebensbild in Briefen. Nach ungedruckten und gedruckten Originalen herausgegeben von Heinrich Meisner und Robert Geerds, Verlag von Georg Reimer, Berlin 1898.

Arndt, Ernst Moritz: Erinnerungen aus dem äußeren Leben, Weidmann'sche Buchhandlung ³1842.

Arnim, [Hans-Jürgen] v[on]: »Gedanken über die Kriegführung in Tunesien im Februar 1943«, Wehrwissenschaftliche Rundschau 2 (1952), S. 567–576.

Athenaeus: The Deipnosophists, 7 Bände, Harvard University Press, Cambridge, Massachusetts, William Heinemann Ltd., London 1941.

Beaulac, Willard L.: Franco. Silent Ally in World War II, Southern Illinois University Press, Carbondale and Edwardsville 1986.

Beck, Ludwig: Studien, K.F. Koehler Verlag, Stuttgart 1955.

Below, Nicolaus v.: Als Hitlers Adjutant 1937–45, v. Hase & Koehler Verlag, Mainz 1980.

Bennett, Arnold: The Old Wives‹ Tale, Chapman &c Hall, London 1908, 1912 u. a.

Berliner Adreßbuch 1926 [und 1927–1936], 3 Bände, August Scherl Deutsche Adreßbuch-Gesellschaft m.b.H., Berlin [1926–1936].

Berliner Adreßbuch für das Jahr 1937, 3 B., August Scherl Deutsche Adreßbuch-Gesellschaft m.b.H., Berlin [1937].

Berliner Adreßbuch für das Jahr 1938, 3 B., August Scherl Nachfolger, Berlin [1938].

Berndt, Alfred-Ingemar: Der Marsch ins Grossdeutsche Reich, Eher Verlag, München 1940.

Bernt, Adolf: »Der 20. Juli in der Bendlerstraße (Bericht eines Augenzeugen)«, Die Gegenwart II (1956), S. 597–601.

Bismarck, Otto von: Werke in Auswahl. Zweiter Band. Das Werden des Staatsmannes 1815–1862. Zweiter Teil: 1854–1862. Hrsg. von Gustav Adolf Rein, W. Kohlhammer, Stuttgart 1963.

Blätter für die Kunst. Siebente Folge. Begründet von Stefan George. Herausgegeben von Carl August Klein, Verlag des Herausgebers, [Berlin] 1904.

Blätter für die Kunst. Elfte und zwölfte Folge. Begründet von Stefan George. Herausgegeben von Carl August Klein, Verlag des Herausgebers, [Berlin] 1919.

Bleistein, Roman, Hrsg.: Dossier: Kreisauer Kreis. Dokumente aus dem Widerstand gegen den Nationalsozialismus. Aus dem Nachlaß von Lothar König S.J., J.Knecht, Frankfurt a. M. 1987.

Blos, Wilhelm: Von der Monarchie zum Volksstaat. Zur Geschichte der Revolution in Deutschland insbesondere in Württemberg, Bergers Literarisches Büro und Verlagsanstalt, Stuttgart [1922].

Boehringer, Robert: Mein Bild von Stefan George, Helmut Küpper vormals Georg Bondi, München und Düsseldorf [1951], ²1968.

Boelcke, Willi A., Hrsg.: Deutschlands Rüstung im Zweiten Weltkrieg. Hitlers Konferenzen mit Albert Speer 1942–1945, Akademische Verlagsgesellschaft Athenaion, Frankfurt am Main 1969.

Bölsche, Wilhelm: Die Abstammung des Menschen, Franckh, Stuttgart ²⁰1904.

Bölsche, Wilhelm: Der Mensch der Vorzeit, 2 Teile, Franckh, Stuttgart 1909–1911.

Bölsche, Wilhelm: Eiszeit und Klimawechsel, Franckh, Stuttgart 1919.

Boeselager, Philipp Freiherr von: Der Widerstand in der Heeresgruppe Mitte (Beiträge zum Widerstand 1933–1945, [Nr.] 40), Gedenkstätte Deutscher Widerstand, Berlin 1990.

Bopp, A[lfons]: »Die Leistung!«, Kirchen-Anzeiger [Kathol.Dekanat Tettnang] Nr. 30, 19. Mai 1964.

Bräutigam, Otto: So hat es sich zugetragen... Ein Leben als Soldat und Diplomat, Holzner Verlag, Würzburg 1968.

Breysig, Kurt: »Stefan George. Gespräche, Dokumente«, Castrum Peregrini XLII (1960), S. 9–45.

Brüning, Heinrich: Memoiren 1918–1934, Deutsche Verlags-Anstalt, Stuttgart 1970.

Buchrucker, Ernst, Im Schatten Seeckts: Die Geschichte der Schwarzen Reichswehr, Kampf-Verlag, Berlin 1928.

Bussche, Axel [Freiherr] von dem: »Eid und Schuld«, Göttinger Universitätszeitung 2 (1947) Nr. 7, 7. März 1947, S. 1–4.

Bussche s.auch Freiheitskämpfer.

Bußmann, Walter: »Politik und Kriegführung. Erlebte Geschichte und der Beruf des Historikers«, Fridericiana. Zeitschrift der Universität Karlsruhe, Heft 32, 1983, S. 3–16.

Clausewitz, Carl von: Vom Kriege, Ferd. Dümmlers Verlag, Bonn 1972.

[Clausewitz, Carl von:] »Zwei Briefe des Generals von Clausewitz. Gedanken zur Abwehr«, Militärwissenschaftliche Rundschau 2 (1937) Sonderheft, S. 1–11.

Cole, R. Taylor: The Recollections of R. Taylor Cole. Educator, Emissary, Development Planner, Duke University Press, Durham, North Carolina 1983.

Conwell-Evans, T. P.: None So Blind. A Study of the Crisis Years, 1930–1939, Harrison & Sons, London 1947.

Coster, Charles de: Tyll Ulenspiegel und Lamme Goedzak: Legende von ihren heroischen, lustigen und ruhmreichen Abenteuern im Lande Flandern und andern Orts. Deutsch von Friedrich von Oppeln-Bronikowski, Eugen Diederichs, Jena 1912.

Cramer, [Hans]: »Die letzte Panzerschlacht des deutschen Afrikakorps«, Kampftruppen (1962) Nr. 1/2, S. 7–8.

Crewe, Eyre: »Memorandum on the Present State of British Relations with France and Germany«, 1. Jan. 1907, in: British Documents on the Origins of the War. 1898–1914, Vol. III, His Majesty's Stationery Office, London 1928, S. 397–420.

Curtius, Ernst Robert: Kritische Essays zur europäischen Literatur, A. Francke, Bern 1950.

Degras, Jane, Hrsg.: Soviet Documents on Foreign Policy. Vol. III: 1933–1941, Geoffrey Cumberlege, Oxford University Press, London, New York, Toronto 1953.

Die deutsche Reichsverfassung vom 11. August 1919. Textausgabe und Register mit einem Vorwort von Reichsminister a.D. Prof. Dr. Hugo Preuß, Reichszentrale für Heimatdienst, Berlin 1919.

Deutsches Hof-Handbuch. Adreßbuch der Mitglieder, Hofstaaten und Hofbehörden der regierenden deutschen Häuser. Jahrgang 1914, Verlag des Deutschen Hofhandbuches, Berlin [1914].

Documents diplomatiques français 1932–1939. 1re serie (1932—1935). Tome 1, Imprimerie nationale, Paris 1964.

Domarus, Max: Hitler. Reden und Proklamationen 1932–1945, Schmidt, Neustadt a.d. Aisch 1963.

Dülffer, Jost [Hrsg.]: »Überlegungen von Kriegsmarine und Heer zur Wehrmachtspitzengliederung und zur Führung der Wehrmacht im Krieg im Februar-März 1938«, Militärgeschichtliche Mitteilungen 1971 Nr. 1, S. 145–171.

Dulles, Allen: The Secret Surrender, Weidenfeld & Nicolson, London 1967.

Dulles, Allen Welsh: Germany's Underground, The Macmillan Company, New York 1947.

Ebert, Friedrich: Schriften, Aufzeichnungen, Reden. 2 Bände, Carl Reissner-Verlag, Dresden 1926.

[Eisenhower, Dwight David:] The Papers of Dwight David Eisenhower. The War Years, I-V, ed. Alfred D. Chandler, The Johns Hopkins Press, Baltimore and London 1971.

Elbe, Joachim von: Unter Preussenadler und Sternenbanner. Ein Leben für Deutschland und Amerika, C. Bertelsmann Verlag, München 1983.

Elze, Walter: Clausewitz (Schriften der kriegsgeschichtlichen Abteilung im Historischen Seminar der Friedrich-Wilhelms-Universität Berlin, Seminar-Reihe: Heft 6), Junker und Dünnhaupt Verlag, Berlin 1934.

Elze, Walter: Der Streit um Tauroggen, Ferdinand Hirt, Breslau 1926.

Elze, Walter: Deutsche Geschichte und deutsche Freiheit. Briefe eines Hochschullehrers an seine Schüler im Feld, Rütten & Loening, Potsdam [1940].

Elze, Walter: Graf Schlieffen. Veröffentlichungen der Schleswig-Holsteinischen Universitätsgesellschaft Nr. 20, Ferdinand Hirt, Breslau 1928.

Elze, Walter: Tannenberg. Das deutsche Heer von 1914. Seine Grundzüge und deren Auswirkung im Sieg an der Ostfront. Im Einvernehmen mit dem Reichsarchiv, Ferdinand Hirt, Breslau 1928.

[Elze, Walter:] Von der Bedeutung der Westfront im Weltkriegsgeschehen. Rede bei der Feier der Erinnerung an den Stifter der Berliner Universität, König Friedrich Wilhelm III., in der Alten Aula am 27. Juli 1934 gehalten von Walter Elze, Preußische Druckerei-und Verlags-Aktiengesellschaft, Berlin [1934].

Elze, Walter: Stefan George, Friedrich Wolters, Johann Anton, [als Ms. gedruckt, Selbstverlag], Freiburg im Breisgau 1959.

Elze, Walter: Marburg. Bemerkungen zu dem einstigen Kreis dort, [als Ms. gedruckt, Selbstverlag], Freiburg im Breisgau 1961.

Die Erzählungen aus den tausendundein Nächten, Achter Band, [2. Auflage], Insel-Verlag, Leipzig 1914.

[Engel, Gerhard:] Heeresadjutant bei Hitler 1938–1943. Aufzeichnungen des Majors Engel. Herausgegeben und kommentiert von Hildegard von Kotze (Schriftenreihe der Vierteljahrshefte für Zeitgeschichte Nr. 29), Deutsche Verlags-Anstalt, Stuttgart 1974.

Escher, Max: »melitta schiller-stauffenberg. eine begegnung«, Kulturwarte, Februar 1972.

Fahrner, Rudolf: Arndt. Geistiges und politisches Verhalten, W. Kohlhammer, Stuttgart 1937.

[Fahrner, Rudolf:] Gneisenau, Delfinverlag, München 1942.

Fahrner, Rudolf: Gneisenau, Delfinverlag, München ²1942.

Fahrner s. auch Solomos.

Fehling, Maria: Bismarcks Geschichtskenntnis, J. G. Cotta'sche Buchhandlung Nachfolger, Stuttgart und Berlin 1922.

Fehling, Maria, Hrsg.: Briefe an Cotta. Das Zeitalter Goethes und Napoleons 1794–1815, J. G. Cotta'sche Buchhandlung Nachfolger, Stuttgart und Berlin 1925.

Ferry, Jules: Le Tonkin et la Mère-Patrie, Victor-Havard, Paris 1890.

[Fichte, Johann Gottlieb:] Johann Gottlieb Fichte's sämmtliche Werke. Herausgegeben von J. H. Fichte. 8 Bände, Verlag von Veit und Comp., Berlin 1845–1846.

Foertsch, Hermann: Schuld und Verhängnis. Die Fritsch-Krise im Frühjahr 1938 als Wendepunkt in der Geschichte der nationalsozialistischen Zeit, Deutsche Verlags-Anstalt, Stuttgart 1951.

Foreign Relations of the United States. Diplomatic Papers. 1941. Volume 1, United States Government Printing Office, Washington 1958.

Foreign Relations of the United States. 1942. Volume 1, United States Government Printing Office, Washington 1960.

Foreign Relations of the United States. Diplomatic Papers. 1943. Volume 1, United States Government Printing Office, Washington 1963.

Foreign Relations of the United States. The Conference at Washington, 1941–1942, and Casablanca, 1943, United States Government Printing Office, Washington 1968.

Foreign Relations of the United States. Diplomatic Papers. 1944. Volume 1, United States Government Printing Office, Washington 1966.

Foreign Relations of the United States. Diplomatic Papers. The Conferences at Malta and Yalta 1945, United States Government Printing Office, Washington 1955.

[Frank, Hans:] Das Diensttagebuch des deutschen Generalgouverneurs in Polen 1939–1945. Herausgegeben von Werner Präg und Wolfgang Jacobmeyer (Quellen und Darstellungen zur Zeitgeschichte, Band 20), Deutsche Verlags-Anstalt, Stuttgart 1975.

Frank, Victor: Agis und Kleomenes. Nach dem Plutarch, Delfinverlag, München 1944.

[Frantz, Günther:] Die Vernichtungsschlacht in kriegsgeschichtlichen Beispielen. Im Auftrage der Heeresinspektion des Erziehungs- und Bildungswesens bearbeitet von Günther Frantz, ehem. Major im Generalstabe, E.S. Mittler & Sohn, Berlin 1928.

»Freiheitskämpfer gegen Hitler«, Die Zeit 22. Juli 1948, S.2.

Frenssen, Gustav: Jörn Uhl, G. Grote'sche Verlagsbuchhandlung, 47. Tausend, Berlin 1902.

Frenssen, Gustav: Gesammelte Werke, Bände 1–6, G. Grote'sche Verlagsbuchhandlung, Berlin 1943.

Die Friedensbedingungen der Alliierten und Assoziierten Regierungen, Verlag von Reimar Hobbing, Berlin 1919.

Fritzsche, Hans Karl: Ein Leben im Schatten des Verrates. Erinnerungen eines Überlebenden an den 20. Juli 1944, Verlag Herder, Freiburg im Breisgau, Basel, Wien 1984.

Furtwängler, Franz Josef: Männer, die ich sah und kannte, Auerdruck, Hamburg 1951.

Genealogisches Handbuch der adeligen Häuser. Adelige Häuser A, Band IV, C. A. Starke Verlag, Limburg a.d.Lahn 1960.

Genealogisches Handbuch der adeligen Häuser. Adelige Häuser B, Band XIV, XVI, C. A. Starke Verlag, Limburg an der Lahn 1981, 1985.

Genealogisches Handbuch der freiherrlichen Häuser. Freiherrliche Häuser B, Band II C. A. Starke Verlag, Glücksburg/Ostsee 1957.

Genealogisches Handbuch der gräflichen Häuser. Gräfliche Häuser A, Band II, III, C. A. Starke Verlag, Glücksburg/Ostsee 1955, [1958].

George, Stefan: Gesamt-Ausgabe der Werke. Endgültige Fassung, 18 in 15 Bänden, Georg Bondi, Berlin 1927–1934.

George, Stefan, Friedrich Gundolf: Briefwechsel. Hrsg. von Robert Boehringer mit Georg Peter Landmann, Helmut Küpper vormals Georg Bondi, München und Düsseldorf 1962.

Gersdorff, Rudolf-Christoph Frhr. v.: Soldat im Untergang, Ullstein, Frankfurt/M., Berlin, Wien 1977.

Gerstenmaier, Eugen: »Der Kreisauer Kreis: Zu dem Buch Gerrit van Roons Neuordnung im Widerstand, Vierteljahrshefte für Zeitgeschichte 15 (1967), S. 221–246.

Gerstenmaier, Eugen: »Zur Geschichte des Umsturzversuchs vom 20. Juli 1944«, Neue Zürcher Zeitung Nr. 979, 23. Juni 1945, Blatt 3 und Nr. 983, 24. Juni 1945, Blatt 3.

Gerstenmaier, Eugen: »Sie wollten Hitler nicht mit Stalin tauschen«, Die Zeit Nr. 37, 8. Sept. 1978, S. 26.

Geyr von Schweppenburg, [Leo] Freiherr: Erinnerungen eines Militärattachés. London 1933–1937, Deutsche Verlags-Anstalt, Stuttgart 1949.

Gießler, Klaus-Volker: »Briefwechsel zwischen Claus Graf Stauffenberg und Georg von Sodenstern von Februar/März 1939. Gedanken zum Wesen des Soldatentums«, in: Friedrich P. Kahlenberg, Hrsg., Aus der Arbeit der Archive. Beiträge zum Archivwesen, zur Quellenkunde und zur Geschichte. Festschrift für Hans Booms, Harald Boldt Verlag, Boppard am Rhein 1989, S. 552–564.

Gisevius, Hans Bernd: Bis zum bittern Ende, 2 Bände, Fretz & Wasmuth Verlag, Zürich 1946.

Gisevius, Hans Bernd: Bis zum bittern Ende, Fretz & Wasmuth Verlag, Zürich [1954].

Gisevius, Hans Bernd: Wo ist Nebe? Erinnerungen an Hitlers Reichskriminaldirektor, Droemer, Zürich 1966.

Glöckner, Ernst: Begegnung mit Stefan George. Auszüge aus Briefen und Tagebüchern 1913–1934, Lothar Stiehm Verlag, Heidelberg 1972.

Gneisenau s. Fahrner; Griewank; Stern; Thimme.

Goebbels, [Joseph]: Tagebücher aus den Jahren 1942—43. Mit andern Dokumenten herausgegeben von Louis P. Lochner, Atlantis Verlag, Zürich 1948.

[Goebbels, Joseph:] Die Tagebücher von Joseph Goebbels. Sämtliche Fragmente, herausgegeben von Elke Fröhlich im Auftrag des Instituts für Zeitgeschichte und in Verbindung mit dem Bundesarchiv, Teil 1 und 2, Bde 1–4 und 1–15, K.G. Saur, München, New York, London, Paris 1987–2000 und 1993–1996.

[Goerdeler, Carl:] »Das Regierungsprogramm vom 20. Juli 1944. Karl Goerdelers geplante Rundfunkrede nach Übernahme der öffentlichen Gewalt. Aus dem Nachlaß herausgegeben von Professor Dr. Gerhard Ritter, Freiburg«, Die Gegenwart 1 (1946) Nr. 12/13, 24. Juni 1946, S. 11–14.

[Goerdeler, Carl:] »Wiedergewinnung der sittlichen Grundlage. Carl Goerdelers Regierungsprogramm - Eine vorgesehene Rundfunkrede bei Uebernahme der Reichsregierung«, Stuttgarter Zeitung Nr. 164, 20. Juli 1967, S. 11.

Gollwitzer, Helmut, Käthe Kuhn, Reinhold Schneider, Hrsg.: Du hast mich heimgesucht bei Nacht. Abschiedsbriefe und Aufzeichnungen des Widerstandes 1933–1945, Chr. Kaiser Verlag, München ³1962.

Gothaisches Genealogisches Taschenbuch der Freiherrlichen Häuser, Teil B, 91. Jahrgang 1941, Justus Perthes, Gotha [1940].

Gothaisches Genealogisches Taschenbuch der Gräflichen Häuser 1919, 92. Jahrgang, Justus Perthes, Gotha [1918].

Gothaisches Genealogisches Taschenbuch der Gräflichen Häuser, Teil A, 109. Jahrgang 1936, Justus Perthes, Gotha [1935].

Grant Duff, Shiela: The Parting of Ways. A Personal Account of the Thirties, P. Owen, London 1982.

[Grant Duff, Shiela and Adam von Trott zu Solz:] A Noble Combat. The Letters of Shiela Grant Duff and Adam von Trott zu Solz 1932–1939. Edited by Klemens von Klemperer, Clarendon Press, Oxford 1988.

Griewank, Karl, Hrsg.: Gneisenau. Ein Leben in Briefen, Koehler & Amelang, Leipzig 1939.

Groener, Wilhelm: Das Testament des Grafen Schlieffen. Operative Studien über den Weltkrieg, E.S. Mittler & Sohn, Berlin 1927.

Groener, Wilhelm: Der Feldherr wider Willen. Operative Studien über den Weltkrieg, E.S. Mittler & Sohn, Berlin [2]1930.

Groscurth, Helmuth: Tagebücher eines Abwehroffiziers 1938–1940, hrsg. von Helmut Krausnick und Harald C. Deutsch, Deutsche Verlags-Anstalt, Stuttgart 1970.

Guderian, Heinz: Erinnerungen eines Soldaten, Motorbuch Verlag, Stuttgart 1979.

Guttenberg, Elisabeth von: Holding The Stirrup. As Told to Sheridan Spearman, Duell, Sloan and Pearce, New York, Little, Brown and Company, Boston 1952.

Guttenberg, Elisabeth zu: Beim Namen gerufen. Erinnerungen, Verlag Ullstein, Berlin-Frankfurt/M. 1990.

Halder, [Franz]: Kriegstagebuch. Bände I-III, W. Kohlhammer Verlag, Stuttgart 1962, 1963,1964.

Hamilton, Mary: Dead Yesterday, Duckworth & Co., London 1916.

Hammerstein, Kunrat Freiherr von, Spähtrupp, Henry Goverts Verlag, Stuttgart 1963.

Handbuch für das Deutsche Reich 1936. Herausgegeben vom Reichs- und Preußischen Ministerium des Innern. Sechsundvierzigster Jahrgang, Carl Heymanns Verlag, Berlin 1936.

Hassell, Fey von: Hostage of the Third Reich. The Story of My Imprisonment and Rescue from the SS, Charles Scribner's Sons, New York 1989.

Hassell, Ulrich von: Vom andern Deutschland. Aus den nachgelassenen Tagebüchern 1938–1944, Atlantis Verlag, Zürich [2]1946.

Hassell, Ulrich von: Die Hassell-Tagebücher 1938–1944. Aufzeichnungen vom Andern Deutschland, Siedler Verlag, Berlin 1988 (Quellenangaben nach dieser Ausgabe, soweit nicht anders vermerkt).

Hebbel, Friedrich: Sämtliche Werke. Historisch-kritische Ausgabe besorgt von Richard Maria Werner. Sechster Band, B. Behr's Verlag, Berlin 1902.

[Hegelmaier, Leopold:] Beamter und Soldat. Lebenserinnerungen von Dr. Leopold Hegelmaier, Wirklichem Staatsrat und Major der Landwehr a.D., Verlag von A. Bonz' Erben, Stuttgart 1937.

Heilfron, Ed[uard], Hrsg.: Die Deutsche Nationalversammlung im Jahre 1919 in ihrer Arbeit für den Aufbau des neuen deutschen Volksstaates, 9 Bände, Norddeutsche Buchdruckerei und Verlagsanstalt, Berlin [1920].

Heine, Heinrich: Buch der Lieder, Hoffmann und Campe, Hamburg [48]1882.

Heine, Heinrich: Historisch-kritische Gesamtausgabe der Werke, herausgegeben von Manfred Windfuhr, Band 8/1, Hoffmann und Campe, Hamburg 1979.

Heintz [richtig: Heinz], F[riedrich] W[ilhelm]: »Offener Brief an Herrn Remer«, Deutsche Wirklichkeit Nr. 18, 1. Sept. 1949, S. 8–9.

Hellingrath, Norbert von: Hölderlin. Zwei Vorträge, Hugo Bruckmann Verlag, München 1921.

Herwarth [von Bittenfeld], Hans von: »Dem Andenken des Generals der Kavallerie Ernst Köstring«, Zeitschrift für Geopolitik, Weltwirtschaft, Weltpolitik und Auslandswissen XXV (1954), S. 766–768.

Herwarth von Bittenfeld, Hans: »Meine Verbindung mit Graf Stauffenberg«, Stuttgarter Zeitung Nr. 162, 18. Juli 1969, S. 7.

Herwarth [von Bittenfeld], Hans von: Zwischen Hitler und Stalin. Erlebte Zeitgeschichte 1931 bis 1945, Propyläen Verlag, Frankfurt am Main, Berlin, Wien 1982.

Heusinger, Adolf: Befehl im Widerstreit. Schicksalsstunden der deutschen Armee 1923–1945, Rainer Wunderlich Verlag Hermann Leins, Tübingen und Stuttgart 1950.

Heyde, B[olko] von der: »Die Verschwörung des 20. Juli. Beteiligte sagen aus«, Die Welt, 31. Juli 1947, S. 2.

Hildebrandt, Kurt: Individualitaet und Gemeinschaft. Festrede auf dem Herbstfeste des sudetendeutschen Kameradschaftsbundes in Schloss Heinrichsruh bei Teplitz, Verlag Die Runde, Berlin 1933.

Hildebrandt, Kurt: Erinnerungen an Stefan George und seinen Kreis, H. Bouvier & Co. Verlag, Bonn 1965.

[Himmler, Heinrich:] »Die Rede Himmlers vor den Gauleitern am 3. August 1944«, Vierteljahrshefte für Zeitgeschichte 1 (1953), S. 357–394.

[Hinks, Roger:] The Gymnasium of the Mind. The Journals of Roger Hinks. 1933–1963. Edited by John Goldsmith, Michael Russell, The Chantry, Wilton, Salisbury, Wiltshire 1984.

Hitler, Adolf: [Rede vor dem Reichstag am 13. Juli 1934], Völkischer Beobachter, Norddeutsche Ausgabe, Berlin 15./16. Juli 1934, S. 1–2 und Beiblatt.

[Hitler, Adolf:] Hitlers Weisungen für die Kriegführung 1939–1945. Dokumente des Oberkommandos der Wehrmacht. Herausgegeben von Walther Hubatsch, Bernard & Graefe Verlag für Wehrwesen, Frankfurt am Main 1962.

Hitler, Adolf: Monologe im Führerhauptquartier 1941–1944. Die Aufzeichnungen Heinrich Heims, herausgegeben von Werner Jochmann, Albrecht Knaus Verlag, Hamburg 1980.

Hitlers Lagebesprechungen. Die Protokollfragmente seiner militärischen Konferenzen 1942–1945. Herausgegeben von Helmut Heiber (Quellen und Darstellungen zur Zeitgeschichte, Band 10), Deutsche Verlags-Anstalt, Stuttgart 1962.

Hitler s. auch Domarus; Treue.

Hölderlin, [Friedrich]: Sämtliche Werke. Historisch-kritische Ausgabe begonnen durch Norbert v. Hellingrath, fortgeführt durch Friedrich Seebass und Ludwig v. Pigenot, Bände 1–6, Propyläen-Verlag, Berlin 1923 (Bände 1, 4, 5 = 2. Auflage).

Hölderlin, [Friedrich]: Sämtliche Werke. Historisch-kritische Ausgabe unter Mitarbeit von Friedrich Seebass besorgt durch Norbert v. Hellingrath. Vierter Band. Besorgt durch Norbert v. Hellingrath. Gedichte 1800–1806, Georg Müller, München und Leipzig 1916.

Hölderlin, [Friedrich]: Sämtliche Werke (Stuttgarter Hölderlin-Ausgabe im Auftrag des württembergischen Kultministeriums herausgegeben von Friedrich Beissner), Band 1–8, W. Kohlhammer Verlag, J. G. Cottasche Buchhandlung Nachfolger, Stuttgart 1946–1985.

Hölderlin, [Friedrich]: Sämtliche Werke. Hrsg.von Friedrich Beissner, Insel-Verlag, Frankfurt am Main 1961.

Hof- und Staatshandbuch des Königreichs Württemberg, herausgegeben von dem Königlichen Statistischen Landesamt 1913, Druck von W. Kohlhammer, Stuttgart 1913.

Hof- und Staatshandbuch des Königreichs Württemberg. Herausgegeben von dem Königlichen Statistischen Landesamt 1914, W. Kohlhammer, Stuttgart 1914.

Hoffmann, [Konrad], [Richard] Lempp, [Paul] Stadelmann: Worte an der Bahre und am Grabe des verewigten Herzogs Wilhelm zu Württemberg, bis 30. November 1918 König von Württemberg, Gedächtnisrede in der Liederhalle und

Gedächtnispredigt in der Schloßkirche gesprochen zu Stuttgart, Bebenhausen und Ludwigsburg, Chr. Scheufeie, Stuttgart [1921].

Hoffmann, Volkmar: »›Nie wieder bin ich solch einem Menschen begegnet‹: 20. Juli – 20 Jahre danach/Interview mit Stauffenbergs Sekretärin und anderen Beteiligten/›Ich würde es wieder tun‹«, Frankfurter Rundschau 18. Juli 1964, S. 3.

Hoffmann, Wilhelm: Nach der Katastrophe, Rainer Wunderlich (Hermann Leins), Tübingen und Stuttgart 1946.

Hubatsch, Walther: »Quellen zur neuesten Geschichte III. Das dienstliche Tagebuch des Chefs des Wehrmachtführungsamtes im Oberkommando der Wehrmacht, Generalmajor Jodl, für die Zeit vom 13. Okt. 1939 bis zum 30. Jan. 1940«, Die Welt als Geschichte 12 (1952), S. 274–287 und 13 (1953), S. 58–71.

Hubatsch s. auch Hitler.

Huber, Ernst Rudolf, Hrsg.: Dokumente zur deutschen Verfassungsgeschichte, 3 Bände, W. Kohlhammer Verlag, Stuttgart, Berlin, Köln, Mainz 1961, 1964, 1966.

Insel Almanach auf das Jahr 1919, Insel-Verlag, Leipzig [1918] [nach 9.11.18], Exemplar mit handschriftlicher Widmung Rilkes für Gräfin Stauffenberg im Besitz von Theodor Pfizer.

Jahrbuch für die geistige Bewegung, herausgegeben von Friedrich Gundolf und Friedrich Wolters, [Erster und] Dritter Jahrgang, 1910, 1912, Verlag der Blätter für die Kunst, Otto von Holten, Berlin [1910, 1911].

Jappe-Schubring, Gioia: »Aus meiner Kindheit und Jugend« in: Georg Peter Landmann, Hrsg., Wie jeder ihn erlebte, Privatdruck, Basel [1977], S. 34–47.

Jodl s. Hubatsch.

John, Otto: »Zum Jahrestag der Verschwörung gegen Hitler – 20. Juli 1944«, Wochenpost 18. Juli 1947, S. 4–6.

John, Otto: »Männer im Kampf gegen Hitler (II)«, Blick in die Welt 2 (1947) H. 7.

John, Otto: »Männer im Kampf gegen Hitler (IV): Wilhelm Leuschner«, Blick in die Welt 2 (1947) H. 9.

John, Otto: Zweimal kam ich heim. Vom Verschwörer zum Schützer der Verfassung, Econ Verlag, Düsseldorf, Wien 1969.

Kaiser, Jakob: »Deutschlands Trennung war vermeidbar«, Das Parlament, 20. Juli 1954.

Kantorowicz, Ernst: Kaiser Friedrich der Zweite, Georg Bondi, Berlin 1927.

Keilig, Wolf: Das deutsche Heer 1939–1945. Gliederung – Einsatz – Stellenbesetzung, Verlag Hans-Henning Podzun, Bad Nauheim 1956–[1970].

Kennan, George F.: Memoirs 1925–1950, Little, Brown and Company, Boston, Toronto 1967.

Köhler, [Ludwig] v[on]: Zur Geschichte der Revolution in Württemberg. Ein Bericht, Verlag W. Kohlhammer, Stuttgart 1930.

Kommerell, Max: Der Dichter als Führer in der deutschen Klassik. Klopstock, Herder, Goethe, Schiller, Jean Paul, Hölderlin, Georg Bondi, Berlin 1928.

Kommerell, Max: Gespräche aus der Zeit der deutschen Wiedergeburt, Verlag der Blätter für die Kunst Otto von Holten, Berlin 1929.

Kommerell, Max: Briefe und Aufzeichnungen 1919–1944, Walter-Verlag, Olten und Freiburg im Breisgau 1967.

Kordt, Erich: Nicht aus den Akten..., Union Deutsche Verlagsgesellschaft, Stuttgart 1950.

Kriegstagebuch des Oberkommandos der Wehrmacht (Wehrmachtführungsstab). B. I–IV, Bernard & Graefe Verlag für Wehrwesen, Frankfurt am Main 1965, 1963, 1963, 1961.

Kürschners Deutscher Gelehrten-Kalender 1926–1950, Walter de Gruyter & Co., Berlin, Leipzig [1926–1950].

[Lagarde, Paul de:] Ueber die gegenwärtige lage des deutschen reichs, ein bericht, erstattet von Paul de Lagarde, Dieterichsche Verlagsbuchhandlung, Göttingen 1876.

Lagarde, Paul de: Deutsche Schriften, Dieterichsche Verlagsbuchhandlung, Göttingen 1878.

Lagarde, Paul de: Deutsche Schriften. Gesammtausgabe letzter Band, Vierter Abdruck, Dieterichsche Verlagsbuchhandlung, Göttingen 1892.

Lagarde, Paul de: »Das verborgene Deutschland«, [Privatdruck der Schriftgießerei] Gebr. Klingspor, Offenbach a. M. 1920.

Landmann, Edith: Gespräche mit Stefan George, Helmut Küpper vormals Georg Bondi, Düsseldorf und München 1963.

Landmann, Georg Peter, Hrsg.: Wie jeder ihn erlebte. Zum Gedenken an Robert Boehringer, Privatdruck, Basel [1977].

Landmann, Michael: Figuren um Stefan George. Zweiter Band, Castrum Peregrini Presse, Amsterdam 1988.

[Langbehn, Julius:] Rembrandt als Erzieher. Von einem Deutschen, Verlag von C. L. Hirschfeld, Leipzig 1890.

Leber, Annedore: Den toten, immer lebendigen Freunden. Eine Erinnerung zum 20. Juli 1944, Telegraf Verlag, Berlin 1946.

[Leber, Julius:] Ein Mann geht seinen Weg. Schriften, Reden und Briefe von Julius Leber, Mosaik-Verlag, Berlin-Schöneberg, Frankfurt/M. 1952.

Lenin, W. I.: Staat und Revolution. Die Lehre des Marxismus vom Staat und die Aufgaben des Proletariats in der Revolution (Bücherei des Marxismus-Leninismus, Band 17), Dietz Verlag, Berlin 1957.

Leverkuehn, Paul: Der geheime Nachrichtendienst der deutschen Wehrmacht im Kriege, Athenäum Verlag, Frankfurt/M. ²1957.

Lindgren, Henrik: »Adam von Trotts Reisen nach Schweden 1942–1944«, Vierteljahrshefte für Zeitgeschichte 18 (1970), S. 274–291.

Linge, Heinz: Bis zum Untergang. Als Chef des Persönlichen Dienstes bei Hitler. Herausgegeben von Werner Maser, F. A. Herbig Verlagsbuchhandlung, München, Berlin ²1980.

Lohrer, Liselotte: »Hölderlin-Ausgabe und Hölderlin-Archiv. Entstehung und Geschichte«, in: In libro humanitas. Festschrift für Wilhelm Hoffmann zum sechzigsten Geburtstag 21. April 1961, Ernst Klett-Verlag, Stuttgart 1962, S. 289–314.

Ludendorff, Erich: Meine Kriegserinnerungen 1914–1918, Ernst Siegfried Mittler und Sohn Verlagsbuchhandlung, Berlin 1919.

Mann, Thomas: Briefwechsel mit Autoren. Rudolf Georg Binding, Bertolt Brecht, Hermann Broch [et al.]. Herausgegeben von Hans Wysling, S. Fischer, Frankfurt am Main 1988.

Manstein, Erich v[on]: Verlorene Siege, Bernard & Graefe Verlag für Wehrwesen, Frankfurt am Main 1969 (¹1955 Athenäum Verlag, Frankfurt am Main).

Manstein, Erich von: Soldat im 20. Jahrhundert. Militärisch-politische Nachlese. Herausgegeben von Rüdiger von Manstein und Theodor Fuchs, Bernard & Graefe Verlag, Koblenz ²1983.

[Mehnert, Frank] s. Frank, Victor.

Mehnert, Klaus: Ein Deutscher in der Welt: Erinnerungen 1906–1981, Deutsche Verlags-Anstalt, Stuttgart 1981.

Meinecke, Friedrich: Die deutsche Katastrophe: Betrachtungen und Erinnerungen, Brockhaus, Wiesbaden 1946.

Mende, Gerhard von: »Erfahrungen mit Ostfreiwilligen in der deutschen Wehrmacht während des Zweiten Weltkrieges«, in: Vielvölkerheere und Koalitionskriege (Auslandsforschung. Schriftenreihe der Auslandswissenschaftlichen Gesellschaft e.V., Heft 1), C.W. Leske Verlag, Darmstadt 1952, S. 24–33.

Michaelis, Herbert und Ernst Schraepler, Hrsg.: Ursachen und Folgen. Vom deutschen Zusammenbruch 1918 und 1945 bis zur staatlichen Neuordnung Deutschlands in der Gegenwart. Eine Urkunden- und Dokumentensammlung zur Zeitgeschichte, 26 [und zwei Register-]Bände, Dokumenten-Verlag Dr. Herbert Wendler & Co., Berlin [1959–1979].

Michalka, Wolfgang, Hrsg.: »Volksgemeinschaft« und Großmachtpolitik 1933–1939 (Das Dritte Reich. Dokumente zur Innen- und Außenpolitik. Band 1), Deutscher Taschenbuch Verlag, München 1985.

Michel, Karl: »Stauffenberg – der neue Dynamismus. Ein Beitrag zur Geschichte des Offiziersputsches gegen Hitler«, Die Tat [Zürich], 25. Nov. 1946.

Michel, Karl: Ost und West: Der Ruf Stauffenbergs, Thomas-Verlag, Zürich 1947.

Ministerial-Blatt für die Preußische innere Verwaltung. Teil I. Herausgegeben im Preußischen Ministerium des Innern. 94. Jahrgang 1933, Carl Heymanns Verlag, Berlin 1933.

Moeller van den Bruck: Das dritte Reich, Hanseatische Verlagsanstalt, Hamburg ³1931.

Moltke, [Helmuth] Graf von: Ausgewählte Werke, 4 Bände, Reimar Hobbing, Berlin 1925.

Moltke, Graf Helmuth von: Gesammelte Schriften und Denkwürdigkeiten, 8 Bände, Ernst Siegfried Mittler und Sohn Königliche Hofbuchhandlung, Berlin 1891–1893.

Moltke, Helmuth James von: Briefe an Freya 1939–1945. Herausgegeben von Beate Ruhm von Oppen, Verlag C.H. Beck, München 1988.

Moltke, Helmuth James Graf von: Völkerrecht im Dienste der Menschen. Dokumente. Hrsg. und eingeleitet von Ger van Roon, Siedler Verlag, Berlin 1986.

Momm, Harald: Pferde, Reiter und Trophäen, Copress, München 1957.

Morgenthau, Henry: Germany Is Our Problem, Harper, New York 1945.

Morwitz, Ernst: Kommentar zu dem Werk Stefan Georges, Helmut Küpper vormals Georg Bondi, Düsseldorf und München 1960, ²1969.

Munzinger-Archiv/Internationales Biographisches Archiv (lfd).

Nebgen, Elfriede: Jakob Kaiser. Der Widerstandskämpfer, Verlag W. Kohlhammer, Stuttgart, Berlin, Köln, Mainz ²1970.

Nijland-Verwey, Mea, Hrsg.: Wolfskehl und Verwey. Die Dokumente ihrer Freundschaft 1897–1946, Verlag Lambert Schneider, Heidelberg 1968,

Offiziere im Bild von Dokumenten aus drei Jahrhunderten (Beiträge zur Militär- und Kriegsgeschichte, Band 6, herausgegeben vom Militärgeschichtlichen Forschungsamt), Deutsche Verlags-Anstalt, Stuttgart 1964.

Osas, Veit: Walküre. Die Wahrheit über den 20. Juli 1944 mit Dokumenten, Deutschland-Verlag Adolf Ernst Schulze & Co., Hamburg 1953.

Pagels, Hermann Joachim: »Victor Frank: Führerbüste 1933 in der Industrie- und

Handelskammer Magdeburg«, N.S.B.Z. Nationalsozialistische Beamten-Zeitung 5 (1936), Nr. 9, 20. Apr. 1936, S. 348.

Palestine. Statement of Policy. Presented by the Secretary of State for the Colonies to Parliament by Command of His Majesty, May, 1939, in: Accounts and Papers XII, volume XXVII, His Majesty's Stationery Office, London 1939.

Parliamentary Debates. Fifth Series. Volume 377. House of Commons. Official Report, His Majesty's Stationery Office, London 1942.

Partsch, Karl Josef: »Stauffenberg. Das Bild des Täters«, Europa-Archiv 1950, S. 3196–3200.

Partsch, Karl Josef: [»Erinnerungen an Robert Boehringer«], in: Georg Peter Landmann, Hrsg., Wie jeder ihn erlebte, Privatdruck, Basel [1977], S. 74–87.

[Paulus, Friedrich:] Paulus und Stalingrad. Lebensweg des Generalfeldmarschalls Friedrich Paulus. Mit den Aufzeichnungen aus dem Nachlaß, Briefen und Dokumenten hrsg. von Walter Görlitz, Athenäum Verlag, Frankfurt am Main, Bonn 1964, [1]1960.

Pechel, Rudolf: Deutscher Widerstand, Eugen Rentsch Verlag, Erlenbach-Zürich 1947.

Pfizer, Theodor: »Die Brüder Stauffenberg« in: Robert Boehringer. Eine Freundesgabe, herausgegeben von Erich Boehringer und Wilhelm Hoffmann, J.C.B. Mohr (Paul Siebeck), Tübingen 1957, S. 487–509.

Pfizer, Theodor: »Die Hölderlin-Gesellschaft: Anfänge und Gegenwart«, Hölderlin-Jahrbuch 21 (1978–1979), S. 14–35.

Pfizer, Theodor: Im Schatten der Zeit 1904–1948, W. Kohlhammer Verlag, Stuttgart 1979.

Pick, Albert, Hrsg.: Aus der Zeit der Noth (1806 bis 1815). Schilderungen zur preußischen Geschichte aus dem brieflichen Nachlasse des Feldmarschalls Neithardt von Gneisenau, E.S.Mittler und Sohn, Berlin 1900.

Pilz, Kurt: »Das Bildnis des Führers«, N.S.B.Z. Nationalsozialistische Beamten-Zeitung 5 (1936), Nr. 9, 20. Apr. 1936, S. 351–354.

Piper, Ernst: Ernst Barlach und die nationalsozialistische Kunstpolitik. Eine dokumentarische Darstellung zur »entarteten Kunst«, R. Piper & Co. Verlag, München, Zürich 1983.

Pistorius, Theodor v[on]: Die letzten Tage des Königreichs Württemberg. Mit Lebenserinnerungen und Lebensbekenntnissen von seinem letzten Finanzminister, dem nachherigen Hochschullehrer, Prof. Dr. und Dr. e.h. Theodor v. Pistorius, W. Kohlhammer, Stuttgart [2]1936.

Der Prozeß gegen die Hauptkriegsverbrecher vor dem Internationalen Militärgerichtshof Nürnberg 14. November 1945–1. Oktober 1946, 42 Bände, Sekretariat des Gerichtshofs, Nürnberg 1947–1949.

Rangliste der Offiziere der Königlich Bayerischen Armee. Stand vom 21. April 1917, Drucksachen-Verlag des Kriegsministeriums, München o.J.

Rangliste des deutschen Heeres 1944/45, hrsg. von Wolf Keilig, Verlag Hans-Henning Podzun, Bad Nauheim 1955.

Rangliste des Deutschen Reichsheeres. Nach dem Stande vom 1. April 1923 [ebenso jeweils 1. Mai 1927–1932]. Bearbeitet im Reichwehrministerium (Heeres-Personalamt), E.S. Mittler & Sohn, Berlin [1923,1927–1932].

Rautenberg, Hans-Jürgen: »Drei Dokumente zur Planung eines 300000 Mann-Friedensheeres aus dem Dezember 1933«, Militärgeschichtliche Mitteilungen 22 (1977), S. 103–138.

Die Regierung Hitler. Teil I: 1933/34. Band 1, bearbeitet von Karl-Heinz Minuth (Akten der Reichskanzlei. Regierung Hitler 1933–1938 herausgegeben für die Historische Kommission bei der Bayerischen Akademie der Wissenschaften von Konrad Repgen, für das Bundesarchiv von Hans Booms), Harald Boldt Verlag, Boppard am Rhein 1983.

Regierungsblatt für das Königreich Württemberg vom Jahr 1911. Buchdruckerei Chr. Scheufele, Stuttgart [1911].

Reichs-Gesetzblatt 1919. Herausgegeben vom Reichsministerium des Innern, Berlin [1919].

Reichsgesetzblatt. Teil II. 1925. Verlag des Gesetzsammlungsamts, Berlin 1925.

Reichsgesetzblatt. Teil I. 1933 [ebenso 1934, 1935]. Reichsverlagsamt, Berlin 1933–1935.

Reichsverfassung s. Deutsche.

Reinhardt, Fritz: »Vom Wesen der Volksgemeinschaft« in: Grundlagen, Aufbau und Wirtschaftsordnung des nationalsozialistischen Staates, hrsg. v. H.-H. Lammers und Hans Pfundtner, 3 Bände, Industrieverlag Spaeth & Linde, Berlin 1936–1939, Beitrag 8.

Reparation Commission: V. Report on the Work of the Reparation Commission from 1920 to 1922, Her Majesty's Stationery Office, London 1923.

Riezler, Kurt: Tagebücher, Aufsätze, Dokumente, Vandenhoeck & Ruprecht, Göttingen [1972].

Rilke, Rainer Maria: Sämtliche Werke, Zweiter Band, Gedichte, Zweiter Teil, Insel-Verlag, Frankfurt am Main 1982.

Rilke, Rainer Maria: Briefe aus den Jahren 1914 bis 1921, hrsg. von Ruth Sieber-Rilke und Carl Sieber, Insel-Verlag, Leipzig 1937.

Rilke, Rainer Maria [und] Lou Andreas Salome: Briefwechsel, hrsg. von Ernst Pfeiffer, Insel, Frankfurt/M. 1975.

Rilke, Rainer Maria [und] Helene von Nostiz: Briefwechsel, hrsg. von Oswalt von Nostiz, Insel, Frankfurt/M. 1976.

Röhm, Ernst: Die Geschichte eines Hochverräters, Verlag Franz Eher Nachfolger, München 1928.

Rommel, Erwin: Krieg ohne Haß, Heidenheimer Verlagsanstalt, Heidenheim (Brenz) [1950], 5. Auflage o. J.

[Rommel, Erwin:] The Rommel Papers, ed. B. H. Liddell Hart, Collins, London 1953.

Roon, [Albrecht] Graf von: Denkwürdigkeiten, 3 Bände, Verlag von Eduard Trewendt, Breslau 1892-1897.

Roosevelt, Franklin D.: The Public Papers and Addresses. 1937 Volume, Macmillan, New York 1941.

R[othfels], H[ans], Hrsg.: »Ausgewählte Briefe von Generalmajor Helmuth Stieff (hingerichtet am 8. August 1944)«, Vierteljahreshefte für Zeitgeschichte 2 (1954), S. 291–305.

R[othfels], H[ans], Hrsg.: »Zwei außenpolitische Memoranden der deutschen Opposition (Frühjahr 1942)«, Vierteljahreshefte für Zeitgeschichte 5 (1957), S. 388–397.

Rothfels, Hans: »Trott und die Außenpolitik des Widerstandes«, Vierteljahreshefte für Zeitgeschichte 12 (1964), S. 300–323.

Sänger, Fritz: »Stauffenberg: Auch mit der KP. Streit um den 20. Juli 1944 – Falsche Argumente gegen Wehner«, Die Zeit Nr. 34, 18. Aug. 1978, Politik S. 8.

Salin, Edgar: Um Stefan George. Erinnerung und Zeugnis, Helmut Küpper vormals Georg Bondi, München und Düsseldorf ²1954.

S[alin], E[dgar]: Ernst Kantorowicz 1895–1963, Privatdruck, [Basel 1963].

Sauerbruch, Ferdinand: Das war mein Leben, Kindler und Schiermeyer Verlag, Bad Wörishofen 1951.

Sauerbruch, Peter: »Bericht eines ehemaligen Generalstabsoffiziers über seine Motive zur Beteiligung am militärischen Widerstand«, in: Vorträge zur Militärgeschichte 5. Der militärische Widerstand gegen Hitler und das NS-Regime 1933–1945, Verlag E. S. Mittler & Sohn, Herford, Bonn 1984, S. 135–152.

Schaal, Ferdinand: »Der 20. Juli 1944 in Prag: Der Attentatstag im Spiegel militärischer Befehle«, Schwäbische Zeitung 26. Juli 1952.

Schefold, Karl: [»Erinnerungen an Robert Boehringer«] in: Georg Peter Landmann, Hrsg., Wie jeder ihn erlebte, Privatdruck, Basel [1977], S. 99–104.

Schefold, Karl: »Erinnerung an Alexander Schenk Grafen von Stauffenberg«, Mitteilungen des Vereins der ehemaligen Schüler des Eberhard-Ludwigs-Gymnasiums 27 (1981) Heft 37, Juni 1981, S. 1–6.

Schematismus für das k.u. k. Heer und für die k.u. k. Kriegsmarine für 1914. Separatausgabe, Druck u. Verlag der k.k. [sic] Hof- und Staatsdruckerei, Wien, Februar 1914.

Schiller, [Friedrich]: Schillers Werke. Nationalausgabe. Erster Band. Gedichte in der Reihenfolge ihres Erscheinens 1776–1799. Hrsg. von Julius Petersen und Friedrich Beißner, Hermann Böhlaus Nachfolger, Weimar 1943.

Schiller, [Friedrich]: Schillers Werke. Nationalausgabe. Zweiter Band. Teil I. Gedichte. Hrsg. von Norbert Oellers, Hermann Böhlaus Nachfolger, Weimar 1983.

Schiller, K[lara]: »Melitta Gräfin Schenk von Stauffenberg, geb. Schiller (1903–1945)«, Schlesische Flieger Nachrichten 6 (1988) Nr. 5, S. 2–6.

Schlabrendorff, Fabian v[on]: Offiziere gegen Hitler, Europa Verlag, Zürich 1946.

Schlieffen, Graf Alfred v[on]: Gesammelte Schriften, 2 Bände, Ernst Siegfried Mittler und Sohn, Königliche Hofbuchhandlung, Berlin 1913.

Schlieffen, Alfred Graf v[on]: Cannae. Mit einer Auswahl von Aufsätzen und Reden des Feldmarschalls sowie einer Einführung und Lebensbeschreibung von General der Infanterie Freiherrn von Freytag-Loringhoven, E. S. Mittler & Sohn, Berlin 1925 [Neuauflage der Gesammelten Schriften von 1913, mit Auslassungen].

Schmidt, Paul: Statist auf diplomatischer Bühne 1923–45. Erlebnisse des Chefdolmetschers im Auswärtigen Amt mit den Staatsmännern Europas, Athenäum-Verlag, Bonn 1949.

[Schmundt, Rudolf:] Tätigkeitsbericht des Chefs des Heerespersonalamtes General der Infanterie Rudolf Schmundt fortgeführt von General der Infanterie Wilhelm Burgdorf 1.10.1942–29.10.1944, herausgegeben von Dermot Bradley und Richard Schulze-Kossens. Faksimile-Ausgabe, Biblio Verlag, Osnabrück 1984.

[Schramm, Percy Ernst:] »Vorgänge im FHQu am 20.7.44 (Attentat auf den Führer)«, in: H[erbert] Kraus, Die im Braunschweiger Remerprozeß erstatteten moraltheologischen und historischen Gutachten nebst Urteil, Girardet Verlag, Hamburg 1953, S. 139–141.

[Schramm, Percy Ernst:] »Mitteilungen des Stellv. Chefs WFSt 21.7.44, 20 Uhr«, in: H[erbert] Kraus, Die im Braunschweiger Remerprozeß erstatteten moraltheologischen und historischen Gutachten nebst Urteil, Girardet Verlag, Hamburg 1953, S. 142–145.

Schroeder, Christa: Er war mein Chef. Aus dem Nachlaß der Sekretärin von Adolf Hitler. Herausgegeben von Anton Joachimsthaler, Albert Langen, Georg Müller Verlag GmbH, München, Wien 1985.

Schulenburg, Tisa [Gräfin von der]: Zeichnungen, Aufzeichnungen, Praesentverlag Heinz Peter, Gütersloh ²1979.

Schulz, Günter: »Stefan George und Max Kommerell«, Das Literarische Deutschland 2, 5. Feb. 1951, S. 3.

Schurz, Carl: Lebenserinnerungen, 3 Bde, G. Reimer, Berlin 1906–1912, 1911–1929 (Bd. 1: Volksausgabe, 1911; Bd. 2: 1923; Bd. 3: 1929).

Schurz, Carl: Lebenserinnerungen, 3 Bde, W. de Gruyter & Co., Berlin und Leipzig 1912–1923.

Schwäbischer Merkur, Oktober-November 1918.

Seeley, J. R.: The Expansion of England. Two Courses of Lectures, Macmillan and Co., London 1931.

Shakespeare, William: The Sonnets and A Lover's Complaint. Edited by John Kerrigan, Penguin Books, Harmondsworth, Middlesex 1986.

Shirer, William L.: Berlin Diary. The Journal of a Foreign Correspondent, 1934–1941, Alfred A. Knopf, New York 1941.

Société des Nations: Recueil des Traités. Traités et Engagements internationaux enregistrés par le Secrétariat de la Société des Nations, Secrétariat de la Société des Nations, Genève 1936.

Sodenstern, [Georg] von: »Vom Wesen des Soldatentums«, Militärwissenschaftliche Rundschau 4 (1939), 1. Heft, ausgegeben Mitte Januar 1939, S. 42–60.

[Solomos, Dionysios:] Neugriechisches Gespräch. Der Dialog des Dionysios Solomos. Übertragen von Rudolf Fahrner, Verleger Irmgard Böhm, München 1943.

Soviet Documents s. Degras.

Speer, Albert: Erinnerungen, Propyläen Verlag, Berlin 1969.

Speidel, Hans: Invasion. Ein Beitrag zu Rommels und des Reiches Schicksal, Rainer Wunderlich Verlag Hermann Leins, Tübingen 1949.

Spengler, Oswald: Der Untergang des Abendlandes. Umrisse einer Morphologie der Weltgeschichte. Erster Band. Gestalt und Wirklichkeit, Wilhelm Braumüller K.K. Universitäts-Verlagsbuchhandlung Gesellschaft m.b.H., Wien und Leipzig 1918, ²1919.

Spengler, Oswald: Preußentum und Sozialismus, Beck, München 1920.

Spiegelbild einer Verschwörung. Die Kaltenbrunner-Berichte an Bormann und Hitler über das Attentat vom 20. Juli 1944. Geheime Dokumente aus dem ehemaligen Reichssicherheitshauptamt, Seewald Verlag, Stuttgart 1961.

»Spiegelbild einer Verschwörung«. Die Opposition gegen Hitler und der Staatsstreich vom 20. Juli 1944 in der SD-Berichterstattung. Geheime Dokumente aus dem ehemaligen Reichssicherheitshauptamt, hrsg. von Hans-Adolf Jacobsen, 2 Bände, Seewald Verlag, Stuttgart 1984.

Staatshandbuch für Württemberg 1922, hrsg. von dem Württembergischen Statistischen Landesamt, Druck von W. Kohlhammer, Stuttgart 1922.

Stahlberg, Alexander: Die verdammte Pflicht. Erinnerungen 1932 bis 1945, Ullstein, Berlin, Frankfurt/M. 1987.

Stauffenberg, Alexander Schenk Graf von: Die römische Kaisergeschichte bei Malalas. Griechischer Text der Bücher IX–XII und Untersuchungen, W. Kohlhammer, Stuttgart 1931.

Stauffenberg, Alexander Schenk Graf von: König Hieron der Zweite von Syrakus, W. Kohlhammer, Stuttgart 1933.

Stauffenberg, Alexander Schenk Graf von: »Die Germanen im römischen Reich«, Die Welt als Geschichte I 1935, S. 72–100, II 1936, S. 117–168, III 1937, S. 345–361.

[Stauffenberg, Alexander Schenk Graf von:] Der Tod des Meisters. Zum zehnten Jahrestag, Delfinverlag, München 1945.

Stauffenberg, Alexander [Schenk Graf von]: Der Tod des Meisters. Zum zehnten Jahrestag, Delfinverlag, o. O. 1948.

Stauffenberg, Alexander Graf Schenk von: Dichtung und Staat in der antiken Welt, Verlag Hermann Rinn, München [1948].

Stauffenberg, Alexander Schenk Graf von: Denkmal, Helmut Küpper vormals Georg Bondi, Düsseldorf und München 1964.

Stauffenberg, Alexander Schenk Graf von: Macht und Geist. Vorträge und Abhandlungen zur Alten Geschichte, Verlag Georg D. W. Callwey, München 1972.

Stauffenberg, Alexander Schenk Graf v.: Trinakria. Sizilien und Großgriechenland in archaischer und frühklassischer Zeit, R. Oldenbourg Verlag, München, Wien 1963.

Stauffenberg, Berthold Schenk Graf von: Die Rechtsstellung der russischen Handelsvertretungen (Beiträge zum ausländischen öffentlichen Recht und Völkerrecht, Heft 14), Walter de Gruyter & Co., Berlin und Leipzig 1930.

[Stauffenberg, Berthold Schenk Graf von:] Statut et règlement de la Cour permanente de Justice internationale. Éléments d'interprétation, Carl Heymanns Verlag, Berlin 1934.

Stauffenberg, B[erthold] Schenk Graf von: »Die Zuständigkeit des Ständigen Internationalen Gerichtshofs für die sogenannten politischen Streitigkeiten«, Deutsche Juristenzeitung 39 (1934), Sp. 1325–1330.

Stauffenberg, B[erthold] Schenk Graf von: »Die Abberufung des Präsidenten des Memeldirektoriums und das Urteil des Ständigen Internationalen Gerichtshofs vom 11. 8. 32«, Völkerbund und Völkerrecht 1 (1934), S. 291–295.

Stauffenberg, Berthold Schenk Graf von: »Die Entziehung der Staatsangehörigkeit und das Völkerrecht: Eine Entgegnung«, Zeitschrift für ausländisches öffentliches Recht und Völkerrecht IV (1934), S. 261–276.

Stauffenberg, [Berthold Schenk Graf von]: »1. Das Urteil des Ständigen Internationalen Gerichtshofs vom 15. Dezember 1933 (Série A/B Nr. 61): Berufung gegen eine Entscheidung des ungarisch-tschechoslowakischen Gemischten Schiedsgerichts (Die Universität Peter Pázmány / tschechoslowakischen Staat)«, Zeitschrift für ausländisches öffentliches Recht und Völkerrecht IV (1934), S. 395–403.

Stauffenberg, Berthold Schenk Graf von: »Die Vorgeschichte des Locarno-Vertrages und das russisch-französische Bündnis«, Zeitschrift für ausländisches öffentliches Recht und Völkerrecht VI (1936), S. 215–234.

Stauffenberg, [Claus] Graf Schenk von: »Gedanken zur Abwehr feindlicher Fallschirmeinheiten im Heimatgebiet«, Wissen und Wehr. Monatsschrift der Deutschen Gesellschaft für Wehrpolitik und Wehrwissenschaften 19 (1938), S. 459–476.

Stauffenberg, Claus Schenk Graf von s. auch Gießler.

Stauffenberg, Nina Gräfin: »Sie wollten Hitler nicht mit Stalin tauschen«, Die Zeit Nr. 37, 8. Sept. 1978, S. 26.

Steltzer, Theodor: Von deutscher Politik. Dokumente, Aufsätze und Vorträge.

Hrsg. von Friedrich Minssen, Verlag Josef Knecht, Carolusdruckerei, Frankfurt am Main 1949.

Stern, Alfred: »Gneisenau's Reise nach London im Jahre 1809 und ihre Vorgeschichte«, Historische Zeitschrift 85 (1900), S. 1–44.

Stettier, Michael, Hrsg.: Erinnerung an Frank. Ein Lebenszeugnis, Düsseldorf und München 1968.

Stieff, Hellmuth: Briefe, Siedler Verlag, Berlin 1991.

Stieff s. auch Rothfels.

Strik-Strikfeldt, Wilfried: Gegen Stalin und Hitler. General Wlassow und die russische Freiheitsbewegung, v. Hase & Koehler Verlag, Mainz 1970.

Ströhle, Albert: Der Vertrag von Versailles und seine Wirkungen für unser deutsches Vaterland, Zentral-Verlag, Berlin [1923].

Strölin, Karl: Verräter oder Patrioten? Der 20. Juli 1944 und das Recht auf Widerstand, Friedrich Vorwerk Verlag, Stuttgart 1952.

Teske, Hermann: Die silbernen Spiegel. Generalstabsdienst unter der Lupe, Kurt Vowinckel, Heidelberg 1952.

Teske, Hermann: »Der Zwiespalt«, Schwäbische Donauzeitung 19., 20., 21., 26. Aug. 1952 [jeweils] S. 7.

Teske, Hermann, Bearb.: General Ernst Köstring. Der militärische Mittler zwischen dem Deutschen Reich und der Sowjetunion 1921–194, Verlag E. S. Mittler & Sohn, Frankfurt am Main [1965].

Thimme, Friedrich: »Zu den Erhebungsplänen der preußischen Patrioten im Sommer 1808«. Ungedruckte Denkschriften Gneisenau's und Scharnhorst's, Historische Zeitschrift 86 (1901), S. 78–110.

Thormaehlen, Ludwig: »Die Grafen Stauffenberg, Freunde von Stefan George«, in: Robert Boehringer. Eine Freundesgabe, hrsg. von Erich Boehringer und Wilhelm Hoffmann, J.C.B. Mohr (Paul Siebeck), Tübingen 1957, S. 605–696.

Thormaehlen, Ludwig: Erinnerungen an Stefan George, Dr. Ernst Hauswedell & Co., Hamburg 1962.

Topf, Erwin: »Klaus Graf Stauffenberg«, Die Zeit 18. Juli 1946.

Treue, Wilhelm, Hrsg.: »Rede Hitlers vor der deutschen Presse (10. November 1938)«, Vierteljahreshefte für Zeitgeschichte 6 (1958), S. 175–191.

Trott zu Solz, A[dam] v[on]: »Der Kampf um die Herrschaftsgestaltung im Fernen Osten«, Zeitschrift für ausländisches öffentliches Recht und Völkerrecht IX (1939), S. 264–283.

Trott s.auch Grant Duff; Lindgren; Rothfels.

Üxküll[-Gyllenband, Alexandrine] Gräfin von: Aus einem Schwesternleben, W. Kohlhammer Verlag, Stuttgart ²[1957].

Uxkull-Gyllenband, Bernhard Victor [Graf]: Gedichte. Herausgegeben von Ernst Morwitz, Helmut Küpper vormals Georg Bondi, Düsseldorf und München 1964.

Uxkull-Gyllenband, Woldemar Graf: Das revolutionäre Ethos bei Stefan George (Philosophie und Geschichte. Eine Sammlung von Vorträgen und Schriften aus dem Gebiet der Philosophie und Geschichte, 45), Verlag von J.C.B. Mohr (Paul Siebeck), Tübingen 1933.

Vallentin, Berthold: Napoleon, Bondi, Berlin [1922].

Vallentin, Berthold: Napoleon und die Deutschen, Bondi, Berlin 1926.

Vallentin, Berthold: Gespräche mit Stefan George. 1902–1931, Castrum Peregrini Presse, Amsterdam 1961.

Verhaeren, Émile: Les Flammes hautes, Mercure de France, Paris 1917.

Vinogradowa, V. K., Gusajenko, V. P.: »Proval Operazii ›Valkirij‹«, Voenno-istori-cheskii archiv 3/1993, S. 77–83.

Völkischer Beobachter 1933–1945.

Vogelsang, Thilo: »Neue Dokumente zur Geschichte der Reichswehr«, Viertel-jahrshefte für Zeitgeschichte 2 (1954), S. 397–436.

Volksgerichtshof-Prozesse zum 20. Juli 1944. Transkripte von Tonbandfunden, Lautarchiv des deutschen Rundfunks, [Frankfurt/M.] 1961.

Vormann, Nikolaus von: Der Feldzug 1939 in Polen. Die Operationen des deut-schen Heeres, Prinz-Eugen-Verlag, Weissenburg 1958.

Wagener, Carl: »Der Vorstoß des XXXX. Panzerkorps von Charkow zum Kauka-sus Juli-August 1942. Ein Beispiel für weitreichende Operationen mit schnellen Truppen«, Wehrwissenschaftliche Rundschau 5 (1955), S. 397–407, 447–458.

Wagner, Gerhard, Hrsg.: Lagevorträge des Oberbefehlshabers der Kriegsmarine vor Hitler 1939–1945, J.F. Lehmann, München 1972.

Warlimont, Walter: Im Hauptquartier der deutschen Wehrmacht 1939–1945. Grundlagen, Formen, Gestalten, Bernard & Graefe Verlag für Wehrwesen, Frankfurt am Main 1962.

Wedemeyer, Albert C.: Wedemeyer Reports! Henry Holt & Company, New York 1958.

[Wehner, Bernd:] »Das Spiel ist aus - Arthur Nebe: Glanz und Elend der deutschen Kriminalpolizei«, Der Spiegel Nr. 12, 23. März 1950, S. 23–32.

Wehner, Bernd: Dem Täter auf der Spur. Die Geschichte der deutschen Kriminalpo-lizei, Lübbe, Bergisch Gladbach 1983.

[Weizsäcker, Ernst Freiherr von:] Die Weizsäcker-Papiere 1933–1950. Herausgege-ben von Leonidas Hill, Propyläen Verlag, Frankfurt/M., Berlin, Wien 1974.

Wolfe, Robert, Hrsg.: The Wannsee Protocol and a 1944 Report on Auschwitz by the Office of Strategie Services (The Holocaust, Bd. 11), Garland Publishing, New York, London 1982.

Wolfskehl, Karl: Gesammelte Werke. Erster Band. Dichtungen. Dramatische Dich-tungen. Zweiter Band. Übertragungen. Prosa. Hrsg. von Margot Ruben und Claus Victor Bock, Claassen Verlag, Hamburg 1960.

Wolfskehl, Karl: Die Stimme spricht, Bücherei des Schocken Verlags 17, Schocken-Verlag, Berlin [1934].

Wolfskehl, Karl und Hanna: Briefwechsel mit Friedrich Gundolf 1899–1931. Hrsg. von Karlhans Kluncker. II. Publications of the Institute of Germanic Studies, University of London, vol. 24, Castrum Peregrini Presse, Amsterdam 1977.

Wolfskehl s. auch Nijland-Verwey.

Wolters, Friedrich: Vier Reden über das Vaterland, Ferdinand Hirt, Breslau 1927.

Wolters, Friedrich: Stefan George und die Blätter für die Kunst. Deutsche Geistes-geschichte seit 1890, Georg Bondi, Berlin 1930 [tatsächlich November 1929].

Wolters, Friedrich und Carl Petersen [Hrsg.]: Die Heldensagen der germanischen Frühzeit, Ferdinand Hirt, Breslau 1921.

Wuppertaler Zeitung, 1938.

Yorck von Wartenburg, Marion: Die Stärke der Stille. Erzählung eines Lebens aus dem deutschen Widerstand, Eugen Diederichs Verlag, Köln 1984.

Young, A. P.: The »X« Documents, ed. Sidney Aster, Andre Deutsch, London 1974.

Ziegler, Delia: »Wer schoß auf Stauffenberg?« Die Welt 21. Aug. 1947, S. 2.

Zierold, Kurt: Begegnungen. Einige Abschnitte aus meinen Lebenserinnerungen [als Ms.gedruckt, o. O., 1966].

Zimmermann, Erich und Hans-Adolf Jacobsen, Bearb.: 20. Juli 1944, Berto Verlag, Bonn ⁴1961.

III. Literatur

Adam, Uwe Dietrich: Judenpolitik im Dritten Reich, Droste Verlag, Düsseldorf 1972.

Albrecht, Richard: Der militante Sozialdemokrat Carlo Mierendorff 1897 bis 1943. Eine Biografie, Verlag J.H.W. Dietz Nachf., Berlin, Bonn 1987.

Artaud, Denise: »Die Hintergründe der Ruhrbesetzung 1923. Das Problem der interalliierten Schulden«, Vierteljahrsbefte für Zeitgeschichte 27 (1979), S. 241–259.

Aus der Geschichte des Kavallerie-Regiments 17, Wilhelm Limpert, Berlin o. J., BA-MA O ID b 19.

Bach, Hans I.: »Zur Geschichte einer schwäbisch-jüdischen Familie«, 5731. Pessach-Festschrift der israelitischen Religionsgemeinschaft Württembergs, April 1971, S. 26–28.

Bach, Hans I.: »Zur Geschichte einer schwäbisch-jüdischen Familie«, 5732. Rosch Haschana, Stuttgart, September 1971, S. 37–49.

Baedeker, Karl: Mittelitalien und Rom, Karl Baedeker, Leipzig ¹⁵1927.

Baedeker, Karl: Sachsen, Karl Baedeker, Leipzig ²1928.

Balfour, Michael and Julian Frisby: Helmuth von Moltke. A Leader against Hitler, Macmillan, London and Basingstoke [1972].

Barkai, Avraham: »›Schicksalsjahr 1938‹. Kontinuität und Verschärfung der wirtschaftlichen Ausplünderung der deutschen Juden«, in: Walter H. Pehle, Hrsg., Der Judenpogrom 1938. Von der »Reichskristallnacht« zum Völkermord, Fischer Taschenbuch Verlag, Frankfurt am Main 1988, S. 95–117.

Baum, Walter: »Marine, Nationalsozialismus und Widerstand«, Vierteljahrshefte für Zeitgeschichte 11 (1963), S. 16–48.

Baumgart, Winfried: »Die Mission des Grafen Mirbach in Moskau April-Juni 1918«, Vierteljahrshefte für Zeitgeschichte 16 (1968), S. 66–96.

Beck, Adolf und Paul Raabe, Hrsg.: Hölderlin. Eine Chronik in Text und Bild, Insel-Verlag, Frankfurt am Main 1970.

Benjamin, Walter: »Wider ein Meisterwerk. Zu Max Kommerell: Der Dichter als Führer in der deutschen Klassik«, Die literarische Welt VI (1930) Nr. 33/34, S. 9–11.

Benjamin, Walter: Gesammelte Schriften III, Suhrkamp Verlag, Frankfurt am Main 1972.

Bennett, Edward W.: German Rearmament and the West, 1932–1933, Princeton University Press, Princeton, New Jersey [1979].

Bethge, Eberhard: Dietrich Bonhoeffer. Theologe, Christ, Zeitgenosse, Chr. Kaiser Verlag, München ³1970.

Bethge, Eberhard: »Dietrich Bonhoeffer und die Juden«, in: Ernst Feil und Ilse Tödt, Konsequenzen. Dietrich Bonhoeffers Kirchenverständnis heute (Internationales Bonhoeffer-Forum, Nr. 3), Chr. Kaiser Verlag, München 1980.

Bèze, Théodore de: Du droit des magistrats, Librairie Droz, Genève 1970.

Bock, Claus Victor: Wort-Konkordanz zur Dichtung Stefan Georges, Castrum Peregrini Presse, Amsterdam 1964.

Boog, Horst: »The Luftwaffe and Indiscriminate Bombing up to 1942«, in Horst Boog, ed., The Conduct of the Air War in the Second World War. An International Comparison, Berg, New York, Oxford 1992.

Bracher, Karl Dietrich, Wolfgang Sauer, Gerhard Schulz: Die nationalsozialistische Machtergreifung. Studien zur Errichtung des totalitären Herrschaftssystems in Deutschland 1933/34, Westdeutscher Verlag, Köln und Opladen ²1962.

Bracke, Gerhard: Melitta Gräfin Stauffenberg. Das Leben einer Fliegerin, Langen Müller, München 1990.

Bragadin, Marc Antonio: The Italian Navy in World War II, United States Naval Institute, Annapolis, Maryland 1957.

Brandt, Otto, Arnold Oskar Mayer, Leo Just: Handbuch der Deutschen Geschichte, s. Just.

Browning, Christopher R.: »German Memory, Judicial Interrogation, and Historical Reconstruction: Writing Perpetrator History from Postwar Testimony«, in Saul Friedlander, Hrsg., Probing the Limits of Representation. Nazism and the »Final Solution«, Harvard University Press, Cambridge, Massachusetts, London, England 1992, S. 22-36.

Bucher, Peter: Der Reichswehrprozeß. Der Hochverrat der Ulmer Reichswehroffiziere 1929/30, Harald Boldt Verlag, Boppard am Rhein 1967.

Bücheler, Heinrich: Hoepner. Ein deutsches Soldatenschicksal des zwanzigsten Jahrhunderts, Mittler, Herford 1980.

Burkhardt, Hans, Günter Erxleben, Kurt Nettball: Die mit dem blauen Schein. Über den antifaschistischen Widerstand in den 999er Formationen der faschistischen deutschen Wehrmacht (1942 bis 1945), Militärverlag der Deutschen Demokratischen Republik, Berlin ²1986.

Bußmann, Walter: Die innere Entwicklung des deutschen Widerstandes gegen Hitler, Morus-Verlag, Berlin 1964.

Castellan, Georges: Le Réarmement clandestin du Reich, 1930–1935. Vu par le 2ᵉ Bureau de l'État-Major Français, Plon, Paris 1954.

Chavkin, Boris und Kalganov, Aleksandr: «Dokumente zur Geschichte des militärischen Widerstandes im Dritten Reich aus dem Zentralarchiv des Föderalen Sicherheitsdienstes Rußlands», Forum für osteuropäische Ideen- und Zeitgeschichte 5 (2001) Heft 1, S. 355–358.

Chavkin, Boris und Kalganov, Aleksandr: »Neue Quellen zur Geschichte des 20. Juli 1944 aus dem Archiv des Föderalen Sicherheitsdienstes der Russischen Föderation (FSB). ›Eigenhändige Aussagen‹ von Major i.G. Joachim Kuhn«, Forum für osteuropäische Ideen- und Zeitgeschichte 5 (2001) Heft 2, S. 355–402.

Dallin, Alexander: German Rule in Russia 1941–1945. A Study of Occupation Policies, Octagon Books, New York 1980 (Nachdruck der Ausgabe Macmillan, London, St. Martin's Press, New York 1957).

Dehlinger, Alfred: Württembergs Staatswesen in seiner geschichtlichen Entwicklung bis heute, 2 B., W. Kohlhammer, Stuttgart 1951, 1953.

Deist, Wilhelm: The Wehrmacht and German Rearmament, University of Toronto Press, Toronto, Buffalo 1981.

Delbrück, Hans: Das Leben des Feldmarschalls Grafen Neidhardt von Gneisenau. In zwei Bänden, Verlag von Georg Stilke, Berlin ³1908.

Deutsch, Harold C.: Hitler and His Generals. The Hidden Crisis, January-June 1938, University of Minnesota Press, Minneapolis 1974.

Dilthey, Wilhelm: Gesammelte Schriften, Band V, B. G.Teubner, Stuttgart, Vandenhoeck & Ruprecht, Göttingen 1957.

Doepgen, Heinz W.: Georg v. Boeselager. Kavallerie-Offizier in der Militäropposition gegen Hitler, Verlag E.S. Mittler & Sohn, Herford und Bonn 1986.

Donohoe, James: Hitler's Conservative Opponents in Bavaria 1930–1945, a study of Catholic, monarchist, and separatist anti-Nazi activities, E. J. Brill, Leiden 1961.

Ehrman, John: Grand Strategy, Volume V. August 1943–September 1944, Her Majesty's Stationery Office, London 1956.

Ellis, L. F.: The War in France and Flanders 1939–1940, Her Majesty's Stationery Office, London 1953.

Erfurth, Waldemar: Die Geschichte des deutschen Generalstabes von 1918 bis 1945, Musterschmidt-Verlag, Göttingen, Berlin, Frankfurt 1957.

Esposito, Vincent J.: West Point Atlas of American Wars. Vol. II: 1900–1953, Fredrick A. Praeger, New York 1959.

Finker, Kurt: Stauffenberg und der 20. Juli 1944, Union Verlag, Berlin ⁴1973.

Fischer, Josef Ludwig: »Wilhelm II.« in: Wilhelm II. Württembergs geliebter Herr, Greiner und Pfeiffer, Stuttgart [1928], S. 1–104.

Fleischer, Hagen: Im Kreuzschatten der Mächte: Griechenland 1941–1944 (Okkupation – Resistance – Kollaboration), Verlag Peter Lang, Frankfurt am Main, Bern, New York 1986.

Fleischhauer, Ingeborg: Die Chance des Sonderfriedens. Deutsch-sowjetische Geheimgespräche 1941–1945, Siedler Verlag, Berlin 1986.

Förster, Jürgen: »Die Sicherung des ›Lebensraumes‹« in: Das Deutsche Reich und der Zweite Weltkrieg, Band 4, herausgegeben vom Militärgeschichtlichen Forschungsamt, Deutsche Verlags-Anstalt, Stuttgart 1983, S. 1030–1078.

Freytag-Loringhoven, Freiherr von: Generalfeldmarschall Graf von Schlieffen. Sein Leben und die Verwertung seines geistigen Erbes im Weltkriege, Historia-Verlag Paul Schraepler, Leipzig 1920.

Gerlach, Christian: Kalkulierte Morde, Hamburger Edition, Hamburg 1999.

Gerlach, Christian: »Männer des 20. Juli und der Krieg gegen die Sowjetunion« in Hannes Heer, Klaus Naumann, Hrsg., Vernichtungskrieg. Verbrechen der Wehrmacht 1941-1944, Hamburger Edition, Hamburg 1995, S. 427–446.

Geyer, Michael: »Das Zweite Rüstungsprogramm (1930–1934)«, Militärgeschichtliche Mitteilungen 17 (1975), S. 125–172.

Giesau, Hermann: Der Dom zu Magdeburg, August Hopfer, Burg bei Magdeburg ²1936.

Gilbert, Bentley B.: The Evolution of National Insurance in Great Britain, Joseph, London 1966.

Gönner, Eberhard: »König Wilhelm II. (1891–1921)« in: Robert Uhland, Hrsg., 900 Jahre Haus Württemberg. Leben und Leistung für Land und Volk, Verlag W. Kohlhammer, Stuttgart, Berlin, Köln, Mainz 1984, S. 341–362.

Görlitz, Walter: Kleine Geschichte des deutschen Generalstabes, Haude & Spenersche Verlagsbuchhandlung, Berlin ²1977.

Görlitz, Walter s. auch Paulus.

Graml, Hermann: »Die deutsche Militäropposition vom Sommer 1940 bis zum Frühjahr 1943«, in: Vollmacht des Gewissens II, hrsg. von der Europäischen Publikation e.v., Alfred Metzner Verlag, Frankfurt am Main, Berlin 1965, S. 411–474.

Graml, Hermann: Reichskristallnacht. Antisemitismus und Judenverfolgung im Dritten Reich, Deutscher Taschenbuch Verlag, München 1988.

Grimm, Jacob und Wilhelm Grimm: Deutsches Wörterbuch. 16 Bände, Hirzel, Leipzig 1854–1960.

Grünewald, Eckhart: Ernst Kantorowicz und Stefan George. Beiträge zur Biographie des Historikers bis zum Jahre 1938 und zu seinem Jugendwerk »Kaiser Friedrich der Zweite« (Frankfurter Historische Abhandlungen Band 25), Franz Steiner Verlag, Wiesbaden 1982.

Grundmann, Herbert: Die Zeit der Weltkriege (Bruno Gebhardt: Handbuch der deutschen Geschichte, Bd. 4), Union Verlag, Stuttgart ⁸1959, Zweiter verbesserter Nachdruck 1961.

Hamburger Institut für Sozialforschung, Hrsg.: Vernichtungskrieg. Verbrechen der Wehrmacht 1941 bis 1944. Ausstellungskatalog, Hamburger Edition, Hamburg 1996.

Hamburger Institut für Sozialforschung, Hrsg.: Verbrechen der Wehrmacht. Dimensionen des Vernichtungskrieges 1941-1944. Ausstellungskatalog, Hamburger Edition, Hamburg 2002.

Heinemann, Ulrich: Ein konservativer Rebell. Fritz-Dietlof Graf von der Schulenburg und der 20. Juli, Siedler Verlag, Berlin 1990.

Helbing, Lothar, Claus Victor Bock, Karlhans Kluncker, Hrsg.: Stefan George: Dokumente seiner Wirkung. Aus dem Friedrich Gundolf Archiv der Universität London, Castrum Peregrini Presse, Amsterdam ²1974.

Hilberg, Raul: The Destruction of the European Jews. Revised and Definitive Edition, 3 Bände, Holmes & Meier, New York, London 1985.

Hilberg, Raul: »German Railroads/Jewish Souls«, Society 14 No. 1, November/Dezember 1976, S. 60–74.

Hilberg, Raul: Sonderzüge nach Auschwitz, Horst-Werner Dumjahn Verlag, Mainz 1981.

Hillgruber, Andreas: Die gescheiterte Großmacht. Eine Skizze des deutschen Reiches 1871–1945, Droste Verlag, Düsseldorf ³1982.

Hillgruber, Andreas: Der Zweite Weltkrieg 1939–1945. Kriegsziele und Strategie der großen Mächte, Verlag W. Kohlhammer, Stuttgart, Berlin, Köln, Mainz ²1983.

Hillgruber, Andreas [und] Gerhard Hümmelchen: Chronik des Zweiten Weltkrieges, Athenäum/Droste, Königstein/Taunus, Düsseldorf 1978.

Hinsley, F.H. [et al.]: British Intelligence in the Second World War. Its Influence on Strategy and Operations. 5 Bände, Her Majesty's Stationery Office, London 1979, 1981, 1984, 1988, 1990.

Höbe, Cord v., Walter Görlitz: Georg von Boeselager. Ein Reiterleben, Verlag Sankt Georg, Düsseldorf 1957.

Höhne, Heinz: Mordsache Röhm. Hitlers Durchbruch zur Alleinherrschaft 1933–1934, Rowohlt Taschenbuch, Reinbek bei Hamburg 1984.

Hofer, Walther: »Die Diktatur Hitlers bis zum Beginn des Zweiten Weltkrieges«, in: Leo Just, Hrsg., Handbuch der Deutschen Geschichte, Band IV, 2. Teil, Akademische Verlagsgesellschaft Athenaion Dr. Albert Hachfeld, Konstanz 1965, S. 1–257.

Hoffmann, Joachim: »Die Kriegführung aus der Sicht der Sowjetunion«, in: Das

Deutsche Reich und der Zweite Weltkrieg, Band 4, herausgegeben vom Militärgeschichtlichen Forschungsamt, Deutsche Verlags-Anstalt, Stuttgart 1983, S. 713–809.

Hoffmann, Peter: »Claus Graf Stauffenberg und Stefan George: Der Weg zur Tat«, Jahrbuch der Deutschen Schillergesellschaft XII (1968), S. 520–542.

Hoffmann, Peter: »Colonel Claus von Stauffenberg in the German Resistance to Hitler: Between East and West«, The Historical Journal 31 (1988), S. 629–650.

Hoffmann, Peter: »Harald C. Deutsch: Das Komplott oder Die Entmachtung der Generale. Blomberg- und Fritsch-Krise. Hitlers Weg zum Krieg. Aus dem Amerikanischen von Burkhardt Kiegeland. Zürich: Neue Diana-Press 1974. 461 Seiten«, Militärgeschichtliche Mitteilungen 1976 Heft 2, S. 196–201.

Hoffmann, Peter: »Generaloberst Ludwig Becks militärpolitisches Denken«, Historische Zeitschrift 234 (1982), S. 101–121.

Hoffmann, Peter: Hitler's Personal Security. Revised and expanded edition, Da Capo Press, New York 2000.

Hoffmann, Peter: »Oberst i.G. Henning von Tresckow und die Staatsstreichpläne im Jahr 1943«, Vierteljahrshefte für Zeitgeschichte 55 (2007), S. 331–364.

Hoffmann, Peter: »Peace through Coup d'État: The Foreign Contacts of the German Resistance 1933–1944«, Central European History XIX (1986), S. 3–44.

Hoffmann, Peter: »Roncalli in the Second World War: Peace Initiatives, the Greek Famine and the Persecution of the Jews«, Journal of Ecclesiastical History 40 (1989), S. 74–99.

Hoffmann, Peter: »Seine historische Rolle. Das war nicht der wahre ›Stauffenberg‹«, Frankfurter Allgemeine Zeitung, 5. März 2004, S. 44.

Hoffmann, Peter: Stauffenbergs Freund. Die tragische Geschichte des Widerstandskämpfers Joachim Kuhn, Verlag C.H.Beck, München 2007.

Hoffmann, Peter: »Verschmähtes Vermächtnis. Was der Film ›Stauffenberg‹ nicht zeigt«, Süddeutsche Zeitung, 26. Februar 2004, S. 15.

Hoffmann, Peter: »The German Resistance to Hitler and the Jews: The Case of Carl Goerdeler«, in Dennis B. Klein, Richard Libowitz, Marcia Sachs Littell, Sharon Steeley, Hrsg., The Genocidal Mind. Selected Papers from the 32nd Annual Scholars' Conference on the Holocaust and the Churches, St. Paul, MN: Paragon House, 2005, S. 277–290.

Hoffmann, Peter: »The Question of Western Allied Co-operation with the German Anti-Nazi Conspiracy, 1938–1944«, The Historical Journal 34 (1991), S. 437–464.

Hoffmann, Peter: »Warum mißlang das Attentat vom 20. Juli 1944?« Vierteljahrshefte für Zeitgeschichte 32 (1984), S. 441–462.

Hoffmann, Peter: Widerstand, Staatsstreich, Attentat: Der Kampf der Opposition gegen Hitler, R. Piper-Verlag, München, Zürich ⁴1985.

Hoffmann, Peter: »Zu dem Attentat im Führerhauptquartier ›Wolfsschanze‹ am 20. Juli 1944«, Vierteljahrshefte für Zeitgeschichte 12 (1964), S. 254–284.

Hoffmann, Wilhelm: »Neue Arbeiten am Werk Friedrich Hölderlins«, in: Schwaben. Monatshefte für Volkstum und Kultur, Heft 1. 1942, S. 42–48.

Hoffmann, Wilhelm: »Die Stuttgarter Hölderlin-Ausgabe. Vorgeschichte und Aufbau«, in: [Theophil Frey, Hrsg.,] Die Stuttgarter Hölderlin-Ausgabe. Ein Arbeitsbericht. Herausgegeben im Auftrag des Württ. Kultusministeriums vom Vorsitzenden des Verwaltungsausschusses der Stuttgarter Hölderlin-Ausgabe

Ministerialrat Theophil Frey, J. G. Cotta'sche Buchhandlung Nachfolger, Stuttgart 1942.

Howard, Michael: Grand Strategy. Volume IV. August 1942–September 1943 (History of the Second World War, United Kingdom Military Series, ed. by J. R. M. Butler), Her Majesty's Stationery Office, London 1970.

Howe, George F.: Northwest Africa: Seizing the Initiative in the West (United States Army in World War II: The Mediterranean Theater of Operations), Office of the Chief of Military History, Department of the Army, Washington, D.C. 1957.

Hubatsch, Walther: »Der Weltkrieg 1914/1918« in: Leo Just, Hrsg., Handbuch der Deutschen Geschichte, Band IV, 1. Teil, Akademische Verlagsgesellschaft Athenaion, Frankfurt am Main 1973.

Huber, Wolfgang und Ilse Tödt: Ethik im Ernstfall. Dietrich Bonhoeffers Stellung zu den Juden und ihre Aktualität (Internationales Bonhoeffer-Forum, Nr. 4), Chr. Kaiser Verlag, München 1982.

Hürter, Johannes: »Auf dem Weg zur Militäropposition. Tresckow, Gersdorff, der Vernichtungskrieg und der Judenmord. Neue Dokumente über das Verhältnis der Heeresgruppe Mitte zur Einsatzgruppe B im Jahr 1941«, Vierteljahrshefte für Zeitgeschichte 52 (2004), S. 527–562.

Hürter, Johannes: Hitlers Heerführer, R. Oldenbourg Verlag, München 2006.

Irving, David: Hitler's War, Hodder and Stoughton, London, Sydney, Auckland, Toronto 1977. Irving, David: The Trail of the Fox, E. P. Dutton, New York 1977.

Jacobsen, Hans-Adolf: Fall Gelb. Der Kampf um den deutschen Operationsplan zur Westoffensive 1940, Franz Steiner Verlag, Wiesbaden 1957.

Jacobsen, Hans-Adolf: Dünkirchen. Ein Beitrag zur Geschichte des Westfeldzuges 1940 unter Mitarbeit von Dr. K. J. Müller, Kurt Vowinckel Verlag, Neckargemünd 1958.

Jacobsen, Hans-Adolf: 1939–1945. Der Zweite Weltkrieg in Chronik und Dokumenten, Wehr und Wissen Verlagsgesellschaft, Darmstadt ⁵1961.

Jens, Inge: Dichter zwischen rechts und links. Die Geschichte der Sektion für Dichtkunst der Preußischen Akademie der Künste, dargestellt nach den Dokumenten, R. Piper & Co. Verlag, München 1971.

Just, Leo: Handbuch der Deutschen Geschichte, Band IV, 1. Teil, Akademische Verlagsgesellschaft Athenaion, Frankfurt am Main 1973.

Kalganov, Aleksandr: »Pokuschene na Gitlera 20 ljulja 1944 goda« in V. A. Stavickij, Hrsg., Tajnye stranicy istorii, LG Informejšn Grup, Moskau 2000, S. 289–320.

Kehrig, Manfred: Stalingrad. Analyse und Dokumentation einer Schlacht (Beiträge zur Militär- und Kriegsgeschichte, 15. Band), Deutsche Verlags-Anstalt, Stuttgart 1974.

Keil, Lars-Broder: Hans-Ulrich von Oertzen. Offizier und Widerstandskämpfer. Ein Lebensbild in Briefen und Erinnerungen, Lukas Verlag, Berlin 2005.

Keilson-Lauritz, Marita: Von der Liebe die Freundschaft heißt. Zur Homoerotik im Werk Stefan Georges, Verlag rosa Winkel, Berlin 1987.

Kernig, C. D.: Marxism, Communism and Western Society. A Comparative Encyclopedia, 8 Bände, Herder and Herder, New York 1972–1973.

Keynes, John Maynard: The Economic Consequences of the Peace, Macmillan and Co., London 1920.

Klemperer, Klemens von: German Resistance against Hitler. The Search for Allies Abroad, 1938–1945, Clarendon Press, Oxford 1992.

Klink, Ernst: Das Gesetz des Handelns. Die Operation »Zitadelle« 1943, Deutsche Verlags-Anstalt, Stuttgart 1966.

Klink, Ernst: »Der Krieg gegen die Sowjetunion bis zur Jahreswende 1941/42. I. Die Operationsführung. 1. Heer und Kriegsmarine« in: Das Deutsche Reich und der Zweite Weltkrieg, Band 4, herausgegeben vom Militärgeschichtlichen Forschungsamt, Deutsche Verlags-Anstalt, Stuttgart 1983, S. 451–652.

Kramarz, Joachim: Claus Graf Stauffenberg 15. November 1907–20. Juli 1944. Das Leben eines Offiziers, Bernard & Graefe Verlag für Wehrwesen, Frankfurt am Main 1965.

Krausnick, Helmut: »Judenverfolgung« in: Buchheim, Hans, Martin Broszat, Hans-Adolf Jacobsen, Helmut Krausnick, Anatomie des SS-Staates, 2 Bände, Deutscher Taschenbuch Verlag, München 1965, 1967.

Krausnick, Helmut: »Vorgeschichte und Beginn des militärischen Widerstandes gegen Hitler«, in: Vollmacht des Gewissens I, hrsg. von der Europäischen Publikation e.V., Alfred Metzner Verlag, Frankfurt am Main, Berlin 1960.

Krausnick, Helmut, Hans-Heinrich Wilhelm: Die Truppe des Weltanschauungskrieges. Die Einsatzgruppen der Sicherheitspolizei und des SD 1938–1942 (Quellen u. Darstellungen zur Zeitgeschichte, Band 22), Deutsche Verlags-Anstalt, Stuttgart 1981.

Krebs, Albert: Fritz-Dietlof Graf von der Schulenburg. Zwischen Staatsraison und Hochverrat (Hamburger Beiträge zur Zeitgeschichte, Band 11), Leibniz-Verlag, Hamburg 1964.

Kroener, Bernhard R.: »Die personellen Ressourcen des Dritten Reiches im Spannungsfeld zwischen Wehrmacht, Bürokratie und Kriegswirtschaft 1939–1942« in: Das Deutsche Reich und der Zweite Weltkrieg, Band 5, Erster Halbband, herausgegeben vom Militärgeschichtlichen Forschungsamt, Deutsche Verlags-Anstalt, Stuttgart 1988, S. 691–1001.

Kroener, Bernhard R.: »Der starke Mann im Heimatgebiet«. Generaloberst Friedrich Fromm, Schöningh, Paderborn, München, Wien, Zürich 2005.

Lamb, Richard: The Ghosts of Peace 1935–1945, Michael Russell, Wilton, Salisbury, Wiltshire 1987.

Landmann, Georg Peter: Stefan George und sein Kreis. Eine Bibliographie, Dr. Ernst Hauswedell & Co., Hamburg ²1976.

Landmann, Michael: »Literatur um Stefan George«, Neue Zürcher Zeitung, Fernausgabe Nr. 312, 14. Nov. 1971, S. 49–50.

Lauffer, Siegfried: »Alexander Schenk Graf von Stauffenberg«, Gnomon 1964, S. 845–847.

Leber, Annedore: Das Gewissen steht auf. 64 Lebensbilder aus dem deutschen Widerstand 1933–1945, Mosaik Verlag, Berlin–Frankfurt am Main ⁹1960.

Lehmann, Max: Scharnhorst, 2 Bände, Verlag von S. Hirzel, Leipzig 1886, 1887.

Leithäuser, Joachim G.: Wilhelm Leuschner. Ein Leben für die Republik, Bund-Verlag, Köln 1962.

Leuze, [Walter]: Das 17. (Bayerische) Reiter Regiment, Attenkofersche Buchdruckkerei, Straubing [1932].

Loos, Werner: Oberkommando des Heeres/Generalstab des Heeres. Bestand RH 2. Teil 2 (Findbücher zu Beständen des Bundesarchivs Band 33), Bundesarchiv, Koblenz 1988.

Lübbe, Hermann: Politische Philosophie in Deutschland. Studien zu ihrer Geschichte, Benno Schwabe & Co. Verlag, Basel, Stuttgart 1963.

Lüke, Hans: Die Geschichte des Regiments 69, Traditionsgemeinschaft ehem. 69er/ 394er, Hamburg 1986.

Makarov, A.N.: »Vorkämpfer der Völkerverständigung und Völkerrechtsgelehrte als Opfer des Nationalsozialismus: 8. Berthold Schenk Graf von Stauffenberg (1905–1944)«, Die Friedens-Warte 47 (1947), S. 360–364.

Malone, Henry O.: Adam von Trott zu Solz. Werdegang eines Verschwörers 1909–1938, Siedler Verlag, Berlin 1986.

Mårtensson, Ola: »›Vi tänker öppna västfronten‹«, Sydsvenska Dagbladet Snällposten, 20. Juli 1984.

Martin, Bernd: »Verhandlungen über separate Friedensschlüsse 1942–1945. Ein Beitrag zur Entstehung des Kalten Krieges«, Militärgeschichtliche Mitteilungen 1976 Nr. 2, S. 95–113.

Mau, Hermann: »Die ›Zweite Revolution‹ – der 30. Juni 1934«, Vierteljahrshefte für Zeitgeschichte 1 (1953), S. 119–137.

McCloy II, John J.: Die Verschwörung gegen Hitler. Ein Geschenk an die deutsche Zukunft, Friedrich Vorwerk Verlag, Stuttgart 1963.

Meier-Welcker, Hans: Seeckt, Frankfurt/M. 1967.

Minerva. Jahrbuch der gelehrten Welt. 28. Jahrgang 1926, Walter de Gruyter & Co., Berlin und Leipzig 1926.

Meinecke, Friedrich: Die Idee der Staatsräson in der neueren Geschichte, 2. A., R. Oldenbourg, München, Berlin 1925.

Meyer, Georg: Adolf Heusinger. Dienst eines deutschen Soldaten 1915 bis 1964, Verlag E. S. Mittler & Sohn, Hamburg, Berlin, Bonn 2001.

Melnikow, Daniil: 20. Juli 1944. Legende und Wirklichkeit, VEB Deutscher Verlag der Wissenschaften, Berlin 1966.

Messerschmidt, Manfred [und] Wüllner, Fritz: Die Wehrmachtjustiz im Dienste des Nationalsozialismus. Zerstörung einer Legende, Nomos Verlagsgesellschaft, Baden-Baden 1987.

Moltke, Freya von, Michael Balfour, Julian Frisby: Helmuth James von Moltke 1907–1945. Anwalt der Zukunft, Deutsche Verlags-Anstalt, Stuttgart [1975].

Mommsen, Hans: »Gesellschaftsbild und Verfassungspläne des deutschen Widerstandes«, in: Schmitthenner, Walter und Hans Buchheim, Hrsg.: Der deutsche Widerstand gegen Hitler. Vier historisch-kritische Studien, Kiepenheuer & Witsch, Köln, Berlin 1966, S. 73–167.

Mommsen, Hans: »Der Widerstand gegen Hitler und die nationalsozialistische Judenverfolgung«, in Hans Mommsen, Alternative zu Hitler, C.H. Beck, München 2000, S. 384–415.

Moser, Jonny: »Die Entrechtung der Juden im Dritten Reich. Diskriminierung und Terror durch Gesetze, Verordnungen, Erlasse« in: W. H. Pehle, Hrsg., Der Judenpogrom 1938. Von der »Reichskristallnacht« zum Völkermord, Fischer Taschenbuch Verlag, Frankfurt am Main 1988, S. 118–131.

Müller, Christian: Oberst i.G. Stauffenberg. Eine Biographie, Droste Verlag, Düsseldorf [1970].

Müller, Klaus-Jürgen: Das Heer und Hitler. Armee und nationalsozialistisches Regime 1933–1940, Deutsche Verlags-Anstalt, Stuttgart 1969.

Müller, Klaus-Jürgen: General Ludwig Beck. Studien und Dokumente zur politisch-militärischen Vorstellungswelt und Tätigkeit des Generalstabschefs des deutschen Heeres 1933–1938 (Schriften des Bundesarchivs 30), Harald Boldt Verlag, Boppard am Rhein 1980.

Müller, Rolf-Dieter: »Das Scheitern der wirtschaftlichen ›Blitzkriegstrategie‹« in: Das Deutsche Reich und der Zweite Weltkrieg, B. 4, herausgegeben vom Militärgeschichtlichen Forschungsamt, Deutsche Verlags-Anstalt, Stuttgart 1983, S. 936–1029.

Mueller-Hillebrand, Burkhart: Das Heer 1933–1945. B. I: E. S. Mittler & Sohn, Darmstadt 1954. B. II–III: E. S. Mittler & Sohn, Frankfurt am Main 1956, 1959.

Musial, Bogdan: »Bilder einer Ausstellung. Kritische Anmerkungen zur Wanderausstellung ›Vernichtungskrieg. Verbrechen der Wehrmacht 1941–1944‹«, Vierteljahrshefte für Zeitgeschichte 47 (1999), S. 563–591.

Naumann, Hans: »Stefan George und das Neue Reich«, Zeitschrift für Deutschkunde 48 (1934).

Nicosia, Francis R.: The Third Reich and the Palestine Question, University of Texas Press, Austin 1985.

Niepold, Gerd: Mittlere Ostfront Juni '44. Darstellung, Beurteilung, Lehren, Verlag E.S. Mittler & Sohn, Herford und Bonn 1985.

Olshausen, Klaus: Zwischenspiel auf dem Balkan: Die deutsche Politik gegenüber Jugoslawien und Griechenland von März bis Juli 1941, Deutsche Verlags-Anstalt, Stuttgart 1973.

O'Neill, Robert J.: The German Army and the Nazi Party, 1933–1939, Cassell, London 1966.

Ose, Dieter: Entscheidung im Westen 1944. Der Oberbefehlshaber West und die Abwehr der alliierten Invasion (Beiträge zur Militär- und Kriegsgeschichte, 22. Band), Deutsche Verlags-Anstalt, Stuttgart 1982.

Paul, Wolfgang: Brennpunkte. Die Geschichte der 6. Panzerdivision (1. leichte) 1937–1945, Höntges-Verlag, Krefeld 1977, Biblio Verlag, Osnabrück ²1984.

Paul, Wolfgang: Das Potsdamer Infanterie-Regiment 9. 1918–1945. Preußische Tradition in Krieg und Frieden, Biblio Verlag, Osnabrück 1983.

Pawlowsky, Peter: Helmut Küpper vormals Georg Bondi 1895–1970, Helmut Küpper vormals Georg Bondi, Düsseldorf und München 1970.

Pertz, G. H.: Das Leben des Ministers Freiherrn vom Stein, 6 Bände, G. Reimer, Berlin 1849–1855.

Pertz, G. H. (fortgesetzt von Hans Delbrück): Das Leben des Feldmarschalls Grafen Neithardt von Gneisenau, 5 Bände, Georg Reimer, Berlin 1864–1881.

Phillips, Henry Gerard: El Guettar. Crucible of Leadership. 9th U.S. Infantry Division Against The Wehrmacht in Africa, April 1943, Henry Gerard Phillips, Penn Valley, California 1991.

Podach, Erich F.: Gestalten um Nietzsche, mit unveröffentlichten Dokumenten zur Geschichte seines Lebens und seines Werks, Erich Lichtenstein Verlag, Weimar 1932.

Pogue, Forrest C.: United States Army in World War II. The European Theater of Operations. The Supreme Command, U.S. Government Printing Office, Washington, D.C., 1954.

Rabenau, Friedrich von, Seeckt: Aus seinem Leben 1918–1936, Leipzig [1940].

Reinhardt, Klaus: Die Wende vor Moskau. Das Scheitern der Strategie Hitlers im Winter 1941/42 (Beiträge zur Militär- und Kriegsgeschichte, 13. Band), Deutsche Verlags-Anstalt, Stuttgart 1972.

Repgen, Konrad: »Ein KPD-Verbot im Jahre 1933?« Historische Zeitschrift 240 (1985), S. 67–98.

Reuther, Thomas: »Soldaten für den Staatsstreich. Die Heeresgruppe Mitte und der 20. Juli 1944«, Militärgeschichte Heft 2/2004, S. 4–7.

Reynolds, Nicholas: Treason Was No Crime. Ludwig Beck, Chief of the German General Staff, William Kimber, London 1976.

Ritter, Gerhard: Carl Goerdeler und die deutsche Widerstandsbewegung, Deutsche Verlags-Anstalt, Stuttgart ³1956.

Rock, Christa-Maria: »Stefan George«, Der Stürmer. Deutsches Wochenblatt zum Kampfe um die Wahrheit. Herausgeber: Julius Streicher, 12 (1934) Nr. 10, März 1934, S. 4.

Rock, Christa-Maria: »Stefan Georges Tod«, Der Stürmer. Deutsches Wochenblatt zum Kampfe um die Wahrheit. Herausgeber: Julius Streicher, 13 (1935) Nr. 11, März 1935, S. [6].

Rößner, Hans: Georgekreis und Literaturwissenschaft. Zur Würdigung und Kritik der geistigen Bewegung Stefan Georges, Verlag Moritz Diesterweg, Frankfurt am Main 1938.

Rohwer, J[ürgen], G[erhard] Hümmelchen: Chronik des Seekrieges 1939–1945, Gerhard Stallin Verlag, Oldenburg und Hamburg 1968.

Roon, Ger van: Neuordnung im Widerstand. Der Kreisauer Kreis innerhalb der deutschen Widerstandsbewegung, R. Oldenbourg Verlag, München 1967.

Rothfels, Hans: The German Opposition to Hitler, Henry Regnery, Hinsdale, Illinois 1948.

Rothfels, Hans: Die deutsche Opposition gegen Hitler, Eine Würdigung, Fischer Taschenbuch Verlag, Frankfurt am Main 1958, Neue, erweiterte Ausgabe 1977.

Salewski, Michael: Entwaffnung und Militärkontrolle in Deutschland 1919–1927, R. Oldenbourg Verlag, München 1966.

Schack, Ingeborg: Rainer Maria Rilke. Chronik seines Lebens und seines Werkes, 2 Bände, Insel Verlag, o. O. 1975.

Schall-Riaucour, Heidemarie Gräfin: Aufstand und Gehorsam. Offizierstum und Generalstab im Umbruch. Leben und Wirken von Generaloberst Franz Halder, Generalstabschef 1938–1942, Limes Verlag, Wiesbaden 1972.

Scheel, Heinrich: »Die ›Rote Kapelle‹ und der 20. Juli 1944«, Zeitschrift für Geschichtswissenschaft 33 (1985), S. 325–337.

Scheffler, Wolfgang: Judenverfolgung im Dritten Reich, Colloquium Verlag, Berlin ²1964.

Scheurig, Bodo: Claus Graf Schenk von Stauffenberg, Colloquium Verlag, Berlin 1964.

Scheurig, Bodo: Henning von Tresckow. Eine Biographie, Gerhard Stalling Verlag, Oldenburg und Hamburg 1973, ³o. J.

Schick, Albert: Die 10. Panzer-Division 1939–1943, Traditionsgemeinschaft der ehemaligen 10. Panzer-Division, J. Pohle, Köln 1993.

Schlösser, Manfred: Karl Wolfskehl 1869–1969. Leben und Werk in Dokumenten, Agora Verlag, Darmstadt [1969].

Schlösser, Manfred: Karl Wolfskehl. Eine Bibliographie, Erato-Presse, Darmstadt [1971].

Schorr, Helmut J.: Adam Stegerwald: Gewerkschaftler und Politiker der ersten deutschen Republik. Ein Beitrag zur Geschichte der christlich-sozialen Bewegung in Deutschland, Kommunal-Verlag, Recklinghausen 1966.

Schramm, Wilhelm von: Aufstand der Generale. Der 20. Juli in Paris, Kindler Verlag (Taschenbuchausgabe), München 1964.

Schreiber, Gerhard: Die italienischen Militärinternierten im deutschen Machtbereich 1943 bis 1945. Verraten – Verachtet – Vergessen, R. Oldenbourg Verlag, München, 1990.

Schulze, Hagen: Weimar. Deutschland 1917–1933, Siedler Verlag, Berlin 1982.

Schwerin, Detlef Graf von: »Dann sind's die besten Köpfe, die man henkt«. Die junge Generation im deutschen Widerstand, Piper, München, Zürich [1991].

Seekamp, H.-J., R. C. Ockenden, M.Keilson: Stefan George. Leben und Werk. Eine Zeittafel, Castrum Peregrini Presse, Amsterdam 1972.

Smith, Bradley F. and Elena Agarossi: Operation Sunrise. The Secret Surrender, Basic Books, New York 1979.

Späth, Alfred: »Zum Andenken von Nikolaus Graf von Üxküll«, Vierteljahrshefte für Zeitgeschichte 8 (1960), S. 188–192.

Stefan George 1868–1968. Der Dichter und sein Kreis. Eine Ausstellung des Deutschen Literaturarchivs im Schiller-Nationalmuseum Marbach a. N. Hrsg. Bernhard Zeller, Kösel Verlag A.G., München 1968.

Steinert, Marlis G.: Hitlers Krieg und die Deutschen. Stimmung und Haltung der deutschen Bevölkerung im Zweiten Weltkrieg, Econ Verlag, Düsseldorf, Wien 1970.

Stevenson, D[avid]: French War Aims against Germany 1914–1919, Clarendon Press, Oxford 1982.

Stockert, Franz K. v.: »Stefan George und sein Kreis. Wirkungsgeschichte vor und nach dem 30. Januar 1933« in: Beda Allemann, Hrsg., Literatur und Germanistik nach der »Machtübernahme« Colloquium zur 50. Wiederkehr des 30. Januar 1933, Bouvier Verlag Herbert Grundmann, Bonn 1983, S. 52–89.

Strebel, [Hellmut]: »Berthold Schenk Graf von Stauffenberg (1905–1944)«, Zeitschrift für ausländisches öffentliches Recht und Völkerrecht XIII (1950/51), S. 14–16.

Streit, Christian: Keine Kameraden. Die Wehrmacht und die sowjetischen Kriegsgefangenen 1941–1945, Deutsche Verlags-Anstalt, Stuttgart 1978.

Stumpf, Reinhard: »Der Krieg im Mittelmeerraum 1942/43: Die Operationen in Nordafrika und im mittleren Mittelmeer« in: Das Deutsche Reich und der Zweite Weltkrieg, Band 6, herausgegeben vom Militärgeschichtlichen Forschungsamt, Deutsche Verlags-Anstalt, Stuttgart 1990, S. 569–757.

Tessin, Georg: Verbände und Truppen der deutschen Wehrmacht und Waffen-SS im Zweiten Weltkrieg 1939–1945. Zweiter Band: Die Landstreitkräfte 1–7, Biblio Verlag, Osnabrück ²1973.

Thorwald, Jürgen: Wen sie verderben wollen. Bericht des großen Verrats, Steingrüben-Verlag, Stuttgart 1952.

Troeltsch, Ernst: Gesammelte Schriften, Zweiter Band, J.C.B. Mohr (Paul Siebeck), Tübingen 1913.

Turner, Jr., Henry Ashby: German Big Business and the Rise of Hitler, Oxford University Press, New York, Oxford 1985.

Umbreit, Hans: »Der Kampf um die Vormachtstellung in Westeuropa« in: Das Deutsche Reich und der Zweite Weltkrieg, Band 2, hrsg. vom Militärgeschichtlichen Forschungsamt, Deutsche Verlags-Anstalt, Stuttgart 1979, S. 233–327.

Venohr, Wolfgang: Stauffenberg. Symbol der deutschen Einheit. Eine politische Biographie, Ullstein, Frankfurt/Main, Berlin 1986.

Vogelsang, Thilo: Reichswehr, Staat und NSDAP. Beiträge zur deutschen Geschichte 1930–1932, Deutsche Verlags-Anstalt, Stuttgart 1962.

Volz, Hans: Daten der Geschichte der NSDAP, Verlag A.G. Ploetz, Berlin, Leipzig [11]1943.

Wagner, Walter: Der Volksgerichtshof im nationalsozialistischen Staat (Quellen und Darstellungen zur Zeitgeschichte, Band 16/111, »Die deutsche Justiz und der Nationalsozialismus«, Teil III), Deutsche Verlags-Anstalt, Stuttgart 1974.

Wasserstein, Bernard: Britain and the Jews of Europe 1939–1945, Institute of Jewish Affairs, London, Clarendon Press, Oxford 1979.

Weber, Hermann: Hauptfeind Sozialdemokratie. Strategie und Taktik der KPD 1929–1933, Droste, Düsseldorf 1982.

Wegner, Bernd: »Der Krieg gegen die Sowjetunion 1942/43«, in Das Deutsche Reich und der Zweite Weltkrieg, Band 6, Deutsche Verlags-Anstalt, Stuttgart 1990, S. 761–1102.

Wegner-Korfes, Sigrid: »Der 20. Juli 1944 und das Nationalkomitee ›Freies Deutschland‹«, Zeitschrift für Geschichtswissenschaft 27 (1979), S. 535–544.

Weingartner, James J.: Hitler's Guard. The Story of the Leibstandarte SS Adolf Hitler 1933–1945, Southern Illinois University Press, Feffer &c Simons, Carbondale and Edwardsville, London and Amsterdam [1974].

Weisenborn, Günther, Hrsg.: Der lautlose Aufstand. Bericht über die Widerstandsbewegung des deutschen Volkes 1933–1945, Rowohlt Verlag, Hamburg 1953.

Weller, Karl: Die Staatsumwälzung in Württemberg 1918–1920, W. Kohlhammer, Stuttgart 1930.

Weller, Karl: »Beiträge zur Geschichte der Novembertage 1918 in Württemberg«, Württembergische Vierteljahrshefte für Landesgeschichte XXXVII (1931), S. 177–192.

Weniger, Erich: »Zur Vorgeschichte des 20. VII. 1944: Heinrich von Stülpnagel«, Die Sammlung 4 (1949), S. 475–492.

Wengler, Wilhelm: »Vorkämpfer der Völkerverständigung und Völkerrechtsgelehrte als Opfer des Nationalsozialismus: 9. H.J. Graf von Moltke (1906–1945)«, Die Friedens-Warte 48 (1948), S. 297–305.

Westpoint Atlas s. Esposito.

White, Hayden: »Historical Emplotment and the Problem of Truth«, in Saul Friedlander, Hrsg., Probing the Limits of Representation. Nazism and the »Final Solution«, Harvard University Press, Cambridge, Massachusetts, London, England 1992, S. 37–53.

Wolzendorff, Kurt: Staatsrecht und Naturrecht in der Lehre vom Widerstandsrecht des Volkes gegen rechtswidrige Ausübung der Staatsgewalt. Zugleich ein Beitrag zur Entwicklungsgeschichte des modernen Staatsgedankens (Untersuchungen zur deutschen Staats- und Rechtsgeschichte 206, Alte Folge, Heft 126), 2. Neudruck der Ausgabe Breslau 1916, Scientia Verlag, Aalen 1968.

Wunder, Gerd: Die Schenken von Stauffenberg. Eine Familiengeschichte, Müller & Gräff, Stuttgart 1972.

Wyman, David S.: The Abandonment of the Jews. America and the Holocaust 1941–1945, Pantheon Books, New York [1984].

Zeller, Eberhard: Geist der Freiheit. Der zwanzigste Juli, Verlag Hermann Rinn, München [1952], [3]1956, Gotthold Müller Verlag, München [4]1963, [5]1965 (Quellenangaben nach der 5. Auflage, soweit nicht anders vermerkt).

Zeller, Eberhard: Oberst Claus Graf Stauffenberg. Ein Lebensbild, Ferdinand Schöningh, Paderborn, München, Wien, Zürich 1994.

Register

Claus Graf Schenk von Stauffenberg, Hitler sowie die im Vorwort vorkommenden Namen wurden nicht in das Register aufgenommen. In den Anmerkungen vorkommende Namen sind berücksichtigt, wenn sie nicht lediglich Quellen identifizieren. Angaben zu den Personen gelten für den Berichtszeitraum. Für die als Folge ihres Kampfes gegen den Nationalsozialismus Hingerichteten wurden Geburtsjahr und Sterbedatum angegeben. Im übrigen enthält das Register erläuternde Angaben meist nur, wenn sie nicht aus dem Text hervorgehen. Die angegebenen militärischen Ränge sind jeweils die höchsten im beschriebenen Zeitrahmen erreichten; im Text sind die jeweils zum entsprechenden Zeitpunkt geltenden verwendet.

Register

Bildnachweis

Archiv des Verfassers: 152, 358.
Archiv für Kunst und Geschichte, Berlin: 334.
Institut für Zeitgeschichte, München: 396.
Kulturhistorisches Museum, Magdeburg: 141
National Archives, Washington, D.C.: 290, 293 (2).
Staatsarchiv, Ludwigsburg: 22
Stefan-George-Archiv, Stuttgart: 52, 58, 78, 79, 91.o., 99, 101, 108, 140 re., 151 (2), 274, 422 f.
Ullstein Bilderdienst, Berlin: 65, 144, 228, 257.
Privatbesitz: 23, 25 (2), 27 (2), 32 (2), 35, 36, 59, 83, 91, 95, 97, 98, 109, 137, 140 li., 197, 211, 227, 229, 237, 295, 296, 315, 418, 438 f., 441.
Karten: Atelier Höllerer, Stuttgart.

Dietmar Süß
Winfried Süß (Hg.)

Das »Dritte Reich«

Eine Einführung

PANTHEON

ISBN 978-3-570-55044-1, 400 Seiten mit Abb.,
12,95 [D]

Ein kompetenter, gut lesbarer Überblick über
alle wichtigen Fragen und Debatten zum
»Dritten Reich« sowie eine kompakte Zusammenstellung der neuesten Forschungserkennt-
nisse. Unverzichtbar für jeden, der sich für die
Geschichte des Nationalsozialismus und seine
Folgen interessiert.

www.pantheon-verlag.de

Christopher Clark

Preußen

Aufstieg
und Niedergang
1600 – 1947

PANTHEON

ISBN 978-3-570-55060-1, 896 Seiten mit Abb.,
€ 18,95 [D]

Christopher Clark schildert den Aufstieg Preußens vom kleinen, an Bodenschätzen armen
Territorium um Berlin zur dominierenden
Macht auf dem europäischen Kontinent. Seine brillante Darstellung von über 300 Jahren
preußischer Historie ist ein Meisterwerk der
Geschichtsschreibung.

»Das Buch ist ein wirkliches Ereignis, ein neuer
Blick auf die Geschichte unserer Nation.«
Berliner Zeitung

www.pantheon-verlag.de